教育部人文社会科学研究规划基金项目成果（项目批准号：10YJA870025）

中国哲学社会科学类学术图书
基本书目（1995—2005）

吴志荣　蔡迎春　主编

國家圖書館出版社
National Library of China Publishing House

图书在版编目(CIP)数据

中国哲学社会科学类学术图书基本书目:1995～2005/吴志荣,
蔡迎春主编. —北京:国家图书馆出版社,2013.10
ISBN 978 - 7 - 5013 - 5164 - 0

Ⅰ.①中… Ⅱ.①吴… ②蔡… Ⅲ.①哲学—图书目录—
中国—1995～2005 ②社会科学—图书目录—中国—1995～2005
Ⅳ.①Z88:B2 ②Z88:C

中国版本图书馆 CIP 数据核字(2013)第 190056 号

书　　名	中国哲学社会科学类学术图书基本书目(1995—2005)	
著　　者	吴志荣　蔡迎春　主编	
责任编辑	金丽萍　高　爽　王炳乾	

出　　版	国家图书馆出版社(100034　北京市西城区文津街7号)	
	(原书目文献出版社,北京图书馆出版社)	
发　　行	010 - 66114536　66126153　66151313　66175620	
	66121706(传真),66126156(门市部)	
E-mail	btsfxb@ nlc. gov. cn(邮购)	
Website	www. nlcpress. com ──→投稿中心	
经　　销	新华书店	
印　　装	北京科信印刷有限公司	
版　　次	2013 年 10 月第 1 版　2013 年 10 月第 1 次印刷	

开　　本	787×1092(毫米)　1/16	
印　　张	55	
字　　数	1050 千字	

书　　号	ISBN 978 - 7 - 5013 - 5164 - 0	
定　　价	380.00 元	

作者简介：

吴志荣,男,1951 年出生于上海,1987 年华东师范大学图书馆学情报学系研究生毕业,并获硕士学位。1993 年起任上海师范大学图书馆副馆长,2002 年被聘任为研究馆员。曾任上海图书馆学会编译委员会副主任。主持完成了上海市教委重点科研项目"数字图书馆理论与实践"和一般项目"数字信息研究"。至今已发表论文 60 余篇,撰写著作 4 部。2000 年撰写出版的《数字图书馆——从理念走向现实》是国内第一部全面论述数字图书馆建设的专著,被引用率高达 270 余次。根据 CSSCI 的引文统计,该书为我国图书馆、情报与档案管理学科 10 本优秀著作之一。2000—2004 年期间,论著的被引数量在本学科领域名列第 42 位,在数字图书馆研究领域名列第 4 位。曾主持 1996 年在武汉大学召开的"信息资源与社会发展国际学术研讨会"。2008 年以来,倡导在馆藏发展领域开展案例实证研究,并于 2008 年、2009 年、2010 年、2011 年分别在上海师范大学、南京大学、浙江大学、中山大学主持全国性学术研讨会"馆藏与出版论坛"。

蔡迎春,女,1971 年出生,1993 年兰州大学图书情报学系本科毕业,2001 年获北京大学信息管理学院情报学硕士学位。副研究馆员。2013 年起任上海师范大学图书馆副馆长。主要研究方向:资源建设、藏书评价等与馆藏发展相关的实证研究,以及机构库建设研究等。至今已发表论文 30 余篇,参与国家社科基金"数字时代图书馆危机管理研究(2008)"、教育部基金"基于标准书目分析的高校哲社类馆藏发展实证研究(2010)"等项目研究。

本书编委会

主　编：吴志荣　蔡迎春

编　委（按姓氏笔画排序）：

　　　　刘晓霞　许继新　杜慧平

　　　　吴志荣　陆怡洲　唐晓艳

　　　　雷顺利　蔡迎春　穆卫国

编制说明

1. 本书目为 1995 年至 2005 年我国（不包括港澳台）出版的哲学社会科学类学术图书的标准书目，可供馆藏质量测评（或馆藏补配）和指导阅读使用。

2. 本书目正文中入选的图书均具有相当的被引用次数，且经相关专家审核。具体收录标准可见本书目的"前言"和各大类书目前的分析说明；附录所收录的图书包括国家社科基金项目成果，国家级图书奖项获奖图书和《中国图书评论》推荐的图书。

3. 本书目所收录的图书书目按照《中国图书馆分类法》大类顺序排列，即从 A 类至 K 类。每个大类的书目根据《中国图书馆分类法》二级类目顺序排列，如 G3 必须排列在 G2 后面；附录中所收的图书也根据《中国图书馆分类法》二级类目顺序排列。由于归类于《中国图书馆分类法》Z 大类的哲学社会科学类图书均为大套的丛书或工具书，具有一定的特殊性，故本书目不予收录。

4. 本书目的每类书目前均有对该类书目的分析说明，分析所收录图书的被引情况、年代分布、出版社分布、类别分布等，具有相当的学术性。

5. 鉴于本书目为标准书目，其功用不同于一般的年度目录或专题目录，书目中的每个大类均有自身相对的独立性，故一些图书会重复出现在不同的大类中。如：《城市形象与城市文化资本论》，既被收录于 C 大类，也同时被收录于 G 大类；《创造性思维的原理和方法》，既被收录于 B 大类，也同时被收录于 G 大类。

6. 每条书目的著录内容包括：题名，责任者，版次（第 1 版不予著录），出版地，出版者，出版年，丛书名，国际标准书号（个别未见到原书者，项目内容会有缺失）。

编　者
2013 年 5 月

序一：一部填补空白的书目

吴志荣教授和他的研究团队编制的《中国哲学社会科学类学术图书基本书目(1995—2005)》即将出版。这对我国学术界和图书馆界都是一件值得庆贺的事,因为它将对我国各类图书馆优化学术图书馆藏,开展学术图书的评价,推进学科服务产生很大的影响,同时也为我国图书馆界编制哲学社会科学各学科图书的标准书目开了先河。故吴老师嘱我作序,我欣然为之。

自20世纪90年代中期以后,我国各类出版社开始市场化运行,营利自然成为出版社追求的主要目标。主要图书审核机构逐渐放松了对出版物,尤其是学术图书的控制,使得社会的各种出版需求得到了很大的释放,出版图书的品种数量激增。

品种数量的剧增并不意味着我国社会科学创新能力的大幅度提升,因为其中充斥着大量低水平重复的、跟风的、低俗化的、粗制滥造的出版物。这种状况对我国各类图书馆的馆藏发展工作造成很大的困难。据相关研究表明,在我国很多高校图书馆中,新入藏中文图书在入藏后三年期间(这应该是图书出借率最高的时间段)零借阅率比例年平均高达40%—50%。对那些半衰期短的图书来说,这样的比例就意味着大量的图书面临在短期内被剔除的命运,人力、财力、空间的浪费是十分严重的。

为此,近年来,关于评价馆藏质量或提高馆藏建设水平的研究开展得十分活跃。很多实证方法被应用到研究中(如利用统计法、调查法、引文法等,进行馆藏质量评价),虽获得一些研究成果,但由于统计或调查对象的取样范围较小,往往局限于某个馆的馆藏数据,因此,得出的结论就不一定能完全说明问题。

书目核对法是评价馆藏质量最为有效的方法。然而,这类标准书目很难测定,一是因为评判标准的权威性比较难以把握。二是因为这种测定需要相当范围的调查样本。我国虽然每年出版《全国总书目》,但是由于种种原因,《全国总书目》的收录仅占全国出版物的70%左右,而且2005年前出版的《全国总书目》的电子版无法被下载,更不能被进行格式转换,有的还只有纸质版本。所以要获取尽可能全的(至少在数量上要超过《全国总书目》所收录的数量)且可供格式转换的调查样本十分困难。三是需要对获取到的、数量庞大的书目数据进行调查和分析,不仅需要了解和运用科学的方法,还需要具有较强的甄别能力,而且工作量十分巨大。也因为这样,国内至今没有出版类似书目。

编制《中国哲学社会科学类学术图书基本书目(1995—2005)》的研究团队获取了海量的、有说服力的书目数据,然后运用定量与定性相结合的方法对1995—2005年间出版的哲社类图书进行了分析和评价,并在此基础上编撰出这样一部哲学社会科学类的标准书目,这是相当不容易的,其质量也是令人信服的。

此外,将标准书目的时间范围取在1995—2005年这个时间段,正是我国图书采购领域诸多因素发生很大变化的一个时间段,如图书出版增长速度、市场因素使得图书征订目录和采购渠道发生变化,以及教学评估使得各高校图书馆图书购置经费的变化也很大。所以,对该时间段出版的图书及馆藏图书的质量进行评价,从某种意义上来说可能较之其他时间段更有意义。

这部书目能在馆藏测评(和藏书补配)、指导读者阅读方面发挥重要作用,并且对研究有价值图书的形成要素,分析各学科的核心作者、核心出版社、重要研究机构等具有重要参考价值,同时为构建图书馆采访技术体系提供理论依据。

衷心祝贺《中国哲学社会科学类学术图书基本书目(1995—2005)》的出版。

肖希明

2013 年 4 月

序二:披沙拣金,择善存目

图书馆总想存藏更多的图书,然因其定位、服务对象需求的原因,特别是资金、空间等限制而无法亦不必采集全部图书。由此,选书就成为一门引人入胜的技艺,并理所当然地属于衡量图书馆基础业务高下的一个指标,成为提高资金和图书使用效率的一种保障。

近几年来,选书工作显得愈发重要倒不仅是我国纸质图书出版量迅速增长,一直高达30多万种并一跃成为世界之首的缘故,还因为即使以有限的个人目力所及亦易发现同质类图书比比皆是,低水平重复出版现象屡见不鲜。如此情状,业界采访人员确实更要看清形势,了解现实,甄别价值,比对条例,把握需求,慎重遴选。也许正是为了响应这种需求,学兄志荣先生率领团队以很大的勇气,不辞辛劳,不顾繁复,从1995年至2005年的中国哲社学术图书中,依图书馆人的眼光谨慎选择筛选方法,从书海中披沙拣金,编制基本书目,供同行比照借鉴,为这期间的哲社类书籍留下具有历史性意义的评价。

依我之见,《中国哲学社会科学类学术图书基本书目(1995—2005)》是一本颇有价值的参考工具书。首先是出版评价。巨量出版并不一定意味着学术繁荣、硕果累累,尤其是处于"写书人不少、读书人不多"的年代。学术图书的数量及其价值需要客观评价,需要第三方依据公正适宜的标准予以衡量,这种衡量不仅应以定性的面目出现,而且应以定量的方式展示,基本书目显然在这方面做了极有意义的探索,它较为细致的分类计数更是便于人们对某一类学科、专业的学术图书有比较详尽的了解。其次是测评参考。基于入选之基本书目或均有较高的被引频次,表明读者对这些图书的曾经利用;或曾获得国家相关基金项目的资助、权威书评、国家图书奖项等,表明学界对它们的认可。一句话,编者兼顾"需求论"和"价值论"之两个维度。因此,基本书目可供图书馆在一段时间内评判相关专业学术类图书和选书存藏时作为参考。第三是阅读导引。同类书籍众多,虽各有长短、特色迥异,但大多数读者因种种缘由而只能或只愿阅览其中的少数,这就有选择而读的需要,基本书目客观上存有导引的功能。书目的"门槛"越高,推荐、导读的功力越大。第四是引发思考。譬如,鉴于基本书目只占全部学术类图书13.2%的比例,一些专注于搜集学术专著或采购经费有所不足的学术图书馆,似可从基本书目及其筛选法中获得启迪。又譬如,凭借经验采购图书者抑或能从与基本书目的比对中修正日常作业行为,使采购工作更为理性、更加完善,等等。

在阅读本书时,我心有旁骛,还想到了其他一些问题。其一,基本书目属于"基本",应从整体把握,使用者不必拘泥于难免的挂一漏万。记得有一篇文章透露,上世纪70年代初,诸多科研机构典藏中均找不到有关弹头穿透各种厚度坦克甲板所需的初速度和高温度数的运算方程式,后来由专家从40年代的文献中发现所需文献信息[1]。可见,即使是一段时期甚至很长一段时期未经利用的文献,它的价值仍然难以低估。一册未列入学术图书基本书目中

---

[1] 袁昱明.选书价值论纲.中国图书馆学报,1994(4):20-26.

的书籍未必不能冠以学术字样,更不可轻易断言它不具价值。其二,一段时期的基本书目,固然可供相关学术图书馆作回溯性比对和补配,但似仍应顾及本图书馆的定位、特点、对象需求、经费、采购政策、空间等因素,做全面的分析。在我看来,对文献采购和馆藏评价,皆难有简化之法。其三,对大量数据的筛选、处理,其结晶是呈现在我们面前的这册基本书目,它已经达到了相当高的水准。可我还有期待,可否依据大数据处理技术将人工处理的规则、方法构成机选软件? 如此,便可不仅免除有些琐碎繁复的作业,亦有可能将基本书目的编选经常化。此外,编者可否将此次编制中的体会和经验归纳成几条有利于采访作业的准则? 如此,本书不仅可用于回溯性的对照评测,还可供图书馆人在当下的采访实践时借鉴。

基本书目也罢,推荐书目、参考书目也好,总是会引发各种议论和评价,不仅因为因人而异的喜好和学术观点,还涉及人们其他的价值观和见解。但是,书目的一直存在,表明它的需求亦一直存在,这就足矣。

是为序。

周德明
2013 年 3 月

序三:找寻"好书因子"

本来我没有资格为这部专著作序,我是地道的业外人士。去年大概这个时候,人天书店在苏州召开江苏、上海、浙江三地高校图书馆馆长资源建设研讨会,请吴志荣老师做主题演讲。私下,吴老师跟我说到这本书的内容,正好我们正在搭建人天数据平台,很多想法有相通之处。

我的数据平台原理,是要把采访、编目、联合编目、联合目录都放在一个数据库里,而现在的情况不同,采访是采访,编目是编目,编目还要分为国家图书馆和CALIS两个标准,实际又变成了两个库。联合目录已经没人做了,只有个别专业图书馆做一下自己专业的联合目录。编制不方便,使用更不方便。书出版了,编目就重做一遍,并不在采访的基础上做,编目员嫌麻烦。使用采访数据时,并不知道哪些书已经出版了。每个库都是独立不相通的,是一个个信息孤岛,耗费大量的人工,还出现大量的冗余数据。我的数据平台把这些问题都解决了,采和编都在一个平台实现,从在版编目(CIP)到采访,到编目,到联合目录,一条数据像在一条流水线一样生产,好处还在于,一种书或一种书的信息在任何状态下,都可以放到这个制作流程中完成,比如某一种书没有任何信息,就直接编制它的编目数据,同时也就复制了它的采访数据,没有一个浪费的动作。

但是,数据平台做到这里,只是解决了馆配商采和编的问题,并没有解决图书馆采选的问题,就如同分类法和机读目录只解决了图书馆的问题,并没有解决读者的问题一样。读者要用最便捷的方式找到自己想看的书,他们会觉得百度、淘宝、当当、亚马逊更方便。图书馆是想最方便、最准确地找到符合自己馆藏要求的书,现在看没有任何手段可以达到这个目的。

这是一个服务的概念,馆配商可以不做,人天书店也可以不做,但如果做了,就会变得优秀。吴老师和他的团队所做的工作给了我一些启发。他们所做的工作,是把以往某个时段的书目集中起来,再把哲学社会科学类学术图书分离出来,对这部分图书用引文分析和二八定律遴选,再经相关专家审定,形成核心书目。这个书目可以作为馆藏质量测评的工具。在这之前,吴老师曾对某段时间的计算机类图书做过类似分析测评,由此生发出对所有图书进行评价的欲望。不管图书馆认可与否,是否会用这个工具测评本馆的馆藏图书质量,吴老师他们的工作都是有意义的。

对人天书店来说,这样的成果来得有点晚了。我是想让图书馆的采访人员在没有看到书的情况下,面对采访数据,就能大致判断出哪些是好书,有哪些图书符合自己的馆藏要求,不至于等吴老师的核心书目出来,与自己的馆藏一对比,覆盖率达不到50%,甚至达不到30%(吴老师用计算机类核心书目比对一些大学图书馆馆藏时,就发生了这样的情况)。

我们相信图书馆采访人员大都是敬业的,但不能要求他们是全才。特别是他们要面对每年17万种新书的时候,如果加上再版和重印的数量,那就是37万种了。所以要有一个推选的工具,把好书、符合馆藏要求的书自动推送到采访人员眼前。我希望在人天书店的数据平台上实现这一要求。如果能把吴老师的一些研究方式,用到对采访数据的评价上,是否能达到这个目的呢? 还不得而知。这个工作肯定比评价已经出版的书有更大的难度,但不是不能做,不是无迹可寻。我提出"好书因子"的概念,吴老师同意我的说法。道理是相同的,方法是相通的。已经出版的书可以用引文分析的方法,被看得多、被引得多的大致会是好书,但也不尽然,有些书涉及热点问题或热点作者,被看、被引自然多,但未必是好书,这里有个二次定量的问题。没有出版的书自然用不上引文分析,但一条采访数据里面也会包含很多信息,从这些信息里可以提取出用于评价的因子,再对其进行量化。殊途同归吧。我希望吴老师的书尽快出版,让我从中找到答案,同时也希望吴老师和他的团队,能加入到人天书店这项宏大工程中来。

邹 进

2013 年 4 月

目 录

前　言

进入 21 世纪以来,我国图书出版数量增长很快,1999 年出版 141 831 种(包括重版、重印),2009 年则达到 301 719 种,整整翻了一倍还多,2011 年更是超过了 37 万种。然而,出版的同质化和低水平重复现象十分严重,有价值的学术性图书所占比例相当低。据统计,截至 2007 年,在 CSSCI 中被引用过 1 次及以上的图书仅占相应时间段所出版图书总数的 13%。

这种状况使得我国各类图书馆尤其是学术图书馆馆藏建设工作形势十分严峻,大量无甚学术价值的图书进入各类高校图书馆,而同时,大量有价值的图书却被漏藏了。由此,如何选择有价值的文献,如何指导读者利用有价值的文献,也即"文献发现",成为当代社会赋予图书馆的重要职能。

《中国哲学社会科学类学术图书基本书目(1995—2005)》就是在这样的背景下被立项的。

本书目系教育部人文社会科学研究规划基金项目"基于标准书目分析的高校哲社类馆藏发展实证研究"(项目编号:10YJA870025)的重要成果之一。

项目课题组运用定量与定性相结合的方法,对 1995—2005 年间我国出版的哲社类图书进行分析和筛选,而后编撰出这样一部我国在这个时间段出版的哲社类图书的标准书目,作为馆藏质量测评的有效工具,并为研究有价值图书缺藏的原因及有价值图书产生及增长的规律提供基础,而更重要的是,能为相关学科的研究者和学习者发现有价值的文献,起到导读的作用。

一部标准书目编制的质量保障主要取决于这样三个方面:一是所确定时间段的书目数据采集量是否足够充分;二是入选书目的标准是否科学合理;三是编制者的工作是否做得严谨细致,且能友好合作。《中国哲学社会科学类学术图书基本书目(1995—2005)》的编制过程就是这三方面不断推进的过程。

首先是采集我国在 1995—2005 年出版的所有哲社类图书的书目数据,采集难度大大超过了原先的预计。原先认为可以主要采用《全国总书目》的电子版,再辅之一些规模较大的全国性书商的征订书目,基本就可达到目的。然而,在正式开始工作后发现,2005 年以前出版的《全国总书目》的电子版都为图像版,不可下载,更不可检索(加之,《全国总书目》所收录的图书品种并不全,约占全部品种的 70% 左右),如采用这样的版本进行引文统计分析,其工作量之大是课题组所不能承受的。

课题组另辟蹊径,从我国藏书量第二大馆——上海图书馆、收录中文电子图书数量最多的超星集团、长期为图书馆制作书目数据的上海联诚图书公司、目前国内规模最大的馆配书商——人天书店集团等处采集到 180 余万条 MARC 数据,经去重处理,得出约 72 万条数据,见表 1。

表1 课题组采集的我国1995—2005年出版的哲学社会科学类图书书目总量(包括重版、重印)(单位:种)

A、B类	C类	D类	E类	F类	G类	H类	I类	J类	K类	共计
34 971	25 919	66 384	7934	110 062	138 262	58 228	118 447	81 429	80 881	722 517

经过与《全国总书目》进行抽样比对,课题组采集书目不仅基本涵盖该书目的收录范围,且除了G类,其他各类的书目数据数量大大超过了《全国总书目》所收录的,而G类中大量是大专(包括大专)以下的教材和教辅,不是本课题的分析对象,见表2。

表2 《全国总书目》收录的我国1995—2005年出版的哲学社会科学类图书书目总量(包括重版、重印)(单位:种)

A、B类	C类	D类	E类	F类	G类	H类	I类	J类	K类	共计
23 509	15 886	57 113	5202	87 971	258 729	52 962	99 113	60 512	48 163	709 160

完全可以说,课题组所采集的书目数据达到了采集量足够充分的目标。这是这部书目编制的重要基础。

其次是制定入选图书的标准。这方面包括两个层面的标准,首先是学术图书的标准,然后是入选基本书目的标准。

经讨论,确定了不属于学术图书的范围:

(1)各类大专以下(包括大专)教材;

(2)各类教学辅导材料、习题集;

(3)各类职业认证考试、等级考试教材及辅导材料;

(4)各类职业教育、岗位培训、励志类图书;

(5)各类科普读物、普及读物,各类文艺作品;

(6)工具书;

(7)各类政策法规、政府出版物。

另外,考虑到《中国图书馆分类法》的Z大类的哲学社会科学类图书都属于大套的丛书,具有一定的特殊性,本书目也不予收录。

删除以上范围的图书以后,得到的学术图书数量,见表3。

表3 我国1995—2005年出版的哲学社会科学类学术图书总数 (单位:种)

A类	B类	C类	D类	E类	F类	G类	H类	I类	J类	K类	共计
928	6046	11 136	13 405	3498	25 580	25 496	4774	9962	3389	21 904	126 118

学术图书总量略高于总出版量的1/6,这大致符合学术图书的出版规律,即如果整个出版物形成一个金字塔形状时,学术图书是靠近塔尖的那一小部分。当然,各个学科是有差异的,例如,I类和J类所包括的文学及艺术作品多,所以,学术图书所占比例就比较低;H类的教辅材料、试题、词典比较多,学术图书所占比例更低。

其中,有1次(包括1次)以上被引次数的学术图书共53 333种,约占学术图书总数的42.3%。

入选基本书目(即作为最终成果的标准书目)的标准有两个维度。一是被引频次,即定量的维度(实际也包含定性的因素,因为被引也意味着他人的认可)。这个维度基本遵循二八定律,即入选图书的被引次数占总被引量的70%—80%。各个学科的情况是不同的,如 H 类图书要达到被引 35 次才能入选基本书目,G 类图书要被引 23 次才能入选,D 类则要求被引 22 次,而 I 类图书和 K 类图书被选入基本书目要求的被引次数相对比较低。总体来说,都考虑到引文分析统计时可能产生的噪音,适当地提高入选基本书目的被引次数,保证入选基本书目的门槛达到一定的高度。二是定性的维度。请有关学科专家对根据被引次数而选入基本书目的图书进行审核,也可推荐自己认为的好书;同时把符合本书入选标准的受到国家社科基金项目资助的图书、获得国家图书奖等奖项的图书,《中国图书评论》中获得好评的学术图书也作为选入基本图书的重要依据(后三类作为附录列出),因为这些图书也是通过各学科专家层层审定而产生的。表 4 是根据二八定律确定引文频次并经有关专家审定而产生的图书情况。

表 4　根据二八定律并经审定后各学科入选基本书目的图书数量　　　　(单位:种)

A 类	B 类	C 类	D 类	E 类	F 类	G 类	H 类	I 类	J 类	K 类	共计
103	909	819	1456	245	3150	2723	531	1403	328	2764	144 31

表 5 是有关基金项目资助出版、获得国家图书奖或《中国图书评论》中涉及的图书数量(不含与表 4 中重复的书)。

表 5　基金资助、获奖、书评推荐的学术图书数量　　　　(单位:种)

国家社科基金资助	权威书评好评图书	获国家级奖项	共计
677	529	296	1502

表 4 和表 5 共计 15 933 种图书。应该说把这些图书作为我国在 1995—2005 年出版的有价值的哲社类学术图书是相当有说服力的。

整个工作流程如下:

采集书目数据,得到 180 余万条——查重,删除重复的数据,取得 72 万余条数据——经过逐条删选,得出 126 118 条学术图书的书目数据——对这 12 万多条数据利用 Google Scholar 逐条进行引文分析——根据二八定律,进一步统计分析,并征求各有关学科相关专家的意见,得出 14 431 条数据。

同时,查找 1995—2005 年国家社科基金资助出版的、获得有关国家奖项的、《中国图书评论》涉及的,又符合本书目学术图书标准的图书,在去掉与以上书目记录重复的以后,得到 1502 条。

研究团队还对入选各个类的图书的被引情况、年代分布、出版社分布、类别分布等进行分析,大大提升了本书目的学术性。

为了高质量地完成这部书目的编制,课题组 9 位研究人员花了近两年的时间,其中的艰辛可想而知。

他(她)们是:

蔡迎春,参与项目的策划,协调有关工作,负责 F 类图书的查重、学术图书的选定和基本书目的选定,并对入选 F 类的图书进行分析,还参加最后的统稿;

雷顺利,负责 G 类图书的查重、学术图书的选定和基本书目的选定,并对入选 G 类的图

书进行分析;

许继新,负责 D 类图书的查重、学术图书的选定和基本书目的选定以及获奖图书的查找、对《中国图书评论》涉及的图书进行选择,并对选入 D 类的图书进行分析;

杜慧平,参与项目的策划,负责 J 类学术图书的选定、基本书目的选定和教育部人文社科项目的查找,并对入选 J 类的图书进行分析;

穆卫国,负责 A 类和 B 类图书的查重、学术图书的选定和基本书目的选定及部分数据的采集工作,并对入选 A 类和 B 类的图书进行分析;

唐晓艳,负责 I 类和 K 类图书的查重、学术图书的选定和基本书目的选定,并对入选 I 类和 K 类的图书进行分析;

刘晓霞,负责 H 类图书的查重、学术图书的选定和基本书目的选定,并对入选 H 类的图书进行分析;

陆怡洲,负责 C 类和 E 类图书的查重、学术图书的选定和基本书目的选定,并对入选 C 类和 E 类的图书进行分析;

吴志荣,负责项目的策划和实施进程、数据的采集、工作的协调及国家社科基金资助图书的查找,并负责最后的统稿。

整个团队人员均具有硕士以上学历,馆员以上职称,其中正高一名、副高两名。他(她)们凭着对科学研究的热情和对图书馆事业发展的追求,不计个人得失,精诚团结,最终使这样一部高质量的、研究性的标准书目呈现在世人面前。可以说,这样的团队在国内高校图书馆界并不多见。

最后还要衷心感谢我国图书馆学界、业界和书业界的三位重量级人物为本书目撰写序言。他们是中国图书馆学会资源建设与共享专业委员会主任肖希明,上海图书馆学会理事长、上海图书馆副馆长周德明和人天书店集团总裁邹进,他们专业而又精彩的文字大大加重了本书目的学术含量。

吴志荣

2013 年 5 月

马克思主义、列宁主义、毛泽东思想、邓小平理论类入选书目分析

穆卫国

一、总体情况

经查重后,共获得 1995—2005 年出版的马克思主义、列宁主义、毛泽东思想、邓小平理论类(A 类)图书书目数据 3126 条。根据本课题学术图书筛选标准,筛选后最终获得 A 类学术图书 928 种,占 A 类图书总量的 29.69%。利用 Google Scholar 搜索,若该书被引次数≥1 则被认为有价值,经检索后,A 类有价值的学术图书有 232 种,共被引 1510 次,占学术图书出版总量的 25%。依照"二八定律",以累积被引次数占总被引次数 80% 作为 A 类入选图书的判定标准,则 A 类各年入选图书被引次数各不相同。根据这一标准,A 类入选图书共 103 种,仅占学术图书总量的 11.1%。

表1 1995—2005 年 A 类图书总体情况

年份	图书统计量（种）	学术图书量（种）	有价值学术图书量（种）	入选图书量（种）	入选图书最低被引次数
1995	113	46	10	6	3
1996	115	43	13	5	13
1997	122	57	14	8	2
1998	166	62	18	8	5
1999	416	102	20	9	4
2000	334	137	18	10	4
2001	330	96	30	12	4
2002	322	98	26	7	8
2003	423	92	24	11	3
2004	488	126	36	18	3
2005	297	69	23	9	3
总计	3126	928	232	103	—

二、入选书目出版规律分析

(1)出版趋势分析

按照年份分别统计入选图书及被引次数。从表 2 和图 1 可以看出,入选图书从 1995 年

到 2001 年之间呈上升趋势,2001 年之后则呈曲折上升趋势;而从引文量来看,一直趋于波动状态,1996 年和 2002 年引文量达到顶峰。

表2　1995—2005 年入选书目年份及引文量分布

年份	入选图书数量(种)	入选图书所占比例(%)	入选图书引文量(次)	引文量所占比例(%)
1995	6	5.83	28	2.25
1996	5	4.85	244	19.57
1997	8	7.77	40	3.21
1998	8	7.77	105	8.42
1999	9	8.74	89	7.14
2000	10	9.71	56	4.49
2001	12	11.65	132	10.59
2002	7	6.80	241	19.33
2003	11	10.68	95	7.62
2004	18	17.48	142	11.39
2005	9	8.74	75	6.01
总和	103	100.00	1247	100.00

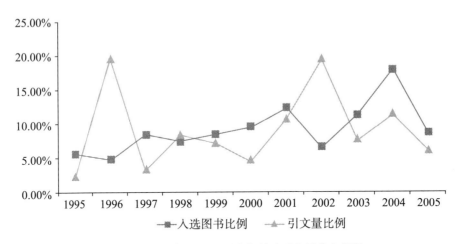

图1　1995—2005 年入选图书年份及引文量分布情况

(2)出版社分析

共有 51 家出版社有图书入选。分别统计每个出版社入选图书的种数和总被引次数,按总被引次数排序,发现有 6 家出版社入选图书超过 5 种,且平均被引次数较高。有些出版社个别图书被引次数很高也值得关注,比如南京大学出版社,共入选图书 3 种,但总被引次数却高达 173 次。

表3 1995—2005 年入选书目出版社分布

序号	出版社	总被引次数	入选种数
1	中国人民大学出版社	123	6
2	人民出版社	116	11
3	中国社会科学出版社	94	8
4	北京大学出版社	79	7
5	高等教育出版社	49	6
6	中国经济出版社	34	5

马克思主义、列宁主义、毛泽东思想、邓小平理论类入选书目

资本论.第三卷/中共中央马克思恩格斯列宁斯大林著作编译局译.—2版.—北京:人民出版社,2004

7—01—004117—2

资本论.第一卷/中共中央马克思恩格斯列宁斯大林著作译编局译.—2版.—北京:人民出版社,2004

7—01—004115—6

马克思恩格斯报刊活动与新闻思想研究/郑保卫编著.—北京:高等教育出版社,2003

7—04—011765—7

社会主义和宗教/(俄)列宁著;中共中央马克思恩格斯列宁斯大林著作编译局编.—北京:人民出版社,1999(马克思列宁主义文库)

7—01—002985—7

毛泽东邓小平江泽民论世界观人生观价值观/毛泽东等著;中共中央文献研究室编.—北京:人民出版社,1997

7—01—002582—7

体育之研究/毛泽东著.—中英文本.—北京:人民体育出版社,1996

7—5009—1311—7

重读邓小平.上、下卷/马京波编著.—北京:人民出版社,2004

7—01—004476—7

海外邓小平研究新论/成龙著.—北京:北京大学出版社,2004(北京大学邓小平理论研究书系)

7—301—07523—5

正确世界观人生观的磨砺:马克思主义著作精要研究/侯惠勤主编.—2版.—南京:南京大学出版社,2002

7—305—02994—7

邓小平的政治智慧:政治哲学视角的考察/沈远新著.—北京:中国经济出版社,2004

7—5017—6383—6

邓小平人民主体价值观思想研究/李德顺著.—北京:北京出版社,2004

7—200—05506—9

马克思主义妇女理论发展史/仝华,康沛竹主编.—北京:北京大学出版社,2004

7—301—08076—X

邓小平政策思想研究/刘雪明著.—广州:广东教育出版社,2004

7—5406—5512—7

自然的理由:生态学马克思主义研究/(美)詹姆斯·奥康纳著;唐正东,臧佩洪译.—南京:南京大学出版社,2003(当代学术棱镜译丛·国外马克思主义与后马克思思潮系列)

7—305—03994—2

马克思的幽灵:债务国家、哀悼活动和新国际/(法)雅克·德里达著;何一译.—北京:中国人民大学出版社,1999(马克思主义研究译丛)

7—300—03171—4

马克思主义信仰论/刘建军著.—北京:中国人民大学出版社,1998(中国人民大学博士文库)

7—300—02741—5

马克思主义史：马克思主义在社会主义胜利中发展.第三卷／庄福龄主编；中国人民大学马列主义发展史研究所编.—北京：人民出版社,1996

7—01—002294—1

马克思主义史：马克思主义的形成和奠基.第一卷／庄福龄主编；中国人民大学马列主义发展史研究所编.—北京：人民出版社,1996

7—01—002048—5

马克思主义史：马克思主义在当代的发展.第四卷／沈云锁等主编.—北京：人民出版社,1996

7—01—002439—1

财富与发展：《资本论》与现代经济学理论研究／裴小革著.—南京：江苏人民出版社,2005

7—214—03954—0

人的存在与教育：马克思教育思想的当代价值／舒志定著.—上海：上海学林出版社,2004

7—80668—710—6

新编马克思主义文艺学／潘天强主编.—上海：复旦大学出版社,2005

7—309—04340—5

当代中国马克思主义的新发展／程大鹏,李连仲主编.—北京：中共中央党校出版社,2001

7—5035—2293—3

马克思的社会发展理论及其当代价值／侯衍社著.—北京：中国社会科学出版社,2004

7—5004—4531—8

马克思走近马克思主义：《1844年经济学哲学手稿》的当代研究／汤文曙著.—合肥：安徽大学出版社,2004

7—81052—960—9

资本运行论析：《资本论》与市场经济／弓孟谦著.—北京：北京大学出版社,1998（北京大学经济学丛书）

7—301—03834—8

经济中国之《资本论》与中国：在中国社科院研究生院听著名经济学家演讲／邹东涛,岳福斌主编.—北京：中国经济出版社,2004（讲坛之光系列丛书）

7—5017—6201—5

资本转型论：《资本论》资本理论的具体化／陈俊明著.—北京：社会科学文献出版社,2004

7—80190—490—7

《资本论》体系与实践意义研究／刘炳瑛著.—北京：中国经济出版社,2001

7—5017—5309—1

《反杜林论》与当代中国的马克思主义／黄仲池著.—北京：中共党史出版社,1997

7—80136—046—X

国际共运史上的一大论战：关于恩格斯的《马克思〈法兰西阶级斗争〉导言》的争论和评论／季丰,韩文臣,闻文编.—北京：社会科学文献出版社,1995

7—80050—576—6

马克思社会发展理论研究／吕世荣著.—北京：中国社会科学出版社,2001（中国社会科学博士论文文库）

7—5004—3168—6

艺术与人的解放：现代马克思主义美学的主题学研究／谭好哲主编.—济南：山东大学出版社,2005（文艺学前沿理论研究书系）

7—5607—2997—5

马克思意识形态理论的当代阐释／张秀琴著.—北京：中国社会科学出版社,2005（中国社会科学博士论文文库）

7—5004—5188—1

马克思精神生产理论研究／景中强著.—北京：中国社会科学出版社,2004（中国社会科学博士论文文库）

7—5004—4696—9

马克思与现代美学 / 童庆炳等著.—北京:高等教育出版社,2001

7—04—009419—3

马克思的哲学思想及其当代意义 / 张奎良著.—哈尔滨:黑龙江教育出版社,2001

7—5316—3913—0

重思发展:马克思发展理论的当代价值 / 刘森林著.—北京:人民出版社,2003(马克思主义的当代价值)

7—01—003830—9

马克思人学思想研究 / 韩庆祥著.—郑州:河南人民出版社,1996(马克思主义研究丛书)

7—215—03548—4

马克思法哲学与法律社会学理论研究 / 杜万华著.—北京:法律出版社,2003(西南政法大学学子学术文库)

7—5036—4427—3

马克思主义民族观的形成与发展 / 青觉著.—北京:民族出版社,2004

7—105—06312—2

马克思社会化理论与政治权力的演变 / 江德兴等著.—北京:社会科学文献出版社,2005

7—80190—745—0

马克思主义民族理论发展史 / 陈国新,杜玉银主编.—昆明:云南大学出版社,2001

7—81068—285—7

实践生成论人学 / 武天林著.—北京:中国社会科学出版社,2005

7—5004—5293—4

哲人与将军:恩格斯军事技术思想研究 / 刘戟锋著.—长沙:湖南教育出版社,1997(博士论丛)

7—5355—2451—6

马克思恩格斯军事经济思想研究 / 蒋一国,于连坤主编;方锡金等撰稿.—北京:国防大学出版社,1997

马克思恩格斯军事理论研究 / 鲍世修著.—北京:军事科学出版社,1999

7—80137—240—9

现代企业中的劳动与价值:马克思价值理论的现代拓展 / 史正富著.—上海:上海人民出版社,2002

7—208—04095—8

马克思的国际经济理论 / 许兴亚著.—北京:中国经济出版社,2003

7—5017—5720—8

新劳动价值理论 / 赵自元著.—北京:中央民族大学出版社,2003

7—81056—759—4

中国化马克思主义教育概论 / 李辉,许文贤等著.—北京:人民出版社,2005(中国化马克思主义理论丛书)

7—01—004978—5

马克思主义文艺学概论 / 陆贵山,周忠厚主编.—北京:中国人民大学出版社,2001

7—300—03956—1

走出历史哲学乌托邦:马克思主义发展观的当代沉思 / 刘怀玉,张锐,王友洛等著.—郑州:河南人民出版社,2001

7—215—04726—1

马克思东方社会理论的历史考察和当代意义 / 赵家祥,丰子义著.—北京:高等教育出版社,2002

7—04—011122—5

汉语中的马克思主义术语的起源与作用:从词汇—概念角度看日本和中国对马克思主义的接受 / (德)李博著;赵倩,王草,葛平竹译.—北京:中国社会科学出版社,2003

7—5004—4013—8

《资本论》的基本思想与理论逻辑 / 何干强
著.—北京：中国经济出版社,2000
7—5017—5025—4

列宁法律思想研究 / 龚廷泰著.—南京：南京
师范大学出版社,2000（金陵法学论丛）
7—81047—580—0

列宁法律思想史 / 吕世伦主编.—北京：法律
出版社,2000
7—5036—2948—7

列宁的公仆理论与当代中国 / 傅如良著.—长
沙：湖南出版社,2000
7—5438—2289—X

列宁斯大林军事思想 / 俞世福,韩晓林,李元
奎主编.—北京：解放军出版社,1995
7—5065—2693—X

国外学者论斯大林模式.上下册 / （南）米·
马尔科维奇等著；李宗禹主编.—北京：中央编译
出版社,1995（当代世界与社会主义丛书）
7—80109—018—7

历史与意志：毛泽东思想的哲学透视 / （美）
魏斐德著；李君如等译.—北京：中国人民大学出
版社,2005（国外毛泽东研究译丛）
7—300—04488—3

中国化的马克思主义概论 / 丁俊萍,熊启珍主
编.—武汉：武汉大学出版社,2003
7—307—04033—6

人民内部矛盾学说的历史反思 / 雍涛著.—武
汉：湖北人民出版社,2000
7—216—02910—0

毛泽东邓小平江泽民论党的建设 / 中共中央
文献研究室编.—北京：中央文献出版社,1998
7—5073—0482—5

中国现代民主政治的新创造：毛泽东、邓小平
多党合作理论研究 / 刘诚著.—西宁：青海人民出
版社,1997
7—225—01485—4

新中国外交思想：从毛泽东到邓小平：毛泽
东、周恩来、邓小平外交思想比较研究 / 叶自成
著.—北京：北京大学出版社,2001
7—301—04610—3

毛泽东邓小平发展理论研究 / 张忠良,刘仲良
著.—长沙：湖南出版社,1999
7—5438—2032—3

毛泽东、邓小平社会主义建设理论比较研究 /
张星炜,肖百冶著.—北京：经济管理出版社,1997
7—80118—481—5

毛泽东邓小平江泽民与中国先进文化 / 陈晋,
王均伟著.—广州：广东教育出版社,2003
7—5406—5306—X

毛泽东邓小平江泽民对人的全面发展学说的
贡献 / 张志辉著.—长沙：湖南人民出版社,2004
7—5438—3851—6

毛泽东的文艺美学活动 / 董学文,魏国英编
著.—北京：高等教育出版社,1995
7—04—005454—X

邓小平理论的哲学基础研究 / 黄楠森主编.—
北京：中国人民大学出版社,2004（邓小平理论和
"三个代表"重要思想研究丛书）
7—300—05450—1

邓小平思想方法论研究 / 袁贵仁,宫敬才
著.—郑州：河南人民出版社,1998（邓小平理论研
究书系）
7—215—04406—8

邓小平政治体制改革理论研究 / 黄家驹,吴少
荣,王金洪著.—广州：广东人民出版社,1998（邓
小平理论与广东实践研究丛书）

7—218—02626—5

国外邓小平理论研究评析 / 马启民著.—北京:高等教育出版社,2002(研究生教学用书)
7—04—011182—9

新时期的旗帜:《邓小平理论教学片》解说词 / 顾海良,秦宣总撰稿.—北京:高等教育出版社,2000
7—04—008092—3

邓小平理论与中国体育改革:中国体育改革二十年 / 刘德佩,白君玲等著.—北京:人民体育出版社,2001
7—5009—2205—1

邓小平理论科学体系 / 宋一秀著.—北京:北京大学出版社,1998
7—301—03610—8

邓小平理论的品格研究 / 宋进著.—上海:上海交通大学出版社,2000
7—313—02507—6

邓小平经济理论与实践 / 陆立军,王祖强著.—杭州:浙江人民出版社,2000
7—213—02166—4

邓小平理论形成史 / 郑克卿,常志著.—北京:中国社会科学出版社,2003
7—5004—3652—1

邓小平多党合作理论研究 / 李学明著.—成都:四川人民出版社,1998(邓小平理论研究书系)
7—220—04343—0

邓小平人学思想 / 辛世俊,滕世宗著.—郑州:大象出版社,1999
7—5347—2370—1

邓小平行政理论与政府管理 / 唐铁汉著.—北京:国家行政学院出版社,1999
7—80140—016—X

邓小平理论与当代中国社会阶层结构变迁 / 陆学艺,龚维斌,陈光金著.—北京:经济管理出版社,2002
7—80162—334—7

邓小平法治思想研究 / 吴锦标著.—济南:山东大学出版社,2001
7—5607—2272—5

邓小平思想政治教育理论与实践研究 / 聂月岩等著.—北京:首都师范大学出版社,2000
7—81064—159—X

邓小平军事理论 / 张伊宁主编.—北京:解放军出版社,1999
7—5065—3680—3

邓小平军事哲学思想研究 / 卢冀宁主编.—北京:军事谊文出版社,2001
7—80150—159—4

邓小平的农业思想研究 / 朱希刚,缪建平主编.—北京:中国农业出版社,1998(邓小平理论研究书系)
7—109—05494—2

邓小平共同富裕理论与实践 / 汪青松著.—合肥:安徽人民出版社,2001
7—212—01732—9

国富新论 / 胡义成著.—贵阳:贵州教育出版社,1999
7—80650—037—5

邓小平经济思想原旨与概貌研究 / 李治国著.—北京:人民出版社,2003
7—01—004048—6

邓小平海军建设思想研究 / 李铁民主编.—北京:国防大学出版社,1997(邓小平新时期军队建设思想研究丛书)
7—5626—0823—7

邓小平教育思想研究专题 / 滕纯主编.—北京：教育科学出版社,1997（全国教育行政干部培训教材）

7—5041—1726—9

邓小平教育思想与中国教育改革 / 杨德广等著.—上海：上海教育出版社,2003

7—5320—8546—5

邓小平论中共党史 / 中共中央党史研究室《邓小平论中共党史》编辑组编.—北京：中共党史出版社,1997

7—80136—089—3

邓小平教育思想与中国当代教育 / 杨德广主编.—上海：上海教育出版社,1995

7—5320—4508—0

党的领袖与党史研究 / 王炳林主编.—北京：中央文献出版社,2004

7—5073—1559—2

马克思主义史学新探 / 陈启能等著.—北京：社会科学文献出版社,1999（马克思主义研究文库）

7—80149—114—9

现代化的理论基础：马克思现代社会发展理论研究 / 丰子义著.—北京：北京大学出版社,1995

7—301—02841—5

当代马克思主义科技观的多维透视 / 刘吉发著.—西安：西北大学出版社,2002

7—5604—1665—9

哲学、宗教类入选书目分析

穆卫国

一、总体情况

对所获得的 1995—2005 年出版的哲学、宗教类(B 类)图书书目数据进行查重后,共获得 1995—2005 年出版的 B 类图书书目数据 31 840 条。根据本课题学术图书筛选标准,筛选后最终获得 B 类学术图书 6040 种,占 B 类图书总量的 18.97%。利用 Google 学术搜索,若该书被引次数≥1 则被认为有价值,经检索后,B 类有价值的学术图书有 3458 种,共被引 63 613次,占学术图书出版总量的 57.25%。依照"二八定律",以累积被引次数占总被引次数的 80% 作为 B 类入选图书的判定标准,则 B 类各年入选图书被引次数各不相同。根据这一标准,B 类入选图书共 909 种,仅占学术图书总量的 15.05%。

表1 1995—2005 年 B 类图书总体情况

年份	图书统计量(种)	学术图书量(种)	有价值学术图书量(种)	入选图书量(种)	入选图书最低被引次数
1995	1371	264	155	45	18
1996	1723	358	195	52	19
1997	1953	294	166	48	21
1998	2416	380	225	74	13
1999	2705	469	279	60	24
2000	2341	744	415	99	16
2001	2539	522	296	80	16
2002	3300	648	380	112	12
2003	3720	647	358	71	20
2004	4953	814	478	137	11
2005	4819	900	511	131	12
总计	31 840	6040	3458	909	—

二、入选书目出版规律分析

(1)出版趋势分析

按照年份分别统计入选图书及被引次数。从表 2 和图 1 可以看出,入选图书数量从

1995 年到 2000 年之间呈上升趋势,2001 年之后则呈曲折上升趋势;而从引文量来看,也符合这一趋势,即 2000 年之前稳中有升,而 2001 年之后曲折上升。

表 2 1995—2005 年入选书目年份及引文量分布

年份	入选图书数量(种)	入选图书所占比例(%)	入选图书引文量(次)	引文量所占比例(%)
1995	45	4.95	2488	4.86
1996	52	5.72	3464	6.77
1997	48	5.28	3108	6.07
1998	74	8.14	2903	5.67
1999	60	6.60	5534	10.81
2000	99	10.89	6808	13.30
2001	80	8.80	4717	9.21
2002	112	12.32	4605	8.99
2003	71	7.81	6611	12.91
2004	137	15.07	4791	9.36
2005	132	14.41	6168	12.05
合计	914	100.00	51 197	100.00

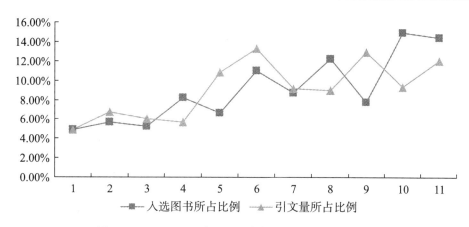

图 1 1995—2005 B 类入选图书年份及被引量分布情况

(2)学科分布

《中国图书馆分类法》将 B 类图书分为 14 个二级类目。按照二级类目统计 1995—2005 年学术图书和入选图书出版种数,可得表 3 和图 2。从表 3 可知,1995—2005 年出版学术图书和入选学术图书出版数量排在前 6 名的二级类目依次为:B2、B9、B—B0、B82、B84 以及 B5,占学术图书总数的 86.23%,而入选学术图书排名前 6 名的同样为这 6 个二级类目。从总被引次数来看,仍然是这 6 个二级类目排名比较靠前。可见这 6 个二级类目图书不仅出版数量多,而且出版质量也较高。

表3 B类学术图书学科分布统计表

二级类目	学术图书(种)	学术图书比例(%)	入选学术图书(种)	入选图书比例(%)
B—B0	1042	17.25	157	17.27
B1	86	1.42	11	1.21
B2	1326	21.95	155	17.05
B3	67	1.11	4	0.33
B4	2	0.03	0	0
B5	493	8.16	101	11.11
B6	0	0.00	0	0
B7	24	0.40	10	1.10
B80	77	1.27	13	1.43
B81	179	2.96	21	2.31
B82	663	10.98	141	15.51
B83	396	6.56	74	8.14
B84	635	10.51	133	14.63
B9	1050	17.38	90	9.90
合计	6046	100.00	914	100.00

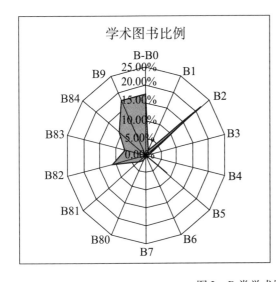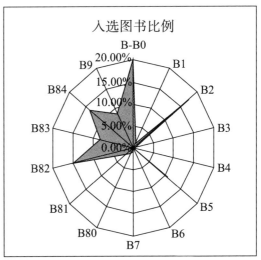

图2 B类学术图书学科分布图

(3)出版社分布

目前全国共有出版社581家,经统计,946种核心学术图书分别由175家出版社出版。分别统计每家出版社入选学术图书的种数和总被引次数,按出版数量从高到低排序,共有10家出版社入选图书超过20种。这些出版社仅占B类入选图书出版社的6%,但入选图书却占到了总入选图书的44%,被引总次数占入选图书被引总次数的50%,并且平均被引次数都非常高。

表4　B类入选图书出版社分布

序号	出版社	出版数量(种)	被引总次数	平均被引次数
1	中国社会科学出版社	85	2755	32.41
2	人民出版社	64	3833	59.89
3	北京大学出版社	51	3060	60.00
4	商务印书馆	42	5338	127.10
5	上海人民出版社	40	2021	50.53
6	中国人民大学出版社	37	2198	59.41
7	三联书店	30	1919	63.97
8	东方出版社	25	2135	85.40
9	华东师范大学出版社	23	1259	54.74
10	社会科学文献出版社	23	873	37.96

哲学、宗教类入选书目

禅宗哲学象征 / 吴言生著. —北京：中华书局,2001(禅学三书)
7—101—02950—7

日本文化模式与社会变迁 / 杨薇著. —济南：济南出版社,2001(经济社会史研究丛书)
7—80629—534—8

王学与中晚明士人心态 / 左东岭著. —北京：人民文学出版社,2000(猫头鹰学术文丛)
7—02—003102—1

民主的历程：公元前508—1999年 / (英)约翰·邓恩编；林猛等译. —长春：吉林人民出版社,1999(人文译丛)
7—206—03407—1

信息方式：后结构主义与社会语境 / (美)马克·波斯特著；范静哗译. —北京：商务印书馆,2000(文化和传播译丛)
7—100—03012—9

知识社会学问题 / (德)马克斯·舍勒著；艾彦译. —北京：华夏出版社,2000(现代西方思想文库)
7—5080—1811—7

社会过程 / (美)查尔斯·霍顿·库利著；洪小良译. —北京：华夏出版社,2000(现代西方思想文库)
7—5080—1936—9

犯罪行为心理学 / (英)R.布来克本著；吴宗宪,刘邦惠等译. —北京：中国轻工业出版社,2000(心理学丛书)
7—5019—2961—0

明清社会性爱风气 / 吴存存著. —北京：人民文学出版社,2000(旸谷文丛)
7—02—003095—5

前苏格拉底哲学研究 / 叶秀山著. —2版. —北京：人民出版社,1997(哲学史家文库)
7—01—002609—2

亚里士多德关于本体的学说 / 汪子嵩著. —北京：人民出版社,1997(哲学史家文库)
7—01—002606—8

苏格拉底及其哲学思想 / 叶秀山著. —北京：人民出版社,1997(哲学史家文库)
7—01—002623—8

培根及其哲学 / 余丽嫦著. —北京：人民出版社,2000(哲学史家文库)
7—01—002610—6

科技创新的艺术 / 栾玉广等著. —北京：科学出版社,2000(中国科学院研究生教学丛书)
7—03—008227—3

原始儒家考述 / 吴龙辉著. —北京：中国社会科学出版社,1996(中国社会科学博士论文文库)
7—5004—1744—6

文化批评的观念：法兰克福学派、存在主义和后结构主义 / (美)理查德·沃林著；张国清译. —北京：商务印书馆,2000
7—100—03035—8

近代中国大学研究：1895—1949 / 金以林著. —北京：中央文献出版社,2000
7—5073—0735—2

墨学研究：墨子学说的现代诠释／徐希燕著.—北京：商务印书馆，2001
7—100—03167—2

文艺心理学通论／陈进波，惠尚学等著.—兰州：兰州大学出版社，1999
7—311—01573—1

种姓与印度教社会／尚会鹏著.—北京：北京大学出版社，2001
7—301—03124—6

认知教学心理学／吴庆麟等编著.—上海：上海科技出版社，2000
7—5323—5537—3

城市社会心理学／杨贵庆编.—上海：同济大学出版社，2000
7—5608—2199—5

西方哲学主体间性理论批判：一种形态学视野／王晓东著.—北京：中国社会科学出版社，2004（当代发展问题个案探索丛书；黑龙江大学博士文库）
7—5004—4757—4

辩证法的生存论基础：马克思辩证法的当代阐释／贺来著.—北京：中国人民大学出版社，2004（当代马克思主义哲学研究文库）
7—300—04615—0

人文社会科学哲学／欧阳康主编.—武汉：武汉大学出版社，2001（当代人文社会科学哲学丛书）
7—307—03216—3

重新理解马克思：对马克思哲学的基础理论和当代意义的反思／俞吾金著.—北京：北京师范大学出版社，2005（当代中国哲学家文库）
7—303—07355—8

客观知识：一个进化论的研究／（英）卡尔·波普尔著；舒炜光等译.—上海：上海译文出版社，2001（二十世纪西方哲学译丛）
7—5327—2697—5

人的问题／（美）托马斯·内格尔著；万以译.—上海：上海译文出版社，2004（二十世纪西方哲学译丛）
7—5327—3514—1

现代性的谱系／张凤阳著.—南京：南京大学出版社，2004（南园中青年学术精品书屋）
7—305—04165—3

哲学研究方法论／欧阳康著.—武汉：武汉大学出版社，1998（武汉大学学术丛书）
7—307—02533—7

价值哲学／阮青著.—北京：中共中央党校出版社，2004（新兴哲学丛书）
7—5035—2995—4

社会哲学：现代实践哲学视野中的社会生活／王南湜著.—昆明：云南人民出版社，2001（哲学理论创新丛书）
7—222—03116—2

哲学通论／孙正聿著.—2版修订版.—上海：复旦大学出版社，2005
7—309—04435—5

确定性的寻求：关于知行关系的研究／（美）约翰·杜威著；傅统先译.—上海：上海人民出版社，2004
7—208—05000—7

创造进化论／（法）亨利·柏格森著；姜志辉译.—北京：商务印书馆，2004
7—100—03773—5

制度论：关于制度哲学的理论建构／辛明著.—北京：人民出版社，2005
7—01—005219—0

天人之际：中西哲学的困惑与选择／张世英著.—北京：人民出版社，1995
7—01—002012—4

发展哲学引论 / 刘森林著.—广州：广东人民出版社，2000

7—218—03306—7

当代哲学前沿问题专题研究 / 陶德麟主编.—武汉：武汉大学出版社，1998

7—307—02490—X

广谱哲学探索 / 张玉祥著.—北京：中国经济出版社，1998

7—5017—4277—4

神会马克思：马克思哲学原生态的当代阐释 / 张一兵，蒙木桂著.—北京：中国人民大学出版社，2004（当代马克思主义哲学研究文库）

7—300—04971—0

物象化论的构图 / （日）广松涉原著；彭曦，庄倩译.—南京：南京大学出版社，2002（当代学术棱镜译丛）

7—305—03915—2

自我的建构与解构 / 张文喜著.—上海：上海人民出版社，2002（当代中国哲学丛书）

7—208—04383—3

思想中的时代：当代哲学的理论自觉 / 孙正聿著.—北京：北京师范大学出版社，2004（当代中国哲学家文库）

7—303—07181—4

马克思主义哲学与文化哲学 / 何萍著.—武汉：武汉大学出版社，2002（马克思主义哲学研究丛书）

7—307—03423—9

后现代境遇中的马克思 / 张立波著.—北京：民族出版社，2002（现代化与发展丛书）

7—105—04782—8

学哲学用哲学 / 李瑞环著.—北京：中国人民大学出版社，2005

7—300—06855—3

非理性及其价值研究 / 何颖著.—北京：中国社会科学出版社，2003

7—5004—3898—2

社会本体论 / 刘远传著.—武汉：武汉大学出版社，1999（当代人文社会科学哲学丛书）

7—307—02838—7

本体论研究 / 俞宣孟著.—上海：上海人民出版社，2005

7—208—05867—9

本体与诠释：中西比较 / 成中英主编.—上海：上海社会科学院出版社，2003（本体与诠释）

7—80681—215—6

方法：天然之天性 / （法）埃德加·莫兰著；吴泓缈，冯学俊译.—北京：北京大学出版社，2002（埃德加·莫兰著作译丛）

7—301—05337—1

社会认识方法论 / 欧阳康主编.—武汉：武汉大学出版社，1998（当代人文社会科学哲学丛书）

7—307—02598—1

证据与探究：走向认识论的重构 / （英）苏珊·哈克著；陈波，张力锋，刘叶涛译.—北京：中国人民大学出版社，2004（当代世界学术名著）

7—300—06190—7

理性与价值：智慧的历程 / 杨国荣著.—上海：上海三联书店，1998（上海三联文库）

7—5426—1069—4

评价论导论：认识论的一个新领域 / 陈新汉著.—上海：上海社会科学院出版社，1995（学者书库·论丛）

7—80618—005—2

知识与确证：当代知识论引论 / 陈嘉明著.—上海：上海人民出版社，2003

7—208—04571—2

理性精神的呼唤 / 吴增基等著. —上海：上海人民出版社，2001

7—208—03714—0

复杂性哲学 / 赵凯荣著. —北京：中国社会科学出版社，2001

7—5004—3155—4

评价论 / 冯平著. —北京：东方出版社，1995（哥伦布学术文库）

7—5060—0686—3

文化与价值 / 张岱年著. —北京：新华出版社，2004（国学大师文丛）

7—5011—6532—7

社会价值：统摄与驱动 / 王宏维著. —北京：人民出版社，1995（社会历史哲学系列）

7—01—002271—2

社会转型与信仰重建 / 荆学民著. —太原：山西教育出版社，1999（社会哲学研究丛书）

7—5440—1763—X

新价值论 / 李德顺著. —昆明：云南人民出版社，2004（实践价值丛书）

7—222—04170—2

文化价值论 / 孙美堂著. —昆明：云南人民出版社，2005（实践价值丛书）

7—222—04393—4

启蒙之后：近代以来西方人价值追求得与失 / 卢风著. —长沙：湖南大学出版社，2003（西方价值观丛书）

7—81053—610—9

社会转型时期的价值观念 / 兰久富著. —北京：北京师范大学出版社，1999

7—303—05013—2

价值论原理 / 李德顺，马俊峰著. —西安：陕西人民出版社，2002

7—224—06321—5

价值哲学引论 / 李连科著. —北京：商务印书馆，1999

7—100—02640—7

当代中国价值观论纲 / 石云霞主编. —武汉：武汉大学出版社，1996

7—307—02272—9

价值哲学的新视野 / 刘永富著. —北京：中国社会科学出版社，2002

7—5004—3448—0

社会主义基本价值论 / 马德普著. —北京：中央编译出版社，1997

7—80109—144—4

现代唯物主义导引 / 陈晏清，王南湜，李淑梅著. —天津：南开大学出版社，1996

7—310—00992—4

意识形态 / 季广茂著. —桂林：广西师范大学出版社，2005（文化研究关键词丛书）

7—5633—5351—8

系统辩证论 / 乌杰著. —2 版. —北京：人民出版社，1997（乌杰文选）

7—01—000969—4

科学认识论 / 舒炜光主编；全国十四所综合大学科学哲学学术共同体著. —长春：吉林人民出版社，1996

7—206—02657—5

矛盾的处理、解决方式问题研究 / 杨英法编著. —兰州：兰州大学出版社，2003

7—311—02325—4

过程论 / 杨进明著. —银川：宁夏人民出版社，1999

7—227—01945—4

结合论 / 李郴生著.—北京：气象出版社,2001

　　7—5029—3147—3

系统辩证学 / 乌杰著.—北京：中国财政经济出版社,2003

　　7—5005—6703—0

公平论 / 戴文礼著.—北京：中国社会科学出版社,1997

　　7—5004—2232—6

意识形态与文化身份：现代性和第三世界的在场 /（英）Jorge Larrain 著；戴从容译.—上海：上海教育出版社,2005（都市与文化译丛）

　　7—5320—8783—2

意识形态与现代文化 /（英）约翰.B.汤普森著；高铦等译.—南京：译林出版社,2005（人文与社会译丛）

　　7—80657—833—1

精神动力论 / 骆郁廷著.—武汉：武汉大学出版社,2003（武汉大学学术丛书）

　　7—307—04105—7

意识形态的崇高客体 /（斯洛文）斯拉沃热·齐泽克著；季广茂译.—北京：中央编译出版社,2002

　　7—80109—516—2

价值主体性：主体性研究的新视域 / 李楠明著.—北京：社会科学文献出版社,2005（黑龙江大学人文论丛；中国高校人文社会科学精品大系）

　　7—80190—438—9

实践理性论 / 王炳书著.—武汉：武汉大学出版社,2002（马克思主义哲学研究丛书）

　　7—307—03190—6

从主体性原则到实践哲学 / 王义军著.—北京：中国社会科学出版社,2002（中国青年政治学院学术丛书）

　　7—5004—3617—3

认识的反思 / 田心铭著.—北京：人民出版社,2000

　　7—01—003235—1

实践主体论 / 贺善侃著.—上海：学林出版社,2001

　　7—80668—062—4

虚拟实践论 / 张明仓著.—昆明：云南人民出版社,2005

　　7—222—04327—6

实践唯物主义研究 / 肖前,李淮春,杨耕主编.—北京：中国人民大学出版社,1996

　　7—300—00949—2

马克思辩证法理论的当代反思 / 孙正聿著.—北京：人民出版社,2002（马克思主义的当代价值）

　　7—01—003759—0

实践问题和矛盾问题新论 / 陆剑杰著.—北京：人民出版社,2002

　　7—01—003864—3

发展哲学导论 / 邱耕田著.—北京：中国社会科学出版社,2001

　　7—5004—2993—2

中国当代思想批判：穿越终极关怀 / 吴炫著.—上海：学林出版社,2001（否定学实验文本）

　　7—80668—043—8

因果关系研究 / 维之著.—北京：长征出版社,2002

　　7—80015—754—7

自组织方法论研究 / 吴彤著.—北京：清华大学出版社,2001（清华科技与社会丛书）

　　7—302—04422—8

消错学引论 / 郭开仲,张式强著.—广州：华南理工大学出版社,1995

　　7—5623—0868—3

马克思历史辩证法的主体向度 / 张一兵著. —郑州:河南人民出版社,1995(马克思主义研究丛书)

7—215—03440—2

唯物史观与历史科学 / 庞卓恒著. —北京:高等教育出版社,2004(研究生教学用书)

7—04—014333—X

社会主义意识形态研究 / 郑永廷,叶启绩,郭文亮等著. —广州:中山大学出版社,1999

7—306—01528—1

精英的兴衰 / (意)维尔弗雷多·帕累托著;刘北成译. —上海:上海人民出版社,2003(袖珍经典)

7—208—04451—1

生成的存在:关于人和社会的哲学思考 / 韩震著. —北京:北京师范大学出版社,1996

7—303—04130—3

市场逻辑与国家观念 / 刘军宁等编. —北京:三联书店,1996(公共论丛)

7—108—00803—3

李泽厚哲学文存. 上编. 批判哲学的批判 / 李泽厚著. —合肥:安徽文艺出版社,1999

7—5396—1767—5

高清海哲学文存 / 高清海著. —长春:吉林人民出版社,1997

7—206—02656—7

形而上学导论 / (德)海德格尔著;熊伟,王庆节译. —北京:商务印书馆,1996(汉译世界学术名著丛书)

7—100—01716—5

存在之维:后形而上学时代的形而上学 / 杨国荣著. —北京:人民出版社,2005

7—01—004775—8

神秘主义诗学 / 毛峰著. —北京:三联书店,

1998(三联·哈佛燕京学术丛书)

7—108—01227—8

创造进化论 / (法)亨利·柏格森著;肖聿译. —北京:华夏出版社,2000(现代西方思想文库)

7—5080—1812—5

生存论研究 / 邹诗鹏著. —上海:上海人民出版社,2005(当代中国哲学丛书)

7—208—05662—5

社会历史中的非理性 / 吴宁著. —武汉:华中理工大学出版社,2000(华中理工大学文科学术丛书)

7—5609—2196—5

存在与时间 / (德)海德格尔著;陈嘉映,王庆节译. —2 版. —北京:三联书店,1999(现代西方学术文库)

7—108—01324—X

非理性的人:存在主义哲学研究 / (美)威廉·巴雷特著;杨照明,艾平译. —北京:商务印书馆,1995

7—100—01479—4

进步及其问题 / (美)拉瑞·劳丹著;刘新民译. —2 版. —北京:华夏出版社,1999(现代西方思想文库)

7—5080—1650—5

行动与效果:美国实用主义研究 / 王元明著. —北京:中国社会科学出版社,1998(中华美国学丛书)

7—5004—2268—7

现象学与解释学文论 / 王岳川著. —济南:山东教育出版社,1999(20 世纪西方文论研究丛书)

7—5328—2624—4

后结构主义文论 / 方生著. —济南:山东教育出版社,1999(20 世纪西方文论研究丛书)

7—5328—2622—8

后现代理念与社会 / 张之沧著. —南京：南京师范大学出版社,2005(当代伦理学文库)
7—81101—137—9

后现代论 / 高宣扬著. —北京：中国人民大学出版社,2005(当代学术思想文库)
7—300—06783—2

真理与方法：哲学诠释学的基本特征 /（德）汉斯—格奥尔格·加达默尔著；洪汉鼎译. —上海：上海译文出版社,1999(二十世纪西方哲学译丛)
7—5327—2279—1

欧洲科学的危机与超越论的现象学 /（德）埃德蒙德·胡塞尔著；王炳文译. —北京：商务印书馆,2001(汉译世界学术名著丛书)
7—100—03176—1

文本的世界：从结构主义到后结构主义 / 杨大春著. —北京：中国社会科学出版社,1998(后现代思潮丛书)
7—5004—2220—2

中心与边缘：后现代主义思潮概论 / 张国清著. —北京：中国社会科学出版社,1998(后现代思潮丛书)
7—5004—2221—0

后现代科学：科学魅力的再现 /（美）大卫·格里芬编；马季方译. —北京：中央编译出版社,1995(建设性的后现代主义译丛)
7—80109—062—4

从物质实体到关系实在 / 罗嘉昌著. —北京：中国社会科学出版社,1996(科学观念丛书)
7—5004—1995—3

后现代性及其缺憾 /（英）齐格蒙·鲍曼著；郇建立,李静韬译. —上海：学林出版社,2002(欧洲思想系列)
7—80668—219—8

消费文化与后现代主义 /（英）迈克·费瑟斯通著；刘精明译. —南京：译林出版社,2000(人文与社会译丛)
7—80567—991—6

晚期资本主义的文化逻辑：詹明信批评理论文选 / 詹明信著；张旭东编,陈清侨等译. —北京：三联书店,1997(社会与思想丛书)
7—108—01103—4

笛卡尔式的沉思：先验现象学引论 /（德）埃德蒙德·胡塞尔著；E.施特洛克编；张廷国译. —北京：中国城市出版社,2002(西方思想经典文库)
7—5074—1368—3

后现代性导论 /（美）约瑟夫·纳托利著；潘非,耿红,聂昌宁译. —南京：江苏人民出版社,2004(现代思想译丛)
7—214—03385—2

后现代的状况：对文化变迁之缘起的探究 /（美）戴维·哈维著；阎嘉译. —北京：商务印书馆,2003(现代性研究译丛)
7—100—03695—X

法兰克福学派史：1923—1950 /（美）马丁·杰伊著；单世联译. —广州：广东人民出版社,1996(现代与传统丛书)
7—218—02101—8

重申解构主义 /（美）J.希利斯.米勒著；郭英剑等译. —北京：中国社会科学出版社,1998(知识分子图书馆)
7—5004—2339—X

文化转向 /（美）弗雷德里克·詹姆逊著；胡亚敏等译. —北京：中国社会科学出版社,2000(知识分子图书馆)
7—5004—2865—0

论解构 /（美）乔纳森·卡勒著；陆扬译. —北京：中国社会科学出版社,1998(知识分子图书馆)
7—5004—2336—5

当代西方分析哲学与诠释学的融合：阿佩尔先验符号学研究／李红著.—北京：中国社会科学出版社,2002（中国社会科学博士论文文库）

7—5004—3379—4

扑朔迷离的游戏：后现代哲学思潮研究／王治河著.—2版.—北京：社会科学文献出版社,1998

7—80050—449—2

西方人文主义传统／（英）阿伦·布洛克著；董乐山译.—北京：三联书店,1997

7—108—00976—5

系统哲学引论：一种当代思想的新范式／（美）欧文·拉兹洛著；钱兆华等译.—北京：商务印书馆,1998

7—100—02089—1

现象学运动／（美）赫伯特·施皮格伯格著；王炳文,张金言译.—北京：商务印书馆,1995

7—100—01283—X

两种文化的冲突与融合：科学人文主义思潮研究／黄瑞雄著.—桂林：广西师范大学出版社,2000

7—5633—3082—8

西方后现代主义哲学思潮研究／佟立著.—天津：天津人民出版社,2003

7—201—04242—4

后现代主义哲学述评／赵光武主编.—北京：西苑出版社,2000

7—80108—406—3

中国后现代话语／王岳川主编.—广州：中山大学出版社,2004

7—306—02278—4

欧美新学赏析／赵一凡著.—北京：中央编译出版社,1996

7—80109—128—0

德里达中国讲演录／杜小真,张宁主编.—北京：中央编译出版社,2003

7—80109—642—8

人道主义批判理论：东欧新马克思主义述评／衣俊卿著.—北京：中国人民大学出版社,2005（当代马克思主义哲学研究文库）

7—300—06339—X

整合与颠覆：大众文化的辨证法：法兰克福学派的大众文化理论／赵勇著.—北京：北京大学出版社,2005（文艺学与文化研究丛书）

7—301—08908—2

20世纪的文化批判：西方马克思主义的深层解读／衣俊卿等著.—北京：中央编译出版社,2003

7—80109—674—6

理解的真理：解读伽达默尔《真理与方法》／洪汉鼎著.—济南：山东人民出版社,2001（名家解读经典名著丛书）

7—209—02686—X

文字·诠释·传统：中国诠释传统的现代转化／潘德荣著.—上海：上海译文出版社,2003（诠释学与人文社会科学）

7—5327—3116—2

意义的本体论：哲学诠释学／章启群著.—上海：上海译文出版社,2002（诠释学与人文社会科学丛书）

7—5327—2788—2

诠释学：它的历史和当代发展／洪汉鼎著.—北京：人民出版社,2001（哲学史家文库）

7—01—003347—1

中国古典解释学导论／周光庆著.—北京：中华书局,2002

7—101—03417—9

欧洲哲学史上的经验主义和理性主义／陈修

斋主编.—北京：人民出版社，1997（哲学史家文库）

7—01—002607—6

中西哲学之会通十四讲 / 牟宗三著.—上海：上海古籍出版社，1997（牟宗三学术论著集）

7—5325—2317—9

人文精神论 / 许苏民著.—武汉：湖北人民出版社，2000（哲学与文化新知书苑）

7—216—02815—5

东西文化及其哲学 / 梁漱溟著.—北京：商务印书馆，2005（中国文库）

7—100—04329—8

中西哲学的歧异与会通 / 张再林著.—北京：人民出版社，2004

7—01—004247—0

和而不同：比较哲学与中西会通：汤用彤学术讲座之四 /（美）安乐哲讲演；温海明编.—北京：北京大学出版社，2002（北大学术讲演丛书）

7—301—05699—0

汉哲学思维的文化探源 /（美）郝大维，安乐哲著；施忠连译.—南京：江苏人民出版社，1999（海外中国研究丛书）

7—214—02524—8

人的问题 /（美）托马斯·内格尔著；万以译.—上海：上海译文出版社，2000（二十世纪西方哲学译丛）

7—5327—2352—6

技术发展简史 /（美）乔治·巴萨拉著；周光发译.—上海：复旦大学出版社，2000（剑桥科学史丛书）

7—309—02337—4

知识考古学 /（法）米歇尔·福柯著；谢强，马月译.—2版.—北京：三联书店，2003（法兰西思想文化丛书）

7—108—01793—8

二十世纪西方美学经典文本.第一卷.世纪初的新声 / 朱立元总主编；张德兴卷主编.—上海：复旦大学出版社，2000

7—309—02577—6

现代性现象学：与西方马克思主义者的对话 / 俞吾金等著.—上海：上海社会科学院出版社，2002（社会科学文库·论丛）

7—80681—127—3

中国传统哲学通论 / 宋志明著.—北京：中国人民大学出版社，2004（21世纪通识教育系列教材）

7—300—05858—2

史学经学与思想：在世界史背景下对于中国古代历史文化的思考 / 刘家和著.—北京：北京师范大学出版社，2005（当代中国史学家文库）

7—303—07187—3

中国哲学小史 / 冯友兰著.—北京：中国人民大学出版社，2005（国学基础文库.第二辑）

7—300—06195—8

古代中国的思想世界 /（美）本杰明·史华兹著；程钢译.—南京：江苏人民出版社，2004（海外中国研究丛书）

7—214—03588—X

中国学术史讲话 / 杨东莼著.—北京：东方出版社，1996（民国学术经典文库）

7—5060—0722—3

思想史研究课堂讲录：视野、角度与方法 / 葛兆光著.—北京：三联书店，2005（三联讲坛）

7—108—02201—X

中国哲学逻辑结构论 / 张立文著.—修订本.—北京：中国社会科学出版社，2002（社科学术文库）

7—5004—0396—8

中西体用之间：晚清中西文化观述论 ／ 丁伟志，陈崧著.—北京：中国社会科学出版社，1995（社科学术文库）

7—5004—1644—X

魏晋玄学论稿 ／ 汤用彤撰.—上海：上海古籍出版社，2004（世纪人文系列丛书）

7—5325—3904—0

中国哲学原论：导论篇 ／ 唐君毅著.—北京：中国社会科学出版社，2005（唐君毅著作选）

7—5004—5193—8

哲学与美学问题：一种无原则的批判 ／ 彭富春著.—武汉：武汉大学出版社，2005（武汉大学学术丛书）

7—307—04539—7

中国孟学诠释史论 ／ 黄俊杰著.—北京：社会科学文献出版社，2004（喜玛拉雅学术文库·港台学人系列）

7—80190—270—X

康有为思想研究 ／ 萧公权著；汪荣祖译.—北京：新星出版社，2005（萧公权文集）

7—80148—794—X

制度化儒家及其解体 ／ 干春松著.—北京：中国人民大学出版社，2003（新生代学人文丛）

7—300—04510—3

仁学解释学：孔孟伦理学结构分析 ／ 李幼蒸著.—北京：中国人民大学出版社，2004（中国当代学术思想文库）

7—300—05696—2

中国哲学范畴发展史.人道篇 ／ 张立文著.—北京：中国人民大学出版社，1995（中国人民大学丛书）

7—300—01831—9

中国古代哲学研究 ／ 宋志明，向世陵，姜日天著.—北京：中国人民大学出版社，1998（中国人民

大学硕士研究生系列教材）

7—300—02719—9

孔子圣化与儒者革命 ／ 李冬君著.—北京：中国人民大学出版社，2004（中国社会史研究丛书）

7—300—03850—6

中国哲学史大纲 ／ 胡适著.—北京：东方出版社，2004（中国文库）

7—5060—1822—5

先秦诸子系年 ／ 钱穆著.—北京：商务印书馆，2005（中国文库）

7—100—04326—3

中国哲学史方法论发凡 ／ 张岱年著.—北京：中华书局，2005（中国文库）

7—101—04504—9

礼学思想体系探源 ／ 王启发著.—郑州：中州古籍出版社，2005（中国哲学前沿丛书）

7—5348—2239—4

中国哲学简史 ／ 冯友兰著.—2 版.—北京：北京大学出版社，1996

7—301—02586—6

中国传统哲学 ／ 周佳钿著.—2 版.—北京：北京师范大学出版社，2000

7—303—00951—5

中国思想史.第二卷.七世纪至十九世纪中国的知识、思想与信仰 ／ 葛兆光著.—上海：复旦大学出版社，2000

7—309—02791—4

中国思想史论.上册.中国古代思想史论 ／ 李泽厚.—合肥：安徽文艺出版社，1999

7—5396—1770—5

现代中国思想的兴起.全四册 ／ 汪晖著.—北京：三联书店，2004

7—108—02050—5

中国思想史.上下册 / 韦政通著.—上海:上海书店出版社,2003

7—80678—118—8

中国哲学史.下 / 冯友兰著.—上海:华东师范大学出版社,2000

7—5617—2373—3

回归原创之思:"象思维"视野下的中国智慧 / 王树人著.—南京:江苏人民出版社,2005

7—214—03898—6

儒家文艺美学:从原始儒家到现代新儒家 / 张毅著.—天津:南开大学出版社,2004

7—310—02067—7

庄子哲学新探:道·言·自由与美 / 徐克谦著.—北京:中华书局,2005

7—101—04677—0

诠释与重建:王船山的哲学精神 / 陈来著.—北京:北京大学出版社,2004

7—301—07759—9

和合之境:中国哲学与21世纪 / 李振纲,方国根著.—上海:华东师范大学出版社,2001

7—5617—2383—0

中国学术史 / 张国刚,乔治忠著.—上海:东方出版中心,2002

7—80627—932—6

中国哲学与辩证唯物主义 / 方克立主编.—北京:高等教育出版社,1998

7—04—006338—7

新编中国哲学史 / 劳思光著.—桂林:广西师范大学出版社,2005

7—5633—5694—0

中国传统学术史 / 卢钟锋著.—郑州:河南人民出版社,1998

7—215—04166—2

宋明儒学的问题与发展 / 牟宗三著.—上海:华东师范大学出版社,2004

7—5617—3817—X

中华传统思想文化渊源 / 谢承仁著.—北京:人民出版社,2004

7—01—004594—1

新编中国哲学史 / 冯达文,郭齐通主编.—北京:人民出版社,2004

7—01—004362—0

和合哲学论 / 张立文著.—北京:人民出版社,2004

7—01—004528—3

中国思想史论集续篇 / 徐复观著.—上海:上海书店出版社,2004

7—80678—147—1

中国思想史论集 / 徐复观著.—上海:上海书店出版社,2004

7—80678—146—3

现代新儒家文化观研究 / 柴文华著.—北京:三联书店,2004

7—108—02174—9

中国的和文化意识 / 郑涵著.—上海:学林出版社,2005

7—80668—869—2

二十世纪中国思想史论.上下册 / 许纪霖编.—上海:东方出版中心,2000

7—80627—566—5

中国古代哲学史 / 胡适著.—合肥:安徽教育出版社,1999(胡适著译精品选)

7—5336—2301—0

中国古代哲学史论 / 李振纲著.—北京:中国社会科学出版社,2004

7—5004—4472—9

中国阐释学 / 李清良著.—长沙：湖南师范大学出版社,2001

7—81081—024—3

中国哲学原论：原性篇 / 唐君毅著.—北京：中国社会科学出版社,2005(唐君毅著作选)

7—5004—5192—X

楚国哲学史 / 涂又光著.—武汉：湖北教育出版社,1995(楚学文库)

7—5351—1512—8

中国人性论史：先秦篇 / 徐复观著.—上海：上海三联书店,2001(上海三联学术文库)

7—5426—1537—8

论道者：中国古代哲学论辩 / （英）葛瑞汉著；张海晏译.—北京：中国社会科学出版社,2003

7—5004—3867—2

易传与道家思想 / 陈鼓应著.—北京：三联书店,1996(海外学人丛书)

7—108—00933—1

广西近代圩镇研究 / 钟文典主编.—桂林：广西师范大学出版社,1998

7—5633—2741—X

易学哲学史 / 朱伯崑著.—北京：昆仑出版社,2005(东方文化集成·中华文化编)

7—80040—767—5

伊川击壤集 / （宋）邵雍著；陈明点校.—上海：学林出版社,2004

7—80668—470—0

儒学南传史 / 何成轩著.—北京：北京大学出版社,2000(学术史丛书)

7—301—04509—3

今古文经学新论 / 王葆玹著.—北京：中国社会科学出版社,1997(中国文化研究丛书)

7—5004—2142—7

儒家管理哲学 / 黎红雷著.—2 版.—广州：广东高等教育出版社,1997

7—5361—0923—7

儒家法思想通论 / 俞荣根著.—2 版修订本.—南宁：广西人民出版社,1998

7—219—02057—0

和谐论：儒家文明与当代社会 / 田广清著.—北京：中国华侨出版社,1998

7—80120—221—X

十批判书 / 郭沫若著.—北京：东方出版社,1996

7—5060—0725—8

徐复观论经学史二种 / 徐复观著.—上海：上海书店出版社,2001

7—80622—725—3

21 世纪儒学研究的新拓展 / 赵吉惠著.—北京：社会科学文献出版社,2004

7—80190—200—9

儒教与基督教：仁与爱的比较研究 / 姚新中著；赵艳霞译.—北京：中国社会科学出版社,2002(当代伦理学译丛)

7—5004—3242—9

重释传统：儒家思想的现代价值评估 / 唐凯麟,曹刚著.—上海：华东师范大学出版社,2000(东方学者丛书)

7—5617—2303—2

现代精神与儒家传统 / 林维明著.—北京：三联书店,1997(海外学人丛书)

7—108—01093—3

摆脱困境：新儒学与中国政治文化的演进 / （美）墨子刻著；颜世安等译.—南京：江苏人民出版社,1996(海外中国研究丛书)

7—214—00407—0

儒家传统与现代市场经济 / 马涛著.—上海：复旦大学出版社,2000(经济学博士后、博士论丛)

　　7—309—02480—X

诠释学与先秦儒家之意义生成：《论语》、《孟子》、《荀子》对古代传统的解释 / 刘耘华著.—上海：上海译文出版社,2002(诠释学与人文社会科学)

　　7—5327—2803—X

儒学地域化的近代形态：三大知识群体互动的比较研究 / 杨念群著.—北京：三联书店,1997(三联·哈佛燕京学术丛书)

　　7—108—01027—5

儒家关系主义：文化反思与典范重建 / 黄光国著.—北京：北京大学出版社,2005(未名社科菁华)

　　7—301—09498—1

儒教中国及其现代命运 / （美）列文森著；郑大华,任菁译.—北京：中国社会科学出版社,2000(新传统主义)

　　7—5004—2369—1

儒学与现代民主：当代新儒家政治哲学研究 / 何信全著.—北京：中国社会科学出版社,2001(新传统主义丛书)

　　7—5004—2954—1

先秦儒家政治哲学引论 / 赵明著.—北京：北京大学出版社,2004(政治与法律思想论丛)

　　7—301—07984—2

中国儒学.全四卷 / 庞朴主编.—上海：东方出版中心,1997

　　7—80627—133—3

儒学与社会现代化 / 姜林祥,薛君度主编.—广州：广东教育出版社,2004

　　7—5406—4878—3

儒文化社会学 / 彭立荣著.—北京：人民出版社,2003

　　7—01—003700—0

中国儒家学术思想史 / 刘蔚华,赵宗正主编.—济南：山东教育出版社,1996

　　7—5328—2185—4

现代儒学论 / 余英时著.—上海：上海人民出版社,1998

　　7—208—02757—9

现代儒学的回顾与展望 / 余英时著.—北京：三联书店,2004(余英时作品系列)

　　7—108—02153—6

蒙培元讲孔子 / 蒙培元著.—北京：北京大学出版社,2005(未名讲坛)

　　7—301—09284—9

孟子性善论研究 / 杨泽波著.—北京：中国社会科学出版社,1995(中国社会科学博士论文文库)

　　7—5004—1671—7

荀子与儒家的社会理想 / 韩德民著.—济南：齐鲁社,2001(中国孔子基金会文库)

　　7—5333—0977—4

道家美学与西方文化 / 叶维廉讲演.—北京：北京大学出版社,2002(北大学术讲演丛书)

　　7—301—05820—9

道家与中国文化精神 / 崔大华等著.—郑州：河南人民出版社,2003

　　7—215—05387—3

庄老通辨 / 钱穆著.—2 版.—北京：三联书店,2005(钱穆作品系列)

　　7—108—02238—9

道家与中国哲学.明清卷 / 孙以楷主编；李霞著.—北京：人民出版社,2004

　　7—01—004075—3

道家与中国哲学. 先秦卷 / 孙以楷主编；孙以楷, 陆建华, 刘慕方著. —北京：人民出版社, 2004

7—01—004074—5

生死智慧：道家生命观研究 / 李霞著. —北京：人民出版社, 2004

7—01—004283—7

黄老学论纲 / 丁原明著. —济南：山东大学出版社, 1997

7—5607—1870—1

中国老学史 / 熊铁基, 马良怀, 刘韶军著. —2版. —福州：福建人民出版社, 2005（中国学术史系列）

7—211—04795—X

《齐物论》及其影响 / 陈少明著. —北京：北京大学出版社, 2004（学术史丛书）

7—301—06864—6

十家论庄 / 胡道静主编. —上海：上海人民出版社, 2004

7—208—04275—6

墨子与中国文化 / 张永义著. —贵阳：贵州人民出版社, 2001（大思想家与中国文化丛书）

7—221—04853—3

十家论墨 / 蔡尚思著. —上海：上海人民出版社, 2004

7—208—04372—8

管子新探 / 胡家聪著. —北京：中国社会科学出版社, 1995

7—5004—1648—2

秦汉思想史 / 周桂钿著. —石家庄：河北人民出版社, 2000

7—202—02651—1

魏晋玄学史 / 余敦康著. —北京：北京大学出版社, 2004（博雅思想史丛书）

7—301—05638—9

魏晋思想论 / 刘大杰撰；林东海导读. —上海：上海古籍出版社, 1998（蓬莱阁丛书）

7—5325—2490—6

儒释道与魏晋玄学形成 / 王晓毅著. —北京：中华书局, 2003（中华文史新刊）

7—101—03963—4

郭象与魏晋玄学 / 汤一介著. —增订本. —北京：北京大学出版社, 2000（北大名家名著文丛）

7—301—01560—7

从陆象山到刘蕺山 / 牟宗三著. —上海：上海古籍出版社, 2001（牟宗三学术论著集）

7—5325—2908—8

宋学的发展和演变 / 漆侠著. —石家庄：河北人民出版社, 2002

7—202—03217—1

朱熹的历史世界：宋代士大夫政治文化的研究 / 余英时著. —北京：三联书店, 2004（余英时作品系列）

7—108—02038—6

朱子哲学研究 / 陈来著. —上海：华东师范大学出版社, 2000

7—5617—2362—8

从理学到朴学：中华帝国晚期思想与社会变化面面观 /（美）艾尔曼著；赵刚译. —南京：江苏人民出版社, 1995（海外中国研究丛书）

7—214—01442—4

中国近三百年学术史 / 梁启超著. —北京：东方出版社, 1996（民国学术经典文库）

7—5060—0719—3

晚明思想史论 / 嵇文甫著. —北京：东方出版社, 1996（民国学术经典文库）

7—5060—0738—X

明代哲学史 / 张学智著.—北京：北京大学出版社，2000

7—301—04734—7

清代学术概论 / 梁启超著.—北京：东方出版社，1996（民国学术经典文库）

7—5060—0737—1

清代学术概论：儒家哲学 / 梁启超著.—天津：天津古籍出版社，2003（饮冰室文萃）

7—80504—977—7

中国学术通史.清代卷 / 张立文主编；陈其泰，李廷勇著.—北京：人民出版社，2004

7—01—004275—6

清代扬州学记 / 张舜微著.—扬州：广陵书社，2004

7—80694—060—X

清代学者整理旧学之总成绩 / 梁启超著.—北京：商务印书馆，1999（商务印书馆文库）

7—100—02667—9

清代学术思想的变迁与文学 / 马积高著.—长沙：湖南出版社，1996（学海一牛鸣）

7—5438—1162—6

章学诚评传 / 仓修良，叶建华著.—南京：南京大学出版社，1996（中国思想家评传丛书）

7—305—02837—1

清代学术探研录 / 王俊义著.—北京：中国社会科学出版社，2002（社科学术文库）

7—5004—3476—6

中国近代启蒙思潮 / 丁守和主编；中国现代文化学会编.—北京：社会科学文献出版社，1999

7—80149—157—2

中国近代思想与学术的系谱 / 王汎森著.—石家庄：河北教育出版社，2001（台湾学术丛书）

7—5434—4306—6

中国古代思想文化的历史论析 / 陈启云著.—北京：北京大学出版社，2001（艺术与思想史丛书）

7—301—04736—3

先秦政治思想史 / 梁启超著.—天津：天津古籍出版社，2003（饮冰室文萃）

7—80504—979—3

熊十力的新唯识论与胡塞尔的现象学 / 张庆熊著.—上海：上海人民出版社，1995（当代中国哲学丛书）

7—208—02070—1

人的自由和真善美 / 冯契著.—上海：华东师范大学出版社，1996（冯契文集）

7—5617—1480—7

逻辑思维的辩证法 / 冯契著.—上海：华东师范大学出版社，1996（冯契文集）

7—5617—1479—3

四因说演讲录 / 牟宗三著.—上海：上海古籍出版社，1998（牟宗三学术论著集）

7—5325—2436—1

伦理学原理 / （英）乔治·摩尔著；长河译.—上海：上海人民出版社，2005（世纪人文系列丛书）

7—208—05545—9

中国人文精神之发展 / 唐君毅著.—桂林：广西师范大学出版社，2005（唐君毅作品系列）

7—5633—5611—8

中国人文精神之阐扬：徐复观新儒学论著辑要 / 徐复观著；李维武编.—北京：中国广播电视出版社，1996（现代新儒学辑要丛书）

7—5043—2812—X

儒家思想的新开展：贺麟新儒学论著辑要 / 贺麟著；宋志明编.—北京：中国广播电视出版社，1995（现代新儒学辑要丛书）

7—5043—2176—1

人的"类生命"与"类哲学"：走向未来的当代哲学精神／高清海,胡海波,贺来著.—长春：吉林人民出版社,1998(新编干部学习书系)

7—206—03050—5

儒家思想开拓的尝试／刘述先著.—北京：中国社会科学出版社,2001(新传统主义丛书)

7—5004—3010—8

中国现代学术之建立：以章太炎、胡适之为中心／陈平原著.—北京：北京大学出版社,1998(学术史丛书)

7—301—03592—6

国故新知论：学衡派文化论著辑要／孙尚扬,郭兰芳编.—北京：中国广播电视出版社,1995(中国文化书院文库)

7—5043—2731—X

中国现代哲学史／冯友兰著.—广州：广东人民出版社,1999

7—218—03087—4

中国当代人文精神的构建／杨岚,张维真著.—北京：人民出版社,2002

7—01—003652—7

三松堂自序／冯友兰著.—北京：人民出版社,1998

7—01—002757—9

近五十年中国思想史／郭湛波著.—济南：山东人民出版社,1997

7—209—02038—1

现代新儒家学案／方克立,李锦全主编.—北京：中国社会科学出版社,1995

7—5004—1264—9

东西文化及其哲学／梁漱溟著.—2版.—北京：商务印书馆,1999(商务印书馆文库)

7—100—02047—6

新儒学批判／启良著.—上海：上海三联书店,1995(上海三联文库)

7—5426—0880—0

断裂中的传统：信念与理性之间／郑家栋著.—北京：中国社会科学出版社,2001(新传统主义丛书)

7—5004—2955—X

现代中国哲学的追寻：新理学与新心学／陈来著.—北京：人民出版社,2001

7—01—003446—X

人文讲习录／牟宗三主讲;蔡仁厚辑录.—桂林：广西师范大学出版社,2005(大学坛)

7—5633—5616—9

思考：我的哲学与宗教观／何新著.—北京：时事出版社,2001(何新访谈录)

7—80009—647—5

现代儒学重构研究／杨明著.—南京：南京大学出版社,2002(南京大学博士文丛)

7—305—03910—1

现代危机与思想人物／余英时著.—北京：三联书店,2005(余英时作品系列)

7—108—02084—X

知识与文化：张东荪文化论著辑要／张东荪著;张耀南编.—北京：中国广播电视出版社,1995(中国文化书院文库)

7—5043—2744—1

流行体系：符号学与服饰符码／（法）罗兰·巴特著;敖军译.—上海：上海人民出版社,2000(东方书林俱乐部文库)

7—208—03434—6

先秦道家哲学研究／朱哲著.—上海：上海人民出版社,2000(当代中国哲学丛书)

7—208—03498—2

中国美学史 / 张法著.—上海：上海人民出版社,2000

7—208—03505—9

艺术设计学 / 凌继尧,徐恒醇著.—上海：上海人民出版社,2000

7—208—03507—5

西方美学史 / 吴琼著.—上海：上海人民出版社,2000（中国人民大学美学教材系列）

7—208—03518—0

和合与东亚意识：21 世纪东亚和合哲学的价值共享 / 张立文著.—上海：华东师范大学出版社,2001（东亚哲学与 21 世纪丛书）

7—5617—2382—2

日本哲学史 / 朱谦之著.—北京：人民出版社,2002（哲学史家文库）

7—01—003490—7

日本的朱子学 / 朱谦之著.—北京：人民出版社,2000（哲学史家文库）

7—01—003257—2

注意的认知神经科学研究 / 罗跃嘉,魏景汉著.—北京：高等教育出版社,2004

7—04—013480—2

生活的意义与价值 / （德）鲁道夫·奥伊肯著；万以译.—上海：上海译文出版社,2005（二十世纪西方哲学译丛）

7—5327—3680—6

感性的诗学：梅洛—庞蒂与法国哲学主流 / 杨大春著.—北京：人民出版社,2005（法国哲学与文化著译丛书）

7—01—004784—7

新编现代西方哲学 / 刘放桐等编著.—3版.—北京：人民出版社,2000（面向 21 世纪课程教材）

7—01—003123—1

现实感 / （英）以赛亚·伯林著；潘荣荣,林茂译.—南京：译林出版社,2004（人文与社会译丛）

7—80657—810—2

诗与哲学之争：从柏拉图到尼采、海德格尔 / （美）罗森著；张辉试译.—北京：华夏出版社,2004（西方思想家）

7—5080—3367—1

精神科学引论 / （德）威廉·狄尔泰著；童奇志,王海鸥译.—北京：中国城市出版社,2002（西方思想经典文库）

7—5074—1361—6

回归现实生活世界：哲学视野的根本置换 / 李文阁著.—北京：中国社会科学出版社,2002（中国社会科学博士论文文库）

7—5004—3350—6

西方社会思想史 / 于海著.—2版.—上海：复旦大学出版社,2004

978—7—309—01461—7

西方哲学史.第八卷.现代英美分析哲学 / 叶秀山,王树人总主编；江怡主编.—学术版.—南京：凤凰出版社,2005

7—80643—700—2

西方哲学史.第五卷.启蒙时代的法国哲学 / 叶秀山,王树人总主编；尚杰著.—学术版.—南京：凤凰出版社,2005

7—80643—697—9

西方哲学史.第六卷.德国古典哲学 / 叶秀山,王树人总主编；张慎著.—学术版.—南京：凤凰出版社,2005

7—80643—698—7

西方哲学史 / （美）撒穆尔·伊诺克·斯通普夫,詹姆斯·菲泽著；丁三东等译.—北京：中华书局,2005

7—101—04284—8

从结构到解构：法国20世纪思想主潮／（法）曲弗朗索瓦·多斯著；季广茂译.—北京：中央编译出版社，2004

7—80109—881—1

西方哲学通史：古代中世纪部分.第一卷／朱德生主编；赵敦华著.—北京：北京大学出版社，1996

7—301—03156—4

欧美哲学通史：古代哲学卷／李国山，王建军编著.—天津：南开大学出版社，2005

7—310—02522—9

西方哲学史／邓晓芒，赵林著.—北京：高等教育出版社，2005

7—04—016362—4

西方哲学多维透视／黄颂杰等著.—上海：上海人民出版社，2002

7—208—04360—4

诗人哲学家／周国平主编.—上海：上海人民出版社，2005

7—208—05716—8

西方哲学问题研究／张志伟等著.—北京：中国人民大学出版社，1999

7—300—03024—6

西方哲学史／张志伟主编.—北京：中国人民大学出版社，2002

7—300—04044—6

希腊思想的起源／（法）让—皮埃尔·韦尔南著；秦海鹰译.—北京：三联书店，1996（法兰西思想文化丛书）

7—108—00929—3

主体解释学／（法）米歇尔·福柯著；佘碧平译.—上海：上海人民出版社，2005（法兰西学院演讲系列）

7—208—05613—7

批评的希腊哲学史／（英）斯塔斯著；庆泽彭译.—上海：华东师范大学出版社，2005（六点学术·民国系列）

7—5617—4527—3

希腊思想和科学精神的起源／（法）莱昂·罗斑著；陈修斋译；段德智修订.—桂林：广西师范大学出版社，2003（雅典娜思想译丛）

7—5633—3756—3

希腊哲学史.上下卷／汪子嵩等著.—北京：人民出版社，2003（哲学史家文库）

7—01—003770—1

古希腊哲学探本／杨适著.—北京：商务印书馆，2003

7—100—03596—1

毕达哥拉斯：前569—前480古希腊哲学家／陶永灿编著.—深圳：海天出版社，1997（世界巨人传记丛书·思想家卷）

7—80615—751—4

论义务／（古罗马）西塞罗著；王焕生译.—北京：中国政法大学出版社，1999（罗马法研究翻译系列）

7—5620—1845—6

奥古斯丁的基督教思想／周伟驰著.—北京：中国社会科学出版社，2005（维真基督教文化丛书）

7—5004—5028—1

启蒙运动与现代性：18世纪与20世纪的对话／（美）詹姆斯·施密特编；徐向东，卢华萍译.—上海：上海人民出版社，2005

7—208—05588—2

自识与反思：近现代西方哲学的基本问题／倪梁康著.—北京：商务印书馆，2002

7—100—03346—2

二十世纪哲学／（英）A.J.艾耶尔著；李步楼，俞宣梦，苑利均等译.—上海：上海译文出版社，

2005（二十世纪西方哲学译丛）
7—5327—3807—8

反理性思潮的反思：现代西方哲学美学述评／
陈炎著.—2 版.—济南：山东大学出版社，2002
7—5607—1310—6

现代之后：20 世纪晚期西方哲学／姚大志
著.—北京：东方出版社，2000
7—5060—1410—6

结构与意义：人文科学跨学科认识论研究／
李幼蒸著.—北京：中国社会科学出版社，1996
7—5004—1836—1

走向新世纪的西方哲学／江怡主编.—北京：
中国社会科学出版社，1998
7—5004—2292—X

论教育学／（德）伊曼努尔·康德著；赵鹏，何
兆武译.—上海：上海人民出版社，2005（世纪人文
系列丛书）
7—208—05459—2

康德的道德世界观／张志伟著.—北京：中国
人民大学出版社，1995（中国人民大学博士文库）
7—300—02066—6

权利与正义：康德政治哲学研究／李梅著.—
北京：社会科学文献出版社，2000（中国社会科学
院青年学者文库）
7—80149—292—7

实践理性批判／（德）康德著；邓晓芒译.—北
京：人民出版社，2003
7—01—004012—5

从康德到马克思：千年之交的哲学沉思／俞
吾金著.—桂林：广西师范大学出版社，2004
7—5633—4635—X

康德三大批判精粹／杨祖陶，邓晓芒编译.—
北京：人民出版社，2001

7—01—003323—4

艺术哲学／（德）弗·威·谢林著；魏庆征
译.—北京：中国社会出版社，1996
7—80088—932—7

**自由主义批判与自由理论的重建：黑格尔政
治哲学及其影响**／郁建兴著.—上海：学林出版
社，2000（求是丛书）
7—80616—924—5

尼采与哲学／（法）吉尔·德勒兹著；周颖，刘
玉宇译.—北京：社会科学文献出版社，2001（尼采
百年解读系列）
7—80149—566—7

艺术与归家：尼采·海德格尔·福柯／余虹
著.—北京：中国人民大学出版社，2005
7—300—06797—2

现象学的使命：从胡塞尔、海德格尔到萨特／
涂成林著.—2 版.—广州：广东人民出版社，1998
（现代与传统丛书）
7—218—01342—2

胡塞尔与西方主体主义哲学／高秉江著.—武
汉：武汉大学出版社，2005（德国哲学与文化丛书）
7—307—04518—4

现象学的方法／（德）克劳斯·黑尔德编；倪
梁康译.—修订本.—上海：上海译文出版社，2005
（二十世纪西方哲学译丛）
7—5327—3761—6

胡塞尔思想的发展／（荷）泰奥多·德布尔
著；李河译.—北京：三联书店，1995（现代西方学
术文库）
7—108—00722—3

哲学作为严格的科学／（德）埃德蒙德·胡塞
尔著；倪梁康译.—北京：商务印书馆，1999
7—100—02801—9

协同学：大自然构成的奥秘／（德）赫尔曼·哈肯著；凌复华译.—上海：上海译文出版社,2005（世纪人文系列丛书）

7—5327—3637—7

海德格尔思想与中国天道：终极视域的开启与交融／张祥龙著.—北京：三联书店,1996（三联·哈佛燕京学术丛书）

7—108—00904—8

海德格尔哲学概论／陈嘉映著.—北京：三联书店,1995（三联·哈佛燕京学术丛书）

7—108—00131—4

海德格尔人学思想研究／刘敬鲁著.—北京：中国人民大学出版社,2001（中国人民大学博士文库）

7—300—03748—8

走向解释学的真理：伽达默尔哲学述评／严平著.—北京：东方出版社,1998（哥伦布学术文库）

7—5060—0957—9

启蒙辩证法：哲学断片／（德）马克斯·霍克海默,西奥多·阿道尔诺著；渠敬东,曹卫东译.—上海：上海人民出版社,2003（霍克海默文集）

7—208—03667—5

通向解释学辩证法之途：伽达默尔哲学思想研究／何卫平著.—上海：上海三联书店,2001（上海三联学术文库）

7—5426—1540—8

批判诠释与知识重建：哈伯玛斯视野下的社会研究／阮新邦著.—北京：社会科学文献出版社,1999（社会理论丛书）

7—80149—137—8

价值的颠覆／（德）马克斯·舍勒著；罗悌伦,林克等译.—北京：三联书店,1997（社会与思想丛书）

7—108—01001—1

走出时代的困境：哈贝马斯对现代性的反思／汪行福著.—上海：上海社会科学院出版社,2000（社科研究文丛）

7—80618—718—9

否定性思维：马尔库塞思想研究／程巍著.—北京：北京大学出版社,2001（文学论丛）

7—301—04809—2

阿伦特：公共性的复权／（日）川崎修著；斯日译.—石家庄：河北教育出版社,2002（现代思想的冒险家们）

7—5434—4553—0

通向话语民主之路：与哈贝马斯对话／汪行福著.—成都：四川人民出版社,2002（与当代学术大师对话丛书）

7—220—05690—7

理解的实践：伽达默尔实践哲学研究／张能为著.—北京：人民出版社,2002

7—01—003749—3

哈贝马斯的交往行为理论：兼论与马克思学说的相互关联／郑召利著.—上海：复旦大学出版社,2002

7—309—03176—8

维特根斯坦后期哲学思想研究／涂纪亮著.—南京：江苏人民出版社,2005

7—214—03894—3

交往理性与诗学话语／曹卫东著.—天津：天津社会科学院出版社,2001

7—80563—866—7

个体信仰与文化理论／刘小枫著.—成都：四川人民出版社,1997（当代学术）

7—220—03871—2

沉重的肉身：现代性伦理的叙事纬语／刘小枫著.—再版.—北京：华夏出版社,2004

7—5080—3377—9

沉沦与拯救：克尔凯戈尔的精神哲学研究／杨大春著.—北京：人民出版社,1995

7—01—002138—4

意大利人文主义／（意）加林著;李玉成译.—北京：三联书店,1998

7—108—01090—9

语境中的洛克／（加）詹姆斯·塔利著;梅雪芹,石楠,张炜等译.—上海：华东师范大学出版社,2005(剑桥学派思想史译丛)

7—5617—4457—9

人类理智研究／（英）休谟著;吕大吉译.—北京：商务印书馆,1999(汉译世界学术名著丛书)

7—100—02618—0

休谟哲学研究／周晓亮著.—北京：人民出版社,1999(哲学史家文库)

7—01—003047—2

休谟的政治哲学／高全喜著.—北京：北京大学出版社,2004(政治与法律思想论丛)

7—301—08039—5

事实与价值：休谟问题及其解决尝试／孙伟平著.—北京：中国社会科学出版社,2000(中国社会科学博士论文文库)

7—5004—2878—2

国家权力与个人自由／（英）赫伯特·斯宾塞著;谭小勤等译.—北京：华夏出版社,2000(现代西方思想文库)

7—5080—1961—X

时间与永恒：论海德格尔哲学中的时间问题／黄裕生著.—北京：社会科学文献出版社,1997(中国社会科学院青年学者文库)

7—80050—912—5

中国到自由之路：罗素在华讲演集／袁刚,孙家祥,任丙强编.—北京：北京大学出版社,2004(中国现代思想史资料)

7—301—07458—1

哲学问题／（英）罗素著;何兆武译.—北京：商务印书馆,1999

7—100—02718—7

客观知识：一个进化论的研究／（英）卡尔·波普尔著;舒炜光等译.—上海：上海译文出版社,2005(二十世纪西方哲学译丛)

7—5327—3811—6

自然的观念／（英）罗宾·柯林伍德著;吴国盛,柯映红译.—2版.—北京：华夏出版社,1999(现代西方思想文库)

7—5080—1652—1

反本质主义与知识问题：维特根斯坦后期哲学的扩展研究／张志林,陈少明著.—广州：广东人民出版社,1995(现代与传统丛书)

7—218—01956—0

社会契约／（法）卢梭著;何兆武译.—北京：商务印书馆,2003(汉译世界学术名著丛书)

7—100—03725—5

当代法国哲学导论.2册／高宣扬著.—上海：同济大学出版社,2004(同济法兰西思想丛书)

7—5608—2922—8

存在与虚无／（法）让—保罗·萨特著;陈宣良等译.—合肥：安徽文艺出版社,1998(萨特文集)

7—5396—1634—2

哲学与权力的谈判：德勒兹访谈录／（法）吉尔·德勒兹著;刘汉全译.—北京：商务印书馆,2000(当代法国思想文化译丛)

7—100—03292—X

形而上的反抗：加缪思想研究／张容著.—北京：社会科学文献出版社,1998(法国当代文学广角文丛)

7—80149—064—9

不思之说：拉康主体理论研究／黄作著．—北京：人民出版社，2005（法国哲学与文化著译丛书）

7—01—005256—5

辩证理性批判．上册／（法）让—保罗·萨特著；林骧华等译．—合肥：安徽文艺出版社，1998（萨特文集）

7—5396—1630—X

主体的命运：福柯哲学思想研究／莫伟民著．—上海：三联书店，1996（上海三联文库）

7—5426—0936—X

词与物：人文科学考古学／（法）米歇尔·福柯著；莫伟民译．—上海：上海三联书店，2001（上海三联学术文库）

7—5426—1631—5

德里达的解构理论思想性质论：文化的视角／肖锦龙著．—北京：中国社会科学出版社，2004（文化：理论与实践丛书）

7—5004—4429—X

权力，身体与自我：福柯与女性主义文学批评／黄华著．—北京：北京大学出版社，2005（文学论丛）

7—301—09188—5

走向后马克思：从生产之镜到符号之镜：早期鲍德里亚思想的文本学解读／仰海峰著．—北京：中央编译出版社，2004（现代国外马克思主义经典文本解读丛书）

7—80109—734—3

后现代性的文本阐释：福柯与德里达／陆扬著．—上海：上海三联书店，2000（现代性与后现代性研究）

7—5426—1422—3

后现代主义文化心理：拉康研究／方汉文著．—上海：上海三联书店，2000（现代性与后现代性研究）

7—5426—1395—2

文化与符号权力：布尔迪厄的文化社会学导论／张意著．—北京：中国社会科学出版社，2005

7—5004—5118—0

后哲学文化／（美）理查德·罗蒂著；黄勇编译．—上海：上海译文出版社，2004（二十世纪西方哲学译丛）

7—5327—3509—5

西方现代思想史／（美）罗兰·斯特龙伯格著；刘北成，赵国新译．—北京：中央编译出版社，2005（万国文化书坊）

7—80211—005—X

美国思想史：1620—1920／（美）沃浓·路易·帕灵顿著；陈永国，李增，郭乙瑶译．—长春：吉林人民出版社，2002

7—206—04115—9

哲学的改造／（美）杜威著；胡适，唐擘黄译．—合肥：安徽教育出版社，1999（胡适著译精品选）

7—5336—2390—8

新旧个人主义：杜威文选／（美）J.杜威著；孙有中，蓝克林，裴雯译．—上海：上海社会科学院出版社，1997（名人名著译丛）

7—80618—299—3

经验与自然／（美）杜威著；傅统先译．—南京：江苏教育出版社，2005（西方文库）

7—5343—6556—2

后形而上学希望：新实用主义社会、政治和法律哲学／（美）理查德·罗蒂著；黄勇编；张国清译．—上海：上海译文出版社，2003（当代学术思潮译丛）

7—5327—3132—4

库恩与科学战／（英）蔡汀·沙达著；金吾伦译．—北京：北京大学出版社，2005（后现代交锋丛书）

7—301—08483—8

传统与超越 / (美)乔治·麦克林著;干春松,杨凤岗译.—北京:华夏出版社,2000(现代西方思想文库)

　　7—5080—1946—6

施特劳斯与古典政治哲学 / 刘小枫主编;张新樟等译.—上海:上海三联书店,2002

　　7—5426—1658—7

美学与性别冲突:女性主义审美革命的中国境遇 / 文洁华著.—北京:北京大学出版社,2005

　　7—301—08148—0

理论思维与工程思维:两种思维方式的僭越与划界 / 徐长福著.—上海:上海人民出版社,2002(当代中国哲学丛书)

　　7—208—04073—7

开发右脑:发展形象思维的理论和实践 / 温寒江,连瑞庆主编.—杭州:浙江教育出版社,1997(教育改革的理论与实践丛书)

　　7—5338—2795—3

思维发生学:从动物思维到人的思维 / 张浩著.—北京:中国社会科学出版社,2005

　　7—5004—1409—9

漫长的历史源头:原始思维与原始文化新探 / 刘文英著.—北京:中国社会科学出版社,1996

　　7—5004—1839—6

协调与超越:中国思维方式探讨 / 赵林著.—武汉:武汉大学出版社,2005

　　7—307—04547—8

社会思维学 / 曾杰,张树相著.—北京:人民出版社,1996

　　7—01—002285—2

中国思维形态 / 吾淳著.—上海:上海人民出版社,1998

　　7—208—02717—X

概率论思维论 / 张德然著.—合肥:中国科学技术大学出版社,2004

　　7—312—01684—7

思维科学研究 / 赵光武主编.—北京:中国人民大学出版社,1999

　　7—300—03207—9

点击学生的创新思维 / 李向成,任强著.—北京:中国社会科学出版社,2002(创新思维丛书)

　　7—5004—3548—7

创造性思维理论:DC 模型的建构与论证 / 何克抗著.—北京:北京师范大学出版社,2000

　　7—303—05605—X

创造性思维的原理与方法 / 卞华,罗伟涛著.—长沙:国防科技大学出版社,2001

　　7—81024—762—X

逻辑学导论 / 陈波著.—北京:中国人民大学出版社,2003(21 世纪哲学系列教材)

　　7—300—04446—8

逻辑哲学 / 陈波著.—北京:北京大学出版社,2005(博雅大学堂)

　　7—301—06615—5

对逻辑的思考:逻辑哲学导论 / (英)斯蒂芬·里德著;李小五译.—沈阳:辽宁教育出版社,1998(牛津精选)

　　7—5382—5316—5

奎因哲学研究:从逻辑和语言的观点看 / 陈波著.—北京:三联书店,1998(三联·哈佛燕京学术丛书)

　　7—108—01188—3

形式逻辑 / 金岳霖主编.—北京:人民出版社,2005(中国文库)

　　7—01—004922—X

自然语言逻辑研究 / 邹崇理著.—北京:北京

大学出版社,2000

7—301—04528—X

泛逻辑学原理 / 何华灿等著.—北京:科学出版社,2001

7—03—009662—2

逻辑的哲学反思:逻辑哲学专题研究 / 胡泽洪著.—北京:中央编译出版社,2004

7—80211—016—5

欧洲科学危机和超验现象学 /(德)埃德蒙德·胡塞尔著;张庆熊译.—上海:上海译文出版社,2005(二十世纪西方哲学译丛)

7—5327—3805—1

经验与判断:逻辑谱系学研究 /(德)埃德蒙德·胡塞尔著;邓晓芒,张廷国译.—北京:三联书店,1999(现代西方学术文库)

7—108—01221—9

逻辑学思想史 / 张家龙主编.—长沙:湖南教育出版社,2004(学科思想史丛书)

7—5355—4169—0

中国逻辑史 / 周云之主编;周云之,陈正英,郑伟宏撰稿.—太原:山西教育出版社,2004

7—5440—2735—X

墨家逻辑与亚里士多德逻辑比较研究:兼论逻辑与文化 / 崔清田著.—北京:人民出版社,2004(逻辑与认知文库)

7—01—004437—6

普通逻辑原理 / 吴家国主编.—2 版.—北京:高等教育出版社,2000

7—04—002350—4

逻辑悖论研究引论 / 张建军编著.—南京:南京大学出版社,2002(南京大学学术文库)

7—305—03930—6

矛盾与悖论新论 / 张建军,黄展骥著.—石家

庄:河北教育出版社,1998

7—5434—3178—5

演绎推理的心理学研究 / 胡竹菁著.—北京:人民教育出版社,2000

7—107—13732—8

哲学逻辑研究 / 张清宇,郭世铭,李小五著.—北京:社会科学文献出版社,1997

7—80050—902—8

模态逻辑导论 / 周北海著.—北京:北京大学出版社,1997

7—301—03394—X

模糊逻辑及其工程应用 /(美)Timothy J. Ross著;钱同惠,沈其聪,葛晓滨等译.—北京:电子工业出版社,2001(全国高技术重点图书)

7—5053—7043—X

迷失的范式:人性研究 /(法)埃德加·莫兰著;陈一壮译.—北京:北京大学出版社,1999(埃德加·莫兰著作译丛)

7—301—04374—0

良心与正义的探求 / 何怀宏著.—哈尔滨:黑龙江人民出版社,2004(道德与哲学新论系列)

7—207—06143—9

传统道德向现代道德的转型 / 王晓朝著.—哈尔滨:黑龙江人民出版社,2004(道德与哲学新论系列)

7—207—06141—2

儿童异常心理学 /(美)艾里克.J.马施,大卫.A.沃尔夫著;孟宪璋等译.—广州:暨南大学出版社,2004(儿童心理健康系列)

7—81079—336—5

发展伦理学 /(美)德尼·古莱著;高銛,温平,李继红译.—北京:社会科学文献出版社,2003(发展研究译丛)

7—80190—037—5

伦理学的两个基本问题 /（德）叔本华著；任立,孟庆时译. —北京：商务印书馆,1996(汉译世界学术名著丛书)

7—100—02773—X

应用伦理学：现代生活方式的哲学反思 / 卢风著. —北京：中央编译出版社,2004(华夏英才基金学术文库)

7—80109—837—4

理论伦理学 / 江畅著. —武汉：湖北人民出版社,2000(价值论与伦理学丛书)

7—216—02981—X

文艺伦理学论纲 / 赵红梅,戴茂堂著. —北京：中国社会科学出版社,2004(价值论与伦理学丛书)

7—5004—4468—0

信用伦理研究 / 王淑芹等著. —北京：中央编译出版社,2005(经世文库)

7—80211—103—X

现代社会与青年伦理 / 孙抱弘著. —上海：学林出版社,2003(跨学科青年研究前沿书系)

7—80668—472—7

论可能生活：一种关于幸福和公正的理论 / 赵汀阳著. —修订版. —北京：中国人民大学出版社,2004(朗朗书房)

7—300—05695—4

伦理学理论与方法 / 高兆明著. —北京：人民出版社,2005(伦理学前沿丛书)

7—01—004720—0

中国伦理学史 / 蔡元培著. —北京：东方出版社,1996(民国学术经典文库)

7—5060—0726—6

伦理学和政治学中的人类社会 /（英）伯特兰·罗素著；肖巍译. —石家庄：河北教育出版社,2003(欧罗巴思想译丛)

7—5434—5178—6

应用伦理学导论 / 卢风,肖巍主编. —北京：当代中国出版社,2002(清华哲学教材系列)

7—80170—153—4

全球化与道德重建 /（德）赫尔穆特·施密特著；柴方国译. —北京：社会科学文献出版社,2001(全球化译丛)

7—80149—428—8

正义诸领域：为多元主义与平等一辩 /（美）迈克尔·沃尔泽著；褚松燕译. —南京：译林出版社,2002(人文与社会译丛)

7—80657—388—7

道德价值论 / 李德顺,孙伟平著. —昆明：云南人民出版社,2005(实践价值丛书)

7—222—04397—7

伦理学体系 /（德）约翰·戈特利伯·费希特著；梁志学,李理译. —北京：中国社会科学出版社,1995(外国伦理学名著译丛)

7—5004—1579—6

道德原理探究 /（英）大卫·休谟著；王淑芹译. —北京：中国社会科学出版社,1999(外国伦理学名著译丛)

7—5004—2374—8

伦理学与价值论的基本问题 /（德）埃德蒙德·胡塞尔著；艾四林,安仕侗译. —北京：中国城市出版社,2002(西方思想经典文库)

7—5074—1363—2

罗素道德哲学 /（英）罗素著；李国山等译. —北京：九州出版社,2004(哲人咖啡厅)

7—80195—132—8

道德哲学 / 高国希著；复旦大学哲学系主编. —上海：复旦大学出版社,2005(哲学交叉学科系列丛书)

7—309—04644—7

**现代科学与伦理世界：道德哲学的探索与反

思／张华夏著.—长沙：湖南教育出版社,1999（中国科学哲学论丛）

7—5355—2897—X

伦理学的两个基本问题／（德）叔本华著；任立,孟庆时译.—北京：商务印书馆,1996

7—100—02060—3

西塞罗三论：老年·友谊·责任／（古罗马）西塞罗著；徐奕春译.—北京：商务印书馆,1998

7—100—02700—4

诚信：传统意义与现代价值／康志杰,胡军著.—北京：中国社会科学出版社,2004

7—5004—4679—9

伦理的代际之维：代际伦理研究／廖小平著.—北京：人民出版社,2004

7—01—004076—1

伦理与存在：道德哲学研究／杨国荣著.—上海：上海人民出版社,2002

7—208—03860—0

利益论：关于利益冲突与协调问题的研究／张玉堂著.—武汉：武汉大学出版社,2001

7—307—03359—3

生命与教化：现代性道德教化问题审理／刘铁芳著.—长沙：湖南大学出版社,2004

7—81053—744—X

优良道德体系论：新伦理学研究／唐代兴著.—北京：中国大百科全书出版社,2004

7—5000—7036—5

伦理学引论／章海山,张建如编著.—北京：高等教育出版社,1999

7—04—007748—5

中国古代经济伦理思想史／唐凯麟,陈科华著.—北京：人民出版社,2004

7—01—004563—1

现代公共管理伦理导论／万俊人主编.—北京：人民出版社,2005

7—01—004930—0

产权的伦理维度／罗能生著.—北京：人民出版社,2004

7—01—004555—0

新伦理学／王海明著.—北京：商务印书馆,2001

7—100—03158—3

伦理学方法／王海明著.—北京：商务印书馆,2003

7—100—03716—6

企业伦理学／徐大建著.—上海：上海人民出版社,2002

7—208—03927—5

德性论／陈根法著.—上海：上海人民出版社,2004

7—208—05312—X

中国传统道德论探微／王正平著.—上海：上海三联书店,2004

7—5426—1939—X

道德选择论／何建华著.—杭州：浙江人民出版社,2000

7—213—02138—9

现代伦理学／王正平,周中之著.—北京：中国社会科学出版社,2001

7—5004—3105—8

伦理精神的价值生态／樊浩著.—北京：中国社会科学出版社,2001

7—5004—3134—1

道德接受论／张琼,马尽举著.—北京：中国社会科学出版社,1995

7—5004—1814—0

当代道德的转型和建构 / 章海山著. —广州：中山大学出版社,1999

7—306—01507—9

品德测评的理论与方法 / 肖鸣政著. —福州：福建教育出版社,1995(德育理论丛书)

7—5334—1725—9

道德价值论 / 竹立家著. —北京：中国人民大学出版社,1998

7—300—02924—8

比较伦理学 / 黄建中著. —济南：山东人民出版社,1998(现代中国思想论著选粹)

7—209—02261—9

制度伦理研究论纲 / 施惠玲著. —北京：北京师范大学出版社,2003(价值与文化丛书)

7—303—06511—3

法律与道德 / (美)罗斯科·庞德著；陈林林译. —北京：中国政法大学出版社,2003(美国法律文库)

7—5620—2503—7

行政人的德性与实践 / 李春成著. —上海：复旦大学出版社,2003(上海市社会科学博士文库)

7—309—03912—2

公共行政伦理学 / 郭夏娟著. —杭州：浙江大学出版社,2003(浙江大学公共管理丛书)

7—308—03296—5

行政伦理的理论与实践研究 / 罗德刚著. —北京：国家行政学院出版社,2002

7—80140—220—0

寻找公共行政的伦理视角 / 张康之著. —北京：中国人民大学出版社,2002

7—300—04030—6

大分裂：人类本性与社会秩序的重建 / (美)弗朗西斯·福山著；刘榜离,王胜利译. —北京：中

国社会科学出版社,2002(国际学术前沿观察)

7—5004—3292—5

伦理社会学 / 曾钊新,吕耀怀等著. —长沙：中南大学出版社,2002(伦理新视野丛书)

7—81061—489—4

现代性与大屠杀 / (英)鲍曼著；杨渝东,史建华译. —南京：译林出版社,2002(人文与社会译丛)

7—80657—315—1

德育环境研究 / 戴钢书著. —北京：人民出版社,2002(新世纪学术文丛)

7—01—003583—0

转轨中国：审视社会公正和平等 / 姚洋主编. —北京：中国人民大学出版社,2004

7—300—05353—X

伦理学与社会公正 / 程立显著. —北京：北京大学出版社,2002

7—301—05732—6

面向行动的经济伦理学 / (美)乔治·恩德勒著；高国希,吴新文等译. —上海：上海社会科学院出版社,2002(当代经济伦理学名著译丛)

7—80618—986—6

经济伦理论：马克思主义经济伦理思想研究 / 章海山著. —广州：中山大学出版社,2001(马克思主义哲学与中国现代化研究系列)

7—306—01765—9

义利之间：现代经济伦理十一讲 / 万俊人主讲；张彭松整理. —北京：团结出版社,2003(名牌大学名师讲堂)

7—80130—679—1

经济伦理与可持续发展 / 王克敏著. —北京：社会科学文献出版社,2000(中国经济运行丛书)

7—80050—832—3

经济活动伦理研究 / 刘光明著.—北京：中国人民大学出版社,1999(中国人民大学博士文库)

7—300—02323—1

思想道德论：经济与道德关系的现实构建 / 廖小平等著.—长沙：湖南人民出版社,1998(走向21世纪论丛)

7—5438—1840—X

经济伦理学 / 陈宝庭,刘金华编著.—大连：东北财经大学出版社,2001

7—81044—701—7

经济伦理学 / 乔法容,朱金瑞主编.—北京：人民出版社,2004

7—01—004169—5

市场经济与人的存在方式 / 万光侠著.—北京：中国人民公安大学出版社,2002

7—81059—853—8

道德认知发展与道德教育：科尔伯格的理论与实践 / 郭本禹著.—福州：福建教育出版社,1999(德育理论丛书)

7—5334—2788—2

道德心理学与道德教育学：柯尔伯格研究 / 魏贤超著.—杭州：浙江大学出版社,1995

7—308—01593—9

信息伦理学 / 吕耀怀著.—长沙：中南大学出版社,2002(伦理新视野丛书)

7—81061—487—8

信息伦理学 / 沙勇忠著.—北京：北京图书馆出版社,2004(信息管理科学博士文库)

7—5013—2475—1

黑客伦理与信息时代精神 / (美)派卡·海曼著;李伦,魏静,唐一之译.—北京：中信出版社,2002

7—80073—491—9

科技伦理问题研究 / 陶明报著.—北京：北京大学出版社,2005

7—301—06611—2

青少年网络道德教育 / 王经涛,王俊英主编.—北京：开明出版社,2001

7—80133—394—2

网络伦理文化 / 朱银端著.—北京：社会科学文献出版社,2004

7—80190—133—9

科技伦理学 / 傅静著.—成都：西南财经大学出版社,2002

7—81055—999—0

科技理性的价值审视 / 陈芬著.—北京：中国社会科学出版社,2004

7—5004—5268—3

工程伦理学 / 肖平主编.—北京：中国铁道出版社,1999

7—113—03780—1

人性与自然：生态伦理哲学基础反思 / 曹孟勤著.—南京：南京师范大学出版社,2005(当代伦理学文库)

7—81101—138—7

生态伦理与生态美学 / 章海荣编著.—上海：复旦大学出版社,2005(复旦博学)

7—309—04383—9

人与自然的道德话语：环境伦理学的进展与反思 / 刘湘溶著.—长沙：湖南师范大学出版社,2004(环境伦理学研究丛书)

7—81081—379—X

伦理拓展主义的颠覆：西方环境伦理思潮研究 / 李培超著.—长沙：湖南师范大学出版社,2004(环境伦理学研究丛书)

7—81081—378—1

环境伦理的文化阐释：中国古代生态智慧探考 / 任俊华，刘晓华著.—长沙：湖南师范大学出版社，2004（环境伦理学研究丛书）

　　7—81081—380—3

生态伦理学 / 雷毅著.—西安：陕西人民教育出版社，2000（生态文化丛书）

　　7—5419—8025—0

环境价值论：环境伦理：一场真正的道德革命 / 韩立新著.—昆明：云南人民出版社，2005（实践价值丛书）

　　7—222—04396—9

自然之思：西方生态伦理思想探究 / 曾建平著.—北京：中国社会科学出版社，2004（中国社会科学博士论文文库）

　　7—5004—4180—0

生态伦理：精神资源与哲学基础 / 何怀宏主编.—保定：河北大学出版社，2002

　　7—81028—828—8

自然与人文的和解：生态伦理学的新视野 / 李培超著.—长沙：湖南人民出版社，2001

　　7—5438—2540—6

环境伦理学 / 裴广川主编.—北京：高等教育出版社，2002

　　7—04—011226—4

中国生态伦理传统的诠释与重建 / 佘正荣著.—北京：人民出版社，2002

　　7—01—003728—0

环境伦理学理论与实践 / 朱坦主编.—北京：中国环境科学出版社，2001

　　7—80163—210—9

惩罚中的醒悟：走向生态伦理学 / 余谋昌著.—广州：广东教育出版社，1995（天地生人丛书）

　　7—5406—2872—3

生态伦理学：从理论走向实践 / 余谋昌著.—北京：首都师范大学出版社，1999（新世纪·新视角丛书）

　　7—81039—950—0

大自然的权利：环境伦理学史 / （美）罗德里克·弗雷泽·纳什著；杨通进译.—2版.—青岛：青岛出版社，2005

　　7—5436—2063—4

走出伦理困境：麦金太尔道德哲学与马克思主义伦理学研究 / 高国希著.—上海：上海社会科学院出版社，1996

　　7—80618—240—3

当代西方道义论与功利主义研究 / 龚群著.—北京：中国人民大学出版社，2002

　　7—300—03931—6

当代外国伦理思想 / 宋希仁主编.—北京：中国人民大学出版社，2000

　　7—300—03575—2

人性论 / （英）休谟著；关文运译，陈启伟选编.—节选本.—北京：商务印书馆，2002（汉译名著随身读）

　　7—100—03403—5

个人主义 / （英）史蒂文·卢克斯著；阎克文译.—南京：江苏人民出版社，2001（汉译大众精品文库·新世纪版）

　　7—214—02980—4

功利主义新论：统合效用主义理论及其在公平分配上的应用 / 盛庆琜著；顾建光译.—上海：上海交通大学出版社，1996

　　7—313—01635—2

女性主义伦理学 / 肖巍著.—成都：四川人民出版社，2000（二十一世纪应用伦理学）

　　7—220—05123—9

后现代伦理学 / （英）齐格蒙特·鲍曼；张成

岗译. —南京：江苏人民出版社，2003（现代思想译丛）

7—214—03386—0

儒家伦理与法律文化：社会学观点的探索 / 林端著. —北京：中国政法大学出版社，2002（法律文化研究文丛）

7—5620—2220—8

与命与仁：原始儒家伦理精神与现代性问题 / 唐文明著. —保定：河北大学出版社，2002（清华哲学研究系列）

7—81028—826—1

中国道德文化 / 黄钊等著. —武汉：湖北人民出版社，2000（哲学与文化新知书苑）

7—216—02843—0

中国应用伦理学 / 余涌主编；中国社会科学院应用伦理研究中心，香港浸会大学应用伦理学研究中心编. —北京：中央编译出版社，2002

7—80109—567—7

中国伦理学通论. 上册 / 焦国成著. —太原：山西教育出版社，1997

7—5440—1101—1

制度公正论：变革时期道德失范研究 / 高兆明著. —上海：上海文艺出版社，2001

7—5321—2234—4

德化的视野：儒家德性思想研究 / 葛晨虹著. —北京：同心出版社，1998

7—80593—274—3

道德理想主义与伦理中心主义：儒家伦理及其现代处境 / 任剑涛著. —北京：东方出版社，2003

7—5060—1632—X

道德的基石：先秦儒家诚信思想论 / 唐贤秋著. —北京：中国社会科学出版社，2004

7—5004—4754—X

中国现代化进程中的道德重建 / 张晓东著. —贵阳：贵州人民出版社，2002

7—221—05959—4

中国伦理思想史 / 沈善洪，王凤贤著. —北京：人民出版社，2005

7—01—005307—3

西方伦理学 / 戴茂堂著. —武汉：湖北人民出版社，2002（价值论与伦理学丛书）

7—216—03326—4

道德乌托邦的重构：哈贝马斯交往理论思想研究 / 龚群著. —北京：商务印书馆，2003

7—100—03552—X

生命与逻各斯：希腊伦理思想史论 / 包利民著. —北京：东方出版社，1996（哥伦布学术文库）

7—5060—0771—1

亚里士多德之伦理思想 / 严群著. —北京：商务印书馆，2003（浙大学术精品文丛）

7—100—03779—4

道德的人与不道德的社会 / （美）莱茵霍尔德·尼布尔著；蒋庆等译. —贵阳：贵州人民出版社，1998（现代社会与人）

7—221—03775—2

走向优雅生存：21世纪中国社会价值选择研究 / 江畅著. —北京：中国社会科学出版社，2004（价值论与伦理学丛书）

7—5004—4467—2

人生观通论 / 张孝宜主编. —北京：高等教育出版社，2001（教育部思想政治教育专业课程教材）

7—04—008452—X

美国价值观：一个中国学者的探讨 / 朱永涛著. —北京：外语教学与研究出版社，2002（跨文化交际丛书）

7—5600—2583—8

科学与人生观／张君劢著.—沈阳:辽宁教育出版社,1998(新世纪万有文库)

7—5382—5052—2

传统价值观念与当代中国／戴茂堂,江畅著.—武汉:湖北人民出版社,2001(哲学与文化新知书苑)

7—216—03192—X

理性与躁动:关于青年价值观的思考／乐锋著.—上海:学林出版社,2002

7—80668—395—X

国外公民教育概览／秦树理主编.—郑州:河南医科大学出版社,2005(公民教育研究文库)

7—81048—992—5

先秦孝道研究／康学伟著.—长春:吉林人民出版社,2000

7—206—02747—4

中国孝文化漫谈／宁业高,宁业泉,宁业龙著.—北京:中国民族大学出版社,1995

7—81001—980—5

现代性价值辩证论:规范伦理的类型学及其资源／包利民,(美)M.斯戴克豪思著.—上海:学林出版社,2000(求是丛书)

7—80616—920—2

乱伦禁忌及其起源／(法)爱弥尔·涂尔干著;汲喆,付德根,渠东译.—上海:上海人民出版社,2003(涂尔干文集)

7—208—04418—X

底线伦理／何怀宏著.—沈阳:辽宁人民出版社,1998(道德观点丛书)

7—205—04141—4

道德建设的文化机制研究／魏则胜著.—广州:广东人民出版社,2005(中山大学思想道德教育理论博士文库)

7—218—04884—6

当代中国社会伦理生活／龚群著.—成都:四川人民出版社,1998

7—220—04324—4

市场社会与公共秩序／刘军宁等编.—北京:三联书店,1996(公共论丛)

7—108—00950—1

文化与修养／李亦园著.—桂林:广西师范大学出版社,2004(时代思想与艺术丛书)

7—5633—4539—6

伦理智慧／甘绍平著.—北京:中国发展出版社,2000(博士短论文丛)

7—80087—356—0

儒家伦理哲学／陈谷嘉著.—北京:人民出版社,1996

7—01—002390—5

人格的现代转型与塑造／张青兰著.—广州:广东人民出版社,2005(中山大学思想道德教育理论博士文库)

7—218—04900—1

否定主义美学／吴炫著.—修订本.—北京:北京大学出版社,2004(博雅)

7—301—07674—6

西方美学史／凌继尧著.—北京:北京大学出版社,2004(博雅大学堂)

7—301—08211—8

重构美学／(德)沃尔夫冈·韦尔施著;陆扬,张岩冰译.—上海:上海译文出版社,2002(当代学术思潮译丛)

7—5327—2779—3

朱子理学美学／潘立勇著.—北京:东方出版社,1999(哥伦布学术文库)

7—5060—1311—8

无言之美／朱光潜著.—北京:北京大学出版

社,2005(美学散步丛书;博雅悦读时光)

7—301—08182—0

美学 / 杨春时著.—北京:高等教育出版社,2004(普通高等教育"十五"国家级规划教材)

7—04—015302—5

文学解释学:文学的审美阐释与意义生成 / 金元浦著.—长春:东北师范大学出版社,1997(青年美学博士文库)

7—5602—1941—1

美学新概念:21 世纪的人文思考 / 徐岱著.—上海:学林出版社,2001(求是丛书)

7—80668—183—3

诗与思的对话:审美活动的本体论内涵及其现代阐释 / 潘知常著.—上海:上海三联书店,1997(上海三联文库)

7—5426—1064—3

美学的意蕴 / 彭锋著.—北京:中国人民大学出版社,2000(世纪素质教育系列教材)

7—300—03297—4

反美学 / 潘知常著.—上海:学林出版社,1995(学林文库)

7—80616—176—7

审美艺术教育论 / 王小舒,凌晨光著.—郑州:河南人民出版社,2005(艺术审美教育书系)

7—215—05591—4

美学引论 / 杨恩寰主编.—3 版修订版.—北京:人民出版社,2005(艺术与美学文库)

7—01—004746—4

审美应用学 / 罗筠筠著.—3 版.—北京:社会科学文献出版社,2002(中国社会科学院青年学者文库)

7—80050—539—1

论优美感和崇高感 / (德)康德著;何兆武

译.—北京:商务印书馆,2001

7—100—03319—5

扩张与危机:当代审美文化理论及其批评话题 / 王德胜著.—北京:中国社会科学出版社,1996

7—5004—1987—2

破门而入:美学的问题与历史 / 易中天著.—上海:复旦大学出版社,2004

7—309—04164—X

感性学发微:美学与丑学的合题 / 栾栋著.—北京:商务印书馆,1999

7—100—02864—7

审美幻象研究:现代美学导论 / 王杰著.—桂林:广西师范大学出版社,1996

7—5633—2104—7

美学的边缘:在阐释中理解当代审美观念 / 潘知常著.—上海:上海人民出版社,1998

7—208—03013—8

走出古典:中国当代美学论争述评 / 阎国忠著.—合肥:安徽教育出版社,1996

7—5336—1743—6

胸中之竹:走向现代之中国美学 / 叶朗著.—合肥:安徽教育出版社,1998

7—5336—2257—X

人类生命系统中的美学 / 封孝伦著.—合肥:安徽教育出版社,1999

7—5336—2540—4

接受美学导论 / 朱立元著.—合肥:安徽教育出版社,2004

7—5336—3984—7

中西比较美学论稿 / 潘知常著.—南昌:百花洲文艺出版社,2000

7—80647—087—5

审美学 / 胡家祥著.—北京：北京大学出版社,2000

7—301—04541—7

20世纪西方美学 / 周宪著.—北京：高等教育出版社,2004

7—04—014020—9

20世纪西方美学 / 周宪著.—南京：南京大学出版社,1997

7—305—03121—6

生态视域中的比较美学 / 袁鼎生著.—北京：人民出版社,2005

7—01—004976—9

审美价值系统 / 杨曾宪著.—北京：人民文学出版社,1998

7—02—002518—8

当代中西审美文化研究 / 夏之放等著.—济南：山东教育出版社,2005

7—5328—4922—8

新编西方美学史 / 章启群著.—北京：商务印书馆,2004

7—100—04103—1

审美现代性批判 / 周宪著.—北京：商务印书馆,2005

7—100—04283—6

审美心理学 / 周冠生著.—上海：上海文艺出版社,2005

7—5321—2711—7

审美经验与文学解释学 / (德)汉斯·罗伯特·耀斯著；顾建光,顾静宇,张乐天译.—上海：上海译文出版社,1997(当代学术思潮译丛)

7—5327—1943—X

审美中介论 / 劳承万著.—2版.—上海：上海文艺出版社,2001(上海文艺学术文库)

7—5321—0363—3

东方古典美：中日传统审美意识比较 / 姜文清著.—北京：中国社会科学出版社,2002(文化与审美丛书)

7—5004—3505—3

现代美学原理：科学主体论美学体系 / 李健夫著.—北京：中国社会科学出版社,2002

7—5004—3432—4

当代美学原理 / 陈望衡著.—北京：人民出版社,2003

7—01—004086—9

哲学美学 / (苏)巴赫金著.—石家庄：河北教育出版社,1998(巴赫金著作系列)

7—5434—3122—X

美学理论 / (德)阿多诺著；王柯平译.—成都：四川人民出版社,1998(美学·设计·艺术教育丛书)

7—220—04253—1

艺术化生存：中西审美文化比较 / 聂振斌等著.—成都：四川人民出版社,1997

7—220—03734—1

生命美学论稿：在阐释中理解当代生命美学 / 潘知常著.—郑州：郑州大学出版社,2002(美学新眺望书系)

7—81048—619—5

生态美学 / 徐恒醇著.—西安：陕西人民教育出版社,2000(生态文化丛书)

7—5419—8027—7

中国美学范畴与传统文化 / 张皓著.—武汉：湖北教育出版社,1996(中国传统文化专题研究丛书)

7—5351—2000—8

中国当代审美文化研究 / 周宪著.—北京：北

京大学出版社,1997

7—301—03551—9

生命美学的诉说 / 周殿富著.—北京:人民文学出版社,2004

7—02—004346—1

审美主义:从尼采到福柯 / 李晓林著.—北京:社会科学文献出版社,2005(鼓浪学术书系;审美文丛)

7—80190—583—0

唯美主义与消费文化 / 周小仪著.—北京:北京大学出版社,2002(文学论丛)

7—301—05915—9

东方美学史 / 邱紫华著.—北京:商务印书馆,2003

7—100—03665—8

审美之思:理的审美化存在 / 张晶著.—北京:北京广播学院出版社,2002(文艺学与美学丛书)

7—81004—994—1

论审美文化 / 张晶主编.—北京:北京广播学院出版社,2003(文艺学与美学丛书)

7—81085—129—2

唐代美学思潮 / 霍然著.—长春:长春出版社,1997(中国美学主潮)

7—80604—541—4

中国审美文化史:唐宋卷 / 陈炎主编;陈炎著.—济南:山东画报出版社,2000

7—80603—496—X

中国古代审美文化论.第一卷.史论卷 / 吴中杰主编;丁俊玲,马驰,王振复等撰稿.—上海:上海古籍出版社,2003

7—5325—3227—5

中国审美文化史:先秦卷 / 陈炎主编;廖群

著.—济南:山东画报出版社,2000

7—80603—495—1

中国审美文化史:秦汉魏晋南北朝卷 / 陈炎主编;仪平策著.—济南:山东画报出版社,2000

7—80603—472—2

中国美学史:魏晋南北朝编 / 李泽厚,刘纲纪著.—合肥:安徽文艺出版社,1999

7—5396—1827—2

中国美学史:先秦两汉编 / 李泽厚,刘纲纪著.—合肥:安徽文艺出版社,1999

7—5396—1826—4

中西古典美学研究 / 孔智光著.—济南:山东大学出版社,2002

7—5607—2463—9

当代审美文化批判 / 姚文放著.—济南:山东文艺出版社,1999

7—5329—1637—5

中国美学的文脉历程 / 王振复著.—成都:四川人民出版社,2002

7—220—06051—3

李渔美学思想研究 / 杜书瀛著.—北京:中国社会科学出版社,1998

7—5004—2168—0

物哀与幽玄:日本人的美意识 / 叶渭渠,康月梅著.—桂林:广西师范大学出版社,2002

7—5633—3626—5

西方美学史 / 朱光潜著.—北京:人民文学出版社,2002(大学生必读)

7—02—003601—5

西方美学通史.全七卷 / 蒋孔阳,朱立元主编;曹俊峰,朱立元,张玉能著.—上海:上海文艺出版社,1999

7—5321—1881—9

现代西方美学. 全二册 / 程孟辉主编. —北京：
人民美术出版社, 2001
　　7—102—02181—X

西方美学与艺术 / 彭锋著. —北京：北京大学
出版社, 2005
　　7—301—09825—1

西方现代美学 / 牛宏宝著. —上海：上海人民
出版社, 2002
　　7—208—04040—0

艺术符号美学：苏珊·朗格美学思想研究 /
吴风著. —北京：北京广播学院出版社, 2002（文艺
学与美学丛书）
　　7—81085—019—9

艺术即经验 /（美）杜威著；高建平译. —北
京：商务印书馆, 2005
　　7—100—04511—8

审美教育书简 /（德）弗里德里希·席勒著；
冯至, 范大灿译. —上海：上海人民出版社, 2003
（袖珍经典）
　　7—208—04452—X

审美幻象与审美人类学 / 王杰著. —桂林：广
西师范大学出版社, 2002（新时期文艺学建设丛书）
　　7—5633—3773—3

美学的散步 / 宗白华著. —合肥：安徽教育出
版社, 2000（宗白华著译精品选）
　　7—5336—2678—8

情绪心理学 / 孟昭兰主编. —北京：北京大学
出版社, 2005（北京大学心理学教材）
　　7—301—08633—4

普通心理学 / 王雁主编. —北京：人民教育出
版社, 2002（大学本科小学教育专业教材）
　　7—107—15120—7

心理学史导论 /（美）B. R. 赫根汉著；郭本禹

等译. —上海：华东师范大学出版社, 2004（当代心
理科学名著译丛）
　　7—5617—3512—X

智力发展心理学 / 白学军著. —合肥：安徽教
育出版社, 2004（儿童心理与行为研究书系）
　　7—5336—3681—3

社会性发展心理学 / 俞国良, 辛自强著. —合
肥：安徽教育出版社, 2004（儿童心理与行为研究
书系）
　　7—5336—3674—0

实验心理学纲要 / 张学民, 舒华编著. —北京：
北京师范大学出版社, 2004（高等学校教学用书）
　　7—303—06860—0

新编心理学 / 董操, 宋尚桂, 王本法主编. —2
版修订版. —北京：教育科学出版社, 2000（高师教
育课程系列教材）
　　7—5041—1532—0

儿童发展心理学 / 方富熹, 方格著. —北京：
人民教育出版社, 2005（基础心理学书系）
　　7—107—18188—2

心理学新论 / 李铮, 姚本先主编. —北京：高
等教育出版社, 2001（面向 21 世纪课程教材）
　　7—04—009478—9

精神分析心理学 / 沈德灿著. —杭州：浙江教
育出版社, 2005（世纪心理学丛书）
　　7—5338—5602—3

心理学导论：思想与行为的认识之路 /（美）
Dennis Coon 著；郑钢等译. —北京：中国轻工业出
版社, 2004（心理学导读系列）
　　7—5019—2833—9

普通心理学 / 彭聃龄主编. —3 版修订版. —
北京：北京师范大学出版社, 2004（新世纪高等学
校教材；面向 21 世纪课程教材）
　　7—303—00225—1

心理哲学／朱宝荣著.—上海：复旦大学出版社,2004(哲学交叉学科系列丛书)

7—309—03974—2

现代西方心灵哲学／高新民著.—2 版.—武汉：武汉出版社,1996

7—5430—1253—7

青年心理学导论／冯江平,安莉娟主编；张智等编写.—北京：高等教育出版社,2004

7—04—015296—7

普通心理学／喻国华,徐俊贤主编；梁永红,许亚莉编著.—北京：中国科学技术出版社,1995

7—5046—2014—9

心理分析：理解与体验／申荷永著.—北京：三联书店,2004

7—108—02117—X

高校心理健康教育专业化研究／王建中主编.—北京：北京航空航天大学出版社,2004

7—81077—485—9

实验心理学／孟庆茂,常建华编著.—北京：北京师范大学出版社,1999

7—303—04830—8

当代大学生心理健康教育研究／张小远主编.—西安：第四军医大学出版社,2005

7—81086—162—X

心理学理论精粹／叶浩生主编.—福州：福建教育出版社,2000

7—5334—2485—9

普通心理学／张积家编著.—广州：广东高等教育出版社,2004

7—5361—3012—0

现代心理学／李晓文,张玲,屠荣生编著.—上海：华东师范大学出版社,2003

7—5617—3267—8

大学生心理健康测量与导向／宋专茂,丁霞编著.—广州：暨南大学出版社,2005

7—81079—431—0

大学生网络心理／陶国富,王祥兴主编.—上海：立信会计出版社,2004

7—5429—1273—9

归因理论及其应用／刘永芳著.—济南：山东人民出版社,1998

7—209—02213—9

现代心理学原理与应用／朱宝荣著.—上海：上海人民出版社,2002

7—208—04087—7

人格与认知／陈少华著.—北京：社会科学文献出版社,2005

7—80190—529—6

实验心理学／朱滢,焦书兰主编.—北京：原子能出版社,2004

7—5022—3319—9

普通心理学／李铮,张履祥主编.—合肥：中国科学技术大学出版社,1995

7—312—00689—2

心理文化论要：中西心理学传统跨文化解析／葛鲁嘉著.—大连：辽宁师范大学出版社,1995

7—81042—102—6

中国文化心理学／汪凤炎,郑红著.—广州：暨南大学出版社,2004(21 世纪新编应用心理学系列)

7—81079—466—3

中国文化心理学心要／申荷永著.—北京：人民出版社,2001

7—01—003276—9

三种心理学：弗洛伊德、斯金纳和罗杰斯的心理学理论／(美)罗伯特.D.奈著；石林,袁坤译.—

北京:中国轻工业出版社,2000(心理学丛书·心理学导读系列)

7—5019—2719—7

西方心理学史论 / 高觉敷主编.—合肥:安徽教育出版社,1995

7—5336—1750—9

格式塔心理学原理 / (德)卡尔·考夫卡著;黎炜译.—杭州:浙江教育出版社,1997(20世纪心理学通览)

7—5338—2578—0

精神分析文论 / 陆扬著.—济南:山东教育出版社,1998(20世纪西方文论研究丛书)

7—5328—2617—1

潜意识的诠释:从弗洛伊德主义到后弗洛伊德主义 / 王小章,郭本禹著.—北京:中国社会科学出版社,1998(后现代思潮丛书)

7—5004—2222—9

神经症与人的成长 / (美)卡伦·荷妮著;陈收等译.—北京:国际文化出版公司,2001(精神分析经典译丛)

7—80105—835—6

精神分析与后现代批评话语 / 方成著.—北京:中国社会科学出版社,2001(批评丛书)

7—5004—3095—7

人性辉煌之路:班杜拉的社会学习理论 / 高申春著.—武汉:湖北教育出版社,2000(20世纪西方心理学大师述评丛书)

7—5351—2637—5

现代心理范式的困境与出路:后现代心理学思想研究 / 高峰强著.—北京:人民出版社,2001

7—01—003338—2

心理学史 / М.Г.雅罗舍夫斯基著;陆嘉玉等译.—上海:上海译文出版社,1997

7—5327—1803—4

心理学通史.第一卷.中国古代心理学思想史 / 杨鑫辉主编.—济南:山东教育出版社,2000

7—5328—3014—4

新编心理学史 / 杨鑫辉主编.—广州:暨南大学出版社,2003

7—81079—153—2

心理实验设计及其数据处理 / 金志成,何艳茹编著.—广州:广东高等教育出版社,2002

7—5361—2757—X

心理测量学 / 郑日昌,蔡永红,周益群著.—北京:人民教育出版社,1999(应用心理学书系)

7—107—12913—9

心理测量 / 金瑜主编.—上海:华东师范大学出版社,2001

7—5617—2732—1

心理与行为测量 / 凌文辁,方俐洛著.—北京:机械工业出版社,2003

7—111—11791—3

心理测验与常用量表 / 陈国鹏主编.—上海:上海科学普及出版社,2005

7—5427—2748—6

西方心理学研究新进展 / 叶浩生主编.—北京:人民教育出版社,2003

7—107—16710—3

意识—心理学的研究 / 潘菽主编.—北京:商务印书馆,1998

7—100—02263—0

认知心理学.上下册 / (英)M.W.艾森克,(爱尔兰)M.T.基恩著;高定国,肖晓云译.—4版.—上海:华东师范大学出版社,2004(当代心理科学名著译丛)

7—5617—3567—7

当代认知心理学 / 余嘉元主编.—南京:江苏

教育出版社,2001(高等师范院校心理学系列教材)

7—5343—3688—0

认知科学导论 / 熊哲宏著. —武汉：华中师范大学出版社,2002(华中师范大学出版基金丛书,学术著作系列)

7—5622—2549—4

认知心理学 /（美）John B. Best 著；黄希庭译. —北京：中国轻工业出版社,2000(心理学丛书)

7—5019—2831—2

当代美国认识心理学 / 乐国安著. —北京：中国社会科学出版社,2001(中华美国学丛书)

7—5004—3063—9

认知神经科学 /（美）M. S. Gazzaniga 主编；王甦等译. —上海：上海教育出版社,1998

7—5320—5588—4

当代认知心理学 / 梁宁建著. —上海：上海教育出版社,2003

7—5320—9198—8

眼动分析法在心理学研究中的应用 / 阎国利编. —天津：天津教育出版社,1998

7—5309—2858—9

情景学习：合法的边缘性参与 /（美）J. 莱夫,E. 温格著；王文静译. —上海：华东师范大学出版社,2004(21 世纪人类学习的革命译丛)

7—5617—3619—3

记忆心理学 / 鲁忠义,杜建政著. —北京：人民教育出版社,2005(基础心理学书系)

7—107—18876—3

思维心理学 / 邵志芳著. —上海：华东师范大学出版社,2001

7—5617—2464—0

动机论：迈向 21 世纪的动机心理学研究 / 张

爱卿著. —武汉：华中师范大学出版社,1999(博士文库)

7—5622—2015—8

情绪研究：理论与方法 / 乔建中著. —南京：南京师范大学出版社,2003(随园文库)

7—81047—918—0

谜米机器：文化之社会传递过程的"基因学" /（英）苏珊·布莱克摩尔著；高申春等译. —长春：吉林人民出版社,2001(支点丛书)

7—206—03698—8

动机心理学：理论与实践 / 郭德俊主编. —北京：人民教育出版社,2005

7—107—19134—9

人类情感论 / 杨岚著. —天津：百花文艺出版社,2002

7—5306—3438—0

学生自我发展之心理学探究 / 李晓文著. —北京：教育科学出版社,2001(世纪之交中国基础教育改革研究丛书)

7—5041—2208—4

性别差异与教育 / 强海燕著. —西安：陕西人民教育出版社,2000(性别与教育丛书)

7—5419—7796—9

心理教育 / 申荷永,高岚著. —广州：暨南大学出版社,1995(现代社会心理丛书)

7—81029—466—0

创造力发展心理学 / 张文新,谷传华著. —合肥：安徽教育出版社,2004(儿童心理与行为研究书系)

7—5336—3678—3

现代儿童发展心理学 / 周宗奎编著. —合肥：安徽人民出版社,1999(心理学丛书)

7—212—01708—6

儿童发展心理学 / 程利国主编.—福州：福建教育出版社,1997(心理学主干课程系列教材)

7—5334—2147—7

儿童社会性发展 / 张文新著.—北京：北京师范大学出版社,1999

7—303—04102—8

儿童发展与教育心理学 / 伍新春主编.—北京：高等教育出版社,2004

7—04—014338—0

儿童社会化 / 周宗奎著.—武汉：湖北少年儿童出版社,1995

7—5353—1471—6

儿童心理发展理论 / 王振宇编著.—上海：华东师范大学出版社,2000

7—5617—2355—5

儿童发展心理学 / 刘金花主编.—上海：华东师范大学出版社,1997

7—5617—1624—9

儿童精神哲学 / 刘晓东著.—南京：南京师范大学出版社,1999

7—81047—423—5

当代儿童发展心理学 / 桑标主编.—上海：上海教育出版社,2003

7—5320—8818—9

婴儿心理学 / 孟昭兰著.—北京：北京大学出版社,1997(心理学丛书)

7—301—03466—0

学前儿童发展心理学 / 周念丽,张春霞编著.—上海：华东师范大学出版社,1999

7—5617—2110—2

童年期发展心理学 / 郭亨杰主编.—南京：南京大学出版社,2000(高等学校小学教育专业教材)

7—305—03447—9

大学生心理健康教育 / 黄希庭主编.—上海：华东师范大学出版社,2004(21世纪高等师范教育教材)

7—5617—3654—1

青少年心理发展 / 雷雳,张雷著.—北京：北京大学出版社,2003(北京大学心理学丛书)

7—301—06541—8

大学生积极心理 / 陶国富,王祥兴主编.—上海：华东理工大学出版社,2005(新世纪大学生心理研究)

7—5628—1702—2

心理健康研究与指导 / 张玲等著.—北京：教育科学出版社,2001(新世纪教师教育丛书)

7—5041—2101—0

当代青少年心理与行为透视 / 刘守旗主编.—2版.—合肥：安徽人民出版社,1997

7—212—01182—7

大学心理学 / 赵鸣九编著.—2版.—北京：人民教育出版社,2003

7—107—16626—3

现代青年心理学 / 张进辅著.—重庆：重庆出版社,2002

7—5366—5996—2

大学生心理健康教育与心理咨询研究 / 樊富珉主编.—北京：北京航空航天大学出版社,2001

7—81077—130—2

当代大学生社会心理问题及其对策 / 胡启先等著.—南昌：江西人民出版社,1999

7—210—02150—7

少年亲子关系研究 / 孟育群主编.—北京：教育科学出版社,1998

7—5041—1782—X

现代学校心理健康教育研究 / 叶一舵著.—北

京：开明出版社,2003

　　7—80133—789—1

大学心理学 ／ 林正范主编. —杭州：浙江大学
出版社,2000

　　7—308—02271—4

青年行为学 ／ 洪守义著. —北京：中国青年出
版社,2004

　　7—5006—5814—1

青年学习心理学 ／ 叶瑞祥,吴华钿,陈洵主
编. —广州：广东高等教育出版社,1998

　　7—5361—2227—6

女性心理与性别差异 ／ 钱铭怡,苏彦捷,李宏
编著. —北京：北京大学出版社,1995(女性研究丛
书)

　　7—301—02857—1

不同的声音：心理学理论与妇女发展 ／（美）
卡罗尔·吉利根著；肖巍译. —北京：中央编译出
版社,1999(新世纪学术译丛)

　　7—80109—302—X

现代女性心理 ／ 周裕新主编；周裕新等撰
写. —上海：上海社会科学院出版社,1998

　　7—80618—437—6

现代心理学：现代人研究自身问题的科学 ／
张春兴著. —2 版. —上海：上海人民出版社,2005

　　7—208—05625—0

哲学 ／（英）内尔·腾布尔著；戴联斌,王了因
译. —北京：三联书店,2003

　　7—108—01771—7

环境心理学：环境、知觉和行为 ／ 徐磊青,杨
公侠编著. —上海：同济大学出版社,2002(城市规
划专业系列教材)

　　7—5608—2416—1

环境心理学 ／ 林玉莲,胡正凡编著. —北京：

中国建筑工业出版社,2000(高等学校建筑学、城市
规划专业系列教材)

　　7—112—04228—3

环境心理学 ／ 俞国良,王青兰,杨治良著. —北
京：人民教育出版社,2000(应用心理学书系)

　　7—107—13439—6

环境心理学与心理环境学 ／ 马铁丁编著. —北
京：国防工业出版社,1996

　　7—118—01595—4

中西死亡美学 ／ 陆扬著. —武汉：华中师范大
学出版社,1998(华中师范大学出版基金丛书)

　　7—5622—1938—9

20 世纪心理学名家名著 ／ 莫雷主编；何先友
等副主编. —广州：广东高等教育出版社,2002

　　7—5361—2570—4

变态心理学 ／ 张伯源主编. —北京：北京大学
出版社,2005(北京大学心理学教材)

　　7—301—08972—4

变态心理学 ／ 梁宝勇主编. —北京：高等教育
出版社,2002(全国高校大学生心理健康教育教师
用书)

　　7—04—011438—0

同性恋亚文化 ／ 李银河著. —北京：今日中国
出版社,1998(性社会学系列)

　　7—5072—0910—5

危机干预与自杀预防 ／ 翟书涛编著. —北京：
人民卫生出版社,1997

　　7—117—02711—8

人格科学 ／（美）L. A. 珀文著；周榕等译. —上
海：华东师范大学出版社,2001(当代心理科学名
著译丛)

　　7—5617—2652—X

人格形成与人格障碍 ／ 翟书涛,杨德森主

编.—长沙：湖南科学技术出版社,1998（新精神医学丛书）

    7—5357—2333—0

人格手册：理论与研究.上下册 ／（美）Lawrence A. Pervin, Oliver P. John 主编；黄希庭主译.—上海：华东师范大学出版社,2003

    7—5617—3434—4

人格理论 ／（美）Jess Feist, Gregory J. Feist 著；李茹,傅文青译.—北京：人民卫生出版社,2005

    7—117—06652—0

边际人：大过渡时代的转型人格 ／ 叶南客著.—上海：上海人民出版社,1996

    7—208—02206—2

人格心理学：人性及其差异的研究 ／ 郭永玉著.—北京：中国社会科学出版社,2005

    7—5004—5220—9

明尼苏达多相人格调查表：最新研究与多类量表解释 ／ 纪术茂,戴郑生主编.—北京：科学出版社,2004

    7—03—012234—8

心理素质的养成与训练 ／ 邢邦志主编.—上海：复旦大学出版社,2002

    7—309—03301—9

现代人格心理学 ／ 叶奕乾编著.—上海：上海教育出版社,2005

    7—5444—0126—X

素质心理学 ／ 周冠生著.—上海：上海人民出版社,2000

    7—208—02915—6

心学之思：王阳明哲学的阐释 ／ 杨国荣著.—北京：三联书店,1997

    7—108—01034—8

动作与心理发展 ／ 董奇,陶沙主编.—北京：

北京师范大学出版社,2002

    7—303—06340—4

非智力因素及其培养 ／ 阴国恩,李洪玉,李幼穗编.—杭州：浙江人民出版社,1996（当代智力心理学丛书）

    7—213—01310—6

多元智力理论与多元智力课程研究 ／ 霍力岩等著.—北京：教育科学出版社,2003（实践中的多元智力理论丛书）

    7—5041—2418—4

智力因素与学习 ／ 燕国材著.—北京：教育科学出版社,2002

    7—5041—2354—4

脑功能开发的理论与实践 ／ 沈德立主编.—北京：教育科学出版社,2001

    7—5041—2147—9

人格教育论：青少年的人格培养 ／ 许惠英著.—北京：学苑出版社,2000

    7—5077—1703—8

新闻心理学 ／ 张骏德,刘海贵著.—上海：复旦大学出版社,1997（新闻学高级教程丛书）

    7—309—01914—8

宗教研究指要 ／ 张志刚主编.—北京：北京大学出版社,2005（北京大学宗教学文库；博雅大学堂）

    7—301—09221—0

从异教徒到基督徒 ／ 林语堂著；谢绮霞译.—西安：陕西师范大学出版社,2004（林语堂文集）

    7—5613—2818—4

基督教会史 ／（美）布鲁斯·雪莱著；刘平译.—北京：北京大学出版社,2004（未名译库）

    7—301—06708—9

基督教对文明的影响 ／（美）阿尔文·施密特著；汪晓丹,赵巍译.—北京：北京大学出版社,

2004（未名译库）

    7—301—07702—5

宗教概论 / 米寿江主编.—北京：人民出版社,2003（中共江苏省委党校研究生教育文库）

    7—01—004009—5

西藏佛教史略 / 王辅仁编著.—2版.—西宁：青海人民出版社,2005

    7—225—02636—4

宗教学概论 / 赖永海编著.—2版修订版.—南京：南京大学出版社,2004

    7—305—00252—6

东正教史 / 乐峰著.—修订本.—北京：中国社会科学出版社,2005

    7—5004—2438—8

中国人的宗教心理：宗教认同的理论分析与实证研究 / 梁丽萍著.—北京：社会科学文献出版社,2004

    7—80190—174—6

宗教与神话 / 李亦园著.—桂林：广西师范大学出版社,2004

    7—5633—4594—9

中国民间宗教史 / 马西沙,韩秉方著.—北京：中国社会科学出版社,2004

    7—5004—4440—0

蒙古族无神论史 / 乌兰察夫主编.—呼和浩特：远方出版社,2000

    7—80595—691—X

宗教人类学导论 / 金泽著.—北京：宗教文化出版社,2001

    7—80123—355—7

宗教与科学 / （英）罗素著；徐奕春,林国夫译.—北京：商务印书馆,20052

    7—100—03034—X

宗教社会学 / 孙尚杨著.—北京：北京大学出版社,2001（北京大学哲学教材系列）

    7—301—05013—5

现代人与宗教 / （德）西美尔著；曹卫东等译.—北京：中国人民大学出版社,2003（朗朗书房）

    7—300—04955—9

单纯理性限度内的宗教 / （德）康德著；李秋零译.—北京：中国人民大学出版社,2003（朗朗书房）

    7—300—04957—5

宗教学通论新编.上下册 / 吕大吉著.—北京：中国社会科学出版社,1998（社科学术文库）

    7—5004—2343—8

神圣与世俗 / （罗）米尔恰·伊利亚德著；王建光译.—北京：华夏出版社,2002（西方思想家）

    7—5080—2834—1

宗教社会学 / 戴康生,彭耀主编.—北京：社会科学文献出版社,2000（现代社会学文库）

    7—80149—329—X

宗教经验之种种：人性之研究 / （美）威廉·詹姆士著；唐钺译.—2版.—北京：商务印书馆,2002（宗教文化丛书）

    7—100—03309—8

宗教心理学导论 / （英）麦克·阿盖尔著；陈彪译.—北京：中国人民大学出版社,2005（宗教学译丛）

    7—300—06927—4

宗教人类学导论 / （英）菲奥纳·鲍伊著；金泽,何其敏译.—北京：中国人民大学出版社,2004（宗教学译丛）

    7—300—05327—0

宗教学纲要 / 吕大吉主编.—北京：高等教育出版社,2003

7—04—013116—1

宗教哲学 / 单纯著.—北京：中国社会科学出版社,2003

7—5004—3934—2

宗教与文学 /（英）海伦·加德纳著；江先春,沈弘译.—2 版.—成都：四川人民出版社,1998（宗教与世界丛书）

7—220—04208—6

中国宗教与中国文化.卷一.概说中国宗教与传统文化 / 吕大吉,牟钟鉴著.—北京：中国社会科学出版社,2005（国家社科基金成果文库）

7—5004—4818—X

中国宗教与中国文化.卷三.宗教·文艺·民俗 / 牟钟鉴著.—北京：中国社会科学出版社,2005（国家社科基金成果文库）

7—5004—4819—8

中国宗教与中国文化.卷二.宗教·哲学·伦理 / 余敦康著.—北京：中国社会科学出版社,2005（国家社科基金成果文库）

7—5004—4761—2

禁忌与中国文化 / 万建中著.—北京：人民出版社,2001（中国文化新论丛）

7—01—003281—5

中国宗教与中国文化.卷四.宗教·政治·民族 / 张践著.—北京：中国社会科学出版社,2005（国家社科基金成果文库）

7—5004—4820—1

中国宗教思想史大纲 / 王治心著.—北京：东方出版社,1996（民国学术经典文库）

7—5060—0732—0

中国宗教通史.2 册 / 牟钟鉴,张践著.—北京：社会科学文献出版社,2000（宗教学文库）

7—80149—080—0

儒教与道教 /（德）马克斯·韦伯著；王容芬译.—北京：商务印书馆,1995

7—100—01709—2

新疆宗教演变史 / 李进新著.—乌鲁木齐：新疆人民出版社,2003

7—228—08341—5

西方宗教学说史.上下册 / 吕大吉著.—北京：中国社会科学出版社,2005

7—5004—1586—9

中国神话的思维结构 / 邓启耀著.—2 版.—重庆：重庆出版社,2004

7—5366—1688—0

中国神话研究 / 吴天明著.—北京：中央编译出版社,2003（华厦英才基金学术文库）

7—80109—636—3

先秦神话思想史论 / 赵沛霖著.—北京：学苑出版社,2002（学苑文丛·学苑学术论坛）

7—80060—022—X

商周祭祖礼研究 / 刘源著.—北京：商务印书馆,2004（中国社会科学院历史研究所专刊）

7—100—04128—7

中国狐文化 / 李建国著.—北京：人民文学出版社,2002

7—02—003360—1

中国 5—10 世纪的寺院经济 /（法）谢和耐著；耿昇译.—上海：上海古籍出版社,2004（觉群佛学译丛）

7—5325—3891—5

中国佛教哲学要义 / 方立天著.—北京：中国人民大学出版社,2005（中国文库）

7—300—06256—3

出三藏记集 /（梁）释僧祐撰；苏晋仁,萧链子点校.—北京：中华书局,1995（中国佛教典籍选刊）

7—101—01037—7

佛学概论 / 姚卫群著. —北京：宗教文化出版社,2002

7—80123—460—X

禅宗思想渊源 / 吴言生著. —北京：中华书局,2001(禅学三书)

7—101—02949—3

禅宗宗派源流 / 吴立民主编;何云等著. —北京：中国社会科学出版社,1998

7—5004—2283—0

汉传密教 / 严耀中著. —上海：学林出版社,1999

7—80616—757—9

中国密教史 / 吕建福著. —北京：中国社会科学出版社,1995

7—5004—1718—7

中国佛教文化论 / 赖永海著. —北京：中国青年出版社,1999(幼狮文化书系)

7—5006—2335—6

中国佛教史 / 蒋维乔著. —北京：团结出版社,2005(民国珍本丛刊)

7—80130—966—9

汉魏两晋南北朝佛教史 / 汤用彤著. —北京：北京大学出版社,1997(北大名家名著文丛)

7—301—03385—0

西藏佛教发展史略 / 王森著. —北京：中国藏学出版社,2002(藏学研究著作辑要)

7—80057—513—6

西藏佛教发展史略 / 王森著. —修订版. —北京：中国社会科学出版社,1997(社科学术文库)

7—5004—0351—8

中国佛教史籍概论 / 陈垣撰. —上海：上海书店出版社,2005(世纪人文系列丛书;世纪文库)

7—80678—359—8

唐后期五代宋初敦煌僧尼的社会生活 / 郝春文著. —北京：中国社会科学出版社,1998(唐研究基金会丛书)

7—5004—2390—X

汉唐佛寺文化史 / 张弓著. —北京：中国社会科学出版社,1997(唐研究基金会丛书)

7—5004—2185—0

回鹘之佛教 / 杨富学著. —乌鲁木齐：新疆人民出版社,1998(西域佛教研究丛书)

7—228—04786—9

西域佛教史 / 魏长洪等著. —乌鲁木齐：新疆美术摄影出版社,1998(西域文化研究文库)

7—80547—764—7

中国居士佛教史.上下册 / 潘桂明著. —北京：中国社会科学出版社,2000

7—5004—2831—6

中国佛教发展史略 / 南怀瑾著. —上海：复旦大学出版社,1996

7—309—01706—4

印度佛学源流略讲 / 吕澂著. —上海：上海人民出版社,2005(世纪人文系列丛书)

7—208—05511—4

藏传佛教信仰与民俗 / 才让著. —北京：民族出版社,1999(佛阁内外丛书)

7—105—03127—1

僧肇评传 / 许抗生著. —南京：南京大学出版社,1998(中国思想家评传丛书)

7—305—03267—0

中华道藏.全49册 / 张继禹主编;陈耀庭册主编. —北京：华夏出版社,2004

7—5080—3004—4

中国文化基因库：汤用彤学术讲座之三 ／（法）施舟人讲演.—北京：北京大学出版社，2002（北大学术讲演丛书）

　　7—301—05808—X

伊斯兰文化新论 ／马明良著.—银川：宁夏人民出版社，1997

　　7—227—01728—1

中国回教小史 ／白寿彝著.—银川：宁夏人民出版社，2000（回族学丛书）

　　7—227—02153—X

中国清真女寺史 ／水镜君，（英）玛利亚·雅绍克著.—北京：三联书店，2002（三联·哈佛燕京学术丛书）

　　7—108—01699—0

中国历代政权与伊斯兰教 ／余振贵著.—银川：宁夏人民出版社，1996

　　7—227—01701—X

中国伊斯兰文化类型与民族特色 ／马启成，丁宏著.—北京：中央民族大学出版社，1998

　　7—81056—147—2

基督宗教伦理学.上下卷 ／（德）卡尔·白舍客著；静也，常宏等译.—上海：上海三联书店，2002（当代基督宗教译丛）

　　7—5426—1689—7

基督教文化与西方文学传统 ／刘建军著.—北京：北京大学出版社，2005（文学论丛）

　　7—301—09282—2

圣经典故与用法实例 ／田雨三，胡君倩编著.—合肥：中国科学技术大学出版社，1998

　　7—312—00761—9

基督教神学思想史 ／（美）奥尔森著；吴瑞诚，徐成德译.—北京：北京大学出版社，2003（未名译库）

　　7—301—06318—0

新教伦理与资本主义精神 ／（德）马克斯·韦伯著；彭强，黄晓京译.—西安：陕西师范大学出版社，2002（西方学术经典译丛）

　　7—5613—2353—0

基督教的底色与文化延伸 ／杨慧林著.—哈尔滨：黑龙江人民出版社，2002（中国学术前沿性论题文存）

　　7—207—05182—4

诠释的圆环：明末清初传教士对儒家经典的解释及其本土回应 ／刘耘华著.—北京：北京大学出版社，2005（北京大学比较文学学术文库）

　　7—301—09281—4

在宗教与世俗之间：基督教新教传教士在华南沿海的早期活动研究 ／吴义雄著；金炳亮策划.—广州：广东教育出版社，2000（荒原学术文丛）

　　7—5406—4327—7

中国基督教史纲 ／王治心撰；徐以骅导读.—上海：上海古籍出版社，2004（蓬莱阁丛书）

　　7—5325—3622—X

中国基督徒史 ／（法）沙百里著；郑德弟译.—北京：中国社会科学出版社，1998

　　7—5004—2267—9

美国传教士与晚清中国现代化：近代基督新教传教士在华社会文化和教育活动研究 ／王立新著.—天津：天津人民出版社，1997

　　7—201—02458—2

基督教与少数民族社会文化变迁 ／钱宁主编.—昆明：云南大学出版社，1998

　　7—81025—944—X

宗教与美国社会.第二辑.多元一体的美国宗教 ／徐以骅主编.—北京：时事出版社，2004

　　7—80009—840—0

在华耶稣会士列传及书目 ／（法）费赖之著；

冯承钧译. —北京:中华书局,1995(中外关系史名著译丛)

7—101—01035—0

犹太教的本质 / (德)利奥·拜克著;傅永军,于健译. —济南:山东大学出版社,2002(汉译犹太文化名著丛书)

7—5607—2239—3

中国思想史. 3 册 / 葛兆光著. —上海:复旦大学出版社,1998

7—309—02011—1

秦汉的方士与儒生 / 顾颉刚撰. —上海:上海古籍出版社,2005(世纪人文系列丛书)

7—5325—3910—5

中国方术续考 / 李零著. —2 版. —北京:东方出版社,2001

7—5060—1506—4

中华民族爱国主义发展史 / 唐凯麟主编. —武汉:湖北教育出版社,2000

7—5351—2880—7

二十世纪西方文学比较研究 / 王宁著. —北京:人民文学出版社,2000(王宁文化学术批评文选)

7—02—003061—0

东方神韵:意境论 / 薛富兴著. —北京:人民文学出版社,2000

7—02—003082—3

青史 / 廓诺·迅鲁伯著;郭和卿译. —2 版. —拉萨:西藏人民出版社,2003

7—223—01403—2

社会科学总论类入选书目分析

陆怡洲

一、总体情况

获得 1995—2005 年出版的社会科学总论类(C 类)图书 25 919 种,其中学术性图书 11 136 种,被引量达到 18 次及以上的有 834 种,约占学术性图书的 7.5%,而这 834 种图书的被引次数总量占到学术性图书被引总量的 80%,根据"二八定律",这 834 种图书作为 C 类入选书目。

表1 1995—2005 年被引图书量占新书量比例

年份	被引图书数量/新书总量(种)	所占比例(%)
1995	239/1621	14.74
1996	339/2038	16.63
1997	260/2645	9.83
1998	381/3877	9.83
1999	423/4114	10.28
2000	426/4342	9.81
2001	371/5072	7.31
2002	435/5721	7.60
2003	428/5792	7.39
2004	415/6603	6.29
2005	599/5576	10.74

二、入选书目出版规律分析

(1)出版趋势分析

逐年统计学术图书及入选图书种数,并计算其所占比例和入选图书当年所占比例。

表2 学术图书按年度分布表

年度	学术图书		入选学术图书		当年入选比例(%)
	种数	比例(%)	种数	比例(%)	
1995	646	5.8	34	4.2	5.3
1996	838	7.5	44	5.4	5.3
1997	668	6.0	37	4.5	5.5

续表

年度	学术图书		入选学术图书		当年入选比例
	种数	比例（%）	种数	比例（%）	（%）
1998	989	8.9	83	10.1	8.4
1999	1174	10.5	76	9.3	6.5
2000	1049	9.4	107	13.1	10.2
2001	965	8.7	85	10.4	8.8
2002	1160	10.4	91	11.1	7.8
2003	1067	9.6	104	12.7	9.7
2004	1097	9.8	77	9.4	7.0
2005	1486	13.3	81	9.9	5.5
合计	11 139		824		

根据学术图书比例和入选学术图书比例按年度所作线形趋势图（图1），学术图书的出版大致趋势是逐年增长，但是入选图书在2000年前基本向上增长，2001年以后产生波动，且比例有下降的趋势。

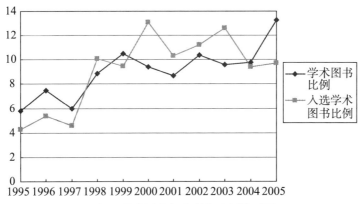

图1　学术图书年度所占比例线型图

根据某年度入选学术图书种数占当年学术图书种数比例所作线形图（图2），1995—2005年线形图倒"U"趋势明显，同时从2000年开始呈现出下降趋势。

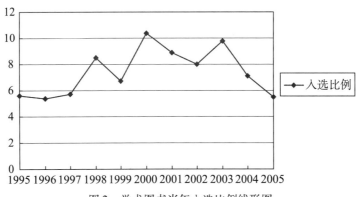

图2　学术图书当年入选比例线形图

（2）C大类入选书目中社会学（C91）占到了43.69%,这与近年来社会学类图书出版量大有关,除了社会学类图书之外,管理学类（C93）占到了23.91%,社会科学丛书、文集、连续性出版物（C5）占10.92%,其余所占比例较小。

表3　1995—2005年C大类入选书目学科分布

一级类目	中图分类号	入选书目数量（种）	所占比例（%）
社会科学总论	C	2	0.25
社会科学理论与方法论	C0	12	1.47
社会科学现状与发展	C1	2	0.25
社会科学机构、团体、会议	C2	9	1.10
社会科学研究方法	C3	7	0.85
社会科学教育与普及	C4	0	0
社会科学丛书、文集、连续性出版物	C5	90	10.99
社会科学参考工具书	C6	0	0
社会科学文献检索工具书	C7	0	0
统计学	C8	68	8.30
社会学	C91	358	43.71
人口学	C92	39	4.76
管理学	C93	196	23.93
系统科学	C94	0	0
民族学	C95	16	1.95
人才学	C96	16	1.95
劳动科学	C97	4	0.49
总计		819	100.00

（3）出版社分布

统计得出,这些图书80%都集中在排名前20%的出版社,因而将北京大学出版社、中国人民大学出版社、社会科学文献出版社等定为C大类图书的核心出版社。

表4　被引18次及以上图书的出版社前十位排名

出版社	入选图书种数	被引频次
北京大学出版社	41	2683
中国人民大学出版社	40	5624
社会科学文献出版社	36	3155
高等教育出版社	28	3025
三联书店	26	2210
中国社会科学出版社	24	1404
科学出版社	23	1430
华夏出版社	20	1779
清华大学出版社	20	1343
上海人民出版社	19	1575

社会科学总论类入选书目

人文学科及其现代意义 / 尤西林著. —西安：陕西人民教育出版社,1996

7—5419—6222—8

人文科学引论 / 刘鸿武著. —北京：中国社会科学出版社,2002

7—5004—3410—3

社会实在问题 / （德）阿尔弗雷德·许茨著；霍桂桓,索昕译. —北京：华夏出版社,2001（现代西方思想文库）

7—5080—2347—1

人文科学认识论 / （瑞士）让·皮亚杰著；郑文彬译. —北京：中央编译出版社,1999

7—80109—314—3

社会协同学 / 曾健,张一方著. —北京：科学出版社,2000

7—03—008257—5

历史的终结及最后之人 / （美）弗朗西斯·福山著；黄胜强,许铭原译. —北京：中国社会科学出版社,2003（国际学术前沿观察）

7—5004—3708—0

现代性社会理论绪论：现代性与现代中国 / 刘小枫著. —北京：北京大学出版社,1998（社会与思想丛书）

7—19—587252—5

组织行为学 / 王玉莲主编. —北京：机械工业出版社,2003

7—111—12582—7

后现代主义与社会科学 / （美）波林·罗斯诺著；张国清译. —上海：上海译文出版社,1998（当代学术思潮译丛）

7—5327—2050—0

人文社会科学哲学 / 欧阳康主编. —武汉：武汉大学出版社,2001（当代人文社会科学哲学丛书）

7—307—03216—3

社会科学方法论 / （德）马克斯·韦伯著；李秋零,田薇译. —北京：中国人民大学出版社,1999（社会学译丛）

7—300—02900—0

社会科学方法论 / （德）马克斯·韦伯著；杨富斌译. —北京：华夏出版社,1999（现代西方思想文库）

7—5080—1644—0

烱：一种新的方法论 / 郑宏飞著. —北京：北京理工大学出版社,2004（学术焦点丛书）

7—5640—0265—4

欧美新学赏析 / 赵一凡著. —北京：中央编译出版社,1996

7—80109—128—0

中国近三百年学术史 / 钱穆著. —北京：商务印书馆,1997

7—100—02165—0

中国少数民族伦理文化通论 / 郑英杰著. —北京：中国文史出版社,2002

关于中国社会科学的思考 / 邓正来著. —上海：上海三联书店,2000（三联评论）

7—5426—1397—9

全球公民社会：非营利部门视界／（美）莱斯特.M.萨拉蒙等著；贾西津，魏玉等译.—北京：社会科学文献出版社，2002（喜玛拉雅学术文库·NGO论丛；清华公共管理教学参考系列）

7—80149—708—2

非营利组织战略营销／（美）菲利普·科特勒，艾伦.R.安德里亚森著；孟延春等译.—5版.—北京：中国人民大学出版社，2003（公共行政与公共管理经典译丛）

7—300—04327—5

非营利组织与中国事业单位体制改革／郑国安等主编.—北京：机械工业出版社，2002（非营利组织研究系列丛书）

7—111—11044—7

当代中国政府与非营利组织互动关系研究／李珍刚著.—北京：中国社会科学出版社，2004（教育部人文社会科学重点研究基地中山大学行政管理研究中心学术文库·公共管理理论与实践研究系列）

7—5004—4538—5

非政府公共部门与公共服务：中国非政府化公共部门服务状况研究／丁元竹主编.—北京：中国经济出版社，2005（社会创新丛书）

7—5017—6626—6

中国社团改革：从政府选择到社会选择／王名，刘国翰，何建宇著.—北京：社会科学文献出版社，2001（喜玛拉雅学术文库·NGO论丛；清华公共管理教学参考系列）

7—80149—606—X

中国公民社会的兴起与治理的变迁／俞可平等著.—北京：社会科学文献出版社，2002（中国民主治理案例研究丛书）

7—80149—773—2

行业协会发展理论与实践／翟鸿祥主编.—北京：经济科学出版社，2003

7—5058—3409—6

散财之道：美国现代公益基金会述评／资中筠著.—上海：上海人民出版社，2003

7—208—04391—4

社会科学研究方法／林聚任，刘玉安主编.—济南：山东人民出版社，2004（高等院校精编社会学教材系列）

7—209—03478—1

量表编制：理论与应用／（美）罗伯特.F.德威利斯著；魏勇刚，龙长权，宁武译.—重庆：重庆大学出版社，2004（万卷方法）

7—5624—3280—5

不确定性数学方法研究及其在社会科学中的应用／李群著.—北京：中国社会科学出版社，2005（中国社会科学博士论文文库）

7—5004—5202—0

质的研究方法与社会科学研究／陈向明著.—北京：教育科学出版社，2000

7—5041—1926—1

社会科学成果价值评估／卜卫，周海宏，刘晓红著.—北京：社会科学文献出版社，1999

7—80149—138—6

追求卓越／刘兆亮著.—北京：中国财政经济出版社，2005

7—5005—7900—4

社会统计分析方法：SPSS软件应用／郭志刚主编.—北京：中国人民大学出版社，1999（21世纪社会学系列教材）

7—300—02898—5

结构方程模式：理论与应用／黄芳铭著.—北京：中国税务出版社，2005（商务决策）

7—80117—733—9

文本对话与人文／（俄）M.巴赫金著；白春仁等译.—石家庄：河北教育出版社，1998（巴赫金著作系列）

7—5434—3125—4

观堂集林（外二种） / 王国维著；彭林整理. —2 版. —石家庄：河北教育出版社，2003（二十世纪中国史学名著）

7—5434—4238—8

金耀基自选集 / 金耀基著. —上海：上海教育出版社，2002（学人文丛）

7—5320—7881—7

周边集 / （苏）M. 巴赫金著；李辉凡等译. —石家庄：河北教育出版社，1998（巴赫金著作系列）

7—5434—3123—8

民治主义与现代社会：杜威在华讲演集 / 袁刚，孙家祥，任丙强编. —北京：北京大学出版社，2004（中国现代思想史资料）

7—301—07457—3

费孝通九十新语 / 费孝通著. —重庆：重庆出版社，2005

7—5366—7406—6

王国维论学集 / 王国维著；傅杰编校. —北京：中国社会科学出版社，1997（20 世纪国学名著）

7—5004—2037—4

哲学美学 / （苏）M. 巴赫金著；晓河等译. —石家庄：河北教育出版社，1998（巴赫金著作系列）

7—5434—3122—X

徐复观文集. 第一卷. 文化与人生 / 李维武编. —武汉：湖北人民出版社，2002（港台海外鄂籍学人文丛）

7—216—03358—2

艺术与生活 / 周作人著. —上海：上海文艺出版社，1999（故事会图书馆文库；学者讲坛丛书）

7—5321—1772—3

费孝通选集 / 费孝通著. —福州：海峡文艺出版社，1996（华人著名人类学家丛书）

7—80534—897—9

汪晖自选集 / 汪晖著. —桂林：广西师范大学出版社，1997（跨世纪学人文存）

7—5633—2482—8 / 7—5633—2482—8

经典常谈 / 朱自清撰；钱伯城导读. —上海：上海古籍出版社，1999（蓬莱阁丛书）

7—5325—2671—2

经典常谈 / 朱自清著. —2 版. —北京：三联书店，1998（三联精选）

7—108—01203—0

中华人文与当今世界补编 / 唐君毅著. —桂林：广西师范大学出版社，2005（唐君毅作品系列）

7—5633—5713—0

热烈与冷静 / 林毓生著；朱学勤编. —上海：上海文艺出版社，1998（学苑英华）

7—5321—1714—6

本雅明文选 / （德）瓦尔特·本雅明著；陈永国，马海良编. —北京：中国社会科学出版社，1999（知识分子图书馆）

7—5004—2561—9

胡适学术文集：教育 / 姜义华主编. —北京：中华书局，1998（中国近代人物文集丛书）

7—101—01566—2

陈黻宸集 / 陈德溥编. —北京：中华书局，1995（中国近代人物文集丛书）

7—101—01139—X

陈炽集 / 赵树贵，曾丽雅编. —北京：中华书局，1997（中国近代人物文集丛书）

7—101—01416—X

梁漱溟全集. 第三卷 / 梁漱溟著；中国文化书院学术委员会编. —2 版. —济南：山东人民出版社，2005（中国文化书院文库）

7—209—00600—1

顾准文稿 / 顾准著；陈敏之，顾南九编.—北京：中国青年出版社，2002

7—5006—4674—7

中国现代学术经典：章太炎卷 / 刘梦溪主编；章太炎著；陈平原编校.—石家庄：河北教育出版社，1996

7—5434—2762—1

梁启超文集 / 梁启超著；陈书良选编.—北京：北京燕山出版社，1997

7—5402—0249—1

朱熹集 /（宋）朱熹著；郭齐，尹波点校.—成都：四川教育出版社，1996

7—5408—2748—3

胡适文集.1 / 胡适著；欧阳哲生编.—北京：北京大学出版社，1998

7—301—03567—5

胡适文集.2 / 胡适著；欧阳哲生编.—北京：北京大学出版社，1998

7—301—03568—3

胡适文集.3 / 胡适著；欧阳哲生编.—北京：北京大学出版社，1998

7—301—03569—1

胡适文集.4 / 胡适著；欧阳哲生编.—北京：北京大学出版社，1998

7—301—03570—5

胡适文集.5 / 胡适著；欧阳哲生编.—北京：北京大学出版社，1998

7—301—03571—3

胡适文集.6 / 胡适著；欧阳哲生编.—北京：北京大学出版社，1998

7—301—03572—1

胡适文集.7 / 胡适著；欧阳哲生编.—北京：北京大学出版社，1998

7—301—03573—X

胡适文集.8 / 胡适著；欧阳哲生编.—北京：北京大学出版社，1998

7—301—03574—8

胡适文集.9 / 胡适著；欧阳哲生编.—北京：北京大学出版社，1998

7—301—03575—6

胡适文集.10 / 胡适著；欧阳哲生编.—北京：北京大学出版社，1998

7—301—03576—4

胡适文集.11 / 胡适著；欧阳哲生编.—北京：北京大学出版社，1998

7—301—03647—7

胡适文集.12 / 胡适著；欧阳哲生编.—北京：北京大学出版社，1998

7—301—03648—5

傅斯年全集 / 傅斯年著；欧阳哲生主编.—长沙：湖南教育出版社，2003

7—5355—4000—7

潘光旦文集.第十三卷 / 潘光旦著；潘乃穆，潘乃和编.—北京：北京大学出版社，2000

7—301—04635—9

巴赫金全集.全6卷 / 钱中文主编.—石家庄：河北教育出版社，1998

7—5434—3128—9

徐特立文存.第二卷 / 徐特立著；武衡等主编.—广州：广东教育出版社，1995

7—5406—3422—7

徐特立文存.第三卷 / 徐特立著；武衡等主编.—广州：广东教育出版社，1995

7—5406—3423—5

徐特立文存.第四卷 / 徐特立著；武衡等主

编.—广州：广东教育出版社，1995

　　7—5406—3424—3

徐特立文存. 第五卷 / 徐特立著；武衡等主编.—广州：广东教育出版社，1995

　　7—5406—3425—1

徐特立文存. 第一卷 / 徐特立著；武衡等主编.—广州：广东教育出版社，1995

　　7—5406—3421—9

熊希龄集 / 熊希龄著；周秋光编.—长沙：湖南出版社，1996

　　7—5438—1342—4

南怀瑾选集. 第十卷. 原本大学微言 / 南怀瑾著述.—上海：复旦大学出版社，2003

　　7—309—03600—X

南怀瑾选集. 第九卷. 圆觉经略说定慧初修楞伽大义今释 / 南怀瑾著述.—上海：复旦大学出版社，2003

　　7—309—03597—6

费孝通文集. 第十五卷 / 费孝通编著.—北京：群言出版社，2001

　　7—80080—305—8

柳文指要. 上下卷 / 章士钊著.—上海：文汇出版社，2000

　　7—80531—775—5

胡适全集 / 胡适著.—合肥：安徽教育出版社，2003

　　7—5336—2217—0

王国维文集 / 姚淦铭，王燕编.—北京：中国文史出版社，1997

　　7—5034—0856—1

费孝通九十新语 / 费孝通著.—重庆：重庆出版社，2005

　　7—5366—7406—6

科学救国之梦：任鸿隽文存 / 任鸿隽著；樊洪业，张久春选编.—上海：上海科技教育出版社，2003（八百风文丛）

　　7—5428—2952—1

问题与主义：秦晖文选 / 秦晖著.—长春：长春出版社，1999（草原部落知识分子文存）

　　7—80604—936—3

经济民主与经济自由 / 刘军宁等编辑.—北京：三联书店，1997（公共论丛）

　　7—108—01056—9

哈耶克论文集 / （英）冯·哈耶克著；邓正来选编、译.—北京：首都经济贸易大学出版社，2001（诺贝尔经济学奖获奖者学术精品自选集）

　　7—5638—0918—X

西方现代性的曲折与展开 / 贺照田主编.—长春：吉林人民出版社，2002（人文译丛·学术思想评论）

　　7—206—03939—1

师承·补课·治学 / 费孝通著.—北京：三联书店，2001（三联精选）

　　7—108—01602—8

韦伯文集 / （德）马克斯·韦伯著；韩水法编.—北京：中国广播电视出版社，2000（世界文化名人文库）

　　7—5043—3326—3

重写现代性：当代西方学术话语 / 杨雁斌，薛晓源编选.—北京：社会科学文献出版社，2001（思想文库；当代西方学术思潮丛书）

　　7—80149—373—7

静庵文集 / 王国维著.—沈阳：辽宁教育出版社，1997（新世纪万有文库）

　　7—5382—4829—3

张灏自选集 / 张灏著.—上海：上海教育出版社，2002（学人文丛）

7—5320—7901—5

文化与公共性 / 汪晖,陈燕谷主编;阿伦特著.—2版.—北京:三联书店,2005(学术前沿)
7—108—02095—5

近代的超克 / (日)竹内好著;孙歌编;李冬木,赵京华,孙歌译.—北京:三联书店,2005(学术前沿)
7—108—02192—7

论士衡史 / 余英时著.—上海:上海文艺出版社,1999(学苑英华)
7—5321—1844—4

澄心论萃 / 饶宗颐,胡晓明编.—上海:上海文艺出版社,1996(学苑英华)
7—5321—1489—9

现代危机与思想人物 / 余英时著.—北京:三联书店,2005(余英时作品系列)
7—108—02084—X

杜维明文集 / 杜维明著;郭齐勇,郑文龙编.—武汉:武汉出版社,2002
7—5430—2562—0

辜鸿铭文集 / 辜鸿铭著;黄兴涛等译.—海口:海南出版社,1996
7—80617—411—7

方国瑜文集. 第一辑 / 方国瑜著;林超民编.—昆明:云南教育出版社,2001
7—5415—1940—5

王国维学术经典集. 上下册 / 王国维著;于春松,孟彦弘编.—南昌:江西人民出版社,1997
7—210—01733—X

杨振宁文集: 传记、演讲、随笔 / 杨振宁著;张奠宙编.—上海:华东师范大学出版社,1998
7—5617—1757—1

当代学者自选文库. 戴逸卷 / 戴逸著.—合肥:安徽教育出版社,1999
7—5336—2182—4

当代学者自选文库. 钱仲联卷 / 钱仲联著.—合肥:安徽教育出版社,1999
7—5336—2192—1

当代学者自选文库. 汤一介卷 / 汤一介著.—合肥:安徽教育出版社,1999
7—5336—2184—0

当代学者自选文库. 王运熙卷 / 王运熙著.—合肥:安徽教育出版社,1998
7—5336—2190—5

当代学者自选文库. 吴小如卷 / 吴小如著.—合肥:安徽教育出版社,1999
7—5336—2162—X

当代学者自选文库. 谢冕卷 / 谢冕著.—合肥:安徽教育出版社,1999
7—5336—2193—X

当代学者自选文库. 袁行霈卷 / 袁行霈著.—合肥:安徽教育出版社,1999
7—5336—2188—3

当代学者自选文库. 周汝昌卷 / 周汝昌著.—合肥:安徽教育出版社,1999
7—5336—2187—5

卢作孚文集 / 凌耀伦,熊甫编.—北京:北京大学出版社,1999
7—301—04004—0

大学人文教程 / 夏中义主编.—桂林:广西师范大学出版社,2003
7—5633—4099—8

蔡孑民先生言行录 / 蔡元培著.—桂林:广西师范大学出版社,2005
7—5633—5079—9

中国的道路 / 李慎之,何家栋著.—广州:南方日报出版社,2000

7—80652—017—1

李大钊文集 / 中国李大钊研究会编注.—北京:人民出版社,1999

7—01—003066—9

人文论衡 / 冯天瑜著.—武汉:武汉出版社,1997

7—5430—1616—8

胡适文集 / 胡适著.—北京:人民文学出版社,1998

7—02—002266—9

现代化之忧思 / 吴国盛著.—北京:三联书店,1999(读书文丛)

7—108—01346—0

晚学盲言.上下册 / 钱穆著.—桂林:广西师范大学出版社,2004(钱穆作品系列)

7—5633—4623—6

长话短说 / 赵汀阳著.—北京:东方出版社,2001(思想散论)

7—5060—1510—2

应用统计学 / 耿修林,谢兆茹编著.—北京:科学出版社,2002(21世纪高等院校教材)

7—03—010284—3

统计学 / 徐国祥主编.—北京:高等教育出版社,2000(高等学校经济与管理专业系列教材)

7—04—008306—X

应用统计学:数理统计方法、数据获取与SPSS应用 / 马庆国编著.—精要版.—北京:科学出版社,2005(精品课程立体化教材系列)

7—03—016143—2 / 7—900185—52—6

统计学 / 袁卫,庞皓,曾五一主编.—北京:高等教育出版社,2000(面向21世纪课程教材)

7—04—008348—5

统计学:从数据到结论 / 吴喜之编著.—北京:中国统计出版社,2004(全国统计教材编审委员会"十五"规划教材)

7—5037—4383—2

统计学原理 / 吴可杰原著;邢西治修订.—修订本.—南京:南京大学出版社,1999(商学院文库·管理学教材系列)

7—305—00180—5

统计学教程 / 刘汉良主编.—上海:上海财经大学出版社,1995(统计学专业教材系列)

7—81049—007—9

统计学原理 / 李洁明,祁新娥著.—2版.—上海:复旦大学出版社,1999

7—309—02420—6

统计学原理 / 谢启南,曾声文主编.—修订本.—广州:暨南大学出版社,1996

7—81029—073—8

统计学习理论的本质 / (美)Vladimir N. Vapnik著;张学工译.—北京:清华大学出版社,2000

7—302—03964—X

实用统计学 / 胡健颖,冯泰编著.—北京:北京大学出版社,1996

7—301—03086—X

现代统计学与SAS应用 / 胡良平主编.—北京:军事医学科学,2000

7—80121—274—6

统计学教程 / 施建军主编.—南京:南京大学出版社,1999

7—305—01467—2

应用统计 / 陆璇编著.—北京:清华大学出版社,1999

7—302—03676—4

统计学原理 / 焦红浩,李勇,陈琴主编.—成都:西南财经大学出版社,2001
7—81055—841—2

结构方程模型导论 / 李健宁著.—合肥:安徽大学出版社,2004
7—81052—712—6

社会主义市场经济概论 / 张南征主编.—北京:中共中央党校出版社,1999
7—5035—2050—7

实用统计方法与 SAS 系统 / 高惠璇编著.—北京:北京大学出版社,2001
7—301—04582—4

多元描述统计方法 / 李伟明著.—上海:华东师范大学出版社,2001
7—5617—2406—3

重复测量资料分析方法与 SAS 程序 / 余松林,向惠云编著.—北京:科学出版社,2004
7—03—012985—7

秩和比法的应用 / 田凤调著.—北京:人民卫生出版社,2002
7—117—05211—2

统计分析方法及其应用 / 张崇甫等编著.—重庆:重庆大学出版社,1995
7—5624—1091—7

数论方法在统计中的应用 / 方开泰,王元著.—北京:科学出版社,1996(纯粹数学与应用数学专著)
7—03—004886—5

抽样技术 / 金勇进,蒋妍,李序颖编著.—北京:中国人民大学出版社,2002(21 世纪统计学系列教材)
7—300—04079—9

抽样调查 / 孙山泽编著.—北京:北京大学出版社,2004(北京大学数学教学系列丛书)
7—301—06857—3

抽样调查的理论和方法 / 施锡铨主编.—上海:上海财经大学出版社,1996(统计学专业教材系列)
7—81049—056—7

抽样技术及其应用 / 杜子芳编著.—北京:清华大学出版社,2005(应用统计学系列教材)
7—302—11039—5

抽样调查的理论方法和应用 / 胡健颖,孙山泽主编.—北京:北京大学出版社,2000
7—301—04547—6

非抽样误差分析 / 金勇进编著.—北京:中国统计出版社,1996
7—5037—2040—9

抽样调查理论与方法 / 冯士雍,倪加勋,邹国华编著.—北京:中国统计出版社,1998
7—5037—2023—9

抽样调查:理论、方法与实践 / 冯士雍,施锡铨著.—上海:上海科学技术出版社,1996(科学专著丛书)
7—5323—3777—4

分类数据的统计分析及 SAS 编程 / 刘勤,金丕焕主编.—上海:复旦大学出版社,2002(公共卫生硕士系列)
7—309—03240—3

实用多元统计分析 / (美)Rihard A. Johnson,Dean W. Wihern 著;陆璇译.—4 版.—北京:清华大学出版社,2001(国外工商管理硕士(MBA)优秀教材译丛)
7—302—04347—7

现代统计分析方法与应用 / 何晓群编著.—北京:中国人民大学出版社,1998(中国人民大学硕士研究生系列教材·公共课系列)

7—300—02817—9

数据统计分析——SPSS／P＋原理及其应用／袁淑君,孟庆茂编著.—北京:北京师范大学出版社,1995(微型计算机实用技术丛书)

7—303—03293—2

SAS 统计分析／沈其君主编.—南京:东南大学出版社,2001(信息与计算科学丛书)

7—81050—674—9

统计分析系统 SAS 软件实用教程／惠大丰,姜长鉴编著.—北京:北京航空航天大学出版社,1996

7—81012—639—3

社会指标体系／朱庆芳,吴寒光著.—北京:中国社会科学出版社,2001(社会学文库)

7—5004—2903—7

指数平滑法／张忠平编著.—北京:中国统计出版社,1996

7—5037—2016—6

世界统计与分析全才 SAS 系统应用开发指南／彭昭英著;希望图书创作室改编.—北京:北京希望电子出版社,2000(21 世纪计算机技术应用与开发丛书)

7—900044—41—8

SAS／P 统计分析软件实用技术／卢纹岱,金水高编著.—北京:国防工业出版社,1996(最流行软件丛书)

7—118—01541—5

SPSS for Windows 统计分析教程／洪楠主编;洪楠等编著.—北京:电子工业出版社,2000

7—5053—6049—3

SPSS for Windows 统计分析／卢纹岱主编.—北京:电子工业出版社,2000

7—5053—5952—5

SPSS 实用统计分析／郝黎仁,樊元,郝哲欧等编著.—北京:中国水利水电出版社,2003(21 世纪高等院校计算机系列教材)

7—5084—1246—X

数据统计与分析:SPSS 应用教程／阮桂海主编;蔡建平,刘爱玉等编著.—北京:北京大学出版社,2005(21 世纪社会学系列教材)

7—301—09268—7

SAS 系统和数据分析／邓祖新主编.—北京:电子工业出版社,2002(高等学校电子商务系列教材)

7—5053—7929—1

SPSS for Windows 统计产品和服务解决方案教程／洪楠主编.—北京:清华大学出版社;北方交通大学出版社,2003(高等学校统计分析软件系列教材)

7—81082—120—2

数据统计与分析技术:SPSS 软件实用教程／黄润龙主编.—北京:高等教育出版社,2004(高等学校信息管理与信息系统专业系列教材)

7—04—014627—4

SPSS10.0 统计分析软件与应用／刘先勇等编著.—北京:国防工业出版社,2002(工程师工具软件应用系列)

7—118—02751—0

多变量分析方法:统计软件应用／陈正昌等合著.—北京:中国税务出版社,2005(商务决策)

7—80117—729—0

SAS8.2 统计应用教程／薛富波,张文彤,田晓燕编.—北京:兵器工业出版社;北京希望电子出版社,2004(统计分析软件系列)

7—80172—217—5

SPSS for Windows 统计分析教程／李志辉,罗平主编;洪楠,吴伟健编.—2 版.—北京:电子工业出版社,2005

7—121—00720—7

统计软件 SPSS 系列.应用实战篇 / 苏金明等编著.—北京：电子工业出版社,2002

7—5053—8051—6

统计分析方法：SAS 实例精选 / 曲庆云,赵晓梅,阮桂海等编著.—北京：清华大学出版社,2004

7—302—09129—3

统计软件 SPSS for Windows 实用指南 / 苏金明等编著.—北京：电子工业出版社,2000

7—5053—5981—9

统计软件 SPSS12.0 for Windows 应用及开发指南 / 苏金明编著.—北京：电子工业出版社,2004

7—121—00277—9 / 7—89496—465—4

SPSS 统计分析方法及应用 / 薛薇编著.—北京：电子工业出版社,2004

7—121—00272—8

SPSS 统计分析 / 王苏斌,郑海涛,邵谦谦等编著.—北京：机械工业出版社,2003

7—111—12128—7

SAS 统计分析及应用 / 黄燕,吴平等编著.—北京：机械工业出版社,2005

7—111—17566—2

精通 SPSS / 张宜华主编.—北京：清华大学出版社,2001

7—302—04574—7

SPSS10.0 统计软件应用教程 / 陈平雁,黄浙明主编.—北京：人民军医出版社,2002

7—80157—483—4

数据统计分析与 SPSS 应用 / 余建英,何旭宏编著.—北京：人民邮电出版社,2003

7—115—11206—1

SPSS10.0 for Windows 统计分析 / 黄海,罗友丰,陈志英等编著.—北京：人民邮电出版社,2001

7—115—08924—8

SPSS11 统计分析实务设计宝典 / 林杰斌,陈湘,刘明德著.—北京：中国铁道出版社,2002

7—113—04789—0

SPSS10.0 for Windows 在经济管理中的应用 / 卫海英主编.—北京：中国统计出版社,2000

7—5037—3264—4

SAS 系统与经济统计分析 / 岳朝龙,黄永兴,严忠编著.—合肥：中国科学技术大学出版社,2003（21 世纪高校规划教材）

7—312—01603—0

应用社会学 / 李强主编.—2 版.—北京：中国人民大学出版社,2004（21 世纪社会学系列教材）

7—300—02088—7

网络社会学 / 郭玉锦,王欢著.—北京：中国人民大学出版社,2005（21 世纪社会学系列教材）

7—300—06376—4

现代社会学理论新编 / 童星主编.—南京：南京大学出版社,2003（创建世界高水平大学项目资助教材）

7—305—04142—4

社会本体论 / 刘远传著.—武汉：武汉大学出版社,1999（当代人文社会科学哲学丛书）

7—307—02838—7

当代社会理论 / 高宣扬著.—北京：中国人民大学出版社,2005（当代学术思想文库.）

7—300—06807—3

卡尔·曼海姆精粹 / （德）卡尔·曼海姆著；徐彬译.—南京：南京大学出版社,2002（当代学术棱镜译丛·大师精粹系列）

7—305—03804—0

社会学主要思潮 /（法）雷蒙·阿隆著;葛智强等译. —北京:华夏出版社,2000(高校经典教材译丛·社会学)

7—5080—1962—8

社会学理论的结构.上 /（美）Jonathan H. Turner 著;邱泽奇等译. —北京:华夏出版社,2001（高校经典教材译丛·社会学）

7—5080—2270—X

现代社会学理论 /（澳）马尔科姆·沃特斯著;杨善华等译. —北京:华夏出版社,2000(高校经典教材译丛·社会学)

7—5080—2123—1

社会的管理 /（美）彼得·德鲁克著;徐大建译. —上海:上海财经大学出版社,2003(管理大师德鲁克的卓见)

7—81049—907—6

社会静力学 /（英）赫伯特·斯宾塞著;张雄武译. —修订本. —北京:商务印书馆,1996(汉译世界学术名著丛书)

7—100—02768—3

社会网络分析导论 / 刘军著. —北京:社会科学文献出版社,2004(黑龙江大学人文论丛;中国高校人文社会科学精品大系)

7—80190—332—3

现代社会学教程 / 张敦福主编. —北京:高等教育出版社,2001(面向21世纪课程教材)

7—04—008862—2

全球化与风险社会 / 薛晓源,周战超主编. —北京:社会科学文献出版社,2005(全球化论丛)

7—80190—434—6

全球社会学 /（英）罗宾·科恩,保罗·肯尼迪著;文军等译. —北京:社会科学文献出版社,2001(全球化译丛)

7—80149—562—4

风险社会 /（德）乌尔里希·贝克著;何博闻译. —南京:译林出版社,2004(人文与社会译丛)

7—80657—565—0

代价论:一个社会学的新视角 / 郑也夫著. —北京:三联书店,1995(三联哈佛燕京学术丛书)

7—108—00770—3

流动的现代性 /（英）齐格蒙特·鲍曼著;欧阳景根译. —上海:上海三联书店,2002(上海三联学术文库)

7—5426—1630—7

社会学方法的新规则:一种对解释社会学的建设性批判 /（英）安东尼·吉登斯著;田佑中,刘江涛译. —北京:社会科学文献出版社,2003(社会理论译丛)

7—80190—091—X

社会研究方法 /（美）艾尔·巴比编著;邱泽奇译. —北京:华夏出版社,2005(社会学教材经典译丛)

7—5080—3771—5

当代社会学理论及其古典根源 /（美）乔治·瑞泽尔著. —影印版. —北京:北京大学出版社,2004(社会学经典教材影印丛书)

7—301—06988—X

国家、社会阶层与教育:教育获得的社会学研究 / 刘精明著. —北京:中国人民大学出版社,2005(社会学文库)

7—300—06413—2

发展社会学 / 张琢,马福云著. —北京:中国社会科学出版社,2001(社会学文库)

7—5004—2904—5

政治社会学 / 毛寿龙著. —北京:中国社会科学出版社,2001(社会学文库)

7—5004—2906—1

新经济社会学 / 张其仔著. —北京:中国社会

科学出版社,2001(社会学文库)

7—5004—2907—X

社会学 / (美)戴维·波普诺著;李强等译.—10 版.—北京:中国人民大学出版社,1999(社会学译丛)

7—300—03194—3

社会学 / 陆学艺主编.—北京:知识出版社,1996(社会学知识文库)

7—5015—1286—8

历史学与社会理论 / (英)彼得·伯克著;姚朋等译.—上海:上海人民出版社,2001(社会与历史译丛)

7—208—03571—7

效率与公平:社会哲学的分析 / 史瑞杰著.—太原:山西教育出版社,1999(社会哲学研究丛书)

7—5440—1872—5

转型社会控制论 / 杨桂华著.—太原:山西教育出版社,1998(社会哲学研究丛书)

7—5440—1425—8

从领域合一到领域分离 / 王南湜著.—太原:山西教育出版社,1998(社会哲学研究丛书)

7—5440—1424—X

后现代西方社会学理论 / 刘少杰著.—北京:社会科学文献出版社,2002(现代社会学文库)

7—80149—694—9

人类学与现代生活 / (美)弗朗兹·博厄斯著;刘莎,谭晓勤,张卓宏译.—北京:华夏出版社,1999(现代西方思想文库)

7—5080—1677—7

现代性与矛盾性 / (英)齐格蒙特·鲍曼著;邵迎生译.—北京:商务印书馆,2003(现代性研究译丛)

7—100—03713—1

实践与反思:反思社会学导引 / (法)皮埃尔·布迪厄,(美)华康德著;李猛,李康译.—北京:中央编译出版社,1998(新世纪学术译丛)

7—80109—212—0

学术与政治:韦伯的两篇演说 / (德)马克斯·韦伯著;冯克利译.—北京:三联书店,1998(学术前沿)

7—108—01195—6

可选择的现代性 / (美)安德鲁·芬伯格著;陆俊,严耕等译.—北京:中国社会科学出版社,2003(知识分子图书馆)

7—5004—3872—9

社会学概论新修 / 郑杭生主编.—2 版修订本.—北京:中国人民大学出版社,1998

7—300—02599—4

经济与社会 / (德)马克斯·韦伯著;约翰内斯·温克尔曼整理;林荣远译.—北京:商务印书馆,1997

7—100—01935—4

职业生涯发展与规划 / (美)Reardon 等著;侯志瑾,伍新春等译.—北京:高等教育出版社,2005

7—04—016083—8

共同体与社会:纯粹社会学的基本概念 / (德)斐迪南·滕尼斯著;林荣远译.—北京:商务印书馆,1999

7—100—02689—X

社会学:关于社会化形式的研究 / (德)盖奥尔格·西美尔著;林荣远译.—北京:华夏出版社,2002

7—5080—2814—7

现代社会学 / 吴增基,吴鹏森,苏振芳主编;吴增基等撰稿.—上海:上海人民出版社,1997

7—208—02442—1

社会价值:统摄与驱动 / 王宏维著.—北京:

人民出版社,1995

    7—01—002271—2

面向信息社会的区域可持续发展导论 / 承继成,林珲,杨汝万著.—北京:商务印书馆,2001

    7—100—03306—3

国家、市民社会与法治 / 马长山著.—北京:商务印书馆,2002

    7—100—03349—7

社会学原理 / 朱力,肖萍,翟进著.—北京:社会科学文献出版社,2003

    7—80190—038—3

解读社会:文化与结构的路径 / 周怡著.—北京:社会科学文献出版社,2004

    7—80190—363—3

网络社会学 / 谢泽明著.—北京:中国时代经济出版社,2002(中国社会学实用教材系列丛书)

    7—80169—217—9

发展社会学 / 吴忠民,刘祖云主编.—北京:高等教育出版社,2002(高等学校社会学专业主干课教材)

    7—04—011508—5

社会学概论新修 / 郑杭生主编.—3 版.—北京:中国人民大学出版社,2003(普通高等教育"十五"国家级规划教材)

    7—300—04349—6

社会网分析讲义 / 罗家德著.—北京:社会科学文献出版社,2005(清华社会学讲义)

    7—80190—295—5

社会学 / 李建勇主编.—北京:中国政法大学出版社,2005(全国高等法律职业教育系列教材)

    7—5620—2803—6

社会行动的结构 / (美)T. 帕森斯著;张明德,夏遇南,彭刚译.—南京:译林出版社,2003(人文与社会译丛)

    7—80657—567—7

社会学概论 / 高燕,孙其昂主编.—南京:河海大学出版社,2004(思想政治教育专业系列教材)

    7—5630—2047—0

现代知识社会学 / 郭强著.—北京:中国社会出版社,2000(中国社会学实用教材系列丛书)

    7—80146—462—1

共同体与社会:纯粹社会学的基本概念 / (德)滕尼斯著;林荣远译.—北京:北京大学出版社,1999

    7—100—02689—X

社会学:关于社会化形式的研究 / (德)盖奥尔格·西美尔著;林荣远译.—北京:华夏出版社,2002

    7—5080—2814—7

失衡:断裂社会的运作逻辑 / 孙立平著.—北京:社会科学文献出版社,2004

    7—80190—367—6

现代社会研究方法 / 范伟达编著.—上海:复旦大学出版社,2001

    7—309—02792—2

社会学教程 / 李路路,朱正强,刘铎编著.—北京:华文出版社,2005

    7—5075—1538—9

普通社会学理论新编 / 庞树奇,范明林主编.—上海:上海大学出版社,1998

    7—81058—013—2

社会学原理 / 朱力,肖萍,翟进著.—北京:社会科学文献出版社,2003

    7—80190—038—3

发展社会学与中国现代化 / 童星著.—北京:社会科学文献出版社,2005

7—80190—534—2

社会评价论 / 张理海著.—武汉：武汉大学出版社,1999（当代人文社会科学哲学丛书）

7—307—02844—1

西方社会哲学 / 王守昌著.—北京：东方出版社,1996（哥伦布学术丛书）

7—5060—0770—3

开放社会及其敌人. 2 册 / （英）K. R. 波普尔著;陆衡等译.—北京：中国社会科学出版社,1999（西方现代思想丛书）

7—5004—2514—7

中国当代人文精神的构建 / 杨岚,张维真著.—北京：人民出版社,2002

7—01—003652—7

社会学研究方法 / 风笑天著.—北京：中国人民大学出版社,2001（21 世纪社会学系列教材）

7—300—03713—5

科学知识：一种社会学的分析 / （英）巴里·巴恩斯,大卫·布鲁尔,约翰·亨利主编;邢冬梅,蔡仲译.—南京：南京大学出版社,2004（当代学术棱镜译丛·世纪学术论争系列）

7—305—04170—X

社会研究方法. 上 / （美）艾尔·巴比著;邱泽奇译.—北京：华夏出版社,2000（高校经典教材译丛·社会学）

7—5080—2126—6

社会研究方法. 下 / （美）艾尔·巴比著;邱泽奇译.—北京：华夏出版社,2000（高校经典教材译丛·社会学）

7—5080—2127—4

社会学方法的准则 / （法）E. 迪尔凯姆著;狄玉明译.—北京：商务印书馆,1995（汉译世界学术名著丛书）

7—100—01989—3 / 7—100—02769—1

社会研究的统计应用 / 李沛良著.—北京：社会科学文献出版社,2001（现代社会学文库）

7—80149—431—8

社会统计学 / 卢淑华编著.—重排本.—北京：北京大学出版社,1998

7—301—00106—1

社会学定量方法 / 范克新编著.—南京：南京大学出版社,2004

7—305—04288—9

社会统计学 / 蒋萍编著.—北京：中国统计出版社,2001

7—5037—3477—9

后现代社会理论 / （美）乔治·瑞泽尔著;谢立中等译.—北京：华夏出版社,2003（21 世纪高校经典教材译丛·社会学）

7—5080—2837—6

后现代社会理论 / （美）乔治·瑞泽尔著.—影印版.—北京：北京大学出版社,2004（社会学经典教材影印丛书）

7—301—06986—3

有争议的知识：后现代时代的社会理论 / （美）史蒂文·塞德曼著;刘北成等译.—北京：中国人民大学出版社,2002（社会学译丛）

7—300—04499—9

格奥尔格·齐美尔：现代性的诊断 / 成伯清著.—杭州：杭州大学出版社,1999（西方著名社会学家思想研究丛书）

7—81069—006—X

社会分工论 / （法）埃米尔·涂尔干著;渠东译.—北京：三联书店,2000（现代西方学术文库）

7—108—01405—X

超越现代主义和后现代主义：论新的社会理论空间之建构 / 郑乐平著.—上海：上海教育出版社,2003

7—5320—8170—2

中国社会学史新编 / 郑杭生,李迎生著.—北京:高等教育出版社,2000(面向 21 世纪课程教材)

7—04—007799—X

近代中国社会学 / 杨雅彬著.—北京:中国社会科学出版社,2001(社会学文库)

7—5004—2902—9

公私观念与中国社会 / 刘泽华,张荣明著.—北京:中国人民大学出版社,2003(中国社会史研究丛书·政治理念与中国社会)

7—300—04903—6

中国社会思想史.下册 / 王处辉著.—天津:南开大学出版社,2000

7—310—01261—5

韦伯:摆脱现代社会两难困境 / 王威海编著.—沈阳:辽海出版社,1999(现代十大思想家自述丛书)

7—80638—968—7

布迪厄的社会理论 / 高宣扬著.—上海:同济大学出版社,2004(同济法兰西文化丛书)

7—5608—2925—2

重建时代的人与社会:现代社会结构的研究 / (德)卡尔·曼海姆著;张旅平译.—北京:三联书店,2002(现代西方学术文库;文化中国与世界系列丛书)

7—108—01639—7

身体形态:现代社会的五种身体 / (美)约翰·奥尼尔著;张旭春译.—沈阳:春风文艺出版社,1999(阅读身体系列)

7—5313—1840—7

替罪羊 / (法)勒内·吉拉尔著;冯寿农译.—北京:东方出版社,2002

7—5060—1539—0

理念人:一项社会学的考察 / (美)刘易斯·科塞著;郭方等译.—北京:中央编译出版社,2001

7—80109—429—8

社会的构成:结构化理论大纲 / (英)安东尼·吉登斯著;李康,李猛译.—北京:三联书店,1998

7—108—01142—5

和谐社会导论 / 傅治平著.—北京:人民出版社,2005

7—01—004845—2

社会中介组织研究 / 吕凤太主编.—上海:学林出版社,1998

7—80616—498—7

迷失的范式:人性研究 / (法)埃德加·莫兰著;陈一壮译.—北京:北京大学,1999(埃德加·莫兰著作译丛)

7—301—04374—0

旅居者和"外国人":留美中国学生跨文化人际交往研究 / 陈向明著.—长沙:湖南教育出版社,1998(博士论丛)

7—5355—2463—X

现实生活世界:乌托邦精神的真实根基 / 贺来著.—长春:吉林教育出版社,1998(当代人学与文化丛书)

7—5383—3437—8

人的自由全面发展论 / 陈志尚主编.—北京:中国人民大学出版社,2004(邓小平理论和三个代表重要思想研究丛书)

7—300—05567—2

人的条件 / (美)汉娜·阿伦特著;竺乾威等译.—上海:上海人民出版社,1999(东方编译所译丛)

7—208—03323—4

论对话 / (英)戴维·伯姆著;李·尼科编;王

松涛译. —北京：教育科学出版社,2004(对话社会教育译丛)

　　7—5041—2748—5

个人的管理 / (美)彼得·德鲁克著;沈国华译. —上海：上海财经大学出版社,2003(管理大师德鲁克的卓见)

　　7—81049—906—8

交往实践与主体际 / 任平著. —苏州：苏州大学出版社,1999(马克思主义哲学与当代丛书)

　　7—81037—496—6

论馈赠：传统社会的交换形式及其功能 / (法)马赛尔·莫斯著;卢汇译. —北京：中央民族大学出版社,2002(人类学名著译丛)

　　7—81056—647—4

论人的全面发展 / 袁贵仁,韩庆祥著. —南宁：广西人民出版社,2003(三个代表重要思想研究书系)

　　7—219—04742—8

道德的人与不道德的社会 / (美)莱因霍尔德·尼布尔著;蒋庆等译. —贵阳：贵州人民出版社,1998(现代社会与人)

　　7—221—03775—2

人际关系心理学 / 郑全全,俞国良著. —北京：人民教育出版社,1999(应用心理学书系)

　　7—107—12926—0

人学：人的问题的当代阐释 / 韩庆祥,邹诗鹏著. —昆明：云南人民出版社,2001(哲学理论创新丛书)

　　7—222—03113—8

论人的责任 / (意)马志尼著;吕志士译. —北京：商务印书馆,1995

　　7—100—01701—7

哈贝马斯的交往行为理论：兼论与马克思学说的相互关联 / 郑召利著. —上海：复旦大学出版社,2002

　　7—309—03176—8

跨文化传通：如何与外国人交往 / 王宏印著. —北京：北京语言学院出版社,1996

　　7—5619—0460—6

外国文化与跨文化交际 / 陈俊森,樊葳葳主编. —武汉：华中理工大学出版社,2000

　　7—5609—2153—1

当前中国人际关系研究 / 乐国安主编. —天津：南开大学出版社,2002

　　7—310—01706—4

跨文化交际学 / 贾玉新著. —上海：上海外语教育出版社,1997

　　7—81046—277—6

20世纪西方人学思想导论 / 欧阳谦著. —北京：中国人民大学出版社,2002

　　7—300—04102—7

市场经济与人的存在方式 / 万光侠著. —北京：中国人民公安大学出版社,2002

　　7—81059—853—8

市民社会理论的研究 / 邓正来著. —北京：中国政法大学出版社,2002

　　7—5620—1028—5

跨文化交际学 / 唐德根著. —长沙：中南工业大学出版社,2000

　　7—81061—307—3

西方人学观念史 / 赵敦华主编. —北京：北京出版社,2005(人学的理论与历史)

　　7—200—05719—3

身份认同研究：观念态度理据 / 张静主编. —上海：上海人民出版社,2005

　　7—208—05992—6

非营利组织营销 / 吴冠之编著. —北京：中国人民大学出版社，2003（21 世纪市场营销系列教材）

7—300—04994—X

非营利组织战略管理 / 黄浩明编著. —北京：中国人民大学出版社，2003（公共管理硕士（MPA）系列教材）

7—300—04475—1

非营利组织管理 / 吴东民，董西明主编. —北京：中国人民大学出版社，2003（公共管理系列教材）

7—300—05134—0

民间组织通论 / 王名，刘培峰著. —北京：时事出版社，2004（华夏英才基金学术文库）

7—80009—825—7

非营利组织管理学 / 李维安主编. —北京：高等教育出版社，2005（普通高等教育"十五"国家级规划教材；高等学校公共管理类主要课程教材）

7—04—017209—7

非营利组织评估 / 邓国胜著. —北京：社会科学文献出版社，2001（喜玛拉雅学术文库；清华公共管理教学参考系列）

7—80149—605—1

非营利组织企业化运作的理论与实践 / 陆道生，王慧敏，毕吕贵著. —上海：上海人民出版社，2004

7—208—05249—2

现代非营利组织研究 / 郭国庆著. —北京：首都师范大学出版社，2001

7—81064—224—3

公共关系学 / 熊源伟主编. —3 版. —合肥：安徽人民出版社，2003

7—212—00446—4

公共关系学 / 居延安主编. —2 版. —上海：复旦大学出版社，2001

7—309—02987—9

公共关系学 / 李道平等著. —北京：经济科学出版社，2000

7—5058—2301—9

形象学导论 / 秦启文，周永康著. —北京：社会科学文献出版社，2004

7—80190—325—0

文化人类学论纲 / 罗康隆著. —昆明：云南大学出版社，2005（21 世纪人类学文库）

7—81112—020—8

发展人类学引论 / 陈庆德等著. —昆明：云南大学出版社，2001（21 世纪人类学文库）

7—81068—316—0

文化的重要作用：价值观如何影响人类进步 / （美）塞缪尔·亨廷顿，劳伦斯·哈里森著；程克雄译. —北京：新华出版社，2002（常青藤译丛）

7—5011—5492—9

西方人类学思潮十讲 / 王铭铭著. —桂林：广西师范大学出版社，2005（人类学的表述）

7—5633—5338—0

文化与交流 / （英）埃德蒙·利奇著；郭凡，邹和译. —上海：上海人民出版社，2000（社会与文化丛书）

7—208—03467—2

想象的异邦：社会与文化人类学散论 / 王铭铭著. —上海：上海人民出版社，1998（社会与文化丛书）

7—208—02838—9

人类与文化 / 童恩正著. —重庆：重庆出版社，1998（童恩正文集·学术系列）

7—5366—3870—1

论人类学与文化自觉 / 费孝通著. —北京：华

夏出版社,2004（文化人类学百年基本文献）

　　7—5080—3334—5

　　人论／（德）恩斯特·卡西尔著；甘阳译.—北京：西苑出版社,2003（西方哲理思考·思辩·思索精译文丛）

　　7—80108—737—2

　　社会过程／（美）查尔斯·霍顿·库利著；洪小良等译.—北京：华夏出版社,2000（现代西方思想文库）

　　7—5080—1936—9

　　人类的视野／李亦园著.—上海：上海文艺出版社,1996（学苑英华）

　　7—5321—1487—2

　　谜米机器／（英）苏珊·布莱克摩尔著；高申春,吴友军,许波译.—长春：吉林人民出版社,2001（支点丛书）

　　7—206—03698—8

　　文化人类学调查：正确认识社会的方法／汪宁生著.—2版增订本.—北京：文物出版社,2002

　　7—5010—0852—3

　　人类文化启示录：20世纪文化人类学的理论与成果／周蔚,徐克谦译著.—上海：学林出版社,1999

　　7—80616—749—8

　　文化人类学理论学派：文化研究的历史／夏建中著.—北京：中国人民大学出版社,1997

　　7—300—02345—2

　　从符号的观点看：一种关于社会文化现象的符号学阐释／苟志效,陈创生著.—广州：广东人民出版社,2003

　　7—218—04355—0

　　文化人类学理论方法研究／黄淑娉,龚佩华著.—广州：广东高等教育出版社,1996

　　7—5361—1853—8

　　社会人类学／朱炳祥著.—武汉：武汉大学出版社,2004

　　7—307—04289—4

　　文化格局与人的表述：当代西方人类学思潮评介／王铭铭著.—天津：天津人民出版社,1997（社会学人类学论丛）

　　7—201—02577—5

　　民族学理论与方法／宋蜀华,白振声主编.—北京：中央民族大学出版社,1998（研究生系列教材）

　　7—81056—135—9

　　民族学通论／林耀华主编.—修订本.—北京：中央民族学院出版社,1997

　　7—81001—180—4

　　中国的民族识别／黄光学主编.—北京：民族出版社,1995

　　7—105—02217—5

　　民族心理学／张世富主编.—济南：山东教育出版社,1996

　　7—5328—2249—4

　　中华民族凝聚力学／张磊,孔庆榕主编；广东中华民族凝聚力研究会编.—北京：中国社会科学出版社,1999

　　7—5004—2587—2

　　民族伦理学／熊坤新著.—北京：中央民族大学出版社,1997

　　7—81056—054—9

　　当代认同危机的人学解读／王成兵著.—北京：中国社会科学出版社,2004（当代发展问题个案探索丛书）

　　7—5004—4185—1

　　社会学家的沉思：中国社会文化心理／沙莲香等著.—北京：中国社会出版社,1998（社会学家访谈丛书）

7—80146—039—1

心灵、自我与社会 ／（美）乔治·赫伯特·米德著；霍桂桓译.—北京：华夏出版社,1999（现代西方思想文库）
7—5080—1646—7

社会心理学：原理与应用 ／申荷永主编.—广州：暨南大学出版社,1999（心理学主干课程系列教材）
7—81029—863—1

文明的进程：文明的社会起源和心理起源的研究.第一卷.西方国家世俗上层行为的变化 ／（德）诺贝特·埃利亚斯著；王佩莉译.—北京：三联书店,1998（学术前沿丛书）
7—108—00963—3

现代社会心理学：多维视野中的社会行为研究 ／周晓虹著.—上海：上海人民出版社,1997
7—208—02472—3

当代社会心理学导论 ／金盛华,张杰编著.—北京：北京师范大学出版社,1995
7—303—03869—8

社会心理学理论与应用 ／屠文淑著.—北京：人民出版社,2002
7—01—003738—8

社会心理修辞学导论 ／陈汝东著.—北京：北京大学出版社,1999
7—301—04017—2

舆论监督与名誉权问题研究 ／侯健著.—北京：北京大学出版社,2002（法学论丛·法理学系列）
7—301—05533—1

舆论学：舆论导向研究 ／陈力丹著.—北京：中国广播电视出版社,1999（新闻理论丛书）
7—5043—3327—1

新闻与舆论 ／胡钰著.—北京：中国广播电视出版社,2001（新闻与传播理论丛书）
7—5043—3709—9

社会舆论原理 ／刘建明著.—北京：华夏出版社,2002
7—5080—2796—5

乌合之众：大众心理研究 ／（法）古斯塔夫·勒庞著；冯克利译.—北京：中央编译出版社,2000（社会学经典读本）
7—80109—366—6

意识形态与乌托邦 ／（德）卡尔·曼海姆著；黎鸣,李书崇译.—北京：商务印书馆,2000（汉译世界学术名著丛书）
7—100—02676—8

后现代转向：社会理论的新视角 ／（美）史蒂文·塞德曼编；吴世雄等译.—沈阳：辽宁教育出版社,2001（剑桥集粹）
7—5382—6101—X

当代国外社会思潮 ／段忠桥主编.—北京：中国人民大学出版社,2001
7—300—03788—7

社会理想论 ／叶泽雄著.—武汉：武汉大学出版社,1998（当代人文社会科学哲学丛书）
7—307—02590—6

社会选择的理论与进展 ／罗云峰,肖人彬著.—北京：科学出版社,2003（国家自然科学基金研究专著;信息科学系列）
7—03—011588—0

博弈生存：社会现象的博弈论解读 ／潘天群著.—北京：中央编译出版社,2002
7—80109—467—0

信任论 ／郑也夫著.—北京：中国广播电视出版社,2001
7—5043—3744—7

崇拜心理学 / 祥贵编著. —北京：大众文艺出版社,2001

7—80171—017—7

城市社会学 / 张钟汝等编著. —上海：上海大学出版社,2001(社会学与社会发展丛书)

7—81058—267—4

社区研究：社区建设与社区发展 / 奚从清著. —北京：华夏出版社,1996

7—5080—0813—8

中国城市社会空间结构研究 / 王兴中著. —北京：科学出版社,2000

7—03—007391—6

社区管理 / 韦克难著. —成都：四川人民出版社,2003

7—220—06498—5

学习型社区 / 连玉明主编;北京国际城市发展研究院编著. —北京：中国时代经济出版社,2003(学习型社会书系)

7—80169—397—3

中国城市化之路 / 靳润成主编. —上海：学林出版社,1999(20 世纪聚焦丛书)

7—80616—761—7

新世纪中国城市化道路的探索 / 沈建国著. —北京：中国建筑工业出版社,2001(城市规划学博士论丛)

7—112—04618—1

城市社会心理学 / 杨贵庆编. —上海：同济大学出版社,2000(城市规划专业系列教材)

7—5608—2199—5

生态与环境：城市可持续发展与生态环境调控新论 / 王祥荣著. —南京：东南大学出版社,2000(城市科学前沿丛书)

7—81050—555—6

集聚与扩散：城市空间结构新论 / 顾朝林等著. —南京：东南大学出版社,2000(城市科学前沿丛书)

7—81050—554—8

侵入与接替：城市社会结构变迁新论 / 张鸿雁著. —南京：东南大学出版社,2000(城市科学前沿丛书)

7—81050—549—1

时尚与冲突：城市文化结构与功能新论 / 任平著. —南京：东南大学出版社,2000(城市科学前沿丛书)

7—81050—553—X

现代性与空间的生产 / 包亚明主编. —上海：上海教育出版社,2003(都市与文化)

7—5320—8229—6

城市社会学 / 顾朝林编著. —南京：东南大学出版社,2002(高等学校城市规划专业系列教材)

7—81050—959—4

城市发展史：起源、演变和前景 / (美)刘易斯·芒福德著;宋俊岭,倪文彦译. —北京：中国建筑工业出版社,2005(国外城市规划与设计理论译丛)

7—112—06973—4

近代中国城市发展与社会变迁：1840—1949年 / 何一民主编. —北京：科学出版社,2004(华夏英才基金学术文库)

7—03—012614—9

城市社区发展国际比较研究 / 候玉兰主编. —北京：北京出版社,2000(跨世纪青年学者文库)

7—200—04108—4

城市社会学：理论与视野 / 蔡禾主编. —广州：中山大学出版社,2003(面向 21 世纪课程教材)

7—306—02015—3

中华帝国晚期的城市／（美）施坚雅主编；叶光庭等合译.—北京：中华书局,2000（世界汉学论丛）

7—101—02324—X

学习型城市／连玉明主编；北京国际城市发展研究院编著.—北京：中国时代经济出版社,2003（学习型社会书系）

7—80169—398—1

美国城市史／王旭著.—北京：中国社会科学出版社,2000（中华美国学丛书）

7—5004—2837—5

都市文化与都市精神：中外城市文化比较／陈立旭著.—南京：东南大学出版社,2002（中外城市比较研究丛书）

7—81050—981—0

中国城市化之路：经济支持与制度创新／叶裕民著.—北京：商务印书馆,2001

7—100—03263—6

权力与自由：市民社会的人学考察／袁祖社著.—北京：中国社会科学出版社,2003

7—5004—3729—3

城市学／唐恢一编著.—哈尔滨：哈尔滨工业大学出版社,2001

7—5603—1605—0

城市社会学／王颖著.—上海：上海三联书店,2005

7—5426—2131—9

现代城市管理学／尤建新主编.—北京：科学出版社,2003（公共管理硕士 MPA 系列教材）

7—03—011604—6

中国沿海城镇密集地区空间集聚与扩散研究／胡序威,周一星,顾朝林等著.—北京：科学出版社,2000

7—03—008301—6

农村社会学／刘豪兴主编.—2 版.—北京：中国人民大学出版社,2004（21 世纪社会学系列教材）

7—300—04934—6

农村社会学／谷中原主编.—北京：中国农业出版社,1995（高等农业院校人文社会科学教育丛书）

7—109—04192—1

一个中国村庄：山东台头／杨懋春著；张雄,沈炜,秦美珠译.—南京：江苏人民出版社,2001（海外中国研究丛书）

7—214—02976—6

农村社会学／李守经主编.—北京：高等教育出版社,2000（面向 21 世纪课程教材）

7—04—009034—1

田园诗与狂想曲：关中模式与前近代社会的再认识／秦晖,苏文著.—北京：中央编译出版社,1996（农民学丛书）

7—80109—105—1

占有、认知与人际关系：对中国乡村制度变迁的经济社会学分析／刘世定著.—北京：华夏出版社,2003（社会学人类学论丛）

7—5080—2845—7

流动中的乡村治理：对农民流动的政治社会学分析／徐勇,徐增阳著.—北京：中国社会科学出版社,2003（乡村治理书系）

7—5004—4082—0

中国农村社会变迁／王春光著.—昆明：云南人民出版社,1996（中国社会发展丛书）

7—222—02011—X

农村社会学／肖桂云,张蓉主编.—北京：中国审计出版社,2001（中国社会学实用教材系列丛书）

7—80169—061—3

农村变迁论：当代中国农村变革与发展研究 / 方向新著. —长沙：湖南人民出版社,1998(走向21世纪论丛)

7—5438—1832—9

村治中的宗族：对九个村的调查与研究 / 肖唐镖等著. —上海：上海书店出版社,2001

7—80622—890—X

村落视野中的文化与权力：闽台三村五论 / 王铭铭著. —北京：三联书店,1997

7—108—01114—X

农村社会发展论 / 周沛著. —南京：南京大学出版社,1998

7—305—03161—5

农村城市化研究 / 郑弘毅主编. —南京：南京大学出版社,1998

7—305—03149—6

农村社会学 / 苏俊峰,宋明爽主编. —北京：中国农业出版社,1995

7—109—04252—9

农村社会学 / 程贵铭主编. —北京：中国农业大学出版社,1998

7—81002—912—6

礼物的流动：一个中国村庄中的互惠原则与社会网络 / 阎云翔著. —上海：上海人民出版社,2000(社会与文化丛书·中国人类学田野考察系列)

7—208—03243—2

民族与社会发展 / 马戎著. —北京：民族出版社,2001

7—105—04268—0

人学原理 / 黄楠森主编. —南宁：广西人民出版社,2000

7—219—04262—0

社会性别研究选译 / 王政,杜芳琴主编. —北京：三联出版社,1998

7—108—01130—1

现代非营利组织研究 / 苗丽静著. —北京：知识产权出版社,2005

7—80198—410—2

实用公共关系学 / 宋天征,李文山主编. —开封：河南大学出版社,1998

7—81041—583—2

文化与实践理性 / (美)马歇尔·萨林斯著；赵丙祥译. —上海：上海人民出版社,2002(萨林斯文化与历史论丛)

7—208—03775—2

实用人类学 / (德)伊曼努尔·康德著；邓晓芒译. —上海：上海人民出版社,2005(世纪人文系列丛书.袖珍经典)

7—208—05423—1

身体的文化政治学 / 汪民安主编. —郑州：河南大学出版社,2004(新思潮文档)

7—81091—102—3

人与文化 / (美)克拉克·威斯勒著；钱岗南,傅志强译. —北京：商务印书馆,2004

7—100—03563—5

社会心理学导论 / (英)威廉·麦独孤著；俞国良等译. —杭州：浙江教育出版社,1997(20世纪心理学通览)

7—5338—2344—3

乌合之众：大众心理研究 / (法)古斯塔夫·勒庞著；冯克利译. —北京：中央编译出版社,2000(社会学经典读本)

7—80109—366—6

知识社会学问题 / (德)马克斯·舍勒著；艾彦译. —北京：华夏出版社,2000(现代西方思想文库)

7—5080—1811—7

科学知识与社会学理论 /（英）巴里·巴恩斯著；鲁旭东译. —北京：东方出版社,2001（知识与社会译丛）

7—5060—1532—3

舆情研究概论 / 王来华主编. —天津：天津社科院出版社,2003

7—80688—051—8

城市社会心理学 / 杨贵庆编. —上海：同济大学出版社,2000（城市规划专业系列教材）

7—5608—2199—5

社区的实践："超级村庄"的发展历程 / 折晓叶,陈婴婴著. —杭州：浙江人民出版社,2000（当代社会学研究丛书）

7—213—02170—2

城市形象与城市文化资本论：中外城市形象比较的社会学研究 / 张鸿雁著. —南京：东南大学出版社,2002（中外城市比较研究丛书）

7—81050—985—3

市民社会论 / 王新生著. —南宁：广西人民出版社,2003

7—219—04667—7

城市社会学 / 郑也夫编. —北京：中国城市出版社,2002

7—5074—1331—4

农村社会学 / 程贵铭主编. —北京：中国农业大学出版社,1998

7—81002—912—6

新社区论 / 常铁威著. —北京：中国社会出版社,2005

7—5087—0296—4

社会保障学 / 郑功成主编. —北京：中国劳动社会保障出版社,2005（高等学校劳动与社会保障专业核心课课程系列教材）

7—5045—5117—1

社会问题经济学 /（美）夏普等著；郭庆旺,应惟伟译. —北京：中国人民大学出版社,2000（经济科学译丛）

7—300—03507—8

全球化与反全球化 / 刘曙光著. —长沙：湖南人民出版社,2003（全球化焦点问题丛书）

7—5438—3368—9

全球化：全球治理 / 俞可平主编. —北京：社会科学文献出版社,2003（全球化论丛）

7—80149—987—5

全球大变革：全球化时代的政治、经济与文化 /（英）戴维·赫尔德等著；杨雪冬等译. —北京：社会科学文献出版社,2001（全球化译丛）

7—80149—429—6

全球化：社会理论和全球文化 /（美）罗兰·罗伯森著；梁光严译. —上海：上海人民出版社,2000（社会理论译丛）

7—208—03350—1

社会转型与社会问题 / 章辉美著. —长沙：湖南大学出版社,2004（社会学丛书）

7—81053—750—4

跨越数字鸿沟：面对第二次现代化的危机与挑战 / 胡延平编著. —北京：社会科学文献出版社,2002（数字蓝皮书）

7—80149—759—7

深度忧患：当代中国的可持续发展问题 / 邓易生,钱蕙红著. —北京：今日中国出版社,1998（中国问题报告）

7—5072—0936—9

全球化理论谱系 / 程光泉主编. —长沙：湖南人民出版社,2002

7—5438—3060—4

全球化与当代社会 / 鲍宗豪著. —上海：上海三联书店,2002

7—5426—1722—2

家庭论 /（美）加里·斯坦利·贝克尔著；王献生,王宇译. —北京：商务印书馆,2005（汉译世界学术名著丛书）

7—100—04230—5

家庭学 / 丁文著. —济南：山东人民出版社,1997

7—209—02126—4

中西人际称谓系统 / 田惠刚著. —北京：外语教学与研究出版社,1998

7—5600—1255—8

色情史 /（法）乔治·巴塔耶著；刘晖译. —北京：商务印书馆,2003（当代法国思想文化译丛）

7—100—03459—0

性的问题·福柯与性 / 李银河著. —北京：文化艺术出版社,2003（李银河文集）

7—5039—2370—9

多重视角下的社会性别观 / 苏红主编. —上海：上海大学出版社,2004（社会学与社会发展丛书）

7—81058—774—9

性的政治 /（美）凯特·米利特著；钟良明译. —北京：社会科学文献出版社,1999（现代社会学文库）

7—80149—099—1

性契约 /（美）卡罗里·帕特曼著；李朝辉译. —北京：社会科学文献出版社,2004（现代社会学文库·性社会学译丛）

7—80190—079—0

酷儿理论：西方90年代性思潮 /（美）葛尔·罗宾等著；李银河译. —北京：时事出版社,2000（性社会学系列）

7—80009—579—7

隐性失业论 / 袁志刚,陆铭著. —上海：立信会计出版社,1998（经济学者文库）

7—5429—0545—7

人生发展与职业生涯规划 / 程社明,卜欣欣,戴洁编著. —北京：团结出版社,2003（清华职业经理实用管理丛书）

7—80130—673—2

职业结构与流动 / 陈婴婴著. —北京：东方出版社,1995（日本研究博士丛书）

7—5060—0586—7

中国女性职业生涯发展研究 / 吴贵明著. —北京：中国社会科学出版社,2004（中国社会科学博士论文文库）

7—5004—4646—2

失业下岗问题对比研究 / 李强,胡俊生,洪大用著. —北京：清华大学出版社,2001

7—302—04807—X

职业心理学 / 吕建国,孟慧编著. —大连：东北财经大学出版社,2000（管理与经济心理学丛书）

7—81044—762—9

消费文化 /（英）西莉亚·卢瑞著；张萍译. —南京：南京大学出版社,2003（当代学术棱镜译丛·消费文化系列）

7—305—04089—4

消费文化与后现代主义 /（英）迈克·费瑟斯通著；刘精明译. —南京：译林出版社,2000（人文与社会译丛）

7—80567—991—6

消费社会学：一个分析的视角 / 王宁著. —北京：社会科学文献出版社,2001（现代社会学文库）

7—80149—583—7

构建生活美：中外城市生活方式比较 / 王雅

林,董鸿扬著.—南京:东南大学出版社,2003(中外城市比较研究丛书)

7—81050—982—9

消费社会学 / (法)尼古拉·埃尔潘著;孙沛东译.—北京:社会科学文献出版社,2005

7—80190—872—4

消费文化:从现代到后现代 / 杨魁,董雅丽著.—北京:中国社会科学出版社,2003

7—5004—4309—9

消费文化学 / 尹世杰著.—武汉:湖北人民出版社,2002

7—216—03383—3

新闻媒介与社会 / 张国良主编.—上海:上海人民出版社,2001

7—208—03618—7

青年学新论 / 黄志坚著.—北京:中国青年出版社,2004

7—5006—5961—X

青年学 / 金国华主编.—北京:中国青年出版社,1999

7—5006—3402—1

老年经济学 / 王爱珠著.—上海:复旦大学出版社,1996(新编经济学系列教材)

7—309—01709—9

老龄化与老年医学新进展 / 马永兴,王传馥,石凤英主编.—上海:上海医科大学出版社,1999

7—5627—0480—5

社会老年学 / 邬沧萍主编.—北京:中国人民大学出版社,1999

7—300—03320—2

科学、文化与性别:女性主义的诠释 / 吴小英著.—北京:中国社会科学出版社,2000(女性主义哲学丛书)

7—5004—2821—9

女性学导论 / 韩贺南,张健主编.—北京:教育科学出版社,2005(社会性别与女性学系列)

7—5041—3067—2

第二性 / (法)西蒙·波伏娃著;李强选译.—北京:西苑出版社,2004(欣资鉴西方哲理精译文丛)

7—80108—845—X

女性与社会性别 / 朱易安,柏桦著.—上海:上海教育出版社,2003(新世纪性别教育读本)

7—5320—8613—5

中国女性文化.2 / 荒林,王红旗主编.—北京:中国文联出版公司,2001

7—5059—3882—7

被建构的女性:当代社会性别理论 / 沈奕斐著.—上海:上海人民出版社,2005

7—208—05577—7

西方女性学:起源、内涵与发展 / 刘霓著.—北京:社会科学文献出版社,2001

7—80149—437—7

主流与边缘 / 李小江等主编.—北京:三联书店,1999

7—108—01196—4

女性学 / 罗慧兰著.—北京:中国国际广播出版社,2002

7—5078—2145—5

社会保障学 / 许琳主编.—北京:北京交通大学出版社,2005(21世纪经济学类管理学类专业主干课程系列教材)

7—81082—482—1

社会保障精算原理 / 王晓军主编.—北京:中国人民大学出版社,2000(21世纪社会保障系列教材)

7—300—03413—6

社会保障制度的国际比较 / 和春雷主编.—北京:法律出版社,2001(当代社会保障制度研究丛书)

7—5036—3255—0

社会保障分析导论 / 郑秉文,和春雷主编.—北京:法律出版社,2001(当代社会保障制度研究丛书)

7—5036—3257—7

论私力救济 / 徐昕著.—北京:中国政法大学出版社,2005(法律文化研究文丛)

7—5620—2705—6

社会保障学 / 郭士征主编.—上海:上海财经大学出版社,2004(高等学校经济学管理学系列教材)

7—81098—065—3

福利国家与接近正义 / (意)莫诺·卡佩莱蒂编;刘俊祥等译.—北京:法律出版社,2000(民事诉讼法学译丛)

7—5036—3057—4

社会保障学 / 李晓林,王绪瑾主编.—北京:中国财政经济出版社,1997(全国高等教育自学考试教材)

7—5005—3335—7

社会福利政策导论 / Neil Gilbert,Paul Terrell著;黄晨熹,周烨,刘红译.—上海:华东理工大学出版社,2003(社会工作名著丛书)

7—5628—1440—6

社会保障学:理念、制度、实践与思辨 / 郑功成著.—北京:商务印书馆,2000

7—100—03107—9

社会保障世纪回眸 / 魏新武编著.—北京:中国社会科学出版社,2003

7—5004—3823—0

中国社会保障若干重大问题研究 / 邓大松等著.—深圳:海天出版社,2000

7—80654—396—1

社会保障研究 / 郭士征编著.—上海:上海财经大学出版社,2005

7—81098—461—6

社会保障制度结构与运行分析 / 赵曼著.—北京:中国计划出版社,1997

7—80058—596—4

社会保障学 / 孙光德主编.—北京:中国劳动社会保障出版社,1998

7—5045—1704—6

养老金制度与资本市场 / 李绍光著.—北京:中国发展出版社,1998(发展文库)

7—80087—314—5

全球化下的劳工与社会保障 / 郑功成,郑宇硕主编.—北京:中国劳动社会保障出版社,2002

7—5045—3620—2

计算机犯罪及其社会控制 / 张彦著.—南京:南京大学出版社,2000

7—305—03541—6

计算机犯罪问题研究 / 蒋平著.—北京:商务印书馆,2000

7—100—03110—9

计算机犯罪研究 / 于志刚著.—北京:中国检察出版社,1999

7—80086—691—2

计算机犯罪论 / 刘广三著.—北京:中国人民大学出版社,1999

7—300—03123—4

自杀病学 / 何兆雄编著.—北京:中国中医药出版社,1997

7—80089—617—X

性与理性 ／（美）理查德. A. 波斯纳著；苏力译. —北京：中国政法大学出版社，2002（波斯纳文丛）

　　7—5620—2032—9

性政治 ／（美）凯特·米利特著；宋文伟译. —南京：江苏人民出版社，2000（汉译大众精品文库·文化类）

　　7—214—02608—2

性文化与法 ／谈大正著. —上海：上海人民出版社，1998（社会转型与法律学术丛书）

　　7—208—02728—5

家庭社会学 ／潘允康著. —北京：中国审计出版社，2002（中国社会学实用教材系列丛书）

　　7—80169—149—0

中日家族制度比较研究 ／李卓著. —北京：人民出版社，2004

　　7—01—004386—8

生育制度 ／费孝通著. —北京：商务印书馆，1999（商务印书馆文库）

　　7—100—02650—4

性文化研究报告 ／李银河著. —南京：江苏人民出版社，2003

　　7—214—03378—X

学术与政治 ／（德）马克斯·韦伯著；钱永祥等译. —桂林：广西师范大学出版社，1997

　　978—7—5495—0052—9

妇女、民族与女性主义 ／陈顺馨，戴锦华选编. —北京：中央编译出版社，2004（另类视野；文化社会研究译丛）

　　7—80109—638—X

现代老年学 ／魏太星，邱保国，吕维善主编. —郑州：郑州大学出版社，2001

　　7—81048—460—5

社会保障理论 ／李珍主编. —北京：北京师范大学出版社，2001（面向 21 世纪课程教材）

　　7—5045—3342—4

社会保障与管理 ／童星主编. —南京：南京大学出版社，2002（南京大学 MPA 教育丛书）

　　7—305—03794—X

社会保障经济理论 ／丛树海著. —上海：三联书店，1996

　　7—5426—0902—5

社会保障学 ／李晓林，王绪谨主编. —北京：中国财政经济出版社，1997

　　7—5005—3335—7

跨国资本时代的后殖民批评 ／（美）阿里夫·德里克著；王宁等译. —北京：北京大学出版社，2004（未名译库；当代西方学术前沿丛书）

　　7—301—07106—X

全球化与身份危机 ／陈定家主编. —开封：河南大学出版社，2004（新思潮文档）

　　7—81091—088—4

信任：合作关系的建立与破坏 ／郑也夫编；杨玉明，皮子林等译. —北京：中国城市出版社，2003（信任理论文丛）

　　7—5074—1479—5

全球化与交往实践 ／贺金瑞著. —北京：中国广播电视，2001（现代化与发展书系）

　　7—5043—3777—3

社会学是什么 ／邱泽奇著. —北京：北京大学出版社，2002（人文社会科学是什么丛书）

　　7—301—05756—3

社会调查原理与方法 ／袁方主编；全国高等教育自学考试指导委员会组编. —2 版. —北京：高等教育出版社，2000（全国高等教育自学考试指定教材·行政管理专科专业）

　　7—04—003283—X

文明的震荡：当代西方"后 **30** 年现象" / 周穗明著.—深圳：海天出版社，1998

7—80615—773—5

解构民意：一个舆论学者的实证研究 / 喻国明著.—北京：华夏出版社，2001

7—5080—2349—8

社会调查教程 / 水延凯等编著.—3 版.—北京：中国人民大学出版社，2003

7—300—02135—2

社会调查研究方法 / 仇雨临，何凡兴编.—北京：中国劳动出版社，1995

7—5045—1702—X

世界风险社会 / （德）乌尔里希·贝克著；吴英姿，孙淑敏译.—南京：南京大学出版社，2004（当代学术棱镜译丛·社会学系列）

7—305—04035—5

社会理论与现代社会学 / （英）安东尼·吉登斯著；文军，赵勇译.—北京：社会科学文献出版社，2003（社会理论译丛）

7—80190—020—0

社会是如何可能的：齐美尔社会学文选 / （德）齐美尔著；林荣远编译.—桂林：广西师范大学出版社，2002（雅典娜思想译丛）

7—5633—3751—2

学术自述与反思：费孝通学术文集 / 费孝通著.—北京：三联书店，1996

7—108—00872—6

从实求知录 / 费孝通著.—北京：北京大学出版社，1998

7—301—03723—6

社会学与人类学 / （法）马塞尔·毛斯著；佘碧平译.—上海：上海译文出版社，2003（大学译丛）

7—5327—3390—4

政府与企业以外的现代化：中西公益事业史比较研究 / 秦晖著.—杭州：浙江人民出版社，1999（第三部门研究丛书）

7—213—01951—1

非营利组织管理 / 张霞，张智河，李恒光主编.—济南：山东人民出版社，2005（公共管理系列教材）

7—209—03664—4

新公共服务：服务，而不是掌舵 / （美）珍妮特．V. 登哈特，罗伯特．B. 登哈特著；丁煌译.—北京：中国人民大学出版社，2004（公共行政与公共管理经典译丛）

7—300—05583—4

小组工作 / 刘梦主编.—北京：高等教育出版社，2003（面向 21 世纪课程教材；社会工作系列教材；普通高等学校社会工作专业主干课系列教材）

7—04—013746—1

社会保险学 / 任正臣著.—北京：社会科学文献出版社，2001（社会工作丛书）

7—80149—537—3

个案社会工作 / 翟进，张曙编著.—北京：社会科学文献出版社，2001（社会工作丛书）

7—80149—454—7

优势视角：社会工作实践的新模式 / Dennis Saleebey 编著；李亚文，杜立婕译.—上海：华东理工大学出版社，2004（社会工作名著译丛）

7—5628—1559—3

现代公共政策分析 / 郭巍青，卢坤建著.—广州：中山大学出版社，2000（政府与公共管理教材系列）

7—306—01617—2

社会公益供给：NPO、公共部门与市场 / 陶传进著.—北京：清华大学出版社，2005（清华 NGO 研究丛书）

7—302—11279—7

事业共同体：第三部门激励机制个案探索 / 郭于华，杨宜音，应星著. —杭州：浙江人民出版社，1999（第三部门研究丛书）

7—213—01952—X

非营利组织战略管理 / 黄浩明编著. —北京：中国人民大学出版社，2003（公共管理硕士（MPA）系列教材）

7—300—04475—1

社会工作实务 / 库少雄编著. —北京：社会科学文献出版社，2002（社会工作丛书）

7—80149—648—5

社会工作导论 / 王思斌主编. —北京：北京大学出版社，1998

7—301—03659—0

社会政策概论 / 谢志强，李慧英主编. —北京：中国水利水电出版社，2005

7—5084—3058—1

现代西方人口理论 / 李竞能编著. —上海：复旦大学出版社，2004（复旦博学·经济学系列）

7—309—04178—X

适度人口与控制 / 毛志锋著. —西安：陕西人民出版社，1995（系统与管理科学研究文库）

7—224—03599—8

新人口论 / 马寅初著. —广州：广东经济出版社，1998（影响新中国经济建设的 10 本经济学著作）

7—80632—304—X

人口经济学新论 / 刘家强主编. —成都：西南财经大学出版社，2004

7—81088—144—2

以自由看待发展 / （印）阿马蒂亚·森著；任赜，于真译. —北京：中国人民大学出版社，2002（当代世界学术名著；经济学系列）

7—300—04042—X

对人进行投资：人口质量经济学 / （美）西奥多·舒尔茨著；吴珠华译. —北京：首都经济贸易大学出版社，2002（诺贝尔经济学奖获奖者学术精品自选集）

7—5638—0985—6

人口、资源与环境经济学 / 钟水映，简新华主编. —北京：科学出版社，2005（人口、资源与环境经济学丛书）

7—03—016199—8

人口社会学 / 胡伟略著. —北京：中国社会科学出版社，2002（社会学文库）

7—5004—3483—9

民族人口学 / 张天路编著. —北京：中国人口出版社，1998

7—80079—007—X

人口社会学 / 佟新著. —北京：北京大学出版社，2000

7—301—04614—6

寿命数据中的统计模型与方法 / （加）J. F. Lawless 著；茆诗松，濮晓龙，刘忠译. —北京：中国统计出版社，1998（现代外国统计学优秀著作译丛）

7—5037—2446—3

城市的适应：迁移者的就业与创业 / 张继焦著. —北京：商务印书馆，2004（社会图像丛书）

7—100—03975—4

中国人口地理 / 张善余著. —北京：科学出版社，2003（中国人文地理丛书）

7—03—012170—8

中国流民史. 近代卷 / 池子华著. —合肥：安徽人民出版社，2001

7—212—01852—X

社会变迁中的农民流动 / 曾绍阳，唐晓腾著. —南昌：江西人民出版社，2004

7—210—03066—2

持续的挑战：21世纪中国人口形势、问题与对策 / 李建民，原新，王金营著. —北京：科学出版社，2000

7—03—008462—4

人地关系论：中国人口与土地关系问题的系统研究 / 朱国宏著. —上海：复旦大学出版社，1996

7—309—01636—X

中国人口史. 第四卷. 明时期 / 葛剑雄主编；曹树基著. —上海：复旦大学出版社，2000

7—309—02524—5

中国人口通史 / 路遇，滕泽之著. —济南：山东人民出版社，2000

7—209—02426—3

明初以降人口及其相关问题：1368—1953 / 何炳棣著；葛剑雄译. —北京：三联书店，2000（海外学人丛书）

7—108—01459—9

城市化与人口管理 / 沈建法著. —北京：科学出版社，1999（经济发展与地方管理丛书）

7—03—007481—5

人口与可持续发展：理论、方法与抉择 / 童玉芬著. —北京：中国人口出版社，2001（人口学博士论丛）

7—80079—650—7

中国流动人口问题 / 蔡昉著. —郑州：河南人民出版社，2000（世纪报告）

7—215—04687—7

人口流动与社会经济发展 / 钟水映著. —武汉：武汉大学出版社，2000（中国跨世纪的社会经济研究丛书）

7—307—02901—4

中国流动人口研究 / 魏津生，盛朗，陶鹰主编. —北京：人民出版社，2002（中国人口与发展丛书）

7—01—003393—5

寻求生存：当代中国农村外出人口的社会学研究 / 黄平主编. —昆明：云南人民出版社，1997（中国社会发展丛书）

7—222—02195—7

大国之难：当代中国的人口问题 / 孟繁华著. —北京：今日中国出版社，1997（中国问题报告）

7—5072—0897—4

中国人口生活质量再研究 / 冯立天，戴星翼主编. —北京：高等教育出版社，1996（转变中的中国人口与发展）

7—04—005737—9

中国人口分布与区域经济发展：一项人口分布经济学的探索研究 / 王桂新著. —上海：华东师范大学，1997

7—5617—1751—2

中国人口文化素质报告 / 高书国，杨晓明主编. —北京：社会科学文献出版社，2004

7—80190—360—9 / 7—900166—10—6

人口质量与经济增长方式 / 侯亚非主笔. —北京：中国经济出版社，2000

7—5017—4440—8

中国少数民族人口调查研究 / 张天路，黄荣清主编. —北京：高等教育出版社，1996（转变中的中国人口与发展）

7—04—005562—7

西藏的人口与社会 / 马戎著. —北京：同心出版社，1996

7—80593—198—4

中国人口分析 / 曾毅著. —北京：北京大学出版社，2004（北京大学中国经济研究中心研究系列）

7—301—07713—0

流民问题与社会控制 / 池子华著. —南宁：广西人民出版社，2001（读史丛书）

7—219—04283—3

生育与村落文化·一爷之孙 / 李银河著. —北京：文化艺术出版社，2003（李银河文集）

7—5039—2363—6

中国的人口与经济发展 / 李仲生著. —北京：北京大学出版社，2004

7—301—07575—8

中国历代人口统计资料研究 / 杨子慧主编. —北京：改革出版社，1996

7—80072—673—8

管理预测与决策方法 / 宁宣熙，刘思峰编著. —北京：科学出版社，2003（21世纪高等院校教材·管理科学系列）

7—03—011059—5

管理学教程 / 芮明杰主编. —北京：首都经济贸易大学出版社，2004（21世纪高等院校经济与管理核心课经典系列教材）

7—5638—1101—X

管理学精要. 亚洲篇 / （美）约瑟夫. M. 普蒂，海因茨·韦里奇，哈罗德·孔茨等著；丁慧平，孙先锦译. —北京：机械工业出版社，1999（21世纪美国管理教材系列）

7—111—06936—6

G 管理模式：打造管理平台的理论基石 / 郭咸纲著. —广州：广东经济出版社，2004（G 管理模式思想系统丛书）

7—80677—785—7

变动中的管理界 / （美）彼得·德鲁克著；王喜六等译. —上海：上海译文出版社，1999（德鲁克管理学著作译丛）

7—5327—2246—5

大变革时代的管理 / （美）彼得·德鲁克著；

赵干城译. —上海：上海译文出版社，1999（德鲁克管理学著作译丛）

7—5327—2267—8

东方管理学 / 苏东水著. —上海：复旦大学出版社，2005（东方管理学派著系）

7—309—04727—3

一般管理学原理 / 张康之，齐明山编著；中国人民大学行政管理学系组编. —北京：中国人民大学出版社，1998（公共行政系列教材）

7—300—02850—0

管理学精要 / （美）哈罗德·孔茨，海因茨·韦里克著；韦福祥等译. —北京：机械工业出版社，2005（管理教材译丛）

7—111—17049—0

管理创新 / 芮明杰著. —上海：上海译文出版社，1997（管理前沿丛书）

7—5327—1994—4

管理创新与应用 / 金锡万主编. —北京：经济管理出版社，2003（管理学专题研究丛书）

7—80162—613—3

管理学 / 刘秋华主编. —北京：高等教育出版社，2004（教育科学"十五"国家规划课题研究成果系列教材）

7—04—014857—9

管理运筹学 / 教育部高等学校管理科学与工程类学科教学指导委员会组编；韩伯棠编著. —2版. —北京：高等教育出版社，2005（面向21世纪课程教材）

7—04—016426—4

管理学 / 周三多主编. —2版. —北京：高等教育出版社，2005（面向21世纪课程教材高等学校工商管理类核心课程教材）

7—04—017560—6

管理学 / 许庆瑞主编. —2版. —北京：高等教

育出版社,2005（面向 21 世纪课程教材高等学校管理类专业主要课程教材）

7—04—017661—0

人本管理 / 杨志等编著. —东营: 石油大学出版社,1999（奇正管理丛书）

7—5636—1169—X

管理学原理 / 周三多,陈传明等编著. —南京: 南京大学出版社,2005（商学院文库）

7—305—04507—1

管理原理 / 周三多,蒋俊,陈传明编著. —2 版. —南京: 南京大学出版社,1998（商学院文库·管理学教材系列）

7—305—01429—X

管理研究 / 席酉民著. —北京: 机械工业出版社,2000（席酉民经济管理丛书）

7—111—08013—0

全球化的管理: 相互依存时代的全球化趋势 / （美）乔治·洛奇著; 胡延泓译. —上海: 上海译文出版社,1998（新世纪前瞻丛书）

7—5327—2201—5

知识管理: 知识社会的新管理模式 / 金吾伦著. —昆明: 云南人民出版社,2001（中国干部最新文库）

7—222—02588—X

现代管理理论 / 杨杜著. —北京: 中国人民大学出版社,2001（中国人民大学硕士研究生系列教材·学科基础课系列·管理学类）

7—300—03725—9

当代管理学 / （美）加雷思·琼斯,珍妮弗·乔治著; 郑风田,赵淑芳译. —2 版. —北京: 人民邮电出版社,2005

7—115—12768—9

现代管理学 / 罗珉著. —2 版修订本. —成都: 西南财经大学出版社,2004

7—81055—901—X

现代管理基本理论和方法 / 范咀华,张绍学,杨明亨著. —3 版. —成都: 四川大学出版社,1996

7—5614—0160—4

管理学: 全球化视角 / （美）海因茨·韦里克,哈罗德·孔茨著; 马春光译. —北京: 经济科学出版社,2004

7—5058—4591—8

管理博弈论 / 侯光明,李存金著. —北京: 北京理工大学出版社,2005

7—5640—0398—7

现代管理学 / 刘熙瑞,张康之主编. —北京: 高等教育出版社,2000

7—04—008602—6

管理学 / 周建波,刘志梅编著. —广州: 广东高等教育出版社,2004

7—5361—2960—2

转型时代管理学导论 / 何似龙,施祖留编著. —南京: 河海大学出版社,2001

7—5630—1684—8

管理决策与应用熵学 / 邱菀华著. —北京: 机械工业出版社,2002

7—111—02701—9

管理科学化与管理学方法论 / 黄速建,黄群慧等著. —北京: 经济管理出版社,2005

7—80207—399—5

现代管理学 / 蔡宁主编. —北京: 科学出版社,2000

7—03—008757—7

设计管理 / 刘国余编著. —上海: 上海交通大学出版社,2003

7—313—03348—6

柔性管理 / 郑其绪著. —东营:石油大学出版
社,1996

    7—5636—0856—7

管理学新论 / 李福海著. —成都:四川大学出
版社,2002

    7—5614—2421—3

西方管理理论的产生与发展 / 李兴山,刘潮主
编. —北京:现代出版社,1999

    7—80028—550—2

管理学新论 / 韩延明主编. —北京:新华出版
社,1996

    7—5011—3324—7

效率管理:现代管理理论的统一 / 许激著. —
北京:经济管理出版社,2004

    7—80162—880—2

管理学 / 陈国钧,陆军编著. —南京:南京师
范大学出版社,1997

    7—81047—128—7

管理思想的演变 /(美)丹尼尔. A. 雷恩著;赵
睿等译. —北京:中国社会科学出版社,2000(国外
经济管理名著丛书)

    7—5004—2355—1

管理思想发展史 / 孙耀君主编. —太原:山西
经济出版社,1999

    7—80636—313—0

管理学范式理论研究 / 罗珉著. —成都:四川
人民出版社,2003

    7—220—06339—3

管理学原理 / 王德中主编. —成都:西南财经
大学出版社,1995

    7—81017—940—3

管理沟通 / 程艳霞主编. —武汉:武汉理工大
学出版社,2003

    7—5629—2003—6

西方管理学说史 / 郭咸纲著. —北京:中国经
济出版社,2003

    7—5017—6031—4

管理经济分析:理论与应用 / 唐小我,曾勇,
李仕明等著. —成都:电子科技大学出版社,2000

    7—81065—471—3

战略历程:纵览战略管理学派 /(美)亨利·
明茨伯格,布鲁斯·阿尔斯特兰德,约瑟夫·兰佩
尔著;刘瑞红,徐佳宾,郭武文译. —北京:机械工
业出版社,2002(战略管理译丛)

    7—111—09082—9

儒家管理哲学 / 徐红雷著. —2 版. —广州:广
东高等教育出版社,1997

    7—5361—0923—7

理论:中国管理哲学 / 成中英著. —上海:学
林出版社,1999

    7—80616—793—5

管理哲学新论 / 杨伍栓编著. —北京:北京大
学出版社,2003

    7—301—06036—X

现代系统科学与管理 / 李建华,傅立著. —北
京:科学技术文献,1996

    7—5023—2685—5

管理伦理学 / 张文贤,朱永生,张格编著. —上
海:复旦大学出版社,1995(大学管理类教材丛书)

    7—309—01484—7

马斯洛人性管理经典 / 马建堂编著. —北京:
北京工业大学出版社,2002(管理经典 100 年精品
书系)

    7—5639—1132—4

现代管理心理学 / 白振汉,陈德耀主编. —青
岛:青岛出版社,1997(现代管理丛书)

7—5436—1424—3

管理伦理学 / 苏勇著.—上海：东方出版中心,1998（现代管理新视野书系）

7—80627—291—7

现代管理心理学 / 程正方编著.—2 版修订版.—北京：北京师范大学出版社,1996

7—303—01107—2

人力资源管理心理学 / 朱永新主编.—上海：华东师范大学出版社,2003

7—5617—3433—6

组织管理心理学 / 方益寿主编.—济南：山东大学出版社,1995

7—5607—1529—X

现代管理心理学 / 赵慧军编著.—北京：首都经济贸易大学出版社,2000

7—5638—0784—5

东方管理学 / 颜世富著.—北京：中国国际广播出版社,2000

7—5078—0638—3

管理思想发展史 / 孙耀君主编.—太原：山西经济出版社,1999

7—80636—313—0

中国古代管理思想之今用 / 潘承烈,虞祖尧等著.—北京：中国人民大学出版社,2001（管理科学文库）

7—300—03770—4

西方管理思想史 / 郭咸纲著.—北京：经济管理出版社,1999

7—80118—882—9

二层规划的理论与应用 / 滕春贤,李智慧编著.—北京：科学出版社,2002（管理决策与信息系统丛书）

7—03—010870—1

集成管理：高科技时代的管理创新 / 李宝山,刘志伟编著.—北京：中国人民大学出版社,1998

7—300—02835—7

非线性评估的理论探索与应用 / 侯定丕,王战军主编.—合肥：中国科学技术大学出版社,2001

7—312—01191—8

系统科学与管理 / 常绍舜编著.—北京：中国政法大学出版社,1998

7—5620—1682—8

管理运筹学 / 龙子泉,陆菊春编著.—武汉：武汉大学出版社,2002（21 世纪经济学管理学系列教材）

7—307—03727—0

管理运筹学 / 张文杰,李学伟编著.—北京：中国铁道出版社,2000（高等学校工商管理系列教材）

7—113—03466—7

管理统计学 / 徐国祥主编.—上海：上海财经大学出版社,1995（工商管理丛书）

7—81049—011—7

管理运筹学 / 韩大卫编著.—大连：大连理工大学出版社,1995（经济管理系列教材）

7—5611—1032—4

管理运筹学 / 薛声家,左小德编著.—2 版.—广州：暨南大学出版社,2004（企业管理专业系列教材）

7—81029—869—0

管理科学：运用 Spreadsheet 建模和求解 / 丁以中,Jennifer S. Shang 主编.—北京：清华大学出版社,2003

7—900643—92—3

管理数学基础理论与应用 / 杜纲编著.—天津：天津大学出版社,2003

7—5618—1701—0

管理运筹学 / 焦永兰主编. —北京：中国铁道出版社，2000

7—113—03662—7

绩效！绩效！：如何考评员工表现 / （美）罗伯特·巴克沃著；陈舟平译. —北京：中国标准出版社，2004（科文西方工商管理经典文库·人力资源管理系列）

7—5066—2051—0

秘书理论与实务 / 朱传忠，叶明主编. —杭州：杭州大学出版社，1995（秘书业务知识丛书）

7—81035—843—X

秘书学 / 方国雄，方晓蓉著. —北京：高等教育出版社，2003（普通高等教育"十五"国家级规划教材）

7—04—012418—1

秘书学 / 陈合宜著. —5 版. —广州：暨南大学出版社，2005

7—81029—210—2

中国咨询业发展研究 / 杨永志著. —太原：山西经济出版社，1995

7—80577—834—5

现代管理信息技术 / 张金隆著. —武汉：华中理工大学出版社，1995（工商管理硕士 MBA 系列）

7—5609—1109—9

信息系统原理 / （美）Ralph M. Stair, George W. Reynolds 著；张靖，刘鹏，陈之侃译. —北京：机械工业出版社，2005（计算机科学丛书）

7—111—15879—2

管理信息系统 / 黄梯云主编. —2 版修订版. —北京：高等教育出版社，2000（面向 21 世纪课程教材；高等学校工商管理类核心课程教材）

7—04—008357—4

系统原理与方法 / 吴广谋编著. —南京：东南大学出版社，2005（现代经济学与管理学文库；方法

与工具系列丛书）

7—5641—0020—6

信息系统原理与工程 / 张维明，戴长华，陈卫东等编著. —2 版. —北京：电子工业出版社，2004（信息系统工程丛书）

7—121—00394—5

管理信息系统及其开发技术 / 王小铭编著. —修订版. —北京：电子工业出版社，2003

7—5053—8462—7

信息系统理论与实践 / 严怡民主编；张玉峰等编. —武汉：武汉大学出版社，1999

7—307—02765—8

信息系统开发方法：方法、策略、技术、工具与发展 / 姜旭平编著. —北京：清华大学出版社，1997

7—302—02416—2

信息系统设计原理与应用 / 刘鲁主编. —北京：北京航空航天大学出版社，1995

7—81012—543—5

计算机管理信息系统开发与应用 / 余伟萍著. —成都：电子科技大学出版社，1998

7—81043—944—8

系统工程原理 / 谭跃进，陈英武，易进先编著. —长沙：国防科技大学出版社，1999

7—81024—594—5

管理信息系统（MIS）开发与应用 / 伍俊良编著. —北京：科学出版社，1999

7—03—007007—0

管理信息系统设计与实施 / 黎连业，李淑春编著. —北京：清华大学出版社，1998

7—302—03173—8

管理信息系统分析与设计 / 邝孔武编. —西安：西安电子科技大学出版社，1995

7—5606—0375—0

信息系统开发 / 全国高等教育自学考试指导委员会组编；甘仞初主编.—北京：经济科学出版社,1996

7—5058—0990—3

基于 Internet 的管理信息系统 / 曾凡奇,林小革,邓先礼编著.—北京：中国财政经济出版社,2001（21 世纪高等院校电子商务试用教材）

7—5005—5249—1

管理信息系统理论与实务 / 朱顺泉,姜灵敏编著.—北京：人民邮电出版社,2001（高等学校计算机教材）

7—115—09195—1

信息系统的开发与管理教程 / 左美云,邝孔武主编.—北京：清华大学出版社,2001（高等院校信息管理与信息系统专业系列教材）

7—302—04443—0

信息时代的管理信息系统 / （美）斯蒂芬·哈格,梅芙·卡明斯,詹姆斯·道金斯著；严建援等译.—2 版.—北京：机械工业出版社,2000（管理教材译丛；21 世纪管理经典教材系列）

7—111—07453—X

信息系统工程原理、方法及应用 / 周广声等编著.—北京：清华大学出版社,1998（现代工业企业自动化丛书）

7—302—02719—6

咨询心理学 / 乐国安主编.—天津：南开大学出版社,2002

7—310—01821—4

秘书学 / 李运模主编.—武汉：武汉测绘科技大学出版社,1999

7—81030—719—3

管理信息系统原理与应用 / 罗超理,李万红编著.—北京：清华大学出版社,2002（高等院校信息技术系列教材）

7—302—05864—4

管理信息系统（MIS） / 张立厚等编著.—广州：广东世界图书出版公司,2002

7—5062—5531—6

管理与社会经济系统仿真 / 宣慧玉,高宝俊著.—武汉：武汉大学出版社,2002

7—307—03407—7

现代项目管理教程 / 许成绩主编.—北京：中国宇航出版社,2003（现代项目管理能力水平认证 PM&MP 指定教材）

7—80144—580—5

心理咨询师：三级 / 中国就业培训技术指导中心,中国心理卫生协会组织编写.—北京：民族出版社,2005（国家职业资格培训教程）

7—105—07184—2

资信评估 / 吴晶妹著.—北京：中国审计出版社,2000

7—80064—461—8

咨询业在中国 / 李靖主编.—北京：企业管理出版社,2001（华嘉丛书）

7—80147—421—X

心理咨询的理论与实务 / 江光荣著.—北京：高等教育出版社,2005（心理咨询与治疗丛书）

7—04—017324—7

咨询心理学 / 张日昇著.—北京：人民教育出版社,1999（应用心理学书系）

7—107—12898—1

领导科学 / 姜法奎,刘银花主编.—大连：东北财经大学出版社,2002（21 世纪高等院校人力资源管理专业教材新系）

7—81084—004—5

中国官德 / 李建华著.—成都：四川人民出版社,2000（21 世纪应用伦理学）

7—220—05035—6

领导科学 / 黄强主编.—2 版修订版.—北京：高等教育出版社,2000(全国高等教育自学考试指定教材)

7—04—008406—6

领导力 / (美)詹姆斯·库泽斯,巴里·波斯纳著；李丽林,杨振东译.—北京：电子工业出版社,2004

7—5053—9422—3

领导学：理论,实践与方法 / 王乐夫编著.—广州：中山大学出版社,1998

7—306—01454—4

新世纪领导学 / 邱霈恩等著.—北京：经济科学出版社,2000

7—5058—2295—0

领导心理学 / 吴岩著.—北京：中央编译出版社,1996

7—80109—127—2

面向世界：现代领导方法与艺术 / 孙钱章主编.—北京：人民出版社,1998

7—01—002720—X

领导心理学 / (美)狄恩·乔斯佛德,玛丽·乔斯佛德著；陈美岑译.—汕头：汕头大学出版社,2003(The Portable MBA 经典全集)

7—81036—544—4

领导力 / (美)安弗莎妮·纳哈雯蒂著；王新译.—北京：机械工业出版社,2003

7—111—11198—2

数据、模型与决策：运用电子表格建模与案例研究 / (美)弗雷德里克.S.希利尔,马克.S.希利尔著；任建标译.—2 版.—北京：中国财政经济出版社,2004(财经易文·管理科学篇)

7—5086—0011—8

文化战略：一项成为世界一流或第一的竞争战略 / 曹世潮著.—上海：上海文化出版社,2001(德村文化丛书)

7—80646—323—2

决策支持系统教程 / 陈文伟编著.—北京：清华大学出版社,2004(高等学校教材·计算机应用)

7—302—09465—9

智能决策支持系统实现技术 / 俞瑞钊,陈奇编著.—杭州：浙江大学出版社,2001(计算机应用技术前沿丛书)

7—308—02161—0

风险度量原理 / 姜青舫,陈方正著.—上海：同济大学出版社,2000(金融投资丛书)

7—5608—2149—9

可拓策划 / 杨春燕,张拥军著.—北京：科学出版社,2002(可拓学丛书)

7—03—009969—9

决策理论与方法 / 岳超源编著.—北京：科学出版社,2003(控制科学与工程研究生系列教材)

7—03—010816—7

定量分析方法 / 孙建军,成颖主编.—2 版.—南京：南京大学出版社,2005(南京大学 MPA 教育丛书)

7—305—03828—8

科学决策理论与方法 / 徐南荣,仲伟俊编著.—南京：东南大学出版社,1995(全国高技术丛书)

7—81050—097—X

未来的战略：22 位顶尖策略大师对竞争战略本质与策略的思考 / (美)迈克尔·科特,加里·哈默等著；徐振东,张志武译.—成都：四川人民出版社,2000(全球巨人智慧书系)

7—220—04903—X

中国战略文化解析 / 宫玉振著.—北京：军事科学出版社,2002(中国古典战略丛书)

7—80137—572—6

决策支持系统及其开发 / 陈文伟编著.—2版.—北京：清华大学出版社，2000（中国计算机学会学术著作丛书）

7—302—00968—6

战略管理 /（美）约翰·米德尔顿，鲍勃·戈尔斯基著；王啸译.—北京：华夏出版社，2004（中欧华夏管理快捷键系列）

7—5080—3390—6

群体决策理论与应用：群体决策中的个体偏好集结方法研究 / 杨雷著.—北京：经济科学出版社，2004（中青年经济学家文库）

7—5058—4516—0

决策文化论 / 鲍宗豪著.—上海：上海三联书店，1997（走向21世纪公共管理丛书）

7—5426—1082—1

风险决策：过程、心理与文化 / 刘霞著.—北京：经济科学出版社，1998

7—5058—1495—8

风险管理：新世纪的挑战 / 刘燕华，葛全胜，吴文祥编著.—北京：气象出版社，2005

7—5029—3952—0

信息分析与决策 / 秦铁辉，王延飞等编著.—北京：北京大学出版社，2001

7—301—04980—3

决策支持系统原理与技术 / 李书涛编著.—北京：北京理工大学出版社，1996

7—81045—115—4

多目标决策方法与应用 / 杨剑波著.—长沙：湖南出版社，1996

7—5438—1508—7

决策行为与决策心理 / 黄孟藩，王凤彬编著.—北京：机械工业出版社，1995

7—111—04477—0

智能决策方法与智能决策支持系统 / 杨善林著.—北京：科学出版社，2005

7—03—014958—0

决策支持系统理论和应用 / 陈晓红著.—北京：清华大学出版社，2000

7—302—01118—4

智能决策支持系统研究开发及应用 / 张荣梅著.—北京：冶金工业出版社，2003

7—5024—3160—8

定量分析方法 / 刘武，娄成武编著.—武汉：武汉出版社，2003（公共管理硕士MPA系列教材）

7—5430—2759—3

决策理论与方法 / 岳超源编著.—北京：高等教育出版社，2003（控制科学与工程研究生系列教材）

7—03—010816—7

预测与决策分析 / 吴清烈，蒋尚华主编.—南京：东南大学出版社，2004（面向21世纪管理类专业核心课程系列教材）

7—81089—408—0

决策支持与数据仓库系统 /（美）Efrem G. Mallah著；李昭智，李昭勇等译.—北京：电子工业出版社，2001（新世纪计算机经典教材）

7—5053—6551—7

管理决策分析 / 彭勇行主编.—北京：科学出版社，2000（信息管理与信息系统专业系列教材）

7—03—006943—9

决策分析 / 林齐宁编.—北京：北京邮电大学出版社，2003

7—5635—0685—3

综合评价原理与应用 / 秦寿康等著.—北京：电子工业出版社，2003

7—5053—8589—5

风险管理学 / 阎春宁编著.—上海：上海大学

出版社,2002

7—81058—334—4

策划学 / 陈放著.—北京:中国商业出版社,1998

7—5044—3668—2

计算机决策支持系统 / 王众托等著.—北京:中国石化出版社,1995

7—80043—541—5

项目进度管理 / 朱宏亮编著.—北京:清华大学出版社,2002(项目管理系列教材)

7—302—04894—0

城市居民的生活时间分配 / 王琪延,张卫红,龚江辉著.—北京:经济科学出版社,1999

7—5058—1752—3

创新管理 / (印)P. N. 康德瓦拉著;张谊译.—北京:华夏出版社,2005

7—5080—3668—9

管理之道:林投集 / 席西民著.—北京:机械工业出版社,2002(席西民管理随笔系列)

7—111—09562—6

组织理论与设计精要 / (美)理查德.L. 达夫特著;李维安等译.—北京:机械工业出版社,1999(21世纪管理经典教材系列;管理教材译丛)

7—111—07380—0

组织行为学教程 / 窦胜功,张兰霞,卢纪华编著.—北京:清华大学出版社,2005(21世纪管理学教材)

7—302—11442—0

世界上最有效的管理:激励 / 王祖成编著.—北京:中国统计出版社,2002(H管理新思维)

7—5037—3714—X

合作团队的经济学:一个文献综述 / 张军著.—上海:上海财经大学出版社,1999(当代经济

学前沿研究丛书)

7—81049—315—9

新编组织行为学教程 / 胡爱本编著.—3版.—上海:复旦大学出版社,2002(复旦博学;大学管理类教材丛书)

7—309—03190—3

组织行为学高级教程 / 陈维政,余凯成,黄培伦主编;刘云等撰稿.—北京:高等教育出版社,2004(工商管理硕士MBA系列教材)

7—04—014016—0

组织的管理 / (美)彼得·德鲁克著;王伯言,沈国华译.—上海:上海财经大学出版社,2003(管理大师德鲁克的卓见)

7—81049—908—4

组织修炼 / 郁义鸿著.—上海:上海译文出版社,1997(管理前沿丛书)

7—5327—1957—X

规则的动态演变:成文组织规则的变化 / (美)詹姆斯·马奇,马丁·舒尔茨,周雪光著;童根兴译.—上海:上海人民出版社,2005(海外学林)

7—208—05480—0

组织行为学 / 张德主编.—北京:高等教育出版社,1999(面向21世纪课程教材)

7—04—007080—4

技术·理性·制度与社会发展 / 陆江兵著.—南京:南京大学出版社,2000(南京大学博士文丛)

7—305—03572—6

科层现象:论现代组织体系的科层倾向及其与法国社会和文化体系的关系 / (法)米歇尔·克罗齐埃著;刘汉全译.—上海:上海人民出版社,2002(社会理论译丛)

7—208—03765—5

现代社会中的科层制 / (美)彼得·布劳,马歇尔·梅耶著;马戎,时宪民,邱泽奇译.—上海:

学林出版社,2001(社会学人类学译丛)

7—80668—203—1

组织社会学及其决策分析 / 李友梅著.—上海:上海大学出版社,2001(社会学与社会发展丛书)

7—81058—268—2

激励机制 / 申海等编写.—广州:中山大学出版社,2000(中大经济论谈)

7—306—01682—2

组织理论与设计 / 吴培良,郑明身,王凤彬编著.—北京:中国人民大学出版社,1998(中国人民大学硕士研究生系列教材·学科基础课系列·管理学类)

7—300—02643—5

组织理论:历史与流派 / 朱国云著.—南京:南京大学出版社,1997

7—305—03047—3

学习型组织的创建:世界500强的管理利器 / 张声雄编著.—上海:上海科学普及出版社,2000

7—5427—1788—X

网络组织:组织发展新趋势 / 李维安等著.—北京:经济科学出版社,2003

7—5058—3472—X

集体行动的逻辑 / (美)曼瑟尔·奥尔森著;陈郁,郭宇峰,李崇新译.—上海:上海三联书店;上海人民出版社,1995(当代经济学系列丛书;当代经济学译库)

7—208—01971—1

学习型组织:提升组织的学习力 / 姜伟东,叶宏伟编著.—南京:东南大学出版社,2003(六朝松知识管理文库)

7—81089—022—0

造就组织学习力 / 黄健编著;上海明德学习型组织研究所主编.—上海:上海三联书店,2003(学习型组织管理丛书)

7—5426—1750—8

组织行为管理 / 李剑锋编著.—北京:中国人民大学出版社,2000(21世纪工商管理系列教材)

7—300—03387—3

现代组织理论与管理 / 金东日编著.—天津:天津大学出版社,2003(21世纪公共行政学系列教材)

7—5618—1801—7

组织中的复杂性与创造性 / (英)拉尔夫.D.斯泰西著;宋学锋,曹庆仁译.—成都:四川人民出版社,2000(复杂科学丛书)

7—220—05011—9

组织理论与设计精要 / (美)理查德.L.达夫特著;李维安等译.—北京:机械工业出版社,2003(管理教材译丛)

7—111—11013—7

公共组织学 / 张建东,陆江兵主编.—北京:高等教育出版社,2003(面向21世纪课程教材·高等学校公共事业管理专业主要课程教材)

7—04—011515—8

组织社会学 / (法)克罗戴特·拉法耶著;安延译.—北京:社会科学文献出版社,2000(现代社会学文库)

7—80149—208—0

现代管理激励与约束机制 / 侯光明,李存金著.—北京:高等教育出版社,2002

7—04—011179—9

现代组织理论与组织创新 / 阎海峰,王端旭著.—北京:人民邮电出版社,2003

7—115—11473—0

组织管理学 / 罗珉著.—成都:西南财经大学出版社,2003

7—81088—116—7

组织社会学 / 于显洋著.—北京:中国人民大

学出版社,2000(21世纪社会学系列教材)

7—300—03592—2

危机应对的全球视角：各国危机应对机制与实践比较研究 / 刘长敏主编.—北京：中国政法大学出版社,2003

7—5620—2542—8

民族社会学：社会学的族群关系研究 / 马戎编著.—北京：北京大学出版社,2004(21世纪社会学系列教材)

7—301—07746—7

民族社会学 / 赵利生著.—北京：民族出版社,2003(西北少数民族学术研究文库)

7—105—05691—6

民族过程与国家 / 王希恩著.—兰州：甘肃人民出版社,1998

7—226—02000—9

民族学理论与方法 / 宋蜀华,白振声主编.—北京：中央民族大学出版社,1998(研究生系列教材)

7—81056—135—9

中国民族理论研究二十年 / 金炳镐主编.—北京：中央民族大学出版社,2000

7—81056—439—0

中国文化心理学 / 汪凤炎,郑红著.—广州：暨南大学出版社,2004(21世纪新编应用心理学系列)

7—81079—466—3

中国人性分析报告 / 黎鸣著;何宗思选编.—北京：中国社会出版社,2003(公民世纪书系)

7—80146—700—0

中国人的心理与行为：本土化研究 / 杨国枢著.—北京：中国人民大学出版社,2004(海外和港台中国人研究书系)

7—300—04507—3

中国人文精神之发展 / 唐君毅著.—桂林：广

西师范大学出版社,2005(唐君毅作品系列)

7—5633—5611—8

小农意识与中国现代化 / 袁银传著.—武汉：武汉出版社,2000(中华博士文库)

7—5430—2142—0

中国人 / 林语堂著;郝志东,沈益洪译.—2版.—上海：学林出版社,2000

7—80616—069—8

中国人素质研究 / 沙莲香等著.—郑州：河南人民出版社,2001

7—215—04670—2

价值观与中华民族凝聚力 / 王克千,吴宗英著.—上海：上海人民出版社,2001

7—208—03702—7

解读中国人的人格 / 王登峰,崔红著.—北京：社会科学文献出版社,2005

7—80190—679—9

建构能力社会：21世纪中国人的发展图景 / 韩庆祥著.—广州：广东教育出版社,2003

7—5406—5128—8

回族心理素质与行为方式 / 马平著.—银川：宁夏人民出版社,1998

7—227—01906—3

人才资本 / 向洪,李向前,邢未萍编著.—北京：中国时代经济出版社,2002(3只眼看资本书系)

7—80169—110—5

面向21世纪的人才素质 / 沈继英,李家兴主编.—北京：北京大学出版社,1998(北京大学德育丛书)

7—301—03775—9

人才资源经济学 / 桂昭明著.—北京：蓝天出版社,2005(新世纪人才学理论丛书)

7—80158—577—1

人才学新论 ／ 王通讯主编.—北京：蓝天出版社,2005（新世纪人才学理论丛书）

7—80158—543—7

高素质创新人才研究 ／ 郭淑英,戴万津主编.—沈阳：东北大学出版社,2000

7—81054—482—9

人力资源管理 ／（美）约翰.M.伊万切维奇著.—北京：机械工业出版社,2002

7—111—09586—3

人才资本论 ／ 张衔主编.—成都：四川大学出版社,2000

7—5614—2019—6

健康心理与人才发展 ／ 贺淑曼,蔺桂瑞等编著.—北京：世界图书出版公司,1999（21 世纪人才心理素质教育丛书）

7—5062—4147—1

第三资源：智力资本及其管理 ／（英）安妮·布鲁金著;赵洁平译.—大连：东北财经大学出版社,1998（顶级管理经典系列）

7—81044—339—9

人才经济 ／ 萧申生,萧静华,袁晓英著.—长沙：中南工业大学出版社,1999（知识经济丛书）

7—81061—242—5

人才测评 ／ 徐升,王建新主编.—北京：企业管理出版社,2000

7—80147—287—X

人的管理科学 ／ 袁俊昌编著.—北京：中国经济出版社,1996

7—5017—3651—0

中国人才发展报告 ／ 潘晨光主编.—北京：社会科学文献出版社,2005（人才蓝皮书;皮书系列）

7—80190—648—9

中国人才批判 ／ 李向前,向洪,贺然主编.—北京：中国时代经济出版社,2005

7—80169—671—9

人才战略论文集 ／ 张学忠主编;人事部政策法规司编辑.—北京：中国人事出版社,2001

7—80139—752—5

学习型人才 ／ 连玉明主编;北京国际城市发展研究院编著.—北京：中国时代经济出版社,2003（学习型社会书系）

7—80169—401—5

雇员培训与开发 ／（美）雷蒙德.A.诺伊著;徐芳译.—北京：中国人民大学出版社,2001（人力资源管理译丛）

7—300—03698—8

在参与中学习与行动：参与式方法培训指南 ／ 陈向明编著.—北京：教育科学出版社,2003

7—5041—2427—3

培训管理 ／ 高文举著.—广州：广东经济出版社,2001

7—80632—873—4

人力资本生产制度研究 ／ 王建民著.—北京：经济科学出版社,2001

7—5058—2779—0

政治、法律类入选书目分析

许继新

一、总体情况

共获取 1995—2005 年政治、法律类(D 类)书目数据 66 384 条,根据本课题确定的学术图书筛选标准,获得学术图书 13 401 种。表 1 主要统计了被引次数在 20—23 次的图书种数和累积被引次数及比率。从表中可以看出,被引次数在 22 次的入选图书的累积被引次数比率达到了 79.96%,入选图书 1456 种,占到学术性图书总数的 10.86%,根据"二八法则",将被引 22 次的图书作为 D 类入选图书。

表1 1995—2005 年 D 类学术图书被引频次统计表

被引频次	入选图书种数	占学术性图书总数比率(%)	累积被引次数	占总被引次数比率(%)
被引 20 次以上	1585	11.82	116 977	81.76
被引 21 次以上	1528	11.40	115 837	80.96
被引 22 次以上	1456	10.86	114 409	79.96
被引 23 次以上	1402	10.46	113 133	79.07
学术性图书总数	13 401			
总被引次数累计	143 081			

二、入选书目出版规律分析

(1)出版趋势分析

逐年统计学术图书及入选图书种数,并计算其所占比例和入选图书当年所占比例,结果见表2。

表2 学术图书按年度分布表

年度	学术图书		入选图书		当年入选比例(%)
	种数	比例(%)	种数	比例(%)	
1995	563	4.20	49	3.37	8.70
1996	680	5.07	53	3.64	8.79
1997	572	4.27	76	5.22	13.29
1998	700	5.22	110	7.55	15.71

续表

年度	学术图书		入选图书		当年入选比例 (%)
	种数	比例(%)	种数	比例(%)	
1999	1060	7.91	139	9.55	13.11
2000	1115	8.32	180	12.36	16.14
2001	1254	9.36	154	10.58	12.28
2002	1473	10.99	208	14.29	14.12
2003	1769	13.20	172	11.81	9.72
2004	2041	15.23	191	13.12	9.36
2005	2174	16.22	124	8.52	5.70
合计	13 401		1456		

根据学术图书比例和入选学术图书比例按年度所作线形趋势图(图1),学术图书的出版是按年稳定增长的。但是入选图书在2000年前稳定向上增长,2001年以后产生波动,且比例下降的趋势较为明显。

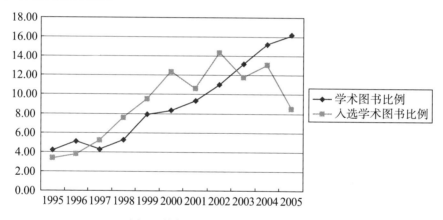

图1 学术图书年度所占比例线型图

根据某年度入选图书种数占当年学术图书种数比例所作线形图(图2),1995—2005年线形图倒"U"趋势明显,同时从2000年开始,同时呈现出了下降趋势。一方面说明1997—

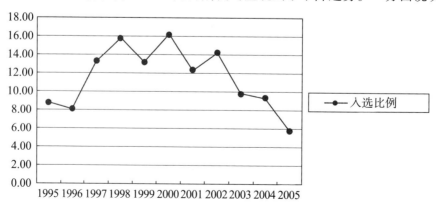

图2 学术图书当年入选比例线形图

2002 年间入选图书比例较高,另一方面也印证了 2000 年以后,学术图书出版鱼龙混杂现象的严重。

(2)学科分布

比较学术图书各类目比例与入选图书各类目所占比例,可以发现,总体上而言,法律类学术图书(57.71%)要多于政治类学术图书(42.29%),入选图书中这种趋势更加明显,法律类达到 65.87%。法律类各类入选图书所占比例基本高于学术图书所占比例,而政治类入选图书所占比例低于学术图书所占比例;D91 和 D93/97 两个类图书入选比例较高,分别达到了 17.97% 和 17.32%。这反映了这两类图书从被引次数来看,整体学术性较强。

表3 学术图书按类目分布表

次级分类	学术图书		入选图书		该类入选比例(%)
	种数	比例(%)	种数	比例(%)	
D0 政治理论	1511	11.28	164	11.26	10.85
D1 国际共产主义运动	18	0.13	0	0	0
D2 中国共产党	371	2.77	2	0.14	0.54
D33/37 各国共产党	1	0.01	0	0	0
D4 工人、农民、青年、妇女运动与组织	218	1.63	25	1.72	11.47
D5 世界政治	387	2.89	45	3.09	11.63
D6 中国政治	2180	16.27	204	14.01	9.36
D73/77 各国政治	404	3.01	26	1.79	6.44
D8 外交、国际关系	577	4.31	31	2.13	5.37
D90 法的理论(法学)	1425	10.63	174	11.88	12.14
D91 法学各部门	1786	13.33	324	22.05	17.97
D92 中国法律	3458	25.80	333	22.87	9.63
D93/97 各国法律	410	3.06	71	4.88	17.32
D99 国际法	655	4.89	61	4.19	9.31
合计	13 401		1456		

(3)出版社分布

根据图书出版社信息进行统计,入选图书分布在 165 家出版社中。有 122 家出版社出版图书入选基本书目 5 种以下。按出版入选图书种数,选出出版最多的前 20 家出版社,如表4。这些出版社不仅出版了 69.51% 的入选图书,而且这些图书的平均被引频次均高出入选基本频次 22 次的 50% 以上,最高平均被引频次达到 131 次,近乎基本入选频次的 6 倍。这反映出在政法类入选学术图书的出版方面,集中度比较强。

表4 学术图书按出版社分布表

出版社	种数	比率(%)	总被引次数	平均被引次数
法律出版社	246	16.9	21 681	88
中国政法大学出版社	134	9.2	16 821	126
北京大学出版社	82	5.63	4804	59
中国人民大学出版社	75	5.15	7724	103
中国人民公安大学出版社	58	3.98	3581	62
武汉大学出版社	45	3.09	4085	91
中国法制出版社	44	3.02	3713	84
中国社会科学出版社	40	2.75	2325	58
中国检察出版社	38	2.61	1636	43
社会科学文献出版社	35	2.4	2258	65
人民出版社	29	1.99	1242	43
人民法院出版社	28	1.92	1387	50
上海人民出版社	27	1.85	2922	108
高等教育出版社	25	1.72	2217	89
商务印书馆	24	1.65	2604	109
山东人民出版社	22	1.51	1989	90
复旦大学出版社	18	1.24	1450	81
中国方正出版社	15	1.03	1023	68
群众出版社	14	0.96	495	35
浙江人民出版社	13	0.89	1709	131

政治、法律类入选书目

社会资本与社会发展 / 杨雪冬,李惠斌主编.—北京：社会科学文献出版社,2000(当代西方学术前沿论丛)

7—80149—307—9

福利国家与接近正义 / (意)莫诺·卡佩莱蒂编；刘俊祥等译.—北京：法律出版社,2000(民事诉讼法学译丛)

7—5036—3057—4

论宽容 / (美)迈克尔·沃尔泽著；袁建华译.—上海：上海人民出版社,2000(东方书林俱乐部文库)

7—208—03546—6

政策原理与政策分析 / 王骚编著.—天津：天津大学出版社,2003(21世纪公共行政学系列教材)

7—5618—1788—6

政治文化导论 / 中国人民大学国际关系学院组编；王乐理著.—北京：中国人民大学出版社,2000(21世纪政治学系列教材)

7—300—03657—0

比较政治学导论 / 张小劲,景跃进著.—北京：中国人民大学出版社,2001(21世纪政治学系列教材)

7—300—03886—7

公共政策分析 / 陈振明编著.—北京：中国人民大学出版社,2002(MPA核心课程教学大纲)

7—300—04060—8

民主与民主化比较研究 / (美)霍华德·威亚尔达主编；榕远译.—北京：北京大学出版社,2004(比较政府与政治译丛)

7—301—07588—X

政治人：政治的社会基础 / (美)西摩·马丁·李普塞特著；张绍宗译.—增订版.—上海：上海人民出版社,1997(东方编译所译丛)

7—208—02455—3

公共政策分析 / 张国庆主编.—上海：复旦大学出版社,2004(复旦博学·MPA(公共管理硕士)系列)

7—309—04212—3

现代国家的政策过程 / (英)米切尔·黑尧著；赵成根译.—北京：中国青年出版社,2004(公共管理译丛)

7—5006—5068—X

公共政策评估 / (美)弗兰克·费希尔著；吴爱明,李平等译.—北京：中国人民大学出版社,2003(公共政策经典译丛)

7—300—04470—0

政策过程理论 / (美)保罗.A.萨巴蒂尔编；彭宗超,钟开斌译.—北京：三联书店,2004(公正政策经典译丛)

7—108—02053—X

权力论 / (美)丹尼斯·朗著；陆震纶,郑明哲译.—北京：中国社会科学出版社,2001(美国哲学社会科学名著丛书)

7—5004—2669—0

思想政治学科教学新论 / 刘强主编.—北京：高等教育出版社,2003(面向21世纪课程教材)

7—04—013118—8

政治学十五讲 / 燕继荣著.—北京：北京大学

出版社,2004（名家通识讲座书系）

　　7—301—06481—0

　　当代政治哲学 ／（加）威尔·金里卡著；刘莘译.—上海：上海三联书店,2004（上海三联学术文库）

　　7—5426—1858—X

　　理性选择理论的病变：政治学应用批判 ／（美）格林,沙皮罗著；徐湘林,袁瑞军译.—桂林：广西师范大学出版社,2004（社会与思想丛书）

　　7—5633—4595—7

　　政治文明论 ／虞崇胜著.—武汉：武汉大学出版社,2003（武汉大学学术丛书）

　　7—307—03721—1

　　现代社会冲突：自由政治随感 ／（英）拉尔夫·达仁道夫著；林荣远译.—北京：中国社会科学出版社,2000（西方现代思想丛书）

　　7—5004—2704—2

　　政治生活的系统分析 ／（美）戴维·伊斯顿著；王浦劬等译.—北京：华夏出版社,1999（现代西方思想文库）

　　7—5080—1643—2

　　现代公共政策分析 ／郭巍青,卢坤建著.—广州：中山大学出版社,2000（政府与公共管理教材系列）

　　7—306—01617—2

　　政治人的心理世界 ／蒋云根著.—上海：学林出版社,2002（政治问题新视角系列）

　　7—80668—331—3

　　政治过程：政治利益与公共舆论 ／（美）戴维·杜鲁门著；陈尧译.—天津：天津人民出版社,2005（政治学名著译丛）

　　7—201—04961—5

　　政党现代化论 ／王长江著.—南京：江苏人民出版社,2004（知识分子译丛）

　　7—214—03699—1

　　韦伯作品集：支配社会学 ／（德）马克斯·韦伯著；康乐,简惠美译.—桂林：广西师范大学出版社,2004

　　7—5633—4528—0

　　合法性与政治 ／（法）让—马克·夸克著；佟心平,王远飞译.—北京：中央编译出版社,2002

　　7—80109—553—7

　　文化视野中的政治系统：政治文化研究引论 ／王卓君著.—南京：东南大学出版社,1997

　　7—81050—299—9

　　政治学通论 ／俞可平主编.—北京：当代世界出版社,2002

　　7—80115—572—6

　　技术的政治价值 ／刘文海著.—北京：人民出版社,1996

　　7—01—002421—9

　　政治发展导论 ／李元书主编.—北京：商务印书馆,2001

　　7—100—03342—X

　　现代公共政策研究 ／胡宁生著.—北京：中国社会科学出版社,2000

　　7—5004—2854—5

　　民族政治学导论 ／周平著.—北京：中国社会科学出版社,2001

　　7—5004—3198—8

　　"科学社会主义的理论与实践"研究述评 ／高放,李景治,蒲国良主编.—北京：中国人民大学出版社,2004（研究生公共政治课教研参考丛书）

　　7—300—05851—5

　　统治阶级：政治科学原理 ／（意）加塔诺·莫斯卡著；贾鹤鹏译.—南京：译林出版社,2002（人文与社会译丛）

7—80657—445—X

政治学导论 /（美）杰弗里·庞顿,彼得·吉尔著;张定淮等译. —北京：社会科学文献出版社,2003（政治学与公共管理论丛）

7—80149—995—6

政治与政治学 / 俞可平著. —北京：社会科学文献出版社,2003（转轨政治学论丛）

7—80149—983—2

新制度经济学 / 彭德琳著. —武汉：湖北人民出版社,2002（西方现代经济学丛书）

7—216—03463—5

理念人：一项社会学的考察 /（美）刘易斯·科塞著;郭方等译. —北京：中央编译出版社,2001

7—80109—429—8

知识分子与现代性的危机 /（美）卡尔·博格斯著;李俊,蔡海榕译. —南京：江苏人民出版社,2002

7—214—03093—4

公共行政学 /（美）尼古拉斯·亨利著;项龙译. —北京：华夏出版社,2002（21世纪高校经典教材译丛;公共管理与公共行政系列）

7—5080—2765—5

西方政治学 / 曾繁正,赵向标等编译. —北京：红旗出版社,1998（哈佛大学行政管理学院行政教程系列）

7—5051—0262—1

官僚制与公共经济学 /（美）威廉姆. A. 尼斯坎南著;王浦劬等译. —北京：中国青年出版社,2004（公共管理译丛）

7—5006—5075—2

公共行政学：概念与案例 /（美）理查德. J. 斯蒂尔曼二世编著;竺乾威,扶松茂等译. —7版. —北京：中国人民大学出版社,2004（公共行政与公共管理经典译丛;经典教材系列）

7—300—06157—5

现代公共管理伦理导论 / 万俊人主编. —北京：人民出版社,2005

7—01—004930—0

公共管理新论 / 黄健荣等著. —北京：社会科学文献出版社,2005

7—80190—546—6

自由论：《自由四论》扩充版 /（英）以赛亚·柏林著;胡传胜译. —南京：译林出版社,2003（人文与社会译丛）

7—80657—653—3

效率与公平：社会哲学的分析 / 史瑞杰著. —太原：山西教育出版社,1999（社会哲学研究丛书）

7—5440—1872—5

民主新论 /（美）乔·萨托利著;冯克利,阎克文译. —2版. —北京：东方出版社,1998

7—5060—0304—X

公平论 / 戴文礼著. —北京：中国社会科学出版社,1997

7—5004—2232—6

社会制度的经济理论 /（美）安德鲁·肖特著;陆铭,陈钊译. —上海：上海财经大学出版社,2003（经济学译丛·当代制度分析前沿系列）

7—81049—917—3

论国家的作用 /（德）威廉·冯·洪堡著;林荣远,冯兴元译. —北京：中国社会科学出版社,1998（西方现代思想丛书）

7—5004—2213—X

现代化进程中的官僚制：韦伯官僚制理论研究 / 黄小勇著. —哈尔滨：黑龙江人民出版社,2003（北京大学政府管理学院丛书）

7—207—05842—X

绝对主义国家的系谱 /（英）佩里·安德森著;刘北成,龚晓庄译. —上海：上海人民出版社,2001（社会与历史译丛）

7—208—03589—X

合法化危机 /（德）尤尔根·哈贝马斯著；刘北成，曹卫东译.—上海：上海人民出版社，2000（哈贝马斯文集）

7—208—03456—7

资本主义论丛 /（法）费尔南·布罗代尔著；顾良，张慧君译.—北京：中央编译出版社，1997（新世纪学术译丛）

7—80109—175—2

公共生活与晚期资本主义 /（英）约翰·基恩著；马音，刘利圭，丁耀琳译.—2 版.—北京：社会科学文献出版社，1999（资本主义研究丛书）

7—80050—326—7

当代资本主义的新变化与社会主义的新课题 /胡连生，杨玲著.—北京：人民出版社，2000

7—01—003247—5

当代资本主义新变化 / 徐崇温著.—重庆：重庆出版社，2004

7—5366—6613—6

论表达自由 / 甄树青著.—北京：社会科学文献出版社，2000（21 世纪法学文库）

7—80149—321—4

公民与文明社会：自由主义政体、传统政体和社会民主政体下的权利与义务框架 /（美）托马斯·雅诺斯基著；柯雄译.—沈阳：辽宁教育出版社，2000（剑桥集粹）

7—5382—5819—1

国家权力与个人自由 /（英）赫伯特·斯宾塞著；谭小勤等译.—北京：华夏出版社，2000（现代西方思想文库）

7—5080—1961—X

西方行政学理论概要 / 丁煌著.—北京：中国人民大学出版社，2005（21 世纪公共管理系列教材）

7—300—06890—1

行政官僚与现代社会 /（美）蓝志勇著.—广州：中山大学出版社，2003（21 世纪国家公务员公共管理基础理论）

7—306—02011—0

政府权能理论 / 施雪华.—杭州：浙江人民出版社，1998（当代中国政府理论研究丛书）

7—213—01137—5

公共管理学 / 黎民主编.—北京：高等教育出版社，2003（高等学校公共管理类主要课程教材）

7—04—012262—6

非营利机构管理 / 陈昌柏编著.—北京：团结出版社，2000（公共管理 MPA 系列教程）

7—80130—360—1

公共行政导论 / 周庆行主编.—重庆：重庆大学出版社，2004（公共管理丛书）

7—5624—2863—8

公共部门管理 /（美）格罗弗·斯塔林著；陈宪等译.—上海：上海译文出版社，2003（公共管理和公共政策丛书）

7—5327—3204—5

公共管理导论 / 张康之等编著.—北京：经济科学出版社，2003（公共管理学科系列教材）

7—5058—3327—8

公用事业管制要论 / 周林军著.—北京：人民法院出版社，2004（公共管理与经济法制丛书）

7—80161—758—4

新公共服务：服务，而不是掌舵 /（美）珍妮特.V.登哈特，罗伯特.B.登哈特著；丁煌译.—北京：中国人民大学出版社，2004（公共行政与公共管理经典译丛·政府治理与改革系列）

7—300—05583—4

公共决策中的公民参与：公共管理者的新技

能与新策略／（美）约翰·克莱顿·托马斯著；孙柏瑛等译.—北京：中国人民大学出版社,2005（公共行政与公共管理经典译丛·政府治理与改革系列）

7—300—06202—4

公共事业管理学／娄成武,郑文范主编.—北京：高等教育出版社,2002（面向 21 世纪课程教材;高等学校公共管理类主要课程教材）

7—04—010690—6

行政人的德性与实践／李春成著.—上海：复旦大学出版社,2003（上海市社会科学博士文库）

7—309—03912—2

现代社会中的科层制／（美）彼德·布劳,马歇尔·梅耶著；马戎,时宪民,邱泽奇译.—上海：学林出版社,2001（社会学人类学译丛）

7—80668—203—1

信息公开制度研究／李步云主编.—长沙：湖南大学出版社,2002（岳麓法学文库）

7—81053—533—1

政府绩效管理／马国贤著.—上海：复旦大学出版社,2005（政府绩效管理丛书）

7—309—04692—7

府际关系论／杨宏山著.—北京：中国社会科学出版社,2005（政府理论研究丛书）

7—5004—5181—4

公共行政组织原理：体系与范围／唐兴霖主编.—广州：中山大学出版社,2002（政府与公共管理教材系列）

7—306—01863—9

公共事物的治理之道：集体行动制度的演进／（美）埃莉诺·奥斯特罗姆著；余逊达,陈旭东译.—上海：上海三联书店,2000（制度分析与公共政策译丛）

7—5426—1332—4

非传统安全论／陆忠伟主编.—北京：时事出版社,2003（专家纵论）

7—80009—784—6

行政指导论纲：非权力行政方式及其法治问题研究／莫于川著.—重庆：重庆大学出版社,1999

7—5624—1933—7

公共行政学：历史与思想／唐兴霖编著.—广州：中山大学出版社,2000

7—306—01696—2

政府成本论／周镇宏,何翔舟著.—北京：人民出版社,2001

7—01—003486—9

寻找公共行政的伦理视角／张康之著.—北京：中国人民大学出版社,2002

7—300—04030—6

公共管理学／陈振明主编.—北京：中国人民大学出版社,2005

7—300—06989—4

行政效率研究／夏书章主编.—广州：中山大学出版社,1996

7—306—01132—4

企业型政府论／孙学玉著.—北京：社会科学文献出版社,2005（江苏省哲学社会科学重点学术著作）

7—80190—456—7

政府学概论／谢庆奎著.—北京：中国社会科学出版社,2005（政府理论研究丛书）

7—5004—5180—6

政府危机管理／王茂涛著.—合肥：合肥工业大学出版社,2005

7—81093—269—1

政府权力运筹学／郭济主编.—北京：人民出

版社,2003

7—01—003905—4

电子政务理论 / 苏新宁等编著.—北京:国防工业出版社,2003(电子政务丛书)

7—118—03238—7

电子政务技术 / 苏新宁等编著.—北京:国防工业出版社,2003(电子政务丛书)

7—118—03071—6

公共部门人力资源管理 / 姚先国,柴效武编著.—北京:科学出版社,2004(公共管理硕士(MPA)系列教材)

7—03—013550—4

公共部门人力资源管理 / 滕玉成,俞宪忠主编.—北京:中国人民大学出版社,2003(公共管理系列教材)

7—300—04922—2

人的管理科学 / 袁俊昌编著.—北京:中国经济出版社,1996

7—5017—3651—0

国家安全学 / 刘跃进主编.—北京:中国政法大学出版社,2004(北京市高等教育精品教材)

7—5620—2550—9

世界警察理论研究综述 / 王大伟,付有志编著.—北京:群众出版社,1998(公安学科理论研究综述系列丛书)

7—5014—1841—1

公安教育理论研究综述 / 陈东升著.—北京:群众出版社,1998(公安学科理论研究综述系列丛书)

7—5014—1657—5

警察心理学 / 张振声著.—北京:中国人民公安大学出版社,2003(中国警察心理学丛书)

7—81087—092—0

英美警察科学：热点、改革与启迪 / 王大伟编著.—北京:中国人民公安大学出版社,1995

7—81011—682—7

治安管理学 / 熊一新主编.—北京:中国人民公安大学出版社,2000

7—81059—464—8

行政权研究 / 王学辉,宋玉波等著.—北京:中国检察出版社,2002(二十一世纪法学热点系列)

7—80086—999—7

权力腐败与权力制约 / 林喆著.—北京:法律出版社,1997

7—5036—2131—1

政治监督论 / 陈国权著.—上海:学林出版社,2000

7—80616—965—2

公共行政伦理学 / 郭夏娟著.—杭州:浙江大学出版社,2003

7—308—03296—5

西方行政学说史 / 丁煌著.—修订版.—武汉:武汉大学出版社,2004

7—307—04388—2

政府地理信息系统 / 张清浦,刘纪平等编著.—北京:科学出版社,2003(地理信息系统理论与应用丛书)

7—03—012232—1

劳动关系调整的法律机制 / 董保华著.—上海:上海交通大学出版社,2000(东方法学丛书)

7—313—02425—8

电子政务原理与技术 / 孙正兴,戚鲁编著.—北京:人民邮电出版社,2003

7—115—11188—X

政党论 / 赵晓呼主编.—天津:天津人民出版社,2002

7—201—03990—3

自由与传统：柏克政治论文选 ／（英）埃德蒙·柏克著；蒋庆，王瑞昌，王天成译. —北京：商务印书馆，2001（公共译丛）

7—100—03258—X

政治的浪漫派：当今议会制的思想史状况 ／（德）卡尔·施米特著；冯克利，刘锋译. —上海：上海人民出版社，2004（施米特文集）

7—208—05197—6

社会民主主义导论 ／（德）托玛斯·迈尔著；殷叙彝译. —北京：中央编译出版社，1996（当代世界与社会主义丛书）

7—80109—133—7

法团主义：及其与多元主义的主要分歧 ／张静著. —北京：中国社会科学出版社，1998（政治思潮丛书）

7—5004—2252—0

社会静力学 ／（英）赫伯特·斯宾塞著；张雄武译. —修订本. —北京：商务印书馆，1996

7—100—01855—2

自然权利与历史 ／（美）列奥·施特劳斯著；彭刚译. —北京：三联书店，2003（学术前沿）

7—108—01641—9

以自由看待发展 ／（印）阿马蒂亚·森著；任赜，于真译. —北京：中国人民大学出版社，2002（当代世界学术名著；经济学系列）

7—300—04042—X

正义诸理论 ／（美）布莱恩·巴里著；孙晓春，曹海军译. —长春：吉林人民出版社，2004（人文译丛）

7—206—04467—0

自由史论 ／（英）阿克顿著；胡传胜等译. —南京：译林出版社，2001（人文与社会译丛）

7—80657—252—X

政治自由主义 ／（美）约翰·罗尔斯著；万俊人译. —南京：译林出版社，2000（人文与社会译丛）

7—80657—030—6

社会公正论 ／吴忠民著. —济南：山东人民出版社，2004

7—209—03395—5

论人的自由全面发展 ／陈小鸿著. —北京：人民出版社，2004

7—01—004456—2

公平的正义：解读罗尔斯《正义论》 ／何怀宏著. —济南：山东人民出版社，2002（名家解读经典名著丛书）

7—209—02892—7

自由与权力：阿克顿勋爵论说文集 ／（英）阿克顿著；侯健，范亚峰译. —北京：商务印书馆，2001（公共译丛）

7—100—02961—9

破碎的民主：试论治理的革命 ／（法）皮埃尔·卡蓝默著；高凌瀚译. —北京：三联书店，2005（法国思想家新论）

7—108—02181—1

直接民主与间接民主 ／刘宁军，王焱编著. —北京：三联书店，1998（公共论丛）

7—108—01222—7

论民主 ／（美）罗伯特·达尔著；李柏光，林猛译. —北京：商务印书馆，1999（民主译丛）

7—100—02960—0

民主理论的前言 ／（美）达尔著；顾昕，朱丹译. —北京：三联书店，1999（社会与思想丛书）

7—108—01224—3

人的权利与人的多样性：人权哲学 ／（英）A. J. M. 米尔恩著；夏勇，张志铭译. —北京：中国大百科全书出版社，1995（外国法律文库）

7—5000—5354—1

人权概念起源：权利的历史哲学 / 夏勇著.—修订本.—北京：中国政法大学出版社,2001
7—5620—2112—0

人权研究.第二卷 / 徐显明主编.—济南：山东人民出版社,2002
7—209—03080—8

人权的理论与实践 / 韩德培总主编.—武汉：武汉大学出版社,1995
7—307—02065—3

西方民主史 / 应克复等著.—北京：中国社会科学出版社,1997
7—5004—1960—0

自由民主与政治学 /（美）詹姆斯.W.西瑟著；竺乾威译.—上海：上海人民出版社,1998（东方编译所译丛）
7—208—02832—X

人道主义批判理论：东欧新马克思主义述评 / 衣俊卿著.—北京：中国人民大学出版社,2005（当代马克思主义哲学研究文库）
7—300—06339—X

20世纪的新马克思主义 / 衣俊卿等著.—北京：中央编译出版社,2001
7—80109—437—9

近代政治思想的基础 /（英）昆廷·斯金纳著；奚瑞森,亚方译.—北京：商务印书馆,2002（当代政治理论译丛）
7—100—03138—9

西方自由主义的兴衰 /（英）阿巴拉斯特著；曹海军译.—长春：吉林人民出版社,2004（人文译丛·西方政治理论与实践书系）
7—206—04436—0

自由主义与正义的局限 /（美）迈克尔.J.桑德尔著；万俊人译.—南京：译林出版社,2001（人文与社会译丛）
7—80657—213—9

政治与人 /（日）加藤节著；唐士其译.—北京：北京大学出版社,2003（政治学论丛）
7—301—06780—1

西方政治思想史 /（美）约翰·麦克里兰著；彭淮栋译.—海口：海南出版社,2003
7—5443—0722—0

民族主义：历史遗产与时代风云的交汇 / 余建华著.—上海：学林出版社,1999（20世纪聚焦丛书）
7—80616—762—5

当代国外社会思潮 / 段忠桥主编.—2版.—北京：中国人民大学出版社,2004
7—300—05776—4

社会民主主义的转型：走向21世纪的社会民主党 /（德）托玛斯·迈尔著；殷叙彝译.—北京：北京大学出版社,2001
7—301—05073—9

社会主义意识形态研究 / 郑永廷,叶启绩,郭文亮等著.—广州：中山大学出版社,1999
7—306—01528—1

中国政治思想史 / 曹德本主编.—北京：高等教育出版社,1999（面向21世纪课程教材）
7—04—007753—1

中国古代政治思想史 / 刘泽华,葛荃主编.—2版.—天津：南开大学出版社,2001（研究生教学用书）
7—310—01618—1

中国传统政治哲学与社会整合 / 刘泽华主编.—北京：中国社会科学出版社,2000（中国社会历史研究丛书）
7—5004—2894—4

论道者：中国古代哲学论辩／（英）葛瑞汉著；张海晏译. —北京：中国社会科学出版社,2003
7—5004—3867—2

中国古代治国要论／纪宝成主编. —北京：中国人民大学出版社,2004
7—300—05193—6

五四的思想世界／高力克著. —上海：学林出版社,2003（求是丛书）
7—80668—473—5

政治意识论／杨海蛟等著. —太原：山西教育出版社,2001（当代中国政治总论）
7—5440—2093—2

中国社会主义意识形态建设纵论／朱兆中著. —上海：上海人民出版社,2003
7—208—04522—4

欧洲自由主义史／（意）圭多·德·拉吉罗著；（英）R. G. 科林伍德英译；杨军译. —长春：吉林人民出版社,2001（人文译丛）
7—206—03620—1

西方政治哲学：从古希腊到当代／张桂琳著. —北京：中国政法大学出版社,1999
7—5620—1840—5

西方政治文化传统／丛日云. —大连：大连出版社,1996
7—80612—209—5

西欧近代民族主义思潮研究：从启蒙运动到拿破仑时代／李宏图著. —上海：上海社会科学院出版社,1997
7—80618—239—X

致命的自负：社会主义的谬误／（英）F. A. 哈耶克著；冯克利,胡晋华译. —北京：中国社会科学出版社,2000（西方现代思想丛书）
7—5004—2793

自由秩序原理／（英）弗里德利希·冯哈耶克著;邓正来译. —北京：三联书店,1997（宪政译丛）
7—108—01104—2

二十世纪西方现代化理论文选／谢立中,孙立平主编. —上海：上海三联书店,2002
7—5426—1629—3

中国共产党执政规律研究／刘宗洪著. —上海：上海三联书店,2004
7—5426—1886—5

中国执政党建设研究／卢先福,端木婕著. —上海：上海人民出版社,2002（执政党研究丛书）
7—208—04485—6

小农意识与中国现代化／袁银传著. —武汉：武汉出版社,2000（中华博士文库）
7—5430—2142—0

农民主体论／潘逸阳著. —北京：人民出版社,2002
7—01—003706—X

农民的道义经济学：东南亚的反叛与生存／（美）詹姆斯. C. 斯科特著;程立显,刘建等译. —南京：译林出版社,2001（人文与社会译丛）
7—80657—177—9

青年学新论／黄志坚著. —北京：中国青年出版社,2004
7—5006—5961—X

大众媒介对儿童的影响／卜卫著. —北京：新华出版社,2002
7—5011—5441—4

跨越转折：当代大学生价值取向报告／王绍玉等著. —北京：企业管理出版社,2002（中国青年研究中心·青年研究文库）
7—80147—680—8

网络思想政治教育论／杨立英著. —北京：人

民出版社,2003

　　7—01—003987—9

　　当代中国青年价值观研究 ／ 黄希庭,郑涌等著.—北京：人民教育出版社,2005

　　7—107—18523—3

　　网络环境与青少年德育 ／ 檀传宝等撰.—福州：福建教育出版社,2005("当代中国德育问题研究"丛书)

　　7—5334—4117—6

　　社会转型与青年发展 ／ 杨雄等著.—上海：上海社会科学院出版社,2004(转型社会研究文库)

　　7—80681—456—6

　　中国女性主义：2005 夏 ／ 荒林编著.—桂林：广西师范大学出版社,2005

　　7—5633—5481—6

　　女权主义文论 ／ 张岩冰著.—济南：山东教育出版社,1998(20 世纪西方文论研究丛书)

　　7—5328—2618—X

　　女权主义理论：从边缘到中心 ／ (美)贝尔·胡克斯著;晓征,平林译.—南京：江苏人民出版社,2001(汉译大众精品文库)

　　7—214—03023—3

　　权力,身体与自我：福柯与女性主义文学批评 ／ 黄华著.—北京：北京大学出版社,2005(文学论丛)

　　7—301—09188—5

　　第二性：全译本 ／ (法)西蒙娜·德·波伏娃著;陶铁柱译.—北京：中国书籍出版社,1998

　　7—5068—0698—3

　　西方女性主义研究评介 ／ 鲍晓兰主编.—北京：三联书店,1995

　　7—108—00772—X

　　古希腊的妇女：文化视域中的研究 ／ 裔昭印

著.—北京：商务印书馆,2001

　　7—100—03246—6

　　女界钟 ／ 金天翮著.—上海：上海古籍出版社,2003(近代中国研究专刊)

　　7—5325—3493—6

　　女性休闲：女性主义的视角 ／ (美)亨德森等著;刘耳,季斌,马岚译.—昆明：云南人民出版社,2000(休闲研究译丛)

　　7—222—02558—8

　　人口流动与农村妇女发展 ／ 郑真真,解振明主编.—北京：社会科学文献出版社,2004

　　7—80190—249—1

　　当代中国妇女家庭地位研究 ／ 沙吉才主编.—天津：天津人民出版社,1995

　　7—201—02177—X

　　女性与近代中国社会 ／ 罗苏文著.—上海：上海人民出版社,1996(近代中国社会史丛书)

　　7—208—02422—7

　　社会性别研究选译 ／ 王政,杜芳琴主编.—北京：三联书店,1998

　　7—108—01130—1

　　阳刚与阴柔的变奏：两性关系和社会模式 ／ 闵家胤主编.—北京：中国社会科学出版社,1995

　　7—5004—1739—X

　　20 世纪美国妇女研究 ／ 王恩铭著.—上海：上海外语教育出版社,2002

　　7—81080—471—5

　　当代国际政治析论 ／ 王逸舟著.—上海：上海人民出版社,1995(当代国际政治丛书)

　　7—208—02033—7

　　失控的世界：全球化如何重塑我们的生活 ／ (英)安东尼·吉登斯著;周红云译.—南昌：江西人民出版社,2001(当代西方主流学术名著译丛)

7—210—02439—5

国际政治理论 ／（美）肯尼思·华尔兹著；信强译. —上海：上海人民出版社,2003（东方编译所译丛）

7—208—04793—6

国际政治中的知觉与错误知觉 ／（美）罗伯特·杰维斯著；秦亚青译. —北京：世界知识出版社,2003（国际关系学名著系列）

7—5012—2028—X

文明的冲突与世界秩序的重建 ／（美）塞缪尔·亨廷顿著；周琪等译. —北京：新华出版社,1998（国际问题参考译丛）

7—5011—3872—9

中国崛起的时间和空间 ／ 黄仁伟著. —上海：上海社会科学院出版社,2002（江泽民"三个代表"重要思想研究丛书）

7—80681—084—6

全球化的管理：相互依存时代的全球化趋势 ／（美）乔治·洛奇著；胡延泓译. —上海：上海译文出版社,1998（新世纪前瞻丛书）

7—5327—2201—5

危机应对的全球视角：各国危机应对机制与实践比较研究 ／ 刘长敏主编. —北京：中国政法大学出版社,2004

7—5620—2542—8

国际政治学理论 ／ 梁守德,洪银娴著. —北京：北京大学出版社,2000

7—301—04574—3

全球化与道德重建 ／（德）赫尔穆特·施密特著；柴方国译. —北京：社会科学文献出版社,2001（全球化译丛）

7—80149—428—8

世界体系论与中国 ／ 王正毅著. —北京：商务印书馆,2000

7—100—03045—5

全球政治和中国外交：探寻新的视角与解释 ／ 王逸舟著. —北京：世界知识出版社,2003（中国国际战略研究基金会战略研究丛书）

7—5012—2142—1

NGO与第三世界的政治发展 ／（美）朱莉·费希尔著；邓国胜,赵秀梅译. —北京：社会科学文献出版社,2002（喜玛拉雅学术文库·NGO论丛；清华公共管理教学参考系列）

7—80149—709—0

普通情报学理论研究 ／ 靳娟娟著. —北京：警官教育出版社,1999

7—81062—115—7

比较思想政治教育学 ／ 苏崇德主编；国家教委思想政治工作司组编. —北京：高等教育出版社,1995

7—04—005363—2

国家的作用：21世纪的资本主义前景 ／（美）罗伯特·赖克著；上海市政协编译组,东方编译所译. —上海：上海译文出版社,1998（新世纪前瞻丛书）

7—5327—2249—X

文化帝国主义 ／（英）汤林森著；冯建三译；郭英剑校订. —上海：上海人民出版社,1999（东方书林俱乐部文库）

7—208—03009—X

现代民治政体 ／（英）詹姆斯·布赖斯著；张慰慈等译. —长春：吉林人民出版社,2001（人文译丛）

7—206—03621—X

政治的终结 ／（美）卡尔·博格斯著；陈家刚译. —北京：社会科学文献出版社,2001（政治理论译丛）

7—80149—616—7

政治现代化与政治稳定 / 聂运麟著.—武汉:湖北人民出版社,2000

 7—216—02914—3

制度的形式与国家的兴衰:比较政治发展的理论与经验研究 / 杨光斌著.—北京:北京大学出版社,2005(政治与法律思想论丛.第二辑)

 7—301—09855—3

西方国家行政改革述评 / 宋世明译;国家行政学院国际合作交流部编译.—北京:国家行政学院出版社,1998(当代国外行政改革丛书)

 7—80140—010—0

当代国外行政改革比较研究 / 周志忍著.—北京:国家行政学院出版社,1999(当代国外行政改革丛书)

 7—80140—061—5

中外行政制度比较 / 张立荣著.—北京:商务印书馆,2002(中外政治制度比较丛书)

 7—100—03440—X

政府机制 / 沈荣华著.—北京:国家行政学院出版社,2003

 7—80140—298—7

比较公务员制度 / 李和中著.—北京:中共中央党校出版社,2003(全国党政系统公共管理 MPA 系列教材)

 7—5035—2607—6

公务员制度比较 / 黄卫平,谭功荣主编.—北京:中央编译出版社,2002(深圳大学中国经济特区研究中心文库)

 7—80109—620—7

中外公务员制度比较 / 姜海如著.—北京:商务印书馆,2003(中外政治制度比较丛书)

 7—100—03553—8

国家安全论 / 金钿主编.—北京:中国友谊出版公司,2002

 7—5057—1783—9

腐败与政府 / (美)苏珊·罗斯·艾克曼著;王江,程文浩译.—北京:新华出版社,2000(国际反腐败问题研究)

 7—5011—4766—3

中外监督制度比较 / 尤光付著.—北京:商务印书馆,2003(中外政治制度比较丛书)

 7—100—03641—0

政治之癌:发展中国家腐化问题研究 / 何增科著.—北京:中央编译出版社,1995

 7—80109—055—1

国外大都市区治理模式.全四册 / 黄瑚著.—南京:东南大学出版社,2003(中国城市规划建筑学园林景观博士文库)

 7—81050—868—7

伊斯兰与国际热点 / 金宜久,吴云贵著.—北京:东方出版社,2001(世界民族与宗教研究书系)

 7—5060—1467—X

公共领域的结构转型 / (德)哈贝马斯著;曹卫东等译.—上海:学林出版社,1999(欧洲思想系列)

 7—80616—600—9

民族自决还是民族分裂:民族和当代民族分立主义 / 潘志平主编.—乌鲁木齐:新疆人民出版社,1999

 7—228—05116—5

民族过程与国家 / 王希恩著.—兰州:甘肃人民出版社,1998

 7—226—02000—9

政党的危机:国外政党运行机制研究 / 王长江著.—北京:改革出版社,1996

 7—80072—898—6

综合国力新论:兼论新中国综合国力 / 黄硕

风著.—北京：中国社会科学出版社,1999（社科学术文库）

7—5004—2609—7

世界主要国家综合国力比较研究 ∕ 王诵芬主编.—长沙：湖南出版社,1996

7—5438—1356—4

社会保障基金投资运营研究 ∕ 万解秋,贝政新,黄晓平等著.—北京：中国金融出版社,2003（金融经济前沿问题文库）

7—5049—3054—7

社会福利思想 ∕ 陈红霞编著.—北京：社会科学文献出版社,2002（社会工作丛书）

7—80149—736—8

社会性别与公共政策 ∕ 李慧英主编.—北京：当代中国出版社,2002

7—80170—168—2

社区社会工作 ∕ 周沛著.—北京：社会科学文献出版社,2002（社会工作丛书）

7—80149—737—6

现代性的后果 ∕（英）安东尼·吉登斯著；田禾译.—南京：译林出版社,2000（人文与社会译丛）

7—80657—029—2

中央与地方政府关系建构与调谐 ∕ 金太军,赵晖等著.—广州：广东人民出版社,2005（当代中国公共管理与社区治理丛书）

7—218—04760—2

公共政策执行梗阻与消解 ∕ 金太军著.—广州：广东人民出版社,2005（当代中国公共管理与社区治理丛书）

7—218—04759—9

当代中国政治关系 ∕ 杨宏山著.—北京：经济日报出版社,2002（当代中国政府与政治研究丛书）

7—80180—000—1

利益分化的政治时代 ∕ 桑玉成著.—上海：学林出版社,2002（政治问题新视角系列）

7—80668—340—2

中国现代化进程中的国家与社会 ∕ 孙晓莉著.—北京：中国社会科学出版社,2001（中国社会科学博士论文文库）

7—5004—3148—1

中国公众休闲状况调查 ∕ 马惠娣,张景安主编.—北京：中国经济出版社,2004（中国学人休闲研究丛书）

7—5017—6298—8

国家形象论 ∕ 管文虎主编.—成都：电子科技大学出版社,2000

7—81043—213—1

思想政治教育原理与方法基础理论研究 ∕ 罗洪铁,董娅主编.—北京：人民出版社,2005

7—01—005140—2

现代思想政治教育主导性研究 ∕ 石书臣著.—上海：学林出版社,2004

7—80668—876—5

宪政的中国之道 ∕ 王人博著.—济南：山东人民出版社,2003（法理文库）

7—209—03130—8

当代中国公共政策 ∕ 刘伯龙,竺乾威主编.—上海：复旦大学出版社,2000（MPA 公共管理硕士系列）

7—309—02482—6

政策执行阻滞机制及其防治对策：一项基于行为和制度的分析 ∕ 丁煌著.—北京：人民出版社,2002（新世纪学术文丛）

7—01—003862—7

国家公务员培训教程：行政许可法概论 ∕ 黄晓亮,吕留献编著.—北京：中国人事出版社,2004（国家公务员必读丛书）

7—80189—200—3

腐败论 / 杨继亮著. —北京：中国社会科学出版社,1997

7—5004—2149—4

公益广告导论 / 潘泽宏著. —北京：中国广播电视出版社,2001(新闻理论丛书)

7—5043—3630—0

现代道德教育专题研究 / 戚万学,唐汉卫编著. —北京：教育科学出版社,2005

7—5041—3225—X

第三次改革：中国非营利部门战略研究 / 贾西津著. —北京：清华大学出版社,2005(清华 NGO 研究丛书)

7—302—11278—9

渴望生存：农民工流动的人类学考察 / 周大鸣著. —广州：中山大学出版社,2005(民本书系)

7—306—02461—2

当代中国城市家庭研究：七城市调查报告和资料汇编 / 沈崇麟,杨善华主编. —北京：中国社会科学出版社,1995

7—5004—1807—8

马克思主义中国化探论 / 何萍,李维武著. —北京：人民出版社,2002(马克思主义的当代价值)

7—01—003758—2

社会稳定论 / 陶德麟主编. —济南：山东人民出版社,1999(有中国特色社会主义论丛)

7—209—02485—9

中国现代化进程 / 马崇明著. —北京：经济科学出版社,2003

7—5058—3521—1

和谐社会导论 / 傅治平著. —北京：人民出版社,2005

7—01—004845—2

中国：新发展观 / 胡鞍钢著. —杭州：浙江人民出版社,2004(中国国情分析系列)

7—213—02749—2

寻求意义：现代化变迁与文化批判 / 许纪霖著. —上海：上海三联书店,1997

7—5426—1016—3

社会学家的视野：中国社会与现代化 / 韩明谟等著. —北京：中国社会出版社,1998(社会学家访谈丛书)

7—80146—038—3

中国面向二十一世纪的若干战略问题 / 郑必坚,杨春贵主编. —北京：中共中央党校出版社,2000

7—5035—2146—5

社会发展哲学：中国现代化的理性思考 / 高清海等著. —北京：高等教育出版社,1999

7—04—007370—6

构建社会主义和谐社会问题研究 / 李连仲主编. —广州：广东经济出版社,2004

7—80677—944—2

和谐社会构建论 / 乐后圣著. —北京：中国人口出版社,2005

7—80202—127—8

专制权力与中国社会 / 刘泽华,汪茂和,王兰仲著. —天津：天津古籍出版社,2005

7—80696—192—5

政党与政府 / 郭定平著. —杭州：浙江人民出版社,1998(当代中国政府理论研究丛书)

7—213—01634—2

国内政府间关系 / 林尚立著. —杭州：浙江人民出版社,1998(当代中国政府理论研究丛书)

7—213—01134—0

制度变迁与稳定：中国经济转型中稳定问题

的制度对策研究 / 袁峰著. —上海：复旦大学出版社,1999(上海市社会科学博士文库)

7—309—02234—3

中国政府体制分析 / 谢庆奎,燕继荣,赵成根著. —北京：中国广播电视出版社,1995(中国地方政府管理丛书)

7—5043—1806—X

中国政府功能的经济分析 / 毛寿龙著. —北京：中国广播电视出版社,1996(中国地方政府管理丛书)

7—5043—1799—3

中国国家利益分析 / 阎学通著. —天津：天津人民出版社,1996

7—201—02493—0

当代中国政治参与 / 陶东明,陈明明编著. —杭州：浙江人民出版社,1998(当代中国政府理论研究丛书)

7—213—01636—9

大众传媒与民主政治：政治传播的个案研究 / 谢岳著. —上海：上海交通大学出版社,2005

7—313—03965—4

权力监督与制约研究 / 杜力夫著. —长春：吉林人民出版社,2004

7—206—04410—7

中国单位制度 / 周翼虎,杨晓民著. —北京：中国经济出版社,1999

7—5017—0583—6

基层政权：乡村制度诸问题 / 张静著. —杭州：浙江人民出版社,2000(当代社会学研究丛书)

7—213—02037—4

地方政府绩效评估研究 / 彭国甫等著. —长沙：湖南人民出版社,2005(公共管理论丛)

7—5438—3991—1

中国乡镇组织变迁研究 / 马戎,刘世定,邱泽奇主编. —北京：华夏出版社,2000(社会学人类学论丛)

7—5080—2248—3

中国地方政府体制概论 / 谢庆奎等著. —北京：中国广播电视出版社,1998(中国地方政府管理丛书)

7—5043—2986—X

各级政府公共服务事权财权配置 / 宋立,刘树杰主编. —北京：中国计划出版社,2005(中国宏观经济丛书)

7—80177—475—2

中国行政改革 / 任晓著. —杭州：浙江人民出版社,1998(当代中国政府理论研究丛书)

7—213—01637—7

公共服务型政府 / 李军鹏著. —北京：北京大学出版社,2004(公共管理论丛)

7—301—07623—1

门槛：政府转型与改革攻坚 / 迟福林著. —北京：中国经济出版社,2005

7—5017—0990—4

中国行政体制改革的制度分析 / 傅小随著. —北京：国家行政学院出版社,1999

7—80140—030—5

中国公共行政学 / 郭济主编. —北京：中国人民大学出版社,2003

7—300—04912—5

政府职能梳理与重构 / 金太军等著. —广州：广东人民出版社,2002(当代中国政府管理与社区治理丛书)

7—218—03932—4

政府过程 / 胡伟著. —杭州：浙江人民出版社,1998(当代中国政府理论研究丛书)

7—213—01635—0

非营利组织与中国事业单位体制改革 / 郑国安等主编. —北京：机械工业出版社,2002(非营利组织研究系列丛书)

7—111—11044—7

绩效政府：理论与实践创新 / 郭济主编. —北京：清华大学出版社,2005(建设绩效型政府书系.第一辑)

7—302—11192—8

当代中国政府与非营利组织互动关系研究 / 李珍刚著. —北京：中国社会科学出版社,2004(教育部人文社会科学重点研究基地中山大学行政管理研究中心学术文库·公共管理理论与实践研究系列)

7—5004—4538—5

政府信息公开制度 / 刘恒等著. —北京：中国社会科学出版社,2004(教育部人文社会科学重点研究基地中山大学行政管理研究中心学术文库·政府行为与依法行政研究系列)

7—5004—4498—2

多维视角下的行政信息公开研究 / 刘飞宇,王丛虎著. —北京：中国人民大学出版社,2005(中国人民大学宪政与行政法治研究中心学术文丛)

7—300—06357—8

政务公开与政治发展研究 / 胡仙芝著. —北京：中国经济出版社,2005

7—5017—6627—4

电子政府导论 / 焦宝文主编. —北京：中国财政经济出版社,2002(电子政府丛书)

7—5005—5761—2

国家公务员制度 / 陈振明主编. —福州：福建人民出版社,2001(厦门大学 MPA 系列教材)

7—211—03887—X

中国反腐败：现状与理论研究 / 吴丕主编. —哈尔滨：黑龙江人民出版社,2003(北京大学政府管理学院丛书)

7—207—05826—8

行政腐败解读与治理 / 金太军等著. —广州：广东人民出版社,2002(当代中国政府管理与社区治理丛书)

7—218—03939—1

行政监督 / 陈奇星等著. —上海：上海人民出版社,2001

7—208—03878—3

中国石油安全 / 吴磊著. —北京：中国社会科学出版社,2003(云南大学,复旦大学国际关系研究丛书)

7—5004—3936—9

社会稳定问题前沿探索 / 任红杰著. —北京：中国人民公安大学出版社,2005

7—81109—077—5

社区警务论：社会治安综合治理的社区化理论与实践 / 张兆端著. —北京：中国人民公安大学出版社,2003

7—81087—517—5

社会保障基金管理研究 / 齐海鹏,刘明慧,付伯颖著. —大连：东北财经大学出版社,2002(当代经济前沿文库)

7—81084—150—5

中国社会保障制度的改革与发展 / 王东进主编. —北京：法律出版社,2001(当代社会保障制度研究丛书)

7—5036—3265—8

城市贫困与社会救助研究 / 李彦昌主编;陈涛等撰稿. —北京：北京大学出版社,2004(社会学论丛)

7—301—07396—8

基础整合的社会保障体系 / 景天魁主编. —北京：华夏出版社,2001(社会政策研究丛书)

7—5080—2441—9

城镇住房保障模式研究 / 褚超孚著. —北京：经济科学出版社,2005(浙江大学房地产研究中心学术文库)

7—5058—5087—3

中国社会保障体系的改革与完善 / 成思危主编. —北京：民主与建设出版社,2000(中国改革与发展问题应急研究丛书)

7—80112—286—0

社会保障制度改革研究 / 金丽馥,石宏伟著. —北京：中国经济出版社,2000(走进新世纪经济改革与发展丛书)

7—5017—1028—7

社会弱者论：体制转换时期社会弱者的生活状况与社会支持 / 陈成文著. —北京：时事出版社,1999

7—80009—572—X

中国城市贫困问题研究 / 关信平著. —长沙：湖南人民出版社,1999

7—5438—1940—6

中国社会保障制度分析 / 杨良初著. —北京：经济科学出版社,2003

7—5058—3589—0

社会保障研究 / 郭士征编著. —上海：上海财经大学出版社,2005

7—81098—461—6

社会公正理论与政策 / 景天魁等著. —北京：社会科学文献出版社,2004

7—80190—171—1

中国弱势群体研究 / 张敏杰著. —长春：长春出版社,2003

7—80664—562—4

中国社会救助体系研究 / 时正新主编. —北京：中国社会科学出版社,2002

7—5004—3633—5

中国社会保障模式 / 任保平著. —北京：中国社会科学出版社,2001

7—5004—3020—5

养老金改革：模式选择及其金融影响 / 伊志宏著. —北京：中国财政经济出版社,2000(财经博士论丛)

7—5005—4645—9

中国社会保障制度研究：社会保险改革与商业保险发展 / 孙祁祥,郑伟等著. —北京：金融出版社,2005

7—5049—3686—3

中国少数民族政治分析 / 周平著. —昆明：云南大学出版社,2000(民族政治研究丛书)

7—81068—210—5

当代中国民族问题解析 / 王希恩主编. —北京：民族出版社,2002

7—105—04900—6

中国民族区域自治制度 / 陈云生著. —北京：经济管理出版社,2001

7—80162—158—1

政府职能与财政体制研究 / 卢洪友著. —北京：中国财政经济出版社,1999(中国财政问题研究系列)

7—5005—4213—5

中国农村村级治理：22 个村的调查与比较 / 张厚安,徐勇,项继权等著. —武汉：华中师范大学出版社,2000(华中师范大学学术文库;村治书系)

7—5622—2159—6

中国农村权力结构 / 郭正林著. —北京：中国社会科学出版社,2005(教育部人文社会科学重点研究基地中山大学行政管理研究中心学术文库)

7—5004—5110—5

权力与公正：乡土社会的纠纷解决与权威多元 / 赵旭东著. —天津：天津古籍出版社,2003(社

会学人类学论丛)

7—80504—927—0

乡村治理的社会基础:转型期乡村社会性质研究 / 贺雪峰著.—北京:中国社会科学出版社,2003(乡村治理书系)

7—5004—3838—9

村民自治通论 / 赵秀玲著.—北京:中国社会科学出版社,2004(选举与中国政治丛书·政治学家丛刊)

7—5004—4049—9

中国公民社会的兴起与治理的变迁 / 俞可平等著.—北京:社会科学文献出版社,2002(中国民主治理案例研究丛书)

7—80149—773—2

多维视角中的村民直选:对15个村委会选举的观察研究 / 肖唐镖,邱新有,唐晓腾等著.—北京:中国社会科学出版社,2001

7—5004—3210—0

村治中的宗族:对九个村的调查与研究 / 肖唐镖等著.—上海:上海书店出版社,2001

7—80622—890—X

农民与市场:中国基层政权与乡镇企业 / 潘维著.—北京:商务印书馆,2003

7—100—03926—6

当代思想政治教育方法论研究 / 黄蓉生著.—重庆:西南师范大学出版社,2000(马克思主义理论与思想政治教育研究系列丛书)

7—5621—2321—7

思想政治教育方法论 / 郑永廷主编.—北京:高等教育出版社,1999(面向21世纪课程教材)

7—04—006733—1

思想政治教育载体论 / 陈万柏著.—武汉:湖北人民出版社,2003(现代思想政治教育研究丛书)

7—216—03669—7

思想政治教育接受论 / 王敏著.—武汉:湖北人民出版社,2002(现代思想政治教育研究丛书)

7—216—03581—X

思想政治教育学 / 王礼湛,余潇枫主编.—2版.—杭州:浙江大学出版社,1999

7—308—00207—1

思想政治教育环境论 / 沈国权主编.—上海:复旦大学出版社,2002

7—309—03233—0

互联网与思想政治工作概论 / 谢海光主编.—上海:复旦大学出版社,2000

7—309—02710—8

思想政治教育心理学 / 童彭庆主编.—北京:高等教育出版社,1996

7—04—005333—0

21世纪思想政治教育工作创新理论体系 / 陈秉公著.—长春:吉林教育出版社,2000

7—5383—3957—4

面向新世纪人文素质教育研究 / 李萃英,赵凤平主编.—北京:煤炭工业出版社,1999

7—5020—1800—X

现代思想政治教育学 / 张耀灿等著.—北京:人民出版社,2001

7—01—003408—7

思想政治教育的文化视野 / 沈壮海著.—北京:人民出版社,2005

7—01—005126—7

思想政治教育心理学 / 张云著.—上海:上海人民出版社,2001

7—208—03787—6

思想政治教育接受规律论 / 张世欣著.—上海:上海三联书店,2005

7—5426—2141—6

思想政治教育心理学 / 杨芷英,王希永著.—北京:首都师范大学出版社,1999

7—81064—036—4

思想政治教育学新论 / 王勤著.—杭州:浙江大学出版社,2004

7—308—03536—0

思想政治教育心理学 / 陈大柔,丛杭青著.—北京:中国大百科全书出版社,1995

7—5000—5608—7

现代思想政治教育环境研究 / 李辉著.—广州:广东人民出版社,2005(中山大学思想道德教育理论博士文库)

7—218—04885—4

生活道德教育论 / 唐汉卫著.—北京:教育科学出版社,2005(山东省社会科学规划研究项目文丛)

7—5041—3226—8

道德建设的文化机制研究 / 魏则胜著.—广州:广东人民出版社,2005(中山大学思想道德教育理论博士文库)

7—218—04884—6

伦理新论:中国市场经济体制下的道德建设 / 郭广银等著.—北京:人民出版社,2004

7—01—004357—4

社会诚信论 / 王良主编.—北京:中共中央党校出版社,2003

7—5035—2704—8

社会转型与秩序重建 / 宫志刚著.—北京:中国人民公安大学出版社,2004(博士文丛)

7—81087—844—1

社团革命:中国社团发展的经济学分析 / 毕监武著.—济南:山东人民出版社,2003(当代中国非政府公共组织研究丛书)

7—209—03298—3

权力的转移:转型时期中国权力格局的变迁 / 康晓光著.—杭州:浙江人民出版社,1999(第三部门研究丛书)

7—213—01953—8

社会学家的眼光:中国社会结构转型 / 袁方等著.—北京:中国社会出版社,1998(社会学家访谈丛书)

7—80146—017—0

当代中国社会结构变迁与流动 / 许欣欣著.—北京:社会科学文献出版社,2000(现代社会学文库)

7—80149—356—7

中国社会分层 / 李培林,李强,孙立平等著.—北京:社会科学文献出版社,2004

7—80190—236—X

传统与变迁:江浙农民的社会心理及其近代以来的嬗变 / 周晓虹著.—北京:三联书店,1998(三联·哈佛燕京学术丛书)

7—108—01225—1

中国农民素质论 / 陈庆立著.—北京:当代世界出版社,2002

7—80115—480—0

知识分子研究 / 郑也夫著.—北京:中国青年出版社,2004(社会学家郑也夫作品系列)

7—5006—5514—2

中国知识分子论 / 余英时著.—郑州:河南人民出版社,1997(中国知识分子丛书)

7—215—03655—3

政治格局中的私营企业主阶层 / 董明著.—北京:中国经济出版社,2002

7—5017—5403—9

中国人行动的逻辑 / 翟学伟著.—北京:社会科学文献出版社,2001(本土社会研究丛书)

7—80149—455—5

社会转型时期的西欧与中国 / 侯建新著. —济南: 济南出版社, 2001(经济社会史研究丛书)

7—80629—594—1

一个村落共同体的变迁: 关于尖山下村的单位化的观察与阐释 / 毛丹著. —上海: 学林出版社, 2000(求是丛书)

7—80616—925—3

当代中国社会转型论 / 陈晏清主编. —太原: 山西教育出版社, 1998(社会哲学研究丛书)

7—5440—1423—1

中国乡村, 社会主义国家 / (美)弗里曼, 毕史伟, 赛尔登著; 陶鹤山译. —北京: 社会科学文献出版社, 2002(喜玛拉雅学术文库·阅读中国系列)

7—80149—669—8

科学发展观新论 / 陈文通等著. —南京: 江苏人民出版社, 2005(新世纪中国重大问题研究书系)

7—214—03877—3

1996—2010 年中国社会全面发展战略研究报告 / 魏礼群主编. —沈阳: 辽宁人民出版社, 1996(中国国情与发展丛书)

7—205—03639—9

黄河边的中国: 一个学者对乡村社会的观察与思考 / 曹锦清著. —上海: 上海文艺出版社, 2000

7—5321—2057—0

转型中的中国社会和中国社会的转型: 中国社会主义现代化进程的社会学研究 / 郑杭生等著. —北京: 首都师范大学出版社, 1996

7—81039—701—X

农村社会发展论 / 周沛著. —南京: 南京大学出版社, 1998

7—305—03161—5

当代中国社会发展方法论 / 王忠武著. —济南: 山东人民出版社, 2001

7—209—02768—8

中国城镇社会流动 / 李春玲著. —北京: 社会科学文献出版社, 1997

7—80050—886—2

贫富分化的社会学研究 / 唐忠新著. —天津: 天津人民出版社, 1998

7—201—03072—8

市民社会理论的研究 / 邓正来著. —北京: 中国政法大学出版社, 2002

7—5620—1028—5

当代中国社会利益群体分析 / 顾杰善等主编. —哈尔滨: 黑龙江教育出版社, 1995(发展与改革丛书)

7—5316—2532—6

现代化与文化阻滞力 / 衣俊卿著. —北京: 人民出版社, 2005(日常生活批判丛书)

7—01—004556—9

社会问题概论 / 朱力等著. —北京: 社会科学文献出版社, 2002(社会工作丛书)

7—80149—628—0

群体性突发事件与舆情 / 陈月生主编. —天津: 天津社会科学院出版社, 2005(社科论丛)

7—80688—218—9

中国社会问题报告 / 陆建华著. —北京: 石油工业出版社, 2002(新世纪抉择丛书)

7—5021—3657—6

世纪末的挑战: 当代中国社会问题研究 / 童星著. —南京: 南京大学出版社, 1995(中美文化研究中心学术丛书)

7—305—02797—9

中国社会的困惑 / 邵道生著. —北京: 社会科学文献出版社, 1996

7—80050—732—7

家与中国社会结构／麻国庆著.—北京：文物出版社,1999(当代中国社会研究丛书)

7—5010—1124—9

当代华南的宗族与社会／周大鸣等著.—哈尔滨：黑龙江人民出版社,2003(人类学高级论坛文库)

7—207—06114—5

当代中国人的性行为与性关系／潘绥铭等著.—北京：社会科学文献出版社,2004(中国性学研究系列报告)

7—80190—131—2

农村家族问题与现代化／吕红平著.—保定：河北大学出版社,2001

7—81028—690—0

中国同性恋研究／刘达临,鲁龙光主编.—北京：中国社会出版社,2005

7—5087—0365—0

中国婚姻史／汪玢玲著.—上海：上海人民出版社,2001

7—208—03536—9

就业与制度变迁：两个特殊群体的求职过程／李培林,张翼,赵延东著.—杭州：浙江人民出版社,2000(当代社会学研究丛书)

7—213—02171—0

隐性失业论／袁志刚,陆铭著.—上海：立信会计出版社,1998(经济学者文库)

7—5429—0545—7

中国转轨时期的就业问题／杨宜勇著.—北京：中国劳动社会保障出版社,2002(劳动社会保障文丛)

7—5045—3539—7

中国劳动力流动与"三农"问题／朱农著.—武汉：武汉大学出版社,2005(武汉大学学术丛书)

7—307—04455—2

社会资本与就业研究／姜继红著.—北京：社会科学文献出版社,2005(扬泰文库)

7—80190—905—4

我国中长期失业问题研究：以产业结构变动为主线／蒋选著.—北京：中国人民大学出版社,2004(中国经济问题丛书)

7—300—05452—8

就业与发展：中国失业问题与就业战略／中国科学院国情分析研究小组编著.—沈阳：辽宁人民出版社,1998

7—205—04296—8

中国城乡关系与中国农民工人／刘应杰著.—北京：中国社会科学出版社,2000

7—5004—2695—X

中国农民工考察／余红,本骋骋著.—北京：昆仑出版社,2004

7—80040—723—3

社区公共服务论析／杨团著.—北京：华夏出版社,2002(社会政策研究丛书)

7—5080—2850—3

农民闲暇／田翠琴,齐心著.—北京：社会科学文献出版社,2005(现代社会学文库·研究系列)

7—80190—442—7

构建生活美：中外城市生活方式比较／王雅林,董鸿扬著.—南京：东南大学出版社,2003(中外城市比较研究丛书)

7—81050—982—9

青少年犯罪学／周振想主编；马冬梅等撰稿.—北京：中国青年出版社,2004(共青团中央教材编委会统编教材)

7—5006—5792—7

少年刑法与刑法变革／姚建龙著.—北京：中国人民公安大学出版社,2005(青少年法律研究系列丛书)

7—81109—052—X

创造希望：中国青少年发展基金会研究 / 康晓光著.—桂林：漓江出版社,1997
7—5407—2208—8

青少年价值观教育研究 / 刘济良著.—广州：广东教育出版社,2003
7—5406—5072—9

校园暴力研究 / 徐久生主编.—北京：中国方正出版社,2004
7—80107—827—6

当代大学生犯罪问题研究 / 颜小冬著.—北京：中国检察出版社,2004
7—80185—235—4

老年社会保障制度：历史与变革 / 姜向群著.—北京：中国人民大学出版社,2005(政府治理丛书)
7—300—06419—1

中国社会转型时期的社会排挤：以国企下岗失业女工为视角 / 石彤著.—北京：北京大学出版社,2004
7—301—07482—4

性别与发展导论 / 林志斌,李小云著.—北京：中国农业大学出版社,2001
7—81066—390—9

社会保障经济学 / 葛寿昌主编.—上海：上海财经大学出版社,1999
7—81049—307—8

道德中国：当代中国道德伦理的深重忧思 / 刘智峰主编.—北京：中国社会科学出版社,1999(社科学术文库)
7—5004—2594—5

乡村关系与村民自治 / 金太军,施从美著.—广州：广东人民出版社,2002(当代中国政府管理与社区治理丛书)
7—218—03937—5

中国农村政治稳定与发展 / 张厚安,徐勇主笔；项继权著.—武汉：武汉出版社,1995
7—5430—1424—6

中国区域发展导论 / 胡兆量主编.—北京：北京大学出版社,1999
7—301—04300—7

赌场资本主义 / (英)苏珊·斯特兰奇著；李红梅译.—北京：社会科学文献出版社,2000
7—80149—283—8

中国政治制度史 / 韦庆远,柏桦编著.—2版.—北京：中国人民大学出版社,2005(高等学校文科教材)
7—300—06272—5

近代中国宪政史 / 殷啸虎著.—上海：上海人民出版社,1997(社会转型与法律学术丛书)
7—208—02640—8

中国救荒史 / 邓拓著.—北京：北京出版社,1998
7—200—03595—5

中国会道门 / 邵雍著.—上海：上海人民出版社,1997
7—208—02440—5

中国毒品史 / 苏智良著.—上海：上海人民出版社,1997
7—208—02407—3

中国的王权主义：传统社会与思想特点考察 / 刘泽华著.—上海：上海人民出版社,2000
7—208—03437—0

中国政治制度通史 / 白钢主编.—北京：人民出版社,1996
7—01—002305—0

士大夫政治演生史稿 / 阎步克著. —北京：北京大学出版社，1996（学术史研究丛书）

7—301—02903—9

中国乡里制度 / 赵秀玲著. —北京：社会科学文献出版社，1998（中国社会科学院青年学者文库）

7—80149—116—5

士与中国文化 / 余英时著. —上海：上海人民出版社，2003

7—208—04289—6

中国宗法宗族制和族田义庄 / 李文治，江太新著. —北京：社会科学文献出版社，2000（中国经济史研究丛书）

7—80149—296—X

中国的社与会 / 陈宝良著. —杭州：浙江人民出版社，1996（中国社会史丛书）

7—213—01166—9

商周家族形态研究 / 朱凤瀚著. —2 版. —天津：天津古籍出版社，2004

7—80504—960—2

中国娼妓史 / 王书奴著. —北京：团结出版社，2004（民国珍本丛刊）

7—80130—794—1

中华民国立法史 / 谢振民编著. —北京：中国政法大学出版社，2000（二十世纪中华法学文丛）

7—5620—1915—0

民国乡村建设运动 / 郑大华著. —北京：社会科学文献出版社，2000（中国社会史文库）

7—80149—129—7

中国善会善堂史研究 / （日）夫马进著；伍跃，杨文信，张学锋译. —北京：商务印书馆，2005（商务印书馆海外汉学书系）

7—100—03995—9

流民问题与社会控制 / 池子华著. —南宁：广西人民出版社，2001（读史丛书）

7—219—04283—3

后现代论 / 高宣扬著. —北京：中国人民大学出版社，2005（当代思想方向丛书·高宣扬作品）

7—300—06783—2

亚太安全战略论 / 朱阳明主编. —北京：军事科学出版社，2000

7—80137—397—9

家庭养老制度的传统与变革：基于东亚和东南亚地区的一项比较研究 / 穆光宗著. —北京：华龄出版社，2002

7—80178—008—6

东亚模式与价值重构：比较政治分析 / 李路曲著. —北京：人民出版社，2002（山西大学百年校庆学术丛书）

7—01—003624—1

政党政治与现代化：日本的历史与现实 / 林尚立著. —上海：上海人民出版社，1998

7—208—02768—4

日本社会保障制度 / 吕学静编著. —北京：经济管理出版社，2000（社会保障系列丛书）

7—80118—938—8

印度的发展及其对外战略 / 孙士海主编. —北京：中国社会科学出版社，2000

7—5004—2719—0

中亚五国概论 / 赵常庆主编. —北京：经济日报出版社，1999（东方文化集成；中亚文化编）

7—80127—607—8

欧洲绿党研究 / 郇庆治著. —济南：山东人民出版社，2000（学者文存）

7—209—02571—5

苏联剧变深层次原因研究 / 陆南泉，姜长斌主编. —北京：中国社会科学出版社，1999

7—5004—2471—X

俄国知识人与精神偶像 / （俄）弗兰克著；徐凤林译.—上海：学林出版社，1999（二十世纪俄国新精神哲学精选系列）

7—80616—618—1

德意志道路：现代化进程研究 / 李工真著.—武汉：武汉大学出版社，2005

7—307—04521—4

英国地方政府行政改革研究 / 于军编译.—北京：国家行政学院出版社，1999（当代国外行政改革丛书）

7—80140—013—5

警务工作之核心问题 / （英）弗兰克·利什曼等主编；吴开清等译.—北京：群众出版社，2000（公安部公共安全研究所警学理论研究丛书）

7—5014—2167—6

法国行政体制 / 潘小娟著.—北京：中国法制出版社，1997

7—80083—423—9

超越和平 / （美）理查德.M.尼克松著；范建民等译.—北京：世界知识出版社，1995

7—5012—0685—6

网络共和国：网络社会中的民主问题 / （美）凯斯·桑斯坦著；黄维明译.—上海：上海人民出版社，2003（东方编译所译丛）

7—208—04618—2

民治政府 / （美）詹姆斯.M.伯恩斯等著；陆震纶等译.—北京：中国社会科学出版社，1996（美国哲学社会科学名著丛书）

7—5004—1953—8

美国行政改革研究 / 宋世明著.—北京：国家行政学院出版社，1999（当代国外行政改革丛书）

7—80140—011—9

美国警务热点 / 曾忠恕编著.—北京：中国人民公安大学出版社，2005

7—81087—990—1

美国移民政策研究 / 梁茂信著.—长春：东北师范大学出版社，1996（东北师范大学文库）

7—5602—1895—4

孤独的人群 / （美）大卫·理斯曼等著；王崑，朱虹译.—南京：南京大学出版社，2002（当代学术棱镜译丛·社会学系列）

7—305—03781—8

散财之道：美国现代公益基金会述评 / 资中筠著.—上海：上海人民出版社，2003

7—208—04391—4

美国社会保障制度研究 / 邓大松著.—武汉：武汉大学出版社，1999

7—307—02696—1

美国现代婚姻家庭制度 / 夏吟兰著.—北京：中国政法大学出版社，1999

7—5620—1835—9

疾病的隐喻 / （美）桑塔格著；程巍译.—上海：上海译文出版社，2003（苏珊·桑塔格文集）

7—5327—3246—0

反劫持谈判与战术 / 郝宏奎著.—2版.—北京：中国人民公安大学出版社，2005（郝宏奎侦查前沿探讨系列丛书）

7—81109—067—8

当代西方国际关系理论 / 倪世雄等著.—上海：复旦大学出版社，2001（复旦博学·国际政治与国际关系系列）

7—309—02851—1

国际机制论 / 王杰主编；门洪华等撰稿.—北京：新华出版社，2002

7—5011—5462—7

当代国际关系学导论 / 俞正梁著. —上海：复旦大学出版社,1996

7—309—01765—X

文化和认同：国际关系回归理论 / （美）约瑟夫·拉彼德,弗里德里希·克拉托赫维尔主编；金烨译. —杭州：浙江人民出版,2003（国际关系学当代名著译丛）

7—213—02498—1

抗日战争时期中国对外关系 / 陶文钊,杨奎松,王建朗著. —北京：中共党史出版社,1995（国际战略研究基金会战略研究丛书）

7—80023—884—9

全球公共问题与国际合作：一种制度的分析 / 苏长和著. —上海：上海人民出版社,2000（当代国际政治丛书）

7—208—03452—4

争论中的国际关系理论 / （美）詹姆斯·多尔蒂,小罗伯特·普法尔茨格拉夫著；阎学通,陈寒溪等译. —北京：世界知识出版社,2003（国际关系学名著系列）

7—5012—1930—3

无政府社会：世界政治秩序研究 / （英）赫德利·布尔著；张小明译. —北京：世界知识出版社,2003（国际关系学名著系列）

7—5012—2109—X

全球化与国家意识的衰微 / 河清著. —北京：中国人民大学出版社,2003（朗朗书房；中国当代学术思想文库）

7—300—05017—4

全球化：西方理论前沿 / 杨雪冬著. —北京：社会科学文献出版社,2002（全球化论丛）

7—80149—668—X

国际关系格局：理论与现实 / 方柏华著. —北京：中国社会科学出版社,2001

7—5004—3085—X

冷战后亚太国际关系 / 陈峰君主编. —北京：新华出版社,1999

7—5011—4498—2

国际刑事法院研究 / 王秀梅著. —北京：中国人民大学出版社,2002（法律科学文库）

7—300—03961—8

国家与超国家：欧洲一体化理论比较研究 / 陈玉刚著. —上海：上海人民出版社,2001（当代国际政治丛书）

7—208—03888—0

从东盟到大东盟：东盟 30 年发展研究 / 王士录,王国平著. —北京：世界知识出版社,1998

7—5012—0941—3

新安全论 / （英）巴瑞·布赞,奥利·维夫,迪·怀尔德著；朱宁译. —浙江：浙江人民出版社,2003（国际关系学当代名著译丛）

7—213—02500—7

海湾石油新论 / 安维华,钱雪梅主编. —北京：社会科学文献出版社,2000（亚洲问题研究丛书）

7—80149—396—6

反新恐怖主义 / （美）伊恩·莱塞等著；程克雄译. —北京：新华出版社,2002

7—5011—5490—X

权利的时代 / （美）路易斯·亨金著；信春鹰等译. —北京：知识出版社,1997（人权译丛）

7—5015—1601—4

全球化与公民社会 / 李惠斌主编. —桂林：广西师范大学出版社,2003（国际学术前沿报告）

7—5633—3888—8

世界历史中的国际体系：国际关系研究的再构建 / （英）巴里·布赞,理查德·利特尔著；刘德斌主译；刘德斌等译. —北京：高等教育出版社,2004（高教版世界体系学术译丛）

7—04—013206—0

国际关系史：1648—1814. 第一卷 / 王绳祖主编；鲁毅等卷主编. —北京：世界知识出版社，1995

7—5012—0654—6

西方外交思想史 / 陈乐民主编. —北京：中国社会科学出版社，1995

7—5004—1726—8

即将到来的美中冲突 /（美）理查德·伯恩斯坦，罗斯·芒罗著；隋丽君等译. —北京：新华出版社，1997（国际问题参考译丛）

7—5011—3605—X

中华帝国对外关系史 /（美）马士著；张汇文等译. —上海：上海书店出版社，2000

7—80622—560—9

中美早期外交史 / 李定一著. —北京：北京大学出版社，1997

7—301—03070—3

东北亚国家对外战略 / 高连福主编. —北京：社会科学文献出版社，2002（亚太研究丛书）

7—80149—722—8

当代中东国际关系 / 左文华，肖宪主编. —北京：世界知识出版社，1999

7—5012—1207—4

美国对外政策的政治学 /（美）杰里尔. A. 罗赛蒂著；周启明，傅耀祖等译. —北京：世界知识出版社，1997

7—5012—0821—2

美国文化与外交 / 王晓德著. —北京：世界知识出版社，2000

7—5012—1318—6

犯罪学 / 康树华，张小虎主编；郭理蓉等撰稿. —北京：北京大学出版社，2004（21 世纪法学系列教材·刑事法律系列）

7—301—07470—0

知识产权法比较研究 / 胡开忠编著. —北京：中国人民公安大学出版社，2004（比较民商法丛书）

7—81087—852—2

破产法比较研究 / 付翠英编著. —北京：中国人民公安大学出版社，2004（比较民商法丛书）

7—81087—872—7

刑事政策初步 / 刘仁文著. —北京：中国人民公安大学出版社，2004（博士文丛）

7—81087—840—9

法律文化视野中的权力 / 喻中著. —济南：山东人民出版社，2004（法理文库）

7—209—03359—9

法理探索 / 周旺生著. —北京：人民出版社，2005（法学名家经典系列丛书）

7—01—005130—5

从宪法到宪政 / 谢维雁著. —济南：山东人民出版社，2004（公法研究）

7—209—03364—5

劳动就业法律问题研究 / 林嘉，杨飞，林海权著. —北京：中国劳动社会保障出版社，2005（劳动法／社会保障法前沿专题研究系列）

7—5045—5380—8

人格权法专论 / 杨立新著. —北京：高等教育出版社，2005（民法精品系列教材）

7—04—016216—4

金融法 / 强力著. —北京：法律出版社，2004（普通高等教育"十五"国家级规划教材）

7—5036—5039—7

人权法学 / 李步云主编. —北京：高等教育出版社，2005（普通高等教育"十五"国家级规划教材）

7—04—015331—9

独立董事法律制度研究 / 谢朝斌著. —北京：

法律出版社,2004(商事法专题研究文库)

　　7—5036—5032—X

中国行政法基本理论研究 / 杨海坤,章志远著.—北京:北京大学出版社,2004(宪政论丛)

　　7—301—08066—2

论平等权的宪法保护 / 朱应平著.—北京:北京大学出版社,2004(宪政论丛)

　　7—301—07799—8

行政法的均衡之约 / 宋功德著.—北京:北京大学出版社,2004(宪政论丛)

　　7—301—07508—1

环境犯罪比较研究 / 赵秉志,王秀梅,杜澎著.—北京:法律出版社,2004(刑事法律科学文库;当代新型犯罪比较研究)

　　7—5036—4863—5

公司治理法律问题研究 / 赵万一著.—北京:法律出版社,2004

　　7—5036—5241—1

税收法治研究 / 樊丽明,张斌等著.—北京:经济科学出版社,2004

　　7—5058—4567—5

欧盟反倾销的法律与实践 / 邓德雄著.—北京:社会科学文献出版社,2004

　　7—80190—308—0

医事法学 / 石俊华主编.—成都:四川科学技术出版社,2004

　　7—5364—5482—1

法学教育与法科学生实践能力的培养 / 周世中,倪业群等著.—北京:中国法制出版社,2004

　　7—80182—170—X

证据法学 / 卞建林主编.—北京:中国政法大学出版社,2005

　　7—5620—2848—6

信托法原理研究 / 何宝玉著.—北京:中国政法大学出版社,2005

　　7—5620—1014—5

论公司法中的国家强制 / 邓辉著.—北京:中国政法大学出版社,2004

　　7—5620—2592—4

法理学问题 / (美)理查德. A. 波斯纳著;苏力译.—北京:中国政法大学出版社,2002(波斯纳文丛)

　　7—5620—2144—9

当代法哲学和法律理论导论 / (德)阿图尔·考夫曼,温弗里德·哈斯默尔主编;阿尔弗里德·比勒斯巴赫等撰稿;郑永流译.—北京:法律出版社,2002(当代德国法学名著)

　　7—5036—3540—1

法的价值论 / 卓泽渊著.—北京:法律出版社,1999(当代中国法学文库)

　　7—5036—1967—8

探索与对话:法理学导论 / 葛洪义著.—济南:山东人民出版社,2000(法理文库)

　　7—209—02556—1

义务先定论 / 张恒山著.—济南:山东人民出版社,1999(法理文库)

　　7—209—02462—X

基本法律价值 / 谢鹏程著.—济南:山东人民出版社,2000(法理文库)

　　7—209—02554—5

法学范畴的矛盾辨思 / 谢晖著.—济南:山东人民出版社,1999(法理文库)

　　7—209—02395—X

法的应然与实然 / 李道军著.—济南:山东人民出版社,2001(法理文库)

　　7—209—02690—8

法的现象与观念 / 孙笑侠著. —济南：山东人民出版社,2001(法律文库)

7—209—02745—9

法理要论 / 张恒山著. —北京：北京大学出版社,2002(法学论丛)

7—301—05946—9

现代法理学 / 郑成良主编. —长春：吉林大学出版社,1999(法学系列文库；基础理论系列)

7—5601—2234—5

法理学研究：基础与前沿 / 杨心宇主编. —上海：复旦大学出版社,2002(法学专题系列)

7—309—03271—3

法理学导论 / 孙笑侠,夏立安主编. —北京：高等教育出版社,2004(高等学校法学教材)

7—04—015523—0

人际同构的法哲学 / 江山著. —北京：中国政法大学出版社,2002(江山法学著作集)

7—5620—2154—6

权利质权制度研究 / 胡开忠著. —北京：中国政法大学出版社,2004(民商法文库)

7—5620—2445—6

权利法哲学研究导论 / 杨春福著. —南京：南京大学出版社,2000(南京大学博士文丛)

7—305—03569—6

法治与政治权威 / 程燎原,江山著. —北京：清华大学出版社,2001(清华法学文库)

7—302—04543—7

法律：诠释与应用：法律诠释学 / 谢晖,陈金钊著. —上海：上海译文出版社,2002(诠释学与人文社会科学)

7—5327—2817—X

政治的正义性：法和国家的批判哲学之基础 / (德)奥特弗利德·赫费著；庞学铨,李张林译. —上海：上海译文出版社,2005(世纪人文系列丛书)

7—5327—3567—2

法律和法律推理导论 / (美)史蒂文. J. 伯顿著；张志铭,解兴权译. —北京：中国政法大学出版社,1998(司法文丛)

7—5620—1716—6

通向正义之路：法律推理的方法论研究 / 解兴权著. —北京：中国政法大学出版社,2000(司法文丛)

7—5620—1978—9

论经济与社会中的法律 / (德)马克斯·韦伯著；(英)埃德华·希尔斯,马克斯·莱因斯坦英译；张乃根译. —北京：中国大百科全书出版社,1998(外国法律文库)

7—5000—6007—6

法律的经济分析 / (美)理查德. A. 波斯纳著；蒋兆康译. —北京：中国大百科全书出版社,1997(外国法律文库)

7—5000—5800—4

法律帝国 / (美)德沃金著；李常青译. —北京：中国大百科全书出版社,1996(外国法律文库)

7—5000—5352—5

法与国家的一般理论 / (奥)凯尔森著；沈宗灵译. —北京：中国大百科全书出版社,1996(外国法律文库)

7—5000—5612—5

认真对待权利 / (美)罗纳德·德沃金著；信春鹰,吴玉章译. —北京：中国大百科全书出版社,1998(外国法律文库)

7—5000—5886—1

良法论 / 李龙主编. —武汉：武汉大学出版社,2001(武汉大学学术丛书)

7—307—03354—2

法律的成长：法律科学的悖论 / (美)本杰明.

N. 卡多佐著；董炯，彭冰译. —北京：中国法制出版社，2002（西方法哲学文库）

7—80182—023—1

民事诉讼目的论 / 李祖军著. —北京：法律出版社，2000（新世纪法学丛书）

7—5036—3091—4

法哲学范畴研究 / 张文显著. —修订版. —北京：中国政法大学出版社，2001（中青年法学文库）

7—5620—2099—X

私法精神与制度选择：大陆法私法古典模式的历史含义 / 易继明著. —北京：中国政法大学出版社，2003（中青年法学文库）

7—5620—2276—3

当代西方理论法学研究 / 吕世伦主编；叶传星等撰写. —北京：中国人民大学出版社，1997

7—300—02367—3

可持续发展与法律变革：21 世纪法制研究 / 陈泉生著. —北京：法律出版社，2000

7—5036—3200—3

效率与公平：法律价值的人学分析 / 万光侠著. —北京：人民出版社，2000

7—01—003198—3

信息法学 / 张守文，周庆山著. —北京：法律出版社，1995

7—5036—1737—3

法律效力论 / 张根大著. —北京：法律出版社，1999

7—5036—2642—9

法的时代精神 / 郭道晖著. —长沙：湖南出版社，1997

7—5438—1447—1

法的价值总论 / 卓泽渊著. —北京：人民出版社，2001

7—01—003466—4

法哲学论 / 吕世伦，文正邦主编. —北京：中国人民大学出版社，1999

7—300—02654—0

社会法原论 / 董保华等著. —北京：中国政法大学出版社，2001

7—5620—2061—2

法学绪论 / 韩忠谟著. —北京：中国政法大学出版社，2002

7—5620—2238—0

法学方法与现代民法 / 黄茂荣著. —北京：中国政法大学出版社，2001

7—5620—2081—7

法理思考的印迹 / 张志铭著. —北京：中国政法大学出版社，2003

7—5620—2295—X

原则问题 / （美）罗纳德·德沃金著；张国清译. —南京：江苏人民出版社，2005（现代思想译丛·第四辑）

7—214—04044—1

社会保障法 / （法）让—雅克·迪贝卢，爱克扎维尔·普列多著；蒋将元译. —北京：法律出版社，2002（当代社会保障制度研究丛书）

7—5036—3530—4

美国宪法概论 / （美）杰罗姆·巴伦，托马斯·迪恩斯著；刘瑞祥等译. —北京：中国社会科学出版社，1995（美国法学精选丛书）

7—5004—1433—1

法与宪法 / （英）W. Ivor. 詹宁斯著；龚祥瑞译. —北京：三联书店，1997（宪政译丛）

7—108—01106—9

法国物权法 / 尹田著. —北京：法律出版社，1998（中国民商法专题研究丛书）

7—5036—2338—1

衡平法初论 / 沈达明编著.—北京：对外经济贸易大学出版社，1997

7—81000—827—7

美国民事诉讼法 / 白绿铉著.—北京：经济日报出版社，1996

7—80127—231—5

当代西方后现代法学 / 朱景文主编.—北京：法律出版社，2002

7—5036—3560—6

法学方法论与德沃金 / 林立著.—北京：中国政法大学出版社，2002

7—5620—2239—9

法学方法论导论 / 胡玉鸿著.—济南：山东人民出版社，2002（法理文库）

7—209—02983—4

法学方法论 / （德）卡尔·拉伦茨著；陈爱娥译.—北京：商务印书馆，2003

7—100—03729—8

转变中的法律与社会：迈向回应型法 / （美）P.诺内特著；张志铭译.—修订版.—北京：中国政法大学出版社，2004（当代法学名著译丛）

7—5620—1302—0

法律语言学概论 / 陈炯著.—西安：陕西人民教育出版社，1998（语言应用丛书）

7—5419—7315—7

法律的博弈分析 / （美）道格拉斯.G.拜尔，罗伯特.H.格特纳，兰德尔.C.皮克著；严旭阳译.—北京：法律出版社，1999

7—5036—2965—7

法学应用人才培养模式的反思与重构 / 杨海坤主编.—北京：法律出版社，2002

7—5036—3647—5

跨世纪的中国法律语言 / 潘庆云著.—上海：华东理工大学出版社，1997

7—5628—0816—3

法社会学原理 / 马新福著.—长春：吉林大学出版社，1999

7—5601—2239—6

法律语言与言语研究 / 姜剑云著.—北京：群众出版社，1995

7—5014—1309—6

法律社会学的学理与运用 / 田成有著.—北京：中国检察出版社，2002（二十一世纪法学热点系列）

7—80086—959—8

自由市场与社会正义 / （美）凯斯.R.孙斯坦著；金朝武，胡爱平，乔聪启译.—北京：中国政法大学出版社，2002（美国法律文库）

7—5620—2181—3

法律功能论 / 付子堂著.—北京：中国政法大学出版社，1999

7—5620—1905—3

法律的道德性 / （美）富勒著；郑戈译.—北京：商务印书馆，2005（汉译世界学术名著丛书）

7—100—04446—4

法律语言学 / 杜金榜著.—上海：上海外语教育出版社，2004（当代语言学丛书）

7—81095—205—6

法律语言研究 / 王洁著.—广州：广东教育出版社，1999（语言文字应用研究丛书）

7—5406—4065—0

经济学语境下的法律规则 / （美）大卫.D.弗里德曼著；杨欣欣译.—北京：法律出版社，2004（法律经济学丛书）

7—5036—4581—4

法律与宗教 /（美）伯尔曼著;梁治平译.—北京:中国政法大学出版社,2003(法律文化研究文丛)

7—5620—2297—6

立法学 / 朱力宇,张曙光主编.—北京:中国人民大学出版社,2001(21世纪法学系列教材)

7—300—03847—6

论立法与法学的当代使命 /（德）弗里德里希·卡尔·冯·萨维尼著;许章润译.—北京:中国法制出版社,2001(西方法哲学文库)

7—80083—851—X

授权立法研究 / 陈伯礼著.—北京:法律出版社,2000

7—5036—3056—6

物证鉴定科学 / 刘耀主编.—北京:群众出版社,1998

7—5014—1844—6

立法程序论 / 苗连营著.—北京:中国检察出版社,2001

7—80086—798—6

证券法 / 叶林著.—北京:中国人民大学出版社,2000(21世纪法学系列教材)

7—300—03396—2

企业和公司法 / 史际春,温烨,邓峰著.—北京:中国人民大学出版社,2001(21世纪法学系列教材)

7—300—03708—9

民法总论 / 梁慧星著.—北京:法律出版社,2001(高等学校法学教材·民商法系列)

7—5036—1851—5

产权与法 / 纪坡民著.—北京:三联书店,2001(经济学家手札)

7—108—01570—6

刑事诉讼法 / 徐静村主编.—北京:法律出版社,1999(全国成人高等教育规划教材)

7—5036—2811—1

案例分析应试指导:国际私法 / 金彭年主编.—北京:中国人民大学出版社,2000(全国高等教育自学考试法律专业辅导丛书·本科段)

7—300—03606—6

司法鉴定导论 / 何家弘主编;王俊民等撰稿.—北京:法律出版社,2000(司法鉴定培训教材)

7—5036—3158—9

法医学 / 吴家馼主编.—2版.—北京:中国协和医科大学出版社,2000

7—81072—099—6

刑事责任论 / 冯军著.—北京:法律出版社,1996

7—5036—1894—9

民法总论 / 梁慧星著.—北京:法律出版社,2001

7—5036—1851—5

行政听证程序研究与适用 / 刘勉义,蒋勇著.—北京:警官教育出版社,1997

7—81027—880—0

倾销与反倾销法论 / 彭文革,徐文芳著.—武汉:武汉大学出版社,1997

7—307—02494—2

诉讼证据规则研究 / 刘善春,毕玉谦,郑旭著.—北京:中国法制出版社,2000

7—80083—629—0

劳动与社会保障立法国际比较研究 / 杨燕绥著.—北京:中国劳动社会保障出版社,2001

7—5045—2586—3

法医物证学 / 郭景元主编.—北京:中国人民

公安大学出版社,1997

7—81059—020—0

法医昆虫学 / 胡萃主编. —重庆: 重庆出版社,2000

7—5366—4948—7

大陆法国家民法典研究 / 谢怀栻著. —北京: 中国法制出版社,2004(法学名篇小文丛)

7—80182—387—7

知识产权经济学 / 陈昌柏著. —北京: 北京大学出版社,2003(国家自然科学基金研究专著·管理科学系列)

7—301—06552—3

保险合同法 / (英)克拉克著;何美欢,吴志攀等译. —北京: 北京大学出版社,2002(引进版教材参考书系列)

7—301—05517—X

外国证据法 / 何家弘主编. —北京: 法律出版社,2003(法学研究生教学书系)

7—5036—3865—6

犯罪学要论 / 张旭著. —北京: 法律出版社,2003

7—5036—4230—0

法治的层次 / 吴玉章著. —北京: 清华大学出版社,2002(法治研究系列)

7—302—06065—7

万民法: 公共理性观念新论 / (美)约翰·罗尔斯著;张晓辉等译. —长春: 吉林人民出版社,2001(人文译丛)

7—206—03638—4

紧急状态法律制度研究 / 郭春明著. —北京: 中国检察出版社,2004

7—80185—274—5

法治秩序的建构 / 季卫东著. —北京: 中国政

法大学出版社,1999

7—5620—1801—4

中国宪法学 / 郭学德主编. —北京: 中共中央党校出版社,2004

7—5035—3028—6

物业管理法 / 夏善胜编. —北京: 法律出版社,2003(房地产法理论与实务丛书)

7—5036—4091—X

开放的政府: 政府信息公开法律制度研究 / 张明杰著. —北京: 中国政法大学出版社,2003(中青年法学文库)

7—5620—2523—1

我国不动产法律问题专论 / 关涛著. —北京: 人民法院出版社,1999

7—80056—809—1

宏观调控法研究 / 漆多俊主编. —北京: 中国方正出版社,2002(经济法专题研究丛书)

7—80107—521—8

外资并购中国企业的法律分析 / 叶军著. —北京: 法律出版社,2004

7—5036—4665—9

合伙企业法 / 卞耀武著. —北京: 中国财政经济出版社,1997

7—5005—3460—4

土地法 / 王小莉编. —北京: 法律出版社,2003(房地产法理论与实务丛书)

7—5036—4091—X

劳动法和社会保障法 / 黎建飞编著. —北京: 中国人民大学出版社,2003(现代远程教育系列教材)

7—300—04319—4

法律科学的悖论 / (美)本杰明. N. 卡多佐著;董炯,彭冰译. —北京: 中国法制出版社,2002(西

方法哲学文库）

7—80182—023—1

婚姻家庭继承法 / 张贤钰主编.—北京：法律出版社，1999

7—5036—2722—0

民事优先权研究 / 蔡福华著.—北京：人民法院出版社，2000

7—80161—056—3

中国新刑法理论研究 / 樊凤林，周其华，陈兴良主编.—北京：人民法院出版社，1997

7—80056—628—5

刑法中的人格问题研究 / 翟中东著.—北京：中国法制出版社，2003

7—80182—027—4

香港刑法纲要 / 赵秉志主编.—北京：北京大学出版社，1996（香港刑法纲要）

7—301—03194—7

职务犯罪研究 / 钱大群，孙国祥主编.—南京：南京大学出版社，1996（南京大学法学文库）

7—305—02869—X

中国法制史 / 张剑主编.—北京：西苑出版社，2000（全国高等教育法律专业自学考试"四点"丛书）

7—80108—314—8

刑法概说：各论 / （日）大冢仁著；冯军译.—北京：中国人民大学出版社，2003（当代外国刑法教科书精品译丛）

7—300—04419—0

侵权法 / 冯兴俊译.—武汉：武汉大学出版社，2003（最新不列颠法律袖珍读本）

7—307—03804—8

罗马私法导论 / 黄风著.—北京：中国政法大学出版社，2003（法律人丛书）

7—5620—2457—X

法学阶梯 / （古罗马）盖尤斯著；黄风译.—北京：中国政法大学出版社，1996（罗马法研究翻译系列）

7—5620—1477—9

论共和国 / （古罗马）西塞罗著；王焕生译.—北京：中国政法大学出版社，1997（罗马法研究翻译系列）

7—5620—1439—6

民法法系的演变及形成 / （美）艾伦·沃森著；李静冰，姚新华译.—北京：中国法制出版社，2005（外国法学名著）

7—80182—384—2

法律与资本主义的兴起 / （美）泰格，利维著；纪琨译.—上海：学林出版社，1996（现代化冲击下的世界丛书）

7—80616—146—5

资本主义的法律基础 / （美）约翰.R.康芒斯著；寿勉成译.—北京：商务印书馆，2003

7—100—03484—1

计算机与法律 / 孙铁成编著.—北京：法律出版社，1998

7—5036—2423—X

法益初论 / 张明楷著.—北京：中国政法大学出版社，2000（中青年法学文库）

7—5620—1999—1

法律与理性：法的现代性问题解读 / 葛洪义著.—北京：法律出版社，2001（法学研究文集）

7—5036—3412—X

法律语言学研究 / 刘蔚铭著.—北京：中国经济出版社，2003

7—5017—6081—0

比较法研究 / 沈宗灵著.—北京：北京大学出

版社,1998(比较法学丛书)

　　7—301—03550—0

　　比较法 / (日)大木雅夫著;范愉译. —北京:法律出版社,1999(早稻田大学·日本法学丛书)

　　7—5036—2760—3

　　中西法文化的暗合与差异 / 范忠信著. —北京:中国政法大学出版社,2001(中青年法学文库)

　　7—5620—2183—X

　　比较法律文化:法典法与判例法 / 董茂云著. —北京:中国人民公安大学出版社,2000

　　7—81059—438—9

　　法律发达史 / (美)莫理斯著;王学文译;姚秀兰点校. —北京:中国政法大学出版社,2003(中国近代法学译丛)

　　7—5620—2272—0

　　分析实证主义法学 / 李桂林,徐爱国著. —武汉:武汉大学出版社,2000

　　7—307—02980—4

　　制度法论 / (英)尼尔·麦考密克,(奥)奥塔·魏因贝格尔著;周叶谦译. —修订版. —北京:中国政法大学出版社,2004(当代法学名著译丛)

　　7—5620—1304—7

　　中国法学史 / 何勤华著. —北京:法律出版社,2000(当代中国法学文库)

　　7—5036—3105—8

　　中国法律传统的基本精神 / 范忠信著. —济南:山东人民出版社,2001(法理文库)

　　7—209—02664—9

　　礼与法:法的历史连接:构建与解析中国传统法 / 马小红著. —北京:北京大学出版社,2004(法史论丛)

　　7—301—07517—0

　　中国近代的宪政思潮 / 王人博著. —北京:法

律出版社,2003(西南政法大学学子学术文库)

　　7—5036—4433—8

　　道统与法统 / 俞荣根著. —北京:法律出版社,1999(中国法学家自选集)

　　7—5036—2575—9

　　西方法律思想史 / 严存生主编. —北京:法律出版社,2004(普通高等教育"十五"国家级规划教材)

　　7—5036—4725—6

　　西方法学史 / 何勤华著. —2版. —北京:中国政法大学出版社,1996(中青年法学文库)

　　7—5620—1460—4

　　公法与政治理论 / (英)马丁·洛克林著;郑戈译. —北京:商务印书馆,2002(公法名著译丛)

　　7—100—03402—7

　　西方法治主义的源与流 / 汪太贤著. —北京:法律出版社,2001

　　7—5036—3465—0

　　外国法制史 / 林榕年,叶秋华主编. —北京:中国人民大学出版社,2003(普通高等教育"十五"国家级规划教材)

　　7—300—04735—1

　　国际私法学 / 李双元主编;李双元等撰稿. —北京:北京大学出版社,2000(21世纪法学系列教材·基础课系列)

　　7—301—04776—2

　　宪法与制度创新 / 朱福惠著. —北京:法律出版社,2000(中国法学博士文丛)

　　7—5036—3186—4

　　权利及其维护:一种交易成本观点 / 陈舜著. —北京:中国政法大学出版社,1999(中青年法学文库)

　　7—5620—1889—8

外国宪法 / 韩大元主编. —北京:中国人民大学出版社,2000(21 世纪法学系列教材)

  7—300—03422—5

宪政新论:全球化时代的法与社会变迁 / 季卫东著. —北京:北京大学出版社,2002(法学论丛;民商法系列)

  7—301—05521—8

现代宪法的逻辑基础 / 莫纪宏著. —北京:法律出版社,2001(现代大学宪法丛书)

  7—5036—3519—3

宪法比较研究 / 李步云主编. —北京:法律出版社,1998

  7—5036—2498—1

宪政通论 / 白钢,林广华著. —北京:社会科学文献出版社,2005

  7—80190—516—4

宪法学说 / (德)卡尔·施米特著;刘锋译. —上海:上海人民出版社,2005(施米特文集)

  7—208—05596—3

宪政经济学 / (澳)杰佛瑞·布伦南,(美)詹姆斯. M. 布坎南著;冯克利等译. —北京:中国社会科学出版社,2004(西方现代思想丛书)

  7—5004—4262—9

比较宪法 / 王世杰,钱端升著. —北京:中国政法大学出版社,1997(二十世纪中华法学文丛)

  7—5620—1634—8

地理信息共享法研究 / 何建邦等著. —北京:科学出版社,2000(地理信息共享丛书)

  7—03—008992—8

行政程序法立法研究 / 应松年主编. —北京:中国法制出版社,2001(行政程序法研究)

  7—80083—773—4

走入教育法制的深处:论教育权的演变 / 秦

惠民著. —北京:中国人民公安大学出版社,1998

  7—81059—229—7

执法与处罚的行政权重构 / 关保英著. —北京:法律出版社,2004(行政法学系列丛书)

  7—5036—4601—2

信息法学 / 马海群主编. —北京:科学出版社,2002(21 世纪信息管理丛书)

  7—03—010800—0

政府责任论 / 王成栋著. —北京:中国政法大学出版社,1999(蓟门法苑)

  7—5620—1794—8

论行政指导 / 郭润生,宋功德著. —北京:中国政法大学出版社,1999(蓟门法苑)

  7—5620—1749—2

受教育权论 / 龚向和著. —北京:中国人民公安大学出版社,2004(宪政中国论丛)

  7—81087—589—2

行政法专题研究 / 胡锦光,杨建顺,李元起著. —北京:中国人民大学出版社,1998(中国人民大学硕士研究生系列教材)

  7—300—02684—2

现代行政法的平衡理论 / 罗豪才主编. —北京:北京大学出版社,1997

  7—301—03410—5

论具体行政行为 / 方世荣著. —武汉:武汉大学出版社,1996

  7—307—02163—3

行政法的私权文化与潜能 / 关保英著. —济南:山东人民出版社,2003(公法研究)

  7—209—03235—5

行政强制法研究 / 胡建淼著. —北京:法律出版社,2003(行政强制法研究丛书)

  7—5036—4036—7

医疗损害赔偿立法研究 / 龚赛红著. —北京：法律出版社,2001(中国民商法专题研究丛书)

7—5036—3450—2

论行政相对人 / 方世荣著. —北京：中国政法大学出版社,2000(中青年法学文库)

7—5620—1993—2

比较行政程序法 / 应松年主编;王万华,高家伟撰稿. —北京：中国法制出版社,1999

7—80083—519—7

应急法制论：突发事件应对机制的法律问题研究 / 韩大元,莫于川主编. —北京：法律出版社,2005

7—5036—5523—2

社会保障法研究 / 史探径主编. —北京：法律出版社,2000

7—5036—0445—X

比较国家赔偿法 / 刘静仑著. —北京：群众出版社,2001

7—5014—2631—7

行政程序法研究 / 王万华著. —北京：中国法制出版社,2000

7—80083—757—2

行政程序法论 / 金国坤著. —北京：中国检察出版社,2002

7—80086—981—4

法治政府建构论：依法行政理论与实践研究 / 文正邦主编. —北京：法律出版社,2002

7—5036—3621—1

票据权利研究 / 赵威著. —北京：法律出版社,1997(商事法专题研究文库)

7—5036—2211—3

公司法理论与判决研究 / 刘连煜著. —北京：法律出版社,2002(商事法专题研究文库)

7—5036—3983—0

金融监管法论：以银行法为中心的研究 / 张忠军著. —北京：法律出版社,1998(中国法学博士文丛)

7—5036—2480—9

中央银行法律制度研究 / 陈晓著. —北京：法律出版社,1997(中国民商法专题研究丛书)

7—5036—2106—0

信托制度的比较法研究 / 周小明著. —北京：法律出版社,1996(中国民商法专题研究丛书)

7—5036—1805—1

国际贸易中银行担保法律问题研究 / 笪恺著. —北京：法律出版社,2000(中国民商法专题研究丛书)

7—5036—3040—X

证券市场法律监管比较研究 / 李朝晖著. —北京：人民出版社,2000

7—01—003360—9

保险法 / 陈欣著. —北京：北京大学出版社,2000(21世纪法学系列教材·民商法系列)

7—301—04603—0

信托法学 / 周玉华主编;司法部法学教材编辑部编审. —北京：中国政法大学出版社,2001(高等政法院校规划教材)

7—5620—2149—X

信用证法律与实务研究 / 徐冬根著. —北京：北京大学出版社,2005(国际金融法论丛)

7—301—09076—5

金融集团法律问题研究 / 杨勇著. —北京：北京大学出版社,2004(国际金融法论丛)

7—301—07760—2

电子资金划拨法律问题研究 / 刘颖著. —北京：法律出版社,2001(中国民商法专题研究丛书)

7—5036—3470—7

票据法律制度比较研究 / 汪世虎著. —北京：法律出版社,2003

7—5036—4306—4

电子货币与法律 / 唐应茂著. —北京：法律出版社,2002

7—5036—3545—2

电子商务法 / 李双元,王海浪著. —北京大学出版社,2004(21 世纪法学系列教材·民商法系列)

7—301—07887—0

经济法总论 / 史际春,邓峰著. —北京：法律出版社,1998(九五规划高等学校法学教材)

7—5036—2557—0

英美公司董事法律制度研究 / 张开平著. —北京：法律出版社,1998(商事法专题研究文库)

7—5036—2314—4

企业集团法理研究 / 吴越著. —北京：法律出版社,2003(商事法专题研究文库)

7—5036—4336—6

公司的社会责任 / 刘俊海著. —北京：法律出版社,1999(商事法专题研究文库)

7—5036—2496—5

国际反倾销法 / 高永富,张玉卿主编. —上海：复旦大学出版社,2001(新编法学系列教材)

7—309—02913—5

法律的不确定性：反垄断法规则分析 / 沈敏荣著. —北京：法律出版社,2001(中国民商法专题研究丛书)

7—5036—3264—X

竞争法研究 / 王晓晔著. —北京：中国法制出版社,1999

7—80083—631—2

国际经济中的倾销与反倾销 / 卜海著. —北京：中国经济出版社,2001

7—5017—5225—7

国际产品责任法 / 赵相林,曹俊主编. —北京：中国政法大学出版社,2000

7—5620—2005—1

经济法学原理 / 刘瑞复著. —北京：北京大学出版社,2000(21 世纪法学系列教材)

7—301—04740—1

正义 / 司法的经济学 / （美）理查德. A. 波斯纳著；苏力译. —北京：中国政法大学出版社,2002(波斯纳文丛)

7—5620—2041—8

经济法理念与范畴的解析 / 单飞跃著. —北京：中国检察出版社,2002(当代经济法文丛)

7—80185—019—X

经济法基础理论专题研究 / 王全兴著. —北京：中国检察出版社,2002(当代经济法文丛)

7—80185—020—3

经济法理论的重构 / 张守文著. —北京：人民出版社,2004(法学名家经典系列丛书)

7—01—004315—9

竞争法学 / 种明钊主编. —北京：高等教育出版社,2002(面向 21 世纪课程教材)

7—04—011527—1

公司法学 / 赵旭东主编. —北京：高等教育出版社,2003(面向 21 世纪课程教材)

7—04—013120—X

公司法人格否认法理研究 / 朱慈蕴著. —北京：法律出版社,1998(商事法专题研究文库)

7—5036—2538—4

关联企业法律问题研究 / 施天涛著. —北京：法律出版社,1998(中国法学博士文丛)

7—5036—2505—8

反垄断法研究：从制度到一般理论 / 曹士兵著.—北京：法律出版社,1996(中国民商法专题研究丛书)

7—5036—1806—X

企业合并中的反垄断问题 / 王晓晔著.—北京：法律出版社,1996(中国民商法专题研究丛书)

7—5036—1854—X

产品责任法律制度比较研究 / 刘文绮著.—北京：法律出版社,1997(中国民商法专题研究丛书)

7—5036—2238—5

交易安全与中国民商法 / 江帆,孙鹏主编；江帆等撰稿.—北京：中国政法大学出版社,1997

7—5620—1536—8

公司法原理 / 徐燕著.—北京：法律出版社,1997

7—5036—2252—0

公司法要论 / 孔祥俊著.—北京：人民法院出版社,1997

7—80056—589—0

经济法的法学与法经济学分析 / 吕忠梅,刘大洪著.—北京：中国检察出版社,1998

7—80086—547—9

破产重整制度研究 / 李永军著.—北京：中国人民公安大学出版社,1996

7—81011—802—1

经济法理论研究新视点 / 蒋安著.—北京：中国检察出版社,2002(当代经济法文丛)

7—80185—022—X

人力资本出资问题研究 / 李友根编.—北京：中国人民大学出版社,2004(法律科学文库)

7—300—05415—3

反垄断的经济学分析 / 王传辉著.—北京：中国人民大学出版社,2004(法律科学文库)

7—300—05800—0

公司法的经济结构 / (美)弗兰克·伊斯特布鲁克,丹尼尔·费希尔著；张建伟,罗培新译.—北京：北京大学出版社,2005(法与经济学译丛)

7—301—08348—3

中国反垄断法研究 / 季晓南主编.—北京：人民法院出版社,2001(反垄断法研究系列丛书)

7—80161—076—8

中外反垄断法实施体制研究 / 刘宁元主编.—北京：北京大学出版社,2005(国际经济法论丛)

7—301—09976—2

滥用与规制：反垄断法对企业滥用市场优势地位行为之规制 / 文学国著.—北京：法律出版社,2003(商事法专题研究文库)

7—5036—4335—8

论股东表决权：以公司控制权争夺为中心展开 / 梁上上著.—北京：法律出版社,2005(商事法专题研究文库)

7—5036—5600—X

重思公司资本制原理 / 傅穹著.—北京：法律出版社,2004(商事法专题研究文库)

7—5036—5131—8

一人公司详论 / 赵德枢著.—北京：中国人民大学出版社,2004(台湾法学研究精要丛书)

7—300—05720—9

公司法比较研究 / 毛亚敏著.—北京：中国法制出版社,2001

7—80083—850—1

票据法新论 / 梁宇贤著.—修订新版.—北京：中国人民大学出版社,2004

7—300—05050—6

反倾销会计 / 袁磊著. —北京：中国财政经济出版社,2004(会计新视野丛书)

7—5005—7454—1

票据法研究 / 郑孟状著. —北京：北京大学出版社,1999

7—301—04214—0

当代外国公司法 / 卞耀武主编. —北京：法律出版社,1995

7—5036—1600—8

破产程序和破产法实体制度比较研究 / 邹海林著. —北京：法律出版社,1995(中国民商法专题研究丛书)

7—5036—1606—7

股东有限责任：现代公司法律之基石 / 虞政平著. —北京：法律出版社,2001

7—5036—3475—8

公司治理与公司社会责任 / 刘连煜著. —北京：中国政法大学出版社,2001

7—5620—2184—8

论电子商务之法律问题：以网络交易为中心 / 万以娴著. —北京：法律出版社,2001

7—5036—3406—5

土地上的权利群研究 / 崔建远著. —北京：法律出版社,2004(名师书架)

7—5036—5031—1

外国劳动法和社会保障法 / 王益英主编. —北京：中国人民大学出版社,2001

7—300—03687—2

生态主义法哲学 / 郑少华著. —北京：法律出版社,2002(生态与法律专题研究丛书)

7—5036—3837—0

环境法新视野 / 吕忠梅著. —北京：中国政法大学出版社,2000(中青年法学文库)

7—5620—1982—7

生态环境法论 / 周珂著. —北京：法律出版社,2001

7—5036—3310—7

环境法学基本理论 / 陈泉生等著. —北京：中国环境科学出版社,2004(环境法学系列专著)

7—80163—965—0

环境权：环境法学的基础研究 / 徐祥民,田其云等著. —北京：北京大学出版社,2004(经济法论丛)

7—301—07655—X

环境政策法律问题研究 / 蔡守秋著. —武汉：武汉大学出版社,1999

7—307—02678—3

沟通与协调之途：论公民环境权的民法保护 / 吕忠梅著. —北京：中国人民大学出版社,2005(21世纪法学研究生参考书系列)

7—300—06007—2

环境法律的理念与价值追求：环境立法目的论 / 汪劲著. —北京：法律出版社,2000(北大法学文丛)

7—5036—2854—5

公众参与环境影响评价制度研究 / 李艳芳著. —北京：中国人民大学出版社,2004(理念·实践·创新丛书)

7—300—05422—6

比较环境法 / 肖剑鸣著. —北京：中国检察出版社,2001

7—80086—945—8

未成年人法学 / 佟丽华著. —北京：中国民主法制出版社,2001

7—80078—536—X

社区研究：社区建设与社区发展 / 奚从清

著.—北京:华夏出版社,1996

7—5080—0813—8

物权变动论 / 王轶著.—北京:中国人民大学出版社,2001(法律科学文库)

7—300—03759—3

非诉讼纠纷解决机制研究 / 范愉著.—北京:中国人民大学出版社,2000(法律科学文库)

7—300—03487—X

民法的精神 / 姚辉著.—北京:法律出版社,1999(法学学术随笔)

7—5036—2310—1

财产与自由 / (美)詹姆斯·布坎南著;韩旭译.—北京:中国社会科学出版社,2002(公共译丛)

7—5004—3561—4

产权的缔约分析 / (美)利贝卡普著;陈宇东等译.—北京:中国社会科学出版社,2001(哈佛剑桥经济学著作译丛)

7—5004—3122—8

英美代理法研究 / 徐海燕著.—北京:法律出版社,2000(中国民商法专题研究丛书)

7—5036—3094—9

抵押权制度研究 / 许明月著.—北京:法律出版社,1998(中国民商法专题研究丛书)

7—5036—2494—9

民法解释学 / 梁慧星著.—北京:中国政法大学出版社,1995(中青年法学文库)

7—5620—0993—7

信息网络传播权研究 / 乔生著.—北京:法律出版社,2004

7—5036—5154—7

知识经济与知识产权法 / 张乃根,陆飞主编.—上海:复旦大学出版社,2000

7—309—02532—6

格式合同研究 / 杜军著.—北京:群众出版社,2001

7—5014—2491—8

知识产权与国际贸易 / 郑成思著.—北京:人民出版社,1995

7—01—002122—8

现代民法学 / 余能斌,马俊驹主编.—武汉:武汉大学出版社,1995

7—307—02113—7

代理法律制度研究 / 江帆著.—北京:中国法制出版社,2000

7—80083—725—4

西方诸国著作权制度研究 / 吴汉东等著.—北京:中国政法大学出版社,1998

7—5620—1713—1

民法物权论 / 谢在全著.—北京:中国政法大学出版社,1999

7—5620—1757—3

债法总论 / 张广兴著;司法部法学教材编辑部编审.—北京:法律出版社,1997("九五"规划高等学校法学教材·民商法系列)

7—5036—2002—1

比较侵权法 / 李仁玉著.—北京:北京大学出版社,1996(比较法学丛书)

7—301—03186—6

比较民法学 / 李双元,温世扬主编.—武汉:武汉大学出版社,1998(比较法研究丛书)

7—307—02599—X

亲属法论 / 史尚宽著.—北京:中国政法大学出版社,2000(二十世纪中华法学文丛)

7—5620—1947—9

民法要义／梅仲协著.—北京：中国政法大学出版社,1998（二十世纪中华法学文丛）
7—5620—1629—1

知识产权法／张玉敏主编；马海生等撰稿.—北京：法律出版社,2005（高等学校法学核心课程教材系列）
7—5036—5632—8

民法学／郑立,王作堂主编；王忠等撰稿.—2版.—北京：北京大学出版社,1995（高等学校文科教材）
7—301—02870—9

民法哲学论稿／李锡鹤著.—上海：复旦大学出版社,2000（华东政法学院民商法丛书）
7—309—02443—5

民法原论／马俊驹,余延满著.—北京：法律出版社,1998（九五规划高等学校法学教材）
7—5036—2419—1

产权通论／刘伟,李风圣著.—北京：北京出版社,1998（跨世纪青年学者文库）
7—200—03278—6

知识产权法哲学初论／龙文懋著.—北京：人民出版社,2003（新世纪学术文丛）
7—01—003954—2

知识产权法的经济分析／刘茂林著.—北京：法律出版社,1996（中国民商法专题研究丛书）
7—5036—1969—4

现代侵权损害赔偿研究／刘士国著.—北京：法律出版社,1998（中国民商法专题研究丛书）
7—5036—2328—4

现代建筑物区分所有权制度研究／陈华彬著.—北京：法律出版社,1995（中国民商法专题研究丛书）
7—5036—1637—7

二十世纪契约法／傅静坤著.—北京：法律出版社,1997（中国民商法专题研究丛书）
7—5036—2060—9

违约责任及其比较研究／叶林著.—北京：中国人民大学出版社,1997（中国人民大学博士文库）
7—300—02310—X

违约责任论／王利明著.—修订版.—北京：中国政法大学出版社,2000（中青年法学文库）
7—5620—1212—1

财产权构造的基础分析／梅夏英著.—北京：人民法院出版社,2002（中青年民商法文丛）
7—80161—335—X

契约文明：法治文明的源与流／蒋先福著.—上海：上海人民出版社,1999
7—208—03086—3

著作权法原理／韦之著.—北京：北京大学出版社,1998
7—301—03688—4

合同法论／隋彭生著.—北京：法律出版社,1997
7—5036—2148—6

高新技术知识产权保护新论／王兵主编.—北京：中国法制出版社,2002
7—80083—823—4

合同法原理／李永军著.—北京：中国人民公安大学出版社,1999
7—81059—360—9

民法理论与问题研究／林诚二著.—北京：中国政法大学出版社,2000
7—5620—1921—5

物权法理论评析与思考／尹田著.—北京：中国人民大学出版社,2004（21世纪法学研究生参考书系列）

7—300—05542—7

民法学 / 江平主编. —北京：中国政法大学出版社,2000

7—5620—1917—7

担保物权法比较研究 / 陈本寒著. —武汉：武汉大学出版社,2003(比较法研究丛书)

7—307—03837—4

债法总论 / 史尚宽著. —北京：中国政法大学出版社,2000(二十世纪中华法学文丛)

7—5620—1945—2

个人资料保护法原理及其跨国流通法律问题研究 / 齐爱民主编. —武汉：武汉大学出版社,2004(二十一世纪最新行政立法研究丛书)

7—307—04269—X

财产法的经济分析 / 彭汉英著. —北京：中国人民大学出版社,2000(法律科学文库)

7—300—03397—0

契约的再生 / (日)内田贵著;胡宝海译. —北京：中国法制出版社,2005(法学名篇小文丛)

7—80182—385—0

知识产权制度的理性与绩效分析 / 刘华著. —北京：中国社会科学出版社,2004(民商法文丛)

7—5004—4456—7

私法自治中的经济理性 / 苏永钦著. —北京：中国人民大学出版社,2004(台湾法学研究精要丛书)

7—300—05236—3

网络侵权行为法 / 屈茂辉,凌立志著. —长沙：湖南大学出版社,2002(网络法丛书)

7—81053—456—4

诚实信用原则研究 / 徐国栋著. —北京：中国人民大学出版社,2002(徐国栋作品系列)

7—300—04376—3

物权变动研究 / 肖厚国著. —北京：法律出版社,2002(中国民商法专题研究丛书)

7—5036—3682—3

让与担保法律制度研究 / 王闯著. —北京：法律出版社,2000(中国民商法专题研究丛书)

7—5036—3036—1

专利权的保护 / 尹新天著. —2 版. —北京：知识产权出版社,2005

7—80198—179—0

无形财产权制度研究 / 吴汉东,胡开忠著. —修订版. —北京：法律出版社,2005

7—5036—5272—1

地理标志知识产权制度研究：构建以利益分享为基础的权利体系 / 董炳和著. —北京：中国政法大学出版社,2005

7—5620—2771—4

合同法热点问题研究 / 孙鹏著. —北京：群众出版社,2001

7—5014—2490—X

知识产权制度挑战与对策 / 吕薇等著. —北京：知识产权出版社,2004

7—80011—766—9

商业秘密法学 / 张玉瑞著. —北京：中国法制出版社,1999

7—80083—630—4

知识产权法前沿问题研究 / 冯晓青主编. —北京：中国人民公安大学出版社,2004

7—81087—834—4

知识产权学术前沿问题研究 / 南振兴,刘春霖著. —北京：中国书籍出版社,2003

7—5068—1065—4

产品责任论 / 刘静著. —北京：中国政法大学出版社,2000

7—5620—0029—8

非营利法人治理结构研究 / 金锦萍著. —北京：北京大学出版社，2005（民商法论丛）
7—301—09347—0

数字图书馆版权保护导论 / 秦珂著. —北京：气象出版社，2005（21世纪初图书馆理论与实践前沿领域）
7—5029—4040—5

网络环境下的著作权与数字图书馆 / 肖燕著. —北京：北京图书馆出版社，2002
7—5013—1920—0

婚姻家庭法新论：比较研究与展望 / 巫昌祯主编. —北京：中国政法大学出版社，2002（朝阳法学丛书）
7—5620—0932—5

商法总论 / 赵中孚主编；王彦吉，王景翰等撰稿. —北京：中国人民大学出版社，1999
7—300—02993—0

商业秘密法论 / 吕鹤云等著. —武汉：湖北人民出版社，2000
7—216—02945—3

商法学 / 覃有土主编. —北京：高等教育出版社，2004
7—04—013128—5

知识产权与世界贸易 / 叶京生，董巧新著. —上海：立信会计出版社，2002
7—5429—0966—5

刑罚理性评论：刑罚的正当性反思 / 邱兴隆著. —北京：中国政法大学出版社，1999（刑罚理性四部曲）
7—5620—1722—0

刑法总论 / （日）野村稔著；全理其，何力译. —北京：法律出版社，2001（早稻田大学日本法学丛书）
7—5036—3064—7

刑事政策学 / 何秉松主编. —北京：群众出版社，2002（中国刑事法学研究丛书）
7—5014—2672—4

法人犯罪与刑事责任 / 何秉松主编；何秉松，李忠武，蔡俊著. —2版. —北京：中国法制出版社，2000
7—80083—068—3

数字化犯罪 / （英）尼尔·巴雷特著；郝海洋译. —沈阳：辽宁教育出版社，1998
7—5382—5308—4

金融犯罪研究 / 白建军主编；王新等著. —北京：法律出版社，2000
7—5036—2963—0

正当行为论 / 王政勋著. —北京：法律出版社，2000
7—5036—3107—4

证券犯罪与证券违规违法 / 顾肖荣主编. —北京：中国检察出版社，1998
7—80086—575—4

刑罚学 / 邱兴隆，许章润著. —北京：中国政法大学出版社，1999
7—5620—1764—6

刑法的精神 / 陈正云著. —北京：中国方正出版社，1999（博士文库）
7—80107—323—1

逮捕论 / 孙谦著. —北京：法律出版社，2001（当代中国法学文库）
7—5036—3337—9

刑法的基本立场 / 张明楷著. —北京：中国法制出版社，2002（法学文库）
7—80083—918—4

刑法理念导读 / 陈兴良著. —北京：法律出版社,2003(高级检察官资格培训教材)

7—5036—4328—5

刑法学 / 高铭暄,马克昌主编. —北京：北京大学出版社,2000(面向21世纪课程教材)

7—301—04606—5

刑事责任的一般理论 / 王晨著. —武汉：武汉大学出版社,1998(武汉大学刑法学博士文库)

7—307—02666—X

结果加重犯基本理论研究 / 李邦友著. —武汉：武汉大学出版社,2001(武汉大学刑法学博士文库)

7—307—03277—5

犯罪过失研究 / 林亚刚著. —武汉：武汉大学出版社,2000(武汉大学刑法学博士文库)

7—307—02971—5

刑罚价值论 / 谢望原著. —北京：中国检察出版社,1999(刑法精品文库)

7—80086—609—2

刑法的基本观念 / 张小虎著. —北京：北京大学出版社,2004(刑法与刑诉法论丛)

7—301—07525—1

法定刑研究：罪刑均衡的建构与实现 / 周光权著. —北京：中国方正出版社,2000(刑事法文库)

7—80107—434—3

注意义务研究 / 周光权著. —北京：中国政法大学出版社,1998(刑事法学研究丛书)

7—5620—1656—9

间接正犯研究 / 林维著. —北京：中国政法大学出版社,1998(刑事法学研究丛书)

7—5620—1657—7

刑法解释论 / 李希慧著. —北京：中国人民公安大学出版社,1995(刑事法研究丛书)

7—81011—746—7

罚金刑研究 / 孙力著. —北京：中国人民公安大学出版社,1995(刑事法研究丛书)

7—81011—744—0

刑罚通论 / 马克昌主编. —2版. —武汉：武汉大学出版社,1999

7—307—02681—3

刑法原理入门：犯罪论基础 / 李海东著. —北京：法律出版社,1998

7—5036—2378—0

关于惩罚的哲学：刑罚根据论 / 邱兴隆著. —北京：法律出版社,2000

7—5036—3307—7

刑事责任要义 / 张文等著. —北京：北京大学出版社,1997

7—301—03322—2

刑事一体化与关系刑法论 / 储槐植著. —北京：北京大学出版社,1997

7—301—03321—4

行政违法研究 / 朱新力著. —杭州：杭州大学出版社,1999

7—81069—009—4

刑事责任通论 / 张智辉著. —北京：警官教育出版社,1995

7—81027—684—0

各国刑法比较研究 / 朱华荣主编. —武汉：武汉出版社,1995

7—5430—1423—8

刑法的经济分析 / 陈正云著. —北京：中国法制出版社,1997

7—80083—381—X

资格刑研究 / 吴平著.—北京：中国政法大学出版社,2000

7—5620—1990—8

死刑通论 / 胡云腾著.—北京：中国政法大学出版社,1995

7—5620—1165—6

比较刑法学原理：外国刑法学总论 / 马克昌著.—武汉：武汉大学出版社,2002(比较法研究丛书)

7—307—03649—5

刑事政策：立场与范畴 / 梁根林著.—北京：法律出版社,2005(梁根林刑事政策研究系列)

7—5036—5281—0

死刑限制论 / 钊作俊著.—武汉：武汉大学出版社,2001(武汉大学刑法学博士文库)

7—307—03343—7

不作为犯研究 / 黎宏著.—武汉：武汉大学出版社,1997(武汉大学刑法学博士文库)

7—307—02394—6

刑法中的正当化行为 / 田宏杰著.—北京：中国检察出版社,2004(刑法精品文库)

7—80185—100—5

财产刑研究 / 马登民,徐安住著.—北京：中国检察出版社,1999(刑法精品文库)

7—80086—595—9

累犯制度比较研究 / 苏彩霞著.—北京：中国人民公安大学出版社,2002(刑事法律科学文库)

7—81087—075—0

刑罚消灭制度研究 / 于志刚著.—北京：法律出版社,2002(刑事法律科学文库.13)

7—5036—3833—8

单位犯罪比较研究 / 赵秉志主编;万云峰等撰稿.—北京：法律出版社,2004(刑事法律科学文

库·当代新型犯罪比较研究)

7—5036—4862—7

死刑的全球考察 / (英)罗吉尔·胡德;刘仁文,周振杰译.—北京：中国人民公安大学出版社,2005(刑事法学译丛)

7—81087—972—3

理性主义与刑法模式：犯罪概念研究 / 冯亚东著.—北京：中国政法大学出版社,1999(中青年法学文库)

7—5620—1771—9

人格刑法导论 / 项目主持人张文;项目参加人张文,刘艳红,甘怡群.—北京：法律出版社,2005

7—5036—5282—9

控制洗钱及相关犯罪法律问题研究 / 邵沙平等著.—北京：人民法院出版社,2003

7—80161—579—4

支付交易与反洗钱 / 梁英武主编.—北京：中国金融出版社,2003

7—5049—3077—6

刑事政策的价值分析 / 侯宏林著.—北京：中国政法大学出版社,2005

7—5620—2745—5

刑法中的期待可能性论 / 童德华著.—北京：中国政法大学出版社,2004

7—5620—2506—1

开放的犯罪构成要件理论研究 / 刘艳红著.—北京：中国政法大学出版社,2002

7—5620—0943—0

计算机犯罪比较研究 / 赵秉志,于志刚著.—北京：法律出版社,2004(刑事法律科学文库·当代新型犯罪比较研究)

7—5036—4917—8

社会冲突与诉讼机制 / 顾培东著.—修订

版.—北京：法律出版社,2004

7—5036—4988—7

证据调查 / 何家弘主编.—2 版.—北京：中国人民大学出版社,2005(21 世纪法学系列教材)

7—300—06315—2

证明责任法研究 / 陈刚著.—北京：中国人民大学出版社,2000(法律科学文库)

7—300—03407—1

视听资料研究综述与评价 / 樊崇义,温小洁,赵燕编著.—北京：中国人民公安大学出版社,2002(诉讼法学文库)

7—81059—911—9

外国证据法选译.增补卷 / 何家弘,张卫平主编.—北京：人民法院出版社,2002(证据法研究与适用丛书)

7—80161—424—0

证人制度研究 / 何家弘主编;吴丹红,刘立霞,刘品新撰稿.—北京：人民法院出版社,2004

7—80161—809—2

诉讼证明原理 / 吴宏耀,魏晓娜著.—北京：法律出版社,2002(诉讼证据丛书)

7—5036—3754—4

证据学原理 / 陈浩然著.—上海：华东理工大学出版社,2002

7—5628—1328—0

证据学新论 / 宋世杰著.—北京：中国检察出版社,2002

7—80086—924—5

程序正义论 / 徐亚文著.—济南：山东人民出版社,2004(法理文库)

7—209—03391—2

程序的法理 / 孙笑侠著.—北京：商务印书馆,2005(浙大学术精品文丛)

7—100—04312—3

民事诉讼证据初论 / 田平安著.—北京：中国检察出版社,2002(二十一世纪法学热点系列)

7—80086—953—9

证券投资损害诉讼救济论：从起诉董事和高级职员的角度进行的研究 / 张明远著.—北京：法律出版社,2002(中国民商法专题研究丛书)

7—5036—3733—1

民事诉讼法理研究 / 邵明著.—北京：中国人民大学出版社,2004(法律科学文库)

7—300—05416—1

程序正义初论 / 田平安著.—北京：法律出版社,2003(西南政法大学学子学术文库)

7—5036—4453—2

环境纠纷解决机制研究 / 齐树洁,林建文主编;齐树洁等撰稿.—厦门：厦门大学出版社,2005(厦门大学法学院诉讼法学系列)

7—5615—2425—0

比较民事诉讼法 / 常怡主编.—北京：中国政法大学出版社,2002

7—5620—2289—5

外国民事诉讼制度研究 / 谭兵著.—北京：法律出版社,2003

7—5036—4240—8

民事诉讼程序价值论 / 肖建国著.—北京：中国人民大学出版社,2000(法律科学文库)

7—300—03472—1

刑事证明理论 / 卞建林主编.—北京：中国人民公安大学出版社,2004("证据立法研究"课题成果)

7—81087—717—8

刑事诉讼国际准则研究 / 谢佑平主编;谢佑平等撰稿.—北京：法律出版社,2002(法学研究文集)

7—5036—3736—6

刑事司法程序的一般理论 / 谢佑平著.—上海：复旦大学出版社,2003（法学专题系列）
7—309—03840—1

刑事诉讼效率论 / 李文健著.—北京：中国政法大学出版社,1999（刑事法学研究丛书）
7—5620—1736—0

刑事诉讼人权保障的运行机制研究 / 孙孝福著.—北京：法律出版社,2001（法学研究文集）
7—5036—3444—8

刑事诉讼原理导读 / 宋英辉著;国家检察官学院组织编写.—北京：法律出版社,2003（高级检察官资格培训教材）
7—5036—4326—9

刑事诉讼目的论 / 宋英辉著.—北京：中国人民公安大学出版社,1995（刑事法研究丛书）
7—81011—745—9

刑事辩护论 / 熊秋红著.—北京：法律出版社,1998（中国法学博士文丛）
7—5036—2460—4

刑事诉讼的理念 / 左卫民,周长军著.—北京：法律出版社,1999（法学学术随笔）
7—5036—2900—2

刑事证人证言论 / 王进喜著.—北京：中国人民公安大学出版社,2002（诉讼法学文库）
7—81059—982—8

刑事庭审制度研究 / 龙宗智著.—北京：中国政法大学出版社,2001（司法文丛）
7—5620—2095—7

沉默权制度研究 / 孙长永著.—北京：法律出版社,2001
7—5036—3553—3

刑事证据学 / 汪建成,刘广三著.—北京：群众出版社,2000（中国刑事法学研究丛书）
7—5014—2025—4

刑事强制措施制度研究 / 李忠诚著.—北京：中国人民公安大学出版社,1995（刑事法研究丛书）
7—81011—747—5

刑事程序问题研究 / 左卫民著.—北京：中国政法大学出版社,1999（中青年法学文库）
7—5620—1878—2

刑事审判监督程序研究 / 陈卫东著.—北京：法律出版社,2001
7—5036—3319—0

行政诉讼价值论 / 刘善春著.—北京：法律出版社,1998（中国法学博士文丛）
7—5036—2421—3

行政诉讼制度比较研究 / 王学辉主编.—北京：中国检察出版社,2004
7—80185—158—7

法律之内的正义：一个关于司法公正的法律实证主义解读 / 郑成良著.—北京：法律出版社,2002（国家法官学院司法审判研究中心法学文库）
7—5036—0927—3

司法正义论 / 杨一平著.—北京：法律出版社,1999
7—5036—2641—0

司法改革研究 / 王利明著.—北京：法律出版社,2000
7—5036—3011—6

当代司法体制研究 / 郭成伟,宋英辉主编.—北京：中国政法大学出版社,2002
7—5620—2076—0

法院独立审判问题研究 / 张慜,蒋惠岭著.—北京：人民法院出版社,1998（中国应用法学丛书）

7—80056—660—9

司法解释论 / 董皞著.—北京:中国政法大学出版社,1999(中青年法学文库)

7—5620—1729—8

检察权论 / 洪浩著.—武汉:武汉大学出版社,2001

7—307—03273—2

民事检察学 / 李忠芳,王开洞主编.—北京:中国检察出版社,1996

7—80086—415—4

律师业务与法医学 / 刘革新著.—北京:中国政法大学出版社,1996

7—5620—0110—3

监狱学总论 / 金鉴主编.—北京:法律出版社,1997(当代中国法学文库)

7—5036—2231—8

人格改造论 / 陈士涵著.—上海:学林出版社,2001

7—80668—022—5

有组织犯罪问题专论 / 高一飞著.—北京:中国政法大学出版社,2000(蓟门法苑)

7—5620—1924—X

新犯罪学 / 王牧主编;王牧,赵宝成,吴宗宪撰稿.—北京:高等教育出版社,2005(面向21世纪课程教材)

7—04—015346—7

实证派犯罪学 / (意)恩里科·菲利著;郭建安译.—北京:人民公安大学出版,2004(刑事法学译丛)

7—81087—509—4

犯罪构成原理 / 刘生荣著.—北京:法律出版社,1997(中国法学博士文丛)

7—5036—2258—X

计算机犯罪研究 / 李文燕主编;丁邡等撰稿.—北京:中国方正出版社,2001

7—80107—491—2

犯罪人论 / (意)切萨雷·龙勃罗梭著;黄风译.—北京:中国法制出版社,2000

7—80083—734—3

理论犯罪学:从现代到后现代 / (英)韦恩·莫里森著;刘仁文等译.—北京:法律出版社,2004

7—5036—4982—8

当代实证犯罪学新编:犯罪规律研究 / 周路主编.—北京:人民法院出版社,2004

7—80161—770—3

计算机犯罪与防范 / 杨力平编著.—北京:电子工业出版社,2002

7—5053—7051—0

毒品犯罪发展趋势与遏制对策 / 崔敏主编.—北京:警官教育出版社,1999

7—81062—148—3

城市犯罪分析与空间防控 / 王发曾著.—北京:群众出版社,2003

7—5014—2771—2

计算机犯罪问题研究 / 蒋平著.—北京:商务印书馆,2000

7—100—03110—9

犯罪构成系统论 / 何秉松著.—北京:中国法制出版社,1995

7—80083—268—6

德语国家的犯罪学研究 / 徐久生著.—北京:中国法制出版社,1999

7—80083—582—0

现代犯罪学的基本问题 / 张远煌著.—北京:中国检察出版社,1998

7—80086—549—5

犯罪既遂论 / 刘之雄著. —北京：中国人民公安大学出版社,2003

7—81087—379—2

犯罪学研究论要 / 皮艺军著. —北京：中国政法大学出版社,2001

7—5620—2052—3

犯罪心理学 / 刘邦惠主编. —北京：科学出版社,2004(21世纪心理学教材系列)

7—03—012452—9

犯罪行为心理学：理论、研究和实践 / （英）Ronald Blackburn著；吴宗宪,刘邦惠等译. —北京：中国轻工业出版社,2000(心理学丛书)

7—5019—2961—0

犯罪行为控制论 / 黎国智,马宝善主编；马宝善,杜军,黎国智撰稿. —北京：中国检察出版社,2002(二十一世纪法学热点系列)

7—80086—957—1

犯罪经济学 / 宋浩波著. —北京：中国人民公安大学出版社,2002

7—81087—099—8

刑事被害人问题研究：从诉讼角度的观察 / 杨正万著. —北京：中国人民公安大学出版社,2002

7—81087—059—9

中小学生被害人研究：带犯罪发展论 / 王大伟著. —北京：中国人民公安大学出版社,2003

7—81087—481—0

侦查学前沿问题研究 / 杨宗辉著. —北京：群众出版社,2002(21世纪公安科学文库)

7—5014—2746—1

刑事案件侦查 / 任惠华主编. —北京：法律出版社,2000(全国重点政法院校系列教材)

7—5036—3216—X

侦查程序与人权：比较法考察 / 孙长永著. —北京：中国方正出版社,2000(刑事法文库)

7—80107—430—0

物证技术学 / 徐立根主编. —2版. —北京：中国人民大学出版社,1999

7—300—02937—X

职务犯罪侦查学 / 朱孝清著. —北京：中国检察出版社,2004

7—80185—143—9

外国犯罪侦查制度 / 何家弘编著. —北京：中国人民大学出版社,1995

7—300—02089—5

刑事侦查制度原理 / 谢佑平,万毅著. —北京：中国人民公安大学出版社,2003

7—81087—161—7

侦查学原理 / 王传道编著. —北京：中国政法大学出版社,2001

7—5620—2049—3

中华指纹学 / 赵向欣主编. —北京：群众出版社,1997

7—5014—1322—3

侦查讯问学 / 胡关禄主编；胡关禄等撰稿. —北京：中国人民公安大学出版社,2004

7—81109—631—6

理化物证检验学 / 周学之主编. —北京：中国人民公安大学出版社,2002(中国刑事科学技术大全)

7—81059—858—9

中国司法鉴定制度研究 / 杜志淳,霍宪丹主编. —北京：中国法制出版社,2002

7—80083—950—8

工具痕迹学 / 张书杰编著. —北京：中国人民公安大学出版社,2002

7—81059—904—6

司法会计学 / 于朝著.—修订本.—北京:中国检察出版社,2004

7—80185—277—X

侦查与鉴定热点问题研究 / 邹明理著.—北京:中国检察出版社,2004

7—80185—255—9

现代法医学 / 郭景元主编.—北京:科学出版社,2000

7—03—007825—X

法医病理学 / 赵子琴主编.—3 版.—北京:人民卫生出版社,2004(普通高等教育十五国家级规划教材;全国高等学校教材)

7—117—06180—4

法医毒物分析 / 贺浪冲主编.—3 版.—北京:人民卫生出版社,2004(全国高等学校教材)

7—117—06189—8

法医损伤学 / 闵建雄编著.—北京:中国人民公安大学出版社,2001

7—81059—627—6

法医物证学 / 吴梅筠主编.—北京:人民卫生出版社,1998(高等医药院校教材)

7—117—02584—0

微量物证分析 / 王俭主编.—北京:警官教育出版社,1999

7—81062—099—1

法医 DNA 分析 / 郑秀芬编著.—北京:中国人民公安大学出版社,2002

7—81059—965—8

法医人类学 / 陈世贤主编;纪元等编.—北京:人民卫生出版社,1998

7—117—02937—4

规制与发展：第三部门的法律环境 / 苏力等著.—杭州:浙江人民出版社,1999(第三部门研究丛书)

7—213—01945—7

市场法治论 / 邱本著.—北京:中国检察出版社,2002(二十一世纪法学热点系列)

7—80086—915—6

价值重建与规范选择：中国法制现代化沉思 / 谢晖著.—济南:山东人民出版社,1998(法理文库)

7—209—02212—0

中国法律教育之路 / 贺卫方编.—北京:中国政法大学出版社,1997(法律文化研究中心文丛)

7—5620—1597—X

也许正在发生：转型中国的法学 / 苏力著.—北京:法律出版社,2004(法律与社会文丛)

7—5036—4875—9

立法听证研究 / 汪全胜著.—北京:北京大学出版社,2003(法学论丛·法理学系列)

7—301—06026—2

二十世纪的中国法学 / 李贵连主编.—北京:北京大学出版社,1998(现代法学学术丛书)

7—301—03690—6

中国法学专业教育教学改革与发展战略研究 / 曾宪义,张文显编.—北京:高等教育出版社,2002(新世纪高等教育教学改革工程;新世纪经济学类、法学、管理学类专业教育教学改革与发展战略研究)

7—04—011358—9

农民法律意识与农村法律发展：来自湖北农村的实证研究 / 郑永流等著.—北京:中国政法大学出版社,2004

7—5620—2548—7

社会主义法治论 / 孙国华主编.—北京:法律

出版社,2002

7—5036—3631—9

中国习惯法论 / 高其才著.—长沙：湖南出版社,1995

7—5438—0961—3

依法治国方略实施问题研究 / 李龙主编.—武汉：武汉大学出版社,2002

7—307—03429—8

论立法 / 李培传著.—北京：中国法制出版社,2004

7—80182—193—9

法治的社会根基 / 马长山著.—北京：中国社会科学出版社,2003

7—5004—3945—8

法治社会中的伦理秩序 / 李建华著.—北京：中国社会科学出版社,2004

7—5004—4552—0

法律信仰：中国语境及其意义 / 许章润等著.—桂林：广西师范大学出版社,2003(法意丛刊)

7—5633—4294—X

法治泛论 / 卓泽渊著.—北京：法律出版社,2001

7—5036—3402—2

法的时代呼唤 / 郭道晖著.—北京：中国法制出版社,1998

7—80083—468—9

法治与党的执政方式研究 / 张恒山等著.—北京：法律出版社,2004

7—5036—4764—7

中国的区际法律问题研究 / 黄进主编.—北京：法律出版社,2001

7—5036—3445—6

宪法学概论 / 肖蔚云等著.—北京：北京大学出版社,2002(21世纪法学系列教材·基础课系列)

7—301—05594—3

公民的基本权利 / 谢鹏程著.—北京：中国社会科学出版社,1999(中国人权利丛书)

7—5004—2568—6

中国违宪审查制度 / 王振民著.—北京：中国政法大学出版社,2004

7—5620—2551—7

中国宪法 / 许崇德主编.—2版修订本.—北京：中国人民大学出版社,1996

7—300—02212—X

跨入新世纪的中国宪法学：中国宪法学研究现状与评价 / 杨海坤主编.—北京：中国人事出版社,2001

7—80139—775—4

宪法学十论 / 胡建淼主编.—北京：法律出版社,1999

7—5036—2841—3

宪法基本权利新论 / 杨海坤主编;杨海坤等撰稿.—北京：北京大学出版社,2004(宪法行政法系列；法学论丛)

7—301—06899—9

宪法基本权利司法救济研究 / 周伟著.—北京：中国人民公安大学出版社,2003(宪政中国论丛)

7—81087—165—X

宪法的司法化 / 王磊著.—北京：中国政法大学出版社,2000

7—5620—1961—4

行政组织法研究 / 应松年,薛刚凌著.—北京：法律出版社,2002(行政法学系列丛书)

7—5036—3917—2

民族区域自治法通论 / 宋才发主编. —北京：
民族出版社,2003

    7—105—05731—9

自治权理论与自治条例研究 / 张文山等著. —
北京：法律出版社,2005

    7—5036—5561—5

新旧公司法比较分析 / 赵旭东主编. —北京：
人民法院出版社,2005(新公司法系列丛书)

    7—80217—146—6

出口退税制度研究 / 刘剑文主编. —北京：北
京大学出版社,2004(税法学研究文库)

    7—301—08017—4

行政许可研究 / 杨解君主编. —北京：人民出
版社,2001(国家公务员依法行政丛书)

    7—01—003558—X

行政强制研究 / 傅士成著. —北京：法律出版
社,2001

    7—5036—3348—4

行政法学 / 杨解君,肖泽晟著. —北京：法律
出版社,2000

    7—5036—3193—7

行政程序法比较研究 / 皮纯协主编. —北京：
中国人民公安大学出版社,2000

    7—81059—471—0

跨入 21 世纪的中国行政法学 / 杨海坤主
编. —北京：中国人事出版社,2000

    7—80139—493—3

行政程序法基本理论 / 章剑生著. —北京：法
律出版社,2003

    7—5036—4508—3

行政法基本原则研究 / 周佑勇著. —武汉：武
汉大学出版社,2005(武汉大学学术丛书)

    7—307—04466—8

当代中国行政法 / 应松年主编. —北京：中国
方正出版社,2005

    7—80107—934—5

行政规范研究 / 叶必丰,周佑勇著. —北京：
法律出版社,2002(行政法学系列丛书)

    7—5036—3920—2

中国行政程序法典化：从比较法角度研究 /
杨海坤,黄学贤著. —北京：法律出版社,1999

    7—5036—2803—0

面向 WTO 的中国行政：行政资讯公开法律制
度研究 / 冯国基著. —北京：法律出版社,2002

    7—5036—3816—8

行政处罚研究 / 胡锦光著. —北京：法律出版
社,1998

    7—5036—2439—6

行政法热点问题 / 刘莘著. —北京：中国方正
出版社,2001

    7—80107—474—2

规范政府之法：政府经济行为的法律规制 /
吕忠梅,陈虹,彭晓晖著. —北京：法律出版社,
2001(法学研究文集)

    7—5036—1998—8

行政处罚法新论 / 冯军著. —北京：中国检察
出版社,2003

    7—80185—025—4

国家赔偿法释论 / 皮纯协,冯军主编. —修订
本. —北京：中国法制出版社,1998

    7—80083—388—7

我国行政复议制度研究 / 杨小君著. —北京：
法律出版社,2002(法学研究文集司法部部级科研
项目)

    7—5036—3713—7

行政执法研究 / 姜明安主编. —北京：北京大

学出版社,2004(宪政论丛)

7—301—06865—4

国家赔偿法律问题研究 / 杨小君著. —北京:
北京大学出版社,2005(宪政论丛)

7—301—09232—6

行政处罚研究 / 杨小君著. —北京:法律出版
社,2002(行政法学系列丛书)

7—5036—3913—X

**依法行政的现实基础:影响和制约政府依法
行政的因素分析** / 金国坤著. —北京:中国政法大
学出版社,2001(依法行政环境研究)

7—5620—2170—8

行政补偿法研究 / 沈开举主编. —北京:法律
出版社,2004

7—5036—5068—0

**警察行政权力的规范与救济:警察行政法若
干前沿性问题研究** / 余凌云著. —北京:中国人民
公安大学出版社,2002(警察法学文库)

7—81059—876—7

中国民族法学 / 吴宗金主编;司法部法学教材
编辑部编审. —北京:法律出版社,1997

7—5036—2011—0

卫生法 / 赵同刚主编. —北京:人民卫生出版
社,2001(面向 21 世纪课程教材)

7—117—04064—5

体育法学 / 汤卫东编著. —南京:南京师范大
学出版社,2000

7—81047—540—1

中国卫生法学 / 吴崇其主编. —北京:中国协
和医科大学出版社,2001(面向 21 世纪课程教材)

7—81072—175—5

卫生法学 / 吴崇其,达庆东主编. —北京:法
律出版社,1999(卫生法学系列丛书)

7—5036—2700—X

新闻法学 / 顾理平著. —北京:中国广播电视
出版社,1999(新闻理论丛书)

7—5043—3332—8

**变革社会中的教育权与受教育权:教育法学
基本问题研究** / 劳凯声主编. —北京:教育科学出
版社,2003

7—5041—2417—6

教育法学 / 黄崴主编. —广州:广东高等教育
出版社,2002

7—5361—2775—8

中国新闻传播法纲要 / 魏永征著. —上海:上
海社会科学院出版社,1999

7—80618—625—5

高等教育体制改革中的法律问题研究 / 刘剑
文主编;翟继光等撰稿. —北京:北京大学出版社,
2005(北大高等教育文库·高教论丛)

7—301—08139—1

**体育纠纷的多元化救济机制探讨:比较法与
国际法的视野** / 郭树理著. —北京:法律出版社,
2004(湘潭大学法学院博士文库)

7—5036—5078—8

中国民办教育立法研究 / 邵金荣著. —北京:
人民教育出版社,2001

7—107—14328—X

医患权益与保护 / 王亚平著. —北京:人民军
医出版社,2001

7—80157—229—7

网络法研究 / 齐爱民,刘颖主编. —北京:法
律出版社,2003(网络经济与法律丛书)

7—5036—3835—4

计算机信息网络的法律问题 / 马秋枫等著. —
北京:人民邮电出版社,1998

7—115—07155—1

房地产交易法律问题研究 / 刘武元著.—北京：法律出版社,2002(民商法基本问题研究)
7—5036—3729—3

房地产法学 / 程信和主编.—北京：人民法院出版社,2003(21 世纪法学创新系列教材)
7—80161—527—1

商品房买卖法律问题专论 / 陈耀东著.—北京：法律出版社,2003
7—5036—4361—7

中国房地产法研究 / 崔建远,孙佑海,王宛生著.—北京：中国法制出版社,1995
7—80083—203—1

房地产案件新问题与判解研究 / 马原主编.—北京：人民法院出版社,1997
7—80056—561—0

行政救济制度研究 / 刘恒著.—北京：法律出版社,1998
7—5036—2454—X

未成年人监护制度研究 / 曹诗权著.—北京：中国政法大学出版社,2004(民商法文库)
7—5620—2470—7

财税法学 / 刘剑文主编;刘剑文,熊伟等撰稿.—北京：高等教育出版社,2004(普通高等教育"十五"国家级规划教材)
7—04—013800—X

财税法疏议 / 张守文著.—北京：北京大学出版社,2005(经济法精品著作系列丛书)
7—301—08867—1

中国商事法 / 王保树主编.—北京：人民法院出版社,1996(商事法文库)
7—80056—384—7

中国税法问题研究 / 陈少英著.—北京：中国物价出版社,2000
7—80155—153—2

中国证券交易法律制度研究 / 符启林主编.—北京：法律出版社,2000(法学研究文集)
7—5036—3033—7

保险法 / 邹海林著.—北京：人民法院出版社,1998(商事法文库)
7—80056—644—7

国家审计法律制度研究 / 项俊波著.—北京：中国时代经济出版社,2002
7—80169—216—0

WTO 与中国金融监管法律制度研究 / 马卫华著.—北京：中国人民大学出版社,2002(法律科学文库)
7—300—04371—2

金融全球化与金融监管立法研究 / 曾筱清著.—北京：北京大学出版社,2005(国际金融法论丛)
7—301—08875—2

保险法学 / 覃有土,樊启荣主编.—北京：高等教育出版社,2003(21 世纪法学创新系列教材)
7—04—012291—X

中国保险市场的法律调控 / 尹田主编.—北京：社会科学文献出版社,2000(21 世纪法学文库)
7—80149—249—8

内幕交易论 / 杨亮著.—北京：北京大学出版社,2001(法学论丛·国际金融法系列)
7—301—05343—6

证券法前沿问题案例研究 / 李仕萍主编.—北京：中国经济出版社,2001
7—5017—5258—3

经济法学 / 漆多俊主编.—北京：高等教育出

版社,2003(21 世纪法学创新系列教材)

　　7—04—013121—8

法律经济学论纲：中国经济法律构成和运行的经济分析 / 周林彬著.—北京：北京大学出版社,1998(现代法学学术丛书)

　　7—301—03829—1

新编经济法通论 / 李长健主编.—北京：中国民主法制出版社,2004(新世纪多科性大学法学应用规划教材)

　　7—80078—898—9

经济行政法基本论 / 王克稳著.—北京：北京大学出版社,2004(法学论丛·宪法行政法系列)

　　7—301—07050—0

论政府激励性管制 / 郭志斌著.—北京：北京大学出版社,2002(法学论丛·公法系列)

　　7—301—05449—1

公司法要论 / 冯果著.—武汉：武汉大学出版社,2003(高等学校法学教材)

　　7—307—04065—4

公司法论 / 王文宇著.—北京：中国政法大学出版社,2004

　　7—5620—2546—0

国有企业公司化改制之法律分析 / 王文杰著.—北京：中国政法大学出版社,1999(中青年法学文库)

　　7—5620—1798—0

公司法功能与结构法社会学分析：公司立法问题研究 / 王红一著.—北京：北京大学出版社,2002(法学论丛·民商法系列)

　　7—301—05718—0

公司控制权法律问题研究 / 殷召良著.—北京：法律出版社,2001(经济法文集)

　　7—5036—3385—9

公司资本制度改革研究 / 赵旭东等著.—北京：法律出版社,2004(商事法专题研究文库)

　　7—5036—5236—5

中小企业法研究 / 郑之杰,吴振国,刘学信著.—北京：法律出版社,2002

　　7—5036—3770—6

新公司法修订研究报告 / 张穹主编.—北京：中国法制出版社,2005

　　7—80182—541—1

破产程序与破产立法研究 / 汤维建著.—北京：人民法院出版社,2001

　　7—80161—129—2

破产法专题研究 / 王欣新著.—北京：法律出版社,2002

　　7—5036—3790—0

国有企业法论 / 史际春著.—北京：中国法制出版社,1997

　　7—80083—409—3

合伙法律制度研究 / 马强著.—北京：人民法院出版社,2000

　　7—80056—979—9

中国反倾销立法比较研究 / 张晓东著.—北京：法律出版社,2000(法学研究文集)

　　7—5073—0790—5

海商法论 / 张湘兰,邓瑞平,姚天冲主编.—修订版.—武汉：武汉大学出版社,2001(高等学校法学教材)

　　7—307—03174—4

海商法专题研究 / 司玉琢主编.—大连：大连海事大学出版社,2002

　　7—5632—1607—3

商业秘密保护法 / 倪才龙主编.—上海：上海大学出版社,2005(法学课程系列教材)

7—81058—861—3

海商法详论 / 司玉琢等编著. —大连：大连海事大学出版社,1995

7—5632—0888—7

中国票据法律制度研究 / 王小能主编. —北京：北京大学出版社,1999(21 世纪法学丛书)

7—301—04315—5

在线交易法律规制研究报告 / 高富平主编. —北京：北京大学出版社,2005(电子商务法论丛)

7—301—08858—2

电子商务法研究 / 王利明主编. —北京：中国法制出版社,2003(中国电子商务法丛书)

7—80182—055—X

反不正当竞争法新论 / 孔祥俊著. —北京：人民法院出版社,2001

7—80161—162—4

竞争法有关问题研究 / 吴宏伟著. —北京：中国人民大学出版社,2000

7—300—03502—7

海上货物运输法 / 尹东年,郭瑜著. —北京：人民法院出版社,2000

7—80161—031—8

市场秩序的守护神：公平竞争法研究 / 文海兴,王艳林著. —贵阳：贵州人民出版社,1995(中国市场经济法律问题丛书)

7—221—03581—4

中国涉外经济法律问题新探 / 余劲松主编. —武汉：武汉大学出版社,1999(国际法研究丛书)

7—307—02764—X

土地法学通论 / 沈守愚著. —北京：中国大地出版社,2002

7—80097—522—3

中国土地立法研究 / 江平主编. —北京：中国政法大学出版社,1999

7—5620—1853—7

土地资源保护与民事立法研究 / 郭洁著. —北京：法律出版社,2002

7—5036—3757—9

土地承包经营权的物权法分析 / 胡吕银著. —上海：复旦大学出版社,2004(法学专题系列)

7—309—04319—7

劳动法 / 关怀著. —北京：中国人民大学出版社,2001(21 世纪法学系列教材)

7—300—03662—7

劳动法 / 王全兴著. —北京：法律出版社,1997("九五"规划高等学校法学教材·经济法系列)

7—5036—1987—2

劳动法论 / 董保华著. —上海：上海世界图书出版公司,1999(经济法丛书)

7—5062—4272—9

劳动法学 / 冯彦君著. —长春：吉林大学出版社,1999(世界银行法律援助项目法学系列文库·经济法系列)

7—5601—2096—2

劳动法学 / 王全兴主编. —北京：高等教育出版社,2004

7—04—012290—1

劳权论：当代中国劳动关系的法律调整研究 / 常凯著. —北京：中国劳动社会保障出版社,2004(当代劳动关系研究丛书)

7—5045—3481—1

劳动合同研究 / 董保华主编. —北京：中国劳动社会保障出版社,2005(劳动法 / 社会保障法前沿专题研究系列)

7—5045—5295—X

工伤保险法律制度研究 / 郑尚元著.—北京：北京大学出版社,2004(经济法论丛)
　　7—301—07516—2

自然资源法 / 肖国兴,肖乾刚编著;司法部法学教材编辑部编审.—北京：法律出版社,1999("九五"规划高等学校法学教材·经济法系列)
　　7—5036—1190—1

环境资源法学 / 吕忠梅,高利红,余耀军编著.—北京：科学出版社,2004(21世纪高等院校教材·法学系列)
　　7—03—014043—5

调整论：对主流法理学的反思与补充 / 蔡守秋.—北京：高等教育出版社,2003(高教法学文丛)
　　7—04—013110—2

环境法总论 / 陈慈阳著.—修订版.—北京：中国政法大学出版社,2003(环境法学基础)
　　7—5620—1001—3

环境侵权救济法律制度 / 王明远著.—北京：中国法制出版社,2001
　　7—80083—750—5

环境法 / 吕忠梅著.—北京：法律出版社,1997("九五"规划高等学校法学教材·经济法系列)
　　7—5036—1988—0

环境法原理 / 陈泉生著.—北京：法律出版社,1997(中国民商法专题研究丛书)
　　7—5036—2303—9

环境权论 / 周训芳著.—北京：法律出版社,2003(生态与法律专题研究丛书)
　　7—5036—4684—5

环境执法基础 / 陈仁,朴光洙主编.—北京：法律出版社,1997
　　7—5036—2110—9

环境法律责任研究 / 张梓太著.—北京：商务印书馆,2004
　　7—100—03925—8

环境损害与法律责任 / 乔世明著.—北京：中国经济出版社,1999
　　7—5017—0647—6

环境政策与法律 / 叶俊荣著.—北京：中国政法大学出版社,2003
　　7—5620—0997—X

中国民法总论 / 胡长清著.—北京：中国政法大学出版社,1997(二十世纪中华法学文丛)
　　7—5620—1632—1

环境侵权法 / 曹明德著.—北京：法律出版社,2000(中国民商法专题研究丛书)
　　7—5036—3231—3

知识产权损害赔偿研究 / 戴建志,陈旭主编.—北京：法律出版社,1997
　　7—5036—2217—2

网络时代的民法学问题 / 刘德良著.—北京：人民法院出版社,2004(中青年民商法文丛)
　　7—80161—699—5

中国民法学 / 李开国,张玉敏主编.—北京：法律出版社,2002
　　7—5036—3933—4

民商法新问题与判解研究 / 孔祥俊著.—北京：人民法院出版社,1996
　　7—80056—394—4

中国民法史 / 孔庆明等编著.—长春：吉林人民出版社,1996
　　7—206—02408—4

侵权归责原则与损害赔偿 / 陈聪富著.—北京：北京大学出版社,2005(民商法论丛)
　　7—301—08885—X

民事立法与公私法的接轨 / 苏永钦著.—北京：北京大学出版社,2005(民商法论丛)

7—301—09764—6

民事主体理论与立法研究 / 尹田著.—北京：法律出版社,2003(西南政法大学学子学术文库)

7—5036—4412—5

民法的伦理分析 / 赵万一著.—北京：法律出版社,2003(西南政法大学学子学术文库)

7—5036—4423—0

互联网上的侵权问题研究 / 张新宝主编.—北京：中国人民大学出版社,2003(中国民法问题研究丛书)

7—300—05096—4

中国民法学研究述评 / 刘心稳主编；刘智慧等撰稿.—北京：中国政法大学出版社,1996

7—5620—1487—6

乡土社会中的民间法 / 田成有著.—北京：法律出版社,2005

7—5036—5958—0

网络与隐私 / 梅绍祖著.—北京：清华大学出版社,2003

7—302—06369—9

侵权法判例与学说 / 杨立新著.—长春：吉林人民出版社,2003(民商法判例与学说系列)

7—206—04082—9

民商法判解研究 / 杨立新著.—长春：吉林人民出版社,1999

7—206—03313—X

民法总则 / 王泽鉴著.—增订版.—北京：中国政法大学出版社,2001(民法丛书)

7—5620—2073—6

舆论监督与名誉权问题研究 / 侯健著.—北京：北京大学出版社,2002(法学论丛·法理学系列)

7—301—05533—1

人格权法研究 / 王利明著.—北京：中国人民大学出版社,2005(中国当代法学家文库·王利明民商法研究系列)

7—300—06598—8

民法总则研究 / 李开国著.—北京：法律出版社,2003(西南政法大学学子学术文库)

7—5036—4437—0

民法总则研究 / 王利明著.—北京：中国人民大学出版社,2003(中国当代法学家文库·王利明民商法研究系列)

7—300—05097—2

中国物权法研究 / 梁慧星主编.—北京：法律出版社,1998

7—5036—2401—9

物权法原论：中国物权立法基本问题研究 / 高富平著.—北京：中国法制出版社,2001

7—80083—822—6

物权法新论：一种法律经济分析的观点 / 周林彬著.—北京：北京大学出版社,2002(法学论丛·民商法系列)

7—301—05515—3

土地使用权和用益物权：我国不动产物权体系研究 / 高富平著.—北京：法律出版社,2001(法学研究文集)

7—5036—3550—9

共有权研究 / 杨立新著.—北京：高等教育出版社,2003(高教法学文丛)

7—04—013588—4

准物权研究 / 崔建远著.—北京：法律出版社,2003(名师书架)

7—5036—4264—5

中国土地权利研究 / 王卫国著.—北京：中国政法大学出版社,1997(中青年法学文库)
7—5620—1577—5

物权法专题研究.上 / 王利明主编.—长春：吉林人民出版社,2002
7—206—03859—X

中国物权法总论 / 孙宪忠著.—北京：法律出版社,2003
7—5036—4231—9

现代物权法专论 / 余能斌主编.—北京：法律出版社,2002
7—5036—3628—9

物权法通论 / 温世扬,廖焕国著.—北京：人民法院出版社,2005
7—80161—912—9

担保法律制度研究 / 孙鹏,肖厚国著.—北京：法律出版社,1998
7—5036—2299—7

债法原理.第一册·基本理论·债之发生 / 王泽鉴著.—北京：中国政法大学出版社,2001(债法原理)
7—5620—2092—2

担保法通论 / 陈本寒主编.—武汉：武汉大学出版社,1998
7—307—02686—4

民法债编总论 / 黄立著.—北京：中国政法大学出版社,2002
7—5620—2039—6

民法债编各论 / 黄立主编.—北京：中国政法大学出版社,2003
7—5620—0958—9

债法各论 / 史尚宽著.—北京：中国政法大学出版社,2000(二十世纪中华法学文丛)

7—5620—1946—0

民法债编总论 / 郑玉波著;陈荣隆修订.—2版.—北京：中国政法大学出版社,2004
7—5620—1033—1

医药知识产权战略研究 / 王明旭,刘家全,秦征主编.—北京：军事医学科学出版社,2004
7—80121—537—0

知识产权新视野 / 张今著.—北京：中国政法大学出版社,2000
7—5620—1977—0

知识产权法 / 黄勤南主编;黄勤南等撰稿.—北京：法律出版社,2000
7—5036—2601—1

知识产权法：新世纪初的若干研究重点 / 郑成思著.—北京：法律出版社,2004(高级法学教程)
7—5036—4588—1

现代企业知识产权类无形资产法律问题 / 李玉香著.—北京：法律出版社,2002(经济法文集)
7—5036—3745—5

网络知识产权法 / 李扬著.—长沙：湖南大学出版社,2002(网络法丛书)
7—81053—447—5

数字技术的知识产权保护 / 薛虹著.—北京：知识产权出版社,2002(中国知识产权培训中心系列教材·中国知识产权教程)
7—80011—717—0

走向知识经济时代的知识产权法 / 吴汉东,胡开忠等著.—北京：法律出版社,2002
7—5036—3890—7

知识产权法 / 陈明添主编.—北京：法律出版社,2005
7—5036—6194—1

TRIPS 视野下的中国知识产权制度研究／刘剑文主编.—北京：人民出版社，2003

7—01—004130—X

知识产权犯罪调查与研究／赵国玲主编.—北京：中国检察出版社，2002

7—80185—008—4

入世后我国知识产权法律保护研究／蒋志培著.—北京：中国人民大学出版社，2002

7—300—03932—4

知识产权法热点问题研究／冯晓青，杨利华等著.—北京：中国人民公安大学出版社，2004

7—81087—976—6

知识产权法案例研究／李永明主编.—杭州：浙江大学出版社，2002

7—308—03071—7

法律史解释／（美）罗斯科·庞德著；邓正来译.—北京：中国法制出版社，2002（西方法哲学文库）

7—80083—964—8

继承法论／史尚宽著.—北京：中国政法大学出版社，2000（二十世纪中华法学文丛）

7—5620—1948—7

继承法／郭明瑞，房绍坤编著.—北京：法律出版社，1996（"九五"规划高等学校法学教材·民商法系列）

7—5036—1932—5

继承法研究／郭明瑞，房绍坤，关涛著.—北京：中国人民大学出版社，2003（中国民法问题研究丛书）

7—300—04744—0

继承法律制度研究／张玉敏著.—北京：法律出版社，1999

7—5036—2774—3

中国基层社会重构：社区治理研究／潘小娟著.—北京：中国法制出版社，2004

7—80182—189—0

工程建设中的合同法与招标投标法／何红锋著.—北京：中国计划出版社，2002

7—80177—078—1

合同法学／赵旭东编著.—北京：中央广播电视大学出版社，2000（教育部人才培养模式改革和开放教育试点法学教材）

7—304—01967—0

格式合同条款研究／苏号朋著.—北京：中国人民大学出版社，2004（法律科学文库）

7—300—05539—7

中国工程保证担保制度研究／邓晓梅著.—北京：中国建筑工业出版社，2003（工程管理博士论丛）

7—112—05298—X

海上保险合同法详论／汪鹏南著.—2版.—大连：大连海事大学出版社，2003（汪鹏南海上保险论丛）

7—5632—1636—7

违约损害赔偿研究／韩世远著.—北京：法律出版社，1999（中国民商法专题研究丛书）

7—5036—2636—4

合同法诚实信用原则研究：帝王条款的法理阐释／郑强著.—北京：法律出版社，2000

7—5036—3252—6

合同法新问题研究／王利明著.—北京：中国社会科学出版社，2003

7—5004—3883—4

商事人格权论：人格权的经济利益内涵及其实现与保护／程合红著.—北京：中国人民大学出版社，2002（法律科学文库）

7—300—04373—9

亲属法 / 杨大文主编;杨大文等撰稿.—北京:法律出版社,1997("九五"规划高等学校法学教材·民商法系列)

7—5036—2210—5

婚姻家庭法学 / 杨大文主编;夏吟兰副主编.—上海:复旦大学出版社,2002(法学系列)

7—309—03505—4

婚姻法学新探 / 叶英萍著.—北京:法律出版社,2004

7—5036—4839—2

婚姻家庭法 / 杨大文主编.—北京:中国人民大学出版社,2000(21世纪法学系列教材)

7—300—03255—9

婚姻家庭法新论 / 杨遂全等著.—北京:法律出版社,2003

7—5036—4457—5

中国婚姻家庭法立法研究 / 陈苇著.—北京:群众出版社,2000

7—5014—2218—4

夫妻财产纠纷解析 / 蔡福华著.—北京:人民法院出版社,2003

7—80161—470—4

婚姻法修改论争 / 李银河,马忆南主编.—北京:光明日报出版社,1999

7—80145—098—1

消费信用法律研究 / 李凌燕著.—北京:法律出版社,2000(商事法专题研究文库)

7—5036—0381—X

商法基本问题研究 / 赵万一著.—北京:法律出版社,2002

7—5036—3859—1

票据犯罪研究 / 刘华著.—北京:中国检察出版社,2001

7—80086—771—4

正当防卫论 / 彭卫东著.—武汉:武汉大学出版社,2001(武汉大学刑法学博士文库)

7—307—03360—7

中国刑法理论前沿问题研究 / 刘宪权主编.—北京:人民出版社,2005

7—01—004901—7

互动教学法:诊所式法律教育 / 李傲著.—北京:法律出版社,2004(21世纪法学规划教材)

7—5036—5139—3

中国法学教育改革研究报告:中国法学教育的改革与未来 / 李龙主持编写.—北京:高等教育出版社,2000

7—04—009042—2

刑法学 / 张明楷著.—北京:法律出版社,1997(九五规划高等学校法学教材·基础课系列)

7—5036—1982—1

中国刑法现代化研究 / 田宏杰著.—北京:中国方正出版社,2000(刑事法文库)

7—80107—446—7

刑法争议问题研究.上下卷 / 赵秉志主编;刘明祥等撰稿.—郑州:河南人民出版社,1996

7—215—03692—8

刑法学 / 陈明华主编;司法部法学教材编辑部编审;陈明华等撰稿.—北京:中国政法大学出版社,1999

7—5620—1894—4

新编中国刑法学 / 高铭暄主编;王作富,刘守芬,李希慧等撰稿.—北京:中国人民大学出版社,1998

7—300—02721—0

虚拟空间中的刑法理论 / 于志刚著.—北京:中国方正出版社,2003

7—80107—691—5

中国新刑法学 / 肖扬主编.—北京：中国人民公安大学出版社,1997

7—81059—025—1

当代中国刑法新理念 / 陈兴良著.—北京：中国政法大学出版社,1996

7—5620—1418—3

中国刑法史纲 / 周密著.—北京：北京大学出版社,1998

7—301—03869—0

中国的流动人口与犯罪 / 麻国安著.—北京：中国方正出版社,2000(北京大学刑法学博士文库)

7—80107—339—8

刑法论衡 / 王作富著.—北京：法律出版社,2004(刑事法律科学文库)

7—5036—4680—2

刑法谦抑精神研究 / 王明星著.—北京：中国人民公安大学出版社,2005(祝贺马克昌教授执教五十六周年暨八十华诞系列文丛)

7—81109—109—7

海峡两岸刑法总论比较研究.上卷 / 赵秉志主编；王秀梅等撰稿.—北京：中国人民大学出版社,1999

7—300—02742—3

刑法实施中的重点难点问题研究 / 丁慕英等主编.—北京：法律出版社,1998

7—5036—2381—0

新刑法施行疑难问题研究与适用 / 杨敦先等主编.—北京：中国检察出版社,1999

7—80086—610—6

新千年刑法热点问题研究与适用 / 赵秉志主编.—北京：中国检察出版社,2001

7—80086—845—1

当代中国刑法新境域 / 陈兴良著.—北京：中国政法大学出版社,2002

7—5620—2037—X

刑法总论问题研究 / 赵秉志著.—北京：中国法制出版社,1996(刑法研究系列)

7—80083—351—8

非监禁刑研究 / 吴宗宪等著.—北京：中国人民公安大学出版社,2003

7—81087—133—1

新刑法单位犯罪的认定与处罚：法人犯罪新论 / 陈泽宪主编；冯锐等撰稿.—北京：中国检察出版社,1997(新刑法刑诉法系列)

7—80086—479—0

罪刑均衡实证研究 / 白建军著.—北京：法律出版社,2004

7—5036—4640—3

中国法人犯罪的罪与罚 / 李僚义,李恩民著.—北京：中国检察出版社,1996

7—80086—354—9

共同犯罪适用中疑难问题研究 / 阴建峰,周加海主编.—长春：吉林人民出版社,2001(刑事法律科学文库·刑法总则实务疑难问题研究)

7—206—03629—5

刑事一体化 / 储槐植著.—北京：法律出版社,2004

7—5036—4819—8

定罪与量刑 / 高格著.—北京：中国方正出版社,1999(博士生导师丛书)

7—80107—272—3

中英量刑问题比较研究 / 中国政法大学刑事法律研究中心,英国大使馆文化教育处主编.—北京：中国政法大学出版社,2001

7—5620—2060—4

行刑社会化研究：开放社会中的刑罚趋向 / 冯卫国著.—北京：北京大学出版社,2003（法学论丛·刑事法律系列）

7—301—06316—4

行刑社会化研究 / 袁登明著.—北京：中国人民公安大学出版社,2005（京师刑事法文库）

7—81109—182—8

未决羁押制度的实证研究 / 北京大学法学院人权研究中心编；陈瑞华主编.—北京：北京大学出版社,2004（人权丛书）

7—301—07043—8

刑罚个别化研究 / 翟中东著.—北京：中国人民公安大学出版社,2001

7—81059—786—8

危害公共安全罪新论 / 林亚刚著.—武汉：武汉大学出版社,2001

7—307—03215—5

金融犯罪的定罪与量刑 / 鲜铁可著.—北京：人民法院出版社,1999（定罪与量刑丛书）

7—80056—847—4

市场经济犯罪纵横论 / 王昌学主编.—北京：法律出版社,2001（法学研究文集（1997））

7—5036—2006—4

金融犯罪研究 / 薛瑞麟主编.—北京：中国政法大学出版社,2000

7—5620—1967—3

经济犯罪新论：破坏社会主义经济秩序罪研究 / 马克昌主编.—武汉：武汉大学出版社,1998

7—307—02620—1

金融诈骗罪研究 / 刘远著.—北京：中国检察出版社,2002（个罪研究文库）

7—80086—964—4

新型经济犯罪研究 / 高铭暄主编.—北京：中

国方正出版社,2000

7—80107—396—7

财产罪比较研究 / 刘明详著.—北京：中国政法大学出版社,2001（中青年法学文库）

7—5620—2047—7

妨害社会管理秩序罪新论 / 李希慧主编；李希慧等撰稿.—武汉：武汉大学出版社,2001

7—307—03351—8

群体性事件研究 / 杨和德主编；王精忠等撰稿.—北京：中国人民公安大学出版社,2002

7—81087—205—2

职务犯罪的预防与惩治 / 何秉松主编.—北京：中国方正出版社,1999（博士导师丛书）

7—80107—288—X

国家工作人员职务犯罪研究 / 孙谦主编.—北京：法律出版社,1998

7—5036—2444—2

计算机犯罪的定罪与量刑 / 赵廷光,朱华池,皮勇著.—北京：人民法院出版社,2000（定罪与量刑丛书）

7—80056—970—5

破坏环境资源保护罪的定罪与量刑 / 王秀梅著.—北京：人民法院出版社,1999（定罪与量刑丛书）

7—80056—848—2

法学教育与诊所式教学方法 / 杨欣欣主编.—北京：法律出版社,2002（诊所式法律教育丛书）

7—5036—3872—9

专家证人研究 / 徐继军著.—北京：中国人民大学出版社,2004（中国证据立法前瞻性问题研究丛书）

7—300—04128—0

公益诉讼理念研究 / 颜运秋著.—北京：中国

检察出版社,2002(二十一世纪法学热点系列)

  7—80185—055—6

侦查程序原理论 / 陈永生著. —北京：中国人民公安大学出版社,2003(诉讼法学文库)

  7—81087—488—8

中国电子证据立法研究 / 刘品新著. —北京：中国人民大学出版社,2005(法律科学文库)

  7—300—06469—8

中国诉讼法史 / 李交发著. —北京：中国检察出版社,2002

  7—80185—018—1

强制执行法论：最新修正 / 杨与龄编著. —北京：中国政法大学出版社,2002

  7—5620—2226—7

中国仲裁制度研究 / 谭兵主编. —北京：法律出版社,1995

  7—5036—1709—8

中国民事证据的立法研究与应用 / 王利明,江伟,黄松有主编. —北京：人民法院出版社,2000(证据法研究与适用丛书)

  7—80161—067—9

民事诉权研究 / 江伟,邵明,陈刚著. —北京：法律出版社,2002

  7—5036—3699—8

民事程序法 / 齐树洁主编. —厦门：厦门大学出版社,1998

  7—5615—1381—X

中国民事诉讼法专论 / 江伟主编. —北京：中国政法大学出版社,1998

  7—5620—1519—8

民事诉讼法专论 / 江伟主编. —北京：中国人民大学出版社,2005

  7—300—06536—8

证券欺诈侵权损害赔偿研究 / 陈洁著. —北京：北京大学出版社,2002(法学论丛·国际金融法系列)

  7—301—05982—5

民事诉讼标的理论研究 / 李龙著. —北京：法律出版社,2003

  7—5036—4072—3

民事诉讼制度改革研究 / 金友成主编;房保国等撰稿. —北京：中国法制出版社,2001

  7—80083—783—1

民事证据法专论 / 程春华主编;程春华等撰稿. —厦门：厦门大学出版社,2002(厦门大学法学院诉讼法学系列)

  7—5615—1843—9

民事诉讼程序改革热点问题研究 / 田平安主编. —北京：中国检察出版社,2001

  7—80086—834—6

民事强制执行新论 / 童兆洪主编. —北京：人民法院出版社,2001

  7—80161—208—6

刑事司法改革研究 / 李建明著. —北京：中国检察出版社,2003

  7—80185—074—2

刑事证据法原理与适用 / 樊崇义等著. —北京：中国人民公安大学出版社,2001(诉讼法学文库)

  7—81059—650—0

刑事诉讼法学 / 樊崇义,吕萍主编. —北京：中国人民公安大学出版社,2002

  7—81087—065—3

徘徊于传统与现代之间：中国刑事诉讼法再修改研究 / 龙宗智主编;孙长永等撰稿. —北京：法律出版社,2005

  7—5036—5765—0

刑事诉讼法实施问题对策研究 / 陈卫东主编.—北京：中国方正出版社,2002

7—80107—620—6

刑事证据制度改革研究 / 何家弘,南英著.—北京：法律出版社,2003

7—5036—4069—3

民事证明责任研究 / 李浩著.—北京：法律出版社,2003(西南政法大学学子学术文库)

7—5036—4441—9

刑事审判前程序研究 / 宋英辉,吴宏耀著.—北京：中国政法大学出版社,2002(中国政法大学学术丛书)

7—5620—2199—6

刑事审前程序研究 / 陈卫东主编.—北京：中国人民大学出版社,2004(中国控辩式刑事庭审方式的配套措施与保障机制研究丛书)

7—300—04413—1

刑事诉讼法原则：程序正义的基石 / 谢佑平,万毅著.—北京：法律出版社,2002

7—5036—3759—5

行政诉讼法学 / 姜明安著.—重排本.—北京：北京大学出版社,2001(21 世纪法学系列教材)

7—301—02236—0

行政诉权研究 / 薛刚凌著.—北京：华文出版社,1999

7—5075—0858—7

瞿同祖法学论著集 / 瞿同祖著.—北京：中国政法大学出版社,1998(二十世纪中华法学文丛)

7—5620—1685—2

我国现行司法鉴定制度研究 / 邹明理主编.—北京：法律出版社,2001(法学研究文集)

7—5036—2595—3

公诉问题研究 / 张穹主编.—北京：中国人民公安大学出版社,2000(检察文库)

7—81059—538—5

司法公正与司法改革研究综述 / 胡夏冰,冯仁强编著.—北京：清华大学出版社,2001(司法改革研究系列)

7—302—04348—5

中外司法制度比较 / 陈业宏,唐鸣著.—北京：商务印书馆,2000(中外政治制度比较丛书)

7—100—03063—3

中国司法改革研究 / 谭世贵主编.—北京：法律出版社,2000

7—5036—3313—1

司法改革报告：法律职业共同体研究 / 张文显等主编.—北京：法律出版社,2003

7—5036—4101—0

司法改革：分析与展开 / 张卫平等著.—北京：法律出版社,2003

7—5036—4253—X

中国司法改革策论 / 景汉朝著.—北京：中国检察出版社,2002

7—80185—007—6

变迁与改革：法院制度现代化研究 / 左卫民,周长军著.—北京：法律出版社,2000

7—5036—3249—6

侦查讯问程序正当性研究 / 徐美君著.—北京：中国人民公安大学出版社,2003(诉讼法学文库)

7—81087—514—0

中国监狱改革及其现代化 / 王平著.—北京：中国方正出版社,1999(北京大学刑法学博士文库)

7—80107—321—5

中国监狱发展战略研究 / 张苏军主编；王利荣等撰稿.—北京：法律出版社,2000

7—5036—3236—4

社区矫正通论 / 郭建安,郑霞泽主编. —北京：法律出版社,2004

7—5036—5151—2

在权利话语与权力技术之间：中国司法的新思考 / 左卫民著. —北京：法律出版社,2002

7—5036—3839—7

保险法新论 / 梁宇贤著. —修订新版. —北京：中国人民大学出版社,2004(台湾法学研究精要丛书)

7—300—05252—5

行政程序与纳税人基本权 / 葛克昌著. —北京：北京大学出版社,2005(税法学研究文库)

7—301—08247—9

民法债编总论：体系化解说 / 林诚二著. —北京：中国人民大学出版社,2003(台湾法学研究精要丛书)

7—300—04421—2

香港刑事诉讼程序法纲要 / 赵秉志中文主编. —北京：北京大学出版社,1997(比较法研究丛书)

7—301—03440—7

阅读秩序 / 苏力著. —济南：山东教育出版社,1999(第三代学人自选集)

7—5328—2670—8

儒家伦理与法律文化：社会学观点的探索 / 林端著. —北京：中国政法大学出版社,2002(法律文化研究文丛)

7—5620—2220—8

中国法制史 / 叶孝信主编. —上海：复旦大学出版社,2002(复旦博学·法学系列)

7—309—03144—X

论法的成长：来自中国南方山地法律民族志

的诠释 / 张冠樟著. —北京：社会科学文献出版社,2000(中国社会科学院青年学者文库)

7—80149—293—5

法学与文学之间 / 徐忠明著. —北京：中国政法大学出版社,2000(中青年法学文库)

7—5620—1908—8

中国法制通史. 全十卷 / 张晋藩总主编. —北京：法律出版社,1999

7—5036—2373—X

中国法律史 / 张晋藩主编. —北京：法律出版社,1995

7—5036—1174—X

中国近代的法律教育 / 王健著. —北京：中国政法大学出版社,2001(中青年法学文库)

7—5620—2172—4

当代中国的法律革命 / 公丕祥主编. —北京：法律出版社,1999(法制现代化研究丛书)

7—5036—2951—7

在边缘处思考 / 梁治平著. —北京：法律出版社,2003(西南政法大学学子学术文库)

7—5036—4422—2

实践宪法学 / (日)三浦隆著；李力,白云海译. —北京：中国人民公安大学出版社,2002

7—81087—031—9

行政法 / (日)盐野宏著；杨建顺译. —北京：法律出版社,1999(早稻田大学·日本法学丛书)

7—5036—2773—5

日本现代行政法 / (日)室井力主编；吴微译. —北京：中国政法大学出版社,1995

7—5620—1154—0

日本图书馆法律体系研究 / 李国新著. —北京：北京图书馆出版社,2000

7—5013—1051—3

日本行政法通论 / 杨建顺著. —北京：中国法制出版社,1998

 7—80083—495—6

日本税法 /（日）金子宏著；战宪斌,郑林根等译. —北京：法律出版社,2004（日本法学教科书译丛）

 7—5036—4755—8

日本破产法 /（日）石川明著；何勤华,周桂秋译. —上海：上海社会科学院出版社,1995

 7—80618—095—8

日本的民法解释学 / 段匡著. —上海：复旦大学出版社,2005（法学专题系列）

 7—309—04380—4

日本民法概论 / 邓曾甲著. —北京：法律出版社,1995

 7—5036—1613—X

现代日本商法研究 / 吴建斌著. —北京：人民出版社,2003

 7—01—003922—4

未遂犯论 / 张明楷著. —北京：法律出版社,1997（日本刑事法研究丛书）

 7—5036—2187—7

刑事政策学 /（日）大谷实著；黎宏译. —北京：法律出版社,2000

 7—5036—3212—7

刑法总论二十五讲 /（日）川端博著；余振华译. —北京：中国政法大学出版社,2003

 7—5620—0995—3

日本刑事诉讼法 / 宋英辉译. —北京：中国政法大学出版社,2000（外国刑事诉讼法典系列）

 7—5620—1912—6

日本刑事诉讼法通论 / 彭勃著. —北京：中国政法大学出版社,2002

 7—5620—1017—X

诊所法律教育研究 / 王立民,牟逍媛主编. —上海：上海交通大学出版社,2004（东方法学丛书）

 7—313—03630—2

法律教育 / 孙晓楼等原著；王健编. —北京：中国政法大学出版社,1997（二十世纪中华法学文丛）

 7—5620—1633—X

欧盟银行法研究 / 李仁真主编. —武汉：武汉大学出版社,2002（欧洲问题研究丛书）

 7—307—03638—X

欧共体竞争法 / 王晓晔著. —北京：中国法制出版社,2001

 7—80083—786—6

欧盟竞争法 / 阮方民著. —北京：中国政法大学出版社,1998

 7—5620—1662—3

欧盟环境政策法律研究 / 蔡守秋主编. —武汉：武汉大学出版社,2002（欧洲问题研究丛书）

 7—307—03608—8

欧陆刑罚制度与刑罚价值原理 / 谢望原著. —北京：中国检察出版社,2004（刑法精品文库）

 7—80185—191—9

俄罗斯联邦宪政制度 / 刘向文,宋雅芳著. —北京：法律出版社,1999

 7—5036—2926—6

俄罗斯生态法 / 王树义著. —武汉：武汉大学出版社,2001

 7—307—03183—3

俄罗斯联邦刑法 / 赵微著. —北京：法律出版社,2003

 7—5036—4262—9

德国公法学基础理论 / 陈新民著. —济南：山东人民出版社,2001(法理文库)

　　7—209—02712—2

德国联邦宪法法院总论 / 刘兆兴著. —北京：法律出版社,1998

　　7—5036—2326—8

德国行政法 / (德)奥托·迈耶著；刘飞译. —北京：商务印书馆,2002(公法名著译丛)

　　7—100—03469—8

德国行政法 / 于安编著. —北京：清华大学出版社,1999(清华法学丛书)

　　7—302—03692—6

德国经济行政法 / (德)罗尔夫·斯特博著；苏颖霞,陈少康译. —北京：中国政法大学出版社,1999

　　7—5620—1867—7

德国普通行政法 / (德)G. 平特纳著；朱林译. —北京：中国政法大学出版社,1999

　　7—5620—1774—3

德国民法通论 / (德)卡尔·拉伦茨著；王晓晔等译. —北京：法律出版社,2003(当代德国法学名著)

　　7—5036—3991—1

德国民商法导论 / (德)罗伯特·霍恩等著；楚建译. —北京：中国大百科全书出版社,1996(外国法律文库)

　　7—5000—5791—1

德国当代物权法 / 孙宪忠著. —北京：法律出版社,1997(中国民商法专题研究丛书)

　　7—5036—2136—2

德国刑法教科书：总论 / (德)汉斯·海因里希·耶赛克,托马斯·魏根特著；徐久生译. —北京：中国法制出版社,2001(外国法学名著)

　　7—80083—766—1

德国刑法教科书 / (德)弗兰茨·冯·李斯特著；埃贝哈德·施密特修订；徐久生译. —北京：法律出版社,2000

　　7—5036—3024—8

德国刑事诉讼程序 / (德)托马斯·魏根特著；岳礼玲,温小洁译. —北京：中国政法大学出版社,2004

　　7—5620—2454—5

德意志联邦共和国民事诉讼法 / 谢怀栻译. —北京：中国法制出版社,2001(民商法典译丛)

　　7—80083—799—8

意大利刑法学原理 / (意)杜里奥·帕多瓦尼原著；陈忠林译. —北京：法律出版社,1998

　　7—5036—2504—X

意大利刑法纲要 / 陈忠林著. —北京：中国人民大学出版社,1999

　　7—300—03308—3

法律与行政 / (英)卡罗尔·哈洛,理查德·罗林斯著；杨伟东译. —北京：商务印书馆,2004(公法名著译丛)

　　7—100—03978—9

现代英美董事法律地位研究 / 张民安著. —北京：法律出版社,2000(中国民商法专题研究丛书)

　　7—5036—3128—7

国际商务游戏规则：英国合约法 / 杨良宜著. —北京：中国政法大学出版社,1998

　　7—5620—1639—9

立法理论 / (英)吉米·边沁著；丁露等译. —北京：中国人民公安大学出版社,2004(刑事法学译丛)

　　7—81087—461—6

英国刑事司法与替刑制度 / 王运生,严军兴著. —北京：中国法制出版社,1999

　　7—80083—567—7

英美刑法学 / 赵秉志主编. —北京：中国人民大学出版社,2004(21 世纪法学系列教材)

7—300—06062—5

英国证据法 / 齐树洁主编;齐树洁等撰稿. —厦门：厦门大学出版社,2002(厦门大学法学院诉讼法学系列)

7—5615—1842—0

法国民法总论 / (法)雅克·盖斯旦,吉勒·古博著;陈鹏等译. —北京：法律出版社,2004(法国现代法学名著译丛)

7—5036—4856—2

现代法国侵权责任制度研究 / 张民安著. —北京：法律出版社,2003(中国民商法专题研究丛书)

7—5036—4176—2

法国 / 德国担保法 / 沈达明编著. —北京：中国法制出版社,2000

7—80083—715—7

法国商法引论 / 沈达明编著. —北京：对外经济贸易大学出版社,2001(沈达明比较民商法系列)

7—81078—051—4

法国刑法总论精义 / (法)卡斯东·斯特法尼等著;罗结珍译. —北京：中国政法大学出版社,1998

7—5620—1684—4

法国民事诉讼法导论 / 张卫平,陈刚编著. —北京：中国政法大学出版社,1997

7—5620—1608—9

表达自由：美国宪法第一修正案研究 / 邱小平著. —北京：北京大学出版社,2005(政治与法律思想论丛)

7—301—08165—0

美国证券私募发行法律问题研究 / 郭雳著. —北京：北京大学出版社,2004(法学论丛·国际金融法系列)

7—301—06900—6

美国行政法. 上下册 / 王名扬著. —北京：中国法制出版社,1995

7—80083—201—5

美国教育法研究 / 张维平,马立武著. —北京：中国法制出版社,2004

7—80182—375—3

美国银行业务法 / 沈达明编著. —北京：对外经济贸易大学出版社,1995

7—81000—703—3

美国证券法 / 高如星,王敏祥著. —北京：法律出版社,2000(美国法丛书)

7—5036—3009—4

美国非公司型企业法 / 宋永新著. —北京：社会科学文献出版社,2000(21 世纪法学文库)

7—80149—420—2

美国破产法 / 潘琪著. —北京：法律出版社,1999(美国法丛书)

7—5036—2688—7

公司法概要 / (美)罗伯特. W. 汉密尔顿著;李存捧译. —北京：中国社会科学出版社,1999(美国法学精选丛书)

7—5004—2363—2

美国外贸法 / 韩立余著. —北京：法律出版社,1999

7—5036—2734—4

美国侵权法 / (美)文森特. R. 约翰逊著;赵秀文译. —北京：中国人民大学出版社,2004(法学译丛·民商法系列)

7—300—05469—2

美国财产法 / 李进之等著. —北京：法律出版社,1999(美国法丛书)

7—5036—2649—6

新技术时代的知识产权法 / (美)罗伯特. P. 墨杰斯等著;齐筠等译. —北京:中国政法大学出版社,2003(美国法律文库)

　　7—5620—2521—5

美国知识产权法 / 李明德著. —北京:法律出版社,2003(英美法教学书系)

　　7—5036—4519—9

美国民事诉讼法导论 / (美)杰弗里. C. 哈泽德,米歇尔·塔鲁伊著;张茂译. —北京:中国政法大学出版社,1998(司法文丛)

　　7—5620—1718—2

美国刑事审判制度 / 李义冠著. —北京:法律出版社,1999(美国法丛书)

　　7—5036—2615—1

司法过程的性质 / (美)本杰明·卡多佐著;苏立译. —北京:商务印书馆,1998

　　7—100—02545—1

美国社区矫正的理论与实务 / 刘强编著. —北京:中国人民公安大学出版社,2003

　　7—81087—320—2

国际法问题专论 / 邵沙平,余敏友主编. —武汉:武汉大学出版社,2002(21 世纪高职高专经济管理系列教材)

　　7—307—03701—7

国际法:政治与价值 / (美)路易斯·亨金著;张乃根等译. —北京:中国政法大学出版社,2005(美国法律文库)

　　7—5620—2681—5

国际公法原理 / (英)伊恩·布朗利著;曾令良,余敏友等译. —北京:法律出版社,2003

　　7—5036—4057—X

国际公法学 / 曹建明,周洪钧,王虎华主编. —北京:法律出版社,1998

　　7—5036—2407—8

国际法引论 / 王铁崖著. —北京:北京大学出版社,1998

　　7—301—03623—X

当代国际法论 / 慕亚平,周建海,吴慧著. —北京:法律出版社,1998

　　7—5036—2363—2

全球化与国家主权 / 俞可平等著. —北京:社会科学文献出版社,2004(全球化论丛)

　　7—80190—280—7

国家主权新论 / 黄仁伟,刘杰著. —北京:时事出版社,2004

　　7—80009—796—X

国际海事立法趋势及对策研究 / 司玉琢主编;冯闻军等撰稿. —北京:法律出版社,2002

　　7—5036—3541—X

海洋法问题研究 / 赵理海著. —北京:北京大学出版社,1996

　　7—301—03168—8

武装冲突法 / 俞正山主编;殷飞等撰稿. —北京:军事科学出版社,2001

　　7—80137—488—6

贸易与环境的法律问题研究 / 徐淑萍著. —武汉:武汉大学出版社,2002(国际法研究丛书)

　　7—307—03750—5

国际经济法学 / 曹建明主编;司法部法学教材编辑部编审. —北京:中国政法大学出版社,1999

　　7—5620—1738—7

国际经济法问题专论 / 余劲松主编;左海聪等撰稿. —武汉:武汉大学出版社,2003

　　7—307—03922—2

国际贸易法 / 左海聪著. —北京:法律出版社,2004(21 世纪法学规划教材)

　　7—5036—5298—5

提单法律制度研究／郭瑜著.—北京：北京大学出版社，1997（北京大学国际经济法学丛书）

7—301—03543—8

海商法学／吴焕宁主编.—2版.—北京：法律出版社，1996（高等学校法学教材）

7—5036—1178—2

国际商事仲裁法／陈治东著.—北京：法律出版社，1998（国际经济法系列）

7—5036—1999—6

新编海商法学／司玉琢等编著.—新1版.—大连：大连海事大学出版社，1999

7—5632—1251—5

海商提单法／邢海宝著.—北京：法律出版社，1999

7—5036—2775—1

国际贸易法研究／沈木珠著.—北京：法律出版社，2002

7—5036—3800—1

国际服务贸易法律的多边化与中国对外服务贸易法制／陶凯元著.—北京：法律出版社，2000

7—5036—3122—8

海商法／于世成，杨召南，汪淮江编著.—北京：法律出版社，1997（"九五"规划高等学校法学教材）

7—5036—2007—2

海商法的精神：中国的实践和理论／郭瑜著.—北京：北京大学出版社，2005（民商法论丛）

7—301—09838—3

海商法比较研究／沈木珠著.—北京：中国政法大学出版社，1998

7—5620—1646—1

国际货币金融法学／李国安主编.—北京：北京大学出版社，1999（国际经济法学系列专著）

7—301—03889—5

国际金融法／李仁真主编；杨松等撰稿.—修订版.—武汉：武汉大学出版社，2005

7—307—04700—4

跨国银行法律制度研究／岳彩申著.—北京：北京大学出版社，2002（国际金融法系列）

7—301—05508—0

国际税法学／刘剑文主编.—2版.—北京：北京大学出版社，2004（21世纪法学系列教材·国际经济法系列）

7—301—06983—9

国际税法／刘剑文主编；王莉萍，张富强撰稿.—北京：北京大学出版社，1999（税法丛书）

7—301—03990—5

国际所得税法研究／刘剑文著.—北京：中国政法大学出版社，2000（中青年法学文库）

7—5620—1942—8

国际投资法学／曾华群主编.—北京：北京大学出版社，1999（国际经济法学系列专著）

7—301—03998—0

国际投资保护的国际法制：若干重要法律问题研究／刘笋著.—北京：法律出版社，2002（中国民商法专题研究丛书）

7—5036—3664—5

国际环境法／王曦编著.—2版.—北京：法律出版社，2005（21世纪法学规划教材）

7—5036—5538—0

国际私法原理／肖永平著.—北京：法律出版社，2003（法学新阶梯）

7—5036—4476—1

国际私法／李旺著.—北京：法律出版社，2003（高等学校法学教材）

7—5036—4469—9

国际私法趋势论 / 徐冬根著. —北京：北京大学出版社,2005(国际法论丛)
7—301—08358—0

国际私法 / 韩德培主编;黄进等撰稿. —北京：高等教育出版社,2000(面向21世纪课程教材)
7—04—008575—5

国际私法新论 / 韩德培著;黄进等撰稿. —武汉：武汉大学出版社,2003(普通高等教育"九五"国家级重点教材)
7—307—03394—1

戴西和莫里斯论冲突法 / (英)J. H. C. 莫里斯主编;李双元等译. —北京：中国大百科全书出版社,1998(外国法律文库)
7—5000—5854—3

国际民商新秩序的理论建构：国际私法的重新定位与功能转换 / 李双元,徐国建主编. —武汉：武汉大学出版社,1998(武汉大学学术丛书)
7—307—02480—2

瑞士国际私法法典研究 / 陈卫佐著. —北京：法律出版社,1998(中国民商法专题研究丛书)
7—5036—2341—1

国际私法问题专论 / 韩德培主编;韩德培,黄进,肖永平,郭玉军撰稿. —武汉：武汉大学出版社,2004
7—307—03953—2

冲突法 / 余先予主编. —上海：上海财经大学出版社,1999
7—81049—306—X

中国国际私法完善研究 / 徐冬根,薛凡著. —上海：上海社会科学院出版社,1998
7—80618—457—0

中国国际私法立法问题研究 / 赵相林主编. —北京：中国政法大学出版社,2002
7—5620—2249—6

知识产权的国际保护 / 唐广良,董炳和著. —北京：知识产权出版社,2002(中国知识产权培训中心系列教材)
7—80011—731—6

国际知识产权法 / 古祖雪著. —北京：法律出版社,2002
7—5036—3852—4

金融诈骗罪新论 / 赵秉志主编. —北京：人民法院出版社,2001(刑事法律科学文库)
7—80161—092—X

涉外民商事诉讼管辖权冲突研究 / 徐卉著. —北京：中国政法大学出版社,2001(中青年法学文库)
7—5620—2140—6

国际商事仲裁及其适用法律研究 / 赵秀文著. —北京：北京大学出版社,2002(法学论丛·国际金融法系列)
7—301—05440—8

跨国洗钱的法律控制 / 邵沙平著. —武汉：武汉大学出版社,1998(国际法研究丛书)
7—307—02562—0

国际刑法学 / 贾宇著. —北京：中国政法大学出版社,2004(中青年法学文库)
7—5620—2632—7

国际刑法学新体系 / 甘雨沛,高格著. —北京：北京大学出版社,2000
7—301—04534—4

国际刑法问题研究 / 林欣主编. —北京：中国人民大学出版社,2000
7—300—03111—0

洗钱罪比较研究 / 阮方民著. —北京：中国人民公安大学出版社,2002
7—81059—865—1

金融运行中的洗钱与反洗钱 / 李德, 张红地
著. —北京：中国人民公安大学出版社,2003
  7—81087—254—0

冲突法专论 / 肖永平著. —武汉：武汉大学出
版社,1999
  7—307—02733—X

国际人权法 / 徐显明主编；张爱宁等撰稿. —
北京：法律出版社,2004(21 世纪法学规划教材)
  7—5036—5187—3

人权法：《公民权利和政治权利国际公约》研
究 / 杨宇冠著. —北京：中国人民公安大学出版
社,2003(人权和刑事司法国际准则丛书)
  7—81087—265—6

中国引渡制度研究 / 黄风著. —北京：中国政
法大学出版社,1997(中青年法学文库)
  7—5620—1567—8

诉讼构架与程式：民事诉讼的法理分析 / 张
卫平著. —北京：清华大学出版社,2000(清华法学
丛书)
  7—302—00902—3

现代化与社会全面发展：邓小平经济发展与社会
全面进步思想研究 / 严书翰等著. —北京：红旗出
版社,1999
  7—5051—0351—2

两个主义一百年 / 肖枫著. —北京：当代世界
出版社,2000
  7—80115—354—5

美国社会的悖论：民主、平等与性别、种族歧
视 / 张友伦,肖军,张聪著. —北京：中国社会科学
出版社,1999(中华美国学丛书)
  7—5004—2576—7

列宁法律思想史 / 吕世伦主编 . —北京：法律
出版社,2000
  7—5036—2948—1

违约责任论 / 王利明著 . —北京：中国政法大
学出版社,1996(中青年法学文库)
  7—5620—1212—1

农村法治社会基础论：对当代中国四个典型
村庄的调查与研究 / 涂永珍著. —郑州：中原农民
出版社,2002
  7—80641—514—9

军事类入选书目分析

陆怡洲

一、总体情况

共获取 1995—2005 年出版的军事类（E 类）书目数据 7934 条，根据本课题学术图书筛选标准，选取出学术图书 3498 种，被引量达到 7 次及以上的有 244 种，约占学术性图书的 7%，而这 244 种图书中引文总量占到学术性图书引文总量的约 80%，依据"二八定律"，将被引达 7 次及以上的 244 种图书作为 E 类入选图书。

表1　1995—2005 年有被引记录图书量和新书量及其比例

年份	有被引记录图书数量/出版总量（种）	所占比例（%）
1995	60/833	7.2
1996	54/909	5.9
1997	67/1266	5.3
1998	67/1061	6.3
1999	106/1205	8.8
2000	104/1749	5.9
2001	89/1530	5.8
2002	102/1538	6.6
2003	93/1613	5.8
2004	90/1483	6.1
2005	130/1664	7.8

二、入选书目出版规律分析

（1）出版趋势分析

逐年统计学术图书及入选图书种数，并计算其所占比例和入选图书当年所占比例。

表2　学术图书按年度分布表

年度	学术图书		入选学术图书		当年入选比例（%）
	种数	比例（%）	种数	比例（%）	
1995	292	8.3	7	2.9	2.4
1996	272	7.8	8	3.3	2.9

年度	学术图书		入选学术图书		当年入选比例(%)
	种数	比例(%)	种数	比例(%)	
1997	309	8.8	6	2.6	1.9
1998	295	8.4	13	5.3	4.4
1999	374	10.7	25	10.2	6.7
2000	361	10.3	21	8.6	5.8
2001	275	7.8	17	7.0	6.2
2002	307	10.6	37	15.2	12.1
2003	271	7.7	38	15.6	14
2004	288	8.2	31	12.3	10.4
2005	460	13.1	37	15.2	8.0
合计	3504		245		

根据学术图书比例和入选学术图书比例按年度所作线形趋势图(图1),E类学术图书和入选图书的出版大致是逐年增长,但是其中在1999年后比例出现一定回落,2001年后重新恢复上涨趋势。

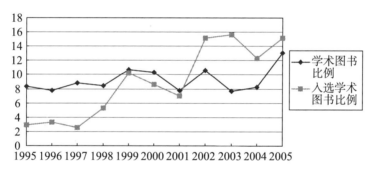

图1 学术图书年度所占比例线形图

根据某年度入选学术图书种数占当年学术图书种数比例所作线形图(图2),1995—2003年比例逐年上涨,2001—2005年线形图倒"U"趋势明显,同时从2003年开始,呈现出了下降趋势。

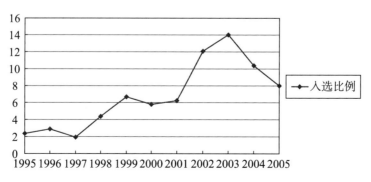

图2 学术图书当年入选比例线形图

(2)学科分布

E 类入选书目中军事技术(E9)占到了 23.77%,军事理论(E0)占了 20.49%,中国军事(E2)占 19.67%,战略学、战役学、战术学(E8)占 18.03%,除军事、军事地形学、军事地理学,其余各学科分布均匀。

表3　1995—2005 年 E 类入选书目学科分布

一级类目	中图分类号	入选书目数量(种)	所占比例(%)
军事	E	0	0
军事理论	E0	50	20.49
世界军事	E1	28	11.48
中国军事	E2	48	19.67
各国军事	E3/7	17	6.56
战略学、战役学、战术学	E8	44	18.03
军事技术	E9	58	23.77
军事地形学、军事地理学	E99	0	0
总计		245	100.00

(3)出版社分布

在入选图书所涉及的 49 家出版社中,排名前 20% 的出版社入选图书占入选图书总数的约 76.64%,而被引频次占到总被引频次的 80.5%。同时,在入选图书中,出版机构 88.7%分布在北京。

表4　被引 18 次及以上图书的出版社前十位排名

出版社	入选图书种数	被引频次
军事科学出版社	54	844
国防工业出版社	44	2251
国防大学出版社	33	451
解放军出版社	27	538
科学出版社	6	321
国防科技大学出版社	5	130
新华出版社	5	57
电子工业出版社	5	144
广西师范大学出版社	4	61
人民出版社	4	40

军事类入选书目

高科技与新军事革命／（美）迈克尔·奥汉隆著；王振西主译. —北京：新华出版社,2001

    7—5011—5107—5

比较军事思想：部分国家军事思想比较研究／李效东主编. —北京：军事科学出版社,1999

    7—80137—330—8

军事思维学前沿问题研究／毕文波,严高鸿主编. —北京：军事科学出版社,2005

    7—80137—881—4

武器装备形成战斗力研究／仲晶著. —北京：国防大学出版社,2002

    7—5626—251—5

中华武德通史／王联斌著. —北京：解放军出版社,1998（中华武德宝典）

    7—5065—3582—3

军事哲学／梁必骎主编. —修订本. —北京：军事科学出版社,2004

    7—80137—710—9

中国军事伦理文化史／顾智明著. —北京：海潮出版社,1997

    7—80054—833—3

国防系统分析方法／中国人民解放军总装备部军事训练教材编辑工作委员会编. —北京：国防工业出版社,2003（国防科研试验工程技术系列教材国防科技情报系统）

    7—118—03047—3

军事心理学研究／苗丹民,王京生主编. —西安：第四军医大学出版社,2003

    7—81086—080—1

军人心理疏导理论与方法／宋华淼,张鹏主编. —西安：第四军医大学出版社,2003

    7—81086—065—8

军事社会学／张明庆主编. —北京：中国社会科学出版社,2002

    7—5004—3463—4

中国军事经济学教程／刘化绵主编；王其华等撰稿. —北京：军事科学出版社,1998

    7—80137—113—5

军费论／库桂生,全林远主编. —北京：国防大学出版社,1999

    7—5626—0936—5

中国国防经济学／卢周来执行主编. —北京：经济科学出版社,2005

    7—5058—4790—2

西方国防经济学研究／杜为公著. —北京：军事科学出版社,2005

    7—80137—855—5

国民经济动员学教程／朱庆林,常进主编. —北京：军事科学出版社,2002

    7—80137—541—6

军事与经济互动论／余爱水著. —北京：中国经济出版社,2005

    7—5017—7243—6

战争与文化传统：对历史的另一种观察／倪乐雄著. —上海：上海书店出版社,2000

    7—80622—645—1

军事思维学论纲／毕文波,郭世贞主编. —2

版.—北京：解放军出版社,2003

7—5065—0508—8

军事教育技术学 / 谢百治,邓祖道,朱艾华主编.—西安：第四军医大学出版社,2004(军事教育技术基本理论体系的构建与应用丛书)

7—81086—118—2

作战指挥决策运筹分析 / 程启月著.—北京：军事科学出版社,2004(军事学博士后文库)

7—80137—793—1

军事预见研究 / 卜延军著.—北京：国防大学出版社,1999(中国军事学博士文库)

7—5626—0973—X

中国军事思想论纲 / 王厚卿主编.—北京：国防大学出版社,2000

7—5626—1046—0

现代战争心战宣传研究 / 王玉东著.—北京：国防大学出版社,2002

7—5626—1156—4

联合作战指挥体制研究 / 郭武君著.—北京：国防大学出版社,2003

7—5626—1315—X

军事哲学与军事实践 / 梁必骎著.—北京：国防大学出版社,2002

7—5626—1205—6

军事信息学 / 周林著.—北京：国防大学出版社,2003

7—5626—1290—0

军人心理学 / 刘红松主编.—北京：国防大学出版社,2000

7—5626—1049—5

军队管理学 / 刘由芳主编.—北京：国防大学出版社,2004

7—5626—1374—5

当代国防经济理论前沿问题研究 / 张南征,张胜旺主编.—北京：国防大学出版社,2003

7—5626—1303—6

军事信息管理 / 肖占中主编.—北京：解放军出版社,2005

7—5065—4919—0

国防系统分析方法学教程 / 江敬灼,郭嘉诚著.—北京：军事科学出版社,2000

7—80137—218—2

军事应激心理学 / 徐书同,李权超主编.—北京：军事医学科学出版社,2002

7—80121—317—3

军事训练心理学 / 李权超,徐书同主编.—北京：军事医学科学出版社,2000

7—80121—232—0

军事科学研究与管理 / 刘继贤著.—北京：军事科学出版社,2001

7—80137—422—3

军队管理学 / 王京朝,方宁主编.—北京：军事科学出版社,2001

7—80137—491—6

军官能力建设理论研究 / 唐志龙,罗剑明主编.—北京：解放军出版社,2005(履行使命与能力建设丛书)

7—5065—5099—7

指挥自动化纵横 / 李德毅,周书怀著.—北京：解放军出版社,1998(作战指挥研究丛书)

7—5065—3497—5

指挥自动化系统建模与仿真技术 / 李曙东,王运峰主编.—北京：国防工业出版社,2005

7—118—03840—7

指挥决策学 / 史越东著.—北京：解放军出版社,2005

7—5065—4979—4

指挥自动化教程 / 赵捷主编. —北京：军事科学出版社,2001

7—80137—217—4

人工智能军事应用教程 / 胡桐清编著. —北京：军事科学出版社,1999

7—80137—219—0

装备维修信息化工程 / 宋建社等编著. —北京：国防工业出版社,2005

7—118—03807—5

武器装备采办合同管理导论 / 魏刚,艾克武编著. —北京：国防工业出版社,2005

7—118—03856—3

军事物流学 / 王丰,姜大立,彭亮著. —北京：中国物资出版社,2003

7—5047—1975—7

装备运筹学 / 陈庆华著. —北京：国防工业出版社,2004

7—118—03564—5

战争艺术 / （瑞士）约米尼著；钮先钟译. —2版. —桂林：广西师范大学出版社,2003（贝贝特军事思想文库）

7—5633—3769—5

西方战略思想史 / 钮先钟著. —桂林：广西师范大学出版社,2003（军事思想文库）

7—5633—3830—6

世界新军事革命 / 王保存著. —北京：解放军出版社,1999（21世纪军事展望丛书）

7—5065—3660—9

战争动员发展史 / 张羽著. —北京：军事科学出版社,2004（战争动员基础理论系列丛书）

7—80137—696—X

世界新军事变革新论 / 王保存著. —北京：解放军出版社,2003

7—5065—4461—X

当代世界军事与中国国防 / 张万年主编. —北京：军事科学出版社,1999

7—80137—333—2

军队思想政治教育学 / 刘振忠著. —济南：黄河出版社,2000

7—80558—202—5

西方国家军队政治工作透析 / 房忠贤,张成富著. —北京：国防大学出版社,2001

7—5626—1094—0

民防学 / 钱七虎主编. —北京：国防工业出版社,1996

7—118—01547—4

中外国防教育比较 / 张进喜,陶劲松主编. —武汉：武汉理工大学出版社,2004

7—5629—2150—4

防空指挥自动化系统原理 / 吕辉,贺正洪主编. —西安：西安电子科技大学出版社,2003

7—5606—1208—3

军队组织编制学教程 / 钱海皓主编. —北京：军事科学出版社,2001

7—80137—224—7

军队组织编制学 / 钱海皓主编. —北京：军事科学出版社,2001

7—80137—513—0

军事检察学 / 李昂主编. —北京：军事科学出版社,2003

7—80137—620—X

转型中的军事教育与训练 / 柴宇球主编. —北京：解放军出版社,2005（世界新军事变革丛书）

7—5065—4756—2

外军心理训练研究 / 郭炎华著.—北京：国防大学出版社,2002

7—5626—1179—3

装备训练学 / 胡利民著.—北京：国防工业出版社,2004

7—118—03665—X

军事训练学 / 吴铨叙主编.—北京：军事科学出版社,2003

7—80137—613—7

武器装备论证导论 / 赵全仁等主编.—北京：兵器工业出版社,1998

7—80132—346—7

高技术战争后勤保障 / 余用哲主编.—北京：军事科学出版社,1995

7—80021—891—0

高技术条件下的 C4ISR：军队指挥自动化 / 刘桂芳,张健,陈凤滨主编.—北京：国防大学出版社,2002

7—5626—1207—2

装备保障性工程 / 宋太亮编著.—北京：国防工业出版社,2002

7—118—02889—4

装备油液智能监控原理 / 任国全,张培林,张英堂编著.—北京：国防工业出版社,2005

7—118—03909—8

武器装备采办合同理论研究与实证分析 / 魏刚著.—北京：国防大学出版社,2003

7—5626—1259—5

信息战争战役后勤研究 / 龚飞著.—北京：中国人民解放军国防大学出版社,1998(中国军事学博士文库)

装备全系统全寿命管理 / 王汉功等编著.—北京：国防工业出版社,2003

7—118—03228—X

装备管理工程 / 花兴来,刘庆华主编.—北京：国防工业出版社,2002

7—118—02913—0

海上舰艇编队系统 / 吴永杰,周玉兰主编.—北京：国防工业出版社,1999

7—118—02057—5

联合国维持和平行动 / 刘恩照著.—北京：法律出版社,1999

7—5036—1188—X

西洋世界军事史. 卷二. 从西班牙无敌舰队失败到滑铁卢会战 / （英）J. F. C. 富勒著；钮先钟译.—桂林：广西师范大学出版社,2004

7—5633—4581—7

论中国军事变革 / 李炳彦等著.—北京：新华出版社,2003(新军事参考)

7—5011—6289—1

军队领导管理学 / 丁士峰著.—北京：国防大学出版社,2000

7—5626—0983—7

军队新的历史使命论 / 郑卫平,刘明福主编.—北京：人民武警出版社,2005

7—80176—117—0

中国特色的军事变革 / 孙科佳著.—北京：长征出版社,2003

7—80015—947—7

中国军队第三次现代化论纲 / 王文荣主编.—北京：解放军出版社,2005

7—5065—4858—5

论新军事革命与战略对策 / 黄新著.—北京：蓝天出版社,2002

7—80158—187—3

军队思想政治教育接受论 ／ 王海平著.—北京：军事科学出版社,2002（西安政治学院博士文库）

7—80137—522—X

军队思想政治教育学原理 ／ 马永富,廖达炎主编.—长沙：国防科技大学出版社,2002

7—81024—833—2

中国国防预算制度的创新：理论分析、实证分析与制度设计 ／ 姜鲁鸣著.—北京：经济科学出版社,2004

7—5058—4058—4

装备勤务学 ／ 龚传信主编.—北京：高等教育出版社,2003

7—04—012852—7

军队院校教育改革与发展问题研究 ／ 刘志辉主编；刘志辉等撰稿.—北京：国防大学出版社,2004

7—5626—1323—0

中国国防经济运行与管理 ／ 于连坤主编.—北京：国防大学出版社,2002

7—5626—1160—2

军事教育结构研究 ／ 吴海平,吴重涵等著.—北京：国防大学出版社,2000

7—5626—1057—6

军校教育信息化研究 ／ 车先明主编.—北京：解放军出版社,2004

7—5065—4783—X

现代军校教育论 ／ 朱如珂,董会瑜主编.—北京：军事科学出版社,1998

7—80137—178—X

军队院校本科教学工作评价的理论与实践 ／ 向德全主编.—北京：军事科学出版社,2001

7—80137—458—4

军事立法学 ／ 周健,曹莹主编.—北京：军事科学出版社,2002

7—80137—611—0

中国军事法学基础理论研究 ／ 夏勇著.—北京：中国财政经济出版社,2005

7—5005—8716—3

清代新疆军府制度研究 ／ 管守新著.—乌鲁木齐：新疆大学出版社,2002（教育部人文社会科学百所重点研究基地新疆大学西北少数民族研究中心学术著作丛书）

7—5631—1565—X

指挥自动化系统工程 ／ 竺南直,朱德成编著.—北京：电子工业出版社,2001

7—5053—6208—9

作战指挥前沿理论研究 ／ 胡国桥,戴伟,何明远著.—北京：国防大学出版社,2000

CI系统分析与设计 ／ 于云程,罗雪山编著.—长沙：国防科技大学出版社,1996

7—81024—392—6

电子对抗作战指挥系统研究 ／ 刘庆国著.—北京：国防大学出版社,2000（中国军事学博士文库）

军品采办论 ／ 刘佐太等著.—北京：军事科学出版社,1999

7—80137—336—7

保障性工程 ／ 徐宗昌编著.—北京：兵器工业出版社,2005

7—80172—077—6

装备综合保障实施指南 ／ 宋太亮等编著.—北京：国防工业出版社,2004

7—118—03461—4

论兵团 ／ 房艺杰编著.—2版修订本.—乌鲁

木齐：新疆大学出版社,1996

7—5631—0817—3

国防教育学 / 武炳等主编.—北京：国防大学
出版社,2000

7—5626—1000—2

中国安全抉择：构筑 21 世纪的国家安全体系 /
李大光著.—北京：石油工业出版社,2002（新世纪
抉择丛书）

7—5021—3656—8

地缘政治与中国国防战略 / 楼耀亮著.—天
津：天津人民出版社,2002（环球聚焦书系）

7—201—03983—0

高校国防教育与人才培养研究 / 杨邵愈主
编.—北京：军事科学出版社,1999

7—80137—295—6

军队院校体制研究 / 邱蜀林著.—北京：国防
大学出版社,2000

大谋略与新军事变革 / 李炳彦著.—北京：解
放军出版社,2004（当代中国军事学资深学者学术
精品丛书）

7—5065—4548—9

信息国防论 / 周荣庭主编.—北京：军事科学
出版社,2002

7—80137—585—8

边境管理学 / 公安部政治部编.—北京：警官
教育出版社,1999

7—81062—182—3

边防论 / 毛振发主编.—北京：军事科学出版
社,1996

7—80021—946—1/7—80021—977—1

公安边防情报分析与预测 / 靳娟娟著.—北
京：群众出版社,2005

7—5014—3508—1

指挥军官能力建设论 / 熊汉涛著.—北京：国
防大学出版社,2005

7—5626—1446—6

军事法学 / 张山新主编;曹莹等撰稿.—北京：
军事科学出版社,2001

7—80137—474—6

军事法制教程 / 方宁等编著.—北京：军事科
学出版社,1999

7—80137—133—X

军事法学原理 / 李佑标等著.—北京：人民法
院出版社,2005

7—80217—076—1

中国古代军戎服饰 / 刘永华著.—上海：上海
古籍出版社,2003

7—5325—3536—3

清代八旗驻防研究 / 定宜庄著.—沈阳：辽宁
民族出版社,2003

7—80644—738—5

清代兵事典籍档册汇览 / 茅海建主编.—北
京：学苑出版社,2005

7—80060—413—6

晚清海军兴衰史 / 戚其章著.—北京：人民出
版社,1998

7—01—002648—3

晚清军事变革研究 / 施渡桥著.—北京：军事
科学出版社,2003

7—80137—586—6

中日战争史：1931—1945 / 胡德坤著.—武
汉：武汉大学出版社,2005（武汉大学学术丛书）

7—307—04528—1

印度国防经济研究 / 蒋一国,杨会春,于秀清

著.—北京：解放军出版社,2002

7—5065—4177—7

比较军事法：中国军事法的传统 ／ 周健等
著.—北京：海潮出版社,2002(比较军事法丛书)

7—80151—670—2

21 世纪美军先进军事技术和武器系统 ／ 王稚
编著.—北京：解放军出版社,2002

7—5065—4268—4

程序性细胞死亡与疾病 ／ 成军主编.—北京：
北京医科大学、中国协和医科大学联合出版
社,1997

7—81034—663—6

论大战略和世界战争史 ／ 吴春秋著.—北京：
解放军出版社,2002(当代中国军事学资深学者学
术精品丛书)

7—5065—4162—9

美军信息作战与信息化建设 ／ 李辉光主编.—
北京：军事科学出版社,2004

7—80137—699—4

美国战略思维研究 ／ 许嘉著.—北京：军事科
学出版社,2003(军事学博士后文库)

7—80137—582—3

美军高技术项目的管理 ／ 张连超编著.—北
京：国防工业出版社,1997

7—118—01711—6

美国安全解读 ／ 周建明,张曙光著.—北京：
新华出版社,2002

7—5011—5719—7

美国军队信息化建设研究 ／ 费肖竣著.—北
京：国防大学出版社,2003

7—5626—1297—8

大型仿真系统 ／ 金伟新主编.—北京：电子工
业出版社,2004

7—121—00239—6

目击西点 ／ 于大清著.—北京：解放军出版
社,2005

7—5065—4847—X

美国军事情报理论著作评介 ／ 张晓军主编.—
北京：时事出版社,2005

7—80009—872—9

美国武器装备透视 ／ 岳长胜,王太鑫编著.—
北京：国防工业出版社,2002(21 世纪世界武器装
备透视丛书)

7—118—02714—6

美国未来陆军 ／ 岳松堂,华菊仙,张更宇编
著.—北京：解放军出版社,2005

7—5065—5038—5

美俄新军事革命 ／ 朱小莉,赵小卓著.—北京：
军事科学出版社,1996(军事新视野丛书)

7—80137—005—8

新战争论 ／ 沈伟光著.—北京：人民出版
社,1997

7—01—002569—X

战略学 ／ 军事科学院战略研究部编.—北京：
军事科学出版社,2001

7—80137—454—1

作战工程保障运筹分析 ／ 黄劳生著.—北京：
军事科学出版社,1995

7—80021—881—3

孙子兵法研究与应用 ／ 褚良才著.—杭州：浙
江大学出版社,2002

7—308—03159—4

未来的战争 ／（美）阿尔文·托夫勒,海迪·
托夫勒著.阿笛,马秀芳译.—北京：新华出版社,
1996(阿尔文·托夫勒未来学丛书)

7—5011—3169—4

论战略 / 李际均著. —北京：解放军出版社，2002（当代中国军事学资深学者学术精品丛书）

7—5065—4163—7

缔造战略：统治者、国家与战争 / （美）威廉森·默里，（英）麦格雷戈·诺克斯，（美）阿尔文·伯恩斯坦著；时殷弘等译. —北京：世界知识出版社，2004（国际关系学名著系列）

7—5012—2175—8

中国战略原理解析 / 洪兵著. —北京：军事科学出版社，2002（中国古典战略丛书）

7—80137—539—4

军事战略与军费管理 / 刘洋著. —北京：国防大学出版社，2005（中国军事学博士文库）

7—5626—1392—3

军事战略思维 / 李际均著. —2 版. —北京：军事科学出版社，1998

7—80021—893—7

超限战：两个空军大校对全球化时代战争与战法想定 / 乔良，王湘穗著. —北京：解放军文艺出版社，1999

7—5033—1083—9

大战略论 / 吴春秋著. —北京：军事科学出版社，1998

7—80137—184—4

反恐保障 / 陈二曦，孙慎灵，李慧智主编. —北京：人民出版社，2003（反恐学丛书）

7—01—003955—0

海权对历史的影响：1660—1783 / （美）A. T. 马汉著；安常容，成忠勤译. —北京：解放军出版社，1998（外国著名军事著作丛书）

7—5065—3371—5

中华海权史论 / 秦天，霍小勇主编. —北京：国防大学出版社，2000

7—5626—1031—2

地缘战略论 / 程广中著. —北京：国防大学出版社，1999（中国军事学博士文库）

7—5626—0909—8

防空战略学 / 陈鸿猷主编. —北京：解放军出版社，1999

7—5065—3724—9

战役学 / 王厚卿，张兴业主编. —北京：国防大学出版社，2000

7—5626—1028—2

作战模拟理论与方法 / 王可定编著. —长沙：国防科技大学出版社，1999（高科技与工程计算丛书）

7—81024—567—8

航天装备军事应用 / 邱涤珊主编；凌云翔等编著. —长沙：国防科技大学出版社，2005

7—81099—179—5

战术学 / 杨志远，彭燕眉主编. —北京：军事科学出版社，2002

7—80137—540—8

现代作战模拟 / 徐学文，王寿云著. —北京：科学出版社，2001

7—03—008848—4

数理战术学 / 沙基昌著. —北京：科学出版社，2003

7—03—011522—8

猎扫雷作战效果评估与控制 / 马爱民著. —北京：国防工业出版社，2000

7—118—02074—5

联合战役作战指挥 / 汪江淮，卢利华主编. —北京：国防大学出版社，1999

7—5626—0921—7

反恐战法 / 王凤鸣，夏洪志，李慧智主编. —北京：人民出版社，2003

7—01—003956—9

舰艇作战模拟理论与方法 / 陆铭华著.—北京：海洋出版社,2000
7—5027—5071—1

外军信息战研究概览 / 王保存,刘玉建编著.—北京：军事科学出版社,1999(军事新视野丛书)
7—80137—111—9

美军航天战 / 胡思远,陈虎著.—北京：国防大学出版社,1995(现代美军研究丛书)
7—5626—0628—5

跨越：从机械化战争走向信息化战争 / 徐根初编.—北京：军事科学出版社,2004
7—80137—740—0

雷达电子战系统数学仿真与评估 / 王国玉等著.—北京：国防工业出版社,2004
7—118—03433—9

解读网络中心战 / 王正德主编.—北京：国防工业出版社,2004
7—118—03393—6

太空战 / 李大光著.—北京：军事科学出版社,2001
7—80137—477—0

军事情报学 / 张晓军主编;张晓军等撰写.—北京：军事科学出版社,2001
7—80137—521—1

军事情报研究 / 李耐国著.—北京：军事科学出版社,2001
7—80137—508—4

军事情报学 / 阎晋中著.—北京：时事出版社,1999
7—80009—530—4

中国兵学文化 / 张文儒著.—北京：北京大学出版社,1997(国学研究丛刊)
7—301—03171—8

中国兵书通览 / 许保林著.—2 版.—北京：解放军出版社,2002(中华传统军事系列)
7—5065—4198—X

孙子三论：从古兵法到新战略 / 钮先钟著.—桂林：广西师范大学出版社,2003(贝贝特军事思想文库)
7—5633—4106—4

孙子管理学 / 杨先举著.—北京：中国人民大学出版社,2005(中国古代管理思想集粹)
7—300—06379—9

孙子兵法新解 / 施芝华著.—上海：学林出版社,2000
7—80616—396—4

传世藏书·子库·兵书 /《传世藏书·子库·兵书》编委会整理;诚成企业集团(中国)有限公司,海南文化科技发展公司制作.—海口：海南国际新闻出版中心,1995
7—80609—167—X

徜徉兵学长河 / 吴如嵩著.—北京：解放军出版社,2002(当代中国军事学资深学者学术精品丛书)
7—5065—4173—4

军事航天学 / 常显奇等著.—2 版.—北京：国防工业出版社,2005
7—118—03706—0

军事革命论 / 梁必骎主编.—北京：军事科学出版社,2001
7—80137—481—9

装备论 / 康学儒著.—北京：军事科学出版社,2004
7—80137—797—4

武器装备学教程 / 钱海皓主编. —北京：军事科学出版社,2000

7—80137—228—X

网络中心战与复杂性理论 / （美）David S. Alberts,（英）James Moffat 等著；郁军,贾可荣等译. —北京：电子工业出版社,2004（海军新军事变革丛书）

7—121—00332—5

军事运筹学导论 / 戴锋等编著. —北京：军事谊文出版社,2002（军校学员必读军事丛书）

7—80150—227—2

高技术与现代战争 / 石国勇编写. —南昌：江西教育出版社,1998（少年军校丛书）

7—5392—2905—5

电子战建模与仿真导论 / （美）David L. Adamy著；吴汉平等译. —北京：电子工业出版社,2004（信息战名著翻译丛书）

7—5053—9761—3

指挥自动化系统作战需求分析研究 / 杨利民著. —北京：国防大学出版社,2003（中国军事学博士文库）

7—5626—1256—0

分布交互仿真及其军事应用 / 郭齐胜,张伟,杨立功等编著. —北京：国防工业出版,2003

7—118—03239—5

信息化战争形态论 / 董子峰著. —北京：解放军出版社,2004

7—5065—4737—6

信息化战争论 / 伍仁和著. —北京：军事科学出版社,2004

7—80137—779—6

军事运筹新方法研究与应用 / 李长生等编著. —北京：军事科学出版社,2002

7—80137—580—7

武器装备的信息化 / 凌永顺,万晓援主编. —北京：解放军出版社,2004（世界新军事变革丛书）

7—5065—4762—7

武器装备发展系统论证方法与应用 / 李明,刘澎等编著. —北京：国防工业出版社,2000

7—118—02317—5

水声对抗技术 / 阎福旺编著. —北京：海洋出版社,2003

7—5027—5829—1

通信电子战系统导论 / （美）Richard A. Poisel著；吴汉平等译. —北京：电子工业出版社,2003（信息战名著翻译丛书）

7—5053—8362—0

军事最优化新方法 / 曾宪钊编著. —北京：军事科学出版社,2005

7—80137—836—9

声,武器和测量 / 肖峰,李惠昌著. —北京：国防工业出版社,2002

7—118—02652—2

指挥自动化系统 / 苏建志等编著. —北京：国防工业出版社,1999（现代国防高科技知识丛书）

7—118—02032—X

炮兵 C3I 系统 / 刘树海著. —北京：兵器工业出版社,1997

7—80132—366—1

国防科学技术论 / 温熙森,匡兴华著. —长沙：国防科技大学出版社,1995

7—81024—365—9

数字化部队 / 王凯著. —北京：解放军出版社,1999（21 世纪军事展望丛书）

7—5065—3601—3

走向军事网格时代 / 刘鹏,王立华主编. —北京：解放军出版社,2005（世界新军事变革丛书）

7—5065—4768—6

综合电子信息系统：现代战争的擎天柱 / 童志鹏主编；电子科学研究院组织编著.—北京：国防工业出版社,1999(现代电子信息技术丛书)

7—118—02083—4

综合电子战：现代战争的杀手锏 / 侯印鸣主编.—北京：国防工业出版社,2000(现代电子信息技术丛书)

7—118—02091—5

军用激光技术 / 陆彦文,陆启生编著.—北京：国防工业出版社,1999(现代国防高科技知识丛书)

7—118—02044—3

电子战原理与技术 / 周一宇,徐晖,安玮编著.—北京：国防工业出版社,1999(现代国防高科技知识丛书)

7—118—02039—7

中国信息战 / 沈伟光主编；李际均等著.—北京：新华出版社,2005(新军事参考)

7—5011—6895—4

综合电子战新技术新方法 / 桑炜森,顾耀平编著.—北京：国防工业出版社,1996

7—118—01479—6

打赢信息化战争 / 张召忠著.—北京：世界知识出版社,2004

7—5012—2287—8

综合保障工程 / 马绍民主编；刘用权等编写.—北京：国防工业出版社,1995(可靠性·维修性·保障性丛书)

7—118—01453—2

新概念武器 / 李传胪编著.—北京：国防工业出版社,1999(现代国防高科技知识丛书)

7—118—02079—6

装备系统工程 / 陈学楚等主编.—2版.—北京：国防工业出版社,2005

7—118—03833—4

军用装备维修工程学 / 甘茂治,康建设,高崎著.—2版.—北京：国防工业出版社,2005

7—118—03884—9

装备智能故障诊断技术 / 杨军,冯振声,黄考利等编著.—北京：国防工业出版社,2004

7—118—03548—3

现代维修理论 / 陈学楚主编.—北京：国防工业出版社,2003

7—118—02958—0

武器装备学 / 钱海皓主编.—北京：军事科学出版社,1998

7—80021—839—2

军械维修器材管理学 / 梁海斌等编著.—北京：科学出版社,1998

7—03—006582—4

可靠性·维修性·保障性管理 / 秦英孝主编.—北京：国防工业出版社,2003

7—118—03158—5

目标毁伤工程计算 / 崔秉贵编.—北京：北京理工大学出版社,1995

7—81013—932—0

公安射击与枪战 / 黄子坚著.—北京：中国人民公安大学出版社,2001

7—81059—702—7

现代潜艇技术及发展 / 李国兴,徐晓明主编.—哈尔滨：哈尔滨工程大学出版社,1999

7—81007—995—6

世界导弹精粹 / 中国海鹰机电技术研究院编.—北京：军事科学出版社,1999

7—80137—314—6

核与辐射恐怖事件管理 ／ 潘自强主编. —北京：科学出版社,2005(反爆炸、生物、化学、核与辐射恐怖活动的科学技术问题和对策研究系列丛书)

7—03—014708—1

反化学恐怖对策与技术 ／ 陈冀胜主编. —北京：科学出版社,2005(反爆炸、生物、化学、核与辐射恐怖活动的科学技术问题和对策研究丛书)

7—03—014345—0

目标探测与识别 ／ 周立伟主编. —北京：北京理工大学出版社,2002(兵器科学与技术丛书)

7—5640—0000—7

军用光电系统 ／ 高稚允等编著. —北京：北京理工大学出版社,1996(光电成像技术系列教材)

7—81045—100—6

现代军用光学技术 ／ 王永仲编著. —北京：科学出版社,2003

7—03—010369—6

地面目标和背景的热红外特性 ／ (荷) Pieter A. Jacobs 著；吴文健, 胡碧茹, 满亚辉译. —北京：国防工业出版社,2004

7—118—03225—5

地面目标与背景的红外特征 ／ 宣益民, 韩玉阁, 蔡兰波著. —北京：国防工业出版社,2004

7—118—03180—1

高技术条件下工程装备技术保障 ／ 钱月明等主编. —北京：国防工业出版社,1998

7—118—01874—0

地雷探测技术 ／ 倪宏伟, 房旭民等编著. —北京：国防工业出版社,2003

7—118—03079—1

通信保密技术 ／ 张凤仙主编；中国人民解放军总装备部军事训练教材编辑工作委员会编著. —北京：国防工业出版社,2003(国防科研试验工程技术系列教材·试验通信系统)

7—118—02929—7

军事通信：现代战争的神经网络 ／ 何非常主编. —北京：国防工业出版社,2000(现代电子信息技术丛书)

7—118—02153—9

军事通信网 ／ 范冰冰, 邓革等编. —北京：国防工业出版社,2000

7—118—02104—0

国防信息安全战略 ／ 崔国平, 唐德卿, 王玉斗主编. —北京：金城出版社,2000

7—80084—274—6

军事通信网分析与系统集成 ／ 叶西荪, 南庚主编. —北京：国防工业出版社,2005

7—118—03826—1

中国刑事科学技术大全：警犬技术 ／ 刘文主编. —北京：中国人民公安大学出版社,2002

7—81059—636—5

经济类入选书目分析

蔡迎春

一、总体情况

如表1所示:共获取1995—2005年出版的经济类(F类)书目数据110 062条,根据本课题学术图书筛选标准,选取出经济类学术图书25 580种,占到经济类图书总量的23.2%;25 580种学术图书中被引频次小于5次的有12 142种,占到学术图书总量的47%,而被引频次≥5次的共6340种,占学术图书总量的24.7%。

表1   1995—2005年经济类图书引用频次分布

年份	年图书统计量	学术图书总量	N≥100	100>N≥50	50>N≥20	20>N≥10	10>N≥5	5>N≥1	最高被引频次
1995	6235	641	3	10	21	41	59	401	392
1996	6619	1340	9	21	41	58	106	584	1554
1997	6166	1809	21	19	65	86	112	682	713
1998	7242	2398	23	50	117	127	165	957	362
1999	8659	1749	26	53	110	147	158	826	1289
2000	11 216	2481	43	77	178	201	179	1082	1590
2001	10 995	1866	33	62	180	167	164	725	414
2002	12 169	2143	24	60	203	217	207	1247	535
2003	12 395	3560	25	69	245	313	308	1822	427
2004	14 378	3627	17	34	152	190	201	1103	945
2005	13 988	3966	17	52	212	375	487	2713	352
总计	110 062	25 580	241	507	1524	1922	2146	12 142	

从表1中可以看出:1995—2005各年经济类学术图书中,被引频次≥100的图书在年份分布上呈现中间多两头少的趋势;被引频次≥20的学术图书,在1999年以前有589种,而在2000年以后有1683种。综合考虑各年学术图书总量以及具有高被引频次图书数量年份分布不均衡情况,依照"二八定律",按年份分别选取各年总被引频次80%的图书作为经济类的入选书目。

表2　1995—2005年经济类入选书目分布

年份	1995	1996	1997	1998	1999	2000	2001	2002	2003	2004	2005
N≥1图书量	802	1238	1478	2156	1980	2637	1906	2938	4173	2545	3856
入选图书量	83	109	136	218	206	292	264	354	503	267	718
入选频次	9	13	16	16	19	20	20	15	13	14	9

二、入选书目出版规律分析

（1）出版趋势分析

从表3和图1中可以看出：入选图书的种数从1995年到2000年之间呈稳步上升趋势，2000年之后则呈曲折上升趋势；而从引文量来看，2000年引文量达到顶峰，之后呈曲折下降趋势。

分析这种趋势的原因：一方面是由于选择核心图书的标准是被引次数，被引次数需要累积一定的年限，但也具有一定的时效性，并不一定累积时间越长，被引次数就越高，而是有一个时间的临界值；另一方面也受图书出版质量的影响，随着每年出版量的增长，图书质量鱼龙混杂，导致学术图书所占比例以及引文量下降。

（2）学科分布

经济类入选书目中经济管理类（F2）占到了33.46%，这与近年来经管类图书出版量大有关，除了经管类图书之外，经济理论类（F0—F1）占到了24.43%，财政金融类（F8—F9）占19.68%，各产业经济类（F3—F6）占15.58%，贸易经济类（F7）占6.5%。

表3　1995—2005年入选书目年份及引文量分布

年份	数量（种）	所占比例（%）	引文量（次）	所占比例（%）
1995	83	2.63	2587	1.81
1996	109	3.46	6251	4.37
1997	136	4.31	8083	5.65
1998	218	6.92	11 152	7.80
1999	206	6.53	13 995	9.79
2000	292	9.26	19 855	13.89
2001	264	8.38	15 436	10.80
2002	354	11.23	15 743	11.01
2003	503	15.96	19 016	13.30
2004	267	8.47	13 113	9.17
2005	718	22.79	17 723	12.40
总和	3150	100.00	142 954	100.00

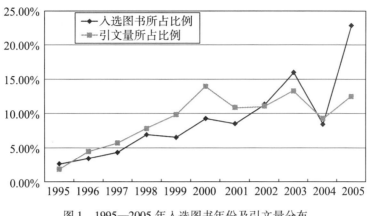

图1 1995—2005年入选图书年份及引文量分布

表4 1995—2005年经济类入选图书学科分布

一级类目	中图分类号	入选书目数量(种)	所占比例(%)
经济学	F0	354	11.23
世界各国经济	F1	416	13.20
经济管理	F2	1054	33.46
各种产业经济	F3—F6	491	15.58
贸易经济	F7	205	6.50
财政、金融	F8—F9	620	19.68
总计		3150	100.00

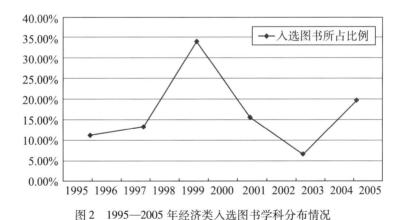

图2 1995—2005年经济类入选图书学科分布情况

（3）出版社分布

入选书目种数排在前20位的出版社中,经济类出版社有5家,高校出版社有7家,综合类出版社有8家;出版量较高的五大经济类出版社(经济科学出版社、中国财政经济出版社、中国金融出版社、中国经济出版社、经济管理出版社),入选书目的种数也排在前五名,但是平均被引次数却不具有优势;平均被引次数排在前五位的分别是商务印书馆、北京大学出版社、中国人民大学出版社、清华大学出版社、科学出版社,其中三大高校出版社具有相当的优势。由此可见,五大经济类出版社和三大高校出版社具有较强的经济类学术图书出版实力。

表5　1995—2005年经济类核心书目出版社分布情况

序号	出版社	入选书目数量（种）	总被引次数	平均被引次数
1	经济科学出版社	243	10 152	41.8
2	中国财政经济出版社	151	5470	36.2
3	中国金融出版社	148	4802	32.4
4	中国经济出版社	137	4866	35.5
5	经济管理出版社	132	5665	42.9
6	中国人民大学出版社	119	7644	64.2
7	社会科学文献出版社	101	4543	45.0
8	科学出版社	88	4546	51.7
9	上海财经大学出版社	88	3548	40.3
10	中国农业出版社	86	2611	30.4
11	人民出版社	67	2541	37.9
12	北京大学出版社	65	4460	68.6
13	中国社会科学出版社	65	2799	43.1
14	复旦大学出版社	60	2796	46.6
15	商务印书馆	54	4739	87.8
16	上海人民出版社	54	2220	41.1
17	机械工业出版社	54	1882	34.9
18	清华大学出版社	46	2797	60.8
19	东北财经大学出版社	43	1439	33.5
20	西南财经大学出版社	42	1027	24.5

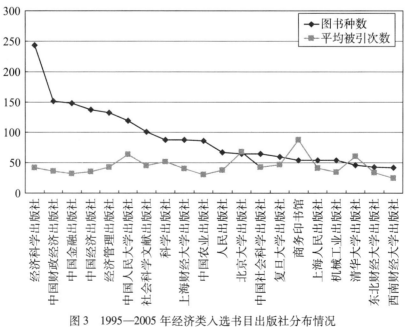

图3　1995—2005年经济类入选书目出版社分布情况

经济类入选书目

公共事业管理概论 / 崔运武编著. —北京：高等教育出版社，2002（面向 21 世纪课程教材）

7—04—010761—9

公共事业管理学 / 娄成武，郑文范主编. —北京：高等教育出版社，2002（面向 21 世纪课程教材；高等学校公共管理类主要课程教材）

7—04—010690—6

公共伦理学 / 高力主编. —北京：高等教育出版社，2002（面向 21 世纪课程教材；高等学校公共事业管理专业主要课程教材）

7—04—010760—0

儒家传统与现代市场经济 / 马涛著. —上海：复旦大学出版社，2000（经济学博士后、博士论丛）

7—309—02480—X

过度竞争：经济学分析与治理 / 罗云辉著. —上海：上海财经大学出版社，2004（产业经济学前沿问题研究丛书）

7—81098—167—6

经济人与社会秩序分析 / 杨春学著. —上海：上海三联书店，1998（当代经济学系列丛书当代经济学文库）

7—208—02880—X

声誉、承诺与组织形式：一个比较制度分析 / 王永钦著. —上海：上海人民出版社，2005（复旦大学青年经济学者文库转轨中的中国经济问题研究论丛）

7—208—05835—0

新制度经济学 / 袁庆民著. —北京：中国发展出版社，2005（高等院校经济学教材）

7—80087—787—6

信息时代的经济学 / （美）萨尔坦·科马里著；姚坤，何卫红译. —南京：江苏人民出版社，2000（汉译大众精品文库经济类）

7—214—02793—3

经济学中的分析方法 / （美）高山晟著；刘振亚译. —北京：中国人民大学出版社，2001（经济科学译丛）

7—300—03876—X

文明分岔经济混沌和演化经济学 / 陈平著. —北京：经济科学出版社，2000（现代经济学丛书）

7—5058—1510—5

管制和反垄断经济学 / （美）小贾尔斯·伯吉斯著；冯金华译. —上海：上海财经大学出版社，2003（新世纪高校经济学教材译丛）

7—81049—837—1

混乱的经济学：经济学到底教给了我们什么？ / 左大培著. —北京：石油工业出版社，2002（新世纪抉择丛书）

7—5021—3776—9

经济演化：探究新制度经济学的理论基础 / （荷）杰克. J. 弗罗门著；李振明，刘社建，齐柳明译. —北京：经济科学出版社，2003（新制度经济学名著译丛）

7—5058—3311—1

过渡政治经济学导论 / 张宇著. —北京：经济科学出版社，2001（政治经济学论丛）

7—5058—2428—7

经济学基本理论研究 / 张明龙著. —北京：中国文史出版社，2002（中华学人丛书）

7—5034—1234—8

政治经济学研究.3.转轨经济的政治经济学研究／王振中主编；中国社会科学院经济研究所编.—北京：社会科学文献出版社,2002

　　7—80149—723—6

规制与竞争前沿问题.第一辑／廖进球,陈富良主编.—北京：经济管理出版社,2004

　　7—80207—113—5

循环型社会及其规划理论和方法：构建和谐社会——新学科新观念新思路／崔铁宁著.—北京：中国环境科学出版社,2005

　　7—80209—009—1

理性的追问：关于经济学理性主义的对话／汪丁丁,叶航著.—桂林：广西师范大学出版社,2003

　　7—5633—4328—8

循环经济概论／张扬著.—长沙：湖南人民出版社,2005

　　7—5438—4098—7

泡沫经济理论与模型研究／葛新权著.—北京：经济科学出版社,2005

　　7—5058—5326—0

20世纪西方经济学的发展／高鸿业,刘凤良主编.—北京：商务印书馆,2004

　　7—100—03728—X

西方国际政治经济学／樊勇明著.—上海：上海人民出版社,2001

　　7—208—03572—5

信息经济论／王宪磊著.—北京：社会科学文献出版社,2004

　　7—80190—199—1

西方经济学的终结／张建平著.—北京：中国经济出版社,2005

　　7—5017—6468—9

比较／吴敬琏主编.—北京：中信出版社,2003

　　7—5086—0005—3

在自由中丧失：马克思主义经济哲学导论／（美）约翰.E.罗默著；段忠桥,刘磊译.—北京：经济科学出版社,2003（当代马克思主义经济学研究译丛）

　　7—5058—3785—0

经济伦理论：马克思主义经济伦理思想研究／章海山著.—广州：中山大学出版社,2001（马克思主义哲学与中国现代化研究系列）

　　7—306—01765—9

资本主义发展论：马克思主义政治经济学原理／（美）保罗·斯威齐著；陈观烈,秦亚男译.—北京：商务印书馆,1997

　　7—100—01652—5

回到马克思：经济学语境中的哲学话语／张一兵著.—南京：江苏人民出版社,1999

　　7—214—02422—5

马克思主义制度经济学：理论体系·比较研究·应用分析／顾钰民著.—上海：复旦大学出版社,2005

　　7—309—04293—X

当代国外马克思主义经济理论研究／朱钟棣著.—北京：人民出版社,2004

　　7—01—004446—5

福建经济综合竞争力研究／王秉安,李闽榕著.—福州：福建人民出版社,2004

　　7—211—04903—0

在经济学与哲学之间／汪丁丁著.—北京：中国社会科学出版社,1996（现代经济学学术丛书）

　　7—5004—1933—3

经济学的理解与解释／余章宝,杨玉成著.—北京：社会科学文献出版社,2005（哲学新视界系列丛书）

7—80190—627—6

经济哲学：经济理念与市场智慧 / 张雄,陈章亮主编.—昆明：云南人民出版社,2000

7—222—02973—7

经济正义论 / 何建华著.—上海：上海人民出版社,2004

7—208—05421—5

经济哲学导论 / 刘敬鲁著.—北京：中国人民大学出版社,2003

7—300—04715—7

经济学：理论与应用 / (美)罗伯特.E.霍尔,马克·利伯曼著.—大连：东北财经大学出版社,1998(世界财经与管理教材大系；经济系列)

7—81044—400—X

批判的经济学方法论 / (美)劳伦斯.A.博兰著；王铁生,尹俊骅,陈越译.—北京：经济科学出版社,2000(经济学方法论译丛)

7—5058—2272—1

政治经济学的范围与方法 / (英)约翰·内维尔·凯恩斯著；党国英,刘惠译.—北京：华夏出版社,2001(现代西方思想文库)

7—5080—2334—X

经济学方法论：马克思、西方主流与多学科视角 / 程恩富,胡乐明主编.—上海：上海财经大学出版社,2002

7—81049—836—3

当代西方产业组织学 / 于立著.—大连：东北财经大学出版社,1996(当代西方经济学系列丛书)

7—81044—227—9

交易费用分析框架的政治经济学批判 / 刘元春著.—北京：经济科学出版社,2001(政治经济学论丛)

7—5058—2428—7

劳动创造价值论 / 白暴力著.—北京：中国人民大学出版社,2004(邓小平理论和"三个代表"重要思想研究丛书)

7—300—05142—1

经济民主与经济自由 / 刘军宁等编辑.—北京：三联书店,1997(公共论丛)

7—108—01056—9

兼并：资本运营核心论 / 维高编著.—北京：中国物资出版社,1997

7—5047—1139—X

效率与公平：法律价值的人学分析 / 万光侠著.—北京：人民出版社,2000

7—01—003198—3

产权的经济分析 / (美)Y.巴泽尔著；费方域,段毅才译.—上海：三联书店上海分店,1997(当代经济学系列丛书当代经济学译库)

7—208—02622—X

环境产权经济学 / 蓝虹著.—北京：中国人民大学出版社,2005(环境经济学与政策丛书)

7—300—06472—8

联合产权论：产权制度与经济增长 / 刘长庚主编.—北京：人民出版社,2003(市场经济与社会主义公有制有机结合丛书)

7—01—003913—5

产权经济学 / 刘凡,刘允斌著.—武汉：湖北人民出版社,2002(西方现代经济学丛书)

7—216—03465—1

习俗与经济 / (德)埃克哈特·施里特著；秦海,杨煜东,张晓译.—长春：长春出版社,2005(新政治经济学译丛)

7—80664—962—X

财产论 / (美)理查德·派普斯著；蒋琳琦译.—北京：经济科学出版社,2003

7—5058—2813—4

产权理论比较：马克思主义与西方现代产权学派 / 吴宣恭等著.—北京：经济科学出版社,2000

7—5058—2298—5

制度分析基础：一个面向宽带网时代的讲义 / 汪丁丁著.—北京：社会科学文献出版社,2002

7—80149—743—0

文化与制序 / 韦森著.—上海：上海人民出版社,2003

7—208—04578—X

生产要素论 / 于刃刚,戴宏伟著.—北京：中国物价出版社,1999

7—80155—057—9

马克思劳动价值理论与当代现实 / 丁堡骏著.—北京：经济科学出版社,2005(政治经济学论丛)

7—5058—4729—5

价格宏观调控论 / 陈学彬著.—上海：上海财经大学出版社,1995(财经学术文库)

7—81049—012—5

市场机制与经济效率 / 樊纲著.—新1版.—上海：上海三联书店,1995(当代经济学系列丛书当代经济学新知文丛)

7—208—01988—6

管制与市场 / (美)丹尼尔·史普博著;余晖等译.—上海：上海三联书店,1999(当代经济学系列丛书当代经济学译库)

7—208—03255—6

质疑自由市场经济 / (美)理查德·布隆克著;林季红译.—南京：江苏人民出版社,2000(汉译大众精品文库经济类)

7—214—02590—6

寡头垄断市场结构与经济效率：兼论中国市场结构调整 / 杜传忠著.—北京：经济科学出版社,2003(经济学人文库)

7—5058—3647—1

工业化过程与现代商品流通：发展与变革的国际考察 / 谢朝斌著.—北京：东方出版社,1995(日本研究博士丛书)

7—5060—0547—6

市场经济前沿问题：现代经济运行方式 / 魏杰著.—北京：中国发展出版社,2001

7—80087—478—8

价值论原理 / 李德顺,马俊峰著.—西安：陕西人民出版社,2002

7—224—06321—5

价值与价格理论 / 白暴力著.—北京：中国经济出版社,1999

7—5017—4293—6

广义价值论 / 蔡继明,李仁君著.—北京：经济科学出版社,2001

7—5058—2628—X

寻租经济学导论 / 卢现祥著.—北京：中国财政经济出版社,2000(经济学中青年学者丛书)

7—5005—4668—8

哈耶克与古典自由主义 / (美)拉齐恩·萨丽著;秋风译.—贵阳：贵州人民出版社,2003(公法译丛)

7—221—06066—5

市场经济与公民社会：中国与俄罗斯 / 俞可平主编.—北京：中央编译出版社,2005

7—80211—192—7

社会资本与社会和谐 / 卜长莉著.—北京：社会科学文献出版社,2005(现代社会学文库)

7—80190—449—4

社会资本与技术创新 / 陈劲,张方华著.—杭州：浙江大学出版社,2002

7—308—03170—5

无形资产学 / 蔡吉祥著.—3 版.—深圳：海天出版社,2002(21 世纪无形资产学丛书)
7—80615—994—0

公共产品的需求与供给：评价与激励 / 李成威著.—北京：中国财政经济出版社,2005(财经博士论丛)
7—5005—7961—6

收入分配与权利、权力 / 周振华主编.—上海：上海社会科学院出版社,2005(分配理论研究丛书)
7—80681—593—7

收入分配与有效需求 / 杨天宇著.—北京：经济科学出版社,2001(政治经济学论丛)
7—5058—2613—1

现代无形资产学 / 于玉林主编.—北京：经济科学出版社,2001
7—5058—2378—7

分配正义与社会保障 / 汪行福著.—上海：上海财经大学出版社,2003
7—81049—970—X

休闲经济 / 田松青编著.—北京：新华出版社,2005(经济新参考丛书)
7—5011—6844—X

理解消费 / （英）安格斯·迪顿著；胡景北,鲁昌译.—上海：上海财经大学出版社,2003(经济学术译丛)
7—81049—840—1

消费经济学 / 伊志宏主编.—北京：中国人民大学出版社,2004(普通高等教育"十五"国家级规划教材;高等商学精品课程教材)
7—300—05794—2

中国休闲经济 / 魏小安著.—北京：社会科学文献出版社,2005(中国社会科学院旅游研究中心学术研究系列)
7—80190—806—6

消费外部性：一项探索性的系统研究 / 俞海山,周亚越著.—北京：经济科学出版社,2005
7—5058—5167—5

可持续消费模式论 / 俞海山著.—北京：经济科学出版社,2002
7—5058—2814—2

消费社会学 / 彭华民著.—天津：南开大学出版社,1996
7—310—00985—1

消费经济学 / 文启湘主编.—西安：西安交通大学出版社,2005
7—5605—1927—X

现代经济增长中的结构效应 / 周振华著.—上海：上海三联书店,1995(当代经济学系列丛书当代经济学文库)
7—208—01991—6

创意产业经济学：艺术的商业之道 / （美）理查德.E.凯夫斯著；孙维等译.—北京：新华出版社,2004
7—5011—6664—1

产业发展论 / 伍海华,金志国,胡燕京等著.—北京：经济科学出版社,2004
7—5058—4099—1

现代产业经济理论与政策 / 王述英主编.—太原：山西经济出版社,1999
7—80636—358—0

国际产业转移论 / 卢根鑫著.—上海：上海人民出版社,1997
7—208—02547—9

产业政策与结构优化 / 杨治著.—北京：新华出版社,1999

7—5011—4382—X

现代产业组织理论与政策 / 王俊豪等著.—北京：中国经济出版社,2000

7—5017—4926—4

经济组织的制度逻辑：一个理论框架及其对中国农民经济组织的应用研究 / 罗必良著.—太原：山西经济出版社,2000（中国农业经济学博士论丛华南农业大学系列）

7—80636—436—6

宏观经济学中的政治经济学 /（美）阿伦·德雷泽著；杜两省,史永东等译.—北京：经济科学出版社,2003（当代西方政治经济学译丛）

7—5058—3615—3

现代宏观经济冲击理论 / 刘金全著.—长春：吉林大学出版社,2000（吉林大学博士文库）

7—5601—2357—0

宏观经济学前沿问题 /（英）大卫·格林纳韦主编；杜两省译.—北京：中国税务出版社,2000（麦克米伦经济学前沿问题丛书）

7—80117—288—4

现代宏观经济学发展的反思 /（英）布赖恩·斯诺登,霍华德.R.文主编；黄险峰等译.—北京：商务印书馆,2000

7—100—03020—X

宏观经济的数理分析 / 胡适耕,吴付科编著.—北京：科学出版社,2004

7—03—013730—2

宏微观经济学 / 陈通主编.—天津：天津大学出版社,2003

7—5618—1827—0

产业组织理论 /（法）泰勒尔著；马捷等译.—北京：中国人民大学出版社,1997（经济科学译丛）

7—300—02380—0

微观规制理论研究：基于对正统理论的批判和将市场作为一个过程的理解 / 王廷惠著.—北京：中国社会科学出版社,2005

7—5004—5152—0

微观经济学 / 张东生主编.—北京：科学出版社,1997

7—03—006027—X

社会学视野里的经济现象 / 朱国宏主编.—成都：四川人民出版社,1998（现代性问题对话丛书）

7—220—04223—X

经济增长理论与经济增长的差异性 / 李坤望著.—太原：山西经济出版社,1998（国际经济前沿问题研究丛书）

7—80636—237—1

经济可持续发展的制度创新 / 刘传江,杨文华,杨艳琳等著.—北京：中国环境科学出版社,2002（经济可持续发展论丛）

7—80163—174—9

可持续发展经济学 / 刘思华主编.—武汉：湖北人民出版社,1997（经济新视野）

7—216—02164—9

发展经济学：超边际与边际分析 / 杨小凯著；张定胜,张永生译.—北京：社会科学文献出版社,2003

7—80190—065—0

经济与历史：支配的类型 /（德）韦伯著；康乐等译.—桂林：广西师范大学出版社,2004

7—5633—4527—2

区域经济学新论 / 陈鸿宇主编.—广州：广东经济出版社,1998

7—80632—199—3

时间序列分析预测与控制 /（美）George E. P. Box,（英）Gwilym M. Jenkins,（美）Gregory C. Reinsel著；顾岚主译.—北京：中国统计出版社,1997（现

代外国统计学优秀著作译丛)
7—5037—2406—4

产业组织：理论与应用 / (美)奥兹·夏伊著；周战强，王子健，危结根译.—北京：清华大学出版社，2005(工商管理优秀教材译丛经济学系列)
7—302—10612—6

虚拟经济与价值化积累：经济虚拟化的历史与逻辑 / 刘晓欣著.—天津：南开大学出版社，2005(虚拟经济理论研究丛书)
7—310—02365—X

注意力经济 / 石培华著.—北京：经济管理出版社，2000
7—80118—920—5

精神经济 / 李向民著.—北京：新华出版社，1999
7—5011—4331—5

动态经济学 / (英)罗纳德·肖恩著；吴汉洪译.—北京：中国人民大学出版社，2003(剑桥高级经济学译丛)
7—300—04418—2

动态经济学导论 / (英)罗纳德·肖恩著；国汉芬译.—北京：对外经济贸易大学出版社，2005
7—81078—503—6

奢侈与资本主义 / (德)维尔纳·桑巴特著；王燕平，侯小河译.—上海：上海人民出版社，2005(世纪人文系列丛书袖珍经典)
7—208—05436—3

分工、技术与生产组织变迁：资本主义生产组织演变的马克思主义经济学阐释 / 谢富胜著.—北京：经济科学出版社，2005(政治经济学论丛)
7—5058—4730—9

社会资本与社会发展 / 杨雪冬，李惠斌主编.—北京：社会科学文献出版社，2000(当代西方学术前沿论丛)

7—80149—307—9

资本结构理论史 / 沈艺峰著.—北京：经济科学出版社，1999(厦门大学庄启程基金经济理论与管理新世纪研究丛书)
7—5058—1708—6

资本运营论：兼谈投资银行家在中国的角色 / 赵炳贤著.—北京：企业管理出版社，1997
7—80001—846—6

利率理论与利率政策 / 施兵超等著.—北京：中国金融出版社，2003
7—5049—3028—8

社会转型与行政发展 / 沈亚平，王骚主编.—天津：南开大学出版社，2005
7—310—02314—5

奢侈与资本主义 / (德)维尔纳·桑巴特著；王燕平，侯小河译.—上海：上海人民出版社，2000(袖珍经典)
7—208—03393—5

当代西方经济周期理论 / 胡永刚著.—上海：上海财经大学出版社，2002(当代经济学前沿研究丛书)
7—81049—666—2

经济运行中的乘数效应 / 侯荣华，张耀辉著.—北京：中国财政经济出版社，1998(经济学者丛书)
7—5005—3886—3

金融与经济周期预测 / (美)Michael P. Niemira, Philip A. Klein 著；邱东等译.—北京：中国统计出版社，1998(现代外国统计学优秀著作译丛)
7—5037—2445—5

经济周期研究 / 王洛林主编.—北京：经济科学出版社，1998
7—5058—1350—1

现代资本主义论／陶大镛主编.—南京：江苏人民出版社,1996

　　7—214—01667—2

自然垄断理论研究／李怀著.—大连：东北财经大学出版社,2003(当代经济前沿文库)

　　7—81084—318—4

自然垄断与政府规制：基本理论与政策分析／于良等著.—北京：经济科学出版社,2003

　　7—5058—3869—5

后资本主义社会／(美)彼得·德鲁克著;张星岩译.—上海：上海译文出版社,1998(新世纪前瞻丛书)

　　7—5327—2133—7

危机与萧条的经济理论：对日、美及东亚经济衰退的剖析／(日)林直道著;江瑞平等译;朱绍文校.—北京：中国人民大学出版社,2005(现代日本社会科学名著译丛)

　　7—300—06386—1

低效率经济学：集权体制理论的重新思考／胡汝银著.—上海：上海三联书店,1995(当代经济学系列丛书;当代经济学文库)

　　7—208—01985—1

现代企业中的劳动与价值：马克思价值理论的现代拓展／史正富著.—上海：上海人民出版社,2002

　　7—208—04095—8

经济利益关系通论：社会主义市场经济的利益关系研究／洪远朋等著.—上海：复旦大学出版社,1999(经济利益理论与实践丛书)

　　7—309—02407—9

社会主义市场经济教程／王维澄,李连仲著.—北京：北京大学出版社,1995

　　7—301—02703—6

社会主义市场经济理论专题研究／杨欢进著.—石家庄：河北人民出版社,2003

　　7—202—03351—8

利益论／王伟光著.—北京：人民出版社,2001

　　7—01—003342—0

伦理学与经济学／(印)阿马蒂亚·森著;王宇,王文玉译.—北京：商务印书馆,2000

　　7—100—02917—1

我思考的经济学／汪丁丁著.—北京：三联书店,1997(读书文丛)

　　7—108—01078—X

个人选择与投资秩序／唐寿宁著.—北京：中国社会科学出版社,1999(现代经济学学术丛书)

　　7—5004—2602—X

制度与演化经济学现代文选：关键性概念／(英)杰弗里.M.霍奇逊主编;贾根良等译.—北京：高等教育出版社,2005(演化经济学译丛)

　　7—04—015975—9

经济学精神／盛洪著.—广州：广东经济出版社,1999(中国当代著名经济学家随笔集)

　　7—80632—393—7

经济学与哲学：制度分析的哲学基础／韦森著.—上海：上海人民出版社,2005

　　7—208—05520—3

经济与快乐／黄有光著.—大连：东北财经大学出版社,2000

　　7—81044—727—0

现代经济学与中国经济改革／钱颖一著.—北京：中国人民大学出版社,2003

　　7—300—04846—3

经济增加值基础／(美)詹姆斯.L.格兰特著;刘志远等译.—大连：东北财经大学出版社,2005(财务管理经典译丛)

　　7—81084—483—0

可持续发展的理论与政策选择 / 曲福田主编.—北京：中国经济出版社,2000（走进新世纪经济改革与发展丛书）

7—5017—1011—2

各国的经济增长：总产值和生产结构 /（美）西蒙·库兹涅茨著;常勋等译.—北京：商务印书馆,1999（经济增长与发展理论丛书）

7—100—02749—7

现代经济增长理论导引 /（英）海韦尔.G.琼斯著;郭家麟,许强,李吟枫译.—北京：商务印书馆,1999（经济增长与发展理论丛书）

7—100—02753—5

国家兴衰探源：经济增长、滞胀与社会僵化 /（美）曼库尔·奥尔森著;吕应中等译.—北京：商务印书馆,1999（经济增长与发展理论丛书）

7—100—02743—8

异质型人力资本与经济增长理论及实证研究 / 魏立萍著.—北京：中国财政经济出版社,2005（厦门大学财政学者文库）

7—5005—8141—6

公共债务与经济增长 / 袁东著.—北京：中国发展出版社,2000（硬道理·专家书系）

7—80087—369—2

经济增长导论 /（美）查尔斯.I.琼斯著;舒元等译校.—北京：北京大学出版社,2002（增长与发展经济学译丛）

7—301—05742—3

现代增长理论与政策选择 / 朱勇,徐广军著.—北京：中国经济出版社,2000（中国经济前沿问题丛书）

7—5017—0652—2

经济增长的源泉 /（美）理查德.R.纳尔森著;汤光华等译.—北京：中国经济出版社,2001

7—5017—5065—3

经济增长理论 /（英）阿瑟·刘易斯著;周师铭等译.—北京：商务印书馆,1996

7—100—01634—7

现代经济增长模型 / 舒元等编著.—上海：复旦大学出版社,1998

7—309—02069—3

可持续发展下的最优经济增长 / 范金著.—北京：经济管理出版社,2002

7—80162—446—7

经济增长模式比较 / 仇建涛,刘玉珂等著.—北京：经济科学出版社,1999

7—5058—1747—7

财政政策与经济增长 / 马拴友著.—北京：经济科学出版社,2003

7—5058—3456—8

新增长理论 / 朱勇著.—北京：商务印书馆,1999

7—100—02875—2

不发达地域经济成长论 / 武友德著.—北京：中国经济出版社,2000

7—5017—4801—2

发展经济学的先驱理论 /（英）杰拉尔德.M.迈耶主编;谭崇台等译.—昆明：云南人民出版社,1995（发展经济学与中国经济发展）

7—222—01777—1

新发展经济学：回顾与展望 / 陈宗胜等著.—北京：中国发展出版社,1996（发展文库）

7—80087—227—0

增长与分配：发展中经济面临的选择 / 陈广汉著.—武汉：武汉大学出版社,1995（经济发展理论研究丛书）

7—307—01989—2

经济发展理论中的新古典政治经济学：一种分析中国经济改革与发展的理论框架 / 邹薇著.—

武汉：武汉大学出版社,2000(经济发展理论研究
丛书)

　　7—307—02978—2

中国发展经济学概论 / 何炼成主编.—北京：
高等教育出版社,2001(面向21世纪课程教材)

　　7—04—010184—X

现代经济发展 / 伍海华著.—青岛：青岛出版
社,1995(现代经济理论丛书)

　　7—5436—1299—2

可持续发展经济学 / 洪银兴主编;洪银兴等
著.—北京：商务印书馆,2000

　　7—100—03153—2

**绿色经济论：经济发展理论变革与中国经济
再造** / 刘思华主编.—北京：中国财政经济出版
社,2001

　　7—5005—4846—X

发展经济学与中国经济发展 / 张东辉著.—济
南：山东人民出版社,1999

　　7—209—02470—0

发展经济学新探 / 夏振坤主编.—武汉：武汉
出版社,1997

　　7—5430—1598—6

可持续发展经济学导论 / 贾华强著.—北京：
知识出版社,1996

　　7—5015—1233—7

发展理论论纲 / 庞元正,丁冬红等著.—北京：
中共中央党校出版社,2000

　　7—5035—2113—9

发展经济学经典论著选 / 郭熙保主编.—北
京：中国经济出版社,1998

　　7—5017—4012—7

福利经济学 / 郭伟和编著.—北京：经济管理
出版社,2001

7—80162—279—0

区域发展中的空间结构研究 / 陆玉麒著.—南
京：南京师范大学出版社,1998(南京师范大学青
年学者文丛)

　　7—81047—263—1

区域经济政策：理论基础与欧盟国家实践 /
张可云著.—北京：中国轻工业出版社,2001(区域
经济系列丛书)

　　7—5019—3170—4

中国区域经济差异与协调发展 / 张敦富,覃成
林著.—北京：中国轻工业出版社,2001(区域经济
系列丛书)

　　7—5019—2978—5

知识经济与区域经济 / 张敦富等著.—北京：
中国轻工业出版社,2000(区域经济系列丛书)

　　7—5019—2900—9

区域经济学原理 / 张敦富主编.—北京：中国
轻工业出版社,1999(区域经济学系列丛书)

　　7—5019—2356—6

区域经济理论 / 张秀生,卫鹏鹏主编.—武汉：
武汉大学出版社,2005(区域经济研究丛书)

　　7—307—04788—8

区域发展战略与规划 / 辛晓梅著.—合肥：中
国科学技术大学出版社,2005(新世纪学术著作丛
书)

　　7—312—01739—8

区域经济学导论 / 武友德等编著.—北京：中
国社会科学出版社,2005(云南师范大学学术文库)

　　7—5004—4856—2

区域经济学通论 / 储东涛主编.—北京：人民
出版社,2003(中共江苏省委党校研究生教育文库)

　　7—01—004007—9

区域创新视角下的产业发展：理论与案例研

究／李青,李文军,郭金龙合著.—北京：商务印书馆,2004

　　7—100—04136—8

区域经济空间组织原理／覃成林等著.—武汉：湖北教育出版社,1996

　　7—5351—1722—8

区域经济学概论／孟庆红主编.—北京：经济科学出版社,2003

　　7—5058—3846—6

区域发展及其空间结构／陆大道著.—北京：科学出版社,1995

　　7—03—004576—9

劳动力流动对区域经济发展的影响分析／刘乃全著.—上海：上海财经大学出版社,2004

　　7—81098—307—5

区域创新系统论／顾新著.—成都：四川大学出版社,2005

　　7—5614—3040—X

区域经济理论与地区经济发展／张耀辉著.—北京：中国计划出版社,1999

　　7—80058—723—1

区域经济理论与方法／刘再兴主编.—北京：中国物价出版社,1996

　　7—80070—670—2

经济区与经济区划／郭振淮主编.—北京：中国物价出版社,1998

　　7—80070—740—7

自然资源与环境经济学／（英）罗杰·珀曼等著；侯元兆译著主编；张涛等译.—北京：中国经济出版社,2002（常青藤经济学读本选译）

　　7—5017—5408—X

全球化中的科技资源重组与中国产业技术竞争力提升／江小涓等著.—北京：中国社会科学出版社,2004

　　7—5004—4533—4

循环经济学／周宏春,刘燕华等著.—北京：中国发展出版社,2005（高等学校经济学教材）

　　7—80087—844—9

资源经济学／曲福田主编.—北京：中国农业出版社,2001（面向 21 世纪课程教材）

　　7—109—06942—7

资源价格／刘文,王炎庠,张敦富编著.—北京：商务印书馆,1996（市场经济研究丛书）

　　7—100—01849—8

资源经济新论／李金昌等编著.—重庆：重庆大学出版社,1995（资源综合利用工程丛书）

　　7—5624—1025—9

循环经济：产业模式与政策体系／黄贤金主编.—南京：南京大学出版社,2004

　　7—305—04390—7

自然资源资产化管理：可持续发展的理想选择／钱阔,陈绍志主编.—北京：经济管理出版社,1996

　　7—80118—262—6

新循环经济学：中国的经济学／吴季松著.—北京：清华大学出版社,2005

　　7—302—11844—2

循环经济的原理与应用／季昆森著.—合肥：安徽科学技术出版社,2004

　　7—5337—2860—2

循环经济与资源型城市发展研究／朱明峰著.—北京：大地出版社,2005

　　7—80097—767—6

环境与资源经济学／陈大夫编著.—北京：经济科学出版社,2001

　　7—5058—2528—3

资源资产论 / 姜文来,杨瑞珍著. —北京:科学出版社,2003

　　7—03—010826—4

资源生态经济学 / 马传栋著. —济南:山东人民出版社,1995

　　7—209—01730—5

科技资源论 / 周寄中主编. —西安:陕西人民教育出版社,1999

　　7—5419—7642—3

论循环经济 / 毛如柏,冯之浚主编. —北京:经济科学出版社,2003

　　7—5058—3806—7

生态经济学 / 王松霈著. —西安:陕西人民教育出版社,2000(生态文化丛书)

　　7—5419—8026—9

生态经济学新论:理论、方法与应用 / 严茂超著. —北京:中国致公出版社,2001

　　7—80096—952—5

复合生态与循环经济 / 王如松主编. —北京:气象出版社,2003

　　7—5029—3666—1

走向 21 世纪的生态经济管理 / 王松霈主编. —北京:中国环境科学出版社,1997

　　7—80135—261—0

中国的可持续发展研究:从概念到行动 / 胡涛,陈同斌主编. —北京:中国环境科学出版社,1995(青年生态学者论丛)

　　7—80093—822—0

知识产权经济学 / 陈昌柏著. —北京:北京大学出版社,2003(国家自然科学基金研究专著管理科学系列)

　　7—301—06552—3

知识创新运行论 / 吴江著. —北京:新华出版

社,2000(科技创新系列)

　　7—5011—4722—1

知识经济与知识产品 / 李富强等编著. —北京:社会科学文献出版社,1998(挑战知识经济丛书)

　　7—80149—107—6

知识经济与信息化 / 李富强等编著. —北京:社会科学文献出版社,1998(挑战知识经济丛书)

　　7—80149—098—3

知识企业与知识管理 / 赵曙明,沈群红著. —南京:南京大学出版社,2000(新经济论丛)

　　7—305—03487—8

关注知识经济:知识经济时代生存与发展策略 / 秦言著. —天津:天津人民出版社,1998(与时代同行)

　　7—201—03171—6

反思知识经济 / 郭强著. —北京:中国经济出版社,1999(知识经济反思丛书)

　　7—5017—4489—0

知识的进化 / (美)维纳·艾莉著;刘民慧等译. —珠海:珠海出版社,1998(知识经济经典汉译丛书)

　　7—80607—469—4

知识经济思想的由来与发展 / 谢康,陈禹著. —北京:中国人民大学出版社,1998(知识经济时代丛书)

　　7—300—02891—8

迎接知识经济新时代 / 李京文著. —上海:上海远东出版社,1999(中国经济发展研究论丛)

　　7—80613—822—6

知识经济对策:运作与案例 / 王勇主编. —北京:中国城市出版社,1998

　　7—5074—1041—2

书生打天下：知识经济时代的新游戏与新规则 / 石培华著. —北京：经济管理出版社,1998

7—80118—695—8

知识经济创新论 / 甘德安著. —武汉：华中理工大学出版社,1998

7—5609—1837—9

知识与经济增长 / 秦宝庭,吴景曾著. —北京：科学技术文献出版社,1999

7—5023—3327—4

知识经济学导论 / 袁志刚著. —上海：上海人民出版社,1999

7—208—03205—X

知识经济与现代教育 / 曲绍卫,杜长明著. —北京：中国社会科学出版社,2000

7—5004—2803—0

技术创新进化论 /（英）约翰·齐曼主编；孙喜杰,曾国屏译. —上海：上海科技教育出版社,2002（八面风文丛）

7—5428—3026—0

当代技术创新的经济分析：基于信息及其技术视角的宏观分析 / 王雪苓著. —成都：西南财经大学出版社,2005（博士文库）

7—81088—271—6

技术经济学的基础理论与方法 / 雷家骕,程源,杨湘玉编著. —北京：高等教育出版社,2005（高等学校技术经济及管理专业核心课程系列教材）

7—04—015305—X

技术创新与管理 / 葛新权,李静文,彭娟娟著. —北京：社会科学文献出版社,2005（管理科学发展论丛）

7—80190—488—5

技术扩散理论及实证研究 / 李平著. —太原：山西经济出版社,1999（国际经济前沿问题研究丛书）

7—80636—131—6

技术创新的制度结构分析 / 袁庆明著. —北京：经济管理出版社,2003（经济管理博士文库）

7—80162—511—0

现代技术创新经济学 / 纪玉山,曹志强等著. —长春：长春出版社,2001（经济学创新文库）

7—80664—266—8

现代技术问题研究：技术、现代性与人类未来 / 张成岗著. —北京：清华大学出版社,2005（清华科技与社会丛书）

7—302—10058—6

技术创新的金融支持：理论与政策 / 李建伟著. —上海：上海财经大学出版社,2005

7—81098—350—4

产业技术创新 / 庄卫民,龚仰军主编. —上海：东方出版中心,2005

7—80186—312—7

技术创新扩散 / 武春友等著. —北京：化学工业出版社,1997

7—5025—1878—9

科技革命与当代社会 / 陈筠泉,殷登祥主编. —北京：人民出版社,2001

7—01—003452—4

技术创新、技术标准与经济发展 / 刘振刚主编. —北京：中国标准出版社,2005

7—5066—3773—1

技术创新的理论与政策 / 张永谦,郭强主编. —广州：中山大学出版社,1999

7—306—01589—3

网络协同经济学：第三只手的凸现 / 杨培芳著. —北京：经济科学出版社,2000（21世纪信息网络化丛书）

7—5058—2248—9

信息化与经济发展 / 李晓东著. —北京：中国发展出版社,2000(发展文库)

7—80087—436—2

不确定性与信息分析 / （美）杰克·赫什莱佛,约翰.G.赖利著；刘广灵,李绍荣主译. —北京：中国社会科学出版社,2000(哈佛剑桥经济学著作译丛)

7—5004—2775—1

信息经济分析 / 马费成,靖继鹏主编. —北京：科学技术文献出版社,2005(情报学研究生教材)

7—5023—4973—1

网络经济学 / 周朝民主编. —上海：上海人民出版社,2003(上海交通大学工商管理系列教材)

7—208—04918—1

信息经济学 / 马费成,王槐,查先进著. —武汉：武汉大学出版社,1997(武汉大学学术丛书)

7—307—02501—9

知识经济的支柱：信息产业 / 左美云著. —北京：中国人民大学出版社,1998(知识经济时代丛书)

7—300—02934—5

信息经济学浅说 / 王则柯,何洁编著. —北京：中国经济出版社,1999(走近现代经济学岭南系列)

7—5017—4336—3

网络经济的十种策略 / （美）凯文·凯利著；萧华敬,任平译. —广州：广州出版社,2000

7—80655—115—8

信息规则：网络经济的策略指导 / （美）卡尔·夏皮罗,哈尔·瓦里安著；张帆译. —北京：中国人民大学出版社,2000

7—300—03493—4

信息消费：理论、方法及水平测度 / 朱红著. —北京：社会科学文献出版社,2005

7—80190—517—2

浮现中的数字经济：美国商务部报告 / 姜奇平等译. —北京：中国人民大学出版社,1998

7—300—02699—0

网络经济学导论 / 孙健著. —北京：电子工业出版社,2001

7—5053—7066—9

自由人的自由联合：汪丁丁论网络经济 / 汪丁丁著. —厦门：鹭江出版社,2000

7—80610—970—6

公共选择学派 / 文建东著. —武汉：武汉出版社,1996(当代世界十大经济学派丛书)

7—5430—1466—1

社会选择的理论与进展 / 罗云峰,肖人彬著. —北京：科学出版社,2003(国家自然科学基金研究专著信息科学系列)

7—03—011588—0

公共选择理论 / （美）丹尼斯.C.缪勒著；杨春学等译. —北京：中国社会科学出版社,1999(哈佛剑桥经济学著作译丛)

7—5004—2505—8

公共部门经济学 / （英）C.V.布朗,P.M.杰克逊著；张馨主译. —北京：中国人民大学出版社,2000(经济科学译丛财政学系列)

7—300—03495—0

公共选择理论：政治的经济学 / 方福前著. —北京：中国人民大学出版社,2000(经济学前沿系列)

7—300—03581—7

公共部门经济学前沿问题 / （美）彼德.M.杰克逊主编；郭庆旺,刘立群,杨越译. —北京：中国税务出版社,2000(麦克米伦经济学前沿问题丛书)

7—80117—293—0

公共部门经济学 / 朱柏铭编著. —杭州：浙江大学出版社,2003(浙江大学公共管理丛书)

7—308—03294—9

多中心体制与地方公共经济 / （美）迈克尔·麦金尼斯主编;毛寿龙译.—上海：上海三联书店，2000（制度分析与公共政策译丛）
7—5426—1333—2

公共经济学导论 / 洪银兴，刘建平主编.—北京：经济科学出版社，2003
7—5058—3382—0

公共经济学新论 / 戴文标著.—杭州：浙江大学出版社，2005
7—308—04530—7

公共经济学 / 朱柏铭编著.—杭州：浙江大学出版社，2002
7—308—03046—6

中国公共经济理论与实践 / 王延杰著.—北京：中国财政经济出版社，2004
7—5005—7506—8

产业组织导论 / （美）刘易斯·卡布罗著;胡汉辉，赵震翔译.—北京：人民邮电出版社，2002（产业经济学译丛）
7—115—09758—5

产业集聚论 / 朱英明著.—北京：经济科学出版社，2003（中青年经济学家文库）
7—5058—3803—2

区域产业竞争力：理论与实证 / 李春林等著.—北京：冶金工业出版社，2005
7—5024—3683—9

战略产业博弈分析 / 侯云先，王锡岩著.—北京：机械工业出版社，2004
7—111—14741—3

现代产业经济学 / 戴伯勋，沈宏达主编.—北京：经济管理出版社，2001
7—80162—148—4

产业经济学理论与实践问题研究 / 于立主编.—北京：经济管理出版社，2000
7801189647

产业经济系统研究 / 昝廷全著.—北京：科学出版社，2002
7—03—010372—6

主导产业论 / 于刃刚著.—北京：人民出版社，2003
7—01—004170—9

产业集聚论 / 梁琦著.—北京：商务印书馆，2004
7—100—03947—9

面对新经济时代的产业经济研究 / 夏大慰主编.—上海：上海财经大学出版社，2001
7—81049—580—1

产业结构研究 / 龚仰军著.—上海：上海财经大学出版社，2002
7—81049—779—0

产业集群与复杂性 / 陈继祥主编.—上海：上海财经大学出版社，2005
7—81098—505—1

中国产业经济研究 / 李永禄，龙茂发主编.—成都：西南财经大学出版社，2002
7—81055—814—5

产业集聚竞争优势的经济分析 / 刘斌著.—北京：中国发展出版社，2004
7—80087—708—6

产业经济理论与实证分析 / 陈仲常编著.—重庆：重庆大学出版社，2005
7—5624—3374—7

中国产业经济评论.第2辑 / 干春晖主编.—上海：上海辞书出版社，2005
7—5326—1787—4

现代服务经济理论与中国服务业发展 / 黄维兵著.—成都:西南财经大学出版社,2003(财经博士文库)

7—81088—030—6

会展经济学 / 陈志平,刘松萍,余国扬编著.—北京:经济科学出版社,2005

7—5058—3436—3

经济理论比较研究 / 洪远朋主编.—上海:复旦大学出版社,2002(复旦博学经济学系列)

7—309—03134—2

知识经济与教育:教育与 21 世纪经济社会可持续发展引论 / 彭坤明著.—南京:南京师范大学出版社,1998(21 世纪管理者文库)

7—81047—218—6

文化经济学 / 胡惠林主编.—上海:上海交通大学出版社,1996(文化艺术管理丛书)

7—313—01588—7

知识经济与中国发展 / 冯之浚主编.—北京:中共中央党校出版社,1998(知识经济丛书)

7—5035—1795—6

知识经济论:跨世纪社会经济革命的研究 / 黄亚钧等撰写.—太原:山西经济出版社,1998

7—80636—160—X

知识经济时代的来临 / 朱国宏,刘子馨主编.—上海:复旦大学出版社,1998

7—309—02109—6

贫困经济学研究 / 叶普万著.—北京:中国社会科学出版社,2004

7—5004—4566—0

经济社会学 / 周长城著.—北京:中国人民大学出版社,2003(21 世纪社会学系列教材)

7—300—04541—3

经济社会学导论 / 朱国宏,桂勇主编.—上海:

复旦大学出版社,2005(复旦卓越经济学系列)

7—309—04295—6

经济社会学的新视野:理性选择与感性选择 / 刘少杰著.—北京:社会科学文献出版社,2005(吉林大学哲学社会科学学术文库)

7—80190—787—6

实验经济学导论 / 高鸿桢主编.—北京:中国统计出版社,2003(经济新学科讲义)

7—5037—4029—9

经济人类学 / 陈庆德著.—北京:人民出版社,2001(人类学文库)

7—01—003318—8

新经济社会学 / 张其仔著.—北京:中国社会科学出版社,2001(社会学文库)

7—5004—2907—X

经济社会学原理 / (瑞典)理查德·斯威德伯格著;周长城等译.—北京:中国人民大学出版社,2005(社会学译丛·经典 1 系列)

7—300—06664—X

契约经济学 / (美)科斯,哈特,斯蒂格利茨等著;(瑞典)拉斯·沃因,汉斯·韦坎德编;李风圣主译.—北京:经济科学出版社,1999(新制度经济学名著译丛)

7—5058—1803—1

西方规制经济学的变迁 / 张红凤著.—北京:经济科学出版社,2005(中青年经济学家文库)

7—5058—5197—7

系统经济学探索 / 昝廷全著.—北京:科学出版社,2004

7—03—012762—5

知识经济专家谈 / 陈胜昌主编.—北京:经济科学出版社,1998(跨世纪经济论坛丛书)

7—5058—1408—7

经济学说史 / 姚开建主编.—北京：中国人民大学出版社,2003(21 世纪经济学系列教材·专业基础课)

7—300—04866—8

西方经济学说史：从市场经济视角的考察 / 尹伯成主编.—上海：复旦大学出版社,2005(复旦博学经济学系列)

7—309—04358—8

西方经济学说史 / 葛扬,李晓蓉编著.—南京：南京大学出版社,2003(商学院文库)

7—305—04113—0

现代西方经济学：宏观经济学 / 宋承先,许强著.—3 版.—上海：复旦大学出版社,2004(复旦博学)

7—309—04125—9

西方经济学简史 / 王雪梅,谢实等编著.—昆明：云南人民出版社,2005(简史文丛系列)

7—222—04332—2

经济变迁的演化理论 /（美）理查德. R. 纳尔逊,悉尼. G. 温特著;胡世凯译.—北京：商务印书馆,1997

7—100—02488—9

诺贝尔经济学奖经典理论：经济学茶座 / 郭利华,贾利军编译.—呼和浩特：内蒙古人民出版社,2003

7—204—06722—3

三次革命和三次综合：西方经济学演化模式研究 / 蒋自强,张旭昆著.—上海：上海人民出版社,1996

7—208—02189—9

自由经营还是国家干预：西方两大经济思潮概论 / 傅殷才,颜鹏飞著.—北京：经济科学出版社,1995

7—5058—0839—7

经典经济学与现代经济学 / 朱绍文著.—北京：北京大学出版社,2000

7—301—04430—5

当代西方经济学 / 傅殷才主编.—北京：经济科学出版社,1995

7—5058—0840—0

当代西方经济学流派与思潮 / 吴易风主编.—北京：首都经济贸易大学出版社,2005

7—5638—1141—9

当代西方经济学主要流派 / 方福前著.—北京：中国人民大学出版社,2004

7—300—06234—2

新兴古典经济学和超边际分析 / 杨小凯,张永生著.—北京：中国人民大学出版社,2000(经济学前沿系列)

7—300—03580—9

国民财富的原因和性质的研究. 上册 /（英）亚当·斯密著;杨敬年译.—西安：陕西人民出版社,2001(影响世界历史进程的书)

7—224—05449—6

市场经济和政府干预：新古典宏观经济学和新凯恩斯主义经济学研究 / 吴易风,王健,方松英著.—北京：商务印书馆,1998

7—100—02258—4

凯恩斯主义经济学 / 傅殷才主编.—北京：中国经济出版社,1995(当代西方经济理论研究丛书)

7—5017—3437—2

预言与劝说 /（英）J. M. 凯恩斯著;赵波,包晓闻译.—南京：江苏人民出版社,1997(凯恩斯文集)

7—214—01954—X

凯恩斯主义经济政策述评 / 颜鹏飞,张彬主编.—武汉：武汉大学出版社,1997(凯恩斯主义研究丛书)

7—307—02528—0

凯恩斯经济学说评论 / 刘涤源著. —武汉：武汉大学出版社,1997(凯恩斯主义研究丛书)
7—307—02382—2

新凯恩斯主义经济学 / 王健著. —北京：经济日报出版社,2005(《现代外国经济学大系》丛书)
7—80180—404—X

西方新制度经济学 / 卢现祥著. —北京：中国发展出版社,1996(发展文库)
7—80087—226—2

社会制度的经济理论 / (美)安德鲁·肖特著；陆铭,陈钊译. —上海：上海财经大学出版社,2003(经济学术译丛,当代制度分析前沿系列)
7—81049—917—3

全球化与文化资本 / 薛晓源,曹荣湘主编. —北京：社会科学文献出版社,2005(全球化论丛)
7—80190—435—4

社会制序的经济分析导论 / 韦森著. —上海：上海三联书店,2001(上海三联学术文库)
7—5426—1431—2

制度经济学：社会秩序与公共政策 / (德)柯武刚,史漫飞著；韩朝华译. —北京：商务印书馆,2000(社会秩序与公共政策)
7—100—03093—5

现代制度经济学. 上卷 / 盛洪主编. —北京：北京大学出版社,2003(天则文库)
7—301—06080—7

制度变迁的周期：一个一般理论及其对中国改革的研究 / 程虹著. —北京：人民出版社,2000(新世纪学术文丛)
7—01—003270—X

新制度经济学前沿：从新制度经济学角度的透视 / (美)约翰. N. 德勒巴克,约翰. V. C. 奈编；张

宇燕等译. —北京：经济科学出版社,2003(新制度经济学名著译丛)
7—5058—3324—3

制度经济学：制度及制度变迁性质解释 / 汪洪涛著. —上海：复旦大学出版社,2003
7—309—03633—6

制度分析基础讲义 / 汪丁丁著. —上海：上海人民出版社,2005
7—208—05620—X

新制度经济学研究 / 吕中楼著. —北京：中国经济出版社,2005
7—5017—6071—3

新自由主义和全球秩序 / (美)诺姆·乔姆斯基著；徐海铭,季海宏译. —南京：江苏人民出版社,2000(汉译大众精品文库文化类)
7—214—02790—9

自由主义社会理论：解读哈耶克《自由秩序原理》 / 邓正来著. —济南：山东人民出版社,2003(名家解读经典名著)
7—209—03283—5

全球化与新自由主义 / 李其庆主编. —桂林：广西师范大学出版社,2003(国际学术前沿报告)
7—5633—4244—3

熊彼特经济学 / (日)金指基著；林俊男,金全民编译. —北京：北京大学出版社,1996
7—301—03120—3

中国经济思想通史. 第二卷 / 赵靖主编. —北京：北京大学出版社,1995
7—301—02450—9

古代中国经济思想史 / 叶世昌著. —上海：复旦大学出版社,2003(复旦博学经济学系列)
7—309—03737—5

近代中国经济思想史 / 叶世昌著. —上海：上

海人民出版社,1998

7—208—02667—X

张五常经济学 / 向松祚著.—北京:朝华出版社,2005

7—5054—1424—0

经济科学的性质和意义 / (英)莱昂内尔·罗宾斯著;朱泱译.—北京:商务印书馆,2000(汉译世界学术名著丛书)

7—100—02857—4

减缓气候变化的经济分析 / 潘家华,庄贵阳,陈迎著.—北京:气象出版社,2003(全球变化热门话题丛书)

7—5029—3546—0

产业集聚因何而生:中国产业集聚形成机理与发展对策研究 / 徐强著.—杭州:浙江大学出版社,2004

7—900691—48—0

市场经济与中国高等教育体制改革 / 帅相志主编.—济南:山东人民出版社,2005

7—209—03850—7

国际政治经济学:理论范式与现实经验研究 / 王正毅,张岩贵著.—北京:商务印书馆,2003

7—100—03831—6

全球化与世界 / 王列,杨雪冬编译.—北京:中央编译出版社,1998(全球化论丛)

7—80109—296—1

21世纪社会的新趋势:知识经济 / 吴季松著.—北京:北京科学技术出版社,1998

7—5304—2074—7

经济史的结构与变迁 / (美)道格拉斯·诺斯著;刘瑞华译.—台北:时报文化出版企业公司,1995(近代思想图书馆系列)

957—13—1580—X

产业结构问题研究 / 方甲主编.—北京:中国人民大学出版社,1997

7—300—02370—3

宏观经济学:理论模型与中国经济 / 司春林等编著.—上海:东方出版中心,2000

7—80627—511—8

企业改革 / 丘树宏主编.—北京:改革出版社,1997

7—80072—974—5

21世纪中国经济大趋势 / 李京文主编.—沈阳:辽宁人民出版社,1998

7—205—04169—4

经济发展中的财务问题 / 郭复初等著.—成都:西南财经大学出版社,2001

7—81055—826—9

宏观经济学:中国经济的视角 / 龚刚著.—北京:清华大学出版社,2005

7—302—11965—1

2005年中国经济形势分析与预测 / 刘国光,李京文主编.—1版.—北京:社会科学文献出版社,2004(经济蓝皮书)

7—80190—402—8

市场化中的非正式制度 / 张继焦著.—北京:文物出版社,1999(当代中国社会研究丛书)

7—5010—1128—1

技术创新与产业问题研究 / 鲍克,周卫民著.—北京:经济科学出版社,1997

7—5058—1285—8

国民经济和社会发展综合评价研究 / 朱孔来著.—济南:山东人民出版社,2004

7—209—03581—8

各国股票市场比较研究 / 郑振龙著.—北京:中国发展出版社,1996

7—80087—248—3

地区形象论 / 罗治英著. —北京：中央编译出版社,1997(地区形象建设理论与实践丛书)

7—80109—143—4

区域经济研究 / 陈庆春主编. —福州：福建人民出版社,1998

7—211—03079—8

区域与城市研究 / 胡序威著. —北京：科学出版社,1998

7—03—006238—8

河西走廊经济发展与环境整治的综合研究 / 李福兴,姚建华主编. —北京：中国环境科学出版社,1998

7—80135—558—X

区域经济合作研究 / 孟庆红,张伟主编. —成都：西南交通大学出版社,2003(21 世纪经济学文库)

7—81057—809—X

可持续发展管理导论 / 孙瑛,刘呈庆主编. —北京：科学出版社,2003

7—03—012599—1

发展中国家(地区)通货膨胀比较研究 / 邱崇明著. —北京：中国发展出版社,1998(发展文库)

7—80087—282—3

国外经济热点前沿. 第 2 辑 / 黄泰岩,杨万东主编. —北京：经济科学出版社,2005

7—5058—4976—X

经济全球化与国家整体发展：系统范式下的思考 / 乌杰主编. —北京：华文出版社,1999

7—5075—0887—0

经济政策原理：价值与技术 / (意)尼古拉·阿克塞拉著;郭庆旺,刘茜译. —北京：中国人民大学出版社,2001(剑桥高级经济学译丛)

7—300—03627—9

世界经济导论 / 季铸著. —北京：人民出版社,2003

7—01—003968—2

比较现代化 / (美)西里尔. E. 布莱克编;杨豫,陈祖洲译. —上海：上海译文出版社,1996(当代学术思潮译丛)

7—5327—1386—5

经济增长方式转变的国际比较 / 郭金龙著. —北京：中国发展出版社,2000(发展文库)

7—80087—390—0

当代世界市场经济模式 / 刘嗣明,郭晶主编;阳小华,刘连银等编著. —广州：广东旅游出版社,1996

7—80521—619—3

亚太经济发展报告 1999 / 宫占奎主编. —天津：南开大学出版社,1999

7—310—01361—1

贫困化增长：贸易条件变动中的疑问 / 王如忠著. —上海：上海社会科学院出版社,1999(经济全球化论丛)

7—80618—631—X

经济发展思想史 / (澳)海因茨·沃尔夫冈·阿恩特著;唐宇华,吴良健译. —北京：商务印书馆,1997

7—100—01770—X

西方市场经济下的政府干预 / 晏智杰主编;张延,杜丽群编著. —北京：中国计划出版社,1997

7—80058—529—8

西方混合经济体制研究 / 华民著. —上海：复旦大学出版社,1995(复旦大学博士丛书)

7—309—01424—3

政府与市场：美、英、法、德、日市场经济模式

研究／陈建著.—北京：经济管理出版社,1995

7—80025—989—7

大国经济发展比较研究／程极明著.—北京：人民出版社,1997

7—01—002372—7

国际区域产业结构分析导论：一个一般理论及其对中国的应用分析／汪斌著.—上海：上海人民出版社,2001（当代经济学系列丛书；当代经济学文库）

7—208—03611—X

政府治理体系创新／杨冠琼著.—北京：经济管理出版社,2000

7—80162—044—5

政府经济职能和体制改革／朱光华主编.—天津：天津人民出版社,1995

7—201—02362—4

高新技术产业：发展规律与风险投资／郭励弘,张承惠,李志军著.—北京：中国发展出版社,2000（硬道理·专家书系）

7—80087—422—2

21 世纪社会的新细胞：科技工业园／吴季松著.—上海：上海科技教育出版社,1995

7—5428—1144—4

知识经济浪潮：世界经济发展的第三次革命／陶德言编著.—北京：中国城市出版社,1998

7—5074—1029—3

世界硅谷模式的制度分析／钟坚著.—北京：中国社会科学出版社,2001

7—5004—3197—X

萧条经济学的回归／（美）保罗·克鲁格曼著;朱文晖,王玉清译.—北京：中国人民大学出版社,1999

7—300—03193—5

全面小康：生活质量与测量：国际视野下的生活质量指标／周长城等著.—北京：社会科学文献出版社,2003

7—80190—093—6

贫困论：贫困与反贫困的理论与实践／樊怀玉编著.—北京：民族出版社,2002

7—105—05218—X

秩序重构：经济全球化时代的国际机制／刘杰著.—北京：高等教育出版社,1999（经济全球化论丛）

7—04—008419—8

经济全球化：风险与控制／张碧琼著.—北京：中国社会出版社,1999（经济全球化丛书）

7—80146—238—6

全球化：西方理论前沿／杨雪冬著.—北京：社会科学文献出版社,2002（全球化论丛）

7—80149—668—X

大潮流：经济全球化与中国面临的挑战／丁一凡著.—北京：中国发展出版社,1998（硬道理·专家书系）

7—80087—300—5

经济全球化与中国特色社会主义／黄宗良,林勋健主编.—北京：北京大学出版社,2005（中国特色社会主义研究丛书）

7—301—08811—6

国际一体化经济学／（英）彼得·罗布森著;戴炳然等译.—上海：上海译文出版社,2001

7—5327—2476—X

亚洲货币一体化研究：日元区发展趋势／（日）关世雄著;郎平,傅克华译.—北京：中国财政经济出版社,2003

7—5005—6260—8

国际区域一体化的经济效应／樊莹著.—北京：中国经济出版社,2005

7—5017—0283—7

经济全球化新论／李琮主编.—北京：中国社会科学出版社,2005

7—5004—4937—2

全球化：西方化还是中国化／俞可平主编.—北京：社会科学文献出版社,2002(全球化论丛)

7—80149—690—6

经济全球化与中国金融开放／陈彪如,冯文伟主编.—上海：上海人民出版社,2002

7—208—04189—X

东亚地区的次区域经济合作／丁斗著.—北京：北京大学出版社,2001

7—301—05262—6

边界效应与跨边界次区域经济合作研究／李铁立著.—北京：中国金融出版社,2005

7—5049—3843—2

欧洲一体化与欧盟的经济社会政策／张荐华著.—北京：商务印书馆,2001

7—100—03237—7

世界经济二百年回顾／(美)安格斯·麦迪森著；李德伟,盖建玲译.—北京：改革出版社,1997(发展中心研究丛书)

7—80072—889—7

世界经济千年史／(美)安格斯·麦迪森著；伍晓鹰等译.—北京：北京大学出版社,2003

7—301—06693—7

区域经济地理学／陈才著.—北京：科学出版社,2001(东北大学社会科学研究书系)

7—03—009272—4

经济空间秩序：经济财货与地理间的关系／(德)奥古斯特·勒施著；王守礼译.—北京：商务印书馆,1995

7—100—01443—3

高等经济地理学／杨吾扬,梁进社著.—北京：北京大学出版社,1997

7—301—03398—2

理论经济地理学／王铮等著.—北京：科学出版社,2002

7—03—010098—0

区域产业集群与工业化反梯度推移／李立辉等著.—北京：经济科学出版社,2005(工业化反梯度推移理论研究丛书)

7—5058—5069—5

经济结构优化论／刘志彪著.—北京：人民出版社,2003(经济转型与经济发展前沿文丛)

7—01—004137—7

衰退产业论／陆国庆著.—南京：南京大学出版社,2002(南京大学博士文丛)

7—305—03806—7

新工业化与产业结构跨越式升级／王述英主编.—北京：中国财政经济出版社,2005(南开大学211工程经济学系列丛书)

7—5005—7928—4

世界贸易组织与我国国家经济安全／王新奎主编.—上海：上海人民出版社,2003(上海 WTO 事务咨询中心系列丛书)

7—208—04814—2

重构优势：入世后中国外贸的国际竞争力／贾继锋等著.—上海：上海社会科学院出版社,2001(双赢丛书)

7—80618—796—0

中国经济周期波动的新阶段／刘树成著.—上海：上海远东出版社,1996(中国经济发展研究论丛)

7—80613—389—5

人口老龄化经济效应分析／李军著.—北京：社会科学文献出版社,2005(中国社会科学院经济

政策与重点研究室学术文丛）

    7—80190—855—4

中国工业化与城镇化互动发展研究 / 景普秋著.—北京：经济科学出版社,2003（中青年经济学家文库）

    7—5058—3704—4

中国经济热点前沿. 第二辑 / 黄泰岩,杨万东著.—北京：经济科学出版社,2005

    7—5058—4975—1

中国经济热点前沿. 第一辑 / 黄泰岩,杨万东主编.—北京：经济科学出版社,2004

    7—5058—4350—8

中国经济问题报告：世纪末的困惑：危机·挑战·机遇 / 李江,颜波主编.—北京：经济日报出版社,1998

    7—80127—512—8

入世后中国前沿问题分析：预测未来经济走向 / 李纯,甘亚平主编.—北京：中国商业出版社,2001

    7—5044—4452—9

当代中国经济 / 陈享光主编.—北京：当代世界出版社,2002

    7—80115—535—1

经济全球化与中国经济安全 / 史忠良主编.—北京：经济管理出版社,2003

    7—80162—773—3

中国消费制度变迁研究 / 李通屏著.—北京：经济科学出版社,2005

    7—5058—4652—3

中国区域经济开放：模式与趋势 / 赵伟等著.—北京：经济科学出版社,2005

    7—5058—5052—0

21 世纪初期海峡两岸经济关系走向与对策 /

李非主编.—北京：九州出版社,2002

    7—80114—837—1

新阶段的中国经济 / 王梦奎,陆百甫,卢中原等著.—北京：人民出版社,2002

    7—01—003814—7

生产要素市场化与经济体制改革 / 徐善长著.—北京：人民出版社,2005

    7—01—004945—9

中国产业发展前沿问题 / 厉无畏,王振主编.—上海：上海人民出版社,2003

    7—208—04789—8

转轨中的经济增长与经济结构 / 刘伟,李绍荣著.—北京：中国发展出版社,2005

    7—80087—788—4

当前经济理论界的意见分歧 / 吴易风著.—北京：中国经济出版社,2000

    7—5017—4913—2

次高增长阶段的中国经济 / 刘迎秋主笔.—北京：中国社会科学出版社,2002

    7—5004—3441—3

中国经济波动研究 / 张塞主编.—北京：中国统计出版社,1995

    7—5037—1965—6

开放市场下的产业安全与政府规制 / 何维达,宋胜洲等著.—南昌：江西人民出版社,2003（江西社会科学研究文库）

    7—210—02784—X

面向新世纪的中国宏观经济政策 / 樊纲,张晓晶著.—北京：首都经济贸易大学出版社,2000（中国当代中青年经济学家论著文库）

    7—5638—0807—8

中国公共生产探源与政策选择 / 刘守刚著.—上海：上海财经大学出版社,2003（中国公共政策

研究丛书)

　　7—81049—868—1

环保型经济增长：21 世纪中国的必然选择 /
焦必方主编.—上海：复旦大学出版社,2001

　　7—309—02833—3

过渡经济学与中国经济 / 宋承先著.—上海：
上海财经大学出版社,1996(财经学术文库)

　　7—81049—058—3

网络文化与华人社会经济行为方式 /（德）何
梦笔著.—太原：山西经济出版社,1996(当代中国
的村庄经济与村落文化丛书)

　　7—80577—912—0

我国二元结构矛盾与工业化战略选择 / 王积
业,王建主编.—北京：中国计划出版社,1996(宏
观经济重大问题研究丛书)

　　7—80058—503—4

中国 CGE 模型及政策分析 / 郑玉歆,樊明太
等著.—北京：社会科学文献出版社,1999(中国经
济运行丛书)

　　7—80149—136—X

中国经济大论战. 第 9 辑（2004 年） / 郑红亮
等编.—北京：经济管理出版社,2004

　　7—5058—4035—5

经济全球化中的国家经济安全问题 / 郑通汉
著.—北京：国防大学出版社,1999

　　7—5626—0974—8

当代中国经济理论探索 / 程恩富主编.—上
海：上海财经大学出版社,2000

　　7—81049—439—2

经济周期与宏观调控：繁荣与稳定（II） / 刘
树成编著.—北京：社会科学文献出版社,2005

　　7—80190—692—6

中国经济增长与可持续发展：理论、模型与应

用 / 姚愉芳,贺菊煌等编著.—北京：社会科学文
献出版社,1998(中国经济运行丛书)

　　7—80149—049—5

中国经济国际竞争力 / 王与君著.—南昌：江
西人民出版社,2000

　　7—210—02319—4

经济现代化模式研究 / 丁文锋著.—北京：经
济科学出版社,2000

　　7—5058—2158—X

走向可持续协调发展 / 魏后凯著.—广州：广
东经济出版社,2001(21 世纪中国经济焦点系列)

　　7—80632—820—3

劳动与资本双重过剩下的经济发展 / 王检贵
著.—上海：上海人民出版社,2002(当代经济学系
列丛书；当代经济学文库)

　　7—208—04067—2

知识经济测评论 / 秦海菁著.—北京：社会科
学文献出版社,2004

　　7—80190—203—3

中国战略构想 / 胡铵钢主编.—杭州：浙江人
民出版社,2002

　　7—213—02359—4

加快转变经济增长方式 / 曾培炎主编.—北
京：中国计划出版社,1995

　　7—80058—434—8

**可持续发展经济增长方式的数量刻画与指数
构造** / 蒲勇健著.—重庆：重庆大学出版社,1997

　　7—5624—1626—5

自然垄断产业规制改革模式研究 / 肖兴志
著.—大连：东北财经大学出版社,2003(当代经济
前沿文库)

　　7—81084—253—6

中国产业结构成因与转换 / 石磊著.—上海：

复旦大学出版社,1996(经济学博士后、博士论丛)

7—309—01737—4

经济转型与经济发展 / 罗德明主编.—北京:社会科学文献出版社,2002(经济研究文库)

7—80149—659—0

制度的成本约束功能:对中国经济体制变迁的分析 / 陈维著.—上海:上海社会科学院出版社,2000(社科研究文丛)

7—80618—663—8

产业结构与产业政策 / 龚仰军,应勤俭编著.—上海:立信会计出版社,1999(现代企业管理丛书)

7—5429—0603—8

中国经济体制改革的模式研究 / 刘国光主编.—广州:广东经济出版社,1998(影响新中国经济建设的 10 本经济学著作)

7—80632—286—8

中国经济的两个根本性转变 / 刘国光,沈立人著.—上海:上海远东出版社,1996(中国经济发展研究论丛)

7—80613—399—2

博弈论与经济转型:兼论中国铁路改革 / 李雪松著.—北京:社会科学文献出版社,1999(中国经济运行丛书)

7—80149—151—3

从计划到市场的过渡:转型经济学前沿专题 / 景维民主编.—天津:南开大学出版社,2003(转型经济丛书·前沿系列)

7—310—01919—9

中国经济转型 / (美)邹至庄著;曹祖平等译.—北京:中国人民大学出版社,2005

7—300—06700—X

中国制度变迁的案例研究.第 1 集 / 张曙光主编.—上海:上海人民出版社,1996

7—208—02367—0

经济学与中国经济改革:北京大学中国经济研究中心经济学前沿系列讲座 / 北京大学中国经济研究中心编.—上海:上海人民出版社,1995

7—208—02074—4

垄断产业改革:基于网络视角的分析 / 刘戒骄著.—北京:经济管理出版社,2005

7—80207—064—3

中国城乡二元经济结构转换研究:要素流动、制度变迁、市场机制与政府作用 / 夏耕著.—北京:北京大学出版社,2005

7—301—09883—9

制度变迁的路径分析:一种博弈理论框架及其应用 / 李军林著.—北京:经济科学出版社,2002

7—5058—3072—4

过渡之路:中国渐进式改革的政治经济学分析 / 张宇著.—北京:中国社会科学出版社,1997

7—5004—2062—5

西方经济学说的演变及其影响 / 胡代光主编.—北京:北京大学出版社,1998

7—301—03583—7

面向新世纪的中国产业结构 / 李铁军主编.—北京:经济管理出版社,1998

7—80118—719—9

产业结构与地区利益分析 / 胡荣涛等著.—北京:经济管理出版社,2001

7—80162—182—4

转轨时期中国经济运行与发展 / 洪银兴,刘志彪,范从来主编.—北京:经济科学出版社,2002

7—5058—2930—0

中国政府管制体制改革研究 / 王俊豪主笔.—北京:经济科学出版社,1999

7—5058—1749—3

非正式制度对中国经济制度变迁方式的影响／段晓锋著.—北京：经济科学出版社,1998

7—5058—1492—3

中国的货币化进程／易纲著.—北京：商务印书馆,2003

7—100—03883—9

中国产业结构协调分析／宋海林著.—北京：中国财政经济出版社,1997

7—5005—3289—X

中国转型经济的政治经济学分析／王振中主编.—北京：中国物价出版社,2002

7—80155—499—X

中国产业结构调整的关键因素／周冯琦著.—上海：上海人民出版社,2003

7—208—04763—4

所有制改革攻坚／邹东涛,欧阳日辉著.—北京：中国水利水电出版社,2005(中国改革攻坚丛书)

7—5084—2577—4

国有经济战略调整对策研究／李松森等著.—大连：东北财经大学出版社,2003(当代经济前沿文库)

7—81084—256—0

民营经济与制度创新：台州现象研究／史晋川,汪炜,钱滔等著.—杭州：浙江大学出版社,2004(浙江模式实证研究丛书)

7—308—03677—4

中国私营资本／刘伟著.—北京：中国经济出版社,2000(中国经济报告)

7—5017—4838—1

中国民营经济投资体制与政策环境／王元京主编.—北京：中国计划出版社,2002(中国经济学术基金丛书)

7—80177—128—1

民营经济发展研究／阳小华,曾健民等著.—武汉：湖北人民出版社,2000

7—216—02959—3

民营经济论／单东著.—太原：山西经济出版社,2005

7—80636—794—2

制度变迁与民营经济发展研究／龚晓菊著.—武汉：武汉大学出版社,2005

7—307—04767—5

中西部地区民营经济发展问题研究／胡大立,李校生,叶国灿著.—北京：中国经济出版社,2005

7—5017—7159—6

温州民营经济研究／谢健,任柏强著.—北京：中华工商联合出版社,2000

7—80100—631—3

产业组织：竞争与规制／夏大慰主编.—上海：上海财经大学出版社,2002(产业经济学前沿问题研究丛书)

7—81049—828—2

产业区域转移与东扩西进战略：理论和实证分析／陈建军著.—北京：中华书局,2002(中华经济学文库)

7—101—03626—0

中国产业结构的投入产出分析／刘小瑜著.—北京：经济管理出版社,2003

7—80162—750—4

产业升级外向推动与利用外资战略调整／陈明森著.—北京：科学出版社,2004

7—03—012907—5

产权与中国的经济改革／肖耿著.—北京：中国社会科学出版社,1997(现代经济学学术丛书)

7—5004—1932—5

产权理论与国企改革：兼评科斯产权理论／

何秉孟主编.—北京：社会科学文献出版社,2005
7—80190—492—3

中国转型中的制度结构与变迁 ／ 张曙光著.—北京：经济科学出版社,2005
7—5058—4524—1

经济转型与激励机制：政府治理与私人交易中的契约设计 ／ 王小龙著.—北京：经济科学出版社,2005(特别视角)
7—5058—4923—9

中国政府经济学导论 ／ 周绍朋,王健主编.—北京：经济科学出版社,1998
7—5058—1316—1

论市场经济中的政府 ／ 廖进球著.—北京：中国财政经济出版社,1998(江西财经大学学术文库)
7—5005—3868—5

迈向中国的新经济社会学：交易秩序的结构研究 ／ 汪和建著.—北京：中央编译出版社,1999
7—80109—312—7

中国经济体制市场化进程研究 ／ 陈宗胜,吴浙,谢思全等著.—上海：上海人民出版社,1999
7—208—03068—5

集权与分权：中央与地方关系的构建 ／ 董辅礽等著.—北京：经济科学出版社,1996(焦点问题论丛)
7—5058—1034—0

资产价格波动与宏观经济 ／ 瞿强著.—北京：中国人民大学出版社,2005(财经科学文库)
7—300—06425—6

市场化与宏观稳定 ／ 张曙光主编.—北京：社会科学文献出版社,2002(经济研究文库)
7—80149—631—0

政府选择 ／ 周振华主编.—上海：上海人民出版社,2005(中国经济分析)
7—208—05368—5

中国：市场失灵与政府规制研究 ／ 程启智著.—北京：中国财政经济出版社,2002(中南财经政法大学学术文库)
7—5005—6020—6

政府规制经济学 ／ 谢地主编.—北京：高等教育出版社,2003
7—04—013615—5

中国垄断性产业结构重组分类管制与协调政策 ／ 王俊豪等著.—北京：商务印书馆,2005
7—100—04477—4

中国宏观经济季度模型 ／ 何新华等著.—北京：社会科学文献出版社,2005
7—80190—598—9

宏观经济运行与调控 ／ 李兴山主编.—北京：中共中央党校出版社,2002
7—5035—2467—7

总量平衡、收入分配与宏观调控 ／ 孙小系主编.—北京：中国计划出版社,2002
7—80177—103—6

构建新的国有资产管理体制 ／ 魏杰著.—南京：江苏人民出版社,1998
7—214—02163—3

流失的中国 ／ 陈剑编著.—北京：中国城市出版社,1998
7—5074—1009—9

中国经济增长的可持续性：跨世纪的回顾与展望 ／ 王小鲁,樊纲主编.—北京：经济科学出版社,2000(国民经济分析系列)
7—5058—2326—4

中国经济形势与展望：2003—2004 ／ 马洪,王梦奎主编.—北京：中国发展出版社,2004(国务院发展研究中心经济白皮书)

7—80087—715—9

中国中长期发展的重要问题：2006—2020 / 王梦奎主编.—北京：中国发展出版社,2005

7—80087—796—5

规划体制改革的理论探索 / 杨伟民主编.—北京：中国物价出版社,2003

7—80155—524—4

中国经济形势与展望. 1994—1995 / 马洪,孙尚清主编.—北京：中国发展出版社,1995

7—80087—196—7

国有资产管理学 / 毛程连主编.—上海：复旦大学出版社,2005(复旦博学财政学系列)

7—309—04670—6

资产减值会计 / 财政部会计准则委员会编.—大连：大连出版社,2005(会计准则研究文库)

7—80684—360—4

现代产权制度辨析 / 魏杰著.—北京：首都经济贸易大学出版社,2000(中国当代中青年经济学家论著文库)

7—5638—0806—X

国有资产管理体制改革新探 / 史忠良等著.—北京：经济管理出版社,2002

7—80162—323—1

国有资产管理概论 / 黄少安主编.—北京：经济科学出版社,2000

7—5058—2092—3

国有资产管理与公司治理 / 宁向东著.—北京：企业管理出版社,2003

7—80147—856—8

新体制下的国资管理与国企改革探索 / 朱少平编著.—北京：中国经济出版社,2003

7—5017—5919—7

国有资产监管与经营 / 李连仲主编.—北京：中国经济出版社,2005

7—5017—6880—3

新政府干预论 / 陈东琪著.—北京：首都经济贸易大学出版社,2000(中国当代中青年经济学家论著文库)

7—5638—0812—4

政府与市场 / 胡鞍钢,王绍光编.—北京：中国计划出版社,2000(中国研究系列)

7—80058—804—1

中国经济运行中的垄断与竞争 / 戚聿东主笔.—北京：人民出版社,2004

7—01—004416—3

产业扩张 / 王先庆著.—广州：广东经济出版社,1998(21世纪中国经济大扩张丛书)

7—80632—319—8

外国直接投资、国内资本与中国经济增长 / 罗长远著.—上海：上海人民出版社,2005(复旦大学青年经济学者文库·转轨中的中国经济问题研究论丛)

7—208—05792—3

经济可持续发展论 / 杨文进著.—北京：中国环境科学出版社,2002(经济可持续发展论丛)

7—80163—174—9

发展的道理 / 樊纲著.—北京：三联书店,2002(经济学家手札)

7—108—01664—8

产业发展与城市化 / 李清娟著.—上海：复旦大学出版社,2003(上海市社会科学博士文库.第五辑)

7—309—03922—X

中国不平衡经济发展 / 耿庆武著.—北京：社会科学文献出版社,2005(喜玛拉雅学术文库经济探索系列)

7—80190—430—3

可持续发展预警系统理论及实践 / 叶正波著.—北京：经济科学出版社,2002（中青年经济学家文库）

7—5058—2977—7

中国经济发展的回顾与前瞻：1979—2020 / 王梦奎主编.—北京：中国财政经济出版社,1999

7—5005—4114—7

产业组织结构研究：寡头主导在中小共生 / 孙天琦著.—北京：经济科学出版社,2001

7—5058—2812—6

中国与全球化：华盛顿共识还是北京共识 / 黄平主编.—北京：社会科学文献出版社,2005

7—80190—695—0

环境保护与产业国际竞争力：理论与实证分析 / 赵细康著.—北京：中国社会科学出版社,2003

7—5004—3820—6

资本形成、投资效率与中国的经济增长：实证研究 / 张军著.—北京：清华大学出版社,2005

7—302—10409—3

海峡经济区的战略构想：台湾海峡两岸经贸关系走向 / 黄绍臻著.—北京：社会科学文献出版社,2005

7—80190—843—0

奥运产业化营运：同政府官员与企业人士谈奥运经济 / 乐后圣著.—北京：中国时代经济出版社,2002

7—80169—113—X

经济与环境：中国 2020 / 曹东等著.—北京：中国环境科学出版社,2005

7—80209—221—3

发展经济学与中国经济发展 / 洪银兴著.—北

京：高等教育出版社,2001

7—04—009844—X

科学发展观与新一轮经济增长 / 厉无畏,王振主编.—上海：学林出版社,2005

7—80730—023—X

国际竞争力统计模型及应用研究 / 赵彦云等著.—北京：中国标准出版社,2005

7—5066—3727—8

要素投入与中国经济增长 / 叶飞文著.—北京：北京大学出版社,2004

7—301—06577—9

21 世纪的中国技术创新系统 / 柳卸林主编.—北京：北京大学出版社,2000（创新丛书）

7—301—03719—8

经济增长中科技进步作用测算：理论与实践 / 姜均露主编.—北京：中国计划出版社,1998

7—80058—623—5

城市技术创新透视：区域技术创新研究的一个新视角 / 范柏乃著.—北京：机械工业出版社,2004

7—111—13146—0

中国战略技术与产业发展 / 王元,梅永红,胥和平主编.—北京：经济管理出版社,2002

7—80162—499—8

技术创新的理论与实践 / 凌云,王立军著.—北京：中国经济出版社,2004

7—5017—6040—3

中国高技术产业化的出路 / 王雨生主编.—北京：中国宇航出版社,2003

7—80144—664—X

资源资产化管理与可持续发展 / 许晓峰等编著.—北京：社会科学文献出版社,1999（中国经济运行丛书）

7—80149—234—X

可持续消费引论 / 杨家栋,秦兴方著. —北京:
中国经济出版社,2000
7—5017—4920—5

中国资源利用战略研究 / 刘江主编. —北京:
中国农业出版社,2002
7—109—07882—5

中国居民收入分配实证分析 / 李实等著. —北
京:社会科学文献出版社,2000(经济研究文库)
7—80149—367—2

转型经济中的宏观收入分配 / 杨灿明著. —北
京:中国劳动社会保障出版社,2003(劳动社会保
障文丛)
7—5045—3540—0

科学发展观与全面小康 / 张云飞著. —北京:
社会科学文献出版社,2005(全面建设小康社会研
究丛书)
7—80190—600—4

小康中国 / 李君如主编. —杭州:浙江人民出
版社,2003(新时代论丛)
7—213—02552—X

中国扶贫之路 / 李强主编. —昆明:云南人民
出版,1997(中国社会发展丛书)
7—222—02084—5

**中国经济增长与收入分配差异的空间计量经
济分析** / 吴玉鸣著. —北京:经济科学出版社,
2005(中青年经济学家文库)
7—5058—5032—6

国民待遇不平等审视:二元结构下的中国 /
仲大军著. —北京:中国工人出版社,2002
7—5008—2798—9

**中国居民收入分配再研究:经济改革和发展
中的收入分配** / 赵人伟,李实,(美)卡尔·李思勤

主编. —北京:中国财政经济出版社,1999
7—5005—4102—3

中国扶贫政策:趋势与挑战 / 王国良主编. —
北京:社会科学文献出版社,2005
7—80190—743—4

中国收入分配制度变迁 / 张道根著. —南京:
江苏人民出版社,1999
7—214—02571—X

中国小康社会 / 李培林等著. —北京:社会科
学文献出版社,2003
7—80149—989—1

中国经济周期波动的测定和理论研究 / 陈磊
著. —大连:东北财经大学出版社,2005(当代经济
前沿文库)
7—81084—538—1

迈向开放型经济的思维转变 / 周小川等著. —
上海:上海远东出版社,1996(中国经济发展研究
论丛)
7—80613—411—5

中国对外开放的前沿问题 / 张小济主编. —北
京:中国发展出版社,2003
7—80087—685—3

区域合作通论:理论·战略·行动 / 陈泽民
著. —上海:复旦大学出版社,2005(复旦博学)
7—309—04720—6

苏联技术向中国的转移 / 张柏春等著. —济
南:山东教育出版社,2004(中国近现代科学技术
史研究丛书)
7—5328—4801—9

中国反贫困研究 / 朱凤岐等著. —北京:中国
计划出版社,1996(宏观经济重大问题研究丛书)
7—80058—507—7

中国贫困与反贫困理论 / 康晓光著. —南宁:

广西人民出版社,1995

7—219—03158—0

中国城市贫困问题研究 / 关信平著.—长沙:
湖南人民出版社,1999

7—5438—1940—6

中国城市反贫困论纲 / 李军著.—北京:经济
科学出版社,2004

7—5058—4571—3

中国城市居民贫困线研究 / 唐钧著.—上海:
上海社会科学院出版社,1998

7—80618—424—4

消费经济学前沿 / 龚志民主编.—北京:经济
科学出版社,2002(湘潭大学商学院学术丛书)

7—5058—3235—2

居民消费与中国经济发展 / 范剑平主编.—北
京:中国计划出版社,2000(中国宏观经济丛书)

7—80058—813—0

消费水平与经济发展 / 曾令华著.—北京:中
国财政经济出版社,1998(中国经济丛书)

7—5005—3769—7

中国城乡居民消费结构的变化趋势 / 范剑平
主编.—北京:人民出版社,2001(中国经济学术基
金资助项目丛书)

7—01—003473—7

中国消费结构合理化研究 / 尹世杰主编.—长
沙:湖南大学出版社,2001

7—81053—346—0

经济转型与居民消费结构演进 / 李振明著.—
北京:经济科学出版社,2002

7—5058—2747—2

中国居民消费行为演变及其影响因素研究 /
孙国锋著.—北京:中国财政经济出版社,2004

7—5005—7163—1

中国女性消费行为理论解密 / 杨晓燕著.—北
京:中国对外经济贸易出版社,2003

7—80181—117—8

我国居民消费问题研究 / 曾璧钧著.—北京:
中国计划出版社,1997

7—80058—476—3

中国食物消费分析与预测 / 石扬令,常平凡
著.—北京:中国农业出版社,2004

7—109—05793—3

增长与分享:居民收入分配理论和实证 / 张
平著.—北京:社会科学文献出版社,2003(经济研
究文库)

7—80149—977—8

农户收入结构变动:成因及合理性 / 张建杰
著.—北京:中国农业出版社,2005

7—109—09732—3

政府行为与区域经济协调发展 / 吴强著.—北
京:经济科学出版社,2005(北京工商大学经济学
前沿问题丛书)

7—5058—5336—8

**经济趋同理论与中国地区经济差距的实证研
究** / 邓翔著.—成都:西南财经大学出版社,2003
(财经博士文库)

7—81088—087—X

技术进步与区域经济发展 / 丛林著.—成都:
西南财经大学出版社,2002(财经博士文库)

7—81055—918—4

**转型经济中的政府行为与发展模式选择:中
国经验及其理论解释** / 保建云著.—北京:当代世
界出版社,2005(当代世界与中国丛书)

7—80115—911—X

区域经济发展的新格局 / 魏后凯著.—昆明:
云南人民出版社,1995(发展经济学与中国经济发
展)

7—222—01778—X

非均衡增长与协调发展 / 翁君奕，徐华著.—北京：中国发展出版社，1996（发展文库）

7—80087—223—8

地区经济增长和减缓贫困 / 刘文璞，吴国宝著.—太原：山西经济出版社，1997（反贫困对策丛书）

7—80636—035—2

21 世纪中国西部发展探索 / 赵曦著.—北京：科学出版社，2002（华夏英才基金学术文库）

7—03—010463—3

区域经济可持续发展 / 罗勇著.—北京：化学工业出版社，2005（环境科学与技术应用系列丛书）

7—5025—6940—5

区域竞争力理论与实证 / 王秉安等主编.—北京：航空工业出版社，2000（经济竞争力研究系列）

7—80134—566—5

中国地方政府经济行为分析 / 周伟林著.—上海：复旦大学出版社，1997（经济学博士后、博士论丛）

7—309—01806—0

中国区域开发论 / 叶裕民著.—北京：中国轻工业出版社，2000（区域经济系列丛书）

7—5019—2849—5

中国区域经济问题研究 / 陈秀山主编.—北京：商务印书馆，2005（区域经济学专业研究生系列 1）

7—100—04181—3

行政区域经济结构与增长 / 朱舜著.—北京：经济科学出版社，2003（区域经济研究丛书）

7—5058—3367—7

中国区域产业结构演进与优化 / 张平主编.—武汉：武汉大学出版社，2005（区域经济研究丛书）

7—307—04771—3

中国沿海地区 21 世纪持续发展 / 陆大道主编.—武汉：湖北科学技术出版社，1997（人与自然研究丛书）

7—5352—1804—0

西部资源潜力与可持续发展 / 姚建华主编.—武汉：湖北科学技术出版社，2000（人与自然研究丛书）

7—5352—1847—4

区域经济发展与欠发达地区现代化 / 陆立军等著.—北京：中国经济出版社，2002（软科学研究丛书）

7—5017—5322—9

区域发展模式的社会学分析 / 张敦福著.—天津：天津人民出版社，2002（社会学人类学论丛）

7—201—03745—5

区域投资环境研究 / 邓宏兵，张振二主编.—北京：中国地质大学出版社，2001（投资环境研究丛书）

7—5625—1605—7

中国政府功能的经济分析 / 毛寿龙著.—北京：中国广播电视出版社，1996（中国地方政府管理丛书）

7—5043—1799—3

中国环渤海地区持续发展战略研究 / 陆大道主编.—北京：科学出版社，1995（中国环渤海地区开发研究）

7—03—004643—9

西部经济崛起之路 / 陈栋生等著.—上海：上海远东出版社，1996（中国经济发展研究论丛）

7—80613—403—4

适度差距与系统优化：中国现代化进程中的区域经济 / 李克著.—北京：中国社会科学出版社，2000（中国社会科学博士论文文库）

7—5004—2785—9

区域经济发展的微观机理 / 闫二旺著.—北京：经济科学出版社,2003(中青年经济学家文库)
7—5058—3576—9

区域经济一体化与 CEPA 的法律问题研究 / 慕亚平,李伯侨等著.—北京：法律出版社,2005（中山大学法学文丛）
7—5036—5613—1

中国区域经济政策的转变 / 陈家海著.—上海：上海财经大学出版社,2003(中外经济专家论坛)
7—81049—890—8

区域经济论：市场经济与中国区域经济发展 / 曾坤生等著.—2 版.—长沙：湖南人民出版社,1998(走向 21 世纪论丛)
7—5438—1830—2

中国区域经济发展的政治分析 / 杨龙主编;郭海英等编写.—哈尔滨：黑龙江人民出版社,2004
7—207—06210—9

产业集群的理论与实践：基于中国区域经济发展的实证研究 / 钱志新著.—北京：中国财政经济出版社,2004
7—5005—7823—7

中国地区发展：经济增长、制度变迁与地区差异 / 魏后凯等著.—北京：经济管理出版社,1997
7—80118—425—4

中国县域经济发展论：县域经济发展的思路与出路 / 杨荫凯等著.—北京：中国财政经济出版社,2005
7—5005—8575—6

区域发展新思路：中国社会发展不平衡对现代化进程的影响与对策 / 厉以宁主编.—北京：经济日报出版社,2000
7—80127—641—8

行政区边缘经济论：中国省区交界地带经济活动分析 / 安树伟著.—北京：中国经济出版社,2004
7—5017—6096—9

县域经济学通论：中国行政区域经济研究 / 朱舜著.—北京：人民出版社,2001
7—01—003492—3

中国经济发展中的区域差异与区域协调 / 韦伟著.—合肥：安徽人民出版社,1995
7—212—01229—7

中西部地区的对外开放 / 杨长春著.—北京：对外经济贸易大学出版社,2000
7—81000—971—0

走向 21 世纪的中国区域经济 / 李京文主编.—南宁：广西人民出版社,1999
7—219—03953—0

中国县域经济导论 / 张金山主编.—杭州：杭州大学出版社,1997
7—81035—732—8

中国西部现代化发展研究 / 方立主编.—石家庄：河北人民出版社,1999
7—202—02616—3

县域经济论纲 / 闫恩虎编著.—广州：暨南大学出版社,2005
7—81079—486—8

欠发达地区产业竞争力分析 / 吴照云,彭润中,郑琴琴著.—北京：经济管理出版社,2001
7—80162—297—9

地域分工与区域经济协调发展 / 陈计旺著.—北京：经济管理出版社,2001
7—80162—356—8

中国区域经济新论 / 陈栋生主编.—北京：经济科学出版社,2004

7—5058—4062—2

区域大战与区域经济关系 / 张可云著. —北京：民主与建设出版社,2001
7—80112—427—8

费孝通论西部开发与区域经济 / 费孝通编著. —北京：群言出版社,2000
7—80080—276—0

中国西部生态经济走廊 / 方创琳等著. —北京：商务印书馆,2004
7—100—04013—2

中国地区社会经济发展不平衡问题研究 / 王梦奎,李善同等著. —北京：商务印书馆,2000
7—100—03194—X

西部大开发与地区协调发展 / 李善同主编. —北京：商务印书馆,2003
7—100—03721—2

地方可持续发展导论 / 王伟中主编. —北京：商务印书馆,1999
7—100—02851—5

中国县域经济发展的理论与实践 / 谢自奋,凌耀初主编. —上海：上海社会科学院出版社,1996
7—80618—199—7

中国人口老龄化与区域产业结构调整研究 / 杨中新主编. —北京：社会科学文献出版社,2005
7—80190—800—7

县域经济发展与小城镇建设 / 刘俊杰著. —北京：社会科学文献出版社,2005
7—80190—731—0

中国西部地区经济发展研究 / 赵曦著. —成都：四川人民出版社,1999
7—220—04589—1

区域经济发展宏观调控论 / 江世银著. —成都：四川人民出版社,2003
7—220—06390—3

中国县域经济发展战略 / 凌耀初著. —上海：学林出版社,2005
7—80668—870—6

中国中部经济发展问题研究 / 尹继东,彭迪云等著. —北京：中国财政经济出版社,2003
7—5005—6527—5

中国：不平衡发展的政治经济学 / 王绍光,胡鞍钢著. —北京：中国计划出版社,1999
7—80058—774—6

城市化与区域经济协调发展 / 赵苑达主编. —北京：中国社会科学出版社,2003
7—5004—3826—5

近代山东市场经济的变迁 / 庄维民著. —北京：中华书局,2000
7—101—02599—4

振兴东北新思路 / 陈清泰,刘世锦等著. —大连：东北财经大学出版社,2005
7—81084—562—4

东北地区经济振兴战略与政策 / 王洛林,魏后凯主编. —北京：社会科学文献出版社,2005
7—80190—866—X

城乡统筹与县域经济发展 / 戴宏伟等著. —北京：中国市场出版社,2005
7—80155—948—7

西部开发论 / 杜平等著. —重庆：重庆出版社,2000（《中国西部大开发战略研究》丛书）
7—5366—4945—2

聚集效应与西部竞争优势的培育 / 袁莉著. —北京：经济管理出版社,2002
7—80162—577—3

中国西部大开发的战略与对策 / 延军平等著. —北京: 科学出版社, 2001
7—03—008674—0

西部经济发展与资源承载力研究 / 丁任重主编. —北京: 人民出版社, 2005
7—01—005145—3

西部开发大战略与新思路 / 陈耀著. —北京: 中共中央党校出版社, 2000
7—5035—2115—5

实施西部大开发的战略思考 / 傅桃生编著. —北京: 中国水利水电出版社, 2000
7—5084—0273—1

湖广移民与陕南开发 / 陈良学著. —西安: 三秦出版社, 1998
7—80628—173—8

塔里木河流域资源环境及可持续发展 / 樊自立主编. —北京: 科学出版社, 1998
7—03—006631—6

新疆区域经济差异与预警系统研究 / 高志刚等著. —乌鲁木齐: 新疆人民出版社, 2003
7—228—07938—8

中国西部经济发展: 实证分析与对策研究 / 陈育宁主编; 宁夏大学西部发展研究中心编. —北京: 中国经济出版社, 2004
7—5017—5975—8

长江地区城乡建设与可持续发展 / 伍新木, 张秀生主编. —武汉: 武汉出版社, 1999(长江地区可持续发展研究丛书)
7—5430—1998—1

长江三角洲水土资源与区域发展 / 佘志祥主编. —合肥: 中国科学技术大学出版社, 1997(长江三角洲研究丛书)
7—312—00857—7

长江产业带的建设与发展研究 / 虞孝感主编. —北京: 科学出版社, 1997
7—03—006078—4

长江三角洲地区经济发展的模式和机制 / 洪银兴, 刘志彪等著. —北京: 清华大学出版社, 2003
7—302—06379—6

长三角一体化理论新视角 / 沈立江, 葛立成主编. —杭州: 浙江人民出版社, 2003
7—213—02634—8

创新城市: 2004 年上海经济发展蓝皮书 / 尹继佐主编. —上海: 上海社会科学院出版社, 2004(上海经济发展蓝皮书)
7—80681—345—4

居住城市化: 人居科学的视角 / 卢卫著. —北京: 高等教育出版社, 2005(城市发展研究丛书)
7—04—018175—4

县域经济发展论 / 高焕喜著. —济南: 山东人民出版社, 2005(山东省深化"三个代表"重要思想理论研究系列课题)
7—209—03733—0

浙江产业群: 产业网络、成长轨迹与发展动力 / 朱华晟著. —杭州: 浙江大学出版社, 2003("浙江模式"实证研究丛书)
7—308—03307—4

浙江制度变迁与发展轨迹 / 方民生等著. —杭州: 浙江人民出版社, 2000(浙江改革开放研究书系)
7—213—02060—9

特色工业园区与区域经济发展: 基于根植性、网络化与社会资本的研究 / 范晓屏著. —北京: 航空工业出版社, 2005
7—80183—677—4

市场义乌: 从鸡毛换糖到国际商贸 / 陆立军, 白小虎, 王祖强著. —杭州: 浙江人民出版社, 2003

7—213—02675—5

台湾经济研究 / 范爱军等著.—济南:济南出版社,1995(亚太经济研究丛书)
7—80572—993—X

台湾地区经济结构分析:从产业结构角度切入 / 陈恩著.—北京:经济科学出版社,2003
7—5058—3649—8

21 世纪以来的台湾经济:困境与转折 / 邓利娟主编.—北京:九州出版社,2004
7—80195—190—5

21 世纪中国地缘经济战略:华南经济圈研究 / 李继东等合著.—北京:中国经济出版社,2001
7—5017—4986—8

泛珠三角区域合作研究 / 谢鹏飞,李子彪,曾牧野主编.—广州:广东人民出版社,2004
7—218—04579—0

CEPA 与"泛珠三角"发展战略 / 胡军,刘少波,冯邦彦主编.—北京:经济科学出版社,2005
7—5058—5062—8

环洞庭湖经济圈建设研究 / 朱翔等著.—长沙:湖南师范大学出版社,2003
7—81081—215—7

省域经济与产业发展 / 柳思维著.—北京:中国市场出版社,2005
7—80155—858—8

区域国际竞争力:理论研究与实证分析 / 乔云霞著.—北京:经济科学出版社,2005(北京工商大学经济学前沿问题系列丛书)
7—5058—5184—5

提升大珠江三角洲国际竞争力研究 / 陈广汉等主编.—广州:中山大学出版社,2003(新时期港澳珠区域经济合作与发展丛书)
7—306—02139—7

区域经济协同发展研究 / 黎鹏著.—北京:经济管理出版社,2003
7—80162—735—0

青藏高原草原牧区生态经济研究 / 邓艾著.—北京:民族出版社,2005(民族经济与管理研究丛书)
7—105—06645—8

加快攀西地区经济开发研究 / 杨超,周振华主编.—成都:西南财经大学出版社,1995
7—81017—891—1

重庆经济发展论 / 黄志亮著.—重庆:重庆出版社,2001
7—5366—5486—3

县域经济综合竞争力:以云南省为例 / 蒋兆岗著.—北京:经济科学出版社,2005(云南财贸学院学术著作丛书)
7—5058—5241—8

西藏经济学导论 / 狄方耀著.—拉萨:西藏人民出版社,2002
7—223—01422—9

资源配置与制度变迁:人类学视野中的多民族经济共生形态 / 陈庆德著.—昆明:云南大学出版社,2001(云南大学民族学文库)
7—81068—225—3

西部大开发与民族问题 / 杨发仁主编.—北京:人民出版社,2005
7—01—004884—3

城镇化与民族经济繁荣 / 蒙世军著.—北京:中央民族大学出版社,1998
7—81056—228—2

西部大开发与民族地区经济社会发展研究 / 赵显人主编.—北京:民族出版社,2001
7—105—04749—6

中国开发区的理论与实践 / 厉无畏, 王振主编. —上海: 上海财经大学出版社, 2004

　　7—81098—164—1

我国高新科技园区建设的比较研究 / 张克俊著. —成都: 西南财经大学出版社, 2005

　　7—81088—359—3

中国开发区可持续发展战略 / 张召堂著. —北京: 中共中央党校出版社, 2003

　　7—5035—2838—9

中国区域经济发展的比较研究 / 白雪梅著. —北京: 中国财政经济出版社, 1998(经济学博士丛书)

　　7—5005—3843—X

文化与地方发展 / 周尚意, 孔翔著. —北京: 科学出版社, 2000(经济发展与地方管理丛书)

　　7—03—008150—1

区域协调发展论 / 陈栋生, 王崇举, 廖元和编. —北京: 经济科学出版社, 2005(中国区域经济学会文献)

　　7—5058—5297—3

跨世纪的中国区域发展 / 陈栋生主编; 中国区域经济学会编. —北京: 经济管理出版社, 1999

　　7—80118—729—6

中部发展的现状、战略与对策研究: 首届中部论坛论文集 / 郭生练, 刘彩木, 胡树华主编. —北京: 经济管理出版社, 2005

　　7—80207—212—3

全球化时代的资本主义: 对当代社会的管理 / (埃及)萨米尔·阿明著; 丁开杰等译. —北京: 中国人民大学出版社, 2005(马克思主义研究译丛)

　　7—300—06578—3

中国经济通史. 全 10 卷 / 赵德馨主编. —长沙: 湖南人民出版社, 2004

　　7—5438—3175—9

中国经济通史 / 赵德馨主编. —长沙: 湖南人民出版社, 2002

　　7—5438—3184—8

中国经济通史 / 孙健著. —北京: 中国人民大学出版社, 2000

　　7—300—02953—1

中国古代经济史稿. 第一卷. 先秦两汉部分 / 李剑农著. —武汉: 武汉大学出版社, 2005(高等学校文科教材)

　　7—307—04530—3

中国地主制经济论: 封建土地关系发展与变化 / 李文治, 江太新著. —北京: 中国社会科学出版社, 2005

　　7—5004—4978—X

中国古代经济史 / 齐涛主编. —济南: 山东大学出版社, 1999

　　7—5607—2086—2

中国近代经济史: 1895—1927 / 汪敬虞主编. —北京: 人民出版社, 2000

　　7—01—002924—5

中国近代的市场发育与经济增长 / 刘佛丁, 王玉茹著. —北京: 高等教育出版社, 1996

　　7—04—005844—8

行会制度的近代命运 / 彭南生著. —北京: 人民出版社, 2003

　　7—01—003832—5

云南近代经济史 / 李珪主编. —昆明: 云南民族出版社, 1995

　　7—5367—1073—9

中国近代经济史简编 / 刘克祥, 陈争平著. —杭州: 浙江人民出版社, 1999

　　7—213—01875—2

晚清经济政策与改革措施 / 朱英著. —武汉:

华中师范大学出版社,1996(华中师范大学学术基金丛书)

7—5622—1422—0

北洋政府时期经济 / 黄逸平,虞宝棠主编.—上海:上海社会科学院出版社,1995(学者书库史丛)

7—80618—049—4

投资环境研究 / 张汉亚,张长春主编.—北京:中国计划出版社,2004(中国宏观经济丛书)

7—80177—377—2

中国资源地理 / 李润田主编.—北京:科学出版社,2003(中国人文地理丛书)

7—03—011066—8

白银资本:重视经济全球化中的东方 /（德）安德烈·贡德·弗兰克著;刘北成译.—北京:中央编译出版社,2000(新世纪学术译丛)

7—80109—345—3

东亚经济发展模式比较研究 / 沈红芳著.—厦门:厦门大学出版社,2002(夏门大学东南亚研究中心系列丛书)

7—5615—2037—9

东亚工业化浪潮中的产业结构研究:兼论中国参与东亚国际分工和产业结构调整 / 汪斌著.—杭州:杭州大学出版社,1997

7—81035—966—5

东亚崛起与危机的制度分析 / 马宏伟著.—北京:中国金融出版社,2005

7—5049—3722—3

国家创新体系与东亚经济增长前景 / 王春法著.—北京:中国社会科学出版社,2002

7—5004—3288—7

东亚现代化:新模式与新经验 / 罗荣渠,董正华编.—北京:北京大学出版社,1997(世界现代化进程研究丛书)

7—301—03107—6

韩国经济发展论.上册 / 韩国经济发展研究课题组编著.—北京:社会科学文献出版社,1995(北京大学韩国学研究中心韩国学丛书)

7—80050—627—4

韩国经济发展论 / 陈龙山,张玉山,贾贵春著.—北京:社会科学文献出版社,1997(北京大学韩国学研究中心韩国学丛书)

7—80050—953—2

韩国经济发展的政治分析 / 任晓著.—上海:上海人民出版社,1995(复旦大学韩国研究丛书)

7—208—01930—4

韩国的现代化:一个儒教国家的道路 / 尹保云著.—北京:东方出版社,1995(北京大学韩国学研究中心韩国学丛书)

7—5060—0579—4

韩国现代化研究 / 金吉龙著.—济南:济南出版社,1995

7—80572—992—1

冷战后的日本经济 / 孙景超,张舒英主编.—北京:社会科学文献出版社,1998(世界经济论坛)

7—80149—046—0

当代日本产业结构研究 / 薛敬孝,白雪洁等著.—天津:天津人民出版社,2002(南开日本研究丛书)

7—201—04075—8

日本经济的悖论:繁荣与停滞的制度性根源 /（美）高柏著;刘耳译.—北京:商务印书馆,2004

7—100—04306—9

日本的产业组织:理论与实证的前沿 /（日）植草益等著;锁箭译.—北京:经济管理出版社,2000

7—80118—972—8

技术开发论:日本的技术开发机制与政策 /

（日）斋藤优著；王月辉译.—北京：科学技术文献出版社，1996

7—5023—2649—9

现代日本经济 ／（日）林直道著；色文等译.—北京：北京大学出版社，1995

7—301—02646—3

来自东南亚的商机报告 ／ 许宁宁著.—北京：华夏出版社，2002

7—5080—2720—5

欧洲一体化史：1945—2004 ／（法）法布里斯·拉哈著；彭姝祎，陈志瑞译.—北京：中国社会科学出版社，2005（欧洲一体化译丛）

7—5004—5041—9

欧洲经济货币联盟 ／ 王鹤著.—北京：社会科学文献出版社，2002（欧元与欧洲经济丛书）

7—80149—639—6

剑桥欧洲经济史.第五卷.近代早期的欧洲经济组织 ／（英）E.E.里奇，C.H.威尔逊主编；高德步，蔡挺，张林等译.—北京：经济科学出版社，2002

7—5058—2889—4

经济转轨的国际比较 ／ 冯舜华，杨哲英，徐坡岭等著.—北京：经济科学出版社，2001

7—5058—2501—1

俄罗斯经济转型 ／ 冯绍雷，相蓝欣主编.—上海：上海人民出版社，2005（转型时代丛书）

7—208—05575—0

转型经济的产权改革：俄罗斯东欧中亚国家的私有化 ／ 许新主编.—北京：社会科学文献出版社，2003

7—80149—972—7

后社会主义转轨的思索 ／（匈）雅诺什·科尔奈著；肖梦编译.—长春：吉林人民出版社，2003（世界经济经典书系）

7—206—04101—9

汉诺威世博会对区域经济的影响 ／（德）阿尔诺·勃兰特等著；任树银等译.—上海：上海科学技术文献出版社，2003（世博信息丛书）

7—5439—2211—8

英国政府管制体制改革研究 ／ 王俊豪著.—上海：上海三联书店，1998（三联文库）

7—5426—1035—X

英国16世纪经济变革与政策研究 ／ 陈曦文著.—北京：首都师范大学出版社，1995（当代中国学者文库）

7—81039—556—4

衰落还是复兴：全球经济中的美国 ／ 郑伟民主编.—北京：社会科学文献出版社，1998（世界经济论坛）

7—80149—044—4

美国新经济 ／ 甄炳禧著.—北京：首都经济贸易大学出版社，2001

7—5638—0897—3

美国自由市场经济 ／ 陶坚著.—北京：时事出版社，1995（外国市场经济模式丛书）

7—80009—268—2

经济全球化与美国经济的重新崛起 ／ 张远鹏著.—北京：中国社会科学出版社，2005

7—5004—4982—8

技术创新政策：理论基础与工具选择：美国和日本的比较研究 ／ 王春法著.—北京：经济科学出版社，1998

7—5058—1553—9

拉美发展模式研究 ／ 江时学著.—北京：经济管理出版社，1996

7—80118—276—6

中国近代同业公会与当代行业协会 ／ 朱英主编.—北京：中国人民大学出版社，2004

7—300—05333—5

网络环境下会计实时控制 / 张瑞君著.—北京：中国人民大学出版社,2004(21世纪财会专业研究生系列教材)

　　7—300—05757—8

政府与市场 / 曹沛霖著.—杭州：浙江人民出版社,1998(当代中国政府理论研究丛书)

　　7—213—01133—2

中国公用事业管制改革研究 / 周耀东著.—上海：上海人民出版社,2005(复旦大学青年经济学者文库·转轨中的中国经济问题研究论丛)

　　7—208—05786—9

企业利益相关者治理研究：从资本结构到资源结构 / 王辉著.—北京：高等教育出版社,2005(公司治理学术文库)

　　7—04—017276—3

跨国企业的公司治理研究：中外跨国公司治理模式的比较与选择 / 周新军著.—北京：高等教育出版社,2005(公司治理学术文库)

　　7—04—017278—X

人力资源管理 / 邵冲编著.—北京：中国人民大学出版社,2004(简明工商管理课程教材)

　　7—300—0—5803—5

我国会计准则制定及其效果评价 / 王建新著.—北京：中国财政经济出版社,2005(金博士书丛)

　　7—5005—8176—9

管制经济学 / 马昕等编著.—北京：高等教育出版社,2004(经济学专业课程教材)

　　7—04—015304—1

供应链建模 / (美)杰里米·夏皮罗著；陈光欣,孙国卓译.—北京：中信出版社,2005(物流与供应链管理系列)

　　7—5086—0367—2

劳动就业体制改革攻坚 / 杨宜勇等著.—北京：中国水利水电出版社,2005(中国改革攻坚丛书)

　　7—5084—2524—3

中国企业管理的前沿研究 / 徐淑英,刘忠明主编；北京大学光华管理学院组织管理系2001级硕士研究生译.—北京：北京大学出版社,2004

　　7—301—06940—5

联盟优势 / (美)伊夫·多兹,加里·哈默尔著；郭旭力,鲜红霞译.—北京：机械工业出版社,2004

　　7—111—15198—4

当代中国经济伦理论：当代中国经济伦理嬗变及经济伦理建设研究 / 汪荣有著.—北京：人民出版社,2004

　　7—01—004589—5

政府管制经济学导论：基本理论及其在政府管制实践中的应用 / 王俊豪著.—北京：商务印书馆,2001

　　7—100—03353—5

现代物流与交通运输系统：模型与方法 / 高自友,孙会君编著.—北京：人民交通出版社,2005

　　7—114—05678—8

后福特制研究：生产组织方式创新与企业竞争优势 / 刘刚著.—北京：人民出版社,2004

　　7—01—004448—1

企业并购整合研究 / 杨洁著.—北京：经济管理出版社,2005

　　7—80207—112—7

中国城市化与农村经济协调发展研究 / 祁金立著.—武汉：华中科技大学出版社,2004

　　7—5609—3232—0

技术创新管理 / 银路编著.—北京：机械工业出版社,2004

　　7—111—14647—6

家族企业的成长与社会资本的融合 / 储小平著. —北京：经济科学出版社,2004

7—5058—4330—3

财务与会计监管热点问题述评 / 韩传模,张俊民主编. —北京：经济科学出版社,2004

7—5058—4398—2

现代薪酬学 / 陈思明著. —上海：立信会计出版社,2004

7—5429—1245—3

跨国公司发展与战略竞争 / 王晓红著. —北京：人民出版社,2004

7—01—004331—0

现代项目管理学 / 卢有杰编著. —北京：首都经济贸易大学出版社,2004

7—5638—1109—5

中国会计思想发展史 / 刘常青著. —成都：西南财经大学出版社,2005

7—81088—275—9

统计过程控制的策划与实施 / 王毓芳,肖诗唐主编. —北京：中国经济出版社,2005

7—5017—6577—4

集团公司资金集中管理研究 / 孙静芹著. —北京：中国经济出版社,2004

7—5017—6545—6

房地产评估新制度研究 / 张东祥著. —北京：中国经济出版社,2005

7—5017—0335—3

转型中国企业人力资源管理 / 林泽炎主编. —北京：中国劳动社会保障出版社,2004

7—5045—4463—9

经济全球化下的就业政策 / 袁志刚,Nick Parsons主编. —北京：中国劳动社会保障出版社,2004

7—5045—4458—2

受托管理责任与管理审计 / 王光远著. —北京：中国时代经济出版社,2004

7—80169—378—7

工程项目管理——风险及其应对 / 王卓甫著. —北京：中国水利水电出版社,2005

7—5084—3257—6

非市场服务产出核算问题研究 / 罗良清著. —北京：中国统计出版社,2003

7—5037—4203—8

物流企业核心竞争能力 / 张亦弛编著. —北京：中国物资出版社,2004

7—5047—2106—9

论政府激励性管制 / 郭志斌著. —北京：北京大学出版社,2002(法学论丛公法系列)

7—301—05449—1

政府经济学 / 孙荣,许洁编著. —上海：复旦大学出版社,2001(复旦博学行政管理学系列)

7—309—03032—X

国家经济安全理论与方法 / 雷家骕主编. —北京：经济科学出版社,2000(关注国家经济安全丛书)

7—5058—2357—4

当代西方政府经济理论的演变与借鉴 / 王红岭编著. —北京：中央编译出版社,2003(华夏英才基金学术文库)

7—80109—668—1

市场经济中的政府行为 / 陈宪著. —上海：立信会计出版社,1995(经济新论文丛)

7—5429—0263—6

国民经济学原理 / (奥)卡尔·门格尔著;刘絜敖译. —上海：上海人民出版社,2005(世纪人文系列丛书世纪文库)

7—208—05519—X

政府经济学 / 曾国安著. —武汉：湖北人民出版社,2002(西方现代经济学丛书)

7—216—03466—X

地方政府的经济职能和经济行为 / 沈立人著. —上海：上海远东出版社,1998(中国经济发展研究论丛)

7—80613—802—1

市场功能与政府功能组合论 / 卫兴华主编. —北京：经济科学出版社,1999

7—5058—1671—3

政府在经济发展中的作用 / 徐滇庆,李瑞著. —上海：上海人民出版社,1999

7—208—03036—7

政府经济管理行为分析 / 刘瑞著. —北京：新华出版社,1998

7—5011—3974—1

自然垄断产业的政府管制理论 / 王俊豪著. —杭州：浙江大学出版社,2000

7—308—02585—3

宏观经济管理通论 / 赵长茂主编. —北京：中共中央党校出版社,2001

7—5035—2301—8

政府与经济发展 / 徐滇庆,李瑞编著. —北京：中国经济出版社,1996

7—5017—2753—8

政府经济职能与宏观管理 / 郭小聪编著. —广州：中山大学出版社,1997

7—306—01239—8

商业和经济预测中的时间序列模型 / (荷)菲利普·汉斯·弗朗西斯著;封建强译. —北京：中国人民大学出版社,2002

7—300—04456—5

经济预测与决策的新方法及其应用研究 / 唐小我著. —成都：电子科技大学出版社,1997

7—81043—591—4

自组织数据挖掘与经济预测 / 贺昌政著. —北京：科学出版社,2005

7—03—015896—2

赶超经济理论 / 金明善,车维汉主编. —北京：人民出版社,2001

7—01—003458—3

经济预测与决策 / 冯忠铨主编. —北京：中国财政经济出版社,1995

7—5005—2766—7

宏观经济预测与规划 / 刘起运,程卫平编著. —北京：中国物价出版社,1998

7—80070—866—7

财务评价、国民经济评价、社会评价、后评价理论与方法 / 吴恒安主编;施熙灿等编著. —北京：中国水利水电出版社,1998

7—80124—746—9

数量经济学导论 / 张守一,张屹山主编. —北京：社会科学文献出版社,1998(21世纪经济学文库)

7—80149—042—8

经济计量学建模方法论研究 / 赵文奇著. —成都：西南财经大学出版社,1998(当代财经文库)

7—81055—173—6

模糊物元分析 / 张斌等著. —北京：石油工业出版社,1997

7—5021—1934—5

行业协会及其在中国的发展：理论与案例 / 余晖等著. —北京：经济管理出版社,2002

7—80162—393—2

经济法 / 梁再添主编. —上海：上海财经大学

出版社,1998

7—81049—192—X

产权理论与中国会计学：问题与争论 / 伍中信,田昆儒主编.—北京：中国人民大学出版社,2003

7—300—04676—2

绿色供应链管理 / 朱庆华编著.—北京：化学工业出版社,2004

7—5025—5062—3

财经法规与会计职业道德 / 张晓军主编.—西安：陕西人民出版社,2005

7—224—07434—9

审计师变更研究：中国证券市场的初步证据 / 李爽,吴溪著.—北京：中国财政经济出版社,2002

7—5005—5581—4

创新政策：多国比较和发展框架 / 陈劲,王飞绒著.—杭州：浙江大学出版社,2005(科教发展论丛)

7—89490—142—3

国家创新系统：理论分析与国际比较 / 胡志坚主编.—北京：社会科学文献出版社,2000

7—80149—268—4

官产学三重螺旋研究：知识与选择 / 王成军著.—北京：社会科学文献出版社,2005

7—80190—841—4

科学技术创新管理 / 周寄中著.—北京：经济科学出版社,2002

7—5058—3280—8

城市创新系统 / 赵黎明,冷晓明等著.—天津：天津大学出版社,2002

7—5618—1590—5

人力资本出资问题研究 / 李友根著.—北京：中国人民大学出版社,2004(法律科学文库)

7—300—05415—3

城市的适应：迁移者的就业与创业 / 张继焦著.—北京：商务印书馆,2004(社会图像丛书)

7—100—03975—4

资源会计研究 / 许家林著.—大连：东北财经大学出版社,2000(三友会计论丛)

7—81044—833—1

国土规划的理论与方法 / 吴次芳,潘文灿等编著.—北京：科学出版社,2003

7—03—011575—9

资源配置与企业兼并 / 干春晖著.—上海：上海财经大学出版社,1997

7—81049—109—1

供应链不确定性管理：技术与策略 / 张涛,孙林岩著.—北京：清华大学出版社,2005(物流供应链丛书)

7—302—11528—1

供应链管理：交易费用与决策优化研究 / 刘刚著.—北京：经济管理出版社,2005

7—80207—214—X

能源与发展：全球化条件下的能源与环境政策 / 胡鞍钢,吕永龙主编.—北京：中国计划出版社,2001

7—80058—915—3

综合资源规划方法与需求方管理技术 / 杨志荣,劳德容编著.—北京：中国电力出版社,1996

7—80125—109—1

空间经济学：城市、区域与国际贸易 / (日)藤田昌久,(美)保罗·克鲁格曼,(英)安东尼.J.维纳布尔斯著；梁琦主译.—北京：中国人民大学出版社,2005(经济科学前沿译丛)

7—300—06730—1

空间经济学原理 / 安虎森主编.—北京：经济

科学出版社,2005(区域经济理论与政策)

7—5058—5318—X

空间经济：系统与结构 / 曾菊新著.—武汉：武汉出版社,1996

7—5430—1552—8

经济区位论 / 张文忠著.—北京：科学出版社,2000

7—03—007166—2

企业内部控制框架：构建与运行 / 杨有红主编.—杭州：浙江人民出版社,2001(中国职业经理财务丛书)

7—213—02328—4

经济伦理与企业发展 / 王小锡.—南京：南京师范大学出版社,1998(21世纪管理者文库)

7—81047—229—1

全脑革命 /（美）奈德·赫曼；宋伟航译.—北京：经济管理出版社,1998(全球智慧中文化)

7—80118—615—X

企业管理学 / 胡宇辰.—北京：经济管理出版社,1997(现代工商管理丛书)

7—80118—436—X

企业共同治理的经济学分析 / 杨瑞龙主编.—北京：经济科学出版,2001(政治经济学论丛)

7—5058—2428—7

企业资源外包网络：构建、进化与治理 / 尹建华著.—北京：中国经济出版社,2005(对外经济贸易大学国际商学院管理学文丛)

7—5017—7276—2

企业治理结构 / 卢昌崇著.—大连：东北财经大学出版社,1999(中国当代经济前沿科学文库)

7—81044—574—X

企业利益相关者的利益要求：理论与实证研究 / 陈宏辉著.—北京：经济管理出版社,2004

7—80162—797—0

企业生态与企业发展：企业竞争对策 / 梁嘉骅等著.—北京：科学出版社,2005(现代管理理论与方法丛书)

7—03—015191—7

经理信息系统 / 仲伟俊等著.—北京：科学出版社,2004

7—03—014387—6

企业的产权分析 / 费方域著.—上海：上海人民出版社；上海三联书店,1998(当代经济学系列丛书；当代经济学文库)

7—208—02882—6

主体产权论 / 刘诗白著.—北京：经济科学出版社,1998

7—5058—1597—0

论企业家行为激励与约束机制 / 徐传谌著.—北京：经济科学出版社,1997(中青年经济学家文库)

7—5058—1219—X

冲突管理 / 众行管理咨询研发中心编著.—广州：广东经济出版社,2004(众行企业管理培训课程；出色主管学习方案)

7—80677—582—X

工作岗位研究 / 安鸿章著.—北京：中国传媒大学出版社,2005

7—81085—550—6

管理信息化：新世纪生产管理变革的主线 / 黄群慧,张艳丽编著.—广州：广东经济出版社,2001(当代管理学前沿丛书)

7—80632—774—6

客户关系管理：营销战略与信息技术的整合 /（美）威廉.G.齐克蒙德,小雷蒙德·迈克利奥德,法耶.W.吉尔伯特著；胡左浩,贾崧,杨志林译.—北京：中国人民大学出版社,2005(管理者终身学习)

978—7—300—11850—5

公司会计 / （日）青井伦一主编；全球工作组股份有限公司著；方晓霞译.—北京：经济管理出版社，2003（快速充电文库·通勤大学丛书·通勤大学 MBA）

7—80162—575—7

企业资本结构优化理论研究 / 傅元略著.—大连：东北财经大学出版社，1999（中国当代经济前沿科学文库）

7—81044—574—X

环境会计专题 / 中国会计学会编.—北京：中国财政经济出版社，2002（中国会计理论研究丛书）

7—5005—5875—9

财务 / 张小英编著.—北京：中信出版社，1999（中信企管培训丛书）

7—80073—200—2

内部控制研究 / 刘百芳著.—济南：山东省地图出版社，2002（财务会计系列丛书）

7—80532—593—6

法人资本所有制与公司治理 / 何自力著.—天津：南开大学出版社，1997（南开博士丛书）

7—310—01063—9

高新技术企业价值评估 / 王少豪著.—北京：中信出版社，2002

7—80073—372—6

公司股权结构与治理机制 / 严武著.—北京：经济管理出版社，2004

7—80207—180—1

民营企业公司治理 / 李亚主编；刘磊等编著.—北京：中国方正出版社，2003（21 世纪中国民营企业管理与发展系列丛书）

7—80107—623—0

跨国并购论 / 史建三著.—上海：立信会计出版社，1999（经济学者文库）

7—5429—0622—4

南方集体林区森林可持续经营的林权制度研究 / 徐秀英著.—北京：北京林业大学，2005（博士林业文库）

7—5038—4025—0

城市圈域经济论 / 高汝熹等著.—昆明：云南大学出版社，1998（东陆学库）

7—81025—899—0

城市发展史：起源、演变和前景 / （美）刘易斯·芒福德著；宋俊岭，倪文彦译.—北京：中国建筑工业出版社，2005（国外城市规划与设计理论译丛）

7—112—06973—4

欧洲一体化与欧盟治理 / （德）贝娅特·科勒－科赫，托马斯·康策尔曼，米歇勒·克诺特著；顾俊礼等译.—北京：中国社会科学出版社，2004（欧洲一体化译丛）

7—5004—4258—0

理解变迁的方法：社会核算矩阵及 CGE 模型 / 侯瑜著.—大连：东北财经大学出版社，2005（当代经济前沿文库）

7—81084—752—X

中国可持续发展核算体系：SSDA / 李金华编著.—北京：社会科学文献出版社，2000（中国经济运行丛书）

7—80149—279—X

管理统计：数据获取、统计原理、SPSS 工具与应用研究 / 马庆国著.—北京：科学出版社，2002

7—03—010750—0

经济统计分析方法 / 林峰，葛新权著.—北京：社会科学文献出版社，2003（管理科学发展论丛）

7—80149—971—9

经济管理多元统计分析 / 雷钦礼著.—北京：

中国统计出版社,2002

　　7—5037—3830—8

宏观经济统计数据诊断:理论、方法及其应用/
周建著.—北京:清华大学出版社,2005

　　7—302—10032—2

**中国经济发展部门分析:兼新编可比价投入
产出序列表/** 李强,薛天栋主编.—北京:中国统
计出版社,1998

　　7—5037—2822—1

国民经济核算及分析/ 向蓉美,杨作廪,王青
华编著.—成都:西南财经大学出版社,2005(研究
生系列教材)

　　7—81088—272—4

绿色 GDP 的内涵和统计方法/ 解三明主
编.—北京:中国计划出版社,2005(中国经济学术
基金丛书)

　　7—80177—478—7

**可持续发展下绿色核算:资源—经济—环境
综合核算/** 雷明著.—北京:地质出版社,1999

　　7—116—02796—3

中国国内生产总值核算/ 许宪春编著.—北
京:北京大学出版社,2000

　　7—301—04717—7

中国国民经济核算体系改革与发展/ 许宪春
著.—北京:经济科学出版社,1997

　　7—5058—1077—4

绿色国民经济核算论/ 朱启贵著.—上海:上
海交通大学出版社,2005

　　7—313—04159—4

国民经济核算原理/ 袁寿庄等编著.—北京:
中国人民大学出版社,1996

　　7—300—02144—1

绿色投入产出核算:理论与应用/ 雪明著.—

北京:北京大学出版社,2000

　　7—301—04719—3

预测与决策的不确定性数学模型/ 王清印等
著.—北京:冶金工业出版社,2001

　　7—5024—2694—9

现代模糊管理数学方法/ 汤兵勇等编著.—北
京:中国纺织大学出版社,1999(《经济控制与智能
管理》丛书)

　　7—81038—215—2

非参数计量经济学/ 叶阿忠著.—天津:南开
大学出版社,2003(21 世纪数量经济学方法论与应
用丛书)

　　7—310—01906—7

经济计量分析/ (美)威廉.H.格林著;王明
舰,王永宏等译.—北京:中国社会科学出版社,
1998(当代经济学教科书译丛高级系列)

　　7—5004—2286—5

计量经济学导论:现代观点/ (美)J.M.伍德
里奇著;费剑平,林相森译.—北京:中国人民大学
出版社,2003(经济科学译丛)

　　7—300—04518—9

经济计量学/ 李长风编著.—上海:上海财经
大学出版社,1996(统计学专业教材系列)

　　7—81049—047—8

高等时间序列经济计量学/ 陆懋祖著.—上
海:上海人民出版社,1999(现代经济学管理学教
科书系列)

　　7—208—03200—9

数量经济学/ 魏权龄,刘起运,胡显佑编著.—
北京:中国人民大学出版社,1998(中国人民大学
硕士研究生系列教材·学科基础课系列)

　　7—300—02718—0

有限理性建模/ (美)阿里尔·鲁宾斯坦著;
倪晓宁译.—北京:中国人民大学出版社,2005

7—300—06805—7

经管财金建模方法及应用：数学模型化：从定性把握到定量分析 / 饶友玲等编著. —北京：清华大学出版社,2005

7—302—09746—1

经济管理中的模糊数学方法 / 常大勇,张丽丽编著. —北京：北京经济学院出版社,1995

7—5638—0481—1

经济管理数学模型 / 常大勇主编. —北京：北京经济学院出版社,1996

7—5638—0577—X

21 世纪数量经济学. 第 5 卷 / 汪同三,张守一主编. —成都：西南交通大学出版社,2005

7—81104—059—X

经济系统运行效能研究：经济运行的势分析方法 / 武义青,贾雨文著. —北京：经济管理出版社,2003

7—80162—684—2

经济系统分析 / 袁嘉新,何伦志主编. —北京：社会科学文献出版社,1997

7—80050—919—2

博弈论基础 / （美）罗伯特·吉本斯著；高峰译. —北京：中国社会科学出版社,1999（当代经济学教科书译丛·高级系列）

7—5004—2454—X

纳什均衡论 / 谢识予著. —上海：上海财经大学出版社,1999（当代经济学前沿研究丛书）

7—81049—276—4

经济政策的博弈论分析 / 姚海鑫著. —北京：经济管理出版社,2001（辽宁大学工商管理学院文库）

7—80162—100—X

现代经济对策论 / 张守一主编. —北京：高等

教育出版社,1998（现代经济学系列教材）

7—04—006361—1

博弈论 / 施锡铨著. —上海：上海财经大学出版社,2000（现代经济学研究丛书）

7—81049—398—1

博弈与信息：博弈论概论 / （美）艾里克·拉斯缪森著；王晖,白金辉,吴任昊译. —北京：北京大学出版社,2003

7—301—04885—8

博弈论教程：理论·应用 / 黄涛编著. —北京：首都经济贸易大学出版社,2004

7—5638—1169—9

现代经济博弈论：市场经济中的竞争与对策 / 王国成,黄韬著. —北京：经济科学出版社,1996

7—5058—0896—6

经济博弈分析 / 全贤唐,张健编. —北京：机械工业出版社,2003

7—111—11484—1

博弈论及其在经济管理中的应用 / 于维生,朴正爱编著. —北京：清华大学出版社,2005

7—302—09682—1

博弈论及其应用 / 肖条军著. —上海：上海三联书店,2004

7—5426—1922—5

动态联盟：项目管理新模式 / 林鸣,马士华主编. —北京：电子工业出版社,2003（项目管理核心资源库）

7—5053—8605—0

项目风险管理：一种主动的策略 / （美）保罗.S.罗耶著；北京广联达慧中软件技术有限公司译. —北京：机械工业出版社,2005（项目管理经典译丛）

7—111—17028—8

项目计划与进度管理／(美)格雷戈里. T. 豪根著;北京广联达慧中软件技术有限公司译.—北京:机械工业出版社,2005(项目管理经典译丛)

7—111—17026—1

工程项目组织与管理／注册咨询工程师(投资)考试教材编写委员会编.—北京:中国计划出版社,2003(注册咨询工程师(投资)执业资格考试教材)

7—80177—196—6

新技术的商业化:从创意到市场／(瑞士)Vijay K. Jolly著;张作义等译.—北京:清华大学出版社,2001

7—302—04571—2

项目管理承包:PMC 理论与实践／刘家明,陈勇强,戚国胜编著.—北京:人民邮电出版社,2005

7—115—13547—9

现代项目管理／戚安邦著.—北京:对外经济贸易大学出版社,2001

7—81078—045—X

项目管理导论／殷焕武,王振林等编著.—北京:机械工业出版社,2005

7—111—17234—5

经济时间序列模型:方法与应用／白万平编著.—北京:中国商务出版社,2005

7—80181—434—7

经济回归模型及计算／童恒庆编著.—武汉:湖北科学技术出版社,1997

7—5352—2053—3

管理与社会经济系统仿真／宣慧玉,高宝俊著.—武汉:武汉大学出版社,2002

7—307—03407—7

面向 21 世纪会计后续教育问题研究／课题主持人秦荣生.—北京:经济科学出版社,2002(财政部重点会计科研课题系列丛书(2002))

7—5058—3065—1

三维会计研究／徐国君著.—北京:中国财政经济出版社,2003(会计新视野丛书)

7—5005—6545—3

成本管理会计／唐婉虹等主编.—上海:立信会计出版社,2005

7—5429—1373—5

财务新论／郭复初等著.—上海:立信会计出版社,2000

7—5429—0743—3

现代企业内部治理审计研究／时现著.—北京:中国石化出版社,2004

7—80164—557—X

财务理论与公司政策／(美)托马斯. E. 科普兰,J. 弗莱德. 威斯顿著;宋献中主译.—大连:东北财经大学出版社,2003(财务管理经典译丛)

7—81084—138—6

会计计量理论研究／赵德武著.—成都:西南财经大学出版社,1997(当代财经文库)

7—81055—154—X

会计信息价值论:作为市场决策基础的研究／林钟高,章铁生著.—大连:东北财经大学出版社,2001(管理前沿文库)

7—81044—905—2

会计计量的现值研究／谢诗芬著.—成都:西南财经大学出版社,2001(湖南大学会计学院学术专著系列)

7—81055—681—9

现代会计科学理论研究／许家林著.—上海:立信会计出版社,2003(会计理论探索丛书)

7—5429—1105—8

会计基本理论比较／李孝林等著.—上海:立

信会计出版社,2002(会计理论探索丛书)

7—5429—0977—0

会计行为论 / 王开田著. —上海：上海财经大学出版社,1999(会计文库)

7—81049—278—0

会计理论创新 / 张文贤著. —北京：中国财政经济出版社,2002(会计新视野丛书)

7—5005—6096—6

现代西方会计理论 / 葛家澍,林志军著. —厦门：厦门大学出版社,2001(会计研究生系列教材)

7—5615—1704—1

会计理论体系研究 / 陈国辉著. —大连：东北财经大学出版社,1997(三友会计论丛)

7—81044—283—X

当代会计实证研究方法 / 张朝宓,苏文兵编著. —大连：东北财经大学出版社,2001(三友会计论丛)

7—81044—832—3

实证会计理论 / (美)罗斯. L. 瓦茨,杰罗尔德. L. 齐默尔曼著；陈少华,黄世忠等译. —大连：东北财经大学出版社,1999(三友会计名著译丛)

7—81044—532—4

广义会计理论 / 卢永华主编. —北京：中国金融出版社,2000(厦门大学经济学文库)

7—5049—2420—2

当代会计前沿问题研究：创新与发展 / 吴联生著. —北京：北京大学出版社,2005

7—301—09172—9

会计信息市场与市场管制：关于会计信息管制的经济学思考 / 薛祖云著. —广州：暨南大学出版社,2002

7—81079—138—9

现代会计理论研究 / 万晓文著. —北京：经济

管理出版社,2005

7—80207—324—3

现代会计哲学 / 于玉林著. —北京：经济科学出版社,2002

7—5058—2963—7

中国会计理论研究 / 吴水澎主编. —北京：中国财政经济出版社,2000

7—5005—4855—9

市场经济下会计基本理论与方法研究 / 葛家澍主笔. —北京：中国财政经济出版社,1996

7—5005—2989—9

会计理论研究 / 任辉,胡元木著. —北京：中国财政经济出版社,2004

7—5005—7167—4

会计理论体系研究 / 罗勇,李定清著. —重庆：重庆出版社,2003

7—5366—6067—7

会计政策的博弈论研究 / 刘端著. —成都：西南财经大学出版社,2005

7—81088—317—8

中西会计比较研究 / 刘兴云著. —成都：西南财经大学出版社,1996(当代财经文库)

7—81055—064—0

会计基本理论比较研究 / 李孝林等著. —北京：科学技术文献出版社,1997(会计理论探索丛书)

7—5023—2834—3

会计创新及国际协调：常勋教授论(译)著文集 / 常勋著. —大连：东北财经大学出版社,2004

7—81084—459—8

会计历史与理论研究 / 王光远著. —福州：福建教育出版社,2004

7—5334—3888—4

会计基本理论与会计准则问题研究 / 葛家澍著. —北京：中国财政经济出版社,2000
　　7—5005—4485—5

基于泛会计概念下成本计量研究 / 陈良华著. —北京：中国人民大学出版社,2005(财会文库)
　　7—300—06364—0

全面收益会计研究 / 程春晖著. —大连：东北财经大学出版社,2000(三友会计论丛)
　　7—81044—836—6

会计信息质量研究 / 刘骏著. —北京：中国财政经济出版社,2005(江西财经大学会计博士论丛)
　　7—5005—8173—4

内部会计控制制度设计 / 赵保卿主编. —上海：复旦大学出版社,2005(审计与内部控制系列)
　　7—309—04789—3

内部会计控制与会计信息质量研究 / 唐予华,李明辉主编. —北京：中国财政经济出版社,2003(厦门大学会计论丛)
　　7—5005—7079—1

会计信息市场政府监管研究 / 薛祖云著. —北京：中国财政经济出版社,2005(厦门大学会计论丛)
　　7—5005—8150—5

内部会计控制与全面预算管理 / 孟凡利主编. —北京：经济科学出版社,2003
　　7—5058—3622—6

会计信息质量与会计监督检查 /《会计信息质量与会计监督检查》编写组编. —北京：中国财政经济出版社,2001
　　7—5005—5105—3

财务造假防范与经济凭证鉴别 / 尹平著. —北京：中国审计出版社,2000
　　7—80064—886—9

会计电算化研究 / 庄明来著. —北京：中国金融出版社,2001(厦门大学经济学文库)
　　7—5049—2647—7

信息化与会计模式革命 / 韦沛文著. —北京：中国财政经济出版社,2003(中山大学会计论丛)
　　7—5005—6187—3

论会计信息化与网上报销 / 陈虎著. —北京：经济科学出版社,2005
　　7—5058—5019—9

会计信息化 / 辛茂荀著. —北京：经济科学出版社,2003
　　7—5058—3604—8

会计人员管理体制研究：会计委派制的理论与实践 / 课题主持人黄晓清. —北京：经济科学出版社,2002(财政部重点会计科研课题系列丛书(2002))
　　7—5058—3049—X

中外会计史比较研究 / 李孝林等著. —北京：科学技术文献出版社,1996(会计理论探索丛书)
　　7—5023—2836—X

会计信息失真的分类治理：从会计域秩序到会计规则 / 吴联生著. —北京：北京大学出版社,2005(会计学论丛)
　　7—301—08374—2

论会计标准的实施 / 姜英兵著. —大连：东北财经大学出版社,2005(三友会计论丛)
　　7—81084—543—8

会计伦理学 / (美)罗纳德·杜斯卡,布伦达·谢伊·杜斯卡著;范宁,李朝霞译. —北京：北京大学出版社,2005(未名译库经济伦理学译丛)
　　7—301—08099—9

会计准则变迁 / 刘峰著. —北京：中国财政经济出版社,2000(中山大学会计论丛)
　　7—5005—4741—2

会计准则研究：借鉴与反思 / 曲晓辉等著. —厦门：厦门大学出版社,1999

7—5615—1442—5

中国与国际会计准则比较研究 / 叶建芳著. —上海：上海财经大学出版社,2005

7—81098—343—1

中外会计准则比较 / 庄恩岳主编. —北京：中国审计出版社,2000

7—80064—478—2

会计准则制定的方法论研究 / 薛云奎著. —上海：上海财经大学出版社,1999（会计文库）

7—81049—305—1

新会计制度与税法差异分析 / 高金平编著. —北京：中国财政经济出版社,2001（税收筹划实物丛书）

7—5005—5395—1

WTO 与中国会计的国际化 / 杜兴强,章永奎著. —厦门：厦门大学出版社,2003（厦门大学 WTO 研究中心系列丛书）

7—5615—2095—6

我国会计管理体制改革研究 / 施先旺著. —北京：中国财政经济出版社,2003（中南财经政法大学学术文库）

7—5005—6833—9

劳动者权益会计：人力资源会计的新模式研究 / 徐国君著. —北京：中国财政经济出版社,1997（财经版会计系列丛书）

7—5005—3451—5

财务会计理论 /（加）威廉姆. R. 司可脱著；陈汉文等译. —北京：机械工业出版社,2000（会计教材译丛）

7—111—07896—9

管理会计的理论思考与架构 / 孙茂竹著. —北京：中国人民大学出版社,2002（财会文库）

7—300—04080—2

管理会计学 / 温坤主编. —3 版. —北京：中国人民大学出版社,2004

7—300—02152—2

中国社会责任会计研究 / 阳秋林著. —北京：中国财政经济出版社,2005

7—5005—8355—9

国际会计准则可比性研究 / 刘威著. —上海：上海财经大学出版社,1999（会计文库）

7—81049—271—3

财务范式新论 / 冯巧根著. —上海：立信会计出版社,2000（经济学者文库）

7—5429—0762—X

财务会计概念研究 / 裘宗舜著. —上海：立信会计出版社,2001（立信会计丛书）

7—5429—0809—X

财务会计对象要素研究 / 唐国平著. —大连：东北财经大学出版社,2003（三友会计论丛）

7—81084—237—4

会计理论：关于财务会计概念结构的研究 / 葛家澍,刘峰著. —北京：中国财政经济出版社,2003

7—5005—6179—2

财务会计基本理论研究 / 吴水澎著. —沈阳：辽宁人民出版社,1996

7—205—03747—6

国际会计研究 / 常勋主编. —北京：中国金融出版社,2005（会计类研究生系列教材）

7—5049—3699—5

会计盈余价值相关性实证研究 / 袁淳著. —北京：中国财政经济出版社,2005（会计学博士论丛）

7—5005—7424—X

衍生金融工具会计管理研究 / 徐经长著.—北京：中国财政经济出版社,1998

7—5005—3537—6

环境管理会计研究：将环境因素纳入管理决策中 / 郭晓梅著.—厦门：厦门大学出版社,2003（南强学林丛书）

7—5615—2022—0

环境会计理论与实务的研究 / 徐泓著.—北京：中国人民大学出版社,1998

7—300—02946—9

财务理论结构研究 / 冯建著.—上海：立信会计出版社,1999（经济学者文库）

7—5429—0680—1

现代财务理论研究 / 郭复初著.—北京：经济科学出版社,2000

7—5058—2033—8

独立审计目标及其实现机制研究 / 黄京菁著.—广州：暨南大学出版社,2001

7—81029—680—9

审计研究前沿 / 徐政旦等主编.—上海：上海财经大学出版社,2002（会计研究前沿丛书）

7—81049—799—5

独立审计理论研究 / 林钟高等著.—上海：立信会计出版社,2002

7—5429—1031—0

审计风险与控制 / 刘力云著.—北京：中国审计出版社,1999

7—80064—759—5

计算机信息系统控制与审计 / 张金城著.—北京：北京大学出版社,2002（内部控制丛书）

7—301—05046—1

信息系统审计与鉴证 / （美）詹姆斯. A. 霍尔著；李丹,刘济平译.—北京：中信出版社,2003（审计学系列）

7—80073—987—2

会计信息系统审计 / 乔鹏,杨宝刚主编.—北京：科学出版社,2003

7—03—011772—7

国际比较审计 / 萧英达等著.—上海：立信会计出版社,2000（立信会计丛书）

7—5429—0728—X

中国证券市场独立审计研究 / 朱荣恩著.—上海：上海财经大学出版社,1997（财经学术文库）

7—81049—137—7

管理舞弊导向审计研究 / 王泽霞著.—北京：电子工业出版社,2005

7—121—00475—5

英国绩效审计 / 罗美富,李季泽,章轲主编.—北京：中国时代经济出版社,2005

7—80169—733—2

企业内部会计控制及其评审 / 刘国常著.—成都：西南财经大学出版社,1999（当代财经文库）

7—81055—491—3

内部控制评价 / 朱荣恩著.—北京：中国时代经济出版社,2002（注册会计师业务操作与风险控制丛书）

7—80169—346—9

内部审计思想 / （美）Andrew D. Bailey, Jr., Audrey A. Gramling, Sridhar Ramamoorti 著；王光远等译.—北京：中国时代经济出版社,2005

7—80169—809—6

企业内部审计论：基于管理学视角的理论思考 / 刘实著.—北京：中国时代经济出版社,2005

7—80169—728—6

企业内部控制与审计 / 李荣梅,陈良民著.—北京：经济科学出版社,2004

7—5058—4033—9

现代企业内部控制制度 / 朱荣恩，徐建新编著. —北京：中国审计出版社，1996
7—80064—472—3

企业环境审计研究 / 刘长翠著. —北京：中国人民大学出版社，2005（财会文库）
7—300—07021—3

环境审计 / 陈思维著. —北京：经济管理出版社，1998（审计实务丛书）
7—80118—612—5

现代企业风险管理审计 / 卓继民著. —北京：中国财政经济出版社，2005
7—5005—8459—8

建设项目跟踪审计 / 曹慧明等著. —北京：中国财政经济出版社，2005
7—5005—8053—3

网上审计：网上远程审计经营风险预警计算机审计 / 邱胜利编著. —北京：中国金融出版社，2003
7—5049—3050—4

劳动与就业 / 张彦，陈晓强编著. —北京：社会科学文献出版社，2002（社会工作丛书）
7—80149—753—8

人力资产定价 / 孙玉甫著. —上海：立信会计出版社，2005
7—5429—1388—3

人力资源管理学 / 安应民，吴菁编著. —北京：中共中央党校出版社，1998（经济学管理学新书系）
7—5035—1714—X

劳动经济学前沿问题 / （英）大卫·桑普斯福特，泽弗里斯·桑纳托斯主编；卢昌崇，王询译. —北京：中国税务出版社，2000（麦克米伦经济学前沿问题丛书）

7—80117—289—2

现代人力资源管理与组织行为 / 关淑润主编；关淑润等编写. —北京：对外经济贸易大学出版社，2001（对外经济贸易大学国际工商管理学院教授、博士文库）
7—81078—109—X

人力资源管理学 / 戴良铁，伍爱著. —广州：暨南大学出版社，2004（高等院校企业管理系列教材）
7—81029—766—X

人力资源开发与管理 / 曾国平主编. —重庆：重庆大学出版社，2005（公共管理丛书）
7—5624—3479—4

人力资本与经济发展：跨世纪中国经济发展及其战略选择的人本视角与考察 / 李宝元著. —北京：北京师范大学出版社，2000（教育经济研究丛书）
7—303—05425—1

人力资源管理方法 / 陈刚，吴焕明著. —广州：广东经济出版社，2003（兰新企管智力库）
7—80677—392—4

人力资源考评系统 / 廖泉文主编. —济南：山东人民出版社，2000（人力资源开发与管理丛书）
7—209—02539—1

人力资源发展系统 / 廖泉文主编. —济南：山东人民出版社，2000（人力资源开发与管理丛书）
7—209—02553—7

人力资源开发研究 / 赵秋成著. —大连：东北财经大学出版社，2001（中国当代经济前沿科学文库）
7—81044—843—9

人力资本运营论 / 冯子标著. —北京：经济科学出版社，2000（资本与资本运营研究丛书）
7—5058—2015—X

现代人力资源经济分析：理论·模型·应用/李京文等著.—北京：社会科学文献出版社,1997

7—80050—884—6

新人力资源管理原理/齐善鸿著.—深圳：海天出版社,1999

7—80654—011—3

区域人力资本研究/李玉江主编.—北京：科学出版社,2005

7—03—014785—5

新经济时代的人力资源管理/李剑编著.—北京：企业管理出版社,2001

7—80147—583—6

人力资源开发概论/谢晋宇著.—北京：清华大学出版社,2005

7—302—10238—4

人力资源能本管理与能力建设/戚鲁主编.—北京：人民出版社,2003

7—01—003855—4

人力资本投资的成本收益分析/朱舟著.—上海：上海财经大学出版社,1999

7—81049—385—X

人力资源管理心理学/俞文钊主编.—上海：上海教育出版社,2005

7—5320—9634—3

中国人力资本定价研究/段兴民等著.—西安：西安交通大学出版社,2005

7—5605—1994—6

人力资本理论与方法/朱必祥著.—北京：中国经济出版社,2005

7—5017—6652—5

人力资本产权制度分析/石婷婷著.—北京：中国经济出版社,2005

7—5017—7046—8

人力资源经济学/杨蓉主编.—北京：中国物资出版社,2001

7—5047—1737—1

人力资源协调系统/廖泉文主编.—济南：山东人民出版社,2000(人力资源开发与管理丛书)

7—209—02566—9

人力资本研究/（美）雅各布·明塞尔著；张凤林译.—北京：中国经济出版社,2001（"20世纪的经济学家"丛书·雅各布·明塞尔论文集）

7—5017—5036—X

劳动供给研究/（美）雅各布·明塞尔著；张凤林译.—北京：中国经济出版社,2001（"20世纪的经济学家"丛书·雅各布·明塞尔论文集）

7—5017—5035—1

企业年金：模式探索与国际比较/刘云龙,傅安平著.—北京：中国金融出版社,2004

7—5049—3365—1

养老金制度和养老基金管理/刘子兰著.—北京：经济科学出版社,2005

7—5058—4773—2

就业概论/彭薇,王旭东著.—北京：经济管理出版社,2002

7—80162—441—6

失业经济学/袁乐平,周浩明著.—北京：经济科学出版社,2003

7—5058—3663—3

集体谈判制度研究/程延园著.—北京：中国人民大学出版社,2004

7—300—05407—2

人力资本与中国区域经济差异/彭朝晖,杨开忠著.—北京：新华出版社,2005(中国城市化与区域可持续发展研究)

7—5011—7097—5

劳动过剩经济的就业与收入 / 戴园晨,陈东琪主笔.—上海:上海远东出版社,1996(中国经济发展研究论丛)
7—80613—400—X

扩大就业与挑战失业:中国就业政策评估(1949—2001 年) / 胡鞍钢,程永宏,杨韵新等著.—北京:中国劳动社会保障出版社,2002
7—5045—3654—7

劳动力流动的政治经济学 / 蔡昉,都阳,王美艳著.—上海:上海人民出版社,2003(当代经济学系列丛书当代经济学文库)
7—208—04933—5

人力资本与经济增长分析 / 沈利生,朱运法著.—北京:社会科学文献出版社,1999(中国经济运行丛书)
7—80149—120—3

中国人力资本形成及现状 / 侯风云著.—北京:经济科学出版社,1999(中青年经济学家文库)
7—5058—1705—1

人力资本生产制度研究 / 王建民著.—北京:经济科学出版社,2001
7—5058—2779—0

人力资本运动与中国经济增长 / 李玲著.—北京:中国计划出版社,2003
7—80177—149—4

中国人力资源开发系统论 / 吴文武等著.—北京:中国建材工业出版社,1996
7—80090—462—8

中国劳动力市场转型与发育 / 蔡昉,都阳,王美艳著.—北京:商务印书馆,2005
7—100—04441—3

养老金改革:模式选择及其金融影响 / 伊志宏著.—北京:中国财政经济出版社,2000(财经博士论丛)

7—5005—4645—9

中国养老金制度及其精算评价 / 王晓军著.—北京:经济科学出版社,2000
7—5058—2028—1

中国企业年金制度研究 / 邓大松,刘昌平著.—北京:人民出版社,2004
7—01—004174—1

各国失业保险与再就业 / 吕学静著.—北京:经济管理出版社,2000(社会保障系列丛书)
7—80162—030—5

中国生产率分析前沿 / 李京文,钟学义主编.—北京:社会科学文献出版社,1998(中国经济运行丛书)
7—80149—045—2

劳动工资与社会保障:广东最低工资调研与统计测算模型研究 / 韩兆洲等著.—北京:经济科学出版社,2005(产业经济学与金融经济学系列丛书)
7—5058—5229—9

美国的私有退休金体制 / 林羿著.—北京:北京大学出版社,2002
7—301—05399—1

仓储管理与库存控制 / 张远昌主编.—北京:中国纺织出版社,2004(物流经理人实务书库)
7—5064—2886—5

物流经济分析:发展的视角 / 魏际刚著.—北京:人民交通出版社,2005
7—114—05831—4

物流系统规划原理与方法 / 谢如鹤,罗荣武,张得志等编著.—北京:中国物资出版社,2004
7—5047—2080—1

现代物流系统概论 / 陈秋双等编著.—北京:中国水利水电出版社,2005(21 电子商务与现代物

流管理系列1)

7—5084—2766—1

物流供应链管理机制与发展 / 宋华著.—北京:经济管理出版社,2002(二十一世纪市场营销新知与案例丛书)

7—80162—618—4

战略物流管理 /(美)詹姆士.R.斯托克,道格拉斯.M.兰伯特著;邵晓峰等译.—北京:中国财政经济出版社,2003(财经易文)

7—5005—6291—8

现代物流与供应链管理 / 宋华,胡左浩著.—北京:经济管理出版社,2000(二十一世纪市场营销新知与案例丛书)

7—80118—942—6

现代物流与配送中心:推动流通创新的趋势 / 何明珂等编著.—北京:中国商业出版社,1997(流通现代化与国际化丛书)

7—5044—3328—4

需求流动网:供应链创新模式 / 刘波,孙林岩著.—北京:清华大学出版社,2005(物流供应链丛书)

7—302—11239—8

供应链物流平衡分析 / 王瑛,孙林岩.—北京:清华大学出版社,2005(物流供应链丛书)

7—302—11038—7

物流自动化系统设计及应用 / 朱宏辉主编.—北京:化学工业出版社,2005(现代物流工程丛书)

7—5025—6514—0

绿色物流 / 王长琼编著.—北京:化学工业出版社,2004(现代物流工程丛书)

7—5025—5987—6

现代物流管理基础 / 徐勇谋编著.—北京:化学工业出版社,2003(现代物流管理丛书)

7—5025—4710—X

现代物流信息化 / 张宗成主编.—广州:中山大学出版社,2001(现代物流管理丛书)

7—306—01841—8

现代物流配送管理 / 马健平等编著.—广州:中山大学出版社,2001(现代物流管理丛书)

7—306—01842—6

绿色物流 / 夏春玉,李健生主编.—北京:中国物资出版社,2005(现代物流系列教材)

7—5047—1733—9

物流设施规划与设计 / 程国全等编著.—北京:中国物资出版社,2003(现代物流系统规划丛书)

7—5047—1961—7

物流系统规划与设计 / 方仲民主编.—北京:机械工业出版社,2003(新世纪高职高专物流管理专业规划教材)

7—111—11590—2

现代物流系统与管理 / 杨海荣编著.—北京:北京邮电大学出版社,2003(信息通信管理与法制丛书)

7—5635—0722—1

物流系统规划:建模及实例分析 / 蔡临宁编著.—北京:机械工业出版社,2003

7—111—12495—2

第三方物流论:理论、比较与实证分析 / 李松庆著.—北京:中国物资出版社,2005

7—5047—2249—9

集成化物流:理论与方法 / 舒辉著.—北京:经济管理出版社,2005

7—80207—437—1

第三方物流组织:理论与应用 / 周昌林著.—北京:经济管理出版社,2005

7—80207—332—4

网络新闻学 / 仲志远著. —北京：北京大学出版社,2002

7—301—06006—8

现代物流与运输 / 杨家其主编. —北京：人民交通出版社,2003

7—114—04673—1

现代物流与供应链管理 / 彭志忠著. —济南：山东大学出版社,2002

7—5607—2498—1

物流现代化 / 包健民编. —上海：上海交通大学出版社,1997

7—313—01853—3

物流工程研究 / 王之泰著. —北京：首都经济贸易大学出版社,2004

7—5638—1094—3

物流与供应链管理 / 查先进著. —武汉：武汉大学出版社,2003

7—307—03862—5

物流学概论 / 崔介何编著. —北京：中国计划出版社,1997

7—80058—579—4

物流作业优化方法 / 秦明森编著. —北京：中国物资出版社,2003

7—5047—1919—6

现代物流活动绩效分析 / 孙宏岭,戚世钧编著. —北京：中国物资出版社,2001(21世纪现代物流实用丛书)

7—5047—1743—6

物流管理信息系统及其实例 / 冯耕中主编. —西安：西安交通大学出版社,2003(现代物流管理系列丛书)

7—5605—1759—5

生产计划与供应链中的库存管理 / 赵启兰,刘

宏志主编. —北京：电子工业出版社,2003(物流与供应链管理系列)

7—5053—9131—3

第三方物流企业运作管理 / 丁力编著. —长沙：湖南科学技术出版社,2003(现代企业物流运作管理丛书)

7—5357—3647—5

现代物流运营管理 / 江超群,董威著. —广州：广东经济出版社,2003(现代物流运作与管理实务丛书)

7—80677—374—6

物流园区布局规划理论研究 / 张晓东著. —北京：中国物资出版社,2004

7—5047—2166—2

库存物流管理 / 孙明贵主编;李志远,金梅,李焱编著. —北京：中国社会科学出版社,2005(现代物流管理丛书)

7—5004—5378—7

现代仓储物流技术与装备 / 张晓川编著. —北京：化学工业出版社,2003(现代物流管理丛书)

7—5025—4723—1

现代物流网络系统的构建 / 王健著. —北京：科学出版社,2005(华夏英才基金学术文库)

7—03—015101—1

物流系统仿真原理与应用 / 张晓萍主编. —北京：中国物资出版社,2005

7—5047—2322—3

配送物流新趋势 / (意)M. Grazia Speranza,(瑞士)Paul Stahly 编;张耀平等译. —北京：清华大学出版社,2003(物流经典译丛)

7—302—06504—7

世界物流经典案例 / 牛鱼龙主编. —深圳：海天出版社,2003(现代物流实战丛书)

7—80654—901—3

中国农村物流／王新利著.—北京：中国农业出版社，2005

7—109—10423—0

中国物流交易模式理论／李学伟，曾建平，卢勃著.—北京：清华大学出版社，2004

7—81082—204—7

所有者财务论：对一个新财务范畴的探索／干胜道著.—成都：西南财经大学出版社，1998（当代财经文库）

7—81055—274—0

企业经济活动分析／朱健仪，苏淑欢主编.—3版.—广州：中山大学出版社，2005（高等院校财经类教材）

7—306—02462—0

高新技术产业与发展中地区跨越式发展／谷兴荣等著.—北京：经济科学出版社，2005（工业化反梯度推移理论研究丛书）

7—5058—5070—9

竞争情报与企业竞争力／郎诵真，王曰芬，朱晓峰编著.—北京：华夏出版社，2001（竞争情报丛书）

7—5080—2429—X

内部控制基本理论研究／刘金文著.—北京：中国财政经济出版社，2005（军事经济学院学术专著丛书）

7—5005—8117—3

公司治理学／李维安主编.—北京：高等教育出版社，2005（普通高等教育"十五"国家级规划教材；管理类专业主要课程教材）

7—04—016980—0

我国中小企业融资体系的研究／李丽霞，徐海俊，孟菲编著.—北京：科学出版社，2005（中小企业管理与发展丛书）

7—03—015069—4

公司治理：本土企业的解决方案／余颖等编著.—北京：经济科学出版社，2005

7—5058—4869—0

核心竞争力的动态管理／黄继刚著.—北京：经济管理出版社，2004

7—80162—817—9

创新工程学／陈文安主编.—上海：立信会计出版社，2000

7—5429—0804—9

中小企业融资新论／高正平著.—北京：中国金融出版社，2004

7—5049—3425—9

竞争优势：解剖与集合／马浩编.—北京：中信出版社，2004

7—5086—0316—8

内部控制学／李凤鸣著.—北京：北京大学出版社，2002（21世纪财经类大学基本用书）

7—301—05503—X

现代企业竞争战略：新的规则下的企业竞争／徐康宁编著.—南京：南京大学出版社，2001（21世纪企业发展战略丛书）

7—305—03778—8

目标管理与绩效考核／王忠宗主编.—广州：广东经济出版，2002（EMC卓越管理）

7—80677—208—1

企业形象策划／孙黎著.—北京：中国商业出版社，1996（策划家丛书）

7—5044—1912—5

知识管理原理：从传统管理迈向知识管理的理论与实践／林榕航著.—厦门：厦门大学出版社，2005（电子商务学系列教材）

7—5615—2315—7

企业万能：面向企业能力理论／（丹）尼古莱.

J. 福斯,克里斯第安·克努森编;李东红译.—大连:东北财经大学出版社,1998(顶级管理经典系列)

7—81044—341—0

智力型企业经营管理 / 汪纯孝等著.—广州:中山大学出版社,2001(服务性企业经营管理系列丛书)

7—306—01740—3

战略管理新论:观念架构与分析方法 / 司徒达贤著.—上海:复旦大学出版社,2003(复旦博学·经世系列)

7—309—03791—X

管理经济学 /（英）约翰·亚当斯,琳达·朱莉芙著;王德章,赵艳丽等译.—北京:中国人民大学出版社,2005(工商管理经典译丛·简明系列)

7—300—06451—5

变革 /（英）莉兹·克拉克著.—影印版.—北京:中国人民大学出版社,1998(工商管理精要系列)

7—300—02467—X

股票期权实证研究 / 刘园,李志群执行主编.—北京:中国财政经济出版社,2001(股票期权激励制度系列丛书)

7—5005—5283—1

知识管理理论与运作 / 叶茂林,刘宇,王斌著.—北京:社会科学文献出版社,2003(管理科学发展论丛)

7—80190—018—9

柔性战略的理论、分析方法及其应用 / 刘益,李垣,汪应洛著.—北京:中国人民大学出版社,2005(管理科学文库)

7—300—06564—3

公司再造 / 徐渊著.—上海:上海译文出版社,1997(管理前沿丛书)

7—5327—2002—0

知识与创新 /（美）多萝西·伦纳德·巴顿著;孟庆国,侯世昌译校.—北京:新华出版社,2000(哈佛精品文库)

7—5011—4738—8

再造竞争优势 / 张后启著.—合肥:中国科学技术大学出版社,2002(汉普管理前沿论丛)

7—312—01498—4

管理文化视角的企业战略 / 张阳,周海炜著.—上海:复旦大学出版社,2001(黄皮书系列)

7—309—02972—0

创新型企业文化 / 李桂荣著.—北京:经济管理出版社,2002(经济管理博士文库)

7—80162—457—2

企业委托代理制的比较分析:制衡机制与效率 / 何维达著.—北京:中国财政经济出版社,1999(经济学博士丛书)

7—5005—4002—7

竞争战略与竞争优势 / 胡鹏山编著.—北京:华夏出版社,2002(竞争情报丛书)

7—5080—2638—1

基于核心能力的企业竞争优势理论 / 郭斌著.—北京:科学出版社,2003(科技产业创新管理)

7—03—012354—9

企业价值评估与创造 / 张家伦著.—上海:立信会计出版社,2005(立信财经丛书)

7—5429—1492—8

企业蜕变 /（美）高哈特,凯利著;宋伟航译.—北京:经济管理出版社,1998(美国经营管理精粹)

7—80118—585—4

企业外部环境分析 / 席西民主编.—北京:高等教育出版社,2001(面向21世纪课程教材)

7—04—009423—1

经营风险与防范 / 尹平编著. —北京：经济科学出版社,1998(企业经营风险与防范丛书)

7—5058—1357—9

企业文化与学习型组织策划 / 赵光忠编著. —北京：中国经济出版社,2003(企业经营战略与专项策划丛书)

7—5017—5863—8

企业的异质性假设：对企业本质和行为的演化经济学解释 / 刘刚著. —北京：中国人民大学出版社,2005(企业理论丛书·企业理论文丛)

7—300—06910—X

企业家的企业理论 / 杨其静著. —北京：中国人民大学出版社,2005(企业理论文丛企业理论丛书)

7—300—06450—7

企业发展的知识分析 / 余光胜著. —上海：上海财经大学出版社,2000(企业新视野丛书)

7—81049—465—1

企业创新论 / 宋养琰,刘肖著. —上海：上海财经大学出版社,2002(企业新视野丛书)

7—81049—700—6

绩效体系设计：战略导向设计方案 / 徐伟,张建国编著. —北京：北京工业大学出版社,2003(人力资源管理新模式丛书)

7—5639—1188—X

企业社会责任研究 / 李立清,李燕凌著. —北京：人民出版社,2005(社会责任研究书系)

7—01—005085—6

企业文化资源：企业文化整合塑造 / 张云初,王清,张羽著. —深圳：海天出版社,2005(天时管理书系)

7—80697—372—9

现代企业文化 / 刘光明编著. —北京：经济管理出版社,2005(现代工商管理文库)

7—80207—394—4

企业文化概论 / 张仁德,霍洪喜主编. —天津：南开大学出版社,2001(现代管理书库)

7—310—01501—0

知识管理的 IT 实现：朴素的知识管理 / 王德禄著. —北京：电子工业出版社,2003(信息化经典书丛)

7—5053—8547—X

企业理论：现代观点 / 杨瑞龙主编. —北京：中国人民大学出版社,2005(研究生教学用书)

7—300—06968—1

执行 / 姜汝祥主讲. —北京：机械工业出版社,2005(有声书)

7—88709—001—6

市场竞争策略分析与最佳策略选择 / 余世维主讲. —北京：北京大学出版社,2004(余世维主讲)

7—301—06762—3

战略历程：纵览战略管理学派 / (美)亨利·明茨伯格,布鲁斯·阿尔斯特兰德,约瑟夫·兰佩尔著;刘瑞红,徐佳宾,郭武文译. —北京：机械工业出版社,2002(战略管理译丛)

7—111—09082—9

智力资本经营 / 李志能著. —上海：复旦大学出版社,2001(知识管理丛书)

7—309—02759—0

知识管理与组织创新 / 郁义鸿著. —上海：复旦大学出版社,2001(知识管理丛书)

7—309—02757—4

企业经济学 / 陈佳贵等编著. —北京：经济科学出版社,1998(中国社会科学院研究生院教材)

7—5058—1314—5

企业成长的机理分析 / 李政著. —北京：经济

科学出版社,2005(中青年经济学家文库)

 7—5058—5075—X

利用外资与产业竞争力 / 裴长洪著.—北京:
社会科学文献出版社,1998(资本运营丛书)

 7—80149—036—3

执行力:"没有执行力,就没有竞争力" /
(美)保罗·托马斯,大卫·伯恩著;白山译.—北
京:长安出版社,2003

 7—80175—060—8

企业基因重组:释放公司的价值潜力 / (荷)
约翰.C.奥瑞克,(美)吉利斯.J.琼克,罗伯特.E.
威伦著;高远洋等译.—北京:电子工业出版
社,2003

 7—5053—9082—1

企业外包模式 / (英)查尔斯·盖伊,詹姆斯·
艾辛格著;华经译.—北京:机械工业出版社,2003

 7—111—11564—3

变革之心 / (美)约翰.P.科特,丹.S.科恩著;
刘祥亚译.—北京:机械工业出版社,2003

 7—111—11638—0

创建柔性企业:如何保持竞争优势 / (荷)亨
克·傅博达著;项国鹏译.—北京:人民邮电出版
社,2005

 7—115—14111—8

**学习型组织新思维:创建学习型组织的系统
生态方法** / 邱昭良著.—北京:机械工业出版
社,2003

 7—111—11047—1

核心能力论:构筑企业与产业的国际竞争力 /
史东明著.—北京:北京大学出版社,2002

 7—301—05499—8

企业竞争论:竞争规则 / 彭绍仲著.—北京:
企业管理出版社,1998

 7—80001—991—8

企业持续发展之源:能力法则与策略应用 /
余伟萍著.—北京:清华大学出版社,2005

 7—81082—361—2

绿色和谐管理论:生态时代的管理哲学 / 黄
志斌著.—北京:中国社会科学出版社,2004

 7—5004—4272—6

**企业治理与企业创新:所有权、经营者与企业
创新相互关系的研究** / 夏冬著.—北京:经济管理
出版社,2005

 7—80207—314—6

**塑造企业文化的12大方略:文化力就是竞争
力** / 常智山编著.—北京:中国纺织出版社,2005

 7—5064—3126—2

**企业竞争情报管理:战胜竞争对手的秘密武
器** / 曾忠禄著.—广州:暨南大学出版社,2004

 7—81079—462—0

当代主流企业理论与企业管理 / 杨瑞龙主
编.—合肥:安徽大学出版社,1999

 7—81052—298—1

战略管理技术与方法 / 刘夏清编著.—长沙:
湖南人民出版社,2003

 7—5438—3380—8

企业危机系统管理 / 赵东著.—广州:华南理
工大学出版社,2005

 7—5623—2261—9

企业IT战略与决策 / 李伟,陈雄鹰编著.—北
京:机械工业出版社,2005

 7—111—17485—2

现代企业管理理论与实践的新发展 / 陈佳贵
主编.—北京:经济管理出版社,1998

 7—80118—657—5

企业行为与政府规制 / 陈富良,万卫红著.—
北京:经济管理出版社,2001

7—80162—187—5

企业创新论 / 杨洁著. —北京: 经济管理出版社, 1999

7—80118—793—8

核心竞争力与企业创新 / 卢福财主编. —北京: 经济管理出版社, 2002

7—80162—540—4

现代企业管理新论 / 彭璧玉著. —北京: 经济科学出版社, 2001

7—5058—2683—2

内部控制设计与运行 / 赵保卿著. —北京: 经济科学出版社, 2005

7—5058—4909—3

企业发展动力论 / 李柏洲著. —北京: 经济日报出版社, 2005

7—80180—416—3

论企业创新 / 罗崇敏著. —北京: 经济日报出版社, 2002

7—80127—983—2

企业生态学引论 / 杨忠直著. —北京: 科学出版社, 2003

7—03—010811—6

现代企业内部控制系统 / 郑石桥, 周永麟, 刘华编著. —上海: 立信会计出版社, 2000

7—5429—0782—4

企业价值评估与价值增长 / 李麟, 李骥著. —北京: 民主与建设出版社, 2001

7—80112—360—3

新世纪中国企业文化 / 华锐编著. —北京: 企业管理出版社, 2000

7—80147—359—0

现代企业文化 / 陈亭楠编著. —北京: 企业管理出版社, 2003

7—80147—855—X

企业仿生学 / 韩福荣, 徐艳梅主编. —北京: 企业管理出版社, 2002

7—80147—621—2

知识管理与企业创新 / 尤克强著. —北京: 清华大学出版社, 2003

7—302—07210—8

企业内部控制制度设计 / 朱荣恩, 应唯, 袁敏编著. —上海: 上海财经大学出版社, 2005

7—81098—379—2

现代企业激励机制 / 刘志远, 林云著. —上海: 上海人民出版社, 1997

7—208—02537—1

企业管理的文化阶梯 / 黎永泰, 黎伟著. —成都: 四川人民出版社, 2003

7—220—06376—8

企业竞争优势 / 李世成著. —北京: 台海出版社, 2005

7—80141—399—7

现代企业文化新论 / 戴钢书编著. —武汉: 武汉大学出版社, 2002

7—307—03699—1

现代企业活力理论与评价 / 李维安等著. —北京: 中国财政经济出版社, 2002

7—5005—5351—X

集团公司运作机制 / 裴中阳著. —北京: 中国经济出版社, 1998

7—5017—2115—7

企业知识管理 / 汪克强, 古继宝著. —合肥: 中国科学技术大学出版社, 2005

7—312—01829—7

走向柔性管理 / 冯周卓著. —北京：中国社会科学出版社, 2003
7—5004—3837—0

制度视野中的企业文化 / 阎世平著. —北京：中国时代经济出版社, 2003
7—80169—428—7

企业评价创新：集成化供应链绩效及其评价 / 霍佳震著. —石家庄：河北人民出版社, 2001（现代企业管理新论）
7—202—02882—4

企业经营业绩评价 / 杜胜利著. —北京：经济科学出版社, 1999
7—5058—1766—3

企业战略经营业绩评价指标体系研究 / 张蕊著. —北京：中国财政经济出版社, 2002
7—5005—5673—X

企业绩效评估与效率分析 / 李双杰著. —北京：中国社会科学出版社, 2005
7—5004—5102—4

企业信息化与先进管理模式 / 田也壮等著. —北京：科学出版社, 2005（863 现代集成制造系统技术丛书）
7—03—014420—1

ERP 制造与财务管理 / 吕文清著. —广州：广东经济出版社, 2003（ERP 系列丛书）
7—80677—416—5

企业数据仓库规划建立与实现 / （美）Eric Sperley 著；陈武, 袁国忠译. —北京：人民邮电出版社, 2000（计算机技术译林精选系列）
7—115—08601—X

信息技术革命与企业组织创新 / 丁宁著. —北京：经济管理出版社, 2001（辽宁大学工商管理学院文库）
7—80162—014—3

企业信息化工程 / 张旭梅, 但斌, 刘飞编著. —北京：科学出版社, 2003（企业信息化之路丛书）
7—03—011508—2

企业信息管理学 / 司有和编著. —北京：科学出版社, 2003（企业信息化之路丛书）
7—03—011198—2

企业信息化咨询 / 丁秋林著. —北京：华夏出版社, 2003（生产力促进丛书）
7—5080—2868—6

现代企业的信息经济性分析：正在兴起的管理变革 / 郑英隆著. —广州：广东人民出版社, 2000（现代企业与市场研究丛书）
7—218—03352—0

生存之路：计算机技术引发的全新经营革命 / （美）詹姆斯·迈天著；李东贤等译. —北京：清华大学出版社, 1997
7—302—02671—8

21 世纪的决策支持系统 / （美）George M. Marakas 著；朱岩, 肖勇波译. —北京：清华大学出版社, 2002
7—302—05765—6

现代企业信息化管理：ERP / eBusiness 及其实践 / 姚宝根编著. —上海：上海大学出版社, 2001
7—81058—342—5

我国 ERP 系统实施应用问题研究：来自国内已实施企业的经验数据分析 / 饶艳超著. —上海：上海财经大学出版社, 2005
7—81098—456—X

虚拟团队管理：理论基础、运行机制与实证研究 / 何瑛著. —北京：经济管理出版社, 2003
7—80162—700—8

企业信息系统安全：威胁与对策 / 林东岱, 曹天杰等编著. —北京：电子工业出版社, 2004
7—5053—9487—8

ERP 项目管理与实施 / 胡彬主编. —北京：电子工业出版社,2004

7—5053—9735—4

ERP 系统企业模型构造 / 陆祥瑞编著. —北京：电子工业出版社,2005

7—121—01183—2

SAP 程序设计 / 黄佳编著. —北京：机械工业出版社,2005

7—111—15935—7

企业信息化的基础理论与评价方法 / 梁滨著. —北京：科学出版社,2000

7—03—008515—9

基于价值链的企业流程再造与信息集成 / 王田苗,胡耀光编著. —北京：清华大学出版社,2002

7—302—05585—8

高维稀疏聚类知识发现 / 武森等著. —北京：冶金工业出版社,2003

7—5024—3134—9

网络经济与管理变革 / 董艳玲著. —北京：中共中央党校出版社,2002

7—5035—2584—3

义利共生论 / 欧阳润平著. —长沙：湖南教育出版社,2000(博士论丛)

7—5355—3167—9

跨文化企业管理心理学 / 严文华,宋继文,石文典编著. —大连：东北财经大学出版社,2000(管理与经济心理学丛书)

7—81044—779—3

企业社会责任的经济学与法学分析 / 卢代富著. —北京：法律出版社,2002(经济法博士精品文库)

7—5036—3851—6

公司文化 / 谭伟东编著. —北京：经济日报出版社,1997(现代工商管理丛书)

7—80127—306—0

企业伦理学 / 周祖城编著. —北京：清华大学出版社,2005(新坐标管理系列精品课程)

7—302—11097—2

企业伦理学：企业决策者成功通道 / 千高原编著. —北京：中国纺织出版社,2000

7—5064—1779—0

管理与伦理 / 周祖城著. —北京：清华大学出版社,2000

7—302—03923—2

东西方文化与企业管理 / 赵曙明著. —北京：中国人事出版社,1995

7—80076—767—1

中国企业电子商务发展战略 / 姚国章编著. —北京：北京大学出版社,2001

7—301—02451—7

企业的经济性质 / (美)路易斯·普特曼,兰德尔·克罗茨纳编；孙经纬译. —上海：上海财经大学出版社,2000(经济学术译丛)

7—81049—418—X

国有公司产权结构与治理结构 / 何玉长著. —上海：上海财经大学出版社,1997(财经学术文库)

7—81049—171—7

现代公司制的产权关系和治理结构研究 / 刘灿著. —成都：西南财经大学出版社,1996(当代财经文库)

7—81055—109—4

外资并购行为与政府规制 / 刘恒著. —北京：法律出版社,2000(对外贸易经济合作专家指导丛书)

7—5036—3227—5

股份制企业兼并与收购 / 彭进军编著. —北

京：中国人民大学出版社,1999(股份制企业运作丛书)

　　7—300—02830—6

　　现代企业制度概论 / 刘明慧主编. —北京：中国财政经济出版社,2005(国有资产监督管理系列教材)

　　7—5005—7862—8

　　企业规模经济与范围经济：工业资本主义的原动力 / (美)小艾尔弗雷德. D. 钱德勒著；张逸人等译. —北京：中国社会科学出版社,1999(哈佛剑桥经济学著作译丛)

　　7—5004—2326—8

　　股权结构论 / 王斌著. —北京：中国财政经济出版社,2001(会计学博士论丛)

　　7—5005—5377—3

　　企业产权契约与公司治理结构：演进与创新 / 郭金林著. —北京：经济管理出版社,2002(经济管理博士文库)

　　7—80162—481—5

　　转型与经济学 / (比)热若尔·罗兰著；张帆,潘佐红译. —北京：北京大学出版社,2002(经济科学译丛)

　　7—301—05581—1

　　公司并购理论与实践 / 李光荣著. —北京：中国金融出版社,2002(特华文库)

　　7—5049—2821—6

　　管理者收购：MBO 从经理到股东 / 王巍等著. —北京：中国人民大学出版社,1999(万盟丛书)

　　7—300—03348—2

　　企业内部控制制度 / 虞文钧著. —上海：上海财经大学出版社,2001(现代经营书系)

　　7—81049—544—5

　　现代企业产权制度 / 杨瑞龙著. —北京：中国

人民大学出版社,1996(现代企业制度系列教材)

　　7—300—02166—2

　　并购价值评估：非上市并购企业价值创造和计算 / (美)弗兰克. C. 埃文斯,大卫. M. 毕晓普著；郭瑛英译. —北京：机械工业出版社,2003(新华信管理丛书)

　　7—111—12428—6

　　企业并购整合：基于企业能力论的一个综合性理论分析框架 / 王长征著. —武汉：武汉大学出版社,2002(营销管理前沿丛书)

　　7—307—03444—1

　　当代企业组织研究：管理变革与创新 / 邱国栋著. —北京：经济科学出版社,2003

　　7—5058—3720—6

　　企业购并战略新思维：基于核心能力的企业购并与整合管理模式 / 魏江等著. —北京：科学出版社,2002

　　7—03—010452—8

　　企业并购整合问题研究：面向核心竞争能力提升的并购后整合分析 / 姚水洪著. —北京：中国经济出版社,2005

　　7—5017—7142—1

　　规模经济论：企业购并中的规模经济研究 / 乔梁著. —北京：对外经济贸易大学出版社,2000

　　7—81000—984—2

　　购并经济学：前沿问题研究 / 包明华著. —北京：中国经济出版社,2005

　　7—5017—1911—X

　　企业兼并与收购 / 张秋生,王东编著. —北京：北方交通大学出版社,2001

　　7—81082—007—9

　　企业进化机制研究 / 李朝霞著. —北京：北京图书馆出版社,2001

　　7—5013—1798—4

企业兼并论 / 龚维敬著. —上海：复旦大学出版社,1996

7—309—01641—6

并购企业知识资本协同理论研究 / 郭俊华著. —上海：华东师范大学出版社,2005

7—5617—4083—2

企业并购的风险管理 / 胥朝阳著. —北京：中国经济出版社,2004

7—5017—6595—2

并购重组：企业发展的必由之路 / 李荣融主编；国务院国有资产监督管理委员会,联合国工业发展组织编. —北京：中国财政经济出版社,2004

7—5005—7097—X

公司战略教程 / (英)格里·约翰逊,凯万·斯科尔斯著；金占明,贾秀梅译. —3 版. —北京：华夏出版社,1998(MBA 经典教材)

7—5080—1500—2

竞争大未来：企业发展战略 / (美)加里·哈梅尔,C. K. 普拉哈拉德著；王振西主译. —北京：昆仑出版社,1998

7—80040—307—6

薪酬管理：经济学与管理学视觉的耦合分析 / 孙剑平著. —长春：吉林人民出版社,2000

7—206—03268—0

情报制胜：企业竞争情报 / 王煜全, Aroop Zutshi编著. —北京：科学出版社,2004

7—03—011917—7

企业经营分析与效绩评价 / 高立法,冯腾达主编. —北京：经济管理出版社,2001

7—80162—091—7

中国企业统计理论研究 / 王艳明,杨海山著. —北京：中国统计出版社,2003

7—5037—4008—6

企业风险管理：整合框架 / (美)COSO 制定发布；方红星,王宏译. —大连：东北财经大学出版社,2005(公司法理·内部控制前沿译丛)

7—81084—725—2

企业集团管理决策的数理分析 / 盛昭瀚,肖条军著. —北京：机械工业出版社,2002(企业集团管理研究丛书)

7—111—10195—2

风险、不确定性和利润 / (美)富兰克. H. 奈特著；王宇,王文玉译. —北京：中国人民大学出版社,2005

7—300—06852—9

现代企业经营决策：博弈论方法应用 / 雷霖,刘倩著. —北京：清华大学出版社,1999

7—302—03669—1

风险管理学 / 阎春宁编著. —上海：上海大学出版社,2002

7—81058—334—4

企业绩效评价研究 / 张涛,文新三著. —北京：经济科学出版社,2002

7—5058—3261—1

EVA 业绩评价体系研究 / 张纯著. —北京：中国财政经济出版社,2003

7—5005—6937—8

薪酬福利管理 / 刘昕编著. —北京：对外经济贸易大学出版社,2003(CHRP 注册人力资源管理师指定培训教材；CHRP 注册人力资源管理师职业资格认证项目指定培训教材)

7—81078—278—9

组织设计与管理 / 许玉林主编. —上海：复旦大学出版社,2003(复旦博学·21 世纪人力资源管理丛书)

7—309—03721—9

组织发展与变革 / (美)托马斯·卡明斯,克

里斯托弗·沃里著;李剑锋等译.—北京:清华大学出版社,2003(工商管理经典译丛·战略与组织管理系列)

7—302—06294—3

组织理论与设计 / (美)理查德.L.达夫特著;王凤彬,张秀萍等译.—北京:清华大学出版社,2003(工商管理经典译丛·战略与组织管理系列)

7—302—06106—8

企业组织结构研究 / 胡雄飞著.—上海:立信会计出版社,1996(经济学者文库)

7—5429—0445—0

企业组织冲突管理 / 邱益中著.—上海:上海财经大学出版社,1998(现代企业管理前沿问题研究丛书)

7—81049—260—8

组织设计与人力资源战略管理 / 赵慧英,林泽炎编著.—广州:广东经济出版社,2003(现代企业人力资源管理核心技术与操作方案丛书)

7—80677—352—5

人力资本与企业制度创新 / 胡静林著.—北京:经济科学出版社,2001(中青年经济学家文库)

7—5058—2612—3

战略中心型组织:如何利用平衡记分卡使企业在新的商业环境中保持繁荣 / (美)罗伯特.S.卡普兰,大卫.P.诺顿著;周大勇等译.—北京:人民邮电出版社,2004

7—115—11895—7

管理中的组织认同:理论建构及对转型期中国国有企业的实证分析 / 王彦斌著.—北京:人民出版社,2004

7—01—004629—8

企业组织变革管理:实现卓越绩效的途径 / 焦叔斌著.—北京:中国人民大学出版社,2003

7—300—04703—3

基金治理结构:一个分析框架及其对中国问题的解释 / 李建国著.—北京:中国社会科学出版社,2003

7—5004—3824—9

行动学习:再造企业优势的秘密武器 / 张鼎昆著.—北京:机械工业出版社,2005

7—111—16448—2

网络组织:组织发展新趋势 / 李维安等著.—北京:经济科学出版社,2003

7—5058—3472—X

企业组织创新研究 / 张钢著.—北京:科学出版社,2000

7—03—008137—4

企业内部控制制度设计 / 王世定主编.—北京:企业管理出版社,2001

7—80147—538—0

企业组织的经济学分析 / 林金忠著.—北京:商务印书馆,2004

7—100—04207—0

企业发展的组织资源能力研究 / 黄汉民著.—北京:中国财政经济出版社,2003

7—5005—6518—6

企业网络论 / 刘东等著.—北京:中国人民大学出版社,2003

7—300—05359—9

管理者能力评价与发展 / 彭剑锋,刘军,张成露著.—北京:中国人民大学出版社,2005(和君创业管理文库人力资源管理专业技能系列)

7—300—06485—X

企业激励制度 / 支晓强,蒋顺才著.—北京:中国人民大学出版社,2004(财务总监丛书)

7—300—05357—2

管理核心员工的艺术 / 孙健著.—北京:企业

管理出版社,2003(管理新视野文库人力资源卷)

　　7—80147—871—1

人事管理经济学 / (美)爱德华·拉齐尔著;
刘昕译. —北京:三联书店,2000(经济科学译丛)

　　7—108—01408—4

人力资源主管绩效管理方法 / 郝忠胜,李虹编
著. —北京:中国经济出版社,2003(企业绩效管理
方法丛书)

　　7—5017—5802—6

人力资源的量化管理 / 杨剑,白云,朱晓红编
著. —北京:中国纺织出版社,2002(人力资源管理
丛书)

　　7—5064—2447—9

目标导向的绩效考评 / 杨剑,白云,郑蓓莉编
著. —北京:中国纺织出版社,2002(人力资源管理
丛书)

　　7—5064—2446—0

薪酬体系设计:结构化设计方法 / 张建国
编. —北京:北京工业大学出版社,2003(人力资源
管理新模式丛书)

　　7—5639—1187—1

目标与绩效管理 / 冉斌编著. —深圳:海天出
版社,2002(思创人力资源管理丛书)

　　7—80654—819—X

现代企业中的人力资源管理 / 王一江,孔繁敏
著. —上海:上海人民出版社,1998(现代经济学管
理学教科书系列)

　　7—208—02799—4

企业人力资源开发与管理创新 / 谢晋宇,吴国
存,李新建编著. —北京:经济管理出版社,2000
(现代企业人力资源管理丛书)

　　7—80162—028—3

企业人力资本投资 / 吴国存主编. —北京:经
济管理出版社,1999(现代企业人力资源管理丛书)

　　7—80118—824—1

企业雇员薪酬福利 / 李新建编著. —北京:经
济管理出版社,1999(现代企业人力资源管理丛书)

　　7—80118—797—0

企业激励论 / 郑国铎著. —北京:经济管理出
版社,2002(中国企业走向国际市场研究丛书)

　　7—80162—388—6

薪酬构架原理与技术 / 王长城等编著. —北
京:中国经济出版社,2003(卓越薪酬管理与设计
丛书)

　　7—5017—5814—X

企业薪酬体系设计与实施 / (英)理查德·索
普,吉尔·霍曼主编;姜红玲等译. —北京:电子工
业出版社,2003

　　7—5053—8552—6

制造忠诚与执行:用蝴蝶效应煽动你的员工 /
(美)加罗·金赛·高曼著;李颖译. —长沙:湖南
科学技术出版社,2005

　　7—5357—4254—8

情感管理:高效的用人之道 / 赵翔安编著. —
北京:中国纺织出版社,2005

　　7—5064—3182—3

经营者激励:理论、方案与机制 / 程国平
著. —北京:经济管理出版社,2002

　　7—80162—299—5

企业家报酬的决定:理论与实证研究 / 张正
堂著. —北京:经济管理出版社,2003

　　7—80162—546—3

**人力资本运营:新经济时代企业经营战略与
致胜方略** / 李宝元著. —北京:企业管理出版
社,2001

　　7—80147—592—5

战略人力资源管理 / 颜士梅著. —北京:经济

管理出版社,2003

7—80162—660—5

人力资本投资风险 / 王爱华著. —北京：经济管理出版社,2005

7—80207—372—3

战略与战略性绩效管理 / 方振邦著. —北京：经济科学出版社,2005

7—5058—4890—9

现代企业人力资源管理学 / 王先玉,王建业,邓少华著. —北京：经济科学出版社,2003

7—5058—3372—3

企业人力资本产权理论研究 / 郑兴山,唐元虎著. —上海：上海社会科学院出版社,2003

7—80681—189—3

企业绩效的人力资源整合 / 罗瑾琏著. —上海：同济大学出版社,2000

7—5608—2183—9

绩效管理制度设计 / 侯坤著. —北京：中国工人出版社,2004

7—5008—3249—4

经营者薪酬激励制度研究 / 朱克江著. —北京：中国经济出版社,2002

7—5017—5756—9

绩效考核制度与设计 / 刘颖,杨文堂编著. —北京：中国经济出版社,2005

7—5017—1099—6

现代企业人力资源管理设计 / 林玳玳,袁伦渠,赵祥宇著. —北京：中国劳动社会保障出版社,2003

7—5045—3961—9

薪酬设计与管理策略 / 王凌峰编著. —北京：中国时代经济出版社,2005

7—80169—660—3

流程再造 / 王璞,曹叠峰编. —北京：中信出版社,2005(北大纵横管理咨询系列)

7—5086—0498—9

企业业务流程设计与再造 / 周妮等编. —北京：中国纺织出版社,2005

7—5064—3264—1

企业技术创新的系统分析与评价 / 阎军印,孙班军等编著. —北京：中国财政经济出版社,2002(21世纪管理新视点书系)

7—5005—5964—X

企业技术创新论 / 程工著. —上海：上海财经大学出版社,2005(博士文苑)

7—81098—265—6

企业持续技术创新的结构 / 夏保华著. —沈阳：东北大学出版社,2001(东北大学技术哲学博士文库)

7—81054—607—4

技术创新与制度结构 / 王大洲著. —沈阳：东北大学出版社,2001(东北大学技术哲学博士文库)

7—81054—598—1

技术创新的战略管理 / (美)希林著；谢伟,王毅译. —北京：清华大学出版社,2005(工商管理优秀教材译丛·管理学系列)

7—302—10781—5

从模仿到创新：韩国技术学习的动力 / (韩)金麟洙著；刘小梅,刘鸿基译. —北京：新华出版社,1998(哈佛精品文库)

7—5011—4052—9

中国企业技术创新分析 / 高建著. —北京：清华大学出版社,1997(技术创新丛书)

7—302—02530—4

技术创新与企业竞争 / 赵刚等编著. —北京：华夏出版社,2003(竞争情报丛书)

7—5080—2917—8

产业共性技术供给体系 / 李纪珍编著.—北京：中国金融出版社,2004(清华大学技术创新研究中心技术创新战略与管理丛书)

　　7—5049—3418—6

创造创新方略 / 张武城主编；张武城等编著.—北京：机械工业出版社,2005

　　7—111—16113—0

合作技术创新：大学与企业合作的理论和实证 / 郭晓川著.—北京：经济管理出版社,2001

　　7—80162—141—7

企业技术创新管理 / 柳卸林著.—北京：科学技术文献出版社,1997

　　7—5023—2943—9

技术创新扩散理论与模型 / 康凯著.—天津：天津大学出版社,2004

　　7—5618—1944—7

企业技术创新论 / 刘友金著.—北京：中国经济出版社,2001

　　7—5017—1781—8

品牌管理 / 陈祝平著.—北京：中国发展出版社,2005(高等院校经济管理教材)

　　7—80087—803—1

品牌科学化研究 / 马谋超主编.—北京：中国市场出版社,2005(龙媒广告选书)

　　7—80155—835—9

现代质量管理学 / 龚益鸣主编.—北京：清华大学出版社,2003(现代管理系列教材)

　　7—302—06842—9

产品数据管理(PDM)技术 / 童秉枢,李建明主编.—北京：清华大学出版社,2000(现代集成制造系统(CIMS)系列)

　　7—302—04005—2

项目质量管理 / 赵涛,潘欣鹏主编.—北京：中国纺织出版社,2005(项目管理实务丛书)

　　7—5064—3378—8

质量改进的策划与实施：含试验设计及田口方法 / 王毓芳,肖诗唐主编.—北京：中国经济出版社,2005(质量管理体系中统计技术应用指导与培训教材)

　　7—5017—7106—5

质量机能展开 / 熊伟著.—北京：化学工业出版社,2005(卓越质量丛书)

　　7—5025—6685—6

故障模式影响分析：MEA 从理论到实践 / (美)D. H. Stamatis 著；陈晓彤,姚绍华译.—北京：国防工业出版社,2005

　　7—118—03827—X

新产品开发流程管理 / (加)罗伯特.G.库柏著；刘崇献,刘延译.—北京：机械工业出版社,2003

　　7—111—10995—3

质量管理创新 / 周朝琦,侯龙文主编.—北京：经济管理出版社,2000

　　7—80118—867—5

品牌竞争力研究 / 许基南著.—北京：经济管理出版社,2005

　　7—80207—438—X

品牌运营论 / 刘凤军著.—北京：经济科学出版社,2000

　　7—5058—2173—3

品牌经济学 / 孙曰瑶著.—北京：经济科学出版社,2005

　　7—5058—4985—9

六西格玛管理质疑 / 宋祥彦著.—青岛：青岛出版社,2005

　　7—5436—3107—5

品牌传播学 / 余明阳,朱纪达,肖俊崧著. —上海：上海交通大学出版社,2004

7—313—03868—2

质量管理及其技术和方法 / 郎志正著. —北京：中国标准出版社,2003

7—5066—3225—X

现代质量管理学 / 张公绪主编. —北京：中国财政经济出版社,1999

7—5005—4174—0

名牌战略的理论与实践 / 杨欢进,何海燕,焦士玲等著. —北京：中国经济出版社,2000

7—5017—0805—3

多元质量控制 / 钱仲候等编. —北京：中国铁道出版社,1995

7—113—02080—1

基于供应链的企业物流管理：战略与方法 / 马士华编著. —北京：科学出版社,2005（863 现代集成制造系统技术丛书）

7—03—014491—0

企业无形资产管理 / 王维平主编. —北京：北京大学出版社,2003（高等学校管理学教材）

7—301—06008—4

现代企业设备管理 / 胡先荣主编. —2 版. —北京：机械工业出版社,1998（全国企业管理干部培训系列教材）

7—111—06390—2

规范化的设备点检体系 / 张孝桐,孙金城,李葆文等编著. —北京：机械工业出版社,2005（全面规范化生产维护（TnPM）丛书）

7—111—17411—9

现代物流与供应链管理 / 冯耕中主编. —西安：西安交通大学出版社,2003（现代物流管理系列丛书）

7—5605—1760—9

物流外包与管理 / 王淑云,孟祥茹等编著. —大连：东北财经大学出版社,2005（最新现代高等物流教育系列）

7—81084—719—8

无形资产评估 / 余恕莲主编. —北京：对外经济贸易大学出版社,2003

7—81078—225—8

动态物流联盟系统规划技术研究 / 余福茂,肖亮著. —北京：航空工业出版社,2005

7—80183—695—2

现代设备管理 / 沈永刚编. —北京：机械工业出版社,2003

7—111—11262—8

物流外包的理论与应用 / 王淑云著. —北京：人民交通出版社,2004

7—114—05257—X

设备管理工程 / 巫世晶主编. —北京：中国电力出版社,2005

7—5083—2994—5

企业资产管理系统（EAM）设计与实施 / 信江艳,董杰,陈代川编著. —北京：中国铁道出版社,2005

7—113—06539—2

企业动态联盟 / 贾平著. —北京：经济管理出版社,2003（管理学专题研究丛书）

7—80162—612—5

合作竞争大未来 / （美）尼尔·瑞克曼等著；苏怡仲译. —北京：经济管理出版社,1998（美国经营管理精粹）

7—80118—584—6

企业合作创新理论研究 / 罗炜著. —上海：复旦大学出版社,2002（上海市社会科学博士文库）

7—309—03412—0

灵捷竞争者与虚拟组织／（美）史蒂文. L. 戈德曼,罗杰. N. 内格尔,肯尼思·普瑞斯著;杨开峰等译.—沈阳:辽宁教育出版社,1998(万国精品)

7—5382—5203—7

企业战略联盟研究:一个新型产业组织的典型分析／任剑新著.—北京:中国财政经济出版社,2003(中南财经政法大学学术文库)

7—5005—6931—9

全球企业战略联盟:模式与案例／（美）雷费克·卡尔潘著;吴刚,（美）李海容译.—北京:冶金工业出版社,2003

7—5024—3231—0

战略合作经济学:网络时代的企业生存法则／杨农著.—北京:中国财政经济出版社,2004

7—5005—7427—4

虚拟企业与策略联盟／张承耀著.—北京:经济管理出版社,2004

7—80162—764—4

实时的客户关系管理／（美）格林伯格著;王敏,刘祥亚译.—北京:机械工业出版社,2002（GRM 经典译丛）

7—111—09652—5

客户价值评价、建模及决策／齐佳音,舒华英著.—北京:北京邮电大学出版社,2005(电信客户价值系列丛书)

7—5635—0896—1

分销链管理:分销渠道的设计、控制和管理创新／张继焦,葛存山,帅建淮编著.—北京:中国物价出版社,2002(价值链管理书系)

7—80155—382—9

竞争对手分析／包昌火等编著.—北京:华夏出版社,2003(竞争情报丛书)

7—5080—3031—1

核心竞争力与资源整合策划／赵光忠编著.—

北京:中国经济出版社,2003(企业经营战略与专项策划丛书)

7—5017—5859—X

供应链管理与第三方物流策划／董蕊编著.—北京:中国经济出版社,2003(企业经营战略与专项策划丛书)

7—5017—5864—6

采购管理／沈小静编著.—北京:中国物资出版社,2003(现代采购技术丛书)

7—5047—1947—1

现代物流管理学／胡怀邦等主编.—广州:中山大学出版社,2001(现代物流管理丛书)

7—306—01844—2

供应链管理原理／孙元欣主编.—上海:上海财经大学出版社,2003(新世纪物流管理专业系列教材)

7—81098—015—7

市场竞争和竞争情报／缪其浩主编;北京科技情报学会等编.—北京:军事医学科学出版社,1996

7—80121—000—X

网际时代的供应链管理／（英）安德鲁·伯杰,（澳）约翰·加托纳著;马士华,游知译.—北京:电子工业出版社,2002

7—5053—7383—8

核心竞争力与企业家文化:支撑企业运营的两大支柱／朱国春著.—北京:中国物资出版社,2003

7—5047—1850—5

供应链管理与信息技术／宋远方著.—北京:经济科学出版社,2000

7—5058—2177—6

营销竞争力／杨保军编著.—北京:清华大学出版社,2005

7—302—10051—9

中国企业 CRM 实施 / 管政,魏冠明著.—北京:人民邮电出版社,2003
7—115—11069—7

客户关系管理与数据挖掘 / 朱爱群编著.—北京:中国财政经济出版社,2001(21 世纪高等院校电子商务试用教材)
7—5005—5235—1

企业财务学 / 王斌主编.—北京:经济科学出版社,1998(北京商学院会计系列教材)
7—5058—1501—6

财务管理与政策 / (美)詹姆斯.C.范霍恩著;刘志远主译.—大连:东北财经大学出版社,2000(财务管理经典译丛)
7—81044—697—5

财务治理:结构、机制与行为研究 / 林钟高,王锴,章铁生著.—北京:经济管理出版社,2005(财务理论专题研究丛书)
7—80207—000—7

公司财务治理论 / 衣龙新著.—北京:清华大学出版社,2005(发展财务论丛书)
7—302—09994—4

财务管理机制论 / 刘俊彦著.—北京:中国财政经济出版社,2002(会计新视野丛书)
7—5005—5660—8

竞争财务论 / 冯巧根著.—上海:立信会计出版社,2001(经济学者文库)
7—5429—0918—5

财务管理学 / 竺素娥主编.—上海:立信会计出版社,2005(立信会计丛书)
7—5429—1394—8

现代企业无形资产价值管理研究 / 苑泽明著.—大连:东北财经大学出版社,2001(三友会计论丛)
7—81044—830—7

现代全面预算管理 / 侯龙文,侯岩,何瑛编著.—北京:经济管理出版社,2005(现代工商管理文库)
7—80207—354—5

风险基础财务管理研究 / 张敦力著.—北京:中国财政经济出版社,2002(中南财经政法大学学术文库)
7—5005—6021—4

公司理财:精要版 / (美)斯蒂芬.A.罗斯,伦道夫.W.威斯特菲尔德,布拉德福德.D.乔丹著;方红星译.—北京:机械工业出版社,2004
7—111—14657—3

公司财务理论主流 / 沈艺峰,沈洪涛著.—大连:东北财经大学出版社,2004
7—81084—345—1

全面预算管理 / 付永水,秦中甫著.—北京:经济科学出版社,2005
7—5058—4791—0

全面预算管理 / 史习民主编.—上海:立信会计出版社,2003
7—5429—1131—7

企业资信评级 / 萧维著.—北京:中国财政经济出版社,2005
7—5005—8132—7

财务管理理论探索 / 王庆成著.—北京:中国人民大学出版社,1999
7—300—02945—0

企业财务危机预警方法及系统的构建研究 / 刘红霞著.—北京:中国统计出版社,2005
7—5037—4754—4

企业融资研究 / 王宁著.—大连:东北财经大

学出版社,2002(当代经济前沿文库)

7—81084—106—8

现代财务经济导论：产权、信息与社会资本分析 / 伍中信著.—上海：立信会计出版社,1999(立信财务管理丛书)

7—5429—0646—1

现代企业投资决策管理 / 程兴华编著.—上海：立信会计出版社,1997(立信财务管理丛书)

7—5429—0458—2

区位决策 / 魏后凯,罗仲伟编著.—广州：广东经济出版社,1998(现代企业全球战略丛书)

7—80632—298—1

企业融资效率分析 / 卢福财著.—北京：经济管理出版社,2001

7—80162—062—3

资本经营财务概论 / 伍中信著.—成都：西南财经大学出版社,2002

7—81055—902—8

企业融资结构理论研究 / 郭树华著.—北京：中国社会科学出版社,1999

7—5004—2589—9

企业环境会计研究 / 李永臣著.—北京：中国人民大学出版社,2005(财会文库)

7—300—07020—5

无形资产会计 / 于长春著.—上海：立信会计出版社,1999(立信会计丛书)

7—5429—0675—5

智力资本会计研究 / 谭劲松著.—北京：中国财政经济出版社,2001(中山大学会计论丛)

7—5005—5634—9

基于价值管理的管理会计：案例研究 / 潘飞等编著.—北京：清华大学出版社,2005

7—302—11879—5

企业财务分析与业绩评价 / 冯丽霞著.—长沙：湖南人民出版社,2002

7—5438—2847—2

现代财务分析 / 张先治,韩季瀛著.—北京：中国财政经济出版社,2003

7—5005—6570—4

成本管理学 / 孙茂竹,姚岳主编.—北京：中国人民大学出版社,2003(21世纪财务管理系列教材)

7—300—04580—4

企业战略成本管理研究 / 陈轲著.—北京：中国财政经济出版社,2001(会计学博士论丛)

7—5005—5445—1

项目估算与成本管理 / (美)帕维兹·拉德著；北京广联达慧中软件技术有限公司译.—北京：机械工业出版社,2005(项目管理经典译丛)

7—111—15619—6

企业成本控制技术 / 赵权主编.—广州：广东经济出版社,2003

7—80677—506—4

战略成本管理 / 夏宽云编著.—上海：立信会计出版社,2000

7—5429—0705—0

现代成本管理论 / 陈胜群著.—北京：中国人民大学出版社,1998

7—300—02640—0

现代企业成本控制战略研究 / 焦跃华著.—北京：经济科学出版社,2001

7—5058—2746—4

人力资本与收入分配机制 / 秦兴方著.—北京：经济科学出版社,2003

7—5058—3835—0

中西方企业财务管理比较研究 / 汤业国著.—

北京：中国人民大学出版社,1998

　　7—300—02590—0

财务战略：着重周期性因素影响的分析 / 魏明海等著.—北京：中国财政经济出版社,2001（中山大学会计论丛）

　　7—5005—5422—2

现代经济社会的中介系统 / 陈兴祖,李好好,邵中坚著.—北京：国防工业出版社,1995（科技·经济·管理丛书）

　　7—118—01418—4

市场中介组织研究 / 宋光华主编.—北京：经济管理出版社,1997（社会主义市场经济丛书）

　　7—80118—294—4

信息产业概论 / 张燕飞,严红编著.—武汉：武汉大学出版社,1998

　　7—307—02632—5

大企业定位国际竞争力 / 王忠明等著.—北京：中国财政经济出版社,2002

　　7—5005—5732—9

大企业持续发展 / 殷建平编著.—上海：上海财经大学出版社,1999（现代企业管理前沿问题研究丛书）

　　7—81049—286—1

现代大中型企业的经营与发展 / 陈佳贵著.—北京：经济管理出版社,1996

　　7—80118—135—2

合作经济的理论与实践 / 洪远朋主编.—上海：复旦大学出版社,1996（新编经济学系列教材）

　　7—309—01638—6

小企业集群研究 / 仇保兴著.—上海：复旦大学出版社,1999（21世纪经济学人著系）

　　7—309—02196—7

中小企业竞争力 / 陈德铭,周三多著.—南京：

南京大学出版社,2003（21世纪企业发展战略丛书）

　　7—305—03996—9

中小企业融资创新与信用担保 / 陈晓红等编著.—北京：中国人民大学出版社,2003（管理科学文库）

　　7—300—04575—8

中小企业内部控制 / 楼德华,傅黎瑛编著.—上海：上海三联书店,2005（经济与管理系列研究丛书）

　　7—5426—2058—4

中小企业金融与财务研究 / 孙学敏等著.—郑州：郑州大学出版社,2003（开放架构下的中小企业管理论丛）

　　7—81048—696—9

中小企业研究 / 吕国胜编著.—上海：上海财经大学出版社,2000（企业新视野丛书）

　　7—81049—388—4

中小企业发展的国际比较 / 锁箭著.—北京：中国社会科学出版社,2001（日本留学博士丛书）

　　7—5004—3189—9

家族企业制度创新 / 应焕红著.—北京：社会科学文献出版社,2005（中国地方社会科学院学术精品文库浙江系列）

　　7—80190—334—X

共生理论：兼论小型经济 / 袁纯清著.—北京：经济科学出版社,1998（中青年经济学家文库）

　　7—5058—1391—9

中小企业国际化经营：面对新经济的挑战 / 张其仔,李俊编著.—北京：民主与建设出版社,2001（中小企业发展管理必备丛书）

　　7—80112—354—9

中小企业竞争力理论与实证 / 罗海成,王秉安著.—福州：福建人民出版社,2002

7—211—04215—X

中小企业融资 / 陈晓红,郭声琨主编.—北京:经济科学出版社,2000

7—5058—2340—X

中小企业集群式创新 / 刘友金著.—北京:中国经济出版社,2004

7—5017—5846—8

论中小企业融资与管理 / 陈晓红著.—长沙:湖南人民出版社,2003

7—5438—3363—8

企业集团管理研究 / 孙班军编著.—北京:中国财政经济出版社,2002(21世纪管理新视点书系)

7—5005—5960—7

企业集团组建与运行中的财务与会计问题研究 / 课题主持人王斌.—北京:经济科学出版社,2002(财政部重点会计科研课题系列丛书(2002))

7—5058—3048—1

战略联盟与企业竞争力 / 周建著.—上海:复旦大学出版社,2002(论战略管理丛书)

7—309—03319—1

企业集团人力资本管理研究 / 席西民主编;段兴民,张生太等著.—北京:机械工业出版社,2003(企业集团管理研究丛书)

7—111—12068—X

企业集团发展模式与运行机制比较 / 席西民主编;梁磊,王洪涛等著.—北京:机械工业出版社,2003(企业集团管理研究丛书)

7—111—11592—9

集团管控 / 王吉鹏编著.—北京:中国发展出版社,2005(仁达方略管理文库)

7—80087—804—X

集团公司与企业集团组织:理论·经验·案

例 / 王凤彬编著.—北京:中国人民大学出版社,2003

7—300—04658—4

企业集团财务控制 / 胡逢才编著.—广州:暨南大学出版社,2004

7—81079—468—X

现代企业集团财务控制研究 / 王月欣著.—北京:经济科学出版社,2004

7—5058—4243—9

现代企业集团财务管理研究 / 王君彩主笔.—北京:中国财政经济出版社,2005

7—5005—8320—6

合资企业的跨文化管理 / 俞文钊等编著.—北京:人民教育出版社,1996(市场经济与心理学丛书)

7—107—11325—9

高科技产业融资:理论·模式·创新 / 戴淑庚著.—北京:中国发展出版社,2005(21世纪发展文库)

7—80087—765—5

高新技术产业经济学 / 楚尔鸣,李勇辉著.—北京:中国经济出版社,2005

7—5017—7011—5

虚拟企业资源计划 / 周水银著.—北京:中国物资出版社,2003

7—5047—1849—1

治理内核与综合业绩的相关性研究 / 姜秀华著.—上海:上海财经大学出版社,2003(博士文苑)

7—81049—952—1

公司理财学 / 夏乐书,刘淑莲著.—北京:中国财政经济出版社,1998(财经版会计系列丛书)

7—5005—3974—6

公司理财基础 /（美）斯蒂芬. A. 罗斯, 伦道夫. W. 韦斯特菲尔德, 布拉德福德. D. 乔丹著; 方红星译. —大连: 东北财经大学出版社, 2002（财务管理经典译丛）

7—81044—693—2

上市公司信息披露与分析 / 张力上著. —成都: 西南财经大学出版社, 2005（财务与会计专业精品系列教材）

7—81088—298—8

公司的概念 /（美）彼得·德鲁克著; 罗汉等译. —上海: 上海人民出版社, 2002（德鲁克管理经典）

7—208—04213—6

公司财务危机论 / 彭韶兵, 邢精平著. —北京: 清华大学出版社, 2005（发展财务论丛书）

7—302—11054—9

公司治理结构之研究 / 王文钦著. —北京: 中国人民大学出版社, 2005（法律科学文库）

7—300—06220—2

利益相关者管理 / 万建华, 戴志望, 陈建编著. —深圳: 海天出版社, 1998（公司领导纲要丛书）

7—80615—904—5

公司薪酬制度概论 / 刘园, 李志群执行主编. —北京: 中国财政经济出版社, 2001（股票期权激励制度系列丛书）

7—5005—5285—8

现代公司治理研究: 资本结构、公司治理和国有企业股份制改造 / 李维安等著. —北京: 中国人民大学出版社, 2002（管理科学文库）

7—300—03828—X

现代公司资本制度比较研究 / 冯果著. —武汉: 武汉大学出版社, 2000（国际法研究丛书）

7—307—02994—4

股票期权会计研究 / 王瑞华著. —北京: 中国财政经济出版社, 2003（会计新视野丛书）

7—5005—6746—4

利益相关者财务论: 新制度主义与财务学的互动和发展 / 李心合著. —北京: 中国财政经济出版社, 2003（会计学博士论丛）

7—5005—6865—7

公司的控制权结构 / 王彬著. —上海: 复旦大学出版社, 1999（上海市社会科学博士文库）

7—309—02235—1

上市公司股权结构与公司治理 / 金鑫著. —北京: 中国金融出版社, 2005（新金融论丛）

7—5049—3535—2

交易成本经济学: 关于公司的新的经济意义 /（美）迈克·迪屈奇著; 王铁生, 葛立成译. —北京: 经济科学出版社, 1999（新制度经济学名著译丛）

7—5058—1675—6

公司购并原理与案例 / 中国人民大学金融与证券研究所中国人民大学证券业培训中心组织编写; 齐斌等撰稿及修订. —2 版. —北京: 中国人民大学出版社, 1998（中国证券业从业人员业务培训系列教材）

7—300—02546—3

现代公司机关权力构造论: 公司法人治理结构的法律学分析 / 梅慎实著. —修订版. —北京: 中国政法大学出版社, 2000（中青年法学文库）

7—5620—1472—8

变革时代的管理 /（英）伯恩斯著; 任润, 方礼兵译. —昆明: 云南大学出版社, 2001（卓越管理丛书）

7—81068—350—0

公司财务战略 /（英）卢斯·班德, 凯斯·沃德著; 干胜道等译. —北京: 人民邮电出版社, 2003

7—115—10973—7

所有权与控制：面向 21 世纪的公司治理探索／
（美）玛格丽特. M. 布莱尔著；张荣刚译.—北京：
中国社会科学出版社,1999

    7—5004—2508—2

股东行为与股东产权：公司治理中的股东与
股权／熊海斌等著.—北京：中国城市出版
社,2002

    7—5074—1040—4

资本管理论：控股公司资本控制研究／阎达
五,杜胜利著.—北京：中国人民大学出版社,1999

    7—300—03209—5

转轨经济中的公司治理结构：内部人控制和
银行的作用／（日）青木昌彦,钱颖一主编.—北
京：中国经济出版社,1995

    7—5017—3484—4

公司发展战略：企业的资源与范围／邱国栋
著.—北京：人民出版社,2005

    7—01—005301—4

公司控制权配置论：制度与效率分析／朱羿
锟著.—北京：经济管理出版社,2001

    7—80162—248—0

公司兼并收购论／刘文通著.—北京：北京大
学出版社,1997

    7—301—03300—1

公司治理与公司会计／林钟高,章铁生著.—
北京：经济管理出版社,2003

    7—80162—599—4

财务理论／汪平著.—北京：经济管理出版
社,2003

    7—80162—600—1

股权分置与上市公司投资行为／李振明著.—
北京：经济科学出版社,2005

    7—5058—5206—X

产权激励与公司治理／张维迎著.—北京：经
济科学出版社,2005

    7—5058—4872—0

公司地理论／李小建著.—北京：科学出版
社,1999

    7—03—007558—7

公司重组与管理整合／陈重著.—北京：企业
管理出版社,2001

    7—80147—392—2

现代金融理论／蒋殿春著.—上海：上海人民
出版社,2001

    7—208—03859—7

公司治理中外比较／胡鞍钢,胡光宇编.—北
京：新华出版社,2004

    7—5011—6494—0

公司治理理论／宁向东著.—北京：中国发展
出版社,2005

    7—80087—783—3

激励机制与管理层持股／崔振南,明星著.—
北京：中国经济出版社,2000

    7—5017—4930—2

公司治理与公司社会责任／刘连煜著.—北
京：中国政法大学出版社,2001

    7—5620—2184—8

跨国经营理论与战略／王林生,范黎波著.—
北京：对外经济贸易大学出版社,2003（对外经济
贸易大学国际工商管理学院教授博士文库）

    7—81078—236—3

跨国公司价值网络与竞争优势：基于客户让
渡价值的群体竞争／周煊著.—北京：中国经济出
版社,2005（对外经济贸易大学国际商学院管理学
文丛；商学前沿学术文库·管理学辑）

    7—5017—7281—9

跨国公司新发展及其经济效应分析／李洪江著.—哈尔滨：黑龙江人民出版社,2002(黑龙江博士文库)

7—207—05365—7

跨国公司经营优势变迁／刘海云著.—北京：中国发展出版社,2001(新企业发展文丛)

7—80087—460—5

协作型竞争：全球市场的战略联营与收购／(美)乔尔·布利克,戴维·厄恩斯特编著；林燕等译.—北京：中国大百科全书出版社,1998

7—5000—6037—8

本土化生存：跨国公司在华经营管理成败启示／杨婕,宋红超编著.—北京：中国经济出版社,2004

7—5017—5927—8

创新全球化：企业技术创新国际化范式／陈劲著.—北京：经济科学出版社,2003

7—5058—3756—7

跨国公司新论／吴文武著.—北京：北京大学出版社,2000

7—301—04619—7

跨国公司战略联盟的形成机制与管理研究／赵昌平著.—北京：经济管理出版社,2005

7—80207—170—4

大型跨国公司战略新趋势／康荣平主编.—北京：经济科学出版社,2001

7—5058—2454—6

跨国公司内部贸易研究／孙国辉著.—济南：山东人民出版社,2002

7—209—03064—6

跨国公司治理／吴先明著.—北京：商务印书馆,2005

7—100—04249—6

跨国公司与中国市场／薛求知著.—上海：上海人民出版社,2000

7—208—03446—X

跨国公司对外直接投资与东道国激励政策竞争／田贵明著.—北京：中国经济出版社,2003

7—5017—5717—8

家族企业的繁衍：家族企业的生命周期／(美)克林·盖尔西克著；贺敏译.—北京：经济日报出版社,1998(哈佛管理经典丛书)

7—80127—429—6

民营化与公私部门的伙伴关系／(美)E.S.萨瓦斯著；周志忍等译.—北京：中国人民大学出版社,2002(公共行政与公共管理经典译丛政府治理与改革系列)

7—300—04109—4

经济全球化中的跨国公司／杨宇光著.—上海：上海远东出版社,1999(世界经济发展研究论丛)

7—80613—931—1

国外小企业：融资、管理、创新、模式／唐菊裳著.—北京：中国计划出版社,1999(现代小企业法人经理成功必备)

7—80058—765—7

西方产权理论评析：兼论中国企业改革／程思富著.—北京：当代中国出版社,1997

7—80092—575—7

危机管理智囊／张玉波编著.—北京：机械工业出版社,2003

7—111—12180—5

西方合作社的制度分析／丁为民著.—北京：经济管理出版社,1998

7—80118—715—6

公司治理结构的理论与案例／何维达主编.—北京：经济科学出版社,1999

7—5058—1605—5

城镇密集区发展演化机制与整合 ／ 刘荣增著. —北京：经济科学出版社，2003
7—5058—3770—2

企业人力资源管理与开发国际比较研究 ／ 赵曙明著. —北京：人民出版社，1999
7—01—003014—6

中国企业国际竞争力："入世"的冲击与对策 ／ 刘小怡编著. —武汉：武汉大学出版社，2001（WTO与中国丛书）
7—307—03007—1

专利化生存：专利刀锋与中国企业的生存困境 ／ 王晋刚，张铁军著. —北京：知识产权出版社，2005
7—80011—922—X

中国品牌价值报告 ／ 艾丰主编. —北京：经济科学出版社，1997
7—5058—1230—0

信息产业与我国经济社会发展 ／ 曲维枝主编. —北京：人民出版社，2002
7—01—003627—6

新经济与企业裂变 ／ 魏杰著. —北京：中国经济出版社，2000
7—5017—5070—X

社会主义市场经济与现代企业制度 ／ 邓荣霖，张用刚主编. —北京：中国人民大学出版社，1997（工商管理培训系列教材）
7—300—02476—9

厂商规模无关论：理论与经验证据 ／ 张永生著. —北京：中国人民大学出版社，2003（中国经济问题丛书）
7—300—04523—5

中国现代企业制度 ／ 陈朝阳，林玉妹编著. —

北京：中国发展出版社，2002（中国企业发展核心课程）
7—80087—602—0

中国并购评论. 2004 年第 3 册总第 19 册 ／ 东方高圣投资顾问公司，中国收购兼并研究中心编著. —北京：清华大学出版社，2005
7—302—10551—0

中国企业家的股权革命：理论、案例与操作方案 ／ 石建勋编著. —北京：机械工业出版社，2003
7—111—11283—0

中国企业并购与资本市场发展：企业迅速壮大的杠杆效益研究 ／ 许崇正著. —北京：中国经济出版社，2002
7—5017—5647—3

制度变迁与管理创新 ／ 杨俊一著. —上海：复旦大学出版社，2000
7—309—02565—2

中国企业兼并研究 ／ 郑海航等主编. —北京：经济管理出版社，1999
7—80118—830—6

企业兼并与反垄断问题 ／ 蒋泽中著. —北京：经济科学出版社，2001
7—5058—2544—5

转型发展理论 ／ 厉以宁著. —北京：同心出版社，1996
7—80593—214—X

跨国并购中的企业与政府 ／ 王习农著. —北京：中国经济出版社，2005
7—5017—6658—4

中国企业发展的战略选择 ／ 芮明杰著. —上海：复旦大学出版社，2000（21 世纪经济学人著系）
7—309—02596—2

企业经营业绩评估问题研究：中国企业绩效

评价方法研究 / 孟建民主持.—北京：中国财政经济出版社,2002(财政部重点会计科研课题系列丛书)

7—5005—5843—0

第三种管理模式：中国企业文化战略 / 叶生,陈育辉著.—北京：机械工业出版社,2005(经盛国际管理咨询文库企业文化实操系列)

7—111—15801—6

中国企业孵化器论 / 颜振军著.—北京：中国社会科学出版社,2000(科学技术哲学新视野)

7—5004—2749—2

政府与企业：从宏观管理到微观管制 / 余晖著.—福州：福建人民出版社,1997(难点与对策：现代企业制度探索丛书)

7—211—02809—2

知识经济与企业管理创新 / 唐五湘等编著.—北京：社会科学文献出版社,2000(挑战知识经济丛书)

7—80149—339—7

中国企业管理面临的问题及对策 / 成思危主编.—北京：民主与建设出版社,2000(中国改革与发展问题应急研究丛书)

7—80112—345—X

中国企业二次创业 / 魏杰著.—北京：中国经济出版社,2000(中国经济报告)

7—5017—4802—0

中国企业文化建设：传承与创新 / 李海,郭必恒,李博著.—北京：企业管理出版社,2005

7—80197—178—7

中国企业家的兴起：理论与制度研究 / 丁栋虹著.—上海：东方出版中心,2003

7—80186—000—4

中国企业融资：制度变迁与行为分析 / 方晓霞著.—北京：北京大学出版社,1999

7—301—04036—9

迈向世界级企业：中国企业战略管理研究 / 蓝海林著.—北京：企业管理出版社,2001

7—80147—490—2

转型时期的中国企业文化研究 / 陈维政主编.—大连：大连理工大学出版社,2005

7—5611—2936—X

企业权利配置与经理激励 / 李仕明,唐小我著.—北京：科学出版社,2003

7—03—011961—4

中国企业效绩评价 / 孟建民主编.—北京：中国财政经济出版社,2002

7—5005—5762—0

企业融资结构研究 / 万解秋著.—上海：复旦大学出版社,2001(21世纪经济学人著系)

7—309—02782—5

企业改革中的社会保障制度 / 何平著.—北京：经济科学出版社,2000(大改组中的国有经济丛书)

7—5058—2197—0

金融发展与企业改革 / 樊纲主编.—北京：经济科学出版社,2000(国民经济分析系列)

7—5058—1893—7

现代企业制度与现代企业会计：国有企业改革与发展的若干会计问题 / 乔彦军著.—北京：经济管理出版社,1999(江西财经大学学术文库)

7—80118—907—8

产权、治理结构与企业效率：国有企业低效率探源 / 张克难著.—上海：复旦大学出版社,2002(经济学博士后、博士论丛)

7—309—03197—0

中国国有企业改革的回顾与展望 / 马建堂,刘海泉著.—北京：首都经济贸易大学出版社,2000

（中国当代中青年经济学家论著文库）

　　7—5638—0818—3

国有企业改革新探 / 王珏主持;陈文通等执笔. —上海:上海远东出版社,1996(中国经济发展研究论丛)

　　7—80613—392—5

中国国有企业改革的逻辑 / 张晖明著. —太原:山西经济出版社,1998(中国经济改革20年系列研究(1978—1998))

　　7—80636—252—5

国有企业公司化改制之法律分析 / 王文杰著. —北京:中国政法大学出版社,1999(中青年法学文库)

　　7—5620—1798—0

企业理论与中国企业改革 / 张维迎著. —北京:北京大学出版社,1999

　　7—301—03950—6

中国国有企业改革与发展研究 / 陈佳贵等主编. —北京:经济管理出版社,2000

　　7—80118—889—6

国有企业管理现状分析 / 黄群慧等著. —北京:经济管理出版社,2002

　　7—80162—362—2

21世纪初国有企业发展和改革 / 沈志渔,罗仲伟等著. —北京:经济管理出版社,2005

　　7—80207—228—X

外资控股并购国有企业问题研究 / 桑百川著. —北京:人民出版社,2005

　　7—01—004968—8

国有企业改革与企业家队伍建设 / 颜光华等著. —上海:上海财经大学出版社,2003

　　7—81049—910—6

市场进入退出与企业竞争战略 / 陈明森著. —

北京:中国经济出版社,2001

　　7—5017—5096—3

中国股份合作经济:理论、实践与对策 / 王天义等著. —北京:企业管理出版社,1997

　　7—80001—942—X

中国中小企业发展机制研究 / 林汉川主编. —北京:商务印书馆,2003(管理科学系列)

　　7—100—03769—7

中小企业国际化:理论探讨与经营实践 / 赵优珍著. —上海:复旦大学出版社,2005(黄皮书系列)

　　7—309—04809—1

中小企业融资选择和策略 / 秦艳梅著. —北京:经济科学出版社,2005(金融服务产业前沿丛书)

　　7—5058—5183—7

中国中小企业国际化经营的组织环境和路径选择 / 吴三清著. —北京:经济科学出版社,2005(企业管理理论与应用研究成果系列丛书博士文库系列)

　　7—5058—4977—8

科技型中小企业与区域产业竞争力:基于1162家科技型中小企业问卷调查及案例分析 / 陆立军等著. —北京:中国经济出版社,2002(软科学研究丛书)

　　7—5017—5377—6

二十一世纪:中国中小企业的发展 / 罗国勋主编. —北京:社会科学文献出版社,1999(中国经济运行丛书)

　　7—80149—112—2

乡镇集体企业产权结构的特征与变革 / 谭秋成著. —长沙:湖南人民出版社,1998(中国中青年经济学家论丛)

　　7—5438—1849—3

中国发展中小企业支持系统研究 / 李庚寅,周显志等著.—北京:经济科学出版社,2003(中国中小企业发展前沿研究丛书)

　　7—5058—3784—2

中小企业国际化经营战略 / 徐立青,严大中,唐方敏编著.—北京:科学出版社,2005(中小企业管理与发展论丛)

　　7—03—015063—5

中国家族企业:现状、问题与对策 / 姚贤涛,王连娟编著.—北京:企业管理出版社,2002

　　7—80147—713—8

转轨时期中国家族企业组织演进研究 / 周立新著.—北京:经济管理出版社,2005

　　7—80207—273—5

WTO 与中小企业转型升级 / 林汉川主编.—北京:经济管理出版社,2002

　　7—80162—389—4

中小企业竞争力与创业板市场 / 蔡宁著.—北京:科学出版社,2004

　　7—03—012940—7

中小企业政府管理与政策支持体系研究 / 易国庆著.—北京:企业管理出版社,2001

　　7—80147—589—5

中小企业技术创新与政府政策 / 万兴亚著.—北京:人民出版社,2001

　　7—01—003526—1

中小企业集群发展与创新 / 朱永华著.—北京:中国经济出版社,2005

　　7—5017—7127—8

中小企业发展与政府扶持 / 蔡根女,鲁德银著.—北京:中国农业出版社,2005

　　7—109—10430—3

促进我国中小企业发展政策研究 / 欧江波等

著.—广州:中山大学出版社,2002

　　7—306—01997—X

中国企业集团人力资源管理战略研究 / 赵曙明著.—南京:南京大学出版社,2003(21 世纪企业发展战略丛书)

　　7—305—03848—2

中国企业集团论 / 伍柏麟主编.—上海:复旦大学出版社,1996

　　7—309—01712—9

跨国公司在华撤资:行为、过程、动因与案例 / 毛蕴诗,蒋敦福,曾国军著.—北京:中国财政经济出版社,2005(跨国公司 VS 中国企业研究丛书)

　　7—5005—8200—5

外资并购与中国外资政策调整研究 / 曹洪军著.—北京:人民出版社,2005(山东省社会科学规划研究项目文丛)

　　7—01—005255—7

科技型中小企业:环境与对策 / 陆立军,盛世豪等著.—北京:中国经济出版社,2002(软科学研究丛书)

　　7—5017—5348—2

用知识赢得优势:中国企业知识管理模式与战略 / 吴金希著.—北京:知识产权出版社,2005

　　7—80198—292—4

高新技术企业融资策略与方法 / 梁莱歆等著.—北京:经济科学出版社,2003

　　7—5058—3587—4

高技术产业国际化经营 / 吴国蔚等编著.—北京:中国经济出版社,2002

　　7—5017—5361—X

中国私营企业发展报告. No. 3(2001) / 张厚义等主编;明立志,梁传运著.—北京:社会科学文献出版社,2002(私营企业蓝皮书)

　　7—80149—624—8

提升民营科技企业创新力 / 王小兰,赵弘主编.—北京:社会科学文献出版社,2005(中关村发展蓝皮书)

7—80190—663—2

中小民营企业私募融资 / 盛立军,郑海滨,夏样芳著.—北京:机械工业出版社,2004

7—111—15239—5

民营科技企业的技术创新战略和政策选择 / 仲伟俊,胡钰,梅姝娥著.—北京:科学出版社,2005

7—03—016316—8

民营企业融资体系 / 张玉明著.—济南:山东大学出版社,2003

7—5607—2672—0

中国民营企业失败原因分析 / 王子雄著.—北京:中国工人出版社,2004

7—5008—3204—4

集群式民营企业成长模式分析 / 程学童,王祖强,李涛著.—北京:中国经济出版社,2005

7—5017—6822—6

中国家族企业研究 / 甘德安等著.—北京:中国社会科学出版社,2002

7—5004—3559—2

独立董事制度与中国上市公司治理 / 金永红,奚玉芹著.—上海:立信会计出版社,2003(东吴证券研究系列丛书)

7—5429—1050—7

中国上市公司融资结构与公司绩效 / 王玉荣著.—北京:中国经济出版社,2005(对外经济贸易大学国际商学院管理学文丛)

7—5017—7277—0

上市公司的过度融资 / 赵涛,郑祖玄著.—北京:社会科学文献出版社,2005(河南大学经济学学术文库)

7—80190—533—4

中国上市公司管理层收购(MBO)研究 / 张立勇著.—北京:中国财政经济出版社,2005(湖北经济学院学术文库)

7—5005—8445—8

中国上市公司资本结构影响因素研究:理论和证据 / 肖作平著.—北京:中国财政经济出版社,2005(会计学博士论丛)

7—5005—8696—5

上市公司融资效率问题研究 / 杨兴全著.—北京:中国财政经济出版社,2005(会计学博士论丛)

7—5005—8124—6

公司股利政策研究 / 杨家新著.—北京:中国财政经济出版社,2002(会计学博士论丛)

7—5005—5739—6

中国上市公司融资行为与融资结构研究 / 陆正飞等著.—北京:北京大学出版社,2005(会计学论丛)

7—301—08516—8

中国上市公司股权结构与公司绩效 / 苏武康著.—北京:经济科学出版社,2003(经济学博士论丛)

7—5058—3779—6

国有独资公司前沿问题研究 / 李建伟著.—北京:法律出版社,2002(民商法基本问题研究)

7—5036—3724—2

中国上市公司会计与财务问题研究 / 蒋义宏,魏刚著.—大连:东北财经大学出版社,2001(三友会计论丛)

7—81044—884—6

独立董事与公司治理:基于我国上市公司的研究 / 谭劲松著.—北京:中国财政经济出版社,2003(中山大学会计论丛)

7—5005—6891—6

股权激励与公司治理：案例分析与方案设计 /
李曜著. —上海：上海远东出版社，2001
　　7—80661—139—8

跨国公司并购中国企业：动因、效应与对策研
究 / 王钦著. —北京：中国财政经济出版社，2005
　　7—5005—8508—X

中国上市公司资本结构治理效应研究：资本
结构、治理结构和制度安排 / 张兆国著. —北京：
中国财政经济出版社，2004
　　7—5005—7422—3

中国上市公司财务治理研究 / 油晓峰著. —北
京：经济科学出版社，2005
　　7—5058—4908—5

中国上市公司制度实证分析 / 张广柱著. —上
海：立信会计出版社，2000
　　7—5429—0764—6

中国上市公司并购与重组的实证研究 / 李善
民等著. —北京：中国财政经济出版社，2003
　　7—5005—6797—9

中国公司治理原则与国际比较 / 李维安主
编. —北京：中国财政经济出版社，2001
　　7—5005—5069—3

跨国公司在华并购论 / 胡峰著. —广州：广东
经济出版社，2003（金苹果·经济学博士论丛）
　　7—80677—576—5

跨国公司在华经营策略 / 毛蕴诗，李敏，袁静
著. —北京：中国财政经济出版社，2005（跨国公司
VS 中国企业研究丛书）
　　7—5005—8588—8

跨国公司在华发展新趋势 / 王志乐著. —北
京：新华出版社，2003（跨国公司研究丛书）
　　7—5011—6062—7

跨国公司与当代中国 / 谢康著. —上海：立信

会计出版社，1997（涉外经济丛书）
　　7—5429—0500—7

跨国公司行销中国 / 卢泰宏主编. —贵阳：贵
州人民出版社，2002（营销纵横丛书）
　　7—221—05777—X

中国企业跨国经营 / 郭铁民，王永龙，俞姗编
著. —北京：中国发展出版社，2002（中国企业发展
核心课程）
　　7—80087—603—9

全球竞争：DI 与中国产业国际竞争力 / 杨丹
辉著. —北京：中国社会科学出版社，2004
　　7—5004—4585—7

软竞争力：跨国公司的公司责任理念 / 王志
乐主编. —北京：中国经济出版社，2005
　　7—5017—7193—6

中国企业跨国经营战略 / 鲁桐主编. —北京：
经济管理出版社，2003
　　7—80162—691—5

跨国公司在华子公司战略研究 / 赵景华著. —
北京：经济管理出版社，2002
　　7—80162—3835

跨国公司对华技术转移论 / 吴林海，吴松毅
著. —北京：经济管理出版社，2002
　　7—80162—490—4

跨国管理 / 于斌著. —天津：南开大学出版
社，2004
　　7—310—02124—X

走向世界的中国跨国公司 / 王志乐编. —北
京：中国商业出版社，2004
　　7—5044—5102—9

经济全球化下中小企业集群的创新机制研究 /
冯德连等著. —北京：经济科学出版社，2005（财经
学者文库）

7—5058—5189—6

现代西方企业伦理理论 / 赵德志著.—北京：经济管理出版社,2002（辽宁大学工商管理学院文库）

7—80162—428—9

英国行会史 / 金志霖著.—上海：上海社会科学院出版社,1996

7—80618—202—0

小型企业：美国新经济的助推器 / 曹昱,甘当善,李强编著.—上海：上海财经大学出版社,2003（国外中小企业丛书）

7—81049—922—X

战略与结构：美国工商企业发展的若干篇章 / (美)艾尔弗雷德.D.钱德勒著;北京天则经济研究所,北京江南天慧经济研究有限公司选译.—昆明：云南人民出版社,2002（管理前沿译丛）

7—222—03518—4

美国小企业成长与创新 / (美)曼塞.G.布莱克福德著;锁箭译.—北京：经济管理出版社,2000

7—80162—047—X

项目风险管理 / 卢有杰,卢家仪编著.—北京：清华大学出版社,1998（项目管理系列教材）

7—302—03024—3

工程项目可行性研究 / 王立国,王红岩,宋维佳编著.—北京：人民邮电出版社,2002（项目管理丛书）

7—115—10456—5

项目后评价 / 张三力编著.—北京：清华大学出版社,1998（项目管理系列教材）

7—302—03042—1

项目决策分析与评价 / 注册咨询工程师（投资）考试教材编写委员会编.—北京：中国计划出版社,2003（注册咨询工程师（投资）执业资格考试教材）

7—80177—197—4

投资项目后评价机制研究 / 姚光业著.—北京：经济科学出版社,2002

7—5058—3108—9

工程经济与项目评价 / 赵国杰主编.—天津：天津大学出版社,1999

7—5618—1134—9

投资项目后评价 / 姜伟新,张三力主编.—北京：中国石化出版社,2001

7—80164—133—7

建设项目后评价 / 许晓峰,肖翔编著.—北京：中华工商联合出版社,2000

7—80100—584—8

建设工程投资控制 / 中国建设监理协会组织编写.—北京：知识产权出版社,2003

7—80011—784—7

工程风险与工程保险 / 陈伟珂,黄艳敏编著.—天津：天津大学出版社,2005（21世纪工程造价研究丛书）

7—5618—2045—3

建设工程实施阶段的项目管理 / 唐广庆编著.—北京：知识产权出版社,2005（建设工程管理丛书）

7—80198—338—6

工程项目成本管理 / 郭继秋,唐慧哲主编.—北京：化学工业出版社,2005（建设工程项目管理丛书）

7—5025—7341—0

工程项目管理 / 彭尚银,王继才主编.—北京：中国建筑工业出版社,2005（建筑工程施工管理技术要点集丛书）

7—112—07730—3

工程风险管理 / 邓铁军主编.—北京：人民交

通出版社,2004(面向 21 世纪交通版高等学校试用教材)

7—114—05105—0

工程项目管理学 / 姚玲珍主编. —上海:上海财经大学出版社,2003(新世纪高校工程管理专业系列教材)

7—81098—012—2

工程项目管理学 / 张金锁主编. —北京:科学出版社,2000

7—03—008178—1

工程项目信息化管理 / 王要武主编. —北京:中国建筑工业出版社,2005(建设工程信息化——BLM 理论与实践丛书)

7—112—07799—0

建设工程项目成本管理 / 刘允延主编. —北京:机械工业出版社,2003(建设工程项目管理丛书)

7—111—12723—4

工程造价信息学引论 / 张振明编著. —厦门:厦门大学出版社,2004

7—5615—2351—3

城市外部空间运动与区域经济 / 陆军著. —北京:中国城市出版社,2001(青年经济学家文库)

7—5074—1281—4

中国城市基层管理体制创新:以武汉市江汉区社区建设实验为例 / 尹维真著. —北京:中国社会科学出版社,2003(市治书系)

7—5004—4083—9

中国房地产业发展规模与国民经济总量关系研究:基于我国房地产发展"倒 U 曲线"时期 / 梁荣著. —北京:经济科学出版社,2005

7—5058—5137—3

城市发展路径:区域性中心城市发展研究 / 苗建军著. —南京:东南大学出版社,2005

7—81089—671—7

中国城镇化战略研究 / 刘勇著. —北京:经济科学出版社,2004

7—5058—4448—2

奥运会对举办城市经济的影响 / 董杰著. —北京:经济科学出版社,2004

7—5058—4389—3

大都市区的空间组织 / 谢守红著. —北京:科学出版社,2004

7—03—014373—6

城市土地经济与利用 / 何芳编著. —上海:同济大学出版社,2004

7—5608—2896—5

现代城市经济 / 丁健著. —上海:同济大学出版社,2001(城市规划专业系列教材)

7—5608—2269—X

城市经济学原理 / 张敦富主编. —北京:中国轻工业出版社,2005(区域经济系列丛书)

7—5019—5025—3

全球视角中的城市经济 / (英)保罗·贝尔琴,戴维·艾萨克,吉恩·陈著;刘书瀚,孙钰译. —长春:吉林人民出版社,2003(世界经济经典书系)

7—206—04103—5

城市经济理论前沿课题研究 / 饶会林,郭鸿懋主编. —大连:东北财经大学出版社,2001

7—81044—946—X

城市增长与土地增值 / 陈顺清著. —北京:科学出版社,2000(城市发展与规划丛书)

7—03—008267—2

城市现代化研究 / 朱铁臻著. —北京:红旗出版社,2002

7—5051—0753—4

现代城市管理学 / 尤建新主编.—北京:科学出版社,2003(公共管理硕士 MPA 系列教材)

7—03—011604—6

城市营销战略 / 刘彦平著.—北京:中国人民大学出版社,2005(管理学前沿文库)

7—300—06602—X

市政管理体制改革:理论与实践 / 潘小娟主编.—北京:社会科学文献出版社,1998

7—80149—102—5

城市发展的经济学分析 / 吕玉印著.—上海:上海三联书店,2000

7—5426—1396—0

城市经营系统 / 赵黎明等著.—天津:天津大学出版社,2005

7—5618—2191—3

城市化地区土地非农开发 / 刘卫东,彭俊等著.—北京:科学出版社,1999(城市发展与规划丛书)

7—03—007576—5

城市土地利用总体规划:方法·模型·应用 / 江景波,华楠编著.—上海:同济大学出版社,1997

7—5608—1780—7

社会主义城市地租研究 / 陈征著.—济南:山东人民出版社,1996

7—209—02000—4

城市土地可持续利用理论与评价 / 李植斌著.—合肥:中国科学技术大学出版社,1999

7—312—01125—X

房地产金融与投资 / (美)威廉姆.B.布鲁格曼,杰夫瑞.D.费雪著;李秉祥,孙鸿飞,钱勇译.—大连:东北财经大学出版社,2000(当代金融名著译丛)

7—81044—772—6

新编房地产经济学 / 张永岳,陈伯庚主编.—北京:高等教育出版社,1998(高等学校房地产经济系列教材)

7—04—006362—X

金融支持过度与房地产泡沫:理论与实证研究 / 周京奎著.—北京:北京大学出版社,2005(金融学论丛)

7—301—10135—X

房地产项目全程策划:理论、实操与案例 / 贾士军编著.—广州:广东经济出版社,2002

7—80677—129—8

住宅产业化论:住宅产业化的经济、技术与管理 / 李忠富著.—北京:科学出版社,2003

7—03—012136—8

住宅经济学 / 张泓铭著.—上海:上海财经大学出版社,1998

7—81049—262—4

房地产开发风险管理 / 赵世强编著.—北京:中国建材工业出版社,2003

7—80159—206—9

房地产经济学通论 / 曹振良等编著.—北京:北京大学出版社,2003(21 世纪经济与管理教材经济学系列)

7—301—06188—9

房地产经济波动理论与实证分析 / 曲波著.—北京:中国大地出版社,2003(不动产研究专辑)

7—80097—548—7

房地产周期波动:理论、实证与政策分析 / 谭刚著.—北京:经济管理出版社,2001(财经学术新观点丛书)

7—80162—249—9

房地产估价 / 美国估价学会著;中国房地产估价师与房地产经纪人学会译.—北京:中国建筑工业出版社,2005

7—112—07741—9

房地产市场分析方法 / 郑华著. —北京: 电子工业出版社,2003

7—5053—8687—5

房地产价格研究 / 乔志敏著. —北京: 经济管理出版社,2002

7—80162—377—0

房地产估价方法的拓展 / 施建刚著. —上海: 同济大学出版社,2003

7—5608—2569—9

房地产市场互动机理与政策分析 / 刘琳著. —北京: 中国经济出版社,2004

7—5017—6346—1

房地产市场营销 / 叶剑平编著. —北京: 中国人民大学出版社,2000

7—300—03489—6

网络型产业的重组与规制 / (美)戴维. M. 纽伯里著;何玉梅译. —北京: 人民邮电出版社,2002(产业经济学译丛)

7—115—10535—9

城市基础设施经营与管理 / 张跃庆,吴庆玲主编. —北京: 经济科学出版社,2005(城市公共经济管理)

7—5058—4743—0

基础设施与经济发展: 理论与政策 / 唐建新,杨军著. —武汉: 武汉大学出版社,2003(经济发展理论研究丛书)

7—307—03741—6

基础设施投资论 / 杨军著. —北京: 中国经济出版社,2003

7—5017—5996—0

公司与社会公益 / 马伊里,杨团主编. —北京: 华夏出版社,2002(社会政策研究丛书)

7—5080—2815—5

非营利组织评估 / 邓国胜著. —北京: 社会科学文献出版社,2001(喜玛拉雅学术文库清华公共管理教学参考系列)

7—80149—605—1

市场经济与非营利组织研究 / 陈晓春著. —长沙: 湖南人民出版社,2001

7—5438—2514—7

文明与繁荣: 中外城市经济发展环境比较研究 / 徐康宁等著. —南京: 东南大学出版社,2003(中外城市比较研究丛书)

7—81050—983—7

全球城市: 纽约 伦敦 东京: 2001 年新版 / (美)丝奇雅·沙森著;周振华等译校. —上海: 上海社会科学院出版社,2005

7—80681—701—8

城市土地使用制度研究: 欧美亚各国城市土地使用制度探索 / 赵尚朴主编. —北京: 中国城市出版社,1996

7—5074—0840—X

城市化与经济发展 / 林玲著. —武汉: 湖北人民出版社,1995

7—216—01658—0

中外住宅产业对比 / 童悦仲,娄乃琳,刘美霞等编著. —北京: 中国建筑工业出版社,2005

7—112—06948—3

中国城市经济创新透视 / 杨重光,梁本凡主编. —北京: 中国社会科学出版社,2002(城市学丛书)

7—5004—3401—4

城市经营: 中国城市经济问题研究的新视角 / 崔卫华著. —大连: 东北财经大学出版社,2005(当代经济前沿文库)

7—81084—540—3

城市经济理论与中国城市发展／赵伟编著.—武汉：武汉大学出版社,2005(区域经济研究丛书)

7—307—04698—9

学习型城市／连玉明主编;北京国际城市发展研究院编著.—北京：中国时代经济出版社,2003(学习型社会书系)

7—80169—398—1

城市空间经济学／郭鸿懋等著.—北京：经济科学出版社,2002(中国城市与区域经济理论研究丛书)

7—5058—2862—2

中国煤矿城市经济转型研究／李成军著.—北京：中国市场出版社,2005(中国青年经济学者文库)

7—80155—905—3

中国城市新产业空间：发展机制与空间组织／王兴平著.—北京：科学出版社,2005

7—03—015161—5

统筹城乡发展：理论与实践／周琳琅著.—北京：中国经济出版社,2005

7—5017—6846—3

经济转型的代价：中国城市失业、贫困、收入差距的经验分析／李实,(日)佐藤宏主编.—北京：中国财政经济出版社,2004

7—5005—7227—1

港口城市发展的动态研究／宋炳良著.—大连：大连海事大学出版社,2003

7—5632—1647—2

中国城市可持续发展研究／郭培章主编.—北京：经济科学出版社,2004

7—5058—4087—8

中国大城市边缘区研究／顾朝林等著.—北京：科学出版社,1995

7—03—004476—2

城市群经济空间分析／朱英明著.—北京：科学出版社,2004

7—03—012600—9

城乡良性互动战略／赵勇著.—北京：商务印书馆,2004

7—100—04205—4

创建学习型城市的理论和实践／叶忠海著.—上海：上海三联书店,2005

7—5426—2090—8

城市建设中的可持续发展理论／陈易编著.—上海：同济大学出版社,2003

7—5608—2508—7

矿业城市转型研究／朱训著.—北京：中国大地出版社,2005

7—80097—770—6

资源型城市经济转型研究／王青云编著.—北京：中国经济出版社,2003

7—5017—6035—7

新世纪中国城市化道路的探索／沈建国著.—北京：中国建筑工业出版社,2001(城市规划学博士论丛)

7—112—04618—1

制度与创新：中国城市制度的发展与改革新论／刘君德,汪宇明著.—南京：东南大学出版社,2000(城市科学前沿丛书)

7—81050—556—4

都市里的村庄：一个"新村社共同体"的实地研究／蓝宇蕴著.—北京：三联书店,2005(三联·哈佛燕京学术丛书)

7—108—02194—3

中国城乡关系与中国农民工人／刘应杰著.—北京：中国社会科学出版社,2000(中国社会科学博士论文文库)

7—5004—2695—X

中国城市化和城市现代化 / 陈颐著. —南京：南京出版社，1998（中国现代化丛书）

7—80614—435—8

农村城市化的理论与实践 / 秦润新主编. —北京：中国经济出版社，2000（走进新世纪经济改革与发展丛书）

7—5017—0516—X

中国城乡结构调整研究：工业化过程中城乡协调发展 / 张国著. —北京：中国农业出版社，2002

7—109—07697—0

城乡空间融合论：我国城市化可持续发展过程中城乡空间关系的系统研究 / 王振亮著. —上海：复旦大学出版社，2000

7—309—02501—6

论小城镇建设：要素聚集与制度创新 / 蔡秀玲著. —北京：人民出版社，2002

7—01—003736—1

中国农村城镇化动力研究 / 冯尚春著. —北京：经济科学出版社，2004

7—5058—4331—1

农村城市化研究 / 郑弘毅主编. —南京：南京大学出版社，1998

7—305—03149—6

资源型城市可持续发展的思考 / 田霍卿著. —北京：人民出版社，2000

7—01—003184—3

中国城镇发展与土地利用 / 刘维新著. —北京：商务印书馆，2003

7—100—03834—0

中国的城市化与二元经济转化 / 苏雪串著. —北京：首都经济贸易大学出版社，2005

7—5638—1262—8

中国城市化与小城镇发展 / 李树琼著. —北京：中国财政经济出版社，2002

7—5005—5733—7

中国城市化道路与城市建设 / 包宗华著. —北京：中国城市出版社，1995

7—5074—0697—0

中国城市竞争力理论研究与实证分析 / 倪鹏飞著. —北京：中国经济出版社，2001

7—5017—5233—8

中国城市化问题研究 / 汪冬梅著. —北京：中国经济出版社，2005

7—5017—7176—6

中国城市化：实证分析与对策研究 / 陈甫军，陈爱民主编. —厦门：厦门大学出版社，2002

7—5615—1897—8

中国特色城镇化道路 / 王梦奎，冯并，谢伏瞻主编. —北京：中国发展出版社，2004

7—80087—728—0

中国城市土地收购储备制度：理论与实践 / 欧阳安蛟主编；夏积亮等著. —北京：经济管理出版社，2002

7—80162—319—3

中国城市管理研究：以杭州市为例 / 杨戍标主编. —北京：经济管理出版社，2005

7—80207—471—1

中国房地产业发展的理论与政策研究 / 孟晓苏著. —北京：经济管理出版社，2002

7—80162—276—6

中国城市管理新论 / 饶会林主编. —北京：经济科学出版社，2003

7—5058—3747—8

转型期中国城市贫困的社会空间 / 刘玉亭著. —北京：科学出版社，2005

7—03—015025—2

市场化进程中的资源型城市产业转型 / 张米尔著.—北京：机械工业出版社,2005
7—111—15439—8

城市土地价格调查、评价及动态监测 / 刘卫东等著.—北京：科学出版社,2002(城市发展与规划丛书)
7—03—010317—3

中国城市地价探析 / 杨继瑞著.—北京：高等教育出版社,1997(高校文科博士文库)
7—04—006145—7

中国城市土地市场化经营研究 / 谭术魁著.—北京：中国经济出版社,2001(湖北大学商学院商学论丛)
7—5017—5336—9

城市发展中的土地制度研究 / 黄祖辉,汪晖著.—北京：中国社会科学出版社,2002(浙江省哲学社会科学重大课题丛书)
7—5004—3720—X

城市地价评估方法：发展与创新 / 蔡兵备,欧阳安蛟主编.—北京：社会科学文献出版社,2002
7—80149—755—4

城市土地优化配置与集约利用评价：理论、方法、技术、实证 / 郑新奇著.—北京：科学出版社,2004
7—03—014604—2

中国城市土地高效利用研究 / 曹建海著.—北京：经济管理出版社,2002
7—80162—416—5

城市土地资产经营与管理 / 刘卫东,罗吕榕,彭俊著.—北京：科学出版社,2004
7—03—013710—8

城市土地集约利用及其潜力评价 / 何芳著.—

上海：同济大学出版社,2003
7—5608—2600—8

中国城镇化过程中土地利用问题研究 / 宋戈著.—北京：中国农业出版社,2005
7—109—09555—X

中国房地产业发展与管理研究 / 曹振良,高晓慧等著.—北京：北京大学出版社,2002(国家自然科学基金研究专著;管理科学系列)
7—301—05500—5

城市住宅价格的动力因素及其实证研究 / 崔新明著.—北京：经济科学出版社,2005(浙江大学房地产研究中心学术文库)
7—5058—4742—2

房地产投资基金：融资与投资的新选择 / 李安民编著.—北京：中国经济出版社,2005
7—5017—6829—3

非均衡的房地产市场 / 季朗超著.—北京：经济管理出版社,2005
7—80207—168—2

房地产基本制度与政策 / 沈建忠主编;中国房地产估价师学会编.—北京：中国建筑工业出版社,2004(中国房地产估价师执业资格考试辅导教材)
7—112—06500—3

中国城镇住房制度改革：目标模式与实施难点 / 成思危主编.—北京：民主与建设出版社,1999(中国改革与发展问题应急研究丛书)
7—80112—309—3

房地产新政：现状、展望与思考 / 杨继瑞等著.—成都：西南财经大学出版社,2005
7—81088—336—4

城市基础设施投融资研究 / 张伟著.—北京：高等教育出版社,2005(城市发展研究丛书)
7—04—017320—4

规模型竞争论：中国基础部门竞争问题 / 常欣著.—北京：社会科学文献出版社,2003（经济研究文库）

7—80149—975—1

公私合作制的中国试验 / 余晖,秦虹主编.—上海：上海人民出版社,2005（中国城市公用事业绿皮书）

7—208—05823—7

中国基础设施的公共政策 / 邓淑莲著.—上海：上海财经大学出版社,2003（中国公共政策研究丛书）

7—81049—888—6

公共基础设施投资与长期经济增长 / 娄洪著.—北京：中国财政经济出版社,2003

7—5005—6750—2

中国公共品市场与自愿供给分析 / 樊丽明著.—上海：上海人民出版社,2005

7—208—05598—X

论城乡统筹发展与政策调整 / 杨雍哲,段应碧主编.—北京：中国农业出版社,2004

7—109—08906—1

中国首都圈发展研究 / 张召堂著.—北京：北京大学出版社,2005

7—301—09611—9

西北地区城市化与区域发展 / 赵世雁著.—北京：经济管理出版社,2005

7—80207—333—2

建设绿色都市：上海21世纪可持续发展研究 / 诸大建著.—上海：同济大学出版社,2003（大都市发展与管理丛书）

7—5608—2536—2

建设循环经济型的国际大都市：2004年上海资源环境蓝皮书 / 尹继佐主编.—上海：上海社会科学院出版社,2004（上海资源环境蓝皮书）

7—80681—346—2

世界城市：国际经验与上海发展 / 周振华,陈向明,黄建富主编.—上海：上海社会科学院出版社,2004

7—80681—413—2

城市化再推进和劳动力再转移 / 朱宝树主编.—上海：华东师范大学出版社,2002

7—5617—2818—2

山东半岛城市群发展战略新探 / 王乃静等著.—北京：经济科学出版社,2005

7—5058—5107—1

山东半岛城市群发展战略研究 / 周一星,杨焕彩主编.—北京：中国建筑工业出版社,2004

7—112—06803—7

农村城镇化与生态安全 / 杨家栋,秦兴方,单宜虎著.—北京：社会科学文献出版社,2005（扬泰文库经济管理系列）

7—80190—611—X

推进湖南城市化进程研究 / 朱翔,周国华,贺清云等著.—长沙：湖南大学出版社,2002（湖南"三化"研究丛书）

7—81053—534—X

信息产业与城市发展 / 阎小培著.—北京：科学出版社,1999（城市发展与规划丛书）

7—03—007837—3

中国发达地区顺德市域可持续发展研究 / 陈烈等著.—广州：广东科技出版社,2002（区域可持续发展研究与规划系列）

7—5359—2987—7

长江沿江城市与中国近代化 / 张仲礼,熊月之,沈祖炜主编.—上海：上海人民出版社,2002

7—208—04243—8

治理地方公共经济 / 罗纳德.J.奥克森著；万

鹏飞译. —北京：北京大学出版社,2005（地方政府与地方治理译丛）

7—301—08212—6

美国城市郊区化研究 / 孙群郎著. —北京：商务印书馆,2005

7—100—04284—4

美国物业产权制度与物业管理 / 周树基著. —北京：北京大学出版社,2005（民商法论丛）

7—301—08723—3

中国非公有制林业制度创新研究 / 姚顺波著. —北京：中国农业出版社,2005（农业与农村经济发展系列丛书）

7—109—09977—6

乡村研究的国情意识 / 贺雪峰著. —武汉：湖北人民出版社,2004（三农中国书系）

7—216—04070—8

两岸农地利用比较 / 于宗先,毛育刚,林卿著. —北京：社会科学文献出版社,2004（喜玛拉雅学术文库·经济探索系列）

7—80190—432—X

森林资源核算. 上卷 / 侯元兆,张颖,曹克瑜等编著. —北京：中国科学技术出版社,2005

7—5046—1521—8

茶叶经济管理学 / 杨江帆,管曦著. —北京：中国农业出版社,2004

7—109—08730—1

农民与小康 / 陈庆立著. —北京：华夏出版社,2004

7—5080—1816—8

中国农村发展重大问题研究 / 田野著. —北京：科学出版社,2004

7—03—013877—5

土地资源学 / 邱道持著. —重庆：西南师范大

学出版社,2005

7—5621—3323—9

社区林业 / 赖庆奎编著. —昆明：云南科技出版社,2005

7—5416—2138—2

农村集体土地产权及其制度创新 / 单胜道,陈强,尤建新著. —北京：中国建筑工业出版社,2005

7—112—07273—5

中国农村劳动力非农就业 / 孙晓明,刘晓昀,刘秀梅著. —北京：中国农业出版社,2005

7—109—09960—1

新时期农业产业化路径选择 / 吴群主编. —北京：中国农业出版社,2004

7—109—09500—2

农业龙头企业与农户订单安排及履约机制研究 / 郭红东著. —北京：中国农业出版社,2005

7—109—10025—1

中国区域农业协调发展战略 / 高旺盛主编. —北京：中国农业大学出版社,2004

7—81066—822—6

农业增长方式转换机制论 / 杨明洪著. —成都：西南财经大学出版社,2003（财经博士文库）

7—81088—015—2

农业宏观调控论 / 赵昌文著. —成都：西南财经大学出版社,1996（当代财经文库）

7—81055—063—2

农业经济学 / 李秉龙,薛兴利主编. —北京：中国农业大学出版社,2003（面向21世纪课程教材）

7—81066—488—3

现代农业经济学 / 雷海章主编. —北京：中国农业出版社,2003

7—109—08193—1

农业技术经济分析方法及应用 / 朱希刚著.—北京：中国农业出版社,1997

7—109—04977—9

环境会计 / 许家林,孟凡利等编著.—上海：上海财经大学出版社,2004(高等院校会计专业方向选修课教材)

7—81098—260—5

合作社：农业中的现代企业制度 / 杜吟棠主编.—南昌：江西人民出版社,2002(全球视野中的现代农业丛书)

7—210—02595—2

森林可持续经营的政策支持体系 / 沈月琴,刘德弟,徐秀英等著.—北京：中国环境科学出版社,2004

7—80163—765—8

土地资源学 / 王秋兵主编.—北京：中国农业出版社,2003(面向 21 世纪课程教材)

7—109—07742—X

土地资源学 / 刘黎明主编.—北京：中国农业大学出版社,2002(面向 21 世纪课程教材)

7—81066—377—1

经济发展与土地可持续利用：土地可持续利用的经济学分析 / 曲福田,陈江龙,冯淑怡著.—北京：人民出版社,2001

7—01—003427—3

土地经济学原理 / 周诚著.—北京：商务印书馆,2003

7—100—03751—4

土地经济研究 / 周诚著.—北京：中国大地出版社,1996

7—80097—119—8

土地信息系统 / 刘耀林主编.—北京：中国农业出版社,2003(面向 21 世纪课程教材)

7—109—08190—7

土地管理信息系统 / 朱德海主编.—北京：中国农业大学出版社,2000(面向 21 世纪课程教材)

7—81066—182—5

土地信息系统：理论·方法·实践 / 周勇,聂艳编著.—北京：化学工业出版社,2005

7—5025—6941—3

土地信息系统 / 胡月明主编.—广州：华南理工大学出版社,2001

7—5623—1698—8

土地资源评价 / 徐盛荣主编.—北京：中国农业出版社,1997

7—109—04516—1

土地利用规划学 / 彭补拙,周生路等编著.—南京：东南大学出版社,2003(土地科学丛书)

7—81089—284—3

土地利用变化与生态安全评价 / 任志远,张艳芳等著.—北京：科学出版社,2003

7—03—011537—6

区域土地利用优化配置 / 刘彦随著.—北京：学苑出版社,1999

7—5077—0185—9

农地价格论 / 黄贤金著.—北京：中国农业出版社,1997

7—109—04683—4

农业信息学 / 曹卫星主编.—北京：中国农业出版社,2005

7—109—09539—8

农业信息科学与农业信息技术 / 王人潮,史舟等著.—北京：中国农业出版社,2003

7—109—08131—1

农村市场经济体制建设 / 韩俊等著.—南京：江苏人民出版社,1998

7—214—02310—5

黄土高原丘陵区中尺度生态农业建设探索 / 田均良,梁一民,刘普灵主编.—郑州:黄河水利出版社,2003(《重塑黄土地》系列丛书)

　　7—80621—692—8

草原生态经济协调持续发展 / 暴庆五主编.—呼和浩特:内蒙古人民出版社,1997

　　7—204—03754—5

可持续农业导论 / 程序,曾晓光,王尔大著.—北京:中国农业出版社,1997

　　7—109—04970—1

农业现代化测评 / 杨万江,徐星明著.—北京:社会科学文献出版社,2001(中国经济运行丛书)

　　7—80149—541—1

农业产业一体化经营的理论与实践 / 牛若峰编著.—北京:中国农业科技出版社,1998

　　7—80119—520—5

农业推广学 / 王慧军主编.—北京:中国农业出版社,2002(面向21世纪课程教材)

　　7—109—07521—4

安全蔬菜生产与消费的经济学研究 / 杨金深著.—北京:中国农业出版社,2005

　　7—109—10024—3

森林可持续经营导论 / 张守攻,朱春全,肖文发等著.—北京:中国林业出版社,2001(森林可持续经营丛书)

　　7—5038—2796—3

热带社会林业 / 何丕坤,何俊编著.—昆明:云南科技出版社,2003

　　7—5416—1805—5

社会林业理论与实践 / 李维长,何丕坤编著.—昆明:云南民族出版社,1998

　　7—5367—1668—0

林业经济学 / 邱俊齐主编.—北京:中国林业出版社,1998

　　7—5038—2097—7

森林环境价值核算 / 侯元兆主编.—北京:中国科学技术出版社,2002

　　7—5046—3242—2

森林资源资产评估 / 罗江滨,陈平留,陈新兴主编.—北京:中国林业出版社,2002

　　7—5038—3085—9

蚕丝业经济学 / 李瑞著.—北京:中国农业出版社,1998

　　7—109—05404—7

世界农业问题研究 / 唐正平主编.—北京:中国农业出版社,1999

　　7—109—05609—0

国外农业支持政策 / 秦富等著.—北京:中国农业出版社,2003

　　7—109—08298—9

农业产业化的国际经验研究 / 贾生华,张宏斌著.—北京:中国农业出版社,1999

　　7—109—06126—4

欧美农村劳动力的转移与城市化 / 王章辉,黄柯可主编;王章辉等著.—北京:社会科学文献出版社,1999(现代社会学文库)

　　7—80149—125—4

市场结构与农业增长:理论与中国实证研究 / 洪民荣著.—上海:上海社会科学院出版社,2003

　　7—80681—188—5

世界蚕丝业经济与丝绸贸易 / 顾国达著.—北京:中国农业科技出版社,2001

　　7—80167—203—8

面向21世纪外语教学论:进路与出路 / 范谊,芮渝萍著.—重庆:重庆出版社,1998

　　7—5366—3948—1

21 世纪中国农业与农村经济 / 陈吉元,彭建强,周文斌著.—郑州:河南人民出版社,2000(21世纪中国经济问题研究书系)

7—215—04686—9

农业生产要素配置和农产品供给的计量分析 / 彭代彦著.—武汉:华中科技大学出版社,2003(发展经济学研究丛书)

7—5609—2928—1

比较优势与中国农业经济国际化 / 陈武著.—北京:中国人民大学出版社,1997(经济科学文库)

7—300—02317—7

三农问题与世纪反思 / 温铁军著.—北京:三联书店,2005(经济学家手札)

7—108—02263—X

农民中国:历史反思与现实选择 / 秦晖著.—郑州:河南人民出版社,2003(经济学前沿学术札记农业农村农民集)

7—215—05343—1

农村改革攻坚 / 党国英著.—北京:中国水利水电出版社,2005(中国改革攻坚丛书)

7—5084—2523—5

人口大国的农业增长 / 陈吉元等著.—上海:上海远东出版社,1996(中国经济发展研究论丛)

7—80613—390—9

中国农业国际竞争力:理论、方法与实证研究 / 陈卫平著.—北京:中国人民大学出版社,2005(中国经济问题丛书)

7—300—06448—5

村域经济转轨与发展:国内外田野调查 / 王景新著.—北京:中国经济出版社,2005(中国新乡村建设丛书)

7—5017—6683—5

中国农村研究. 2003 年卷 / 徐勇主编.—北京:中国社会科学出版社,2005

7—5004—5197—0

"三农"新论:当前中国农业、农村、农民问题研究 / 陆学艺著.—北京:社会科学文献出版社,2005

7—80190—526—1

中国农村:公共品供给与财政制度创新 / 李华著.—北京:经济科学出版社,2005

7—5058—5122—5

中国的根本问题:九亿农民何处去 / 李佐军著.—北京:中国发展出版社,2000

7—80087—411—7

农村非正式结构的经济分析 / 刘兆发著.—北京:经济管理出版社,2002

7—80162—444—0

中国"三农"问题的困境与出路 / 秦庆武,许锦英等著.—济南:山东人民出版社,2004

7—209—03554—0

中介组织主导型市场农业体制探索 / 池泽新著.—北京:中国农业出版社,2005

7—109—09576—2

农村人力资本积累与农民收入研究 / 白菊红著.—北京:中国农业出版社,2004

7—109—08914—2

理论计量经济学 / 童恒庆著.—北京:中国农业出版社,2005

7—03—015735—4 / 7—900185—47—X

产业组织制度与中国农业发展研究 / 胡继连,西爱琴著.—北京:中国农业出版社,2002

7—109—08109—5

农地制度与农业经济组织 / 刘凤芹著.—北京:中国社会科学出版社,2005

7—5004—5046—X

劳动力的流动与农村社会经济变迁 / 温锐,游海华著.—北京:中国社会科学出版社,2001

　　7—5004—3219—4

中国农业政策:理论框架与应用分析 / 李成贵著.—北京:社会科学文献出版社,1999(中国社会科学院青年学者文库)

　　7—80149—079—7

当代中国农村公共政策研究 / 刘伯龙,竺乾威,程惕洁等著.—上海:复旦大学出版社,2005

　　7—309—04803—2

中国农村发展与财政政策选择 / 苏明著.—北京:中国财政经济出版社,2003

　　7—5005—6485—6

改革以来中国农业和农村经济政策的演变 / 宋洪远等编著.—北京:中国经济出版社,2000

　　7—5017—2492—X

21世纪中国农业科技发展战略 / 邓楠,万宝瑞主编.—北京:中国农业出版社,2001

　　7—109—07168—5

农业产业化新论 / 丁力著.—北京:中国农业出版社,2004

　　7—109—09480—4

中日韩农业现代化比较研究 / 张忠根,田万获著.—北京:中国农业出版社,2002

　　7—109—07855—8

中国农业演变之探索 / 毛育刚著.—北京:社会科学文献出版社,2001(喜玛拉雅学术文库·经济探索系列)

　　7—80149—549—7

杜润生自述:中国农村体制变革重大决策纪实 / 杜润生著.—北京:人民出版社,2005

　　7—01—004979—3

中国农村改革研究 / 张湘涛著.—长沙:湖南

出版社,2005

　　7—5438—3971—7

农村经济创新分析 / 国风著.—北京:经济科学出版社,2005

　　7—5058—4968—9

农村经济发展与金融市场化研究 / 李树生著.—北京:中国金融出版社,1999(金融经济前沿问题文库·社会主义市场经济体制下金融新体系研究)

　　7—5049—2166—1

中国农村发展:理论和实践 / 程漱兰著.—北京:中国人民大学出版社,1999

　　7—300—02699—0

中国农村现代化道路与规律:张郭研究 / 冯治著.—北京:人民出版社,2004

　　7—01—004228—4

21世纪初中国农业发展战略 / 刘江主编.—北京:中国农业出版社,2000

　　7—109—06411—5

制度变迁与中国农民经济行为 / 郑风田著.—北京:中国农业科技出版社,2000(中国人民大学农业经济博士论丛)

　　7—80119—652—X

农业与农村发展的制度透视:理论述评与应用分析 / 黄祖辉,蒋文华等著.—北京:中国农业出版社,2002

　　7—109—07841—8

结构转换与农业发展:一般理论和中国的实践 / 马晓河著.—北京:商务印书馆,2004

　　7—100—04047—7

市场与农业产业化 / 彭星闾,肖春阳著.—北京:经济管理出版社,2000

　　7—80162—021—6

中国农村制度变迁／杜润生著.—成都:四川人民出版社,2003

7—220—06231—1

农业产业发展的制度分析／刘茂松等著.—北京:中国财政经济出版社,2002

7—5005—5936—4

转型期农村制度变迁与创新／金祥荣主编.—北京:中国农业出版社,2002

7—109—07911—2

中国农业和农村经济结构战略性调整／杜青林主编.—北京:中国农业出版社,2003

7—109—08116—8

当代中国农村社会转型的实证研究／郑杭生主编.—北京:中国人民大学出版社,1996

7—300—02210—3

中国农村集体土地资产化运作与社会保障机制建设研究／王克强著.—上海:上海财经大学出版社,2005("三农"研究系列)

7—81098—342—3

中国农村土地使用与管理制度研究／郑景骥主编.—成都:西南财经大学出版社,1997(当代财经文库)

7—81055—178—7

中国土地非农化过程与机制实证研究／贾生华,张宏斌著.—上海:上海交通大学出版社,2002(国家自然科学基金研究专著管理科学系列)

7—313—03030—4

社会变迁中的村级土地制度:闽西北将乐县安仁乡个案研究／朱冬亮著.—厦门:厦门大学出版社,2003(南强学术丛书)

7—5615—2038—7

土地持续利用评价指标体系与方法／张凤荣,王静,陈百明等著.—北京:中国农业出版社,2003(土地利用重点实验室系列丛书)

7—109—08279—2

近代江南乡村地权的历史人类学研究／张佩国著.—上海:上海人民出版社,2002(学术创新丛书)

7—208—04129—6

中国农村土地产权制度论／王琢,许浜著.—北京:经济管理出版社,1996(中国现代化丛书)

7—80118—109—3

现代化进程中的农地制度及其利益格局重构／王景新著.—北京:中国经济出版社,2005(中国新乡村建设丛书)

7—5017—6681—9

土地征用问题研究:基于效率与公平框架下的解释与制度设计／张慧芳著.—北京:经济科学出版社,2005(中青年经济学家文库)

7—5058—4919—0

研究征地问题探索改革之路.二／鹿心社主编.—北京:中国大地出版社,2003

7—80097—587—8

中国农地权基本问题:中国集体农地权利体系的形成与扩展／杨一介著.—北京:中国海关出版社,2003

7—80165—127—8

国土资源与经济社会可持续发展／寿嘉华主编.—北京:地质出版社,2001

7—116—03364—5

土地整理／严金明等编著.—北京:经济管理出版社,1998

7—80118—720—2

中国土地利用与生态特征区划／陈百明等著.—北京:气象出版社,2003

7—5029—3525—8

中国失地农民研究／廖小军著.—北京:社会

科学文献出版社,2005

 7—80190—810—4

中国西部大开发云南省土地资源开发利用规划研究 / 杨子生等著.—昆明:云南科技出版社,2003

 7—5416—1837—3

中国农村人口变动对土地制度改革的影响 / 杜鹰,唐正平,张红宇主编.—北京:中国财政经济出版社,2002

 7—5005—5641—1

中国农村土地制度的世纪变革 / 王景新著.—北京:中国经济出版社,2001

 7—5017—0993—9

把土地使用权真正交给农民 / 迟福林主编.—北京:中国经济出版社,2002

 7—5017—5572—8

被征地农民的社会心理与市民化研究 / 陈传锋等著.—北京:中国农业出版社,2005

 7—109—10026—X

土地利用控制 / 郝晋珉著.—北京:中国农业科技出版社,1996

 7—80119—332—6

中国地产价格与评估 / 李铃著.—北京:中国人民大学出版社,1999

 7—300—03039—4

制度变迁中的城乡土地市场发育研究 / 刘小玲著.—广州:中山大学出版社,2005

 7—306—02569—4

土地用途管制与耕地保护 / 国家土地管理局科技宣教司,江苏省国土管理局,南京农业大学土地管理学院编.—北京:北京大学出版社,1997

 7—301—03546—2

产权理论与农村集体产权制度改革 / 许惠渊等编著.—北京:中国经济出版社,2005

 7—5017—7126—X

农业微观基础的组织创新研究 / 曾令香等著.—北京:中国农业出版社,2002

 7—109—07135—9

中国农民专业合作经济组织的制度分析 / 徐旭初著.—北京:经济科学出版社,2005(中青年经济学家文库)

 7—5058—5001—6

中国农民专业合作经济组织的实践与发展 / 李瑞芬著.—北京:中国农业出版社,2004

 7—109—09646—7

农村产业结构调整与农民收入 / 杨雍哲主编.—北京:中国农业出版社,2000

 7—109—06233—3

21世纪的中国农村可持续发展 / 李周主编.—北京:社会科学文献出版社,2000(二十一世纪丛书)

 7—80149—411—3

经济全球化背景下中国农村经济可持续发展 / 廖卫东,王万山著.—南昌:江西人民出版社,2002(江西社会科学研究文库)

 7—210—02610—X

都市农业与可持续发展 / 张放主编.—北京:化学工业出版社,2005(生态工程技术丛书)

 7—5025—6970—7

中国农业与农村经济可持续发展问题：不同类型地区实证研究 / 吴传钧主编.—北京:中国环境科学出版社,2001

 7—80163—075—0

"三农论"：当代中国农业、农村、农民研究 / 陆学艺著.—北京:社会科学文献出版社,2002

 7—80149—790—2

走出二元结构：农民就业创业研究 / 邓鸿勋,

陆百甫主编.—北京：中国发展出版社,2004

7—80087—741—8

农户经济可持续发展研究：浙江十村千户变迁(1986—2002) / 史清华著.—北京：中国农业出版社,2005

7—109—09602—5

二元经济与中国农业发展 / 郭剑雄著.—北京：经济管理出版社,1999

7—80118—739—3

土地资源安全研究的理论与方法 / 吴次芳,鲍海君等编著.—北京：气象出版社,2004

7—5029—3732—3

中国农业可持续发展研究 / 海金玲著.—上海：上海三联书店,2005

7—5426—2026—6

西部大开发中生态经济与农业可持续发展 / 刘志文等著.—北京：中国环境科学出版社,2005

7—80209—095—4

中国农业可持续发展理论与策略 / 高旺盛著.—北京：中国农业出版社,2002

7—109—07622—9

中国农业科技投资经济 / 黄季焜等著.—北京：中国农业出版社,2000

7—109—06281—3

农村发展研究 / 叶敬忠等主编.—北京：中国农业大学出版社,2002

7—81066—435—2

中国农业区划学 / 李应中主编.—北京：中国农业科技出版社,1997

7—80119—301—6

农业资源高效利用优化模式与技术集成 / 封志明,李飞,刘爱民主编.—北京：科学出版社,2002(农业资源高效利用与管理技术丛书)

7—03—010146—4

中国农业资源综合生产能力与人口承载能力 / 陈百明主编.—北京：气象出版社,2001

7—5029—3262—3

农业水土资源系统分析与综合评价 / 付强著.—北京：中国水利水电出版社,2005

7—5084—2805—6

农业资源高效利用评价模型与决策支持 / 谢高地,章予舒,齐文虎主编.—北京：科学出版社,2002(农业资源高效利用与管理技术丛书)

7—03—010269—X

土地资源管理学 / 刘卫东,彭俊编著.—上海：复旦大学出版社,2005(复旦博学 MPA 公共管理硕士系列)

7—309—04589—0

中国土地资源 / 李元主编.—北京：中国大地出版社,2000(全国土地资源调查成果)

7—80097—371—9

农地资源合理配置的制度经济学分析 / 韩冰华著.—北京：中国农业出版社,2005(中国博士专著农业领域)

7—109—10238—6

湘北红壤低丘岗地农业持续发展研究：1991—1994 / 彭廷柏,肖庆元主编.—北京：科学出版社,1995(中国生态系统研究网络丛书)

7—03—004832—6

土地资源保护与民事立法研究 / 郭洁著.—北京：法律出版社,2002

7—5036—3757—9

西藏土地资源生产能力及人口承载量研究 / 杨改河等编著.—拉萨：西藏人民出版社,1996

7—223—00872—5

新疆耕地资源卫星遥感调查研究 / 乔木等编

著.—乌鲁木齐：新疆科学技术出版社,2005

7—80693—854—0

中国耕地后备资源 / 温明炬,唐程杰主编.—北京：中国大地出版社,2005

7—80097—749—8

中国资源环境遥感宏观调查与动态研究 / 刘纪远主编.—北京：中国科学技术出版社,1996

7—5046—2323—7

中国土地资源可持续利用的理论与实践 / 唐华俊等主编.—北京：中国农业科技出版社,2000

7—80119—887—5

黄土高原土地资源研究的理论与实践 / 宋桂琴主编.—北京：中国水利水电出版社,1996

7—80124—322—6

中国贫困山区开发方式和生态变化关系的研究 / 李周等著.—太原：山西经济出版社,1997(反贫困对策丛书)

7—80636—036—0

中国草地资源 / 中华人民共和国农业部畜牧兽医司,全国畜牧兽医总站主编.—北京：中国科学技术出版社,1996

7—5046—2308—3

中国农业生态经济与可持续发展 / 张淑焕著.—北京：社会科学文献出版社,2000(中国经济运行丛书)

7—80149—334—6

中国新疆玛纳斯河流域农业生态环境资源保护与合理利用研究 / 袁国映等主编.—乌鲁木齐：新疆科技卫生出版社,1995

7—5372—1105—1

中国农村工业化的若干理论问题：兼述欠发达地区的发展 / 苗长虹著.—北京：中国经济出版社,1997(中国经济学博士论丛)

7—5017—3880—7

中国农村工业化论 / 吴天然著.—上海：上海人民出版社,1997

7—208—02499—5

新阶段中国农业科技发展战略研究 / 张宝文主编.—北京：中国农业出版社,2004

7—109—08140—0

推进新的农业科技革命的探索与实践 / 李学勇主编.—北京：中国农业出版社,2002

7—109—07609—1

高新技术改造传统农业论 / 蒋和平著.—北京：中国农业出版社,1997

7—109—04656—7

农业科技成果转化运行机制 / 张雨著.—北京：中国农业科学技术出版社,2005

7—80167—896—6

福建农业科技创新研究 / 陈奇榕,丁中文编著.—北京：中国农业科学技术出版社,2002

7—80167—360—3

农牧交错带可持续发展战略与对策 / 陈建华,魏百刚,苏大学主编.—北京：化学工业出版社,2004

7—5025—5499—8

劳动力外出就业与农村社会变迁 / 龚维斌著.—北京：文物出版社,1998(当代中国社会研究丛书)

7—5010—1125—7

中国农民工 / 沈立人著.—北京：民主与建设出版社,2005

7—80112—699—8

中国农民工问题 / 刘怀廉著.—北京：人民出版社,2005

7—01—004826—6

农业剩余劳动力转移区域研究 / 李玉江等

著.—济南：山东人民出版社,1999

  7—209—02423—9

中国农民工问题分析 / 杨云善,时明德著.—北京：中国经济出版社,2005

  7—5017—7034—4

农村剩余劳动力转移新论 / 刘怀廉著.—北京：中国经济出版社,2004

  7—5017—5948—0

中国农村人力资源开发与利用研究 / 张晓梅著.—北京：中国农业出版社,2005

  7—109—10017—0

中国农村劳动力的转移与就业 / 陈晓华,张红宇主编.—北京：中国农业出版社,2005

  7—109—10504—0

WTO 与农产品国际竞争力 / 王珍著.—北京：中国经济出版社,2004

  7—5017—6241—4

中国农业竞争力研究 / 翁鸣,陈劲松等著.—北京：中国农业出版社,2003

  7—109—08644—5

中国农产品市场行为研究 / 武拉平著.—北京：中国农业出版社,2002

  7—109—07830—2

农村公共产品供给与农民负担 / 陶勇著.—上海：上海财经大学出版社,2005("三农"研究系列)

  7—81098—375—X

在发展中反贫困：相对发达地区农村反贫困财政政策选择 / 金峰峰著.—上海：上海三联书店,2005(经济与管理系列研究丛书)

  7—5426—2115—7

中国农民负担问题研究 / 李茂岚主编.—太原：山西经济出版社,1996

  7—80577—987—2

中国西部农村人力资本投资与农民增收问题研究 / 黄金辉等著.—成都：西南财经大学出版社,2005

  7—81088—322—4

农民收入增长的制度性约束与创新研究 / 孙自铎,汪建国著.—北京：中国财政经济出版社,2002

  7—5005—6418—X

中国农村居民收入差距研究 / 李颖著.—北京：中国农业出版社,2005

  7—109—09634—3

农民收入增长问题研究 / 鲜祖德主编.—北京：中国统计出版社,2001

  7—5037—3653—4

中国农村养老的经济分析 / 吴晓东著.—成都：西南财经大学出版社,2005(博士文库)

  7—81088—297—X

经济转型时期的中国农村老年人保障 / 丁士军,陈传波著.—北京：中国财政经济出版社,2005

  7—5005—7165—8

中国农村社会保障制度研究 / 杨翠迎著.—北京：中国农业出版社,2003

  7—109—08494—9

中国农业科研投资：挑战与展望 / 黄季焜,胡瑞法,(美)Scott Rozelle 著.—北京：中国财政经济出版社,2003

  7—5005—6175—X

中国政府支农资金使用与管理体制改革研究 / 陈锡文主编.—太原：山西经济出版社,2004

  7—80636—687—3

中国农业上市公司投资问题研究 / 葛永波著.—北京：中国经济出版社,2005

  7—5017—7215—0

中国农产品行业协会调查／吴志雄等编著.—北京：中共中央党校出版社,2003

7—5035—2761—7

农业科技园的建设理论与模式探索／蒋和平,王有年,孙炜琳著.—北京：气象出版社,2002

7—5029—3418—9

当代中国的村庄经济与村落文化／陈吉元,胡必亮主编.—太原：山西经济出版社,1996(当代中国的村庄经济与村落文化丛书)

7—80577—913—9

乡村新型合作经济组织崛起／王景新著.—北京：中国经济出版社,2005(中国新乡村建设丛书)

7—5017—6682—7

中国农业家庭经营制度：理论检视与创新设计／阮文彪著.—北京：中国经济出版社,2005

7—5017—7269—X

中国小农户的风险及风险管理研究／陈传波,丁士军著.—北京：中国财政经济出版社,2005

7—5005—6852—5

农户经济活动及行为研究／史清华著.—北京：中国农业出版社,2001

7—109—07101—4

中国农村村民自治／徐勇著.—武汉：华中师范大学出版社,1997(桂苑书丛)

7—5622—1824—2

民生经济学："三农"与就业问题的解析／蔡昉著.—北京：社会科学文献出版社,2005(中国经济50人论坛丛书)

7—80190—487—7

应对食品安全危机：中国农产品质量安全目标与制度研究／刘志扬编著.—青岛：青岛出版社,2005(金三农书系)

7—5436—3280—2

农产品GAP生产技术／张名位主编.—北京：化学工业出版社,2005(食品放心工程丛书)

7—5025—6611—2

中国粮食安全的理论研究与实证分析／高帆著.—上海：上海人民出版社,2005(复旦大学青年经济学者文库·转轨中的中国经济问题研究论丛)

7—208—05827—X

中国粮食波动论／李岳云,蒋乃华,郭忠兴著.—北京：中国农业出版社,2001(江苏社会科学文萃)

7—109—06874—9

中国粮食安全问题：实证研究与政策选择／朱泽著.—武汉：湖北科学技术出版社,1998

7—5352—2153—X

中国农业科研优先序：我国主要粮食作物育种科研的需求和供给分析／林毅夫等著.—北京：中国农业出版社,1996

7—109—04340—1

黄土高原粮食生产与持续发展研究／上官周平等著.—西安：陕西人民出版社,1999

7—224—05101—2

中国粮食的生产与流通／刘中一主编.—北京：中国发展出版社,1997

7—80087—273—4

中国粮食安全研究／王宏广等著.—北京：中国农业出版社,2005

7—109—10078—2

新阶段中国粮食问题研究／毛惠忠主编.—北京：中国农业出版社,2005

7—109—09691—2

粮食安全保护与可持续发展／王雅鹏著.—北京：中国农业出版社,2005

7—109—09852—4

中国棉花生产波动研究 / 谭砚文著. —北京：中国经济出版社,2005(华南农业大学国家重点学科农业经济管理系列丛书·经济发展理论与政策系列)

　　7—5017—7131—6

中国棉花可持续发展研究 / 毛树春主编. —北京：中国农业出版社,1999

　　7—109—05952—9

中国大豆经济研究 /（法）奥伯特,朱希刚主编. —北京：中国农业出版社,2002

　　7—109—07677—6

无公害蔬菜：中国蔬菜产业发展的战略选择 / 杨顺江等著. —北京：中国农业出版社,2003(全国无公害食品行动计划丛书)

　　7—109—08041—2

中国蔬菜种子经营与管理 / 邹学校编著. —北京：中国农业出版社,2003

　　7—109—08034—X

中国森林资源与可持续发展 / 沈国舫主编. —南宁：广西科学技术出版社,2000

　　7—80619—938—1

中国私营林业政策研究 / 陆文明,（英）Natasha Landell-Mills 主编. —北京：中国环境科学出版社,2002

　　7—80163—315—6

中国城市森林 / 彭镇华著. —北京：中国林业出版社,2003(中国森林生态网络体系工程建设研究系列著作)

　　7—5038—3420—X

中国退耕还林研究 / 李世东著. —北京：科学出版社,2004

　　7—03—013293—9

面向 21 世纪的林业发展战略 / 李育才主编. —北京：中国林业出版社,1996

　　7—5038—1724—0

林业可持续发展中的资金运行机制 / 陈晓倩著. —北京：中国林业出版社,2002(博士林业文库)

　　7—5038—3229—0

中国森林资源管理变革趋向：市场化研究 / 田明华,陈建成主编. —北京：中国林业出版社,2003

　　7—5038—3458—7

北京市森林资源价值 / 周冰冰,李忠魁等著. —北京：中国林业出版社,2000

　　7—5038—2102—7

上海现代城市森林发展 / 彭镇华著. —北京：中国林业出版社,2003(中国森林生态网络体系工程建设研究系列著作)

　　7—5038—3423—4

中国草原畜牧业发展模式研究 / 张立中主编. —北京：中国农业出版社,2004

　　7—109—09585—1

农产品加工业的发展与政策 / 万宝瑞主编. —北京：中国农业出版社,1999

　　7—109—06207—4

西部地区农业技术应用的效果、安全性及影响因素研究 / 孔祥智等著. —北京：中国农业出版社,2005

　　7—109—09629—7

东北地区粮食综合生产能力研究 / 周慧秋著. —北京：中国农业出版社,2005

　　7—109—09869—9

比较优势与农业结构优化 / 郭翔宇,刘宏曼著. —北京：中国农业出版社,2005

　　7—109—10454—0

中国西部农村反贫战略研究 / 赵曦著. —北

京：人民出版社，2000

7—01—003224—6

干旱区绿洲农业可持续发展战略研究 / 李万明等编著.—北京：中国农业出版社，2005

7—109—08587—2

世贸组织框架下闽台农业资源整合与优化配置 / 林卿著.—北京：中国农业出版社，2004

7—109—09107—4

海峡西岸经济区概论.二：新世纪的福建外向型农业 / 陈彤著.—厦门：厦门大学出版社，2005（科学发展观与福建外向型经济福建对外开放的创新理论与实证研究系列丛书）

7—5615—2520—6

贵州自然条件与农业可持续发展 / 杨晓英等编著.—贵阳：贵州科技出版社，2002

7—80662—177—6

农村人民公社分配制度研究 / 辛逸著.—北京：中共党史出版社，2005（中共党史研究丛书）

7—80199—199—0

中国农业史 / 吴存浩著.—北京：警官教育出版社，1996（中国大文化研究丛书）

7—81027—696—4

中国土地思想史稿 / 钟祥财著.—上海：上海社会科学院出版社，1995

7—80618—036—2

中国宗法宗族制和族田义庄 / 李文治，江太新著.—北京：社会科学文献出版社，2000（中国经济史研究丛书）

7—80149—296—X

汉代农业：早期中国农业经济的形成 / （美）许倬云著；程农，张鸣译.—南京：江苏人民出版社，1998（海外中国研究丛书）

7—214—02313—X

清代新疆农业开发史 / 华立著.—哈尔滨：黑龙江教育出版社，1995（边疆史地丛书）

7—5316—2472—9

长江三角洲小农家庭与乡村发展 / （美）黄宗智著.—北京：中华书局，2000（中国乡村社会研究丛书）

7—101—02314—2

河南农业发展史 / 胡廷积主编.—北京：中国农业出版社，2005

7—109—09886—9

新疆土地开发对生态与环境的影响及对策研究 / 樊自立主编；中国科学院新疆生物土壤沙漠研究所，新疆维吾尔自治区土地管理局编.—北京：气象出版社，1996

7—5029—2117—6

东亚地区现代农业发展与政策调整 / 曹俊杰，王学真著.—北京：中国农业出版社，2004

7—109—09494—4

韩国的农业与新村运动 / 李水山，许泳峰主编.—北京：中国农业出版社，1995

7—109—04182—4

韩国新村运动：20 世纪 70 年代韩国农村现代化之路 / （韩）朴振焕著；潘伟光，（韩）郑靖吉，魏蔚等译.—北京：中国农业出版社，2005

7—109—10030—8

战后日本农村经济发展研究 / 焦必方主编.—上海：上海财经大学出版社，1999（日本研究丛书）

7—81049—383—3

当代美国农业经济研究 / 陈华山著.—武汉：武汉大学出版社，1996（当代美国经济研究丛书）

7—307—02152—8

统计过程控制技术 / 杨跃进主编；商广娟，郭锐编写.—北京：航空工业出版社，2003（国防科技工业质量与可靠性专业技术丛书）

7—80183—242—6

排污权交易的可持续发展潜力分析：以中国电力工业 SO2 排污权交易为例 / 张安华编著.—北京：经济科学出版社，2005（中青年经济学家文库）

7—5058—5181—0

油气勘探风险分析与实物期权法经济评价 / 贾承造等编著.—北京：石油工业出版社，2004

7—5021—4615—6

亚麻纺纱、织造与产品开发 / 严伟，李崇丽，吕明科编.—北京：中国纺织出版社，2005

7—5064—3221—8

循环经济与中国建材产业发展 / 张人为主编.—北京：中国建材工业出版社，2005

7—80159—869—5

自然资本论 /（美）Paul Hawken 等著；王乃粒等译.—上海：上海科学普及出版社，2000

7—5427—1846—0

矿产经济与管理 / 李万亨著.—武汉：中国地质大学出版社，2000

7—5625—1591—3

工业地理学 / 刘再兴著.—北京：商务印书馆，1997（经济地理学理论丛书）

7—100—01890—0

世界煤层气工业发展现状 / 赵庆波，刘兵，姚超主编.—北京：地质出版社，1998

7—116—02520—0

全球化与中部崛起 / 杨云彦，田艳平，秦尊文著.—武汉：湖北人民出版社，2005

7—216—04212—3

工业增长质量研究 / 郭克莎主编.—北京：经济管理出版社，1998

7—80118—559—5

区域工业化与城市化的水资源保障研究 / 白永平著.—北京：科学出版社，2004

7—03—012436—7

楚人的纺织与服饰 / 彭浩著.—武汉：湖北教育出版社，1996（楚学文库）

7—5351—1652—3

生产资源配置效率：生产前沿面理论及其应用 / 孙巍著.—北京：社会科学文献出版社，2000（中国经济运行丛书）

7—80149—326—5

园区经济与城市核心竞争力 / 孙万松，孙启萌编著.—北京：中国经济出版社，2004

7—5017—6097—7

产品价值分析 / 刘吉昆编著.—哈尔滨：黑龙江科学技术出版社，1997

7—5388—3064—2

新产品数字化设计与管理 / 郭钢著.—重庆：重庆大学出版社，2004

7—5624—2538—8

车间调度及其遗传算法 / 王凌编著.—北京：清华大学出版社，2003

7—302—06358—3

非传统矿产资源概论 / 赵鹏大等编著.—北京：地质出版社，2003

7—116—03874—4

矿产资源经济学 / 秦德先，刘春学编著.—北京：科学出版社，2002

7—03—009833—1

煤炭资源经济评价的理论与方法研究 / 王立杰著.—北京：煤炭工业出版社，1996

7—5020—1374—1

天然气经济学 / 白兰君编著.—北京：石油工业出版社，2001

7—5021—3472—7

石油技术经济学 / 刘清志主编. —东营：石油大学出版社，1998

7—5636—1163—0

石油企业经济活动分析 / 张明泉等编著. —北京：石油工业出版社，1999

7—5021—2747—X

现代制造企业信息化 / 刘树森等编著. —北京：科学出版社，2005

7—03—014371—X

制造信息学 / 张伯鹏著. —北京：清华大学出版社，2003（清华大学学术专著）

7—302—06288—9

制造业信息化导论 / 齐从谦编著. —北京：中国宇航出版社，2003

7—80144—529—5

电力市场分析 / 姚建刚，章建编著. —北京：高等教育出版社，1999

7—04—007164—9

电力市场运营模式研究及其技术支持系统设计 / 黄永皓，尚金成著. —北京：科学出版社，1999

7—03—008187—0

电力市场基础 / 王锡凡等著. —西安：西安交通大学出版社，2003

7—5605—1660—2

药物经济学与药品政策研究 / 胡善联主编. —昆明：云南科技出版社，2000

7—5416—1370—3

服装产业经济学 / 宁俊等编著. —北京：中国纺织出版社，2004

7—5064—2671—4

项目总控：建设工程的新型管理模式 / 贾广

社编著. —上海：同济大学出版社，2003（工程管理丛书）

7—5608—2541—9

工程建设风险管理 / （英）罗吉·弗兰根，乔治·诺曼著；李世蓉，徐波译. —北京：中国建筑工业出版社，2000（现代建筑管理译丛）

7—112—04495—2

建设工程招标投标与管理 / 宁素莹编著. —北京：中国建材工业出版社，2003

7—80159—389—8

建设项目投资控制 / 刘秋常主编. —2版. —北京：中国水利水电出版社，1998

7—80124—917—8

水利工程经济 / 王丽萍主编. —武汉：武汉大学出版社，2002

7—307—03493—X

建筑技术经济学 / 刘晓君主编. —北京：中国建筑工业出版社，1998

7—112—03421—3

后起国工业化引论：关于工业化史与工业化理论的一种考察 / 史东辉著. —上海：上海财经大学出版社，1999（财经学术文库）

7—81049—268—3

矿产资源与国家经济发展 / 王安建等著. —北京：地震出版社，2002（全球矿产资源战略研究报告）

7—5028—2170—8

新世纪的油气地缘政治：中国面临的机遇与挑战 / 徐小杰著. —北京：社会科学文献出版社，1998（21世纪丛书）

7—80050—994—X

制造业先进生产方式与管理模式 / 陈国权著. —北京：科学技术文献出版社，1998（先进生产与管理模式丛书）

7—5023—3202—2

国外电力工业体制与改革 ／ 王永干,刘保华主编.—北京:中国电力出版社,2001(电力改革与发展丛书)
7—5083—0384—9

烟草经济与烟草控制 ／ 刘铁男主编.—北京:经济科学出版社,2004
7—5058—4366—4

世界现代化进程 ／ 钱乘旦,杨豫,陈晓律著.—南京:南京大学出版社,1997
7—305—03040—6

差距与赶超:中国工业与世界先进水平的比较研究 ／ 郭克莎等著.—北京:中国城市出版社,2001(青年经济学家文库)
7—5074—1282—2

中国工业可持续发展研究 ／ 郭培章主编.—北京:经济科学出版社,2002
7—5058—2987—4

中国工业增长与结构变动研究 ／ 周叔莲,郭克莎主编.—北京:经济管理出版社,2000
7—80162—017—8

21世纪中西部工业发展战略 ／ 魏后凯主编.—郑州:河南人民出版社,2000(21世纪中国经济问题研究书系)
7—215—04644—3

中国工业化思想及发展战略研究 ／ 赵晓雷著.—上海:上海社会科学院出版社,1995
7—80515—979—3

结构·行为·效果:中国工业产业组织研究 ／ 毛林根著.—上海:上海人民出版社,1996
7—208—02146—5

中国工业增长模式的实证研究 ／ 殷醒民著.—上海:立信会计出版社,1996(经济学者文库)

7—5429—0444—2

国家背景下的工业化与县域经济发展 ／ 周金堂著.—北京:经济管理出版社,2005
7—80207—292—1

论中国新型工业化道路 ／ 赵国鸿著.—北京:人民出版社,2005
7—01—004947—5

工业园区的竞争力分析 ／ 李婉萍,罗贤栋主编.—北京:中国纺织出版社,2005
7—5064—3324—9

中国21世纪的新型工业化道路 ／ 任保平著.—北京:中国经济出版社,2005
7—5017—7070—0

世纪之交的工业结构升级 ／ 江小涓著.—上海:上海远东出版社,1996(中国经济发展研究论丛)
7—80613—404—2

中国产业技术创新能力研究 ／ 史清琪,尚勇主编.—北京:中国轻工业出版社,2000
7—5019—2963—7

产业集群论 ／ 黄建康著.—南京:东南大学出版社,2005(教育部重大研究项目成果系列)
7—5641—0186—5

中国产业集群.第1辑 ／ 顾强主编.—北京:机械工业出版社,2005
7—111—16425—3

中国工业园区发展:工业园区·技术创新·国际竞争力 ／ 陆立军,裘小玲主编.—北京:中国经济出版社,2003
7—5017—6007—1

能源经济系统分析 ／ 田立新等著.—北京:社会科学文献出版社,2005(江苏省哲学社会科学重点学术著作)

7—80190—811—2

中国矿产资源报告：'96 / 宋瑞祥主编.—北京：地质出版社,1997

7—116—02390—9

中国矿产资源形势与对策研究 / 周宏春,王瑞江,陈仁义等著.—北京：科学出版社,2005

7—03—015031—7

矿产资源管理通论 / 何贤杰等著.—北京：中国大地出版社,2002

7—80097—467—7

矿产资源有偿开采研究 / 朱学义等著.—徐州：中国矿业大学出版社,1999

7—81070—097—9

可持续能源发展战略 / 赵媛著.—北京：社会科学文献出版社,2001(中国经济运行丛书)

7—80149—389—3

以煤为主多元化的清洁能源战略 / 吴宗鑫,陈文颖著.—北京：清华大学出版社,2001

7—302—04298—5

中国煤层气产业政策研究 / 孙茂远主编.—北京：煤炭工业出版社,2003

7—5020—2119—1

中国煤炭开发战略研究 / 魏同等著.—太原：山西科学技术出版社,1995

7—5377—1199—2

矿区可持续发展研究 / 耿殿明著.—北京：中国经济出版社,2004

7—5017—6438—7

中国石油安全的国际政治经济学分析 / 查道炯著.—北京：当代世界出版社,2005(当代世界与中国丛书)

7—80115—943—8

石油博弈 / 冯跃威著.—北京：企业管理出版社,2003

7—80147—897—5

制造业结构的转型与经济发展：中国 1978—1998 年制造业内部结构的调整 / 殷醒民著.—上海：复旦大学出版社,1999(经济学博士后、博士论丛)

7—309—02220—3

中国能成为世界工厂吗? / 主编吕政.—北京：经济管理出版社,2003

7—80162—696—6

全球化时代的中国制造 / 朱高峰主编.—北京：社会科学文献出版社,2003

7—80149—880—1

中国制造业产业竞争力评价和分析 / 赵彦云等著.—北京：中国标准出版社,2005

7—5066—3743—X

先进制造业基地建设的理论与实践 / 凌云,王立军著.—北京：中国经济出版社,2004

7—5017—6377—1

制造业信息化工程：背景、内容与案例 / 杨海成,祁国宁等著.—北京：机械工业出版社,2003(制造业信息化工程系列培训教材)

7—111—11814—6

中国轿车产业发展：基于产业组织理论的研究 / 刘志迎,丰志培,董晓燕著.—合肥：合肥工业大学出版社,2005(汽车产业经济研究系列丛书)

7—81093—307—8

发展我国自主知识产权汽车工业的政策选择 / 路风,封凯栋著.—北京：北京大学出版社,2005

7—301—08626—1

21 世纪中国汽车产业 / 钱振为主编.—北京：北京理工大学出版社,2004

7—5640—0371—5

WTO 与中国汽车工业发展对策研究 / 程振彪著.—北京：机械工业出版社，2002

    7—111—09805—6

中国国防科技工业的改革和发展问题 / 孙广运著.—北京：航空工业出版社，2003

    7—80183—182—9

工程造价综合知识 / 易涛主编；中国电力企业联合会，电力建设技术经济咨询中心编.—北京：中国电力出版社，2003（电力工程建设技术经济丛书）

    7—5083—1238—4

电力市场概论 / 王永干等编著.—北京：中国电力出版社，2002（电力市场研究丛书）

    7—5083—0576—0

中国规制与竞争：理论与政策 / 张昕竹主编.—北京：社会科学文献出版社，2000（规制与竞争研究丛书）

    7—80149—335—4

中国电力改革与可持续发展 / 刘世锦，冯飞主编.—北京：经济管理出版社，2003

    7—80162—596—X

3C 认证中的电磁兼容测试与对策 / 钱振宇编著.—北京：电子工业出版社，2004（电磁兼容技术系列）

    7—120—00111—6

中国电子信息产业发展模式研究 / 娄勤俭主编.—北京：中国经济出版社，2003

    7—5017—5922—7

再造宏碁：开创、成长与挑战 / 施振荣著.—北京：中信出版社，2005

    7—5086—0396—6

煤化工发展与规划 / 谢克昌著.—北京：化学工业出版社，2005

    7—5025—7548—0

中药现代化产业推进战略 / 刘燕华，李振吉，李泊溪主编.—北京：中国中医药出版社，2003

    7—80156—387—5

中国盐政史 / 曾仰丰著.—影印本.—北京：商务印书馆，1998（中国文化史丛书）

    7—100—01559—6

中国丝绸史：专论 / 朱新予主编.—北京：中国纺织出版社，1997

    7—5064—1225—X

中国丝绸通史 / 赵丰主编.—苏州：苏州大学出版社，2005

    7—81090—571—6

中国纺织产业分析和发展战略 / 常亚平著.—北京：中国纺织出版社，2005

    7—5064—3244—7

中国纸和印刷文化史 / 钱存训著.—桂林：广西师范大学出版社，2004

    7—5633—4472—1

专卖体制下的中国烟草业：理论、问题与制度变革 / 陶明著.—上海：学林出版社，2005

    7—80730—026—4

中国手工业经济通史.先秦秦汉卷 / 魏明孔主编；蔡锋著.—福州：福建人民出版社，2005

    7—211—04914—6

水价理论与实践 / 沈大军等著.—北京：科学出版社，1999（博士丛书）

    7—03—007710—5

中国工程保证担保制度研究 / 邓晓梅著.—北京：中国建筑工业出版社，2003（工程管理博士论丛）

    7—112—05298—X

水资源经济 / 杨培岭主编.—北京：中国水利水电出版社，2003（水资源管理知识丛书）

7—5084—1406—3

建筑业行业及企业发展战略概论 / 姚兵等编著. —广州：华南理工大学出版社,2001

7—5623—1735—6

水利投资效益评价理论与方法 / 张新玉著. —北京：中国水利水电出版社,2005

7—5084—3076—X

中西部工业与城市发展 / 魏后凯著. —北京：经济管理出版社,2000("中西部经济发展研究"丛书)

7—80118—981—7

中国西部工业化与软环境建设 / 魏后凯,陈耀主编. —北京：中国财政经济出版社,2003(中国社会科学院西部发展研究中心系列研究报告)

7—5005—6918—1

新型工业化与产业组织优化：山东省强省之路分析 / 扬惠馨,王军著. —北京：经济科学出版社,2005(山东省社会科学规划研究项目文丛)

7—5058—4949—2

中国经济腾飞的楷模：广东工业化模式 / 杨永华著. —北京：中国发展出版社,1996(发展文库)

7—80087—216—5

新中国工业经济史：1979—2000 / 汪海波,吕政主编;汪海波著. —北京：经济管理出版社,2001

7—80162—257—X

上海近代工业史 / 徐新吾,黄汉民主编. —上海：上海社会科学院出版社,1998

7—80618—412—0

丰田生产方式研究：准时化生产方式的技术支撑体系 / 魏大鹏编著. —天津：天津科学技术出版社,1996

7—5308—2136—9

俄罗斯能源外交与中俄油气合作 / 郑羽,庞昌伟著. —北京：世界知识出版社,2003

7—5012—2079—4

当代美国煤炭工业 / 耿兆瑞主编. —北京：煤炭工业出版社,1997

7—5020—1406—3

产业融合与互联网管制 / 张磊著. —上海：上海财经大学出版社,2001(产业经济学前沿问题研究丛书)

7—81049—560—7

信息工程建设监理 / 葛乃康主编. —北京：电子工业出版社,2002(信息化经典书丛)

7—5053—7915—1

区域旅游市场发展演化机理及开发 / 李悦铮,俞金国著. —北京：旅游教育出版社,2005

7—5637—1237—2

运输经济学 / (英)肯尼思·巴顿著;冯宗宪译. —北京：商务印书馆,2002

7—100—02506—0

运输经济学 / 陈贻龙,邵振一主编. —北京：人民交通出版社,1999

7—114—03292—7

公路建设项目社会环境评价 / 董小林编著. —北京：人民交通出版社,2000

7—114—03665—5

国际航运经济新论 / 徐剑华主编. —北京：人民交通出版社,1997

7—114—02718—4

人才经济 / 萧申生,萧静华,袁晓英著. —长沙：中南工业大学出版社,1999(知识经济丛书)

7—81061—242—5

交通运输政策 / 季令主编. —北京：中国铁道出版社,2003

7—113—05448—X

综合运输与区域经济 / 杨浩,张秀媛,赵鹏编.—北京：中国铁道出版社,1995

7—113—02230—8

云南对外交通史 / 陆韧著.—昆明：云南民族出版社,1997

7—5367—1423—8

城市轨道交通运营组织 / 何宗华,汪松滋,何其光主编.—北京：中国建筑工业出版社,2003(城市轨道交通运营与维修技术丛书)

7—112—06000—1

运输与经济发展 / 熊永钧著.—北京：中国铁道出版社,1998

7—113—03071—8

高速铁路主要技术经济问题研究 / 刘万明著.—成都：西南交通大学出版社,2003

7—81057—718—2

铁路管制的契约分析 / 李红昌著.—北京：经济科学出版社,2005(北京交通大学基础产业研究中心文库现代运输经济学丛书)

7—5058—5055—5

中国铁路信息资源理论基础 / 李学伟,汪晓霞著.—北京：北方交通大学出版社,2005

7—81082—453—8

市场经济条件下铁路旅客票价系统分析：优化模型与求解方法 / 高自友,四兵锋著.—北京：中国铁道出版社,2002

7—113—04492—1

中国铁路技术创新工程 / 蔡庆华主编.—北京：中国铁道出版社,2000

7—113—03697—X

铁路运营与经济指标 / 钱仲侯,杨爱芬编著.—北京：中国铁道出版社,2003

7—113—05107—3

公路建设项目后评价理论与方法研究 / 王建军,王参军著.—北京：人民交通出版社,2005

7—114—05760—1

公路交通规费经济学 / 郗恩崇主编.—北京：人民交通出版社,2003(交通运输经济管理科学丛书)

7—114—04823—8

公路运输组织学 / 李维斌主编.—北京：人民交通出版社,1998

7—114—03005—3

高速公路收费系统理论与方法 / 刘伟铭,王哲人,郑西涛等著.—北京：人民交通出版社,2000(交通科技丛书)

7—114—03651—5

港口管理 / 真虹编著.—北京：人民交通出版社,2003

7—114—04562—X

国际海运政策 / 孙光圻主编.—大连：大连海事大学出版社,1998

7—5632—1171—3

港口发展战略与规划 / 王海平著.—天津：天津人民出版社,2005(中国港口经济大丛书)

7—201—04953—4

城市交通战略 / 陆锡明等著.—北京：中国建筑工业出版社,2005(当代城市交通规划丛书)

7—112—07900—4

发展我国大城市交通的研究 / 周干峙等著.—北京：中国建筑工业出版社,1997

7—112—03117—6

旅游市场营销：原理·方法·案例 / 赵西萍等编著.—北京：科学出版社,2004(科学版旅游管理专业教材)

7—03—014104—0

旅游和旅行社会学 / (法)罗贝尔·朗卡尔著;陈立春译.—北京:商务印书馆,1997(我知道什么百科知识丛书)

7—100—02167—7

资源型城市旅游业开发的初步探索 / 林越英著.—北京:中国水利水电出版社,2005(中国旅游发展现实问题探索系列)

7—5084—3238—X

生态旅游:理论辨析与案例研究 / 张广瑞主编.—北京:社会科学文献出版社,2004(中国社会科学院旅游研究中心学术研究系列)

7—80190—202—5

旅游资源开发 / 马耀峰,宋保平,赵振斌编著.—北京:科学出版社,2005

7—03—013899—6

河南省旅游系统结构优化研究 / 李永文主编.—北京:科学出版社,2005

7—03—015315—4

旅游管理原理与方法 / 董观志,白晓亮编著.—北京:中国旅游出版社,2005

7—5032—2602—1

现代城市游憩规划设计理论与方法 / 吴承照著.—北京:中国建筑工业出版社,1998(城市规划学博士论丛)

7—112—02025—5

旅游资源学 / 苏文才,孙文昌主编.—北京:高等教育出版社,1998(高等院校旅游类专业教材)

7—04—006522—3

旅游经济学 / 叶全良主编.—北京:旅游教育出版社,2002(高等院校旅游专业系列教材)

7—5637—0990—8

旅游景区管理学 / 赵黎明,黄安民,张立明

著.—天津:南开大学出版社,2002(高等院校旅游专业系列教材)

7—301—01805—3

旅游经济论 / 张辉著.—北京:旅游教育出版社,2002(旅游高层管理丛书)

7—5637—1053—1

旅游消费者行为研究 / (美)亚伯拉罕·匹赞姆,(以)优尔·曼斯菲尔德编著;舒伯阳,冯玮主译.—大连:东北财经大学出版社,2005(旅游管理精品教材译丛)

7—81084—422—9

旅游景区开发与经营经典案例 / 邹统钎主编.—北京:旅游教育出版社,2003(全国旅游专业系列教材)

7—5637—1120—1

现代旅游学 / 孙文昌,郭伟著.—青岛:青岛出版社,1997(现代旅游丛书)

7—5436—1619—X

现代旅游规划设计原理与方法 / 吴承照编著.—青岛:青岛出版社,1998(现代旅游丛书)

7—5436—1624—6

民族旅游的人类学透视 / 张晓萍主编.—昆明:云南大学出版社,2005(中西旅游人类学研究论丛)

7—81068—908—8

旅游战略管理 / (英)耐杰尔·埃文斯,大卫·坎贝尔,乔治·斯通休萨著;马桂顺译.—沈阳:辽宁科学技术出版社,2005

7—5381—4328—9

旅游体验研究:一种现象学的视角 / 谢彦君著.—天津:南开大学出版社,2005

7—310—02475—3

城市旅游学 / 范能船,朱海森主编.—上海:百家出版社,2002

7—80656—489—6

旅游经济管理概论 / 罗佳明编著.—上海：复旦大学出版社,1999
7—309—02392—7

中西旅游文化审美比较 / 朱希祥著.—上海：华东师范大学出版社,1998
7—5617—1792—X

新编旅游经济学 / 王大悟,魏小安主编.—上海：上海人民出版社,1998
7—208—02787—0

旅游学原理 / 申葆嘉主编.—上海：学林出版社,1999
7—80616—706—4

旅游信息系统概论 / 李江风主编.—武汉：武汉大学出版社,2003(21 世纪旅游管理专业系列教材)
7—307—04000—X

旅游信息学 / 陈志辉,陈小春编著.—北京：中国旅游出版社,2003(高等院校旅游教材)
7—5032—2157—7

旅游开发与规划 / 邹统钎著.—广州：广东旅游出版社,1999
7—80521—971—0

旅游地规划 / 明庆忠著.—北京：科学出版社,2003
7—03—011091—9

城市旅游规划原理 / 吴志强,吴承照著.—北京：中国建筑工业出版社,2005
7—112—07398—7

旅游业政府主导型发展战略研究 / 匡林著.—北京：中国旅游出版社,2001
7—5032—1843—6

发展中国家旅游规划与管理："发展中国家旅游规划与管理国际研讨会(桂林)"会议论文集 / 保继刚,钟新民,刘德龄主编.—北京：中国旅游出版社,2003
7—5032—2163—1

风景名胜区管理学 / 马永立,谈俊忠著.—北京：中国旅游出版社,2003(高等院校旅游教材)
7—5032—2188—7

景点开发与管理 / (英)约翰·斯沃布鲁克著;张文等译.—北京：中国旅游出版社,2001(国外旅游与饭店管理学术名著丛书)
7—5032—1779—0

旅游危机管理 / 邹统钎主编.—北京：北京大学出版社,2005
7—301—08647—4

旅游人力资源开发 / 余昌国著.—北京：中国旅游出版社,2003
7—5032—2100—3

旅行社人力资源管理 / 宋耘,傅慧,李美云编著.—广州：广东旅游出版社,2000
7—80653—164—5

旅行社管理学 / 陈小春主编.—北京：中国旅游出版社,2003
7—5032—2159—3

生态旅游 / 杨桂华,钟林生,明庆忠著.—北京：高等教育出版社,2000
7—04—007982—8

城市旅游与城市游憩学 / 俞晟著.—上海：华东师范大学出版社,2003
7—5617—3424—7

生态旅游规划原理与方法 / 钟林生,赵士洞,向宝惠编著.—北京：化学工业出版社,2003
7—5025—3262—5

旅游生态学／章家恩主编.—北京：化学工业出版社,2005

7—5025—7651—7

体育旅游导论／柳伯力,陶宇平主编.—北京：人民体育出版社,2003

7—5009—2490—9

城市旅游空间分析及其发展透视／卞显红著.—北京：中国物资出版社,2005

7—5047—2349—5

生态旅游透视／肖笃宁,杨桂华主编.—北京：中国旅游出版社,2002

7—5032—1914—9

旅游业营销／冯若梅,黄文波编著.—北京：企业管理出版社,1999（派力营销思想库餐旅业营销实战丛书）

7—80147—245—4

世界热带亚热带海岛海滨旅游开发研究／李溢著.—北京：旅游教育出版社,1997

7—5637—0675—5

中国旅游策划／陈放著.—北京：中国物资出版社,2003（营销模式）

7—5047—2022—4

中国入境旅游研究／马耀峰,李天顺等著.—北京：科学出版社,1999

7—03—008162—5

中国旅游业国际竞争策略／杨森林等著.—上海：立信会计出版社,1999

7—5429—0663—1

旅游经济发展的文化空间／庄志民著.—上海：学林出版社,1999

7—80616—735—8

旅游环境承载力研究／刘玲著.—北京：中国环境科学出版社,2000

7—80135—047—2

中国传统旅游目的地创新与发展／崔凤军著.—北京：中国旅游出版社,2002

7—5032—2010—4

旅游目的地发展实证研究／魏小安著.—北京：中国旅游出版社,2002

7—5032—2086—4

中国世界遗产管理体系研究／罗佳明著.—上海：复旦大学出版社,2004

7—309—03805—3

乡村景观旅游规划设计的理论与实践／王云才著.—北京：科学出版社,2004

7—03—012683—1

旅华游客流动模式系统研究／马耀峰,李天顺,刘新平等著.—北京：高等教育出版社,2001（国家自然科学基金研究专著地球科学系列）

7—04—010339—7

中国西部旅游发展战略研究／刘锋著.—北京：中国旅游出版社,2001（旅游学术文库）

7—5032—1832—0

旅游纵横：产业发展新论／魏小安著.—北京：中国旅游出版社,2002

7—5032—2085—6

中国旅游市场需求与开发／钟海生,郭英之编著.—广州：广东旅游出版社,2001

7—80653—201—3

现代旅游产业经济学／唐留雄著.—广州：广东旅游出版社,2001

7—80653—197—1

生态旅游景区开发／杨桂华著.—北京：科学出版社,2004

7—03—013538—5

转型时期中国旅游产业环境、制度与模式研究 / 张辉等著. —北京：旅游教育出版社,2005

7—5637—1293—3

区域旅游业竞争力理论与实证研究 / 张梦著. —成都：西南财经大学出版社,2005

7—81088—400—X

中国"世界遗产"的可持续旅游发展研究 / 陶伟著. —北京：中国旅游出版社,2001

7—5032—1833—9

休闲农业与乡村旅游发展 / 郑健雄,郭焕成,陈田主编. —徐州：中国矿业大学出版社,2005(休闲农业与乡村旅游丛书)

7—81107—081—2

海峡两岸观光休闲农业与乡村旅游发展 / 郭焕成,郑健雄主编. —徐州：中国矿业大学出版社,2004

7—81070—718—3

中国旅游消费研究 / 宁士敏著. —北京：北京大学出版社,2003(21 世纪博雅学术文库)

7—301—06229—X

旅游企业跨国经营战略研究 / 杜江著. —北京：旅游教育出版社,2001(旅游研究前沿丛书)

7—5637—0978—9

中国国内旅游客源市场系统研究 / 吴必虎等著. —上海：华东师范大学出版社,1999

7—5617—1896—9

中国旅游景区治理模式 / 彭德成著. —北京：中国旅游出版社,2003

7—5032—2152—6

中国旅行社业研究 / 蔡家成著. —北京：中国旅游出版社,2005

7—5032—2646—3

地方旅游开发与管理 / 吴必虎著. —北京：科

学出版社,2000(经济发展与地方管理丛书)

7—03—008191—9

区域民族旅游开发导论 / 张河清著. —北京：中国旅游出版社,2005

7—5032—2647—1

北京市郊区旅游发展战略研究：经验、误区与对策 / 邹统钎主编. —北京：旅游教育出版社,2004

7—5637—1231—3

山东省文化资源旅游开发研究 / 何桂梅,王德刚主编. —济南：齐鲁书社,2004(齐鲁文化学术文库)

7—5333—1258—9

中国黄山旅游：分析与展望 / 盛学峰著. —合肥：合肥工业大学出版社,2005

7—81093—275—6

现代城市旅游业经营 / 聂南忠著. —北京：社会科学文献出版社,2003(浙江区域经济·研究系列)

7—80190—047—2

湖南旅游业 / 徐飞雄著. —长沙：湖南地图出版社,1999

7—80552—314—2

海南体育旅游开发研究 / 夏敏慧著. —北京：北京体育大学出版社,2005(中国体育博士文丛)

7—81100—274—4

国际热带滨海旅游城市发展道路探析：三亚建成国际热带滨海旅游城市的战略思考 / 王富玉著. —北京：中国旅游出版社,2000

7—5032—1682—4

中国旅游史,古代部分 / 王淑良编. —北京：旅游教育出版社,1998

7—5637—0817—0

民族旅游地文化变迁与发展研究 / 李伟著. —

北京：民族出版社,2005(云南师范大学人文社会
科学学科建设文库)

7—105—07225—3

新世纪中国区域旅游发展大思路 / 孙钢著.—
北京：中国旅游出版社,2001

7—5032—1797—9

大调整：中国经济结构调整的六大问题 / 陆
百甫主编.—北京：中国发展出版社,1998(硬道
理·专家书系)

7—80087—288—2

旅游地理信息系统：设计、开发与应用 / 宫辉
力,赵文吉,李小娟等编著.—北京：科学出版社,
2005(地理信息系统理论与应用丛书)

7—03—015746—X

通信经济学 / 吴洪,黄秀清编著.—北京：北
京邮电大学出版社,2003

7—5635—0702—7

企业信息化与信息系统 / 郑会颂等编著.—北
京：人民邮电出版社,2003(通信企业管理基础培
训系列教程)

7—115—11044—1

电信全球竞争 / 王红梅著.—北京：人民邮电
出版社,2000(入世与中国电信业的发展)

7—115—08891—8

经济体制改革和中国农村的家庭与婚姻 / 杨
善华著.—北京：北京大学出版社,1995

7—301—02896—2

清末邮传部研究 / 苏全有著.—北京：中华书
局,2005(中华文史新刊)

7—101—04776—9

发展中大国的贸易自由化与中国 / 佟家栋
著.—天津：天津教育出版社,2005(名家学术文
库)

7—5309—4150—X

基于全球化背景下的贸易与环境 / 任建兰等
著.—北京：商务印书馆,2003

7—100—04005—1

技术性贸易壁垒与中国对外贸易 / 张海东
著.—北京：对外经济贸易大学出版社,2004

7—81078—339—4

中国第三产业经济分析 / 李江帆主编.—广
州：广东人民出版社,2004

7—218—04527—8

电子商务：变革与演进 / (德)丹尼尔·阿莫
著；董兆一,童志庭,白洁译.—北京：机械工业出
版社,2003(经济教材译丛)

7—111—11628—3

电子商务导论：商务角度 / 王健编著.—北
京：对外经济贸易大学出版社,2002(对外经济贸
易大学系列教材)

7—81078—192—8

纪念性景观与旅游规划设计 / 刘滨谊等著.—
南京：东南大学出版社,2005(中国景观与旅游规
划设计丛书)

7—81089—430—7

保险会计与风险管理 / 龚兴隆著.—北京：中
国审计出版社,2000

7—80064—938—5

零售连锁经营 / 徐印州主编.—广州：广东经
济出版社,2004(现代零售丛书·经济管理系列)

7—80677—752—0

商业连锁经营和配送中心发展问题研究 / 刘
庆元,刘宝宏著.—大连：东北财经大学出版社,
1999(中国当代经济前沿科学文库)

7—81044—574—X

晋商兴衰史 / 张正明著.—山西：山西古籍出
版社,1995(三晋文化研究丛书)

7—80598—103—5

广西近代圩镇研究 / 钟文典主编.—桂林:广西师范大学出版社,1998

7—5633—2741—X

贸易保护理论与政策 / 任烈著.—上海:立信会计出版社,1997(经济学者文库)

7—5429—0508—2

世界贸易组织与发展中国家 / 王新奎等著.—上海:上海远东出版社,1998(经济发展研究书系.世界经济发展研究论丛)

7—80613—720—3

世界贸易组织争端解决机制法律与实践 / 余敏友著.—武汉:武汉大学出版社,1998

7—307—02606—6

国际新型建筑工程 CM 承发包模式 / 乐云编著.—上海:同济大学出版社,1998

7—5608—1944—3

跨越技术性贸易壁垒:理论分析、经济影响与对策研究 / 全毅,翁东玲,张旭华著.—北京:经济科学出版社,2005

7—5058—5992—7

商务决策数量方法 / 李一智主编.—北京:经济科学出版社,2003

7—5058—3422—3

环境与贸易 / 叶汝求等著.—北京:中国环境科学出版社,2001(国合会研究成果丛书)

7—80135—996—8

第五媒体:无线营销下的分众传媒与定向传播 / 朱海松著.—广州:广东经济出版社,2005(方法比知识重要系列丛书)

7—80728—097—2

公益广告导论 / 潘泽宏著.—北京:中国广播电视出版社,2001(新闻理论丛书)

7—5043—3630—0

会计原理 / 吴小丁编著.—北京:科学出版社,2005

虚拟市场:经济全球化中的电子商务 / 杨坚争等著.—上海:上海社会科学院出版社,2001(经济全球化论丛)

7—80618—804—5

营销风险及规避策略 / 张永强等编著.—北京:中国经济出版社,2005(企业风险管理丛书)

7—5017—5956—1

电子商务理论与技术 / 郭木兴编著.—北京:中国铁道出版社,2002(最佳网络教育系列丛书)

7—113—04529—4

中国电子商务与实践 / 关翔等编著;史惠康审校.—北京:清华大学出版社,2000

7—302—01184—2

电子商务核心技术:安全电子交易协议的理论与设计 / 梁晋等编著.—西安:西安电子科技大学出版社,2000

7—5606—0894—9

数据库营销 / 杨谦编著.—长沙:湖南科学技术出版社,2005

7—5357—4252—1

电子商务的价值链与赢利模式 / 吴叔平著.—上海:上海远东出版社,2001

7—80661—125—8

市场理论及其应用 / 万成林,邓向荣主编.—天津:天津大学出版社,1995(当代市场营销丛书)

7—5618—0692—2

市场营销新论 / 郭国庆,成栋主编.—北京:中国经济出版社,1997(工商管理培训系列教材)

7—5017—4055—0

市场创新 / 黄恒学著.—北京:清华大学出版

社,1998(技术创新丛书之七)

7—302—02988—1

现代竞争理论与竞争政策 / 陈秀山著.—北京：商务印书馆,1997(市场经济研究丛书)

7—100—01909—5

营销学导论 / (美)菲利普·科特勒,加里·阿姆斯特朗著.—英文第4版.—北京：华夏出版社,1998

7—5080—1592—4

竞争秩序与竞争政策 / 金碚主编.—北京：社会科学文献出版社,2005

7—80190—727—2

市场营销原理 / (美)菲利普·科特勒,加里·阿姆斯特朗著；赵平,王霞等译.—北京：清华大学出版社,2003(工商管理优秀教材译丛营销学系列)

7—302—05971—3

非营利组织战略营销 / (美)菲利普·科特勒,艾伦.R.安德里亚森著；孟延春等译.—北京：中国人民大学出版社,2003(公共行政与公共管理经典译丛)

7—300—04327—5

非营利组织营销学 / 陈晓春主编.—长沙：湖南人民出版社,2003(新世纪公共管理教程)

7—5438—3361—1

营销渠道管理 / (美)伯特·罗森布罗姆著；李乃和,奚俊芳等译.—北京：机械工业出版社,2003(营销教材译丛)

7—111—10927—9

品牌战略和管理 / 宋永高著.—杭州：浙江大学出版社,2003

7—308—03329—5

市场逻辑与文化发展 / 陈立旭著.—杭州：浙江人民出版社,1999

7—213—01918—X

营销伦理 / 王方华,周祖城编著.—上海：上海交通大学出版社,2005(新世纪营销学丛书)

7—313—03959—X

市场信息学 / 李纲编著.—武汉：武汉大学出版社,1996(武汉大学本科生系列教材)

7—307—02227—3

公共商品供给制度研究 / 卢洪友著.—北京：中国财政经济出版社,2003

7—5005—6458—9

消费者心理与行为 / 江林主编.—北京：中国人民大学出版社,1997(中国人民大学市场营销系列教材)

7—300—02282—0

社会中介组织的理论与运作 / 张云德编著.—上海：上海人民出版社,2003(中介组织与经纪人管理丛书)

7—208—04820—7

现代广告案例：理论与评析 / 何佳讯编著.—上海：复旦大学出版社,1998(广告经济丛书)

7—309—02131—2

广告效果研究 / 樊志育著.—北京：中国友谊出版公司,1995(海外广告丛书)

7—5057—1261—6

广告与品牌策划 / (美)约翰·菲利普·琼斯著；孙连勇,李树荣等译.—北京：机械工业出版社,1999(华章企管学院丛书)

7—111—06453—4

广告媒体研究：当代广告媒体的选择依据 / 陈俊良著.—北京：中国物价出版社,1997(龙媒广告选书)

7—80070—665—6

现代广告写作 / 方蔚林著.—北京：中国人民大学出版社,1998(实用写作教材系列)

7—300—02449—1

丰裕的寓言：美国广告文化史／（美）杰克逊·李尔斯著；任海龙译.—上海：上海人民出版社，2005

7—208—05455—X

奥格威谈广告／（美）大卫·奥格威著；曾晶译.—北京：机械工业出版社，2003

7—111—12002—7

广告策划创意学／余明阳，陈先红主编.—上海：复旦大学出版社，1999

7—309—02115—0

现代广告与传统文化／肖建春等著.—成都：四川人民出版社，2002

7—220—06124—2

现代广告学／汪涛编著.—武汉：武汉大学出版社，1998

7—307—02603—1

现代广告修辞／徐秋英著.—北京：中国经济出版社，1998

7—5017—4042—9

20世纪广告传播理论研究／张金海著.—武汉：武汉大学出版社，2002（武汉大学人文社会科学文库·珞珈新闻学与传播学丛书）

7—307—03760—2

东方智慧与符号消费：DIMT 模式中的日本茶饮料广告／李思屈著.—杭州：浙江大学出版社，2003

7—308—03370—8

广告文化学／李建立著.—北京：北京广播学院出版社，1998

7—81004—737—X

中外广告史：站在当代视角的全面回顾／陈培爱著.—北京：中国物价出版社，1997（龙媒广告选书）

7—80070—663—X

会展经济：一种蕴藏无限商机的新型经济／保建云，徐梅编著.—成都：西南财经大学出版社，2001（企业前瞻系列）

7—81055—630—4

新媒体与广告／陈刚等著.—北京：中国轻工业出版社，2002（中国广告活动的现状与未来·系列丛书）

7—5019—3813—X

商会发展与制度规范／陈清泰主编.—北京：中国经济出版社，1995

7—5017—3621—9

电子商务会计／许永斌著.—上海：立信会计出版社，2000（《数字经济下的会计预言》丛书）

7—5429—0803—0

电子商贸与网络营销／姜旭平著.—北京：清华大学出版社，1998

7—302—02985—7

电子商务体系结构及系统设计／覃征等编著.—西安：西安交通大学出版社，2001

7—5605—1470—7

商店名称语言／钱理，王军元著.—上海：汉语大词典出版社，2005（商务语言研究丛书）

7—5432—1144—0

体验营销：流行美10倍速盈利新模式／肖建中，熊学慧著.—北京：中国人民大学出版社，2005

7—300—05992—9

商业伦理：利益相关者分析与问题管理方法／（美）约瑟夫. W. 韦斯著；符彩霞译.—北京：中国人民大学出版社，2005（工商管理经典译丛）

7—300—06487—6

客户满意度数据分析／（美）德里克·艾伦，特尼鲁·拉奥著；陶峻，李惠瑶主译.—大连：东北财经大学出版社，2005（CRM 实战方略丛书）

7—81084—440—7

知识服务业：都市经济第一支柱产业 / 高汝熹,张洁著.—上海：上海交通大学出版社,2004（城市与区域经济新论丛书）

　　7—313—03675—2

服务业顾客忠诚研究 / 罗海成著.—天津：南开大学出版社,2005（南开服务管理丛书）

　　7—310—02380—3

服务业与经济增长 / 黄少军著.—北京：经济科学出版社,2000（现代经济学丛书）

　　7—5058—2036—2

第三产业投入产出分析：从投入产出的角度看第三产业的产业关联与产业波及特性 / 李冠霖著.—北京：中国物价出版社,2002

　　7—80155—349—7

服务业竞争力：一个理论以及对服务贸易与零售业的研究 / 王小平著.—北京：经济管理出版社,2003

　　7—80162—622—2

研发产业初论 / 马林主编.—北京：北京科学技术出版社,2005

　　7—5304—3256—7

中国旅游饭店业的竞争与发展 / 魏小安,沈彦蓉著.—广州：广东旅游出版社,1999

　　7—80653—030—4

21世纪初的中国服务业 / 李善同,华而诚主编.—北京：经济科学出版社,2002

　　7—5058—3176—3

服务质量评价模型 / 崔立新著.—北京：经济日报出版社,2003

　　7—80180—169—5

知识密集型服务业与创新 / 魏江,（美）Mark Boden等著.—北京：科学出版社,2004

　　7—03—012302—6

中国第三产业发展研究 / 李江帆主编.—北京：人民出版社,2005

　　7—01—005040—6

服务质量评价与管理 / 韦福祥著.—北京：人民邮电出版社,2005

　　7—115—13047—7

服务产业与现代服务业 / 晁钢令主编.—上海：上海财经大学出版社,2004

　　7—81098—222—2

我国服务业发展的国际比较与实证研究 / 任旺兵著.—北京：中国计划出版社,2005

　　7—80177—503—1

世界著名酒店集团比较研究 / 奚晏平编著.—北京：中国旅游出版社,2004

　　7—5032—2326—X

第三产业经济学 / 张健仁著.—北京：中国人民大学出版社,1998

　　7—300—02443—2

服务经济论 / 郑吉昌著.—北京：中国商务出版社,2005

　　7—80181—427—4

现代饭店管理 / 朱承强编著.—北京：高等教育出版社,2003（普通高等教育"十五"国家级规划教材高职高专教育）

　　7—04—012464—5

饭店企业核心竞争力研究 / 徐虹著.—北京：旅游教育出版社,2004

　　7—5637—1210—0

中国商业理论前沿 / 郭冬乐,宋则主编.—北京：社会科学文献出版社,2001（中国经济科学前沿丛书）

　　7—80149—512—8

城市CBD与CBD系统 / 陈瑛著.—北京：科

学出版社,2005

7—03—014679—4

经济全球化与中国商务发展 / 辛承越编著.—北京：人民出版社,2005

7—01—004748—0

虚拟认识论 / 张怡,郧全民,陈敬全著.—上海：学林出版社,2003

7—80668—446—8

中国商业现代化新论 / 陈信康著.—上海：上海财经大学出版社,2003

7—81049—918—1

市场经济与民间商会：培育发展民间商会的比较研究 / 浦文昌等著.—北京：中央编译出版社,2003

7—80109—663—0

中国农村的市场和社会结构 / （美）施坚雅著;史建云,徐秀丽译.—北京：中国社会科学出版社,1998（中国近代史研究译丛）

7—5004—1692—X

过度竞争论 / 曹建海著.—北京：中国人民大学出版社,2000（中国经济问题丛书）

7—300—03538—8

以制度和秩序驾驭市场经济：经济转型阶段的市场秩序建设 / 洪银兴著.—北京：人民出版社,2005

7—01—004822—3

转型经济条件下的市场秩序研究 / 纪宝成主编.—北京：中国人民大学出版社,2003

7—300—05311—4

中国农村市场信息服务概论 / 郭作玉著.—北京：中国农业出版社,2005

7—109—10077—4

技术合约与交易费用研究 / 刘学著.—北京：

华夏出版社,2001

7—5080—2264—5

零售业：发展热点思辩 / 顾国建编著.—北京：中国商业出版社,1997（流通现代化与国际化）

7—5044—3327—6

市场化进程中的组织制度创新："布吉模式"的创新价值及其对中国农产品流通体制改革的启示 / 罗必良,温思美,林家宏主编.—广州：广东经济出版社,1999

7—80632—571—9

中国主要农产品市场分析 / 谭向勇等著.—北京：中国农业出版社,2001

7—109—07067—0

农产品流通组织创新研究 / 黎元生著.—北京：中国农业出版社,2003

7—109—07745—4

中国农产品流通体制与价格制度 / 姚今观等著.—北京：中国物价出版社,1995

7—80070—521—8

中国粮食市场与政策 / 柯炳生著.—北京：中国农业出版社,1995（中国博士专著）

7—109—03639—1

中国粮食物流科学化研究 / 侯立军等著.—北京：中国农业出版社,2002

7—109—08053—6

中国畜产品供给需求与贸易行为研究 / 蒋乃华,辛贤,尹坚著.—北京：中国农业出版社,2003

7—109—08476—0

汽车营销艺术通论 / 陈友新著.—北京：北京理工大学出版社,2003

7—81045—983—X

视觉营销 / 杨大筠主编;马大力编著.—北京：中国纺织出版社,2003（中国服饰业经营实战丛书;

联合时代营销思想库)

    7—5064—2564—5

垄断性产业价格改革 / 刘树杰主编.—北京：中国计划出版社,1999(中国宏观经济丛书)

    7—80058—700—2

中国自然垄断经营产品管制价格形成机制研究 / 王俊豪等著.—北京：中国经济出版社,2002

    7—5017—5379—2

晋商研究 / 刘建生,刘鹏生,梁四宝等著.—2版.—太原：山西人民出版社,2005

    7—203—04539—0

明清晋商制度变迁研究 / 刘建生,刘鹏生,燕红忠等著.—太原：山西人民出版社,2005

    7—203—05289—3

商人与中国近世社会 / 唐力行著.—北京：商务印书馆,2003

    7—100—03797—2

明清徽商与淮扬社会变迁 / 王振忠著.—北京：三联书店,1996(三联·哈佛燕京学术丛书)

    7—108—00900—5

明清时期山东商品经济的发展 / 许檀著.—北京：中国社会科学出版社,1998(中国社会科学院文库·经济研究系列)

    7—5004—2086—2

晋商史料与研究 / 李希曾主编;阳泉市政协文史资料委员会编.—太原：山西人民出版社,1996

    7—203—03451—8

明清江南商业的发展 / 范金民著.—南京：南京大学出版社,1998

    7—305—03155—0

明清晋商及民风 / 张正明著.—北京：人民出版社,2003

    7—01—003872—4

明清山西商人研究 / 黄鉴晖著.—太原：山西经济出版社,2002

    7—80636—621—0

晋商史料研究 / 穆雯瑛主编.—太原：山西人民出版社,2001

    7—203—04132—8

当代流通理论：基于日本流通问题的研究 / 夏春玉著.—大连：东北财经大学出版社,2005

    7—81084—681—7

美国现代商品零售业：历史、现状与未来 / 吕一林著.—北京：清华大学出版社,2001(世界流通产业透视丛书)

    7—302—04282—9

全球贸易和国家利益冲突 / （美）拉尔夫·戈莫里,威廉·鲍莫尔著;文爽,乔羽译.—北京：中信出版社,2003(比较译丛)

    7—80073—684—9

理性思维：国际贸易理论的探索与发展 / 李欣广主编.—北京：中国经济出版社,1997(面向21世纪国际贸易丛书)

    7—5017—3796—7

克鲁格曼国际贸易新理论 / （美）保罗·克鲁格曼著;黄胜强译.—北京：中国社会科学出版社,2001

    7—5004—3239—9

动态国际贸易理论研究：均衡与非均衡分析 / 李荣林著.—北京：中国经济出版社,2000

    7—5017—4970—1

比较国际贸易学 / 张二震等著.—南京：江苏人民出版社,1995

    7—214—01520—X

当代国际贸易新理论 / 陈家勤主编.—北京：经济科学出版社,2000

    7—5058—2190—3

国际贸易结构与流向／金哲松著.—北京：中国计划出版社,2000

7—80058—868—8

从比较优势到竞争优势：理论与实证研究／李晓钟著.—杭州：浙江大学出版社,2004

7—308—03638—3

干旱灾害对我国社会经济影响研究／刘颖秋主编.—北京：中国人民大学出版社,2005

7—5084—3227—4

WTO 的新议题与多边贸易体制／陈建国著.—天津：天津大学出版社,2003（WTO 与中国经济研究丛书）

7—5618—1690—1

国际服务贸易／陈宪,程大中编著.—北京：高等教育出版社,2003（高等学校经济与管理专业系列教材）

7—04—012059—3

国际服务贸易与跨国公司／卢进勇,虞和军,朱晞颜主编.—北京：对外经济贸易大学出版社,2002

7—81078—132—4

各国贸易政策比较／王厚双主编.—北京：经济日报出版社,2002

7—80127—985—9

贸易技术壁垒与商品进出口／陈志田,叶柏林主编.—北京：中国计量出版社,2002

7—5026—1597—0

WTO 体制下国际贸易救济审查制度研究／朱淑娣著.—北京：时事出版社,2005（专家纵论）

7—80009—924—5

国际贸易救济措施：反倾销、反补贴、保障措施与特保措施／李毅,李晓峰著.—北京：对外经济贸易大学出版社,2005

7—81078—419—6

贸易保护制度的经济分析／金祥荣,田青,陆菁著.—北京：经济科学出版社,2001

7—5058—2691—3

互补性竞争论：区域集团与多边贸易体制／刘光溪著.—北京：经济日报出版社,1996

7—80127—234—X

绿色壁垒与国际贸易／王金南等著.—北京：中国环境科学出版社,2002

7—80163—483—7

WTO 与中国高等教育发展／吴松,沈紫金主编.—北京：北京理工大学出版社,2002（WTO 与中国教育丛书）

7—81045—976—7

农产品贸易争端案例／张汉林总主编.—北京：经济日报出版社,2003（WTO 专家书系·经典案例）

7—80127—956—5

WTO 与中国金融监管法律制度研究／马卫华著.—北京：中国人民大学出版社,2002（法律科学文库）

7—300—04371—2

WTO 与我国银行监管法制完善研究／周辉斌著.—北京：中国方正出版社,2003（国际法与比较法专题研究丛书）

7—80107—632—X

公共健康危机与 WTO 知识产权制度的改革：以 TRIPS 协议为中心／冯浩菡著.—武汉：武汉大学出版社,2005（武汉大学国际法博士文库）

7—307—04594—X

中国加入 WTO 各行业前景分析／陈玉明主编;杨娟等撰稿.—北京：经济日报出版社,2000

7—80127—660—4

绿色屏障：国际贸易中的环境问题与中国的选择／谷祖莎著.—北京：中国经济出版社,2005

7—5017—7060—3

世界贸易组织与高等教育 / 陈贤忠主编. —合肥：安徽大学出版社,2002

7—81052—556—5

中国在 WTO 中的定位、作用和策略 / 屠新泉编著. —北京：对外经济贸易大学出版社,2005

7—81078—510—9

世贸组织运行机制与规则 / 王福明主编. —北京：对外经济贸易大学出版社,2000

7—81000—988—5

世贸组织与中国大经贸发展 / 薛荣久著. —北京：对外经济贸易大学出版社,1997

7—81000—829—3

世界贸易组织法 / 藏立著. —北京：法律出版社,2003

7—5036—4529—6

入世与中国利用外资新战略 / 郭秀君著. —北京：经济日报出版社,2002

7—80127—905—0

WTO 与中国旅游产业发展新论 / 马勇,周霄著. —北京：科学出版社,2003

7—03—011726—3

WTO 规则与中国法律制度改革 / 宋才发著. —北京：人民法院出版社,2005

7—80217—009—5

加入 WTO 与中国服务贸易 / 李善同,侯永志主编. —北京：商务印书馆,2003

7—100—03637—2

世界贸易组织机制运行论 / 徐兆宏著. —上海：上海财经大学出版社,1999

7—81049—373—6

加入世贸组织对公安工作的影响 / 向党著. —

北京：中国人民公安大学出版社,2002

7—81087—019—X

《WTO 服务贸易总协定》法律约束力研究 / 房东著. —北京：北京大学出版社,2005(WTO 法律制度系列专著)

7—301—10236—4

WTO 竞争政策与中国反垄断立法 / 王先林著. —北京：北京大学出版社,2005(经济法论丛)

7—301—08719—5

减弱"复关"冲击的国际经验比较 / 江小涓等著. —北京：经济管理出版社,1995

7—80025—197—7

世界贸易组织与贸易有关的知识产权 / 郑成思著. —北京：中国人民大学出版社,1996

7—300—02262—6

经贸竞争新领域：《服务贸易总协定》与国际服务贸易 / 张汉林等著. —北京：中国经济出版社,1997(跨世纪国际经贸规范丛书)

7—5017—3896—3

国际项目融资 / 孙黎,刘丰元,陈益赋主编；何景良,陈卓东,何颖欣编著. —北京：北京大学出版社,1999

7—301—03922—0

技术性贸易壁垒的经济分析 / 孙敬水著. —北京：中国物资出版社,2005

7—5047—2297—9

国际服务贸易：理论·产业特征与贸易政策 / 饶友玲编著. —北京：对外经济贸易大学出版社,2004

7—81078—400—5

后发优势与贸易发展 / 张伟著. —北京：中国社会科学出版社,2003

7—5004—3849—4

中国对外贸易概论 / 王绍熙编著. —北京：对
外经济贸易大学出版社,2003(国际经济与贸易专
业本科名师系列教程)
7—81078—257—6

中国对外经贸理论前沿 / 杨圣明主编. —北
京：社会科学文献出版社,1999(中国经济科学前
沿丛书)
7—80149—184—X

中国对外贸易与经济增长 / 杨全发著. —北
京：中国经济出版社,1999(中国经济学博士论丛)
7—5017—4583—8

中国外贸救济与外贸调查制度 / 周汉民主
编. —上海：上海交通大学出版社,2005
7—313—03980—8

中国外经贸热点问题研究 / 温耀庆主编. —上
海：上海交通大学出版社,2005
7—313—03909—3

经济学前沿理论与中国对外经济贸易 / 徐海
宁著. —北京：中国对外经济贸易出版社,2003
7—80181—131—3

中国对外贸易结构论 / 张曙霄著. —北京：中
国经济出版社,2003
7—5017—6023—3

我国对外贸易与经济增长转型的理论与实证
研究 / 李荣林,张岩贵编著. —北京：中国经济出
版社,2001
7—5017—5230—3

中国外贸与国家竞争优势 / 霍建国著. —北
京：中国商务出版社,2004
7—80181—195—X

中国对外贸易政策的政治经济分析 / 盛斌
著. —上海：上海人民出版社,2002(当代经济学系
列丛书当代经济学文库)
7—208—04209—8

战略性贸易政策的理论与实证研究：兼论在
中国相关产业的适用性问题 / 胡昭玲著. —天津：
南开大学出版社,2002
7—310—01812—5

中国服务贸易方略 / 白仲尧主编. —北京：社
会科学文献出版社,1998(二十一世纪丛书)
7—80149—041—X

中国农产品贸易技术壁垒战略研究 / 王平
著. —北京：中国农业出版社,2004
7—109—09187—2

农产品比较优势与对外贸易整合研究 / 李崇
光,于爱芝著. —北京：中国农业出版社,2004
7—109—09459—6

论提高农产品国际竞争力 / 杨雍哲主编. —北
京：中国农业出版社,2003
7—109—08117—6

跨越贸易壁垒：技术性贸易壁垒对中国纺织
品服装贸易的影响 / 王仲辉著. —北京：中国社会
科学出版社,2005
7—5004—5208—X

中国应对技术性贸易壁垒策略 / 金德有,韩建
平编著. —北京：中国标准出版社,2005
7—5066—3717—0

服务贸易：自由化与竞争力 / 王粤著. —北
京：中国人民大学出版社,2002
7—300—03998—7

国际服务贸易法律的多边化与中国对外服务
贸易法制 / 陶凯元著. —北京：法律出版社,2000
7—5036—3122—8

国际工程管理概论 / 刘尔烈主编. —天津：天
津大学出版社,2003
7—5618—1693—6

中国主要对外经济贸易伙伴 / 黄晓玲主编. —

北京：对外经济贸易大学出版社,2005(对外经济
贸易大学系列教材)

7—81078—580—X

中国—东盟自由贸易区研究 / 霍伟东著. —成
都：西南财经大学出版社,2005(博士文库)

7—81088—338—0

中国与东盟经济关系新格局 / 王勤等著. —厦
门：厦门大学出版社,2003(厦门大学 WTO 研究中
心系列丛书)

7—5615—2142—1

中欧贸易摩擦 / 黄辉著. —北京：社会科学文
献出版社,2005(贸易摩擦应对丛书)

7—80190—864—3

中美贸易摩擦 / 陈泰锋著. —北京：社会科学
文献出版社,2005(贸易摩擦应对丛书)

7—80190—862—7

中国边境贸易地理 / 于国政编著. —北京：中
国对外经济贸易出版社,1997

7—80004—526—9

亚太区域贸易安排研究 / 孟夏著. —天津：南
开大学出版社,2005(APEC 问题研究丛书)

7—310—02224—6

**全球化与经济摩擦：日美经济摩擦的理论与
实证研究** / 赵瑾著. —北京：商务印书馆,2002

7—100—03600—3

**WTO 规则运用中的法治：中国纺织品特别保
障措施研究** / 黄东黎著. —北京：人民出版社,2005

7—01—005181—X

商标命名研究 / 朱亚军著. —上海：上海外语
教育出版社,2003

7—81080—714—5

EPC 与物联网 / 王忠敏主编. —北京：中国标
准出版社,2004

7—5066—3452—X

国内外中药市场分析 / 么厉,肖诗鹰,刘铜华
主编. —北京：中国医药科技出版社,2003

7—5067—2669—6

绿色食品产业化研究 / 梅洪常,邓莉等编
著. —北京：经济管理出版社,2005

7—80207—068—6

汇率变动与贸易发展 / 杜进朝编著. —上海：
上海财经大学出版社,2004(博士文库)

7—81098—098—X

积极财政政策及其与货币政策配合研究 / 郭
庆旺,赵志耘,何乘才著. —北京：中国人民大学出
版社,2004(教育部人文社会科学研究重大项目成
果丛书)

7—300—05862—0

**风险资本市值：中国商业银行实现飞跃的核心
问题** / 陈小宪著. —北京：中国金融出版社,2004

7—5049—3482—8

中国西部经济金融发展研究 / 胡怀邦著. —北
京：经济科学出版社,2004

7—5058—4190—4

中国西部地区乡镇负债问题研究 / 张秀英,刘
金玲著. —北京：人民出版社,2004

7—01—004676—X

货币理论与货币政策研究 / 夏丹阳编著. —北
京：中国财政经济出版社,2004

7—5005—6477—5

中国信用卡产业发展模式研究 / 虞月君著. —
北京：中国金融出版社,2004

7—5049—3461—5

现代商业银行管理再造 / 张民著. —北京：中
国金融出版社,2004

7—5049—3444—5

公共财政与公共选择：两种截然对立的国家观 ／（美）詹姆斯．M．布坎南，里查德．A．马斯格雷夫著；类承曜译．—北京：中国财政经济出版社，2000（公共财政译丛）

　　7—5005—4782—X

商路漫漫五百年：晋商与传统文化 ／葛贤慧著．—武汉：华中理工大学出版社，1996（东方商旅丛书）

　　7—5609—1350—4

财政分权：理论基础与实践 ／许正中，苑广睿，孙国英著．—北京：社会科学文献出版社，2002（财金论丛）

　　7—80149—745—7

技术创新主体论 ／李兆友著．—沈阳：东北大学出版社，2001（东北大学技术哲学博士文库）

　　7—81054—600—7

交易行为与合约选择 ／易宪容著．—北京：经济科学出版社，1998（现代经济学丛书）

　　7—5058—1429—X

汇率制度的选择：兼论对人民币汇率制度的启示 ／沈国兵著．—北京：经济科学出版社，2003（中青年经济学家文库）

　　7—5058—3708—7

蒙代尔经济学文集．第五卷．汇率与最优货币区 ／（加）蒙代尔著；向松祚译．—北京：中国金融出版社，2003

　　7—5049—3153—5

资本市场机构与工具 ／（美）弗兰克．J．法博齐，弗朗哥．莫迪利亚尼著；唐旭等译．—2版．—北京：经济科学出版社，1998（当代金融名著译丛．第一辑）

　　7—5058—1349—8

金融衍生工具：发展与监管 ／周立著．—北京：中国发展出版社，1997（发展文库）

　　7—80087—250—5

基金管理 ／崔勇编著．—北京：企业管理出版社，2001（证券从业人员业务进阶培训丛书）

　　7—80147—561—5

利率期限结构研究 ／于瑾著．—北京：经济日报出版社，2004

　　7—80180—391—4

期货 ／（日）木原大辅著；胡岳岷，赵儒煜，刘淑梅译．—北京：科学出版社，2004（图解现代个人理财顾问）

　　7—03—012540—1

经济发展中金融的贡献与效率 ／王广谦著．—北京：中国人民大学出版社，1997（经济科学文库）

　　7—300—02324—X

世界银行业监管 ／周林主编．—上海：上海财经大学出版社，1998（现代金融管理系列）

　　7—81049—232—2

国际货币金融法 ／张桂红，邹立刚主编．—北京：中国政法大学出版社，1995

　　7—5620—0784—5

储蓄转化投资的金融机制分析 ／吴少新著．—北京：中国经济出版社，1998（中国经济学博士论丛）

　　7—5017—4138—7

中国经济转型时期信贷配给问题研究 ／文远华著．—上海：上海人民出版社：上海三联书店，2005（当代经济学系列丛书；当代经济学文库）

　　7—208—05532—7

跨国公司在华研发投资与中国技术跨越式发展 ／李蕊著．—北京：经济科学出版社，2004

　　7—5058—4758—9

美国的金融创新与金融监管 ／马红霞等著．—武汉：武汉大学出版社，1998（当代美国经济研究丛书）

　　7—307—02628—7

非理性繁荣 / (美)罗伯特.J. 希勒著;廖理,范文仲,夏乐译.—北京:中国人民大学出版社,2004(新金融系列)

7—300—03610—4

保险经营风险防范机制研究 / 卓志著.—成都:西南财经大学出版社,1998(保险学术论丛)

7—81055—271—6

养老金制度与资本市场 / 李绍光著.—北京:中国社会科学院,1998(发展文库)

7—80087—314—5

生存数据分析的统计方法 / (美)Elisa T. Lee 著;陈家鼎,戴中维译.—北京:中国统计出版社,1998(现代外国统计学优秀著作译丛)

7—5037—2447—1

数学风险论导引 / (瑞士)汉斯. U. 盖伯著;成世学,严颖译.—北京:世界图书出版公司北京分公司,1997(应用数学译丛)

7—5062—3343—6

各级政府公共服务事权财权配置 / 宋立,刘树杰主编.—北京:中国计划出版社,2005(中国宏观经济丛书)

7—80177—475—2

财政学与中国财政:理论与现实.下册 / 马寅初著.—北京:商务印书馆,2005(中国文库·哲学社会科学类)

7—100—04448—0

税收优惠的经济分析 / 朱承斌著.—北京:经济科学出版社,2005

7—5058—4994—8

中国税收征管战略研究 / 林高星著.—厦门:厦门大学出版社,2005

7—5615—2296—7

财政扩张风险与控制 / 丛树海主编.—北京:商务印书馆,2005

7—100—04340—9

国际税收竞争研究 / 邓力平,陈涛著.—北京:中国财政经济出版社,2004

7—5005—7210—7

财政学原理 / 刘京焕,陈志勇,李景友编著.—北京:中国财政经济出版社,2005

7—5005—8517—9

财政理论与政策选择 / 席克正,杨君昌主编.—上海:上海财经大学出版社,1996(财经学术文库)

7—81049—089—3

财政、经济增长和动态经济分析 / 邹恒甫著.—北京:北京大学出版社,2002(经济与金融高级研究丛书)

7—301—04715—0

税种结构研究 / 邓子基著.—北京:中国税务出版社,2000(税收经济文库)

7—80117—393—7

公共财政学:理论与实践 / 杨之刚著.—上海:上海人民出版社,1999(现代经济学管理学教科书系列)

7—208—03247—5

公共财政论纲 / 张馨著.—北京:经济科学出版社,1999

7—5058—1745—0

公共财政论 / 叶振鹏,张馨著.—北京:经济科学出版社,1999

7—5058—1769—8

经济全球化的政府采购 / 刘小川,王庆华著.—北京:经济管理出版社,2001(财经学术新观点丛书)

7—80162—201—4

政府间财政转移支付论 / 钟晓敏著.—上海:

立信会计出版社,1998(经济学者文库)

7—5429—0597—X

财政风险：成因估测与防范 ／ 张志超等著. —北京：中国财政经济出版社,2004

7—5005—7301—4

国家信用管理体系 ／ 喻敬明等编著. —北京：社会科学文献出版社,2000

7—80149—311—7

理解和管理公共组织 ／（美）海尔. G. 瑞尼著；王孙禹,达飞译. —北京：清华大学出版社,2002（清华公共管理译丛）

7—302—05505—X

税收经济学 ／（法）伯纳德·萨拉尼著；陈新平等译. —北京：中国人民大学出版社,2005（当代世界学术名著经济学系列）

7—300—06241—5

税务会计研究 ／ 盖地主编. —北京：中国金融出版社,2005（会计类研究生系列1）

7—5049—3551—4

所得税会计 ／ 许善达,盖地编. —大连：大连出版社,2005（会计准则研究文库）

7—80684—359—0

国际税收理论与实践 ／ 杨志清著. —北京：北京出版社,1998（跨世纪青年学者文库）

7—200—03296—4

税务会计研究 ／ 于长春著. —大连：东北财经大学出版社,2001（三友会计论丛）

7—81044—835—8

税收理论研究 ／ 郝如玉等编著. —北京：经济科学出版社,2002（中财税收精品文库）

7—5058—3054—6

税收研究概论 ／ 於鼎丞编著. —广州：暨南大学出版社,2003

7—81079—308—X

税收制度国际比较研究 ／ 陈志楣著. —北京：经济科学出版社,2000

7—5058—2198—9

个人所得税政策与改革 ／ 计金标著. —上海：立信会计出版社,1997

7—5429—0504—X

国际税收筹划 ／ 朱洪仁著. —上海：上海财经大学出版社,2000

7—81049—396—5

税收学 ／ 曾国祥主编. —北京：中国税务出版社,2000

7—80117—342—2

税收政策与经济增长 ／ 马栓友著. —北京：中国城市出版社,2001（青年经济学家文库）

7—5074—1278—4

生态税收论 ／ 计金标著. —北京：中国税务出版社,2000（税收经济文库）

7—80117—344—9

公司战略管理与税收策略研究 ／ 刘蓉领著. —北京：中国经济出版社,2005（发展财务论丛书）

7—5017—6997—4

治税的效率和公平：宏观税收管理理论与方法的研究 ／ 杨斌著. —北京：经济科学出版社,1999（厦门大学庄启程基金经济理论与管理新世纪研究丛书）

7—5058—1790—6

税收筹划方法与案例 ／ 蔡昌著. —广州：广东经济出版社,2003

7—80677—443—2

排污收费理论学 ／ 王金南著. —北京：中国环境科学出版社,1997

7—80135—273—4

财政支出学 / 丛树海主编. —北京：中国人民大学出版社,2002(面向21世纪课程教材·高等学校财政学专业主干课程系列教材)

7—300—04019—5

经济增长与国防费规模：国防费结构效应论 / 万东铖著. —北京：中国经济出版社,1998(中国经济学博士后论丛)

7—5017—4205—7

政府采购支出综合效益分析 / 张得让著. —北京：经济科学出版社,2004

7—5058—3891—1

公共支出过程中的信息不对称与制度约束 / 徐曙娜著. —北京：中国财政经济出版社,2005

7—5005—8025—8

财政教育投入及其管理研究 / 贾康,郭文杰主编. —北京：中国财政经济出版社,2002

7—5005—5515—6

国债的理论分析 / 类承曜著. —北京：中国人民大学出版社,2002(财金科学文库)

7—300—04055—1

政府会计论 / 李建发著. —厦门：厦门大学出版社,1999

7—5615—1435—2

促进投资与创新的财政激励 / (美)安沃·沙赫主编；匡小平等译. —北京：经济科学出版社,2000(财政学前沿问题译丛)

7—5058—2186—5

公共财政政策理论与实践 / 尚长风编著. —南京：南京大学出版社,2005

7—305—04624—8

国际会计前沿 / 王松年主编. —上海：上海财经大学出版社,2001(会计研究前沿丛书)

7—81049—618—2

民主机制与民主财政：政府间财政分工及分工方式 / 刘云龙著. —北京：中国城市出版社,2001(青年经济学家文库)

7—5074—1280—6

财政联邦制与财政管理：中外专家论政府间财政体制 / 沙安文,沈春丽主编. —北京：中信出版社,2005

7—5086—0417—2

个人所得税制国际比较研究 / 蔡秀云著. —北京：中国财政经济出版社,2002

7—5005—5763—9

论转移支付：政府间财政转移支付的国际经验及对中国的借鉴意义 / 马骏著. —北京：中国财政经济出版社,1998

7—5005—3687—9

中国财政经济理论前沿 / 高培勇,杨之刚,夏杰长主编. —北京：社会科学文献出版社,2005(理论前沿丛书)

7—80190—853—8

国债运行机制研究 / 高培勇著. —北京：商务印书馆,1995(市场经济研究丛书)

7—100—01857—9

中国财政风险实证研究 / 王美涵主编. —北京：中国财政经济出版社,1999(中国财政问题研究系列)

7—5005—4203—8

中国财政理论前沿. II / 刘溶沧,赵志耘主编. —北京：社会科学文献出版社,2001(中国经济科学前沿丛书)

7—80149—509—8

财政理论与政策：当前若干重大问题探讨 / 郭庆旺,赵志耘著. —北京：经济科学出版社,1999

7—5058—1857—0

财政公共化改革：理论创新·制度变革·理

念更新 / 张馨著.—北京：中国财政经济出版社,2004

　　7—5005—7250—6

纳税人行为解析 / 李胜良著.—大连：东北财经大学出版社,2001

　　7—81044—815—3

中国公共财政 / 刘玲玲,冯健身著.—北京：经济科学出版社,1999

　　7—5058—1851—1

经济转型中的政府担保与财政成本 / 卢文鹏著.—北京：经济科学出版社,2003

　　7—5058—3689—7

科教兴国的财政政策选择 / 郭庆旺等著.—北京：中国财政经济出版社,2003（当代财政金融问题研究丛书）

　　7—5005—6709—X

积极财政政策及其财政风险 / 陈共著.—北京：中国人民大学出版社,2003（中国经济问题丛书）

　　7—300—04910—9

积极财政政策与宏观经济调控 / 戴园晨课题主持;中国社会科学院《积极财政政策跟踪研究》课题组编.—北京：人民出版社,2003（中国学术百家丛书）

　　7—01—003809—0

缩小地区差距的财政政策研究 / 刘雅露著.—北京：经济科学出版社,2000（中青年经济学家文库）

　　7—5058—2166—0

中国财政政策：理论与实践 / 金人庆著.—北京：中国财政经济出版社,2005

　　7—5005—8325—7

双稳健政策：中国避免大萧条之路 / 陈东琪等著.—北京：人民出版社,2005

　　7—01—004796—0

积极财政政策的潜力和可持续性 / 韩文秀,刘成等著.—北京：经济科学出版社,2000

　　7—5058—2240—3

财政理论与财政政策 / 苏明著.—北京：经济科学出版社,2003

　　7—5058—3822—9

财政体制改革攻坚 / 高培勇等著.—北京：中国水利水电出版社,2005（中国改革攻坚丛书）

　　7—5084—3325—4

市场化进程中的中国财政运行机制 / 高培勇,温来成著.—北京：中国人民大学出版社,2001（中国经济问题丛书）

　　7—300—03855—7

中国财政支出结构改革 / 何振一,阎坤主编.—北京：社会科学文献出版社,2000（资本运营丛书）

　　7—80149—380—X

国库集中收付制度研究 / 王敏著.—北京：经济科学出版社,2002

　　7—5058—3269—7

公共财政框架中的财政监督 / 李武好,韩精诚,刘红艺等著.—北京：经济科学出版社,2002

　　7—5058—3055—4

中国财政管理 / 项怀诚编著.—北京：中国财政经济出版社,2001

　　7—5005—5313—7

转轨中的财政制度变革 / 贾康,阎坤著.—上海：上海远东出版社,1999（中国经济发展研究论丛）

　　7—80613—827—7

中国公共预算改革：理性化与民主化 / 马骏著.—北京：中央编译出版社,2005（公共预算研究

系列)

7—80211—130—7

税收遵从的理论分析与政策选择 / 李林木著.—北京：中国税务出版社,2005(财税博士论文库)

7—80117—855—6

税收制度与经济发展 / 於鼎丞主编.—北京：经济科学出版社,2005(产业经济学与金融经济学系列丛书)

7—5058—3919—5

中国：启动新一轮税制改革：理念转变、政策分析和相关安排 / 中国社会科学院财政与贸易经济研究所著.—北京：中国财政经济出版社,2003(中国财政政策报告)

7—5005—6814—2

税收流失经济分析 / 梁朋著.—北京：中国人民大学出版社,2000(中国经济问题丛书)

7—300—03539—6

环境税的新发展：中国与 OECD 比较 / 杨金田,葛察忠主编.—北京：中国环境科学出版社,2000

7—80163—037—8

中国税收流失问题研究 / 贾绍华著.—北京：中国财政经济出版社,2002

7—5005—5575—X

中外地方税收比较 / 戎生灵著.—北京：中国经济出版社,2005

7—5017—6946—X

中国分税制财政体制研究 / 赵云旗著.—北京：经济科学出版社,2005(体制研究)

7—5058—4867—4

中国税收政策理论与实践 / 陈穗红著.—北京：中国财政经济出版社,2002(中国经济丛书)

7—5005—5694—2

中国金融业税收政策与制度研究 / 王在清著.—北京：中国税务出版社,2005(中国税收负担与税收政策问题研究系列专著)

7—80117—740—1

中国的财政政策：税制与中央及地方的财政关系 / (美)罗伊·鲍尔著;许善达等译.—北京：中国税务出版社,2000

7—80117—386—4

税制优化研究 / 樊丽明等著.—北京：经济科学出版社,1999

7—5058—1827—9

遗产税制度研究 / 刘佐主编.—北京：中国财政经济出版社,2003

7—5005—6792—8

非营利组织与免税：民办教育等社会服务机构的免税问题 / 邵金荣著.—北京：社会科学文献出版社,2003(喜玛拉雅学术文库·NGO 论丛;清华公共管理教学参考系列)

7—80149—881—X

房地产租费税改革研究 / 王洪卫,陈歆,戴扬等编著.—上海：上海财经大学出版社,2005

7—81098—194—3

产品设计开发计划 / 杨霖编著.—北京：中国标准出版社,2005

7—302—10463—8

中国税务管理现代化概论 / 孟庆启著.—北京：中国税务出版社,2005

7—80117—838—6

中国增值税转型经济影响的实证研究 / 杨震著.—北京：中国财政经济出版社,2005

7—5005—8260—9

政府非税收入管理 / 李友志著.—北京：人民出版社,2003

7—01—003967—4

中国公共支出与预算政策／马国贤著.—上海：上海财经大学出版社,2001(中国公共政策研究丛书)

7—81049—583—6

中国财政支出效益研究／侯荣华主编.—北京：中国计划出版社,2001(中央财经大学宏观经济管理研究所新世纪系列学术专著)

7—80058—956—0

政府公共支出管理／安秀梅编著.—北京：对外经济贸易大学出版社,2005

7—81078—456—0

中国公共支出实证分析／王雍君著.—北京：经济科学出版社,2000

7—5058—2134—2

公共支出分析／丛树海主编.—上海：上海财经大学出版社,1999

7—81049—344—2

政府采购／苏明主编.—北京：中国财政经济出版社,2003

7—5005—6472—4

财政支出效益评价／申书海主编.—北京：中国财政经济出版社,2002

7—5005—6256—X

中国国债市场机制及效率研究／李新著.—北京：中国人民大学出版社,2002(中国经济问题丛书)

7—300—03975—8

国债宏观经济效应研究／郭红玉著.—北京：对外经济贸易大学出版社,2005

7—81078—461—7

国内国债经济分析与政策选择／龚仰树著.—上海：上海财经大学出版社,1998

7—81049—185—7

中国债务问题研究／张玮,刘利主编.—北京：中国金融出版社,1995

7—5049—1473—8

中国西部大开发政策／王洛林,魏后凯主编.—北京：经济管理出版社,2003

7—80162—731—8

地方政府债务风险预警机制研究／刘星,岳中志,刘谊著.—北京：经济管理出版社,2005

7—80207—325—1

中国县乡财政与农民增收问题研究／陈锡文主编.—太原：山西经济出版社,2003

7—80636—625—3

中国地方财政问题研究／黄佩华编著.—北京：中国检察出版社,1999

7—80086—436—7

财政农业投入政策研究／侯石安著.—北京：中国财政经济出版社,2002

7—5005—5920—8

中国赋税思想史／王成柏,孙文学主编.—北京：中国财政经济出版社,1995

7—5005—2629—6

唐代财政史稿.下卷／李锦绣著.—北京：北京大学出版社,2001(国学研究丛刊)

7—301—04872—6

州县官的银两：18世纪中国的合理化财政改革／(美)曾小萍著;董建中译.—北京：中国人民大学出版社,2005(国家清史编纂委员会·编译丛刊)

7—300—06246—6

清代外债史论／许毅等著.—北京：中国财政经济出版社,1996(中国近代财政经济史丛书)

7—5005—2983—X

德国财政制度／朱秋霞编著.—修订本.—北京：中国财政经济出版社,2005

7—5005—7815—6

美国税制改革前沿/(美)迈克尔.J.博斯金主编;李京文,刘树成等译.—北京:经济科学出版社,1997

7—5058—1075—8

州和地方财政学/(美)费雪著;吴俊培总译校.—2版.—北京:中国人民大学出版社,2000(经济科学译丛财政学系列)

7—300—03506—X

货币政策传导机制论/曾宪久著.—北京:中国金融出版社,2004(金融博士论丛)

7—5049—3390—2

通往货币经济学的新范式/(美)约瑟夫·斯蒂格利茨,布鲁斯·格林沃尔德著;陆磊,张怀清译.—北京:中信出版社,2005(比较译丛)

7—5086—0390—7

货币理论与政策/(美)卡尔.E.瓦什著;陈雨露主译校.—北京:中国人民大学出版社,2001(金融学译丛)

7—300—03719—4

内生货币供给:理论假说与经验事实/宁咏著.—北京:经济科学出版社,2000(经济学博士论丛)

7—5058—2205—5

国际货币经济学前沿问题/(英)戴维·里维里恩,克里斯·米尔纳主编;赵锡军,应惟伟译.—北京:中国税务出版社,2000(麦克米伦经济学前沿问题丛书)

7—80117—290—6

西方货币金融学说的新发展/陈野华著.—成都:西南财经大学出版社,2001(中国金融书系)

7—81055—747—5

当代货币理论与政策/萧松华著.—成都:西南财经大学出版社,2001(中国金融书系)

7—81055—815—3

20世纪西方货币金融理论研究:进展与述评/王广谦主编.—北京:经济科学出版社,2003

7—5058—3477—0

货币与金融统计学/杜金富主编.—北京:中国金融出版社,2003(21世纪高等学校金融学系列教材)

7—5049—3133—0

汇率理论和政策研究/姜波克,陆前进编著.—上海:复旦大学出版社,2000(复旦大学金融学科建设项目系列研究)

7—309—02582—2

现代汇率理论及模型研究/唐国兴,徐剑刚著.—北京:中国金融出版社,2003

7—5049—3188—8

国际储备研究/奚君羊著.—北京:中国金融出版社,2000(金融经济前沿问题文库)

7—5049—2334—6

宏观调控与货币供给/黄达著.—北京:中国人民大学出版社,1997

7—300—02321—5

货币哲学/(德)西美尔著;陈戎女等译.—北京:华夏出版社,2002

7—5080—2780—9

宏观经济与货币政策/刘锡良,戴根有主编.—北京:中国金融出版社,2001(金融业高级管理人员任职资格培训考试教材)

7—5049—2437—7

银行业的稳健与货币政策:全球经济中的一些问题及经验教训/(美)查理士·恩诺克,约翰·格林编辑;朱忠,朱红等翻译.—北京:中国金融出版社,1999

7—5049—2072—X

黄金与美元危机：自由兑换的未来／（美）罗伯特·特里芬著;陈尚霖,雷达译.—北京：商务印书馆,1997

7—100—01995—8

国际货币制度研究／马君潞著.—北京：中国财政经济出版社,1995

7—5005—2713—6

中国货币需求分析：货币需求函数中的规模变量问题研究／戴国强著.—上海：复旦大学出版社,1995（复旦大学博士丛书）

7—309—01584—3

人民币均衡汇率与中国外贸／张静,汪寿阳著.—北京：高等教育出版社,2005

7—04—017805—2

中国货币政策传导的数量研究／李南成著.—成都：西南财经大学出版社,2005（博士文库）

7—81088—251—1

货币政策与宏观经济定量研究／刘斌,黄先开,潘红宇著.—北京：科学出版社,2001（管理、决策与信息系统丛书）

7—03—009064—0

中国货币政策有效性问题研究／崔建军著.—北京：中国金融出版社,2005（金融博士论丛）

7—5049—3887—4

中国货币政策的金融传导／李军著.—上海：复旦大学出版社,1998（经济学博士后、博士论丛）

7—309—02059—6

中国货币政策传导机制与金融体系重构／宋立等著.—北京：中国计划出版社,2005（中国宏观经济丛书）

7—80177—378—0

从通货膨胀到通货紧缩：20世纪90年代的中国货币政策／谢平等著.—成都：西南财经大学出版社,2001（中国金融书系）

7—81055—746—7

中国货币政策传导：理论与实践／中国人民银行广州分行货币政策传导课题组著.—北京：中国金融出版社,2004

7—5049—3523—9

中国货币政策有效性的经济学分析／巴曙松著.—北京：经济科学出版社,2000

7—5058—2176—8

中国货币政策传导机制研究／魏革军著.—北京：中国金融出版社,2001

7—5049—2642—6

中国货币信贷政策理论与实证／宋海林,刘澄著.—北京：中国金融出版社,2003

7—5049—3011—3

中国货币政策争论／谢平,焦瑾璞主编.—北京：中国金融出版社,2002

7—5049—2820—8

一篮子货币：人民币汇率形成机制、影响与展望／韩复龄主编.—北京：中国时代经济出版社,2005

7—80169—784—7

人民币市场均衡汇率与实际均衡汇率研究／赵登峰著.—北京：社会科学文献出版社,2005

7—80190—683—7

人民币资本项目可兑换及国际化研究／赵庆明著.—北京：中国金融出版社,2005（金融博士论丛）

7—5049—3682—0

开放经济下的货币市场调控／姜波克,陆前进著.—上海：复旦大学出版社,1999（开放经济下的宏观金融管理）

7—309—02275—0

人民币自由兑换与国际化／刘光灿,蒋国云,

周汉勇著. —北京：中国财政经济出版社,2003

7—5005—6555—0

中国货币市场发展新论 / 朱忠明等著. —北京：中国发展出版社,2002

7—80087—540—7

中国外汇管理 / 吴晓灵主编. —北京：中国金融出版社,2001

7—5049—2460—1

通货紧缩的理论与现实 / 张永军,李振仲著. —北京：中国经济出版社,2000(中国经济前沿问题丛书)

7—5017—0703—0

通货紧缩论 / 罗振宇著. —北京：经济科学出版社,1999

7—5058—1950—X

东亚地区货币合作与协调 / 李平,刘沛志,于茂荣等著. —北京：中国财政经济出版社,2004

7—5005—7791—5

美元本位下的汇率：东亚高储蓄两难 / （美）罗纳德. I. 麦金农著;王信,何为译. —北京：中国金融出版社,2005

7—5049—3655—3

中国投资基金市场发展论 / 刘传葵著. —北京：中国金融出版社,2001

7—5049—2423—7

欧元论：欧盟货币一体化始末 / 陈亚温,李双等著. —太原：山西经济出版社,1998

7—80636—170—7

金融风险管理 / 宋清华,李志辉主编. —北京：中国金融出版社,2003(21世纪高等学校金融学系列;教材货币银行学子系列)

7—5049—2789—9

创业投资发展研究 / 王立国编著. —大连：东

北财经大学出版社,2004(当代经济前沿文库)

7—81084—346—X

房地产金融与投资 / 龙胜平,方奕,徐钢编著. —上海：上海人民出版社,2005(东方房地产研究丛书)

7—208—05814—8

当代金融创新 / 生柳荣著. —北京：中国发展出版社,1998(发展文库)

7—80087—291—2

金融计量经济学导论 / （英）克里斯·布鲁克斯著;邹宏元主译. —成都：西南财经大学出版社,2005(金融学前沿系列)

7—81088—199—X

跨国银行的进入、绩效及其管制：以发展中国家为研究视角 / 毛泽盛著. —北京：人民出版社,2005(金融与经济发展研究文丛)

7—01—005172—0

国际游资与国际金融体系 / 梅新育著. —北京：人民出版社,2004(金融与经济发展研究文丛)

7—01—004368—X

国有商业银行改革：宏观视角分析 / 李健主编. —北京：经济科学出版社,2004(特别视角)

7—5058—4171—8

金融风险管理 / 施兵超,杨文泽著. —上海：上海财经大学出版社,1999(现代金融管理系列)

7—81049—281—0

金融风险识别与对策 / 李辉华,苏慧文编著. —北京：北京经济学院出版社,1996(现代经营管理系列教材)

7—5638—0546—X

中国资本市场的深层问题 / 王国刚著. —北京：社会科学文献出版社,2004(中国社会科学院金融研究所文库)

7—80190—208—4

银行产业组织理论与政策研究／崔晓峰著.—
北京：机械工业出版社,2005(走向金融现代化丛
书)

7—111—17188—8

时间序列与金融数据分析／陈毅恒著；黄长全
译.—北京：中国统计出版社,2004

7—5037—4431—6

反金融危机：金融风险的防范与化解／王自
力编著.—北京：中国财政经济出版社,1998

7—5005—3794—8

中国农村金融业：现象剖析与走向探索／闫
永夫编著.—北京：中国金融出版社,2004

7—5049—3503—4

外商直接投资的行业内溢出效应／陈涛涛
著.—北京：经济科学出版社,2004

7—5058—4559—4

德国商业银行风险管理研究／田玲著.—北
京：科学出版社,2004

7—03—013101—0

商业银行资本充足率管理／姜波著.—北京：
中国金融出版社,2004

7—5049—3563—8

商业方法专利／黄毅,尹龙著.—北京：中国
金融出版社,2004

7—5049—3318—X

金融业的风险管理与信用评估／吴晓灵,李德
主编.—北京：中国金融出版社,1996

7—5049—1507—6

国家竞争中的资本市场战略／张育军著.—北
京：中国金融出版社,2003

7—5049—3187—X

农村金融风险管理与信贷约束问题研究／马
九杰著.—北京：中国经济出版社,2004

7—5017—6460—3

金融自由化与经济发展／王曙光著.—北京：
北京大学出版社,2003(21世纪博雅学术文库)

7—301—05944—2

宏观金融博弈分析／陈学彬著.—上海：上海
财经大学出版社,1998(财经学术文库)

7—81049—186—5

金融工程学：管理金融风险的工具和技巧／
(英)洛伦兹·格利茨著；唐旭等译.—修订版.—北
京：经济科学出版社,1998(当代金融名著译丛)

7—5058—1447—8

资本市场的协调发展／佘运九著.—北京：中
国发展出版社,2001(发展文库)

7—80087—454—0

金融工具会计／李荣林著.—上海：上海财经
大学出版社,2003(高等院校会计专业方向选修课
教材)

7—81049—880—0

金融工程／(美)约翰·马歇尔,维普尔·班
赛尔著；宋逢明,朱宝宪,张陶伟译.—北京：清华
大学出版社,1998(国家自然科学基金重大项目丛
书)

7—302—03003—0

金融深化理论发展及其微观基础研究／杨咸
月著.—北京：中国金融出版社,2002(金融博士论
丛)

7—5049—2657—4

金融工程概论／叶永刚,郑康彬主编.—武汉：
武汉大学出版社,2000(金融工程丛书)

7—307—02940—5

金融效率论／杨德勇著.—北京：中国金融出
版社,1999(金融经济前沿问题文库)

7—5049—2095—9

金融泡沫理论研究 ／ 张灿著. —上海：上海财经大学出版社，2003（金融理论前沿丛书）

7—81049—820—7

泡沫经济与金融危机 ／ 徐滇庆，于宗先，王金利著. —北京：中国人民大学出版社，2000（经济学前沿系列）

7—300—03582—5

金融泡沫论 ／ 李方著. —上海：立信会计出版社，1998（经济学者文库）

7—5429—0619—4

金融创新与经济发展 ／ 孙伯良著. —上海：上海三联书店，2005（经济与管理研究系列）

7—5426—2104—1

金融时间序列的经济计量学模型 ／（英）特伦斯. C. 米尔斯著；俞卓菁译. —北京：经济科学出版社，2002（数理金融方法与建模译丛金泉文库）

7—5058—2781—2

微观银行学 ／（美）哈维尔·弗雷克斯，让·夏尔·罗歇；刘锡良等译. —成都：西南财经大学出版社，2000（现代财经金融译库）

7—81055—544—8

金融高科技的发展及深层次影响研究 ／ 姜建清著. —北京：中国金融出版社，2000（中国金融学术前沿研究丛书）

7—5049—2319—2

资本积累与资本形成：储蓄投资经济分析 ／ 杨思群著. —北京：社会科学文献出版社，1998（资本运营丛书）

7—80050—995—8

西方货币银行学 ／ 李崇淮，黄宪，江春主编. —增订本. —北京：中国金融出版社，1998

7—5049—1915—2

金融效率论：金融资源优化配置的理论与实践 ／ 王振山著. —北京：经济管理出版社，2000

7—80162—006—2

数理金融：资产定价与金融决策理论 ／ 叶中行，林建忠编著. —北京：科学出版社，1998

7—03—007024—0

金融监管学 ／ 陈学彬著. —北京：高等教育出版社，2003

7—04—012060—7

金融自由化与金融稳定 ／ 张礼卿主编. —北京：人民出版社，2005

7—01—005080—5

金融工程研究 ／ 吴冲锋，王海成，吴文锋著. —上海：上海交通大学出版社，2000

7—313—02371—5

金融发展与实体经济增长 ／ 杨琳著. —北京：中国金融出版社，2002

7—5049—2697—3

金融创新 ／ 徐进前著. —北京：中国金融出版社，2003

7—5049—3067—9

现代货币银行学 ／ 章和杰主编. —北京：中国社会科学出版社，2004

7—5004—4590—3

金融自由化与金融风险相关性研究 ／ 向文华著. —北京：中央编译出版社，2005

7—80211—107—2

金融监管学 ／ 卫新江等著. —北京：中国金融出版社，2005（21世纪高等学校金融学系列教材·货币银行学子系列）

7—5049—3548—4

银行跨国并购：理论、实证与政策协调 ／ 胡峰著. —北京：中国财政经济出版社，2005（金博士书丛）

7—5005—8395—8

银行危机监管论 / 林平著. —北京：中国金融出版社,2002（金融经济前沿问题文库）

7—5049—2903—4

现代金融监管体制研究 / 周道许著. —北京：中国金融出版社,2000（金融经济前沿问题文库）

7—5049—2275—7

经济全球化中的银行监管研究 / 李德著. —北京：中国金融出版社,2002（金融经济前沿问题文库）

7—5049—2727—9

有问题银行处置制度安排研究 / 阙方平著. —北京：中国金融出版社,2001（聚焦金融改革）

7—5049—2604—3

金融监管的国际协调与合作 / 朱孟楠著. —北京：中国金融出版社,2003（现代金融监管研究丛书）

7—5049—2906—9

银行业风险评估理论模型与实证 / 陈建梁主编. —广州：广东人民出版社,2002（现代企业与市场研究丛书）

7—218—03860—3

银行体系稳定性研究 / 韩俊著. —北京：中国金融出版社,2000（中国金融学术前沿研究丛书）

7—5049—2332—X

银行资本管理：资本配置和绩效测评 / （澳）克里斯·马滕著；王洪,漆艰明等译. —北京：机械工业出版社,2004

7—111—12908—3

银行危机与金融安全网的设计 / 刘士余著. —北京：经济科学出版社,2003

7—5058—3710—9

银行公司治理与控制 / 蔡鄂生,王立彦,窦洪权著. —北京：经济科学出版社,2003

7—5058—3938—1

金融监管与金融改革 / 谢伏瞻主编. —北京：中国发展出版社,2002

7—80087—557—1

银行管制的收益和成本 / 刘明志著. —北京：中国金融出版社,2003

7—5049—3026—1

金融制度学探索 / 范恒森著. —北京：中国金融出版社,2000

7—5049—2246—3

金融监管论 / 周英著. —北京：中国金融出版社,2002

7—5049—2811—9

金融产业组织理论研究 / 杨德勇著. —北京：中国金融出版社,2004

7—5049—3285—X

金融系统的脆弱性与稳定性研究 / 向新民著. —北京：中国经济出版社,2005

7—5017—7026—3

衍生金融工具风险与会计对策 / 陈引,许永斌著. —北京：中国物价出版社,2003

7—80155—635—6

金融体系中的投资银行 / （美）查里斯. R. 吉斯特著；郭浩译. —北京：经济科学出版社,1998（当代金融名著译丛）

7—5058—1347—1

投资银行学 / （美）罗伯特·劳伦斯·库恩著；李申等译. —北京：北京师范大学出版社,1996（国际文化交流译丛）

7—303—04229—6

商业银行信用卡业务运作 / 马春峰主编. —北京：中国财政经济出版社,1998（商业银行运作丛书）

7—5005—3499—X

商业银行经营创新 / 戴国强等编著.—上海：上海财经大学出版社,1996(现代商业银行丛书)

7—81049—084—2

金融控股集团组建与运营 / 张春子著.—北京：机械工业出版社,2005(走向金融现代化丛书)

7—111—15368—5

现代商业银行管理 / 宋逢明编著.—北京：清华大学出版社,1996

7—302—02320—4

中央银行学 / 刘锡良,曾志耕,陈斌编著.—北京：中国金融出版社,1997

7—5049—1830—X

金融控股公司研究 / 夏斌等著.—北京：中国金融出版社,2001

7—5049—2575—6

中央银行学 / 王广谦主编.—北京：高等教育出版社,1999(面向21世纪课程教材·高等学校金融学专业主干课程系列教材)

7—04—007079—0

中央银行独立性研究：发达国家的经验与中国的改革设想 / 吴昊著.—北京：中国社会科学出版社,2003

7—5004—3835—4

商业银行授信业务风险管理 / 孙建林著.—北京：对外经济贸易大学出版社,2003(风险管理面面观丛书)

7—81078—218—5

商业银行操作风险识别与管理 / 张吉光著.—北京：中国人民大学出版社,2005(商业银行经营管理丛书)

7—300—06840—5

国外商业银行零售业务经营战略 / 虞月君,李文,黄兴海编著.—北京：中国金融出版社,2003(现代商业银行经营管理丛书)

7—5049—3179—9

商业银行资产证券化：从货币市场走向资本市场 / 姜建清主编.—北京：中国金融出版社,2004

7—5049—3506—9

商业银行的边界：经济功能与制度成本 / 何自云著.—北京：中国金融出版社,2003

7—5049—2965—4

商业银行信贷风险管理：模型、方法与建议 / 张淼著.—上海：上海财经大学出版社,2005

7—81098—322—9

商业银行资本管理与风险控制：释解《巴塞尔新资本协议》 / 付正辉著.—北京：经济日报出版社,2005

7—80180—464—3

商业银行市场营销策略 / 赵辉,丁玉岚,陈玉平著.—北京：中国金融出版社,2003

7—5049—3070—9

商业银行的投资银行业务 / 田瑞璋主编.—北京：中国金融出版社,2003

7—5049—3171—3

商业银行信贷风险统计与纳什均衡策略 / 邹新月著.—北京：中国经济出版社,2005

7—5017—7133—2

中小商业银行竞争力与发展 / 周立,戴志敏编著.—北京：中国社会科学出版社,2003

7—5004—4151—7

现代金融中介论 / 秦国楼著.—北京：中国金融出版社,2002(金融博士论丛)

7—5049—2882—8

风险预警机制：在躁动和阵痛下风险创业投资机构必备的生存工具 / 王洪波,宋国良著.—北京：经济管理出版社,2002

7—80162—479—3

全能银行比较研究：兼论混业与分业经营／
叶辅靖著.—北京：中国金融出版社,2001（聚焦金
融改革）
7—5049—2474—1

商业银行产品定价／陆岷峰编著.—北京：中
国人民大学出版社,2005（商业银行经营管理丛书）
7—300—06841—3

银行内部控制原理与评价／汪叶斌,廖道亮编
著.—大连：东北财经大学出版社,2002
7—81084—109—2

衍生金融工具会计／孙玉甫著.—上海：复旦
大学出版社,2005（复旦博学21世纪高等院校会计
专业方向课教材）
7—309—04790—7

证券市场与会计监管／陈汉文主笔.—北京：
中国财政经济出版社,2001
7—5005—4970—9

金融工具会计论／朱海林著.—北京：中国财
政经济出版社,2000
7—5005—4658—0

基础产业融资论／王辰著.—北京：中国人民
大学出版社,1998（中国人民大学博士文库）
7—300—02606—0

项目融资与风险管理／陈有安等著.—北京：
中国计划出版社,2000
7—80058—885—8

利率市场化问题研究／刘利著.—北京：经济
科学出版社,2001（中国人民银行研究生部博士论
文系列）
7—5058—2745—6

现代信用卡管理／陈建著.—北京：中国财政
经济出版社,2005（财经易文）

7—5005—8597—7

商业银行信用卡业务／吴洪涛著.—北京：中
国金融出版社,2003
7—5049—3141—1

利率理论与政策／胡维熊著.—上海：上海财
经大学出版社,2001（现代金融管理系列）
7—81049—530—5

网络银行竞争战略／谢康,陈涛著.—广州：
广东人民出版社,2001（WTO规则与对策丛书）
7—218—03660—0

电子金融学／杨青编著.—上海：复旦大学出
版社,2004
7—309—03978—5

银行技术风险监管／张成虎,孙景,李淑彪
著.—北京：经济管理出版社,2005
7—80207—412—6

信用经济中的金融控制／骆玉鼎著.—上海：
上海财经大学出版社,2000（财经学术文库）
7—81049—399—X

商业银行信贷合约行为理论／孔刘柳著.—上
海：上海财经大学出版社,2001（金融理论前沿丛
书）
7—81049—534—8

社会信用管理体系：理论、模式、体制与机制／
谭中明等著.—合肥：中国科学技术大学出版社,
2005（新世纪学术著作丛书）
7—312—01862—9

信用衍生工具与风险管理／尹灼著.—北京：
社会科学文献出版社,2005（中国社会科学院金融
研究所）
7—80190—494—X

中小企业信用担保体系国际比较／陈文晖
著.—北京：经济科学出版社,2002（中青年经济学

家文库)

7—5058—3373—1

信用经济：启动中国经济腾飞之钥 / 孙国志，张炎培编著.—北京：企业管理出版社，2005

7—80197—246—5

信用评价与股市预测模型研究及应用：统计学、神经网络与支持向量机方法 / 庞素琳著.—北京：科学出版社，2005

7—03—015834—2

金融租赁导论 / 王豫川主编.—北京：北京大学出版社，1997

7—301—03258—7

银行信用风险的现代度量与管理 / 詹原瑞著.—北京：经济科学出版社，2004

7—5058—4431—8

信用风险的测定与管理 / 于研著.—上海：上海财经大学出版社，2003

7—81098—021—1

银行信贷资产证券化 / 涂永红，刘柏荣著.—北京：中国金融出版社，2000

7—5049—2359—1

商业银行信贷风险度量研究 / 梁琪著.—北京：中国金融出版社，2005(金融博士论丛)

7—5049—3644—8

商业银行客户评价 / 杨军编著.—北京：中国财政经济出版社，1999(商业银行信贷经营管理实务丛书)

7—5005—4134—1

消费者信用管理 / 林钧跃著.—北京：中国方正出版社，2002(汇诚信用管理丛书)

7—80107—597—8

个人信用征信制度 / 钟楚男主编.—北京：中国金融出版社，2002

7—5049—2681—7

投资组合优化与无套利分析 / 李仲飞，汪寿阳著.—北京：科学出版社，2001(管理、决策与信息系统丛书)

7—03—008891—3

投资评价 / 杨青编著.—北京：中国经济出版社，2000(管理科学系列丛书)

7—5017—4992—2

投资学 / 刘婵编著.—广州：中山大学出版社，1995(国际贸易与国际金融系列丛书)

7—306—01022—0

机构投资者发展研究 / 贝政新，冯恂等著.—上海：复旦大学出版社，2005(黄皮书系列)

7—309—04335—9

高技术产业发展的风险投资 / 张陆洋著.—北京：经济科学出版社，1999(金泉文库)

7—5058—1889—9

风险投资运行机制与模式 / 张元萍著.—北京：中国金融出版社，2003(金融学前沿课题研究文库)

7—5049—3003—2

不确定条件下的投资 / (美)阿维纳什·迪克西特，罗伯特·平迪克著；朱勇等译.—北京：中国人民大学出版社，2002(金融学前沿译丛)

7—300—04339—9

风险投资与高技术企业成长 / 孟宪昌著.—成都：西南财经大学出版社，2003(经济学管理学博士后学术文库)

7—81088—041—1

项目投资管理学 / 左小德编著.—广州：暨南大学出版社，1997(企业管理专业教材)

7—81029—605—1

中外宏观投资比较研究 / 邱华炳，孙健夫

著.—北京:中国金融出版社,1999(厦门大学经济学文库)

7—5049—2280—3

技术创新与风险投资 / 林新等编著.—北京:中国金融出版社,2000(新世纪风险投资系列丛书)

7—5049—2311—7

风险企业与风险投资 / 罗晖等编著.—北京:中国金融出版社,2000(新世纪风险投资系列丛书)

7—5049—2304—4

工程咨询概论 / 注册咨询工程师(投资)考试教材编写委员会编.—北京:中国计划出版社,2003(注册咨询工程师(投资)执业资格考试教材)

7—80177—194—X

投资项目风险分析 / 于九如主编;尹贻林等参编.—北京:机械工业出版社,1999

7—111—07230—8

软财务:基于价值创造的无形资产投资决策与管理方法研究 / 茅宁,王晨著.—北京:中国经济出版社,2005

7—5017—6870—6

投资基金论 / 王彦国著.—北京:北京大学出版社,2002

7—301—04937—4

风险投资与融资 / 孔淑红编著.—北京:对外经济贸易大学出版社,2002

7—81078—195—2

风险投资浪潮 / 倪正东等编著.—北京:光明日报出版社,1999

7—80145—106—6

项目投资风险分析理论与方法 / 陈立文著.—北京:机械工业出版社,2004

7—111—15134—8

天使投资与民间资本 / 刘曼红主编.—北京:

机械工业出版社,2003

7—111—12363—8

风险投资与产权制度 / 张永衡著.—北京:经济科学出版社,2002

7—5058—2860—6

风险投资理论与方法 / 安实,王健,赵泽斌著.—北京:科学出版社,2005

7—03—015468—1

以风险为基础的基金监管现代化 / 李仲翔,李仲飞,汪寿阳著.—北京:清华大学出版社,2002

7—302—05601—3

风险投资决策 / 唐翰岫著.—济南:山东人民出版社,2002

7—209—02979—6

政府在风险投资中作用的研究 / 高正平著.—北京:中国金融出版社,2003

7—5049—2983—2

投资结构论 / 戴玉林著.—北京:中国金融出版社,1995

7—5049—1486—X

金融投资风格与策略 / 杨朝军主编.—北京:中国金融出版社,2005

7—5049—3825—4

风险资本市场的理论与实践 / 王益,许小松著.—北京:中国经济出版社,2000

7—5017—4895—0

投资环境评价与投资决策 / 张敦富主编.—北京:中国人民大学出版社,1999

7—300—02921—3

风险投资与案例评析 / 庄恩岳,王明珠主编.—北京:中国审计出版社,1999

7—80064—761—7

投融资体制比较 / 李俊元著. —北京: 机械工业出版社, 2003

7—111—12473—1

金融市场微观结构理论 / 戴国强, 吴林祥著. —上海: 上海财经大学出版社, 1999(当代经济学前沿研究丛书)

7—81049—361—2

股指期货: 中国金融市场新品种 / 季冬生等编著. —北京: 中国时代经济出版社, 2002(金融证券实务系列)

7—80169—177—6

期权分析: 理论与应用 / 茅宁著. —南京: 南京大学出版社, 2000(南京大学学术文库)

7—305—03571—8

金融市场的统计分析 / 张尧庭编著. —桂林: 广西师范大学出版社, 1998(应用统计与信息丛书)

7—5633—2752—5

筹资与投资分析 / 许晓峰著. —北京: 社会科学文献出版社, 1998(资本运营丛书)

7—80149—012—6

期权定价与组合选择: 金融数学与金融工程的核心 / 李时银编译. —厦门: 厦门大学出版社, 2002

7—5615—1903—6

信贷资产证券化: 原理与操作技巧 / 沈沛等著. —北京: 中国金融出版社, 1998

7—5049—2050—9

资产证券化研究 / 沈沛主编. —深圳: 海天出版社, 1999

7—80615—985—1

资本市场导论 / 李扬, 王国刚主编. —北京: 经济管理出版社, 1998

7—80118—667—2

证券场外交易的理论与实务 / 文宗瑜著. —北京: 人民出版社, 1998

7—01—002774—9

商品期货与衍生金融工具会计 / 耿建新主编. —成都: 西南财经大学出版社, 1998

7—81055—267—8

证券市场导论 / 周正庆主编. —北京: 中国金融出版社, 1998

7—5049—1953—5

期权定价理论及其应用 / 陈舜著. —北京: 中国金融出版社, 1998

7—5049—2028—2

金融服务营销学 / 周建波, 刘志梅著. —北京: 中国金融出版社, 2004

7—5049—3414—3

博彩业与政府选择 / 张占斌著. —北京: 中国商业出版社, 2001

7—5044—4293—3

证券市场会计监管研究 / 徐经长著. —北京: 中国人民大学出版社, 2002(财会文库)

7—300—04092—6

证券监管: 理论与实践 / 洪伟力著. —上海: 上海财经大学出版社, 2000(点津财经法律文库)

7—81049—395—7

证券市场监管的经济学分析 / 龙超著. —北京: 经济科学出版社, 2003(经济学博士论丛)

7—5058—3798—2

证券监管的经济学分析 / 张慧莲著. —北京: 中国金融出版社, 2005(现代资本市场研究丛书)

7—5049—3856—4

证券交易所竞争论: 全球证券市场的角逐方略 / 施东晖著. —上海: 上海远东出版社, 2001(远东文库·中国经济发展研究论丛)

7—80661—465—6

证券市场监管：理论、实践与创新 / 黄运成，申屹，刘希普著.—北京：中国金融出版社，2001
7—5049—2608—6

模糊投资组合优化：理论与方法 / 房勇，汪寿阳著.—北京：高等教育出版社，2005
7—04—017893—1

证券市场微观结构理论与实践 / 刘逖著.—上海：复旦大学出版社，2002
7—309—03391—4

养老保险基金与资本市场 / 耿志民著.—北京：经济管理出版社，2000
7—80162—024—0

投机泡沫与投资者行为 / 史永东著.—北京：商务印书馆，2005
7—100—04362—X

证券信用交易制度研究 / 沈沛等著.—北京：中国金融出版社，2002
7—5049—2723—6

可转换债券及其绩效评价 / 杨如彦等著.—北京：中国人民大学出版社，2002
7—300—04146—9

经济虚拟化下的金融危机 / 姚国庆著.—天津：南开大学出版社，2005（虚拟经济研究丛书）
7—310—02416—8

现代金融危机生成机理与国际传导机制研究 / 安辉著.—北京：经济科学出版社，2003（中青年经济学家文库）
7—5058—3722—2

全球视角的金融变革 / 潘英丽著.—南昌：江西人民出版社，2000（21世纪国际金融新趋势丛书）
7—210—02228—7

银行不良资产重组的国际比较 / 何仕彬著.—北京：中国金融出版社，1998（金融经济前沿问题文库）
7—5049—2073—8

比较金融系统 / （美）富兰克林·艾伦，道格拉斯·盖尔著；王晋斌等译.—北京：中国人民大学出版社，2002（金融学前沿译丛）
7—300—04149—3

金融全球化研究 / 李扬，黄金老著.—上海：上海远东出版社，1999（中国经济发展研究论丛）
7—80613—724—6

赌场资本主义 / （英）苏珊·斯特兰奇著；李红梅译.—北京：社会科学文献出版社，2000（资本主义研究丛书）
7—80149—283—8

20世纪国际金融理论研究：进展与评述 / 王爱俭主编.—北京：中国金融出版社，2005
7—5049—3775—4

西南经济发展的金融支持 / 殷孟波著.—成都：西南财经大学出版社，2002
7—81055—939—7

经济发展中的政策金融：若干案例研究 / 瞿强著.—北京：中国人民大学出版社，2000
7—300—03469—1

国际金融监管的新发展 / 刘宇飞著.—北京：经济科学出版社，1999（北大学者谈国际金融热点丛书）
7—5058—1629—2

各国开发性政策性金融体制比较 / 白钦先，王伟著.—北京：中国金融出版社，2005（比较金融制度研究丛书）
7—5049—3875—0

发达国家金融监管比较研究 / 张荔等著.—北京：中国金融出版社，2003（现代金融监管研究丛书）

7—5049—2979—4

银行制度比较与趋势研究 / 康书生著.—北京：中国金融出版社,2005

7—5049—3552—2

银行监管比较研究 / 史纪良主编.—北京：中国金融出版社,2005

7—5049—3626—X

金融制度国际比较 / 张贵乐主编;姜学军等编写.—大连：东北财经大学出版社,1999

7—81044—575—8

各国进出口政策性金融体制比较 / 白钦先,徐爱田,欧建雄著.—北京：中国金融出版社,2003

7—5049—2957—3

跨国银行与金融深化：兼花旗银行汇丰银行案例分析 / 刘逖著.—上海：上海远东出版社,1998(中国经济发展研究论丛)

7—80613—789—0

金融经营模式及监管体制研究 / 谢平,蔡浩仪等著.—北京：中国金融出版社,2003

7—5049—2930—1

巴塞尔新资本协议研究 / 巴曙松著.—北京：中国金融出版社,2003

7—5049—3075—X

解读巴塞尔新资本协议 / 章彰著.—北京：中国经济出版社,2005

7—5017—6756—4

中外农业金融制度比较研究 / 于海著.—北京：中国金融出版社,2003

7—5049—3002—4

市场经济国家金融监管比较 / 孟龙著.—北京：中国金融出版社,1995

7—5049—1359—6

市场深化中的金融重构：国际性金融变革的比较研究与启示 / 徐明棋著.—上海：上海财经大学出版社,1996(财经学术文库)

7—81049—072—9

国际离岸金融市场理论与实践 / 左连村,王洪良著.—广州：中山大学出版社,2002(国际经济与金融系列丛书)

7—306—01981—3

国际资本流动的经济分析 / 陈雨露著.—北京：中国金融出版社,1997(开放经济下的金融运行研究文库)

7—5049—1856—3

资本账户开放与金融不稳定：基于发展中国家(地区)相关经验的研究 / 张礼卿著.—北京：北京大学出版社,2004

7—301—07056—X

国际金融衍生市场：新型金融工具的崛起、运作与监管 / 陈小平著.—北京：中国金融出版社,1997

7—5049—1740—0

离岸金融研究 / 连平著.—北京：中国金融出版社,2002

7—5049—2892—5

证券市场管理国际比较研究 / 严武等著.—北京：中国财政经济出版社,1998(中国证券丛书. 理论研究系列)

7—5005—3999—1

海外主要证券市场发行制度 / 胡继之主编.—北京：中国金融出版社,2001

7—5049—2454—7

国际直接投资与中国利用外资 / 刘跃生著.—北京：中国发展出版社,1999(发展文库)

7—80087—338—2

国际直接投资区位决定因素 / 鲁明泓著.—南

京：南京大学出版社,2000(南京大学博士文丛)

    7—305—03573—4

对外直接投资比较优势研究 / 程惠芳著. —上海：上海三联书店,1998(三联文库)

    7—5426—1151—8

国际直接投资的新发展与外商对华直接投资研究 / 陈继勇,肖卫国,王清平等著. —北京：人民出版社,2004

    7—01—004182—2

发展阶段与国际直接投资 / 杨先明著. —北京：商务印书馆,2000

    7—100—03162—1

国际投融资 / 卢汉林主编. —武汉：武汉大学出版社,1998

    7—307—02624—4

国际直接投资发展研究 / 武海峰,陆晓阳等著. —北京：中国财政经济出版社,2002

    7—5005—6296—9

国际金融风险论 / 刘亚著. —北京：中国金融出版社,1995

    7—5049—1451—7

经济全球化中的国际资本流动 / 张金杰著. —北京：经济科学出版社,2000(经济全球化与中国丛书)

    7—5058—1975—5

开放条件下的宏观金融稳定与安全：姜波克文选 / 姜波克等著. —上海：复旦大学出版社,2005(复旦学人文库)

    7—309—04294—8

经济全球化与中国金融运行：中国加入 WTO 面临的机遇与挑战 / 邢毓静,巴曙松著. —北京：中国金融出版社,2000(金融经济前沿问题文库)

    7—5049—2092—4

经济转型与金融支持 / 张兴胜著. —北京：社会科学文献出版社,2002(经济研究文库)

    7—80149—658—2

中国金融发展问题研究 / 王晓芳著. —北京：中国金融出版社,2000(中国金融热点研究丛书)

    7—5049—2419—9

中国金融成长的经济分析 / 张杰著. —北京：中国经济出版社,1995(中国经济学博士论丛)

    7—5017—3594—8

中国城市金融生态环境评价 / 李扬,王国刚,刘煜辉主编. —北京：人民出版社,2005

    7—01—005270—0

金融创新与金融风险：发展中的两难 / 朱淑珍著. —上海：复旦大学出版社,2002

    7—309—03352—3

效能观点：透视中国金融前沿问题 / 杨再平著. —北京：经济科学出版社,2002

    7—5058—2846—0

中国地下金融调查 / 李建军主编. —上海：上海人民出版社,2005

    7—208—05979—9

中国金融运行机制转换研究 / 俞天一主编. —北京：中国金融出版社,1999

    7—5049—2047—9

中国的非均衡金融 / 易秋霖著. —北京：经济管理出版社,2004

    7—80162—785—7

中国金融创新与发展研究 / 何德旭著. —北京：经济科学出版社,2001

    7—5058—2478—3

中国金融前沿问题研究 / 彭志坚主编. —北京：中国金融出版社,2002

    7—5049—2881—X

中国金融结构与经济发展 / 李木祥,钟子明,冯宗茂著. —北京:中国金融出版社,2004

　　7—5049—3395—3

金融可持续发展研究导论 / 白钦先等著. —北京:中国金融出版社,2001

　　7—5049—2434—2

宏观金融管理有效性研究 / 郑先炳著. —北京:中国金融出版社,1995

　　7—5049—1479—7

中小银行生存与发展研究 / 程惠霞著. —北京:中国经济出版社,2004

　　7—5017—6425—5

中国金融创新路径 / 魏成龙著. —北京:中国经济出版社,2005

　　7—5017—0352—3

金融创新与制度创新 / 陶广峰等著. —北京:中国政法大学出版社,2005

　　7—5620—2837—0

开放经济下的政策搭配 / 姜波克等著. —上海:复旦大学出版社,1999(开放经济下的宏观金融管理)

　　7—309—02276—9

金融可持续发展论 / 胡章宏主笔. —北京:中国金融出版社,1998

　　7—5049—1968—3

银行并购问题研究 / 曹军著. —北京:中国金融出版社,2005(金融博士论丛)

　　7—5049—3573—5

中国国有金融体制变迁分析 / 张杰著. —北京:经济科学出版社,1998(金融理论与中国金融市场丛书)

　　7—5058—1475—3

中国经济转型过程中的金融风险问题研究 /

秦海英著. —北京:经济科学出版社,2003(南开大学政治经济学研究中心文库·面向 21 世纪政治经济学创新丛书)

　　7—5058—3651—X

金融制度变迁史的中外比较 / 杜恂诚著. —上海:上海社会科学院出版社,2004(社会科学文库)

　　7—80681—457—4

21 世纪中国银行业风险与防范 / 李晓西主编. —广州:广东经济出版社,1999(挑战金融风险丛书)

　　7—80632—366—X

现代金融制度与中国金融转轨 / 王廷科著. —北京:中国经济出版社,1995(中国经济博士论丛)

　　7—5017—3593—X

中国金融制度的选择 / 谢平著. —上海:上海远东出版社,1996(中国经济发展研究论丛)

　　7—80613—401—8

中国金融制度的结构与变迁 / 张杰著. —太原:山西经济出版社,1998(中国经济改革 20 年系列研究(1978—1998))

　　7—80636—254—1

市场主导型金融体系:中国的战略选择 / 吴晓求主笔. —北京:中国人民大学出版社,2005(中国人民大学金融与证券研究所中国资本市场研究1)

　　7—300—06412—4

金融业混业经营条件下的金融监管 / 肖春海著. —北京:中国财政经济出版社,2003(中南财经政法大学学术文库)

　　7—5005—6912—2

金融组织结构研究:寡头主导、大、中、小共生 / 孙天琦著. —北京:中国社会科学出版社,2002

　　7—5004—3294—1

银行发展:市场化与国际化 / 庄乾志著. —北京:北京大学出版社,2001

7—301—05109—3

中国金融腐败的经济学分析：体制、行为和机制设计 / 谢平, 陆磊编著.—北京：中信出版社,2005

7—5086—0374—5

危机意识与金融改革 / 徐滇庆著.—北京：机械工业出版社,2003

7—111—12122—8

中国金融改革研究 / 李扬著.—南京：江苏人民出版社,1999

7—214—02397—0

中国银行业监管问题研究 / 阎庆民著.—北京：中国金融出版社,2002

7—5049—2758—9

中国经济转轨时期金融安全问题研究 / 刘锡良等著.—北京：中国金融出版社,2004

7—5049—3467—4

制度变迁与金融结构调整 / 方贤明著.—北京：中国金融出版社,1999

7—5049—2194—7

中国金融发展中的结构问题 / 李健等著.—北京：中国人民大学出版社,2004

7—300—06227—X

金融对外开放与监管问题研究 / 姜学军,刘丽巍,范南著.—北京：中国时代经济出版社,2005

7—80169—655—7

金融发展理论与中国金融发展 / 谈儒勇著.—北京：中国经济出版社,2000（中国经济前沿问题丛书）

7—5017—0612—3

制度变迁与金融发展 / 江其务著.—杭州：浙江大学出版社,2003（金苑文库）

7—308—03529—8

金融资产管理公司的模式选择与运作设计 / 黄志凌,何德旭著.—北京：经济管理出版社,2003

7—80162—663—X

金融企业会计制度 / 中华人民共和国财政部制定.—北京：中国财政经济出版社,2002

7—5005—5465—6

中国金融监管模式选择 / 陈建华著.—北京：中国金融出版社,2001

7—5049—2602—7

社会保障基金管理研究 / 齐海鹏,刘明慧,付伯颖著.—大连：东北财经大学出版社,2002（当代经济前沿文库）

7—81084—150—5

中国利率市场化进程 / 景学成等著.—北京：中国财政经济出版社,1999（中国金融探索丛书）

7—5005—4222—4

利率市场化与商业银行利率管理 / 黄建锋著.—北京：机械工业出版社,2001

7—111—08919—7

利率市场化改革中的风险及控制 / 邵伏军著.—北京：中国金融出版社,2005

7—5049—3829—7

经济变迁中的金融中介与国有银行 / 张杰著.—北京：中国人民大学出版社,2003（中国经济问题丛书）

7—300—04947—8

中国金融控股公司制度研究 / 孔令学著.—北京：经济日报出版社,2005

7—80180—484—8

关于我国不良资产证券化的初步探讨 / 李勇主编.—北京：中国财政经济出版社,2005

7—5005—7645—5

银行不良资产化解方式方法 / 吴德礼著.—北

京：中国金融出版社,2001

7—5049—2477—6

中国商业银行改革 / 谢平,焦瑾璞著.—北京：经济科学出版社,2002（世纪中国金融战略丛书）

7—5058—3018—X

国有商业银行制度导论：对中国国有商业银行改革的一种思考 / 葛兆强著.—北京：中国经济出版社,2000（中国经济学博士论丛）

7—5017—1093—7

中国转型期商业银行公司治理研究 / 曾康霖,高宇辉著.—北京：中国金融出版社,2005（转型期中国金融研究丛书）

7—5049—3851—3 国有商业银行改革制度安排与路径选择 / 黄湃,王桂堂著.—北京：经济科学出版社,2003

7—5058—3753—2

商业银行创新与发展 / 吕耀明著.—北京：人民出版社,2003

7—01—003870—8

金融共生理论与城市商业银行改革 / 袁纯清著.—北京：商务印书馆,2002

7—100—03447—7

我国商业银行利率风险管理研究 / 戴国强等著.—上海：上海财经大学出版社,2005

7—81098—534—5

中国商业银行再造 / 刘桂平著.—北京：中国金融出版社,2002

7—5049—2846—1

中国国有商业银行运行机制研究 / 黄铁军著.—北京：中国金融出版社,1998

7—5049—1919—5

银行全面风险管理体系 / 赵志宏主编.—北京：中国金融出版社,2005

7—5049—3664—2

现代商业银行内部控制系统论 / 卢鸿著.—北京：中国金融出版社,2001

7—5049—2589—6

开放条件下的国有商业银行制度创新导论 / 袁管华著.—北京：中国社会科学出版社,2000

7—5004—2782—4

资本约束与经营转型：12 家股份制商业银行行长共谋变革时期的发展大计 / 马蔚华主编.—北京：中信出版社,2005（股份制商业银行行长论坛）

7—5086—0435—0

中国农地金融制度研究 / 罗剑朝等著.—北京：中国农业出版社,2005（农业与农村经济发展系列丛书）

7—109—10222—X

当代农村金融发展的理论与实践 / 张元红等著.—南昌：江西人民出版社,2002（全球视野中的现代农业丛书）

7—210—02598—7

改革与发展：推进中国的农村金融 / 成思危主编.—北京：经济科学出版社,2005（中国改革与发展问题应急研究丛书）

7—5058—4271—4

中国农村金融发展问题研究 / 宋宏谋著.—太原：山西经济出版社,2003（中国农业经济学博士论丛）

7—80636—660—1

中国农村金融发展问题研究 / 张余文著.—北京：经济科学出版社,2005

7—5058—4979—4

农村合作银行发展模式研究 / 陈耀芳,邹亚生等著.—北京：经济科学出版社,2005

7—5058—4785—6

中国民间金融研究／姜旭朝著.—济南：山东人民出版社,1996

7—209—01872—7

中国农村金融发展与制度变迁／何广文等著.—北京：中国财政经济出版社,2005

7—5005—8581—0

中国农村金融史略／徐唐龄著.—北京：中国金融出版社,1996

7—5049—1525—4

中国地下金融规模与宏观经济影响研究／李建军等著.—北京：中国金融出版社,2005(现代金融研究丛书)

7—5049—3738—X

体制转轨中的中国民有金融研究／张庆亮著.—北京：经济科学出版社,2003(中青年经济学家文库)

7—5058—3705—2

社会信用体系原理／林钧跃著.—北京：中国方正出版社,2003(汇诚信用管理丛书)

7—80107—626—5

中国民间信用：社会、文化背景探析／江曙霞,马理,张纯威著.—北京：中国财政经济出版社,2003

7—5005—6878—9

中国信用制度建设／潘金生,安贺新,李志强主编.—北京：经济科学出版社,2003

7—5058—3582—3

中小企业银行信贷融资研究／董彦岭著.—北京：经济科学出版社,2005

7—5058—5088—1

中国小额信贷十年／杜晓山等主编.—北京：社会科学文献出版社,2005

7—80190—563—6

中国住房金融：资金筹措与风险防范机制／王洪卫等著.—上海：上海财经大学出版社,2001

7—81049—553—4

中国房地产金融体系研究／常永胜著.—北京：经济科学出版社,2001

7—5058—2543—7

信用理论与信用风险防范／王爱俭主编.—北京：中国金融出版社,2003

7—5049—2988—3

中国基金投资市场：现状、问题与展望／朱善利主编.—北京：经济科学出版社,2002(安泰保险研究系列)

7—5058—2865—7

经济增长与中国宏观投资效率研究／樊潇彦著.—上海：上海人民出版社,2005(复旦大学青年经济学者文库转轨中的中国经济问题研究论丛)

7—208—05791—5

中国投资基金制度变迁分析／何德旭著.—成都：西南财经大学出版社,2003(经济学管理学博士后学术文库)

7—81088—028—4

中国直接融资方式的发展／王昕主编.—北京：中国计划出版社,2000(中国宏观经济丛书)

7—80058—814—9

中国居民投资行为研究／黄家骅著.—北京：中国财政经济出版社,1997(中国经济丛书)

7—5005—3653—4

基金绩效衡量：理论与实证研究／杜书明著.—北京：中国社会科学出版社,2003

7—5004—4088—X

私募股权与资本市场／盛立军著.—上海：上海交通大学出版社,2003

7—313—03272—2

中国风险投资的发展模式与运行机制研究 /
钱水土著. —北京：中国社会科学出版社,2002
7—5004—3528—2

中国股票市场波动与效率研究 / 史代敏著. —
成都：西南财经大学出版社,2003(财经博士文库)
7—81088—027—6

中国资本市场发展战略 / 曹凤歧等著. —北
京：北京大学出版社,2003(管理学论丛资本市场
研究系列)
7—301—06254—0

经济转型中的中国金融市场 / 李扬,何德旭
著. —北京：经济科学出版社,1999(金融理论与中
国金融市场丛书)
7—5058—1626—8

中国资本市场开放研究 / 沈坤荣等著. —北
京：人民出版社,2005(经济转型与经济发展前沿
丛书)
7—01—005195—X

证券市场规范化建设研究 / 金德环主编. —上
海：上海财经大学出版社,1998(上海财经大学证
券期货学院丛书)
7—81049—201—2

中国证券市场实证分析 / 刘波主编. —上海：
学林出版社,1997(上海证券报文丛)
7—80616—319—0

金融市场的制度与结构 / 周业安著. —北京：
中国人民大学出版社,2005(中国经济问题丛书)
7—300—06465—5

中国资本市场：股权分裂与流动性变革 / 吴
晓求主笔. —北京：中国人民大学出版社,2004(中
国人民大学金融与证券研究所中国资本市场研究
报告)
7—300—05451—X

中国资本市场：创新与可持续发展：中国人民

大学金融与证券研究所中国资本市场研究报告 /
吴晓求主笔. —北京：中国人民大学出版社,2001
7—300—03019—X

货币政策与资本市场：2002 年中国金融与投
资发展报告 / 周骏,张中华,郭茂佳主编. —北京：
中国金融出版社,2002
7—5049—2843—7

中国资本市场发展的理论与实践：庆祝北京
大学百年校庆"中国资本市场发展国际研讨会"论
文选 / 厉以宁主编. —北京：北京大学出版
社,1998
7—301—03692—2

资本市场新论：与企业重组相适应的资本市
场 / 刘世锦,张军扩等著. —北京：中国发展出版
社,2001
7—80087—380—3

中国资本市场的培育与发展 / 李扬,王国刚
著. —北京：经济管理出版社,1999
7—80118—749—0

中国期货市场发展的战略研究 / 常清著. —北
京：经济科学出版社,2001
7—5058—2706—5

中国股市的演进与制度变迁 / 胡继之著. —北
京：经济科学出版社,1999
7—5058—1690—X

世界赌博爆炸与中国的经济利益 / 王五一
著. —北京：经济科学出版社,2005
7—5058—4701—5

中国证券市场财务与会计透视 / 孙铮,李增泉
主编. —上海：上海财经大学出版社,2000
7—81049—472—4

中国金融市场创新论 / 许崇正著. —北京：中
国财政经济出版社,1996
7—5005—3158—3

资本市场结构：理论与现实选择 ／ 刘波著.—上海：复旦大学出版社,1999(21 世纪经济学人著系)

7—309—02439—7

中国股票市场风险研究 ／ 吴世农等著.—北京：中国人民大学出版社,2003(管理科学文库)

7—300—04993—1

中国资产证券化的制度分析 ／ 高保中著.—北京：社会科学文献出版社,2005(河南大学经济学学术文库)

7—80190—531—8

内幕交易及其法律控制研究 ／ 胡光志著.—北京：法律出版社,2002(经济法博士精品文库)

7—5036—3892—3

财务信息与证券市场：经验的分析 ／ 黄志忠著.—大连：东北财经大学出版社,2003(三友会计论丛)

7—81084—230—7

中国证券市场投资分析及组合管理 ／ 王铁锋著.—北京：经济科学出版社,2003(上海国家会计学院学术丛书)

7—5058—3833—4

21 世纪中国证券市场风险与防范 ／ 姚刚主编.—广州：广东经济出版社,2000(挑战金融风险丛书)

7—80632—591—3

中国股市微观行为：理论与实证 ／ 施东晖著.—上海：上海远东出版社,2001(远东文库·中国经济发展研究论丛)

7—80661—363—3

中国证券市场论：兼论中国资本社会化的实践 ／ 袁东著.—北京：东方出版社,1997

7—5060—0959—5

中国债券融资功能研究 ／ 何志刚著.—北京：经济管理出版社,2003

7—80162—664—8

中国资本市场效率研究 ／ 曹红辉著.—北京：经济科学出版社,2002

7—5058—3237—9

投资者关系管理与公司价值创造 ／ 杨华著.—北京：中国财政经济出版社,2005

7—5005—8290—0

投资者利益保护 ／ 王保树主编.—北京：社会科学文献出版社,2003(21 世纪商法论坛)

7—80190—126—6

金融风险预警机制研究 ／ 董小君著.—北京：经济管理出版社,2004

7—80162—985—X

中国利用外资的新战略 ／ 张琦著.—北京：经济科学出版社,2003(金融全球化论丛)

7—5058—3371—5

关于外商投资与外资政策的博弈分析 ／ 杨建龙著.—北京：经济科学出版社,2000(经济学博士论丛)

7—5058—2223—3

跨国公司在华投资策略 ／ 毛蕴诗著.—北京：中国财政经济出版社,2005(跨国公司 VS 中国企业研究丛书)

7—5005—8399—0

中国境外投资的战略与管理 ／ 成思危主编.—北京：民主与建设出版社,2001(中国改革与发展问题应急研究丛书)

7—80112—355—7

外商直接投资宏观调控论 ／ 王元龙著.—北京：中国人民大学出版社,1998(中国人民大学博士文库)

7—300—02818—7

资本国际化运营：中国对外直接投资发展研究／孙建中著.—北京：经济科学出版社,2000(资本与资本运营研究丛书)

7—5058—2115—6

改革时期的外国直接投资／(美)黄亚生著；钱勇,王润亮译.—北京：新星出版社,2005

7—80148—859—8

外资进入行为研究：兼析外资政策及其引资效应／唐宜红编著.—北京：人民出版社,2003

7—01—004073—7

外商直接投资区位：理论分析与实证研究／贺灿飞著.—北京：中国经济出版社,2005

7—5017—6988—5

国际直接投资与技术转移／刘秀玲著.—北京：经济科学出版社,2003

7—5058—3376—6

中国外商投资区位决策与公共政策／魏后凯,贺灿飞,王新著.—北京：商务印书馆,2002

7—100—03496—5

著名跨国公司在中国的投资／王志乐主编.—北京：中国经济出版社,1996

7—5017—3650—2

人民币一篮子货币汇率制度中权重的建构／章和杰著.—北京：中国社会科学出版社,2005

7—5004—5062—1

1949～2000年的人民币汇率史／许少强,朱真丽著.—上海：上海财经大学出版社,2002(复旦大学金融学科建设项目系列研究)

7—81049—831—2

透视汇率：兼论非均衡市场与中国涉外经济,股票和房地产／杨帆等著.—北京：中国经济出版社,2005

7—5017—6830—7

中国区域金融发展与区域经济增长／陈先勇著.—武汉：武汉大学出版社,2005(区域经济研究丛书)

7—307—04736—5

中国区域金融分析／张军洲著.—北京：中国经济出版社,1995(中国经济学博士论丛)

7—5017—3597—2

区域金融发展问题研究／杨德勇等著.—北京：中国金融出版社,2005

7—5049—3706—1

温州民间融资及开放性资本市场研究／李元华著.—北京：中国经济出版社,2002(温州研究丛书)

7—5017—5391—1

中国古近代金融史／叶世昌,潘连贵著.—上海：复旦大学出版社,2001(复旦博学经济学系列)

7—309—02732—9

中国金融通史.第三卷.北洋政府时期／李飞等主编.—北京：中国金融出版社,2002

7—5049—1519—X

金融结构与金融危机／王洛林,李扬主编.—北京：经济管理出版社,2002

7—80162—433—5

东亚金融危机的分析与启示／成思危主编.—北京：民主与建设出版社,1999(中国改革与发展问题应急研究丛书)

7—80112—288—7

日本金融制度论／黄泽民著.—上海：华东师范大学出版社,2001

7—5617—2557—4

金融服务营销学／(英)亚瑟·梅丹著；王松奇译.—北京：中国金融出版社,2000(新金融译丛)

7—5049—2261—7

德国金融制度研究 / 何广文著. —北京：中国劳动社会保障出版社，2000（德国经济研究丛书）

7—5045—2761—0

美国银行业大变革透视 / 刘积余著. —北京：中国金融出版社，2001（走进世界金融丛书）

7—5049—2534—9

20 世纪 90 年代美国银行业的改革与战略 / 姜瑶英著. —北京：中国财政经济出版社，2001

7—5005—4878—8

美国住宅金融体制研究 / 汪利娜著. —北京：中国金融出版社，1999

7—5049—2228—5

美国创业资本市场的制度分析 / 张树中著. —北京：中国社会科学出版社，2001（中华美国学丛书）

7—5004—3199—6

工伤保险 / 陈刚主编；劳动和社会保障部组织编写. —北京：中国劳动社会保障出版社，2005（全国劳动和社会保障干部培训教材；劳动和社会保障岗位资格证书考试教材；高等教育自学考试劳动和社会保障专业专科教材）

7—5045—4076—5

中国社会养老保险基金管理体制选择：以国际比较为基础 / 李珍，孙永勇，张昭华著. —北京：人民出版社，2005（武汉大学公共管理学术丛书）

7—01—005113—5

社会医疗保险学 / 卢祖洵主编. —北京：人民卫生出版社，2003

7—117—05782—3

养老保险改革国际比较研究 / 钟仁耀著. —上海：上海财经大学出版社，2004

7—81098—050—5

风险理论 / 熊福生著. —武汉：武汉大学出版社，2005

7—307—04592—3

人口老龄化背景下的中国养老保险制度 / 张运刚著. —成都：西南财经大学出版社，2005

7—81088—360—7

金融管制的确立及其变革 / 周子衡著. —上海：上海人民出版社，2005（当代经济学系列丛书 当代经济学文库）

7—208—05440—1

风险管理与保险 / （美）特里斯曼，古斯塔逊著；齐瑞宗改编；张洪涛审校. —北京：高等教育出版社，2005（高等学校金融学类英文版教材.8）

7—04—016168—0

保险企业风险管理 / 魏巧琴著. —上海：上海财经大学出版社，2002

7—81049—702—2

基础会计学 / 陈云玲，孙合珍主编. —郑州：河南人民出版社，2005

7—215—05805—0

个人保险产品创新研究 / 李克穆，李开斌著. —北京：中国金融出版社，2005

7—5049—3679—0

社会保险制度分析引论 / 林义著. —成都：西南财经大学出版社，1997（当代财经文库）

7—81055—179—5

社会保险学 / 任正臣著. —北京：社会科学文献出版社，2001（社会工作丛书）

7—80149—537—3

寿险精算学 / 雷宇编著. —北京：北京大学出版社，1998（北京大学保险学丛书）

7—301—03873—9

人寿保险的经济分析引论 / 卓志著. —北京：中国金融出版社，2001（中国保险业热点问题研究丛书）

7—5049—2447—4

寿险公司风险管理 / 王一佳,马泓,陈秉正等著.—北京:中国金融出版社,2003

7—5049—3162—4

巨灾保险风险证券化研究 / 李勇权著.—北京:中国财政经济出版社,2005(南开大学 211 工程—经济学系列丛书)

7—5005—7982—9

养老金体制:国际比较·改革思路·发展对策 / 韩大伟,厉放,吴家亨著.—北京:经济科学出版社,2000(安泰保险研究系列)

7—5058—2021—4

养老保险基金:形成机制、管理模式、投资运用 / 李曜著.—北京:中国金融出版社,2000(中国保险业热点问题研究丛书)

7—5049—2307—9

医疗保险学 / 周绿林,李绍华主编.—北京:人民卫生出版社,2003

7—117—05352—6

责任保险论 / 邹海林著.—北京:法律出版社,1999(中国民商法专题研究丛书)

7—5036—2936—3

保险资金运用国际比较 / 孟昭亿主编.—北京:中国金融出版社,2005

7—5049—3776—2

中国保险业:矛盾、挑战与对策 / 孙祁祥等著.—北京:中国金融出版社,2000(中国保险业热点问题研究丛书)

7—5049—2249—8

引入外资后中国保险产业组织研究 / 林江著.—北京:中国社会科学出版社,2005(中国社会科学博士论文文库)

7—5004—5129—6

中国保险业的创新与监管:从开放经济比较视角的研究 / 肖文著.—北京:中国社会科学出版社,2005

7—5004—4939—9

中国保险市场转型研究 / 徐文虎著.—上海:上海社会科学院出版社,2005

7—80681—784—0

中国保险业的对外开放与竞争力分析 / 方芳等编著.—北京:中国金融出版社,2005

7—5049—3691—X

保险中介制度研究 / 刘冬姣著.—北京:中国金融出版社,2000

7—5049—2360—5

中国保险产业组织优化研究 / 江生忠著.—北京:中国社会科学出版社,2003

7—5004—3741—2

中国保险业监管研究 / 裴光著.—北京:中国金融出版社,1999(中国金融学术前沿研究丛书)

7—5049—2226—9

新形势下的保险资金运用:开放与投资安全:2003 国发资本市场研究中心中国保险发展报告 / 张洪涛主编.—北京:中国人民大学出版社,2003

7—300—04480—8

保险中介概论 / 唐运祥主编.—北京:商务印书馆,2000

7—100—03056—0

中国社会保险的改革与探索 / 郭士征,葛寿昌著.—上海:上海财经大学出版社,1998

7—81049—203—9

中国保险业竞争力研究 / 裴光著.—北京:中国金融出版社,2002

7—5049—2654—X

保险产品创新 / 盛和泰著.—北京:中国金融

出版社,2005

    7—5049—3633—2

中国农村人身保险市场研究 / 李扬,陈文辉主编.—北京：经济管理出版社,2005(保险与经济发展丛书)

    7—80207—415—0

中国寿险业的发展与监管 / 陈文辉主编.—北京：中国金融出版社,2002

    7—5049—2915—8

中国寿险业资产负债管理研究 / 李秀芳著.—北京：中国社会科学出版社,2002

    7—5004—3649—1

存款保险制度及中国模式 / 杨家才著.—北京：中国金融出版社,2001(中国金融热点研究丛书)

    7—5049—2478—4

存款保险制度研究 / 南京明主编;存款保险制度研究编委会编.—北京：中国金融出版社,2003

    7—5049—3122—5

中国农业保险与农村社会保障制度研究 / 庹国柱,王国军著.—北京：首都经济贸易大学出版社,2002

    7—5638—0995—3

养老保险改革与资本市场发展 / 李洁明,许晓茵著.—上海：复旦大学出版社,2003(黄皮书系列)

7—309—03830—4

中国社会养老保险：制度变迁与经济效应 / 郑伟著.—北京：北京大学出版社,2005(金融学论丛)

    7—301—08821—3

社会养老保险平衡测算 / 王鉴岗著.—北京：经济管理出版社,1999(中国青年政治学院学术丛书)

    7—80118—825—X

企业年金制度创新与发展研究 / 殷俊著.—武汉：武汉大学出版社,2005

    7—307—04271—1

中国社会保障制度研究：社会保险改革与商业保险发展 / 孙祁祥,郑伟等著.—北京：中国金融出版社,2005

    7—5049—3686—3

当代美国保险 / 段昆著.—上海：复旦大学出版社,2001

    7—309—02831—7

商会与行业协会法律制度研究 / 金晓晨著.—北京：气象出版社,2003

    7—5029—3540—1

论大股东股权滥用及实例 / 段亚林著.—北京：经济管理出版社,2001

    7—80162—083—6

文化、科学、教育、体育类入选书目分析

雷顺利

一、总体情况

共获取 1995—2005 年出版的文化、科学、教育、体育类(G 类)书目数据 138 262 条,根据学术图书筛选标准,选取出学术图书 25 496 种,占 G 大类图书总数的 18.4%;从表 1 中可以看出,被引频次 ≥1 的图书共 12 008 种,总被引次数为 290 897 次,占学术图书总数的 47.1%,说明有一半以上的学术图书一次都没有被引用过;被引频次在 0—10 次之间,占 58.2%,引用在 100 次以上的图书仅占 4.4%,呈现明显的金字塔形状。

按照"二八定律",选取占总被引频次 80% 的图书作为入选图书标准,被引 23 次以上图书总被引次数为 231 635 次,占总被引频次的 79.6%,因此被引频次大于 23 次的图书作为入选书目,共 2723 种。

表 1 G 类学术图书被引频次分布

被引频次	N≥1000	1000>N ≥500	500>N ≥200	200>N ≥100	100>N ≥23	23>N≥10	10>N≥0	总计
图书种数	13	36	157	320	2205	2282	6995	12 008
百分比	0.1%	0.3%	1.3%	2.7%	18.4%	19.0%	58.2%	100%

二、入选书目出版规律分析

(1)出版趋势分析

从表 2 和图 1 中可以看出,入选图书种数从 1995 年到 2003 年之间呈稳步上升趋势,2003 年之后呈下降趋势;而从引文量来看,2001 年引文量达到顶峰,之后呈下降趋势。分析这种趋势的原因:一方面是由于选择入选图书的标准是被引次数,被引次数需要累积一定的年限,但也具有一定的时效性,并不一定累积时间越长,被引次数就越高,而是有一个时间的临界值;另一方面也受图书出版质量的影响,随着每年出版量的增长,图书质量鱼龙混杂,导致学术图书所占比例以及引文量下降。

表2 G类入选图书年份及引文量分布

年份	数量(种)	所占比例(%)	引文量(次)	所占比例(%)
1995	102	3.74	8097	3.5
1996	123	4.51	10 962	4.7
1997	107	3.93	9411	4.1
1998	132	4.84	12 191	5.3
1999	206	7.60	23 279	10.0
2000	314	11.56	31 264	13.5
2001	347	12.73	34 340	14.8
2002	373	13.69	32 575	14.1
2003	393	14.42	31 653	13.7
2004	336	12.33	22 493	9.7
2005	290	10.64	15 370	6.6
总和	2723	100.0	231 635	100.0

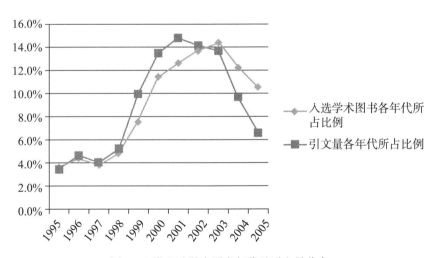

图1 G类入选学术图书年代及引文量分布

(2)学科分布

　　G类入选图书中教育类(G4—G7)占据了64.51%,这与教育类图书出版量大有关,除了教育类图书之外,信息与传播占9.94%,体育类(G8)占8.4%。就单学科来看,除教育类之外,体育占8.4%具有较高的比例,其次是信息与传播理论(G2、G20)占6.17%,再次是图书馆学、图书馆事业(G25)占4.88%。

表3 G类入选图书类目分布

一级类目	类名	中图分类号	核心学术图书种数	所占比例（%）	比例(%)
文化	文化理论	G、G0	84	3.08	6.78
	世界各国文化与文化事业	G1	101	3.71	
信息与知识传播	信息与传播理论	G2、G20	168	6.17	9.94
	新闻学、新闻事业	G21	66	2.42	
	广播、电视事业	G22	15	0.55	
	出版事业	G23	16	0.59	
	群众文化事业	G24	6	0.22	
图书、情报、档案、博物馆	图书馆学、图书馆事业	G25	133	4.88	6.49
	博物馆学、博物馆事业	G26	1	0.04	
	档案学、档案事业	G27	21	0.77	
	情报学、情报工作	G35	22	0.81	
科学、科学研究	科学研究理论	G3、G30	86	3.19	3.85
	科学研究工作	G31	10	0.37	
	世界各国科学研究事业	G32	8	0.29	
教育类	教育	G4	782	28.73	64.51
	世界各国教育事业	G5	115	4.22	
	各级教育	G6	735	26.97	
	各类教育	G7	124	4.59	
体育	体育	G8	229	8.40	8.40
总计		G	2725	100.0	

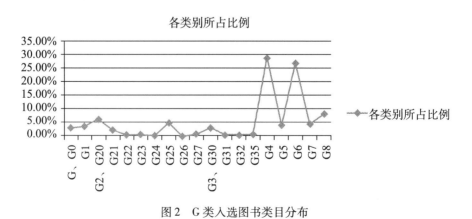

图2　G类入选图书类目分布

（3）出版社分布

由于G类图书中教育类图书占据主导地位，无论是入选图书种数还是总被引次数排在前三位的都是教育类的专业出版社,主要有高等教育出版社、人民教育出版社、教育科学出版社。出版 15 种以上图书的 39 家出版社中,教育专业出版社有 14 家,高校出版社有 16 家,这两类出版社具有较强的学术图书出版实力。

表 4　G 类入选学术图书出版社被引次数排名(前 20 位)

序号	出版社	图书种数	被引次数	平均被引次数
1	高等教育出版社	219	22 860	104.4
2	人民教育出版社	148	16 611	112.2
3	教育科学出版社	145	18 418	127
4	华东师范大学出版社	110	14 922	135.7
5	上海教育出版社	84	9854	117.3
6	北京体育大学出版社	70	5914	84.5
7	北京师范大学出版社	59	9186	155.7
8	北京图书馆出版社	57	4611	80.9
9	人民体育出版社	55	9189	167.1
10	科学出版社	54	3943	73
11	中国人民大学出版社	47	4290	91.3
12	北京大学出版社	46	4113	89.4
13	山东教育出版社	43	3129	72.8
14	武汉大学出版社	36	2151	59.8
15	广西教育出版社	35	3576	102.2
16	中国社会科学出版社	35	1705	48.7
17	社会科学文献出版社	32	2205	68.9
18	清华大学出版社	31	2141	69.1
19	浙江教育出版社	31	3986	128.6
20	福建教育出版社	30	2202	73.4

文化、科学、教育、体育类入选书目

教育产业论 / 吴怡兴等著. —北京：人民教育出版社,2000(当代大教育论丛书)

7—107—13025—0

中国新闻事业发展史 / 黄瑚著. —上海：复旦大学出版社,2001(新闻与传播学系列教材)

7—309—02571—7

文化的重要作用：价值观如何影响人类进步 / (美)塞缪尔·亨廷顿,劳伦斯·哈里森主编；程克雄译. —北京：新华出版社,2002(常青藤译丛)

7—5011—5492—9

个体信仰与文化理论 / 刘小枫著. —成都：四川人民出版社,1997(川籍学者文丛)

7—220—03871—2

大众文化与当代乌托邦 / 陈刚著. —北京：作家出版社,1996(当代审美文化书系)

7—5063—1048—1

文化的观念 / (英)特瑞·伊格尔顿著；方杰译. —南京：南京大学出版社,2003(当代学术棱镜译丛)

7—305—04048—7

文化帝国主义 / (英)汤林森著；冯建三译；郭英剑校订. —上海：上海人民出版社,1999(东方书林俱乐部文库)

7—208—03009—X

对话的喧声：巴赫金的文化转型理论 / 刘康著. —北京：中国人民大学出版社,1995(海外中国博士文丛)

7—300—02060—7

晚学盲言. 上下册 / 钱穆著. —桂林：广西师范大学出版社,2004(钱穆作品系列)

7—5633—4623—6

文化地理学 / 周尚意,孔翔,朱竑编著. —北京：高等教育出版社,2004(人文地理学系列教材)

7—04—014461—1

权力的文化逻辑 / 朱国华著. —上海：上海三联书店,2004(三联评论)

7—5426—1883—0

后现代状况：关于知识的报告 / (法)让—弗朗索瓦·利奥塔著；岛子译. —长沙：湖南美术出版社,1996(实验艺术丛书)

7—5356—0804—3

文化的边缘 / 滕守尧著. —北京：作家出版社,1997(世纪文化书库)

7—5063—1195—X

文化理论与通俗文化导论 / (美)约翰·斯道雷著；杨竹山,郭发勇,周辉译. —南京：南京大学出版社,2001(通俗文化系列当代学术棱镜译丛)

7—305—03538—6

文化：社会学的视野 / (美)约翰.R.霍尔,玛丽·乔·尼兹著；周晓虹,徐彬译. —北京：商务印书馆,2002(文化和传播译丛)

7—100—03363—2

文化学概论 / 陈华文著. —上海：上海文艺出版社,2001(文化艺术教育丛书)

7—5321—2295—6

后现代主义文化：当代理论导引 / (英)史蒂文·康纳著；严忠志译. —北京：商务印书馆,2002(现代性研究译丛)

7—100—03453—1

文化批评的观念：法兰克福学派、存在主义和后结构主义 ／（美）理查德·沃林著；张国清译.—北京：商务印书馆，2000（现代性研究译丛）
7—100—03035—8

身体的文化政治学 ／汪民安主编.—开封：河南大学出版社，2004（新思潮文档）
7—81091—102—3

文化霸权理论研究 ／孙晶著.—北京：社会科学文献出版社，2004（中国社会科学院青年学者文库哲学系列）
7—80190—165—7

大众文化研究：一个文化与经济互动发展的视角 ／朱效梅著.—北京：清华大学出版社，2003
7—302—07067—9

反思本土文化建构 ／赵旭东著.—北京：北京大学出版社，2003
7—301—06238—9

外国文化与跨文化交际 ／陈俊森，樊葳葳主编.—武汉：华中理工大学出版社，2000
7—5609—2153—1

文化国力论 ／周浩然，李荣启著.—沈阳：辽宁人民出版社，2000
7—205—04666—1

费孝通论文化与文化自觉 ／费孝通著.—北京：群言出版社，2005
7—80080—545—X

商周文化比较研究 ／王晖著.—北京：人民出版社，2000
7—01—003168—1

文化学教程 ／吴克礼主编.—上海：上海外语教育出版社，2002
7—81080—514—2

跨文化交际学 ／贾玉新著.—上海：上海外语教育出版社，1997
7—81046—277—6

翻译的理论建构与文化透视 ／谢天振主编.—上海：上海外语教育出版社，2000
7—81046—886—3

中西文化导论 ／何云波，彭亚静主编.—北京：中国铁道出版社，2000
7—113—03877—8

文化与人格：对中西方文化差异的一次比较 ／刘承华著.—合肥：中国科学技术大学出版社，2002（21世纪大学生素质教育教材）
7—312—01387—2

文化视野中的人类行为：跨文化心理学导论 ／万明钢著.—兰州：甘肃文化出版社，1996（跨世纪教育理论研究新视野丛书）
7—80608—188—7

文化经济学通论 ／程恩富主编.—上海：上海财经大学出版社，1999
7—81049—282—9

中西文化回眸 ／许思园著.—上海：华东师范大学出版社，1997（故学新知丛书）
7—5617—1717—2

全球化：社会理论和全球文化 ／（美）罗兰·罗伯森著；梁光严译.—上海：上海人民出版社，2000（社会理论译丛）
7—208—03350—1

魅力与魔力：中西文化透视 ／董广杰，李露亮著.—北京：中国纺织出版社，1999
7—5064—1549—6

绿色文化与绿色美学通论 ／郭因，黄志斌等著.—合肥：安徽人民出版社，1995
7—212—01194—0

哲学与文化 / 西南交通大学哲学教研室编著.—成都：西南交通大学出版社,1996

7—81022—896—X

科学知识与社会学理论 / (英)巴里·巴恩斯著；鲁旭东译.—北京：东方出版社,2001(知识与社会译丛)

7—5060—1532—3

回归生活世界的文化哲学 / 衣俊卿著.—哈尔滨：黑龙江人民出版社,2000(1978—1998 中国学术前沿性论题文存)

7—207—04269—8

文化悖论：关于文化价值悖谬及其超越的理论研究 / 司马云杰著.—西安：陕西人民出版社,2003(大道哲学全书)

7—224—06387—8

人文科学的逻辑 / (德)恩斯特·卡西尔著；沉晖,海平,叶舟译.—北京：中国人民大学出版社,2004(朗朗书房)

7—300—05594—X

文化哲学十五讲 / 衣俊卿著.—北京：北京大学出版社,2004(名家通识讲座书系)

7—301—08109—X

中国传统文化的现代性转型 / 周昌忠著.—上海：上海三联书店,2002(上海三联学术文库)

7—5426—1699—4

文化价值论 / 孙美堂著.—昆明：云南人民出版社,2005(实践价值丛书)

7—222—04393—4

整合与颠覆：大众文化的辨证法：法兰克福学派大众文化理论 / 赵勇著.—北京：北京大学出版社,2005(文艺学与文化研究丛书文化与诗学系列)

7—301—08908—2

文化与帝国主义 / (美)爱德华.W.萨义德著；李琨译.—北京：三联书店,2003(学术前沿)

7—108—01954—X

中国和合文化导论 / 张立文著.—北京：中共中央党校出版社,2001(学术文丛)

7—5035—2411—1

现代性之隐忧 / (加)查尔斯·泰勒著；程炼译.—北京：中央编译出版社,2001

7—80109—428—X

人类的家园：现代文化矛盾的哲学反思 / 卢风著.—长沙：湖南大学出版社,1996

7—81053—023—2

文化哲学导论 / 刘进田著.—北京：法律出版社,1999

7—5036—2624—0

文化哲学 / 杨善民,韩锋著.—济南：山东大学出版社,2002

7—5607—2505—8

民族文化资本化 / 马翀炜,陈庆德著.—北京：人民出版社,2004

7—01—004202—0

民族文化学 / 张文勋等著.—北京：中国社会科学出版社,1998

7—5004—2346—2

世界文化象征辞典 / (德)汉斯·比德曼著；刘玉红,谢世坚,蔡马兰译.—桂林：漓江出版社,2000

7—5407—2483—8

比较文化学 / 方汉文著.—桂林：广西师范大学出版社,2003(比较文学丛书)

7—5633—3786—5

人本思潮与中国文化 / 李瑜青等著.—北京：东方出版社,1998(哥伦布学术文库)

7—5060—1176—X

东西文化观 / 陈序经编. —北京：中国人民大学出版社，2004（朗朗书房文化要义丛书）

7—300—06055—2

通过孔子而思 /（美）郝大维，安乐哲著；何金俐译. —北京：北京大学出版社，2005（同文馆哲学）

7—301—09332—2

跨文化之桥 / 乐黛云著. —北京：北京大学出版社，2002（文学论丛）

7—301—04758—4

东亚现代性与西方现代性：从文化的角度看 / 夏光著. —北京：三联书店，2005

7—108—02312—1

中西文化比较 / 徐行言著. —北京：北京大学出版社，2004

7—301—06325—3

中西方文化比较概论 / 李信主编. —北京：航空工业出版社，2003

7—80183—090—3

跨文化交际与外语教学 / 吴进业，王超明主编. —开封：河南大学出版社，2005

7—81091—365—4

中国传统文化导论 / 朱汉民主编. —长沙：湖南大学出版社，2000

7—81053—274—X

比较文化与管理 / 陈荣耀著. —上海：上海社会科学出版社，1999

7—80618—539—9

传统文化导论 / 骆自强著. —上海：上海文艺出版社，2000

7—5321—2118—6

中西文化概论 / 张忠利，宗文举著. —天津：天津大学出版社，2002

7—5618—1575—1

中国传统价值观诠释学 / 刘翔著. —上海：上海三联书店，1996（上海三联文库学术系列）

7—5426—0858—4

跨文化对话：中法文化年专号. 17 辑 / 乐黛云，（法）李比雄主编. —上海：上海三联书店，2005

7—5426—2082—7

全球化：西方化还是中国化 / 俞可平主编. —北京：社会科学文献出版社，2002（全球化论丛）

7—80149—690—6

生态文化论 / 余谋昌著. —石家庄：河北教育出版社，2001（交叉科学新视野丛书）

7—5434—4295—7

让科学回归人文 / 吴国盛著. —南京：江苏人民出版社，2003（科学人文对话丛书）

7—214—03524—3

当代社会与文化艺术 /（英）伯尼斯·马丁著；李中泽译. —成都：四川人民出版社，2000（美学·设计·艺术教育丛书）

7—220—04596—4

文化生产：媒体与都市艺术 /（美）戴安娜·克兰著；赵国新译. —南京：译林出版社，2001（人文与社会译丛）

7—80657—098—5

中国现代学术之建立：以章太炎胡适之为中心 / 陈平原著. —北京：北京大学出版社，1998（学术史丛书）

7—301—03592—6

文化与符号权力：布尔迪厄的文化社会学导论 / 张意著. —北京：中国社会科学出版社，2005

7—5004—5118—0

文化产业的时代审视 / 谢名家等著. —北京：人民出版社，2002

7—01—003606—3

文化与制序 / 韦森著.—上海：上海人民出版社，2003

7—208—04578—X

东西文化议论集 / 季羡林，张光编选.—北京：经济日报出版社，1997（东方文化集成.东方文化综合研究编）

7—80127—232—3

视觉文化的奇观：视觉文化总论 /（法）雅克·拉康，让·鲍德里亚等著；吴琼编.—北京：中国人民大学出版社，2005（视觉文化系列朗朗书房）

7—300—06951—7

文化力 / 贾春峰著.—北京：人民出版社，1995（中外名人学术文库）

7—01—002234—8

图像时代：视觉文化传播的理论诠释 / 孟建，（德）Stefan Friedrich 主编.—上海：复旦大学出版社，2005

7—309—04747—8

文化遗产报告：世界文化遗产保护运动的理论与实践 / 顾军，苑利著.—北京：社会科学文献出版社，2005（文化遗产学丛书）

7—80190—678—0

文化产业竞争力 / 花建等著.—广州：广东人民出版社，2005（当代文化产业论丛）

7—218—04908—7

现代性、后现代性和全球化 / 王逢振主编.—北京：中国人民大学出版社，2004（詹姆逊文集.第4卷）

7—300—05531—1

评价文化：文化资源评估与文化产业评价研究 / 申维辰主编.—太原：山西教育出版社，2004

7—5440—2813—5

中国文化的出路 / 陈序经著.—北京：中国人民大学出版社，2004（朗朗书房文化要义丛书）

7—300—06057—9

文史传统与文化重建 / 余英时著.—北京：三联书店，2004（余英时作品系列）

7—108—02022—X

中国武术：历史与文化 / 程大力著.—成都：四川大学出版社，1995

7—5614—1193—6

文化发展论 / 许明，花建主编.—北京：北京大学出版社，2005（人文科学研究丛书）

7—301—09388—8

文化研究导论 /（英）阿雷恩·鲍尔德温等著；陶东风等译.—修订版.—北京：高等教育出版社，2004

7—04—015405—6

国际文化战略研究 / 朱威烈主编.—上海：上海外语教育出版社，2002

7—81080—672—6

大众文化：全球传播的范式 / 孙英春著.—北京：中国传媒大学出版社，2005

7—81085—585—9

城市形象与城市文化资本论：中外城市形象比较的社会学研究 / 张鸿雁著.—南京：东南大学出版社，2002（中外城市比较研究丛书）

7—81050—985—3

全球文化风暴 / 刘登阁著.—北京：中国社会科学出版社，2000（百年冲突回眸）

7—5004—2678—X

大众文化导论 / 王一川主编.—北京：高等教育出版社，2004（高等学校通识课程系列教材）

7—04—014987—7

多种文化的星球：联合国教科文组织国际专

家小组的报告／（美)欧文·拉兹洛编辑;戴侃,辛未译.—北京：社会科学文献出版社,2001(广义进化研究丛书)

7—80149—520—9

软权力之争：全球化视野中的文化竞争潮流／花建等著.—上海：上海社会科学院出版社,2001(经济全球化论丛)

7—80618—801—0

全球化与文化整和／李晓东著.—长沙：湖南人民出版社,2003(全球化焦点问题丛书)

7—5438—3366—2

全球化与文化资本／薛晓源,曹荣湘主编.—北京：社会科学文献出版社,2005(全球化论丛.IV)

7—80190—435—4

全球化时代的文化认同：西方普遍主义话语的历史批判／张旭东著.—北京：北京大学出版社,2005(文化理论丛书)

7—301—08149—9

文化研究：理论与实践／金元浦主编.—开封：河南大学出版社,2004(新思潮文档)

7—81091—086—8

全球化与身份危机／陈定家主编.—开封：河南大学出版社,2004(新思潮文档)

7—81091—088—4

网络悖论：网络的文化反思／严耕,陆俊著.—长沙：国防科技大学出版社,1998

7—81024—502—3

全球化与文化：西方与中国／王宁编.—北京：北京大学出版社,2002

7—301—05643—5

人类口头和非物质遗产／向云驹著.—银川：宁夏人民教育出版社,2004

7—80596—750—4

大众传媒与大众文化／潘知常,林玮著.—上海：上海人民出版社,2002

7—208—04071—0

大众文化批评／许文郁,朱忠元,许苗苗著.—北京：首都师范大学出版社,2002

7—81064—336—3

文化产业概论／胡惠林主编.—昆明：云南人民出版社,2005(高等学校文化管理类专业系列教材)

7—81068—997—5

世界文化产业发展前沿报告.2003—2004／林拓,李惠斌,薛晓源主编.—北京：社会科学文献出版社,2004

7—80190—157—6

文化产业理论与实践／孙安民著.—北京：北京出版社,2005

7—200—05958—7

文化产业学／刘吉发,岳红记,陈怀平著.—北京：经济管理出版社,2005

7—80207—318—9

文化产业发展论／丹增著.—北京：人民出版社,2005

7—01—005290—5

分工、比较优势与文化产业发展／冯子标,焦斌龙著.—北京：商务印书馆,2005

7—100—04795—1

产业界面上的文化之舞／花建著.—上海：上海人民出版社,2002

7—208—04000—1

文化的冲突与共融／（英)理查德.D.刘易斯著;关世杰主译.—北京：新华出版社,2002(北京大学国际传播·跨文化交流参考教材)

7—5011—5540—2

文化外交：一种传播学的解读 / 李智著.—北京：北京大学出版社,2005（国际问题论丛）

7—301—08622—9

跨文化交际学概论 / 胡文仲著.—北京：外语教学与研究出版社,1999（跨文化交际丛书）

7—5600—1660—X

跨文化交流学：提高涉外交流能力的学问 / 关世杰著.—北京：北京大学出版社,1995

7—301—02895—4

跨文化交际学：理论与实践 / 林大津,谢朝群著.—福州：福建人民出版社,2005

7—211—05023—3

跨文化交际面面观 / 胡文仲主编.—北京：外语教学与研究出版社,1999

7—5600—1782—7

跨文化交际学 / 唐德根著.—长沙：中南工业大学出版社,2000

7—81061—307—3

跨文化交际 / 张爱琳主编.—重庆：重庆大学出版社,2003

7—5624—2829—8

文化模式与传播方式：跨文化交流文集 / (美)拉里.A.萨默瓦,理查德.E.波特主编；麻争旗等译.—北京：北京广播学院出版社,2003（国际关系学书系）

7—81085—144—6

中国文化概论 / 刘新科编著.—长春：东北师范大学出版社,2005（21 世纪高职高专系列教材·中文专业）

7—5602—4312—6

文化现代性与美学问题 / 周宪主编.—北京：中国人民大学出版社,2005（当代学术思想文库）

7—300—06969—X

文化与价值 / 张岱年著.—北京：新华出版社,2004（国学大师文丛）

7—5011—6532—7

中国传统文化 / 何静,韩怀仁主编.—北京：解放军文艺出版社,2002（军事人才人文素质教育系列军队现代化与当代军人素质丛书）

7—5033—1519—9

中国文化与现代生活 / 韦政通著.—北京：中国人民大学出版社,2005（朗朗书房文化要义丛书）

7—300—06681—X

中国文化要义 / 梁漱溟著.—上海：上海人民出版社,2003（世纪文库）

7—208—04813—4

北大文化产业前沿报告 / 向勇主编.—北京：群言出版社,2004（新世界文库）

7—80080—405—4

众神狂欢：世纪之交的中国文化现象 / 孟繁华著.—修订版.—北京：中央编译出版社,2003

7—80109—704—1

传统文化导论 / 骆自强主编.—修订版.—上海：上海古籍出版社,2003

7—5325—3539—8

中国传统文化概论 / 薛明扬主编；丁士华等撰稿.—上海：复旦大学出版社,2003

7—309—03817—7

发现东方：西方中心主义走向终结与中国形象的文化重建 / 王岳川著.—北京：北京图书馆出版社,2003

7—5013—2202—3

当代中国大众文化研究 / 黄会林主编.—北京：北京师范大学出版社,1998

7—303—04477—9

全球化的人文审思与文化战略 / 姚国华著.—

深圳：海天出版社,2002

7—80654—805—X

中国符号 / 易思羽主编.—南京：江苏人民出版社,2005

7—214—03861—7

中国文化研究二十年 / 邵汉明主编.—北京：人民出版社,2003

7—01—003930—5

中国传统文化通论 / 赵洪恩,李宝席主编.—北京：人民出版社,2003

7—01—003851—1

中国国家文化安全论 / 胡惠林著.—上海：上海人民出版社,2005

7—208—05571—8

中国传统文化概论 / 张应杭主编.—杭州：浙江大学出版社,2000

7—308—04106—9

都市文化与都市精神：中外城市文化比较 / 陈立旭著.—南京：东南大学出版社,2002（中外城市比较研究丛书）

7—81050—981—0

文化政策学 / 胡惠林著.—上海：上海交通大学出版社,1999（文化艺术管理丛书）

7—313—02081—3

有中国特色社会主义文化研究 / 黄楠森等主编.—济南：山东人民出版社,1999（有中国特色社会主义论丛）

7—209—02464—6

高唐神女与维纳斯 / 叶舒宪著.—北京：中国社会科学出版社,1997（宏观文学史丛书）

7—5004—2051—X

中国传统文化新编 / 王玉德,邓儒伯,姚伟钧主编.—武汉：华中科技大学出版社,1996（人文素

质教育教材系列）

7—5609—1368—7

文化全球化与中国大众文化 / 金民卿著.—北京：人民出版社,2004（深圳社会科学文库）

7—01—004395—7

中国象征文化 / 居阅时,瞿明安主编.—上海：上海人民出版社,2001（学术创新）

7—208—03676—4

中国印象：世界名人论中国文化 / （德）黑格尔等著；何兆武,柳卸林主编.—桂林：广西师范大学出版社,2001（雅典娜思想译丛）

7—5633—3166—2

中国镜像：90 年代文化研究 / 王岳川著.—北京：中央编译馆,2001

7—80109—422—0

众神狂欢：当代中国的文化冲突问题 / 孟繁华著.—北京：今日中国出版社,1997

7—5072—0890—7

世纪之交的文化景观：中国当代审美文化的多元透视 / 周宪主编.—上海：上海远东出版社,1998

7—80613—583—9

中国文化地理概述 / 胡兆量,阿尔斯朗,琼达等编著.—北京：北京大学出版社,2001

7—301—04954—4

中国旅游文化传统 / 喻学才著.—南京：东南大学出版社,1995

7—81050—049—X

中国历史文化区域研究 / 周振鹤主编.—上海：复旦大学出版社,1997

7—309—01866—4

中国文化的深层结构 / （美）孙隆基著.—桂林：广西师范大学出版社,2004

7—5633—4494—2

社会主义初级阶段文化论 / 于幼军著.—北京：人民出版社，1999
7—01—003130—4

中国传统文化的历史阐释与现代价值 / 汝真主编.—太原：山西教育出版社，1997
7—5440—1249—2

中国居住文化 / 丁俊清著.—上海：同济大学出版社，1997
7—5608—1693—2

中国文化要略 / 程裕祯著.—北京：外语教学与研究出版社，1998
7—5600—1407—0

中国数文化 / 吴慧颖著.—长沙：岳麓书社，1995
7—80520—589—2

在新意识形态的笼罩下：90年代的文化和文学分析 / 王晓明主编.—南京：江苏人民出版社，2000（当代大众文化批评丛书）
7—214—02810—7

文化新世纪：生态文化的理论阐释 / 余谋昌著.—长春：东北林业大学出版社，1996（人与自然丛书）
7—81008—707—X

文化遗产的保护与经营：中国实践与理论进展 / 徐嵩龄，张晓明，章建刚编.—北京：社会科学文献出版社，2003（环境与发展研究丛书）
7—80149—895—X

2003年：中国文化产业发展报告 / 江蓝生，谢绳武主编.—北京：社会科学文献出版社，2003（皮书系列·文化蓝皮书）
7—80149—804—6

文化产业发展的中国道路：我国文化产业发

展理论与实践研究 / 胡惠林著；上海市邓小平理论和"三个代表"重要思想研究中心编.—上海：上海人民出版社，2004（先进文化研究丛书）
7—208—05336—7

文化产业论 / 柯可主编；顾作义等著.—广州：广东经济出版社，2001（现代化进程中的精神文明建设研究丛书）
7—80632—870—X

中国文化产业年度发展报告 / 叶朗主编.—长沙：湖南人民出版社，2003
7—5438—3699—8

中国文化产业国际竞争力报告 / 祁述裕主编.—北京：社会科学文献出版社，2004
7—80190—235—1

东西方文化差异与对外交流：案例分析、合资企业、思维方式、交际方式、语言表达、手势语 / 庄恩平著.—上海：华东理工大学出版社，1998
7—5628—0856—2

跨文化交际研究：与英美人交往指南 / 林大津著.—福州：福建人民出版社，1996
7—211—02749—5

新语探源：中西日文化互动与近代汉字术语生成 / 冯天瑜著.—北京：中华书局，2004（中华文史新刊）
7—101—04274—0

五千年中外文化交流史 / 李喜所主编.—北京：世界知识出版社，2002
7—5012—1495—6

黑土魂与现代城市人：地域文化建设与提高城市居民文明素质研究 / 董鸿扬主编.—北京：西苑出版社，2000
7—80108—486—1

让文化成为资本：中国西部民族文化资本化运营研究 / 李富强著.—北京：民族出版社，2004

（相思湖学术论丛）

　　7—105—06478—1

日本文化：模仿与创新的轨迹 / 王勇著.—北京：高等教育出版社,2001（面向 21 世纪课程教材）

　　7—04—007789—2

日本文明 / 叶渭渠主编.—北京：中国社会科学出版社,1999（世界文明大系）

　　7—5004—2409—4

反思欧洲 / （法）埃德加·莫兰著;康征,齐小曼译.—北京：三联书店,2005（法国思想家新论）

　　7—108—02214—1

教育中的建构主义 / （美）莱斯利.P. 斯特弗,杰里·盖尔主编;高文,徐斌燕,程可拉等译.—上海：华东师范大学出版社,2002（21 世纪人类学习的革命译丛）

　　7—5617—3044—6

当代美国文化 / 朱世达著.—北京：社会科学文献出版社,2001（当代美国丛书）

　　7—80149—513—6

美国文化模式：跨文化视野中的分析 / （美）爱德华.C. 斯图尔特,密尔顿.J. 贝内特著;卫景宜译.—天津：百花文艺出版社,2000

　　7—5306—3020—2

美国社会文化 / 王锦瑭编著.—武汉：武汉大学出版社,1996（武汉大学本科生系列教材）

　　7—307—02136—6

内容产业论：数字新媒体的核心 / 赵子忠著.—北京：中国传媒大学出版社,2005（传媒学术前沿系列丛书）

　　7—81085—406—2

目录学教程 / 彭斐章主编.—北京：高等教育出版社,2004（面向 21 世纪课程教材）

　　7—04—015344—0

数字图书馆原理及应用 / 李培主编.—北京：高等教育出版社,2004（图书馆学类面向 21 世纪课程教材）

　　7—04—015341—6

现代信息管理机制研究 / 胡昌平著.—武汉：武汉大学出版社,2004（武汉大学学术丛书）

　　7—307—04167—7

信息分析：基础、方法及应用 / 朱庆华编著.—北京：科学出版社,2004（现代信息管理与信息系统丛书）

　　7—03—013498—2

传媒竞争力：产业价值链案例与模式 / 喻国明,张小争编著.—北京：华夏出版社,2004（中国人民大学新闻学院舆论研究所报告系列）

　　7—5080—3620—4

变革传媒：解析中国传媒转型问题 / 喻国明著.—北京：华夏出版社,2005（中国人民大学新闻学院舆论研究所报告系列）

　　7—5080—3619—0

体育新闻学 / 郝勤著.—北京：高等教育出版社,2004

　　7—04—014890—0

受众心理与传媒引导 / 郑兴东著.—北京：新华出版社,2004

　　7—5011—6720—6

信息化水平测度的理论与方法 / 宋玲主编.—北京：经济科学出版社,2001（21 世纪信息网络化丛书）

　　7—5058—2252—7

信息饥渴：信息选取、表达与透析 / （美）Richard Saul Wurman 著;李银胜等译.—北京：电子工业出版社,2001

　　7—5053—6973—3

信息传播原理 / 倪波主编.—北京：书目文献

出版社,1996

7—5013—1251—6

虚拟生存 ／ 金枝编著.—天津：天津人民出版社,1997

7—201—02953—3

信息新论 ／ 冯建伟著.—北京：新华出版社,2001

7—5011—5152—0

信息科学技术与当代社会 ／ 教育部高等教育司组编;孙小礼,冯国瑞主编.—北京：高等教育出版社,2000（大学生文化素质教育书系）

7—04—008599—2

信息文化论：数字化生存状态冷思考 ／ 董焱著.—北京：北京图书馆出版社,2003（信息管理科学博士文库）

7—5013—1941—3

信息社会学 ／ 靖继鹏,吴正荆等编著.—北京：科学出版社,2004（21 世纪高等院校教材——信息管理系列）

7—03—013511—3

信息论基础 ／ （美）Thomas M. Cover, Joy A. Thomas 著;阮吉寿,张华译.—北京：机械工业出版社,2005（电子与电气工程丛书）

7—111—16245—5

信息论与编码理论 ／ 沈世镒,陈鲁生编著.—北京：科学出版社,2002（高等院校信息科学系列教材）

7—03—010496—X

信息化城市 ／ （美）曼纽尔·卡斯泰尔著;崔保国等译.—南京：江苏人民出版社,2001（汉译大众精品文库·新世纪版）

7—214—02999—5

信息论基础 ／ 石峰,莫忠息编著.—武汉：武汉大学出版社,2002（面向 21 世纪本科生教材;信

息与计算机科学专业系列丛书）

7—307—03380—1

信息论：基础理论与应用 ／ 傅祖芸编著.—北京：电子工业出版社,2001（面向 21 世纪高等学校电子信息类教材）

7—5053—6850—8

信息时代的世界地图 ／ 王小东著.—北京：中国人民大学出版社,1997（网络文化丛书）

7—300—02535—8

信息环境论 ／ 岳剑波著.—北京：书目文献出版社,1996（现代信息管理丛书）

7—5013—1267—2

信息生态与社会可持续发展 ／ 蒋录全著.—北京：北京图书馆出版社,2003（信息管理科学博士文库）

7—5013—2131—0

信息社会 4.0：中国社会建构新对策 ／ 熊澄宇主笔.—长沙：湖南人民出版社,2002

7—5438—3138—4

信息科学原理 ／ 钟义信著.—北京：北京邮电大学出版社,1996

7—5635—0235—1

信息工作理论与实践 ／ 刘昭东等编著.—北京：科学技术文献出版社,1995

7—5023—2481—X

信息社会与网络经济 ／ 乌家培著.—长春：长春出版社,2002

7—80664—348—6

基于信息理解的信息构建 ／ 周晓英著.—北京：中国人民大学出版社,2005

7—300—06711—5

信息空间：认识组织、制度和文化的一种框架 ／ （英）马克斯. H. 布瓦索,Boisot 著;王寅通译.—上

海：上海译文出版社,2000（当代学术思潮译丛）

7—5327—2317—8

重建巴比塔：文化视野中的网络 / 陆俊著.—北京：北京出版社,1999（透视网络时代丛书）

7—200—03623—4

信息哲学：理论、体系、方法 / 邬焜著.—北京：商务印书馆,2005

7—100—04382—4

网络世界与精神家园：网络心理现象透视 / 李玉华,卢黎歌等编著.—西安：西安交通大学出版社,2002

7—5605—1459—6

城市如何数字化：纵谈城市信息建设 / 承继成等著.—北京：中国城市出版社,2002（城市热点问题丛书）

7—5074—1326—8

美国信息技术的发展及其经济影响 / 张正德著.—武汉：武汉大学出版社,1995（当代美国经济研究丛书）

7—307—01996—5

信息系统分析与设计 / 甘仞初主编;颜志军,杜晖,龙虹编.—北京：高等教育出版社,2003（高等学校信息管理与信息系统专业系列教材）

7—04—012312—6

信息化工程原理与应用 / 潘明惠著.—北京：清华大学出版社,2004（高等院校计算机与信息技术应用新技术教材）

7—302—07910—2

信息系统的安全与保密 / 贾晶,陈元,王丽娜编著.—北京：清华大学出版社,1999（高等院校信息管理与信息系统专业参考教材）

7—302—03213—0

信息系统开发方法教程 / 陈佳编著.—2版.—北京：清华大学出版社,2005（高等院校信息

管理与信息系统专业系列教材）

7—302—10250—3

信息系统分析与设计 / 卫红春主编;卫红春等编著.—西安：西安电子科技大学出版社,2005（高职高专系列规划教材）

7—5606—1476—0

信息系统与知识发现 / 张文修等编著.—北京：科学出版社,2003（科学版研究生教学丛书）

7—03—011521—X

信息管理导论 / 谭祥金,党跃武著.—北京：高等教育出版社,2000（面向 21 世纪课程教材）

7—04—008915—7

信息分析与预测 / 查先进著.—武汉：武汉大学出版社,2000（面向 21 世纪课程教材）

7—307—02960—X

跨越数字鸿沟：面对第二次现代化的危机与挑战 / 胡延平编著.—北京：社会科学文献出版社,2002（数字蓝皮书）

7—80149—759—7

信息管理概论 / 王万宗等编著.—北京：书目文献出版社,1996（现代信息管理丛书）

7—5013—1292—3

知识社会 / （加）尼科·斯特尔著;殷晓蓉译.—上海：上海译文出版社,1998（新世纪前瞻丛书）

7—5327—2240—6

信息隐藏技术实验教程 / 王丽娜,郭迟,李鹏编著.—武汉：武汉大学出版社,2004（信息安全技术与教材系列丛书）

7—307—04338—6

信息隐藏技术与应用 / 王丽娜,张焕国编著.—武汉：武汉大学出版社,2003（信息安全技术与教材系列丛书）

7—307—03826—9

信息系统集成技术 / 邓苏,张维明,黄宏斌等编著.—2 版.—北京:电子工业出版社,2004(信息系统工程丛书)

7—121—00395—3

信息系统集成技术 / 张维明主编;邓苏,张维明,汤大权等编著.—北京:电子工业出版社,2002(信息系统工程丛书)

7—5053—6891—5

信息处理与编码 / 吴伟陵编著.—2 版.—北京:人民邮电出版社,2003

7—115—11184—7

信息系统理论与实践 / 严怡民主编;张玉峰等编著.—武汉:武汉大学出版社,1999

7—307—02765—8

信息隐藏技术：方法与应用 / 汪小帆,戴跃伟,茅耀斌编著.—北京:机械工业出版社,2001

7—900066—29—2

信息融合：神经网络—模糊推理理论与应用 / 权太范著.—北京:国防工业出版社,2002

7—118—02786—3

信息分析与决策 / 秦铁辉,王延飞等编著.—北京:北京大学出版社,2001

7—301—04980—3

中国信息化 / 吕新奎主编.—北京:电子工业出版社,2002

7—5053—7097—9

信息分类与编码 / 王丙义编著.—北京:国防工业出版社,2003

7—118—03154—2

智能信息处理方法导论 / 高隽编著.—北京:机械工业出版社,2004

7—111—14622—0

信息资源管理导论 / 孟广均等著.—北京:科

学出版社,1998

7—03—006493—3

信息隐藏技术及其应用 / 刘振华,尹萍编著.—北京:科学出版社,2002

7—03—010084—0

信息系统中的不确定性与知识获取 / 梁吉业,李德玉著.—北京:科学出版社,2005

7—03—015192—5

信息革命在中国 / 黄顺基主编.—北京:中国人民大学出版社,1998

7—300—02852—7

信息分析 / 卢泰宏著.—广州:中山大学出版社,1998

7—306—01446—3

中国信息化探索与实践 / 胡启立著.—北京:电子工业出版社,2001

7—5053—7088—X

信息服务管理 / 胡昌平,黄晓梅,贾君枝编著.—北京:科学出版社,2003(21 世纪高等院校教材信息管理系列)

7—03—011457—4

元数据导论 / 刘嘉著.—北京:华艺出版社,2002(21 世纪图书馆学丛书)

7—80142—370—4

信息管理概论 / 柯平,高洁主编.—北京:科学出版社,2002(21 世纪信息管理丛书)

7—03—010818—3

信息管理学基础 / 马费成,胡翠华,陈亮著.—武汉:武汉大学出版社,2002(高等学校信息管理类专业核心课教材)

7—307—03790—4

信息管理学教程 / 杜栋编著.—2 版.—北京:清华大学出版社,2004(高等院校信息管理与信息

系统专业系列教材）

7—302—09245—1

信息组织 / 周宁主编.—武汉：武汉大学出版社,2001（面向 21 世纪课程教材高等学校信息管理类专业核心课教材）

7—307—03434—4

信息管理基础 / 岳剑波编著.—北京：清华大学出版社,1999（面向 21 世纪课程教材信息管理与信息系统专业教材系列）

7—302—02204—6

因特网信息资源深层开发与利用研究 / 陈光祚主编.—武汉：武汉大学出版社,2002（武汉大学学术丛书）

7—307—03639—8

信息资源开发与管理 / 马费成主编.—北京：电子工业出版社,2004（新编高等院校信息管理与信息系统专业核心教材）

7—5053—9381—2

信息资源管理 / 肖明编著.—北京：电子工业出版社,2002（新编高等院校信息管理与信息系统专业核心教材）

7—5053—7835—X

信息资源数据库 / 周宁编著.—武汉：武汉大学出版社,2001（新编高等院校信息管理与信息系统专业核心教材）

7—5053—9381—2

信息管理学 / 司有和著.—重庆：重庆出版社,2001（信息管理学丛书）

7—5366—5200—3

网络信息资源的组织：从信息组织到知识组织 / 刘嘉著.—北京：北京图书馆出版社,2002

7—5013—1894—8

信息资源管理 / 谢阳群著.—合肥：安徽大学出版社,1999

7—81052—254—X

元数据研究与应用 / 张晓林主编.—北京：北京图书馆出版社,2002

7—5013—1900—6

信息安全工程导论 / 沈昌祥编著.—北京：电子工业出版社,2003

7—5053—8826—6

信息资源管理 / 甘仞初主编.—北京：经济科学出版社,2000

7—5058—2312—4

信息政策 / 罗曼著.—北京：科学出版社,2005

7—03—015058—9

信息资源管理 / 卢泰宏,沙勇忠著.—兰州：兰州大学出版社,1998

7—311—01348—8

信息资源管理概论 / 钟守真,李培主编.—天津：南开大学出版社,2000

7—310—01395—6

信息资源组织与管理 / 陈庄,刘加伶,成卫张著.—北京：清华大学出版社,2005

7—302—10334—8

国家信息安全报告 / 张春江,倪健民主编.—北京：人民出版社,2000

7—01—003209—2

信息资源开发利用策略 / 周鸿铎主编.—北京：中国发展出版社,2000

7—80087—377—3

中国期刊发展史 / 宋应离主编.—开封：河南大学出版社,2000（编辑出版学丛书）

7—81041—784—3

编辑学原理论 / 王振铎,赵运通著.—北京：

中国书籍出版社,1997

7—5068—0655—X

现代科技管理 / 邓心安,王世杰编著.—北京：经济管理出版社,2002

7—80162—460—2

文化的嬉戏与承诺 / 王德胜著.—郑州：河南人民出版社,1998（娱乐文化研究丛书）

7—215—04205—7

20 世纪传播学经典文本 / 张国良主编.—上海：复旦大学出版社,2003（新世纪传播学研究丛书）

7—309—03466—X

传播学教程 / 郭庆光著.—北京：中国人民大学出版社,1999（21 世纪新闻传播学系列教材）

7—300—03288—5

传播学概论 / 周庆山著.—北京：北京大学出版社,2004（21 世纪新闻与传播学系列教材）

7—301—07691—6

传播生态学：控制的文化范式 / （美）大卫·阿什德著；邵志择译.—北京：华夏出版社,2003（传播文化社会）

7—5080—3094—X

传播理论 / （美）斯蒂文·小约翰著；陈德民等译.—北京：中国社会科学出版社,1999（传播与文化译丛）

7—5004—2333—0

传播理论：起源、方法与应用 / （美）沃纳·赛佛林,小詹姆斯·坦卡德著；郭镇之等译.—北京：华夏出版社,2000（高校经典教材译丛）

7—5080—1984—9

国际传播与国家形象：国际关系的新视角 / 刘继南,周积华,段鹏等著.—北京：北京广播学院出版社,2002（国际关系学书系）

7—81085—031—8

传播学导论 / 邵培仁著.—杭州：浙江大学出版社,1997（跨世纪传播研究丛书）

7—308—01851—2

传播社会学导论 / 胡申生,李远行,章友德等著.—上海：上海大学出版社,2002（社会学与社会发展丛书）

7—81058—476—6

网民分析 / 匡文波编著.—北京：北京大学出版社,2003（网络传播丛书）

7—301—06556—6

理解媒介：论人的延伸 / （加）马歇尔·麦克卢汉著；何道宽译.—北京：商务印书馆,2000（文化和传播译丛）

7—100—03031—5

单向度、超真实、内爆：批判视野中的当代西方传播思想研究 / 石义彬著.—武汉：武汉大学出版社,2003（武汉大学人文社会科学文库·珞珈新闻学与传播学丛书）

7—307—03762—9

关键概念：传播与文化研究辞典 / （美）约翰·费斯克等编撰；李彬译注.—北京：新华出版社,2004（西方新闻传播学经典文库）

7—5011—6460—6

政治传播学引论 / （英）布赖恩·麦克奈尔著；殷祺译.—北京：新华出版社,2005（西方新闻传播学经典文库）

7—5011—7150—5

传播：在政治和经济的张力下：传播政治经济学 / （加）文森特·莫斯可著；胡正荣等译.—北京：华夏出版社,2000（现代传播译丛）

7—5080—2180—0

大众传播心理学 / 刘京林著.—2 版修订本.—北京：中国传媒大学出版社,2005（新闻传播学核心教材）

7—81085—146—2

传播学基础理论 / 段京肃著. —北京：新华出版社,2003(新闻传播学前沿丛书)

　　7—5011—6181—X

网络传播学：一种形而上的透视 / 吴风著. —北京：中国广播电视出版社,2004(新闻与传播理论丛书)

　　7—5043—4286—6

大众传播理论：基础、争鸣与未来 / (美)斯坦利·巴兰,丹尼斯·戴维斯著；曹书乐译. —北京：清华大学出版社,2004(新闻与传播系列教材)

　　7—302—09594—9

文化传播学通论 / 周鸿铎主编. —北京：中国纺织出版社,2005(应用传播学丛书)

　　7—5064—3422—9

网络传播学概论 / 匡文波著. —2 版. —北京：高等教育出版社,2004

　　7—04—014024—1

传播学引论 / 李彬著. —2 版. —北京：新华出版社,2003

　　7—5011—6296—4

传播学导论 / 董天策著. —修订本. —成都：四川大学出版社,1995

　　7—5614—0913—3

传播：文化与理解 / 王政挺著. —北京：人民出版社,1998

　　7—01—002748—X

传播学原理 / 张国良主编. —上海：复旦大学出版社,1995

　　7—309—01590—8

当代传播学 / 申凡,戚海龙主编. —武汉：华中理工大学出版社,2000

　　7—5609—2272—4

传播学理论与实务 / 李苓编著. —成都：四川

人民出版社,2002

　　7—220—06138—2

传播学引论 / 张迈曾主编. —西安：西安交通大学出版社,2002

　　7—5605—1212—7

弥漫的传播 / 杜骏飞著. —北京：中国社会科学出版社,2002(《思想的境界》丛书)

　　7—5004—3397—2

大众传媒经济学 / 吴飞著. —杭州：浙江大学出版社,2003(21 世纪传播研究丛书)

　　7—308—03019—9

网络传播概论 / 彭兰著. —北京：中国人民大学出版社,2001(21 世纪新闻传播学系列教材)

　　7—300—03765—8

媒介批评通论 / 刘建明著. —北京：中国人民大学出版社,2001(21 世纪新闻传播学系列教材)

　　7—300—03638—4

媒介的市场定位：一个传播学者的实证研究 / 喻国明著. —北京：北京广播学院出版社,2000(传播学书系)

　　7—81004—861—9

中国传媒产业发展报告 / 崔保国主编. —北京：社会科学文献出版社,2005(传媒蓝皮书)

　　7—80190—626—8

媒体的力量 / 李希光,赵心树著. —广州：南方日报出版社,2002(传媒前沿丛书)

　　7—80652—134—8

网络传播概论 / 杜骏飞主编；巢乃鹏等编写. —2 版. —福州：福建人民出版社,2004(大学新闻专业网络传播教材)

　　7—211—04729—1

数字麦克卢汉：信息化新纪元指南 / (美)保罗·莱文森著；何道宽译. —北京：社会科学文献

出版社,2001(大众传播精品译丛)

　　7—80149—623—X

媒体与民主 / (英)约翰·基恩著;郤继红,刘士军译. —北京:社会科学文献出版社,2003(大众传播精品译丛)

　　7—80149—854—2

双重视域:当代电子文化分析 / 南帆著. —南京:江苏人民出版社,2001(大众文化批评丛书)

　　7—214—02905—7

认同的空间:全球媒介、电子世界景观与文化边界 / (英)戴维·莫利,凯文·罗宾斯著;司艳译. —南京:南京大学出版社,2001(当代学术棱镜译丛·全球文化系列)

　　7—305—03738—9

媒介形态变化:认识新媒介 / (美)罗杰·菲德勒著;明安香译. —北京:华夏出版社,2000(高校经典教材译丛)

　　7—5080—2092—8

软力量与全球传播 / 李希光,周庆安主编. —北京:清华大学出版社,2005(国务院新闻办公室媒体素养高级教程丛书)

　　7—302—10447—6

媒体文化与消费时代 / 蒋原伦著. —北京:中央编译出版社,2004(媒体文化丛书)

　　7—80109—748—3

媒介与性别 / 卜卫著. —南京:江苏人民出版社,2001(女性新视野丛书)

　　7—214—03030—6

当代对外传播 / 郭可著. —上海:复旦大学出版社,2003(全球传播丛书)

　　7—309—03598—4

媒介与冲击:大众媒介概论 / (美)雪莉·贝尔吉著;赵敬松主译. —大连:东北财经大学出版社,2000(市场营销经典译丛)

　　7—81044—618—5

网络传播理论与实践 / 谢新洲著. —北京:北京大学出版社,2004(网络传播丛书)

　　7—301—06818—2

信息方式:后结构主义与社会语境 / (美)马克·波斯特著;范静晔译. —北京:商务印书馆,2000(文化和传播译丛)

　　7—100—03012—9

大众媒介的政治社会化功能 / 张昆著. —武汉:武汉大学出版社,2003(武汉大学学术丛书)

　　7—307—04064—6

媒介分析:传播技术神话的解读 / 张咏华著. —上海:复旦大学出版社,2002(新世纪传播学研究丛书)

　　7—309—03456—2

媒介战略管理 / 邵培仁,陈兵著. —上海:复旦大学出版社,2003(新闻传播学研究生核心课程系列教材)

　　7—309—03545—3

网络传播概论 / 张海鹰,滕谦编著. —上海:复旦大学出版社,2001(新闻与传播学系列教材)

　　7—309—02844—9

媒介管理 / 支庭荣著. —广州:暨南大学出版社,2000(新闻专业系列教材)

　　7—81029—901—8

美国传媒文化 / 端木义万主编;窦君等编著. —北京:北京大学出版社,2001

　　7—301—03013—4

传媒影响力:传媒产业本质与竞争优势 / 喻国明著. —广州:南方日报出版社,2003

　　7—80652—236—0

整合传媒:传媒竞争趋势与对策 / 陆小华著. —北京:中信出版社,2002

7—80073—392—0

文化传播：历史、理论与现实 ／ 庄晓东主编.—北京：人民出版社，2003

7—01—003895—3

媒介经营与产业化研究 ／ 黄升民，丁俊杰主编.—北京：北京广播学院出版社，1997

7—81004—738—8

网络媒体概论 ／ 匡文波著.—北京：清华大学出版社，2001

7—302—04257—8

网络传播伦理 ／ 钟瑛著.—北京：清华大学出版社，2005

7—302—09993—6

新闻媒介与社会 ／ 张国良主编.—上海：上海人民出版社，2001

7—208—03618—7

传媒竞争力 ／ 吴飞主编.—北京：中国传媒大学出版社，2005（解析传媒丛书）

7—81085—455—0

危机传播：公共关系与语艺观点的理论与实证 ／ 吴宜蓁著.—苏州：苏州大学出版社，2005（21世纪传播学研究丛书）

7—81090—416—7

大众传播与国际关系 ／ 刘继南主编.—北京：北京广播学院出版社，1999（传播学书系）

7—81004—855—4

大众传播模式论 ／（英）丹尼斯·麦奎尔，（瑞典）斯文·温德尔著；祝建华，武伟译.—上海：上海译文出版社，1997（当代学术思潮译丛）

7—5327—2035—7

现代大众传播学 ／ 陈龙编著.—苏州：苏州大学出版社，1997（现代新闻学与传播学丛书）

7—81037—387—0

大众传媒与农村 ／ 方晓红著.—北京：中华书局，2002（中华新闻传播学文库）

7—101—03621—X

大众传播效果：问题与对策 ／ 胡钰著.—北京：新华出版社，2000

7—5011—4696—9

信息高速公路与大众传播 ／ 明安香主编.—北京：华夏出版社，1999

7—5080—1742—0

大众传播学 ／ 李彬主编.—北京：中央广播电视大学出版社，2000

7—304—01900—X

大众传播心理研究 ／ 刘晓红，卜卫著.—北京：中国广播电视出版社，2001（新闻理论丛书）

7—5043—3652—1

传播学史：一种传记式的方法 ／（美）E. M. 罗杰斯著；殷晓蓉译.—上海：上海译文出版社，2002

7—5327—2781—5

交流的无奈：传播思想史 ／（美）彼得斯著；何道宽译.—北京：华夏出版社，2003（传播文化社会）

7—5080—3039—7

传播统计学 ／ 柯惠新，祝建华，孙江华编著.—北京：北京广播学院出版社，2003

7—81085—056—3

作为文化的传播："媒介与社会"论文集 ／（美）詹姆斯. W. 凯瑞著；丁未译.—北京：华夏出版社，2005（传播·文化·社会）

7—5080—3797—9

城市竞争与竞争力 ／ 于涛方著.—南京：东南大学出版社，2004（中国城市规划建筑学园林景观博士文库）

7—81089—661—X

现代人事档案管理 / 朱玉媛主编;陈传义,李宗春编著.—北京:中国档案出版社,2002

7—80166—229—6

档案管理学 / 冯惠玲主编.—北京:中国人民大学出版社,1999

7—300—02889—6

外国新闻传播史 / 郑超然,程曼丽,王泰玄著.—北京:中国人民大学出版社,2000(21世纪新闻传播学系列教材)

7—300—03324—5

传者图像:新闻专业主义的建构与消解 / 黄旦著.—上海:复旦大学出版社,2005(新世纪传播学研究丛书)

7—309—04834—2

新闻伦理学简明教程 / 蓝鸿文主编.—北京:中国人民大学出版社,2001(21世纪新闻传播学系列教材)

7—300—03890—5

新闻理论教程 / 杨保军著.—北京:中国人民大学出版社,2005(21世纪新闻传播学系列教材)

7—300—06384—5

理论新闻传播学导论 / 童兵著.—北京:中国人民大学出版社,2000(21世纪新闻传播学系列教材)

7—300—03353—9

新闻舆论监督研究 / 田大宪著.—北京:中国社会科学出版社,2002(21世纪新闻传播学研究丛书)

7—5004—3386—7

新闻媒介通论 / 袁军著.—北京:北京广播学院出版社,2000(传播学书系)

7—81004—901—1

新闻学核心 / 李希光著.—广州:南方日报出版社,2002(传媒前沿丛书)

7—80652—133—X

网络新闻传播学 / 董天策主编.—2版.—福州:福建人民出版社,2004(大学新闻专业网络传播教材)

7—211—04730—5

传播的偏向 / (加)哈罗德·伊尼斯著;何道宽译.—北京:中国人民大学出版社,2003(当代世界学术名著大师经典系列)

7—300—04522—7

公众舆论 / (美)沃尔特·李普曼著;阎克文,江红译.—上海:上海人民出版社,2002(东方编译所译丛)

7—208—03987—9

舆论监督与新闻纠纷 / 王强华,魏永征主编.—上海:复旦大学出版社,2000(复旦版新闻业务丛书)

7—309—02517—2

当代新闻学原理 / 刘建明编著.—北京:清华大学出版社,2003(清华新闻与传播系列教材)

7—302—06318—4

当代新闻理论 / 郑保卫著.—北京:新华出版社,2003(新华新闻传播书系)

7—5011—6397—9

负面新闻信息传播的多维视野 / 邓利平著.—北京:新华出版社,2001(新闻传播学博士文库)

7—5011—5226—8

比较新闻传播学 / 童兵著.—北京:中国人民大学出版社,2002(新闻传播学文库)

7—300—04039—X

新闻舆论研究 / 王雄著.—北京:新华出版社,2002(新闻传播学前沿丛书)

7—5011—5970—X

传媒批判理论 / 潘知常,林玮著. —北京:新华出版社,2002(新闻传播学前沿丛书)

7—5011—6071—6

新闻语言学 / 李元授,白丁著. —北京:新华出版社,2001(新闻新学科高级教材)

7—5011—5376—0

新闻与舆论 / 胡钰著. —北京:中国广播电视出版社,2001(新闻与传播理论丛书)

7—5043—3709—9

新闻叙事学 / 曾庆香著. —北京:中国广播电视出版社,2005(新闻与传播理论丛书)

7—5043—4407—9

比较新闻学:方法与考证 / 张威著. —广州:南方日报出版社,2003

7—80652—191—7

新闻理论 / 雷跃捷著. —北京:北京广播学院出版社,1997

7—81004—745—0

畸变的媒体 / 李希光著. —上海:复旦大学出版社,2003

7—309—03709—X

新闻学导论 / 李良荣著. —北京:高等教育出版社,1999

7—04—007754—X

新闻心理学 / 李黎明著. —武汉:华中师范大学出版社,1995

7—5622—1528—6

现代新闻理论 / 刘建明著. —北京:民族出版社,1999

7—105—03260—X

转型中的新闻学 / 李希光著. —广州:南方日报出版社,2005

7—80652—414—2

危机传播与新闻发布 / 史安斌著. —广州:南方日报出版社,2004

7—80652—371—5

西方新闻理论评析 / 徐耀魁主编. —北京:新华出版社,1998

7—5011—3878—8

网络新闻传播概论 / 雷跃捷,辛欣主编. —北京:北京广播学院出版社,2001(网络传播书系)

7—81004—945—3

网络新闻学 / 杜骏飞著. —北京:中国广播电视出版社,2001(新闻与传播理论丛书)

7—5043—3697—1

网络新闻学原理与应用 / 彭兰著. —北京:新华出版社,2003

7—5011—6116—X

中西新闻比较论纲 / 童兵主编. —北京:新华出版社,1999

7—5011—4533—4

中国社会转型的守望者:新世纪新闻舆论监督的语境与实践 / 展江主编. —北京:中国海关出版社,2002

7—80165—046—8

新闻采访写作新编 / 李海编著. —上海:复旦大学出版社,2004(复旦博学·体育经济管理丛书)

7—309—03943—2

深度报道原理 / 杜骏飞,胡翼青著. —北京:新华出版社,2001(新闻传播学前沿丛书)

7—5011—5516—X

新闻报道新思路:新闻报道认识论原理及应用 / 陈作平著. —北京:中国广播电视出版社,2000(新闻理论丛书)

7—5043—3513—4

新闻报道与写作 / (美)梅尔文·门彻著;展

江主译. —9 版. —北京：华夏出版社,2003

7—5080—3175—X

当代新闻采访 / 刘海贵著. —上海：复旦大学出版社,2003(新闻传播学通用教材)

7—309—01861—3

新闻传播的策划与组织 / 蔡雯著. —北京：新华出版社,2001(新闻传播学博士文库)

7—5011—5227—6

当代新闻编辑 / 张子让著. —2 版. —上海：复旦大学出版社,2004(新闻传播学通用教材)

7—309—02085—5

新闻编辑学 / 吴飞著. —杭州：杭州大学出版社,1995

7—81035—834—0

现代杂志编辑学 / 陈仁风著. —北京：中国人民大学出版社,1995

7—300—02064—X

报业经济学 / 金碚著. —北京：经济管理出版社,2002

7—80162—375—4

科学技术期刊编辑教程 / 王立名主编. —北京：人民军医出版社,1995

7—80020—591—6

当代西方新闻媒体 / 李良荣,林晖,谢静著. —上海：复旦大学出版社,2003(新闻传播学研究生核心课程系列教材)

7—309—03631—X

媒体前沿报告：一个行业的变革全景和未来走向 / 周伟主编;赵曙光,张小争,王海著. —北京：光明日报出版社,2002(媒体·信息系列丛书)

7—80145—515—0

中西方新闻传播：冲突·交融·共存 / 顾潜著. —上海：复旦大学出版社,2003(国际传播丛书)

7—309—03404—X

中国网络新闻事业管理 / 杜骏飞主编. —北京：中国人民大学出版社,2004(新闻传播学文库)

7—300—05758—6

报业经济与报业经营 / 唐绪军著. —北京：新华出版社,1999(新闻专业必修文库)

7—5011—4314—5

报业中国 / 孙燕君著. —北京：中国三峡出版社,2002

7—80099—577—1

期刊中国 / 孙燕君等著. —北京：中国社会科学出版社,2003

7—5004—4071—5

转型中国：媒体、民意与公共政策 / 汪凯著. —上海：复旦大学出版社,2005(新世纪传媒大视野)

7—309—04709—5

中国新闻传播史 / 方汉奇主编;丁淦林,黄瑚,薛飞著. —北京：中国人民大学出版社,2002(21 世纪新闻传播学系列教材)

7—300—04356—9

中国新闻事业史 / 丁淦林编著. —北京：高等教育出版社,2002(普通高等教育九五国家级重点教材)

7—04—010751—1

中国新闻事业通史 / 方汉奇主编. —北京：中国人民大学出版社,1999(中国人民大学丛书)

7—300—02213—8

中国新闻事业简史 / 方汉奇,张之华主编. —2 版. —北京：中国人民大学出版社,1995

7—300—02048—8

中国新闻通史 / 刘家林编著. —武汉：武汉大

学出版社,1995

7—307—02082—3

上海新闻史：1850—1949 ／ 马光仁主编.—上海：复旦大学出版社,1996

7—309—01726—9

中国新闻事业史文选：公元 724 年—1995 年 ／ 张之华主编.—北京：中国人民大学出版社,1999

7—300—02591—9

自由的历险：中国自由主义新闻思想史 ／ 张育仁著.—昆明：云南人民出版社,2002(21 世纪新闻传播知行丛书)

7—222—03608—3

走进美国大报 ／ 辜晓进著.—广州：南方日报出版社,2002(媒体观察)

7—80652—172—0

我看美国媒体 ／ 顾耀铭主编.—北京：新华出版社,2000

7—5011—4951—8

在媒介与大众之间：电视文化主化 ／ 陈龙著.—上海：学林出版社,2001

7—80668—249—X

当代广播电视概论 ／ 陆晔,赵民主编.—上海：复旦大学出版社,2002(21 世纪广播电视业务前瞻丛书)

7—309—03155—5

重组话语频道：电视与当代批评 ／ （美）罗伯特. C. 艾伦编；柏敬泽等译.—北京：中国社会科学出版社,2000(传播与文化译丛)

7—5004—2732—8

电视新闻节目研究 ／ 叶子著.—北京：北京师范大学出版社,1999(电视学系列教程)

7—303—04837—5

电视文化 ／ （美）菲斯克著；祁阿红,张鲲

译.—北京：商务印书馆,2005(文化和传播译丛)

7—100—04287—9

媒介管理研究：广播电视管理创新体系 ／ 胡正荣著.—北京：北京广播学院出版社,2000(传播学书系)

7—81004—843—0

当代广播电视播音主持 ／ 吴郁著.—上海：复旦大学出版社,2005(复旦博学当代广播电视教程·新世纪版)

7—309—04707—9

节目主持人通论 ／ 俞虹著.—修订版.—北京：中国广播电视出版社,2004(广播电视播音主持艺术系列丛书)

7—5043—4207—6

播音创作基础 ／ 张颂著.—2 版.—北京：北京广播学院出版社,2004(中国播音学丛书)

7—81085—233—7

节目主持语用学 ／ 应天常著.—北京：北京广播学院出版社,2001

7—81004—969—0

非线性编辑系统 ／ 余胜泉,杨可主编.—北京：北京广播学院出版社,2000(电视新视角丛书)

7—81004—905—4

电视收视率解析：调查、分析与应用 ／ 刘燕南著.—北京：北京广播学院出版社,2001(传播学书系)

7—81004—940—2

中国电视论纲 ／ 杨伟光主编.—北京：北京出版社,1998(跨世纪电视丛书：40(1958—1998))

7—200—03521—1

电视中国：电视媒体竞争优势 ／ 张海潮主编.—北京：北京广播学院出版社,2001

7—81004—959—3

渗透与互动：广播电视与国际关系／杨伟芬主编.—北京：北京广播学院出版社,2000(传播学书系)

7—81004—853—8

数字出版技术／谢新洲编著.—北京：北京大学出版社,2002(21世纪新闻与传播学系列教材)

7—301—05301—0

编辑通论／蒋广学著.—南京：南京大学出版社,1995

7—305—02830—4

编辑学概论／向新阳著.—武汉：武汉大学出版社,1995

7—307—02032—7

编辑学理论研究／吴飞著.—杭州：浙江大学出版社,2001

7—308—02620—5

学报编辑工程论／孙景峰著.—北京：中国科学技术出版社,2000

编辑学新论／张积玉等著.—北京：中国社会科学出版社,2003

7—5004—4019—7

编辑学论稿／张积玉著.—北京：中国社会科学出版社,2004

7—5004—4109—6

图书营销学／方卿,姚永春著.—太原：山西经济出版社,1998(出版发行管理丛书)

7—80636—155—3

期刊编辑学概论／徐柏容著.—2版修订本.—沈阳：辽海出版社,2001

7—80649—850—8

现代科技期刊编辑学／胡传焯编著.—长沙：湖南科学技术出版社,2001

7—5357—3146—5

中国出版业发展报告／郝振省主编.—北京：中国书籍出版社,2005(中国出版蓝皮书)

7—5068—0844—7

中国编辑史／姚福申著.—2版.—上海：复旦大学出版社,2004

7—309—03919—X

中国编辑出版史／肖东发主编.—沈阳：辽宁教育出版社,1996

7—5382—4610—X

中国古籍编撰史／曹之著.—武汉：武汉大学出版社,1999(武汉大学学术丛书)

7—307—02723—2

明代出版史稿／缪咏禾著.—南京：江苏人民出版社,2000

7—214—02846—8

中国近代现代出版通史／叶再生著.—北京：华文出版社,2002

7—5075—1098—0

会展管理的理论、方法与案例／马勇,王春雷主编.—北京：高等教育出版社,2003

7—04—012700—8

会展管理／（美）Jeanna Abbott,Agnes Defranco,王向宁著.—北京：清华大学出版社,2004

7—302—08876—4

大众文化论：当代中国大众文化分析／金民卿著.—北京：中共中央党校出版社,2002

7—5035—2548—7

解读大众文化：在社会学的视野中／扈海鹂著.—上海：上海人民出版社,2003

7—208—04497—X

当代中国大众文化论／邹广文主编.—沈阳：

辽宁大学出版社,2000

7—5610—4061—X

理解大众文化 / （美）约翰·费斯克著；王晓珏，宋伟杰译.—北京：中央编译出版社,2001（大众文化研究译丛）

7—80109—473—5

知识管理的理论与实践 / 李华伟,董小英,左美云著.—北京：华艺出版社,2002（21 世纪图书馆学丛书）

7—80142—369—0

中国古代的类书 / 胡道静著.—新 1 版.—北京：中华书局,2005（国学入门丛书）

7—101—04285—6

图书馆学基础 / 吴慰慈主编.—北京：高等教育出版社,2004（面向 21 世纪课程教材）

7—04—015337—8

图书馆业务研究与业务辅导 / 王学熙主编.—北京：北京图书馆出版社,2000（图书馆岗位培训教材）

7—5013—1723—2

图书馆信息技术工作 / 沈迪飞主编.—北京：北京图书馆出版社,2000（图书馆岗位培训教材）

7—5013—1699—6

图书馆工作概论 / 程亚男主编.—北京：北京图书馆出版社,2000（图书馆岗位培训教材）

7—5013—1730—5

图书馆地方文献工作 / 金沛霖主编.—北京：北京图书馆出版社,2000（图书馆岗位培训教材）

7—5013—1701—1

21 世纪图书馆展望：访谈录 / 吴建中编著.—上海：上海科学技术出版社,1996

7—5439—0974—X

20 世纪西方与中国的图书馆学：基于德尔斐

法测评的理论史纲 / 范并思等编著.—北京：北京图书馆出版社,2004

7—5013—2441—7

战略思考：图书馆发展十大热门话题 / 吴建中主编.—上海：上海科学技术文献出版社,2002

7—5439—1939—7

中文图书数据处理规程 / 甘琳编著.—北京：北京图书馆出版社,2000

7—5013—1758—5

文献资源建设工作 / 常书智编著.—北京：北京图书馆出版社,2000

7—5013—1700—3

图书馆服务理论与实践 / 鲁黎明著.—北京：北京图书馆出版社,2005

7—5013—2804—8

复合型图书馆的建设 / 刘传标著.—北京：北京图书馆出版社,2005

7—5013—2760—2

图书馆学导论 / 于良芝著.—北京：科学出版社,2003（21 世纪高等院校教材）

7—03—011659—3

21 世纪图书馆新论 / 吴建中著.—2 版.—上海：上海科学技术文献出版社,2003

7—5439—2064—6

书海听涛：图书馆散论 / 程亚男著.—北京：北京图书馆出版社,2001

7—5013—1782—8

现代图书馆学理论 / 徐引篪,霍国庆著.—北京：北京图书馆出版社,1999

7—5013—1614—7

图书馆学概论 / 吴慰慈,董焱编著.—北京：北京图书馆出版社,2002

7—5013—1911—1

国外图书馆学情报学研究进展 / 孟广均,徐引篪主编;霍国庆,汪冰等编著. —北京:北京图书馆出版社,1999

7—5013—1633—3

当代图书馆学情报学前沿探寻 / 吴慰慈,张久珍编著. —北京:北京图书馆出版社,2002

7—5013—1899—9

文献资源共享理论与实践研究 / 肖希明著. —南宁:广西教育出版社,1997

7—5435—2583—6

图书馆文化论 / 王惠君,荀昌荣主编. —长沙:湖南大学出版社,2004

7—81053—865—9

图书馆学基础教程 / 王子舟著. —武汉:武汉大学出版社,2003

7—307—03813—7

图书情报管理自动化基础 / 刘荣主编. —修订版. —武汉:武汉大学出版社,1998(高等学校文科教材)

7—307—02549—3

图书馆自动化新论:信息管理自动化 / 郑巧英,杨宗英编著. —上海:上海交通大学出版社,1998(上海研究生教育用书)

7—313—01809—6

网络时代的资源共享:中日文献信息资源共享比较研究 / 高波著. —北京:北京图书馆出版社,2003(信息管理科学博士文库)

7—5013—2080—2

图书馆自动化基础教程 / 傅守灿,陈文广编著. —北京:北京大学出版社,1996

7—301—03210—2

DC 元数据 / 吴建中主编. —上海:上海科学技术文献出版社,2000

7—5439—1580—4

网络环境与图书馆信息资源 / 张怀涛,索传军,代根兴主编. —郑州:郑州大学出版社,2002

7—81048—641—1

中国图书情报网络化研究 / 黄长著等主编. —北京:北京图书馆出版社,2002

7—5013—1886—7

网络时代的图书情报工作 / 刘俊熙,樊松林,陈守福主编. —北京:北京图书馆出版社,2001

7—5013—1779—8

数字化图书与数字图书馆应用研究 / 王建文编著. —北京:北京工业大学出版社,2005(21 世纪的数字富翁)

7—5639—1553—2

虚拟图书馆的昨天,今天和明天 / 袁海旺著. —北京:华艺出版社,2002(二十一世纪图书馆学丛书)

7—80142—374—7

数字图书馆原理与技术 / 黄如花主编. —武汉:武汉大学出版社,2005(高等学校图书馆学核心课教材)

7—307—04557—5

数字图书馆概论 / (美)William Y. Arms 著;施伯乐,张亮,汪卫等译. —北京:电子工业出版社,2001(国外计算机科学教材系列)

7—5053—6294—1

数字图书馆:从理念走向现实 / 吴志荣著. —上海:学林出版社,2000

7—80616—937—7

数字图书馆:原理与技术实现 / 高文等著. —北京:清华大学出版社,2000

7—302—04079—6

网络环境下的著作权与数字图书馆 / 肖燕著. —北京:北京图书馆出版社,2002

7—5013—1920—0

数字图书馆企业化经营与管理 / 常友寅主编.—北京：北京图书馆出版社，2003

7—5013—2177—9

版权制度下的数字信息公共传播 / 江向东著.—北京：北京图书馆出版社，2005

7—5013—2624—X

数字图书馆管理论纲 / 李冠强著.—南京：东南大学出版社，2004

7—81089—580—X

数字图书馆技术与应用 / 田捷编著.—北京：科学出版社，2002

7—03—010378—5

数字图书馆引论 / 刘炜等著.—上海：上海科学技术文献出版社，2001

7—5439—1689—4

数字图书馆的建设与发展：国际医学图书馆科学大会论文集 / 娄建石，刘昌宁主编.—天津：天津人民出版社，2001

7—201—03828—1

20 世纪图书馆学情报学 / 戴维民主编.—北京：北京图书馆出版社，2002

7—5013—1959—6

晚清图书馆学术思想史 / 程焕文著.—北京：北京图书馆出版社，2004

7—5013—2409—3

国外图书馆学重要著作选译 / 刘嘉编著.—北京：华艺出版社，2001（21 世纪图书馆学丛书）

7—80142—371—2

图书馆管理教程 / 付立宏，袁琳编著.—武汉：武汉大学出版社，2005（高等学校图书馆学核心课教材）

7—307—04559—1

图书馆管理工作 / 潘寅生主编.—北京：北京图书馆出版社，2001（图书馆岗位培训教材）

7—5013—1729—1

战略思考：图书馆管理的 10 个热门话题 / 吴建中编著.—上海：上海科学技术文献出版社，2005

7—5439—2483—8

图书馆管理：协调图书馆人行为的艺术 / 刘喜申.—北京：北京图书馆出版社，2002

7—5013—1958—8

图书馆全面质量管理 / 罗曼著.—合肥：安徽大学出版社，2003

7—81052—662—6

图书馆知识服务战略研究 / 初景利，邵正荣主编.—北京：北京图书馆出版社，2004

7—5013—2609—6

图书馆信息服务与管理 / 刘荣主编.—北京：北京图书馆出版社，2002

7—5013—1913—8

图书馆管理综论 / 谭祥金著.—北京：北京图书馆出版社，1997

7—5013—1357—1

现代图书馆管理 / 徐建华著.—天津：南开大学出版社，2003

7—310—02018—9

图书馆评价理论与方法 / 张健编著.—成都：西南交通大学出版社，2004

7—81057—870—7

图书馆文明服务手册 / 程亚男主编；中国图书馆学会.—北京：北京图书馆出版社，2003

7—5013—2082—9

网络环境下图书馆人力资源的开发研究 / 贺子岳著.—北京：北京图书馆出版社，2004

7—5013—2469—7

图书馆管理与服务论丛 / 王世伟主编;王世伟等撰稿.—上海：上海社会科学院出版社,2004

7—80681—362—4

读者工作 / 刘久昌编著.—北京：北京图书馆出版社,2001(图书馆岗位培训教材)

7—5013—1842—5

读者服务的组织与管理 / 袁琳编著.—武汉：武汉大学出版社,1998(武汉大学本科生系列教材)

7—307—02559—0

图书馆读者学概论 / 李希孔主编.—北京农业大学出版社,1995

7—81002—696—8

读者服务工作指南 / 麦群忠主编.—北京：书目文献出版社,1995

7—5013—1220—6

图书馆数字参考咨询服务研究 / 初景利著.—北京：北京图书馆出版社,2004(信息管理科学博士文库)

7—5013—2417—4

数字参考咨询服务初探 / 李昭醇主编.—北京：北京图书馆出版社,2004

7—5013—2447—6

信息检索进展 / 焦玉英主编.—北京：科学出版社,2003(21世纪高等院校教材信息管理系列)

7—03—011646—1

Z39.50 的原理、应用与技术 / 金培华等编著.—北京：华艺出版社,2002(21世纪图书馆学丛书)

7—80142—373—9

信息检索 / 卢小宾,李景峰主编.—北京：科学出版社,2003(21世纪信息管理丛书)

7—03—010955—4

信息检索 / 焦玉英,符绍宏,何绍华编著.—武汉：武汉大学出版社,2001(面向21世纪课程教材·高等学校信息管理类专业核心课教材)

7—307—03150—7

信息咨询理论与方法 / 詹德优主编;王梅等编著.—武汉：武汉大学出版社,2004

7—307—04250—9

数字信息资源的检索与利用 / 肖珑主编;肖珑等编著.—北京：北京大学出版社,2003

7—301—06369—5

互联网信息资源的检索利用与服务 / 董小英,马张华等著.—北京：北京大学出版社,2003

7—301—06368—7

信息可视化与知识检索 / 周宁,张玉峰,张李义著.—北京：科学出版社,2005

7—03—016251—X

信息检索技术 / 孙建军等编著.—北京：科学出版社,2004

7—03—014244—6

Cochrane 协作网及 Cochrane 图书馆 / 张鸣明,李幼平主编.—北京：科学出版社,2002

7—03—009982—6

搜索引擎与信息获取技术 / 徐宝文,张卫丰著.—北京：清华大学出版社,2003

7—302—06135—1

文献资源建设概要 / 张玉礼编著.—北京：北京图书馆出版社,1997

7—5013—1423—3

中国图书馆藏书发展政策研究 / 肖希明,袁琳著.—南京：南京大学出版社,2002

7—305—03833—4

文献采访学 / 黄宗忠主编.—北京：北京图书馆出版社,2001

7—5013—1827—1

中文图书采访工作手册 / 李德跃主编.—北京：北京图书馆出版社,2004(图书馆文献采访工作手册系列丛书)

    7—5013—2413—1

中外图书交流史 / 彭斐章主编.—长沙：湖南教育出版社,1998

    7—5355—2456—7

文献标引工作 / 刘湘生,汪东波主编.—北京：北京图书馆出版社,2001(图书馆岗位培训教材)

    7—5013—1734—8

信息组织的分类法与主题法 / 曹树金、罗春荣编著.—北京：北京图书馆出版社,2000

    7—5013—1124—2

情报检索语言实用教程 / 张琪玉主编.—武汉：武汉大学出版社,2004

    7—307—04219—3

张琪玉情报语言学文集 / 张琪玉著.—北京：北京图书馆出版社,1999

    7—5013—1591—4

文献分类法主题法导论 / 马张华,侯汉清编著.—北京：北京图书馆出版社,1999

    7—5013—1583—3

文献分类学 / 俞君立,陈树年主编.—武汉：武汉大学出版社,2001

    7—307—03424—7

文献编目工作 / 黄俊贵主编.—北京：北京图书馆出版社,2000(图书馆岗位培训教材)

    7—5013—1698—8

现代文献编目 / 王松林编著.—北京：书目文献出版社,1996

    7—5013—1291—5

中国文献编目规则 / 国家图书馆《中国文献编目规则》修订组编.—2 版.—北京：北京图书馆出版社,2005

    7—5013—2758—0

图书馆古籍整理工作 / 王世伟主编.—北京：北京图书馆出版社,2000(图书馆岗位培训教材)

    7—5013—1696—1

玉函山房辑佚书 / (清)马国翰辑.—扬州：广陵书社,2004

    7—80694—041—3

连续出版物工作 / 赵燕群主编.—北京：北京图书馆出版社,2001(图书馆岗位培训教材)

    7—5013—1736—4

我国期刊管理工作研究 / 黄晓鹏主编.—北京：北京图书馆出版社,2003

    7—5013—2178—7

核心期刊概论 / 叶继元著.—南京：南京大学出版社,1995

    7—305—02811—8

期刊引文分析 / 刘瑞兴编著.—北京：中国统计出版社,1995

    7—5037—2041—7

跨世纪的思考：中国图书馆事业高层论坛 / 卢子博主编.—北京：北京图书馆出版社,1999

    7—5013—1675—9

图书馆创新服务战略研究 / 张晓林主编.—北京：中国政法大学出版社,2005

    7—5013—2816—1

文献计量学引论 / 王崇德编著.—桂林：广西师范大学出版社,1997(大学教材系列)

    7—5633—2396—1

中国文献学概要 / 郑鹤声,郑鹤春撰；郑一奇导读.—上海：上海古籍出版社,2001(蓬莱阁丛书)

    7—5325—2831—6

文献传播学／周庆山著.—北京：书目文献出版社,1997(现代信息管理丛书)

　　7—5013—1330—X

余嘉锡说文献学／余嘉锡撰.—上海：上海古籍出版社,2001(名家说上古学术萃编)

　　7—5325—2854—5

中国文献学／张舜徽撰;姚伟钧导读.—上海：上海古籍出版社,2005(蓬莱阁丛书)

　　7—5325—4127—4

乾嘉考据学研究／漆永祥著.—北京：中国社会科学出版社,1998(中国社会科学博士论文文库)

　　7—5004—2416—7

中国古典文献学／吴枫著.—济南：齐鲁书社,2005

　　7—5333—1474—3

中国古代图书流通史／李瑞良著.—上海：上海人民出版社,2000

　　7—208—03103—7

宋人别集叙录／祝尚书著.—北京：中华书局,1999

　　7—101—02419—X

目录学／彭斐章,乔好勤,陈传夫编著.—修订版.—武汉：武汉大学出版社,2003(高等学校图书馆学核心课教材)

　　7—307—03707—6

中国目录学史／姚名达撰;严佐之导读.—上海：上海古籍出版社,2002(蓬莱阁丛书)

　　7—5325—3149—X

书目情报系统理论研究／柯平著.—北京：书目文献出版社,1996

　　7—5013—1288—5

社会科学评价的文献计量理论与方法／娄策群著.—武汉：华中师范大学出版社,1999(博士文库)

　　7—5622—1599—5

中国社会科学研究计量指标：论文、引文与期刊引用统计：1998年／邹志仁主编.—南京：南京大学出版社,2000

　　7—305—02271—3

中古文学文献学／刘跃进著.—南京：江苏古籍出版社,1997(中国古文献研究丛书)

　　7—80519—905—1

中国历史文献学／高国抗,杨燕起主编.—修订本.—北京：北京图书馆出版社,2003

　　7—5013—2173—6

现代化图书馆队伍建设方略／王琼林,邓儒伯主编.—北京：人民教育出版社,2002(师范大学图书馆教育丛书)

　　7—107—15378—1

网络环境下高校图书馆的建设与服务／徐克谦主编.—北京：人民教育出版社,2002(师范大学图书馆教育丛书)

　　7—107—15413—3

高校图书馆与校园文化／曹廷华主编.—北京：人民教育出版社,2002(师范大学图书馆教育丛书)

　　7—107—15770—1

高校图书馆与素质教育／康万武主编.—北京：人民教育出版社,2002(师范大学图书馆教育丛书)

　　7—107—15867—8

信息时代大学图书馆读者服务工作理论与实践／刘广明,王亚军,朱萍编著.—北京：北京图书馆出版社,2004

　　7—5013—2472—7

世界与中国图书馆事业发展趋势／谢灼华主编.—武汉：武汉大学出版社,2000

7—307—02976—6

中外图书馆事业比较研究 / 王立贵著.—济南：齐鲁书社,1999
7—5333—0835—2

拓展社会的公共信息空间：21 世纪中国公共图书馆可持续发展模式 / 于良芝,李晓新,王德恒著.—北京：科学出版社,2004
7—03—013352—8

走向 21 世纪的图书馆 / 丁有骏主编.—北京：北京图书馆出版社,1998
7—5013—1510—8

中国古代藏书楼研究 / 黄建国,高跃新主编.—北京：中华书局,1999
7—101—02154—9

中国历代藏书史 / 徐凌志主编.—南昌：江西人民出版社,2004（江西社会科学研究文库）
7—210—02994—X

中国近代藏书文化 / 李雪梅著.—北京：现代出版社,1999（现代文库收藏艺术卷）
7—80028—445—X

中国藏书楼 / 任继愈主编.—沈阳：辽宁人民出版社,2001
7—205—04475—8

中国藏书通史 / 傅璇琮,谢灼华主编.—宁波：宁波出版社,2001
7—80602—286—4

中国近代图书事业史 / 来新夏等著.—上海：上海人民出版社,2000
7—208—03610—1

苏州藏书史 / 叶瑞宝著.—南京：江苏古籍出版社,2001
7—80643—517—4

第三国策：论中国文化与自然遗产保护 / 徐嵩龄著.—北京：科学出版社,2005（华夏英才基金学术文库）
7—03—016303—6

档案文化论 / 王英玮主编.—北京：中国人民大学出版社,1998（档案事业建设与社会发展丛书）
7—300—02655—9

文件运动规律研究：从新角度审视档案学基础理论 / 何嘉荪,傅荣校著.—北京：中国档案出版社,1999
7—80019—882—0

档案计算机管理教程 / 孙淑扬,邱晓威主编.—北京：中国人民大学出版社,1999（21 世纪档案学系列教材）
7—300—03329—6

档案管理现代化：档案管理中技术革命进程的动态审视 / 傅荣校著.—杭州：浙江大学出版社,2002
7—308—03080—6

电子文件与档案管理 / 董永昌,何嘉荪主编.—上海：百家出版社,2001
7—80656—261—3

档案信息网络化建设 / 赵屹著.—北京：北京图书馆出版社,2003
7—5013—2163—9

数字档案馆概论 / 李国庆主编.—北京：中国档案出版社,2003
7—80166—279—2

档案信息化建设实务 / 杨公之主编.—北京：中国档案出版社,2003
7—80166—339—X

档案信息化建设导论 / 杨公之主编.—北京：中国档案出版社,2001
7—80166—131—1

现代档案管理学／王云庆,苗壮编著.—青岛：青岛出版社,2002(高校文秘教材)

　　7—5436—2597—0

外国现代档案管理教程／韩玉梅主编;黄霄羽,张恩庆,韩玉梅编著.—北京：中国人民大学出版社,1995

　　7—300—02073—9

档案鉴定：理论与方法／葛荷英编著.—北京：中国档案出版社,2002

　　7—80166—200—8

档案信息资源开发利用／颜海编著.—武汉：武汉大学出版社,2004(高等学校档案学核心课教材)

　　7—307—04129—4

档案信息论／周晓英著.—北京：中国人民大学出版社,2000(档案事业建设与社会发展丛书)

　　7—300—03488—8

档案利用学／刘国能,王湘中,孙钢著.—北京：中国档案出版社,1996

　　7—80019—611—9

科技档案管理学／王传宇主编.—修订本.—北京：中国人民大学出版社,1998

　　7—300—02445—9

电子文件管理教程／冯惠玲主编.—北京：中国人民大学出版社,2001(21世纪档案学系列教材)

　　7—300—03889—1

政府电子文件管理／冯惠玲主编.—北京：中国人民大学出版社,2004(电子政务系列教材)

　　7—300—05589—3

电子文件管理理论与实践／刘家真主编.—北京：科学出版社,2003

　　7—03—011603—8

电子文件与电子档案管理／丁海斌编著.—沈阳：辽宁大学出版社,2000

　　7—5610—3959—X

电子文件管理导论／刘家真编著.—武汉：武汉大学出版社,1999

　　7—307—02786—0

科学的精神与价值／李醒民著.—石家庄：河北教育出版社,2001(交叉科学新视野丛书)

　　7—5434—4299—X

复杂：诞生于秩序与混沌边缘的科学／（美）米歇尔·沃尔德罗普著;陈玲译.—北京：三联书店,1997(科学人文)

　　7—108—01005—4

信息网络传播权研究／乔生著.—北京：法律出版社,2004

　　7—5036—5154—7

科学技术论与科学技术创新方法论／王树恩,陈士俊主编;王树恩等编著.—天津：南开大学出版社,2001

　　7—310—01581—9

创造学教程／鲁克成,罗庆生编著.—2版修订本.—北京：中国建材工业出版社,1998

　　7—80090—627—2

网络社会学／郭玉锦,王欢著.—北京：中国人民大学出版社,2005(21世纪社会学系列教材)

　　7—300—06376—4

交叉科学结构论／王续琨著.—大连：大连理工大学出版社,2003(大连理工大学学术研究丛书)

　　7—5611—2419—8

科学知识：一种社会学的分析／（英）巴里·巴恩斯编著;邢冬梅译.—南京：南京大学出版社,2004(当代学术棱镜译丛·世纪学术论争系列)

　　7—305—04170—X

网虫综合征：网瘾的症状与康复策略 ／（美）金伯利. S. 扬著；毛英明，毛巧明译. —上海：上海译文出版社，2000（灯塔译丛）

　　7—5327—2361—5

科学社会学：理论与经验研究 ／（美）R. K. 默顿著；鲁旭东，林聚任译. —北京：商务印书馆，2003（汉译世界学术名著丛书）

　　7—100—03598—8

后现代科学：科学魅力的再现 ／（美）大卫·格里芬编；马季方译. —北京：中央编译出版社，1995（建设性的后现代主义译丛）

　　7—80109—062—4

高技术时代的人文忧患 ／肖峰著. —南京：江苏人民出版社，2002（科技前沿与现代人丛书）

　　7—214—03094—2

论科学的人文价值 ／孟建伟著. —北京：中国社会科学出版社，2000（科学技术哲学新视野）

　　7—5004—2696—8

科学的社会建构：科学知识社会学的理论与实践 ／赵万里著. —天津：天津人民出版社，2002（南开大学法政学院学术丛书）

　　7—201—03955—5

科学：什么是科学 ／（德）汉斯·波塞尔著；李文潮译. —上海：上海三联书店，2001（上海三联学术文库）

　　7—5426—1668—4

跨学科研究与非线性思维 ／武杰著. —北京：中国社会科学出版社，2004（太原科技大学学术丛书）

　　7—5004—4775—2

寻找另类空间：网络与生存 ／巫汉祥著. —厦门：厦门大学出版社，2000（网络狂飙丛书）

　　7—5615—1686—X

现代交叉科学 ／刘仲林著. —杭州：浙江教育出版社，1998（现代软科学丛书）

　　7—5338—2766—X

网络传播与社会发展 ／陈卫星主编. —北京：北京广播学院出版社，2001（新世纪网络传播发展论丛）

　　7—81004—972—0

跨越边界：知识学科学科互涉 ／（美）朱丽·汤普森·克莱恩著；姜智芹译. —南京：南京大学出版社，2005（新学科系列当代学术棱镜译丛）

　　7—305—04291—9

网络社会的崛起 ／（美）曼纽尔·卡斯特著；夏铸九，王志弘等译. —北京：社会科学文献出版社，2001（信息时代三部曲）

　　7—80149—532—2

真科学：它是什么，它指什么 ／（英）约翰·齐曼著；曾国屏，匡辉，张成岗译. —上海：上海科技教育出版社，2002（哲人石丛书当代科学思潮系列）

　　7—5428—3042—2

局外人看科学 ／（英）巴里·巴恩斯著；鲁旭东译. —北京：东方出版社，2001（知识与社会译丛）

　　7—5060—1549—8

技术社会化引论：一种对技术的社会学研究 ／陈凡著. —北京：中国人民大学出版社，1995（中国人民大学博士文库）

　　7—300—02053—4

网络社会学 ／谢泽明著. —北京：中国时代经济出版社，2002（中国社会学实用教材系列丛书）

　　7—80169—217—9

科学的制造：在自然界与社会之间 ／（美）史蒂芬·科尔著；林建成，王毅译. —上海：上海人民出版社，2001

　　7—208—03632—2

科学技术测度体系 ／（美）埃利泽·盖斯勒

著;周萍等译.—北京：科学技术文献出版社,2004

7—5023—4487—X

解析技术："技术——社会——文化"的互动 / 陈凡,张明国著.—福州：福建人民出版社,2002

7—211—03793—8

技术发展的社会形成：一种关联中国实践的SST研究 / 肖峰著.—北京：人民出版社,2002

7—01—003608—X

科学的形上之维：中国近代科学主义的形成与衍化 / 杨国荣著.—上海：上海人民出版社,1999

7—208—03030—8

科学计量研究方法论 / 庞景安编著.—北京：科学技术文献出版社,1999

7—5023—3342—8

网络与当代社会文化 / 鲍宗豪主编.—上海：上海三联书店,2001

7—5426—1547—5

现代科技导论 / 刘大椿,何立松主编.—北京：中国人民大学出版社,1998

7—300—02448—3

跨学科研究引论 / 金吾伦主编.—北京：中央编译出版社,1997

7—80109—176—0

科学活动论互补方法论 / 刘大椿著.—桂林：广西师范大学出版社,2002

7—5633—3726—1

高科技的社会意义 / 童天湘主编.—北京：社会科学文献出版社,1998

7—80050—905—2

让科技跨越时空：科技传播与科技传播学 / 翟杰全著.—北京：北京理工大学出版社,2002（BIT学术文库）

7—81045—989—9

论科学与人文的当代融通 / 肖峰著.—南京：江苏人民出版社,2001

7—214—02910—3

知识创新：竞争新焦点 / 何传启,张凤著.—北京：经济管理出版社,2001（第二次现代化前沿）

7—80162—092—5

知识论：知识产权、知识贸易与经济发展 / 夏先良著.—北京：对外经济贸易大学出版社,2000（对外经济贸易大学博士文库）

7—81078—036—0

知识考古学 / （法）米歇尔·福柯著;谢强,马月译.—北京：三联书店,1998（法兰西思想文化丛书）

7—108—01170—0

知识创新学 / 刘助柏,梁辰著.—北京：机械工业出版社,2002（知识创新系列丛书）

7—111—08474—8

知识与确证：当代知识论引论 / 陈嘉明著.—上海：上海人民出版社,2003

7—208—04571—2

知识元挖掘 / 温有奎等著.—西安：西安电子科技大学出版社,2005

7—5606—1494—9

个人知识：迈向后批判哲学 / （英）迈克尔·波兰尼著;许泽民译.—贵阳：贵州人民出版社,2000（"现代社会与人"名著译丛）

7—221—05253—0

未来的冲击 / （美）阿尔文·托夫勒著;孟广均等译.—北京：新华出版社,1996（阿尔文·托夫勒未来学丛书）

7—5011—3143—0

第三次浪潮 / （美）阿尔文·托夫勒著;朱志

焱等译.—北京：新华出版社,1996(阿尔文·托夫勒未来学丛书)

7—5011—3142—2

创造一个新的文明：第三次浪潮的政治 / (美)阿尔温·托夫勒,汤蒂·托夫勒著;陈峰译.—上海：上海三联书店,1996

7—5426—0927—0

全球技术预见大趋势 / 李健民主编.—上海：上海科学技术出版社,2002

7—5323—6639—1

决定命运的选择：21 世纪的生存抉择 / (美)E.拉兹洛著;李吟波等译.—北京：三联书店,1997

7—108—00133—0

知识创新思维方法论 / 刘助柏著.—北京：机械工业出版社,1999

7—111—07056—9

科学方法中的十大关系 / 孙小礼主编.—上海：学林出版社,2004

7—80668—688—6

技术创新进化论 / (英)约翰·齐曼主编;孙喜杰,曾国屏译.—上海：上海科技教育出版社,2002(八面风文丛)

7—5428—3026—0

创新的素质 / 张建军,韩武敬著.—合肥：中国科学技术大学出版社,2000(创新的思路与技巧丛书)

7—312—01126—8

创业学 / 杨艳萍编著.—长沙：湖南大学出版社,2004(创造教育系列)

7—81053—723—7

大学生创造学：能力提高篇 / 罗庆生,韩宝玲著.—北京：中国建材工业出版社,2002(大学生创造学系列丛书)

7—80159—268—9

技术创新主体论 / 李兆友著.—沈阳：东北大学出版社,2001(东北大学技术哲学博士文库)

7—81054—600—7

技术创新的制度结构分析 / 袁庆明著.—北京：经济管理出版社,2003(经济管理博士文库)

7—80162—511—0

不同凡响的创造力 / (美)罗伯·史登堡,特德·鲁巴特著;洪兰译.—北京：中国城市出版社,2000

7—5074—1199—0

创新的扩散 / (美)埃弗雷特.M.罗杰斯著;辛欣译.—北京：中央编译出版社,2002

7—80109—531—6

科学创造方法论：关于科学创造与创造力研究的方法论探讨 / 傅世侠,罗玲玲著.—北京：中国经济出版社,2000

7—5017—4796—2

创新与创造力开发 / 沈世德,薛卫平主编.—南京：东南大学出版社,2002

7—81050—952—7

创造力开发 / 钱匡武主编.—福州：福建人民出版社,1999

7—211—03529—3

创新能力培育 / 陶学忠编著.—北京：海潮出版社,2002

7—80151—625—7

创新能力教程 / 唐殿强主编.—石家庄：河北科学技术出版社,2005

7—5375—3297—4

技术创新理论(TRIZ)及应用 / 赵新军编著.—北京：化学工业出版社,2004

7—5025—5376—2

创新与思维 / 杨名声,刘奎林著.—北京：教

育科学出版社,1999

7—5041—1892—3

创新工程学 / 陈文安著.—上海：立信会计出版社,2000

7—5429—0804—9

创新方略论 / 王永生著.—北京：人民出版社,2002

7—01—003768—X

中国创造学概论 / 刘仲林著.—天津：天津人民出版社,2001

7—201—03740—4

中国科学计量指标：论文与引文统计（1998 年卷） / 朱献有主编.—北京：中国科学院文献情报中,1999

普通创造学 / 庄寿强著.—徐州：中国矿业大学出版社,2001

7—81070—345—5

科技文明与人类未来 / （荷）E. 舒尔曼著；李小兵等译.—北京：东方出版社,1995

7—5060—0592—1

创造性思维的原理与方法 / 卞华,罗伟涛著.—长沙：国防科技大学出版社,2001

7—81024—762—X

非线性科学的理论、方法和应用 / 冯长根,李后强,祖元刚主编.—北京：科学出版社,1997

7—03—005746—5

专利文献与信息 / 李建蓉主编.—北京：知识产权出版社,2002（中国知识产权培训中心系列教材）

7—80011—703—0

市场竞争与专利战略 / 戚昌文,邵洋编著.—武汉：华中理工大学出版社,1995

7—5609—1091—2

技术创新产权 / 杨武著.—北京：清华大学出版社,1999（技术创新丛书）

7—302—02528—2

新时期标准化十讲：重新认识标准化的作用 / 李春田著.—北京：中国标准出版社,2003

7—5066—3204—7

标准化理论与实践 / 沈同,邢造宇主编.—北京：中国计量出版社,2005

7—5026—2179—2

标准化管理 / 洪生伟著.—北京：中国计量出版社,2003

7—5026—1757—4

标准化与知识产权战略 / 张平,马骁著.—2版.—北京：专利文献出版社,2005（知识产权战略丛书）

7—80011—812—6

标准化基础 / 李春田编著.—北京：中国计量出版社,2001

7—5026—1489—3

学术规范通论 / 叶继元等编著.—上海：华东师范大学出版社,2005

7—5617—4341—6

研发项目管理 / 陈劲主编.—北京：机械工业出版社,2004（21 世纪项目管理系列规划教材）

7—111—13808—2

科技奖励论 / 王炎坤等著.—武汉：华中科技大学出版社,2000（华中理工大学文科学术丛书）

7—5609—2338—0

参与式发展概论：理论—方法—工具 / 李小云主编.—北京：中国农业大学出版社,2001

7—81066—319—4

高新技术管理／华宏鸣,郑绍濂编著. —上海：
复旦大学出版社,1995

7—309—01542—8

科技进步综合评价研究／刘树,李荣平,李林
杰著. —保定：河北大学出版社,2000

7—81028—651—X

同行评议方法论／吴述尧主编. —北京：科学
出版社,1996

7—03—004564—5

科研团队运作管理／陈春花,杨映珊著. —北
京：科学出版社,2004

7—03—012601—7

科技项目评价方法／王凭慧著. —北京：科学
出版社,2003

7—03—012256—9

科技伦理学／傅静著. —成都：西南财经大学
出版社,2002

7—81055—999—0

21 世纪的中国技术创新系统／柳卸林主
编. —北京：北京大学出版社,2000(创新丛书)

7—301—03719—8

在真与善之间：科技时代的伦理问题与道德
抉／刘大椿等著. —北京：中国社会科学出版社,
2000(科学技术哲学新视野)

7—5004—2696—8

中国科技运行论：科技战略与运行管理／丁
厚德编著. —北京：清华大学出版社,2001

7—302—04981—5

创新与未来：面向知识经济时代的国家创新
体系／路甬祥主编. —北京：科学出版社,1998

7—03—006692—8

论科学技术／江泽民著. —北京：中央文献出
版社,2001

7—5073—0963—0

中国现代科学文化的兴起：**1919—1936**／段治
文著. —上海：上海人民出版社,2001

7—208—03567—9

当代美国科技／朱斌著. —北京：社会科学文
献出版社,2001(当代美国丛书)

7—80149—493—8

科学与国家利益／（美）威廉. J. 克林顿,小阿
伯特·戈尔著；曾国屏,王蒲生译. —北京：科学技
术文献出版社,1999(科教兴国译丛)

7—5023—3221—9

网络学术信息资源检索与利用／华薇娜编
著. —北京：国防工业出版社,2002

7—118—03078—3

科学研究纲领方法论／（英）伊·拉卡托斯
著；兰征译. —上海：上海译文出版社,1999(二十
世纪西方哲学译丛)

7—5327—2294—5

竞争情报／王知津主编. —北京：科学技术文
献出版社,2005(情报学研究生教材)

7—5023—4863—8

现代情报学理论／严怡民等著. —武汉：武汉
大学出版社,1996(武汉大学学术丛书)

7—307—02173—0

科学系统论／李喜先等著. —2 版. —北京：科
学出版社,2005

7—03—014170—9

普通情报学理论研究／靳娟娟著. —北京：警
官教育出版社,1999

7—81062—115—7

科学研究与开发中的信息保障／彭斐章主
编. —武汉：武汉大学出版社,1998

7—307—02561—2

竞争情报与企业竞争力／郎诵真,王曰芬,朱晓峰编著.—北京：华夏出版社,2001(竞争情报丛书)

7—5080—2429—X

复杂性科学探索：论文集／成思危主编.—北京：民主与建设出版社,1999

7—80112—311—5

引文索引法的理论及应用／(美)尤金·加菲尔德著;侯汉清,陆宝树,马张华译.—北京：北京图书馆出版社,2004

7—5013—2438—7

信息检索理论与技术／苏新宇主编.—北京：科学技术文献出版社,2004(情报学研究生教材系列)

7—5023—4684—8

信息检索／张厚生主编.—修订版.—南京：东南大学出版社,1997

7—81050—240—9

知识共享机制研究／罗志勇著.—北京：北京图书馆出版社,2003(信息管理科学博士文库)

7—5013—2098—5

医学信息检索与利用／陈界,李健康,赵琼瑶主编.—2版.—北京：中国科学技术出版社,2001

7—5046—2977—4

Internet 网络信息检索：原理工具技巧／储荷婷等著.—北京：清华大学出版社,1999

7—302—03813—9

电子信息源与网络检索／谢新洲编著.—北京：北京图书馆出版社,1998

7—5013—1618—X

网络信息挖掘／黄晓斌编著.—北京：电子工业出版社,2005(新编高等院校信息管理与信息系统专业核心教材)

7—121—00520—4

网络信息资源搜集与利用／孙建军主编.—南京：东南大学出版社,2000(新编计算机网络技术系列教程)

7—81050—648—X

社会科学信息资源网络建设／主编袁名敦,刘时衡,赖茂生;袁名敦等编著.—北京：北京图书馆出版社,2002

7—5013—1866—2

计算机信息检索／李莹等编著.—北京：机械工业出版社,1997

7—111—05536—5

网络信息的检索与利用／黄如花编著.—武汉：武汉大学出版社,2002

7—307—03490—5

信息检索(多媒体)教程／沈固朝主编.—北京：高等教育出版社,2002(面向21世纪课程教材 高等学校信息管理与信息系统专业系列教材)

7—04—010126—2

基于内容的视觉信息检索／章毓晋著.—北京：科学出版社,2003(图象图形科学丛书)

7—03—011311—X

科学与艺术／李政道主编.—上海：上海科技出版社,2000

7—5323—5609—4

教育学新论／王守恒,查啸虎,周兴国主编.—合肥：中国科学技术大学出版社,2005(21世纪高校规划教材)

7—312—01753—3

教育的问题与挑战：思想的回应／朱小蔓著.—南京：南京师范大学出版社,2000(21世纪管理者丛书)

7—81047—385—9

主体体验：创新教育的德育原理／王如才著.—济南：山东教育出版社,2004(创新教育书系)

7—5328—4503—6

多元评价：创新教育的有效机制 / 潘永庆,孙文彬,路吉民著. —济南：山东教育出版社,2004（创新教育书系）

7—5328—4758—6

守望教育 / 刘铁芳著. —上海：华东师范大学出版社,2004（大夏书系教育随笔）

7—5617—4004—2

师道实话 / 陈桂生著. —上海：华东师范大学出版社,2004（大夏书系教育随笔）

7—5617—3972—9

给教师的一百条新建议 / 郑杰编. —上海：华东师范大学出版社,2004（大夏书系教育随笔）

7—5617—4008—5

不跪着教书 / 吴非编. —上海：华东师范大学出版社,2004（大夏书系教育随笔）

7—5617—4006—9

生命德育论 / 刘慧著. —北京：人民教育出版社,2005（当代德育新理论丛书）

7—107—18470—9

师德新论：以德治教与师德建设 / 杨贤金,石凤妍主编. —南京：江苏教育出版社,2004（当代教育新理论丛书·新世纪版）

7—5343—5678—4

生活德育论 / 高德胜著. —北京：人民出版社,2005（德育新路向丛书）

7—01—005151—8

道德教育的当代论域 / 鲁洁著. —北京：人民出版社,2005（德育新路向丛书）

7—01—005184—4

SPSS 在教育统计中的应用 / 杨晓明主编. —北京：高等教育出版社,2004（高等学校教育技术系列教材）

7—04—014643—6

教育心理学 / 陈琦,刘儒德主编. —北京：高等教育出版社,2005（高等学校心理学专业课程教材）

7—04—017204—6

生命教育论 / 刘济良编著. —北京：中国社会科学出版社,2004（河南大学教育科学博士文丛）

7—5004—4470—2

规训与教化 / 金生鈜编著. —北京：教育科学出版社,2004（教化与人文系列）

7—5041—2943—7

走向交往实践的主体性教育 / 张天宝著. —北京：教育科学出版社,2005（教育博士文库）

7—5041—3191—1

家庭教育社会学 / 缪建东著. —南京：南京师范大学出版社,1999（教育社会学丛书）

7—81047—441—3

我们怎样思维：经验与教育 / （美）约翰·杜威著；姜文闵译. —2 版. —北京：人民教育出版社,2005（外国教育名著丛书）

7—107—17462—2

马卡连柯教育文集. 上卷 / （苏）马卡连柯著；吴式颖等编. —2 版. —北京：人民教育出版社,2005（外国教育名著丛书）

7—107—17457—6

教育原理 / 金一鸣著. —合肥：安徽教育出版社,1995（现代教育原理丛书）

7—5336—1792—4

教育与人生：叶圣陶教育论著选读 / 任苏民编著. —上海：上海教育出版社,2004（新教育文库）

7—5320—9636—X

优化学校教育：一种价值的观点 / （加）克里

夫·贝克著;戚万学等译. —上海：华东师范大学出版社,2003(影响力教育理论译丛)

    7—5617—3271—6

现代教育技术基础 / 王知非,贾宗福主编. —2版. —北京：高等教育出版社,2005

    7—04—017824—9

教育心理学：理论与实践 / （美）罗伯特·斯莱文著;姚梅林等译. —7 版. —北京：人民邮电出版社,2004

    7—115—12369—1

丰富教学模式：一本关于优质教育的指导书 / （美）J. S. 兰祖利,S. M. 里斯著;华华,戴耘,包容译. —上海：华东师范大学出版社,2000

    7—5617—2332—6

解读中国教育：《教育参考》精选 / 钟启泉、金正杨、吴国平主编. —北京：教育科学出版社,2001

    7—5041—2082—0

信息化校园：大学的革命 / 万新恒主编. —北京：北京大学出版社,2000

    7—301—04554—9

以学习活动为中心的教学设计理论：教学设计理论的新探索 / 杨开城著. —北京：电子工业出版社,2005

    7—121—00479—8

学校心理辅导通论：原理·方法·实务 / 吴增强主编. —上海：上海科技教育出版社,2004

    7—5428—3653—6

教育辩证法 / 刘楚明著. —北京：教育科学出版社,2001

    7—5041—1458—8

教育和教学问题的思考 / 钱伟长著. —上海：上海大学出版社,2000

    7—81058—001—9

开放教育 / 陈东编著. —上海：上海教育出版社,2001

    7—5320—7130—8

教育信息理论 / 孙绍荣编著. —上海：上海教育出版社,2000

    7—5320—7155—3

教育创新论 / 张武升编著. —上海：上海教育出版社,2000

    7—5320—7124—3

现代教师素质论 / 朱仁宝主编. —杭州：浙江大学出版社,2004

    7—308—04005—4

我的教育理想 / 朱永新著. —南京：南京师范大学出版社,2000(21 世纪管理者文库)

    7—81047—569—X

教育现代化论纲 / 王铁军著. —南京：南京师范大学出版社,1999(21 世纪校长继续教育文库)

    7—81047—316—6

创新与教育 / 彭坤明著. —南京：南京师范大学出版社,2000(21 世纪校长继续教育文库)

    7—81047—521—5

创新教育全书.3 册 / 王前新,周明星主编. —北京：九洲图书出版社,1999(创新教育书库新世纪素质教育知行书系)

    7—80114—452—X

创新教育新论 / 叶平著. —上海：东方出版中心,2001(创新教育研究丛书)

    7—80627—814—1

现代教育思潮 / 王铁军主编. —南京：南京大学出版社,2000(高等学校小学教育专业教材)

    7—305—03589—0

多元智能教与学的策略：发现每一个孩子的天赋 / （美）Linda Campbell 等著;王成全译. —北

京：中国轻工业出版社，2001（基础教育改革与发展译丛·课堂教学心理系列）

　　7—5019—3330—8

现代教育学 / 扈中平，李方，张俊洪主编.—2版.—北京：高等教育出版社，2005（教师教育公共教育学、心理学课程系列教学用书）

　　7—04—017121—X

高等教育制度创新的经济学分析 / 崔玉平著.—北京：北京师范大学出版社，2002（教育经济研究丛书.第二辑）

　　7—303—06308—0

元教育学：西方教育学认识论剪影 / 唐莹著.—北京：人民教育出版社，2002（教育科学分支学科丛书）

　　7—107—15121—5

音乐教育协同理论与素质培养 / 吴跃跃著.—长沙：湖南教育出版社，1999（教育理论与实践丛书）

　　7—5355—2854—6

教育理论哲学基础的反思：关于"人"的问题 / 夏正江著.—上海：上海教育出版社，2001（教育学科元研究丛书）

　　7—5320—7320—3

现代教育学原理 / 柳海民主编.—长春：东北师范大学出版社，2002（教育学心理学研究生课程班系列教程）

　　7—5602—3116—0

教育—财富蕴藏其中 / 联合国教科文组织总部中文科译.—北京：教育科学出版社，1996（联合国教科文组织教育丛书）

　　7—5041—1665—3

激进建构主义教学思想研究 / 张桂春著.—沈阳：辽宁师范大学出版社，2003（辽宁师范大学学术文库）

　　7—81042—805—5

大学美育 / 仇春霖主编.—2版.—北京：高等教育出版社，2005（普通高等教育"十五"国家级重点教材）

　　7—04—016139—7

教育理论与学校实践 / 叶澜等著.—北京：高等教育出版社，2000（普通高等师范学校教材）

　　7—04—007870—8

中国民办教育政策分析 / 袁振国，周彬著.—北京：中国社会科学出版社，2003（七方民办教育丛书）

　　7—5004—3814—1

中国民办教育发展报告 / 房剑森主编.—北京：中国社会科学出版社，2003（七方民办教育丛书）

　　7—5004—3814—1

教育原理 / 袁振国主编.—上海：华东师范大学出版社，2001（全国教育硕士专业学位案例教材）

　　7—5617—2742—9

教育研究方法 / 杨小微主编.—北京：人民教育出版社，2005（全国教育硕士专业学位推荐教材）

　　7—107—18473—3

当代教育理论专题 / 柳海民主编.—长春：东北师范大学出版社，2002（全国中小学校长任职资格培训教材）

　　7—5602—2969—7

多元文化教育 / 郑金洲著.—天津：天津教育出版社，2004（全球教育发展新路向丛书）

　　7—5309—3846—0

教师教育 / 梁忠义，罗正华分卷主编.—长春：吉林教育出版社，2000（世界教育大系）

　　7—5383—4159—5

教学机智：教育智慧的意蕴 / （加）马克斯·范梅南著；李树英译.—北京：教育科学出版社，2001（世界课程与教学新理论文库）

7—5041—2137—1

生活体验研究：人文科学视野中的教育学/
（加）马克斯·范梅南著；宋广文等译.—北京：教
育科学出版社,2003（世界课程与教学新理论文库）

7—5041—2415—X

全球化与后现代教育学/（加）大卫·杰弗
里·史密斯著.—北京：教育科学出版社,2000（世
界课程与教学新理论文库）

7—5041—2021—9

21 世纪中国教育向何处去/蔡克勇著.—长
春：吉林人民出版社,2000（素质教育探索书系）

再论教育目的/（英）怀特著；李永宏等译.—
北京：教育科学出版社,1997

7—5041—1095—7

斯宾塞教育论著选/（英）赫·斯宾塞著；胡
毅,王承绪译.—2 版.—北京：人民教育出版社,
2005（外国教育名著丛书）

7—107—17471—1

维果茨基教育论著选/（苏）维果茨基著；余
震球选译.—2 版.—北京：人民教育出版社,2005
（外国教育名著丛书）

7—107—17469—X

科学与教育/（英）托·亨·赫胥黎著；单中
惠,平波译.—北京：人民教育出版社,2005（外国
教育名著丛书）

7—107—17472—X

面向新世纪的美育与素质教育/梅宝树主
编.—北京：人民出版社,2004（艺术与美学文库）

7—01—004231—4

被压迫者教育学：30 周年纪念版/（巴西）保
罗·弗莱雷著；顾建新,赵友华,何曙荣译.—上海：
华东师范大学出版社,2001（影响力教育理论译丛）

7—5617—2792—5

知识经济与教育创新/蔡克勇,张秀梅主编.—
北京：中国经济出版社,1999（知识经济丛书.2）

7—5017—4575—7

脱颖而出：创新教育论/肖云龙著.—长沙：
湖南大学出版社,2000（中国创新丛书）

7—81053—231—6

人本主义心理学与教育/杨韶刚著.—哈尔滨：
黑龙江教育出版社,2003（中国教育科学博士后文库）

7—5316—4148—8

泛教育论：广义教育学的初步探索/项贤明
著.—太原：山西教育出版社,2000（中国中青年学
者教育学术文库）

7—5440—1858—X

教育沟通论/张东娇著.—太原：山西教育出
版社,2003（中国中青年学者教育学术文库）

7—5440—2435—0

现代教育思想/张卓玉著.—2 版.—北京：北
京师范大学出版社,1999

7—303—04786—7

现代教育论/黄济,王策三主编.—2 版.—北
京：人民教育出版社,2004

7—107—17637—4

现代教育学/王鸿江主编.—修订本.—上海：
上海教育出版社,2001

7—5320—7742—X

教育观念的转变与更新/万福,于建福主编；
教育部中小学教师综合素质培训专家指导委员会
编.—北京：中国和平出版社,2000

7—80154—242—8

教学论/李秉德主编.—北京：人民教育出版
社,2000

7—107—13651—8

现代教育学基础/（日）筑波大学教育学研究

会编;钟启泉译.—上海:上海教育出版社,2003
7—5320—0043—5

创新教育:2005 年.第 1 辑/《创新教育》编辑部编.—济南:山东教育出版社,2005
7—5328—4907—4

教育的智慧性格:兼论当代知识教育的变革/靖国平著.—武汉:湖北教育出版社,2004
7—5351—3869—1

困惑及其超越:解读创新教育/胡东芳,孙军业著.—福州:福建教育出版社,2001
7—5334—3099—9

教育公平论:西方教育公平理论的哲学考察/郭彩琴著.—徐州:中国矿业大学出版社,2004
7—81070—989—5

教育行动研究:意义、制度与方法/汪利兵等著.—杭州:浙江大学出版社,2003
7—308—03391—0

城市流动人口子女的基础教育:政策与革新/杜越,汪利兵,周培植主编.—杭州:浙江大学出版社,2004
7—308—04052—6

赏识教育初论/崔学鸿著.—合肥:安徽大学出版社,2003
7—81052—761—4

教育公平与学校选择制度/翁文艳著.—北京:北京师范大学出版社,2005
7—303—06679—9

教育基本理论之研究:1978—1995/瞿葆奎主编.—福州:福建教育出版社,1998
7—5334—2486—7

教师教育的理论与实践/洪明著.—福州:福建教育出版社,2002
7—5334—3551—6

教育学原理/胡德海著.—兰州:甘肃教育出版社,1998
7—5423—0849—1

新课程背景下的公共教育学教程/余文森主编.—北京:高等教育出版社,2004
7—04—015090—5

现代教育理论/扈中平主编.—北京:高等教育出版社,2000
7—04—008824—X

大教育学/张人杰主编.—广州:广东高等教育出版社,1995
7—5361—1844—9

教育原理与教学技术/傅建明主编.—广州:广东教育出版社,2005
7—5406—5759—6

教育建模/查有梁著.—南宁:广西教育出版社,1998
7—5435—2738—3

教学的原理、模式和活动/吴立岗主编.—南宁:广西教育出版社,1998
7—5435—2642—5

教育通论/郑金洲著.—上海:华东师范大学出版社,2000
7—5617—2169—2

教育学基础/全国十二所重点师范大学联合编写.—北京:教育科学出版社,2002
7—5041—2304—8

教育现代化的路径/褚宏启著.—北京:教育科学出版社,2000
7—5041—2059—6

当代教育学/袁振国主编—3 版修订版.—北京:教育科学出版社,2004
7—5041—2752—3

幸福教育论 / 刘次林著. —南京：南京师范大学出版社,1999

7—81047—395—6

当代外国教育思想研究 / 毕淑芝,王义高主编. —北京：人民教育出版社,2002

7—107—15451—6

实践教育学 / 熊川武等著. —上海：上海教育出版社,2001

7—5320—1302—2

创新教育新探 / 李世海,高兆宏,张晓宜著. —北京：社会科学文献出版社,2005

7—80190—737—X

现代教育学 / 靳玉乐,李森主编. —成都：四川教育出版社,2005

7—5408—4105—2

人本教育学 / 王希尧著. —成都：四川教育出版社,1999

7—5408—3361—0

教育学概论 / 朱德全,易连云主编. —重庆：西南师范大学出版社,2003

7—5621—2931—2

现代教育新论 / 童富勇编著. —杭州：浙江教育出版社,2005

7—5338—6161—2

人本教育 / 罗利建著. —北京：中国经济出版社,2004

7—5017—6337—2

现代教育学 / 杨建华,陈鹏等著. —北京：中国社会科学出版社,2003

7—5004—4000—6

教育原理与艺术 / 何齐宗主编. —北京：中国社会科学出版社,2004

7—5004—4594—6

教育学原理 / 丁瑜,何东亮主编. —上海：上海交通大学出版社,1998

7—313—02080—5

教育资本：规范与运作 / 靳希斌主编. —成都：四川教育出版社,2003

7—5408—3800—0

复杂性理论与教育问题 /（法）埃德加·莫兰著;陈一壮译. —北京：北京大学出版社,2004（埃德加·莫兰著作译丛）

7—301—07668—1

教育生态学 / 吴鼎福,诸文蔚著. —南京：江苏教育出版社,2000（当代教育新理论丛书）

7—5343—3974—X

当代主体教育论 / 冯建军著. —南京：江苏教育出版社,2001（当代教育新理论丛书）

7—5343—3995—2

走向自由：教育与人的发展问题研究 / 涂艳国著. —武汉：华中师范大学出版社,1999（教育科学研究系列教育学博士文丛）

7—5622—2030—1

教育十论：我对教育问题的一些基本看法 / 燕国材著. —2 版修订本. —北京：中国建材出版社,1998

7—80090—506—3

现代教育原理 / 贺乐凡主编;北京市高等教育自学考试委员会组编. —北京：科学出版社,1996

7—03—005285—4

愉快教育理论与实践的探索 / 向玉琴等主编. —北京：高等教育出版社,1996

7—04—005447—7

教育失误论 / 孙孔懿著. —南京：江苏教育出版社,1997

7—5343—3080—7

现代教育原理／柳海民主编.—北京：中央广播电视大学出版社,2002

7—304—02242—6

挑战与应答：**20 世纪的教育目的观**／扈中平,刘朝辉著.—济南：山东教育出版社,1995(20 世纪教育回顾与前瞻丛书)

7—5328—2140—4

教育政策的价值分析／刘复兴著.—北京：教育科学出版社,2003

7—5041—2603—9

中国民办教育立法研究／邵金荣著.—北京：人民教育出版社,2001

7—107—14328—X

多元智能：理论、方法与实践／吴志宏,郅庭瑾等著.—上海：上海教育出版社,2003("多元智能开发"系列丛书)

7—5320—8567—8

论人的全面发展／袁贵仁,韩庆祥著.—南宁：广西人民出版社,2003("三个代表"重要思想研究书系)

7—219—04742—8

素质教育理论与基础教育改革／吴柳主编.—桂林：广西师范大学出版社,1999(21 世纪园丁工程丛书)

7—5633—2914—5

素质教育概论／燕国材著.—广州：广东教育出版社,2002(素质教育论丛书)

7—5406—4730—2

创新素质教育论／燕良轼著.—广州：广东教育出版社,2002(素质教育论丛书)

7—5406—4843—0

个体素质结构论／佟庆伟,秋实著.—北京：中国科学技术出版社,2001(现代教师素养丛书)

7—5046—2967—7

素质教育：观念与实践／马振海主编.—开封：河南大学出版社,2001

7—81041—863—7

素质教育：教育的理想与目标／陆炳炎,王建磐主编.—上海：华东师范大学出版社,1999

7—5617—2103—X

马克思开辟的道路：人的全面发展研究／韩庆祥,亢安毅著.—北京：人民出版社,2005

7—01—005044—9

素质教育中国基础教育的使命／范才生,钟志贤著.—福州：福建教育出版,1996

7—5334—2174—4

论文化素质教育／周远清,阎志坚编.—北京：高等教育出版社,2004

7—04—015430—7

素质教育概论／肖文娥等主编.—北京：国防大学出版社,2000

7—5626—0999—3

素质教育课程构建研究／白月桥著.—北京：教育科学出版社,2001

7—5041—2102—9

面向新世纪人文素质教育研究／李萃英,赵凤平主编.—北京：煤炭工业出版社,1999

7—5020—1800—X

主体教育论／王道俊,郭文安主编.—北京：人民教育出版社,2005

7—107—19062—8

素质教育概论／孙孔懿著.—北京：人民教育出版社,2001

7—107—14422—7

素质教育新论／孙立春著.—济南：山东教育出版社,1999

7—5328—2923—5

素质教育在中国／叶运生,姚思源编著.—成都:四川人民出版社,2001
7—220—05307—X

素质教育新论／陈磊等著.—武汉:武汉理工大学出版社,2003
7—5629—1903—8

素质教育概论／刘家丰著.—北京:中国档案出版社,2001
7—80166—034—X

西方素质教育精华／叶运生编著.—重庆:重庆出版社,2000
7—5366—4989—4

多元智力理论与多元智力课程研究／霍力岩等著.—北京:教育科学出版社,2003(实践中的多元智力理论丛书)
7—5041—2418—4

知识分类与目标导向教学:理论与实践／皮连生主编.—上海:华东师范大学出版社,1998
7—5617—1841—1

中国近现代美育论文选:1840—1949／俞玉滋,张援编.—上海:上海教育出版社,1999(学校艺术教育研究丛书)
7—5320—5455—1

达尔克罗兹音乐教育理论与实践／蔡觉民,杨立梅编著.—上海:上海教育出版社,1999(学校艺术教育研究丛书)
7—5320—6089—6

美育学导论／蒋冰海著.—2版.—上海:上海人民出版社,2001
7—208—01019—6

美育学概论／杜卫主编;王德胜等编著.—北京:高等教育出版社,1997
7—04—004744—6

美育论／杜卫著.—北京:教育科学出版社,2000
7—5041—2093—6

美育原理／王守恒主编.—合肥:中国科学技术大学出版社,1996
7—312—00837—2

教育动力论／王守恒主编.—北京:人民教育出版社,2000(当代大教育论丛书)
7—107—13031—5

走向生活的教育哲学／刘铁芳著.—长沙:湖南师范大学出版社,2005(当代教育理念关键词)
7—81081—501—6

理解与教育:走向哲学解释学的教育哲学导论／金生鈜著.—北京:教育科学出版社,1997(教育科学丛书)
7—5041—1674—2

教育哲学／周浩波著.—北京:人民教育出版社,2000(教育科学分支学科丛书)
7—107—13295—4

现代化进程中的教育价值观:西方之鉴与本土之路／王卫东著.—北京:中国社会科学出版社,2002
7—5004—3334—4

精神与教育:一种教育哲学视角的当代教育的反思与建构／王坤庆著.—上海:上海教育出版社,2002
7—5320—8221—0

教育哲学导论／石中英著.—北京:北京师范大学出版社,2002
7—303—06277—7

主体性教育论／黄崴著.—贵阳:贵州人民出版社,1997
7—221—04447—3

主体性教育 / 张天宝著. —北京：教育科学出版社，2001
7—5041—1877—X

中国教育哲学史 / 张瑞璠主编. —济南：山东教育出版社，2000
7—5328—2646—5

教育哲学通论 / 黄济著. —太原：山西教育出版社，1998
7—5440—1283—2

教育者的哲学 / 刘庆昌著. —北京：中国社会出版社，2004
7—5087—0026—0

教育研究的原理与方法 / 杨小微主编. —上海：华东师范大学出版社，2002（21 世纪高等师范教育教材）
7—5617—3075—6

比较教育导论：教育与国家发展 / 顾明远，薛理银著. —北京：人民教育出版社，1996（比较教育丛书）
7—107—11317—8

比较教育学史 / 王承绪主编. —北京：人民教育出版社，1999（比较教育丛书）
7—107—12412—9

比较教育学 / 冯增俊著. —南京：江苏教育出版社，1996（当代教育新理论丛书）
7—5343—2831—4

教育学科与相关学科的"对话"：从知识、科学、信仰和人的角度 / 李政涛著. —上海：上海教育出版社，2001（教育学科元研究丛书）
7—5320—7481—1

教育研究方法论初探 / 叶澜著. —上海：上海教育出版社，1999（教育学科元研究丛书）
7—5320—6304—6

教育研究方法 / 袁振国主编. —北京：高等教育出版社，2000（面向 21 世纪课程教材）
7—04—008528—3

教育科研中的量化方法 / 佟庆伟，胡迎宾，孙倩编著. —北京：中国科学技术出版社，1997（现代教师素养丛书）
7—5046—2400—4

教育研究方法导论 / 裴娣娜编著. —合肥：安徽教育出版社，1995（现代教育原理丛书）
7—5336—1603—0

质的研究指导 / 白芸著. —北京：教育科学出版社，2002（中小学教育科研指导丛书）
7—5041—2290—4

现代教育科学研究方法 / 李方编著. —修订版. —广州：广东高等教育出版社，1997
7—5361—0290—9

教育与发展：创新人才的心理学整合研究 / 林崇德著. —北京：北京师范大学出版社，2002
7—303—06343—9

教育方法论 / 杨春鼎主编. —北京：人民教育出版社，2000（当代大教育论丛书）
7—107—13024—2

教育方法概论 / 钟启泉主编. —上海：华东师范大学出版社，2002（上海市教师资格证书专业培训教材）
7—5617—2907—3

教育科学方法论 / 张景焕，陈月茹，郭玉锋编著. —济南：山东人民出版社，2000
7—209—02614—2

在行动中学作质的研究 / 陈向明主编. —北京：教育科学出版社，2003（北京大学教育研究系列）
7—5041—2413—3

学校教育研究方法 / 郑金洲,陶保平,孔企平著.—北京:教育科学出版社,2003(世纪之交中国基础教育改革研究丛书)

7—5041—2325—0

教育科学研究方法 / 马云鹏主编.—长春:东北师范大学出版社,2001

7—5602—2660—4

教师如何作质的研究 / 陈向明著.—北京:教育科学出版社,2001

7—5041—2153—3

教育科学研究方法 / 孟庆茂主编.—北京:中央广播电视大学出版社,2001

7—304—02064—4

科学教育与人文教育 / 杜时忠著.—武汉:华中师范大学出版社,1998(博士文库教育学博士文丛)

7—5622—1888—9

创新与创造教育 / 徐方瞿编著.—上海:上海教育出版社,1998(成人教育工作者继续教育丛书)

7—5320—6228—7

创新教育:中国教育范式的转型 / 张志勇著.—济南:山东教育出版社,2004(创新教育书系)

7—5328—4324—6

创造教育论 / 汪刘生主编.—北京:人民教育出版社,2000(当代大教育论丛书)

7—107—13033—1

教育政治学 / 成有信等著.—南京:江苏教育出版社,2000(当代教育新理论丛书)

7—5343—3967—7

创造教育 / 俞学明,钟祖荣,刘文明著.—北京:教育科学出版社,1999(基础教育新概念)

7—5041—1872—9

教育创新与民族创新精神 / 冯增俊著.—福州:福建教育出版社,2002(明日教育文库)

7—5334—3554—0

国际科技教育进展 / 常初芳主编.—北京:科学出版社,1999(现代科技教育参考系列)

7—03—007005—4

创新教育模式全书 / 周明星,张柏清主编.—北京:北京教育出版社,1999(新世纪素质教育知行书系)

7—5303—1958—2

网络社会与学校教育 / 马和民,吴瑞君主编.—上海:上海教育出版社,2002

7—5320—8474—4

创新教育学 / 欧小松,刘洪宇,魏志耕主编.—长沙:中南工业大学出版社,2000

7—81061—320—0

教育统计与测评导论 / 刘新平,刘存侠编著.—北京:科学出版社,2003(21世纪高等院校教材)

7—03—011295—4

教育统计学 / 王孝玲编著.—2版修订版.—上海:华东师范大学出版社,2001

7—5617—0961—7

教育社会学:现代性的思考与建构 / 钱民辉著.—北京:北京大学出版社,2004(21世纪社会学系列教材)

7—301—07869—2

教育人学:当代教育学的人学路向 / 王啸著.—南京:江苏教育出版社,2003(当代教育新理论丛书)

7—5343—5502—8

教育社会学 / 吴康宁著.—北京:人民教育出版社,1998(教育科学分支学科丛书)

7—107—12207—X

学校生活社会学 / 刘云杉著.—南京：南京师范大学出版社,2000(教育社会学丛书)

7—81047—457—X

道德教育 / (法)爱弥尔·涂尔干著;陈光金,沈杰,朱谐汉译.—上海：上海人民出版社,2001(涂尔干文集)

7—208—03644—6

教育社会学 / 金一鸣主编.—石家庄：河北教育出版社,1996(中国当代教育理论丛书)

7—5434—2813—X

知识演化与社会控制：中国教育知识史的比较社会学分析 / 吴刚著.—北京：教育科学出版社,2002

7—5041—2270—X

教育社会学 / 杨昌勇,郑淮著.—广州：广东人民出版社,2005

7—218—04859—5

教育社会学新论 / 傅松涛著.—保定：河北大学出版社,1997

7—81028—429—0

教育社会学研究 / 马和民,高旭平著.—上海：上海教育出版社,1998

7—5320—5925—1

性别与教育 / 郑新蓉著.—北京：教育科学出版社,2005(社会性别与女性学系列)

7—5041—3183—0

教育生态学 / 范国睿著.—北京：人民教育出版社,2000(教育科学分支学科丛书)

7—107—13480—9

杜威论教育与民主主义 / 杜祖贻著;陈汉生,洪光磊译.—北京：人民教育出版社,2003

7—107—16683—2

从滞后到超前：20世纪人力资本学说·教育

经济学 / 靳希斌主编.—济南：山东教育出版社,1995(20世纪教育回顾与前瞻丛书)

7—5328—2137—4

教育测量与评价 / 黄光扬主编;龙文祥等编写.—上海：华东师范大学出版社,2002(21世纪高等师范教育教材)

7—5617—3013—6

教育经济与管理 / 娄成武,史万兵编著.—北京：中国人民大学出版社,2004(21世纪公共管理系列教材)

7—300—05463—3

探索教育变革：经济学和管理政策的视角 / 闵维方主编.—北京：教育科学出版社,2005(北京大学教育研究系列)

7—5041—3205—5

教育经济学新论 / 杨葆,范先佐著.—南京：江苏教育出版社,1995(当代教育新理论丛书)

7—5343—2467—X

教育经济学简明教程 / 王善迈主编.—北京：高等教育出版社,2000(教育经济培训网络系列教材)

7—04—008539—9

教育财政学简明教程 / 魏新主编.—北京：高等教育出版社,2000(教育经济培训网络系列教材)

7—04—008536—4

教育财政国际比较 / 陈国良主编.—北京：高等教育出版社,2000(教育经济培训网络系列教材)

7—04—008462—7

西方教育经济学研究 / 曲恒昌,曾晓东编著.—北京：北京师范大学出版社,2000(教育经济学丛书)

7—303—05432—4

教育与收入分配 / 赖德胜著.—北京：北京师范大学出版社,2001(教育经济研究丛书：第一辑)

7—303—04763—8

教育经济学 / 范先佐著. —北京：人民教育出版社,1999(教育科学分支学科丛书)

7—107—12828—0

教育发展与经济增长 / 叶茂林著. —北京：社会科学文献出版社,2005(前沿管理理论丛)

7—80190—624—1

教育经济学 / 林荣日编著. —上海：复旦大学出版社,2001(新编经济学系列教材)

7—309—02854—6

教育投入与产出研究 / 王善迈著. —石家庄：河北教育出版社,1996(中国当代教育理论丛书)

7—5434—2772—9

教育产业论：教育与经济增长关系的新视角 / 张铁明著. —2 版. —广州：广东高等教育出版社,2002

7—5361—2251—9

教育经济学国际百科全书 / （美）Martin Carnoy 编著；闵维方等译. —2 版. —北京：高等教育出版社,2000

7—04—007372—2

教育的社会经济效益 / 厉以宁主编. —贵阳：贵州人民出版社,1995

7—221—03945—3

教育的经济学分析 / 崔卫国著. —北京：经济科学出版社,2003

7—5058—3354—5

教育经济学 / 刘存绪,丁明鲜,邝先慧主编. —成都：西南财经大学出版社,2002

7—81055—995—8

校园文化论 / 王邦虎主编. —北京：人民教育出版社,2000(当代大教育论丛书)

7—107—13523—6

闲暇教育论 / 庞桂美著. —南京：江苏教育出版社,2004(当代教育新理论丛书：新世纪版)

7—5343—5976—7

教育文化学 / 郑金洲著. —北京：人民教育出版社,2000(教育科学分支学科丛书)

7—107—13892—8

学校文化新论 / 俞国良等著. —长沙：湖南教育出版社,1999(教育理论与实践丛书)

7—5355—2896—1

校园文化建设全书 / 高长梅,吴玉红主编. —北京：经济日报出版社,1999(素质教育工程书库)

7—80127—600—0

教学环境论 / 田慧生著. —南昌：江西教育出版社,1996(教学论丛书)

7—5392—2610—2

当代美国教育技术 / 颜辉编著. —广州：中山大学出版社,2003(当代美国教育丛书)

7—306—02169—9

教育技术教程：教育信息化时代的教与学 / 黎加厚主编. —上海：华东师范大学出版社,2002(高等师范院校小学教育专业本科教材)

7—5617—2743—7

现代教育技术：促进多元智能发展 / 祝智庭,钟志贤主编. —上海：华东师范大学出版社,2003(高等学校小学教育专业教材)

7—5617—3219—8

教育技术学 / 章伟民,曹揆申著. —北京：人民教育出版社,2000(教育科学分支学科丛书)

7—107—13326—8

教育信息处理 / 傅德荣,章慧敏编著. —北京：北京师范大学出版社,2001(面向 21 世纪课程教材)

7—303—05731—5

教育技术学研究方法 / 李克东编著.—北京：北京师范大学出版社,2003（面向 21 世纪课程教材·教育技术学专业主干课程系列教材）

7—303—06331—5

教育技术学 / 何克抗,李文光编著.—北京：北京师范大学出版社,2002（面向 21 世纪课程教材·教育技术学专业主干课程系列教材）

7—303—06328—5

教育技术学导论 / 尹俊华等编著.—2 版.—北京：高等教育出版社,2002

7—04—010725—2

现代教育技术：理论与应用 / 张剑平主编.—北京：高等教育出版社,2003

7—04—012321—5

教育技术理论导读：信息时代的教学与实践 / 全国高等学校教育技术协作委员会组织编写.—北京：高等教育出版社,2001

7—04—010349—4

教育技术学：引导教学走向艺术化境界 / 邓杰主编.—北京：社会科学文献出版社,2001

7—80149—584—5

教育技术 / 顾明远主编.—北京：高等教育出版社,1999

7—04—007295—5

教育技术的理论与实践 / 张立新,宋耀武,张丽霞编著.—保定：河北大学出版社,2000

7—81028—647—1

现代教育技术学 / 游泽清主编.—北京：人民教育出版社,2001

7—107—14737—4

21 世纪现代教育技术 / 吴疆,王润兰编著.—北京：人民邮电出版社,2001

7—115—09748—8

现代教育技术学 / 孔祥田,李兴保主编.—济南：山东大学出版社,2000

7—5607—2116—8

绩效技术概论 / 张祖忻主编.—上海：上海外语教育出版社,2005

7—81095—552—7

教育制度的生成与变革：新制度教育学论纲 / 康永久著.—北京：教育科学出版社,2003（教育博士文库）

7—5041—2405—2

教育组织行为学 / （美）罗伯特.G. 欧文斯著；窦卫霖,温建平,王越译.—7 版.—上海：华东师范大学出版社,2001（影响力教育理论译丛）

7—5617—2785—2

美、英、澳教育管理前沿图景 / 冯大鸣著.—北京：教育科学出版社,2004

7—5041—2826—0

教育评价的理论与实践 / 刘本固著.—杭州：浙江教育出版社,2000（教育改革的理论与实践丛书）

7—5338—3507—7

教育评价学 / 陈玉琨著.—北京：人民教育出版社,1999（教育科学分支学科丛书）

7—107—12430—7

教育评价理论与实践 / 王景英主编.—长春：东北师范大学出版社,2002（教育学心理学研究生课程班系列教程）

7—5602—1583—1

教育评价方法技术 / 程书肖著.—北京：北京师范大学出版社,2004（京师教育书苑）

7—303—06841—4

教育评价与测量 / 金娣,王刚编著.—北京：教育科学出版社,2002（新世纪教师教育丛书）

7—5041—2412—5

教育评论学 / 刘尧著. —北京：中国文联出版公司,2000(中华学人文稿)

7—5059—3200—4

教育评价学 / 翟天山主编. —北京：高等教育出版社,2003(中学教师进修高等师范本科专科起点教材)

7—04—012273—1

教育评价学 / 王汉澜主编. —开封：河南大学出版社,1995

7—81041—172—1

教育评价的理论与技术 / 王孝玲编著. —上海：上海教育出版社,1999

7—5320—6012—8

教育评价原理及应用 / 肖远军著. —杭州：浙江大学出版社,2004

7—308—03662—6

教育崇善论 / 王本陆著. —广州：广东教育出版社,2001

7—5406—4300—5

教育伦理 / 樊浩,田海平等著. —南京：南京大学出版社,2000

7—305—03702—8

中国教育的未来 / 刘佛年主编. —合肥：安徽教育出版社,1995(现代教育原理丛书)

7—5336—1793—2

教育的新时代：比较研究 / (美)艾萨克·康德尔著. —北京：人民教育出版社,2001(比较教育译丛)

7—107—14302—6

比较教育学的文化逻辑 / 项贤明著. —哈尔滨：黑龙江教育出版社,2000(中国教育科学博士后文库)

7—5316—3707—3

比较教育 / 王承绪,顾明远主编. —3版. —北京：人民教育出版社,1999

7—107—13366—7

教育逻辑学 / 郭元祥著. —北京：人民教育出版社,2002(教育科学分支学科丛书)

7—107—15813—9

后现代课程观 / (美)小威廉姆.E.多尔著；王红宇译. —北京：教育科学出版社,2000(世界课程与教学新理论文库)

7—5041—2022—7

学校与社会·明日之学校 / (美)约翰·杜威著；赵祥麟,任钟印,吴志宏译. —2版. —北京：人民教育出版社,2005(外国教育名著丛书)

7—107—17461—4

民主主义与教育 / (美)约翰·杜威著；王承绪译. —北京：人民教育出版社,2001(外国教育名著丛书)

7—107—10687—2

教育学史论纲 / 王坤庆著. —武汉：湖北教育出版社,2000

7—5351—2642—1

中外教育比较史纲. 近代卷 / 张瑞璠,王承绪主编. —济南：山东教育出版社,1997

7—5328—2598—1

中外教育交流史 / 卫道治主编. —长沙：湖南教育出版社,1998(《中外文化交流史》丛书)

7—5355—2518—0

西方近代教育论著选 / 任钟印主编. —北京：人民教育出版社,2001(西方教育论著选系列)

7—107—13143—5

外国教育通史 / 滕大春主编. —2版. —济南：山东教育出版社,2005

7—5328—0784—3

西方教育思想史 / 单中惠主编;单中惠等编著.—太原:山西人民出版社,1996

7—203—03519—0

当代世界教育思潮与各国教改趋势 / 王义高主编.—北京:北京师范大学出版社,1998

7—303—04695—X

20 世纪教育学名家名著 / 张人杰,王卫东主编.—广州:广东高等教育出版社,2002

7—5361—2638—7

西方教育思想史 / 王天一,方晓东编著.—长沙:湖南教育出版社,1996

7—5355—2430—3

当今世界教育思潮 / 毕淑芝,王义高主编.—北京:人民教育出版社,1999

7—107—12922—8

中国教学论史纲 / 张传燧著.—长沙:湖南教育出版社,1999(教学论丛书)

7—5355—3049—4

中国教育思想史. 第三卷 / 孙培青,李国钧主编.—上海:华东师范大学出版社,1995

7—5617—1347—9

近代西方教育理论在中国的传播 / 周谷平著.—广州:广东教育出版社,1996(中国教育近代化研究丛书)

7—5406—3431—6

中国近现代教育思潮与流派 / 董宝良,周洪宇主编.—北京:人民教育出版社,1997

7—107—11752—1

清代后期教育论著选 / 陈景磐,陈学恂主编.—北京:人民教育出版社,1997(中国古代教育论著丛书)

7—107—11040—3

20 世纪中国教育学科的发展与反思 / 金林祥主编.—上海:上海教育出版社,2000("教育学科元研究"丛书)

7—5320—6788—2

中国教育改造 / 陶行知著.—北京:东方出版社,1996(民国学术经典文库)

7—5060—0728—2

蒋梦麟教育论著选 / 蒋梦麟著;曲士培主编.—北京:人民教育出版社,1995(中国近代教育论著丛书)

7—107—11270—8

黄炎培教育文集 / 黄炎培著;中华职业教育社编.—北京:中国文史出版社,1995

7—5034—0715—8

中国教育学百年 / 郑金洲,瞿葆奎著.—北京:教育科学出版社,2002

7—5041—2220—3

陶行知教育名篇 / 方明编.—北京:教育科学出版社,2005

7—5041—3054—0

叶圣陶语文教育思想概论 / 董菊初著.—北京:开明出版社,1998

7—80133—211—3

现代教育思想 / 邢永富主编.—北京:中央广播电视大学出版社,2001

7—304—02062—8

徐特立文存 / 徐特立著;武衡等主编.—广州:广东教育出版社,1995

7—5406—3421—9/7—5406—3422—7/7—5406—3423—5/7—5406—3424—3/7—5406—3425—1

20 世纪西方教育学科的发展与反思 / 王坤庆著.—上海:上海教育出版社,2000("教育学科元研究"丛书)

7—5320—6750—5

裴斯泰洛齐教育论著选／(瑞士)裴斯泰洛齐著;夏之莲等译.—北京:人民教育出版社,2001(外国教育名著丛书)

7—107—10801—8

昆体良教育论著选／(古罗马)昆体良著;任钟印选译.—北京:人民教育出版社,2001(外国教育名著丛书)

7—107—10384—9

被压迫者的教育学:弗莱雷解放教育理论与实践／黄志成著.—北京:人民教育出版社,2003(比较教育论丛)

7—107—17075—9

创造教育研究新进展／赵承福,陈泽河主编.—济南:山东人民出版社,2002

7—209—02984—2

中国教育学科年度发展报告.2002／叶澜主编.—上海:上海教育出版社,2003

7—5320—9205—4

教育学的建构／陈桂生著.—长沙:湖南教育出版社,1998(教育理论与实践丛书)

7—5355—2724—8

现代教育技术基础／胡礼和主编.—北京:科学普及出版社,2002(全国中小学校长任职资格培训教材)

7—110—05285—0

现代教育理论／屠大华主编.—武汉:华中理工大学出版社,2002(现代远程教育系列教材)

7—5609—2650—9

意识形态与课程／(美)迈克尔.W.阿普尔著;黄忠敬译.—上海:华东师范大学出版社,2001(影响力教育理论译丛)

7—5617—2771—2

教育哲学对话／桑新民,陈建翔著.—石家庄:河北教育出版社,1996(中国当代教育理论丛书)

7—5434—2773—7

教育学的文化性格／石中英著.—太原:山西教育出版社,2005(中国当代教育学术文库)

978—7—5440—1590—5

黄炎培教育思想研究／田正平,周志毅著.—沈阳:辽宁教育出版社,1997(中国近现代教育家系列研究)

7—5382—4506—5

柳斌谈素质教育／柳斌著.—北京:北京师范大学出版社,1998

7—303—04750—6

个性教育论／刘文霞著.—呼和浩特:内蒙古大学出版社,1997

7—81015—816—3

教育技术:信息时代教与学／余武编著.—合肥:中国科学技术大学出版社,2002

7—312—01480—1

冲突与整合:20世纪西方道德教育理论／戚万学著.—济南:山东教育出版社,1995(20世纪教育回顾与前瞻丛书)

7—5328—2139—0

西方德育原理／钟启泉,黄志成编著.—西安:陕西人民教育出版社,1998

7—5419—7201—0

启发式教学原理研究／熊梅著.—北京:高等教育出版社,1998(高校文科博士文库)

7—04—006325—5

现代教学论纲要／谢利民著.—西安:陕西人民教育出版社,1998(面向21世纪教育科学纲要丛书)

7—5419—7207—X

课程发展与教师专业／周淑卿著.—兰州:甘肃文化出版社,2005(学校高绩效教学与管理丛书

教学伦理与教师专业发展)

7—80714—157—3

课程变革概论 / 白月桥著.—石家庄：河北教育出版,1996(中国当代教育理论丛书)

7—5434—2573—4

教学设计基础 / 章伟民编著.—北京：电子工业出版社,1998(中小学教师现代教育技术培训丛书)

7—5053—4970—8

教育科学研究方法 / 李秉德主编.—2 版.—北京：人民教育出版社,2001

7—107—07049—5

教学实验论 / 王策三主编；王策三,赵鹤龄,张武升著.—北京：人民教育出版社,2000

7—107—13652—6

结构化与定向化教学心理学原理 / 冯忠良著.—北京：北京师范大学出版社,1998

7—303—04534—1

电化教育学 / 王世恩,刘淑香主编.—哈尔滨：哈尔滨工业大学出版社,1998

7—5603—1305—1

大学心理学 / 赵鸣九编著.—北京：人民教育出版社,1995(全国高等学校教师培训教材)

7—107—11222—8

学业不良儿童的教育与矫治 / 徐芬编著.—杭州：浙江教育出版社,1997(特殊教育丛书)

7—5338—2312—5

心理教育 / 申荷水,高岚著.—广州：暨南大学出版社,1995(现代社会心理丛书)

7—81029—466—0

教育心理学专论 / 周国韬.—北京：中国审计出版社,1997

教师能力学 / 罗树华,李洪珍主编.—修订本.—济南：山东教育出版社,2000

7—5328—3154—X

教育行政学：修订版 / 孙绵涛主编.—北京：高等教育出版社,1998

7—04—009881—4

学校健康教育指导 / 尚大光,姜文生著.—北京：人民体育出版社,2002(21 世纪体育教师继续教育丛书)

7—5009—2326—0

学校人力资源管理 / 郭继东著.—兰州：甘肃文化出版,2005

7—80714—159—X

中国当代大学生的性观念与性行为 / 潘绥铭,曾静著.—北京：商务印书馆,2000

7—100—02957—0

可持续发展教育 /（英）赫克尔,斯特林主编；王民等译.—北京：中国轻工业出版社,2002(基础教育改革与发展译丛·教育新理念系列)

7—5019—3579—3

各国教育法制的比较研究 / 郝维谦,李连宁主编.—北京：人民教育出版社,1997(比较教育丛书)

7—107—12009—3

社会教育 / 孙启林分卷主编.—长春：吉林教育出版社,2000(世界教育大系)

7—5383—4159—5

法国教育 / 邢克超著.—长春：吉林教育出版社,2000(世界教育大系)

7—5383—4159—5

外国教育史和外国教育 / 滕大春编.—保定：河北大学出版社,1998

7—81028—425—8

当代世界教育改革 / 徐辉,徐仲林编著. —重庆:西南师范大学出版社,1997

7—5621—1614—8

新编教育社会学 / 马和民著. —上海:华东师范大学出版社,2002

7—5617—2809—3

教育投资体制改革的理论与实践问题研究 / 范先佐著. —2 版. —武汉:华中师范大学出版社,2003(华中师范大学学术文库桂苑书丛)

7—5622—2031—X

中国考试制度史 / 谢青,汤德用主编. —合肥:黄山书社,1995

7—80535—753—6

福建教育史 / 刘海峰,庄明水著. —福建:福建教育出版社,1996(福建思想文化史丛书)

7—5334—2032—2

超越与创新 / 鲁洁著. —北京:人民教育出版社,2001(中国当代教育论丛)

7—107—14148—1

面向 21 世纪我的教育观. 综合卷 / 郝克明主编. —广州:广东教育出版社,1999

7—5406—4204—1

"教育学视界"辨析 / 陈桂生著. —上海:华东师范大学出版社,1997

7—5617—1620—6

多维视角下的教育理论与思潮 / 钟启泉,高文,赵中建主编. —北京:教育科学出版社,2004

7—5041—2940—2

教育的视界 / 肖川著. —长沙:岳麓书社,2003

7—80665—221—3

大众媒介对儿童的影响 / 卜卫著. —北京:新华出版社,2002

7—5011—5441—4

语文教育门外谈 / 钱理群著. —桂林:广西师范大学出版社,2003(时代思想与艺术丛书)

7—5633—4101—3

"新基础教育"探索性研究报告集 / 叶澜主编. —上海:上海三联书店,1999

7—5426—1230—1

课程设计基础 / 钟启泉等主编. —济南:山东教育出版,2000(当代中小学课程研究丛书; 1)

7—5328—2647—3

中小学课堂教学策略 / 陈心五著. —北京:人民教育出版社,1998(教学策略丛书)

7—107—12442—0

活动课程的理论与实践 / 高峡等著. —上海:上海科技教育出版社,1997(课程与教学丛书)

7—5428—1567—9

学习指导的理论与实践 / 钟祖荣著. —北京:教育科学出版社,2001

7—5041—2138—X

中学物理教材教法 / 阎金铎,王志军,余国祥编著. —3 版. —北京:北京师范大学出版社,1998

7—303—04712—3

物理科学方法教育 / 张宪魁著. —青岛:青岛海洋大学出版社,2000

7—81067—134—0

英语教学论 / 隋铭才著. —南宁:广西教育出版社,2001(学科现代教育理论书系)

7—5435—3286—7

物理课程与教学论 / 孟昭辉编著. —长春:东北师范大学出版社,2005(新世纪教师教育系列教材)

7—5602—4282—0

高等学校教育评估 ／ 王致和主编.—北京：北京师范大学出版社,1995（中国高等教育管理研究丛书）

7—303—03640—7

马克思主义思想政治教育理论基础 ／ 罗国杰主编.—北京：高等教育出版社,2002（面向21世纪课程教材）

7—04—010807—0

大学生职业生涯规划 ／ 李进宏,陈琳主编.—武汉：武汉理工大学出版社,2005（高校公选课精品课程系列教材）

7—5629—2334—5

高等职业技术教育研究 ／ 吕鑫祥著.—上海：上海教育出版社,1998

7—5320—5509—4

国际成人教育比较研究 ／ 张维主编.—北京：工商出版社,1996

7—80012—243—3

现代远程教育及校园网建设全书 ／ 朱百钢等主编.—北京：中国工人出版社,2001

7—5008—2463—7

中国农村教育问题研究 ／ 马戎,（加）龙山主编.—福州：福建教育出版社,2000（社会学人类学论丛）

7—5334—2856—0

学前儿童家庭教育 ／ 李生兰著.—上海：华东师范大学出版社,2004

7—5617—2333—4

比较思想政治教育学 ／ 王瑞荪主编.—北京：高等教育出版社,2001（教育部思想政治教育专业课程教材）

7—04—008848—7

德育环境研究 ／ 戴钢书著.—北京：人民出版社,2002（新世纪学术文丛）

7—01—003583—0

回归道德智慧：转型期的道德教育与教师 ／ 吴安春著.—北京：教育科学出版社,2004（研训一体教师成长丛书）

7—5041—2942—9

学校道德教育原理 ／ 檀传宝著.—2版修订版.—北京：教育科学出版社,2003

7—5041—2380—3

德育社会学 ／ 鲁洁主编.—福州：福建教育出版社,2001

7—5334—2477—8

现代德育理论与实践研究 ／ 冯文全著.—成都：四川人民出版社,2005

7—220—06806—9

德育人文关怀论 ／ 王东莉著.—北京：中国社会科学出版社,2005

7—5004—5203—9

网络环境与青少年德育 ／ 檀传宝等撰稿.—福州：福建教育出版社,2005（"当代中国德育问题研究"丛书）

7—5334—4117—6

道德教育新论 ／ （美）约翰·威尔逊著;蒋一之译.—杭州：浙江教育出版社,2003（20世纪国际德育理论名著文库）

7—5338—4651—6

道德教育的理论与实践 ／ （美）霍尔,戴维斯著;陆有铨,魏贤超译.—杭州：浙江教育出版社,2003（20世纪国际德育理论名著文库）

7—5338—4653—2

价值与教学 ／ （美）路易斯·拉思斯著;谭松贤译.—杭州：浙江教育出版社,2003（20世纪国际德育理论名著文库）

7—5338—4652—4

道德教育原理／(美)杜威著;王承绪等译.—杭州:浙江教育出版社,2003(20 世纪国际德育理论名著文库)

　　7—5338—4650—8

道德发展与道德教育 ／(英)彼得斯著;邬冬星译.—杭州:浙江教育出版社,2000(20 世纪国际德育理论名著文库)

　　7—5338—3249—3

当代德育基本理论探讨／鲁洁著.—南京:江苏教育出版社,2003(当代教育新理论丛书·新世纪版)

　　7—5343—5249—5

比较与创新:中西德育方法比较／冯益谦等著.—北京:中央编译出版社,2004(当代伦理与应用研究丛书)

　　7—80109—831—5

德育论／储培君等著.—福州:福建教育出版社,1997(德育理论丛书)

　　7—5334—2089—6

当代西方道德教育理论／袁桂林著.—福州:福建教育出版社,1995(德育理论丛书)

　　7—5334—1699—6

德育过程论／范树成著.—北京:中国社会科学出版社,2004(德育哲学研究丛书)

　　7—5004—4714—0

现代道德教育论／李萍著.—广州:广东人民出版社,1999(广东省中青年社会科学家文库)

　　7—218—02946—9

走进新世纪的高校道德教育／龚海泉主编.—武汉:华中师范大学出版社,2001(华中师范大学出版基金丛书·学术著作系列)

　　7—5622—2374—2

知性德育及其超越:现代德育困境研究／高德胜著.—北京:教育科学出版社,2003(教育博士文库)

　　7—5041—2483—4

现代德育论／班华主编;中国教育学研究会德育专业委员会编.—2 版.—合肥:安徽人民出版社,2001(教育学心理学丛书)

　　7—212—01372—2

德性与教化:从苏格拉底到尼采:西方道德教育哲学思想研究／金生鈜著.—长沙:湖南大学出版社,2003(西方价值观丛书)

　　7—81053—608—7

道德教育展望／吴铎,罗国振主编.—上海:华东师范大学出版社,2002(学科教育展望丛书)

　　7—5617—2958—8

德育十论／杜时忠著.—哈尔滨:黑龙江教育出版社,2003(中国教育科学德育研究丛书)

　　7—5316—3803—7

德育美学观／檀传宝著.—太原:山西教育出版社,1996(中国中青年学者教育学术文库)

　　7—5440—1218—2

现代德育人本论／杨超著.—广州:广东人民出版社,2005(中山大学思想道德教育理论博士文库)

　　7—218—04901—X

德育学原理／胡厚福著.—北京:北京师范大学出版社,1997

　　7—303—04397—7

中外学校道德教育比较研究／朱永康主编.—福州:福建教育出版社,1998

　　7—5334—2487—5

德育原理／黄向阳著.—上海:华东师范大学出版社,2000

　　7—5617—2280—X

道德发展与德育模式／李伯黍,岑国桢主

编.—上海：华东师范大学出版社,1999

7—5617—2031—9

现代道德教育专题研究 / 戚万学,唐汉卫
著.—北京：教育科学出版社,2005

7—5041—3225—X

现代德育论 / 戚万学等编著.—济南：山东教
育出版社,1997

7—5328—2447—0

现代德育课程论 / 余双好著.—北京：中国社
会科学出版社,2003

7—5004—4233—5

道德教育论丛 / 朱小蔓主编.—南京：南京师
范大学出版社,2000

7—81047—516—9

生命的沉思：生命教育理念解读 / 刘济良等
著.—北京：中国社会科学出版社,2004(生命教育
丛书)

7—5004—4989—5

青少年价值观教育研究 / 刘济良著.—广州：
广东教育出版社,2003

7—5406—5072—9

道德教育新视野 / 戚万学主编.—济南：山东
教育出版社,2004

7—5328—4204—5

品德测评的理论与方法 / 肖鸣政著.—福州：
福建教育出版社,1995(德育理论丛书)

7—5334—1725—9

生活道德教育论 / 唐汉卫著.—北京：教育科
学出版社,2005(山东省社会科学规划研究项目文
丛)

7—5041—3226—8

困惑与抉择：20 世纪的新教学论 / 杨启亮
著.—济南：山东教育出版社,1995(20 世纪教育回
顾与前瞻丛书)

7—5328—2141—2

创新教学模式与方法 / 姜瑛俐著.—上海：东
方出版中心,2001(创新教育研究丛书)

7—80627—814—1

活动教学论 / 宋宁娜著.—南京：江苏教育出
版社,1996(当代教育新理论丛书)

7—5343—2836—5

现代教学论基础 / 吴立岗,夏惠贤主编.—南
宁：广西教育出版社,2001(高等师范院校小学教
育专业本科教材)

7—5435—3347—2

教学系统化设计 /（美）Walter Dick,Lou Car-
ey,James O. Carey 著;汪琼译.—北京：高等教育出
版社,2004(国外优秀信息科学与技术系列教学用
书)

7—04—013302—4

有效教学 / 陈厚德编著.—北京：教育科学出
版社,2000(基础教育新概念丛书)

7—5041—2056—1

课程变革与教师专业发展 / 王建军著.—成
都：四川教育出版社,2004(教师新视野丛书)

7—5408—4029—3

教学论概要 / 张楚廷著.—长沙：湖南教育出
版社,1999(教学论丛书)

7—5355—3050—8

教学病理学 / 石鸥著.—长沙：湖南教育出版
社,1999(教学论丛书)

7—5355—3052—4

教学理论的反思与建设 / 徐继存著.—兰州：
甘肃教育出版社,2000(教学论研究丛书)

7—5423—0939—0

教学本体论 / 张广君著.—兰州：甘肃教育出

版社,2002(教学论研究丛书)

7—5423—1144—1

教学最优化艺术 / 闫承利著.—北京：教育科学出版社,1995(教育教学最优化研究丛书)

7—5041—1527—4

教学别论 / 石鸥著.—长沙：湖南教育出版社,1998(教育理论与实践丛书)

7—5355—2604—7

教学论纲 / 张楚廷著.—北京：高等教育出版社,1999(面向 21 世纪课程教材)

7—04—007423—0

现代教学管理系统 / 刘邦奇,齐平著.—石家庄：河北教育出版社,1997(世界教育系统协会文库)

7—5434—2897—0

教学动力论 / 李森著.—重庆：西南师范大学出版社,1998(西南师范大学教学论博士点学科建设丛书)

7—5621—1990—2

当代国外教学理论 / 巨瑛梅,刘旭东编著.—北京：教育科学出版社,2004(新世纪教师教育丛书)

7—5041—2605—5

创造性思维与教学 / 陈龙安著.—北京：中国轻工业出版社,1999(新向导丛书)

7—5019—2474—0

教学论 / 田慧生,李如密著.—石家庄：河北教育出版社,1996(中国当代教育理论丛书)

7—5434—2811—3

国际科学教育导论 / 丁邦平著.—太原：山西教育出版社,2002(中国中青年学者教育学术文库)

7—5440—2407—5

教师语言艺术 / 郭启明,赵林森主编.—2 版

修订本.—北京：语文出版社,1998

7—80006—517—0

学会教学：课堂教学技能的理论与实践 / 肖锋著.—2 版.—杭州：浙江大学出版社,2004

7—308—03133—0

现代教学论 / 韩桂凤编著.—北京：北京体育大学出版社,2003

7—81051—634—5

学与教的原理 / 王逢贤主编.—北京：高等教育出版社,2000

7—04—007831—7

教学言语学 / 宋其蕤,冯显灿著.—广州：广东教育出版社,1999

7—5406—4079—0

交往教学论 / 田汉族著.—长沙：湖南师范大学出版社,2002

7—81081—149—5

现代教学论学程 / 黄甫全,王本陆主编.—北京：教育科学出版社,1998

7—5041—1838—9

现代教学价值体系论 / 尚凤祥著.—北京：教育科学出版社,1996

7—5041—1619—X

现代教学论纲要 / 李森著.—北京：人民教育出版社,2005

7—107—19001—6

现代教学论 / 裴娣娜主编.—北京：人民教育出版社,2005

7—107—18543—8

教学风格论 / 李如密著.—北京：人民教育出版社,2002

7—107—15428—1

李吉林情境教学理论与实践 / 李吉林著. —北京：人民日报出版社,1996

7—80002—789—9

教师的语言艺术 / 王晓平著. —济南：山东教育出版社,1996

7—5328—2240—0

现代教学基础理论 / 谢利民,郑百伟主编. —上海：上海教育出版社,2003

7—5320—8720—4

教学论 / 汪刘生主编. —合肥：中国科学技术大学出版社,1996

7—312—00774—0

当代班级管理引论 / 曹长德著. —合肥：中国科学技术大学出版社,2005

7—312—01799—1

中国新时期教学论的进展 / 靳玉乐等著. —重庆：重庆出版社,2001

7—5366—5269—0

教学模式论 / 高文著. —上海：上海教育出版社,2002（当代教师进修丛书）

7—5320—7576—1

教学全面质量管理：理念与操作策略 / 程凤春著. —北京：教育科学出版社,2004（教育博士文库）

7—5041—2775—2

教学策略 / 周军著. —北京：教育科学出版社,2003（新世纪教师教育丛书）

7—5041—2570—9

课堂观察指导 / 陈瑶著. —北京：教育科学出版社,2002（中小学教育科研指导丛书）

7—5041—2323—4

教学策略 / 李晓文,王莹编著. —北京：高等教育出版社,2000

7—04—008554—2

研究性学习的理论与实践 / 王升主编. —北京：教育科学出版社,2002

7—5041—2293—9

高效率教学 / 张庆林,杨东主编. —北京：人民教育出版社,2002

7—107—15199—1

教学论研究二十年：1979—1999 / 李定仁,徐继存主编. —北京：人民教育出版社,2001（大学本科小学教育专业教材）

7—107—14741—2

教育系统质量管理体系 / 周明圣主编. —北京：中国计划出版社,2003

7—80177—242—3

教学设计 / 徐英俊著. —北京：教育科学出版社,2001（基础教育新概念丛书）

7—5041—2183—5

教学过程设计 / 李龙编著. —呼和浩特：内蒙古人民出版社,2000

7—204—05250—1

现代学习理论评析 / 王希华编著. —北京：开明出版社,2003

7—80133—795—6

课程与教学理论和课程与教学改革 / 陈时见主编. —桂林：广西师范大学出版社,1999（21世纪园丁工程丛书）

7—5633—2913—7

校本课程论 / 王斌华著. —上海：上海教育出版社,2000（当代教师进修丛书）

7—5320—7232—0

课程与教学论 / 张华著. —上海：上海教育出版社,2000（当代教师进修丛书）

7—5320—7139—1

课程社会学研究 / 吴康宁主编.—南京:江苏教育出版社,2004(当代教育新理论丛书:新世纪版)

7—5343—5503—6

课程流派研究 / 张华等著.—济南:山东教育出版社,2000(当代中小学课程研究丛书; 2)

7—5328—2648—1

课程与教学论 / 王本陆主编.—北京:高等教育出版社,2004(高等院校小学教育专业教材)

7—04—014341—0

革新的课程实践者:教师参与课程变革研究 / 杨明全著.—上海:上海科技教育出版社,2003(海峡两岸课程与教学研究丛书)

7—5320—3311—1

现代课程论:新版 / 钟启泉编著.—上海:上海教育出版社,2003(海峡两岸课程与教学研究丛书)

7—5320—1360—X

当代综合课程的新范式:综合性学习的理论和实践 / 熊梅编著.—北京:教育科学出版社,2001(基础教育课程教材改革理论丛书)

7—5041—2033—2

课程论问题 / 丛立新著.—北京:教育科学出版社,2000(基础教育课程教材改革理论丛书)

7—5041—2032—4。

课程与教学论 / 马云鹏主编.—2版.—北京:中央广播电视大学出版社,2005(教育部人才培养模式改革和开放教育试点教材)

7—304—03195—6

课程社会学 / 吴永军著.—南京:南京师范大学出版社,1999(教育社会学丛书)

7—81047—398—0

课程与教学论 / 陈旭远主编.—长春:东北师范大学出版社,2002(教育学·心理学研究生课程

班系列教程)

7—5602—3126—8

课程改革与课程评价 / 陈玉琨等著.—北京:教育科学出版社,2001(世纪之交中国基础教育改革研究丛书)

7—5041—2129—0

课程与教学论 / 黄甫全主编;教育部师范教育司组织编写.—北京:高等教育出版社,2002

7—04—010105—X

为了中华民族的复兴 为了每位学生的发展:《基础教育课程改革纲要(试行)》解读 / 钟启泉,崔允漷,张华主编.—上海:华东师范大学出版社,2001

7—5617—2703—8

课程论研究二十年:1979—1999 / 李定仁,徐继存主编.—北京:人民教育出版社,2004

7—107—18138—6

课程理论:课程的基础、原理与问题 / 施良方著.—北京:教育科学出版社,1996

7—5041—1610—6

校本课程开发:理论与实践 / 崔允漷著.—北京:教育科学出版社,2000

7—5041—2079—0

教学设计 / 盛群力等编著.—北京:高等教育出版社,2005

7—04—017882—6

课程与教学概论 / 钟启泉主编.—上海:华东师范大学出版社,2004

7—5617—3476—X

课程新论 / 廖哲勋,田慧生主编.—北京:教育科学出版社,2003

7—5041—2422—2

课程与教学哲学 / 张楚廷著.—北京:人民教

育出版社,2003

7—107—17341—3

课程史论 / 吕达著.—北京：人民教育出版社,1999

7—107—13042—0

素质教育课程简论 / 戴汝潜著.—济南：山东教育出版社,1999

7—5328—2873—5

课程与教学论 / 饶玲主编.—北京：中国时代经济出版社,2004

7—80169—152—0

中外教师教育课程设置比较研究 / 王泽农,曹慧英主编.—北京：高等教育出版社,2003

7—04—012393—2

综合课程论 / 有宝华著.—上海：上海教育出版社,2002(当代教师进修丛书)

7—5320—8078—1

课程评价论 / 李雁冰著.—上海：上海教育出版社,2002(当代教师进修丛书)

7—5320—8129—X

课程研究：现代与后现代 / 汪霞著.—上海：上海科技教育出版社,2003(海峡两岸课程与教学研究丛书)

7—5428—3309—X

课程资源概论 / 范兆雄著.—北京：中国社会科学出版社,2002(课程与学科教学丛书)

7—5004—3627—0

课程与教师 / (日)佐藤学著；钟启泉译.—北京：教育科学出版社,2003(世界课程与教学新理论文库)

7—5041—2467—2

课程与文化：一个后现代的检视 / 郝德永著.—北京：教育科学出版社,2002

7—5041—2363—3

中小学教师视野中的基础教育课程改革：《基础教育课程改革纲要(试行)》学习导引 / 陈旭远主编.—长春：东北师范大学出版社,2002(基础教育课程改革通识培训教材)

7—5602—2972—7

世界课程改革趋势研究 / 钟启泉,张华主编.—北京：北京师范大学出版社,2001

7—303—05868—0

教材论 / 曾天山著.—南昌：江西教育出版社,1997(教学论丛书)

7—5392—2695—1

教学手段论 / 张良田著.—长沙：湖南教育出版社,1999(教学论丛书)

7—5355—3051—6

现代教学设计论 / 盛群力,李志强编著.—杭州：浙江教育出版社,1998(教育改革的理论与实践丛书)

7—5338—3281—7

有效教学方法 / (美)加里.D.鲍里奇著；易东平译.—南京：江苏教育出版社,2002(教育科学精品教材译丛)

7—5343—5220—7

现代教学设计纲要 / 孙可平著.—西安：陕西人民教育出版社,1998(面向21世纪教育科学纲要丛书)

7—5419—7396—3

新课程下的教师教学技能与培训 / 郭友主编.—北京：首都师范大学出版社,2004

7—81064—429—7

教学设计的理论和方法 / 麦曦主编.—广州：新世纪出版社,1996

7—5405—1253—9

教育方法与艺术全书 / 高长梅,白昆荣主编.—北京:中国物资出版社,1998

7—5047—1437—2

案例教学 / 孙军业著.—天津:天津教育出版社,2004(全球教育发展新路向丛书)

7—5309—3849—5

案例教学法:理论与实务 / 张民杰著.—兰州:甘肃文化出版社,2005(学校高绩效教学与管理丛书新课程最优化教学模式与方法)

7—80714—158—1

批判反思型教师 ABC / (美)Stephen D. Brookfield 著;张伟译.—北京:中国轻工业出版社,2002

7—5019—3441—X

教学语用学 / 戈玲玲著.—长沙:国防科技大学出版社,2002

7—81024—873—1

教育组织范式论 / 张新平著.—南京:江苏教育出版社,2001(当代教育理论新丛书)

7—5343—4323—2

课堂教学与学习成效评价 / 唐晓杰等编著.—南宁:广西教育出版社,2000(教师继续教育系列教材)

7—5435—3014—7

元认知与学习策略 / 杜晓新,冯震著.—北京:人民教育出版社,1999(教学策略丛书)

7—107—12827—2

探究学习与课堂教学 / 刘儒德主编.—北京:人民教育出版社,2005(教学心理学丛书)

7—107—18546—2

全面课堂管理:创建一个共同的班集体 / (美)Vernon F. Jones, Louise S. Jones 著;方彤等译.—北京:中国轻工业出版社,2002(教育教学管理系列)

7—5019—3730—3

课堂教学社会学 / 吴康宁等著.—南京:南京师范大学出版社,1999(教育社会学丛书)

7—81047—148—1

自主课堂:积极的课堂环境的作用 / (美)Dale Scott Ridley, Bill Walther 著;沈湘秦译.—北京:中国轻工业出版社,2001(课堂教学心理系列)

7—5019—3287—5

美式课堂:品质教育学校方略 / (美)托马斯·里克纳著;刘冰,董晓航,邓海平译.—海口:海南出版社,2001(美国教育部推荐读物)

7—80645—954—5

教学设计:心理学的理论与技术 / 皮连生主编.—北京:高等教育出版社,2000(面向21世纪课程教材)

7—04—008553—4

微格教学理论与实践研究 / 孙立仁主编;北京教育学院组编.—北京:科学出版社,1997(微格教学教程系列)

7—03—005981—6

课堂教学临床指导:教学行为的分析与指导 / 柳夕浪著.—2版.—北京:人民教育出版社,1998

7—107—16667—0

教学理论:课堂教学的原理,策略与研究 / 施良方,崔允漷主编.—上海:华东师范大学出版社,1999

7—5617—2007—6

微格教学与微格教研 / 荣静娴,钱舍编著.—上海:华东师范大学出版社,2000

7—5617—2200—1

课堂教学论 / 袁金华主编.—南京:江苏教育出版社,1996

7—5343—2877—2

班级管理学 ∕ 郭毅主编．—北京：人民教育出版社，2002

7—107—15156—8

课堂教学理论读本 ∕ 谈振华主编．—北京：社会科学文献出版社，2000

7—80149—390—7

课堂教学技能 ∕ 张学敏主编．—重庆：西南师范大学出版社，2000

7—5621—2366—7

微格教学 ∕ 陈传锋主编．—广州：中山大学出版社，1999

7—306—01499—4

合作学习的理念与实施 ∕ 王坦著．—北京：中国人事出版社，2002

7—80139—831—9

教育实习 ∕ 许高厚主编．—北京：人民教育出版社，2001（全国初中教师教育教材系列）

7—107—14753—6

自主学习：学与教的原理和策略 ∕ 庞维国著．—上海：华东师范大学出版社，2003（创智学习）

7—5617—3292—9

自主学习 ∕ 靳玉乐主编．—成都：四川教育出版社，2005（新课程教学方式变革研究丛书）

7—5408—4147—8

研究性学习的理想与现实 ∕ 张华，李雁冰等著．—上海：上海科技教育出版社，2004（综合实践活动课程研究丛书）

7—5428—3670—6

研究性学习导论 ∕ 谢铁山，柳仲昌编著．—北京：中国致公出版社，2001

7—80096—791—3

考试管理的理论与技术 ∕ 梁其健，葛为民等著．—武汉：华中师范大学出版社，2002（新世纪考试科学丛书）

7—5622—2550—8

现代测量理论在考试中的应用 ∕ 漆书青著．—武汉：华中师范大学出版社，2003（新世纪考试科学丛书）

7—5622—2773—X

考试学原理 ∕ 廖平胜著．—武汉：华中师范大学出版社，2003（新世纪考试科学丛书）

7—5622—2785—3

中国考试改革研究 ∕ 杨学为著．—北京：北京大学出版社，2001

7—301—04940—4

比较教学论 ∕ 吴文侃主编．—北京：人民教育出版社，1996（比较教育丛书）

7—107—11281—3

教学艺术论 ∕ 李如密著．—济南：山东教育出版社，1995

7—5328—2197—8

魏书生教育教学艺术．1．课堂教学 ∕ 龚春燕等编著．—桂林：漓江出版社，2000

7—5407—2563—X

教会学生思维 ∕ 郅庭瑾著．—北京：教育科学出版社，2001（新世纪教师教育丛书）

7—5041—2205—X

学科教育学 ∕ 陶本一主编．—北京：人民教育出版社，2002（教育学研究丛书）

7—107—14773—0

学科教学论基础 ∕ 钟启泉编著．—上海：华东师范大学出版社，2001（学科教育展望丛书）

7—5617—2744—5

现代教育技术基础 ∕ 杜士珍主编．—武汉：华中师范大学出版社，2000

7—5622—2162—6

现代教育技术应用基础 / 许维新等主编. —北京: 科学出版社,2000

7—03—008641—4

教学媒体的理论与实践 / 李运林,徐福荫编著. —北京: 北京师范大学出版社,2003(面向 21 世纪课程教材·教育技术学专业主干课程系列教材)

7—303—06332—3

电视教材编导与制作 / 李运林,徐福荫主编. —2 版. —北京: 高等教育出版社,2004(高等学校教育技术系列教材)

7—04—015131—6

国外网络教育的研究与发展 / 武法提编译. —北京: 北京师范大学出版社,2003(当代教育与技术译丛)

7—303—06334—X

多媒体计算机辅助教学及 CAI 课件平台 / 朱万森,汪琼编著. —大连: 大连理工大学出版社,1996(多媒体计算机技术与应用普及丛书)

7—5611—1186—X

多媒体课件设计理论与实践 / 李振亭主编. —北京: 清华大学出版社、北京交通大学出版社,2005(高等学校计算机科学与技术教材)

7—81082—521—6

信息化教育概论 / 南国农主编;李艺等编. —北京: 高等教育出版社,2004(高等学校教育技术系列教材)

7—04—014642—8

计算机辅助教育 / 张琴珠编著. —北京: 高等教育出版社,2003(高等学校教育技术系列教材)

7—04—013284—2

信息技术与教学创新 / (美)诺顿,维贝格著;吴洪健,倪男奇译. —北京: 中国轻工业出版社,

2002(基础教育改革与发展译丛·信息技术与教育系列)

7—5019—3707—9

网络教育: 教学与认知发展新视角 / (美)Beverly Abbey 主编;丁兴富等译. —北京: 中国轻工业出版社,2003(基础教育改革与发展译丛·信息技术与教育系列)

7—5019—3806—7

信息技术教育: 概观与展望 / 张剑平主编. —北京: 高等教育出版社,2003(基础教育新课程教师教育系列教材)

7—04—012379—7

计算机辅助教学软件设计 / 傅德荣编著. —北京: 电子工业出版社,1995(计算机辅助教育丛书)

7—5053—3153—1

信息技术教育应用 / 陈琦,刘儒德编著. —北京: 人民邮电出版社,1997(计算机教育应用丛书)

7—115—06364—8

教学软件的设计与开发 / 薛理银,黄荣怀编著. —北京: 人民邮电出版社,1997(计算机教育应用丛书)

7—115—06363—X

多媒体课件设计基础 / 项国雄,周勤编著. —北京: 高等教育出版社,2000(教师继续教育系列教材;多媒体课件创作丛书)

7—04—008057—5

因特网教育资源利用 / 祝智庭主编. —北京: 高等教育出版社,2001(教师继续教育系列教材;网络教育应用丛书)

7—04—008671—9

网络教育应用 / 武法提编著. —北京: 高等教育出版社,2003(普通高等教育"十五"国家级规划教材)

7—04—013294—X

网络教育应用 / 王以宁主编;赵蔚等编.—北京：高等教育出版社,2003(普通高等教育十五国家级规划教材)

7—04—012323—1

现代教育技术基础 / 徐福萌,袁锐锷主编.—北京：人民教育出版社,2005(全国教育硕士专业学位推荐教材)

7—107—18522—5

多媒体 CAI 及网络化远程教学技术 / 周恕义等编著.—北京：中国水利水电出版社,2001(万水电脑动画与多媒体技术系列)

7—5084—0680—X

网络环境下的教与学：网络教学模式论 / 马颖峰著.—北京：科学出版社,2005(现代教育技术研究丛书)

7—03—016361—3

网络教育应用 / 祝智庭,王陆编著.—2 版.—北京：北京师范大学出版社,2004(新世纪高等学校教材;面向 21 世纪课程教材;教育技术学专业主干课程系列教材)

7—303—05732—3

网络传播与现代教育 / 丁俊杰主编.—北京：北京广播学院出版社,2001(新世纪网络传播发展论丛)

7—81004—971—2

主题学习设计：信息技术与课程整合的实用模式 / 顾小清著.—北京：教育科学出版社,2005(信息化教育丛书)

7—5041—3227—6

计算机辅助教学 / 师书恩主编;孟月萍等编著.—北京：高等教育出版社,2001(中学教师进修高等师范本科(专科起点)教材计算机公共课与专业课教材)

7—04—010034—7

多媒体与网络课件：设计原理·制作技术 /

张小真主编.—2 版.—重庆：西南师范大学出版社,2005

7—5621—2436—1

网络课程的开发与应用 / 谢幼如,柯清超编著.—北京：电子工业出版社,2005

7—121—01322—3

计算机辅助教学原理与课件设计 / 项国雄编著.—成都：电子科技大学出版社,1997

7—81043—760—7

现代教育信息技术 / 王西靖主编.—北京：高等教育出版社,2000

7—04—008056—7

多媒体技术及其教育应用 / 傅德荣编著.—北京：高等教育出版社,2003

7—04—013737—2

多媒体教学优化设计 / 李学农,丁彦青,温玲主编.—广州：广东高等教育出版社,1996

7—5361—1898—8

多媒体课件设计原理与制作基础 / 李康,梁斌,蔡兴勇编著.—广州：暨南大学出版社,2001

7—81029—778—3

虚拟实验原理与教学应用 / 单美贤,李艺著.—北京：教育科学出版社,2005

7—5041—2750—7

信息技术与课程整合的理论与方法 / 张筱兰编著.—北京：民族出版社,2004

7—105—06417—X

计算机辅助教学基础教程 / 林士敏主编.—上海：浦东电子出版社,2001

7—900335—44—7

网络教育标准与技术 / 杨宗凯,吴砥,刘清堂编著.—北京：清华大学出版社,2003

7—302—07325—2

网络课程的设计与实践 / 唐清安,韩平,程永敏等编著. —北京:人民邮电出版社,2003

7—115—11716—0

网络教育基础 / 程智编著. —北京:人民邮电出版社,2002

7—115—10607—X

计算机多媒体辅助教学及其软件设计 / 王治文编著. —杭州:浙江科学技术出版社,2000

7—5341—1376—8

计算机支持的协作学习:理论与方法 / 黄荣怀著. —北京:人民教育出版社,2003

7—107—17256—5

计算机与教育 / 张际平,张琴珠主编. —北京:电子工业出版社,1997

7—5053—4486—2

多媒体技术教学应用 / 李克东等编著. —北京:电子工业出版社,1996(计算机辅助教育丛书)

7—5053—3157—4

教育现代化的必由之路:南国农电化教育论文集 / 南国农著. —北京:高等教育出版社,2000

7—04—009035—X

学与教的历史轨迹:20 世纪的教育心理学 / 张卿著. —济南:山东教育出版社,1995(20 世纪教育回顾与前瞻丛书)

7—5328—2142—0

放射智慧之光:布鲁纳的认知与教育心理学 / 张爱卿著. —武汉:湖北教育出版社,2000(20 世纪西方心理学大师述评)

7—5351—2650—2

现代教育心理学 / 冯维主编. —重庆:西南师范大学出版社,2005(21 世纪心理学丛书)

7—5621—2786—7

心理学理论与教育 / 文萍主编. —桂林:广西师范大学出版社,1999(21 世纪园丁工程丛书)

7—5633—2916—1

点击学生的创新思维 / 李向成,任强著. —北京:中国社会科学出版社,2002(创新思维丛书)

7—5004—3548—7

挫折教育论 / 李海洲,边和平著. —南京:江苏教育出版社,1995(当代教育新理论丛书)

7—5343—2452—1

学习的条件和教学论 / (美)R. M. 加涅著;皮连生等译. —上海:华东师范大学出版社,1999(当代心理科学名著译丛)

7—5617—2147—1

非智力因素及其培养 / 阴国恩,李洪玉,李幼穗编著. —杭州:浙江人民出版社,1996(当代智力心理学丛书)

7—213—01310—6

道德发展心理学 / 陈会昌著. —合肥:安徽教育出版社,2004(儿童心理与行为研究书系)

7—5336—3676—7

学习心理与教学 / 卢家楣主编. —上海:上海教育出版社,2000(高等师范院校教育科学丛书)

7—5320—6508—1

高等教育心理学 / 姚本先主编. —2 版. —合肥:合肥工业大学出版社,2005(高等学校教师岗前培训教材)

7—81093—302—7

高等教育心理学 / 谭顶良主编. —南京:河海大学出版社,2002(高等学校教师培训丛书)

7—5630—1775—5

教育心理学概论 / 郭德俊,雷雳编著. —北京:警官教育出版社,1998(教育心理学丛书)

7—81027—962—9

生命的畅想:生命教育视阈拓展 / 王北生等

著.—北京：中国社会科学出版社,2004(生命教育丛书)

7—5004—4991—7

个别心理辅导 / 姚鑫山编著.—上海：上海教育出版社,2000(现代学校心理辅导丛书)

7—5320—7121—9

学校心理辅导 / 刘华山主编.—合肥：安徽人民出版社,1998(心理学丛书)

7—212—01485—0

现代教育心理学 / 张爱卿著.—合肥：安徽人民出版社,2001(心理学丛书)

7—212—01914—3

学校心理学 / 林崇德,辛涛,邹泓著.—北京：人民教育出版社,2000(应用心理学书系)

7—107—13878—2

学校心理辅导实用教程 / 贾晓波,陈世平主编.—天津：天津教育出版社,2002(育心之路：学校心理辅导丛书)

7—5309—3429—5

职业教育心理学 / 刘德恩等著.—上海：华东师范大学出版社,2001(职业教育丛书)

7—5617—2534—5

高等学校教育心理学 / 刘兆吉主编;国家教育委员会人事司组织编写.—北京：北京师范大学出版社,1995(中国高等教育管理研究丛书)

7—303—04126—5

学校心育系统协同构建的理论与实践 / 郑和钧著.—长沙：湖南师范大学出版社,2000(中小学心理教育丛书)

7—81031—930—2

中小学心理教育基本原理 / 莫雷等编著.—广州：暨南大学出版社,1997(中小学心理教育丛书)

7—81029—608—6

高等教育心理学 / 伍新春主编;教育部人事司组编.—2 版修订本.—北京：高等教育出版社,1999

7—04—007737—X

学与教的心理学 / 皮连生主编.—2 版修订本.—上海：华东师范大学出版社,1997

7—5617—0621—9

儿童发展与教育心理学 / 伍新春主编;王大顺等编写.—北京：高等教育出版社,2004

7—04—014338—0

当代认知心理学在教学中的应用：如何教学生学会学习和思维 / 张庆林主编.—重庆：西南师范大学出版社,1995

7—5621—1468—4

教育心理十题：我对某些教育心理问题的基本理念 / 燕国材著.—北京：中国建材工业出版社,2001

7—80159—112—7

学校心理学：心理辅导与咨询 / 徐光兴著.—上海：华东师范大学出版社,2000

7—5617—2229—X

学校心理学：学生心理教育评估与干预 / 刘翔平著.—北京：世界图书出版公司,1996

7—5062—2940—4

学习与发展：中小学生心理能力发展与培养 / 林崇德著.—北京：北京师范大学出版社,1999

7—303—04443—4

学校教育心理学 / 路海东主编.—长春：东北师范大学出版社,2000

7—5602—2656—6

心理教育论 / 张守臣编.—北京：高等教育出版社,2002

7—04—010518—7

现代心理教育 / 卢秀安主编. —广州：广东高等教育出版社,2002

7—5361—2662—X

现代教育心理学 / 丁家永编著. —广州：广东高等教育出版社,2004

7—5361—2947—5

学校心理教育 / 陈家麟著. —北京：教育科学出版社,1995

7—5041—1469—3

学校心理教育研究 / 肖汉仕著. —北京：科学出版社,2000

7—03—008166—8

听力残疾儿童心理与教育 / 张宁生主编. —大连：辽宁师范大学出版社,2002

7—81042—608—7

中学教育心理学 / 徐胜三主编. —北京：人民教育出版社,2001

7—107—10947—2

高等教育心理学 / 张文新主编. —济南：山东人民出版社,2004

7—209—03495—1

学校心理辅导研究 / 吴增强,沈之菲主编. —上海：上海科学技术文献出版社,2000

7—5439—1595—2

教育心理学新编 / 李小融编著. —成都：四川教育出版社,2005

7—5408—4036—6

教育与心理研究方法 / 刘电芝主编. —重庆：西南师范大学出版社,1997

7—5621—1789—6

道德学习论 / 王健敏著. —杭州：浙江教育出版社,2002

7—5338—4614—1

西方教育心理学发展史 / 高觉敷,叶浩生主编. —福州：福建教育出版社,1996

7—5334—2063—2

激发学习动机 / （美）J. 布罗菲著；陆怡如译. —上海：华东师范大学出版社,2005（创智学习基础教育改革丛书）

7—5617—4222—3

教学设计原理 / （美）R. M. 加涅等著；皮连生,庞维国等译. —上海：华东师范大学出版社,1999（当代心理科学名著译丛）

7—5617—2150—1

教学心理学 / 张大均主编. —重庆：西南师范大学出版社,1997（教学论博士点学科建设丛书）

7—5621—1815—9

课堂教学监控 / 张向葵,吴晓义主编. —北京：人民教育出版社,2004（教学心理学丛书）

7—107—17411—8

教与学的策略 / 张大均主编. —北京：人民教育出版社,2003（教学心理学丛书）

7—107—16447—3

教学心理学新视点 / 张大均,王映学主编. —北京：人民教育出版社,2005（教学心理学丛书）

7—107—18517—9

学习动机的激发策略：提高学生的学习兴趣 / （美）Barbara L. McCombs, James E. Pope 著；伍新春,秦宪刚,张洁译. —北京：中国轻工业出版社,2002（万千教育基础教育改革与发展译丛·课堂教学心理系列）

7—5019—3703—6

学习障碍的消除策略：促进学生成功、高效地学习 / （美）Martin V. Covington, Karen Manheim Teel 著；伍新春等译. —北京：中国轻工业出版社,2002（万千教育基础教育改革与发展译丛·课堂教学心理系列）

7—5019—3704—4

课堂教学心理学 / 李蔚,祖晶著.—北京：中国科学技术出版社,1999(现代教师素养丛书)

7—5046—2582—5

师生互动论：课堂师生互动的心理学研究 / 佐斌著.—武汉：华中师范大学出版社,2002(心理学研究系列)

7—5622—2602—4

认知教学心理学 / 吴庆麟等编著.—上海：上海科学技术出版社,2000

7—5323—5537—3

教学心理学原理 / 骆伯巍著.—杭州：浙江大学出版社,1996

7—308—01841—5

学习环境的理论基础 / （美）戴维.H.乔纳森主编；郑太年,任友群译.—上海：华东师范大学出版社,2002(21 世纪人类学习的革命译丛)

7—5617—3043—8

学习风格论 / 谭顶良著.—南京：江苏教育出版社,1995(当代教育新理论丛书)

7—5343—2568—4

学习理论 / 张奇著.—武汉：湖北教育出版社,1999(当代学习心理学丛书)

7—5351—2339—2

学习规律 / 姚梅林著.—武汉：湖北教育出版社,1999(当代学习心理学丛书)

7—5351—2405—4

学习动力 / 李洪玉,何一粟著.—武汉：湖北教育出版社,1999(当代学习心理学丛书)

7—5351—2406—2

问题解决与知识建构 / 辛自强著.—北京：教育科学出版社,2005(教育博士文库)

7—5041—3061—3

现代认知学习心理学：打开有效学习之门的

钥匙 / 皮连生等编著.—北京：警官教育出版社,1998(教育心理学丛书)

7—81027—976—9

大学生学习心理 / 陶国富,王祥兴主编.—上海：华东理工大学出版社,2003(新世纪大学生心理研究)

7—5628—1407—4

学习行为障碍的诊断与辅导 / 金洪源著.—上海：上海教育出版社,2005(学科教学论新体系)

7—5320—9580—0

学习论 / 施良方著.—2 版.—北京：人民教育出版社,2001

978—7—107—13951—2

内隐学习 / 郭秀艳著.—上海：华东师范大学出版社,2003

7—5617—3509—X

智力因素与学习 / 燕国材著.—北京：教育科学出版社,2002

7—5041—2354—4

科学学习与教学心理学基础 / 王磊等著.—西安：陕西师范大学出版社,2002

7—5613—2507—X

学习心理学 / 李维著.—成都：四川人民出版社,2000

7—220—05037—2

步入信息时代的学习理论与实践 / 桑新民,张倩苇著.—北京：中央广播电视大学出版社,2000

7—304—01997—2

学习的革命：通向 21 世纪的个人护照 / （美）珍妮特·沃斯,(新西兰)戈登·德莱顿著；顾瑞荣等译.—2 版.—上海：上海三联书店,1998

7—5426—1204—2

教学勇气：漫步教师心灵 / （美）帕克·帕尔

默著;吴国珍,余巍等译.—上海：华东师范大学出版社,2005（大夏书系·教师教育精品译丛）

7—5617—4409—9

教师问题心理与行为研究 / 刘启珍,明庆华著.—成都：四川教育出版社,1999（中国教育热点难点研究丛书）

7—5408—3332—7

心理健康教育与教师心理素质 / 贾晓波主编；教育部中小学教师综合素质培训专家指导委员会编.—北京：中国和平出版社,2000

7—80154—242—8

新课程与教师心理素质 / 刘晓明,王丽荣编著.—长春：东北师范大学出版社,2004

7—5602—3867—X

现代教师心理素质 / 唐迅主编.—广州：广东高等教育出版社,2000

7—5361—2467—8

教师心理学 / 高明书著.—北京：人民教育出版社,1999

7—107—12963—5

教师心理健康研究 / 方方主编.—北京：人民教育出版社,2003

7—107—16536—4

教师压力管理 / 姚立新著.—杭州：浙江大学出版社,2005

7—308—04406—8

生涯心理辅导 / 沈之菲编著.—上海：上海教育出版社,2000（现代学校心理辅导丛书）

7—5320—7156—1

班级心理辅导 / 吴增强,沈之菲等编著.—上海：上海教育出版社,2001（现代学校心理辅导丛书）

7—5320—7568—0

学校心理素质教育概论 / 张大均主编.—重庆：西南师范大学出版社,2004（学校心理健康教育新视角研究丛书）

7—5621—3266—6

班集体建设与学生个性发展 / 龚浩然,黄秀兰著.—广州：广东教育出版社,1999

7—5406—4201—7

差生心理与教育 / 钟启泉编著.—上海：上海教育出版社,2003

7—5320—3600—6

当代大学生心理解读 / 李进宏主编.—武汉：武汉理工大学出版社,2003（素质教育系列丛书）

7—5629—1948—8

高等教育心理学 / 湖南省教育厅组编.—长沙：湖南大学出版社,2005

7—81053—971—X

语文教育心理学：语文教育科学性、艺术性探索 / 钟为永著.—北京：警官教育出版社,1998（教育心理学丛书）

7—81027—967—X

英语教育心理学 / 章兼中,俞红珍著.—北京：警官教育出版社,1998（教育心理学丛书）

7—81027—975—0

作文心理学 / 刘淼著.—北京：高等教育出版社,2001（面向21世纪课程教材）

7—04—009519—X

中学语文教学心理学 / 申继亮等著.—北京：北京教育出版社,2001（全国中小学教师继续教育教材）

7—5303—2062—9

物理教育心理学 / 乔际平,邢红军著.—南宁：广西教育出版社,2002（学科教育心理学丛书）

7—5435—3461—4

数学教育心理学 / 喻平著. —南宁：广西教育出版社,2004(学科教育心理学丛书)

7—5435—3882—2

语文教育的心理学原理 / 韩雪屏著. —上海：上海教育出版社,2001(语文教育新论)

7—5320—7425—0

中学数学教学心理学 / 章建跃,朱文芳著. —北京：北京教育出版社,2001(中小学学科教学心理学书系)

7—5303—2054—8

英语教学心理学 / 李庆安等著. —北京：北京教育出版社,2001(中小学学科教学心理学书系)

7—5303—2019—X

中学语文教育心理研究 / 周庆元著. —长沙：湖南师范大学出版社,1999(中学教师继续教育丛书)

7—81031—759—8

中学英语教学心理研究 / 贾冠杰,马寅初,姜宁编著. —长沙：湖南师范大学出版社,1999(中学教师继续教育丛书)

7—81031—766—0

中学数学教育心理研究 / 王子兴,宋秉信,昌国良著. —长沙：湖南师范大学出版社,1999(中学教师继续教育丛书)

7—81031—768—7

生物学教育心理学 / 胡继飞,郑晓蕙主编;卢建筠等编著. —广州：广东高等教育出版社,2002

7—5361—2663—8

中国大学生英语学习社会心理：学习动机与自我认同研究 / 高一虹等著. —北京：外语教学与研究出版社,2004

7—5600—3535—3

外语阅读教学与心理学 / 陈贤纯著. —北京：北京语言文化大学出版社,1998

7—5619—0619—6

PME：数学教育心理 / 李士锜编著. —上海：华东师范大学出版社,2001

7—5617—2487—X

小学语文教学心理学导论 / 朱作仁,祝新华编著. —上海：上海教育出版社,2001

7—5320—7119—7

音乐学习与教学心理 / 曹理,何工著. —上海：上海音乐出版社,2000

7—80553—800—X

外语学习情感障碍研究 / 文卫平,朱玉明著. —西安：西北大学出版社,1998

7—5604—1277—7

语文教学心理研究 / 马笑霞著. —杭州：浙江大学出版社,2001

7—308—02867—4

心理教育概论 / 王希永,瑞博主编. —北京：开明出版社,2000

7—80133—440—X

教育测量学 / 张敏强著. —北京：人民教育出版社,1997(教育科学分支学科丛书)

7—107—12206—1

学校心理测量学 / 顾海根编著. —南宁：广西教育出版社,1999

7—5435—2781—2

现代教育与心理测量学原理 / 漆书青,戴海崎,丁树良编著. —南昌：江西教育出版社,1998

7—5392—3193—9

现代教育评价基础 / 吴钢著. —上海：学林出版社,1996

7—80616—185—6

简明国际教育百科全书教育测量与评价 / 赵

世诚编. —北京：教育科学出版社,1999

7—5041—0781—6

教学评价论 / 范晓玲著. —长沙：湖南教育出版社,1999(教学论丛书)

7—5355—3048—6

有效的学生评价 / (美)Ellen Weber著；国家基础教育课程改革"促进教师发展与学生成长的评价研究"项目组译. —北京：中国轻工业出版社,2003(新课程与教育评价改革译丛)

7—5019—3771—0

发展性教育评价制度的理论与实践研究 / 蒋建洲编著. —长沙：湖南师范大学出版社,2000

7—81031—987—6

教育职场：教师的道德成长 / 朱小蔓编著. —北京：教育科学出版社,2004(研训一体教师成长丛书)

7—5041—3080—X

现代教师论 / 陈永明主编. —上海：上海教育出版社,1999(当代教师进修丛书)

7—5320—6161—2

教师专业发展评价 / (美)Thomas R. Guskey著；方乐，张英等译. —北京：中国轻工业出版社,2005(教师专业发展策略译丛)

7—5019—4714—7

现代教师学概论 / 于漪主编. —上海：上海教育出版社,2001(全国中小学教师继续教育丛书)

7—5320—7494—3

走近教师的生活世界：教师个人实践理论的叙事探究 / 鞠玉翠著. —上海：复旦大学出版社,2004(上海市社会科学博士文库)

7—309—04233—6

教师角色与教师发展新探 / 叶澜等著. —北京：教育科学出版社,2001(世纪之交中国基础教育改革研究丛书)

7—5041—2134—7

班主任工作 / 魏书生著. —沈阳：沈阳出版社,2000(魏书生教育文库)

7—5441—1372—8

教师素质论纲 / 林崇德，申继亮，辛涛主编. —北京：华艺出版社,1999(新世纪教师教育系列丛书；"新世纪中小学教师继续教育工程"书系)

7—80142—106—X

教师成为研究者 / 郑慧琦，胡兴宏主编. —上海：上海教育出版社,2004(学校教育科研丛书)

7—5320—9598—3

教师自主发展论究：教学研同期互动的教职生涯研 / 金美福著. —北京：教育科学出版社,2005(研训一体教师成长丛书)

7—5041—3180—6

追求卓越：教师专业发展案例研究 / 徐碧美著；陈静，李忠如译. —北京：人民教育出版社,2003

7—107—17218—2

现代教师学导：教师专业发展指导 / 钟祖荣主编. —北京：中央广播电视大学出版社,2001

7—304—02216—7

教师的科学思维 / 耿向东主编. —北京：国防大学出版社,2000

7—5626—1007—X

班主任学 / 谭保斌编著. —长沙：湖南师范大学出版社,1998

7—81031—675—3

班主任新思维 / 陈震主编. —南京：南京师范大学出版社,2000

7—81047—556—8

智慧型教师素质探新 / 刁培萼，吴也显等著. —北京：教育科学出版社,2005(教育智慧与智

慧型教师研究丛书）

　　7—5041—3079—6

　　教师评价：绩效管理与专业发展 / 王斌华编著.—上海：上海教育出版社,2005

　　7—5444—0408—0

　　发展性教师评价制度 / 王斌华著.—上海：华东师范大学出版社,1998

　　7—5617—1861—6

　　教师职业生涯周期：教师专业发展指导 / （美）Ralph Fessler,Judith C. Christensen 著;董丽敏,高耀明等译.—北京：中国轻工业出版社,2005（教师专业发展策略译丛）

　　7—5019—4666—3

　　专业化：挑战 21 世纪的教师 / 刘捷著.—北京：教育科学出版社,2002

　　7—5041—2324—2

　　新世纪教师教育的专业化走向 / 朱小蔓,笪佐领主编.—南京：南京师范大学出版社,2003

　　7—81047—910—5

　　教师专业发展与培训 / 吴卫东著.—杭州：浙江大学出版社,2005

　　7—308—04331—2

　　教师职业道德教育指南 / 傅维利主编.—北京：高等教育出版社,2002（面向 21 世纪课程教材）

　　7—04—011471—2

　　新世纪教师职业道德修养 / 连秀云主编.—北京：教育科学出版社,2002（全国中小学教师继续教育专业课教材）

　　7—5041—2254—8

　　教师人格论：高素质教师研究的新视角 / 王荣德著.—北京：科学出版社,2001

　　7—03—009408—5

　　教师伦理学专题：教育伦理范畴研究 / 檀传宝著.—北京：北京师范大学出版社,2000

　　7—303—05234—8

　　教师行为研究 / 唐松林著.—长沙：湖南师范大学出版社,2002

　　7—81081—179—7

　　素质教育下的教师道德 / 龚乐进著.—北京：人民教育出版社,2001

　　7—107—14601—7

　　教师素质论 / 鞠献利著.—济南：山东教育出版社,1999

　　7—5328—2933—2

　　张伯苓教育论著选 / 崔国良编.—北京：人民教育出版社,1997（中国近代教育论著丛书）

　　7—107—12032—8

　　我的教育探索：顾明元教育论文选 / 顾明远著.—北京：教育科学出版社,1998

　　7—5041—1835—4

　　师生沟通的艺术 / 唐思群,屠荣生编著.—北京：教育科学出版社,2001（新世纪教师教育丛书）

　　7—5041—2133—9

　　家校合作 / 马忠虎编著.—北京：教育科学出版社,1999（基础教育新概念）

　　7—5041—1855—9

　　现代教育管理论 / 黄志成,程晋宽著.—上海：上海教育出版社,2001（当代教师进修丛书）

　　7—5320—6155—8

　　教育管理学：概念与原理 / 黄崴著.—广州：广东高等教育出版社,2002（当代教育管理论丛）

　　7—5361—2866—5

　　教育行政新论 / 陈永明著.—上海：华东师范大学出版社,2003（公共管理硕士（MPA）教育行政管理系列教材）

7—5617—3199—X

定量分析与评价方法 / 王钢编著.—上海：华东师范大学出版社,2003（公共管理硕士（MPA）教育行政管理系列教材）

7—5617—3411—5

教育管理决策新论：教育组织决策机制的系统分析 / 孟繁华著.—北京：教育科学出版社,2002（教育博士文库）

7—5041—2272—6

教育行政学 / 吴志宏著.—北京：人民教育出版社,2000（教育科学分支学科丛书）

7—107—13438—8

现代教育管理学引论 / 安文铸著.—北京：北京师范大学出版社,1995（教育学科体系的建设与发展研究系列丛书）

7—303—03926—0

当代西方教育管理模式 / （英）托尼·布什著;强海燕主译.—南京：南京师范大学出版社,1998

7—81047—216—X

教育管理原理 / 孙绵涛主编.—广州：广东高等教育出版社,1999

7—5361—2371—X

比较教育管理 / 钟海青,陈时见主编.—南宁：广西教育出版社,2001

7—5435—3348—0

现代教育管理专题 / 邬志辉主编.—北京：中央广播电视大学出版社,2004

7—304—02925—0

现代教育督导引论 / 黄崴著.—广州：广东高等教育出版社,1998

7—5361—2183—0

沟通与分享：中西教育管理领衔学者世纪汇

谈 / 冯大鸣主编.—上海：上海教育出版社,2002

7—5320—0584—4

教育财务与成本管理 / 范先佐主编.—上海：华东师范大学出版社,2004（学校管理新视野丛书）

7—5617—3611—8

教育投资经济分析 / 岜景州著.—北京：中国人民大学出版社,1996

7—300—02155—7

教育成本分析 / 教育部财务司组编;蒋鸣和编著.—北京：高等教育出版社,2000（教育经济培训网络系列教材）

7—04—007094—4

教育筹资 / 陈国良主编.—北京：高等教育出版社,2000（教育经济培训网络系列教材）

7—04—008541—0

教育成本计量探讨 / 袁连生著.—北京：北京师范大学出版社,2000（教育经济研究丛书.第一辑）

7—303—05421—9

学校管理新视野 / 程振响,刘五驹著.—南京：南京师范大学出版社,2001（21世纪校长继续教育文库）

7—81047—586—X

班级管理论 / 钟启泉著.—上海：上海教育出版社,2001（当代教师进修丛书）

7—5320—7298—3

学校管理的理论与实务 / 范国睿著.—上海：华东师范大学出版社,2003（公共管理硕士（MPA）教育行政管理系列教材）

7—5617—3202—3

潜在课程论 / 靳玉乐著.—南昌：江西教育出版社,1996（教学论丛书）

7—5392—1949—1

学校效能与校本管理：一种发展的机制 / 郑燕祥著；陈国萍译. —上海：上海教育出版社,2002（教育管理前沿译丛；华东师范大学教育经济与管理博士点文库）

7—5320—8332—2

学校文化管理 / 陈玉琨主编. —北京：教育科学出版社,2004（全国中学骨干校长高级研究班文库）

7—5041—2900—3

多元与融合：多维视野中的学校发展 / 范国睿主编. —北京：教育科学出版社,2002（新世纪教育管理与学校发展丛书）

7—5041—2294—7

学校管理体系与 ISO9000 标准：江阴高中实验学校应用 ISO9000 实例 / 赵中建,顾吉祥,于家太著. —上海：华东师范大学出版社,2003（学校管理新视野丛书）

7—5617—3557—X

学校管理学 / 江月孙,赵敏主编. —2 版. —广州：广东高等教育出版社,2000

7—5361—2448—1

学校管理理论与实践 / 吴志宏主编. —北京：北京师范大学出版社,2002

7—303—06079—0

学校管理心理学 / 熊川武著. —上海：华东师范大学出版社,1996

7—5617—1561—7

教育管理心理学 / 丁志强主编. —沈阳：辽宁大学出版社,2000

7—5610—4003—2

现代学校管理学 / 阎德明主编. —北京：人民教育出版社,1999

7—107—13177—X

学校管理学 / 葛金国主编. —合肥：中国科学

技术大学出版社,1996

7—312—00775—9

学校管理心理学 / 程正方主编. —北京：中央广播电视大学出版社,2000

7—304—01945—X

班级社会生态环境研究 / 江光荣著. —武汉：华中师范大学出版社,2002（心理学研究系列）

7—5622—2554—0

学校资产管理 / 陈谦余主编. —北京：高等教育出版社,2000（教育经济培训网络系列教材）

7—04—008519—4

健康教育：世纪的呼唤：中外学校健康教育比较 / 王建平著. —北京：中国青年出版社,2001（21世纪教育新视点丛书）

7—5006—4387—X

自尊的心理发展与教育 / 魏运华著. —北京：北京师范大学出版社,2004（心理发展与促进丛书）

7—303—07088—5

性教育学 / 田书义,蔺桂瑞,刘晓晴主编. —北京：首都师范大学出版社,1998（性健康教育系列图书）

7—81039—925—X

学校健康教育学 / 李祥,吴纪饶主编. —北京：高等教育出版社,2001（中学教师进修高等师范本科(专科起点)教材；体育教育专业教材）

7—04—009481—9

有效学校健康促进模式：理论基础与操作技术 / 尚大光主编. —北京：北京体育大学出版社,2001

7—81051—613—2

学校心理卫生学 / 李丹编著. —南宁：广西教育出版社,1999

7—5435—2777—4

学校心理健康教育：原理与操作／陈家麟著.—北京：教育科学出版社,2002

7—5041—2219—X

现代学校心理健康教育研究／叶一舵著.—北京：开明出版社,2003

7—80133—789—1

教学实验室导论／张永兵,柳中海主编.—济南：山东教育出版社,2002

7—5328—3572—3

中国教育的文化基础／顾明远著.—太原：山西教育出版社,2004

7—5440—2802—X

学会生存：教育世界的今天和明天／联合国教科文组织国际教育发展委员会编著；华东师范大学比较教育研究所译.—北京：教育科学出版社,1996（联合国教科文组织教育丛书）

7—5041—1609—2

全球教育发展的研究热点：90 年代来自联合国教科文组织的报告／赵中建选编.—北京：教育科学出版社,1999（联合国教科文组织教育丛书）

7—5041—2014—6

世界教育艺术大观：透视教育的第三只眼／贺雄飞等主编.—呼和浩特：远方出版社,1996

7—80595—257—4

国际教育新理念／顾明远,孟繁华主编.—海口：海南出版社,2001

7—5443—0267—9

走进美国教育／王定华著.—北京：人民教育出版社,2004

7—107—17394—4

教育政策学／袁振国主编.—南京：江苏教育出版社,2001（当代教育新理论丛书）

7—5343—3966—9

教育政策与教育法规／吴志宏,陈韶峰,汤林春著.—上海：华东师范大学出版社,2003（公共管理硕士 MPA 教育行政管理系列教材）

7—5617—3410—7

教育的公正与利益：中外教育经济政策研究／孙霄兵,孟庆瑜编著.—上海：华东师范大学出版社,2005

7—5617—4018—2

当代国际教育发展／冯增俊主编；柯森等编写.—上海：华东师范大学出版社,2002（21 世纪高等师范教育教材）

7—5617—3060—8

世界教育发展的基本特点和规律／周满生主编.—北京：人民教育出版社,2003（比较教育论丛）

7—107—15367—6

世界教育危机／（美）菲利普·库姆斯著；赵宝恒,李环等译.—2 版.—北京：人民教育出版社,2001（比较教育译丛）

7—107—13949—5

世界教育发展趋势／李济英著.—北京：北京大学出版社,1999（地市教师进修丛书）

7—301—04149—7

教育改革：从启动到成果／（加）Benjamin Levin 著；项贤明,洪成文译.—北京：教育科学出版社,2004（教育政策译丛）

7—5041—2697—7

学习的快乐：走向对话／（日）佐藤学著；钟启泉译.—北京：教育科学出版社,2004（世界课程与教学新理论文库）

7—5041—3095—8

教育变革新意义／（加）迈克尔·富兰著；赵中建,陈霞,李敏译.—北京：教育科学出版社,2005

7—5041—3185—7

变革的力量：透视教育改革／（加）迈克尔·富兰著；中央教育科学研究所,加拿大多伦多国际学院译.—北京：教育科学出版社,2000

7—5041—2092—8

变革的力量：深度变革／（加）迈克尔·富兰著；中央教育科学研究所,加拿大多伦多国际学院译.—北京：教育科学出版社,2004

7—5041—2924—0

当代外国教育：教育改革的浪潮与趋势／王桂主编.—北京：人民教育出版社,1995

7—107—11212—0

当代外国教育改革著名文献,英国卷.第二册／吕达,周满生主编.—北京：人民教育出版社,2004

7—107—17379—0

教育与国家形成：英、法、美教育体系起源之比较／（英）安迪·格林著；王春华等译.—北京：教育科学出版社,2004（教育与国家发展译丛）

7—5041—2689—6

义务教育投资国际比较／高如峰主编.—北京：人民教育出版社,2003（比较教育论丛）

7—107—15370—6

全球教育发展的历史轨迹：国际教育大会60年建议书：1934—1996／赵中建主译.—北京：教育科学出版社,1999（联合国教科文组织教育丛书）

7—5041—1980—6

教师教育体制：国际比较研究／黄崴著.—广州：广东高等教育出版社,2003（当代教育管理论丛）

7—5361—2826—6

外国教育专题研究文集／贺国庆著.—保定：河北大学出版社,2001（河北大学博导书系）

7—81028—747—8

世界教育发展趋势与中国教育改革／包秋主编.—北京：人民教育出版社,1998

7—107—12500—1

外国教育史／王天一,夏之莲,朱美玉编著.—北京：北京师范大学出版社,2005（中国文库）

7—303—07408—2

外国教育发展史料选粹／夏之莲主编；北京师范大学教育系教育史教研室外国教育史组选编.—2版.—北京：北京师范大学出版社,1999

7—303—04936—3

外国教育史教程／吴式颖主编.—北京：人民教育出版社,2003

7—107—15633—0

外国高等教育史／贺国庆,王保星,朱文富等著.—北京：人民教育出版社,2003

7—107—17419—3

外国现代教育史／吴式颖主编.—北京：人民教育出版社,1997（外国教育史系列教材）

7—107—12015—8

躁动的百年：20世纪的教育历程／陆有铨著.—济南：山东教育出版社,1997

7—5328—2602—3

WTO与中国教育／薛天祥,周海涛等著.—北京：中国青年出版社,2001（21世纪教育新视点丛书）

7—5006—4385—3

创造力危机：中国教育现状反思／上官子木著.—上海：华东师范大学出版社,2004（大夏书系教育反思）

7—5617—3677—0

中国传统文化与教育／刘新科主编.—长春：东北师范大学出版社,2002（全国中小学校长任职资格培训教材）

7—5602—2968—9

教育全球化：中国的视点与问题／邬志辉

著.—上海：华东师范大学出版社,2004（全球化信息化与学校变革丛书）

7—5617—3660—6

全球化与中国教育 / 王啸著.—成都：四川人民出版社,2002（全球化与中国的应对丛书）

7—220—06089—0

关怀生命：当代中国学校教育价值取向探 / 叶澜主编.—北京：教育科学出版社,2005（世纪初中国基础教育改革研究丛书）

7—5041—3068—0

中国教育两难问题 / 扈中平,陈东升著.—长沙：湖南教育出版社,1995（中国教育问题研究丛书）

7—5355—2256—4

中华人民共和国重要教育文献：1976—1990 / 何东昌主编.—海口：海南出版社,1998

7—80617—980—1

2000 年中国教育发展报告：教育体制的变革与创新 / 王善迈主编.—北京：北京师范大学出版社,2000

7—303—05641—6

盲点：中国教育危机报告 / 黄白兰编著.—北京：中国城市出版社,1998

7—5074—1061—7

中国教育传统与教育现代化基本问题研究 / 黄济,郭齐家主编.—北京：北京师范大学出版社,2003

7—303—06420—6

21 世纪中国教育的走向 / 蔡克勇著.—广州：广东高等教育出版社,2004

7—5361—2998—X

世纪之交的中国教育财务改革与发展 / 杨周复主编.—武汉：华中师范大学出版社,2004

7—5622—2855—8

发展区域教育学 / 彭世华著.—北京：教育科学出版社,2003

7—5041—2567—9

中国人口文化素质报告 / 高书国,杨晓明主编.—北京：社会科学文献出版社,2004

7—80190—360—9

基础教育改革论 / 王策三,孙喜亭,刘硕著.—北京：知识产权出版社,2005

7—80011—920—3

发展我国教育产业政策研究 / 袁振国,房剑森,周彬著.—上海：华东师范大学出版社,2002

7—5617—3042—X

学校教育法制基础 / 李连宁,孙葆森主编.—北京：教育科学出版社,1997

7—5041—1705—6

全国教育事业第十个五年计划 / 中华人民共和国教育部编.—北京：人民教育出版社,2002

7—107—14912—1

教育发展不平衡研究 / 杜育红著.—北京：北京师范大学出版社,2000（教育经济研究丛书.第一辑）

7—303—05422—7

教育改革与素质教育 / 魏书生编著.—沈阳：沈阳出版社,2000（魏书生教育文库）

7—5441—1370—1

教育：传统与变革 / 顾明远著.—北京：人民教育出版社,2004（中国当代教育论丛）

7—107—17418—5

深化教育改革全面推进素质教育：第三次全国教育工作会议文件汇编 / 中华人民共和国教育部编.—北京：高等教育出版社,1999

7—04—007715—9

中国教育改革发展报告：改革开放二十年回

顾与展望 / 吴德刚著. —北京：中共中央党校出版社,1999

    7—5035—2004—3

教育大视野：教育改革难点热点问题透析 / 陈培瑞著. —青岛：青岛海洋大学出版社,1999

    7—81067—026—3

培养模式论：学生创新精神培养与人才培养模式改革 / 魏所康著. —南京：东南大学出版社,2004

    7—81089—835—3

市场经济大潮下的教育改革 / 靳希斌主编. —广州：广东教育出版社,1998

    7—5406—4007—3

创新：新世纪的教育使命 / 丁钢主编. —北京：教育科学出版社,2000

    7—5041—1984—9

李岚清教育访谈录 / 李岚清著. —北京：人民教育出版社,2003

    7—107—17136—4

当代教育改革新探索 / 罗明东主编. —昆明：云南科技出版社,2001

    7—5416—1583—8

当代中国教育结构体系研究 / 郝克明主编. —广州：广东教育出版社,2001

    7—5406—4751—5

中国全民教育问题研究：兼论教育机会平等问题 / 吴德刚著. —北京：教育科学出版社,1998

    7—5041—1807—9

中国私学·私立学校·民办教育研究 / 王炳照主编；叶齐炼等著. —济南：山东教育出版社,2002

    7—5328—3351—8

民办教育的发展与规范 / 胡卫主编. —北京：

教育科学出版社,2000（民办教育丛书）

    7—5041—2023—5

2004：中国教育发展报告：变革中的教师与教师教育 / 顾明远,檀传宝主编. —北京：北京师范大学出版社,2004

    7—303—07141—5

中国教育：研究与评论. 第3辑 / 丁钢主编. —北京：教育科学出版社,2002（国际性中国教育研究集刊）

    7—5041—2274—2

教育新思维：东西方教育对话录 / 胡东芳著. —桂林：广西师范大学出版社,2003（教育新观察丛书）

    7—5633—4213—3

教育：我们有话要说 / 杨东平编. —北京：中国社会科学出版社,1999（社会批评丛书）

    7—5004—2474—4

中国教育家展望21世纪 / 朱永新,徐亚东主编. —太原：山西教育出版社,1997

    7—5440—1252—2

教育的智慧与真情 / 肖川著. —长沙：岳麓书社,2005

    7—80665—581—6

中国教育行政学 / 萧宗六,贺乐凡主编. —2版. —北京：人民教育出版社,2004

    7—107—17585—8

教育财政：制度创新与发展趋势 / 孙国英,许正中,王铮著. —北京：社会科学文献出版社,2002

    7—80149—745—7

教育政策的经济分析 / 曾满超主编. —北京：人民教育出版社,2000

    7—107—13665—8

中国教师新百科. 小学教育卷 / 柳斌主编. —

北京：中国大百科全书出版社,2002

    7—5000—6634—1

中国教育现代化的区域发展 / 谈松华主编. —广州：广东教育出版社,2003

    7—5406—5311—6

西部教育 / 吴德刚主编. —北京：中共中央党校出版社,2001(中国西部大开发)

    7—5035—2164—3

教育史学 / 杜成宪,邓明言著. —北京：人民教育出版社,2004(教育科学分支学科丛书)

    7—107—17968—3

中国考试发展史 / 刘海峰等著. —武汉：华中师范大学出版社,2002(新世纪考试科学丛书)

    7—5622—2546—X

中国教育大系·20 世纪中国教育 / 顾明远总主编. —修订版. —武汉：湖北教育出版社,2004

    7—5351—1476—8

中国教育史 / 孙培青主编. —2 版修订版. —上海：华东师范大学出版社,2000

    7—5617—2326—1

中国教育简史 / 张惠芬,金忠明编著. —2 版修订版. —上海：华东师范大学出版社,2001

    7—5617—1320—7

中国教育史研究. 近代分卷 / 陈学恂主编；田正平卷主编. —上海：华东师范大学出版社,2001

    7—5617—2650—3

历史与现实之间：中国教育传统的理论探索 / 丁钢主编. —北京：教育科学出版社,2002

    7—5041—2339—0

中国女子教育通史 / 杜学元著. —贵阳：贵州教育出版社,1995

    7—80583—546—2

中国教育发展史 / 喻本伐,熊贤君著. —武汉：华中师范大学出版社,2000

    7—5622—1564—2

中国教育管理制度史 / 李才栋等主编. —南昌：江西教育出版社,1996

    7—5392—2527—0

中国教育管理史 / 孙培青主编. —北京：人民教育出版社,1996

    7—107—11795—5

贵州古代教育史 / 张羽琼著. —贵阳：贵州教育出版社,2003

    7—80650—270—X

中国古代书院发展史 / 白新良著. —天津：天津大学出版社,1995

    7—5618—0745—7

徽商与明清徽州教育 / 李琳琦著. —武汉：湖北教育出版社,2003(区域教育的历史研究)

    7—5351—3358—4

中国近现代学校音乐教育：1840—1949 / 伍雍谊主编. —上海：上海教育出版社,1999(学校艺术教育研究丛书)

    7—5320—5804—2

中国近代学制比较研究 / 钱曼倩,金林祥主编. —广州：广东教育出版社,1996(中国教育近代化研究丛书)

    7—5406—3418—9

中国近代教科书发展研究 / 王建军著. —广州：广东教育出版社,1996(中国教育近代化研究丛书)

    7—5406—3416—2

教会学校与中国教育近代化 / 何晓夏,史静寰著. —广州：广东教育出版社,1996(中国教育近代化研究丛书)

    7—5406—3204—6

民国教育史／李华兴主编.—上海：上海教育出版社,1997

7—5320—5209—5

艰难的日出：中国现代教育的 20 世纪／杨东平主撰.—上海：文汇出版社,2003（文汇原创丛书）

7—80676—418—6

新中国教育历程／高奇著.—石家庄：河北教育出版社,1996（中国当代教育理论丛书）

7—5434—2776—1

中国社会主义教育的轨迹／金一鸣主编.—上海：华东师范大学出版社,2000

7—5617—2199—4

中华人民共和国教育大事记／金铁宽主编.—济南：山东教育出版社,1995

7—5328—2131—5

中国教育制度通史.第八卷,中华人民共和国（公元一九四九至一九九九年）／李国钧,王炳照总主编.—济南：山东教育出版社,2000

7—5328—2867—0

今日韩国教育／田以麟编著.—广州：广东教育出版社,1996（"亚洲四小龙"教育丛书）

7—5406—3405—7

战后韩国教育研究／孙启林著.—南昌：江西教育出版社,1995（战后国际教育研究丛书）

7—5392—2526—2

日本教育：中日教育比较与展望／陈永明编著.—北京：高等教育出版社,2003（日本学基础精选丛书）

7—04—012146—8

今日新加坡教育／李大光,刘力南,曹青阳编著.—广州：广东教育出版社,1996（"亚洲四小龙"教育丛书）

7—5406—2875—8

战后德国教育研究／李其龙,孙祖复著.—南昌：江西教育出版社,1995（战后国际教育研究丛书）

7—5392—2055—4

英国的高等教育历史·现状／张泰金著.—上海：上海外语教育出版社,1995

7—81009—974—4

澳大利亚教育／王斌华著.—上海：华东师范大学出版社,1996

7—5617—1392—4

国民素质建构与基础教育改革／郭文安,陈东升著.—北京：人民教育出版社,2000

7—107—13648—8

当代美国教育／史静寰主编.—北京：社会科学文献出版社,2001（当代美国丛书）

7—80149—563—2

美国音乐教育概况／刘沛编著.—上海：上海教育出版社,1998（学校艺术教育研究丛书）

7—5320—5266—4

美国科技与教育发展／何晋秋,曹南燕编著.—北京：人民教育出版社,2003（科教兴国战略研究丛书·国际比较篇）

7—107—15818—X

关于美国教育改革的演讲：1979—1995／（美）欧内斯特. L. 博耶著；涂艳国,方彤译.—北京：教育科学出版社,2002

7—5041—2261—0

近代欧洲对美国教育的影响／贺国庆著.—2版.—保定：河北大学出版社,2000

7—81028—236—0

地理学科教育学／褚亚平编著.—北京：首都师范大学出版社,1998（学科教育学大系）

7—81039—959—4

变革中的就业环境与中国大学生就业 / 曾湘泉等著. —北京:中国人民大学出版社,2004(中国就业战略报告:2004)

　　7—300—05559—1

经验课程论 / 张华著. —2 版. —上海:上海教育出版社,2001(当代教师进修丛书)

　　7—5320—6794—7

创造力发展心理学 / 张文新,谷传华著. —合肥:安徽教育出版社,2004(儿童心理与行为研究书系)

　　7—5336—3678—3

比较学前教育 / 李生兰著. —上海:华东师范大学出版社,2000

　　7—5617—2217—6

儿童教育新论 / 刘晓东著. —南京:江苏教育出版社,1998

　　7—5343—3192—7

解放儿童 / 刘晓东著. —北京:新华出版社,2002

　　7—5011—5499—6

教育与美好生活 / (英)伯特兰·罗素著;杨汉麟译. —石家庄:河北人民出版社,1999(汉译世界教育名著丛书)

　　7—202—02532—9

学前教育学 / 刘晓东,卢乐珍等著. —南京:江苏教育出版社,2004(学前教育新视野丛书)

　　7—5343—6099—4

幼儿科学教育 / 刘占兰著. —北京:北京师范大学出版社,2000

　　7—303—05540—1

个性化教学论 / 邓志伟著. —上海:上海教育出版社,2000(当代教师进修丛书)

　　7—5320—6817—X

学前课程价值论 / 虞永平著. —南京:江苏教育出版社,2002(当代教育新理论丛书)

　　7—5343—5067—0

幼儿园课程 / 冯晓霞主编. —北京:北京师范大学出版社,2001(全国高等教育自学考试指定教材)

　　7—303—05552—5

幼儿园课程 / 朱家雄著. —上海:华东师范大学出版社,2003

　　7—5617—3372—0

幼儿社会性发展与教育 / 杨丽珠,吴文菊主编. —大连:辽宁师范大学出版社,2000

　　7—81042—471—8

学前儿童语言教育 / 张明红编著. —上海:华东师范大学出版社,2001

　　7—5617—2525—6

儿童英语教学法 / 张志远主编. —北京:外语教学与研究出版社,2002

　　7—5600—2923—X

外国儿童音乐教育 / 尹爱青等编著. —上海:上海教育出版社,1999(学校艺术教育研究丛书)

　　7—5320—6437—9

学前儿童音乐教育 / 许卓娅编著. —北京:人民教育出版社,1996

　　7—107—11481—6

学前儿童艺术综合教育研究 / 楼必生,屠美如著. —北京:北京师范大学出版社,1997

　　7—303—04409—4

幼儿游戏理论 / 华爱华著. —上海:上海教育出版社,1998(学前教育丛书)

　　7—5320—6227—9

学前游戏论 / 丁海东编著. —济南:山东人民出版社,2001

　　7—209—02853—6

国际视角下的小学数学教育 / 郑毓信编著. —北京：人民教育出版社，2004

7—107—17155—0

普通教育学 / 许高厚等主编. —北京：北京师范大学出版社，1995

7—303—04070—6

小学教育学 / 汤书翔主编. —武汉：华中科技大学出版社，2001

7—5609—2155—8

小学教育学教程 / 胡寅生主编. —北京：人民教育出版社，2000

7—107—13644—5

小学教育科学研究 / 北京高等教育自学考试委员会组编. —武汉：武汉大学出版社，1997

7—307—02323—7

成长记录袋的基本原理与应用 / 徐芬，赵德成编著；国家基础教育课程改革"促进教师发展与学生成长的评价研究"项目组编. —西安：陕西师范大学出版社，2002（新课程与教育评价改革丛书）

7—5613—2515—0

发展性教学论 / 裴娣娜等著. —沈阳：辽宁人民出版社，1998（中国新时期中小学教学改革理论与实践丛书）

7—205—04318—2

聚焦新课程 / 李建平著. —北京：首都师范大学出版社，2002

7—81064—417—3

新课程的评价改革 / 徐勇，龚孝华编著. —北京：首都师范大学出版社，2001

7—81064—348—7

新课程的教学改革 / 张晖编著. —北京：首都师范大学出版社，2001

7—81064—348—7

课程理念的更新 / 彭钢，张晓东编著. —北京：首都师范大学出版社，2001

7—81064—348—7

教师的适应与发展 / 郭东岐编著. —北京：首都师范大学出版社，2001

7—81064—348—7

一个都不能少：个别差异的处理："小学生在中文、英文、数学三科的学习动机与模式发展与研究"计划的理论与实践 / 黄显华，朱嘉颖编著. —上海：上海科技教育出版社，2003（海峡两岸课程与教学研究丛书）

7—5428—3308—1

小学语文新课程教学法 / 倪文锦主编. —北京：高等教育出版社，2003（基础教育新课程教师教育系列教材）

7—04—012337—1

阅读课堂教学设计论 / 周一贯著. —宁波：宁波出版社，2000

7—80602—373—9

小学英语教学法 / 王电建，赖红玲编著. —北京：北京大学出版社，2002（23省市教育学院中小学英语教师继续教育教材系列）

7—301—05866—7

小学英语教学法教程 / 王蔷主编. —北京：高等教育出版社，2003（基础教育新课程教师教育系列教材）

7—04—012343—6

小学英语课堂教学理论与实践 / 鲁子问编著. —北京：中国电力出版社，2004（中小学英语教育理论与实践丛书）

7—5083—2853—1

小学数学课程与教学 / 杨庆余主编. —北京：高等教育出版社，2004（高等院校小学教育专业教材）

7—04—015098—0

小学数学教学论／周玉仁主编；全国高等教育自学考试指导委员会组编.—北京：中国人民大学出版社,1999（小学教育专业（专科）指定教材及自学辅导丛书）

　　7—300—03163—3

小学数学教学论／马云鹏主编.—北京：人民教育出版社,2003（学本科小学教育专业教材）

　　7—107—16332—9

小学数学教学论／李光树主编；李光树等著.—北京：人民教育出版社,2003

　　7—107—16535—6

科学课程论／余自强著.—北京：教育科学出版社,2002（ESPH科学教育丛书）

　　7—5041—2210—6

小学音乐新课程教学法／金亚文主编.—北京：高等教育出版社,2003

　　7—04—012341—X

美术教育与人的发展：儿童美术教学法研究／杨景芝著.—北京：人民美术出版社,1999（学校艺术教育实践研究丛书）

　　7—102—02026—0

小学美术新课程教学论／陈卫和主编.—北京：高等教育出版社,2003（基础教育新课程教师教育系列教材）

　　7—04—012339—8

小学体育新课程教学法／季浏,汪晓赞主编.—北京：高等教育出版社,2003（基础教育新课程教师教育系列教材）

　　7—04—012353—3

教师与儿童发展／庞丽娟主编.—2版.—北京：北京师范大学出版社,2003

　　7—303—06067—7

村落中的国家：文化变迁中的乡村学校／李书磊著.—杭州：浙江人民出版社,1999（第三部门研究丛书）

　　7—213—01948—1

生活与教育：回归生活世界的基础教育论纲／郭元祥著.—武汉：华中师范大学出版社,2002（博士文库）

　　7—5622—2528—1

数学教学论／陆书环,傅海伦编著.—北京：科学出版社,2004（高等师范院校新世纪教材）

　　7—03—012868—0

化学教学论／阎立泽等编著.—北京：科学出版社,2004（高等师范院校新世纪教材学科课程与教学论系列）

　　7—03—014183—0

新版音乐教学论／吴跃跃主编.—长沙：湖南文艺出版社,2005（湖南省高等教育21世纪课程教材）

　　7—5404—3551—8

以学生为主：当代教育改革新思潮／彭贤智主编.—济南：山东教育出版社,2001（全国中小学素质教育专题攻关研究丛书）

　　7—5328—3378—X

教育研究专题／郑金洲著.—上海：华东师范大学出版社,2002（全国中小学校长提高培训教材）

　　7—5617—2879—4

教学设计：实践基础教育课程改革的理论与方法／孙立仁著.—北京：电子工业出版社,2004

　　7—5053—9775—3

物理课程与教学论／封小超、王力邦主编.—北京：科学出版社,2005

　　7—03—015951—9

学校文化研究：对一所中学的学校文化透视／杨全印,孙稼麟著.—北京：教育科学出版社,2005（教育质量管理研究丛书）

　　7—5041—3178—4

理解教育论 / 熊川武,江玲编著.—北京：教育科学出版社,2005(理解教育丛书)

7—5041—3057—5

素质教育的实施与运行 / 顾明远主编;中国中小学幼儿教师奖励基金会,全国中小学整体改革专业委员会编.—北京：中国和平出版社,1996(全国中小学素质教育理论与实践丛书)

7—80101—703—X

素质教育的理论探讨 / 顾明远主编;中国中小学幼儿教师奖励基金会,全国中小学整体改革专业委员会.—北京：中国和平出版社,1996(全国中小学素质教育理论与实践丛书)

7—80101—703—X

创造性教学通论 / 段继扬著.—长春：吉林人民出版社,1999(素质教育探索书系)

7—206—03236—2

成功教育 / 刘京海主编.—2版.—福州：福建教育出版社,1999

7—5334—1465—9

中学教育学:新编本 / 叶上雄主编.—北京：高等教育出版社,2004

7—04—013748—8

教育科研能力的培养与提高 / 赵大悌,赵小刚主编;教育部中小学教师综合素质培训专家指导委员会编.—北京：中国和平出版社,2000

7—80154—242—8

中学素质教育理论与实践 / 柳海民主编.—长春：东北师范大学出版社,2000

7—5602—2553—5

主体教育概论 / 史根东主编.—北京：科学出版社,1999

7—03—007872—1

现代教育学基础 / 冯建军主编.—南京：南京师范大学出版社,2003

7—81047—907—5

创新与创新教育 / 朝伦巴根编著.—呼和浩特：内蒙古大学出版社,2001

7—81074—250—7

面向21世纪中小学素质教育论纲 / 赵洪海等编著.—济南：山东教育出版社,1996

7—5328—2340—7

中小学教育科学研究 / 国家教育委员会人事司组织编写.—武汉：武汉大学出版社,1997

7—307—02323—7

教师如何做研究 / 郑金洲著.—上海：华东师范大学出版社,2005(大夏书系教师专业发展)

7—5617—4461—7

德育忧思:转型期学生个性心理研究 / 陈会昌著.—北京：华文出版社,1999(博导文丛)

7—5075—0853—6

德化的生活:生活德育模式的理论探索与应用研究 / 汪凤炎等著.—北京：人民出版社,2005(德育新路向丛书)

7—01—005187—9

中小学德育专题 / 朱小蔓主编.—南京：南京师范大学出版社,2002(全国中小学校长提高培训教材)

7—81047—682—3

重建学校精神家园 / 易连云著.—北京：教育科学出版社,2003(世纪之交中国基础教育改革研究丛书)

7—5041—2225—4

德育课程与教学论 / 吴铎编著.—杭州：浙江教育出版社,2003(新课程学科教学论丛书)

7—5338—4958—2

多元智能理论解读 / 钟祖荣,伍芳辉主编.—北京：开明出版社,2003(多元智能理论与课程改

革丛书）

7—80133—496—5

合作学习的教师指南 ／（美）雅各布等著；杨宁、卢杨等译.—北京：中国轻工业出版社，2005（基础教育改革与发展译丛·教学模式与方法系列）

7—5019—4624—8

探究教学论 ／靳玉乐主编.—重庆：西南师范大学出版社，2001（全国中小学教师继续教育教材）

7—5621—2535—X

中外语文教育比较研究 ／张承明著.—2 版修订版.—昆明：云南教育出版社，2005

7—5415—1843—3

有效教学论：理论与策略 ／姚利民著.—长沙：湖南大学出版社，2005

7—81053—911—6

基于新课程的课堂教学改革 ／郑金洲主编.—福州：福建教育出版社，2003（"新课改"教师必读丛书）

7—5334—3630—X

教育碎思 ／郑金洲著.—上海：华东师范大学出版社，2004（大夏书系教育随笔）

7—5617—4005—0

多元智能与教学策略 ／梅汝莉主编.—北京：开明出版社，2003（多元智能理论与课程改革丛书）

7—80133—497—3

有效教学论 ／高慎英，刘良华著.—广州：广东教育出版社，2004（高中新课程教师丛书）

7—5406—5429—5

解读教与学的意义 ／余文森，吴刚平，刘良华主编.—上海：华东师范大学出版社，2005（国家基础教育课程改革教学专业支持计划丛书）

7—5617—4305—X

多元智力理论与个性化教学 ／夏惠贤著.—上海：上海科技教育出版社，2003（海峡两岸课程与教学研究）

7—5428—3310—3

差异教学：帮助每个学生获得成功 ／（美）Diane Heacox 著；杨希洁译.—北京：中国轻工业出版社，2004（基础教育改革与发展译丛·因材施教系列）

7—5019—4169—6

研究性学习理论与实践 ／邹尚智编著.—北京：高等教育出版社，2003（基础教育新课程教师教育系列教材）

7—04—013915—4

当代中小学教学模式研究 ／夏惠贤著.—南宁：广西教育出版社，2001（教学模式丛书）

7—5435—3185—2

课程改革与问题解决教学 ／陈爱芯著.—北京：首都师范大学出版社，2004（借鉴多元智能理论实践研究丛书）

7—81064—717—2

教育个性化和教学策略 ／史爱荣，孙宏碧主编.—济南：山东教育出版社，2001（全国中小学素质教育专题攻关研究丛书）

7—5328—3373—9

教学模式 ／（美）Bruce Joyce 等著；荆建华，宋富钢，花清亮译.—北京：中国轻工业出版社，2002（万千教育基础教育改革与发展译丛·课堂教学心理系列）

7—5019—3440—1

探究式学习：学生知识的自主建构 ／任长松著.—北京：教育科学出版社，2005（现代课程与教学研究新视野文库）

7—5041—3085—0

校本教学研究：基础教育改革的道路 ／刘良华著.—成都：四川教育出版社，2003（校本研究丛

书）

7—5408—3919—8

校本行动研究 / 刘良华著.—成都：四川教育出版社,2002(校本研究丛书)

7—5408—3776—4

"新基础教育"发展性研究报告集 / 叶澜主编.—北京：中国轻工业出版社,2004(新基础教育发展性研究丛书万千教育)

7—5019—4327—3

探究学习 / 靳玉乐主编.—成都：四川教育出版社,2005(新课程教学方式变革研究丛书)

7—5408—4145—1

课堂设计与教学策略 / 代蕊华编著.—北京：北京师范大学出版社,2005(新课程课堂教学改革丛书)

7—303—07738—3

教学中的测验与评价 / （美）Robert L. Linn, Norman E. Gronlund 著;国家基础教育课程改革"促进教师发展与学生成长的评价研究"项目组译.—北京：中国轻工业出版社,2003(新课程与教育评价改革译丛)

7—5019—3856—3

新教学模式之建构 / 查有梁著.—南宁：广西教育出版社,2003(学科教学建模丛书)

7—5435—3583—1

行动研究指导 / 郑金洲等著.—北京：教育科学出版社,2004(中小学教育科研指导丛书)

7—5041—2884—8

教学创新探索与实践 / 刘敬发主编.—2版.—哈尔滨：黑龙江教育出版社,2001

7—5316—3824—X

提高教育教学质量的策略与方法 / 关鸿羽,白铭欣主编;教育部中小学教师综合素质培训专家指导委员会编.—北京：中国和平出版社,2000

7—80154—242—8

主体参与型教学探索 / 王升著.—北京：教育科学出版社,2003

7—5041—2604—7

多元智能理论在教学中的运用 / 林宪生编著.—北京：开明出版社,2003

7—80133—791—3

诱思探究学科教学论 / 徐科,杨朝霖,李滨涛编著.—西安：陕西人民出版社,2003

7—224—06775—X

基础教育课程改革的四大支柱：教育思想·教育智慧·专业精神·专业人格 / 余文森编.—福州：福建教育出版社,2002（"新课改"教育必读丛书）

7—5334—3537—0

研究性学习概论 / 陈玉琨,程振响著.—上海：少年儿童出版社,2002（《研究性学习多样化模式》丛书）

7—5324—4920—3

国外中小学课程演进 / 汪霞主编.—济南：山东教育出版社,1998(当代中小学课程研究丛书)

7—5328—2649—X

高中新课程教学策略 / 卢建筠主编.—广州：广东教育出版社,2004(高中新课程教师丛书)

7—5406—5432—5

新课程与教师角色转变 / 新课程实施过程中培训问题研究课题组编写.—北京：教育科学出版社,2001(基础教育课程改革通识培训丛书)

7—5041—2207—6

中国基础教育课程与教学研究 / 吕世虎,肖鸿民编.—北京：中国人事出版社,2002(基础教育课程改革阅读参考丛书)

7—80139—830—0

课程改革与教师角色转换 / 李瑾瑜等编.—北京：中国人事出版社,2002(基础教育课程改革阅读参考丛书)

7—80139—833—5

课程研制方法论 / 郝德永著.—北京：教育科学出版社,2000(基础教育课程教材改革理论丛书)

7—5041—1993—8

综合实践活动课程的理念 / 郭元祥主编；伍香平编著.—北京：高等教育出版社,2003(基础教育新课程教师教育系列教材)

7—04—012388—6

综合实践活动课程的实施 / 郭元祥主编；郭元祥,伍香平编著.—北京：高等教育出版社,2003(基础教育新课程教师教育系列教材·综合实践活动系列)

7—04—012389—4

课程改革与教学革新 / 唐晓杰著.—南宁：广西人民出版社,2002(教师继续教育系列教材)

7—219—04576—X

课程领导与校本课程发展 / 黄显华,朱嘉颖著.—北京：教育科学出版社,2005(课程发展与学校更新系列丛书)

7—5041—3209—8

课程改革论 / 江山野著.—石家庄：河北教育出版社,2001(课程改革研究丛书)

7—5434—4183—7

高中课程资源开发和利用的实践智慧 / 张文军,李云淑,王俊编著.—北京：高等教育出版社,2004(课程资源与课程管理丛书)

7—04—015087—5

走向新课程：面向 21 世纪基础教育课程改革 / 任长松著.—广州：广东教育出版社,2002(面向21世纪基础教育课程改革)

7—5406—4762—0

新课程师资培训精要 / 钟启泉主编.—北京：北京大学出版社,2002(全国中小学教师继续教育教材·新课程师资培训资源包)

7—301—05599—4

走向发展性课程评价：谈新课程的评价改革 / 周卫勇主编.—北京：北京大学出版社,2002(全国中小学教师继续教育教材·新课程师资培训资源包)

7—301—05759—8

课程的反思与重建：我们需要什么样的课程观 / 任长松著.—北京：北京大学出版社,2002(全国中小学教师继续教育教材·新课程师资培训资源包)

7—301—05762—8

素质教育的课程与教学改革 / 顾明远主编；中国中小学幼儿教师奖励基金会,全国中小学整体改革专业委会员编.—北京：中国和平出版社,1996(全国中小学素质教育理论与实践丛书)

7—80101—703—X

课程与课堂教学 / 陈玉琨,代蕊华主编.—上海：华东师范大学出版社,2002(全国中小学校长提高培训教材)

7—5617—2883—2

课程理论及其实践范例 / (美)亚瑟.K.埃利斯著；张文军译.—北京：教育科学出版社,2005(世界课程与教学新理论文库)

7—5041—3102—4

活动教育引论 / 田慧生,李臣之,潘洪建编著.—北京：教育科学出版社,2000(素质教育多维视角丛书)

7—5041—1990—3

校本课程开发 / 吴刚平著.—成都：四川教育出版社,2002(校本研究丛书)

7—5408—3801—9

综合实践活动课程开发 / 李臣之著.—北京：

人民教育出版社,2003(新课程改革研究丛书)

7—107—16660—3

新课程设计的变革 / 张廷凯编著. —北京:人民教育出版社,2003(新课程改革研究丛书)

7—107—16834—7

新课程评价的理念与方法 / 丁朝蓬著. —北京:人民教育出版社,2003(新课程改革研究丛书)

7—107—16745—6

新课程改革的理念与创新 / 靳玉乐著. —北京:人民教育出版社,2003(新课程改革研究丛书)

7—107—16699—9

新课程教学组织策略与技术 / 杨九俊主编. —北京:教育科学出版社,2004(新课程教学问题与解决丛书)

7—5041—2805—8

教师教学究竟靠什么?:谈新课程的教学观 / 周小山主编. —北京:北京大学出版社,2002(新课程师资培训资源包)

7—301—05690—7

新课程的教学设计思路与教学模式 / 周小山,严先元编著. —成都:四川大学出版社,2002(新课程实施者丛书)

7—5614—2437—X

新课程的教学策略与方法 / 周小山,严先元编著. —成都:四川大学出版社,2003(新课程实施者丛书)

7—5614—2640—2

课程实施与教学改革 / 严先元编著. —成都:四川大学出版社,2002(新课程实施者丛书)

7—5614—2260—1

新课程与教师专业发展 / 李瑾瑜主编. —北京:首都师范大学出版社,2003(新一轮基础教育课程改革书系)

7—81064—461—0

语文课程建设的理论与实践:《全日制义务教育语文课程标准》学习与辅导 / 杨再隋等编著. —北京:语文出版社,2001(中小学语文教师继续教育丛书)

7—80126—814—8

走进新课程:与课程实施者对话 / 朱慕菊主编;教育部基础教育司组织编写. —北京:北京师范大学出版社,2002(走进新课程丛书)

7—303—06089—8

课程改革中的若干问题:面向 21 世纪基础教育课程改革 / 石鸥,刘丽群著. —广州:广东教育出版社,2004(走向新课程丛书)

7—5406—5373—6

校本课程开发中的教师与校长 / 傅建明著. —广州:广东教育出版社,2003(走向新课程丛书)

7—5406—5061—3

基础教育课程改革理论与实践 / 徐仲林,徐辉主编. —2 版. —成都:四川教育出版社,2005

7—5408—3958—9

寻找课程论和教科书设计的理论基础 / 黄显华,霍秉坤著. —增订版. —北京:人民教育出版社,2005

7—107—19102—0

课程改革与学习主题构建 / 杨章宏主编;浙江省教育厅师范教育处组织编写. —北京:科学出版社,2004

7—03—012771—4

走进新课程:来自国家基础教育课程改革实验区江苏省无锡市锡山区的报告 / 丁伯荣主编. —南京:江苏教育出版社,2002

7—5343—4457—3

建设新课程:从理解到行动.通识卷 / 杨九俊,吴永军主编. —南京:江苏教育出版社,2003

7—5343—5441—2

中国基础教育新课程的理念与创新:《基础教育课程改革纲要(试行)》学习与辅导 / 宋乃庆,徐仲林,靳玉乐主编.—北京:中国人事出版社,2002

7—80139—443—7

基础教育教材评价:理论与工具 / 高凌飚主编.—北京:人民教育出版社,2002

7—107—15771—X

课程结构论:一种原理性探寻 / 郭晓明著.—长沙:湖南师范大学出版社,2002

7—81081—263—7

课程改革的文化研究 / 裴娣娜丛书主编.—长沙:湖南大学出版社,2005

新课程背景下的教师专业发展 / 王少非主编.—上海:华东师范大学出版社,2005

7—5617—4308—4

基础教育课程改革简明读本 / 张祖春,王祖琴主编.—武汉:华中师范大学出版社,2002

7—5622—1779—3

课程目标研究 / 高孝传等主编.—北京:教育科学出版社,2001

7—5041—2155—X

新课程教学设计概论 / 张学斌编著.—沈阳:辽宁师范大学出版社,2002

7—81042—668—0

普通高中新课程解析 / 魏国栋,吕达主编.—北京:人民教育出版社,2004

7—107—17626—9

后现代主义课程理论 / 靳玉乐,于泽元著.—北京:人民教育出版社,2005

7—107—18538—1

教师:与新课程共成长 / 肖川主编.—上海:上海教育出版社,2004

7—5320—9461—8

新课程中课堂行为的变化 / 傅道春著.—北京:首都师范大学出版社,2002

7—81064—420—3

新课程中教学技能的变化 / 傅道春,齐晓东编著.—北京:首都师范大学出版社,2003

7—81064—636—2

研究型课程 / 应俊峰著.—天津:天津教育出版社,2001

7—5309—3323—X

新课程理念与初中课堂教学行动策略 / 关文信编著.—北京:中国人事出版社,2003

7—80139—975—7

校本课程与课程资源开发 / 刘旭东,张宁娟,马丽编.—北京:中国人事出版社,2003

7—80139—829—7

新课程理念与教学策略 / 王义堂,田保军,王硕旺编著.—北京:中国言实出版社,2003

7—80128—477—1

新课程学习方式的变革 / 任长松著.—北京:人民教育出版社,2003(新课程改革研究丛书)

7—107—16890—8

新课程的教学艺术指导 / 刘宏武主编.—北京:中央民族大学出版社,2004(课程改革教师岗位培训资源包)

7—81056—873—6

基础教育课程改革通览 /《基础教育课程改革通览》编委会编.—北京:中央民族大学出版社,2002(新课程教育书系)

7—81056—629—6

教师行动研究:教师发现之旅 / (美)Joanne M. Arhar 等著;黄宇等译.—北京:中国轻工业出版社,2002(基础教育改革与发展译丛·教育教学研

究系列）

7—5019—3738—9

合作学习 / 靳玉乐主编.—成都：四川教育出版社,2005（新课程教学方式变革研究丛书）

7—5408—4146—X

激发学习兴趣艺术 / 刘显国编著.—北京：中国林业出版社,2004（中小学教学艺术丛书）

7—5038—3717—9

学习困难学生教育的理论与实践 / 钱在森主编；上海市教育科学研究所《初中学习困难学生教育的研究》课题组编.—上海：上海科技教育出版社,1995

7—5428—1184—3

教学方法：现代化的研究 / 商继宗主编.—上海：华东师范大学出版社,2001

7—5617—2555—8

教学行为的原理与技术 / 傅道春编著.—北京：教育科学出版社,2001（全国中小学教师继续教育专业课教材）

7—5041—2164—9

新课程教学组织策略与技术 / 董洪亮主编.—北京：教育科学出版社,2004（新课程教学问题与解决丛书）

7—5041—2805—8

课堂教学改革研究 / 方元山著.—福州：福建教育出版社,2005（"新课程"教师必读丛书通识系列）

7—5334—4113—3

合作学习 / 程胜编著.—福州：福建教育出版社,2005（"新课程"教师必读丛书新课程课堂教学探索系列）

7—5334—4093—5

课堂学习论 / 陈时见主编.—桂林：广西师范大学出版社,2001（当代中小学课堂研究丛书）

7—5633—3170—0

课堂模式论 / 查有梁编著.—桂林：广西师范大学出版社,2001（当代中小学课堂研究丛书）

7—5633—3155—7

课堂评价论 / 刘志军著.—桂林：广西师范大学社,2000（当代中小学课堂研究丛书）

7—5633—3499—8

多元智能与学习风格 / （美）哈维·席尔瓦,理查德·斯特朗等著；张玲译.—北京：教育科学出版社,2003（多元智能新视点丛书）

7—5041—2510—5

课堂中的多元智能：开展以学生为中心的教学 / （美）Thomas Armstrong 著；张咏梅等译.—北京：中国轻工业出版社,2003（基础教育改革与发展译丛·多元智能教与学系列）

7—5019—3898—9

多元能力课堂中的差异教学 / （美）Carol Ann Tomlinson 著；刘颂译.—北京：中国轻工业出版社,2003（基础教育改革与发展·译丛因材施教系列）

7—5019—4067—3

建构主义课堂教学案例 / （美）Jacqueline Grennon Brooks, Martin G. Brooks 著；范玮译.—北京：中国轻工业出版社,2005（教学模式与方法系列基础教育改革与发展译丛）

7—5019—4672—8

新课程教学评价方法与设计 / 万伟,秦德林,吴永军主编.—北京：教育科学出版社,2004（新课程教学问题与解决丛书）

7—5041—2808—2

对话教学 / 程亮,刘耀明,杨海燕编.—福州：福建教育出版社,2005（新课程课堂教学探索系列·新课程老师必读丛书）

7—5334—4072—2

促进教学的课堂评价 / （美）W. James Popham

著;国家基础教育课程改革"促进教师发展与学生成长的评价研究"项目组译.—北京:中国轻工业出版社,2003(新课程与教育评价改革译丛)

7—5019—3834—2

多元智能与建构主义理论在课堂教学中的应用 / 欧阳芬编著.—北京:中国轻工业出版社,2004(新心教育)

7—5019—4428—8

现代教学设计 / 皮连生,刘杰主编.—北京:首都师范大学出版社,2005(云南省中小学教师继续教育教材)

7—81064—778—4

课堂提问艺术 / 刘显国编著.—北京:中国林业出版社,2000(中小学教学艺术丛书)

7—5038—2355—0

面向学习者的教学设计 / 裴新宁著.—北京:教育科学出版社,2005

7—5041—3060—5

中学有效教学策略研究 / 魏清主编.—上海:上海三联书店,2005

7—5426—2142—4

新课程教学法·小学卷 / 张行涛,周卫勇主编.—北京:中国轻工业出版社,2004

7—5019—4214—5

课堂教学与素质教育 / 卢元锴等主编.—北京:中国人事出版社,1999

7—80139—349—X

新课程与课堂教学改革 / 张天宝著.—北京:人民教育出版社,2003(新课程改革研究丛书)

7—107—16682—4

素质教育课堂优化全书 / 闫承利编著.—北京:教育科学出版社,2000(素质教育课堂优化全书)

7—5041—2064—2

国外及港台地区研究性学习资料选编 / 张人红编译.—南宁:广西教育出版社,2001(研究性学习丛书)

7—5435—3371—5

学习方式 / 王钢,张音主编.—上海:上海教育出版社,2004(小学课堂教学微观技术丛书)

7—5320—9280—1

研究性学习理论基础 / 钟启泉,安桂清编著.—上海:上海教育出版社,2003(研究性学习教师读本)

7—5320—9224—0

研究性学习开发体制 / 汪霞主编.—上海:上海教育出版社,2003(研究性学习教师读本)

7—5320—9343—3

研究性学习国际视野 / 李其龙,张可创主编.—上海:上海教育出版社,2003(研究性学习教师读本)

7—5320—9214—3

研究性学习的理念与实施 / 赵徽著.—北京:开明出版社,2003

7—80133—797—2

学习能力学 / 尹鸿藻,毕华林主编.—青岛:青岛海洋大学出版社,2000

7—81067—120—0

香港高校学生辅导 / 樊富珉,陈启芳,何镜炜主编.—北京:清华大学出版社,2001

7—302—04554—2

新课程学生学业评价的理论与实践 / 吴维宁主编.—广州:广东教育出版社,2004(高中新课程教师丛书)

7—5406—5453—8

新课程实施难点与教学对策 / 徐世贵著.—北京:开明出版社,2003

7—80133—780—8

走进教材与教学的性别世界 ／ 史静寰主编. —北京：教育科学出版社，2004

7—5041—2755—8

魏书生文选 ／ 魏书生著. —桂林：漓江出版社，1995

7—5407—1854—4

案例教学原理 ／ 靳玉乐主编. —重庆：西南师范大学出版社，2003（新课程教学案例研究丛书）

7—5621—2902—9

中学教学全书，数学卷 ／ 张奠宙主编；奚定华等编著. —上海：上海教育出版社，1996

7—5320—4813—6

中国著名特级教师教学思想录，中学语文卷 ／ 刘国正主编. —南京：江苏教育出版社，1996

7—5343—2726—1

思想政治学科教学论 ／ 刘强主编. —北京：高等教育出版社，2000（面向 21 世纪课程教材）

7—04—007797—3

思想政治课教学艺术论 ／ 胡兴松著. —广州：广东教育出版社，2000

7—5406—4372—2

初中思想品德教学案例专题研究 ／ 楼江红主编. —杭州：浙江大学出版社，2005（校本教研丛书）

7—308—04155—7

思想政治学科教学新论 ／ 刘强主编. —北京：高等教育出版社，2003（面向 21 世纪课程教材）

7—04—013118—8

审视中学语文教育：世纪末的尴尬 ／ 孔庆东，摩罗，余杰主编. —汕头：汕头大学出版社，1999（"草原部落"黑马文丛）

7—81036—343—3

语文课程与语文教材 ／ 顾黄初，顾振彪著. —

北京：社会科学文献出版社，2001（21 世纪语文教育文库）

7—80149—569—1

纵论语文教育观 ／ 李杏保，陈钟梁著. —北京：社会科学文献出版社，2001（21 世纪语文教育文库·教师继续教育参考系列）

7—80149—571—3

语文教育学 ／ 余应源主编. —南昌：江西教育出版社，1996（教育学丛书）

7—5392—2594—7

语文课程新探：新课程理念与语文课程改革 ／ 陆志平著. —长春：东北师范大学出版社，2002（聚焦新课程系列丛书）

7—5602—3098—9

魏书生中学语文教学改革实践研究 ／ 魏书生，张彬福，张鹏举著. —济南：山东教育出版社，1997（全国著名特级教师教学艺术与研究丛书. 第一辑）

7—5328—2582—5

感应与塑造：语文审美教育论 ／ 张永昊，周均平著. —青岛：青岛海洋大学出版社，1998（新世纪语文教师发展丛书）

7—81026—983—6

名师课堂教学实录 ／ 朱昌元主编. —杭州：浙江教育出版社，2003（语文教学新思维丛书）

7—5338—4593—5

语文科课程论基础 ／ 王荣生著. —上海：上海教育出版社，2003（语文教育新论丛书）

7—5320—8902—9

初中语文课堂教学研究 ／ 蔡高才，袁光华编著. —长沙：湖南师范大学出版社，1999（中学教师继续教育丛书）

7—81031—761—X

中学语文教学法 ／ 钱威，徐越化主编. —2 版修订版. —上海：华东师范大学出版社，2000

7—5617—0460—7

新世纪语文课程改革研究 ／ 郑国民著.—北京：北京师范大学出版社,2003
7—303—06464—8

中学语文教学研究 ／ 王尚文主编.—北京：高等教育出版社,2002
7—04—010598—5

语文教学概论 ／ 王松泉,王相文,韩雪屏主编.—北京：高等教育出版社,1999
7—04—007224—6

语文教育研究概论 ／ 周庆元著.—长沙：湖南人民出版社,2005
7—5438—3986—5

中国语文教育忧思录 ／ 王丽编.—北京：教育科学出版社,1998
7—5041—1837—0

直谏中学语文教学 ／ 孙绍振著.—广州：南方日报出版社,2003
7—80652—222—0

中学语文教材概观 ／ 朱绍禹主编.—北京：人民教育出版社,1997
7—107—11842—0

于漪语文教育论集 ／ 于漪著.—北京：人民教育出版社,1996
7—107—11310—0

语文教学论 ／ 李景阳主编.—西安：陕西师范大学出版社,2003(21世纪高等师范院校学科教学论教材)
7—5613—2577—0

语文教育新思维 ／ 邰启扬,金盛华等著.—北京：社会科学文献出版社,2001(21世纪语文教育文库·教师继续教育参考系列)
7—80149—568—3

语文教学设计 ／ 时金芳著.—北京：社会科学文献出版社,2001(21世纪语文教育文库·教师继续教育参考系列)
7—80149—570—5

语文课程与教学论 ／ 区培民主编.—杭州：浙江教育出版社,2003(新课程学科教学论丛书)
7—5338—4953—1

语文学科教育学 ／ 饶杰腾著.—北京：首都师范大学出版社,2000(学科教育学大系)
7—81064—090—9

语文教学情境论 ／ 韦志成著.—南宁：广西教育出版社,1996(学科现代教育理论书系语文)
7—5435—2522—4

我和语文教学 ／ 于漪著.—北京：人民教育出版社,2003(中国特级教师文库)
7—107—16984—X

语文教育与文学素养 ／ 方智范著.—广州：广东教育出版社,2005
7—5406—6231—X

语文课程与教学论 ／ 陈玉秋主编.—桂林：广西师范大学出版社,2004
7—5633—4561—2

现代语文教育论 ／ 魏国良著.—上海：华东师范大学出版社,2002
7—5617—2962—6

教学工作漫谈 ／ 魏书生著.—桂林：漓江出版社,2005
7—5407—3420—5

中学语文创新教法 ／ 李创新主编.—北京：学苑出版社,1999
7—5077—0746—6

中学语文教学研究 ／ 苏立康主编.—北京：中央广播电视大学出版社,2003

7—304—02400—3

语文教育展望 / 倪文锦等主编.—上海：华东师范大学出版社,2002(学科教育展望丛书)
7—5617—2820—4

语感和语感教学研究 / 徐云知著.—北京：高等教育出版社,2004(基础教育新课程教师教育系列教材)
7—04—015074—3

现代阅读教学论 / 韦志成著.—南宁：广西教育出版社,2000(学科现代教育理论书系语文)
7—5435—2964—5

导读的艺术 / 钱梦龙著.—2版修订本.—北京：人民教育出版社,2000
7—107—13319—5

作文教学论 / 韦志成著.—南宁：广西教育出版社,1998(学科现代教育理论书系)
7—5435—2739—1

外语教育心理学 / 贾冠杰著.—南宁：广西教育出版社,2003(学科教育心理学丛书)
7—5435—2490—2

外语教育展望 / 左焕琪编著.—上海：华东师范大学出版社,2002(学科教育展望丛书)
7—5617—2838—7

外语教育语言学 / 张国扬,朱亚夫著.—南宁：广西教育出版社,1996(学科现代教育理论书系外语)
7—5435—2497—X

交际法和中国英语教学 / 胡鉴明著.—广州：广东教育出版社,2002
7—5406—5007—9

外语课程与教学论 / 吕良环主编.—杭州：浙江教育出版社,2003(新课程学科教学论丛书)
7—5338—4835—7

给英语教师的101条建议 / 尹刚,陈静波主编.—南京：南京师范大学出版社,2004(给教师的101条建议丛书)
7—81101—178—6

任务型语言教学 / 程晓堂著.—北京：高等教育出版社,2004(基础教育新课程教师教育系列教材)
7—04—015445—5

英语课堂教学形成性评价研究 / 罗少茜编著.—北京：外语教学与研究出版社,2003(外研社·基础外语教学与研究丛书)
7—5600—3124—2

英语教与学新模式 / 盛德仁主编.—北京：外语教学与研究出版社,2002(外研社·基础外语教学与研究丛书)
7—5600—2819—5

英语教材分析与设计 / 程晓堂编著.—北京：外语教学与研究出版社,2002(外研社·基础外语教学与研究丛书·英语教师教育系列)
7—5600—2588—9

英语学科教育理论与实践 / 王蔷主编.—合肥：安徽教育出版社,2003(学科教育书系)
7—5336—3418—7

英语学科教育学 / 林立等著.—北京：首都师范大学出版社,2001(学科教育学大系)
7—81064—143—3

英语教学交际论 / 王才仁著.—南宁：广西教育出版社,1996(学科现代教育理论书系外语)
7—5435—2465—1

英语测试论 / 高兰生,陈辉岳著.—南宁：广西教育出版社,1996(学科现代教育理论书系外语)
7—5435—2495—3

任务型语言教学 / 龚亚夫,罗少茜著.—北京：人民教育出版社,2003(英语教学理论与实践丛书)

7—107—16537—2

中学英语教学法 / 杭宝桐主编;丁昌佑等编写.—2 版修订版.—上海:华东师范大学出版社,2000

7—5617—2259—1

英语教学的现状与发展:全国高中英语教学调查研究结题报告专著 / 张正东,陈治安,李力主编.—北京:人民教育出版社,2001

7—107—14474—X

任务型外语教学研究:认知心理学视角 / 魏永红著.—上海:华东师范大学出版社,2004

7—5617—3716—5

现代英语教学法 / 孙玉梅主编.—长春:东北师范大学出版社,1999

7—5602—2467—9

新课程英语教与学 / 黄远振著.—福州:福建教育出版社,2003

7—5334—3735—7

英语新课程教学模式与教学策略 / 黄文源编.—上海:上海教育出版社,2004

7—5320—9814—1

英语教学论 / 张正东,李少伶主编;特约撰稿刘道义,李力,陈冠英.—西安:陕西师范大学出版社,2003(21 世纪高等师范院校学科教学论教材)

7—5613—2567—3

任务型学习在英语教学中的应用 / 林立编著.—北京:首都师范大学出版社,2005(国家新课程标准教师研修丛书)

7—81064—772—5

中小学英语真实任务教学实践论 / 鲁子问编著.—北京:外语教学与研究出版社,2003(基础外语教学与研究丛书)

7—5600—3402—0

英语教学策略论 / 王笃勤编著.—北京:外语教学与研究出版社,2002(外研社·基础外语教学与研究丛书)

7—5600—2587—0

英语学习与教学设计 / 孙鸣著.—上海:上海教育出版社,2004(学科教学论新体系)

7—5320—9832—X

外语课程与教师发展:RICH 教育视野 / 吴宗杰等著.—合肥:安徽教育出版社,2005(英语教师发展丛书)

7—5336—4532—4

英语课堂教学过程 / 薛中梁著.—合肥:安徽教育出版社,2002(英语教师发展丛书)

7—5336—3098—X

英语教学评估:行为表现评估和学生学习档案 / 龚亚夫,罗少茜编著.—北京:人民教育出版社,2002(英语教学理论与实践丛书)

7—107—16114—8

合作学习在英语教学中的应用 / 蔡慧萍,蔡明德,罗毅编著.—北京:首都师范大学出版社,2005(英语系列国家新课程标准教师研修丛书)

7—81064—772—5

21 世纪中学英语教学理论与实践 / 袁昌寰著.—北京:北京广播学院出版社,2002

7—81085—032—6

双语教学模式探究 / 盛德仁主编.—北京:外语教学与研究出版社,2003(基础外语教学与研究丛书·英语教师实践系列)

7—5600—3375—X

中学英语教学建模 / 黄子成主编.—南宁:广西教育出版社,2003(学科教学建模丛书)

7—5435—3587—4

英语新课程改革理论与实践 / 李丽生编著.—昆明:云南大学出版社,2005

7—81068—912—6

课堂管理论 / 陈时见主编. —桂林：广西师范大学社,2002(当代中小学课堂研究丛书)

　7—5633—3496—3

历史教学的新视野 / 刘军著. —北京：高等教育出版社,2003(基础教育新课程教师教育系列教材·历史新课程研究系列)

　7—04—012371—1

历史教育学 / 叶小兵等著. —北京：高等教育出版社,2004(高教版历史专业本科系列教材)

　7—04—015301—7

历史教学问题探讨 / 白月桥著. —2 版. —北京：教育科学出版社,2001(全国中小学教师继续教育专业课教材)

　7—5041—1741—2

历史学科教育学 / 于友西等著. —北京：首都师范大学出版社,1999(学科教育学大系)

　7—81039—948—9

中学历史教学法 / 于友西主编. —2 版. —北京：高等教育出版社,2003

　7—04—013111—0

历史教育价值论 / 齐健,赵亚夫等著. —北京：高等教育出版社,2003(基础教育新课程教师教育系列教材)

　7—04—012370—3

国外历史教育透视 / 赵亚夫等编著. —北京：高等教育出版社,2003(基础教育新课程教师教育系列教材·历史新课程研究系列)

　7—04—012375—4

历史课程与教学论 / 聂幼犁主编. —杭州：浙江教育出版社,2003(新课程学科教学论丛书)

　7—5338—4836—5

历史教育展望 / 余伟民主编. —上海：华东师范大学出版社,2002(学科教育展望丛书)

　7—5617—2824—7

历史课程标准解读：实验稿 / 朱汉国,王斯德主编. —北京：北京师范大学出版社,2002(走进新课程丛书)

　7—303—06095—2

地理新课程教学论 / 王民主编. —北京：高等教育出版社,2003(基础教育新课程教师教育系列教材)

　7—04—012364—9

地理新课程教学方法 / 段玉山主编；陈昌文等编著. —北京：高等教育出版社,2003(基础教育新课程教师教育系列教材·地理系列)

　7—04—012369—X

地理课程改革的新理念：三维模式课程改革的理论与实践 / 孙根年主编. —北京：高等教育出版社,2003(基础教育新课程教师教育系列教材·地理系列)

　7—04—013428—4

地理课程与教学论 / 夏志芳主编. —杭州：浙江教育出版社,2003(新课程学科教学论丛书)

　7—5338—4959—0

中学地理教材教法 / 王树声编. —北京：高等教育出版社,1995

　7—04—005466—3

地理教育展望 / 张超,段玉山主编. —上海：华东师范大学出版社,2002(学科教育展望丛书)

　7—5617—2834—4

数学教育：从理论到实践 / 郑毓信著. —上海：上海教育出版社,2001(21 世纪数学教育探索丛书)

　7—5320—7625—3

寻找中间地带：国际数学教育改革的大趋势 / 顾泠沅等编著. —上海：上海教育出版社,2003(21

世纪数学教育探索丛书)

　　7—5320—8614—3

中学数学建模教学的实践与探索 / 张思明著. —北京：北京教育出版社,1998(北京教育丛书)

　　7—5303—1508—0

中学数学教学教程 / 张景斌主编;刘晓玫等编著. —北京：科学出版社,2000(高等院校选用教材师范类)

　　7—03—008706—2

给数学教师的 101 条建议 / 季素月主编. —南京：南京师范大学出版社,2005(给教师的 101 条建议丛书)

　　7—81101—337—1

数学新课程与数学学习 / 孔企平,张维忠,黄荣金编著. —北京：高等教育出版社,2003(基础教育新课程教师教育系列教材)

　　7—04—012349—5

数学课题学习的实践与探索 / 张思明,白永潇编著. —北京：高等教育出版社,2003(基础教育新课程教师教育系列教材)

　　7—04—012352—5

数学课程设计 / 刘兼等编著. —北京：高等教育出版社,2003(基础教育新课程教师教育系列教材)

　　7—04—012346—0

数学课程发展的国际视野 / 孙晓天主编. —北京：高等教育出版社,2003(基础教育新课程教师教育系列教材)

　　7—04—012351—7

数学教育评价 / 马云鹏,张春莉等编著. —北京：高等教育出版社,2003(基础教育新课程教师教育系列教材)

　　7—04—012350—9

设计合理的数学教学 / 马复编著. —北京：高等教育出版社,2003(基础教育新课程教师教育系列教材)

　　7—04—012347—9

数学教育个案学习 / 李士锜,李俊主编. —上海：华东师范大学出版社,2001(全国中小学教师继续教育数学专业教材)

　　7—5617—2643—0

数学教学设计 / 奚定华主编. —上海：华东师范大学出版社,2001(全国中小学教师继续教育数学专业教材)

　　7—5617—2459—4

数学思维教育论 / 郭思乐,喻纬著. —上海：上海教育出版社,1997(数学教育研究丛书)

　　7—5320—4879—9

新课程视野中的数学教育 / 周小山,雷开泉,严先元编著. —成都：四川大学出版社,2003(新课程实施者丛书)

　　7—5614—2709—3

数学课程与教学论 / 徐斌艳主编. —杭州：浙江教育出版社,2003(新课程学科教学论丛书)

　　7—5338—4954—X

中学数学教材教法：第一分册　总论 / 赵振威主编. —2 版修订版. —上海：华东师范大学出版社,2000(新世纪高等师范院校教材)

　　7—5617—1192—1

英语教学艺术论 / 杨连瑞,肖建芳著. —南宁：广西教育出版社,2003(学科教学艺术论丛书)

　　7—5435—3607—2

数学教学艺术论 / 毕恩材著. —南宁：广西教育出版社,2002(学科教学艺术论丛书)

　　7—5435—3482—7

数学学科教育学 / 周春荔,张景斌著. —北京：首都师范大学出版社,2001(学科教育学大系)

7—81064—146—8

数学创新意识培养与智力开发 / 周春荔等著.—北京：首都师范大学出版社,2000（学科教育学大系）

7—81064—156—5

数学教育展望 / 徐斌艳编著.—上海：华东师范大学出版社,2001（学科教育展望丛书）

7—5617—2747—X

数学思维理论 / 任樟辉著.—南宁：广西教育出版社,2001（学科现代教育理论书系数学）

7—5435—3198—4

数学课程论 / 张永春编著.—南宁：广西教育出版社,1996（学科现代教育理论书系数学）

7—5435—2532—1

数学教育史 / 马忠林等著.—南宁：广西教育出版社,2001（学科现代教育理论书系数学）

7—5435—3179—8

数学教学论 / 胡炯涛著.—南宁：广西教育出版社,1996（学科现代教育理论书系数学）

7—5435—2526—7

作为教育任务的数学 / （荷）弗赖登塔尔著；陈昌平等编译.—上海：上海教育出版社,1995（中小学数学教学论著译丛）

7—5320—2983—2

开放题：数学教学的新模式 / 戴再平等编.—上海：上海教育出版社,2004（中小学数学开放题丛书）

7—5320—7776—4

现代数学课程论 / 丁尔陞主编；"现代数学课程理论研究"课题组编.—南京：江苏教育出版社,1997

7—5343—2988—4

与新课程同行：数学学与教的心理学 / 何小

亚著.—广州：华南理工大学出版社,2003

7—5623—1938—3

中学数学教学与实践研究 / 李玉琪主编.—北京：高等教育出版社,2001

7—04—009514—9

现代数学观点下的中学数学 / 胡炳生等编.—北京：高等教育出版社,1999

7—04—006985—7

中学数学教学论 / 罗小伟主编.—南宁：广西民族出版社,2000

7—5363—3675—6

中学数学教学导论 / 朱永根,王延文等著.—北京：教育科学出版社,1998

7—5041—1840—0

数学教学认识论 / 涂荣豹著.—南京：南京师范大学出版社,2003

7—81101—002—X

文化视野中的数学与数学教育 / 张维忠著.—北京：人民教育出版社,2005

7—107—18469—5

数学教学论 / 罗增儒,李文铭主编.—西安：陕西师范大学出版社,2003（21世纪高等师范院校学科教学论教材）

7—5613—2565—7

聚焦课堂：课堂教学视频案例的研究与制作 / 鲍建生,王洁,顾泠沅著.—上海：上海教育出版社,2005（21世纪数学教育探索丛书）

7—5320—9853—2

中学数学思想方法概论 / 王林全主编.—广州：暨南大学出版社,2000（数学教育丛书）

7—81029—796—1

教师教学知识发展研究 / 范良火著.—上海：华东师范大学出版社,2003（数学教育研究前沿）

7—5617—3220—1

教学改革的行动与诠释 / 顾泠沅著.—北京：人民教育出版社,2003(中国特级教师文库)
7—107—16922—X

数学思想方法教学研究导论 / 朱成杰著.—上海：文汇出版社,1998
7—80531—463—2

中学数学创新教法 / 毛永聪主编.—北京：学苑出版社,1999
7—5077—0747—4

中国著名特级教师教学思想录:中学数学卷 / 钟善基主编.—南京：江苏教育出版社,1996
7—5343—2727—X

胡炯涛中学数学教学纵横谈 / 胡炯涛,张芃著.—济南：山东教育出版社,1997(全国著名特级教师教学艺术与研究丛书.第一辑)
7—5328—2597—3

解题研究 / 单墫著.—南京：南京师范大学出版社,2002
7—81047—687—4

中小学概率的教与学 / 李俊著.—上海：华东师范大学出版社,2003(数学教育研究前沿)
7—5617—3270—8

信息技术课程：设计与建设 / 李艺主编.—北京：高等教育出版社,2004(基础教育新课程教师教育系列教材·信息技术新课程研究系列)
7—04—012376—2

信息技术教育的理论与方法 / 徐晓东主编.—北京：高等教育出版社,2004(普通高等教育"十五"国家级规划教材;高等学校教育技术系列教材)
7—04—015781—0

信息技术教育评价：理念与实施 / 苗逢春主编.—北京：高等教育出版社,2003

7—04—012378—9

信息技术教学导论 / 杨威,史春秀,巩进生编著.—北京：电子工业出版社,2003
7—5053—8189—X

信息技术教育学 / 刘成章主编.—北京：高等教育出版社,2002
7—04—010740—6

信息技术与课程整合探索 / 李伟明主编.—广州：广东教育出版社,2003
7—5406—5034—6

信息技术教育学 / 彭绍东著.—长沙：湖南师范大学出版社,2004
7—81081—184—3

中小学信息技术教材教法 / 周敦主编.—北京：人民邮电出版社,2003
7—115—11519—2

信息技术课程与教学 / 李艺主编.—北京：高等教育出版社,2005(教育技术学专业系列教材)
7—04—016004—8

信息技术课程与教学论 / 王吉庆主编;黄钢副主编.—杭州：浙江教育出版社,2003(新课程学科教学论丛书)
7—5338—4964—7

中学信息技术教学与实践研究 / 叶金霞主编.—北京：高等教育出版社,2001(中学教师进修高等师范本科(专科起点)教材计算机公共课与专业课教材)
7—04—010070—3

信息技术教师素养：结构与形成 / 张义兵主编.—北京：高等教育出版社,2003(基础教育新课程教师教育系列教材·信息技术新课程研究系列)
7—04—012380—0

中学物理课程改革的目标与实施 / 廖伯琴等

编著.—北京：高等教育出版社,2003（基础教育新课程教师教育系列教材・信息技术新课程研究系列）

7—04—012381—9

各国物理教学改革剖析 / 曹磊,谭树杰主编.—上海：上海教育出版社,1996（物理教学研究与探索）

7—5320—4802—0

物理课程与教学论 / 胡炳元主编.—杭州：浙江教育出版社,2003（新课程学科教学论丛书）

7—5338—4955—8

物理学科教育学 / 乔际平等著.—北京：首都师范大学出版社,1999（学科教育学大系）

7—81039—947—0

物理教育展望 / 朱铉雄编著.—上海：华东师范大学出版社,2002（学科教育展望丛书）

7—5617—2831—X

物理学习论 / 梁树森著.—南宁：广西教育出版社,1996（学科现代教育理论书系物理）

7—5435—2544—5

物理教学论 / 查有梁等著.—南宁：广西教育出版社,1996（学科现代教育理论书系物理）

7—5435—2538—0

中学物理教育学 / 张民生主编.—上海：上海教育出版社,1999

7—5320—6217—1

中学物理教学艺术研究 / 梁旭编著;浙江省教育厅教研组织编写.—杭州：浙江大学出版社,2005（校本教研丛书）

7—308—04175—1

科学课程与教学论 / 袁运开,蔡铁权主编.—杭州：浙江教育出版社,2003（新课程学科教学论丛书）

7—5338—4960—4

理科教育展望 / 孙可平,邓小丽编著.—上海：华东师范大学出版社,2002（学科教育展望丛书）

7—5617—2867—0

科学究竟是什么 / 张红霞著.—北京：教育科学出版社,2003

7—5041—2704—3

新课程化学教与学 / 王云生著.—福州：福建教育出版社,2003（"新课改"教师必读丛书）

7—5334—3750—0

化学实验教学研究 / 文庆城主编.—北京：科学出版社,2003（高等师范院校新世纪教材・学科课程与教学论系列）

7—03—012042—6

高中化学新课程教学论 / 毕华林,亓英丽编著.—北京：高等教育出版社,2005（高中新课程教师教育系列教材）

7—04—017650—5

化学探究学习论 / 毕华林,刘冰著.—济南：山东教育出版社,2004（化学教育新进展丛书）

7—5328—4117—0

化学教育新视角 / 毕华林,亓英丽著.—济南：山东教育出版社,2004（化学教育新进展丛书）

7—5328—4116—2

化学新教材开发与使用 / 毕华林等编著.—北京：高等教育出版社,2003（基础教育新课程教师教育系列教材・化学教育改革研究系列）

7—04—012384—3

化学问题设计与问题解决 / 王祖浩,张天若等编著.—北京：高等教育出版社,2003（基础教育新课程教师教育系列教材・化学教育改革研究系列）

7—04—012797—0

初中化学新课程的教学设计与实践 / 王磊等编著.—北京：高等教育出版社,2003（基础教育新课程教师教育系列教材・化学教育改革研究系列）

7—04—012385—1

化学新课程中的科学探究 / 王祖浩,吴星等著.—北京:高等教育出版社,2003（基础教育新课程教师教育系列教材·化学系列二）

7—04—009296—4

中学化学课程与教学改革 / 郑长龙主编.—长春:东北师范大学出版社,2001（全国中小学骨干教师继续教育核心课培训教材）

7—5602—2882—8

化学教学艺术论 / 朱嘉泰,李俊著.—南宁:广西教育出版社,2002（学科教学艺术论丛书）

7—5435—3483—5

化学教育展望 / 高剑南,王祖浩主编.—上海:华东师范大学出版社,2001（学科教育展望丛书）

7—5617—2774—7

化学实验论 / 梁慧姝,郑长龙著.—南宁:广西教育出版社,1996（学科现代教育理论书系化学）

7—5435—2510—0

化学课程论 / 何少华,毕华林著.—南宁:广西教育出版社,1996（学科现代教育理论书系化学）

7—5435—2504—6

化学教学系统论 / 刘知新,王祖浩著.—南宁:广西教育出版社,1996（学科现代教育理论书系化学）

7—5435—2506—2

化学实验教学论 / 郑长龙主编.—北京:高等教育出版社,2002

7—04—010613—2

中学化学实验研究导论 / 吴俊明编著.—南京:江苏教育出版社,1997

7—5343—3177—3

化学新课程理念与实施 / 毕华林本册主编.—济南:山东教育出版社,2004

7—5328—4319—X

生物教育展望 / 陆建身主编.—上海:华东师范大学出版社,2001（学科教育展望丛书）

7—5617—2775—5

生物新课程教学论 / 汪忠主编;汪忠著.—北京:高等教育出版社,2003（基础教育新课程教师教育系列教材）

7—04—012361—4

中学生物学教学论 / 刘恩山主编.—北京:高等教育出版社,2003（面向21世纪课程教材）

7—04—011098—9

科学教育概论 / 顾志跃著.—北京:科学出版社,1999（现代科技教育参考系列）

7—03—007104—2

综合艺术课程与教学探索 / 杨立梅主编.—北京:高等教育出版社,2003（基础教育新课程教师教育系列教材）

7—04—012344—4

走向未来的音乐教育：评介世界著名的三大音乐教育体系 / 杨立梅,李妲娜著.—海口:海南出版社,2000（国外中小学教育面面观）

7—80645—682—1

初中音乐新课程教学法 / 金亚文主编.—北京:高等教育出版社,2003（基础教育新课程教师教育系列教材）

7—04—012342—8

音乐学科教育学 / 曹理,何工著.—北京:首都师范大学出版社,2000（学科教育学大系）

7—81064—145—X

德国音乐教育概况 / 谢嘉幸等编著.—上海:上海教育出版社,1999（学校艺术教育研究丛书）

7—5320—6180—9

音乐教育教学经验 / 章连启著.—北京:人民

音乐出版社,1996(中小学音乐教师丛书)

　　7—103—01374—8

音乐教学论 / 陈玉丹主编. —北京:高等教育出版社,2003(中学教师进修高等师范本科(专科起点)教材)

　　7—04—012219—7

音乐新课程与学科素质培养:中学音乐教师人文素质培养 / 张淑珍主编. —北京:中国纺织出版社,2002(中学教师知识扩展丛书)

　　7—5064—2105—4

中学音乐教学论新编 / 曹理,缪裴言主编;曹理等撰稿. —北京:高等教育出版社,1996

　　7—04—005679—8

音乐教学论 / 尹红编著. —重庆:西南师范大学出版社,2002(21世纪音乐系列丛书)

　　7—5621—2642—9

音乐教育展望 / 戴定澄主编. —上海:华东师范大学出版社,2001(学科教育展望丛书)

　　7—5617—2749—6

现代美术教育学 / 张小鹭著. —重庆:西南师范大学出版社,2002(21世纪美术教育丛书)

　　7—5621—2505—8

初中美术新课程教学论 / 杨建滨主编. —北京:高等教育出版社,2003(基础教育新课程教师教育系列教材)

　　7—04—012340—1

美术学科教育学 / 常锐伦著. —北京:首都师范大学出版社,2000(学科教育学大系)

　　7—81064—149—2

美术教育展望 / 徐建融等编著. —上海:华东师范大学出版社,2002(学科教育展望丛书)

　　7—5617—2825—5

美术课程标准解读:实验稿 / 尹少淳主编. —

北京:北京师范大学出版社,2002(走进新课程丛书)

　　7—303—06092—8

基础教育体育课程改革 / 顾渊彦主编. —北京:人民体育出版社,2004(21世纪体育课程新论丛书)

　　7—5009—2614—6

中学体育教材教法 / 罗希尧主编. —北京:高等教育出版社,2001(高等学校教材)

　　7—04—009676—5

初中体育与健康新课程教学法 / 季浏,汪晓赞主编. —北京:高等教育出版社,2003(基础教育新课程教师教育系列教材)

　　7—04—012354—1

中学体育教材教法 / 王启明等主编. —北京:人民体育出版社,1998

　　7—5009—1676—0

体育与健康课程与教学论 / 季浏主编. —杭州:浙江教育出版社,2003(新课程学科教学论丛书)

　　7—5338—4963—9

体育教学改革新视野 / 毛振明著. —北京:北京体育大学出版社,2003(学校体育改革新视野丛书)

　　7—81051—736—8

新课程的学校体育评价 / 李建军编著. —广州:广东高等教育出版社,2003

　　7—5361—2776—6

体育教育展望 / 季浏,胡增荦编著. —上海:华东师范大学出版社,2001(学科教育展望丛书)

　　7—5617—2811—5

环境教育论 / 祝怀新著. —北京:中国环境科学出版社,2002(基础教育阶段环境教育丛书)

　　7—80163—374—1

中学语文课程与教学论 / 陈建伟主编.—广州：暨南大学出版社,2002（新教师教育丛书）

7—81079—238—5

教育的智慧：写给中小学教师 / 林崇德著.—北京：开明出版社,1999

7—80133—236—9

当代教师继续教育论 / 时伟著.—合肥：安徽教育出版社,2004

7—5336—3781—X

初中班主任 / 许高厚等主编.—北京：北京师范大学出版社,1995

7—303—04072—2

中小学教师继续教育培训模式研究 / 刘丽俐主编.—北京：中国人事出版社,2003

7—80139—949—8

教师能力概论 / 罗树华,李洪珍主编.—济南：山东教育出版社,2001（全国中小学教师继续教育教材）

7—5328—3361—5

教师的成长与发展 / 傅道春主编.—北京：教育科学出版社,2001（全国中小学教师继续教育专业课教材）

7—5041—2179—7

中学优秀教师的成长与高师教改之探索 / 王邦佐主编.—北京：人民教育出版社,2000

7—107—13637—2

校本培训研究与操作 / 张玉华主编.—上海：上海教育出版社,2003

7—5320—9150—3

中小学教师素质及其评价 / 朱益明,秦卫东,张俐蓉编著.—南宁：广西教育出版社,2000（教师继续教育系列教材）

7—5435—2976—9

新世纪教师素养 / 张行涛,郭东岐主编.—北京：首都师范大学出版社,2003

7—81064—426—2

非智力因素的理论与实践 / 沈德立主编.—北京：教育科学出版社,1997

7—5041—1760—9

学校管理研究专题 / 安文铸主编.—北京：科学普及出版社,1997（全国中小学校长提高培训教材）

7—110—04228—6

校本人事：开发与管理 / 龙君伟著.—广州：广东高等教育出版社,2002（校本管理研究丛书）

7—5361—2697—2

发展性班级教育系统 / 班华等著.—南京：南京师范大学出版社,2000

7—81047—561—4

教育中的放权与择校：学校、政府和市场 / （英）杰夫·惠迪等著;马忠虎译.—北京：教育科学出版社,2003（教育与国家发展译丛）

7—5041—2407—9

教育的国际视野 / 上官子木著.—上海：华东师范大学出版社,2005（大夏书系.教育观察）

7—5617—4411—0

全球化、信息化背景下的中国基础教育改革研究报告集 / 叶澜等著.—上海：华东师范大学出版社,2004（全球化、信息化与学校变革丛书）

7—5617—3670—3

教育走向生本 / 郭思乐著.—北京：人民教育出版社,2001（中国当代教育论丛）

7—107—14473—1

学会参与：主体性教育模式研究 / 卢正芝著.—杭州：浙江大学出版社,2003

7—308—03361—9

基础教育改革研究／钱源伟著.—上海：上海科技教育出版社,2001

7—5428—2617—4

高等教育市场化／戴晓霞,莫家豪,谢安邦主编.—北京：北京大学出版社,2004（大学之道丛书）

7—301—07110—8

高等学校办学模式研究／赵庆典等著.—北京：人民教育出版社,2005（高等教育研究丛书）

7—107—18069—X

大学的理念／（英）约翰·亨利·纽曼著;高师宁等译.—贵阳：贵州教育出版社,2003（世界著名大学研究译丛）

7—80650—373—0

学校文化／赵中建主编.—上海：华东师范大学出版社,2004（学校管理新视野丛书）

7—5617—3976—1

高等教育理论研究精论集：135 位学者论高等教育大众化与高校扩招／陈学飞,秦惠民主编.—北京：中央编译出版社,2004（中国学术思想库）

7—80109—907—9

现代大学制度：高等教育改革与发展的时代回应／张俊宗著.—北京：中国社会科学出版社,2004

7—5004—4516—4

大学教育：回归人文之蕴／张祥云编著.—广州：中山大学出版社,2004

7—306—02328—4

独立学院：中国高等教育发展的新探索：以浙江大学的两个独立学院为案例／来茂德主编.—杭州：浙江大学出版社,2004

7—308—03991—9

北大与清华：中国两所著名高等学府的历史与风格／刘克选,方明东主编.—北京：国家行政学院出版社,1998

7—80140—007—0

世界贸易组织与高等教育／陈贤忠主编.—合肥：安徽大学出版社,2002

7—81052—556—5

高等教育质量保证体系研究／安心著.—兰州：甘肃教育出版社,1999

7—5423—0853—X

学习科学与技术：信息时代大学生学习能力培养／桑新民主编.—北京：高等教育出版社,2004

7—04—015133—2

地方大学办学理念研究／和飞著.—北京：高等教育出版社,2005

7—04—015993—7

大学之道／王冀生著.—北京：高等教育出版社,2005

7—04—013968—5

大学教学管理制度论／郭冬生著.—北京：高等教育出版社,2005

7—04—017487—1

高等学校的分层与管理／马陆亭著.—广州：广东教育出版社,2004

7—5406—5461—9

大学生创业与高等院校创业教育／李时椿,常建坤,杨怡编.—北京：国防工业出版社,2004

7—118—03577—7

大学通识教育的理念与实践／黄俊杰著.—武汉：华中师范大学出版社,2001

7—5622—2425—0

区域大学的使命／徐同文著.—北京：教育科学出版社,2004

7—5041—2811—2

大学生生涯规划导论 / 蒋建荣、詹启生编著.—天津：南开大学出版社,2005

7—310—02348—X

知识经济与高校德育 / 梁桂麟主编.—北京：人民出版社,2002

7—01—003748—5

我国高等教育体制改革及其综合效益分析 / 蔡克勇主编.—北京：人民教育出版社,1997

7—107—12012—3

大学之道 / 杨东平主编.—上海：文汇出版社,2003

7—80676—387—2

大学精神 / 杨东平主编.—上海：文汇出版社,2003

7—80676—379—1

社会变革中的大学管理 / 郭石明编著.—杭州：浙江大学出版社,2004

7—308—03903—X

大学教学概论 / 徐辉,季诚钧等著.—杭州：浙江大学出版社,2004

7—308—03705—3

大学校园文化的设计与实践 / 寿韬编著.—北京：中国林业出版社,2004

7—5038—3876—0

大学的精神 / 刘琅主编.—北京：中国友谊出版公司,2004

7—5057—2024—4

现代大学理念构建 / 杨寅平著.—北京：中央编译出版社,2005

7—80211—139—0

大学教育现代化 / 韩延明著.—济南：山东教育出版社,1999(21世纪大学教育发展趋势丛书)

7—5328—2879—4

大学教育科技经济一体化 / 田建国著.—济南：山东教育出版社,1999(21世纪大学教育发展趋势丛书)

7—5328—2877—8

美国大学思想论纲 / 施晓光著.—北京：北京师范大学出版社,2001(北京师范大学博士文库)

7—303—05685—8

学术责任 / (美)唐纳德·肯尼迪著;阎凤桥等译.—北京：新华出版社,2002(常青藤译丛)

7—5011—5494—5

校园文化与创造力的培养 / 汪子为等著.—武汉：湖北教育出版社,2002(创造教育丛书)

7—5351—3312—6

大学生素质教育概论 / 潘银忠,唐征友,陈铁夫编著.—北京：科学出版社,2001(大学生素质教育丛书)

7—03—009421—2

大学生素养与职业生涯设计 / 杨书良,赵桂梅,王诤主编.—北京：机械工业出版社,2002(当代大学生书系)

7—111—10860—4

高等教育学 / 薛天祥主编.—桂林：广西师范大学出版社,2001(高等教育理论丛书)

7—5633—3157—3

高等教育系统论 / 赵文华著.—桂林：广西师范大学出版社,2001(高等教育理论丛书)

7—5633—3152—2

高等教育发展论 / 房剑森著.—桂林：广西师范大学出版社,2001(高等教育理论丛书)

7—5633—3143—3

高等教育论：跨学科的观点 / 徐小洲等著.—北京：人民教育出版社,2003(高等教育研究丛书)

7—107—15929—1

大学理念论纲 / 韩廷明著. —北京：人民教育出版社,2003(高等教育研究丛书)

　7—107—17006—6

高等教育学 / 胡弼成主编;湖南省教育厅组编. —长沙：湖南大学出版社,2005(高等学校教师岗前培训教材)

　7—81053—972—8

高等教育学 / 钟玉海主编. —合肥：合肥工业大学出版社,2005(高等学校教师岗前培训教材)

　7—81093—305—1

简明高等教育学 / 周川主编. —南京：河海大学出版社,2002(高等学校教师培训丛书)

　7—5630—1781—X

研究生教育的科学研究基础 / （美）伯顿·克拉克著;王承绪等译. —杭州：浙江教育出版社,2001(汉译世界高等教育名著丛书)

　7—5338—4316—9

大学的理念 / 肖海涛著. —武汉：华中科技大学出版社,2001(华中科技大学文科学术丛书)

　7—5609—2472—7

识读大学：组织文化的视角 / 阎光才著. —北京：教育科学出版社,2002(教育博士文库)

　7—5041—2404—4

大学理念的传统与变革 / 刘宝存著. —北京：教育科学出版社,2004(教育博士文库)

　7—5041—2776—0

高等教育学概论 / 杨德广主编. —上海：华东师范大学出版社,2002(上海市教师资格证书专业培训教材)

　7—5617—2971—5

素质：中国教育的沉思 / 张楚廷著. —武汉：华中理工大学出版社,2001(文化素质教育书丛)

　7—5609—2473—5

大学生素质教育概论 / 王立新,郑宽明,王文礼编著. —北京：科学出版社,2005(应用型本科人才培养创新教材出版工程)

　7—03—014729—4

现代高等教育思想探索 / 杨德广著. —北京：人民教育出版社,2001(中国当代教育论丛)

　7—107—14993—8

国际视野中的大学创新教育 / 王英杰,刘宝存著. —太原：山西教育出版社,2005(中国当代教育学术文库)

　7—5440—2905—0

高等学校职能论 / 朱国仁著. —哈尔滨：黑龙江教育出版社,1999(中国教育科学博士后文库)

　7—5316—3527—5

高等教育现代化的反思与建构 / 张应强著. —哈尔滨：黑龙江教育出版社,2000(中国教育科学博士后文库)

　7—5316—3720—0

高等教育新论：多学科的研究 / （美）伯顿·克拉克主编;王承绪等译. —2 版. —杭州：浙江教育出版社,2001

　7—5338—3534—4

高等教育学 / 谢安邦主编;教育部人事司组编. —2 版修订本. —北京：高等教育出版社,1999

　7—04—007735—3

高校人才培养模式多样化：诠释与对应 / 程静主编. —北京：北京工业大学出版社,2003

　7—5639—1291—6

现代大学文化学 / 王冀生著. —北京：北京大学出版社,2002

　7—301—05534—X

大学通识教育课程论稿 / 张寿松著. —北京：北京大学出版社,2005

　7—301—08726—8

潘懋元论高等教育 / 潘懋元著. —福州：福建教育出版社,2000

7—5334—3027—1

高等教育学 / 王伟廉主编. —福州：福建教育出版社,2001

7—5334—3172—3

高等教育学 / 杜作润,廖文武编. —上海：复旦大学出版社,2003

7—309—03578—X

人才培养模式改革研究与实践 / 胡恩明等主编. —北京：高等教育出版社,2004

7—04—015125—1

宏观高等教育学 / 王冀生著. —北京：高等教育出版社,2000

7—04—008447—3

高等教育社会学 / 张德祥,周润智著. —北京：高等教育出版社,2002

7—04—011180—2

中国高等教育史论 / 涂又光著. —武汉：湖北教育出版社,1997

7—5351—2173—X

大学教学学 / 张楚廷著. —长沙：湖南师范大学出版社,2002

7—81081—225—4

专业教学中的人文教育 / 刘献君主编. —武汉：华中科技大学出版社,2003

7—5609—2916—8

中国高等教育目标论 / 文辅相著. —武汉：华中理工大学出版社,1995

7—5609—1140—4

大学之思与大学之治 / 刘献君著. —武汉：华中理工大学出版社,2000

7—5609—2183—3

现代高等教育学 / 杨树勋主编. —北京：化学工业出版社,1999

7—5025—2530—0

高等教育经济学 / 王培根著. —北京：经济管理出版社,2004

7—80162—856—X

大学精神 / 杨东平编. —沈阳：辽海出版社,2000

7—80649—242—9

高等教育学教程 / 朱菊芳主编. —南京：南京师范大学出版社,1995

7—81047—040—X

中国高等教育的改革与发展 / 方惠坚,范德清主编. —北京：清华大学出版社,2001

7—302—00834—5

中国高等工程教育 / 张光斗,王冀生主编. —北京：清华大学出版社,1995

7—302—01870—7

大学生素质教育 / 夏威主编. —济南：山东大学出版社,2004

7—5607—2760—3

大学素质教育纵横谈 / 田建国著. —济南：山东教育出版社,2001

7—5328—3384—4

美国、德国、法国、日本当代高等教育思想研究 / 陈学飞主编. —上海：上海教育出版社,1998

7—5320—5461—6

高等教育专论 / 杨德广著. —上海：上海教育出版社,1998

7—5320—5472—1

中国重点大学与学科建设 / 罗云著. —北京：中国社会科学出版社,2005

7—5004—5010—9

高等教育评估理论与方法 / 许茂祖,张桂花编著.—北京:中国铁道出版社,1997

7—113—02804—7

高等教育与人才市场:理论探讨与实证分析 / 蓝劲松著.—北京:清华大学出版社,1999

7—302—03437—0

比较高等教育 / 谢安邦主编.—桂林:广西师范大学出版社,2002(高等教育理论丛书)

7—5633—3485—8

高等教育比较学 / 袁祖望著.—厦门:厦门大学出版社,1999

7—5615—1511—1

大学教育与管理心理学 / 周晓虹编著.—南京:南京大学出版社,1997(高等教育科学丛书)

7—305—03111—9

市场经济与高等教育:一个世界性的课题 / 陈列著.—北京:人民教育出版社,1996

7—107—11318—6

高等教育经济学 / 史万兵编著.—北京:科学出版社,2004

7—03—013541—5

大学校园文化 / 傅进军编著.—上海:上海交通大学出版社,2001

7—313—02803—2

高校校园文化论 / 白同平著.—北京:中国林业出版社,2000

7—5038—2404—2

提高文化素质培育创新人才:高等学校加强文化素质教育的探索 / 刘凤泰主编.—北京:高等教育出版社,1999

7—04—008467—8

文化素质与科学精神:谈学论教续集 / 王义遒著.—北京:北京大学出版社,2003

7—301—06112—9

大学生教育专论 / 杨德广著.—上海:上海教育出版社,2000

7—5320—6681—9

高校思想政治工作概论 / 王小锡,王建华编著.—南京:南京大学出版社,1997(高等教育科学丛书)

7—305—03110—0

大学生思想道德修养 / 张光兴主编.—2版.—北京:科学出版社,2005(21世纪高等院校教材中国科学院规划教材)

7—03—015438—X

大学德育论 / 刘献君著.—武汉:华中理工大学出版社,1996(华中理工大学文学院学术丛书)

7—5609—1316—4

当代大学德育史论 / 龚海泉主编.—武汉:华中师范大学出版社,1997(华中师范大学出版基金丛书)

7—5622—1716—5

政治观教育通论 / 王玄武主编;教育部社会科学研究与思想政治工作司组编.—北京:高等教育出版社,1999(教育部思想政治教育专业课程教材)

7—04—007113—4

思想政治教育学原理 / 邱伟光,张耀灿主编;教育部社会科学研究与思想政治工作司组编.—北京:高等教育出版社,1999(面向21世纪课程教材)

7—04—006732—3

思想政治教育方法论 / 郑永廷主编.—北京:高等教育出版社,1999(面向21世纪课程教材)

7—04—006733—1

思想政治教育方法教程 / 祖嘉和著.—北京:北京大学出版社,2004(普通高等教育公共课教材)

7—301—06917—0

当代高校公共理论课教育教学研究 / 梁桂麟,徐海波主编.—北京:中国社会科学出版社,2004(文山湖社科文库)

　　7—5004—4598—9

思想道德修养 / 罗国杰主编.—3 版.—北京:高等教育出版社,1998

　　7—04—006711—0

大学德育新探:社会主义市场经济与高校思想政治工作研究 / 林泰主编.—北京:清华大学出版社,1997

　　7—302—02648—3

高校灵魂工程:新世纪高校思想政治教育前瞻性研究 / 张耀灿等主编.—武汉:武汉大学出版社,2002

　　7—307—03589—8

新形势下大学生思想政治教育探索 / 周长春主编.—北京:北京工业大学出版社,2005

　　7—5639—1482—X

大学生思想政治教育的战略思考 / 刘仁学,刘和忠,郝景江主编.—长春:东北师范大学出版社,1995

　　7—5602—1760—5

思想政治教育环境论 / 沈国权主编.—上海:复旦大学出版社,2002

　　7—309—03233—0

新时期高校思想政治工作理论与实践 / 靳诺,郑永廷,张澍军等著.—北京:高等教育出版社,2003

　　7—04—012858—6

网络时代大学生思想政治教育导论 / 宋元林等著.—长沙:湖南人民出版社,2002

　　7—5438—2884—7

高校思想政治教育工作心理探索 / 宋书文等主编.—北京:教育科学出版社,1995

　　7—5041—1508—8

思想政治教育的文化视野 / 沈壮海著.—北京:人民出版社,2005

　　7—01—005126—7

中国当代大学生价值观研究 / 杨德广,晏开利主编.—上海:上海教育出版社,1997

　　7—5320—4865—9

思想政治教育心理学 / 杨芷英,王希永著.—北京:首都师范大学出版社,1999

　　7—81064—036—4

青年思想政治教育学原理 / 刘书林,陈立思著.—北京:中国青年出版社,1999

　　7—5006—3403—X

网络思想政治教育研究 / 胡树祥主编.—成都:电子科技大学出版社,2005

　　7—81094—865—2

社会转型期高校德育工作创新研究 / 王小明主编.—上海:华东师范大学出版社,2004

　　7—5617—3384—4

大学教学理论与方法 / 李成良,顾美玲编著.—贵阳:贵州教育出版社,1995(云贵川高校教师教育科学理论培训教材)

　　7—80583—721—X

高等学校教学管理系统研究 / 朱永新著.—南京:江苏教育出版社,1998

　　7—5343—3195—1

高等学校教学原理与方法 / 潘懋元主编.—北京:人民教育出版社,1995

　　7—107—11415—8

大学教育综合化 / 周光迅著.—济南:山东教育出版社,1999(21 世纪大学教育发展趋势丛书)

　　7—5328—2878—6

高等教育质量管理：一个关于高等院校评估和改革的国际性观点 ／（美）约翰·布伦南，特拉·沙赫著；陆爱华等译．—上海：华东师范大学出版社，2005（当代教育理论译丛）

7—5617—4243—6

高等学校教师教学科研方法 ／孙显元主编．—合肥：合肥工业大学出版社，2005（高等学校教师岗前培训教材）

7—81093—304—3

高等教育评价方法研究 ／张远增著．—上海：复旦大学出版社，2002（上海市社会科学博士文库）

7—309—03408—2

后工业时代的通识教育实践：以北京大学和香港中文大学为例 ／李曼丽，林小英著．—北京：民族出版社，2003

7—105—05465—4

高等教育服务质量论 ／刘俊学著．—长沙：湖南大学出版社，2002

7—81053—557—9

高等学校教学质量保证体系的研究与实践 ／江彦桥，赵伟建，付克阳编著．—上海：上海外语教育出版社，2002

7—81080—546—0

高等院校教育质量管理体系建立与实施指南 ／孙明霞，刘红屏编著．—北京：石油工业出版社，2003

7—5021—4277—0

面向 21 世纪高等文科教育的改革与建设 ／石亚军著．—北京：中国人民大学出版社，1998

7—300—02547—1

学科组织创新：高等学校院系等学科结构的改革研究 ／胡建雄等著．—杭州：浙江大学出版社，2001

7—308—02499—7

研究型大学的课程改革与教育创新 ／孙莱祥主编．—北京：高等教育出版社，2005

7—04—017326—3

大学学科建设与发展论纲 ／李铁君主编．—北京：中国社会科学出版社，2004

7—5004—5166—0

大学课程管理的理论与方法研究 ／唐德海著．—北京：中国科学技术出版社，2002

7—5046—3262—7

国外高等学校课程改革的动向和趋势 ／贺国庆，华筑信主编．—保定：河北大学出版社，2000

7—81028—583—1

教材设计与编写 ／范印哲编著．—北京：高等教育出版社，1998

7—04—006333—6

教材设计导论 ／范印哲编著．—北京：高等教育出版社，2003

7—04—012096—8

合作性学习的原理与技巧：在教与学中组建有效的团队 ／（美）大卫.W.约翰逊，罗格.T.约翰逊，卡尔.A.史密斯著；刘春红，孙海法编译．—北京：机械工业出版社，2001

7—111—09241—4

大学生社会实践导读 ／冯艾，范冰主编．—北京：社会科学文献出版社，2005

7—80190—659—4

大学生社会实践概论 ／王小云，王辉著．—北京：中国经济出版社，2005

7—5017—7005—0

大学学习学 ／郝贵生著．—北京：人民出版社，2001

7—01—003493—1

学习风格与大学生自主学习 ／陆根书，于德弘

著.—西安：西安交通大学出版社,2003

　　7—5605—1758—7

　　研究生教育管理学 / 薛天祥主编.—桂林：广西师范大学出版社,2004(高等教育理论创新丛书)

　　7—5633—4591—4

　　研究生教育学 / 薛天祥主编.—桂林：广西师范大学出版社,2001(高等教育理论丛书)

　　7—5633—3296—0

　　研究生教育模式嬗变 / 李盛兵著.—北京：教育科学出版社,1997(清洁高等教育系列丛书)

　　7—5041—1675—0

　　中国工程硕士专业学位研究 / 谢锡善主编;全国工科学位与研究生教育改革研究课题组编.—北京：高等教育出版社,2000

　　7—04—008568—2

　　西方怎样培养博士：法、英、德、美的模式与经验 / 陈学飞等著.—北京：教育科学出版社,2002

　　7—5041—2256—4

　　学位与研究生教育评估研究 / 王战军主编.—北京：高等教育出版社,2002

　　7—04—011356—2

　　学位与研究生教育评估技术与实践 / 王战军编著.—北京：高等教育出版社,2000

　　7—04—008552—6

　　学位与研究生教育工作实践及思考 / 谢桂华著.—北京：高等教育出版社,2002

　　7—04—011411—9

　　探究的场所：现代大学的科研和研究生教育 / (美)伯顿·克拉克著;王承绪译.—杭州：浙江教育出版社,2001(汉译世界高等教育名著丛书)

　　7—5338—4197—2

　　中美大学学术管理 / 别敦荣著.—武汉：华中理工大学出版社,2000(华中理工大学文科学术丛书)

　　7—5609—2354—2

　　高等学校教师职业道德修养 / 李春秋主编;教育部人事司组织编写.—2版.—北京：北京师范大学出版社,2000

　　7—303—05034—5

　　中国高等学校教师队伍建设和发展 / 曾绍元主编.—北京：航空工业出版社,1996

　　7—80134—067—1

　　双师型教师队伍建设 / 李梦卿等编著.—武汉：华中科技大学出版社,2004

　　978—7—5609—6739—4

　　大学人文精神构架 / 张楚廷著.—长沙：湖南师范大学出版社,1996(大学人文素质教育丛书)

　　7—81031—514—5

　　新学子：当代大学生研究报告 / 郗杰英主编;中国青少年研究中心,中国青少年发展基金会编.—郑州：文心出版社,2003

　　7—80683—002—2

　　精神的家园：当代大学启示录 / 林钧敬主编.—北京：北京大学出版社,1998

　　7—301—03683—3

　　成才不是梦：高校贫困生的现状与未来 / 张耀灿等著.—北京：人民出版社,2005

　　7—01—004809—6

　　美国高校学生工作 / 赵平等编著.—北京：北京航空航天大学出版社,1996

　　7—81012—630—X

　　大学生生活质量调研报告 / 万素英,张秋山,李维意等编著.—北京：人民出版社,2005

　　7—01—005528—9

　　当代中国大学生心理特点与教育 / 黄希庭著.—上海：上海教育出版社,1999

7—5320—6256—2

大学生素质论 / 李玉华,李景平主编.—西安:西安交通大学出版社,2001

7—5605—1215—1

大学生问题 / 马长英著.—北京:中国青年出版社,2001

7—5006—4155—9

学生工作的设计与评估 / 漆小萍编著.—广州:中山大学出版社,2003

7—306—02081—1

当代大学生社会心理问题及其对策 / 胡启先等著.—南昌:江西人民出版社,1999

7—210—02150—7

变革时代的大学使命 / 徐辉著.—杭州:浙江大学出版社,1999(浙江中青年学者自选集徐辉自选集)

7—308—02201—3

建立创业型大学:组织上转型的途径 / (美)伯顿·克拉克著;王承绪译.—北京:人民教育出版社,2003(比较教育译丛·比较教育书系)

7—107—16776—6

大学的逻辑 / 张维迎著.—北京:北京大学出版社,2004(大学之道丛书)

7—301—06704—6

高等学校管理学 / 冒荣,刘义恒编著.—南京:南京大学出版社,1997(高等教育科学丛书)

7—305—03109—7

学校社会工作 / 范明林,张洁编著.—上海:上海大学出版社,2005(社会学与社会发展丛书)

7—81058—773—0

高等学校管理心理学 / 车文博主编;国家教育委员会人事司组织编写.—北京:北京师范大学出版社,1995(中国高等教育管理研究丛书)

7—303—04125—7

高等教育管理 / 母国光,翁史烈主编.—北京:北京师范大学出版社,1995(中国高等教育管理研究丛书)

7—303—03443—9

现代大学组织结构设计 / 吴志功著.—北京:北京师范大学出版社,1998

7—303—04804—9

大学品牌 / 余明阳,朱纪达,吴玫著.—广州:广东经济出版社,2004

7—80677—762—8

学校管理学 / 张楚廷著.—长沙:湖南师范大学出版社,2000

7—81081—011—1

高等教育管理学 / 薛天祥主编.—上海:华东师范大学出版社,1997

7—5617—1618—4

高等教育管理学 / 姚启和著.—武汉:华中理工大学出版社,2000

7—5609—2146—9

大学生职业生涯设计 / 共青团中央学校部,中国青少年研究中心组织编写.—北京:中国言实出版社,2004

7—80128—526—3

高校学生事务管理 / 漆小萍等编著.—广州:中山大学出版社,2005

7—306—02410—8

理想与抉择:大学生资助政策的国际比较 / 张民选著.—北京:人民教育出版社,1999(比较教育丛书)

7—107—12840—X

高等学校的学生贷款:国际比较研究 / 赵中建著.—成都:四川教育出版社,1996(中国教育热

点难点研究丛书)

7—5408—2974—5

大学生职业心理辅导／陈社育主编.—北京：北京出版社,2003(21世纪大学生心理素质教育丛书)

7—200—04867—4

大学生就业指导新编／《大学生就业指导新编》编写组编.—北京：北京大学出版社,2004(21世纪课程教材)

7—301—07538—3

大学生就业指导／瞿振元主编；全国高等学校学生信息咨询与就业指导中心组编.—3版.—北京：高等教育出版社,2001(大学生就业、创业系列用书)

7—04—010113—0

从分配到择业：大学毕业生就业状况的实证研究／谢维和,王洪才著.—北京：教育科学出版社,2001

7—5041—2091—X

测量愿望：大学生职业选择实证研究／王路江等著.—北京：中国人民大学出版社,2001

7—300—03812—3

2000—2002年中国高等学校毕业生就业形势的分析与预测／瞿振元主编.—北京：北京师范大学出版社,2001

7—303—05782—X

毕业生就业概论／陈绍奇,叶梓效主编.—广州：广东高等教育出版社,1999

7—5361—2301—9

大学生就业指导／潘庆忠,魏瑞荣主编.—北京：科学出版社,2004

7—03—014453—8

大学生职业指导／顾雪英著.—北京：人民教育出版社,2005

7—107—18749—X

大学生就业指导／涂益杰,许克毅主编.—西安：西安电子科技大学出版社,1995

7—5606—0409—9

当代大学生就业指导／胡修池,刘紫婷主编.—郑州：郑州大学出版社,2003

7—81048—683—7

大学生就业报告／胡解旺著.—北京：中央编译出版社,2004

7—80109—835—8

高校后勤系统重组研究／钟顺虎著.—西安：陕西人民出版社,2001

7—224—05709—6

21世纪新型高校后勤保障体系构想／盛裕良主编.—上海：同济大学出版社,2005

7—5608—3044—7

中国高校后勤社会化改革的理论与实践／王富主编.—北京：新华出版社,2003

7—5011—6368—5

高等教育财政：国际经验与中国道路选择／吕炜等著.—大连：东北财经大学出版社,2004(转轨与公共政策研究书系)

7—81084—544—6

高校经济论／伍海泉著.—长沙：湖南人民出版社,2001

7—5438—2786—7

高等教育成本管理论／陈敬良等著.—上海：上海科技教育出版社,2001

7—5428—2539—9

大学财务综合评价研究／杨周复,施建军等著.—北京：中国人民大学出版社,2002

7—300—04412—3

大学生心理健康教育与应用／董广杰主编.—北京：中国纺织出版社,2004

7—5064—2640—4

重建中国私立大学：理念、现实与前景／张博树,王桂兰著.—北京：教育科学出版社,2003（民办教育丛书）

7—5041—2440—0

新时期中国民办高等教育发展研究／徐绪卿著.—杭州：浙江大学出版社,2005

7—308—04384—3

各国高等教育评估／夏天阳主编.—上海：上海科学技术文献,1997

7—5439—1214—7

学术权力：七国高等教育管理体制比较／（加）约翰·范德格拉夫等编著；王承绪等译.—2版.—杭州：浙江教育出版社,2001（汉译世界高等教育名著丛书）

7—5338—2955—7

高等教育国际化：跨世纪的大趋势／陈学飞主编.—福州：福建教育出版社,2002（明日教育文库）

7—5334—3287—8

当代世界高等教育理念及对中国的影响／卢晓中著.—上海：上海教育出版社,2001（新世纪高等教育研究丛书）

7—5320—7719—5

高等学校的学术权力与行政权力／张德祥著.—南京：南京师范大学出版社,2002（中国高等教育问题权威视点丛书）

7—81047—672—6

中美日三国高等教育比较研究／强连庆主编.—上海：复旦大学出版社,1995

7—309—01574—6

国际视角下的高等教育质量评估与财政拨款／

范文曜,马陆亭主编.—北京：教育科学出版社,2004

7—5041—2841—4

德国和美国大学发达史／贺国庆著.—北京：人民教育出版社,1998

7—107—12431—5

国外高校改革探析／贾志兰,杜作润主编.—上海：上海大学出版社,2001

7—81058—330—1

21世纪高等教育改革与发展：国外部分大学本科教育改革与课程设置／朱清时主编.—北京：高等教育出版社,2002（中国高等教育教学研究丛书）

7—04—010441—5

什么是世界一流大学？／丁学良著.—北京：北京大学出版社,2004（北大高等教育文库大学之道丛书）

7—301—08234—7

高等教育地方化：地级城市发展高等教育研究／王保华,张婕主编.—北京：人民教育出版社,2005（高等教育研究丛书）

7—107—18524—1

转型中高等教育的反思与构建／王处辉主编.—合肥：合肥工业大学出版社,2003（南开大学高等教育研究丛书）

7—81093—070—2

高等教育系统分析：高等教育结构、规模、质量、效益的系统观／赵文华著.—上海：复旦大学出版社,2000（上海市社会科学博士文库）

7—309—02572—5

高等教育发展的理论与中国的实践／房剑森著.—上海：复旦大学出版社,1999（上海市社会科学博士文库）

7—309—02236—X

学习型社会的高等教育／陈廷柱著.—南京：南京师范大学出版社,2004(中国高等教育问题权威视点丛书)

7—81047—968—7

大学通识教育探索：中国台湾经验与启示／黄俊杰著.—广州：中山大学出版社,2002

7—306—01975—9

中国研究型大学建设与发展／王战军著.—北京：高等教育出版社,2003

7—04—014014—4

中国女性高等教育研究／安树芬主编.—北京：高等教育出版社,2002

7—04—010515—2

中国高等教育大众化问题研究／邬大光主编.—北京：高等教育出版社,2004

7—04—013225—7

中国本科教育培养目标研究／杨志坚著.—北京：高等教育出版社,2005

7—04—017221—6

20世纪的中国高等教育·学位制度与研究生教育卷／谢桂华主编.—北京：高等教育出版社,2003

7—04—014178—7

高等教育生态论／贺祖斌著.—桂林：广西师范大学出版社,2005

7—5633—5672—X

中国现代高等教育经济学／李同明著.—北京：经济管理出版社,1998

7—80118—708—3

高等教育公共政策／赵海利著.—上海：上海财经大学出版社,2003(中国公共政策研究丛书)

7—81098—017—3

高等教育与区域互动发展论／张振助著.—桂林：广西师范大学出版社,2004(高等教育理论创新丛书)

7—5633—4583—3

现代中国大学制度的原点：50年代初期的大学改革／胡建华著.—南京：南京师范大学出版社,2001(中国高等教育问题权威视点丛书)

7—81047—650—5

挑战与创新：构建新经济时代的中国高等教育／朱国仁著.—南京：南京师范大学出版社,2001(中国高等教育问题权威视点丛书)

7—81047—661—0

中国大学的问题与改革：北大改革学者论争／钱理群,高远东编.—天津：天津人民出版社,2003

7—201—04611—X

高等教育质量研究：基于利益关系人的分析／韩映雄著.—上海：上海科技教育出版社,2003

7—5428—3252—2

中国研究型大学：理论探索与发展创新／侯光明等著.—北京：清华大学出版社,2005

7—302—10996—6

大学何为：理想与现实间的冲突及协调／赵婷婷著.—北京：高等教育出版社,2005

7—04—017489—8

高等教育质量保障体系概论／陈玉琨等著.—北京：北京师范大学出版社,2004

7—303—06847—3

迈向新世纪的高等教育／周远清主编.—北京：高等教育出版社,2003

7—04—012829—2

高职高专教育专业教学改革试点方案选编／中华人民共和国教育部高等教育司编.—北京：高等教育出版社,2003

7—04—011699—5

市场经济与中国高等教育体制改革 / 帅相志主编.—济南：山东人民出版社，2005

7—209—03850—7

中国大学改革之道 / 甘阳，李猛编.—上海：上海人民出版社，2004

7—208—04869—X

高等教育体制改革中的法律问题研究 / 刘剑文主编；翟继光等撰稿.—北京：北京大学出版社，2005（北大高等教育文库高教论丛）

7—301—08139—1

现代教育理念专论 / 杨德广著.—北京：人民教育出版社，2004

7—107—17715—X

高等教育运行机制研究 / 闵维方主编.—北京：人民教育出版社，2002（高等教育研究丛书）

7—107—14929—6

学术自由与社会干预：大学学术自由的制度分析 / 周光礼著.—武汉：华中科技大学出版社，2003（华中科技大学文科学术丛书）

7—5609—2954—0

高等教育制度创新论 / 熊志翔等著.—广州：广东高等教育出版社，2002

7—5361—2702—2

跨国高等教育与中外合作办学 / 王剑波著.—济南：山东教育出版社，2005

7—5328—4535—4

中国学分制 / 杨德广，王锡林主编.—上海：上海科学技术文献出版社，1996

7—5439—0990—1

周远清教育文集 / 周远清著.—北京：高等教育出版社，2001

7—04—008863—0

高等学校资源利用效率研究 / 李福华著.—北京：北京师范大学出版社，2002（教育经济研究丛书）

7—303—06325—0

北京大学校园文化 / 关成华主编.—北京：北京大学出版社，2001（北京大学德育丛书）

7—301—05181—6

中国现代大学通识教育 / 冯惠敏编著.—武汉：武汉大学出版社，2004（武汉大学高等教育研究丛书）

7—307—04083—2

留学生与中国教育近代化 / 田正平著.—广州：广东教育出版社，1996（中国教育近代化研究丛书）

7—5406—3414—6

高等教育史 / 郝维谦，龙正中主编.—海口：海南出版社，2000（中华人民共和国教育专题史丛书）

7—80645—761—5

中国大学：1895—1995：一个文化冲突的世纪 / （加）许美德著；许洁英主译.—北京：教育科学出版社，2000

7—5041—1997—0

近代中国大学研究：1895—1949 / 金以林著.—北京：中央文献出版社，2000

7—5073—0735—2

从清华学堂到清华大学：1911—1929：近代中国高等教育研究 / 苏云峰著.—北京：三联书店，2001

7—108—01505—6

中国高等教育百年 / 潘懋元主编.—广州：广东高等教育出版社，2003

7—5361—2874—6

中国传统文化与高等教育 / 顾冠华，沈广斌著.—北京：海洋出版社，1999

7—5027—4864—4

近代中国的高等教育 / 霍益萍著.—上海：华东师范大学出版社,1999

7—5617—2041—6

中国近代女子留学史 / 孙石月著.—北京：中国和平出版社,1995

7—80101—524—X

中国书院. 第二辑 / 朱汉民,李弘祺主编.—长沙：湖南教育出版社,1998

7—5355—2819—8

中国书院制度研究 / 陈谷嘉,邓洪波主编.—杭州：浙江教育出版社,1997

7—5338—2593—4

战后日本大学史 / 胡建华著.—南京：南京大学出版社,2001(南高学术丛书)

7—305—03768—0

国家、高等教育与市场 / (英)玛丽·亨克尔,布瑞达·里特主编；谷贤林等译.—北京：教育科学出版社,2005(教育与国家发展译丛)

7—5041—3207—1

欧洲高等教育近代化：法、英、德近代高等教育制度的形成 / 黄福涛著.—厦门：厦门大学出版社,1998(清洁高等教育系列丛书)

7—5615—1397—6

公司文化中的大学 / (美)埃里克·古尔德著；吕博,张鹿译.—北京：北京大学出版社,2005(北大高等教育文库大学之道丛书)

7—301—08231—2

美国社区学院的改革与发展 / 万秀兰著.—北京：人民教育出版社,2003(比较教育论丛)

7—107—16920—3

美国高等教育、 / (美)罗伯特. M. 赫钦斯著；汪利兵译.—杭州：浙江教育出版社,2001(汉译世界高等教育名著丛书)

7—5338—4318—5

大学战略与规划：美国高等教育管理革命 / (美)乔治·凯勒著；别敦荣主译.—北京：中国海洋大学出版社,2005(美国高等教育管理学经典译丛)

7—81067—675—X

文学与美国的大学 / (美)欧文·白璧德著；张沛,张源译.—北京：北京大学出版社,2004(欧文·白璧德文集译丛)

7—301—07405—0

美国高等教育史 / 王廷芳主编.—福州：福建教育出版社,1995(清洁高等教育系列丛书)

7—5334—1980—4

美国校园文化：学生·教授·管理 / (美)亨利·罗索夫斯基著；谢宗仙等译.—济南：山东人民出版社,1996

7—209—01933—2

美国大学竞技体育管理 / 池建著.—北京：人民体育出版社,2005

7—5009—2861—0

美国高等教育的发展与改革 / 王英杰著.—2版.—北京：人民教育出版社,2002

7—107—14925—3

21世纪美国高等教育 / 乔玉全编著.—北京：高等教育出版社,2000

7—04—009067—8

走出象牙塔：现代大学的社会责任 / (美)德里克·博克著；徐小洲,陈军译.—杭州：浙江教育出版社,2001(汉译世界高等教育名著丛书)

7—5338—4298—7

从哈佛到斯坦福：美国著名大学今昔纵横谈 / 舸昕编著.—北京：东方出版社,1999

7—5060—1267—7

哈佛大学发展史研究 / 郭健著.—石家庄：河北教育出版社,2000

　　7—5434—4135—7

当代美国高等教育思想研究 / 陈学飞著.—大连：辽宁师范大学出版社,1996

　　7—81042—176—X

大学工作 /（美）理查德·雷文著；王芳译.—北京：外文出版社,2004

　　7—119—03695—5

教师教育研究 / 陈永明等著.—上海：华东师范大学出版社,2003（公共管理硕士（MPA）教育行政管理系列教材）

　　7—5617—3198—1

师范教育学 / 张燕镜主编；中国教育学会教育学研究会编.—福州：福建教育出版社,1995（教育学丛书）

　　7—5334—1709—7

高师财务管理研究 / 段平禄主编.—南京：南京师范大学出版社,2000

　　7—81047—530—4

教师教育课程的国际比较 / 李其龙，陈永明主编.—北京：教育科学出版社,2002

　　7—5041—2223—8

国际师范教育改革比较研究 / 陈永明主编.—北京：人民教育出版社,1999（比较教育丛书）

　　7—107—12433—1

教师教育：改革与发展热点问题透视 / 张维仪主编.—南京：南京师范大学出版社,2000

　　7—81047—563—0

一体化：师范教育改革的思考与实践 / 陆炳炎主编.—上海：华东师范大学出版社,2000

　　7—5617—2218—4

栅栏内外：中国高等师范教育百年省思 / 刘捷,谢维和著.—北京：北京师范大学出版社,2002

　　7—303—06066—9

中学语文教学法 / 王世堪主编.—2 版.—北京：高等教育出版社,2005

　　7—04—016478—7

必由之路：高等职业教育产学研结合操作指南 / 中华人民共和国教育部高等教育司,中国高教学会产学研合作教育分会编著.—北京：高等教育出版社,2004（银领工程系列）

　　7—04—015383—1

教学相长：高等职业教育教师基础知识读本 / 中华人民共和国教育部高等教育司,全国高职高专校长联席会编.—北京：高等教育出版社,2004（银领工程系列）

　　7—04—015384—X

点击核心：高等职业教育专业设置与课程开发导引 / 中华人民共和国教育部高等教育司,全国高职高专校长联席会编著.—北京：高等教育出版社,2004（银领工程系列）

　　7—04—015385—8

远程教育研究 / 丁兴富著.—北京：首都师范大学出版社,2002

　　7—81064—432—7

论职业教育创新与发展 / 杨进著.—北京：高等教育出版社,2004（教育技术学专业系列教材）

　　7—04—016026—9

职业教育学新编 / 李向东,卢双盈主编.—北京：高等教育出版社,2005（普通高等教育十五国家级规划教材）

　　7—04—015369—6

职业教育与社会发展研究 / 钱民辉著.—哈尔滨：黑龙江教育出版社,1999（中国教育科学博士后文库）

　　7—5316—3528—3

发展经济中的教育与职业:效益、关联性、公平性和多元取向 / 萧今,黎万红主编.—天津:天津人民出版社,2002

    7—201—04012—X

高职院校师资队伍建设研究 / 张铁岩,吴兴伟著.—沈阳:东北大学出版社,2004

    7—81102—017—3

高等职业教育理论探索与实践 / 王毅,卢崇高,季跃东著.—南京:东南大学出版社,2005

    7—5641—0244—6

职业教育学 / 刘合群主编.—广州:广东高等教育出版社,2004

    7—5361—3101—1

职业教育发展学 / 彭世华著.—长沙:湖南人民出版社,2002

    7—5438—2995—9

职业教育与培训学习新概念 / 赵志群编著.—北京:科学出版社,2003

    7—03—011590—2

当代国际高等职业技术教育概论 / 姜蕙主编.—兰州:兰州大学出版社,2002

    7—311—01882—X

职教师资培养的国际比较 / 陈祝林,徐朔,王建初编著.—上海:同济大学出版社,2004

    7—5608—2968—6

职业教育学通论 / 周明星等著.—天津:天津人民出版社,2002(21世纪职业教育理论新探丛书)

    7—201—03943—1

职业技术教育学 / 纪芝信主编;中国教育学会教育学研究会编.—福州:福建教育出版社,1995(教育学丛书)

    7—5334—1707—0

职业教育 / 梁忠义,李守福分卷主编.—长春:吉林教育出版社,2000(世界教育大系)

    7—5383—4159—5

职业技术教育学 / 张家祥,钱景舫主编.—上海:华东师范大学出版社,2001(职业教育丛书)

    7—5617—2568—X

比较职业技术教育 / 石伟平著.—上海:华东师范大学出版社,2001(职业教育丛书)

    7—5617—2453—5

职业教育学 / 卢双盈,李向东主编.—北京:兵器工业出版社,1998

    7—80132—461—7

职业教育模式创新与规范管理全书 / 陈至昂主编.—长春:吉林摄影出版社,2002

    7—80606—349—8

职业教育学 / 刘春生,徐长发主编.—北京:教育科学出版社,2002

    7—5041—2409—5

论职业技术教育 / 严雪怡著.—上海:上海科学技术文献出版社,1999

    7—5439—1467—0

职业生涯设计 / 李萍编.—杭州:浙江摄影出版社,2005

    7—80686—438—5

高等职业技术教育办学特色研究 / 刘兰明著.—武汉:华中科技大学出版社,2004(华中科技大学教育科学研究院博士文库)

    7—5609—3131—6

职业道德与职业指导 / 詹万生主编.—北京:教育科学出版社,2001

    7—5041—2169—X

高等职业教育管理学 / 王前新编著.—北京:红旗出版社,2003(高等职业教育理论研究丛书)

7—5051—0852—2

高等职业技术院校发展战略研究 / 王前新著.—武汉：华中科技大学出版社，2005（华中科技大学教育科学研究院博士文库）
7—5609—3364—5

高等职业技术教育模式研究 / 俞仲文等著.—广州：广东科技出版社，2003（深圳职业技术学院建校十周年学术文库）
7—5359—3245—2

高等职业教育人才培养模式：北京市发展高等职业教育的探索与实践 / 郭静主编.—北京：高等教育出版社，2000
7—04—007419—2

现代化高职教育探索之路：深圳职业技术学院创办八年的实践与思考：长篇教改实践与研究报告 / 陈柏松编著.—广州：华南理工大学出版社，2001
7—5623—1659—7

高等职业技术教育理论与实践 / 薛喜民主编.—上海：复旦大学出版社，2000
7—309—02475—3

职业院校实施学分制的理论与实践研究 / 杨黎明著.—北京：高等教育出版社，2003
7—04—013447—0

高等职业教育研究与实践 / 夏昌祥主编.—北京：高等教育出版社，2004
7—04—014109—4

高等职业教育探索、创新、实践 / 刘太刚著.—长沙：湖南人民出版社，2004
7—5438—3616—5

高等职业技术教育特色论 / 杨念等著.—长沙：湖南师范大学出版社，2005
7—81081—489—3

高等职业技术教育概论 / 王根顺，王成涛著.—北京：民族出版社，2004
7—105—06686—5

高职高专院校人才培养工作水平评估 / 杨应崧，教育部高等教育司编著.—北京：人民邮电出版社，2004
7—115—12310—1

高等职业教育导论 / 周光勇，宋全政等编著.—济南：山东教育出版社，2003
7—5328—3687—8

示范性高等职业技术院校建设 / 董大奎主编.—上海：同济大学出版社，2004
7—5608—2764—0

中外高等职业技术教育比较 / 冯晋祥主编.—北京：高等教育出版社，2002
7—04—010557—8

高等职业教育的理论探索与教改实践 / 俞克新主编.—北京：高等教育出版社，1999
7—04—007634—9

世纪之交的国际职业教育 / 刘启娴主编；职业技术教育中心研究所，《中国职业技术教育》编辑部编.—北京：高等教育出版社，1999
7—04—007631—4

世界技术与职业教育纵览：来自联合国教科文组织的报告 / 刘来泉选译.—北京：高等教育出版社，2002
7—04—010507—1

国际职业技术教育研究 / 吴雪萍著.—杭州：浙江大学出版社，2004
7—308—03658—8

职业技术教育在中国 / 黄育云等编著.—成都：电子科技大学出版社，2004（学生职业技术教育丛书）
7—81094—487—8

高等职业教育学校管理 / 杨为群,董新伟著.—大连:东北财经大学出版社,2004

7—81084—408—3

面向 21 世纪的职业教育管理研究 / 雷正光等主编.—北京:科学普及出版社,1999

7—110—03418—6

CBE 理论与在中国职教中的实践 / 邓泽民编著.—北京:煤炭工业出版社,1995

7—5020—1149—8

高等职业技术教育实践教学研究 / 俞仲文,刘守义,朱方来等著.—北京:清华大学出版社,2004

7—302—08968—X

当代职业教育新论 / 马庆发著.—上海:上海教育出版社,2002

7—5320—8430—2

实践导向职业教育课程研究:技术学范式 / 徐国庆著.—上海:上海教育出版社,2005(现代职业教育研究丛书)

7—5444—0058—1

高职教育创新与实践 / 都本伟著.—大连:东北财经大学出版社,2003

7—81084—271—4

当代职业教育大趋势 / 袁吉林,胡耀华主编.—北京:高等教育出版社,1999

7—04—007714—0

高等职业教育发展论 / 王明伦著.—北京:教育科学出版社,2004

7—5041—3065—6

中国职业教育跨世纪走向 / 谷鸿溪主编.—北京:中国铁道出版社,1999

7—113—03440—3

90 年代中国教育改革大潮丛书·职业教育卷 / 郝克明,顾明远总主编.杨金土主编.—北京:北京师范大学出版社,2002

7—303—06323—4

产教结合:职业教育发展新途径探索 / 孙琳主编.—北京:高等教育出版社,2003

7—04—012091—7

职业教育改革与探索论文集 / 余祖光著.—北京:高等教育出版社,2000

7—04—008970—X

全国高职高专教育产学研结合经验交流会论文集 / 中华人民共和国教育部高等教育司编.—北京:高等教育出版社,2003

7—04—012669—9

职业教育史 / 闻友信,杨金梅著.—海口:海南出版社,2000(中华人民共和国教育专题史丛书)

7—80645—762—3

当代日本职业教育 / 沈学初著.—太原:山西教育出版社,1996(当代日本教育丛书)

7—5440—0876—2

德国职业技术教育史 / 孙祖复,金锵主编.—杭州:浙江教育出版社,2000

7—5338—3117—9

高等技术与职业教育的专业和课程:以澳大利亚为个案的研究 / 陶秋燕著.—北京:科学出版社,2004(应用性高等教育课程研究丛书)

7—03—014257—8

大学后继续教育论 / 叶忠海著.—上海:上海科技教育出版社,1997(成人教育理论丛书)

7—5428—1490—7

高等职业技术教育人才培养模式 / 林伦伦,郑国强主编.—北京:中央编译出版社,2004(当代学者人文伦丛)

7—80211—031—9

虚拟学习社区原理与应用 / 王陆主编.—北

京：高等教育出版社,2004

　　7—04—015988—0

终身教育、终身学习与学习化社会 / 高志敏等著.—上海：华东师范大学出版社,2005

　　7—5617—4101—4

成人教育课程开发的理论与技术 / 黄健著.—上海：上海教育出版社,2002

　　7—5320—8401—9

成人教育管理 / 周嘉方著.—上海：上海科技教育出版社,1997

　　7—5428—1614—4

成人教育通论 / 叶忠海著.—上海：上海科技教育出版社,1997（成人教育理论丛书）

　　7—5428—1623—3

成人教育教学论 / 程凯,李如密主编.—开封：河南大学出版社,1999（成人教育研究丛书）

　　7—81041—693—6

成人教育概论 / 王北生,姬忠林主编.—开封：河南大学出版社,1999（成人教育研究丛书）

　　7—81041—694—4

成人教育学 / 张维主编;中国教育学会教育学研究会编.—福州：福建教育出版社,1995（教育学丛书）

　　7—5334—1708—9

成人教育决策与管理 / 董明传著.—上海：文汇出版社,1997

　　7—80531—487—X

成人教育心理学 / 高志敏著.—上海：上海科技教育出版社,1997（成人教育理论丛书）

　　7—5428—1620—9

农村教育论 / 余永德主编.—北京：人民教育出版社,2000（当代大教育论丛书）

　　7—107—13029—3

农村教育论 / 李少元著.—南京：江苏教育出版社,1996（当代教育新理论丛书）

　　7—5343—2852—7

中国农民职业技术教育研究 / 朱启臻著.—北京：中国农业出版社,2003

　　7—109—08354—3

远程教育系统及其实现 / 李学明,李健,魏芳编著.—北京：人民邮电出版社,2000（电信新技术实用丛书）

　　7—115—08768—7

远程教育学基础 / 陈丽编著.—北京：高等教育出版社,2004（高等学校教育技术系列教材）

　　7—04—014640—1

远程教育学 / 丁兴富编著.—北京：北京师范大学出版社,2001（面向 21 世纪课程教材.教育技术学专业主干课程系列教材）

　　7—303—05898—2

虚拟学习社区中的知识建构和集体智慧发展 / 甘永成著.—北京：教育科学出版社,2005（信息化教育丛书）

　　7—5041—3198—9

远程教育导论：学与教的原理和方法 / 钟志贤著.—北京：高等教育出版社,2001

　　7—04—010534—9

现代远程教育 / 杨改学主编.—北京：国防工业出版社,2003

　　7—118—03166—6

现代远程教育技术导论 / 顾君忠,贺樑,王河著.—上海：华东师范大学出版社,2000

　　7—5617—2308—3

远程教育学习测评 / 杨孝堂编著.—北京：中央广播电视大学出版社,2004

　　7—304—02804—1

现代远程高等教育教学及管理研究／陈乃林主编.—北京：中国人民大学出版社,2005(终身教育理论探索丛书)

7—300—07005—1

现代远程教育概论／陈金龙主编.—北京：科学出版社,2003

7—03—012131—7

国外远程教育的发展与研究／黄清云主编.—上海：上海教育出版社,2000

7—5320—6953—2

现代中国终身教育论：中国终身教育思想及其政策的形成和展开／吴遵民著.—上海：上海教育出版社,2003

7—5320—8828—6

面向 21 世纪中国终身教育体系研究／陈乃林主编.—北京：高等教育出版社,2002(面向 21 世纪中国成人教育发展研究丛书)

7—04—011024—5

面向 21 世纪中国成人教育发展研究／黄尧主编.—北京：高等教育出版社,2002(面向 21 世纪中国成人教育发展研究丛书)

7—04—011024—5

民族教育学／王鉴著.—兰州：甘肃教育出版社,2002(西北少数民族教育研究丛书)

7—5423—1033—X

民族教育学通论／哈经雄,滕星主编.—北京：教育科学出版社,2001

7—5041—2114—2

文化传承与教育选择：中国少数民族高等教育的人类学透视／王军著.—北京：民族出版社,2002(教育人类学研究丛书)

7—105—05037—3

族群、文化与教育／滕星著.—北京：民族出版社,2002(教育人类学研究丛书)

7—105—05035—7

20 世纪中国少数民族与教育：理论、政策与实践／滕星,王军主编.—北京：民族出版社,2002(教育人类学研究丛书.)

7—105—04681—3

新疆少数民族双语教学与研究／王振本,阿布拉·艾买提主编.—北京：民族出版社,2001

7—105—04679—1

特殊教育导论／刘全礼著.—北京：教育科学出版社,2003

7—5041—2446—X

当代特殊教育导论／方俊明编著.—西安：陕西人民教育出版社,1998

7—5419—7431—5

中国特殊教育学基础／陈云英编著.—北京：教育科学出版社,2004(华夏英才基金学术文库)

7—5041—3066—4

全纳教育：关注所有学生的学习和参与／黄志成等著.—上海：上海教育出版社,2004

7—5320—9468—5

听觉障碍儿童的心理与教育／张宁生主编.—北京：华夏出版社,1995(特殊教育参考丛书)

7—5080—0615—1

国家、社会阶层与教育：教育获得的社会学研究／刘精明著.—北京：中国人民大学出版社,2005(社会学文库)

7—300—06413—2

社区教育学基础／叶忠海著.—上海：上海大学出版社,2000(社区教育理论丛书)

7—81058—200—3

社区教育管理与评价／黄云龙著.—上海：上海大学出版社,2000(社区教育理论丛书)

7—81058—201—1

社区教育的发展和展望 ／沈金荣等著.—上海：上海大学出版社,2000(社区教育理论丛书)
7—81058—203—8

各国社区教育概论 ／杨应崧等著.—上海：上海大学出版社,2000(社区教育理论丛书)
7—81058—202—X

走向学习型社会：社会发展的第四级台阶 ／童萧主编.—上海：上海三联书店,2004(学习型组织管理丛书)
7—5426—1881—4

转型时期中国社会教育 ／刘精明著.—沈阳：辽宁教育出版社,2004(转型时期的中国社会丛书)
7—5382—7383—2

创建中国特色的学习型社会 ／张声雄,徐韵发主编.—南昌：江西人民出版社,2003
7—210—02699—1

学习型社会 ／连玉明主编.—北京：中国时代经济出版社,2004
7—80169—485—6

卡尔·威特的教育 ／（德）卡尔·威特著；刘恒新译.—北京：京华出版社,2001(哈佛天才与素质教育典藏文库.第一辑)
7—80600—590—0

社会学视野中的家庭教育 ／关颖著.—天津：天津社会科学院出版社,2000(青少年研究文库)
7—80563—800—4

家庭教育学：教育子女的科学与艺术 ／赵忠心著.—北京：人民教育出版社,2001
7—107—11129—9

家庭教育学 ／叶瑞祥主编.—广州：广东高等教育出版社,2004
7—5361—2958—0

大教育视野中的家庭教育 ／杨宝忠著.—北

京：社会科学文献出版社,2003
7—80190—076—6

学习策略 ／蒯超英著.—武汉：湖北教育出版社,1999(当代学习心理学丛书)
7—5351—2421—6

学习策略论 ／熊川武著.—南昌：江西教育出版社,1997(教学论丛书)
7—5392—2532—7

学习的革命：通向 21 世纪的个人护照 ／（新西兰）戈登·德莱顿,（美）珍妮特·沃斯著；顾瑞荣等译.—上海：上海三联书店,1997
7—5426—1065—1

行动学习法 ／（英）伊恩·麦吉尔,利兹·贝蒂著；中国高级人事管理官员培训中心译.—北京：华夏出版社,2002
7—5080—2743—4

体育心理学 ／刘淑慧主编.—北京：高等教育出版社,2005(北京市高等教育精品教材立项项目高等学校教材)
7—04—017698—X

体育经营管理：理论与实务 ／钟天朗主编.—上海：复旦大学出版社,2004(博学.体育经济管理丛书)
7—309—03923—8

体育教学论 ／毛振明主编.—北京：高等教育出版社,2005(高等学校教材)
7—04—016911—8

体育休闲娱乐理论与实践 ／胡小明,虞重干主编.—北京：高等教育出版社,2004(普通高等学校社会体育专业系列教材)
7—04—014040—3

体育概论 ／杨文轩,杨霆主编.—北京：高等教育出版社,2005(普通高等学校体育专业主干课系列教材)

7—04—016963—0

论中国体育社团：国家与社会关系转变下的体育社团改革 / 黄亚玲著.—北京：北京体育大学出版社，2004

7—81100—232—9

现代体育营销学 / 赵长杰主编.—北京：北京体育大学出版社，2004

7—81100—195—0

中国近现代体育课程史论 / 王华倬著.—北京：高等教育出版社，2004

7—04—014044—6

体育史 / 谭华主编.—北京：高等教育出版社，2005

7—04—016961—4

体育产业经济学 / 吴超林，杨晓生主编.—北京：高等教育出版社，2004

7—04—014031—4

中国少数民族传统体育文化研究 / 徐玉良，韦晓康主编.—北京：民族出版社，2005

7—105—07077—3

现代体育科学研究的理论与方法 / 郑旗，李吉慧著.—北京：人民体育出版社，2001

7—5009—2111—X

高等体育院校办学特性和模式的研究 / 陈宁著.—成都：四川教育出版社，2005

7—5408—4138—9

中国传统体育 / 黄益苏，史绍蓉编著.—长沙：中南工业大学出版社，2000

7—81061—213—1

体育概论 / 鲍冠文主编.—北京：高等教育出版社，1995（高等学校教材）

7—04—005196—6

野蛮的文明：体育的哲学宣言 / 李力研著.—北京：中国社会出版社，1998

7—80146—019—7

体育原理导论 / 杨文轩，陈琦著.—北京：北京体育大学出版社，1996

7—81051—142—4

公共体育管理概论 / 闵健，李万来，刘青主编.—北京：北京体育大学出版社，2005

7—81100—363—5

体育科学研究方法 / 张力为著.—北京：高等教育出版社，2002

7—04—011214—0

体育运动心理学 / 马启伟，张力为著.—杭州：浙江教育出版社，1998（世纪心理学丛书）

7—5338—2859—3

运动训练生物化学 / 冯炜权编著.—北京：北京体育大学出版社，1998

7—81051—209—9

技术健身教学论 / 张洪潭著.—上海：华东师范大学出版社，2000

7—5617—2372—5

体育营销导论 / 李伟民主编.—北京：龙门书局，1998

7—80111—452—3

体育教学艺术概论 / 周志俊，魏名国编著.—合肥：安徽教育出版社，1997

7—5336—2062—3

中国竞技体育人才开发 / 宋全征著.—北京：北京体育大学出版社，2004（中国体育博士文丛）

7—81100—147—0

体育人类学 / 饶远，陈斌等编著.—昆明：云南大学出版社，2005（21世纪人类学文库）

7—81112—080—1

体育资本 / 张智翔,游勇,曾晋静编著.—北京:中国时代经济出版社,2002(3 只眼看资本书系)

7—80169—108—3

体育人力资源开发与管理 / 韩春利编著.—上海:复旦大学出版社,2005(博学·体育经济管理丛书)

7—309—04565—3

体育产业概论 / 曹可强著.—上海:复旦大学出版社,2004(博学·体育经济管理丛书)

7—309—03866—5

体育经济学概论 / 钟天朗主编.—上海:复旦大学出版社,2004(复旦博学·体育经济管理丛书)

7—309—03832—0

体育博彩概论 / 李海编著.—上海:复旦大学出版社,2004(复旦博学·体育经济管理丛书)

7—309—04183—6

体育管理学 / 秦椿林,张瑞林主编.—北京:高等教育出版社,2002(高等学校教材)

7—04—010722—8

社会体育学 / 卢元镇主编.—北京:高等教育出版社,2002(高等学校教材)

7—04—010721—X

体育社会学群众体育学 / 李金龙,王超英主编.—桂林:广西师范大学出版社,2000(全国普通高等学校体育教育专业选修课教材)

7—5633—2993—5

体育营销学:战略性观点 / (美)马修.D.尚克著.—2 版.—北京:清华大学出版社,2003(体育产业 MBA 经典译丛)

7—302—06162—9

体育社会学:议题与争议 / (美)杰·科克利著;管兵等译.—6 版.—北京:清华大学出版社,2003(体育产业 MBA 经典译丛)

7—302—06382—6

体育经济学 / (美)迈克尔·利兹,彼得·冯·阿尔门著;杨玉明,蒋建平,王琳予译.—北京:清华大学出版社,2003(体育产业 MBA 经典译丛)

7—302—06161—0

贩卖奥运:运动营销攻略守则 / 李世丁,周运锦主编.—广州:广东经济出版社,2002(整合营销传播书系)

7—80677—113—1

中国体育人口的理论探索与实证研究 / 仇军著.—北京:北京体育大学出版社,2002(中国体育博士文丛)

7—81051—742—2

体育人类学 / 席焕久主编.—北京:北京体育大学出版社,2001(中国现代体育丛书)

7—81051—619—1

体育产业学导论 / 李明著.—北京:北京体育大学出版社,2001(中国现代体育丛书)

7—81051—618—3

体育市场营销:决策与运作 / 耿力中著.—北京:人民体育出版社,2004

7—5009—2537—9

体育经济漫谈:体育产业化、社会化与管理科学化 / 张发强编著.—北京:世界图书出版公司,2000

7—5062—4813—1

人文体育:体育演绎的文化 / 童昭岗,孙麒麟,周宁著.—北京:中国海关出版社,2002

7—80165—051—4

体育产业:新的经济增长点 / 鲍明晓著.—北京:人民体育出版社,2000

7—5009—2018—0

体育市场:新的投资热点 / 鲍明晓著.—北

京：人民体育出版社,2004

7—5009—2654—5

中国体育产业导论 / 赵立等主编. —北京：北京体育大学出版社,2001

7—81051

市场经济与体育 / 刘忠,王芬,郑基松主编. —北京：北京体育大学出版社,2000

7—81051—546—2

体育赛事的经营与管理 / 纪宁,巫宁编著. —北京：电子工业出版社,2004

7—5053—9425—8

赛事经营管理概论 / 陈云开著. —上海：复旦大学出版社,2003

7—309—03572—0

体育市场营销学 / 刘勇主编. —北京：高等教育出版社,2001

7—04—009620—X

体育社会学 / 卢元镇主编. —北京：高等教育出版社,2001

7—04—009449—5

体育经济学 / 丛湖平编著. —北京：高等教育出版社,2004

7—04—014888—9

体育传播学 / 任广耀主编. —北京：高等教育出版社,2004

7—04—014041—1

体育社会学 / 顾渊彦主编. —南京：南京师范大学出版社,1999

7—81047—474—X

体育市场营销 / 陈林祥著. —北京：人民体育出版社,2004

7—5009—2643—X

体育市场：策略与管理 / 耿力中著. —北京：人民体育出版社,2002

7—5009—2237—X

体育经济学 / 蔡军等主编. —西安：陕西人民出版社,1999

7—224—05244—2

体育产业经济学 / 胡立君著. —西安：陕西人民出版社,1999

7—224—05103—9

简编体育市场营销学 / 骆秉全编著. —北京：中华工商联合出版社,2001

7—80100—773—5

现代体育经济学 / 张保华编著. —广州：中山大学出版社,2004

7—306—02378—0

国际大众体育现状及发展趋势 / 林显鹏主编. —北京：国家体育总局群众体育司,国家体育总局体育信息研究所,2001

壮民族传统体育文化研究 / 韦晓康著. —北京：中央民族大学出版社,2004

7—81056—869—8

体育设施与管理 / 陈融主编. —北京：高等教育出版社,2004

7—04—014043—8

体育与审美 / 朱长喜,谭淑萍编著. —北京：人民体育出版社,1995

7—5009—1142—4

体育统计学体育测量学 / 谭平平,仇建生主编. —2 版. —桂林：广西师范大学出版社,2000(全国普通高等学校二、三年制体育教育专业教材)

7—5633—2040—7

体育用多元分析 / 祁国鹰编著. —北京：北京

体育大学出版社,1998

7—81051—340—0

实用体育统计学 / 赵书祥编著. —北京：北京体育大学出版社,2005

7—81100—429—1

实用体育统计 / 祁国鹰,徐明,张明立编著. —北京：北京体育大学出版社,1995

7—81003—927—X

体育统计与 SPSS / 王晓芬编著. —北京：人民体育出版社,2002

7—5009—2244—2

体育统计 / 陈及治主编. —北京：人民体育出版社,2002

7—5009—2306—6

运动心理学 / 张力为,毛志雄主编. —上海：华东师范大学出版社,2003（全国应用心理学专业系列教材）

7—5617—3483—2

竞技教育学 / 宋继新著. —北京：人民体育出版社,2003

7—5009—2359—7

运动生理学 / 全国体育院校教材委员会审定. —北京：人民体育出版社,2002（体育院校通用教材）

7—5009—2309—0

运动生理学高级教程 / 田野主编. —北京：高等教育出版社,2003（研究生教学用书）

7—04—012202—2

运动能量代谢：关于有氧训练和无氧训练研究 / 肖国强著. —北京：人民体育出版社,1998

7—5009—1540—3

运动生理学进展：质疑与思考 / 杨锡让、傅浩坚主编. —北京：北京体育大学出版社,2000

7—81003—830—3

心血管运动生理与运动处方 / 任建生著. —北京：北京体育大学出版社,1996

7—81051—163—7

运动生理学 / 邓树勋等主编. —北京：高等教育出版社,1999

7—04—007255—6

运动生理学教程 / 吴纪饶等主编. —北京：人民体育出版社,1997

7—5009—1430—X

运动员机能评定常用生理生化指标测试方法及应用 / 冯连世,李开刚主编. —北京：人民体育出版社,2002（国家体育总局体育科学技术成果专辑）

7—5009—2368—6

运动心脏的实验研究 / 常芸著. —北京：人民体育出版社,1998（国家体育总局体育科学研究所建所 40 周年科研成果系列丛书）

7—5009—1640—X

优秀运动员身体机能评定方法 / 冯连世等主编. —北京：人民体育出版社,2003

7—5009—2414—3

论体育生活方式 / 苗大培著. —北京：北京体育大学出版社,2004（中国体育博士文丛）

7—81100—174—8

体育保健学 / 姚鸿恩等主编. —3 版. —北京：高等教育出版社,2001

7—04—009448—7

体育健康教育与运动处方 / 凌月红著. —北京：北京体育大学出版社,2004

7—81100—140—3

剧烈运动对机体免疫功能的影响以及检测与调节方法的研究 / 矫玮著. —北京：北京体育大学

出版社,2003(北京体育大学科学文集)

　　7—81100—019—9

运动营养学 / 陈吉棣主编.—北京：北京医科大学出版社,2002

　　7—81071—173—3

运动解剖学 / 胡声宇主编.—2 版.—北京：人民体育出版社,2000

　　7—5009—1939—5

人体运动能力检测与评定 / 李洁,陈仁伟编著.—北京：人民体育出版社,2005

　　7—5009—2755—X

体育测量与评价 / 李佑文主编.—苏州：苏州大学出版社,1996

　　7—81037—296—3

运动生物力学 /《运动生物力学》编写组编.—2 版.—北京：高等教育出版社,2000

　　7—04—007968—2

运动生物力学进展 / 郑秀瑗等编著.—北京：国防工业出版社,1998

　　7—118—01830—9

现代运动生物力学 / 郑秀瑗等编著.—北京：国防工业出版社,2002

　　7—118—02926—2

运动生物力学测量方法 / 卢德明主编.—北京：北京体育大学出版社,2001

　　7—81051—612—4

运动生物化学 / 许豪文,冯炜权,王元勋主编.—北京：高等教育出版社,1998(高等学校教材)

　　7—04—006580—0

运动生物化学 / 冯美云主编;全国体育院校教材委员会审定.—北京：人民体育出版社,1999(全国体育院校通用教材)

　　7—5009—1805—4

运动生物化学原理 / 冯炜权主编;冯美云等编写.—北京：北京体育大学出版社,1995

　　7—81003—926—1

实用运动生物化学 / 张爱芳主编.—北京：北京体育大学出版社,2005

　　7—81100—333—3

运动负荷的生化评定 / 林文韬编著.—广州：广东高等教育出版社,1996

　　7—5361—1878—3

运动心理学：概念与应用 /（美）理查德·考克斯著;张力为等译.—5 版.—北京：清华大学出版社,2003(体育产业 MBA 经典译丛)

　　7—302—06195—5

体育心理学 / 高发民主编.—济南：山东大学出版社,2001(体育教育专业教改试验系列教材)

　　7—5607—2283—0

体育社会心理学 / 季浏主编;朱学雷等编写.—上海：华东理工大学出版社,1996

　　7—5628—0661—6

体育运动心理学研究进展：国家体育总局体育科学技术成果专辑 / 张力为,任未多主编.—北京：高等教育出版社,2000

　　7—04—008482—1

体育心理学 / 马启伟主编.—北京：高等教育出版社,1996

　　7—04—005658—5

体育心理学 / 祝蓓里,季浏主编.—北京：高等教育出版社,2000

　　7—04—007967—4

体育心理学 / 季浏主编.—北京：高等教育出版社,2001

　　7—04—009621—8

体育心理论稿 / 颜军著. —南京：河海大学出版社,2001

7—5630—1681—3

运动心理训练与评价 / 丁雪琴,殷恒婵编著. —北京：文津出版社,1997

7—80554—336—4

体育教学心理学 / 邵伟德主编. —北京：北京体育大学出版社,2003

7—81100—061—X

现代心理训练方法 / 张力为编著. —北京：北京体育大学出版社,2004(现代运动训练方法丛书)

7—81051—877—1

竞技心理训练与调控 / 王新胜,顾玉飞主编. —北京：北京体育大学出版社,2001

7—81051′—661—2

体育科学学科发展现状与未来 /《体育科学学科发展现状与未来》编写组编. —北京：北京体育大学出版社,2000

7—81051—452—0

熊斗寅体育文选 / 熊斗寅著. —贵阳：贵州人民出版社,1996

7—221—04230—6

体质自我评价和健康运动处方 / 季成叶著. —北京：北京体育大学出版社,2001(全民健身指导丛书)

7—81051—598—5

体适能评定理论与方法 / 陈佩杰等编著. —哈尔滨：黑龙江科学技术出版社,2005

7—5388—4962—9

体育健身原理与方法 / 唐宏贵,钱文军主编. —武汉：湖北人民出版社,1999

7—216—02506—7

学校体育测评理论与方法 / 曲宗湖主编. —北

京：人民体育出版社,2002(21 世纪体育教师继续教育丛书)

7—5009—2242—6

体育教师的素质与基本功 / 曲宗湖主编. —北京：人民体育出版社,2002(21 世纪体育教师继续教育丛书)

7—5009—2322—8

体育课程导论 / 邹玉玲,史曙生,顾渊彦著. —北京：人民体育出版社,2005(21 世纪体育课程新论丛书)

7—5009—2766—5

学校体育学 / 周登嵩主编. —北京：人民体育出版社,2004(北京市高等教育精品教材建设立项项目)

7—5009—2543—3

面向 21 世纪体育师资培养和体育教育专业改革与发展研究 / 邓宗琦主编. —武汉：华中师范大学出版社,2000(华中师范大学出版基金丛书)

7—5622—2255—X

学校课外体育改革新视野 / 毛振明,张庆新著. —北京：北京体育大学出版社,2005(学校体育改革视野丛书)

7—81100—250—7

中国学校体育的未来：21 世纪中国学校体育发展战略研究 / 蔡宝忠著. —沈阳：辽海出版社,1999

7—80638—855—9

学校体育与心理健康教育 / 兰自力著. —北京：北京体育大学出版社,2005

7—81100—436—4

学校体育学理论与教改探索 / 邵伟德著. —北京：北京体育大学出版社,2002

7—81051—876—3

学校体育理论与研究 / 王则珊主编. —北京：

北京体育大学出版社,1995

    7—81003—268—2

体育教学论体育方法学中学体育教材教法 / 王文生 等主编.—桂林：广西师范大学出版社,2000

    7—5633—2981—1

体育教学原理与教学模式 / 李杰凯著.—沈阳：辽宁教育出版社,1995

    7—5382—4329—1

学校体育学 / 毛振明,赵立,潘绍伟主编.—北京：高等教育出版社,2001

    7—04—009482—7

体育隐蔽课程的基本理论与实践 / 姚蕾著.—北京：人民体育出版社,2002(21世纪体育教师继续教育丛书)

    7—5009—2215—9

体育课程的约束力与灵活性 / 顾渊彦著.—北京：人民体育出版社,2002(21世纪体育教师继续教育丛书)

    7—5009—2213—2

体育教学论 / 张志勇著.—北京：科学出版社,2005(高等师范院校新世纪教材)

    7—03—014732—4

学校体育教学探索 / 周登嵩主编.—北京：人民体育出版社,2000(现代学校体育教学丛书)

    7—5009—1890—9

现代社会与学校体育 / 曲宗湖,杨文轩主编.—北京：人民体育出版社,1999(现代学校体育教学丛书)

    7—5009—1792—9

学校体育改革热点探究 / 赖天德著.—北京：北京体育大学出版社,2003(学校体育改革新视野丛书)

    7—81051—766—X

学校课余训练改革新视野 / 杨铁黎,陈钧著.—北京：北京体育大学出版社,2003(学校体育改革新视野丛书)

    7—81051—802—X

体育教学科学化探索 / 毛振明著.—北京：高等教育出版社,1999(中国体育学者文丛)

    7—04—007364—1

学校体育改革与发展论 / 龚正伟著.—北京：北京体育大学出版社,2002

    7—81051—746—5

体育教学论 / 龚正伟编著.—北京：北京体育大学出版社,2004

    7—81100—049—0

"体育与健康"课教学问题探索 / 于素梅,朱红香,刘斌 等著.—北京：北京体育大学出版社,2001

    7—81051—658—2

体育教学论 / 樊临虎著.—北京：人民体育出版社,2002

    7—5009—2290—6

体育教学内容改革与新体育运动项目 / 毛振明,毛振钢编著.—北京：北京体育大学出版社,2002

    7—81051—729—5

体育教学训练理论与方法 / 黄汉升主编.—北京：高等教育出版社,2003(研究生教学用书)

    7—04—012206—5

体育教学模式论 / 邵伟德著.—北京：北京体育大学出版社,2005

    7—81100—449—6

大学体育课程改革 / 陈小蓉,顾渊彦执行主编.—北京：人民体育出版社,2004(21世纪体育课程新论丛书)

    7—5009—2649—9

体育专业课程的发展及改革 / 王健著.—武汉：华中师范大学出版社,2003（博士文库）

7—5622—2805—1

大学体育与健康教育 / 龙佩林等编著.—北京：民族出版社,2001（面向 21 世纪高等学校素质教育体育丛书）

7—105—04500—0

体育课程与教学论 / 季浏主编.—桂林：广西师范大学出版社,2005（全国普通高等学校体育专业选修课程系列教材）

7—5633—5443—3

体育课程与教材新论：面对传统与权威的思索 / 毛振明著.—沈阳：辽宁大学出版社,2001

7—5610—4211—6

中国高等体育教育发展模式研究 / 钱杰,姜同仁著.—北京：北京体育大学出版社,2004

7—81100—016—4

现代高校体育教学探索 / 李建芳,陈汉华编著.—北京：北京体育大学出版社,2001

7—81051—666—3

普通高等学校体育课程建设理论与实践研究 / 张瑞林,闻兰,黄晓明著.—北京：北京体育大学出版社,2005

7—81100—430—5

全国普通高校体育教育专业教学内容和课程体系改革的理论与实践 / 季克异主编.—福州：福建教育出版社,1999

7—5334—2866—8

体育与健康理论教程 / 体育与健康理论教程编委会编著.—北京：高等教育出版社,2001

7—04—010303—6

高等院校体育专业教育实习理论与实践 / 王超英编著.—北京：人民体育出版社,2000

7—5009—1975—1

高校体育改革与发展 / 陈翠然主编.—重庆：重庆大学出版社,1996

7—5624—1151—4

体育教学模式问答 / 赵立主编.—北京：人民体育出版社,2003（21 世纪体育教师继续教育丛书）

7—5009—2372—4

大学校长谈体育 / 杨贵仁主编.—北京：高等教育出版社,2001

7—04—010302—8

体育教育心理学：打开体育教育心理的神秘黑箱 / 张子沙编著.—北京：警官教育出版社,1998（教育心理学丛书）

7—81027—977—7

论竞技体育前沿技术 / 梁慈民著.—北京：北京体育大学出版社,2001（北京体育大学博士学位论文丛书）

7—81051—623—X

运动训练学 / 李志勇主编.—济南：山东大学出版社,2001（体育教育专业教改试验系列教材）

7—5607—2293—8

项群训练理论 / 田麦久主编;麻雪田等著.—北京：人民体育出版社,1998

7—5009—1633—7

当代运动训练热点问题研究：理论与实践亟待解决的问题 / 陈小平著.—北京：北京体育大学出版社,2005

7—81100—392—9

竞技运动训练理论与方法 / 胡亦海编著.—武汉：湖北人民出版社,2005

7—216—04464—9

运动训练管理学 / 孙汉超主编.—北京：人民体育出版社,1995

7—5009—1226—9

高原训练的理论与实践 / 翁庆章,钟伯光主编.—北京：人民体育出版社,2002
　　7—5009—2352—X

学校体能教程 / 李鸿江主编.—北京：北京体育大学出版社,2003
　　7—81051—923—9

现代力量训练 / 万德光,万猛编著.—北京：人民体育出版社,2003
　　7—5009—2409—7

竞技体育力量训练指导 / 王保成,杨汉雄编著.—北京：人民体育出版社,2001
　　7—5009—2149—7

体能训练学 / 杨世勇等编著.—成都：四川科学技术出版社,2002
　　7—5364—4868—6

社会转型期我国竞技体育后备人才培养及其可持续发展 / 钟秉枢等著.—北京：北京体育大学出版社,2003
　　7—81100—017—2

运动选材原理与方法 / 王金灿主编.—北京：人民体育出版社,2005
　　7—5009—2706—1

运动竞赛学 / 李少丹,惠民主编.—北京：北京体育大学出版社,2005（成人教育体育专业系列精品教材）
　　7—81100—369—4

体育博弈论 / 李益群,谢亚龙著.—北京：北京体育大学出版社,2002
　　7—81051—631—0

运动竞赛方法研究 / 王蒲著.—北京：人民体育出版社,2001
　　7—5009—2108—X

领导学：理论、实践与方法 / 王乐夫编著.—3

版.—广州：中山大学出版社,1998
　　7—306—02010—2

体育产业概论 / 柳伯力,李万来主编.—北京：人民体育出版社,2005（普通高等教育“十五”国家级规划教材）
　　7—5009—2832—7

国外大众体育 / 任海,王庆伟,韩晓东编著.—北京：北京体育大学出版社,2003（全民健身指导丛书）
　　7—81051—899—2

体育科研概论 / 周登嵩编著.—北京：北京体育大学出版社,1995
　　7—81003—925—3

体育史 /《体育史》教材编写组编.—2 版.—北京：高等教育出版社,1996
　　7—04—005661—5

体育发展战略研究与学科建设 / 田麦久著.—北京：北京体育大学出版社,2003（北京体育大学科学文集）
　　7—81051—912—3

21 世纪中国竞技体育 / 徐本力著.—北京：北京体育大学出版社,2001（中国现代体育丛书）
　　7—81051—620—5

中国体育文化纵横谈 / 卢元镇著.—北京：北京体育大学出版社,2005
　　7—81100—319—8

职业体育俱乐部运行机制 / 张林著.—北京：人民体育出版社,2001
　　7—5009—2247—7

全民健身概论 / 陈宁主编.—成都：四川教育出版社,2003
　　7—5408—3889—2

21 世纪中国社区体育 / 顾渊彦,李明著.—北

京：北京体育大学出版社,2001（中国现代体育丛书）

7—81051—617—5

群众体育实践探索与研究：来自北京群众体育现状的报告 / 李相如,李丽莉主编.—北京：北京体育大学出版社,2004

7—81100—018—0

中国群众体育现状调查与研究 / 中国群众体育现状调查课题组编.—北京：北京体育大学出版社,1998

7—81051—300—1

社区体育论 / 樊炳有著.—北京：北京体育大学出版社,2003

7—81051—983—2

社会体育管理 / 肖林鹏编著.—北京：北京体育大学出版社,2005

7—81100—422—4

新中国学校体育50年回顾与展望 / 曲宗湖,刘绍曾,邢文华主编.—北京：北京体育大学出版社,2000

7—81003—831—1

云南体育产业发展研究 / 饶远等主编.—昆明：云南科技出版社,2000

7—5416—1472—6

中国体育史 / 谷世权编著.—北京：北京体育大学出版社,1997

7—81051—106—8

中国体育史：插图本 / 刘秉果著.—上海：上海古籍出版社,2003

7—5325—3398—0

中国古代体育文化史 / 杨向东著.—天津：天津人民出版社,2000

7—201—03556—8

中华人民共和国体育史简编 / 李秀梅著.—北京：北京体育大学出版社,2001

7—81051—610—8

中国近代体育史话 / 崔乐泉著.—北京：中华书局,1998（文史知识文库）

7—101—01603—0

学校体育史 / 李晋裕,滕子敬,李永亮主编.—海口：海南出版社,2000（中华人民共和国教育专题史丛书）

7—80645—768—2

中华人民共和国体育史：1949—1998,综合卷 / 伍绍祖主编；熊晓正等撰稿.—北京：中国书籍出版社,1999

7—5068—0810—2

动作学习与控制 / 张英波著.—北京：北京体育大学出版社,2003

7—81051—989—1

体育战术学 / 陈小蓉著.—北京：人民体育出版社,2000

7—5009—1935—2

田径运动理论创新探索 / 王保成,王川著.—北京：北京体育大学出版社,2003

7—81051—947—6

田径运动技术教学理论与方法：中级教程 / 马明彩,熊西北主编.—北京：北京体育大学出版社,1999

7—81051—397—4

田径运动科学探骊 / 李老民主编.—北京：北京体育大学出版社,2003

7—81051—915—8

现代田径运动科学训练法 / 袁作生,南仲喜主编.—北京：人民体育出版社,1997

7—5009—1434—2

田径运动高级教程 / 文超主编. —北京：人民体育出版社,2003

7—5009—2357—0

教育思想的演进 / (法)爱弥尔·涂尔干著；李康译. —上海：上海人民出版社,2003(涂尔干文集)

7—208—04417—1

体育科学研究原理与方法 / 陈小蓉编著. —北京：北京体育大学出版社,2001

7—81051—608—6

篮球运动高级教程 / 全国体育院校教材委员会审定. —北京：人民体育出版社,2000

7—5009—1977—8

体育素养导论 / 薛岚主编. —北京：科学出版社,2000(文化素质修养丛书)

7—03—008415—2

学校民族传统体育 / 曲宗湖主编. —北京：人民体育出版社,2002(21世纪体育教师继续教育丛书)

7—5009—2334—1

中华民族传统体育文化导论 / 卢兵著. —北京：民族出版社,2005(民族研究文库)

7—105—07213—X

中国武术概论 / 温力著. —北京：人民体育出版社,2005

7—5009—2829—7

中国武术发展战略研究 / 栗胜夫主编. —北京：人民体育出版社,2003

7—5009—2465—8

中国民族体育导论 / 李鸿江主编. —北京：中国书籍出版社,2000

7—5068—0865—X

民族体育 / 胡小明等主编. —桂林：广西师范大学出版社,2000(全国普通高等学校体育教育专业教材)

7—5633—2998—6

民族传统体育研究 / 芦平生,杨兰生编著. —兰州：甘肃教育出版社,2002(西北少数民族教育研究丛书)

7—5423—1134—4

论中华民族传统体育 / 倪依克著. —北京：北京体育大学出版社,2005(中国体育博士文丛)

7—81100—382—1

中华民族传统体育概论高级教程 / 周伟良主编. —北京：高等教育出版社,2003

7—04—012205—7

民族传统体育概论 / 曾于久,刘星亮著. —北京：人民体育出版社,2000

7—5009—1931—X

中国武术史 / 周伟良编著. —北京：高等教育出版社,2003

7—04—012207—3

中国武术史 / 国家体委武术研究院编纂. —北京：人民体育出版社,1997

7—5009—1341—9

教练员：中国体育腾飞的关键：2001年国家级教练研讨班专家报告和优秀论文集 / 朱佩兰,钟秉枢,左琼主编. —北京：北京体育大学出版社,2002

7—81003—852—4

少数民族体育文化论 / 李立纲等主编；云南社会发展研究中心编. —昆明：云南民族出版社,1995

7—5367—1100—X

体育舞蹈的理论与实践 / 吴谋,张海莉主编. —上海：复旦大学出版社,1999

7—309—02361—7

休闲体育学 / 卢锋主编. —北京：人民体育出版社, 2005

7—5009—2790—8

基础休闲学 / 李仲广, 卢昌崇著. —北京：社会科学文献出版社, 2004

7—80190—220—3

非政府组织的理论阐释：兼论我国现行非政府组织法律的冲突与选择 / 王建芹著. —北京：中国方正出版社, 2005(非营利组织法律模式研究丛书)

7—80107—987—6

公共关系学 / 居延安主著. —3 版. —上海：复旦大学出版社, 2005

7—309—04385—5

高等教育法规概论 / 教育部人事司组编；劳凯声主编. —2 版. —北京：北京师范大学出版社, 2000(高等学校教师岗前培训教材)

7—303—05033—7

米修与中国文化 / 杜青钢著. —北京：社会科学文献出版社, 2000(法国当代文学广角文丛)

7—80149—233—1

情感教学心理学 / 卢家楣著. —2 版. —上海：上海教育出版社, 2002

7—5320—3485—2

以情优教：理论与实证研究 / 卢家楣著. —上海：上海人民出版社, 2003

7—208—04342—6

语言、文字类入选书目分析

刘晓霞

一、总体情况

共获得 1995—2005 年出版的语言、文字类(H 类)书目数据 58 228 条,根据本课题学术图书筛选标准,共得 H 大类学术图书 4774 种,占 H 类图书总数的 8.2%;被引频次≥1 的图书 4773 种,总被引次数为 96 849;被引频次≥35 的图书有 531 种,占到学术图书总量的 11.12%,总被引频次为 77 296,占被引总次数的 79.81%。依照二八定律,选择被引频次 35 次以上的作为入选图书,其中入选图书的均被引次数为 142。

表 1　H 类学术图书被引频次分布表

被引频次	N≥1000	1000>N≥500	500>N≥100	100>N≥35	35>N≥10	10>N≥0
图书种数	7	14	189	321	732	3510
百分比	0.15	0.29	4.11	6.83	15.25	73.38
被引次数	9979	9099	39 086	19 132	13 533	6020
均被引	1426	650	199	59	19	2
百分比	10.30	9.40	40.36	19.75	13.97	6.22

二、入选书目出版规律分析

(1)出版趋势分析

从表 2 来看,不同年份出版的图书入选核心书目数量有所差别,但并无规律可循。其中,2000 年的入选图书最多,为 86 种,占所有入选总量的 16.2%,每种书的平均被引频次为 178.5 次。1997 年入选图书的平均被引频次最高,达 194.2 次。1999—2001 年入选图书比例均大于相应年份学术图书所占比例;2002—2005 年出版的图书则相反,入选图书比例均小于相应年份的学术图书比例。从学术图书的数量来看,1995 年的学术图书比例最低,仅有 253 种,与此对应,该年份入选图书种数也最少,为 20 种;2005 年学术图书比例最高,达 13.9%,但对应的入选图书却不是最多。

表2 H类入选书目年份分布表

年份	入选图书数	总被引	均被引	百分比(%)	学术图书种数	百分比(%)
1995	20	2424	115.4	3.8	253	5.3
1996	40	5568	135.8	7.6	279	5.8
1997	37	7382	194.2	7	276	5.8
1998	27	2559	91.3	5.2	265	5.5
1999	66	11 240	167.7	12.3	393	8.2
2000	86	15 711	178.5	16.2	560	11.7
2001	54	7162	130.2	10.1	443	9.3
2002	58	7200	122.1	10.9	534	11.2
2003	41	4688	111.6	7.7	527	11.1
2004	50	6687	131.1	9.4	577	12.2
2005	52	6675	125.9	9.8	667	13.9

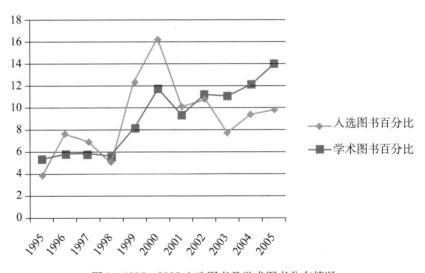

图1 1995—2005入选图书及学术图书分布情况

(2)学科分布

H类入选图书主要涉及4个二级类目,语言学类图书最多,占入选图书的42.54%;其次是汉语语言文字方面的图书,占31.86%;外语类图书占核心书目的25.41%;最少的是汉藏语系类图书,仅有1种入选。从三级类目来看,每个二级类目下都有一个或者几个类占量的优势,也就是该学科研究的焦点所在。入选最多的是英语类图书,共有118种,占总入选图书的22.22%,表明英语是该学科研究人员的主要研究对象;其次是语言文字总论方面的图书,共有92种(17.33%)入选;排在第三位的写作学、修辞学,有69种图书入选。可见,在1995至2005年间H大类的研究主要集中在英语、语言文字总论、写作学、修辞学、语法等方面。

表3　入选图书学科类目细分表

二级类目			三级类目		
分类号	图书数量	百分比(%)	分类号	图书数量	百分比(%)
H0 语言学	231	42.54	H0 总论	92	17.33
			H01 语音学	4	0.75
			H02 文字学	4	0.75
			H03 语义学语用学词汇学词义学	13	2.45
			H04 语法学	6	1.13
			H05 写作学修辞学	69	12.99
			H06 词典学	5	0.94
			H08 应用语言学	13	2.45
			H09 语文教学	19	3.58
H1 汉语	173	31.86	H1 总论	17	3.20
			H11 语音	7	1.32
			H12 文字学	9	1.69
			H13 语义、语用、词汇、词义	23	4.33
			H14 语法	60	11.30
			H15 写作、修辞	15	2.82
			H16 字书、字典、词典	1	0.19
			H17 方言	19	3.58
			H19 汉语教学	18	3.39
H3 常用外国语	138	25.41	H3 常用外国语	14	2.64
			H31 英语	118	22.22
			H35 俄语	4	0.75
H4 汉藏语系	1	0.19	H41 壮侗语族	1	0.19

(3)出版社分布

入选的531种图书来自106家出版社(北京语言学院出版社、北京语言文化大学出版社入北京语言大学出版社统计),入选图书在10种以上的共有13家出版社,总被引频次为56 275,占所有入选图书被引量的72.80%。由表4可知,出版图书数量、总被引频次和均被引次数最高的均是上海外语教育出版社,该出版社的所入选的89种图书的被引频次占所有入选图书被引频次的31.88%。

表4　入选图书在10种以上的出版社分布表

序号	出版社	图书种数	被引次数	均被引次数
1	上海外语教育出版社	89	24 645	277
2	商务印书馆	40	3657	91

续表

序号	出版社	图书种数	被引次数	均被引次数
3	外语教学与研究出版社	34	7351	216
4	中国对外翻译出版公司	29	5148	178
5	北京大学出版社	27	3554	132
6	北京语言大学出版社	19	1960	103
7	湖北教育出版社	17	2763	163
8	语文出版社	16	1462	91
9	中国社会科学出版社	15	1476	98
10	上海教育出版社	14	1611	115
11	高等教育出版社	11	1053	96
12	复旦大学出版社	11	918	83
13	广东教育出版社	10	677	68

语言、文字类入选书目

译论：翻译经验与翻译艺术的评论和探讨 ／ 乔增锐著.—北京：中华工商联合出版社,2000

7—80100—654—2

翻译新概念：英汉互译实用教程 ／ 宋天锡,袁江,袁冬娥编著.—北京：国防工业出版社,2000

7—118—02132—6

现代汉语量词研究 ／ 何杰著.—北京：民族出版社,2000

7—105—04114—5

现代英语语音学 ／ 许天福等编著.—西安：陕西人民出版社,1998

7—224—03782—6

词义研究与辞书释义 ／ 苏宝荣编著.—北京：商务印书馆,2000

7—100—02927—9

现代汉语副词研究 ／ 张谊生著.—上海：上海学林出版社,2000

7—80616—861—3

客赣方言比较研究 ／ 刘纶鑫主编.—北京：中国社会科学出版社,1999

7—5004—2716—6

现代汉语名词研究 ／ 王珏著.—上海：华东师范大学出版社,2000

7—5617—2316—4

许国璋论语言 ／ 许国璋著.—北京：外语教学与研究出版社,2000

7—5600—0806—2

英语修辞格详论 ／ 李鑫华编著.—上海：上海外语教育出版社,2000

7—81046—414—0

汉英对比语法论集 ／ 起世开编著.—上海：上海外语教育出版社,1999

7—81046—564—3

现代英语教学：组织与管理 ／ 陈坚林编著.—上海：上海外语教育出版社,2000

7—81046—838—3

新编心理语言学 ／ 桂诗春编著.—上海：上海外语教育出版社,2000（现代语言学丛书）

7—81046—772—7

语用学与英语学习 ／ 何自然编著.—上海：上海外语教育出版社,1997（21 世纪英语学习丛书）

7—81046—271—7

西方语言学名著选读 ／ 胡明扬主编.—2版.—北京：中国人民大学出版社,1999（21 世纪中国语言文学系列教材）

7—300—00520—9

基础语言学教程 ／ 徐通锵著.—北京：北京大学出版社,2001（北京大学中国语言文学教材系列）

7—301—04755—X

认知语言学概论：语言的神经认知基础 ／ 程琪龙编著.—北京：外语教学与研究出版社,2001（北京外国语大学语言学研究丛书）

7—5600—1757—6

语言文化差异的认识与超越 ／ 高一虹著.—北京：外语教学与研究出版社,2000（北京外国语大学语言学研究丛书）

7—5600—1763—0

语言的符号性 / 丁尔苏著.—北京：外语教学与研究出版社,2000(北京外国语大学语言学研究丛书)

7—5600—1759—2

篇章语用学概论 / 钱敏汝著.—北京：外语教学与研究出版社,2001(北京外国语大学语言学研究丛书)

7—5600—1891—2

翻译思维学 / 龚光明著.—上海：上海社会科学院出版社,2004(比较文学与文化丛书)

7—80681—625—9

社会语言学研究：功能·称谓·性别篇 / 杨永林著.—上海：上海外语教育出版社,2004(当代语言学丛书)

7—81095—135—1

批评语言学：理论与应用 / 辛斌编著.—上海：上海外语教育出版社,2005(当代语言学丛书)

7—81095—733—3

语篇连贯与衔接理论的发展及应用 / 张德禄,刘汝山著.—上海：上海外语教育出版社,2003(当代语言学丛书)

7—81080—779—X

系统功能语言学多维思考 / 朱永生,严世清著.—上海：上海外语教育出版社,2001(当代语言学丛书)

7—81080—138—4

语言获得理论研究 / 靳洪刚著.—北京：中国社会科学出版社,1997(当代语言学理论丛书)

7—5004—2064—1

当代社会语言学 / 徐大明,陶红印,谢天蔚著.—北京：中国社会科学出版社,1997(当代语言学理论丛书)

7—5004—2071—4

语言人：论语言学对人文科学的贡献 / (法)海然热著;张祖建译.—北京：三联书店,1999(法兰西思想文化丛书)

7—108—01315—0

应用翻译功能论 / 贾文波著.—北京：中国对外翻译出版公司,2004(翻译理论与实务丛书)

7—5001—1273—4

非文学翻译理论与实践 / 李长栓编著.—北京：中国对外翻译出版公司,2004(翻译理论与实务丛书)

7—5001—1279—3

翻译批评导论 / 杨晓荣著.—北京：中国对外翻译出版公司,2005(翻译理论与实务丛书)

7—5001—1280—7

中西译学批评 / 张南峰著.—北京：清华大学出版社,2004(翻译与跨学科学术研究丛书)

7—302—09109—9

语言学新解 / 熊学亮编著.—上海：复旦大学出版社,2003(复旦博学·语言学系列)

7—309—03718—9

语言学纲要 / 申小龙主编.—上海：复旦大学出版社,2003(复旦博学·语言学系列)

7—309—03616—6

社会语言学教程 / 游汝杰,邹嘉彦著.—上海：复旦大学出版社,2004(复旦博学·语言学系列)

7—309—04084—8

文学导论 / 邵锦娣,白劲鹏编著.—上海：上海外语教育出版社,2002(高等院校英语语言文学专业研究生系列教材)

7—81080—247—X

功能语言学导论 / 朱永生,严世清,苗兴伟编著.—上海：上海外语教育出版社,2004(高等院校英语语言文学专业研究生系列教材)

7—81095—091—6

对比语言学 / 许余龙编著. —上海：上海外语教育出版社,2002(高等院校英语语言文学专业研究生系列教材)

　　7—81080—265—8

多角度研究语言 / 王德春著. —北京：清华大学出版社,2002(清华语言论丛)

　　7—302—04596—8

话语规则与知识基础：语用学维度 / 盛晓明著. —上海：上海学林出版社,2000(求是丛书)

　　7—80616—922—9

语言与社会生活：社会语言学札记 / 陈原著. —2 版. —北京：三联书店,1999(三联精选)

　　7—108—01351—7

心理语言学 / 桂诗春编. —上海：上海外语教育出版社,1998(现代语言丛书)

　　7—81009—594—3

语言系统及其运作 / 程雨民编著. —上海：上海外语教育出版社,1997(现代语言学丛书)

　　7—81046—244—X

神经语言学 / 王德春,吴本虎,王德林编著. —上海：上海外语教育出版社,1997(现代语言学丛书)

　　7—81046—120—6

结构—解构视角：语言·文化·评论 / 郑敏著. —北京：清华大学出版社,1998(新清华文丛)

　　7—302—03101—0

符号透视：传播内容的本体诠释 / 李彬著. —上海：复旦大学出版社,2003(新世纪传播学研究丛书)

　　7—309—03685—9

索绪尔第三次普通语言学教程 / (瑞士)费尔迪南·德·索绪尔著;屠友祥译. —上海：上海人民出版社,2002(异学文库)

　　7—208—04284—5

社会语言学概论 / 戴庆夏主编. —北京：商务印书馆,2004(应用语言学系列教材)

　　7—100—04275—5

语言变异研究 / 陈松岑著. —广州：广东教育出版社,1999(语言文字应用研究丛书)

　　7—5406—4025—1

语言迁移与二语习得：回顾、反思和研究 / 俞理明编著. —上海：上海外语教育出版社,2004(语言学系列丛书)

　　7—81095—365—6

语言共性论 / 程工著. —上海：上海外语教育出版社,1999(语言学系列丛书)

　　7—81046—708—5

认知语言学概论 / 赵艳芳编著. —上海：上海外语教育出版社,2000(语言学系列丛书)

　　7—81046—938—X

普通语言学基础 / 王钢编著. —长沙：湖南教育出版社,1999(语言学系列教材)

　　7—5355—0538—4

系统功能语言学概论 / 胡壮麟,朱永生,张德禄编著. —北京：北京大学出版社,2005(语言学与应用语言学知识读本)

　　7—301—09384—5

语言的认知研究和计算分析 / 袁毓林著. —北京：北京大学出版社,1998(语言与语言学系列)

　　7—301—03843—7

语言符号学 / 王铭玉著. —北京：高等教育出版社,2004(中国外语知名学者文库)

　　7—04—015053—0

语言论：语义型语言的结构原理和研究方法 / 徐通锵著. —长春：东北师范大学出版社,1997(中国现代语言学丛书)

　　7—5602—2050—9

语料库语言学与英语教学 / 何安平著.—北京：外语教学与研究出版社,2004（中国英语教师丛书）

7—5600—4480—8

认知语言学与隐喻研究 / 蓝纯著.—北京：外语教学与研究出版社,2005（中国英语教师丛书）

7—5600—4673—8

追求象征的力量：关于西方修辞思想的思考 / 刘亚猛著.—北京：三联书店,2004

7—108—02168—4

语言与性别：口语的社会语言学研究 / 赵蓉晖著.—上海：上海外语教育出版社,2003

7—81095—018—5

语用学：理论及应用 / 姜望琪编著.—北京：北京大学出版社,2000

7—301—04377—5

语言：人类最后的家园：人类基本生存状态的哲学与语用学研究 / 钱冠连著.—北京：商务印书馆,2005

7—100—04236—4

人类语言学论题研究 / 朱文俊著.—北京：北京语言文化大学出版社,2000

7—5619—0853—9

模糊语言学论集 / 张乔著.—大连：大连出版社,1998

7—80612—448—9

语言学概论 / 邢福义,吴振国主编.—武汉：华中师范大学出版社,2002

7—5622—2552—4

国外语言学通观 / 李延福主编.—济南：山东教育出版社,1996

7—5328—2301—6

语言论 / 高名凯著.—北京：商务印书

馆,1995

7—100—01459—X

语感论 / 王尚文著.—上海：上海教育出版社,1995

7—5320—3635—9

语用学文献选读 / 何兆熊主编.—上海：上海外语教育出版社,2003

7—81080—499—5

社会心理语言学 / 王德春,孙汝建,姚远著.—上海：上海外语教育出版社,1995

7—81009—972—8

认知语用学概论 / 熊学亮著.—上海：上海外语教育出版社,1999

7—81046—601—1

话语分析 / 李悦娥,范宏雅编著.—上海：上海外语教育出版社,2002

7—81080—399—9

中国语言学现状与展望 / 许嘉璐等主编.—北京：外语教学与研究出版社,1996

7—5600—1057—1

语言理据研究 / 王艾录,司富珍著.—北京：中国社会科学出版社,2002

7—5004—3313—1

语言理论 / 彭泽润,李葆嘉主编.—长沙：中南大学出版社,2000

7—81061—342—1

认知语言学探索 / 王寅著.—重庆：重庆出版社,2005

7—5366—7314—0

文化语言学教程 / 张公瑾,丁石庆主编；撰著者戴红亮等.—北京：教育科学出版社,2004

7—5041—2950—X

语言学方法论／桂诗春,宁春岩著.—北京：外语教学与研究出版社,1997

7—5600—1285—X

中国民俗语言学／曲彦斌主编.—上海：上海文艺出版社,1996（中国民俗文化研究丛书）

7—5321—1185—7

20 世纪中国语言学方法论：1898—1998／陈保亚著.—济南：山东教育出版社,1999

7—5328—2684—8

跨文化交际：外国语言文学中的隐蔽文化／顾嘉祖主编.—南京：南京师范大学出版社,2000（跨文化交际与英语教育系列丛书）

7—81047—485—5

互构语言文化学原理／辜正坤著.—北京：清华大学出版社,2004（清华语言论丛）

7—302—09319—9

语言与文化的现代思考／申小龙著.—郑州：河南人民出版社,2000（现代语言学系列）

7—215—04057—7

洪堡特语言哲学文集／威廉·冯·洪堡特著;姚小平编辑译注.—长沙：湖南教育出版社,2001（语言学名家译丛）

7—5355—3502—X

艺术语言学／骆小所著.—2 版修订本.—昆明：云南人民出版社,1996

7—222—01871—9

文化语言学／刑福义主编.—修订版.—武汉：湖北教育出版社,2000

7—5351—0578—5

超越文化的屏障／胡文仲著.—北京：外语教学与研究出版社,2002

7—5600—2983—3

文化语言学中国潮／邵敬敏主编.—北京：语文出版社,1995

7—80006—852—8

文化语言学导论／戴昭铭著.—北京：语文出版社,1996

7—80126—069—4

现代西方语言哲学比较研究／涂纪亮.—北京：中国社会科学出版社,1996

7—5004—1673—3

现代语言学流派／冯志伟编著.—修订本.—西安：陕西人民出版社,1999

7—224—04762—7

洪堡特：人文研究和语言研究／姚小平著.—北京：外语教学与研究出版社,1995

7—5600—0881—X

西方语言学流派／刘润清编著.—北京：外语教学与研究出版社,1995

7—5600—0813—5

简明语言学史／（英）R. H. 罗宾斯著;许德宝,冯建明,胡明亮译.—北京：中国社会科学出版社,1997（当代语言学理论丛书）

7—5004—2078—1

欧美语言学简史／徐志民著.—修订本.—上海：学林出版社,2005

7—80668—991—5

普通语音学纲要／罗常培,王均著.—修订版.—北京：商务印书馆,2002（商务印书馆文库）

978—7—100—02570—6

音系学基础／王理嘉编著.—北京：语文出版社,2002

7—80006—311—9

句法理论概要／宋国明著.—北京：中国社会科学出版社,1997（当代语言学理论丛书）

7—5004—2077—3

现代语言学的特点和发展趋势 / 戚雨村编著.—上海：上海外语教育出版社,1997(现代语言学丛书)

　　7—81046—283—0

认知语言学与汉语名词短语 / 张敏著.—北京：中国社会科学出版社,1998

　　7—5004—2342—X

言语交际学基本原理 / 刘焕辉主编.—南昌：江西教育出版社,1997

　　7—5392—2820—2

认知隐喻学 / 胡壮麟著.—北京：北京大学出版社,2004(语言学前沿丛书)

　　7—301—06889—1

翻译论丛 / 耿龙明主编.—上海：上海外语教育出版社,1998

　　7—81046—294—6

论对话 / （英）戴维·伯姆著；李·尼科编.—北京：教育科学出版社,2004(对话社会教育译丛)

　　7—5041—2748—5

语用学探索 / 何自然著.—广州：广东世界图书出版公司,2000(广东外语外贸大学博士生导师文集)

　　7—5062—4549—3

论文字学 / （法）雅克·德里达著；汪堂家译.—上海：上海译文出版社,1999(二十世纪西方哲学译丛)

　　7—5327—2326—7

论文字学 / （法）雅克·德里达著；汪堂家译.—上海：上海译文出版社,2005(二十世纪西方哲学译丛)

　　7—5327—3691—1

跨文化非语言交际 / 毕继万著.—北京：外语教学与研究出版社,1999(跨文化交际丛书)

　　7—5600—1492—5

非言语交际概论 / 李杰群主编；金树祥等编著.—北京：北京大学出版社,2002

　　7—301—05465—3

语料库语言学导论 / 杨惠中主编；卫乃兴等编著.—上海：上海外语教育出版社,2002(高等院校英语语言文学专业研究生系列教材)

　　7—81080—373—5

语料库语言学 / 黄昌宁,李涓子著.—北京：商务印书馆,2002(语言与计算机丛书)

　　7—100—03364—0

词汇语义学 / 张志毅,张庆云著.—北京：商务印书馆,2001

　　7—100—03149—4

语料库应用研究 / 卫乃兴,李文中,濮建忠等著.—上海：上海外语教育出版社,2005

　　7—81095—781—3

模糊语义学 / 张乔著.—北京：中国社会科学出版社,1998(当代语言学理论丛书)

　　7—5004—2075—7

当代语用学 / 姜望琪著.—北京：北京大学出版社,2003(语言学教材系列)

　　7—301—06597—3

语言与翻译新论：语义学、对比语义学与翻译 / 王秉钦著.—天津：南开大学出版社,1998

　　7—310—01150—3

语法的认知语义基础 / 石毓智著.—南昌：江西教育出版社,2000

　　7—5392—3455—5

文化语义学 / 吴国华,杨喜昌著.—北京：军事谊文出版社,2000

　　7—80150—096—2

语义学与词典释义 / 章宜华著.—上海：上海辞书出版社,2002

7—5326—0933—2

逻辑语义学 / 方立著. —北京：北京语言文化大学出版社, 2000

7—5619—0872—5

中国语用学研究论文精选 / 束定芳主编；《外国语》编辑部编. —上海：上海外语教育出版社, 2001(全国高校外语学刊研究会系列学术论文集)

7—81080—144—9

语境动态研究 / 朱永生著. —北京：北京大学出版社, 2005(语言学丛书)

7—301—08000—X

普遍语法原则与汉语语法现象 / 徐杰著. —北京：北京大学出版社, 2001(语言学前沿丛书)

7—301—05100—X

语境适应论 / 冯广艺著. —武汉：湖北教育出版社, 1999

7—5351—2559—X

当代句法学导论 / 温宾利编著. —北京：外语教学与研究出版社, 2002(外研社当代语言学丛书)

7—5600—2669—9

乔姆斯基的形式句法：历史进程与最新理论 / 石定栩著. —北京：北京语言文化大学出版社, 2002(新世纪语言学与应用语言学丛书)

7—5619—1032—0

符号世界 / 陈宗明著. —武汉：湖北人民出版社, 2004(符号世界丛书)

7—216—03856—8

现代修辞学 / 王德春, 陈晨著. —上海：上海外语教育出版社, 2001(21世纪修辞学丛书)

7—81080—158—9

当代西方修辞学：演讲与话语批评 / (美)肯尼斯·博克等著；常昌富, 顾宝桐译. —北京：中国社会科学出版社, 1998(传播与文化译丛)

7—5004—2334—9

现代修辞学 / 骆小所著. —2版. —昆明：云南人民出版社, 2000

7—222—01870—0

社会心理修辞学导论 / 陈汝东著. —北京：北京大学出版社, 1999

7—301—04017—2

认知修辞学 / 陈汝东著. —广州：广东教育出版社, 2001

7—5406—4632—2

修辞学通论 / 王希杰著. —南京：南京大学出版社, 1996

7—305—02951—3

西方写作理论、教学与实践 / 祁寿华编著. —上海：上海外语教育, 2000

7—81046—551—1

修辞心理学 / 吴礼权著. —昆明：云南人民出版社, 2002

7—222—03077—8

理论文体学 / 胡壮麟编著. —北京：外语教学与研究出版社, 2000(北京外国语大学语言学研究丛书)

7—5600—1867—X

语言的功能与文体 / 张德禄著. —北京：高等教育出版社, 2005(中国外语知名学者文库)

7—04—018391—9

功能文体学 / 张德禄编著. —济南：山东教育出版社, 1998

7—5328—2428—4

语用与认知：关联理论研究 / 何自然, 冉永平主编. —北京：外语教学与研究出版社, 2001

7—5600—2233—2

译有所为：功能翻译理论阐释／（德）诺德著；张美芳，王克非主译.—北京：外语教学与研究出版社，2005（当代西方翻译研究译丛）

7—5600—4713—0

翻译研究新视野／谢天振著.—青岛：青岛出版社，2003（翻译理论与实践丛书）

7—5436—2751—5

等效翻译探索／金隄编著.—增订版.—北京：中国对外翻译出版公司，1998（翻译理论与实务丛书）

7—5001—0525—8

释意学派口笔译理论／（法）玛丽雅娜·勒代雷著；刘和平译.—北京：中国对外翻译出版公司，2001（翻译理论与实务丛书）

7—5001—0860—5

口译技巧：思维科学与口译推理教学法／刘和平著.—北京：中国对外翻译出版社，2001（翻译理论与实务丛书）

7—5001—0888—5

张谷若翻译艺术研究／孙迎春编著.—北京：中国对外翻译出版公司，2004（翻译理论与实务丛书）

7—5001—1255—6

新译学论稿／萧立明著.—北京：中国对外翻译出版公司，2001（翻译理论与实务丛书）

7—5001—0846—X

西方译论研究／刘重德编著.—北京：中国对外翻译出版公司，2003（翻译理论与实务丛书）

7—5001—1055—3

翻译与人生／周兆祥编著.—北京：中国对外翻译出版公司，1998（翻译理论与实务丛书）

7—5001—0552—5

翻译研究／思果著.—北京：中国对外翻译出版公司，2001（翻译理论与实务丛书）

7—5001—0836—2

翻译多元论／周方珠著.—北京：中国对外翻译出版公司，2004（翻译理论与实务丛书）

7—5001—1206—8

翻译变体研究／黄忠廉著.—北京：中国对外翻译出版公司，2000（翻译理论与实务丛书）

7—5001—0654—8

变译理论／黄忠廉著.—北京：中国对外翻译出版公司，2002（翻译理论与实务丛书）

7—5001—0942—3

口译教学研究：理论与实践／杨承淑著.—北京：中国对外翻译出版公司，2005（翻译理论与实务丛书·口译研究卷）

7—5001—1383—8

口译理论与教学／刘和平编著.—北京：中国对外翻译出版公司，2005（翻译理论与实务丛书·口译研究卷）

7—5001—1385—4

口译理论概述／鲍刚著.—北京：中国对外翻译出版公司，2005（翻译理论与实务丛书·口译研究卷）

7—5001—1384—6

机器翻译研究／冯志伟著.—北京：中国对外翻译出版公司，2004（翻译理论与实务丛书·科学翻译研究卷）

7—5001—1274—2

翻译本质论／黄忠廉著.—武汉：华中师范大学出版社，2000（华中师范大学出版基金丛书）

7—5622—2225—8

跨越文化障碍：巴比塔的重建／吕俊著.—南京：东南大学出版社，2001（跨文化交际与英语教育丛书）

7—81050—841—5

中西翻译思想比较研究 / 刘宓庆著.—北京：中国对外翻译出版公司,2005(刘宓庆翻译论著全集)

7—5001—1392—7

语际书写：现代思想史写作批判纲要 / 刘禾著.—上海：上海三联书店,1999(上海三联文库／海外学术系列)

7—5426—1235—2

苏联翻译理论 / 蔡毅,段京华编著.—武汉：湖北教育出版社,2000(外国翻译理论研究丛书)

7—5351—2660—X

当代美国翻译理论 / 郭建中编著.—武汉：湖北教育出版社,2000(外国翻译理论研究丛书)

7—5351—2659—6

当代法国翻译理论 / 许钧,袁筱一等编著.—武汉：湖北教育出版社,2001(外国翻译理论研究丛书)

7—5351—2863—7

翻译研究的功能途径 / 张美芳著.—上海：上海外语教育出版社,2005(外教社翻译研究丛书)

7—81095—667—1

翻译学归结论 / 赵彦春编著.—上海：上海外语教育出版社,2005(外教社翻译研究丛书)

7—81095—618—3

西方翻译简史 / 谭载喜著.—2 版增订版.—北京：商务印书馆,2004(研究生教学用书)

7—100—04111—2

当代翻译理论.第二辑 / 刘宓庆著.—北京：中国对外翻译出版公司,2005(中国文库)

7—5001—1278—5

翻译论.第二辑 / 许钧著.—武汉：湖北教育出版社,2003(中华翻译研究丛书)

7—5351—3628—1

翻译与批评 / 周仪,罗平著.—武汉：湖北教育出版社,1999(中华翻译研究丛书)

7—5351—2540—9

翻译适应选择论 / 胡庚申著.—武汉：湖北教育出版社,2004(中华翻译研究丛书：7)

7—5351—3878—0

中国译学理论史稿 / 陈福康著.—2 版修订本.—上海：上海外语教育出版社,2000

7—81046—813—8

普遍与差异：后殖民批评视阈下的翻译研究 / 孙会军著.—上海：上海译文出版社,2005

7—5327—3848—5

翻译：理论与实践探索 / 孙致礼著.—南京：译林出版社,1999

7—80567—986—X

论信达雅：严复翻译理论研究 / 沈苏儒著.—北京：商务印书馆,1998

7—100—02617—2

译海探秘 / 彭长江,顾延龄著.—长沙：湖南师范大学出版社,1999

7—81031—825—X

中国翻译教学研究 / 穆雷编著.—上海：上海外语教育出版社,1999

7—81046—681—X

西方翻译理论流派研究 / 李文革著.—北京：中国社会科学出版社,2004

7—5004—4617—9

视角阐释文化：文学翻译与翻译理论 / 孙艺风著.—北京：清华大学出版社,2004(翻译与跨学科研究系列丛书)

7—302—08807—1

翻译名家研究 / 郭著章主编.—武汉：湖北教育出版社,1999(中华翻译研究丛书)

7—5351—2492—5

中国传统译论经典诠释：从道安到傅雷. 第二辑 / 王宏印著.—武汉：湖北教育出版社,2003（中华翻译研究丛书）

7—5351—3608—7

翻译思考录 / 许钧主编.—武汉：湖北教育出版社,1998（中华翻译研究丛书）

7—5351—2341—4

翻译的艺术 / 许渊冲著.—增订本.—北京：五洲传播出版社,2005

7—5085—0800—9

面向 21 世纪的译学研究 / 张柏然,许钧主编.—北京：商务印书馆,2002

7—100—03473—6

译事探索与译学思考 / 许钧著.—北京：外语教学与研究出版社,2002

7—5600—3123—4

认知词典学探索 / 赵彦春著.—上海：上海外语教育出版社,2003（当代语言学丛书）

7—81080—996—2

交际词典学 / 雍和明著.—上海：上海外语教育出版社,2003（当代语言学丛书）

7—81080—778—1

词典论 / 黄建华著.—修订版.—上海：上海辞书出版社,2001

7—5326—0753—4

双语词典学导论 / 黄建华,陈楚祥著.—北京：商务印书馆,1997

7—100—01895—1

现代术语学引论 / 冯志伟著.—北京：语文出版社,1997

7—80126—242—5

翻译与后现代性 / 陈永国主编.—北京：中国人民大学出版社,2005（当代思想方向丛书）

7—300—06819—7

应用语言学概论 / 于根元主编.—北京：商务印书馆,2003（应用语言学系列教材）

7—100—03793—X

应用语言学综论 / 冯志伟著.—广州：广东教育出版社,1999（语言文字应用研究丛书）

7—5406—4011—1

应用语言学理论纲要 / 于根元主编.—北京：华语教学出版社,1999

7—80052—693—3

应用语言学 / 乐眉云著.—南京：南京师范大学出版社,1999

7—81047—288—7

应用语言文化学概论 / 赵爱国,姜雅明著.—上海：上海外语教育出版社,2003

7—81080—619—X

机器翻译原理 / 赵铁军等编著.—哈尔滨：哈尔滨工业大学出版社,2000（机器翻译技术丛书）

7—5603—1468—6

双语对应语料库：研制与应用 / 王克菲等著.—北京：外语教学与研究出版社,2004（学术著作系列）

7—5600—4236—8

自然语言的计算机处理 / 冯志伟著.—上海：上海外语教育出版社,1996（现代语言学丛书）

7—81046—036—6

模糊语言学 / 伍铁平著.—上海：上海外语教育出版社,1999（现代语言学丛书）

7—81009—464—5

计算语言学概论 / 俞士汶主编.—北京：商务印书馆,2003（应用语言学系列教材）

7—100—03796—4

计算语言学基础 / 冯志伟著. —北京：商务印书馆，2001（语言与计算机丛书）

7—100—03284—9

词汇语义和计算语言学 / 林杏光著. —北京：语文出版社，1999

7—80126—488—6

第二语言习得研究 / 蒋祖康编著. —北京：外语教学与研究出版社，1999（北京外国语大学语言学研究丛书）

7—5600—1694—4

外语教学技巧新论 / 张正东著. —北京：科学出版社，1999（外语教学法研究系列）

7—03—006743—6

功能语言学与外语教学 / 张德禄，苗兴伟，李学宁著. —北京：外语教学与研究出版社，2005（中国英语教师丛书）

7—5600—5166—9

外语教学论：教研教学教艺 / 王铭玉，贾梁豫主编. —合肥：安徽人民出版社，1999

7—212—01703—5

现代外语教学论 / 王立非著. —上海：上海教育出版社，2000

7—5320—6962—1

双语教育与双语教学 / 王斌华编著. —上海：上海教育出版社，2003

7—5320—9167—8

双语教育原理 / 盖兴之著. —昆明：云南教育出版社，1997

7—5415—1377—6

外语教育语言学 / 张国扬，朱亚夫著. —南宁：广西教育出版社，1996

7—5435—2496—1

二十世纪的中国语言应用研究 / 于根元著. —太原：书海出版社，1996（二十世纪中国语言学丛书）

7—80550—210—2

汉语量范畴研究 / 李宇明著. —武汉：华中师范大学出版社，2000（华中语学论库）

7—5622—2285—1

中国文字学 / 唐兰撰. —上海：上海古籍出版社，2005（世纪人文系列丛书）

7—5325—3903—2

中国语言和中国社会 / 陈建民著. —广州：广东教育出版社，1999（语言文字应用研究丛书）

7—5406—4027—8

语言文字学及其应用研究 / 许嘉璐著. —广州：广东教育出版社，1999（语言文字应用研究丛书）

7—5406—4115—0

语言理解与认知 / 崔希亮著. —北京：北京语言学院出版社，2001（中青年语言学者文丛）

7—5619—1033—9

左传虚词研究 / 何乐士著. —修订本. —北京：商务印书馆，2004

7—100—03994—0

汉语描写词汇学 / 刘叔新著. —2版. —北京：商务印书馆，2005

7—100—04745—5

汉语认知功能语法 / 屈承熹编著；纪宗仁协著. —哈尔滨：黑龙江人民出版社，2005

7—207—06470—5

当代汉语修辞学 / 陈汝东著. —北京：北京大学出版社，2004

7—301—07428—X

字本位与汉语研究 / 潘文国著. —上海：华东

师范大学出版社,2002

    7—5617—3118—3

汉语文化语用学 / 钱冠连著.—北京:清华大学出版社,1997

    7—302—02359—X

语文教育文化过程研究 / 曹明海,张秀清编著.—济南:山东人民出版社,2005

    7—209—03566—4

语言规划研究 / 陈章太著.—北京:商务印书馆,2005

    7—100—04268—2

现代汉语空间问题研究 / 齐沪扬著.—上海:学林出版社,1998

    7—80616—563—0

汉语俗字研究 / 张涌泉著.—增订本.—北京:商务印书馆,1996

    978—7—100—06620—4

汉英应用对比概论 / 熊文华著.—北京:北京语言文化大学出版社,1997

    7—5619—0573—4

数里乾坤 / 张德鑫著.—北京:北京大学出版社,1999

    7—301—04274—4

汉语语法学 / 张斌著.—上海:上海教育出版社,1998

    7—5320—5790—9

语言民俗与中国文化 / 黄涛著.—北京:人民出版社,2002(中国文化新论丛书)

    7—01—003699—3

修辞学导论 / 王希杰著.—杭州:浙江教育出版社,2000

    7—5338—2931—X

翻译文化史论 / 王克非编著.—上海:上海外语教育出版社,1997

    7—81046—273—3

说文解字的文化说解 / 臧克和著.—长沙:湖北人民出版社,1995(中国文化的人类学破译)

    7—216—01597—5

新化方言研究 / 罗昕如著.—长沙:湖南教育出版社,1998(湖南方言研究丛书)

    7—5355—2623—3

现代晋语的研究 / 侯精一著.—北京:商务印书馆,1999

    7—100—02562—1

中国古代语言学史 / 何九盈著.—广州:广东教育出版社,1995

    7—5406—3400—6

中国语言学史 / 赵振铎著.—石家庄:河北教育出版社,2000

    7—5434—3758—9

近代汉语研究概要 / 蒋绍愚著.—北京:北京大学出版社,2005(语言学教材系列)

    7—301—08905—8

近代汉语探源 / 江蓝生著.—北京:商务印书馆,2000

    7—100—02845—0

新编现代汉语 / 张斌主编;陈昌来等编写.—上海:复旦大学出版社,2002(复旦博学·大学通用基础教材系列)

    7—309—03246—2

现代汉语理论教程 / 刘叔新主编.—北京:高等教育出版社,2002(面向21世纪课程教材)

    7—04—010605—1

近代汉语纲要 / 蒋冀骋,吴福祥著.—长沙:湖南教育出版社,1997

7—5355—2448—6

对外汉语教学与文化 / 周思源主编.—北京：北京语言文化大学出版社,1997(对外汉语教学研究丛书)

7—5619—0578—5

汉语音韵 / 王力著.—新 1 版.—北京：中华书局,2003(国学入门丛书)

7—101—03357—1

音韵学教程 / 唐作藩著.—3 版.—北京：北京大学出版社,2002

7—301—01698—0

汉语节律学 / 吴洁敏,朱宏达著.—北京：语文出版社,2001

7—80126—691—9

汉语历史音韵学 / 潘悟云著.—上海：上海教育出版社,2000(中国当代语言学丛书)

7—5320—6820—X

广韵校本 / 周祖谟著.—3 版.—北京：中华书局,2004

7—101—04283—X

宋代闽音考 / 刘晓南著.—长沙：岳麓书社,1999(古文献研究丛书)

7—80520—950—2

汉语非线性音系学：汉语的音系格局与单字音 / 王洪君著.—北京：北京大学出版社,1999(青年学者文库)

7—301—03607—8

二十世纪的现代汉字研究 / 苏培成著.—太原：书海出版社,2001(二十世纪中国语言学丛书)

7—80550—373—7

汉字文化学 / 何九盈著.—沈阳：辽宁人民出版社,2000(汉字与文化丛书)

7—205—04500—2

中国古文字学通论 / 高明著.—北京：北京大学出版社,1996

7—301—02285—9

汉字构形学讲座 / 王宁著.—上海：上海教育出版社,2002

7—5320—8070—6

小篆形声字研究 / 李国英著.—北京：北京师范大学出版社,1996

7—303—04139—7

训诂简论 / 陆宗达著.—北京：北京出版社,2002(大家小书)

7—200—04492—X

训诂学原理 / 王宁著.—北京：中国国际广播出版社,1996(东方学术精品专著集)

7—5078—1378—9

汉语的词库与词法 / 董秀芳著.—北京：北京大学出版社,2004(语言学前沿丛书)

7—301—07950—8

词义的分析和描写 / 符淮青著.—北京：语文出版社,1996

7—80006—743—2

东汉：隋常用词演变研究 / 汪维辉著.—南京：南京大学出版社,2000(南京大学博士文丛)

7—305—03583—1

古汉语词义论 / 张联荣著.—北京：北京大学出版社,2000

7—301—04529—8

汉语常用词演变研究 / 李宗江著.—上海：汉语大词典出版社,1999

7—5432—0369—3

古代文化词义集类辨考 / 黄金贵著.—上海：上海教育出版社,1995

7—5320—3121—7

现代汉语词汇／符淮青著.—2 版.—北京：北京大学出版社,2004（语言学教材系列）

7—301—06944—8

现代汉语词汇的形成：十九世纪汉语外来词研究／（意）马西尼著；黄河清译.—上海：汉语大词典出版社,1997

7—5432—0248—4

现代汉语词汇研究／曹炜编著.—北京：北京大学出版社,2004

7—301—06949—9

现代汉语词汇系统论／徐国庆著.—北京：北京大学出版社,1999

7—301—04154—3

汉语词语的文化透视／王国安,王小曼著.—上海：汉语大词典出版社,2003

7—5432—0945—4

现代汉语词汇学／葛本仪著.—济南：山东人民出版社,2001

7—209—02741—6

新词语·社会·文化／姚汉铭著.—上海：上海辞书出版社,1998

7—5326—0534—5

汉语外来词／史有为著.—北京：商务印书馆,2000（汉语知识丛书）

7—100—02611—3

语源学概论／殷寄明著.—上海：上海教育出版社,2000（中国当代语言学丛书）

7—5320—6391—7

语法修辞讲话／吕叔湘,朱德熙著.—沈阳：辽宁教育出版社,2002（万象书坊）

7—5382—6282—2

语法修辞讲话.第二辑／吕叔湘,朱德熙著.—沈阳：辽宁教育出版社,2005（中国文库）

7—5382—7270—4

汉语语法学／邢福义著.—长春：东北师范大学出版社,1996（中国现代语言学丛书）

7—5602—1912—8

汉语语法的意合网络／鲁川著.—北京：商务印书馆,2001

7—100—03347—0

汉语的语词理据／王艾录,司富珍著.—北京：商务印书馆,2001

7—100—03077—3

语法理论纲要／范晓,张豫峰等著.—上海：上海译文出版社,2003

7—5327—3122—7

汉语语法化的历程：形态句法发展的动因和机制／石毓智,李讷著.—北京：北京大学出版社,2001（语言学前沿丛书）

7—301—05243—X

中国语法学史／龚千炎著.—修订本.—北京：语文出版社,1997（中国语言学史丛书）

7—80126—180—1

近代汉语语法史研究综述／蒋绍愚,曹广顺主编.—北京：商务印书馆,2005

7—100—04679—3

敦煌变文语法研究／吴福祥著.—长沙：岳麓书社,1996（中国传统文化研究丛书）

7—80520—678—3

古汉语语法及其发展／杨伯峻,何乐士著.—2版修订本.—北京：语文出版社,2001

7—80006—210—4

汉语语法三百问／邢福义著.—北京：商务印书馆,2002

7—100—03310—1

语法研究入门 / 吕叔湘等著;马庆株编.—北京:商务印书馆,1999

7—100—02526—5

汉语语法的立体研究 / 邵敬敏著.—北京:商务印书馆,2000

7—100—03067—6

汉语的时相时制时态 / 龚千炎著.—北京:商务印书馆,1995(汉语知识丛书)

7—100—01625—8

标题语法 / 尹世超著.—北京:商务印书馆,2001(汉语知识丛书)

7—100—03450—7

现代汉语时点时段研究 / 李向农著.—武汉:华中师范大学出版社,1997(华中师范大学学术文库;华中语学论库)

7—5622—1812—9

现代汉语语法分析 / 范开泰,张亚军著;张斌主编.—上海:华东师范大学出版社,2000(上海普通高校"九五"重点教材)

7—5617—2405—5

现代汉语语法研究教程 / 陆俭明著.—北京:北京大学出版社,2003(语言学教材系列)

7—301—06422—5

主题在汉语中的功能研究:迈向语段分析的第一步 / 曹逢甫著;谢天蔚译.—北京:语文出版社,1995

7—80006—904—4

现代汉语配价语法研究 / 沈阳,郑定欧主编.—北京:北京大学出版社,1995

7—301—02762—1

汉语的韵律、词法与句法 / 冯胜利著.—北京:北京大学出版社,1997

7—301—03327—3

语法的形式和理据 / 石毓智著.—南昌:江西教育出版社,2001

7—5392—3598—5

汉语功能语法研究 / 张伯江,方梅编.—南昌:江西教育出版社,1996

7—5392—2683—8

不对称和标记论 / 沈家煊著.—南昌:江西教育出版社,1999

7—5392—3209—9

近代汉语语法研究 / 冯春田著.—济南:山东教育出版社,2000

7—5328—3133—7

近代汉语语法研究 / 俞光中,(日)植田均著.—上海:学林出版社,1999

7—80616—681—5

现代汉语时体系统研究 / 戴耀晶著.—杭州:浙江教育出版社,1997

7—5338—2565—9

现代汉语篇章回指研究 / 徐赳赳著.—北京:中国社会科学出版社,2003

7—5004—4137—1

词汇化:汉语双音词的衍生和发展 / 董秀芳著.—成都:四川民族出版社,2002(汉语史研究丛书)

7—5409—2656—2

汉语的构词法研究 / 潘文国,叶步青,韩洋著.—上海:华东师范大学出版社,2004

7—5617—3819—6

现代汉语方所系统研究 / 储泽祥著.—武汉:华中师范大学出版社,1997(华中师范大学学术文库·华中语学论库)

7—5622—1793—9

语气词与语气系统 / 齐沪扬著.—合肥:安徽

教育出版社,2002(现代汉语虚词研究丛书)

　　7—5336—2866—7

副词与限定描状功能 / 张亚军著.—合肥:安徽教育出版社,2002(现代汉语虚词研究丛书)

　　7—5336—2867—5

现代汉语词类研究 / 郭锐著.—北京:商务印书馆,2002(中国语言学文库)

　　7—100—03621—6

现代汉语实词 / 张斌主编;方绪军著.—上海:华东师范大学出版社,2000

　　7—5617—2351—2

近代汉语语气词:汉语语气词的历史考察 / 孙锡信著.—北京:语文出版社,1999

　　7—80126—356—1

词类问题考察 / 胡明扬主编.—北京:北京语言学院出版社,1996

　　7—5619—0472—X

动词研究 / 胡裕树,范晓主编.—开封:河南大学出版社,1995

　　7—81041—118—7

现代汉语方所系统研究 / 储泽祥著.—武汉:华中师范大学出版社,1997

　　7—5622—1793—9

汉语动词的配价研究 / 袁毓林著.—南昌:江西教育出版社,1998

　　7—5392—2882—2

现代汉语副词探索 / 张谊生著.—上海:学林出版社,2004

　　7—80668—850—1

近代汉语助词 / 曹广顺著.—北京:语文出版社,1995

　　7—80006—952—4

近代汉语介词 / 马贝加著.—北京:中华书局,2002

　　7—101—02336—3

语序类型学与介词理论 / 刘丹青著.—北京:商务印书馆,2003(中国语言学文库)

　　7—100—03653—4

现代汉语语法系统的建立:动补结构的产生及其影响 / 石毓智著.—北京:北京语言大学出版社,2003(中青年语言学者文丛)

　　7—5619—1127—0

面向中文信息处理的现代汉语短语结构规则研究 / 詹卫东著.—北京:清华大学出版社;南宁:广西科学技术出版社,2000(中文信息处理丛书)

　　7—302—03940—2

现代汉语句子 / 张斌主编;陈昌来著.—上海:华东师范大学出版社,2000

　　7—5617—2336—9

现代汉语短语 / 齐沪扬著;张斌主编.—上海:华东师范大学出版社,2000

　　7—5617—2337—7

趋向补语通释 / 刘月华主编.—北京:北京语言文化大学出版社,1998

　　7—5619—0648—X

汉语特殊句法的语义研究 / 张旺熹著.—北京:北京语言文化大学出版社,1999

　　7—5619—0750—8

现代汉语疑问句研究 / 邵敬敏著.—上海:华东师范大学出版社,1996

　　7—5617—1509—9

汉语复句研究 / 邢福义著.—北京:商务印书馆,2001

　　7—100—03196—6

二十世纪的汉语修辞学 / 袁晖著.—太原:书

海出版社,2000(二十世纪中国语言学丛书)

    7—80550—252—8

现代写作教程 / 董小玉主编.—北京:高等教育出版社,2000(面向21世纪课程教材)

    7—04—007802—3

接受修辞学 / 谭学纯等著.—增订本.—合肥:安徽大学出版社,2000(语言学多维研究丛书)

    7—81052—353—8

比喻、近喻与自喻:辞格的认知性研究 / 刘大为著.—上海:上海教育出版社,2001

    7—5320—7784—5

修辞新格:增订本 / 谭永祥著.—广州:暨南大学出版社,1996

    7—81029—543—8

汉语风格学 / 黎运汉著.—广州:广东教育出版社,2000

    7—5406—4174—6

高等写作学引论 / 马正平编著.—北京:中国人民大学出版社,2002(面向21世纪课程教材)

    7—300—04129—9

修辞论稿 / 陈光磊著.—北京:北京语言文化大学出版社,2001

    7—5619—0927—6

中国翻译史.上卷 / 马祖毅著.—武汉:湖北教育出版社,1999(中华翻译研究丛书)

    7—5351—2534—4

说文解字今释 / (东汉)许慎原著;汤可敬撰.—新1版.—长沙:岳麓书社,2001

    7—80665—140—3

汉语方言学导论 / 游汝杰著.—2版修订本.—上海:上海教育出版社,2000(中国当代语言学丛书)

    7—5320—2735—X

汉语方言及方言调查 / 詹伯慧等著.—2版.—武汉:湖北教育出版社,2001

    7—5351—0268—9

汉语方言学 / 李如龙著.—北京:高等教育出版社,2001

    7—04—009563—7

现代汉语方言概论 / 侯精一主编.—上海:上海教育出版社,2002

    7—5320—8084—6

汉语方言语音的演变和层次 / 王福堂著.—北京:语文出版社,1999

    7—80126—397—9

山东方言研究 / 钱曾怡主编.—济南:齐鲁书社,2001

    7—5333—0992—8

晋方言语法研究 / 乔全生著.—北京:商务印书馆,2000

    7—100—03106—0

神木方言研究 / 邢向东著.—北京:中华书局,2002

    7—101—03523—X

南部吴语语音研究 / 曹志耘著.—北京:商务印书馆,2002(中国语言学文库)

    7—100—03533—3

长沙方言研究 / 鲍厚星等著.—长沙:湖南教育出版社,1999(湖南方言研究丛书)

    7—5355—2744—2

汉语方言的比较研究 / 李如龙著.—北京:商务印书馆,2001

    7—100—03172—9

连城客家话语法研究 / 项梦冰著.—北京:语文出版社,1997

    7—80126—068—6

广州方言研究 / 李新魁等著.—广州：广东人民出版社,1995

7—218—01374—0

语感论 / 王尚文著.—修订本.—上海：上海教育出版社,2000(语文教育新论)

7—5320—6876—5

语文思维培育学 / 卫灿金著.—修订本.—北京：语文出版社,1997(语文教育研究与探索丛书)

7—80126—193—3

阅读学新论 / 曾祥芹主编；王光龙等著.—北京：语文出版社,1999

7—80126—523—8

语文课程与教学论 / 王文彦,蔡明主编.—北京：高等教育出版社,2002(面向 21 世纪课程教材)

7—04—010686—8

语文教学艺术论 / 韦志成著.—南宁：广西教育出版社,1996(学科现代教育理论书系)

7—5435—2515—1

语文教学思维论 / 彭华生著.—南宁：广西教育出版社,1996(学科现代教育理论书系·语文)

7—5435—2523—2

语文教学情境论 / 韦志成著.—南宁：广西教育出版社,1996(学科现代教育理论书系·语文)

7—5435—2521—6

言语教学论 / 李海林著.—上海：上海教育出版社,2000(语文教育新论)

7—5320—6669—X

语文教育学引论 / 阎立钦主编.—北京：高等教育出版社,1996

7—04—005642—9

会话结构分析 / 刘虹著.—北京：北京大学出版社,2004(语言学丛书)

7—301—08222—3

语文教学设计论 / 周庆元著.—南宁：广西教育出版社,1996(学科现代教育理论书系)

7—5435—2517—8

第二语言学习理论研究 / 王魁京著.—北京：北京师范大学出版社,1998

7—303—04554—6

对外汉语教育学引论 / 刘珣著.—北京：北京语言文化大学出版社,2000

7—5619—0874—1

汉语作为外语教学的认知理论研究 / 徐子亮著.—北京：华语教学出版社,2000

7—80052—570—8

对外汉语教学实用语法 / 卢福波著.—北京：北京语言学院出版社,1996

7—5619—0474—6

汉语听力说话教学法 / 杨惠元著.—北京：北京语言学院出版社,1996

7—5619—0456—8

二十世纪后期中国语文教育论集 / 顾黄初,李杏保主编.—成都：四川教育出版社,2000

7—5408—3470—6

中外语言文化漫议 / 张德鑫著.—北京：华语教学出版社,1996

7—80052—296—2

以跨文化交往为目的的外语教学：系统功能语法与外语教学 / 王振亚著.—北京：北京语言大学出版社,2005

7—5619—1420—2

外语教育学 / 张正东编著.—重庆：重庆出版社,1999

7—5366—0016—X

汉英语对比纲要 / 潘文国著.—北京：北京语言文化大学出版社,1997

7—5619—0555—6

翻译 新 论：**1983—1992** / 杨自俭,刘学云编.—武汉：湖北教育出版社,2003(中华翻译研究丛书)

7—5351—1258—7

英语教育学 / 黄国营主编.—南昌：江西教育出版社,1997(教育学丛书)

7—5392—1959—9

交际法英语教学和考试评估 / 徐强著.—上海：上海外语教育出版社,2000

7—81046—862—6

英语教学交际论 / 王才仁著.—南宁：广西教育出版社,1996(学科现代教育理论书系外语)

7—5435—2465—1

面向 **21** 世纪外语教学论：进路与出路 / 范谊,芮渝萍著.—重庆：重庆出版社,1998

7—5366—3948—1

英语语体和文体要略 / 秦秀白编著.—上海：上海外语教育出版社,2002(21 世纪英语学习丛书)

7—81080—321—2

现代英语语言学概论 / 戴炜栋等编著.—上海：上海外语教育出版社,1998(21 世纪英语学习丛书)

7—81046—386—1

跨文化交际翻译续编 / 金惠康著.—北京：中国对外翻译出版公司,2004(翻译理论与实务丛书)

7—5001—1145—2

英汉语比较导论 / 魏志成著.—上海：上海外语教育出版社,2003(高等院校英语语言文学专业研究生系列教材)

7—81080—578—9

英汉比较研究与翻译 / 萧立明编著.—上海：上海外语教育出版社,2002(高等院校英语语言文学专业研究生系列教材)

7—81080—304—2

现代英语修辞学 / 胡曙中编著.—上海：上海外语教育出版社,2004(普通高等教育"十五"国家级规划教材)

7—81095—185—8

汉语与中国文化 / 林宝卿著.—北京：科学出版社,2000(厦门大学面向 21 世纪系列教材)

7—03—008681—3

英语语篇语言学研究 / 胡曙中著.—上海：上海外语教育出版社,2005(语言学系列丛书)

7—81095—849—6

英语史 / 李赋宁编著.—北京：商务印书馆,2005(中国文库)

7—100—04334—4

英语词汇学引论 / 林承璋,刘世平编著.—3 版.—武汉：武汉大学出版社,2004

7—307—04381—5

英语修辞大全 / 冯翠华著.—修订版.—北京：外语教学与研究出版社,2005

7—5600—4438—7

英汉语比较与翻译.**5** / 杨自俭主编.—上海：上海外语教育出版社,2004

7—81095—357—5

英汉语言文化对比研究：**1990—1994** / 李瑞华主编.—上海：上海外语教育出版社,1996

7—81046—043—9

英汉语言文化对比研究：**1995—2003** / 王菊泉,郑立信编.—上海：上海外语教育出版社,2004

7—81095—441—5

现代英语语境学 / 裴文著.—合肥：安徽大学

出版社,2000

7—81052—352—X

英汉语言对比与翻译 / 王武兴主编. —北京：北京大学出版社,2003

7—301—05911—6

英语话语分析与跨文化交际 / 王得杏著. —北京：北京语言文化大学出版社,1998

7—5619—0665—X

实用英语语言文化 / 王振亚著. —保定：河北大学出版社,2004

7—81097—006—2

性别语言文化与语用研究 / 白解红著. —长沙：湖南教育出版社,2000

7—5355—3217—9

英汉语研究与对比 / 邵志洪著. —上海：华东理工大学出版社,1997

7—5628—0784—1

国际商务英语语言与翻译研究 / 廖瑛,莫再树著. —北京：机械工业出版社,2005

7—111—15440—1

英语教学与研究 / 林立,董启明主编. —北京：科学出版社,2004

7—03—014065—6

英汉语言对比研究 / 何善芬著. —上海：上海外语教育出版社,2002

7—81080—387—5

英汉语篇综合对比 / 彭宣维著. —上海：上海外语教育出版社,2000

7—81046—768—9

英汉语篇衔接手段对比研究 / 朱永生,郑立信,苗兴伟编著. —上海：上海外语教育出版社,2001

7—81080—067—1

教学篇章语言学 / 刘辰诞著. —上海：上海外语教育出版社,1999

7—81046—707—7

话语的人际意义研究 / 李战子著. —上海：上海外语教育出版社,2002

7—81080—596—7

英语教育研究 / 刘润清著. —北京：外语教学与研究出版社,2004

7—5600—4018—7

外语学习策略与方法 / 潘亚玲著. —北京：外语教学与研究出版社,2004

7—5600—4490—5

英汉语对比研究与翻译 / 贾德江著. —长沙：国防科技大学出版社,2002

7—81024—943—6

英语语音学 / 孟宪忠主编；崔希智等编写. —上海：华东师范大学出版社,1999

7—5617—1868—3

英国英语语音学和音系学 / 张凤桐编著. —成都：四川大学出版社,1996

7—5614—1135—9

英语词汇学高级教程 / 汪榕培主编. —上海：上海外语教育出版社,2002（高等院校英语语言文学专业研究生系列教材）

7—81080—396—4

英语词汇学教程 / 张维友编著. —武汉：华中师范大学出版社,1997（华中师范大学出版基金丛书）

7—5622—1685—1

词语搭配的界定与研究体系 / 卫乃兴著. —上海：上海交通大学出版社,2002（语言学与应用语言学博士文库）

7—313—02723—0

现代英语词汇学：新版 / 陆国强编著.—上海：上海外语教育出版社,1999

7—81046—561—9

英汉和汉英语义结构对比 / 陆国强编著.—上海：复旦大学出版社,1999

7—309—02246—7

英语词汇学教程读本 / 汪榕培,王之江,吴晓维主编.—上海：上海外语教育出版社,2005

7—81095—322—2

英汉比较语义学 / 王逢鑫著.—北京：外文出版社,2001

7—119—02912—6

英语词汇语义学 / 王文斌著.—杭州：浙江教育出版社,2001

7—5338—4099—2

英语习语与英美文化 / 平洪,张国扬著.—北京：外语教学与研究出版社,2000(跨文化交际丛书)

7—5600—1695—2

英语习语探源 / 庄和诚编著.—上海：上海外语教育出版社,2002

7—81080—366—2

汉英谚语与文化 / 王德春,杨素英,黄月圆著.—上海：上海外语教育出版社,2003

7—81080—628—9

英汉成语对比与翻译 / 陈文伯编著.—北京：世界知识出版社,2005

7—5012—2408—0

英汉习语的文化观照与对比 / 蒋磊编著.—武汉：武汉大学出版社,2000

7—307—03053—5

中国学习者英语语料库 / 桂诗春,杨惠中编著.—上海：上海外语教育出版社,2003

7—81080—531—2

英语动词语义语法学 / 易仲良著.—长沙：湖南师范大学出版社,1999

7—81031—826—8

语篇分析的理论与实践：广告语篇研究 / 黄国文著.—上海：上海外教出版社,2001(当代语言学丛书)

7—81080—166—X

辞格与词汇 / 李国南著.—上海：上海外语教育出版社,2001(21世纪修辞学丛书)

7—81080—025—6

英语修辞与写作 / 黄任编著.—上海：上海外语教育出版社,1996(21世纪英语学习丛书)

7—81046—137—0

当代西方修辞学：批评模式与方法 / (美)大卫·宁等著;常昌富,顾宝桐译.—北京：中国社会科学出版社,1998(传播与文化译丛)

7—5004—2383—7

英语修辞学 / 胡曙中著.—上海：上海外语教育出版社,2002(高等院校英语语言文学专业研究生系列教材)

7—81080—382—4

英语文体学教程 / 徐有志编著.—北京：高等教育出版社,2005(高等院校英语专业精品系列教材)

7—04—017142—2

翻译美学导论 / 刘宓庆著.—北京：中国对外翻译出版公司,2005(刘宓庆翻译论著全集)

7—5001—1391—9

翻译美学 / 毛荣贵编著.—上海：上海交通大学出版社,2005(上海交通大学专术专著)

7—313—04253—1

英语文体学要略 / 王守元编著.—济南：山东

大学出版社,2000(外语院系英语专业高年级系列教材)

7—5607—2096—X

英语写作论 / 刘上扶著.—南宁:广西教育出版社,1998(学科现代教育理论书系·外语)

7—5435—2752—9

英语修辞赏析 / 范家材编著.—2 版修订本.—上海:上海交通大学出版社,1996

7—313—00769—8

英汉修辞格对比研究 / 李国南著.—福州:福建人民出版社,1999

7—211—03455—6

英语修辞简明教程 / 李树德,冯奇编著.—上海:复旦大学出版社,2003

7—309—03727—8

英汉写作修辞对比 / 蔡基刚著.—上海:复旦大学出版社,2003

7—309—03800—2

英汉写作对比研究 / 蔡基刚编著.—上海:复旦大学出版社,2001

7—309—02812—0

英语修辞及惯用法 / 张文庭,熊建国编著.—长沙:湖南师范大学出版社,1996

7—81031—490—4

英语辞格 / 徐鹏著.—北京:商务印书馆,1997

7—100—01905—2

英语常用修辞入门 / 李冀宏著.—上海:上海世界图书出版公司,2000

7—5062—4446—2

美国新修辞学研究 / 胡曙中著.—上海:上海外语教育出版社,1999

7—81046—532—5

英汉翻译基础 / 古今明编著.—上海:上海外语教育出版社,1997(21 世纪英语学习丛书)

7—81046—223—7

翻译新论与实践 / 方梦之编著.—青岛:青岛出版社,1999(翻译理论与实践丛书)

7—5436—1645—9

翻译教学:实务与理论 / 刘宓庆著.—北京:中国对外翻译出版公司,2003(翻译理论与实务丛书)

7—5001—1038—3

语篇翻译引论 / 李运兴著.—北京:中国对外翻译出版公司,2001(翻译理论与实务丛书)

7—5001—0835—4

文化语境与语言翻译 / 包惠南编著.—北京:中国对外翻译出版公司,2001(翻译理论与实务丛书)

7—5001—0834—6

翻译批评散论 / 马红军著.—北京:中国对外翻译出版公司,2000(翻译理论与实务丛书)

7—5001—0638—6

英汉翻译教程 / 吕俊,侯向群编著.—上海:上海外语教育出版社,2001(高等院校英语语言文学专业研究生系列教材)

7—81080—136—8

文学翻译佳作对比赏析 / 崔永禄主编;王雪等编著.—天津:南开大学出版社,2001(高等院校英语专业翻译实践与鉴赏教程)

7—310—01484—7

高级英汉翻译理论与实践 / 叶子南著.—北京:清华大学出版社,2001(高校英语选修课系列教材)

7—302—04806—1

新编当代翻译理论 / 刘宓庆著.—北京:中国对外翻译出版公司,2005(刘宓庆翻译论著全集)

7—5001—1436—2

英语文化翻译学教程 / 李延林,潘利锋,郭勇主编.—长沙:中南大学出版社,2003(英语文化翻译学系列教材)
7—81061—732—X

英汉汉英翻译教程 / 张春柏主编.—北京:高等教育出版社,2003(中学教师进修高等师范本科(专科起点)教材)
7—04—011535—2

英汉翻译原理 / 周方珠著.—2 版修订本.—合肥:安徽大学出版社,2002
7—81052—509—3

中国近代翻译文学概论 / 郭延礼著.—2 版修订本.—武汉:湖北教育出版社,2005
7—5351—2223—X

文体翻译论 / 冯庆华主编;王军等编写.—上海:上海外语教育出版社,2002
7—81080—574—6

跨语际实践:文学,民族文化与被译介的现代性(中国,1900—1937) / 刘禾著;宋伟杰等译.—北京:三联书店,2002
7—108—01629—X

实用文体翻译 / 顾维勇编著.—北京:国防工业出版社,2005
7—118—04212—9

英汉对比与汉译英研究 / 蒋坚松著.—长沙:湖南人民出版社,2002
7—5438—2844—8

汉英对比与翻译中的转换 / 周志培著.—上海:华东理工大学出版社,2003
7—5628—1411—2

汉英对比翻译导论 / 邵志洪著.—上海:华东理工大学出版社,2005

7—5628—1704—9

翻译理论、实践与评析 / 邵志洪编著.—上海:华东理工大学出版社,2003
7—5628—1415—5

英汉翻译综合教程 / 王宏印编著.—大连:辽宁师范大学出版社,2002
7—81042—697—4

汉英语篇翻译 / 居祖纯著.—北京:清华大学出版社,1998
7—302—02791—9

实用文化翻译学 / 包惠南,包昂编著.—上海:上海科学普及出版社,2000
7—5427—1916—5

科技英语翻译理论与技巧 / 戴文进著.—上海:上海外语教育出版社,2003
7—81080—906—7

翻译技法详论 / 丁树德主编.—天津:天津大学出版社,2005
7—5618—2194—8

英汉互译思维概论 / 张光明著.—北京:外语教学与研究出版社,2001
7—5600—2599—4

翻译批评论 / 姜治文,文军编著.—重庆:重庆大学出版社,1999
7—5624—1913—2

余光中谈翻译 / 余光中著.—北京:中国对外翻译出版公司,2002(翻译理论与实务丛书)
7—5001—0749—8

英语语言问题研究 / 黄国文著.—广州:中山大学出版社,1999(中山大学学术研究丛书)
7—306—01562—1

中国英语教育研究 / 刘润清,吴一安著.—北

京：外语教学与研究出版社,2000(北京外国语大学语言学研究丛书)

7—5600—1855—6

专门用途英语研究 / 陈莉萍著.—上海：复旦大学出版社,2000(跨文化交际与英语教育系列丛书)

7—309—02499—0

英语学科教育学 / 林立等著.—北京：首都师范大学出版社,2001(学科教育学大系)

7—81064—143—3

英语教学理论与实践 / 田式国主编.—北京：高等教育出版社,2001

7—04—009691—9

现代外语课程设计理论与实践 / 夏纪梅著.—上海：上海外语教育出版社,2003

7—81080—536—3

基于 CLEC 语料库的中国学习者英语分析 / 杨惠中,桂诗春,杨达复编著.—上海：上海外语教育出版社,2005

7—81095—696—5

英语教师行动研究：从理论到实践 / 王蔷编著.—北京：外语教学与研究出版社,2002(外研社·基础外语教学与研究丛书·英语教师教育系列)

7—5600—3021—1

英语教学策略论 / 王笃勤编著.—北京：外语教学与研究出版社,2002(外研社·基础外语教学与研究丛书·英语教师教育系列)

7—5600—2587—0

社会语言学与英语学习 / 靳梅琳编著.—天津：南开大学出版社,2005(英语专业选修课系列教材)

7—310—02193—2

汉语环境与英语学习：交给你一把学习英语

的钥匙 / 孙勉志著.—上海：上海外语教育出版社,2001

7—81080—260—7

英语教学法研究 / 梁仪著.—北京：北京出版社,1999

7—200—03740—0

对比分析与错误分析 / 高远著.—北京：北京航空航天大学出版社,2002

7—81077—151—5

英语教学研究 / 何广铿著.—广州：广东高等教育出版社,2002

7—5361—2648—4

具有中国特色的英语教学法 / 李观仪主编.—上海：上海外语教育出版社,1995

7—81009—977—9

刘润清论大学英语教学 / 刘润清著.—北京：外语教学与研究出版社,1999

7—5600—1702—9

英语学习策略实证研究 / 文秋芳主编.—西安：陕西师范大学出版社,2003(中国当代英语学习策略研究丛书)

7—5613—2735—8

探索与变革：转型期的英语教学 / 晨梅梅等著.—北京：商务印书馆,2004

7—100—04113—9

交际法和中国英语教学 / 胡鑑明著.—广州：广东教育出版社,2002

7—5406—5007—9

新世纪英语教学理论与实践 / 梅德明主编.—上海：上海外语教育出版社,2004

7—81095—366—4

计算机辅助外语教学与研究 / 章国英主编;杨玉芳等编著.—上海：上海外语教育,1995(外语教

育技术丛书）

7—81009—989—2

现代外语教育学 / 舒白梅编著.—上海：上海外语教育出版社,2005（新世纪高等院校英语专业本科生系列教材）

7—81095—635—3

语言测试科学与艺术 / 李筱菊编著.—长沙：湖南教育出版社,1997

7—5355—2449—4

外语测试的理论与方法 / 舒运祥著.—上海：世界图书出版公司上海分公司,1999

7—5062—4036—X

外语教学中的科研方法 / 刘润清编著.—北京：外语教学与研究出版社,1999（北京外国语大学语言学研究丛书）

7—5600—1704—5

外语教学研究中的定量数据分析 / 秦晓晴著.—武汉：华中科技大学出版社,2003（华中科技大学文科学术丛书）

7—5609—2705—X

外语素质培养概论 / 胡泓主编.—武汉：湖北教育出版社,2000（师范生素质丛书）

7—5351—2608—1

外语立体化教学法的原理与模式 / 张正东著；西南师范大学外语教育研究中心总编纂.—北京：科学出版社,1999（外语教学法研究系列）

7—03—006832—7

中国外语教学法理论与流派 / 张正东著.—北京：科学出版社,2000（外语教学法研究系列）

7—03—008109—9

现代教育技术与现代外语教学 / 何高大著.—南宁：广西教育出版社,2002（外语与外语教学新视角丛书）

7—5435—3460—6

语言文化教学策略研究 / 陈申著.—北京：北京语言文化大学出版社,2001（新世纪语言学与应用语言学丛书）

7—5619—0936—5

外语教学理论与实践 / 黄和斌等著.—南京：译林出版社,2001（译林学论丛书）

7—80657—171—X

外语教学多学科研究 / 林汝昌主编.—北京：北京理工大学出版社,1995（英汉语言文化丛书）

7—81045—040—9

张思中外语教学法 / 张思中著.—上海：上海交通大学出版社,1996（张思中外语教学法丛书）

7—313—01695—6

心理语言学与外语教学 / 董燕萍著.—北京：外语教学与研究出版社,2005（中国英语教师丛书）

978—7—5600—5216—8

外语教学法：新本 / 应云天著.—北京：高等教育出版社,1997

7—04—004313—0

现代外语教学：理论、实践与方法 / 束定芳,庄智象著.—上海：上海外语教育出版社,1996

7—81046—199—0

现代外语教学研究：理论与方法 / 陈坚林著.—上海：上海外语教育出版社,2004

7—81095—369—9

外语教学改革：问题与对策 / 束定芳著.—上海：上海外语教育出版社,2004

7—81095—250—1

外语教学与文化 / 胡文仲,高一虹著.—长沙：湖南教育出版社,1997

7—5355—2445—1

现代外语教学方法研究 / 马相明著.—北京：经济管理出版社,2001

7—80162—123—9

跨文化的外语教学与研究 / 梁镛主编.—上海：上海外语教育出版社,1999
7—81046—680—1

现代外语教学：理论、实践与方法 / 束定芳,庄智象著.—上海：上海外语教育,1996
7—81046—199—0

俄汉语言文化习俗探讨 / 刘光准,黄苏华著.—北京：外语教学与研究出版社,1999（跨文化交际丛书）
7—5600—1645—6

现代俄语与现代俄罗斯文化 / 程家钧主编.—上海：上海外语教育,1999
7—81046—525—2

俄语语义学 / 倪波,顾柏林编著.—上海：上海外语教育出版社,1995
7—81009—931—0

外语与文化研究 / 吴友富主编.—上海：上海外语教育出版社,2002
7—81080—958—X

修辞学通论 / 张会森著.—上海：上海外语教育出版社,2002
7—81080—326—3

文化翻译学 / 王秉钦著.—天津：南开大学出版社,1995
7—310—00811—1

侗台语族概论 / 梁敏,张均如著.—北京：中国社会科学出版社,1996
7—5004—1681—4

新编语用学概要 / 何兆熊编著.—上海：上海外语教育出版社,2000
7—81046—746—8

英汉语信息结构对比研究 / 张今,张克定著.—开封：河南大学出版社,1998
7—81041—497—6

翻译学 / 谭载喜著.—武汉：湖北教育出版社,2000（中华翻译研究丛书）
7—5351—2789—4

肯定和否定的对称与不对称 / 石毓智著.—北京：北京语言文化大学出版社,2001（新世纪语言学与应用语言学丛书）
7—5619—0937—3

中国社会语言学 / 郭熙著.—南京：南京大学出版社,1999
7—305—03340—5

汉语方言语法类编 / 黄伯荣主编.—青岛：青岛出版社,1996
7—5436—1449—9

隐喻学研究 / 束定芳著.—上海：上海外语教育出版社,2000
7—81046—324—1

译介学 / 谢天振著.—上海：上海外语教育出版社,1999
7—81046—526—0

文学类入选书目分析

唐晓艳

一、总体情况

共获取 1995—2005 年 11 年间文学类(I 类)书目数据 118 440 条,根据本课题学术图书筛选标准,该类最终获得学术类图书 9955 种,利用 Google Scholar,查询被引情况,得知有引用的图书有 5542 种,具体各年的统计结果见表1。

表1　学术类图书情况统计

年份	查重后数据	学术类图书		有被引记录的图书		学术图书总被引频次
		数量	占该年图书的比例(%)	数量	占学术类图书的比例(%)	
1995	7680	580	7.55	304	52	2933
1996	8380	640	7.64	350	55	4231
1997	7417	523	7.05	289	55	3226
1998	8716	555	6.37	318	57	7134
1999	10 494	829	7.90	478	58	9018
2000	14 574	1115	7.66	614	55	8982
2001	11 913	956	8.02	528	55	6030
2002	11 866	1136	9.60	645	57	8001
2003	11 879	1093	9.20	607	56	7373
2004	12 604	1194	9.47	647	54	5991
2005	12 917	1334	10.33	762	57	8741
总计	118 440	9955		5542		71 660

运用二八定律,依据被引频次总量的 80% 选出每年对应的学术性价值较高的书目,共 1403 种,各年的入选图书种数与被引频次情况详见表2。

表2　入选图书统计

年份	最低被引频次	种数	占该年有被引记录图书的比例(%)	总被引频次	占该年学术图书总被引频次的比例(%)
1995	8	75	25	2344	80
1996	11	82	24	3355	79
1997	12	78	27	2669	83

年份	最低被引频次	种数	占该年有被引记录图书的比例（%）	总被引频次	占该年学术图书总被引频次的比例（%）
1998	17	63	20	5975	84
1999	17	89	19	7258	80
2000	13	147	24	7343	82
2001	11	150	28	4669	77
2002	10	182	28	6413	80
2003	10	176	29	5987	81
2004	8	188	29	4695	78
2005	9	173	23	7067	81
总计		1403		57 763	

观察表 1 和表 2 可以看出，1995—2005 年文学类图书出版总量、学术类图书出版数量、有被引记录的图书数量以及入选图书数量总体呈波浪式增加的趋势。

根据各相应的比例绘制图 1，可以发现入选图书的比例基本在 20%—30% 之间波动，比较符合二八定律；有被引记录图书的比例也比较稳定，维持在 50%—60% 之间，且每年间的变化幅度都不大，说明每年出版的学术类文学图书中约只有半数被参考、引用过；而学术类图书的比例总体是缓慢上升的，说明文学研究的热度在不断增加，尽管如此，学术类图书的比例总体还是相对较低的，除在 2005 年达到了 10.33%，其余前 10 年均低于 10%，这主要是因为文学作品类图书占据了该类很大一部分比例。

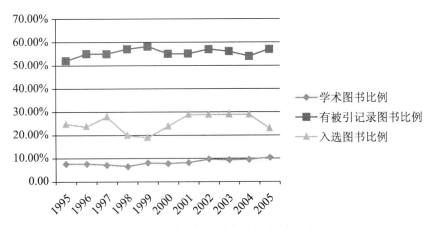

图 1　历年学术、有被引及入选图书占比情况

二、入选书目出版规律分析

（1）出版年份及引文量分布

综合 I 类入选书目，统计历年的入选数量与引文量分布情况，如表 3 和图 2 所示，可以看

出,入选图书数量与所占比例随时间螺旋式上升,尤其在 2000 年有了大幅上升,到了 2004 年这一比例达到了峰值,是最低的 1998 年的近 3 倍;而引文量所占的比例在 1998 年急剧大幅增加,到 2000 年达到了 12.98% 的最高值,在 2001 年大幅回落后一直呈波浪式的浮动。

分析原因,入选书目的数量总体上升与出版总量的逐年增加有关,同时本课题是基于被引次数作为评价指标,因此高被引次数图书的多少也会影响当年入选数量;另外,被引次数需要累积一定的年限,同时具有一定的时效性,因此并不意味着累积时间越长,被引次数就越高,而是有一个时间的临界值,这会导致引文量呈现中间年份高于其他年份的态势。

表3　1995—2005 年入选书目年份及引文量分布

年份	数量(种)	所占比例(%)	引文量(次)	所占比例(%)
1995	75	5.35	2344	4.06
1996	82	5.85	3355	5.81
1997	78	5.56	2669	4.62
1998	63	4.49	5975	10.34
1999	89	6.35	7258	12.57
2000	147	10.49	7343	12.71
2001	150	10.70	4669	8.08
2002	182	12.98	6401	11.08
2003	176	12.55	5987	10.36
2004	188	13.41	4695	8.13
2005	173	12.34	7067	12.23
总和	1402	100.00	57 763	100.00

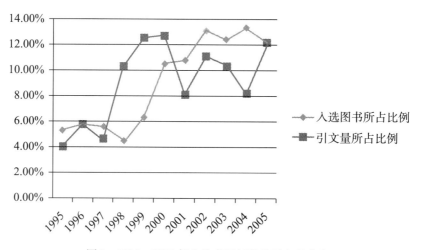

图2　1995—2005 年入选书目年份及引文量分布

（2）学科分布

借助《中国图书馆分类法》将入选书目分类,各类别的书目数量统计结果见表4与图3,不难发现对中国文学研究的图书数量占据了绝对优势,达到了64.15%,超过了所有入选书目总量的一半。其次是文学理论,占到了15.75%,而其他地区文学入选比例则很低,其中非洲文学更是无一图书入选,这与相关类别的总体研究数量相关。

表4 1995—2005年文学类类入选书目学科分布

类目	中图分类号	入选书目	所占比例(%)
文学理论	I0	221	15.75
世界文学	I1	121	8.62
中国文学	I2	900	64.15
亚洲文学	I3	13	0.93
非洲文学	I4	0	0
欧洲文学	I5	87	6.2
大洋洲及太平洋岛屿文学	I6	1	0.07
美洲文学	I7	59	4.21
总计		1403	100

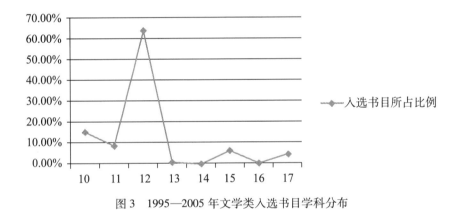

图3 1995—2005年文学类入选书目学科分布

(3)出版社分布

对出版社按入选书目种数进行排序,取前20名,共得到21家出版社,如表5与图4所示。21家出版社中高校出版社占据6家,显示出高校出版社在文学领域中的实力。入选书目数量高的平均被引次数并不一定高,综合入选书目数量与平均被引次数排名,两者均排在前10位的共有5家出版社:北京大学出版社、上海古籍出版社、上海外语教育出版社、复旦大学出版社、三联书店,这些出版社对文学类图书具有较强的出版实力。

表5 1995—2005年文学类入选书目出版社分布情况

序号	出版社	入选书目数量(种)	总被引次数	平均被引次数
1	北京大学出版社	137	9459	69
2	中国社会科学出版社	76	2724	35.8
3	人民文学出版社	73	2591	35.5
4	中华书局	51	1826	35.8

续表

序号	出版社	入选书目数量（种）	总被引次数	平均被引次数
5	上海古籍出版社	48	2755	57.4
6	上海外语教育出版社	32	4105	128.3
7	复旦大学出版社	29	1152	39.7
8	广西师范大学出版社	29	796	27.4
9	三联书店	27	1278	47.3
10	学林出版社	23	646	28.1
11	商务印书馆	22	493	22.4
12	高等教育出版社	20	892	44.6
13	社会科学文献出版社	19	423	22.3
14	东方出版社	18	1021	56.7
15	安徽教育出版社	18	424	23.6
16	北京师范大学出版社	18	481	26.7
17	山东教育出版社	18	1138	63.2
18	上海文艺出版社	17	371	21.8
19	中国人民大学出版社	17	763	44.9
20	江苏古籍出版社	16	679	42.4
21	南开大学出版社	16	533	33.3

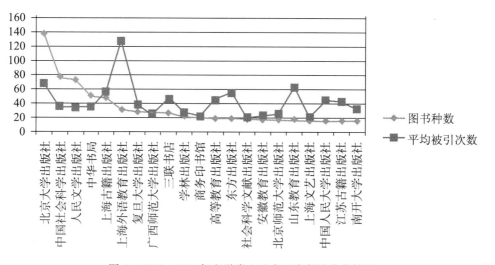

图4　1995—2005年文学类入选书目出版社分布情况

文学类入选书目

陈石遗集 / 陈衍撰;陈步编.—福州:福建人民出版社,2001(八闽文献丛刊)

7—211—03665—6

陌生化诗学:俄国形式主义研究 / 张冰编著.—北京:北京师范大学出版社,2000(北京师范大学博士文库)

7—303—05558—4

在新意识形态的笼罩下:90年代的文化和文学分析 / 王晓明主编.—南京:江苏人民出版社,2000(当代大众文化批评丛书)

7—214—02810—7

中国文学批评史新编 / 王运熙,顾易生主编.—上海:复旦大学出版社,2001(复旦博学)

7—309—02939—9

中国文化与小说思维 / 吴士余著.—上海:上海三联书店,2000(三联评论)

7—5426—1379—0

中国文化西传欧洲史 / (法)安田朴著;耿昇译.—北京:商务印书馆,2000(商务印书馆海外汉学书系)

7—100—01787—4

口传史诗诗学:冉皮勒《江格尔》程式句法研究 / 朝戈金著.—南宁:广西人民出版社,2000(田野与文本丛书)

7—219—04265—5

音乐笔记 / 肖复兴著.—上海:上海学林出版社,2000(新视角书坊)

7—80616—906—7

说苑校正 / (汉)刘向撰.—北京:中华书局,

2000(中国古典文学基本丛书)

7—101—00100—9

中国古代文体形态研究 / 吴承学著.—广州:中山大学出版社,2000(中山大学学术研究丛书)

7—306—01686—5

潘光旦文集.第九卷 / 潘光旦著;潘乃穆,潘乃和编.—北京:北京大学出版社,2000

7—301—04246—9

过去的声音:口述史 / (英)保尔·汤普逊著;覃方明等译.—沈阳:辽宁教育出版社;伦敦:牛津大学出版社,2000

7—5382—5717—9

潘光旦文集.第十卷 / 潘光旦著.—北京:北京大学出版社,2000

7—301—04133—0

龙的传人和龙的精神:中国传统文化透视 / 董广杰著.—北京:中国纺织出版社,2001

7—5064—1916—5

广东客家文学史 / 罗可群著.—广州:广东人民出版社,2000

7—218—03498—5

周勋初文集.全7卷 / 周勋初著.—南京:江苏古籍出版社,2000

7—80643—402—X

南宋遗民诗人群体研究 / 方勇著.—北京:人民出版社,2000

7—01—003215—7

文学原理新释 / 顾祖钊著.—北京:人民文学

出版社,2000

7—02—003048—3

唐代铨选与文学 / 王勋成著.—北京：中华书局,2000

7—101—02674—5

敦煌诗集残卷辑考 / 徐俊纂辑.—北京：中华书局,2000

7—101—02268—5

乔伊斯的美学思想和小说艺术 / 李维屏编著.—上海：上海外语教育出版社,2000

7—81046—874—X

唐诗的风采 / 刘开扬著.—上海：上海书店出版社：世纪出版集团,2000

7—80622—478—5

中国近代文学之变迁：最近三十年中国文学史 / 陈子展撰；徐志啸导读.—上海：上海古籍出版社,2000（蓬莱阁丛书）

7—5325—2809—X

魏晋风度及其他 / 鲁迅撰；吴中杰导读.—上海：上海古籍出版社,2000（蓬莱阁丛书）

7—5325—2817—0

海派文学论 / 许道明著.—上海：复旦大学出版社,1999

7—309—02216—5

美国文化模式：跨文化视野中的分析 / （美）爱德华·斯图尔特,密尔扬·贝内特著；卫景宜译.—天津：百花文艺出版社,2000

7—5306—3020—2

中国原创性美学 / 诸葛志著.—上海：上海古籍出版社,2000

7—5325—2730—1

顾曲麈谈：中国戏曲概论 / 吴梅撰.—上海：上海古籍出版社,2000（蓬莱阁丛书）

7—5325—2739—5

文学与现代性 / （法）伊夫·瓦岱讲演；田庆生译.—北京：北京大学出版社,2001（北大学术讲演丛书）

7—301—04983—8

文学与仪式：文学人类学的一个文化视野：酒神及其祭祀仪式的发生学原理 / 彭兆荣著.—北京：北京大学出版社,2004（北京大学比较文学学术文库）

7—301—07620—7

文学原理 / 董学文,张永刚著.—北京：北京大学出版社,2001（北京大学中国语言文学教材系列）

7—301—04825—4

批评的剖析 / （加）诺思罗普·弗莱著；陈慧等译.—天津：百花文艺出版社,1998（博学丛书）

7—5306—2713—9

通俗文学十五讲 / 范伯群,孔庆东主编.—北京：北京大学出版社,2003（大学素质教育通识课系列教材）

7—301—06043—2

女性主义批评与文学诠释 / 陈晓兰著.—兰州：敦煌文艺出版社,1999（敦煌学林）

7—80587—532—4

巴赫金文论选 / （俄）米·巴赫金著；佟景韩译.—北京：中国社会科学出版社,1996（二十世纪欧美文论丛书）

7—5004—1830—2

文学理论导引 / 王先霈,孙文宪主编.—北京：高等教育出版社,2005（高等学校汉语言文学专业教材·文艺学系列；面向21世纪课程教材）

7—04—017185—6

当代西方文艺理论 / 朱立元主编.—2版.—上海：华东师范大学出版社,2005（教育部面向21

世纪课程教材）

7—5617—1662—1

文艺的心理阐释 / 胡家祥著.—武汉：武汉大学出版社,2005（美与审美丛书）

7—307—04451—X

二十世纪西方文论选 / 朱立元,李钧主编.—北京：高等教育出版社,2002（面向 21 世纪课程教材）

7—04—010501—2

文学批评导引 / 王先霈,胡亚敏主编.—北京：高等教育出版社,2005（面向 21 世纪课程教材；高等学校汉语言文学专业教材·文艺学系列）

7—04—017186—4

中国女性与文学：乔以钢自选集 / 乔以钢著.—天津：南开大学出版社,2004（南开大学文学院学者文丛）

7—310—02139—8

当代学术入门：文学理论 / （美）乔纳森·卡勒著;李平译.—沈阳：辽宁教育出版社;[伦敦]：牛津大学出版社,1998（牛津精选）

7—5382—5315—7

否定的美学：法兰克福学派的文艺理论和文化批判 / 杨小滨著.—上海：上海三联书店,1999（三联文库）

7—5426—1236—0

创作解释学 / 李咏吟著.—桂林：广西师范大学出版社,2004（时代思想与艺术丛书）

7—5633—4537—X

新历史主义与历史诗学 / 张进著.—北京：中国社会科学出版社,2004（文化理论与实践丛书）

7—5004—4485—0

梁宗岱与中国象征主义诗学 / 陈太胜著.—北京：北京师范大学出版社,2004（文化与诗学丛书）

7—303—07092—3

文本学：文本主义文论系统研究 / 傅修延著.—北京：北京大学出版社,2004（文学论丛）

7—301—08384—X

跨学科文化批评视野下的文学理念 / 杜昌忠著.—北京：北京大学出版社,2004（文学论丛）

7—301—08353—X

文学与治疗 / 叶舒宪主编.—北京：社会科学文献出版社,1999（文学人类学论丛）

7—80149—124—6

数字化语境中的文艺学 / 欧阳友权著.—北京：中国社会科学出版社,2005（文艺学前沿丛书）

7—5004—5276—4

多重主体策略的自我命名：女性主义文学理论研究 / 宋素凤著.—济南：山东大学出版社,2002（文艺学前沿理论研究书系）

7—5607—2511—2

文学理论 / （美）勒内·韦勒克,奥斯汀·沃伦著;刘象愚等译.—修订版.—南京：江苏教育出版社,2005（西方现代批评经典译丛）

7—5343—6751—4

社会理论视野中的文学与文化 / 陶东风著.—广州：暨南大学出版社,2002（新时期文艺学建设丛书）

7—81079—141—9

文学翻译杂合研究 / 韩子满著.—上海：上海译文出版社,2005（译学新论丛书）

7—5327—3846—9

批评理论和叙事阐释 / 王逢振主编.—北京：中国人民大学出版社,2004（詹姆逊文集）

7—300—05529—X

历史中的政治、哲学、爱欲 / （英）特里·伊格尔著;马海良译.—北京：中国社会科学出版社,1999（知识分子图书馆）

7—5004—2559—7

碧鸡漫志校正 ／（宋）王灼著；岳珍校正. —成都：巴蜀书社，2000（中国古典文献学研究丛书）

7—80659—048—x

文学理论 ／王一川著. —成都：四川人民出版社，2003（中国著名大学文科教材）

7—220—06288—5

文学原理 ／王元骧主编. —修订版. —桂林：广西师范大学出版社，2002

7—5633—3745—8

文学理论新编 ／陈传才，周文柏著. —修订本. —北京：中国人民大学出版社，1999

7—300—02867—5

文学理论：新读本 ／南帆主编；毛丹武执笔. —杭州：浙江文艺出版社，2002

7—5339—1614—X

文学理论前沿. 第一辑 ／王宁主编；国际文学理论学会，中国中外文艺理论学会，清华大学比较文学与文化研究中心编. —北京：北京大学出版社，2004

7—301—07114—0

消费社会的文学文本：广义大众传媒时代的文学文本形成 ／蒋荣昌著. —成都：四川大学出版社，2004

7—5614—2851—0

文艺的绿色之思：文艺生态学引论 ／曾永成著. —北京：人民文学出版社，2000

7—02—003122—6

文学理论：走向交往对话的时代 ／钱中文著. —北京：北京大学出版社，1999

7—301—04248—5

叙事的诗学 ／祖国颂著. —合肥：安徽大学出版社，2003

7—81052—718—5

文学理论学导论 ／董学文著. —北京：北京大学出版社，2004

7—301—07142—6

中国文艺理论百年教程 ／毛庆耆，董学文，杨福生编. —广州：广东高等教育出版社，2004

7—5361—2974—2

比较文学的理论与实践 ／张弘著. —上海：华东师范大学出版社，2004

7—5617—3834—X

文学文化学 ／畅广元主编. —沈阳：辽宁人民出版社，2000

7205047439

文学理论要略 ／童庆炳主编. —北京：人民文学出版社，1995

7—02—002126—3

文学理论基础 ／阎嘉主编. —成都：四川大学出版社，2005

7—5614—3234—8

结构文艺符号学 ／张杰，康澄著. —北京：外语教学与研究出版社，2004

7—5600—4397—6

文学理论教程 ／赵炎秋，毛宣国主编. —长沙：岳麓书社，2000

7—80520—980—4

文学理论与当今时代 ／王元骧著. —杭州：浙江大学出版社，2002

7—308—03001—6

宋代文艺理论集成 ／蒋述卓等编. —北京：中国社会科学出版社，2000

7—5004—2733—6

理解事件与文本意义：文学诠释学 ／李建盛著. —上海：上海译文出版社，2002（诠释学与人文社会科学丛书）

7—5327—2783—1

文学的承诺 / 王乾坤著.—北京：三联书店，2005（三联讲坛）

7—108—02245—1

诠释与过度诠释 /（意）艾柯等著；（英）柯里尼编；王宇根译.—2 版.—北京：三联书店，2005（文化生活译丛）

7—108—02345—8

艺术的法则：文学场的生成和结构 /（法）皮埃尔·布迪厄著；刘晖译.—北京：中央编译出版社，2001（新世纪学术译丛）

7—80109—424—7

超越文学：文学的文化哲学思考 / 周宪著.—上海：三联书店上海分店，1997

7—5426—0979—3

媒介的后果：文学终结点上的批判理论 / 金惠敏著.—北京：人民出版社，2005

7—01—004980—7

文学价值论 / 敏泽，党圣元著.—北京：社会科学文献出版社，1997

7—80050—824—2

比较文学新编 / 吴家荣主编.—合肥：安徽教育出版社，2004（21 世纪高等院校课程教材）

7—5336—3638—4

本文人类学 /（爱尔兰）泰特罗讲演；王宇根等译.—北京：北京大学出版社，1996（北大学术讲演丛书）

7—301—02772—9

文化传递与文学形象 / 乐黛云，张辉主编.—北京：北京大学出版社，1999（北京大学比较文学研究丛书）

7—301—03730—9

比较文学形象学 / 孟华主编.—北京：北京大

学出版社，2001（北京大学比较文学研究丛书）

7—301—04733—9

比较文学原理新编 / 乐黛云等著.—北京：北京大学出版社，1998（北京大学中文系教材系列）

7—301—03823—2

"间性"的凸现 / 金元浦著.—北京：中国大百科全书出版社，2002（比较文学与比较文化论丛）

7—5000—6551—5

比较文学学科新论 / 王向远著.—南昌：江西教育出版社，2002（比较文学与世界文学学科建设丛书）

7—5392—3740—6

道与逻各斯 / 张隆溪著；冯川译.—成都：四川人民出版社，1998（当代学术）

7—220—03979—4

比较文学简明教程 / 乐黛云著.—北京：北京大学出版社，2003（教育部人才培养模式改革和开放教育试点教材）

7—301—06379—2

比较文学与比较文化十讲 / 乐黛云著.—上海：复旦大学出版社，2004（名家专题精讲系列）

7—309—03906—8

中西比较文艺学 / 饶芃子等著.—北京：中国社会科学出版社，1999（万叶文丛学术书系）

7—5004—2616—X

二十世纪西方文学比较研究 / 王宁著.—北京：人民文学出版社，2000（王宁文化学术批评文选）

7—02—003061—0

比较文学与当代文化批评 / 王宁著.—北京：人民文学出版社，2000（王宁文化学术批评文选）

7—02—003060—2

跨文化之桥 / 乐黛云著.—北京：北京大学出

版社,2002(文学论丛)

　7—301—04758—4

比较文学教程 / 胡亚敏主编.—武汉：华中师范大学出版社,2004(文艺学系列教材)

　7—5622—2956—2

简明比较文学："自我"和"他者"的认知之道 / 孙景尧著.—北京：中国青年出版社,2003

　7—5006—5322—0

跨文明比较文学研究：四川省比较文学学会第六届年会暨国际学术研讨会论文集 / 曹顺庆主编.—成都：巴蜀书社,2005

　7—80659—789—1

文化范式：译学研究与比较文学 / 傅永林著.—成都：西南交通大学出版社,2000

　7—81057—513—9

比较文学概论 / 杨乃乔主编.—北京：北京大学出版社,2002

　7—301—05392—4

比较文学通论 / 孟昭毅编著.—天津：南开大学出版社,2003

　7—310—01961—X

中外比较文学的里程碑 / 李达三,罗钢主编.—北京：人民文学出版社,1997

　7—02—002469—6

比较文学理论与实践 / 叶绪民,朱宝荣,王锡明主编.—武汉：武汉大学出版社,2004

　7—307—04382—3

文艺心理学教程 / 童庆炳,程正民主编.—北京：高等教育出版社,2001(面向21世纪课程教材)

　7—04—009461—4

生态文艺学 / 鲁枢元著.—西安：陕西人民教育出版社,2000(生态文化丛书)

7—5419—8028—5

文学与精神分析学 / 王宁著.—北京：人民文学出版社,2002(王宁文化学术批评文选)

　7—02—003819—0

网络艺术 / 许行明,杜桦,张菁著.—北京：北京广播学院出版社,2001(网络传播书系)

　7—81004—947—X

城市的想象与呈现：城市文学的文化审视 / 蒋述卓,王斌,张康庄,黄莺著.—北京：中国社会科学出版社,2003(文学与文化研究丛书)

　7—5004—4167—3

文艺心理学 / 金元浦主编.—北京：中国人民大学出版社,2003(现代远程教育系列教材)

　7—300—04328—3

文学与心理学 / 冯川著.—成都：四川人民出版社,2003(心理与人生)

　7—220—04821—1

音乐与文学 / 罗小平编著.—北京：人民音乐出版社,1995(音乐文化小丛书)

　7—103—01295—4

文学心理学 / 钱谷融,鲁枢元主编.—修订版.—上海：华东师范大学出版社,2003

　7—5617—3392—5

文学艺术与社会心理 / 童庆炳等著.—北京：高等教育出版社,1997

　7—04—005843—X

文艺心理学通论 / 陈进波,惠尚学等著.—兰州：兰州大学出版社,1999

　7—311—01573—1

新编文艺心理学 / 周冠生主编.—上海：上海文艺出版社,1995

　7—5321—1160—1

接受美学新论 / 马以鑫著.—上海：学林出版社,1995（接受美学）

7—80616—101—5

文学解释学：文学的审美阐释与意义生成 / 金元浦著.—长春：东北师范大学出版社,1997（青年美学博士文库）

7—5602—1941—1

境生象外：华夏审美与艺术特征考察 / 韩林德著.—北京：三联书店,1995（三联哈佛燕京学术丛书）

7—108—00753—3

作品、文学史与读者 /（德）瑙曼等著；范大灿编.—北京：文化艺术出版社,1997（思想者书系）

7—5039—1563—3

意境概说：中国文艺美学范畴研究 / 夏昭炎著.—北京：北京广播学院出版社,2003（文艺学与美学丛书）

7—81085—002—4

现代性的五副面孔：现代主义、先锋派、颓废、媚俗艺术、后现代主义 /（美）马泰·卡林内斯库著；顾爱彬,李瑞华译.—北京：商务印书馆,2002（现代性研究译丛）

7—100—03318—7

审美价值结构与情感逻辑 / 孙绍振著.—武汉：华中师范大学出版社,2000（新时期文艺学建设丛书）

7—5622—2102—2

文学活动的审美维度 / 童庆炳著.—北京：高等教育出版社,2001（研究生教学用书）

7—04—009460—6

意境探微 / 古风著.—南昌：百花洲文艺出版社,2001（中国美学范畴丛书）

7—80647—326—2

儒家文艺美学：从原始儒家到现代新儒家 /

张毅著.—天津：南开大学出版社,2004

7—310—02067—7

美学分析 / 何新著.—北京：中国民族摄影艺术出版社,2002

7—80069—464—X

接受美学导论 / 朱立元著.—合肥：安徽教育出版社,2004

7—5336—3984—7

意象范畴的流变 / 胡雪冈著.—南昌：百花洲文艺出版社,2002（中国美学范畴丛书）

7—80647—327—0

文艺美学论 / 胡经之著.—武汉：华中师范大学出版社,2000（新时期文艺学建设丛书）

7—5622—2099—9

文学审美特征论 / 童庆炳著.—武汉：华中师范大学出版社,2000（新时期文艺学建设丛书）

7—5622—2172—3

文学理论基本问题 / 陶东风编著.—北京：北京大学出版社,2004（21 世纪文学系列教材）

7—301—06608—2

认知隐喻学 / 胡壮麟著.—北京：北京大学出版社,2004（语言学前沿丛书）

7—301—06889—1

余光中谈诗歌 / 余光中著.—南昌：江西高校出版社,2003（"惠风"论丛）

7—81075—422—X

审美形象的创造：文学创作论 / 孙绍振著.—福州：海峡文艺出版社,2000（闽派文论丛书）

7—80640—387—6

维纳斯的腰带：创作美学 / 童庆炳著.—上海：上海文艺出版社,2001

7—5321—2271—9

文学创作心理学 / 王克俭著.—北京：中央民族大学出版社,1997

7—81001—768—3

通俗文化、传媒和日常生活中的叙事 / (美)伯杰著；姚媛译.—南京：南京大学出版社,2000(当代学术棱镜译丛)

7—305—03536—X

当说者被说的时候：比较叙述学导论 / 赵毅衡著.—北京：中国人民大学出版社,1998(海外中国博士文丛)

7—300—02562—5

东方神韵：意境论 / 薛富兴著.—北京：人民文学出版社,2000(猫头鹰学术文丛)

7—02—003082—3

后现代叙事理论 / (英)马克·柯里著；宁一中译.—北京：北京大学出版社,2003(未名译库)

7—301—06385—7

隐喻学研究 / 束定芳著.—上海：上海外语教育出版社,2000

7—81046—324—1

隐喻的生命 / 张沛著.—北京：北京大学出版社,2004(北京大学比较文学学术文库)

7—301—06843—3

隐喻理论与文学传统 / 季广茂著.—北京：北京师范大学出版社,2002(北京师范大学博士文库)

7—303—06221—1

活的隐喻 / (法)保罗·利科著；汪堂家译.—上海：上海译文出版社,2004(二十世纪西方哲学译丛)

7—5327—3356—4

文学语言美学修辞 / 雷淑娟著.—上海：学林出版社,2004(上海财经大学国际文化交流学院学术丛书)

7—80668—806—4

作为修辞的叙事：技巧、读者、伦理、意识形态 / (美)詹姆斯·费伦著；陈永国译.—北京：北京大学出版社,2002(未名译库)

7—301—05496—3

新叙事学 / (美)戴卫·赫尔曼主编；马海良译.—北京：北京大学出版社,2002(未名译库)

7—301—05450—5

解读叙事 / (美)J.希利斯.米勒著；申丹译.—北京：北京大学出版社,2002(未名译库)

7—301—04958—7

叙事理论与审美文化 / 谭君强著.—北京：中国社会科学出版社,2002(文化与审美丛书)

7—5004—3503—7

叙述学 / 董小英著.—北京：社会科学文献出版社,2001(新世纪文论书系)

7—80149—516—0

叙述学：叙事理论导论 / (荷)米克·巴尔著；谭君强译.—2版.—北京：中国社会科学出版社,2003

7—5004—1722—5

隐喻：思维的基础,篇章的框架 / 冯晓虎著.—北京：对外经济贸易大学出版社,2004

7—81078—320—3

文学符号的审美文化阐释 / 朱玲著.—合肥：安徽大学出版社,2002

7—81052—525—5

文学语言学 / 李荣启著.—北京：人民出版社,2005

7—01—005000—7

诗性语言研究 / 马大康著.—北京：中国社会科学出版社,2005

7—5004—5067—2

视角阐释文化：文学翻译与翻译理论 / 孙艺

风著.—北京：清华大学出版社,2004(翻译与跨学科研究系列丛书)

7—302—08807—1

翻译文学导论 / 王向远著.—北京：北京师范大学出版社,2004(文化与诗学丛书)

7—303—07048—6

文学翻译的理论与实践：翻译对话录 / 许钧等著.—南京：译林出版社,2001(译林学论丛书)

7—80657—205—8

汉诗英译的主体审美论 / 刘华文著.—上海：上海译文出版社,2005(译学新论丛书)

7—5327—3851—5

歌曲翻译探索与实践 / 薛范著.—武汉：湖北教育出版社,2002(中华翻译研究丛书)

7—5351—3202—2

文学翻译中的审美过程：格式塔意象再造 / 姜秋霞著.—北京：商务印书馆,2002

7—100—03558—9

二十世纪中国的日本翻译文学史 / 王向远著.—北京：北京师范大学出版社,2001

7—303—05341—7

文学翻译的艺术哲学 / 蔡新乐著.—开封：河南大学出版社,2001

7—81041—853—X

译介学 / 谢天振著.—上海：上海外语教育出版社,1999

7—81046—526—0

翻译的理论建构与文化透视 / 谢天振主编.—上海：上海外语教育出版社,2000

7—81046—886—3

文学翻译学 / 郑海凌著.—郑州：文心出版社,2000

7—80537—831—2

1949—1966：我国英美文学翻译概论 / 孙致礼编著.—南京：译林出版社,1996

7—80567—622—4

翻译批评散论 / 马红军著.—北京：中国对外翻译出版公司,2000(翻译理论与实务丛书)

7—5001—0638—6

译理浅说 / 郑海凌著.—郑州：文心出版社,2005(译家谈艺录丛书)

7·80683—230—0

文学是什么 / 傅道彬,于茀著.—北京：北京大学出版社,2002(人文社会科学是什么丛书)

7—301—05409—2

神话的意蕴 / 王德保著.—北京：中国人民大学出版社,2002(人文学科与人文精神系列)

7—300—04353—4

性别意识与女性形象 / 梁巧娜编著.—北京：中央民族大学出版社,2004

7—81056—909—0

悖立与整合：东方儒道诗学与西方诗学的本体论、语言论比较 / 杨乃乔著.—北京：文化艺术出版社,1998(20世纪艺术文库)

7—5039—1781—4

诗歌与哲学是近邻：结构—解构诗论 / 郑敏著.—北京：北京大学出版社,1999(北京大学比较文学研究丛书)

7—301—03726—0

二十世纪西方哲性诗学 / 王岳川著.—北京：北京大学出版社,1999(北京大学文艺美学精选丛书)

7—301—03663—9

口头诗学：帕里—洛德理论 / （美）约翰·迈尔斯·弗里著；朝戈金译.—北京：社会科学文献出版社,2000(过去的声音)

7—80149—245—5

基础诗学：后形而上学艺术原理 / 徐岱著. —杭州：浙江大学出版社,2005（求是文库）

7—308—04500—5

中国文论与西方诗学 / 余虹著. —北京：三联书店,1999（三联哈佛燕京学术丛书）

7—108—01307—X

诗论 / 朱光潜撰. —上海：上海古籍出版社,2005（世纪人文系列丛书）

7—5325—3902—4

诗学解释学 / 李咏吟著. —上海：上海人民出版社,2003（新生代学人丛书）

7—208—04604—2

比较诗学 / （美）厄尔·迈纳著；王宇根,宋伟杰等译. —北京：中央编译出版社,1998（新世纪学术译丛）

7—80109—205—8

朦胧的七种类型 / （英）威廉·燕卜荪著；周邦宪等译. —杭州：中国美术学院出版社,1996（学院文库）

7—81019—379—1

走向文化诗学 / 刘庆璋,胡金定主编. —福州：福建教育出版社,2000（漳州师范学院文化诗学研究所系列论著）

7—5334—3073—5

词论史论稿 / 邱世友著. —北京：人民文学出版社,2002（中国古典文学研究丛书）

7—02—002905—1

现代诗学：形式与技巧 30 讲 / 沈天鸿著. —北京：昆仑出版社,2005

7—80040—774—8

诗歌修辞学 / 古远清,孙光萱著. —武汉：湖北教育出版社,1995

7—5351—1708—2

柏拉图诗学和艺术思想研究 / 陈中梅著. —北京：商务印书馆,1999

7—100—02566—4

模糊诗学 / 胡和平著. —北京：社会科学文献出版社,2005

7—80190—596—2

超文本诗学 / 黄鸣奋著. —厦门：厦门大学出版社,2002（鼓浪学术书系）

7—5615—1883—8

故事：材质结构风格和银幕剧作的原理 / （美）麦基著；周铁东译. —北京：中国电影出版社,2001

7—106—01706—X

戏剧本质新论 / 吴戈著. —昆明：云南大学出版社,2001

7—81068—307—1

神话与文学 / （美）约翰·维克雷编；潘国庆等译. —上海：上海文艺出版社,1995（世界民间文化译丛）

7—5321—1218—7

张炜王光东对话录 / 张炜,王光东著. —苏州：苏州大学出版社,2003（新人文对话丛书）

7—81090—233—4

范式与阐释 / 金元浦著. —桂林：广西师范大学出版社,2003（新时期文艺学建设丛书）

7—5633—4253—2

新理性精神文学论 / 钱中文著. —武汉：华中师范大学出版社,2000（新时期文艺学建设丛书）

7—5622—2100—6

原型与跨文化阐释 / 叶舒宪著. —广州：暨南大学出版社,2002（新时期文艺学建设丛书）

7—81079—143—5

快感：文化与政治 / （美）弗雷德里克·詹姆

逊著;王逢振等译.—北京:中国社会科学出版社,1998(知识分子图书馆)

7—5004—2207—5

论文学艺术 /（德）歌德著;范大灿,安书祉,黄燎宇等译.—上海:上海人民出版社,2005

7—208—05454—1

清代文论选 / 王运熙,顾易生主编.—北京:人民文学出版社,1999

7—02—002520—X

影视动画剧本创作 / 葛竞编著.—北京:海洋出版社,2005(21 世纪动漫游戏专业高等教育规划教材)

7—5027—6264—7

中外文学名著的影视改编 / 张宗伟著.—北京:中国广播电视出版社,2002(二十一世纪中国影视艺术系列丛书)

7—5043—3832—X

西方剧论选 / 周靖波主编.—北京:北京广播学院出版社,2003(戏剧戏曲学书系)

7—81085—062—8

小说艺术论稿 / 马振方著.—2 版.—北京:北京大学出版社,1999(北京大学文艺美学精选丛书)

7—301—01265—9

中西小说文体形态 / 杨星映著.—北京:中国社会科学出版社,2005(二十世纪文化与文论丛书)

7—5004—5395—7

叙事美学:探索一种百科全书式的小说 / 耿占春著.—郑州:郑州大学出版社,2002(美学新眺望书系)

7—81048—622—5

叙述学与小说文体学研究 / 申丹著.—北京:北京大学出版社,1998(文学论丛)

7—301—03684—1

小说语言美学 / 唐跃,谭学纯著.—合肥:安徽教育出版社,1995(文学新思维丛书)

7—5336—1629—4

20 世纪世界小说理论经典 / 吕同六主编.—北京:华夏出版社,1995

7—5080—0560—0

小说创作的艺术与智慧 / 陈果安著.—长沙:中南大学出版社,2004

7—81061—824—5

小说门 / 曹文轩著.—北京:作家出版社,2002

7—5063—2384—2

卢卡奇早期文选 /（匈）卢卡奇著;张亮,吴勇立翻译.—南京:南京大学出版社,2004(当代学术棱镜译丛)

7—305—04022—3

传记文学理论 / 赵白生著.—北京:北京大学出版社,2003(传记文学研究丛书)

7—301—06517—5

儿童文学的本质 / 朱自强著.—上海:少年儿童出版社,1997(跨世纪儿童文学论丛)

7—5324—3250—5

儿童文学概论 / 黄云生主编.—上海:上海文艺出版社,2001(文化艺术教育丛书)

7—5321—2257—3

儿童文学原理 / 蒋风主编.—合肥:安徽教育出版社,1998

7—5336—2061—5

儿童文学引论 / 王晓玉主编.—北京:高等教育出版社,1997

7—04—005893—6

儿童文学教程 / 黄云生主编.—杭州:杭州大学出版社:浙江大学出版社,1996

7—81035—745—X

文艺批评学教程 / 周忠厚主编.—北京：中国人民大学出版社,2002(21世纪中国语言文学系列教材)

7—300—04131—0

文学研究的合法化 /（加）斯蒂文·托托西讲演；马瑞琦译.—北京：北京大学出版社,1997(北大学术讲演丛书)

7—301—03482—2

批评的视野 / 张德明著.—上海：上海社会科学院出版社,2004(比较文学与文化丛书)

7—80681—373—X

文学批评方法与案例 / 邱运华主编.—北京：北京大学出版社,2005(大学文科基本用书)

7—301—09215—6

批评理论与实践教程 / 王一川主编.—北京：高等教育出版社,2005(高等学校汉语言文学专业教材·文艺学系列)

7—04—016459—0

文学文本解读 / 王耀辉著.—武汉：华中师范大学出版社,1999(面向21世纪课程教材)

7—5622—1998—2

文艺鉴赏概论 / 魏饴,刘海涛主编.—2版.—北京：高等教育出版社,2004(普通高等教育"十五"国家级规划教材)

7—04—015351—3

六说文学批评 /（法）蒂博代著；赵坚译.—北京：三联书店,2002(三联精选)

7—108—01420—3

权力,身体与自我：福柯与女性主义文学批评 / 黄华著.—北京：北京大学出版社,2005(文学论丛)

7—301—09188—5

文学阅读学 / 龙协涛著.—北京：北京大学出版社,2004(文学论丛)

7—301—08094—8

文学解读学导论 / 曹明海著.—北京：人民文学出版社,1997(文艺新学科建设丛书)

7—02—002423—8

当代文学批评学 / 凌晨光著.—济南：山东大学出版社,2001(文艺学前沿理论研究书系)

7—5607—2219—9

批评的概念 /（美）雷内·韦勒克著；张金言译.—杭州：中国美术学院出版社,1999(学院丛书)

7—81019—774—6

政治无意识：作为社会象征行为的叙事 /（美）弗雷德里克·詹姆逊著；王逢振,陈永国译.—北京：中国社会科学出版社,1999(知识分子图书馆)

7—5004—2556—2

文学研究：理论方法与实践 / 刘思谦等著.—开封：河南大学出版社,2004

7—81091—148—1

批评美学：艺术诠释的逻辑与范式 / 徐岱著.—上海：学林出版社,2003

7—80668—456—5

东方文论选 / 曹顺庆主编.—成都：四川人民出版社,1996

7—220—03226—9

文学批评理论：从柏拉图到现在 /（英）拉曼·塞尔登编；刘象愚,陈永国等译.—2版.—北京：北京大学出版社,2003(文学理论与文学研究系列)

7—301—04231—0

热奈特论文集 /（法）热奈特著；史忠义译.—天津：百花文艺出版社,2001(新世纪人文译丛)

7—5306—3061—X

文学批评术语词典 / 王先霈,王又平主编.—上海:上海文艺出版社,1999
7—5321—1710—3

西方现代主义文学的个人乌托邦倾向 / 武跃速著.—上海:上海社会科学院出版社,2004(比较文学与文化丛书)
7—80681—444—2

外国经典短篇小说文本分析 / 刘俐俐著.—北京:北京大学出版社,2004(博雅导读丛书)
7—301—08016—6

外国文学欣赏与批评 / 黄源深,周立人编著.—上海:上海外语教育出版社,2003(21 世纪英语学习丛书)
7—81080—761—7

文学研究与文化参与 / (荷)D. 佛克马,E. 蚁布思讲演;俞国强译.—北京:北京大学出版社,1996(北大学术讲演丛书)
7—301—03137—8

女性主义文学与欧美文学研究 / 罗婷著.—北京:东方出版社,2002(比较文学与世界文学研究丛书)
7—5060—1614—1

经验与贫乏 / (德)本雅明著;王炳钧,杨劲译.—天津:百花文艺出版社,1999(博学丛书)
7—5306—2748—1

文学与人生 / 黄健,王东莉著.—杭州:浙江大学出版社,2004(大学素质教育丛书)
7—308—03663—4

文学:鉴赏与思考 / 盛宁著.—北京:三联书店,1997(读书文丛)
7—108—01037—2

文艺杂谈 / (法)瓦莱里著;段映虹译.—天津:百花文艺出版社,2002(二十世纪欧美文论丛书)
7—5306—3392—9

木腿正义:关于法律与文学 / 冯象著.—广州:中山大学出版社,2000(巨嘴鸟学术之林)
7—306—01581—8

文学意义研究 / 汪正龙著.—南京:南京大学出版社,2002(南京大学博士文丛)
7—305—03924—1

女性主义文学批评在西方与中国 / 罗婷等著.—北京:中国社会科学出版社,2004(女性文学与文化研究丛书)
7—5004—4450—8

西方文学:心灵的历史 / 徐葆耕著.—北京:清华大学出版社,2002(清华大学文化素质教育丛书)
7—302—05480—0

身体活:现代叙述中的欲望对象 / (美)布鲁克斯著;朱生坚译.—北京:新星出版社,2005(三辉图书)
7—80148—800—8

走出男权传统的樊篱:文学中男权意识的批判 / 刘慧英著.—北京:三联书店,1995(三联哈佛燕京学术丛书)
7—108—00132—2

李健吾批评文集 / 郭宏安编.—珠海:珠海出版社,1998(世纪的回响)
7—80607—491—0

反对阐释 / (美)苏珊·桑塔格著;程巍译.—上海:上海译文出版社,2003(苏珊·桑塔格文集)
7—5327—3237—1

小说家的十三堂课 / 王安忆著.—上海:上海文艺出版社,2005(王安忆作品系列)
7—5321—2866—0

中西文学与哲学宗教：兼评刘小枫以基督教对中国人的归化／高旭东著.—北京：北京大学出版社,2004(文学论丛)

7—301—06589—2

基督教文化与西方文学传统／刘建军著.—北京：北京大学出版社,2005(文学论丛)

7—301—09282—2

文学与人类学：知识全球化时代的文学研究／叶舒宪著.—北京：社会科学文献出版社,2003(文学人类学论丛)

7—80190—000—6

环境文学研究／龙娟著.—长沙：湖南师范大学出版社,2005(学术论丛)

7—81081—487—7

文化与帝国主义／(美)爱德华.W.萨义德著；李琨译.—北京：三联书店,2003(学术前沿)

7—108—01954—X

遭遇边缘情境：西方文学经典的另类阐释／梁旭东著.—北京：北京大学出版社,2004(重读经典)

7—301—07604—5

当代艺术的哲学分析／(德)瓦尔特·比梅尔著；孙周兴,李媛译.—北京：商务印书馆,1999

7—100—02759—4

英语文学概论／邓绪新编著.—武汉：武汉大学出版社,2002

7—307—03496—4

人之镜：中西文学形象的人格结构／邓晓芒著.—昆明：云南人民出版社,1996

7—222—01971—5

我的读书生涯／赵萝蕤著.—北京：北京大学出版社,1996

7—301—03259—5

现代审美意识的觉醒／叶廷芳著.—北京：华夏出版社,1995

7—5080—0510—4

西方文学"人"的母题研究／蒋承勇著.—北京：人民出版社,2005

7—01—004727—8

世界华文文学概要／公仲编著.—北京：人民文学出版社,2000

7—02—003124—2

外国作家作品专题研究／刘念兹,王化学,曾繁亭著.—济南：山东人民出版社,2001

7—209—02765—3

英美文学研究新视野／丁芸著.—杭州：浙江大学出版社,2005

7—308—04407—6

多维视野中的女性主义文学批评／林树明著.—北京：中国社会科学出版社,2004

7—5004—4457—5

西方文学的精神突围／肖四新著.—北京：中央编译出版社,2003

7—80109—631—2

比较诗学导论／陈跃红著.—北京：北京大学出版社,2005(21世纪比较文学系列教材)

7—301—08777—2

中西诗比较鉴赏与翻译理论／辜正坤著.—北京：清华大学出版社,2003(高等院校英语语言文学专业系列教材)

7—302—06563—2

古代经典与口头传统／尹虎彬著.—北京：中国社会科学出版社,2002

7—5004—3600—9

荒诞派戏剧／(英)马丁·艾斯林著；华明译.—石家庄：河北教育出版社,2003(欧罗巴思想

译丛)

7—5434—5175—1

荒诞派戏剧 / 黄晋凯主编. —北京: 中国人民大学出版社,1996(外国文学流派研究资料丛书)

7—300—02140—9

西方喜剧美学的现代发展与变异 / 苏晖著. —武汉: 华中师范大学出版社,2005(文学理论批评建设丛书)

7—5622—3299—7

校园心理剧研究 / 黄辛隐,戴克明,陶新华著. —苏州: 苏州大学出版社,2003

7—81090—183—4

现代西方戏剧名家名著选评 / 张耘著. —北京: 外语教学与研究出版社,1999

7—5600—1458—5

"灰阑"中的叙述 / 黄子平著. —上海: 上海文艺出版社,2001(边缘阅读文丛)

7—5321—2068—6

小说的艺术 / (捷克)米兰·昆德拉编著;董强译. —上海: 上海译文出版社,2004(米兰·昆德拉作品系列)

7—5327—3516—8

西方现代派小说概论 / 赖干坚著. —厦门: 厦门大学出版社,1995(南强丛书)

7—5615—1016—0

从卡夫卡到昆德拉: 20 世纪的小说和小说家 / 吴晓东著. —北京: 三联书店,2003(三联讲坛)

7—108—01859—4

虚构的权威: 女性作家与叙述声音 / (美)苏珊. S. 兰瑟著;黄必康译. —北京: 北京大学出版社,2002(未名译库)

7—301—05380—0

后现代主义小说论略 / 王钦峰著. —北京: 中

国社会科学出版社,2001(文艺学多棱镜丛书)

7—5004—3137—6

文学的另一道风景: 侦探小说史论 / 任翔著. —北京: 中国青年出版社,2001

7—5006—4073—0

英美意识流小说 / 李维屏著. —上海: 上海外语教育出版社,1996

7—81046—049—8

英国小说批评史 / 殷企平,高奋,童燕萍著. —上海: 上海外语教育出版社,2001

7—81080—249—6

当代汉语散文流变论 / 袁勇麟著. —上海: 上海三联书店,2002(三联文博论丛)

7—5426—1684—6

神话解读: 母题分析方法探索 / 陈建宪著. —武汉: 湖北教育出版社,1997(青橄榄文丛)

7—5351—2036—9

儿童文学论 / 朱自强著. —青岛: 青岛海洋大学出版社,2005(作家研究文丛)

7—81067—715—2

基督教文学 / 梁工主编. —北京: 宗教文化出版社,2001(基督教文化丛书)

7—80123—308—5

世界华文文学的新视野 / 饶芃子著. —北京: 中国社会科学出版社,2005(港澳及海外华文文学研究丛书)

7—5004—4961—5

重回"五四"起跑线 / 丁帆著. —北京: 人民文学出版社,2004(鸡鸣丛书)

7—02—004363—1

英美文学研究论丛. 第三辑 / 汪义群主编;虞建华本辑主编. —上海: 上海外语教育出版社,2002

7—81080—568—1

英美文学研究论丛. 第四辑 / 汪义群主编. —上海：上海外语教育出版社,2004

7—81095—203—X

外国文论简史 / 刘象愚主编. —北京：北京大学出版社,2005(21 世纪外国文学系列教材)

7—301—08121—9

世界文学简史 / 李明滨主编. —北京：北京大学出版社,2002(21 世纪外国文学系列教材)

7—301—05290—1

西方文艺理论史精读文献 / 章安祺编. —修订本. —北京：中国人民大学出版社,2003(21 世纪中国语言文学系列教材)

7—300—04586—3

西洋文学通论 / 茅盾著. —上海：复旦大学出版社,2004(大师谈文学)

7—309—04093—7

世界文学发展比较史 / 曹顺庆主编. —北京：北京师范大学出版社,2001(面向 21 世纪课程教材)

7—303—05437—5

外国文学史 / 郑克鲁主编. —北京：高等教育出版社,1999(面向 21 世纪课程教材)

7—04—007230—0

西方文学十五讲 / 徐葆耕著. —北京：北京大学出版社,2003(名家通识讲座书系)

7—301—06069—6

文学大纲 / 郑振铎编. —桂林：广西师范大学出版社,2003(世界名著·思想 + 史学文库)

7—5633—3862—4

西方文学理论史 / 董学文主编. —北京：北京大学出版社,2005(中国语言文学)

7—301—09006—4

东方文学史 / 郁龙余,孟昭毅主编. —修订

版. —北京：北京大学出版社,2001

7—301—05015—1

后殖民批评 / (英)吉尔伯特著;杨乃乔等译. —北京：北京大学出版社,2001

7—301—04959—5

西方文学"两希"传统的文化阐释：从古希腊到 18 世纪 / 蒋承勇著. —北京：中国社会科学出版社,2003

7—5004—3944—X

中西文学类型比较史 / 李万钧著. —福州：海峡文艺出版社,1995

7—80534—825—1

西方文学之旅 / 徐葆耕著. —石家庄：河北教育出版社,2003

7—5434—5046—1

外国文学史 / 金元浦,孟昭毅,张良村主编. —上海：华东师范大学出版社,2000

7—5617—2265—6

外国文学史 / 王忠祥,聂珍钊主编. —武汉：华中理工大学出版社,2000

7—5609—2077—2

东方文学史 / 季羡林主编. —长春：吉林教育出版社,1995

7—5383—2734—7

英国文学史 / 王佐良著. —北京：商务印书馆,1996

7—100—01632—0

欧洲中世纪文学史 / 杨慧林,黄晋凯著. —南京：译林出版社,2001

7—80657—178—7

20 世纪外国文学专题 / 吴晓东著. —2 版. —北京：北京大学出版社,2002

7—301—05341—X

西方二十世纪文论史 / 张首映著.—北京：北京大学出版社,1999

7—301—04038—5

欧美现代文学史 / 何仲生,项晓敏主编.—上海：复旦大学出版社,2002

7—309—03258—6

二十世纪中外文学交流史 / 李岫,秦林芳主编.—石家庄：河北教育出版社,2001

7—5434—4273—6

形式主义文论 / 方珊著.—济南：山东教育出版社,1999(20世纪西方文论研究丛书)

7—5328—2620—1

现象学与解释学文论 / 王岳川著.—济南：山东教育出版社,1999(20世纪西方文论研究丛书)

7—5328—2624—4

女权主义文论 / 张岩冰著.—济南：山东教育出版社,1998(20世纪西方文论研究丛书)

7—5328—2618—X

后殖民主义与新历史主义文论 / 王岳川著.—济南：山东教育出版社,1999(20世纪西方文论研究丛书)

7—5328—2625—2

存在主义文论 / 李钧著.—济南：山东教育出版社,2000(20世纪西方文论研究丛书)

7—5328—2621—X

论无边的现实主义 / (法)罗杰·加洛蒂著;吴岳添译.—天津：百花文艺出版社,1998(博学丛书)

7—5306—2711—2

后现代主义的突破：外国后现代主义理论 / 王潮选编.—兰州：敦煌文艺出版社,1996(当代潮流：后现代主义经典丛书)

7—80587—315—1

后现代主义与社会科学 / (美)波林·罗斯诺著;张国清译.—上海：上海译文出版社,1998(当代学术思潮译丛)

7—5327—2050—0

语言的牢笼：克思主义与形式 / (美)弗雷德里克·詹姆逊著;钱佼汝,李自修译.—南昌：百花洲文艺出版社,1995(二十世纪欧美文论丛书)

7—80579—601—7

国外后现代文学 / 唐建清著.—南京：江苏美术出版社,2003(国外后现代艺术丛书)

7—5344—1344—3

从现代主义到后现代主义 / 刘象愚,杨恒达,曾艳兵主编.—北京：高等教育出版社,2002(面向21世纪课程教材)

7—04—010641—8

后现代主义 / (法)让—弗·利奥塔等著;赵一凡等译.—北京：社会科学文献出版社,1999(思想文库)

7—80050—403—4

文学象征论 / 严云受,刘锋杰著.—合肥：安徽教育出版社,1995(文学新思维丛书)

7—5336—1763—0

古典的,浪漫的,现代的 / (美)雅克·巴尊编著;侯蓓译.—南京：江苏教育出版社,2005(西方文库思想译丛)

7—5343—6426—4

先锋派理论 / (德)彼得·比格尔著;高建平译.—北京：商务印书馆,2002(现代性研究译丛)

7—100—03382—9

后现代主义文化：当代理论导引 / (英)史蒂文·康纳著;严忠志译.—北京：商务印书馆,2002(现代性研究译丛)

7—100—03453—1

结构—解构视角：语言·文化·评论 / 郑敏

著.—北京：清华大学出版社,1998(新清华文丛)

7—302—03101—0

跨文化传播的后殖民语境 ／ 姜飞著.—北京：中国人民大学出版社,2005(新生代学人文丛)

7—300—06161—3

西方文论 ／ 张玉能主编.—武汉：华中师范大学出版社,2002(艺学系列教材)

7—5622—2624—5

重申解构主义 ／（美）J. 希利斯. 米勒著；郭英剑等译.—北京：中国社会科学出版社,1998(知识分子图书馆)

7—5004—2339—X

论解构：结构主义之后的理论与批评 ／（美）乔纳森·卡勒著；陆扬译.—北京：中国社会科学出版社,1998(知识分子图书馆)

7—5004—2336—5

批评、正典结构与预言 ／（美）哈罗德·布鲁姆著；吴琼译.—北京：中国社会科学出版社,2000(知识分子图书馆)

7—5004—2867—7

文学行动 ／（法）雅克·德里达著；赵兴国等译.—北京：中国社会科学出版社,1998(知识分子图书馆)

7—5004—2212—1

西方文艺理论名著教程. 下卷 ／ 胡经之主编.—2 版.—北京：北京大学出版社,2003

7—301—06173—0

现代性之隐忧 ／（加）查尔斯·泰勒著；程炼译.—北京：中央编译出版社,2001

7—80109—428—X

人文困惑与反思：西方后现代主义思潮批判 ／ 盛宁著.—北京：三联书店,1997

7—108—01033—X

20 世纪西方现代主义文学 ／ 徐曙玉等编.—天津：百花文艺出版社,2001

7—5306—3088—1

欧美自然主义文学的现代阐释 ／ 蒋承勇,项晓敏,何仲生等著.—上海：复旦大学出版社,2002

7—309—03189—X

十九世纪现实主义文学的现代阐释 ／ 蒋承勇著.—北京：高等教育出版社,1996

7—04—005349—7

欧美现代派文学概论 ／ 袁可嘉著.—桂林：广西师范大学出版社,2003

7—5633—3767—9

走向后现代与后殖民 ／ 徐贲著.—北京：中国社会科学出版社,1996

7—5004—1912—0

后现代主义与欧美文学 ／ 崔少元著.—北京：中国社会科学出版社,2002

7—5004—3498—7

后现代主义之后 ／ 王宁著.—北京：中国文学出版社,1998

7—5071—0469—9

后殖民理论与文化批评 ／ 张京媛主编.—北京：北京大学出版社,1999(北大比较文学研究丛书)

7—301—03150—5

超越后现代主义 ／ 王宁著.—北京：人民文学出版社,2002(王宁文化学术批评文选)

7—02—003523—X

后殖民主义文化理论 ／ 罗钢,刘象愚主编.—北京：中国社会科学出版社,1999(知识分子图书馆)

7—5004—2432—9

无边的迁徙 ／ 洪治纲著.—济南：山东文艺出

版社,2004(e 批评丛书)

7—5329—2345—2

红色意义的生成:20 世纪中国左翼文学研究 /
方维保著.—合肥:安徽教育出版社,2004(百年文
学论丛)

7—5336—4308—9

沉默的风景:后当代中国小说苦难叙述 / 周
保欣著.—合肥:安徽教育出版社,2004(百年文学
论丛)

7—5336—4313—5

中国文学理论批评史.下 / 张少康著.—北京:
北京大学出版社,2005(博雅大学堂)

7—301—09075—7

中国现当代文学学科概要 / 温儒敏等著.—北
京:北京大学出版社,2005(博雅大学堂)

7—301—07459—X

文学理论讲演录 / 王一川著.—桂林:广西师
范大学出版社,2004(大学名师讲课实录)

7—5633—4622—8

百年新诗诗体建设研究 / 王珂著.—上海:三
联书店,2004(当代学人论丛)

7—5426—1906—3

中英文学关系编年史 / 葛桂录编.—上海:三
联书店上海分店,2004(当代学人论丛)

7—5426—1910—1

西台集 / (宋)毕仲游撰;陈斌校点.**贵耳集** /
(宋)张端义撰;梁玉玮校点.—郑州:中州古籍出
版社,2005(古都郑州文化丛书)

7—5348—2492—3

文学批评原理 / 王先霈著.—2 版.—武汉:华
中师范大学出版社,1999(国家教育部面向 21 世纪
课程教材)

7—5622—1999—0

周汝昌点评红楼梦 / 周汝昌著.—北京:团结
出版社,2004(红楼大家丛书)

7—80130—706—2

王国维蔡元培鲁迅点评红楼梦 / 王国维等
著.—北京:团结出版社,2004(红楼大家丛书)

7—80130—705—4

冯其庸点评红楼梦 / 冯其庸编著.—北京:团
结出版社,2004(红楼大家丛书)

7—80130—841—7

中国新诗的现代性 / 龙泉明著.—武汉:武汉
大学出版社,2005(红烛学术丛书)

7—307—04501—X

传统小说与小说传统 / 陈文新著.—武汉:武
汉大学出版社,2005(红烛学术丛书)

7—307—04551—6

从《聊斋志异》到《红楼梦》 / 马瑞芳著.—济
南:山东教育出版社,2004(华夏英才基金学术文
库)

7—5328—4504—4

中国当代小说家群论 / 黄伟林著.—北京:中
央编译出版社,2004(华夏英才基金学术文库)

7—80109—751—3

清代嘉道时期江南寒士诗群与闺阁诗侣研究 /
陈玉兰著.—北京:人民文学出版社,2004(江南文
化与文学研究丛书)

7—02—004698—3

柳永词新释辑评 / 顾之京,姚守梅,耿小博编
著.—北京:中国书店,2005(历代名家词新释辑评
丛书)

7—80663—298—0

平心论高鹗 / 林语堂著.—西安:陕西师范大
学出版社,2004(林语堂文集)

7—5613—2828—1

古代文论的诗性空间 / 李建中著.—武汉:湖北人民出版社,2005(珞珈语言文学学术文库)

7—216—04290—5

红楼梦人物谈:胡文彬论红楼梦 / 胡文彬著.—北京:文化艺术出版社,2005(名家解读红楼梦)

7—5039—2632—5

唐宋词选释 / 俞平伯编著.—北京:人民文学出版社,2005(名家名选丛书)

7—02—005007—7

金元明清词选 / 夏承焘,张璋编选.—北京:人民文学出版社,1997(名家名选丛书)

7—02—005010—7

中国小说理论史 / 陈洪著.—修订本.—天津:天津教育出版社,2005(名家学术文库)

7—5309—4104—6

唐前志怪小说史 / 李剑国著.—修订本.—天津:天津教育出版社,2005(名家学术文库)

7—5309—4148—8

欲望的重新叙述:20世纪中国的文学叙事与文艺精神 / 程文超等著.—桂林:广西师范大学出版社,2005(南方批评书系)

7—5633—5614—2

守望先锋:兼论中国当代先锋文学的发展 / 洪治纲著.—桂林:广西师范大学出版社,2005(南方批评书系)

7—5633—5546—4

赋体文学的文化阐释 / 许结著.—北京:中华书局,2005(南京大学中国诗学研究中心专刊)

7—101—04727—0

从文人之文到学者之文:明清散文研究 / 陈平原著.—北京:生活·读书·新知三联书店,2004(三联讲坛)

7—108—02104—8

中国辞赋研究 / 龚克昌著.—济南:山东大学出版社,2003(山东大学文史书系)

7—5607—2681—X

写在当代文学边上 / 旷新年著.—上海:上海教育出版社,2005(世纪言说)

7—5444—0395—5

网络叙事学 / 聂庆璞著.—北京:中国文联出版社,2004(网络文学教授论丛)

7—5059—4626—9

网络文学的民间视野 / 蓝爱国,何学威著.—北京:中国文联出版社,2004(网络文学教授论丛)

7—5059—4625—0

网络文学本体论 / 欧阳友权著.—北京:中国文联出版社,2004(网络文学教授论丛)

7—5059—4656—0

村上春树和他的作品 / 林少华编著.—银川:宁夏人民出版社,2005(人文日本新书)

7—227—02833—X

汉魏六朝文学新论:拟代与赠答篇 / 梅家玲著.—北京:北京大学出版社,2004(文学史研究丛书)

7—301—08110—3

心灵化批评:中国古代文学批评的思维特征 / 白寅著.—北京:中国社会科学出版社,2005(文艺学前沿丛书)

7—5004—5277—2

英雄与太阳:中国上古史诗的原型重构 / 叶舒宪著.—西安:陕西人民出版社,2005(新世纪学人文萃)

7—224—07233—8

中国新诗学 / 杨匡汉著.—北京:人民出版社,2005(学术百家丛书)

7—01—004353—1

文学史书写形态与文化政治 ／ 陈国球著. 一北京：北京大学出版社，2004（学术史丛书）
7—301—07002—0

唐宋词流派研究 ／ 余传棚著. 一武汉：武汉大学出版社，2004（中国古代文学流派研究丛书之一）
7—307—04163—4

中国侠文化：积淀与承传 ／ 韩云波著. 一重庆：重庆出版社，2004（中国古代文学研究丛书）
7—5366—6805—8

建安七子集 ／ 俞绍初辑校. 一北京：中华书局，2005（中国古典文学基本丛书）
7—101—02508—0

词学史料学 ／ 王兆鹏著. 一北京：中华书局，2004（中国古典文学史料研究丛书）
7—101—04049—7

中国古代诗歌艺术精神 ／ 李达武著. 一重庆：重庆出版社，2005（中国古典文学研究丛书）
7—5366—6597—0

中国女性主义文学纵横谈 ／ 盛英著. 一北京：九州出版社，2004（中国女性主义学术论丛）
7—80195—171—9

朦胧诗后先锋诗歌研究 ／ 罗振亚编. 一北京：中国社会科学出版社，2005（中国社会科学博士论文文库）
7—5004—5090—7

中国当代文学思潮史 ／ 李扬著. 一上海：上海社会科学院出版社，2005（中国文学与文化丛书）
7—80681—732—8

屈骚精神及其文化背景研究 ／ 王德华著. 一北京：中华书局，2004（中华文史新刊）
7—101—04147—7

明代城市与市民文学 ／ 方志远著. 一北京：中华书局，2004（中华文史新刊）
7—101—04145—0

迦陵论诗丛稿 ／ 叶嘉莹著. 一北京：中华书局，2005（中华学术精品）
7—101—03857—3

建安七子集校注 ／ 吴云主编. 一修订版. 一天津：天津古籍出版社，2005
7—80696—125—9

中国古代文学通论，先秦两汉卷 ／ 傅璇琮，蒋寅总主编；赵敏俐，谭家健本卷主编. 一沈阳：辽宁人民出版社，2005
7—205—05691—8

周汝昌梦解红楼 ／ 周汝昌著；周伦玲编. 一桂林：漓江出版社，2005
7—5407—3326—8

刘心武揭秘《红楼梦》. 第一部 ／ 刘心武著. 一北京：东方出版社，2005
7—5060—1841—1

中国现代翻译文学史：1898—1949 ／ 谢天振，查明建主编. 一上海：上海外语教育出版社，2004
7—81095—003—7

想像女性：海派小说（1892—1949）的叙事 ／ 姚玳玖著. 一北京：中国社会科学出版社，2004
7—5004—4555—5

魏晋南北朝诗歌史述 ／ 钱志熙编. 一北京：北京大学出版社，2005
7—301—08983—X

唐诗创作与歌诗传唱关系研究 ／ 吴相洲著. 一北京：北京大学出版社，2004
7—301—07448—4

中国文学发展史 ／ 刘大杰著. 一上海：复旦大学出版社，2005
7—309—04625—0

中国古代文论教程 / 李壮鹰,李春青主编.—北京：高等教育出版社,2005

7—04—017191—0

文心雕龙讲疏 / 王元化编.—桂林：广西师范大学出版社,2004

7—5633—5001—2

宋词的文化定位 / 沈家庄著.—长沙：湖南人民出版社,2005

7—5438—4023—5

中国古代诗法纲要 / 易闻晓著.—济南：齐鲁书社,2005

7—5333—1545—6

先唐辞赋研究 / 郭建勋著.—北京：人民出版社,2004

7—01—004105—9

庞朴文集 / 刘贻群编.—济南：山东大学出版社,2005

7—5607—2894—4

唐宋词选释 / 俞平伯著.—西安：陕西师范大学出版社,2005

7—5613—3171—1

诗经民俗文化阐释 / 王巍著.—北京：商务印书馆,2004

7—100—04078—7

明清传奇戏曲文体研究 / 郭英德著.—北京：商务印书馆,2004

7—100—04088—4

楚辞考论 / 周建忠著.—北京：商务印书馆,2003

7—100—03934—7

中国现代小说导论 / 杨联芬著.—成都：四川大学出版社,2004

7—5614—2796—4

中国游记文学史 / 梅新林,俞樟华编.—上海：学林出版社,2004

7—80668—809—9

宋玉研究 / 吴广平编著.—长沙：岳麓书社,2004

7—80665—490—9

刘禹锡全集编年校注 / 陶敏,陶红雨校注.—长沙：岳麓书社,2003

7—80665—336—8

当代文学思潮史论 / 方维保著.—武汉：长江文艺出版社,2004

7—5354—2738—3

浙江歌谣源流史 / 朱秋枫著.—杭州：浙江古籍出版社,2004

7—80518—953—6

元杂剧的文化精神阐释 / 高益荣著.—北京：中国社会科学出版社,2005

7—5004—5165—2

汉赋与经学 / 冯良方著.—北京：中国社会科学出版社,2004

7—5004—4685—3

红楼梦与中国文化论稿 / 胡文彬编著.—北京：中国书店,2005

7—80663—260—3

佛法与诗境 / 萧驰著.—北京：中华书局,2005

7—101—04598—7

陈云文集 / 陈云著.—北京：中央文献出版社,2005

7—5073—1887—7

二十世纪中国女性文学的生命意识 / 郭力著.—哈尔滨：黑龙江教育出版社,2002（北国文论书系）

7—5316—4095—3

钱钟书与现代西学 / 季进著. —上海：三联书店上海分店,2002(上海三联学术文库)
7—5426—1618—8

宋词与人生 / 邓乔彬著. —上海：上海古籍出版社,2001(传统文化与人生)
7—5325—3037—X

蒙古族文学史 / 荣苏赫等编著. —呼和浩特：内蒙古人民出版社,2000(中国少数民族文学史丛书)
7—204—05542—X

汉语诗律学 / 王力著. —2版. —上海：上海教育出版社,2005(世纪人文系列丛书)
7—5320—8325—X

中国文学的文化批评 / 傅道彬著. —哈尔滨：黑龙江人民出版社,2000(1978—1998中国学术前沿性论题文存)
7—207—04271—X

隋唐五代文学研究 / 杜晓勤撰著. —北京：北京出版社,2001(20世纪中国文学研究)
7—200—04334—6

关于"异"的研究 / (德)顾彬讲演；曹卫东编译. —北京：北京大学出版社,1997(北大学术讲演丛书)
7—301—03435—0

中国叙事学 / (美)浦安迪讲演. —北京：北京大学出版社,1996(北大学术讲演丛书)
7—301—02773—7

西方女性主义与中国女作家批评 / 西慧玲著. —上海：上海社会科学院出版社,2003(比较文学与文化丛书)
7—80681—211—3

湖南乡土文学与湘楚文化 / 刘洪涛著. —长沙：湖南教育出版社,1997(二十世纪中国文学与区域文化丛书)
7—5355—2476—1

梅花如雪悟得禅：吴藻词注评 / 邓红梅撰. —上海：上海古籍出版社,2004(花非花名媛诗词系列)
7—5325—3733—1

跨越太平洋的雨虹：美国作家与中国文化 / 张弘等著. —银川：宁夏人民出版社,2002(跨文化丛书)
7—227—02436—9

光自东方来：法国作家与中国文化 / 钱林森著. —银川：宁夏人民出版社,2004(跨文化丛书·外国作家与中国文化·法国卷)
7—227—02703—1

中国文学论丛 / 钱穆著. —北京：三联书店,2002(钱穆作品系列)
7—108—01720—2

艺术链 / 夏中义著. —2版. —上海：上海文艺出版社,2001(上海文艺学术文库)
7—5321—0116—9

中国文学的美感 / 柯庆明著. —石家庄：河北教育出版社,2001(台湾学术丛书)
7—5434—4307—4

抗争与超越：中国女性文学与美学衍论 / 任一鸣著. —北京：九州出版社,2004(中国女性主义学术论丛)
7—80195—171—9

中国文论选. 现代卷 / 王运熙主编；沙似鹏等编著. —南京：江苏文艺出版社,1996
7—5399—1018—6

杨义文存. 第五卷. 鲁迅作品综论 / 杨义著. —北京：人民出版社,1998
7—01—002843—5

杨义文存.第四卷.中国现代文学流派 / 杨义著.—北京：人民出版社,1998

7—01—002844—3

杨义文存.第二卷.中国现代小说史 / 杨义著.—北京：人民出版社,1998

7—01—002766—8

杨义文存.第一卷.中国叙事学 / 杨义著.—北京：人民出版社,1997

7—01—002671—8

杨义文存.第六卷 / 杨义著.—北京：人民出版社,1997

7—01—002765—X

非文学的世纪：20 世纪中国文学与政治文化关系史论 / 朱晓进等著.—南京：南京师范大学出版社,2004

7—81047—919—9

中外文学跨文化比较 / 曹顺庆等著.—北京：北京师范大学出版社,2000

7—303—05295—X

女性主义文学批评在中国 / 林树明著.—贵阳：贵州人民出版社,1995

7—221—03971—2

中国旅游文学论稿 / 冯乃康著.—北京：旅游教育出版社,1995

7—5637—0548—1

赋史 / 马积高著.—上海：上海古籍出版社,1998

20 世纪中俄文学关系 / 陈建华著.—上海：学林出版社,1998

7—80616—379—4

中国文学批评史 / 赖力行,李清良著.—长沙：湖南教育出版社,2003（湖南省高等教育21世纪课程教材）

7—5355—4066—X

宋金元文学批评史 / 顾易生等著.—上海：上海古籍出版社,1996（中国文学批评通史）

7—5325—2094—3

中国文学批评通史.壹.先秦两汉卷 / 王运熙,顾易生主编;顾易生,蒋凡著.—上海：上海古籍出版社,1996

7—5325—2227—X

中国文学理论批评发展史.下卷 / 张少康,刘三富著.—北京：北京大学出版社,1995

7—301—02811—3

中国近百年文学理论批评史：1895—1990 / 黄曼君主编.—武汉：湖北教育出版社,1997

7—5351—1997—2

中国文学理论批评史教程 / 张少康著.—北京：北京大学出版社,1999

7—301—04091—1

中国古典文学接受史 / 尚学锋,过常宝,郭英德著.—济南：山东教育出版社,2000

7—5328—2905—7

中国古代文学批评史 / 蔡镇楚著.—长沙：岳麓书社,1999

7—80520—708—9

中国 20 世纪文学理论批评史 / 黄曼君主编.—北京：中国文联出版社,2002

7—5059—3892—4

中国文学批评史 / 蔡镇楚著.—北京：中华书局,2005

7—101—04795—5

中国古代文学批评方法研究 / 张伯伟著.—北京：中华书局,2002

7—101—02935—3

中国文学的历史与审美 / 冷成金著. —北京：中国人民大学出版社,1999(21 世纪素质教育系列教材)

7—300—03065—3

六朝美学 / 袁济喜著. —2 版. —北京：北京大学出版社,1999(北京大学文艺美学精选丛书)

7—301—00891—0

士气文心：苏轼文化人格与文艺思想 / 张惠民,张进著. —北京：人民文学出版社,2004(博雅文丛)

7—02—004280—5

汉魏六朝唐代文学论丛 / 王运熙著. —增补本. —上海：复旦大学出版社,2002(复旦学人文库)

7—309—03024—9

欧阳修资料汇编 / 洪本健编. —北京：中华书局,1995(古典文学研究资料汇编)

7—101—01140—3

李商隐资料汇编 / 刘学锴,余恕诚,黄世中编. —北京：中华书局,2001(古典文学研究资料汇编)

7—101—02519—6

中国文论：英译与评论 / (美)宇文所安著；王柏华,陶庆梅译. —上海：上海社会科学院出版社,2003(哈佛大学权威教程)

7—80681—134—6

北美中国古典文学研究名家十年文选 / 乐黛云,陈珏编选. —南京：江苏人民出版社,1996(海外中国研究丛书)

7—214—01572—2

经典常谈 / 朱自清著. —上海：复旦大学出版社,2004(经典新读文学课堂)

7—309—04069—4

古典文学佛教溯缘十论 / 陈允吉著. —上海：复旦大学出版社,2002(名家专题精讲)

7—309—03376—0

魏晋本土文学地理研究 / 胡阿祥著. —南京：南京大学出版社,2001(南京大学博士文丛)

7—305—03718—4

朱熹文学研究 / 莫砺锋著. —南京：南京大学出版社,2000(南京大学学术文库)

7—305—03570—X

清朝续文献通考 / 刘锦藻撰. —2 版. —杭州：浙江古籍出版社,2000(十通)

7—80518—046—6

清朝文献通考 / (清)乾隆官修. —杭州：浙江古籍出版社,2000(十通)

7—80518—045—8

《文心雕龙》系统观 / 石家宜著. —南京：江苏古籍出版社,2001(随园薪积)

7—80643—571—9

游的精神文化史论 / 龚鹏程著. —石家庄：河北教育出版社,2001(台湾学术丛书)

7—5434—4303—1

现代《文选》学史 / 王立群著. —北京：中国社会科学出版社,2003(铁塔风铃丛书)

7—5004—4146—0

中国古代文论的现代意义 / 童庆炳著. —北京：北京师范大学出版社,2001(文化与诗学丛书)

7—303—05775—7

明永乐至嘉靖初诗文观研究 / 黄卓越著. —北京：北京师范大学出版社,2001(文化与诗学丛书)

7—303—06002—2

文心雕龙研究史 / 张少康等著. —北京：北京大学出版社,2001(文学论丛)

7—301—04982—X

南朝文学与北朝文学研究 / 曹道衡著. —南京：江苏古籍出版社，1998（文学遗产丛书）

7—80643—037—7

中国古代文论 / 李建中主编；邓新华编写. —武汉：华中师范大学出版社，2002（文艺学系列教材）

7—5622—2594—X

审美之思：理的审美化存在 / 张晶著. —北京：北京广播学院出版社，2002（文艺学与美学丛书）

7—81004—994—1

中国古代叙事观念与意识形态 / 高小康著. —北京：北京大学出版社，2005（文艺学与文化研究丛书）

7—301—09405—1

中国古代文体学论稿 / 郭英德著. —北京：北京大学出版社，2005（文艺学与文化研究丛书）

7—301—09488—4

苏轼诗词文选评 / 王水照，朱刚撰. —上海：上海古籍出版社，2004（新世纪古典文学经典读本）

7—5325—3879—6

柳宗元诗文选评 / 尚永亮撰. —上海：上海古籍出版社，2003（新世纪古典文学经典读本）

7—5325—3471—5

李清照诗词文选评 / 陈祖美撰. —上海：上海古籍出版社，2002（新世纪古典文学经典读本）

7—5325—3254—2

姜夔与南宋文化 / 赵晓岚著. —北京：学苑出版社，2001（学苑文丛）

7—80060—026—2

诗化人生：魏晋风度的魅力 / 陈洪著. —保定：河北大学出版社，2001（中国古代文人心灵史丛书）

7—81028—754—0

大俗小雅：元代文化人心迹追踪 / 梁归智，周月亮著. —保定：河北大学出版社，2001（中国古代文人心灵史丛书）

7—81028—753—2

中国古代文学理论体系：范畴论 / 汪涌豪著；王运熙，黄霖主编. —上海：复旦大学出版社，1999（中国古代文学理论体系）

7—309—02239—4

中国古代文学理论体系：方法论 / 刘明今著；王运熙，黄霖主编. —上海：复旦大学出版社，2000（中国古代文学理论体系）

7—309—02240—8

原人论 / 黄霖，吴建民，吴兆路著. —上海：复旦大学出版社，2000（中国古代文学理论体系）

7—309—02238—6

中国古代文论话语 / 曹顺庆等著. —成都：巴蜀书社，2001（中国古典文献学研究丛书）

7—80659—213—X

昭明文选研究 / 穆克宏著. —北京：人民文学出版社，1998（中国古典文学研究丛书）

7—02—002674—5

道教与唐代文学 / 孙昌武著. —北京：人民文学出版社，2001（中国古典文学研究丛书）

7—02—002951—5

北宋新旧党争与文学 / 萧庆伟著. —北京：人民文学出版社，2001（中国古典文学研究丛书）

7—02—003134—X

《文心雕龙》研究 / 牟世金著. —北京：人民文学出版社，1995（中国古典文学研究丛书）

7—02—001822—X

中古文学文献学 / 刘跃进著. —南京：江苏古籍出版社，1997（中国古文献研究丛书）

7—80519—905—1

《昭明文选》研究 / 傅刚著. —北京：中国社会科学出版社，2000（中国社会科学博士论文文库）

    7—5004—2633—X

清代文学批评史 / 邬国平，王镇远著. —上海：上海古籍出版社，1995（中国文学批评通史）

    7—5325—1925—2

唐前生命观和文学生命主题 / 钱志熙著. —北京：东方出版社，1997（中国文学史研究系列）

    7—5060—0863—7

心灵的图景：文学意象的主题史研究 / 王立著. —上海：学林出版社，1999（中国文学主题学研究）

    7—80616—658—0

苏轼论 / 朱靖华著. —北京：京华出版社，1997（中华传统文化精品丛书）

    7—80600—240—5

文心雕龙探索 / 王云熙著. —增补本. —上海：上海古籍出版社，2005（中华学术丛书）

    7—5325—4030—8

隋唐佛学与中国文学 / 陈引驰著. —南昌：百花洲文艺出版社，2002（中华学术与中国文学研究丛书）

    7—80647—339—4

宋明理学与中国文学 / 许总著. —南昌：百花洲文艺出版社，1999（中华学术与中国文学研究丛书）

    7—80647—045—X

《周易》与中国文学 / 陈良运著. —南昌：百花洲文艺出版社，1999（中华学术与中国文学研究丛书）

    7—80579—986—5

魏晋南北朝文论全编 / 穆克宏，郭丹编著. —2版. —南京：江苏教育出版社，2004

    7—5343—2895—0

道家及其对文学的影响 / 李生龙著. —2版修订本. —长沙：岳麓书社，2005

    7—80665—623—5

昌黎先生集考异 / （宋）朱熹撰；曾抗美校点. —上海：上海古籍出版社，2001

    7—5325—2845—6

中外学者文选学论集 / 俞绍初，许逸民主编；郑州大学古籍所编. —北京：中华书局，1998

    7—101—01399—6

中国古典文学与文献学研究. 第一辑 / 陈飞主编. —北京：学苑出版社，2002

    7—80060—015—7

先秦叙事研究：关于中国叙事传统的形成 / 傅修延著. —北京：东方出版社，1999

    978—7—5060—1255—3

唐帝国的精神文明：民俗与文学 / 程蔷，董乃斌著. —北京：中国社会科学出版社，1996

    7—5004—1901—5

女性审美文化：宋代女性文学研究 / 舒红霞著. —北京：人民出版社，2004

    7—01—004370—1

中唐政治与文学：以永贞革新为研究中心 / 胡可先著. —合肥：安徽大学出版社，2000

    7—81052—384—8

乌托邦与诗：中国古代士人文化与文学价值观 / 李春青著. —北京：北京师范大学出版社，1995

    7—303—04166—4

中国古典文艺学丛编 / 胡经之主编. —北京：北京大学出版社，2001

    7—301—05079—8

阮籍评传 / 韩传达著. —北京：北京大学出版社，1997

7—301—03341—9

先秦两汉道家与文学 / 张松辉编著.—北京：东方出版社,2004

7—5060—1975—2

中国文学中的维摩与观音 / 孙昌武著.—北京：高等教育出版社,1996

7—04—005752—2

中国古代文论 / 李壮鹰主编.—北京：高等教育出版社,2001

7—04—009508—4

部族文化与先秦文学 / 李炳海著.—北京：高等教育出版社,1995

7—04—005422—1

苏轼研究 / 王水照著.—石家庄：河北教育出版社,1999

7—5434—3454—7

中国文学观念论稿 / 王齐洲著.—武汉：湖北教育出版社,2004

7—5351—3741—5

明代诗文的演变 / 陈书录著.—南京：江苏教育出版社,1996

7—5343—2833—0

清初诗文与士人交游考 / 谢正光著.—南京：南京大学出版社,2001

7—305—03749—4

齐梁文坛与四萧研究 / 胡德怀著.—南京：南京大学出版社,1997

7—305—03080—5

文心雕龙文体论今疏 / 林杉著.—呼和浩特：内蒙古教育出版社,2000

7—5311—4278—3

元前陶渊明接受史 / 李剑锋著.—济南：齐鲁书社,2002

7—5333—1082—9

孔尚任全集辑校注评 / 徐振贵主编.—济南：齐鲁书社,2004

7—5333—1335—6

《文心雕龙》阐释 / 冯春田著.—济南：齐鲁书社,2000

7—5333—0866—2

文心雕龙汇评 / 黄霖编著.—上海：上海古籍出版社,2005

7—5325—4086—3

古代文论名篇详注 / 霍松林主编.—上海：上海古籍出版社,2002

7—5325—3054—X

古代文艺的文化观照 / 邓乔彬著.—上海：上海教育出版社,2003

7—5320—8466—3

柳文指要 / 章士钊著.—上海：文汇出版社,2000

7—80531—775—5

英语世界中国古典文学之传播 / 黄鸣奋著.—上海：学林出版社,1997

7—80616—318—2

苏轼的哲学观与文化观 / 冷成金著.—北京：学苑出版社,2003

7—80060—174—9

明清时期的小说传播 / 宋莉华著.—北京：中国社会科学出版社,2004

7—5004—4556—3

中国古代文论教程 / 蒋凡,郁源主编.—北京：中华书局,2005

7—101—04721—1

中古文学理论范畴 / 詹福瑞著. —北京：中华
书局,2005

    7—101—04720—3

婚变、道德与文学：负心婚变母题研究 / 黄仕
忠著. —北京：人民文学出版社,2000(旸谷文丛)

    7—02—003100—5

金圣叹评点才子全集 / (清)金圣叹评点；林
乾主编. —北京：光明日报出版社,1997

    7—80091—292—2

兰陵萧氏与南朝文学 / 曹道衡著. —北京：中
华书局,2004

    7—101—03901—4

李商隐传论 / 刘学锴著. —合肥：安徽大学出
版社,2002

    7—81052—527—1

刘师培中古文学论集 / 陈引驰编校. —北京：
中国社会科学出版社,1997(20 世纪国学名著)

    7—5004—2035—8

他山的石头记：宇文所安自选集 / (美)宇文
所安著；田晓菲译. —南京：江苏人民出版社,2003
(海外中国研究丛书)

    7—214—03329—1

苏轼文学论集 / 刘乃昌著. —济南：齐鲁书
社,2004

    7—5333—1349—6

王水照自选集 / 王水照著. —上海：上海教育
出版社,2000

    7—5320—6808—0

先秦两汉文学研究 / 费振刚主编；赵长征等撰
著. —北京：北京出版社,2001(20 世纪中国文学研
究)

    7—200—04416—4

魏晋南北朝文学研究 / 吴云卷主编. —北京：

北京出版社,2001(20 世纪中国文学研究)

    7—200—04338—9

宋代文学研究 / 张毅卷主编；张毅撰著. —北
京：北京出版社,2001(20 世纪中国文学研究)

    7—200—04371—0

近代文学的突围 / 袁进著. —上海：上海人民
出版社,2001("世纪风"文丛)

    7—208—03874—0

家族文化与 21 世纪中国家族文学的母题形态 /
杨径建著. —长沙：岳麓书社,2005(人文精神与中
国现当代文学丛书)

    7—80665—655—3

中国现代性体验的发生：清末民初文化转型
与文学 / 王一川著. —北京：北京师范大学出版
社,2001(文化与诗学丛书)

    7—303—05774—9

南社研究 / 孙之梅著. —北京：人民文学出版
社,2003(中国古典文学研究丛书)

    7—02—004353—4

百年文学与主流意识形态 / 宋剑华著. —长
沙：湖南教育出版社,2002(20 世纪中国文学价值
观研究丛书)

    7—5355—3803—7

百年文学与传统文化 / 罗成琰著. —长沙：湖
南教育出版社,2002(20 世纪中国文学价值观研究
丛书)

    7—5355—3800—2

20 世纪中国文学与基督教文化 / 王本朝
著. —合肥：安徽教育出版社,2000(20 世纪中国文
学研究丛书)

    7—5336—2227—8

20 世纪中国文学与佛学 / 谭桂林著. —合肥：
安徽教育出版社,1999(20 世纪中国文学研究丛
书)

7—5336—2342—8

美的偏至：中国现代唯美—颓废主义文学思潮研究 / 解志熙著.—上海：上海文艺出版社，1997(百年文潮丛书)

7—5321—1647—6

中国现代六大批评家 / 刘锋杰著.—北京：北京大学出版社，2005(百年学案典藏书系)

7—301—10066—3

咀华集：咀华二集 / 李健吾著.—上海：复旦大学出版社，2005(大师谈文学)

7—309—04440—1

转折的时代：40—50 年代作家研究 / 贺桂梅著.—济南：山东教育出版社，2003(代文学文化研究书系)

7—5328—3931—1

两性对话：20 世纪中国女性与文学 / 荒林，王光明著.—北京：中国文联出版社，2001(单纯女性文化丛书)

7—5059—3861—4

革命·审美·解构：20 世纪中国文学理论的现代性与后现代性 / 余虹著.—桂林：广西师范大学出版社，2001(雕龙丛书)

7—5633—3171—9

大众传媒与现代文学 / 陈平原，(日)山口守编.—北京：新世界出版社，2003(二十世纪中国文化研究丛书)

7—80005—955—3

华丽影沉：旧文·追思·影响 / 金宏达主编.—北京：文化艺术出版社，2003(回望张爱玲)

7—5039—2305—9

新月派的绅士风情 / 朱寿桐著.—南京：江苏文艺出版社，1995(跨世纪文论丛书)

7—5399—0813—0

生的执著：存在主义与中国现代文学 / 解志熙著.—北京：人民文学出版社，1999(猫头鹰学术文丛)

7—02—002881—0

多重对话：中国新文学的发生 / 陈方竞著.—北京：人民文学出版社，2003(猫头鹰学术文丛)

7—02—004173—6

中国现代文学与现代性十讲 / 李欧梵著；季进编.—上海：复旦大学出版社，2002(名家专题精讲)

7—309—03371—X

超越雅俗：抗战时期的通俗小说 / 孔庆东著.—北京：北京大学出版社，1998(青年学者文库)

7—301—03469—5

20 世纪上半期中国文学的现代意识 / 张新颖著.—北京：三联书店，2001(三联哈佛燕京学术丛书)

7—108—01606—0

中国文学现代性的起源语境 / 郑家建著.—上海：上海三联书店，2002(三联文博论丛)

7—5426—1695—1

钱钟书与现代西学 / 季进著.—上海：三联书店上海分店，2002(上海三联学术文库)

7—5426—1618—8

女性生存与女性文化诗学 / 王春荣著.—沈阳：辽宁大学出版社，2002(生存论文艺学研究丛书)

7—5610—4420—8

二十世纪中国文学三人谈·漫说文化 / 钱理群，黄子平，陈平原著.—北京：北京大学出版社，2004(文学史研究丛书)

7—301—07758—0

现代汉语与中国现代文学 / 高玉著.—北京：

中国社会科学出版社,2003(中国社会科学博士论文文库)

7—5004—3926—1

徘徊在现代和后现代之间 / 李欧梵著;陈建华录.—上海:上海三联书店,2000

7—5426—1319—7

二十世纪中国文学批评 99 个词 / 南帆主编;方百羽执笔.—杭州:浙江文艺出版社,2003

7—5339—1748—0

中国现当代文学名著导读 / 钱理群主编;钱理群,王风,贺桂梅编选.—北京:北京大学出版社,2002

7—301—05339—8

中国现代作家的浪漫一代 / 李欧梵著;王宏志等译.—北京:新星出版社,2005

7—80148—858—X

个性主义的悲剧:解读丁玲 / 张永泉著.—北京:中国社会科学出版社,2005

7—5004—4996—8

对苦难的精神超越:现代作家笔下女性世界的女性主义解读 / 白薇著.—北京:民族出版社,2003

7—105—05610—X

雪中芭蕉:萧红创作论 / 黄晓娟著.—北京:中央编译出版社,2003

7—80109—705—X

走进荒凉:张爱玲的精神家园 / 宋家宏著.—广州:花城出版社,2000

7—5360—3314—1

传奇文学与流言人生:张爱玲的文学 / 邵迎建著.—北京:三联书店,1998

7—108—01119—0

二十世纪中国作家心态史:中国现当代作家

"灵魂的历史" / 杨守森主编.—北京:中央编译出版社,1998

7—80109—292—9

中国现当代文学专题研究 / 温儒敏,赵祖谟主编.—北京:北京大学出版社,2002

7—301—05338—X

中国现代作家的宗教文化情结 / 刘勇著.—北京:北京师范大学出版社,1998

7—303—04693—3

二十世纪中国女作家研究 / 阎纯德著.—北京:北京语言文化大学出版社,2000

7—5619—0535—1

二十世纪中国文学史论 / 王晓明主编.—上海:东方出版中心,1997

7—80627—214—3 / 7—80627—215—1 / 7—80627—216—X

中国现代文学 / 王泽龙,刘克宽主编.—北京:高等教育出版社,2002

7—04—009732—X

中国现代当代作家作品专题研究 / 刘增杰主编.—天津:南开大学出版社,2002

7—310—01736—6

中国现代文学的性别意识 / 李玲著.—北京:人民文学出版社,2002

7—02—004187—6

中国现代文学与基督教 / 许正林著.—上海:上海大学出版社,2003

7—81058—295—X

20 世纪中国文学理性精神 / 朱德发等著.—上海:上海人民出版社,2003

7—208—04738—3

二十世纪中国文学人性史论 / 裴毅然著.—上海:上海书店出版社:世纪出版集团,2000

7—80622—666—4

家族文化与中国现代文学 / 曹书文著.—北京:中国社会科学出版社,2002

7—5004—3687—4

类同研究的再发现:徐志摩在中西文化之间 / 刘介民著.—北京:中国社会科学出版社,2003

7—5004—3644—0

咀华集 / 刘西渭,李健吾著.—北京:人民文学出版社,2001

7—02—003013—0

北大文学讲堂 / 温儒敏,姜涛编.—北京:中央编译出版社,2005

7—80211—084—X

儿童文学小论 / 周作人著.—石家庄:河北教育出版社,2002(周作人自编文集)

7—5434—4398—8

话语的德性 / 谢有顺著.—海口:海南出版社,2002(197 几文丛)

7—5443—0392—6

给男人命名:20 世纪女性文学中男权批判意识的流变 / 李有亮著.—北京:社会科学文献出版社,2005(20 世纪中国文学学术文库)

7—80190—548—2

先锋就是自由 / 谢有顺著.—济南:山东文艺出版社,2004(e 批评丛书)

7—5329—2347—9

中国当代文学概观 / 张钟等编著.—2 版修订本.—北京:北京大学出版社,2002(北京大学中国语言文学教材系列)

7—301—00178—9

阅读张爱玲 / 杨泽编.—桂林:广西师范大学出版社,2003(贝贝特人文馆)

7—5633—4180—3

反抗与困境:女性主义文学批评在中国 / 陈志红著.—杭州:中国美术学院出版社,2002(比较文艺学丛书)

7—81083—068—6

中国八十年代文学现象研究 / 曹文轩著.—北京:作家出版社,2003(曹文轩文集)

7—5063—2483—0

新时期文学热点作品讲演录 / 吴炫著.—桂林:广西师范大学出版社,2004(大学名师讲课实录)

7—5633—4614—7

倾斜的文学场:当代文学生产机制的市场化转型 / 邵燕君著.—南京:江苏人民出版社,2003(大众文化批评丛书)

7—214—03566—9

50—70 年代中国文学经典再解读 / 李杨著.—济南:山东教育出版社,2003(当代文学文化研究书系)

7—5328—3693—2

涉渡之舟:新时期中国女性写作与女性文化 / 戴锦华著.—西安:陕西人民教育出版社,2002(第五代学人丛书)

7—5419—8400—0

中国当代文学批判:穿越个性写作 / 吴炫著.—上海:学林出版社,2001(否定学实验文本)

7—80668—044—6

沈从文精读 / 张新颖著.—上海:复旦大学出版社,2005(汉语言文学原典精读系列)

7—309—04664—1

城市像框 / 李洁非著.—太原:山西教育出版社,1999(九十年代文学观察丛书)

7—5440—1609—9

颓败与拯救:毕淑敏与一类文学主题 / 刘俐俐著.—北京:华夏出版社,2000(九十年代文学批

判)

7—5080—2064—2

先锋浪潮中的余华 / 邢建昌,鲁文忠著.—北京:华夏出版社,2000(九十年代文学批判丛书)

7—5080—2061—8

梁宗岱:穿越象征主义 / 董强著.—北京:北京出版社,2005(跨文化沟通个案研究丛书)

7—80554—451—4

北国的精灵:迟子建论 / 方守金著.—哈尔滨:黑龙江人民出版社,2002(龙江特色作家研究丛书)

7—207—05239—1

文学网景:网络文学的自由境界 / 于洋,汤爱丽,李俊著.—北京:中央编译出版社,2004(媒体文化丛书)

7—80109—736—X

中国当代文学关键词十讲 / 陈思和著;季进编.—上海:复旦大学出版社,2002(名家专题精讲)

7—309—03373—6

小说的立场:新生代作家访谈录 / 张钧著.—桂林:广西师范大学出版社,2002(南方批评书系)

7—5633—3460—2

当代文学关键词 / 洪子诚,孟繁华主编.—桂林:广西师范大学出版社,2002(南方批评书系)

7—5633—3459—9

当代作家的文化立场与叙事艺术 / 王爱松编.—南京:南京大学出版社,2004(南京大学博士文丛)

7—305—04221—8

晚翠文谈新编 / 汪曾祺著.—北京:生活·读书·新知三联书店,2002(三联精选)

7—108—01624—9

文学的维度 / 南帆著.—上海:上海三联书店,1998(上海三联文库)

7—5426—1055—4

审美的悖反:先锋文艺新论 / 王洪岳著.—北京:社会科学文献出版社,2005(审美文丛)

7—80190—545—8

梁实秋批评文集 / 徐静波编.—珠海:珠海出版社,1998(世纪的回响)

7—80607—488—0

异域性与本土化:女性主义诗学在中国的流变与影响 / 杨莉馨著.—北京:北京大学出版社,2005(文学论丛)

7—301—09786—7

市场经济下的中国文学艺术 / 祁述裕著.—北京:北京大学出版社,1998(文学论丛)

7—301—03671—X

20世纪末中国文学现象研究 / 曹文轩著.—北京:北京大学出版社,2002(文学论丛)

7—301—05090—9

当代文学概说 / 洪子诚著.—南宁:广西教育出版社,2000(现代中国文学研究书系)

7—5435—2998—X

时代及其文学的敌人 / 李建军著.—北京:中国工人出版社,2004(枭鸣丛书)

7—5008—3341—5

苏童王宏图对话录 / 苏童,王宏图著.—苏州:苏州大学出版社,2003(新人文对话录丛书)

7—81090—110—9

文学、艺术与性别 / 李小江等著.—南京:江苏人民出版社,2002(性别论坛)

7—214—03177—9

落地麦子不死:张爱玲与"张派"传人 / 王德威著.—济南:山东画报出版社,2004(阅读张爱

玲.3)

7—80603—826—4

张爱玲的风气:1949 年前的张爱玲评说 / 陈子善.—济南:山东画报出版社,2004(阅读张爱玲丛书;1)

7—80603—804—3

替张爱玲补妆 / 水晶著.—济南:山东画报出版社,2004(阅读张爱玲丛书;2)

7—80603—805—1

再读张爱玲 / 刘绍铭,梁秉钧,许子东编.—济南:山东画报出版社,2004(阅读张爱玲丛系)

7—80603—803—5

艳异:张爱玲与中国文学 / 周芬伶著.—北京:中国华侨出版社,2003(张爱玲书系)

7—80120—712—2

女性主体的祭奠:张爱玲女性主义批评 Ⅱ / 林幸谦著.—桂林:广西师范大学出版社,2003(张爱玲研究系列)

7—5633—4247—8

荒野中的女体 / 林幸谦著.—桂林:广西师范大学出版社,2003(张爱玲研究系列)

7—5633—4248—6

莫言研究资料 / 杨扬编.—天津:天津人民出版社,2005(中国当代作家研究资料丛书)

7—201—04996—8

花朵的勇气:中国当代文学文化的女性主义批评 / 荒林著.—北京:九州出版社,2004(中国女性主义学术论丛)

7—80195—171—9

文学空间的裂变与转型:大众传播与 20 世纪 90 年代中国大陆文学 / 陈霖著.—合肥:安徽大学出版社,2004(中国文学多维研究丛书)

7—81052—805—X

沈从文评传 / 王保生著.—重庆:重庆出版社,1995(中国现代作家评传)

7—5366—3120—0

现代性与中国当代文学转型 / 陈晓明主编;李洁非撰稿.—昆明:云南人民出版社,2003

7—222—03629—6

中国文情报告:2004—2005 / 白烨主编.—北京:社会科学文献出版社,2004

7—80190—602—0

中国现代文学主潮.上 / 许志英,邹恬主编.—福州:福建教育出版社,2001

7—5334—3136—7

文艺学当代形态论:"有中国特色马克思主义文艺学"研究 / 董学文主编.—北京:北京大学出版社,1998

7—301—03885—2

中国心像:20 世纪末作家文化心态考察 / 贺仲明著.—北京:中央编译出版社,2002

7—80109—565—0

悲悯情怀:白先勇评传 / 刘俊著.—广州:花城出版社,2000

7—5360—3147—5

神话的窥破:当代中国女性写作研究 / 陈惠芬著.—上海:上海社会科学院出版社,1996

7—80618—271—3

海上花开又花落:读解张爱玲 / 万燕著.—南昌:百花洲文艺出版社,1996

7—80579—739—0

大转型:后新时期文化研究 / 谢冕,张颐武著.—哈尔滨:黑龙江教育出版社,1995

7—5316—2830—9

表意的焦虑:历史祛魅与当代文学变革 / 陈晓明著.—北京:中央编译出版社,2002

7—80109—508—1

多彩的旋律：中国女性文学主题研究 ／ 乔以钢著.—天津：南开大学出版社,2003
7—310—01753—6

旷野的呼声：中国现代作家与基督教文化 ／ 杨剑龙著.—上海：上海教育出版社,1998
7—5320—6015—2

西方当代文学批评在中国 ／ 陈厚诚,王宁主编.—天津：百花文艺出版社,2000
7—5306—3034—2

后革命的转移 ／ 南帆著.—北京：北京大学出版社,2005
7—301—09081—1

经过与穿越：与当代著名作家对话 ／ 姜广平著.—桂林：广西师范大学出版社,2004
7—5633—4957—X

重建楚文学的神话系统 ／ 凌宇著.—长沙：湖南文艺出版社,1995
7—5404—1348—4

解构十七年 ／ 蓝爱国著.—上海：华东师范大学出版社,2003
7—5617—3402—6

网络文学论纲 ／ 欧阳友权等著.—北京：人民文学出版社,2003
7—02—004164—7

当代性与文学传统的重建 ／ 姚文放著.—北京：人民文学出版社,2004
7—02—004402—6

当代文学新潮 ／ 朱寨,张炯主编.—北京：人民文学出版社,1997
7—02—002468—8

新时期文学二十年 ／ 王铁仙等著.—上海：上海教育出版社,2001
7—5320—7276—2

说不尽的张爱玲 ／ 陈子强著.—上海：上海三联书店,2004
7—5426—1934—9

私语张爱玲 ／ 陈子善编.—杭州：浙江文艺出版社,1995
7—5339—0784—1

中国女性文学新探 ／ 盛英著.—北京：中国文联出版公司,1999
7—5059—3446—5

新时期文学的叙事转型与文学思潮 ／ 程文超主编.—广州：中山大学出版社,2005
7—306—02451—5

为了报仇写小说：残雪访谈录 ／ 残雪著.—长沙：湖南文艺出版社,2003
7—5404—3093—1

中国当代文艺论丛. 全十册 ／ 李瑛,黄会林主编.—北京：中国文联出版社,2002
7—5059—3980—7

当代文艺问题十讲 ／ 钱谷融著.—上海：复旦大学出版社,2004(名家专题精讲)
7—309—03905—X

莫言王尧对话录 ／ 莫言,王尧著.—苏州：苏州大学出版社,2003(新人文对话丛书)
7—81090—244—X

李锐王尧对话录 ／ 李锐,王尧著.—苏州：苏州大学出版社,2003(新人文对话录丛书)
7—81090—179—6

清代词学 ／ 孙克强著.—北京：中国社会科学出版社,2004(铁塔风铃丛书)
7—5004—4526—1

唐诗宋词研究 / 冷成金著. —北京：中国人民大学出版社,2005(21世纪通识教育系列教材)

7—300—06401—9

中国诗歌艺术研究 / 袁行霈著. —2版增订本. —北京：北京大学出版社,1996(北大名家名著文丛)

7—301—00372—2

中国当代诗学论 / 张孝评著. —西安：西北大学出版社,1995(文艺美学丛书)

7—5604—0874—5

在文本与历史之间：中国古代诗学意义生成模式探微 / 李春青著. —北京：北京大学出版社,2005(文艺学与文化研究丛书)

7—301—09406—X

诗经三颂与先秦礼乐文化 / 姚小鸥著. —北京：北京广播学院出版社,2000

7—81004—865—1

古文鉴赏辞典 / 陈振鹏,章培恒主编. —上海：上海辞书出版社,1997

7—5326—0416—0 / 7—5326—0467—5

政治兴变与唐诗演化 / 胡可先著. —北京：中国社会科学出版社,2003("中国传统文化与江南文化"研究丛书)

7—5004—3858—3

中国当代诗歌史 / 程光炜著. —北京：中国人民大学出版社,2003(21世纪通识教育系列教材)

7—300—04714—9

六朝辞赋史 / 王琳著. —哈尔滨：黑龙江教育出版社,1998(六朝文学丛书)

7—5316—3228—4

中国之美文及其历史 / 梁启超著. —北京：东方出版社,1996(民国学术经典文库)

7—5060—0709—6

乐府文学史 / 罗根泽著. —北京：东方出版社,1996(民国学术经典文库)

7—5060—0699—5

中国韵文史 / 龙榆生撰;钱鸿瑛导读. —上海：上海古籍出版社,2002(蓬莱阁丛书)

7—5325—3068—X

中国现代主义诗歌史论 / 罗振亚著. —北京：社会科学文献出版社,2002(太阳岛文论书系)

7—80149—825—9

中国现代主义诗潮史论 / 孙玉石著. —北京：北京大学出版社,1999(文学史研究丛书)

7—301—03959—X

宫体诗派研究 / 石观海著. —武汉：武汉大学出版社,2003(武汉大学人文社会科学文库)

7—307—03937—0

中国当代新诗史 / 洪子诚,刘登翰著. —修订版. —北京：北京大学出版社,2005(新诗研究丛书)

7—301—08356—4

"新诗集"与中国新诗的发生 / 姜涛著. —北京：北京大学出版社,2005(新诗研究丛书)

7—301—08515—X

清诗史 / 朱则杰著. —南京：江苏古籍出版社,2000(中国分体断代文学史)

7—80643—036—9

宋诗体派论 / 吕肖奂著. —成都：四川民族出版社,2002(中国古典文献学研究丛书)

7—5409—2654—6

中国古典诗歌接受史研究 / 陈文忠著. —合肥：安徽大学出版社,1998(中国文学多维研究丛书)

7—81052—099—7

清代文化与浙派诗 / 张仲谋著. —北京：东方

出版社,1997(中国文学史研究系列)

7—5060—0898—X

中国分体文学史. 诗歌卷 / 赵义山,李修生主编.—上海:上海古籍出版社,2001

7—5325—2960—61

中国新诗流变论:1917—1949 / 龙泉明著.—北京:人民文学出版社,1999

7—02—003018—1

中国诗学史话:诗学义理识鉴 / 张蓉著.—西安:西安交通大学出版社,2004

7—5605—1781—1

中国中古诗歌史:四百年民族心灵的展示 / 王钟陵著.—北京:人民出版社,2005

7—01—005036—8

灵境诗心:中国古代山水诗史 / 陶文鹏,韦凤娟主编.—南京:江苏古籍出版社,2004

7—80643—354—6

中国诗学思想史 / 萧华荣著.—上海:华东师范大学出版社,1996

7—5617—1374—6

中国骈文通史 / 于景祥著.—长春:吉林人民出版社,2002

7—206—03917—0

三曹与中国诗史 / 孙明君著.—北京:清华大学出版社,1999

7—302—03572—5

元诗史 / 杨镰著.—北京:人民文学出版社,2003

7—02—004237—6

清诗流派史 / 刘世南著.—北京:人民文学出版社,2004

7—02—004356—9

宫体诗研究 / 胡大雷著.—北京:商务印书馆,2004

7—100—04041—8

中国诗歌发生史 / 朱炳祥著.—武汉:武汉出版社,2000

7—5430—2034—3

清诗史 / 严迪昌著.—杭州:浙江古籍出版社,2002

7—80518—677—4

中国诗歌 / 钱念孙编著.—合肥:安徽教育出版社,2002(中华文化精要丛书)

7—5336—3112—9

门阀士族与永明文学 / 刘跃进著.—北京:三联书店,1996(三联哈佛燕京学术丛书)

7—108—00897—1

诗词格律 / 王力著.—北京:中华书局,2000(诗词常识名家谈四种)

7—101—02264—2

汉语诗律学 / 王力著.—增订本.—上海:上海教育出版社,2002(世纪文库)

7—5320—8325—X

元代诗法校考 / 张健编著.—北京:北京大学出版社,2001(文学论丛)

7—301—05056—9

诗法举隅 / 林东海著.—2版.—上海:上海文艺出版社,2004

7—5321—2622—6

全唐五代诗格汇考 / 张伯伟撰.—南京:江苏古籍出版社,2002

7—80643—578—6

季节轮换 / 李振声著.—上海:学林出版社,1996("火凤凰"新批评文丛)

7—80616—191—0

古代女诗人研究 / 张宏生,张雁编.—武汉:湖北教育出版社,2002(20世纪中国学术文存)

7—5351—3285—5

禅与唐宋诗学 / 张晶著.—北京:人民文学出版社,2003(博雅文丛)

7—02—004081—0

楚辞文化背景研究 / 赵辉著.—武汉:湖北教育出版社,1995(楚学文库)

7—5351—1000—2

诗论 / 朱光潜著.—北京:北京出版社,2005(大家小书)

7—200—06033—X

双飞翼 / 王蒙著.—北京:三联书店,1996(读书文丛)

7—108—00893—9

诗言志辨 / 朱自清著.—上海:华东师范大学出版社,1996(二十世纪国学丛书)

7—5617—1564—1

诗经名物新证 / 扬之水著.—北京:北京古籍出版社,2000(古典论著丛书)

7—5300—0206—6

宋元诗社研究丛稿 / 欧阳光著.—广州:广东高等教育出版社,1996(广东中华文化王季思学术基金丛书)

7—5361—1960—7

诗三百解题 / 陈子展撰述.—上海:复旦大学出版社,2001(火凤凰学术遗产丛书)

7—309—02376—5

六朝诗歌语词研究 / 王云路著.—哈尔滨:黑龙江教育出版社,1999(六朝文学丛书)

7—5316—3393—0

唐诗杂论 / 闻一多撰;傅璇琮导读.—上海:上海古籍出版社,1998(蓬莱阁丛书)

7—5325—2495—7

宋诗选注 / 钱钟书著.—北京:三联书店,2002(钱钟书集)

7—108—01676—1

诗经的文化精神 / 李山著.—北京:东方出版社,1997(日昃文库)

7—5060—0862—9

楚辞与原始宗教 / 过常宝著.—北京:东方出版社,1997(日昃文库)

7—5060—0822—X

初盛唐诗歌的文化阐释 / 杜晓勤著.—北京:东方出版社,1997(日昃文库)

7—5060—0908—0

屈骚探幽 / 赵逵夫著.—修订本.—成都:巴蜀书社,2004(诗赋研究丛书)

7—80659—566—X

清代诗学 / 李世英,陈水云著.—长沙:湖南人民出版社,2000(诗学丛书)

7—5438—2402—7

李商隐诗歌研究 / 刘学锴著.—合肥:安徽大学出版社,1998(唐诗研究系列)

7—81052—109—8

楚辞校补 / 闻一多著.—成都:巴蜀书社,2002(闻一多学术文钞)

7—80659—405—1

古诗十九首与乐府诗选评 / 曹旭撰.—上海:上海古籍出版社,2002(新世纪古典文学经典读本)

7—5325—3320—4

宋代诗学通论 / 周裕锴著.—成都:巴蜀书社,1997(中国传统文化研究丛书)

7—80523—757—3

魏晋南北朝赋史 / 程章灿著.—修订本.—南

京:江苏古籍出版社,2001(中国分体断代文学史)

7—80643—115—2

歌者的悲欢:唐代诗人的心路历程 / 傅道彬,陈永宏著.—保定:河北大学出版社,2001(中国古代文人心灵史丛书)

7—81028—771—0

诗式校注 / 皎然著;李壮鹰校注.—北京:人民文学出版社,2003(中国古典文学理论批评专著选辑)

7—02—004252—X

大历诗人研究 / 蒋寅著.—北京:中华书局,1995(中国社会科学院青年学者文库)

7—101—01341—4

中国诗学的思路与实践 / 蒋寅著.—桂林:广西师范大学出版社,2001(中国诗学丛书)

7—5633—3315—0

诗论 / 艾青著.—2版.—北京:人民文学出版社,1995

7—02—002178—6

陈衍诗论合集 / 陈衍著;钱仲联编校.—福州:福建人民出版社,1999

7—211—02926—9

宋人诗话外编 / 程毅中主编;王秀梅等编录.—北京:国际文化出版公司,1996

7—80105—252—8

随园诗话 / 袁枚著;王英志校点.—南京:江苏古籍出版社,2000

7—80643—127—6

吴宓诗话 / 吴宓著;吴学昭整理.—北京:商务印书馆,2005

7—100—03877—4

唐学与唐诗:中晚唐诗风的一种文化考察 / 查屏球著.—北京:商务印书馆,2000

7—100—03037—4

卞之琳诗艺研究 / 江弱水著.—合肥:安徽教育出版社,2000

7—5336—2698—2

韩诗外传笺疏 / 屈守元笺疏.—成都:巴蜀书社,1996

7—80523—686—0

中国历代诗学论著选 / 陈良运主编.—南昌:百花洲文艺出版社,1995

7—80579—499—5

六朝骈文形式及其文化意蕴 / 钟涛著.—北京:东方出版社,1997

7—5060—0816—5

佛教与晚唐诗 / 胡遂著.—北京:东方出版社,2005

7—5060—2084—X

中国山水文化 / 李文初等著.—广州:广东人民出版社,1996

7—218—02185—9

文选诗研究 / 胡大雷著.—桂林:广西师范大学出版社,2000

7—5633—3010—0

现代汉诗的百年演变 / 王光明著.—石家庄:河北人民出版社,2003

7—202—03248—1

稀见本宋人诗话四种 / 张伯伟编校.—南京:江苏古籍出版社,2002

7—80643—686—3

中国辞赋发展史 / 郭维森,许结著.—南京:江苏教育出版社,1996

7—5343—2754—7

诗经引论 / 滕志贤著.—南京:江苏教育出版

社,1996

    7—5343—2894—2

全明诗话. 全 6 册 / 周维德辑校.—济南：齐
鲁书社,2005

    7—5333—1480—8

汉魏六朝诗歌语言论稿 / 王云路著.—西安：
陕西人民教育出版社,1997

    7—5419—6657—6

朱自清说诗 / 朱自清著.—西安：陕西师范大
学出版社,2005

    7—5613—3243—2

乐府诗述论 / 王运熙著.—上海：上海古籍出
版社,1996

    7—5325—1864—7

赋学概论 / 曹明纲著.—上海：上海古籍出版
社,1998

    7—5325—2467—1

民国诗话丛编 / 张寅彭主编 / 校点.—上海：
上海书店出版社,2002

    7—80622—860—8

古代诗歌修辞 / 周生亚著.—北京：语文出版
社,1995

    7—80006—886—2

楚辞通故 / 姜亮夫著.—昆明：云南人民出版
社,1999

    7—222—02909—5

唐诗汇评 / 陈伯海主编.—杭州：浙江教育出
版社,1995

    7—5338—1696—X

江湖诗派研究 / 张宏生著.—北京：中国书
局,1995

    7—101—01149—7

玉台新咏研究 / 刘跃进著.—北京：中华书
局,2000

    7—101—02211—1

清诗话考 / 蒋寅撰.—北京：中华书局,2005

    7—101—04266—X

古典诗学的现代诠释 / 蒋寅著.—北京：中华
书局,2003

    7—101—03436—5

中国意象诗探索 / 吴晟著.—广州：中山大学
出版社,2000

    7—306—01656—3

儒家元典与中国诗学 / 李凯著.—北京：中国
社会科学出版社,2002(中国社会科学博士论文文
库)

    7—5004—3469—3

历代诗经论说述评 / 冯浩菲著.—北京：中华
书局,2003(文化寻根丛书)

    7—101—03909—X

诗经研究 / 闻一多著.—成都：巴蜀书社,
2002(闻一多学术文钞)

    7—80659—407—8

古代中国的节庆与歌谣 / (法)葛兰言著；赵
丙祥,张宏明译.—桂林：广西师范大学出版社,
2005(现代人类学经典译丛)

    7—5633—5479—4

泽螺居诗经新证 / 于省吾著.—北京：中华书
局,2003(中华学术精品)

    7—101—03599—X

从经学到文学：明代《诗经》学史论 / 刘毓庆
著.—北京：商务印书馆,2001

    7—100—03281—4

诗经研究史 / 戴维著.—长沙：湖南教育出版
社,2001

7—5355—3530—5

两汉经学今古文平议 / 钱穆著.—北京：商务印书馆,2001

7—100—03242—3

上海博物馆藏战国楚竹书《诗论》解义 / 黄怀信著.—北京：社会科学文献出版社,2004

7—80190—195—9

楚辞要论 / 褚斌杰著.—北京：北京大学出版社,2003(文学论丛)

7—301—05659—1

历代辞赋研究史料概述 / 马积高著.—北京：中华书局,2001(中国古典文学史料研究丛书)

7—101—02383—5

楚辞集注 / (宋)朱熹撰；蒋立甫校点.—上海：上海古籍出版社；合肥：安徽教育出版社,2001

7—5325—2844—8

中国赋学历史与批评 / 许结著.—南京：江苏教育出版社,2001

7—5343—4183—3

杜甫研究论集 / 刘明华著.—重庆：重庆出版社,2004(中国古代文学研究丛书)

7—5366—5692—0

萧涤非说乐府 / 萧涤非撰.—上海：上海古籍出版社,2002(名家说——"上古"学术萃编)

7—5325—3124—4

禅与诗 / 李壮鹰著.—北京：北京师范大学出版社,2001(文化与诗学丛书)

7—303—05778—1

敦煌诗歌导论 / 项楚著.—成都：巴蜀书社,2001(中国古典文献学研究丛书)

7—80659—221—0

古诗赏析 / (清)张玉穀著；许逸民点校.—上

海：上海古籍出版社,2000

7—5325—2812—X

中国古代诗学原理 / 吴建民著.—北京：人民文学出版社,2001

7—02—003781—X

中古诗人抒情方式的演进 / 胡大雷著.—北京：中华书局,2003

7—101—03814—X

韩国诗话中论中国诗资料选粹 / 邝健行,陈永明,吴淑钿选编.—北京：中华书局,2002

7—101—02889—6

孔子诗论述学 / 刘信芳著.—合肥：安徽大学出版社,2003(安徽大学汉语言文字研究丛刊)

7—81052—613—8

唐诗宋词十五讲 / 葛晓音著.—北京：北京大学出版社,2003(大学素质教育通识课系列教材)

7—301—06042—4

唐诗的美学阐释 / 李浩著.—合肥：安徽大学出版社,2000(唐诗研究系列)

7—81052—337—6

初盛唐佛教禅学与诗歌研究 / 张海沙著.—北京：中国社会科学出版社,2001(万叶文丛)

7—5004—2882—0

唐诗审美十论 / 刘洁著.—北京：民族出版社,2002(西北民族学院语言文学学科建设文库)

7—105—04983—9

唐诗宋词 / 程郁缀著.—北京：北京大学出版社,2002(中国古代文学专题研究)

7—301—05921—3

李白批评论 / 康怀远著.—成都：巴蜀书社,2004(重庆三峡学院科研文库)

7—80659—626—7

历代唐诗论评选／陈伯海主编；查清华等编撰.—保定：河北大学出版社，2003

7—81028—832—6

李杜诗学／杨义著.—北京：北京出版社，2001

7—200—04231—5

唐代集会总集与诗人群研究／贾晋华著.—北京：北京大学出版社，2001

7—301—05221—9

唐诗演进论／罗时进著.—南京：江苏古籍出版社，2001

7—80643—577—8

唐宋诗美学与艺术论／陶文鹏著.—天津：南开大学出版社，2003

7—310—01827—3

唐诗宋词的艺术／谭德晶著.—上海：学林出版社，2001

7—80668—127—2

初唐宫廷诗风流变考论／聂永华著.—北京：中国社会科学出版社，2002

7—5004—3564—9

王维孟浩然诗选评／刘宁撰.—上海：上海古籍出版社，2002（新世纪古典文学经典读本）

7—5325—3322—0

宋学与宋代文学观念／李春青著.—北京：北京师范大学出版社，2001（文化与诗学丛书）

7—303—05776—5

黄庭坚诗学体系研究／钱志熙著.—北京：北京大学出版社，2003（文学论丛）

7—301—06218—4

苏轼诗词艺术论／陶文鹏著.—上海：上海古籍出版社，2001

7—5325—2893—6

清代诗学研究／张健著.—北京：北京大学出版社，1999（文学论丛）

7—301—04251—5

王渔洋与康熙诗坛／蒋寅著.—北京：中国社会科学出版社，2001

7—5004—3110—4

汪辟疆说近代诗／汪辟疆撰.—上海：上海古籍出版社，2001（名家说——"上古"学术萃编）

7—5325—2981—9

唐五代词史论稿／刘尊明著.—北京：文化艺术出版社，2000（20世纪艺术文库）

7—5039—1494—7

唐五代词纪事会评／史双元编著.—合肥：黄山书社，1995（历代词纪事会评丛书）

7—80630—000—7

李清照词新释辑评／（宋）李清照著；陈祖美编著.—北京：中国书店，2003（历代名家词新释辑评丛书）

7—80663—150—X

南唐二主词新释辑评／杨敏如编著.—北京：中国书店，2003（历代名家词新释辑评丛书）

7—80663—153—4

纳兰性德词新释辑评／（清）纳兰性德著；张秉戍编著.—北京：中国书店，2001（历代名家词新释辑评丛书）

7—80663—004—X

词曲史／王易著.—北京：东方出版社，1996（民国学术经典文库）

7—5060—0697—9

叶嘉莹说词／（加）叶嘉莹撰.—上海：上海古籍出版社，1999（名家说："上古"学术萃编）

7—5325—2665—8

缪钺说词／缪钺撰.—上海：上海古籍出版

社,1999(名家说:"上古"学术萃编)

　　7—5325—2680—1

　　金元词论稿 / 赵维江著.—北京:中国社会科学出版社,2000(万叶文丛)

　　7—5004—2688—7

　　词与文类研究 /(美)孙康宜著;李奭学译.—北京:北京大学出版社,2004(文学史研究丛书)

　　7—301—07634—7

　　金元词通论 / 陶然著.—上海:上海古籍出版社,2001(浙江大学人文学术丛书)

　　7—5325—2911—8

　　宋词与民俗 / 黄杰著.—北京:商务印书馆,2005(浙江大学中国传统文化与江南地域文化丛书)

　　7—100—04508—8

　　唐宋词史论 / 王兆鹏著.—北京:人民文学出版社,2000(中国古典文学研究丛书)

　　7—02—003084—X

　　宋代词学审美理想 / 张惠民著.—北京:人民文学出版社,1995(中国古典文学研究丛书)

　　7—02—002008—9

　　唐宋词流变 / 木斋著.—北京:京华出版社,1997(中华传统文化精品丛书)

　　7—80600—239—1

　　唐宋词史 / 杨海明著.—天津:天津古籍出版社,1998(著名学者与中国传统文化丛书)

　　7—80504—669—7

　　唐宋词美学 / 邓乔彬著.—2版.—济南:齐鲁书社,2004

　　7—5333—0376—8

　　柳永和他的词 / 曾大兴著.—2版.—广州:中山大学出版社,2001

　　7—306—01803—5

　　人间词话汇编汇校汇评 / 王国维著;周锡山编校.—太原:北岳文艺出版社,2004

　　7—5378—2631—5

　　唐宋词汇评.两宋卷 / 吴熊和主编.—杭州:浙江教育出版社,2004

　　7—5338—5175—7

　　读词偶得,清真词释 / 俞平伯著.—北京:人民文学出版社,2000

　　7—02—003165—X

　　明清之际江南词学思想研究 / 李康化著.—成都:巴蜀书社,2001

　　7—80659—315—2

　　徽宗词坛研究 / 诸葛忆兵著.—北京:北京出版社,2001

　　7—200—04305—2

　　历代词话续编 / 张璋编纂.—郑州:大象出版社,2005

　　7—5347—3733—8

　　历代词话.两册 / 张璋纂.—郑州:大象出版社,2002

　　7—5347—1984—4

　　唐宋人词话 / 孙克强编著.—郑州:河南文艺出版社,1999

　　7—80623—153—6

　　北宋词史 / 陶尔夫,诸葛忆兵著.—哈尔滨:黑龙江教育出版社,2002

　　7—5316—3953—X

　　人间词话人间词注评 / 陈鸿祥编著.—南京:江苏古籍出版社,2002

　　7—80643—127—6

　　女性词史 / 邓红梅著.—济南:山东教育出版社,2000

　　7—5328—3088—8

宋代咏物词史论／路成文著.—北京：商务印书馆,2005

　　7—100—04537—1

龙榆生词学论文集／龙榆生著.—上海：上海古籍出版社,1997

　　7—5325—2187—7

中英比较诗艺／朱徽编著.—成都：四川大学出版社,1996

　　7—5614—1316—5

苏词汇评／曾枣庄主编.—成都：四川文艺出版社,2000

　　7—5411—1773—0

花间词艺术／艾治平著.—上海：学林出版社,2001

　　7—80668—074—8

隋唐五代燕乐杂言歌辞研究／王昆吾著.—北京：中华书局,1996

　　7—101—01467—4

中国词学大辞典／马兴荣等主编.—杭州：浙江教育出版社,1996

　　7—5338—1829—6

中国散曲史／梁扬,杨东甫著.—南宁：广西人民出版社,1995

　　7—219—02950—0

中西诗学的会通：20世纪中国现代主义诗学研究／陈旭光著.—北京：北京大学出版社,2002（青年学者文库）

　　7—301—05125—5

象征主义与中国现代诗学／陈太胜著.—北京：北京大学出版社,2005（文艺学与文化研究丛书）

　　7—301—09819—7

对话与重建：中国现代诗学札记／吕进著.—

重庆：西南师范大学出版社,2002（西南师范大学中国现当代文学研究文丛）

　　7—5621—2746—8

论新诗及其他／废名著;陈子善编订.—沈阳：辽宁教育出版社,1998（新世纪万有文库）

　　7—5382—5056—5

中国当代诗歌艺术演变史／李新宇著.—杭州：浙江大学出版社,2000（中国当代分体文学史丛书）

　　7—308—02301—X

九叶诗人："中国新诗"的中兴／唐湜著.—上海：上海教育出版社,2003（中国现代知识群体研究丛书）

　　7—5320—8367—5

中国诗歌：九十年代备忘录／王家新,孙文波编.—北京：人民文学出版社,2000

　　7—02—003053—X

打开诗的漂流瓶：现代诗研究论集／陈超著.—石家庄：河北教育出版社,2003

　　7—5434—5182—4

中国现代主义诗潮论／王泽龙著.—武汉：华中师范大学出版社,1995

　　7—5622—1533—2

吕进诗论选／吕进著.—重庆：西南师范大学出版社,1995

　　7—5621—1288—6

中国现代新诗理论批评史／潘颂德著.—上海：学林出版社,2002

　　7—80668—306—2

诗词常识名家谈四种／王力,启功等著.—北京：中华书局,2000

拒绝隐喻：棕皮手记、评论、访谈／于坚著.—

昆明：云南人民出版社,2004(于坚集)

7—222—03926—0

迦陵文集 / (加)叶嘉莹著.—石家庄：河北教育出版社,1997

7—5434—2950—0

唐诗宋词鉴赏辞典 / 傅德岷主编.—武汉：崇文书局,2005(中华诗文鉴赏典丛)

7—5403—0911—3

戏剧与时代 / 董健著.—北京：人民文学出版社,2004(鸡鸣丛书)

7—02—004361—5

民族戏剧学 / 李强,柯琳著.—北京：民族出版社,2003(中央民族大学中国少数民族研究中心丛书)

7—105—05836—6

中国古代历史剧研究 / 孙书磊著.—南京：南京师范大学出版社,2004(南京师范大学青年学者文丛)

7—81047—946—6

中国戏剧学史稿 / 叶长海著.—北京：中国戏剧出版社,2005

7—104—01831—X

曹禺剧评 / 张慧珠著.—北京：北京十月文艺出版社,1995

7—5302—0320—7

中国分体文学史.戏曲卷 / 赵义山,李修生主编.—上海：上海古籍出版社,2001

7—5325—2961—4

元曲与人生 / 王星琦著.—上海：上海古籍出版社,2004(传统文化与人生丛书)

7—5325—3600—9

《琵琶记》研究 / 黄仕忠著.—广州：广东高等教育出版社,1996(广东中华文化王季思学术基金丛书)

7—5361—1966—6

《聊斋俚曲》语法研究 / 冯春田著.—开封：河南大学出版社,2003(汉语史专书语法研究丛书)

7—81091—059—0

《元明戏曲》导读 / 李简编著.—北京：北京大学出版社,2003(教育部人才培养模式改革和开放教育试点教材)

7—301—06420—9

聊斋俚曲 / 陈玉琛编著.—济南：山东文艺出版社,2004(齐地音乐丛书)

7—5329—2340—1

中国民间目连文化 / 刘祯著.—成都：巴蜀书社,1997(中国传统文化研究丛书)

7—80523—855—3

元杂剧史 / 李修生著.—南京：江苏古籍出版社,1996(中国分体断代文学史)

7—80519—795—4

元明戏曲 / 李简著.—北京：北京大学出版社,2003(中国古代文学专题研究)

7—301—06170—6

命定与抗争：中国古典悲剧及悲剧精神 / 王宏维著.—北京：三联书店,1996(中华文库)

7—108—00910—2

姹紫嫣红牡丹亭：四百年青春之梦 / 白先勇策划.—桂林：广西师范大学出版社,2004

7—5633—4562—0

元杂剧论 / 奚海著.—石家庄：河北教育出版社,2001

7—5434—4218—3

明清传奇综录 / 郭英德编著.—石家庄：河北教育出版社,1997

7—5434—2918—7

中国古代戏剧统论 / 徐振贵著. —济南：山东教育出版社,1997
7—5328—2468—3

中国近代传奇杂剧经眼录 / 梁淑安,姚柯夫著. —北京：书目文献出版社,1996
7—5013—1286—9

明杂剧史 / 徐子方著. —北京：中华书局,2003
7—101—03882—4

小说香港 / 赵稀方著. —北京：三联书店,2003(三联哈佛燕京学术丛书)
7—108—01838—1

中国现代小说的起点：清末民初小说研究 / 陈平原著. —北京：北京大学出版社,2005(文学史研究丛书)
7—301—09540—6

中国小说研究史 / 黄霖等著. —杭州：浙江古籍出版社,2002(中国小说史丛书)
7—80518—383—X

宋元小说史 / 萧相恺著. —杭州：浙江古籍出版社,1997(中国小说史丛书)
7—80518—372—4

二十世纪中国小说理论资料.第二卷(1917—1927) / 严家炎编. —北京：北京大学出版社,1997
7—301—03044—4

二十世纪中国小说理论资料.第三卷(1928—1937) / 吴福辉编. —北京：北京大学出版社,1997
7—301—03045—2

二十世纪中国小说理论资料.第五卷(1949—1976) / 洪子诚编. —北京：北京大学出版社,1997
7—301—03085—1

林译小说研究：兼论林纾的小说与传奇创作 / 韩洪举著. —北京：中国社会科学出版社,2005
7—5004—5164—4

翻译与创作：中国近代翻译小说论 / 王宏志编. —北京：北京大学出版社,2000(翻译研究论丛)
7—301—04024—5

中国当代小说艺术演变史 / 金汉著. —杭州：浙江大学出版社,2000(中国当代分体文学史丛书)
7—308—02300—1

明清传奇史 / 郭英德著. —南京：江苏古籍出版社,1999(中国分体断代文学史)
7—80643—236—1

话本小说的历史与叙事 / 王昕著. —北京：中华书局,2002(中国人民大学古典文学研究丛书)
7—101—03427—6

中国小说艺术史 / 孟昭连,宁宗一著. —杭州：浙江古籍出版社,2003(中国小说史丛书)
7—80518—379—1

晚清小说史 / 欧阳健著. —杭州：浙江古籍出版社,1997(中国小说史丛书)
7—80518—367—8

隋唐五代小说史 / 侯忠义著. —杭州：浙江古籍出版社,1997(中国小说史丛书)
7—80518—369—4

清代小说史 / 张俊著. —杭州：浙江古籍出版社,1997(中国小说史丛书)
7—80518—370—8

明代小说史 / 齐裕焜主编. —杭州：浙江古籍出版社,1997(中国小说史丛书)
7—80518—371—6

历史小说史 / 欧阳健著. —杭州：浙江古籍出版社,2003(中国小说史丛书)
7—80518—783—5

汉魏六朝小说史 / 王枝忠著.—杭州：浙江古籍出版社,1997(中国小说史丛书)

7—80518—368—6

中国古典小说史论 / （美）夏志清著；胡益民，石晓林,单坤琴译.—南昌：江西人民出版社,2001

7—210—02302—X

流行百年：中国流行小说经典 / 汤哲声著.—北京：文化艺术出版社,2004

7—5039—2422—5

中国现代小说理论史 / 谢昭新著.—合肥：安徽大学出版社,2003

7—81052—677—4

中国乡土小说史 / 陈继会等著.—合肥：安徽教育出版社,1999

7—5336—2377—0

中国近代小说编年 / 陈大康著.—上海：华东师范大学出版社,2002

7—5617—3033—0

古代白话小说形态发展史论 / 鲁德才著.—天津：南开大学出版社,2002

7—310—01825—7

唐代小说史 / 程毅中著.—北京：人民文学出版社,2003

7—02—003997—9

中国近代小说演变史 / 武润婷著.—济南：山东人民出版社,2000

7—209—02672—X

中国古典小说史论 / 杨义著.—北京：中国社会科学出版社,1995

7—5004—1756—X

中国近代小说的兴起 / （美）韩南著；徐侠译.—上海：上海教育出版社,2004

7—5320—9470—7

陈平原小说史论集 / 陈平原著.—石家庄：河北人民出版社,1997

7—202—02054—8

历代笔记概述 / 刘叶秋著.—北京：北京出版社,2003(大家小书)

7—200—04729—5

中国古典小说论集 / 聂绀弩著.—上海：复旦大学出版社,2005(大师谈文学)

7—309—04439—8

宋元话本 / 程毅中著.—新1版.—北京：中华书局,2003(国学入门丛书)

7—101—03620—1

清初才子佳人小说叙事模式研究 / 邱江宁著.—上海：上海三联书店,2005(三联书店上海分店)

7—5426—2157—2

中国古代小说的原型与母题 / 吴光正著.—北京：社会科学文献出版社,2002(文学人类学论丛)

7—80149—777—5

被压抑的现代性：晚清小说新论 / （美）王德威著；宋伟杰译.—北京：北京大学出版社,2005(文学史研究丛书)

7—301—08492—7

女性主义观照下的他者世界 / 李新灿著.—北京：中国社会科学出版社,2001(文艺学多棱镜丛书)

7—5004—3214—3

传统小说与中国文化 / 张振军著.—桂林：广西师范大学出版社,1996(国学丛书)

7—5633—2020—2

中国历史小说的艺术流变 / 纪德君著.—北京：中国社会科学出版社,2002(中国古代文学研究丛书)

7—5004—3347—6

明清小说 / 周先慎著.—北京：北京大学出版社,2003（中国古代文学专题研究）

7—301—06171—4

唐代小说观念与小说兴起研究 / 韩云波著.—成都：四川民族出版社,2002（中国古典文献学研究丛书）

7—5409—2578—7

唐五代小说的文化阐释 / 程国赋著.—北京：人民文学出版社,2002（中国古典文学研究丛书）

7—02—003515—9

英国哥特小说与中国六朝志怪小说比较研究 / 李伟昉著.—北京：中国社会科学出版社,2004（中国社会科学博士论文文库）

7—5004—4846—5

马瑞芳讲聊斋 / 马瑞芳著.—图文本.—北京：中华书局,2005

7—101—04610—X

吝啬鬼·泼妇·一夫多妻者：十八世纪中国小说中的性与男女关系 / （美）马克梦著；王维东,杨彩霞译.—北京：人民文学出版社,2001

7—02—003361—X

世说新语语言研究 / 张振德等著.—成都：巴蜀书社,1995

7—80523—650—X

明清之际小说评点学之研究 / 林岗编著.—北京：北京大学出版社,1999

7—301—04373—2

中国古代小说与宗教 / 孙逊著.—上海：复旦大学出版社,2000

7—309—02483—4

中国古典小说叙事研究 / 郑铁生著.—兰州：甘肃人民出版社,2003

7—226—02886—7

唐代小说嬗变研究 / 程国赋著.—广州：广东人民出版社,1997

7—218—02189—1

传统文化与古典小说 / 杜贵晨著.—保定：河北大学出版社,2001

7—81028—760—5

中国古代小说叙事研究 / 王平著.—石家庄：河北人民出版社,2001

7—202—02993—6

中国小说评点研究 / 谭帆著.—上海：华东师范大学出版社,2001

7—5617—2480—2

明末清初小说戏曲中的女性形象研究 / 吴秀华著.—南京：江苏古籍出版社,2002

7—80643—761—4

唐传奇新探 / 卜孝萱著.—南京：江苏教育出版社,2001

7—5343—4333—X

宋代志怪传奇叙录 / 李剑国著.—天津：南开大学出版社,1997

7—310—00972—X

明代言情小说创作模式研究 / 曹萌著.—济南：齐鲁书社,1995

7—5333—0493—4

中国历代小说序跋集 / 丁锡根编著.—北京：人民文学出版社,1996

7—02—002328—2

唐传奇笺证 / 周绍良著.—北京：人民文学出版社,2000

7—02—002815—2

中国古代小说文化研究 / 王平著.—济南：山东教育出版社,1996

7—5328—2294—X

聊斋志异艺术研究／张稔穰著.—济南：山东
教育出版社,1995
　　7—5328—2227—3

明清小说思潮／董国炎著.—太原：山西人民
出版社,2004
　　7—203—04997—3

明清小说补论／刘敬圻著.—北京：生活·读
书·新知三联书店,2004
　　7—108—02173—0

四大奇书的文本文化学阐释／冯文楼著.—北
京：中国社会科学出版社,2003
　　7—5004—3886—9

红楼梦人物论／王昆仑著.—北京：北京出版
社,2004（大家小书）
　　7—200—05077—6

刘心武点评红楼梦／刘心武著.—北京：团结
出版社,2005（红楼大家丛书）
　　7—80214—120—6

红楼梦资料汇编／朱一弘编.—天津：南开大
学出版社,2001（中国古典小说名著资料丛刊）
　　7—310—01376—X

论红楼梦思想／冯其庸著.—哈尔滨：黑龙江
教育出版社,2005（中国文库）
　　7—5316—4346—4

红楼梦新证／周汝昌著.—北京：华艺出版
社,1998（周汝昌红学精品集）
　　7—80142—061—6

红楼梦诗词解析／刘耕路著.—2版.—长春：
吉林文史出版社,2005
　　7—80528—025—8

红楼梦鉴赏珍藏本／（清）曹雪芹,高鹗原著；
钟礼平,陈龙安主编.—宁波：宁波出版社,2001
　　7—80602—401—8

红楼艺术／周汝昌著；周伦苓协助整理.—北
京：人民文学出版社,1995
　　7—02—002139—5

红楼夺目红／周汝昌著；周伦玲整理.—北京：
作家出版社,2003
　　7—5063—2708—2

刘心武揭秘红楼.第二部／刘心武著.—北京：
东方出版社,2005
　　7—5060—2383—0

红楼译评：《红楼梦》翻译研究论文集／刘士
聪主编.—天津：南开大学出版社,2004
　　7—310—02058—8

历史文化的全息图像：论《红楼梦》／李劼
著.—北京：知识出版社,1995
　　7—5015—5638—5

红楼梦哲学精神：石头的生命循环与悲剧指
归／梅新林著.—上海：学林出版社,1995
　　7—80616—128—7

红楼撷英／邸瑞平著.—上海：华东师范大学
出版社,1997
　　7—5617—1738—5

红学通史／陈维昭著.—上海：上海人民出版
社,2005
　　7—208—05788—5

红楼十二层／周汝昌著.—太原：书海出版
社,2005
　　7—80550—605—1

红楼梦评论／王国维等著.—长沙：岳麓书
社,1999
　　7—80520—966—9

周思源看红楼：图文本／周思源著.—北京：
中华书局,2005
　　7—101—04695—9

红楼梦诗词曲赋鉴赏／蔡义江著.—北京：中华书局,2001

　　7—101—02858—6

红楼梦引论／曾扬华著.—广州：中山大学出版社,2001

　　7—306—01824—8

红楼梦与百年中国／刘梦溪著.—北京：中央编译出版社,2005

　　7—80211—131—5

红楼梦的两个世界／（美）余英时著.—上海：上海社会科学院出版社,2002

　　7—80618—958—0

水浒传资料汇编／朱一玄,刘毓忱编.—天津：南开大学出版社,2002（中国古典小说名著资料丛刊）

　　7—310—01372—7

三国演义资料汇编／朱一玄,刘毓忱编.—天津：南开大学出版社,2003（中国古典小说名著资料丛刊）

　　7—310—01373—5

三国演义叙事艺术／郑铁生著.—北京：新华出版社,2000

　　7—5011—4930—5

唐人小说与政治／卞孝萱著.—厦门：鹭江出版社,2003（"名师讲义"丛书）

　　7—80671—097—3

秋水堂论金瓶梅／田晓菲著.—天津：天津人民出版社,2003（哈佛学者视角）

　　7—201—04057—X

西游记资料汇编／朱一玄,刘毓忱编.—天津：南开大学出版社,2002（中国古典小说名著资料丛刊）

　　7—310—01378—6

西游记考论／张锦池著.—2版.—哈尔滨：黑龙江教育出版社,2003

　　7—5316—3221—7

金瓶梅词典／白维国编.—北京：中国线装书局,2005

　　7—80106—437—2

灵魂之旅：九十年代文学的生存境界／邓晓芒著.—武汉：湖北人民出版社,1998（大众审美情趣丛书）

　　7—216—02303—X

主体的生成：50年成长小说研究／樊国宾著.—北京：中国戏剧出版社,2003（当代翰林苑）

　　7—104—01794—1

世变缘常：四十年代小说论／范智红著.—北京：人民文学出版社,2002（猫头鹰学术文丛）

　　7—02—003483—7

现代中国小说十讲／王德威著.—上海：复旦大学出版社,2003（名家专题精讲）

　　7—309—03773—1

无边的挑战：中国先锋文学的后现代性／陈晓明著.—修订增补版.—桂林：广西师范大学出版社,2004（南方批评书系）

　　7—5633—4274—5

中国大陆与台湾乡土小说比较史论／丁帆等编著.—南京：南京大学出版社,2001（南京大学博士文丛）

　　7—305—03717—6

为了忘却的集体记忆：解读50篇文革小说／许子东著.—北京：生活·读书·新知三联书店,2000（三联哈佛燕京学术丛书）

　　7—108—01359—2

现代乡土小说三家论／范家进著.—上海：上海三联书店,2002（三联文博论丛）

　　7—5426—1697—8

新时期文学转型中的小说创作潮流 / 王又平著.—武汉：华中师范大学出版社,2001（文学理论批评建设丛书）

7—5622—2463—3

中国小说叙事模式的转变 / 陈平原著.—北京：北京大学出版社,2003（文学史研究丛书）

7—301—06317—2

跨文化的中国叙事：以赛珍珠、林语堂、汤亭亭为中心的讨论 / 高鸿著.—上海：上海三联书店,2005（学术新视野）

7—5426—2128—9

旧梦新知："十七年"小说论稿 / 董之林著.—桂林：广西师范大学出版社,2004

7—5633—5069—1

准个体时代的写作：20世纪90年代中国小说研究 / 黄发有著.—上海：上海三联书店,2002

7—5426—1725—7

思潮与文体：20世纪末小说观察 / 雷达著.—北京：人民文学出版社,2002

7—02—003825—5

二十世纪中国小说文化精神 / 陈继会著.—北京：东方出版社,2002

7—5060—1609—5

中国新时期小说主潮 / 许志英,丁帆主编.—北京：人民文学出版社,2002

7—02—003738—0

中国现代小说雅俗流变与整合 / 徐德明著.—北京：社会科学文献出版社,2000

7—80149—338—9

新时期小说的流变与中国传统文化 / 张卫中著.—上海：学林出版社,2000

7—80668—023—3

中国现代都市小说研究 / 李俊国著.—北京：

中国社会科学出版社,2004

7—5004—4100—2

长篇小说与文化母题 / 谭桂林著.—长沙：湖南师范大学出版社,2002（中国现当代文学与文化研究丛书）

7—81081—194—0

边缘叙事：20世纪中国女性小说个案批评 / 徐岱著.—上海：学林出版社,2002

7—80668—284—8

金庸小说与中国文化 / 陈墨著.—南昌：百花洲文艺出版社,1999

7—80579—633—5

金庸小说论稿 / 严家炎著.—北京：北京大学出版社,1999

7—301—04006—7

中国历代小说论著选 / 黄霖,韩同文选注.—3版.—南昌：江西人民出版社,2000

7—210—02329—1

中国当代传记文学概观 / 全展著.—哈尔滨：黑龙江人民出版社,2004

7—207—06339—3

中国报告文学发展史 / 章罗生著.—长沙：湖南人民出版社,2002

7—5438—2364—0

中国传记文学发展史 / 陈兰村主编.—北京：语文出版社,1999

7—80126—418—5

散文创作与鉴赏 / 祝德纯著.—北京：中国社会科学出版社,2002（课程与学科教学丛书）

7—5004—3610—6

史记艺术论 / 俞樟华著.—北京：华文出版社,2002

7—5075—1290—8

林非论散文 / 林非著.—南昌：江西高校出版社,2000

7—81075—105—0

先秦散文艺术新探 / 谭家健著.—北京：首都师范大学出版社,1995（当代中国学者文库）

7—81039—275—1

小品高潮与晚明文化：晚明小品七十三家评述 / 尹恭弘著.—北京：华文出版社,2001（晚明文化与晚明文学研究论丛）

7—5075—1146—4

明清散文流派论 / 熊礼汇著.—武汉：武汉大学出版社,2003（武汉大学人文社会科学文库）

7—307—04023—9

中国早期文化意识的嬗变 / 程水金著.—武汉：武汉大学出版社,2004（武汉大学学术丛书）

7—307—04157—X

阳湖文派研究 / 曹虹著.—北京：中华书局,1996（中国传统文化研究丛书）

7—101—01490—9

宋代散文研究 / 杨庆存著.—北京：人民文学出版社,2002（中国古典文学研究丛书）

7—02—003776—3

中国散文史 / 郭预衡著.—上海：上海古籍出版社,2000

7—5325—2692—5

中国散文批判史 / 范培松著.—南京：江苏教育出版社,2000（20世纪中国散文研究系列）

7—5343—3489—6

中国当代散文报告文学发展史 / 佘树森,陈旭光著.—北京：北京大学出版社,1996

7—301—02953—5

中国现代美文史论 / 冯鸽著.—西安：陕西人民出版社,2005

7—224—07275—3

中国当代散文艺术演变史 / 沈义贞著.—杭州：浙江大学出版社,2000（中国当代分体文学史丛书）

7—308—02276—5

中国当代散文史：插图本 / 张振金著.—北京：人民文学出版社,2003

7—02—004045—4

散文研究 / 贾平凹主编.—保定：河北大学出版社,2001

7—81028—688—9

中国歌谣 / 朱自清著.—上海：复旦大学出版社,2004（大师谈文学）

7—309—04091—0

民间口承叙事论 / 江帆著.—哈尔滨：黑龙江人民出版社,2003（人参娃系列丛书 / 中国民间文化前沿论丛）

7—207—05929—9

比较故事学论考 / 刘守华著.—哈尔滨：黑龙江人民出版社,2003（人参娃系列丛书·中国民间文化前沿论丛）

7—207—05931—0

变文讲唱与华梵宗教艺术 / 李小荣著.—上海：上海三联书店,2002（三联文博论丛）

7—5426—1676—5

神话何为：神圣叙事的传承与阐释 / 吕微著.—北京：社会科学文献出版社,2001（文学人类学论丛）

7—80149—627—2

中国民间文学 / 李惠芳著.—武汉：武汉大学出版社,1996（武汉大学本科生系列教材）

7—307—02174—9

中国民间故事类型 / （德）艾伯华著；王燕生,

周祖生译.—北京：商务印书馆,1999（中国民间文化探索丛书）

    7—100—02710—1

中西叙事文学比较研究 ／（美）丁乃通著；陈建宪等译.—2 版.—武汉：华中师范大学出版社,2005（中国民间文化研究丛书）

    7—5622—3186—9

中国民间故事类型研究 ／ 刘守华主编；刘守华等合著.—武汉：华中师范大学出版社,2002

    7—5622—2609—1

诗与歌的狂欢节："花儿"与"花儿会"之民俗学研究 ／ 柯杨著.—兰州：甘肃人民出版社,2002

    7—226—02611—2

解读禁忌：中国神话、传说和故事中的禁忌主题 ／ 万建中著.—北京：商务印书馆,2001

    7—100—03178—8

中国俗文学概论 ／ 吴同瑞等编.—北京：北京大学出版社,1997

    7—301—03023—1

先秦寓言史 ／ 白本松主编.—开封：河南大学出版社,2001

    7—81041—861—0

中国民间故事史 ／ 刘守华著.—武汉：湖北教育出版社,1999

    7—5351—2395—3

中国儿童文学与现代化进程 ／ 朱自强著.—杭州：浙江少年儿童出版社,2000（中国儿童文学研究丛书）

    7—5342—2264—8

前艺术思想：中国当代少年文学艺术论 ／ 班马著.—福州：福建少年儿童出版社,1996

    7—5395—1309—8

现代中国儿童文学主潮 ／ 王泉根著.—重庆：

重庆出版社,2000

    7—5366—5141—4

拉祜族文学简史 ／ 雷波,刘辉豪著.—昆明：云南民族出版社,1995（中国少数民族文学史丛书）

    7—5367—1117—4

民间诗神：格萨尔艺人研究 ／ 杨恩洪著.—北京：中国藏学出版社,1995

    7—80057—225—0

中国少数民族当代文学史 ／ 特·赛音巴雅尔主编.—北京：北京十月文艺出版社,1999

    7—5302—0607—9

禅宗诗歌境界 ／ 吴言生著.—北京：中华书局,2001

    7—101—02951—5

李商隐诗歌接受史 ／ 刘学锴著.—合肥：安徽大学出版社,2004（唐诗研究系列）

    7—81052—853—X

中国中古文学史讲义 ／ 刘师培撰；程千帆,曹虹导读.—上海：上海古籍出版社,2000（蓬莱阁丛书）

    7—5325—2829—4

中国女性文学史 ／ 谭正璧著.—2 版.—天津：百花文艺出版社,2001（20 世纪经典学术史）

    7—5306—3110—1

浪漫主义与 20 世纪中国文学 ／ 陈国恩著.—合肥：安徽教育出版社,2000（20 世纪中国文学研究丛书）

    7—5336—2687—7

中日文学中蛇形象 ／ 蔡春华编.—上海：三联书店上海分店,2004（当代学人论丛）

    7—5426—1909—8

西方人眼中的东方文学艺术 ／ 李平著.—上海：上海教育出版社,2004（东方美学对西方的影

响丛书)

7—5320—9206—2

近四百年中国文学思潮史 / 陈伯海主编. —上海：东方出版中心,1997(东方学术丛书)

7—80627—050—7

中国文学史. 第四卷 / 袁行霈主编；黄林等卷主编. —北京：高等教育出版社,1999(面向 21 世纪课程教材)

7—04—006389—1

中国纯文学史纲 / 刘经庵著. —北京：东方出版社,1996(民国学术经典文库)

7—5060—0701—0

文学史的权力 / 戴燕著. —北京：北京大学出版社,2002(学术史丛书)

7—301—05326—6

中国文学精神：唐代卷 / 郭延礼主编；孙学堂著. —济南：山东教育出版社,2003

7—5328—4177—4

中国文学精神：明清卷 / 郭延礼主编；孙之梅著. —济南：山东教育出版社,2003

7—5328—4179—0

中华文学通史 / 张炯,邓绍基,樊骏主编. —北京：华艺出版社,1997

返观与重构：文学史的研究与写作 / 钱理群著. —上海：上海教育出版社,2000

7—5320—6479—4

中国翻译文学史 / 孟昭毅,李载道主编. —北京：北京大学出版社,2005

7—301—08778—0

中国文学史 / 章培恒,骆玉明主编. —上海：复旦大学出版社,1996

7—309—01489—8

中国文学史学史 / 董乃斌,陈伯海,刘扬忠主编. —石家庄：河北人民出版社,2003

7—202—02998—7

中国近百年文学体式流变史 / 冯光廉主编. —北京：人民文学出版社,1999

7—02—002997—3

当代中国女性文学史论 / 林丹娅著. —厦门：厦门大学出版社,1995

7—5615—1040—3

二十世纪中国文学史 / 孔范今主编. —济南：山东文艺出版社,1997

7—5329—1468—2

中国古典文学研究史 / 郭英德等编著. —北京：中华书局,1995

7—101—01381—3

国语文学史 / 胡适著. —合肥：安徽教育出版社,1999(胡适著译精品选)

7—5336—2288—X

中国纯文学史纲 / 刘经庵著. —北京：东方出版社,1996(民国学术经典文库 · 文学史类丛)

7—5060—0701—0

君子儒与诗教：先秦儒家文学思想考论 / 俞志慧著. —北京：三联书店,2005(三联哈佛燕京学术丛书)

7—108—02228—1

中国文学流派意识的发生和发展：中国古代文学流派研究导论 / 陈文新著. —武汉：武汉大学出版社,2003(武汉大学人文社会科学文库)

7—307—03829—3

先秦两汉文学史料学 / 曹道衡,刘跃进著. —北京：中华书局,2005(中国古典文学史料研究丛书)

7—101—04174—4

中国古代文学. 下册 / 郭兴良,周建忠主编. —北京:高等教育出版社,2000

　　7—04—007804—X

中国古代文学简史 / 贾灿琳主编. —郑州:大象出版社,2000

　　7—5347—2457—0

中国古代文学史 / 罗宗强,陈洪主编. —上海:华东师范大学出版社,2000

　　7—5617—2359—8

中国古代文学发展史 / 罗宗强,陈洪主编. —天津:南开大学出版社,2003

　　7—310—01915—6

中国古代文学史简编 / 郭预衡主编. —上海:上海古籍出版社,2003

　　7—5325—3571—1

中古文学史料丛考 / 曹道衡,沈玉成撰. —北京:中华书局,2003

　　7—101—01487—9

楚文学史 / 蔡靖泉著. —武汉:湖北教育出版社,1996(楚学文库)

　　7—5351—1372—9

汉代文人与文学观念的演进 / 于迎春著. —北京:东方出版社,1997(日暮文库)

　　7—5060—0819—X

汉魏文学与政治 / 孙明君著. —北京:商务印书馆,2003(新清华文丛)

　　7—100—03632—1

两汉艺术精神嬗变论 / 徐华著. —上海:学林出版社,2003

　　7—80668—457—3

魏晋文学 / 曹道衡著. —合肥:安徽教育出版社,2001(中国古代文学知识丛书)

　　7—5336—2745—8

魏晋南北朝文学史料述略 / 穆克宏著. —北京:中华书局,1997(中国古典文学史料研究丛书)

　　7—101—01356—2

魏晋南北朝文学思想史 / 罗宗强著. —北京:中华书局,1996(中国文学思想通史)

　　7—101—01464—X

魏晋文学史 / 徐公持编著. —北京:人民文学出版社,1999(中国文学通史系列)

　　7—02—002855—1

中古文学史论文集 / 曹道衡著. —新1版. —北京:中华书局,2002(中华学术精品)

　　7—101—03582—5

东晋文艺综合研究 / 张可礼著. —济南:山东大学出版社,2001(山东大学文史书系)

　　7—5607—2213—X

南北朝文学编年史 / 曹道衡,刘跃进著. —北京:人民文学出版社,2000

　　7—02—003133—1

北朝文学史 / 周建江著. —北京:中国社会科学出版社,1997

　　7—5004—2059—5

中国小说发展史概论 / 王恒展著. —济南:山东教育出版社,1996

　　7—5328—2279—6

隋唐五代文学史料学 / 陶敏,李一飞著. —北京:中华书局,2001(中国古典文学史料研究丛书)

　　7—101—02934—5

唐代文学史 / 吴庚舜,董乃斌主编;许可等撰著. —北京:人民文学出版社,1995(中国文学通史系列)

　　7—02—001272—8

唐五代文学编年史 / 傅璇琮主编. —沈阳:辽海出版社,1998

7—80638—950—4

唐代三大地域文学士族研究 / 李浩著.—北京：中华书局，2002

7—101—03580—9

宋代文学思想史 / 张毅著.—北京：中华书局，1995（中国文学思想通史）

7—101—01222—1

宋代文学史 / 孙望，常国武主编.—北京：人民文学出版社，1996（中国文学通史系列）

7—02—002119—0

元代文学编年史 / 杨镰著.—太原：山西教育出版社，2005

7—5440—2928—X

晚明与晚清：历史传承与文化创新 / 陈平原，王德威，商伟编.—武汉：湖北教育出版社，2002（二十世纪中国文化研究丛书）

7—5351—3154—9

佛教与晚明文学思潮 / 黄卓越著.—北京：东方出版社，1997（日晷文库）

7—5060—0823—8

明中后期文学思想研究 / 黄卓越著.—北京：北京大学出版社，2005（文艺学与文化研究丛书）

7—301—09854—5

近代西学与中国文学 / 郭延礼著.—南昌：百花洲文艺出版社，2000（中华学术与中国文学研究丛书）

7—80647—125—1

空前之迹：1851—1930：中国妇女思想与文学发展史论 / 王绯著.—北京：商务印书馆，2004

7—100—03921—5

中国近现代通俗文学史 / 范伯群主编.—南京：江苏教育出版社，2000

7—5343—3576—0

陈思和自选集 / 陈思和著.—桂林：广西师范大学出版社，1997（跨世纪学人文存）

7—5633—2486—0

象征主义与中国现代文学 / 吴晓东著.—合肥：安徽教育出版社，2000（20 世纪中国文学研究丛书）

7—5336—2374—6

海派小说与现代都市文化 / 李今著.—合肥：安徽教育出版社，2000（20 世纪中国文学研究丛书）

7—5336—2695—8

"S 会馆"与五四新文学的起源 / 彭晓丰，舒建华著.—长沙：湖南教育出版社，1995（二十世纪中国文学与区域文化丛书）

7—5355—2277—7

回眸"学衡派"：文化保守主义的现代命运 / 沈卫威著.—北京：人民文学出版社，1999（猫头鹰学术文丛）

7—02—002852—7

中国现当代文学史. 下册 / 王嘉良，颜敏主编.—上海：上海教育出版社，2004（面向 21 世纪课程教材）

7—5320—9703—X

中国现代文学三十年 / 钱理群，温儒敏，吴福辉著.—修订本.—北京：北京大学出版社，1998（普通高等教育"九五"教育部重点教材）

7—301—03670—1

浮出历史地表：现代妇女文学研究 / 孟悦，戴锦华著.—北京：中国人民大学出版社，2004（中国当代学术思想文库）

7—300—05587—7

中国近现代启蒙文学思潮论 / 张光芒著.—济南：山东文艺出版社，2002（中国新文学主潮研究书系）

7—5329—2051—8

中国现代文学史 / 凌宇等主编. —2 版修订本. —长沙：湖南师范大学出版社,1999

7—81031—722—9

20 世纪中国文学史 / 黄修己主编. —新 1 版. —广州：中山大学出版社,2004

7—306—01460—9

五四以来我国英美文学作品译介史：1919—1949 / 王建开著. —上海：上海外语教育出版社,2003

7—81080—517—7

评判与建构：现代中国文学史学 / 朱德发,贾振勇著. —济南：山东大学出版社,2002

7—5607—2395—0

在欧化与国粹之间：学衡派文化思想研究 / 郑师渠著. —北京：北京师范大学出版社,2001

7—303—05684—X

中国新文学史编纂史 / 黄修己著. —北京：北京大学出版社,1995

7—301—02594—7

中国现代文学思潮史 / 马良春,张大明主编. —北京：北京十月文艺出版社,1995

7—5302—0401—7

20 世纪中国文学通史 / 唐金海,周斌主编. —上海：东方出版中心,2003

7—80186—097—7

20 世纪中西文艺理论交流史论 / 殷国明著. —上海：华东师范大学出版社,1999

7—5617—2167—6

日本白桦派与中国作家 / 刘立善著. —沈阳：辽宁大学出版社,1995

7—5610—2940—3

中国文学观念的近代变革 / 袁进著. —上海：上海社会科学院出版社,1996

7—80618—216—0

二十世纪中国女性文学史 / 盛英主编. —天津：天津人民出版社,1995

7—201—02029—3

中国现代派文学史论 / 谭楚良著. —上海：学林出版社,1996

7—80616—219—4

中国当代文学史 / 田中阳,赵树勤主编. —海口：南海出版公司,2005(21 世纪高等教育系列教材)

7—5442—2764—2

中国当代文艺思潮 / 陆贵山主编. —北京：中国人民大学出版社,2002(21 世纪中国语言文学系列教材)

7—300—04065—9

中国当代先锋文学思潮论 / 张清华著. —南京：江苏文艺出版社,1997(跨世纪文论丛书)

7—5399—1154—9

中国当代文学发展史 / 孟繁华,程光炜著. —北京：人民文学出版社,2004(面向 21 世纪课程教材)

7—02—004349—6

问题与方法：中国当代文学史研究讲稿 / 洪子诚著. —北京：三联书店,2002(三联讲坛)

7—108—01609—5

新时期文学思潮 / 张永清主编. —北京：中国人民大学出版社,2003(现代远程教育系列教材)

7—300—04874—9

中国知青文学史 / 杨健著. —北京：中国工人出版社,2002(中国知青民间备忘文本)

7—5008—2671—0

中国当代文学. 下卷 / 王庆生主编. —修订本. —武汉：华中师范大学出版社,1999

7—5622—2017—4

十七年文学："人"与"自我"的失落 / 丁帆，王世城著.—开封：河南大学出版社，1999
7—81041—611—1

中国当代文学史料选：1948—1975 / 谢冕，洪子诚主编.—北京：北京大学出版社，1995
7—301—02788—5

中国当代文学史写真：简明读本 / 吴秀明主编.—杭州：浙江大学出版社，2003
7—308—03310—4

中国当代文学史 / 洪子诚著.—北京：北京大学出版社，1999
7—301—04039—3

中国当代文学 50 年 / 王万森等主编.—青岛：青岛海洋大学出版社，2001
7—81067—282—7

中国西部现代文学史 / 丁帆主编.—北京：人民文学出版社，2004
7—02—004807—2

中国当代文学史新稿 / 董健，丁帆，王彬彬主编.—北京：人民文学出版社，2005
7—02—005140—5

丁玲与文学研究所的兴衰 / 邢小群著.—济南：山东画报出版社，2003
7—80603—683—0

转型时期的中国当代文学思潮 / 吴秀明著.—杭州：浙江大学出版社，2001
7—308—02618—3

中国当代文学史写真 / 吴秀明主编.—杭州：浙江大学出版社，2002
7—308—03023—7

中国 20 世纪后 20 年文学思潮 / 陈传才著.—

北京：中国人民大学出版社，2001
7—300—03689—9

京派文学与现代文化 / 周仁政著.—长沙：湖南师范大学出版社，2002（中国现当代文学与文化研究丛书）
7—81081—193—2

黑土地文化与东北作家群 / 逄增玉著.—长沙：湖南教育出版社，1995（二十世纪中国文学与区域文化丛书）
7—5355—2251—3

都市漩流中的海派小说 / 吴福辉著.—长沙：湖南教育出版社，1995（二十世纪中国文学与区域文化丛书）
7—5355—2248—3

江南士风与江苏文学 / 费振钟著.—长沙：湖南教育出版社，1995（二十世纪中国文学与区域文化丛书）
7—5355—2250—5

福建文学发展史 / 陈庆元著.—福州：福建教育出版社，1996（福建思想文化史丛书）
7—5334—2029—2

简明台湾文学史 / 古继堂主编.—北京：时事出版社，2002
7—80009—716—1

中国文化中的台湾文学 / 杨匡汉主编.—武汉：长江文艺出版社，2002
7—5354—2392—2

香港文学史 / 王剑丛著.—南昌：百花洲文艺出版社，1995
7—80579—585—1

香港文学史 / 刘登翰主编.—北京：人民文学出版社，1999
7—02—002765—2

广西文学 50 年 / 李建平等著.—桂林：漓江出版社,2005

7—5407—3419—1

现代四川文学的巴蜀文化阐释 / 李怡著.—长沙：湖南教育出版社,1995(二十世纪中国文学与区域文化丛书)

7—5355—2252—1

重绘中国文学地图：杨义学术讲演集 / 杨义著.—北京：中国社会科学出版社,2003

7—5004—3876—1

中国文学史话 / 胡兰成著.—上海：上海社会科学院出版社,2004

7—80681—355—1

中国近代文学大系：1840—1919. 第 1 集. 第 2 卷.文学理论集 / 徐中玉主编.—上海：上海书店,1995

7—80569—539—3

心灵的探寻 / 钱理群著.—石家庄：河北教育出版社,2000(回望鲁迅)

7—5434—4015—6

鲁迅的生命哲学 / 王乾坤著.—北京：人民文学出版社,1999(猫头鹰学术文丛精选)

7—02—002944—2

近代的超克 / (日)竹内好著;孙歌编;李冬木,赵京华,孙歌译.—北京：三联书店,2005(学术前沿)

7—108—02192—7

话说周氏兄弟：北大演讲录 / 钱理群著.—济南：山东画报出版社,1999

7—80603—352—1

鲁迅学导论 / 彭定安著.—北京：中国社会科学出版社,2001

7—5004—2951—7

鲁迅批判 / 李长之著.—北京：北京出版社,2003(大家小书)

7—200—04710—4

鲁迅作品十五讲 / 钱理群著.—北京：北京大学出版社,2003(大学素质教育通识课系列教材)

7—301—06477—2

铁屋中的呐喊 / 李欧梵著;尹慧珉译.—长沙：岳麓书社,1999(海外名家名作)

7—80520—742—9

鲁迅精读 / 郜元宝著.—上海：复旦大学出版社,2005(汉语言文学原典精读系列)

7—309—04679—X

难以直说的苦衷：鲁迅《野草》探秘 / (加)李大明著.—北京：人民文学出版社,2000(猫头鹰学术文丛)

7—02—003308—3

鲁迅：在言说与生存的边缘 / 徐麟著.—济南：山东文艺出版社,1997(人格与艺术精神丛书)

7—5329—1442—9

与鲁迅相遇：北大演讲录之二 / 钱理群著.—北京：三联书店,2003(三联讲坛)

7—108—01881—0

鲁迅小说里的人物 / 周作人著.—石家庄：河北教育出版社,2002(周作人自编文集)

7—5434—4406—2

现实的与哲学的：鲁迅《野草》重释 / 孙玉石著.—上海：上海书店出版社,2001

7—80622—486—6

说不尽的阿 Q：无处不在的魂灵 / 陈漱渝主编.—北京：中国文联出版公司,1997

7—5059—2757—4

鲁迅的选择 / 李新宇著.—郑州：河南人民出版社,2003

7—215—05347—4

鲁迅梁实秋论战实录 / 黎照编.—北京：华龄出版社,1997

7—80082—810—7

翻译家鲁迅 / 王友贵著.—天津：南开大学出版社,2005

7—310—02206—8

论鲁迅的复调小说 / 严家炎著.—上海：上海教育出版社,2002

7—5320—7895—7

中国鲁迅研究的历史与现状 / 王富仁著.—杭州：浙江人民出版社,1999

7—213—01773—X

鲁迅小说解读 / 史志谨著.—北京：中国社会科学出版社,2004

7—5004—4423—0

鲁迅六讲 / 郜元宝著.—上海：上海三联书店,2000

7—5426—1380—4

陶渊明集笺注 / 袁行霈撰.—北京：中华书局,2003

7—101—02869—1

昭明太子集校注 / (南朝·梁)萧统著;俞绍初注.—郑州：中州古籍出版社,2001

7—5348—1937—7

柳宗元集 / (唐)柳宗元著.—北京：中华书局,2000(中国古典文学基本丛书)

7—101—02443—2

柳宗元全集 / (唐)柳宗元著;曹明纲校点.—上海：上海古籍出版社,1997

7—5325—2268—7

韩愈全集 / (唐)韩愈著;钱仲联,马茂元校

点.—上海：上海古籍出版社,1997

7—5325—2260—1

柳宗元集 / (唐)柳宗元著;易新鼎点校.—北京：中国书店,2000

7—80568—901—6

韩愈全集校注 / 屈守元,常思春主编.—成都：四川大学出版社,1996

7—5614—1371—8

韩昌黎文集注释 / (唐)韩愈著;阎琦校注.—西安：三秦出版社,2004

7—80628—881—3

秦观集编年校注 / (宋)秦观著.—北京：人民文学出版社,2001(新注古代文学名家集)

7—02—002910—8

淮海集笺注 / (宋)秦观撰;徐培均笺注.—上海：上海古籍出版社,2000(中国古典文学丛书)

7—5325—2806—5

李开先全集 / 卜键笺校.—北京：文化艺术出版社,2004

7—5039—1912—4

牧斋有学集 / (清)钱谦益著;钱曾笺注;钱仲联标校.—上海：上海古籍出版社,1996(中国古典文学丛书)

7—5325—1853—1

洪亮吉集 / 刘德权点校.—北京：中华书局,2001(中国古典文学基本丛书)

7—101—01909—9

钱牧斋全集 / (清)钱谦益著;钱曾笺注;钱仲联标校.—上海：上海古籍出版社,2003

7—5325—3396—4

蒲松龄全集 / (清)蒲松龄著;盛伟编.—上海：学林出版社,1998

7—80616—644—0

散原精舍诗文集 / 陈三立著;李开军校点.—
上海:上海古籍出版社,2003(中国近代文学丛书)
　　7—5325—3304—2

楚辞今注 /(战国)屈原著;汤炳正等注.—上
海:上海古籍出版社,1996(中国古典文学丛书)
　　7—5325—2152—4

全汉赋校注 / 费振刚,仇仲谦,刘南平校注.—
广州:广东教育出版社,2005
　　7—5406—6072—4

全汉赋评注 / 龚克昌等评注.—石家庄:花山
文艺出版社,2003
　　7—80673—308—6

孟郊诗集校注 / 华忱之,喻学才校注.—北京:
人民文学出版社,1995(新注古代文学名家集)
　　7—02—001657—X

杜诗镜铨 /(唐)杜甫著,杨伦笺注.—上海:
上海古籍出版社,1998(中国古典文学丛书)
　　7—5325—2395—0

杜甫全集 /(唐)杜甫著;高仁标点.—上海:
上海古籍出版社,1996
　　7—5325—2137—0

李白全集校注汇释集评 /(唐)李白著;詹锳
主编.—天津:百花文艺出版社,1996
　　7—5306—2365—6

贾岛诗集笺注 / 黄鹏笺注.—成都:巴蜀书
社,2002
　　7—80659—359—4

岑参诗集编年笺注 / 刘开扬笺注.—成都:巴
蜀书社,1995
　　7—80523—611—9

山谷诗集注.上 /(宋)黄庭坚著.—上海:上
海古籍出版社,2003
　　7—5325—3427—8

全清词,顺康卷 / 南京大学中国语言文学系
《全清词》编纂研究室编.—北京:中华书局,2002
　　7—101—03341—5

吕碧城词笺注 / 吕碧成著;李保民笺注.—上
海:上海古籍出版社,2001
　　7—5325—2859—6

风月锦囊笺校 / 孙崇涛,黄仕忠笺校.—北京:
中华书局,2000
　　7—101—02207—3

世说新语汇校集注 /(南朝·宋)刘义庆撰;
刘孝标注.—上海:上海古籍出版社,2002(中华要
籍集释丛书)
　　7—5325—3205—4

元稹集编年笺注.诗歌卷 / 杨军笺注.—西安:
三秦出版社,2002
　　7—80628—582—2

封神演义 / 许仲琳著;顾执中译.—北京:新
世界出版社,2000(大中华文库)
　　7—80005—486—1

三侠五义 /(清)石玉昆著.—北京:华夏出版
社,1998(中国古典小说名著百部大字本)
　　7—5080—1394—8

逝去的年代:中国自由知识分子的命运 / 谢
泳著.—北京:文化艺术出版社,1999("草原部落"
黑马文丛)
　　7—5039—1852—7

人文精神寻思录 / 王晓明编.—上海:文汇出
版社,1996(海上风系列)
　　7—80531—370—9

后现代的间隙 / 陈晓明著.—昆明:云南人民
出版社,2001(博士思想文丛)
　　7—222—03013—1

赛珍珠评论集 / 郭英剑编.—桂林:漓江出版

社,1999

7—5407—2413—7

东亚比较文学导论 / 张哲俊著. —北京: 北京大学出版社,2004(21世纪比较文学系列教材)

7—301—06833—6

日本古典文学赏析: 和歌物语日记随笔散文戏剧俳句小说汉诗 / 刘德润,张文宏,王磊著. —北京: 外语教学与研究出版社,2003

7—5600—3847—6

吉本芭娜娜的文学世界 / 周阅著. —银川: 宁夏人民出版社,2005(人文日本新书)

7—227—02835—6

日本俳句史 / 彭恩华著. —2版. —上海: 学林出版社,2004

7—80616—391—3

日本汉诗溯源比较研究 / 马歌东著. —北京: 中国社会科学出版社,2004

7—5004—4215—7

相约挪威的森林 / 雷世文主编. —北京: 华夏出版社,2005

7—5080—3698—0

日本文学史. 近代卷 / 叶渭渠,唐月梅著. —北京: 经济日报出版社,2000(东方文化集成)

7—80127—472—5

日本古代文学思潮史 / 叶渭渠著. —北京: 中国社会科学出版社,1996

7—5004—1860—4

20世纪日本文学史 / 叶渭渠,唐月梅著. —青岛: 青岛出版社,1998(20世纪外国国别文学史丛书)

7—5436—1728—5

"笔部队"和侵华战争: 对日本侵华文学的研究与批判 / 王向远著. —北京: 昆仑出版社,2005

（日本对中国的文化侵略研究丛书）

7—80040—778—0

印度古典诗学 / 黄宝生著. —2版. —北京: 北京大学出版社,1999(北京大学文艺美学精选丛书)

7—301—02110—0

莎士比亚专题研究 / 张冲编著. —上海: 上海外语教育出版社,2004(高等院校英语语言文学专业研究生系列教材)

7—81095—213—7

莎士比亚研究十讲 / 陆谷孙著. —上海: 复旦大学出版社,2005(名家专题精讲)

7—309—04715—X

英语世界中的女性解构 / 施旻著. —北京: 九州出版社,2004(中国女性主义学术论丛)

7—80195—171—9

俄国白银时代现代主义诗歌研究 / 曾思艺著. —长沙: 湖南人民出版社,2004

7—5438—3604—1

欧美文学研究十论 / 方平著. —上海: 复旦大学出版社,2005(名家专题精讲)

7—309—04597—1

欧美生态文学 / 王诺著. —北京: 北京大学出版社,2003(文学论丛)

7—301—06467—5

欧洲文论简史 / 伍蠡甫,翁义钦著. —北京: 人民文学出版社,2004(中国文库. 第一辑·文学类)

7—02—004545—6

近代文学批评史: 1750—1950. 第二卷. 浪漫主义时代 / (美)雷纳·韦勒克著; 杨自伍译. —上海: 上海译文出版社,1997

7—5327—1817—4

20世纪欧美文学热点问题 / 曾繁仁主编. —

北京：高等教育出版社,2002（面向21世纪课程教材）

　　7—04—010685—X

接受反应文论 / 金元浦著.—济南：山东教育出版社,1998（20世纪西方文论研究丛书）

　　7—5328—2619—8

欧洲文学史 / 杨周翰,吴达元,赵萝蕤著.—北京：人民文学出版社,2004（中国文库：第一辑·文学类）

　　7—02—004544—8

欧美文学史 / 李尚信主编；车成安撰稿.—3版.—长春：吉林大学出版社,2003

　　7—5601—2062—8

二十世纪欧美文学史 / 李明滨主编.—北京：北京大学出版社,1999

　　7—301—03849—6

西方小说与文化帝国 / 蹇昌槐著.—武汉：武汉大学出版社,2004

　　7—307—04151—0

卢梭与浪漫主义 / （美）白璧德著；孙宜学译.—石家庄：河北教育出版社,2003（欧罗巴思想译丛）

　　7—5434—5177—8

充盈的虚无：俄罗斯文学中的宗教意识 / 金亚娜,刘锟,张鹤等著.—北京：人民文学出版社,2003

　　7—02—004244—9

白银时代俄罗斯文学研究 / 周启超著.—北京：北京大学出版社,2003（文学论丛）

　　7—301—05927—2

巴赫金狂欢化诗学研究：俄国形式主义研究 / 夏忠宪著.—北京：北京师范大学出版社,2000（北京师范大学博士文库）

　　7—303—05557—6

狂欢诗学：巴赫金文学思想研究 / 王建刚著.—上海：学林出版社,2001（求是丛书）

　　7—80668—200—7

巴赫金的文化诗学 / 程正民著.—北京：北京师范大学出版社,2001（文化与诗学丛书）

　　7—303—05777—3

诗国寻美：俄罗斯诗歌艺术研究 / 顾蕴璞著.—北京：北京大学出版社,2004（文学论丛）

　　7—301—06745—3

陀思妥耶夫斯基与俄罗斯文化精神 / 何云波著.—长沙：湖南教育出版社,1997

　　7—5355—2474—5

漂泊的灵魂：陀思妥耶夫斯基与俄罗斯传统文化 / 赵桂莲著.—北京：北京大学出版社,2002（文学论丛）

　　7—301—05917—5

俄罗斯文学史 / 任光宣,张建华,余一中著.—北京：北京大学出版社,2003（21世纪外国文学教材系列）

　　7—301—06450—0

现代俄国文学史 / （美）马克·斯洛宁著；汤新楣译.—北京：人民文学出版社,2001

　　7—02—003432—2

20世纪俄罗斯文学史 / 李毓榛主编.—北京：北京大学出版社,2000

　　7—301—04499—2

苏联文学沉思录 / 刘亚丁著.—成都：四川大学出版社,1996

　　7—5614—1358—0

布莱希特论 / 余匡复著.—上海：上海外语教育出版社,2002

　　7—81080—329—8

体验与诗：莱辛·哥德·诺瓦利斯·荷尔德

林/(德)威廉·狄尔泰著;胡其鼎译.—北京:三联书店,2003(现代西方学术文库)

    7—108—01914—0

地狱中的独行者/残雪著.—北京:三联书店,2003(读书书系)

    7—108—01691—5

中国对德国文学影响史述/卫茂平著.—上海:上海外语教育出版社,1996

    7—81009—964—7

茨威格小说研究/杨荣著.—成都:巴蜀书社,2003

    7—80659—506—6

神话·悲剧·《诗学》:对古希腊诗学传统的重新认识/吕新雨著.—上海:复旦大学出版社,1995(复旦大学博士丛书)

    7—309—01593—2

意大利文艺复兴的起源与模式/朱龙华著.—北京:人民出版社,2004

    7—01—004025—7

文学想象与文化利用:英国文学中的中国形象/姜智芹著.—北京:中国社会科学出版社,2005

    7—5004—5079—6

20 世纪英美文学论稿/程爱民著.—上海:上海外语教育出版社,2002

    7—81080—333—6

英国文学论述文集/李赋宁著.—北京:外语教学与研究出版社,1997

    7—5600—1077—6

英国荒岛文学/魏颖超著.—北京:外语教学与研究出版社,2001

    7—5600—2471—8

唯美叙事:王尔德新论/张介明著.—上海:上海社会科学院出版社,2005(比较文学与文化丛书)

    7—80681—636—4

浪漫派、叛逆者及反动派:1760—1830 年间的英国文学及其背景/(英)玛里琳·巴特勒著;黄梅,陆建德译.—沈阳:辽宁教育出版社;[伦敦]:牛津大学出版社,1998(牛津精选)

    7—5382—5027—1

理念与悲曲:华兹华斯后革命之变/丁宏为著.—北京:北京大学出版社,2002(文学论丛·北大欧美文学研究丛书)

    7—301—05916—7

劳伦斯研究:劳伦斯的生平、著作和思想/罗婷著.—长沙:湖南文艺出版社,1996

    7—5404—1592—4

历史的星空:文艺复兴时期英国诗歌与西方传统宇宙论/胡家峦著.—北京:北京大学出版社,2001(文学论丛)

    7—301—04811—4

英美诗歌/何功杰编著.—合肥:安徽教育出版社,2003(英美文学经典)

    7—5336—3266—4

华兹华斯诗学/苏文菁著.—北京:社会科学文献出版社,2000

    7—80149—297—8

英诗概论/罗良功编著.—武汉:武汉大学出版社,2002

    7—307—03634—7

英美小说叙事理论研究/申丹,韩加明,王丽亚著.—北京:北京大学出版社,2005(北京大学欧美研究丛书)

    7—301—09398—5

推敲"自我":小说在 18 世纪的英国/黄梅著.—北京:三联书店,2003(三联哈佛燕京学术丛书)

7—108—01836—5

二十世纪英国小说评论 / 阮炜著.—北京：中国社会科学出版社,2001（深圳大学文库）

7—5004—3119—8

当代英国小说 / 瞿世镜主编；瞿世镜,任一鸣,李德荣编著.—北京：外语教学与研究出版社,1998

7—5600—1460—7

伟大的传统 /（英）F. R. 利维斯著；袁伟译.—北京：生活·读书·新知三联书店,2002

7—108—01591—9

重建人类的伊甸园：劳伦斯长篇小说研究 / 蒋家国著.—长沙：湖南大学出版社,2003

7—81053—644—3

二十世纪英国文学：小说研究 / 张中载著.—开封：河南大学出版社,2001

7—81041—822—X

黑色经典：英国哥特小说论 / 李伟昉著.—北京：中国社会科学出版社,2005

7—5004—4949—6

英美后现代主义小说叙述结构研究 / 胡全生著.—上海：复旦大学出版社,2002

7—309—03378—7

狄更斯长篇小说研究 / 赵炎秋著.—北京：社会科学文献出版社,1996

7—80050—710—6

英国小说史 / 高继海著.—北京：中国社会科学出版社,2003

7—5004—4289—0

凯瑟琳·曼斯菲尔德作品中的矛盾身份 / 蒋虹著.—北京：中国社会科学出版社,2004

7—5004—4855—4

19 世纪英国小说史 / 刘文荣著.—北京：中国社会科学出版社,2002

7—5004—3316—6

英国文学通史：插图本 / 侯维瑞主编.—上海：上海外语教育出版社,1999（外国文学史丛书）

7—81046—361—6

破碎思想体系的残编：英美文学与思想史论稿 / 陆建德著.—北京：北京大学出版社,2001（艺术与思想史丛书）

7—301—04738—X

牛津简明英国文学史 /（英）安德鲁·桑德斯著；谷启楠,韩加明,高万隆译.—北京：人民文学出版社,2000

7—02—002908—6

十七世纪英国文学 / 杨周翰著.—2 版.—北京：北京大学出版社,1996（北大名家名著文丛）

7—301—00436—2

英国文艺复兴时期文学史 / 王佐良,何其莘著.—北京：外语教学与研究出版社,1996（五卷本英国文学史）

7—5600—0929—8

20 世纪英国文学史 / 阮炜,徐文博,曹亚军著.—青岛：青岛出版社,1998（20 世纪外国国别文学史丛书）

7—5436—1726—9

20 世纪英国文学导论 / 李公昭主编.—西安：西安交通大学出版社,2001（英美文学丛书）

7—5605—1431—6

20 世纪英美文学要略 / 王松林编著.—南昌：江西高校出版社,2001

7—81075—180—8

英美现代主义文学概观 / 李维屏著.—上海：上海外语教育出版社,1998

7—81046—436—1

法国作家与中国 / 钱林森著. —福州：福建教育出版社, 1995(南京大学比较文学丛书)

7—5334—1712—7

波德里亚：批判性的读本 / (美)道格拉斯·凯尔纳编; 陈维振, 陈明达, 王峰译. —南京：江苏人民出版社, 2005(现代思想译丛)

7—214—03672—X

杜尚访谈录 / (法)卡巴内著; 王瑞芸译. —桂林：广西师范大学出版社, 2001(雅典娜思想译丛)

7—5633—3311—8

文本·语言·主题：寻找批评的途径 / 冯寿农著. —厦门：厦门大学出版社, 2001

7—5615—1834—X

萨特文学论文集 / (法)让—保罗·萨特著; 施康强等译. —合肥：安徽文艺出版社, 1998(萨特文集)

7—5396—1636—9

克里斯特瓦的诗学研究 / 罗婷著. —北京：中国社会科学出版社, 2004(比较文学与世界文学研究丛书)

7—5004—4951—8

法国诗歌史 / 郑克鲁著. —上海：上海外语教育出版社, 1996(外国文学史丛书)

7—81046—128—1

发达资本主义时代的抒情诗人 / (德)瓦尔特·本雅明著; 王才勇译. —南京：江苏人民出版社, 2005

7—214—03887—0

20世纪法国小说诗学 / 史忠义著. —北京：社会科学文献出版社, 2000(法国当代文学广角文丛)

7—80149—224—2

法国小说发展史 / 吴岳添著. —杭州：浙江大学出版社, 2004(外国小说发展史系列)

7—308—04045—3

法国现代小说史 / (法)米歇尔·莱蒙著; 徐知免, 杨剑译. —上海：上海译文出版社, 1995

7—5327—1400—4

德里达的解构理论思想性质论：文化的视角 / 肖锦龙著. —北京：中国社会科学出版社, 2004(文化理论与实践丛书)

7—5004—4429—X

法国文学流派的变迁 / 吴岳添著. —北京：北京大学出版社, 1995

7—301—02718—4

法国文学史 / 郑克鲁编著. —上海：上海外语教育出版社, 2003

7—81080—840—0

存在与虚无 / (法)让—保罗·萨特著; 陈宣良等译. —合肥：安徽文艺出版社, 1998(萨特文集·哲学卷)

7—5396—1635—0

辨证理性批判 / (法)让—保罗·萨特著; 林骧华, 徐和瑾, 陈伟丰译. —合肥：安徽文艺出版社, 1998(萨特文集·哲学卷)

7—5396—1631—8

漫步遐想录 / (法)卢梭著; 徐继曾译. —北京：北京十月文艺出版社, 2005(大家小书)

7—5302—0756—3

澳大利亚文学史 / 黄源深著. —上海：上海外语教育出版社, 1997(外国文学史丛书)

7—81046—171—0

在心理美学的平面上：威廉·福克纳小说创作论 / 朱振武著. —上海：学林出版社, 2004

7—80668—745—9

玛格丽特·阿特伍德研究 / 傅俊编. —南京：译林出版社, 2003

7—80657—647—9

美国小说发展史／毛信德著.—杭州：浙江大学出版社,2004(外国小说发展史系列：第一辑)

7—308—04029—1

美国西部小说研究／陈许著.—北京：北京大学出版社,2004(文学论丛)

7—301—07812—9

文学女性与女性文学：19 世纪美国女性小说家作品／金莉著.—北京：外语教学与研究出版社,2004

7—5600—2748—2

西方语境的中国故事／卫景宜著.—杭州：中国美术学院出版社,2002(比较文艺学丛书)

7—81083—154—2

叙述民族主义：亚裔美国文学中的意识形态与形式／(美)凌律奇著;吴朁译.—北京：中国社会科学出版社,2005(港澳及海外华文文学丛书)

7—5004—5387—6

文化的乡愁：美国华裔文学的文化认同／胡勇著.—北京：中国戏剧出版社,2003(青年学人丛书)

7—104—01724—0

灯下西窗：美国文学和美国文化／陶洁著.—北京：北京大学出版社,2004(文学论丛)

7—301—06748—8

20 世纪美国文学：梦想与现实／郭继德著.—北京：外语教学与研究出版社,2004

7—5600—4156—6

美国华裔文学研究／程爱民主编.—北京：北京大学出版社,2003

7—301—06501—9

美国文学研究／梁亚平著.—上海：东华大学出版社,2004

7—81038—896—7

美国作家论／吴富恒,王誉公主编.—济南：山东教育出版社,1999

7—5328—2497—7

美国文学背景概观／史志康主编.—上海：上海外语教育出版社,1998

7—81046—385—3

惠特曼研究／李野光著.—上海：上海外语教育出版社,2003(外国现代作家研究丛书)

7—81080—550—9

文化相对主义：赛珍珠的中西文化观／姚君伟著.—南京：东南大学出版社,2002(跨文化交际与英语教育丛书)

7—81050—913—6

文化的政治阐释学：后现代语境中的詹姆逊／陈永国著.—北京：中国社会科学出版社,2000(批评丛书)

7—5004—2805—7

赫斯顿研究／程锡麟著.—2 版.—上海：上海外语教育出版社,2005(外国现代作家研究丛书)

7—81095—524—1

"硬汉"海明威：作品与人生的演绎／吴然著.—北京：昆仑出版社,2005

7—80040—753—5

美国文学的第二次繁荣：二三十年代的美国文化思潮和文学表达／虞建华等著.—上海：上海外语教育出版社,2004

7—81095—016—9

美国文学辞典：作家与作品／虞建华编著.—上海：复旦大学出版社,2005(复旦金石词典系列)

7—309—04551—3

文化身份的嬗变：E. M. 福斯特小说和思想研究／陶家俊著.—北京：中国社会科学出版社,2003

7—5004—4203—3

美国诗与中国梦：美国现代诗里的中国文化模式 / 钟玲著.—桂林：广西师范大学出版社，2003(贝贝特人文馆)

7—5633—4158—7

英诗新方向：庞德、艾略特诗学理论与文化批评研究 / 蒋洪新著.—长沙：湖南教育出版社，2001(博士论丛)

7—5355—3389—2

现代批评之始：T. S. 艾略特诗学研究 / 刘燕著.—桂林：广西师范大学出版社，2005

7—5633—5723—8

二十世纪美国诗歌：从庞德到罗伯特·布莱 / 彭予著.—开封：河南大学出版社，1995

7—81041—240—X

诗神远游：中国如何改变了美国现代诗 / 赵毅衡著.—上海：上海译文出版社，2003

7—5327—3085—9

美国自白诗探索 / 彭予著.—北京：社会科学文献出版社，2004

7—80190—210—6

尤金·奥尼尔戏剧研究论文集 / 廖可兑主编.—北京：外语教学与研究出版社，2000

7—5600—1833—5

西洋万花筒：美国戏剧概览 / 孙白梅编著.—上海：上海外语教育出版社，2002

7—81080—309—3

论通俗文化：美国电视剧类型分析 / 苗棣，赵长军著.—北京：北京广播学院出版社，2004(文艺学与美学丛书)

7—81085—226—4

尤金·奥尼尔戏剧研究论文集 / 郭继德主编.—上海：上海外语教育出版社，2004

7—81095—052—5

菲茨杰拉德研究 / 吴建国著.—上海：上海外语教育出版社，2002(外国现代作家研究丛书)

7—81080—518—5

德莱塞研究 / 蒋道超著.—上海：上海外语教育出版社，2003(外国现代作家研究丛书)

7—81080—762—5

美国通俗小说史 / 黄禄善著.—南京：译林出版社，2003(译林学论丛书)

7—80657—542—1

非洲裔美国黑人小说及其传统 / (美)贝尔著；刘捷等译.—成都：四川人民出版社，2000

7—220—03521—7

小说的艺术：亨利·詹姆斯文论选 / (美)詹姆斯著；朱雯等译.—上海：上海译文出版社，2001

7—5327—2460—3

南方失落的世界：福克纳小说研究 / 刘洊波著.—重庆：西南师范大学出版社，1999

7—5621—2096—X

走向文化诗学：美国犹太小说研究 / 刘洪一著.—北京：北京大学出版社，2002

7—301—06028—9

二十世纪美国小说史 / 傅景川著.—长春：吉林教育出版社，1996

7—5383—2980—3

美国后现代主义小说艺术论 / 陈世丹著.—大连：辽宁师范大学出版社，2002

7—81042—602—8

当代美国小说理论 / 程锡麟，王晓路著.—北京：外语教学与研究出版社，2001

7—5600—2183—2

当代美国小说研究 / 黄铁池著.—上海：学林出版社，2000

7—80616—848—6

美国现代小说风格 / 董衡巽著. —北京：中国社会科学出版社,1997

7—5004—2154—0

美国成长小说研究 / 芮渝萍著. —北京：中国社会科学出版社,2004

7—5004—4496—6

美国文学 / 金莉,秦亚青著. —北京：外语教学与研究出版社,1999（北京外国语大学外国文学史丛书）

7—5600—1451—8

中国文化对美国文学的影响 / 刘岩著. —石家庄：河北人民出版社,1999（东学西渐丛书）

7—202—02523—X

新编美国文学史. 第一卷（起始—1860） / 刘海平,王守仁主编；张冲著. —上海：上海外语教育出版社,2000

7—81046—728—X

精编美国文学教程. 中文版 / 常耀信著. —天津：南开大学出版社,2005

7—310—02169—X

美国文学大纲 / 吴定柏编著. —上海：上海外语教育出版社,1998

7—81046—415—9

20 世纪美国文学导论 / 李公昭主编. —西安：西安交通大学出版社,2000（英美文学丛书）

7—5605—1185—6

解构之图 / （美）保罗·德曼著；李自修等译. —北京：中国社会科学出版社,1998（知识分子图书馆）

7—5004—2195—8

读者反应批评：理论与实践 / （美）斯坦利·费什著；文楚安译. —北京：中国社会科学出版社,1998（知识分子图书馆）

7—5004—2196—6

垮掉的一代：金斯堡克鲁亚克伯罗斯人生与文学的挽歌 / 李斯编著. —海口：海南出版社,1996

7—80617—650—0

寻归荒野 / 程虹著. —北京：三联书店,2001

7—108—01568—4

"垮掉一代"及其他 / 文楚安著. —成都：四川大学出版社,2002

7—5614—2290—3

中国 20 世纪文艺学学术史 / 杜书瀛,钱竞主编. —上海：上海文艺出版社,2001

7—5321—2092—9 / 7—5321—2184—4 / 7—5321—2185—2 / 7—5321—2093—7 / 7—5321—2094—5

艺术类入选书目分析

杜慧平

一、总体情况

共获取 1995—2005 年艺术类(J 类)书目 81 429 条,经筛选后得到学术图书 3389 条。在引文分析过程中,把具有上下册的图书计为同一种书,被引频次叠加;对于多卷书和不同版本但同名同作者图书,计为同一种书,被引频次取最大者;对于丛书,认为是不同种书,被引频次单独统计。

表1　艺术类学术图书的被引频次分布情况

被引次数 N	N≥100	N≥90	N≥80	N≥70	N≥60	N≥50	N≥40	N≥30	N≥20	N≥10	N≥0
图书(种)	35	39	47	51	63	76	101	146	243	480	3389
百分比	1.03%	1.15%	1.39%	1.50%	1.86%	2.24%	2.98%	4.31%	7.17%	14.16%	100.00%
被引总次数	6595	6975	7654	7955	8721	9423	10 547	12 074	14 308	17 556	21 746
被引累积百分比	30.33%	32.07%	35.20%	36.58%	40.10%	43.33%	48.50%	55.52%	65.80%	80.73%	100.00%

总体来看,艺术类图书的被引频次普遍较低,有被引记录的图书共计 1611 条,占艺术类学术图书总数的 47.54%。其中,被引频次在 100 次以上的图书有 35 种,被引 10 次以上者有 480 种。在所有艺术类学术图书共计 3389 条中,绝大多数图书被引频次在 10 次以内。依据"二八定律",选取被引频次为 15 次以上的图书(共计 328 种)为艺术类入选图书,这部分图书占所统计样本的 9.68%,占有被引记录的图书的 20.36%,总被引频次为 16 909 次,占所有艺术类学术图书总被引频次的 77.76%。

二、入选书目出版规律分析

(1)出版趋势分析

从表 2 可见,1997 年前入选图书占各年出版的学术图书总数的比例较低;2000 年入选图书最多,共 54 种,占该年学术图书总量的 16.5%;2000—2004 年学术图书年出版量和入选图书量比较均衡,占每年学术图书出版量的 10% 左右。在 2005 年,出版的学术图书量在统计年限中属于最高,为 484 种,但其中入选图书只有 31 种,只占 6.40%,较前几年有明显的滑落。

表 2　艺术类入选书目年份分布表

年份	入选图书（种）	入选图书比例(%)	年被引频次	平均被引频次	学术图书总量	核心图书占当年学术图书比例(%)
1995	12	3.66	500	41.67	180	6.67
1996	12	3.66	542	45.17	181	6.63
1997	13	3.96	765	58.85	138	9.42
1998	23	7.01	1740	75.65	142	16.20
1999	21	6.40	966	46.00	187	11.23
2000	54	16.46	3333	61.72	464	11.64
2001	33	10.06	2200	66.67	319	10.34
2002	45	13.72	1923	42.73	452	9.96
2003	42	12.80	2050	48.81	450	9.33
2004	42	12.80	1813	43.17	392	10.71
2005	31	9.45	1077	34.74	484	6.40
总计	328	100.00	16 909	51.55	3389	9.68

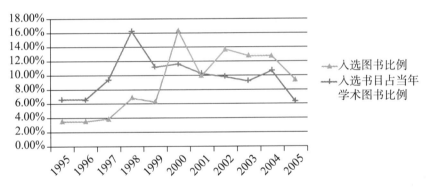

图 1　艺术类核心书目年度入选图书比例及核心图书占当年出版学术图书量的比例

（2）学科分布

入选书目中,艺术理论、绘画、音乐、电影电视艺术类图书占了 65% 以上,可见学界对这些主题领域的研究较为活跃,在这些图书中高等院校教材居多,从一个侧面说明这两个子类的研究可能已较为成熟;相比之下,对书法、雕塑、建筑和摄影的重要研究成果却很缺乏,可能是由于这四个领域操作性都很强,而且对创造性要求较高,更强调艺术创作的天赋和灵感,难以产生成型的理论和研究。

表 3　艺术类入选书目类别分布

主题范围	类目	入选图书量	百分比(%)
总论	J	13	3.96
艺术理论	J0	49	14.94
世界各国艺术概况	J1	32	9.76
绘画	J2	33	10.06

续表

主题范围	类目	入选图书量	百分比(%)
书法、篆刻	J29	10	3.05
雕塑	J3	2	0.61
摄影艺术	J4	0	0.00
工艺美术	J5	22	6.71
建筑艺术	J59	0	0
音乐	J6	98	29.88
舞蹈	J7	14	4.27
戏剧艺术	J8	16	4.88
电影、电视艺术	J9	39	11.89

(3)出版社分布

艺术类入选图书中,共涉及109个出版社。表4中提供了出版入选书目超过4种以上的出版社,由该表可以看出,部分出版社入选图书多且均被引频次也较高,如人民音乐出版社、四川人民出版社、上海音乐出版社;相当部分出版社入选图书数量和均被引频次都相差不大,如人民出版社、中国青年出版社、上海人民出版社等。

表4 艺术类核心书目的出版社排名(部分)

出版社	出版入选书数量	入选书目比例(%)	入选书被引总频次	平均被引频次
四川人民出版社	10	3.05	1419	141.90
人民音乐出版社	24	7.32	2264	94.33
上海音乐出版社	24	7.32	1898	79.08
人民出版社	5	1.52	365	73.00
中国青年出版社	4	1.22	283	70.75
上海人民出版社	5	1.52	320	64.00
湖南文艺出版社	4	1.22	205	51.25
陕西人民美术出版社	4	1.22	205	51.25
文化艺术出版社	11	3.35	550	50.00
中央民族大学出版社	4	1.22	194	48.50
中国人民大学出版社	10	3.05	464	46.40
湖南美术出版社	9	2.74	412	45.78
黑龙江美术出版社	4	1.22	172	43.00
中国美术学院出版社	7	2.13	274	39.14
北京大学出版社	12	3.66	452	37.67
上海教育出版社	4	1.22	142	35.50
上海音乐学院出版社	7	2.13	248	35.43
西南师范大学出版社	6	1.83	202	33.67
高等教育出版社	10	3.05	316	31.60
辽宁美术出版社	5	1.52	158	31.60

艺术类入选书目

造物之美:产品设计的艺术与文化 / 李砚祖著.—北京:中国人民大学出版社,2000(21 世纪素质教育系列教材)
7—300—03061—0

招贴设计 / 汤义勇著.—上海:上海人民美术出版社,2001((中国高等院校艺术设计专业系列))
7—5322—2597—6

钢琴教学法 / 司徒璧春,陈朗秋编著.—重庆:西南师范大学出版社,1999(21 世纪音乐系列丛书)
7—5621—2240—7

构成艺术 / 赵殿泽编著.—沈阳:辽宁美术出版社,2000(工艺美术丛书)
7—5314—0206—8

汉魏六朝书画论 / 潘运告编著.—长沙:湖南美术出版社,1997(中国书画论丛书)
7—5356—0951—1

西方音乐史 / (法)保罗·朗多尔米著;朱少坤,佘熙等译.—北京:人民音乐出版社,2002
7—103—00165—0

中国年画史 / 王树村著.—北京:北京工艺美术出版社,2002
7—80526—287—X

简明钢琴教学法 / 吴铁英,孙明珠著.—北京:华乐出版社,1997
7—80129—021—6

立体构成 / 赵殿泽编著.—沈阳:辽宁美术出版社,2000
7—5314—0920—8

音乐理论基础 / 李重光编.—北京:人民音乐出版社,2000
7—103—00346—7

西方音乐史略 / 李应华著.—北京:人民音乐出版社,2000
7—103—00135—9

贝多芬钢琴奏鸣曲研究 / 郑兴三编著.—厦门:厦门大学出版社,2001
7—5615—0982—0

音乐美学通论 / 修海林,罗小平著.—上海:上海音乐出版社,1999
7—80553—757—7

舞蹈艺术概论 / 隆荫培,徐尔充著.—上海:上海音乐出版社,1997
7—80553—625—2

影视人类学概论 / 张江华等著.—北京:社会科学文献出版社,2000
7—80149—340—0

中国传统音乐概论 / 袁静芳.—上海:上海音乐出版社,2000(中国艺术教育大系)
7—80553—834—4

艺术类型学 / 李心峰著.—北京:文化艺术出版社,1998(20 世纪艺术文库)
7—5039—1709—1

艺术概论 / 丁涛著.—沈阳:辽宁美术出版社,2001(高等艺术院校教材)
7—5314—2811—3

艺术风格学：美术史的基本概念 /（瑞士）海因里希·沃尔夫林著；潘耀昌译.—北京：中国人民大学出版社,2004(朗朗书房)

7—300—05203—7

艺术概论 / 梁玖著.—重庆：西南师范大学出版社,1995(美术考生训练教材)

7—5621—1312—2

美术形态学 / 王林著.—重庆：西南师范大学出版社,2004(美术学学科理论研究新视野)

7—5621—3032—9

现代艺术学导论 / 陈池瑜著.—北京：清华大学出版社,2005(清华艺术学丛书)

7—302—11829—9

艺术学 / 杨恩寰,梅宝树主编.—北京：人民出版社,2001(艺术教育丛书)

7—01—003324—2

艺术概论 / 王宏建编.—北京：文化艺术出版社,2000(中国艺术教育大系)

7—5039—1931—0

艺术教程 / 哈九增著.—2 版.—上海：复旦大学出版社,2000

7—309—02581—4

色彩的文化 /（德）爱娃·海勒著；吴彤译.—北京：中央编译出版社,2004

7—80109—858—7

艺术学概论 / 杨琪著.—北京：高等教育出版社,2003

7—04—011476—3

艺术文化学 / 丁亚平著.—北京：文化艺术出版社,2005

7—5039—2648—1

现代艺术哲学 /（美）H.G.布洛克著；滕守尧译.—成都：四川人民出版社,1998(美学·设计·

艺术教育丛书)

7—220—03957—3

当代艺术的哲学分析 /（德）瓦尔特·比梅尔著；孙周兴,李媛译.—北京：商务印书馆,1999

7—100—02759—4

艺术哲学 /（德）弗·威·谢林著；魏庆征译.—北京：中国社会出版社,1996

7—80088—932—7

现代艺术哲学 /（英）赫伯特·里德著；朱伯雄,曹剑译.—天津：百花文艺出版社,1999

7—5306—1901—2

艺术辨证法：中国艺术智慧形式 / 姜耕玉著.—北京：高等教育出版社,2006

7—04—017189—9

中西美术比较 / 孔新苗,张萍著.—济南：山东画报出版社,2002

7—80603—490—0

艺术心理学新论 / 吕景云,朱丰顺著.—北京：文化艺术出版社,1999(20 世纪艺术文库)

7—5039—1872—1

艺术与物理学：时空和光的艺术观与物理观 /（美）伦纳德·史莱因著；暴永宁,吴伯泽译.—长春：吉林人民出版社,2001(大美译丛)

7—206—03699—6

艺术人类学 / 易中天著.—2 版.—上海：上海文艺出版社,2001(上海文艺学术文库)

7—5321—0938—0

心理学与艺术 / 李璞珉主编.—2 版.—北京：首都师范大学出版社,1996

7—81039—738—9

电脑艺术学 / 黄鸣奋著.—上海：学林出版社,1998

7—80616—530—4

美术学科教学概论 / 杨建滨主编.—武汉：湖北美术出版社,2002

7—5394—1246—1

观念艺术的中国方式:观念与中国当代架上艺术 / 顾丞峰著.—长沙：湖南美术出版社,2002(中国当代艺术倾向丛书.5)

7—5356—1616—X

现代艺术大师论艺术 / (西)毕加索等著;常宁生译.—北京：中国人民大学出版社,2003(朗朗书房)

7—300—04893—5

滕固艺术文集 / 滕固著;沈宁.—上海：上海人民美术出版社,2003

7—5322—3295—6

艺术分析与美学思辩 / 何新著.—北京：时事出版社,2001

7—80009—658—0

设计艺术原理 / 荆雷编著.—济南：山东教育出版社,2002(高等学校设计艺术专业系列教材)

7,5328—3494—8

当代设计的艺术文化学阐释 / 李建盛著.—郑州：河南美术出版社,2002(设计21世纪生活风格)

7—5401—0981—5

设计语义学 / 舒湘鄂著.—武汉：湖北美术出版社,2001

7—5394—1180—5

艺术设计学 / 凌继尧,徐恒醇著.—上海：上海人民出版社,2000

7—208—03507—5

艺术设计美学 / 陈望衡主编.—武汉：武汉大学出版社,2000

7—307—02851—4

数码艺术学 / 黄鸣奋著.—上海：学林出版社,2004

7—80668—834—X

设计与视知觉 / 顾大庆著.—北京：中国建筑工业出版社,2002

7—112—05179—7

形态构成学 / 辛华泉编著.—杭州：中国美术学院出版社,1999(中国艺术教育大系)

7—81019—708—8

色彩艺术学 / 李广元著.—哈尔滨：黑龙江美术出版社,2000(美术学文库)

7—5318—0624—X

色彩设计学 / 黄国松著.—北京：中国纺织出版社,2001(艺术设计系列丛书)

7—5064—1984—X

色彩艺术 / (德)约翰内斯·伊顿著;杜定宇译.—上海：上海世界图书出版公司,1999

7—5062—3329—0

人类的艺术 / (美)亨德里克·房龙著;李龙机译.—西安：陕西师范大学出版社,2005(发现世界系列丛书)

7—5613—3164—9

西方艺术史 / (法)德比奇等著;徐庆平译.—海口：海南出版社,2000

7—80645—816—6

艺术与历史:哈斯克尔的史学成就和西方艺术史的发展 / 曹意强著.—杭州：中国美术学院出版社,2001(学术史丛书)

7—81019—706—1

西方现代艺术.后现代艺术 / 葛鹏仁著.—长春：吉林美术出版社,2000(当代艺术研究书系)

7—5386—1043—X

世界当代艺术史:1960—2000 / 王受之著.—

北京：中国青年出版社,2002(王受之设计史论丛书)

7—5006—4829—4

现代艺术的激变 / (德)沃纳·霍夫曼著;薛华译. —2版. —桂林：广西师范大学出版社,2003(现代艺术理论文化丛书)

7—5633—3422—X

现代与后现代：西方艺术文化小史 / 河清著. —杭州：中国美术学院出版社,1998

7—81019—688—X

后现代主义艺术系谱.上 / 岛子著. —重庆：重庆出版社,2001

7—5366—5119—8

中国艺术的文化阐释 / 张延风著. —北京：人民美术出版社,2003(中国艺术论丛)

7—102—02856—3

中国艺术的生命精神 / 朱良志著. —合肥：安徽教育出版社,1995

7—5336—1690—1

中国美术史 / 王朝闻总主编. —济南：齐鲁书社：明天出版社,2000

7—5333—0470—5

中国美术史教程 / 薄松年主编;蒲松年,陈少丰,张同霞编著. —西安：陕西人民美术出版社,2000

7—5368—1250—7

中国美术史 / 李福顺著. —北京：高等教育出版社,2003

7—04—012208—1

中国艺术精神 / 徐复观著. —上海：华东师范大学出版社,2001

7—5617—2795—X

中国古代艺术思想史 / 刘道广著;东南大学艺

术学研究所编. —上海：上海人民出版社,1998(艺术学研究丛书)

7—208—02738—2

中国美术史 / 洪再新编著. —杭州：中国美术学院出版社,2000(中国艺术教育大系)

7—81019—812—2

楚艺术史 / 皮道坚著. —武汉：湖北教育出版社,1995(楚学文库)

7—5351—1087—8

新中国美术史：1949—2000 / 邹跃进著. —长沙：湖南美术出版社,2002(新中国艺术史)

7—5356—1811—1

艺术学与艺术史文集 / 马采著. —广州：中山大学出版社,1997

7—306—01368—8

西方美术史十五讲 / 丁宁著. —北京：北京大学出版社,2003(名家通识讲座书系)

7—301—06511—6

现代派美术史话 / 崔庆忠著. —北京：人民美术出版社,2004(中国文库·艺术类)

7—102—02958—6

西方现代艺术批判 / 王天兵著. —北京：人民美术出版社,1998

7—102—01947—5

俄罗斯艺术史 / 任光宣著. —北京：北京大学出版社,2000

7—301—04465—8

犍陀罗佛教艺术 / (英)马歇尔著;许建英译. —乌鲁木齐：新疆摄影艺术出版社,1999(西域文化研究译丛)

7—80547—855—4

中国宗教美术史 / 金维诺,罗世平著. —南昌：江西美术出版社,1995

7—80580—158—4

中国古代书画研究十论 / 谢稚柳著.—上海：复旦大学出版社,2004(名家专题精讲)
7—309—03881—9

中国绘画史:插图本 / 郑为著.—北京：北京古籍出版社,2005
7—200—05784—3

中国绘画美学史 / 陈传席著.—北京：人民美术出版社,2000
7—102—01911—4

中西绘画比较 / 洪惠镇著.—石家庄：河北美术出版社,2000(中西美术比较十书)
7—5310—1132—8

中国绘画的历史与审美鉴赏 / 邵彦编著.—北京：中国人民大学出版社,2000(21世纪素质教育系列教材)
7—300—03058—0

中国绘画断代史 / 单国强,薛永年,杜娟等著.—北京：人民美术出版社,2004(中国文库·艺术类)
7—102—02967—5

中国山水画史 / 陈传席著.—修订本.—天津：天津人民美术出版社,2001
7—5305—1442—3

中国绘画通史 / 王伯敏著.—北京：三联书店,2000
7—108—01373—8

中国绘画史:插图本 / 潘公凯著.—上海：上海古籍出版社,2001
7—5325—3079—5

中国绘画艺术史 / 徐书城著.—北京：人民美术出版社,2001
7—102—01994—7

中国油画史 / 刘淳著.—北京：中国青年出版社,2005
7—5006—6397—8

中国绘画思想史 / 邓乔彬著.—贵阳：贵州人民出版社,2001
7—221—05569—6

隋唐绘画史 / 陈绶祥著.—北京：人民美术出版社,2001(中国绘画断代史丛书)
7—102—02176—3

元代绘画史 / 杜哲森著.—北京：人民美术出版社,2000(中国绘画断代史丛书)
7—102—02178—X

具象表现绘画文选 / 许江,焦小健编.—杭州：中国美术学院出版社,2002(断桥·艺术哲学文丛)
7—81083—122—4

国画研究 / 俞剑华著.—桂林：广西师范大学出版社,2005(俞剑华作品系列)
7—5633—5428—X

明代画论 / 潘运告主编;潘运告译注.—长沙：湖南美术出版社,2002(中国书画论丛书)
7—5356—1767—0

中国绘画艺术论 / 彭修银著.—太原：山西教育出版社,2001(中国艺术论丛书)
7—5440—2097—5

中国古代画论类编 / 俞剑华编著.—2版修订本.—北京：人民美术出版社,2000
7—102—01442—2

中国绘画学概论 / 王菊生著.—长沙：湖南美术出版社,1998
7—5356—1034—X

中国画论与中国美学 / 刘墨著.—北京：人民美术出版社,2003(中国艺术论丛)
7—102—02824—5

中国山水画史略 / 徐英槐著. —杭州:浙江大学出版社,2003

7—308—03360—0

笔墨论 / 林木著. —上海:上海画报出版社,2002

7—80530—879—9

现代西方素描鉴赏与研究 / 靳尚谊主编. —天津:天津人民出版社,1996

7—5305—0445—2

中国版画通史 / 王伯敏著. —石家庄:河北美术出版社,2002

7—5310—1800—4

动画概论 / 贾否,路盛章著. —北京:北京广播学院出版社,2002(21世纪动画基础教程)

7—81085—029—6

20世纪中国动画艺术史 / 张慧临著. —西安:陕西人民美术出版社,2002(二十世纪中国动画史及二十一世纪中国动画发展战略丛书)

7—5368—1488—7

中国壁画史 / 楚启恩著. —北京:北京工艺美术出版社,2000

7—80526—279—9

美术及其教育 / 尹少淳著. —长沙:湖南美术出版社,1995(跨世纪美术教育研究丛书)

7—5356—0723—3

中国书法史 / 钟明善著. —2版. —石家庄:河北美术出版社,2001

7—5310—0360—0

造型艺术中的形式问题 / (德)阿道夫·希尔德勃兰特著;潘耀昌等译. —北京:中国人民大学出版社,2004

7—300—05554—0

中国雕塑史 / 梁思成著. —天津:百花文艺出

版社,1997

7—5306—2558—6

现代美术教育学 / 张小鹭著. —重庆:西南师范大学出版社,2002(21世纪美术教育丛书)

7—5621—2505—8

艺术教育学 / 贺志朴,姜敏著. —北京:人民出版社,2001(艺术教育丛书)

7—01—003327—7

中国近现代美术教育史 / 潘耀昌编著. —杭州:中国美术学院出版社,2002(中国艺术教育大系)

7—81083—000—7

中国艺术设计教育发展历程研究 / 袁熙旸著. —北京:北京理工大学出版社,2003

7—81045—904—X

美术教育学 / 高师《美术教育学》教材编写组编. —北京:高等教育出版社,1998

7—04—006359—X

美术教学理论与方法 / 钱初熹著. —北京:高等教育出版社,2005

7—04—016219—9

中国丝绸艺术史 / 赵丰著. —修订版. —北京:文物出版社,2005

7—5010—1763—8

中国陶瓷绘画艺术史 / 孔六庆著. —南京:东南大学出版社,2004

7—81089—104—9

新工艺文化论:人类造物观念大趋势 / 方李莉著. —北京:清华大学出版社,1995

7—302—02026—4

设计艺术美学 / 章利国著. —济南:山东教育出版社,2002(高等学校设计艺术专业系列教材)

7—5328—3495—6

视觉传达设计的历史与美学／李砚祖主编;芦影编著.—北京:中国人民大学出版社,2000(21世纪素质教育系列教材)

7—300—03063—7

设计概论／赵农著.—西安:陕西人民美术出版社,2000(艺术院校系列教材)

7—5368—1300—7

外国艺术设计史／邬烈炎,袁熙旸著.—沈阳:辽宁美术出版社,2001(高等艺术院校教材)

7—5314—2710—9

设计史／朱铭,荆雷著.—济南:山东美术出版社,1995(设计家丛书)

7—5330—0924—X

世界平面设计史／王受之著.—北京:中国青年出版社,2002(王受之设计史论丛书)

7—5006—4830—8

中国现代艺术设计史／陈瑞林著.—长沙:湖南科学技术出版社,2002(白马设计学丛书)

7—5357—3310—7

中国设计思想发展简史／王荔著.—长沙:湖南科学技术出版社,2003(白马设计学丛书)

7—5357—3809—5

中国设计艺术史纲／朱和平著.—长沙:湖南美术出版社,2003(高等美术教育丛书)

7—5356—1918—5

中国艺术设计史／夏燕靖著.—沈阳:辽宁美术出版社,2001(高等艺术院校教材)

7—5314—2680—3

中国民间吉祥艺术／李振球,乔晓光著.—哈尔滨:黑龙江美术出版社,2000

7—5318—0641—X

手艺的思想／杭间著.—济南:山东画报出版社,2001

7—80603—529—X

中国艺术设计史／赵农著.—西安:陕西人民美术出版社,2004

7—5368—1750—9

中国纹样史／田自秉,吴淑生,田青著.—北京:高等教育出版社,2003

7—04—013542—6

包装设计研究／曾景祥,肖禾编著.—长沙:湖南美术出版社,2002(设计教育丛书)

7—5356—1687—9

广告与视觉传达／何洁等著.—北京:中国轻工业出版社,2003(中国广告活动的现状与未来系列丛书)

7—5019—3812—1

影视广告学／聂鑫著.—北京:文化艺术出版社,1999

7—5039—1902—7

中国民间艺术论／王毅著.—太原:山西教育出版社,2000(中国艺术论丛书)

7—5440—1964—0

中国民间美术／孙建君主编;全国中等职业学校实用美术类专业类专业教材编写组编.—北京:高等教育出版社,2000

7—04—008198—9

展示设计／朱淳编著.—杭州:中国美术学院出版社,1995(环境艺术设计丛书)

7—81019—384—8

西方音乐／(德)Hans Heinrich Eggebrecht著;刘经树译.—长沙:湖南文艺出版社,2005(20世纪西方音乐学名著译丛)

7—5404—3449—X

西方音乐美学史／(美)恩里科·福比尼著著;修子建译.—长沙:湖南文艺出版社,2005(20

世纪西方音乐学名著译丛)

7—5404—3387—6

现代和声与中国作品研究 / 王安国著.—重庆：西南师范大学出版社,2004(21世纪新音乐理论丛书)

7—5621—3041—8

音乐的"语幸境"：一种音乐解释学视域 / 谢嘉幸著.—上海：上海音乐学院出版社,2005(音乐博士学位论文系列)

7—80692—153—2

中国乐律学探微：陈应时音乐文集 / 陈应时著.—上海：上海音乐学院出版社,2004(音乐论著丛书)

7—80692—032—3

音乐教育的实践与理论研究 / 刘沛著.—上海：上海音乐出版社,2004(中国音乐学院丛书)

7—80667—568—X

高师声乐教学法 / 张婉编著.—广州：广东高等教育出版社,2004

7—5361—3060—0

音乐教育论 / 郭声健著.—长沙：湖南文艺出版社,2004

7—5404—3388—4

声乐教学泛论 / 唐琳编著.—上海：上海音乐学院出版社,2004

7—80692—085—4

高师音乐教育学概论 / 李德隆著.—上海：上海音乐学院出版社,2004

7—80692—048—X

音乐史论问题研究 / 于润洋著.—北京：中央音乐学院出版社,2004

7—81096—077—6

西方音乐美学史稿 / 何乾三著.—北京：中央

音乐学院出版社,2004

7—81096—041—5

音乐与文学 / 罗小平编著.—北京：人民音乐出版社,1995(音乐文化小丛书)

7—103—01295—4

音乐中的文化与文化中的音乐 / 洛秦著.—上海：上海书画出版社,2004(中国艺术院校艺术研修丛书)

7—80672—931—3

音乐教育心理学概论 / 赵宋光主编.—上海：上海音乐出版社,2003

7—80667—295—8

未完成音乐美学 / 茅原著.—上海：上海人民出版社,1998(艺术学研究丛书)

7—208—02771—4

中国古代音乐美学 / 修海林著.—福州：福建教育出版社,2004(中国传统音乐学丛书)

978—7—5334—3965—1

音乐美的构成 /（日）渡边护著；张前译.—北京：人民音乐出版社,1996

7—103—01397—7

音乐美学新论 / 王次炤著.—北京：中央音乐学院出版社,2003

7—81096—013—X

歌词创作美学 / 许自强著.—北京：首都师范大学出版社,2000

7—81064—087—9

音乐美学史学论稿 / 于润洋著.—2版.—北京：人民音乐出版社,2004

7—103—02808—7

音乐表演艺术论稿 / 张前著.—北京：中央民族大学出版社,2004(现代远程音乐教育丛书)

7—81056—936—8

音乐表演艺术原理与应用 / 杨易禾著.—合肥：安徽文艺出版社,2002

7—5396—2254—7

西方音乐:从现代到后现代 / 宋瑾著.—上海：上海音乐出版社,2004(中央音乐学院丛书)

7—80667—409—8

民族民间音乐概论 / 刘正雄编著.—重庆：西南师范大学出版社,2005(21 世纪新音乐理论丛书)

7—5621—3040—X

中国民间音乐 / 伍国栋著.—2 版.—杭州：浙江教育出版社,1995(中国民间文化丛书)

7—5338—1839—3

民族音乐学概论 / 杜亚雄著.—长沙：湖南文艺出版社,2002

7—5404—2698—5

中国民间音乐概论 / 周青青著.—北京：人民音乐出版社,2003

7—103—02699—8

民族音乐学概论 / 伍国栋著.—北京：人民音乐出版社,1997

7—103—01423—X

中国少数民族音乐概论 / 杜亚雄编著.—上海：上海音乐出版社,2002(中国艺术教育大系·音乐卷)

7—80667—092—0

中国传统民间仪式音乐研究.西北卷 / 曹本冶主编.—昆明：云南人民出版社,2003

7—222—03900—7

中国音乐的人文阐释 / 刘承华著.—上海：上海音乐出版社,2002

7—80667—284—2

民族音乐学视野中的传统音乐 / 伍国栋著.—

上海：上海音乐出版社,2002

7—80667—285—0

中国传统民歌艺术 / 周耘著.—武汉：武汉出版社,2003

7—5430—2926—X

侗族大歌研究五十年 / 张中笑,杨方刚主编.—贵阳：贵州民族出版社,2003

7—5412—1129—X

土家族哭嫁歌之音乐特征与社会涵义 / 余咏宇著.—北京：中央民族大学出版社,2002(土家族研究丛书)

7—81056—650—4

贝叶礼赞:傣族南传佛教节庆仪式音乐研究 / 杨民康著.—北京：宗教文化出版社,2003(宗教学博士文库)

7—80123—465—0

中国古代音乐史稿 / 杨荫浏著.—北京：人民音乐出版社,2004(中国文库:第一辑·艺术类)

7—103—02869—9

西方音乐史简编 / 沈旋,谷文娴,陶辛编.—上海：上海音乐出版社,1999

7—80553—766—6

西方音乐史 / (法)保罗·朗多尔米著;朱少坤等译.—修订版.—北京：人民音乐出版社,2002

7—103—00165—0

西方音乐体裁及形式的演进 / 钱亦平,王丹丹著.—上海：上海音乐学院出版社,2003

7—80692—033—1

中国音乐美学史 / 蔡仲德著.—2 版.—北京：人民音乐出版社,2003

7—103—02770—6

蒙古族音乐史 / 乌兰杰著.—呼和浩特：内蒙古人民出版社,1998

7—204—04055—4

山西乐户研究 / 项阳著. —北京：文物出版社，2001

7—5010—1299—7

中国音乐的历史与审美 / 修海林，李吉提著. —北京：中国人民大学出版社，1999

7—300—03033—5

中国民族声乐史 / 管林著. —北京：中国文联出版公司，1998

7—5059—2763—9

中国少数民族音乐史 / 袁炳昌，冯光钰主编. —北京：中央民族大学出版社，1998

7—81056—051—4

中国古代音乐教育 / 修海林著. —上海：上海教育出版社，1997（学校艺术教育研究丛书）

7—5320—5265—6

中国古代音乐史简述 / 刘再生著. —2版修订版. —北京：人民音乐出版社，2000

7—103—03073—1

先秦音乐史 / 李纯一著. —修订版. —北京：人民音乐出版社，2005

7—103—02788—9

中国古代音乐史学概论 / 郑祖襄著. —北京：人民音乐出版社，1998

7—103—01698—4

新中国音乐史：1949—2000 / 居其宏著. —长沙：湖南美术出版社，2002（新中国艺术史）

7—5356—1807—3

西方音乐史 / 朱秋华著. —北京：北京大学出版社，2002（北京大学素质教育通选课教材）

7—301—05814—4

西方音乐文化 / 蔡良玉著. —北京：人民音乐出版社，1999（音乐自学丛书）

7—103—01861—8

西方音乐史 / 叶松荣主编. —北京：高等教育出版社，2003（中学教师进修高等师范本科（专科起点）教材）

7—04—012217—0

西方音乐史 / （美）唐纳德·杰·格劳特，克劳德·帕利斯卡著；汪启璋等译. —北京：人民音乐出版社，1996

7—103—01310—1

欧洲声乐史 / 刘新丛，刘正夫著. —北京：中国青年出版社，1999

7—5006—3487—0

音乐声学：音乐·乐器·计算机音乐·MIDI·音乐厅声学原理及应用 / 龚镇雄著. —北京：电子工业出版社，1995

7—5053—2700—3

中国五声性调式和声的理论与方法 / 樊祖荫著. —上海：上海音乐出版社，2003（作曲技术理论丛书）

7—80667—292—3

中国民歌旋律形态 / 杨瑞庆著. —上海：上海音乐出版社，2002

7—80667—088—2

声乐学基础 / 石惟正著. —北京：人民音乐出版社，2002（声乐艺术教育丛书）

7—103—02475—8

声乐教学法 / 石惟正著. —天津：百花文艺出版社，1996

7—5306—2229—3

声乐美学导论 / 范晓峰著. —上海：上海音乐出版社，2004

7—80667—415—2

声乐理论与教学 / 赵震民著. —上海：上海音乐出版社, 2002

7—80667—103—X

歌唱的艺术 / 薛良著. —2 版. —北京：中国文联出版公司, 1997

7—5059—0451—5

歌唱的方法 / 薛良著. —2 版. —北京：中国文联出版公司, 1997

7—5059—2508—3

歌唱学: 沈湘歌唱学体系研究 / 邹本初著. —北京：人民音乐出版社, 2000

7—103—02186—4

民族歌唱方法研究 / 白秉权著. —西安：陕西人民出版社, 1996

7—224—04087—8

声乐心理学 / 徐行效著. —北京：科学出版社, 2003

7—03—010967—8

西方声乐艺术史 / 管谨义著. —北京：人民音乐出版社, 2005(声乐艺术教育丛书)

7—103—03019—7

欧洲声乐发展史 / 尚家骧著. —北京：华乐出版社, 2003

7—80129—070—4

西方钢琴艺术史 / 周薇著. —上海：上海音乐出版社, 2003(中国艺术教育大系)

7—80667—236—2

中国弓弦乐器史 / 项阳著. —北京：国际文化出版公司, 1999

7—80105—776—7

音乐教育的哲学 / (美)贝内特·雷默著; 熊蕾译. —北京：人民音乐出版社, 2003(20 世纪学校音乐教育理论与实践丛书)

7—103—02652—1

音乐学科教育学 / 曹理, 何工著. —北京：首都师范大学出版社, 2000(学科教育学大系)

7—81064—145—X

达尔克罗兹音乐教育理论与实践 / 蔡觉民, 杨立梅编著. —上海：上海教育出版社, 1999(学校艺术教育研究丛书)

7—5320—6089—6

音乐艺术教育 / 齐易, 张文川著. —北京：人民出版社, 2002(艺术教育丛书)

7—01—003545—8

20 世纪中国学校音乐教育 / 马达著. —上海：上海教育出版社, 2002(中国学校音乐教育 20 世纪发展史)

7—5320—8534—1

高师音乐教育学 / 王耀华等编著. —福州：福建人民出版社, 1996

7—211—02828—9

钱仁康音乐文选 / 钱亦平编; 钱仁康著. —上海：上海音乐出版社, 1997

7—80553—570—1

舞蹈解剖学 / 高云著. —北京：高等教育出版社, 2004(高等教育出版社)

7—04—015535—4

高教舞蹈综论 / 于平著. —北京：文化艺术出版社, 2004

7—5039—2584—1

舞蹈概论 / (美)约翰·马丁著; 欧建平译. —北京：文化艺术出版社, 2005(艺术馆丛书)

7—5039—2649—X

舞蹈学导论 / 吕艺生著. —上海：上海音乐出版社, 2003(中国艺术教育大系)

7—80667—318—0

中外舞蹈思想概论 / 于平著. —北京：人民音乐出版社,2002

7—103—02451—0

舞蹈创作心理学 / 胡尔岩编著. —2 版. —北京：中国戏剧出版社,1998

7—104—00665—6

人体律动美育 / 郑慧慧著. —上海：上海教育出版社,2000(学校美育丛书)

7—5320—6942—7

中国舞蹈发展史 / 王克芬著. —增补修订本. —上海：上海人民出版社,2003

7—208—04633—6

中国近现代当代舞蹈发展史：1840—1996 / 王克芬,隆荫培主编. —北京：人民音乐出版社,1999

978—7—103—01807—1

中国少数民族舞蹈史 / 纪兰慰,邱久荣主编. —北京：中央民族大学出版社,1998

7—81056—158—8

中国民族民间舞教学法 / 潘志涛主编. —上海：上海音乐出版社,2004(北京舞蹈学院十五规划教材)

7—80667—636—8

西方芭蕾史纲 / 朱立人著. —上海：上海音乐出版社,2001(中国艺术教育大系)

7—80553—940—5

体育舞蹈的理论与实践 / 吴谋,张海莉主编. —上海：复旦大学出版社,1999

7—309—02361—7

西方音乐剧史 / 慕羽著. —上海：上海音乐出版社,2004(北京舞蹈学院"十五"规划教材)

7—80667—552—3

中国戏曲概论 / 吴梅著;冯统一点校. —北京：中国人民大学出版社,2004(国学基础文库)

7—300—05895—7

中国戏曲史 / 廖奔著. —上海：上海人民出版社,2004(专题史系列丛书·第一批)

7—208—05327—8

戏曲美学 / 苏国荣著. —北京：文化艺术出版社,1996(戏曲史论丛书)

7—5039—1353—3

中国戏曲审美文化论 / 施旭升著. —北京：北京广播学院出版社,2002(戏剧戏曲学书系)

7—81085—120—9

戏曲艺术论 / 路应昆著. —北京：北京广播学院出版社,2002(戏剧戏曲学书系)

7—81085—067—9

中国戏曲史略 / 余从等著;周育,金水著. —北京：人民音乐出版社,2003

7—103—01125—7

中国戏曲发展史. 第一卷 / 廖奔,刘彦君著. —太原：山西教育出版社,2003

7—5440—1705—2

中国戏曲文化 / 周育德著. —北京：中国友谊出版公司,1996

7—5057—1273—X

中国古代剧场史 / 廖奔著. —郑州：中州古籍出版社,1997(中国传统文化研究丛书)

7—5348—1531—2

中国戏剧学史稿 / 叶长海著. —北京：中国戏剧出版社,2005

7—104—01831—X

西方演剧史论稿 / 吴光耀著. —2 版. —北京：中国戏剧出版社,2002

7—104—01406—3

中国戏剧艺术论 / 傅谨著. —太原：山西教育

出版社,2000(中国艺术论丛书)

7—5440—1966—7

中国戏剧美学的文化阐释 / 姚文放著.—北京：中国人民大学出版社,1997

7—300—02193—X

中国曲艺史 / 蔡源莉,吴文科著.—北京：文化艺术出版社,1998(中国艺术简史丛书)

7—5039—1614—1

歌剧概论 / 钱苑,林华著.—上海：上海音乐出版社,2003

7—80667—232—X

音乐剧概论 / 黄定宇著.—北京：中国戏剧出版社,2003(纵横娱乐经济文库)

7—104—01580—9

中国电影艺术史 / 周星著.—北京：北京大学出版社,2005(北京大学影视艺术丛书)

7—301—06863—8

当代中国影视文化研究 / 陈旭光著.—北京：北京大学出版社,2004(北京大学影视艺术丛书)

7—301—07080—2

中国电影史 / 倪骏作者.—北京：中国电影出版社,2004(中央戏剧学院系列教材:影视专业)

7—106—02096—6

电影批评 / 戴锦华著.—北京：北京大学出版社,2004

7—301—06948—0

电视艺术学 / 高鑫著.—北京：北京师范大学出版社,1998(电视学系列教程)

7—303—04526—0

世界电影理论思潮 / 游飞,蔡卫著.—北京：中国广播电视出版社,2002(二十一世纪中国影视艺术系列丛书)

7—5043—3804—4

电影的形式与文化 / （美）罗伯特·考克尔著;郭青春译.—北京：北京大学出版社,2004(未名译库)

7—301—06097—1

电影艺术:形式与风格 / （美）大卫·波德维尔,克莉丝汀·汤普森著;彭吉象等译.—北京：北京大学出版社,2003(未名译库)

7—301—06098—X

理论与批评:全球化语境下的影像与思维 / 王志敏,杜庆春主编.—北京：中国电影出版社,2004(新世纪电影学论丛)

7—106—02081—8

中国电视文艺学 / 张凤铸主编.—北京：北京广播学院出版社,1999

7—81004—805—8

电影艺术理论 / 周安华著.—北京：中国广播电视出版社,2005

7—5043—4515—6

视听语言:影像与声音 / 宋杰著.—北京：中国广播电视出版社,2001

7—5043—3754—4

影视美学 / 彭吉象著.—北京：北京大学出版社,2002(北京大学影视艺术丛书)

7—301—04931—5

影视美学导论 / 金丹元著.—上海：上海大学出版社,2001(明天影视艺术技术丛书)

7—81058—397—2

电影美学 / （匈）巴拉兹·贝拉著;何力译.—2版.—北京：中国电影出版社,2003(世界电影理论名著译丛)

7—106—00351—4

影视审美学 / 王世德著.—北京：北京广播学院出版社,1999

7—81004—758—2

影视类型学 / 郝建著.—北京：北京大学出版社,2002（北京大学影视艺术丛书）

7—301—05689—3

影视艺术新论 / 张凤铸等著.—北京：北京广播学院出版社,2000（电影学书系）

7—81004—888—0

影视艺术教育 / 姜敏著.—北京：人民出版社,2003（艺术教育丛书）

7—01—003802—3

影视批评学 / 李道新著.—北京：北京大学出版社,2002（北京大学影视艺术丛书）

7—301—05487—4

影视艺术鉴赏学 / 孙宜君著.—北京：中国广播电视出版社,2002

7—5043—3935—0

世纪转折时期的中国影视文化 / 尹鸿著.—北京：北京出版社,1998（跨世纪青年学者文库）

7—200—03421—5

新时期电影文化思潮 / 饶朔光,裴亚莉著.—北京：中国广播电视出版社,1997（新时期电影研究丛书）

7—5043—2964—9

20 世纪中国电影理论文选 / 罗艺军主编.—北京：中国电影出版社,2003

7—106—01913—5

影视文化学 / 陈默著.—北京：北京广播学院出版社,2001（电影学书系）

7—81004—916—X

电影史：理论与实践 / （美）罗伯特. C. 艾伦,道格拉斯·戈梅里著；李迅译.—北京：中国电影出版社,1997

7—106—01233—5 / 7—106—01232—7

外国电影史 / 郑亚玲,胡滨著.—北京：中国

广播电视出版社,1995

7—5043—2727—1

中国动画电影史 / 颜慧,索亚斌著.—北京：中国电影出版社,2005（百年中国电影研究书系）

7—106—02381—7

中国武侠电影史 / 贾磊磊著.—北京：文化艺术出版社,2005（电影丛书）

7—5039—2639—2

影视文化论稿 / 胡智锋著.—北京：北京广播学院出版社,2001（电影学书系·中外影视研究系列丛书）

7—81004—988—7

中国电视史 / 张庆,胡星亮主编.—北京：中央广播电视大学出版社,1997（南京大学戏剧影视学丛书）

7—304—01181—5

中国电视史 / 郭镇之著.—北京：文化艺术出版社,1997（中国艺术简史丛书）

7—5039—1616—8

中国电影文化史：1905—2004 / 李道新著.—北京：北京大学出版社,2004

7—301—08438—2

中国无声电影史 / 郦苏元,胡菊彬著.—北京：中国电影出版社,1996

7—106—01166—5

中国电影史 / 钟大丰,舒晓鸣著.—北京：中国广播电视出版社,1995

7—5043—2784—0

影视声音艺术 / 李南著.—北京：中国广播电视出版社,2001（影视传播艺术与技术丛书）

7—5043—3876—1

影视译制概论 / 麻争旗著.—北京：中国传媒大学出版社,2005

7—81085—512—3

电影叙事学:理论和实例 / 李显杰著.—北京:中国电影出版社,2000(电影学新论丛书)
7—106—01512—1

设计色彩学 / 张宪荣,张萱编著.—北京:化学工业出版社,2003(高等学校教材)
7—5025—4593—X

音乐教育科学研究方法 / 马达著.—上海:上海音乐出版社,2005(高等音乐教育新视野丛书)
7—80667—793—3

设计形态语义学:艺术形态语义 / 陈慎任等著.—北京:化学工业出版社,2005(工业设计专业规划教材)
7—5025—6551—5

书法的形态与阐释 / 邱振中著.—北京:中国人民大学出版社,2005(朗朗书房)
7—300—06558—9

中国民间美术学导论 / 唐家路,潘鲁生著.—哈尔滨:黑龙江美术出版社,2000(美术学文库)
7—5318—0625—8

美术教育学 / 程明太著.—哈尔滨:黑龙江美术出版社,2000(美术学文库)
7—5318—0744—0

艺术创造与艺术教育 / (美)布朗,科赞尼克著;马壮寰译.—成都:四川人民出版社,2000(美学·设计·艺术教育丛书)
7—220—04249—3

艺术与视知觉 / (美)鲁道夫·阿恩海姆著;滕守尧译.—成都:四川人民出版社,1998(美学·设计·艺术教育丛书)
7—220—03958—1

西方艺术教育史 / (美)阿瑟·艾夫兰著;邢莉,常宁生译.—成都:四川人民出版社,2000(美学·设计·艺术教育丛书)
7—220—04548—4

艺术批评与艺术教育 / (美)沃尔夫,吉伊根著;滑明达译.—成都:四川人民出版社,1998(美学设计艺术教育丛书)
7—220—04252—3

美学与艺术教育 / (美)帕森斯,布洛克著;李中泽译.—成都:四川人民出版社,1998(美学设计艺术教育丛书)
7—220—04248—5

艺术史与艺术教育 / (美)艾迪斯,埃里克森著;宋献春,伍桂红译.—成都:四川人民出版社,1998(美学设计艺术教育丛书)
7—220—04250—7

非物质社会:后工业世界的设计,文化与技术 / (法)马克·第亚尼编著;滕守尧译.—成都:四川人民出版社,1998(美学设计艺术教育丛书)
7—220—03961—1

艺术教育:批评的必要性 / (美)列维,史密斯著;王柯平译.—成都:四川人民出版社,1998(美学设计艺术教育丛书)
7—220—04251—5

中国戏剧史 / 徐慕云著;躲斋导读.—上海:上海古籍出版社,2001(蓬莱阁丛书)
7—5325—2823—5

书法与中国文化 / 欧阳中石等著.—北京:人民出版社,2000(中国文化新论丛书)
7—01—003002—2

中国近现代音乐史 / 汪毓和著.—修订版.—北京:人民音乐出版社,2005(中国文库)
7—103—02989—X

西方音乐通史 / 于润洋主编.—上海:上海音乐出版社,2001(中国艺术教育大系.音乐卷)
7—80553—950—2

中国书法史. 清代卷 / 刘恒著.—2 版.—南京：江苏教育出版社,2002

7—5343—3672—4

中国书法史. 元明卷 / 黄惇著.—3 版.—南京：江苏教育出版社,2005

7—5343—3670—8

艺术即经验 /（美）杜威著；高建平译.—北京：商务印书馆,2005

7—100—04511—8

创意产业经济学:艺术的商业之道 /（美）理查德. E. 凯夫斯著；孙绯等译.—北京：新华出版社,2004

7—5011—6664—1

创意产业经济学 /（美）理查德. E. 凯夫斯著；孙绯等译.—北京：新华出版社,2004

艺术的起源 /（德）恩斯特·格罗塞著；杨泽译.—北京：京华出版社,2000

7—80600—531—5

中国书法史. 两汉卷 / 华人德著.—南京：江苏教育出版社,1999

978—7—5343—8661—9

中国书法史. 宋辽金卷 / 曹宝麟著.—南京：江苏教育出版社,1999

7—5343—3668—6

中国书法史. 隋唐五代卷 / 朱关田著.—南京：江苏教育出版社,1999

7—5343—3671—6

中国书法史. 魏晋南北朝卷 / 刘涛著.—南京：江苏教育出版社,2002

7—5343—3710—0

色彩与图形视觉原理:关于看的艺术与科学 / 古大治,傅师申,杨仁鸣著.—北京：科学出版社,2000

7—03—008308—3

艺术与创生:生态式艺术教育概论 / 滕守尧著.—西安：陕西师范大学出版社,2002

7—5613—2317—4

文艺的绿色之思:文艺生态学引论 / 曾永成著.—北京：人民文学出版社,2000

7—02—003122—6

艺术学:问题域和焦点的扫描 / 山西大学艺术学研究所编著.—北京：中国社会科学出版社,2005

7—5004—5025—7

歌剧音乐分析 / 张筠青著.—北京：高等教育出版社,2004

7—04—016023—4

现代西方音乐哲学导论 / 于润洋著.—长沙：湖南教育出版社,2000

7—5355—3107—5

美术教学论 / 王大根著.—上海：华东师范大学出版社,2000

7—5617—2235—4

莫扎特钢琴奏鸣曲研究 / 郑兴三著.—厦门：厦门大学出版社,2000

7—5615—1549—9

音乐微格教学法 / 郁正民著.—上海：上海音乐出版社,2004

7—80667—436—5

音乐审美心理学教程 / 林华著.—上海：上海音乐学院出版社,2005

7—80692—167—2

音乐社会学 / 曾遂今著.—上海：上海音乐学院出版社,2004

7—80692—096—X

历史、地理类入选书目分析

唐晓艳

一、总体情况

历史、地理类(K类)共获取 1995—2005 年 11 年间书目数据 80 877 条,根据本课题学术图书筛选标准,该类最终获得学术类图书 21 900 种,利用 Google Scholar 查询被引情况,得知有引用的图书 9108 种,具体各年的统计结果见表 1。

表 1　学术类图书情况统计

年份	查重后数据	学术类图书		有被引记录的图书		学术图书总被引频次
		数量	占该年图书的比例(%)	数量	占学术类图书的比例(%)	
1995	5414	1390	25.70	560	40.00	3765
1996	6000	1485	24.75	664	45.00	3487
1997	5719	1272	22.24	557	44.00	4292
1998	6901	1461	21.17	721	49.00	4313
1999	7299	1791	24.54	808	45.00	7079
2000	8743	2120	24.25	875	41.00	6833
2001	7459	1977	26.5	906	46.00	5974
2002	7898	2221	28.12	873	39.00	5494
2003	7319	2223	30.37	861	39.00	6037
2004	8708	2705	31.06	1049	39.00	4763
2005	9417	3255	34.57	1234	38.00	5109
总计	80 877	21 900		9108		57 146

运用二八定律,依据被引频次总量的 80%,选出每年对应种数的学术性价值较高的书目,共 2764 种,各年的入选图书种数与被引频次情况详见表 2。

表 2　入选图书统计

年份	最低被引频次	种数	占该年有被引记录图书的比例(%)	总被引频次	占该年学术图书总被引频次的比例(%)
1995	5	160	29	3059	81
1996	4	248	37	2786	80
1997	6	136	24	3435	80

续表

年份	最低被引频次	种数	占该年有被引记录图书的比例(%)	总被引频次	占该年学术图书总被引频次的比例(%)
1998	5	246	34	3396	79
1999	7	229	28	5699	81
2000	6	231	26	5523	81
2001	5	271	30	4787	80
2002	5	284	32	4386	80
2003	6	232	27	4760	79
2004	4	341	33	3694	78
2005	3	386	31	4075	80
总计		2764		45 600	

观察表1和表2可以看出,1995—2005年K大类的图书出版总量、学术类图书出版数量、有引用的图书数量以及入选图书数量总体呈逐年增加的趋势。

根据相应的比例绘制图1,可以发现从1995—2005年有被引记录图书与入选图书所占比例基本比较平稳,一直处于小幅的波动,其中有被引记录的图书所占比例基本维持在40%—50%之间,入选图书所占比例一般在30%左右,基本符合二八定律;而学术类图书的比例则逐年缓慢上升,说明对历史、地理类的研究热度在不断增加。

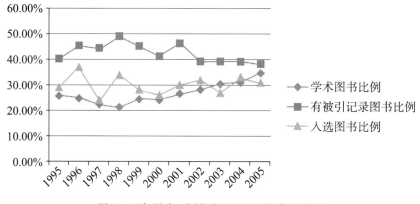

图1　历年学术、有被引及入选图书占比情况

二、入选书目出版规律分析

（1）出版年份及引文量分布

综合K类入选书目,统计历年的入选数量与引文量分布情况。如表3和图2所示,可以看出,入选书目中,各年的入选数量所占比例总体呈波浪式上升趋势,且在1997年有较大幅度的降低,又在2003年之后大幅上升;各年引文量所占的比例呈中间高两头低的态势,在

1999 年达到了峰值。

分析原因,入选书目的数量总体上升与出版总量的逐年增加有关,同时本课题是基于被引次数作为评价指标,因此高被引次数图书的多少也会影响当年入选数量;另外,被引次数需要累积一定的年限,同时具有一定的时效性,因此并不意味着累积时间越长,被引次数就越高,而是有一个时间的临界值,这会导致引文量所占比例中间高两头低。

表3 1995—2005 年入选书目年份及引文量分布

年份	数量(种)	所占比例(%)	引文量(次)	所占比例(%)
1995	160	5.79	3059	6.71
1996	248	8.97	2786	6.11
1997	136	4.92	3435	7.53
1998	246	8.9	3396	7.45
1999	229	8.29	5699	12.50
2000	231	8.36	5523	12.11
2001	271	9.8	4787	10.50
2002	284	10.27	4386	9.62
2003	232	8.39	4760	10.44
2004	341	12.34	3694	8.10
2005	386	13.97	4075	8.94
总和	2764	100.00	45600	100.00

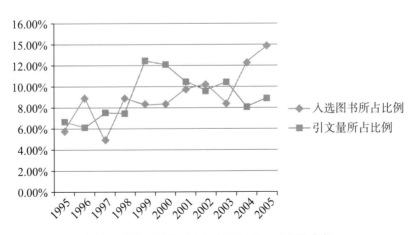

图 2 1995—2005 年入选书目年份及引文量分布

(2)学科分布

历史、地理类的入选书目中,对中国史的研究最多,占到了近 40%;其次是传记类,有 21.71%;而其他类,尤其是非洲史、大洋洲史,入选比例很低,分别仅有 0.29% 和 0.11%,详见表 4 与图 3。

表4　1995—2005年历史、地理类入选书目学科分布

类目	中图分类号	入选书目	所占比例(%)
史学理论	K0	125	4.52
世界史	K1	94	3.40
中国史	K2	1073	38.82
亚洲史	K3	66	2.39
非洲史	K4	8	0.29
欧洲史	K5	87	3.15
大洋洲史	K6	3	0.11
美洲史	K7	31	1.12
传记	K81,K82,K83	600	21.71
文物考古	K85,K86,K87,K88	319	11.54
风俗习惯	K89	192	6.95
地理	K9	166	6.01
总计		2764	100.00

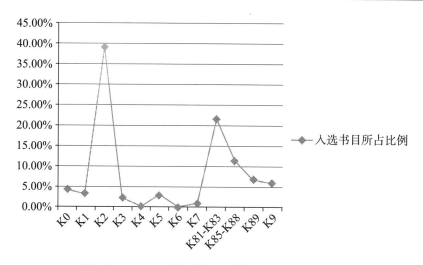

图3　1995—2005年历史、地理类入选书目学科分布

（3）出版社分布

对出版社按入选书目种数进行排序,取前20名,共得到21家出版社。如表5与图4所示,平均被引次数的高低并不与入选书目数量的多少一致,中国社会科学出版社的入选种数排在第一,但其平均被引次数却并不高,而三联书店尽管入选书目数量仅排在第15位,但其平均被引次数却是最高的,达84次之多。仅有五家出版社的入选书目数量与平均被引次数均排在前十位,它们是:上海人民出版社、北京大学出版社、人民出版社、上海古籍出版社和商务印书馆,这些出版社在历史、地理类具有较强的实力。

表5 1995—2005 年历史、地理类入选书目出版社分布情况

序号	出版社	入选书目数量(种)	总被引次数	平均被引次数
1	中国社会科学出版社	101	1503	14.9
2	上海人民出版社	85	2496	29.4
3	中华书局	79	1223	15.5
4	民族出版社	78	1038	13.3
5	北京大学出版社	67	1233	18.4
6	人民出版社	64	1122	17.5
7	上海古籍出版社	62	1357	21.9
8	商务印书馆	62	1502	24.2
9	社会科学文献出版社	57	1061	18.6
10	文物出版社	53	559	10.5
11	广西师范大学出版社	46	1322	28.7
12	南京大学出版社	44	482	11.0
13	科学出版社	39	563	14.4
14	云南民族出版社	35	382	10.9
15	三联书店	29	2443	84.2
16	云南人民出版社	29	350	12.1
17	湖北教育出版社	28	308	11.0
18	学林出版社	28	340	12.1
19	浙江人民出版社	24	415	17.3
20	华东师范大学出版社	24	431	18.0
21	岳麓书社	24	460	19.2

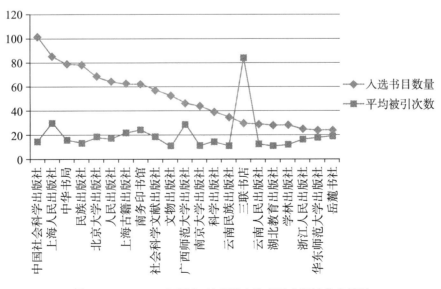

图4 1995—2005 年历史、地理类入选书目出版社分布情况

历史、地理类入选书目

中国宪政史纲 / 陆德生主编. —北京：中国长安出版社,2004

　　7—80175—157—4

柳永及其词之论衡 / 杜若鸿著. —杭州：浙江大学出版社,2004

　　7—900691—45—6

土尔扈特部落史 / 张体先著. —北京：当代中国出版社,1999

　　7—80092—840—3

龙与中国文化 / 刘志雄,杨静荣编著. —北京：人民出版社,2000

　　7—01—001190—7

中国化妆史概说 / 李秀莲编著. —北京：中国纺织出版社,2000

　　7—5064—1809—6

史学导论 / 姜义华,瞿林东,赵吉惠著. —上海：复旦大学出版社,2003(博学·史学系列)

　　7—309—03523—2

史学要论 / 李守常著. —石家庄：河北教育出版社,2000(二十世纪中国史学名著)

　　7—5434—3858—5

作为思想和行动的历史 / (意)克罗齐著；田时纲译. —北京：中国社会科学出版社,2005(克罗齐史学名著译丛)

　　7—5004—5216—0

历史学的理论和历史 / (意)克罗齐著；田时纲译. —北京：中国社会科学出版社,2005(克罗齐史学名著译丛)

　　7—5004—5214—4

过去的声音：口述史 / (英)保尔·汤普逊著；覃方明等译. —沈阳：辽宁教育出版社,2000(牛津精选)

　　7—5382—5717—9

历史学的困惑 / 陈支平著. —北京：中华书局,2004(人文教改创新丛书)

　　7—101—04237—6

后现代与历史学：中西比较 / 王晴佳,古伟瀛著. —济南：山东大学出版社,2003(人文前沿丛书)

　　7—5607—2684—4

历史思考的新途径 / (德)约恩·吕森著；綦甲福,来炯译. —上海：上海人民出版社,2005(世纪人文系列丛书)

　　7—208—05561—0

十字路口的中国史学 / 余英时著；李彤译. —上海：上海古籍出版社,2004(余英时英文论著汉译集)

　　7—5325—3820—6

后现代历史叙事学 / (美)海登·怀特著；陈永国,张万娟译. —北京：中国社会科学出版社,2003(知识分子图书馆)

　　7—5004—3840—0

历史学的理论与方法 / 李振宏著. —2 版修订本. —开封：河南大学出版社,1999

　　7—81041—695—2

历史理论与史学理论：近现代西方史学著作选 / 何兆武主编；刘鑫等编译. —北京：商务印书馆,1999

　　7—100—01732—7

中国史学思想通史. 总论先秦卷 / 吴怀祺主编；吴怀祺,林晓平著.—合肥：黄山书社,2005

7—80630—722—2

与历史对话：口述史学的理论与与冲 / 杨祥银著.—北京：中国社会科学出版社,2004

7—5004—4802—3

史学概论 / 吴泽主编.—合肥：安徽教育出版社,2000

7—5336—2380—0

关于历史学理论的学术论辩 / 牛润珍著.—南昌：百花洲文艺出版社,2004

7—80647—762—4

二战后欧美史学的新发展 / 陈启能主编.—济南：山东大学出版社,2005

7—5607—2999—1

当代西方史学理论 / 何兆武,陈启能主编.—北京：中国社会科学出版社,1996

7—5004—1935—X

西方历史学名著提要 / 陈启能主编.—南昌：江西人民出版社,2001（西方学术名著提要丛书）

7—210—02389—5

云南少数民族手工造纸 / 李晓岑,朱霞著.—昆明：云南美术出版社,1999

7—80586—571—X

历史与乌托邦：历史哲学：走出传统历史设计之误区 / 衣俊卿著.—哈尔滨：黑龙江教育出版社,1995（发展与改革丛书）

7—5316—2835—X

论治史：法兰西学院课程 / （法）雷蒙·阿隆著;西尔维·梅祖尔编注;冯学俊,吴泓缈译.—北京：三联书店,2003（法兰西思想文化丛书）

7—108—01847—0

地球祖国 / （法）埃德加·莫林,安娜·布里吉特·凯恩著;马胜利译.—北京：三联书店,1997（法兰西思想文化丛书）

7—108—01015—1

世界历史与救赎历史：历史哲学的神学前提 / （德）卡尔·洛维特著;李秋零,田薇译.—北京：三联书店,2002（历代基督教学术文库）

7—108—01612—5

形式的内容：叙事话语与历史再现 / （美）海登·怀特著;董立河译.—北京：文津出版社,2005（历史哲学译丛）

7—80554—481—6

永久和平论 / （德）伊曼努尔·康德著;何兆武译.—上海：上海人民出版社,2005（世纪人文系列丛书）

7—208—05544—0

历史中的意义 / （德）威廉·狄尔泰著;艾彦,逸飞译.—北京：中国城市出版社,2002（西方思想经典文库）

7—5074—1362—4

历史主义贫困论 / （英）卡尔·波普尔著;何林,赵平译.—北京：中国社会科学出版社,1998（西方现代思想丛书）

7—5004—2418—3

人类精神进步史表纲要 / （法）孔多塞著;何兆武,何冰译.—北京：三联书店,1998（学术前沿）

7—108—01137—9

历史的话语：现代西方历史哲学译文集 / （英）汤因比等著;张文杰编.—桂林：广西师范大学出版社,2002（雅典娜思想译丛）

7—5633—3470—X

历史哲学：关于历史性概念的哲学阐释 / 韩震,孟鸣岐著.—昆明：云南人民出版社,2002（哲学理论创新丛书）

7—222—03111—1

当代西方历史哲学读本：1967—2002 ／ 陈新主编.—上海：复旦大学出版社,2004

    7—309—04201—8

历史哲学经典选读 ／（美）罗伯特·伯恩斯编.—北京：北京大学出版社,2004

    7—301—07138—8

历史哲学引论 ／ 张耕华著.—上海：复旦大学出版社,2004

    7—309—04238—7

东方文化与人权发展 ／ 中国人权研究会编.—北京：东方出版社,2004

    7—5060—1837—3

傅斯年学术思想评传 ／ 李泉著.—北京：北京图书馆出版社,2000(二十世纪中国著名学者传记丛书)

    7—5013—1635—X

松榆斋百记：人类文明交往散论 ／ 彭树智著.—西安：西北大学出版社,2005

    7—5604—1976—3

社会理想论 ／ 叶泽雄著.—武汉：武汉大学出版社,1998(当代人文社会科学哲学丛书)

    7—307—02590—6

东方复兴：现代化的三条道路 ／ 何传启著.—北京：商务印书馆,2003(第二次现代化丛书)

    7—100—03666—6

清代洪门史 ／ 胡珠生著.—沈阳：辽宁人民出版社,1996(清史研究丛书)

    7—205—03429—9

现代性的后果 ／（英）安东尼·吉登斯著;田禾译.—南京：译林出版社,2000(人文与社会译丛)

    7—80657—029—2

制度哲学导论：制度变迁与社会发展 ／ 杨俊一著.—上海：上海大学出版社,2005(社会学与社会发展丛书)

    7—81058—855—9

社会转型代价论 ／ 李钢著.—太原：山西教育出版社,1999(社会哲学研究丛书)

    7—5440—1762—1

文明社会史论 ／（英）弗格森著;林本椿,王绍祥译.—沈阳：辽宁教育出版社,1999(万象书坊)

    7—5382—5533—8

文明的可持续发展之道：东方智慧的历史启示 ／ 东西方文化发展中心主编.—北京：人民出版社,1999(文明转型书系之一)

    7—01—002932—6

关键词：文化与社会的词汇 ／（英）雷蒙·威廉斯著;刘建基译.—北京：三联书店,2005(学术前沿)

    7—108—02162—5

社会发展的时空结构 ／ 景天魁著.—哈尔滨：黑龙江人民出版社,2002(中国学术前沿性论题文存)

    7—207—05185—9

社会发展理论：发展中国家视角 ／ 严强,魏姝主编.—2版.—南京：南京大学出版社,2005

    7—305—04565—9

当代社会发展导论 ／ 鲍宗豪主编;上海市教育委员会组编.—上海：华东师范大学出版社,1999

    7—5617—1963—9

西方社会结构的演变：从中古到 20 世纪 ／ 沈汉著.—珠海：珠海出版社,1998

    7—80607—428—7

现代化本质：对中世纪以来人类社会变化的新认识 ／ 毕道村著.—北京：人民出版社,2005

    7—01—005235—2

现代性的命运：现代社会发展理念批判与创新／漆思著.—北京：中国社会科学出版社,2005
　　7—5004—5285—3

东方科学文化的复兴／朱清时,姜岩著.—北京：北京科学技术出版社,2004
　　7—5304—2875—6

发展理论与中国现代化／周安伯,严翅君,冯必扬著.—北京：国家行政学院出版社,1998
　　7—80140—036—4

社会发展概论／刘少杰等著.—长春：吉林大学出版社,1997
　　7—5601—2028—8

制度与发展关系研究／鲁鹏著.—北京：人民出版社,2002
　　7—01—003603—9

社会全面进步研究／宋泽滨,齐爱兰著.—北京：人民出版社,2001
　　7—01—003507—5

自组织理论与社会发展研究／胡皓,楼慧心著.—上海：上海科技教育出版社,2002
　　7—5428—3033—3

文明与社会进步／张华金著.—上海：上海社会科学院出版社,1998
　　7—80618—470—8

东方社会政治形态史论／刘学灵著.—上海：上海远东出版社,1995
　　7—80514—088—X

发展理论论纲／庞元正,丁冬红等著.—北京：中共中央党校出版社,2000
　　7—5035—2113—9

社会发展与社会政策研究／王刚义,梅建明著.—北京：中国人民公安大学出版社,2002
　　7—81087—025—4

自组织的社会进化理论／孙志海编.—北京：中国社会科学出版社,2004
　　7—5004—4578—4

发展哲学导论／邱耕田著.—北京：中国社会科学出版社,2001
　　7—5004—2993—2

现代西方史学思潮评析／罗凤礼主编.—北京：中央编译出版社,1996
　　7—80109—091—8

社会转型的文化约束／吴秀生著.—太原：山西教育出版社,1999（社会哲学研究丛书）
　　7—5440—1761—3

事件记忆叙述／孙江主编.—杭州：浙江人民出版社,2004（新社会史丛书）
　　7—213—02757—3

当代西方社会发展理论新词典／庞元正,丁冬红主编.—长春：吉林人民出版社,2001
　　7—206—03851—4

现代化的理论基础：马克思现代社会发展理论研究／丰子义著.—北京：北京大学出版社,1995
　　7—301—02841—5

穷变通久：文化史学的理论与实践／常金仓著.—沈阳：辽宁人民出版社,1998（新学人文库）
　　7—205—04145—7

历史教育学概论／姬秉新主编.—北京：教育科学出版社,1997
　　7—5041—1709—9

地域的等级：一个大理村镇的仪式与文化／梁永佳著.—北京：社会科学文献出版社,2005（社会学人类学论丛）
　　7—80190—506—7

历史理性的重建／何兆武著.—北京：北京大

学出版社,2005(思想史丛书)

　　7—301—09010—2

　　刘大年集 / 刘大年著;中国社会科学院科研局编.—北京:中国社会科学出版社,2000(中国社会科学院学者文选)

　　7—5004—2884—7

　　穿越历史的丛林:史学论 / 彭卫著.—北京:三联书店,1997(中华文库)

　　7—108—01013—5

　　新史学:多学科对话的图景 / 杨念群,黄兴涛,毛丹主编.—北京:中国人民大学出版社,2003

　　7—300—04789—0

　　齐世荣史学文集 / 齐世荣著.—北京:人民出版社,2002

　　7—01—003655—1

　　史料与史学 / 翦伯赞著.—北京:北京出版社,2005(大家小书.第四辑)

　　7—200—05708—8

　　傣族历史文化漫谭 / 刀国栋著.—2 版.—北京:民族出版社,1996(西双版纳少数民族古籍丛书)

　　7—105—02716—9

　　论历史 / (英)罗素著;何兆武等译.—桂林:广西师范大学出版社,2001(雅典娜思想译丛)

　　7—5633—3163—8

　　史学方法 / 王尔敏著.—桂林:广西师范大学出版社,2005(大学坛)

　　7—5633—5750—5

　　历史思维能力研究 / 赵恒烈著.—北京:人民教育出版社,1998

　　7—107—12191—X

　　西方史学的东方回响 / 鲍绍霖等著.—北京:社会科学文献出版社,2001

　　7—80149—466—0

　　史学:文化中的文化 / 张广智,张广勇著.—上海:上海社会科学院出版社,2003(全球文化系列)

　　7—80681—197—4

　　中国史学入门 / 顾颉刚著;何启君整理.—北京:北京出版社,2002(大家小书)

　　7—200—04477—6

　　中国史学的理论遗产 / 瞿林东著.—北京:北京师范大学出版社,2005(当代中国史学家文库)

　　7—303—07186—5

　　解体与重构:现代中国史学与儒学思想变迁 / 盛邦和著.—上海:华东师范大学出版社,2002(东方学者丛书)

　　7—5617—3018—7

　　中国近三百年疑古思潮研究 / 路新生著.—上海:上海人民出版社,2001(近世文化论丛)

　　7—208—03553—9

　　浪口村随笔 / 顾颉刚著.—沈阳:辽宁教育出版社,1998(新世纪万有文库·近世文化书系)

　　7—5382—5046—8

　　历史学百年 / 刘新成主编;北京市社会科学界联合会,北京市历史学会组织编写.—北京:北京出版社,1999(中国学术百年)

　　7—200—04015—0

　　中国史学史纲要 / 王树民著.—北京:中华书局,1997(中华历史丛书)

　　7—101—01446—1

　　史学志 / 瞿林东撰.—上海:上海人民出版社,1998(中华文化通志)

　　7—208—02307—7

　　中国简明史学史 / 瞿林东著.—上海:上海人民出版社,2005(专题史系列丛书)

7—208—05636—6

政治与科学之间的历史编纂：30 和 40 年代中国马克思主义历史学的形成 /（德）罗梅君著；孙立新译.—济南：山东教育出版社，1997

7—5328—2175—7

中国史学思想通史.清代卷 / 吴怀祺主编；王记录著.—合肥：黄山书社，2002

7—80630—729—x

中国史学思想通史.宋辽金卷 / 吴怀祺主编；吴怀祺著.—合肥：黄山书社，2002

7—80630—726—5

中国史学思想通史.明代卷 / 吴怀祺主编；向燕南著.—合肥：黄山书社，2002

7—80630—728—1

现代化进程中的中国人文学科.史学卷 / 盛邦和等著.—上海：上海人民出版社，2005

7—208—04968—8

东亚：走向近代的精神历程：近三百年中日史学与儒学传统 / 盛邦和著.—杭州：浙江人民出版社，1995

7—213—01174—X

史学与民族精神 / 陈其泰著.—北京：学苑出版社，1999

7—80060—102—1

中国史学上之正统论 / 饶宗颐著.—上海：上海远东出版社，1996（学术集林丛书）

7—80613—284—8

秦前史学史研究 / 彭忠德著.—武汉：湖北人民出版社，2004

7—216—04096—1

汉唐间史学的发展 / 胡宝国著.—北京：商务印书馆，2003（中国社会科学院历史研究所专刊甲种）

7—100—03789—1

明代史学的历程 / 钱茂伟著.—北京：社会科学文献出版社，2003（东方历史学术文库）

7—80190—045—6

乾嘉考据学研究 / 漆永祥著.—北京：中国社会科学出版社，1998（中国社会科学博士论文文库）

7—5004—2416—7

崔述与中国学术史研究 / 邵东方著.—北京：人民出版社，1998

7—01—002296—8

文史通义新编新注 /（清）章学诚著；仓修良主编.—杭州：浙江古籍出版社，2005

7—80715—065—3

近代中国史学十论 / 罗志田著.—上海：复旦大学出版社，2003（名家专题精讲）

7—309—03714—6

孙中山：勉为其难的革命家 /（美）史扶邻著；丘权政，符致兴译.—北京：中国华侨出版社，1996

7—80120—097—7

中国近代史学学术史 / 张岂之主编.—北京：中国社会科学出版社，1996

7—5004—1855—8

利玛窦与中国 / 林金水著.—北京：中国社会科学出版社，1996（东方历史学术文库）

7—5004—1876—0

陈寅恪先生史学述略稿 / 王永兴著.—北京：北京大学出版社，1998（学术史丛书）

7—301—03595—0

白寿彝史学的理论风格 / 瞿林东著.—开封：河南大学出版社，2001

7—81041—794—0

史学与中国文化传统 / 陈其泰著.—增订

本.—北京：学苑出版社,1999

7—80060—466—7

二十世纪古史研究反思录／常金仓著.—北京：中国社会科学出版社,2005

7—5004—5235—7

中国史学史论集／白寿彝著.—北京：中华书局,1999

7—101—01935—8

西方史学史／张广智主著;张广智,陈新撰稿.—上海：复旦大学出版社,2000(面向21世纪课程教材)

7—309—02365—X

多面的历史：从希罗多德到赫尔德的历史探询／(美)唐纳德.R.凯利著;陈恒,宋立宏译.—北京：三联书店,2003(学术前沿)

7—108—01751—2

现代西方史学／张广智,张广勇著.—上海：复旦大学出版社,1996

7—309—01645—9

乌鲁木齐掌故／刘荫楠著.—乌鲁木齐：新疆人民出版社,1996

7—228—03484—8

当代西方史学流派／徐浩,侯建新著.—北京：中国人民大学出版社,1996

7—300—02157—3

全球通史：从史前史到20世纪／(美)斯塔夫里阿诺斯著;董书慧,王昶,徐正源译.—北京：北京大学出版社,2005(培文书系)

7—301—07423—9

西方社会史／(美)约翰·巴克勒,贝内特·希尔,约翰·麦凯著;霍文利等翻译.—桂林：广西师范大学出版社,2005

7—5633—5322—4

希腊的遗产／(英)F.I.芬利主编;张强译.—上海：上海人民出版社,2004

7—208—04945—9

殖民主义史.东南亚卷／梁志明主编.—北京：北京大学出版社,1999

7—301—04348—1

殖民主义史.非洲卷／郑家馨主编.—北京：北京大学出版社,2000

7—301—04163—2

殖民主义史.南亚卷／林承节主编.—北京：北京大学出版社,1999

7—301—03431—8

15世纪以来世界九强的历史演变／齐世容主编.—广州：广东人民出版社,2005

7—218—04926—5

哈尔滨犹太人／曲伟,李述笑主编.—北京：社会科学文献出版社,2004

7—80190—248—3

15世纪以来世界主要发达国家发展历程／陈晓律等著.—重庆：重庆出版社,2004

7—5366—6645—4

世界通史／周谷城著.—石家庄：河北教育出版社,2000(二十世纪中国史学名著)

7—5434—3876—3

世界通史.第二编.工业文明的兴盛：16—19世纪的世界史／王斯德主编;李宏图等著.—上海：华东师范大学出版社,2001

7—5617—2543—4

世界史纲：生物和人类的简明史／(英)赫·乔·韦尔斯著;吴文藻等译.—桂林：广西师范大学出版社,2001

7—5633—3321—5

世界通史教程.近代卷／王玮主编.—济南：

山东大学出版社,1999

7—5607—2017—X

日本西方文化摄取史 / 郑彭年著.—杭州:杭州大学出版社,1996

7—81035—889—8

世界史纲 / 马世力主编.—上海:上海人民出版社,1999

7—208—03334—X

第二次现代化:人类文明进程的启示 / 何传启著.—北京:高等教育出版社,1999(第二次现代化丛书)

7—04—007643—8

告别洪荒:人类文明的演进 / 赵林著.—上海:东方出版中心,1998(东方学术丛书)

7—80627—324—7

艺术和思想 / (美)威廉·弗莱明著;吴江译.—上海:上海人民美术出版社,2000(二十世纪西方美术理论译丛)

7—5322—1049—9

巴比伦古文化探研 / 于殿利,郑殿华著.—南昌:江西人民出版社,1998(方文化丛书)

7—210—01998—7

西方文化精义 / 冯承柏,王中田,俞久洪编著.—武汉:华中理工大学出版社,1998(人文素质教育教材系列)

7—5609—1803—4

文明的表现:对5000年人类文明的评估 / 阮炜著.—北京:北京大学出版社,2001(天下论丛)

7—301—05227—8

海外华侨华人文化志 / 谭天星,沈立新撰;中华文化通志编委会编.—上海:上海人民出版社,1998(中华文化通志)

7—208—02353—0

西方文化史 / 沈之兴,张幼香主编.—2版.—广州:中山大学出版社,1997

7—306—01332—7

世界文明史 / (美)威尔·杜兰著;台湾幼狮文化公司译.—北京:东方出版社,1999

7—5060—1157—3

世界文化史.古代卷 / 张广智主编.—杭州:浙江人民出版社,1999

7—213—01374—2

大飞跃:人类文明演进的十大飞跃点 / 陶伯华著.—哈尔滨:黑龙江人民出版社,2003

7—207—05775—X

批判与建构:一个关于文化的未来发展的构想 / 郑慧子著.—开封:河南大学出版社,2000

7—81041—514—X

漫长的历史源头:原始思维与原始文化新探 / 刘文英著.—北京:中国社会科学出版社,1996

7—5004—1839—6

世界文明史 / 马克垚主编.—北京:北京大学出版社,2004

7—301—07707—6

东方的遗产 / (美)威尔·杜兰著.—北京:东方出版社,2003

7—5060—1754—7

草原文化与人类历史 / 孟驰北著.—北京:国际文化出版公司,1999

7—80105—713—9

人类文化的流变与整合 / 邹广文著.—长春:吉林人民出版社,1998

7—206—03047—5

西方文化史 / 姜守明,洪霞著.—北京:科学出版社,2004

7—03—013146—0

文明交往论／彭树智著.—西安：陕西人民出版社,2002

7—224—06106—9

东西交流论坛／黄时鉴主编.—上海：上海文艺出版社,1998

7—5321—0909—7

未曾发生的历史／(英)尼尔·弗格森著;丁进译.—南京：江苏人民出版社,2001(汉译大众精品文库·新世纪版)

7—214—03002—0

现代世界体系.第一卷,16世纪的资本主义农业与欧洲世界经济体的起源／(美)伊曼纽尔·沃勒斯坦著;尤来寅,路爱国译.—北京：高等教育出版社,1998

7—04—006089—2

变乱中的文明：霸权终结与秩序重建(公元1000年—2000年)／朱宁等著.—北京：中国人民大学出版社,2000

7—300—03624—4

东方学／(美)爱德华.W.萨义德著;王宇根译.—北京：三联书店,1999(学术前沿.第二辑)

7—108—01260—X

当代陕西简史：1949—1995／何金铭著.—北京：当代中国出版社,1996(中华人民共和国地方简史丛书)

7—80092—612—5

东方的文明／(法)雷奈·格鲁塞著;常任侠,袁音译.—北京：中华书局,1999

7—101—01960—9

东方的文明／(美)维尔·杜伦著;李一平等译.—西宁：青海人民出版社,1998

7—225—01598—2

东方文化与现代文明／马敏,张三夕主编.—武汉：湖北人民出版社,2001

7—216—03195—4

东方文明畅想录／启良著.—广州：花城出版社,2001

7—5360—3486—5

世界通史／张延玲,隆仁主编.—图鉴版.—广州：南方出版社,2000

7—80660—015—9

原始文化：神话、哲学、宗教、语言、艺术和习俗发展之研究／(英)爱德华·泰勒著;连树声译.—重译本.—桂林：广西师范大学出版社,2005(原始文化经典译丛)

7—5633—5128—0

东方古文明／郭豫斌主编.—北京：北京出版社,2005(人文图书馆)

7—200—05625—1

先秦与古希腊：中西文化之源／刘红星著.—上海：上海古籍出版社,1999

7—5325—2579—1

世界古代史／米辰峰编著.—北京：中国人民大学出版社,2001

7—300—03602—3

古代希腊土地制度研究／黄洋著.—上海：复旦大学出版社,1995(复旦大学博士丛书)

7—309—01465—0

欧洲文明的源头：古希腊·罗马文明／叶孟理著.—北京：华夏出版社,2000(欧洲文明的历程丛书)

7—5080—1963—6

走进古希腊文明／晏邵祥,杨巨平著.—北京：民主与建设出版社,2001(人类文明系列)

7—80112—423—5

希腊帝国主义／(美)威廉·弗格森著;晏绍祥译.—上海：三联书店,2005(上海三联人文经典

书库)

7—5426—2193—9

会说话的希腊石头 / (美)保罗·麦克金德里克著;晏绍祥译. —杭州:浙江人民出版社,2000(外国考古文化名著译丛)

7—213—01976—7

古希腊风化史 / (德)利奇德著;杜云,常鸣译. —沈阳:辽宁教育出版社,2000(万象书坊)

7—5382—5874—4

古希腊的交流 / (法)库蕾著;邓丽丹译. —桂林:广西师范大学出版社,2005(西方文明溯源丛书)

7—5633—5720—3

古希腊历史遗产:欧洲文明源远流长 / 孙道天著. —上海:上海辞书出版社,2004

7—5326—1541—3

罗马帝国衰亡史:D. M. 洛节编本 / (英)爱德华·吉本著;黄宜思,黄雨石译. —北京:商务印书馆,1997(汉译世界学术名著丛书)

7—100—01904—4 / 7—100—01975—3

奥古斯都时代 / (美)威尔·杜兰著;台北幼狮文化公司译. —北京:东方出版社,2005(名人与时代)

7—5060—2246—X

建城以来史:前言 / (古罗马)李维著;穆启乐等译. —上海:上海人民出版社,2005(日知古典丛书)

7—208—05463—0

古罗马风化史 / (德)奥托·基弗著;姜瑞璋译. —沈阳:辽宁教育出版社,2000

7—5382—5878—7

神圣罗马帝国 / (英)詹姆斯·布赖斯著;孙秉莹,谢德风,赵世瑜译. —北京:商务印书馆,1998

7—100—02042—

罗马的遗产 / (英)理查德·詹金斯编;晏绍祥,吴舒屏译. —上海:上海人民出版社,2002

7—208—04026—5

罗马文化 / 朱龙华著. —上海:上海社会科学院出版社,2003

7—80681—199—0

恺撒与基督 / (美)威尔·杜兰著. —北京:东方出版社,2003

7—5060—1766—0

日本对华北经济的掠夺和统制:华北沦陷区资料选编 / 居之芬主编;中国抗日战争史学会,中国人民抗日战争纪念馆编. —北京:北京出版社,1995(中国抗日战争史丛书)

7—200—02672—7

十五十六世纪东西方历史初学集续编 / 吴于廑主编. —武汉:武汉大学出版社,2005(武汉大学学术丛书)

7—307—04511—7

黄金草原 / (古代阿拉伯)马苏第著;耿昇译. —西宁:青海人民出版社,1998

7—225—01582—6

早期拜占庭和查士丁尼时代研究 / 徐家玲著. —长春:东北师范大学出版社,1998(东北师范大学文库)

7—5602—2194—7

发达国家的现代化道路:一种历史社会学的研究 / 丁建弘主编. —北京:北京大学出版社,1999(世界现代化进程研究丛书)

7—301—04119—5

可选择的现代性 / (美)安德鲁·芬伯格著;陆俊,严耕等译. —北京:中国社会科学出版社,2003(知识分子图书馆)

7—5004—3872—9

新编剑桥世界近代史.1.文艺复兴：1493—1520／（英）G.R.波特编；中国社会科学院世界历史研究所组译.—北京：中国社会科学出版社,1999

7—5004—0257—0

寰球透视：现代化的迷途／钱乘旦,刘金源著.—杭州：浙江人民出版社,1999

7—213—01688—1

世界大战中的宣传技巧／（美）哈罗德.D.拉斯韦尔著；张洁,田青译.—北京：中国人民大学出版社,2003（当代世界学术名著）

7—300—04701—7

冷眼向洋.上：百年风云启示录／资中筠主编.—北京：三联书店,2000

7—108—01415—7

东夷考古／栾丰实著.—济南：山东大学出版社,1996

7—5607—1633—4

南京大屠杀史料集：东京审判／杨夏鸣编著.—南京：江苏人民出版社,2005（南京大屠杀史料集）

7—214—04025—5

日本人的战争观：历史与现实的纠葛／（日）吉田裕著；刘建平译.—北京：新华出版社,2000

7—5011—4893—7

重温二战：60场经典战事评述／刘波主编；许三飞著.—北京：国防大学出版社,2005

7—5626—1420—2

德国法西斯的兴起：第二次世界大战起源研究／吴友法著.—武汉：湖北教育出版社,2002

7—5351—3050—X

五十年来的中国近代史研究／曾业英主编.—上海：上海书店出版社,2000

7—80622—797—0

朱熹书院与门人考／方彦寿著.—上海：华东师范大学出版社,2000

7—5617—2260—5

困顿与再生：犹太文化的现代化／张倩红著.—南京：江苏人民出版社,2003（当代资本主义研究丛书）

7—214—03373—9

简明犹太民族史／（英）塞西尔·罗斯著；黄福武,王丽丽等译.—济南：山东大学出版社,1997（汉译犹太文化名著丛书）

7—5607—1840—X

沙漠中的仙人掌：犹太素描／徐向群著.—北京：新华出版社,1998

7—5011—3928—8

失落的文明：犹太王国／沐涛,季惠群著.—上海：华东师范大学出版社,2001

7—5617—2427—6

犹太精神：犹太文化的内涵与表征／刘洪一著.—南京：南京大学出版社,1995

7—305—02901—7

犹太文化要义／刘洪一编著.—北京：商务印书馆,2004

7—100—04140—6

犹太人：谜一般的民族／肖宪著.—上海：上海人民出版社,2000

7—208—02848—6

世界民族与文化／郝时远,赵锦元,李培茱,王树英著.—北京：中央民族大学出版社,1995

7—81001—949—X

湘西苗族调查报告／凌纯声,芮逸夫著.—北京：民族出版社,2003（20世纪中国民族学人类学经典著作丛书）

7—105—05975—3

贵州苗夷社会研究 / 吴泽霖,陈国钧著.—北京:民族出版社,2004(20 世纪中国民族学人类学经典著作丛书)

7—105—05974—5

两周文史论丛(外一种) / 岑仲勉著.—北京:中华书局,2004(岑仲勉著作集)

7—101—04187—6

中国历史十五讲 / 张岂之主编.—北京:北京大学出版社,2003(大学素质教育通识课系列教材)

7—301—06041—6

近代中国宪政历程:史料荟萃 / 夏新华整理.—北京:中国政法大学出版社,2004(二十世纪中华法学文丛)

7—5620—2576—2

走出晚清:涉外人物及中国的世界观念之研究 / 李扬帆著.—北京:北京大学出版社,2005(国际问题论丛)

7—301—08675—X

传教士汉学研究 / 张西平著.—郑州:大象出版社,2005(海外汉学研究丛书)

7—5347—3807—5

五帝时代研究 / 许顺湛著.—郑州:中州古籍出版社,2005(河南博物院学术文库)

7—5348—2371—4

沪滨闲影 / 罗苏文著.—上海:上海辞书出版社,2004(回眸上海书系)

7—5326—1551—0

剑桥中国辽西夏金元史:907—1368 年 /（德）傅海波,（英）崔瑞德编;史卫民等译.—北京:中国社会科学出版社,1998(剑桥中国史)

7—5004—2211—3

土家族传统制度与文化研究. 第一辑 / 宋仕平著.—北京:民族出版社,2005(兰州大学民族学博士文库)

7—105—07068—4

中国南方民族发展史 / 胡绍华著.—北京:民族出版社,2004(民族历史文化研究书系)

7—105—04648—1

西北少数民族文化专题研究 / 高永久主编.—北京:民族出版社,2004(民族社会学丛书)

7—105—06393—9

清史十五讲 / 张研,朱贯杰著.—北京:北京大学出版社,2004(名家通识讲座书系)

7—301—07453—0

清史大纲 / 萧一山撰;杜家骥导读.—上海:上海古籍出版社,2005(蓬莱阁丛书)

7—5325—4250—5

明代倭寇史略 / 范中义,全晰纲著.—北京:中华书局,2004(戚继光研究丛书)

7—101—03910—3

西学东渐与明清实学 / 李志军著.—成都:巴蜀书社,2004(儒道释博士论文丛书)

7—80659—606—2

秦制研究 / 张金光著.—上海:上海古籍出版社,2004(山东大学文史哲研究院专刊)

7—5325—3866—4

宋代晁氏家族及其文献研究 / 刘焕阳著.—济南:齐鲁书社,2004(山东文献与传统文化研究丛书)

7—5333—1348—8

古代神话与民族 / 丁山著.—北京:商务印书馆,2005(商务印书馆文库)

7—100—03372—1

上海警察,1927—1937 /（美）魏斐德著;章红,陈雁等译.—上海:上海古籍出版社,2004(上海史研究译丛)

7—5325—3837—0

诗意的生存：侗族生态文化审美论纲 / 朱慧珍，张泽忠等著．—北京：民族出版社，2005（思者文库）

7—105—06809—4

袁氏当国 / 唐德刚著．—桂林：广西师范大学出版社，2004（唐德刚作品集）

7—5633—5003—9

从部落文明到礼乐制度 / 张岩著．—上海：上海三联书店，2004（天下论丛）

7—5426—1918—7

三辅黄图校释 / 何清谷著．—北京：中华书局，2005（中国古代都城资料选刊）

7—101—04454—9

魏晋南北朝社会生活史 / 朱大渭等著．—北京：中国社会科学出版社，2005（中国古代社会生活史书系）

7—5004—2052—8

战国策研究 / 熊宪光著．—重庆：重庆出版社，2004（中国古代文学研究丛书）

7—5366—6598—9

中国民族村寨研究 / 张跃主编．—昆明：云南大学出版社，2004（中国民族村寨调查丛书）

7—81068—701—8

撒拉族史 / 芈一之著．—成都：四川民族出版社，2004（中国少数民族专史丛书）

7—5409—2935—9

日本关东军侵华罪恶史 / 史丁著．—北京：社会科学文献出版社，2005（中国社会科学院中日历史研究中心文库）

7—80190—744—2

史记研究集成．全十四卷 / 阎崇东著；张大可，安平秋，俞樟华主编．—北京：华文出版社，2005（中国史记研究会丛书）

7—5075—1565—6

三皇五帝时代 / 王大有著．—北京：中国时代经济出版社，2005（中华大道文库）

7—80169—715—4

多桑蒙古史 / （瑞典）多桑著；冯承钧译．—北京：中华书局，2004（中外关系史名著译丛）

7—101—03702—X

壮泰民族传统文化比较研究 / 覃圣敏主编．—南宁：广西人民出版社，2003（壮学丛书）

7—219—04915—3

中国近代社会转型研究 / 陈国庆编著；刘莹著．—北京：社会科学文献出版社，2005

7—80190—860—0

上海：近代新文明的形态 / 苏智良主编；上海高校都市文化 E 研究院编．—上海：上海辞书出版社，2004

7—5326—1622—3

中国口述史的理论与实践 / 周新国主编．—北京：中国社会科学出版社，2005

7—5004—5189—X

历史学家的经线：历史心理文集 / （美）孙隆基著．—桂林：广西师范大学出版社，2004

7—5633—4515—9

大劫难：日本侵华对中国文化的破坏 / 孟国祥著．—北京：中国社会科学出版社，2005

7—5004—5009—5

历史的坏脾气：晚近中国的另类观察 / 张鸣著．—北京：中国档案出版社，2005

7—80166—607—0

徽州文化综览 / 李仲谋编著．—合肥：安徽教育出版社，2004

7—5336—3992—8

中国文化史简编 / 王锦贵编．—北京：北京大学出版社，2004

7—301—06643—0

近代历史纵横谈 / 林华国著.—北京：北京大学出版社,2005

7—301—09685—2

庚子勤王与晚清政局 / 桑兵著.—北京：北京大学出版社,2004

7—301—07079—9

中国现代方志学 / 曹子西,朱明德主编.—北京：方志出版社,2005

7—80192—471—1

通史新义 / 何炳松编.—桂林：广西师范大学出版社,2005

7—5633—5073—X

古史辨 / 吕思勉等著.—海口：海南出版社,2005

7—5443—0994—0

五代史书汇编 / 傅璇琮,徐海荣,徐吉军主编.—杭州：杭州出版社,2004

7—80633—648—6

中国笔记文史 / 郑宪春著.—长沙：湖南大学出版社,2004

7—81053—838—1

湖湘文化通论 / 聂荣华,万里著.—长沙：湖南大学出版社,2005

7—81053—961—2

中国苗族民间制度文化 / 石绍根,龙生庭,龙兴武,石维海撰稿.—长沙：湖南人民出版社,2004

7—5438—3601—7

华南客家族群追寻与文化印象 / 陈支平,周雪香主编.—合肥：黄山书社,2005

7—80707—170—2

西部民族文化研究 / 何琼著.—北京：民族出版社,2004

7—105—06631—8

王安石变法研究史 / 李华瑞著.—北京：人民出版社,2004

7—01—004200—4

辽金史研究 / 都兴智著.—北京：人民出版社,2004

7—01—004767—7

左传国策研究 / 郭丹编著.—北京：人民文学出版社,2004

7—02—004638—X

百越文化研究 / 蒋炳钊主编.—厦门：厦门大学出版社,2005

7—5615—2486—2

春秋学史 / 赵伯雄著.—济南：山东教育出版社,2004

7—5328—4203—7

西周史征 / 尹盛平著.—西安：陕西师范大学出版社,2004

7—5613—3005—7

唐代妇女的生命历程 / 姚平著.—上海：上海古籍出版社,2004

7—5325—3846—X

海外上海学 / 熊月之,周武主编.—上海：上海古籍出版社,2004

7—5325—3843—5

郑和之路 / 韩胜宝编著.—上海：上海科学技术文献出版社,2005

7—5439—2636—9

中华文化读本 / 姜义华主编.—上海：上海人民出版社,2004

7—208—05283—2

佳木斯地区历史文化研究 / 郭晓华编著.—北京：社会科学文献出版社,2005

　　7—80190—774—4

中国考试通史. 全 5 卷 / 杨学为主编.—北京：首都师范大学出版社,2004

　　7—81064—530—7

商周家族形态研究 / 朱凤瀚著.—天津：天津古籍出版社,2004

　　7—80504—960—2

宋集珍本丛刊 / 四川大学古籍所编.—北京：线装书局,2004

　　7—80106—361—9

新疆史纲 / 苗普生,田卫疆主编.—乌鲁木齐：新疆人民出版社,2004

　　7—228—08505—1

云南民族文化概说 / 施惟达,段炳昌等编著.—昆明：云南大学出版社,2004

　　7—81068—750—6

滇国史 / 黄懿陆著.—昆明：云南人民出版社,2004

　　7—222—04045—5

商代分封制度研究 / 李雪山著.—北京：中国社会科学出版社,2004

　　7—5004—4670—5

足球起源地探索 / 解维俊主编.—北京：中华书局,2004

　　7—101—04403—4

五代宋金元人边疆行记十三种疏证稿 / 贾敬颜编.—北京：中华书局,2004

　　7—101—03736—4

魏晋南北朝史发微 / 高敏著.—北京：中华书局,2005

　　7—101—04271—6

王毓铨史论集 / 王毓铨著.—北京：中华书局,2005

　　7—101—03752—6

中国历史纲要 / 尚钺著.—石家庄：河北教育出版社,2000(二十世纪中国史学名著)

　　7—5434—3865—8

中国历史通论 / 王家范著.—上海：华东师范大学出版社,2000

　　7—5617—2346—6

国际汉学著作提要 / 李学勤主编.—南昌：江西教育出版社,1996

　　7—5392—1962—9

你应该知道的中国史纲 / 张荫麟著.—北京：九州出版社,2005

　　7—80195—135—2

中国社会通史 / 龚书铎主编.—太原：山西教育出版社,1996

　　7—5440—1129—1

古史辨自序 / 顾颉刚著.—石家庄：河北教育出版社,2000

　　7—5434—3859—3

齐文化发展史 / 宣兆琦著.—兰州：兰州大学出版社,2002

　　7—311—01972—9

楚国的货币 / 赵德馨著.—武汉：湖北教育出版社,1996(楚学文库)

　　7—5351—1802—X

文化的血脉 / 黄卓越主编.—北京：中国人民大学出版社,2004(大学生文化读本)

　　7—300—06043—9

中国传统文化通论 / 朱耀廷主编.—北京：北京大学出版社,2005(大学文科基本用书. 历史)

　　7—301—09356—X

追忆逝水年华：从西南联大到巴黎大学／许渊冲著.—北京：三联书店,1996(读书文丛)

7—108—00894—7

中国传统文化要略／缪德良主编;刁康编著.—上海：华东师范大学出版社,2002(高等师范院校小学教育专业本科教材)

7—5617—3107—8

浅说一分为三／庞朴著.—北京：新华出版社,2004(国学大师文丛)

7—5011—6533—5

华夏文明延伸之谜／周永亮著.—北京：解放军文艺出版社,1995(环球人类文明探秘丛书)

7—5033—0490—1

家族文化与传统文化：中日比较研究／李卓主编.—天津：天津人民出版社,2000(南开日本研究丛书)

7—201—03528—2

中国人：走出死胡同／史仲文著.—呼和浩特：内蒙古人民出版社,1999(人文前沿丛书)

7—204—04419—3

日本对中国的文化侵略：学者、文化人的侵华战争／王向远著.—北京：昆仑出版社,2005(日本对中国的文化侵略研究丛书)

7—80040—777—2

中古中国与外来文明／荣新江著.—北京：三联书店,2001(三联·哈佛燕京学术丛书.第七辑)

7—108—01646—X

欧化东渐史／张星烺著.—北京：商务印书馆,2000(商务印书馆文库)

7—100—02821—3

先秦士人与社会／刘泽华著.—天津：天津人民出版社,2004(社会史丛书)

7—201—04330—7

丝绸之路与龟兹历史文化／苏北海著.—乌鲁木齐：新疆人民出版社,1996(丝绸之路研究丛书)

7—228—03704—9

海上丝绸之路与中外文化交流／陈炎著.—北京：北京大学出版社,1996(泰国研究学会丛书)

7—301—03029—0

中国人文精神之发展／唐君毅著.—桂林：广西师范大学出版社,2005(唐君毅作品系列)

7—5633—5611—8

中国文化的出路／陈序经编.—北京：中国人民大学出版社,2004(文化要义丛书)

7—300—06057—9

吴地服饰文化／魏采苹,屠思华编著.—北京：中央编译出版社,1996(吴文化知识丛书)

7—80109—083—7

发现中国／(法)雅克·布罗斯著;耿昇译.—济南：山东画报出版社,2002(西方发现中国丛书)

7—80603—608—3

传统中华文化与现代价值的激荡／黄俊杰编.—北京：社会科学文献出版社,2002(喜玛拉雅学术文库)

7—80149—821—6

一分为三：中国传统思想考释／庞朴著.—深圳：海天出版社,1995(现代与传统学术丛书)

7—80615—182—6

游民文化与中国社会／王学泰著.—北京：学苑出版社,1999(学苑文丛)

7—80060—853—0

市井／周时奋著.—济南：山东画报出版社,2003(雅俗中国丛书)

7—80603—730—6

中国传统文化十二讲／王炯华等编.—武汉：华中科技大学出版社,2001(研究生用书)

7—5609—2379—8

二十世纪中国文化史论 / 汪澍白著.—北京:中国青年出版社,1999(幼狮文化书系)

7—5006—3222—3

晚清文化史 / 汪林茂著.—北京:人民出版社,2005(中国传统文化与江南地域文化研究丛书)

7—01—004987—4

中国民族文化源新探 / 徐良高著.—北京:社会科学文献出版社,1999(中国社会科学院青年学者文库)

7—80149—211—0

侠客史 / 郑春元著.—上海:上海文艺出版社,1999(中国社会民俗史丛书)

7—5321—1917—3

中国少数民族节日 / 胡起望,项美珍编著.—北京:商务印书馆,1996(中国文化史知识丛书)

7—100—02131—6

时代之波:战国策派文化论著辑要 / 温儒敏,丁晓萍编.—北京:中国广播电视出版社,1995(中国文化书院文库)

7—5043—2732—8

中华文化中的世界精神 / 唐任伍著.—北京:中国社会科学出版社,1999(中国现代经济理论系列研究)

7—5004—2599—6

中国与俄苏文化交流志 / 李明滨撰.—上海:上海人民出版社,1998(中华文化通志)

7—208—02350—6

中国与东南亚文化交流志 / 王介南撰.—上海:上海人民出版社,1998(中华文化通志)

7—208—02345—X

景观志 / 吴必虎,刘筱娟撰.—上海:上海人民出版社,1998(中华文化通志)

7—208—02333—6

中国文化史论纲 / 许结著.—2 版.—桂林:广西师范大学出版社,2003

7—5633—3573—0

中华文化史 / 冯天瑜,何晓明,周积明著.—2 版.—上海:上海人民出版社,2005

7—208—05876—8

五千年中外文化交流史 / 李喜所主编;陈尚胜等著.—北京:世界知识出版社,2001

7—5012—1495—6

文化转向:当代文化史概览 / (英)戴维·钱尼著;戴从容译.—南京:江苏人民出版社,2004

7—214—03738—6

杨献珍传 /《杨献珍传》编写小组编写;龚士其主编.—北京:中共党史出版社,1996

7—80136—000—1

首届国际徽学学术讨论会文集 / 赵华富编.—合肥:黄山书社,1996

7—80630—057—0

中国文化杂说. 一. 民俗文化卷 / 关立勋主编;刘晔原,刘方成卷主编.—北京:北京燕山出版社,1997

7—5402—0770—1

民族文化理论与实践:首届全国民族文化论坛论文集 / 金星华主编.—北京:民族出版社,2005

7—105—06741—1

淮河流域历史文化研究 / 李修松主编;王昌宜编.—合肥:黄山书社,2001

7—80630—608—0

中国封建王朝兴亡史. 隋唐卷 / 周远廉主编;吴宗国卷主编;吴宗国执笔.—南宁:广西人民出版社,1996

7—219—03244—7

典籍志 / 李致忠,周少川,张木早撰;中华文化通志编委会编. —上海:上海人民出版社,1998
7—208—02332—8

中日文化交流史大系.1.历史卷 / 王晓秋,大庭修主编. —杭州:浙江人民出版社,1996
7—213—01170—7

丝路文化.海上卷 / 刘迎胜著. —杭州:浙江人民出版社,1995
7—213—01245—2

西方文化与中国:1793—2000 / 沈福伟著. —上海:上海教育出版社,2003
7—5320—8616—X

传统的界限:符号、话语与民族文化 / 蒋原伦著. —北京:北京师范大学出版社,1998
7—303—04701—8

探求一个灿烂的世纪:金庸 / 池田大作对话录 / 金庸,(日)池田大作著. —北京:北京大学出版社,1998
7—301—03891—7

透视民魂:中国传统精神文化纵横谈 / 周碧晴著. —北京:解放军出版社,1998
7—5065—3594—7

中国文化的精神价值:中国人文精神之检讨 / 赵行良著. —上海:上海古籍出版社,2003
7—5325—3518—5

诗性的智慧:中国文化的自然观及其艺术表现 / 潘世东,林玲著. —广州:华南理工大学出版社,2000
7—5623—1569—8

中华文明之光 / 袁行霈主编. —北京:北京大学出版社,1999
7—301—03715—5

中国印度尼西亚文化交流 / 孔远志著. —北京:北京大学出版社,1999
7—301—04027—X

中国古代文化传播史 / 周月亮著. —北京:北京广播学院出版社,2000
7—81004—823—6

中国文化历程 / 余国瑞编著. —南京:东南大学出版社,2004
7—81089—596—6

中国传统文化要略 / 常兆玉著. —北京:法律出版社,1999
7—5036—2499—X

陈嘉庚精神文献选编 / 黄金陵,王建立主编. —福州:福建人民出版社,1996
7—211—02758—4

中国历史文化区域研究 / 周振鹤主著. —上海:复旦大学出版社,1997
7—309—01866—4

中国文化导论 / 李宗桂著. —广州:广东人民出版社,2002
7—218—04209—0

中国文化的深层结构 / 孙隆基著. —桂林:广西师范大学出版社,2004
7—5633—4494—2

日本中国文化摄取史 / 郑彭年著. —杭州:杭州大学出版社,1999
7—81035—580—5

古傩寻踪 / 林河著. —长沙:湖南美术出版社,1997
7—5356—0974—0

中国文化史教程 / 朱恒夫编著. —南京:江苏教育出版社,2000
7—5343—3875—1

中国传统人格批判 / 刘广明,王志跃编著. —南京：江苏人民出版社,1995

　　7—214—01480—7

传统文化与现代文明 / 苏海涛著. —南京：江苏人民出版社,1998

　　7—214—02172—2

余秋里回忆录 / 余秋里著. —北京：解放军出版社,1996

　　7—5065—3183—6

新平花腰傣文化大观 / 陶贵学著. —北京：民族出版社,2004

　　7—105—06629—6

中华文明七千年初探 / 蒋南华著. —北京：人民出版社,2002

　　7—01—003727—2

中国传统文化通论 / 赵洪恩,李宝席主编. —北京：人民出版社,2003

　　7—01—003851—1

中国区域文化 / 李勤德著. —太原：山西高校联合出版社,1995

　　7—81032—775—5

中国精怪文化 / 刘仲宇著. —上海：上海人民出版社,1997

　　7—208—02454—5

士与中国文化 / 余英时著. —上海：上海人民出版社,2003

　　7—208—04289—6

舜文化传统与现代精神 / 王田葵,何红斌编. —上海：上海三联书店,2005

　　7—5426—2081—9

中国古代神秘数字 / 叶舒宪,田大宪著. —北京：社会科学文献出版社,1996

　　7—80050—702—5

中国传统文化概论 / 于语和,王景智,周滨编著. —天津：天津大学出版社,2001

　　7—5618—1518—2

洛阳新获墓志 / 李献奇,郭引强编著. —北京：文物出版社,1996

　　7—5010—0911—2

敦煌石窟内容总录 / 敦煌研究院编. —北京：文物出版社,1996

　　7—5010—0799—3

中国传统文化概说 / 郭风平主编. —杨凌：西北农林科技大学出版社,2004

　　7—81092—020—0

宋明思想和中华文明 / 祝瑞开主编. —上海：学林出版社,1995

　　7—80510—911—7

中国古代礼俗 / 赵丕杰著. —北京：语文出版社,1996

　　7—80126—050—3

中国文化概论 / 韦政通著. —长沙：岳麓书社,2003

　　7—8066—5325—2

中华文化与水 / 勒怀堵著. —武汉：长江文艺出版社,2005

　　7—80708—028—0

中国传统文化的陷阱 / 端木赐香著. —北京：长征出版社,2005

　　7—80204—116—3

中国文化通史 / 胡世庆编著. —杭州：浙江大学出版社,1996

　　7—308—01807—5

文化传承与幼儿教育 / 庞丽娟主编. —杭州：浙江教育出版社,2005

　　7—5338—6095—0

近代中国社会文化变迁录 / 刘志琴主编.—杭州：浙江人民出版社,1998

7—213—01582—6

中华传统文化纲要 / 冯秀珍著.—北京：中国法制出版社,2003

7—80182—156—4

中国传统文化散论 / 李土生著.—北京：中国社会出版社,2005

7—5087—0772—9

丝绸之路河南道 / 陈良伟著.—北京：中国社会科学出版社,2002

7—5004—3272—0

夏文化研究论集 / 中国先秦史学会,洛阳市第二文物工作队编.—北京：中华书局,1996

7—101—01541—7

隐士与解脱 / 冷成金著.—北京：作家出版社,1997

7—5063—1138—0

西方人眼中的东方丝绸艺术 / 马良著.—上海：上海教育出版社,2004(东方美学对西方的影响丛书)

7—5320—9218—6

佛教志 / 方广锠撰.—上海：上海人民出版社,1998

7—208—02334—4

古史性别研究丛稿 / 王子今著.—北京：社会科学文献出版社,2004(性别研究丛书)

7—80190—251—3

地方行政制度 / 周振鹤撰.—上海：上海人民出版社,1998

7—208—02279—8

家族主义与中国文化 / 杨知勇著.—昆明：云南大学出版社,2000(云南民族学院科研成果丛书)

7—81068—207—5

传统与超越：科学与中国传统文化的对话 / 侯样祥编著.—南京：江苏人民出版社,2000(科学与人文对话丛书)

7—214—02795—X

家范志 / 徐梓撰.—上海：上海人民出版社,1998

7—208—02301—8

建筑志 / 常青撰.—上海：上海人民出版社,1998

7—208—02322—0

细说三国 / 黎东方著.—上海：上海人民出版社,2000(细说中国历史丛书)

7—208—03442—7

秦史 / 王蘧常撰.—上海：上海古籍出版社,2000

7—5325—2815—4

洪武御制全书 / 张德信.—合肥：黄山书社,1995

国家、科举与社会：以明代为中心的考察 / 钱茂伟著.—北京：北京图书馆出版社,2004

7—5013—2612—6

适性任情的审美人生：隐逸文化与休闲 / 吴小龙著.—昆明：云南人民出版社,2005(中国休闲文化丛书)

7—222—04415—9

文化一隅 / 庞朴著.—郑州：中州古籍出版社,2005(中国哲学前沿丛书)

7—5348—2237—8

胡汉之间："丝绸之路"与西北历史考古 / 罗丰著.—北京：文物出版社,2004

7—5010—1527—9

校史随笔 / 张元济撰;张树年等导读.—上海:上海古籍出版社,1998(蓬莱阁丛书)

    7—5325—2510—4

通鉴胡注表微 / 陈垣著.—沈阳:辽宁教育出版社,1997(新世纪万有文库·近世文化书系)

    7—5382—4814—5

历史文献研究论丛 / 刘乃和著.—桂林:广西师范大学出版社,1998(学术文丛)

    7—5633—2473—9

中国早期叙事文研究 / (美)王靖宇著.—上海:上海古籍出版社,2003

    7—5325—3358—1

史记与诗经 / 陈桐生著.—北京:人民文学出版社,2000(旸谷文丛)

    7—02—002955—8

史记艺术论 / 俞樟华著.—北京:华文出版社,2002

    7—5075—1290—8

史记新注 / 张大可注释.—北京:华文出版社,2000

    7—5075—0968—0

史记学概论 / 张新科著.—北京:商务印书馆,2003

    7—100—03815—4

史记地名考 / 钱穆著.—北京:商务印书馆,2001

    7—100—03240—7

史记索引 / 李晓光,李波主编.—修订版.—北京:中国广播电视出版社,2001(大型古籍索引丛书)

    7—5043—3721—8

古本竹书纪年辑证 / 方诗铭,王修龄撰.—修订本.—上海:上海古籍出版社,2005

    7—5325—4191—6

中国古代俑 / 曹者祉,孙秉根主编.—上海:上海文化出版社,1996

    7—80511—834—5

童书业史籍考证论集 / 童书业著;童教英整理.—北京:中华书局,2005(现代史学家文丛)

    7—101—04560—X

中国二十世纪通鉴:1901—2000 / 中国二十世纪通鉴编辑委员会编著.—北京:线装书局,2002

    7—80106—194—2

中国社会生活史 / 庄华峰主编.—合肥:合肥工业大学出版社,2003

    7—81093—069—9

大清十朝圣训 / 赵之恒等主编.—北京:北京燕山出版社,1998

    7—5402—1130—X

官箴书点评与官箴文化研究 / 郭成伟主编.—北京:中国法制出版社,2000

    7—80083—762—9

千里史学文存 / 李伯重著.—杭州:杭州出版社,2004(当代学术文库)

    7—80633—572—2

社会生活的历史学:中国社会史研究新探 / 常建华著.—北京:北京师范大学出版社,2004(当代中国史学家文库)

    7—303—07185—7

陈寅恪学术文化随笔 / 刘桂生,张步洲编.—北京:中国青年出版社,1996(二十世纪中国学术文化随笔大系)

    7—5006—2282—1

梁启超史学论著四种 / 梁启超著.—长沙:岳麓书社,1998(旧籍新刊)

7—80520—882—4

史编拾遗 / 苏寿桐著. —北京：人民教育出版社,1995(课程教材研究所学术论著丛书)

7—107—11249—X

吕思勉读史札记 / 吕思勉著. —上海：上海古籍出版社,2005(吕思勉文集)

7—5325—4213—0

追寻现代中国：1600—1912 年的中国历史 / (美)史景迁著;黄纯艳译. —上海：上海远东出版社,2005(美国史学大师史景迁中国研究系列)

7—80661—411—7

王氏之死：大历史背后的小人物命运 / (美)史景迁著;李璧玉译. —上海：上海远东出版社,2005(美国史学大师史景迁中国研究系列)

7—80661—479—6

中国农民变迁论：试探我国历史发展周期 / 孙达人著. —北京：中央编译出版社,1996(农民学丛书)

7—80109—104—3

国史新论 / 钱穆著. —北京：三联书店,2001(钱穆作品系列)

7—108—01535—8

从文明起源到现代化：中国历史 25 讲 / 全国干部培训教材编审指导委员会组织编写. —北京：人民出版社,2002(全国干部学习读本)

7—01—003530—X

出入史门 / 傅斯年著. —杭州：浙江人民出版社,1998(史家随笔)

7—213—01698—9

中国社会中的日常权威：关系与权力的历史社会学研究 / 翟学伟著. —北京：社会科学文献出版社,2004(现代社会学文库)

7—80190—054—5

历史分光镜 / 许倬云. —上海：上海文艺出版社,1998(学苑英华)

7—5321—1661—1

朴学与清代社会 / 黄爱平著. —石家庄：河北人民出版社,2003(中国传统学术与社会丛书)

7—202—03052—7

隋唐民族史 / 卢勋等著. —成都：四川民族出版社,1996(中国历代民族史丛书)

7—5409—1771—7

陈旭麓文集 / 陈旭麓著;熊月之,周武编. —上海：华东师范大学出版社,1996

7—5617—1675—3 / 7—5617—1676—1 / 7—5617—1677—X

史学、史家与时代 / 余英时著. —桂林：广西师范大学出版社,2004(余英时文集.1)

7—5633—4501—9

中国知识人之史的考察 / 余英时著. —桂林：广西师范大学出版社,2004(余英时文集.4)

7—5633—4504—3

中国社会科学院历史研究所学刊.第一集 / 中国社会科学院历史研究所学刊编委会编辑. —北京：社会科学文献出版社,2001

7—80149—564—0

论中国历史与国民意识：何新史学论著选集 / 何新著. —北京：时事出版社,2002

7—80009—732—3

西风东渐：中国改革开放史 / 郑鹏年著. —北京：人民出版社,2005

7—01—004754—5

史学与史学评论 / 瞿林东编著. —合肥：安徽教育出版社,1998

7—5336—2122—0

大历史不会萎缩 / (美)黄仁宇著. —桂林：广

西师范大学出版社,2004

7—5633—4509—4

吕著史学与史籍 ／吕思勉著.—上海：华东师范大学出版社,2002

7—5617—2318—0

社会变迁的法律解释 ／尹伊君著.—北京：商务印书馆,2003

7—100—03783—2

陈寅恪与二十世纪中国学术 ／胡守为主编.—杭州：浙江人民出版社,2000

7—213—02090—0

西方中国古代史研究导论 ／胡志宏著.—郑州：大象出版社,2002（海外汉学研究丛书）

7—5347—2824—X

中国研究的范式问题讨论 ／黄宗智主编.—北京：社会科学文献出版社,2003（喜玛拉雅学术文库）

7—80149—844—5

法国当代中国学 ／（法）戴仁主编;耿升译.—北京：中国社会科学出版社,1998

7—5004—2246—6

国学与汉学：近代中外学界交往录 ／桑兵著.—杭州：浙江人民出版社,1999

7—213—01809—4

国外汉学史 ／何寅,许光华主编.—上海：上海外语教育出版社,2002

7—81046—879—0

国宝大典 ／曹者祉主编.—上海：文汇出版社,1996

7—80531—322—9

德国思想家论中国 ／（德）夏瑞春编;陈爱政等译.—南京：江苏人民出版社,1997

7—214—00355—4

成中英自选集 ／成中英著.—济南：山东教育出版社,2005（汉学名家书系）

7—5328—4543—5

清水茂汉学论集 ／（日）清水茂著;蔡毅译.—北京：中华书局,2003（世界汉学论丛）

7—101—03834—4

图说汉学史 ／刘正著.—桂林：广西师范大学出版社,2005

7—5633—5356—9

伯伦史学集 ／雷海宗著.—北京：中华书局,2002（南开史学家论丛）

7—101—03378—4

范文澜全集 ／范文澜著.—石家庄：河北教育出版社,2002

7—5434—4973—0

国史探微 ／杨联陞著.—北京：新星出版社,2005

7—80148—753—2

口承文化论：云南无文字民族古风研究 ／王亚南著.—昆明：云南教育出版社,1997

7—5415—1406—3

白话本国史 ／吕思勉著.—上海：上海古籍出版社,2005（吕思勉文集）

7—5325—4010—3

剑桥插图中国史 ／（美）伊佩霞著;赵世瑜,赵世玲,张宏艳译.—济南：山东画报出版社,2002

7—80603—635—0

泉州海外交通史略 ／李玉昆著;泉州历史文化中心编.—厦门：厦门大学出版社,1995（泉州历史文化丛书）

7—5615—1054—3

中华远古史 ／王玉哲著.—上海：上海人民出版社,2003（中国断代史系列）

7—208—04545—3

古帝传说与华夏文明 / 叶林生著.—哈尔滨：黑龙江教育出版社,1999

　　7—5316—3593—3

中华文化起源志 / 田昌五撰;中华文化通志编委会编.—上海：上海人民出版社,1998(中华文化通志)

　　7—208—02254—2

华夏文化源流考 / 王增永著.—北京：中国社会科学出版社,2005

　　7—5004—4901—1

华夏上古史研究 / 刘俊男著.—延吉：延边大学出版社,2000(学理追问)

　　7—5634—1373—1

中国上古史研究讲义 / 顾颉刚著.—新1版.—北京：中华书局,2002(中华学术精品)

　　7—101—03603—1

中国古史的传说时代 / 徐旭生著.—桂林：广西师范大学出版社,2003

　　7—5633—4227—3

中国上古文明考论 / 江林昌著.—上海：上海教育出版社,2005

　　7—5444—0467—6

上古中华文明 / 王大有著.—北京：中国社会出版社,2000(图说中华文明大典)

　　7—80146—378—1

春秋战国时期中国北方文化带的形成 / 杨建华著.—北京：文物出版社,2004(北京大学震旦古代文明研究中心学术丛书)

　　7—5010—1651—8

青铜时代 / 郭沫若著.—北京：中国人民大学出版社,2005(国学基础文库)

　　7—300—06263—6

中华大帝国史 / (西)门多萨撰;何高济译.—北京：中华书局,1998(中外关系史名著译丛)

　　7—101—01587—5

中国人史纲：插图版柏杨精品 / 柏杨著.—北京：同心出版社,2005

　　7—80716—121—3

商周文化比较研究 / 王晖著.—北京：人民出版社,2000

　　7—01—003168—1

中华历史通鉴.全四部十七卷 / 李罗力等总编撰.—北京：国际文化出版公司,1997

　　7—80105—570—5

伏羲文化概论 / 李建成著.—兰州：甘肃文化出版社,2004(陇右文化研究丛书)

　　7—80608—948—9

乐师与史官：传统政治文化与政治制度论集 / 阎步克著.—北京：三联书店,2001

　　7—108—01503—X

中国文明论：中国古代文明的本质与原理(从公元前21世纪至1840年) / 北野著.—北京：中国社会科学出版社,2001

　　7—5004—2919—3

生命之树与中国民间民俗艺术 / 靳之林著.—桂林：广西师范大学出版社,2002

　　7—5633—3424—6

齐文化与先秦地域文化 / 邱文山,张玉书,张杰著.—济南：齐鲁书社,2003

　　7—5333—1229—5

先秦文化史论集 / 杨希枚著.—北京：中国社会科学出版社,1995

　　7—5004—1201—0

中国古代文化常识图典 / 王力主编.—北京：中国言实出版社,2002

7—80128—363—5

先秦文化散论 / 刘宝才著. —西安：陕西人民出版社,2001(部开发与人文学术丛书)

7—224—05565—4

先秦社会文化丛论 / 陈智勇著. —郑州：中州古籍出版社,2005(学人文库)

7—5348—2539—3

中国古代社会史论 / 侯约庐著. —石家庄：河北教育出版社,2000(二十世纪中国史学名著)

7—5434—3863—1

中国古史寻证 / 李学勤,郭志坤著. —上海：上海科技教育出版社,2002(名家与名编)

7—5428—2892—4

古史集林 / 王玉哲著. —北京：中华书局,2002(南开史学家论丛)

7—101—03365—2

王鹏运研究资料 / 张正吾等编. —桂林：漓江出版社,1996(中国近代文学研究资料丛书)

7—5407—2023—9

中国历代年号考 / 李崇智编著. —2版. —北京：中华书局,2001

7—101—02512—9

古史辨学说评价讨论集：1949—2000 / 陈其泰,张京华主编. —北京：京华出版社,2001

7—80600—559—5

先秦社会形态研究 / 晁福林著. —北京：北京师范大学出版社,2003

7—303—06226—2

中原古国历史与文化 / 马世之著. —郑州：大象出版社,1998

7—5347—2106—7

先秦两汉的制度与文化 / 葛志毅,张惟明著. —哈尔滨：黑龙江教育出版社,1998

7—5316—3445—7

吴越春秋辑校汇考 / 周生春撰. —上海：上海古籍出版社,1997

7—5325—2182—6

中国早期国家 / 谢维扬著. —杭州：浙江人民出版社,1995

7—213—01054—9

徐中舒历史论文选辑 / 徐中舒著. —北京：中华书局,1998

7—101—00937—9

先秦两汉史研究 / 吴荣曾著. —北京：中华书局,1995

7—101—01213—2

杨宽古史论文选集 / 杨宽著. —上海：上海人民出版社,2003(杨宽著作系列丛书)

7—208—03717—5

宦官 / 田澍著. —北京：北京图书馆出版社,1998(历史角色丛书)

7—5013—1211—7

尚书通论(外二种) / 陈梦家著. —石家庄：河北教育出版社,2000(二十世纪中国史学名著)

7—5434—3872—0

明代民族史 / 杨绍猷,莫俊卿著. —成都：四川民族出版社,1996(中国历代民族史丛书)

7—5409—1774—1

尚书文字校诂 / 臧克和著. —上海：上海教育出版社,1999

7—5320—6390—9

书经直解 / 张道勤直解. —杭州：浙江文艺出版社,1997

7—5339—0771—X

尚书校释译论 / 顾颉刚,刘起釪著.—北京:中华书局,2005

7—101—02425—4

夏商西周的社会变迁 / 晁福林著.—北京:北京师范大学出版社,1996

7—303—04144—3

夏商周年代学札记 / 李学勤著.—沈阳:辽宁大学出版社,1999

7—5610—3852—6

辽金简史 / 李桂芝著.—福州:福建人民出版社,1996(大学历史丛书)

7—211—02560—3

生态环境变迁与夏代的兴起探索 / 王星光著.—北京:科学出版社,2004

7—03—014243—8

殷商史 / 胡厚宣,胡振宇著.—上海:上海人民出版社,2003(中国断代史系列)

7—208—04584—4

商文明 / 张光直著;张良仁等译.—沈阳:辽宁教育出版社,2002(张光直学术作品集)

7—5382—6206—7

西周史 / 许倬云著.—增补本.—北京:三联书店,2001(海外学人丛书)

7—108—01521—8

西周史 / 杨宽著.—上海:上海人民出版社,1999(中国通史)

7—208—03083—9

中原楚文化研究 / 马世之著.—武汉:湖北教育出版社,1995(楚学文库)

7—5351—1025—8

金陵文化概观 / 王桂芳主编.—南京:南京师范大学出版社,1996(江苏区域文化丛书)

7—81047—053—1

先周历史文化新探 / 于俊德,子祖培著.—兰州:甘肃人民出版社,2005

7—226—03264—3

巴楚文化源流 / 彭万廷,冯万林主编.—武汉:湖北教育出版社,2003

7—5351—3372—X

逸周书汇校集注 / 黄怀信,张懋,田旭东撰.—上海:上海古籍出版社,1995

7—5325—1836—1

燕史纪事编年会按 / 陈平编著.—北京:北京大学出版社,1995(北京市文物研究所科研系列丛书)

7—301—02862—8

西周王朝经营四土研究 / 周书灿著.—郑州:中州古籍出版社,2000(学人文库)

7—5348—1838—9

春秋史 / 顾德融,朱顺龙编著.—上海:上海人民出版社,2001(国断代史系列)

7—208—03612—8

春秋史 / 童书业撰;童教英导读.—上海:上海古籍出版社,2003(蓬莱阁丛书)

7—5325—3390—5

晋国史 / 李孟存,李尚师著.—太原:山西古籍出版社,1999(三晋文化研究丛书)

7—80598—327—5

越国文化 / 方杰著.—上海:上海社会科学院出版社,1998

7—80618—407—4

晚唐钟声:中国文化的精神原型 / 傅道彬著.—北京:东方出版社,1996(东方书林之旅)

7—5060—0630—8

齐文化论稿 / 王志民著.—济南:山东大学出版社,1995

7—5607—1438—2

汉代政治与《春秋》学 / 陈苏镇著.—北京：中国广播电视出版社,2001(北京大学学术专著丛书)

7—5043—3672—6

公羊学引论 / 蒋庆著.—沈阳：辽宁教育出版社,1995(国学丛书)

7—5382—3703—8

《春秋》经传研究 / 赵生群著.—上海：上海古籍出版社,2000(南京师范大学中国古代文学专业系列研究丛书·随园薪积)

7—5325—2698—4

春秋公羊传译注 / 王维堤,唐书文撰.—上海：上海古籍出版社,1997(中华古籍译注丛书)

7—5325—2299—7

清代公羊学 / 陈其泰著.—北京：东方出版社,1997

7—5060—0800—9

《春秋》考论 / 姚曼波著.—南京：江苏古籍出版社,2002

7—80643—688—X

《左传》人物论稿 / 何新文著.—北京：中国社会科学出版社,2004

7—5004—4741—8

春秋书法与左传学史 / 张高评著.—上海：上海古籍出版社,2005

7—5325—4077—4

春秋战国士人与政治 / 王长华著.—上海：上海人民出版社,1997

7—208—02557—6

郁达夫自传 / 郁达夫著.—南京：江苏文艺出版社,1996(名人自传丛书)

7—5399—0956—0

儒学的历史文化功能：以中古士族现象为个案 / 陈明著.—北京：中国社会科学出版社,2005(原道文丛)

7—5004—4807—4

楚史 / 张正明著.—武汉：湖北教育出版社,1995(楚学文库)

7—5351—0995—0

战国史 / 杨宽著.—上海：上海人民出版社,2003(中国断代史系列)

7—208—04537—2

最初的纪元：中国早期现代化研究 / 周积明著.—北京：高等教育出版社,1996

7—04—005746—8

赵国史稿 / 沈长云等著.—北京：中华书局,2000

7—101—02671—0

战国盛世 / 黄中业著.—郑州：河南人民出版社,1998(中国历史五大盛世)

7—215—04061—5

战国策文新论 / 郑杰文著.—济南：山东人民出版社,1998

7—209—02319—4

秦汉史 / 吕思勉著.—上海：上海古籍出版社,2005(吕思勉文集)

7—5325—4027—8

秦汉历史文化论稿 / 黄留珠著.—西安：三秦出版社,2002(周秦汉唐文化工程·学术研究文库)

7—80628—603—9

秦汉区域文化研究 / 王子今著.—成都：四川人民出版社,1998

7—220—04224—8

秦汉士史 / 于迎春著.—北京：北京大学出版社,2000(北京大学中国传统文化研究中心国学研

究丛刊)

    7—301—04751—7

秦汉魏晋南北朝监察史纲 / 李小树著.—北京：社会科学文献出版社,2000(中国社会史文库)

    7—80149—323—0

秦汉史论丛. 第七辑 / 中国秦汉史研究会编.—北京：中国社会科学出版社,1998

    7—5004—2288—1

秦汉魏晋南北朝史论考 / 高敏著.—北京：中国社会科学出版社,2004

    7—5004—4420—6

早期秦史 / 祝中熹著.—兰州：敦煌文艺出版社,2004(遥望星宿——甘肃考古文化丛书)

    7—80587—608—8

中古士人迁移与文化交流 / 王永平著.—北京：社会科学文献出版社,2005(扬泰文库)

    7—80190—586—5

汉代学术史 / 王铁著.—上海：华东师范大学出版社,1995

    7—5617—1360—6

两汉纪. 全二册 / (东汉)荀悦,(东晋)袁宏撰;张烈点校.—北京：中华书局,2002

    7—101—02433—5

汉代官文书制度 / 汪桂海著.—南宁：广西教育出版社,1999(简牍文书学丛书)

    7—5435—2892—4

古道侠风 / 彭卫著.—北京：中国青年出版社,1998(龙蛇沧桑)

    7—5006—2476—X

两汉乡村社会史 / 马新著.—济南：齐鲁书社,1997

    7—5333—0634—1

两晋南北朝史 / 吕思勉著.—上海：上海古籍出版社,2005(吕思勉文集丛书)

    7—5325—4068—5

华丽血时代：两晋南北朝的另类历史 / 梅毅著.—西安：陕西师范大学出版社,2005

    7—5613—3240—8

六朝文化 / 许辉,邱敏,胡阿祥主编.—南京：江苏古籍出版社,2001(江苏社科学术文萃)

    7—80643—582—4

六朝文化概论 / 许辉,李天石编著.—南京：南京出版社,2003(六朝文化丛书)

    7—80614—774—8

唐长孺社会文化史论丛 / 唐长孺著.—武汉：武汉大学出版社,2001(武汉大学学术丛书)

    7—307—02954—5

儒学的历史文化功能：士族：特殊形态的知识分子研究 / 陈明著.—上海：学林出版社,1997(中国：现代性与传统论丛)

    7—80616—314—X

魏晋南北朝中间地带研究 / 陈金凤著.—天津：天津古籍出版社,2005(江西师范大学历史学文库)

    7—80696—215—8

维吾尔族历史. 中编 / 刘志霄著.—北京：中国社会科学出版社,1996

    7—5004—1950—3

魏晋南北朝史论 / 黎虎著.—北京：学苑出版社,1999

    7—80060—092—0

六朝史考实 / 熊德基著.—北京：中华书局,2000

    7—101—01899—8

魏晋南北朝史论丛(外一种) / 唐长孺著.—

石家庄：河北教育出版社,2000（二十世纪中国史学名著）

    7—5434—3871—2

六朝史论 / 朱大渭著.—北京：中华书局,1998

    7—101—01637—5

三国史 / 张大可著.—北京：华文出版社,2003

    7—5075—1440—4

史说新语 / 汗青编著.—北京：中国友谊出版公司,2004

    7—5057—2016—3

世家大族与北朝政治 / 陈爽著.—北京：中国社会科学出版社,1998（东方历史学术文库）

    7—5004—2306—3

北魏平城时代 / 李凭著.—北京：社会科学文献出版社,2000

    7—80149—248—X

隋唐五代史 / 王仲荦著.—上海：上海人民出版社,2003（中国断代史系列）

    7—208—04216—0

邓广铭治史丛稿 / 邓广铭著.—北京：北京大学出版社,1997（北大名家名著文丛）

    7—301—03192—0

隋唐五代社会生活史 / 李斌城等著.—北京：中国社会科学出版社,1998（中国古代社会生活史）

    7—5004—2224—5

7—14 世纪中日文化交流的考古学研究 / 袁岚著.—北京：中国社会科学出版社,2001（日本留学博士丛书）

    7—5004—3191—0

唐朝文化史 / 徐连达著.—上海：复旦大学出版社,2003

    7—309—03060—5

南部新书 / （宋）钱易撰；黄寿成点校.—北京：中华书局,2002（历代史料笔记丛刊.唐宋史料笔记丛刊）

    7—101—03507—8

封氏闻见记校注 / （唐）封演撰；赵贞信校注.—北京：中华书局,2005（唐宋史料笔记丛刊）

    7—101—04722—X

二十世纪唐研究 / 胡戟等主编.—北京：中国社会科学出版社,2002（唐研究基金会丛书）

    7—5004—3297—6

唐代衣食住行研究 / 黄正建著.—北京：首都师范大学出版社,1998

    7—81039—934—9

唐代羁縻府州研究 / 刘统著.—西安：西北大学出版社,1998（周秦汉唐研究书系）

    7—5604—1298—X

北梦琐言 / （五代）孙光宪撰；贾二强点校.—北京：中华书局,2002（历代史料笔记丛刊·唐宋史料笔记）

    7—101—03391—1

南唐史 / 任爽著.—长春：东北师范大学出版社,1995（东北师范大学文库）

    7—5602—1692—7

南唐国史 / 邹劲风著.—南京：南京大学出版社,2000（南京大学博士文丛）

    7—305—03579—3

钱氏吴越国史论稿 / 何勇强著.—杭州：浙江大学出版社,2002

    7—308—02561—6

宋代文史考论 / 诸葛忆兵著.—北京：中华书局,2002（中国人民大学古典文学研究丛书）

    7—101—03429—2

中国转向内在：两宋之际的文化内向／（美）刘子健著；赵冬梅译.—南京：江苏人民出版社，2002（海外中国研究丛书）

7—214—03108—6

《清明上河图》与清明上河学／周宝珠著.—开封：河南大学出版社，1997（宋代研究丛书）

7—81041—314—7

宋代地域文化／程民生著.—开封：河南大学出版社，1997（宋代研究丛书）

7—81041—313—9

宋代文化与文学研究／张海鸥著.—北京：中国社会科学出版社，2002

7—5004—3315—8

蔡元培年谱长编／高平叔撰著.—北京：人民教育出版社，1996

7—107—11597—9

元代民族史／罗贤佑著.—成都：四川民族出版社，1996（中国历代民族史丛书）

7—5409—1773—3

宋朝诸臣奏议／（宋）赵汝愚编；北京大学中国中古史研究中心校点整理.—上海：上海古籍出版社，1999

7—5325—2353—5

新编醉翁谈录／（宋）金盈之撰；罗烨编；周晓薇校点.—沈阳：辽宁教育出版社，1998（新世纪万有文库）

7—5382—5105—7

麟台故事校证／（宋）程俱撰；张富祥校证.—北京：中华书局，2000（历代史料笔记丛刊／唐宋史料笔记丛刊）

7—101—01868—8

探知集／漆侠著.—保定：河北大学出版社，1999（宋史研究丛书）

7—81028—587—4

宋夏关系史／李华瑞著.—石家庄：河北人民出版社，1998

7—202—02367—9

细说宋朝／虞云国著.—上海：上海人民出版社，2002（细说中国历史丛书）

7—208—04037—0

两京梦华／汪圣铎著.—北京：中华书局，2001（中华历史通览）

7—101—02652—4

南宋文人与党争／沈松勤著.—北京：人民出版社，2005（中国传统文化与江南文化研究丛书）

7—01—004616—6

蒙元入侵前夜的中国日常生活／（法）谢和耐著；刘东译.—南京：江苏人民出版社，1995（海外中国研究丛书）

7—214—01359—2

建炎以来朝野杂记／（宋）李心传撰；徐规点校.—北京：中华书局，2000（唐宋史料笔记丛刊）

7—101—01782—7

南宋史稿：政治·军事·文化／何忠礼，徐吉军著.—杭州：杭州大学出版社，1999

7—81035—486—8

辽金西夏史／李锡厚，白滨著.—上海：上海人民出版社，2003（中国断代史系列）

7—208—04392—2

汉画学术文集／韩玉祥主编.—郑州：河南美术出版社，1996

7—5401—0583—6

西夏书事校证／（清）吴广成撰；龚世俊等校证.—兰州：甘肃文化出版社，1995（西夏研究丛书）

7—80608—078—3

西夏通史／李范文主编.—银川：宁夏人民出版社，2005

7—227—02974—3

简明西夏史 / 李蔚著. —北京：人民出版社,1997

7—01—002437—5

西夏文化概论 / 张迎胜主编；冯玉涛等执笔. —兰州：甘肃文化出版社,1995(西夏研究丛书)

7—80608—077—5

国外早期西夏学论集 / 孙伯君编. —北京：民族出版社,2005(西夏学译丛)

7—105—07313—6

蒙古秘史 / 余大钧译注. —石家庄：河北人民出版社,2001

7—202—02838—7

元代社会生活史 / 史卫民著. —北京：中国社会科学出版社,1996(中国古代社会生活史)

7—5004—1809—4

中西文化交流史论 / 何兆武著. —北京：中国青年出版社,2001(幼狮文化书系)

7—5006—4065—X

明代文化志 / 商传撰. —上海：上海人民出版社,1998(中华文化通志)

7—208—02261—5

从中西初识到礼仪之争：明清传教士与中西文化交流 / 张国刚著. —北京：人民出版社,2003

7—01—004005—2

明末清初中西文化冲突 / 林仁川,徐晓望著. —上海：华东师范大学出版社,1999

7—5617—1995—7

利玛窦中国札记：传教士利玛窦神父的远征中国史 / (意)利玛窦,(比)金尼阁著；何高济等译. —桂林：广西师范大学出版社,2001(世界名著译丛)

7—5633—3271—5

杨一清集 / 杨一清著；唐景绅,谢玉杰点校. —北京：中华书局,2001

7—101—02234—0

洋教士看中国朝廷 / 朱静编译. —上海：上海人民出版社,1995

7—208—01968—1

乡土之链：明清会馆与社会变迁 / 王日根著. —天津：天津人民出版社,1996(社会史丛书)

7—201—02255—5

心史丛刊 / 孟森著. —沈阳：辽宁教育出版社,1998(新世纪万有文库 / 近世文化书系)

7—5382—5038—7

晚明史论：重新认识末世衰变 / 刘志琴著. —南昌：江西高校出版社,2004

7—81075—556—0

梁实秋传 / 鲁西奇著. —北京：中央民族大学出版社,1996

7—81001—714—4

晚明与晚清：历史传承与文化创新 / 陈平原,王德威,商伟编. —武汉：湖北教育出版社,2002(二十世纪中国文化研究丛书)

7—5351—3154—9

张显清文集 / 张显清著. —上海：上海辞书出版社,2005(中国社会科学院学术委员文库)

7—5326—1806—4

郑和研究百年论文选 / 王天有,万明编. —北京：北京大学出版社,2004

7—301—07154—X

嘉靖革新研究 / 田澍著. —北京：中国社会科学出版社,2002

7—5004—3435—9

历史人物／郭沫若著.—北京：中国人民大学出版社,2005（国学基础文库）

7—300—06262—8

利玛窦中文著译集／朱维铮主编；郑志峰编校.—上海：复旦大学出版社,2001

7—309—03058—3

万历十五年／（美）黄仁宇著.—海拉尔：内蒙古文化出版社,1996

7—80506—452—0

清史史料学／冯尔康著.—沈阳：沈阳出版社,2004（木鱼石书屋·史料学）

7—5441—2406—1

清史编年.第十二卷.光绪朝（下）宣统朝／迟云飞编著.—北京：人民大学出版社,2000

7—300—03107—2

清通鉴／戴逸、李文海编著.—太原：山西人民出版社,2000

7—203—03907—2

清代西部历史论衡／马汝珩著.—太原：山西人民出版社,2001

7—203—04261—8

18世纪中国文化在西欧的传播及其反应／严建强著.—杭州：中国美术学院出版社,2002（学术史丛书）

7—81083—002—3

近代的初曙：18世纪中国观念变迁与社会发展／高翔著.—北京：社会科学文献出版社,2000

7—80149—379—6

钦定八旗通志.第十二册.钦定八旗通志人物志索引／（清）纪昀纂修；赵德贵,李洵,刘素云编.—长春：吉林文史出版社,2002

7—80626—817—0

清史编年.第一卷.顺治朝／史松,林铁钧编

写;中国人民大学清史研究所编.—北京：中国人民大学出版社,2000

7—300—03107—2

中国近事报道：1687—1692／（法）李明著；郭强,龙云,李伟译.—郑州：大象出版社,2004（国家清史编纂委员会·编译丛刊）

7—5347—3435—5

池北偶谈／（清）王士禛撰；赵伯陶选注.—北京：学苑出版社,1999（历代笔记小说小品丛刊）

7—5077—0764—4

康熙帝传／（法）白晋著；春林,广建编.—珠海：珠海出版社,1995（外国人笔下的清宫秘闻）

7—80607—119—9

18世纪的中国与世界.经济卷／戴逸主编；陈桦著.—沈阳：辽海出版社,1999

7—80638—383—2

18世纪的中国与世界.边疆民族卷／戴逸主编；成崇德著.—沈阳：辽海出版社,1999

7—80638—381—6

18世纪的中国与世界.政治卷／戴逸主编；郭成康著.—沈阳：辽海出版社,1999

7—80638—379—4

18世纪的中国与世界.思想文化卷／戴逸主编；黄爱平著.—沈阳：辽海出版社,1999

7—80638—385—9

18世纪的中国与世界.社会卷／戴逸主编；秦宝琦,张研著.—沈阳：辽海出版社,1999

7—80638—384—0

18世纪的中国与世界.对外关系卷／戴逸主编；吴建雍著.—沈阳：辽海出版社,1999

7—80638—386—7

18世纪的中国与世界.农民卷／戴逸主编；徐浩著.—沈阳：辽海出版社,1999

7—80638—382—4

18 世纪的中国与世界. 军事卷 / 戴逸主编;张世明著.—沈阳:辽海出版社,1999
7—80638—380—8

18 世纪的中国与世界. 导言卷 / 戴逸主编.—沈阳:辽海出版社,1999
7—80638—392—1

文化与叛乱:以清代秘密社会为视角 / 刘平著.—北京:商务印书馆,2002
7—100—03452—3

康乾盛世历史报告 / 郭成康等著.—北京:中国言实出版社,2002
7—80128—379—1

康雍乾三帝与西学东渐 / 吴伯娅著.—北京:宗教文化出版社,2002
7—80123—441—3

帝国主义与中国政治 / 胡绳著.—2 版.—北京:人民出版社,1996
7—01—002357—3

中国近代史通鉴:1840—1949 / 戴逸主编.—北京:红旗出版社,1997
7—80068—722—8

口述历史分析:中国近代史上的美国传教士 / 齐小新著.—北京:北京大学出版社,2003
7—301—06761—5

中华近世通鉴. 主卷 / 王俯民著.—北京:中国广播电视出版社,2000
7—5043—3255—0

社会变革与文化趋向:中国近代文化研究 / 龚书铎著.—北京:北京师范大学出版社,2005(当代中国史学家文库)
7—303—07184—9

中西体用之间:晚清中西文化观述论 / 丁伟志,陈崧著.—北京:中国社会科学出版社,1995(社科学术文库)
7—5004—1644—X

文化漫谈:思想的近代化及其他 / 何兆武编.—北京:中国人民大学出版社,2004(文化要义丛书)
7—300—06056—0

中国近代文化概论 / 龚书铎主编.—2 版.—北京:中华书局,2002
7—101—03227—3

冲撞与融合:中国近代文化史论 / 安宇著.—上海:学林出版社,2001
7—80668—041—1

中国近代文化史 / 焦润明著.—沈阳:辽宁大学出版社,1997
7—5610—3786—4

近代中外文化交流史 / 张海林编著.—南京:南京大学出版社,2003
7—305—04087—8

近代中国陋俗文化嬗变研究 / 梁景和著.—北京:首都师范大学出版社,1998
7—81039—935—7

思潮与学派:中国近代思想文化研究 / 郑师渠著.—北京:北京师范大学出版社,2005(当代中国史学家文库)
7—303—07485—6

近代中国史事钩沉:海外访史录 / 杨天石著.—北京:社会科学文献出版社,1998(近史探幽系列)
7—80149—016—9

张荫桓日记 / (清)张荫桓著;任青,马忠文整理.—上海:上海书店出版社,2004(近现代名人日记丛刊)

7—80678—185—4

光宣小记 / 金梁著. —上海：上海书店出版社,1998(民国史料笔记丛刊)
7—80622—368—1

中国近代史研究 / 张海鹏编. —福州：福建人民出版社,2005(20世纪中国人文学科学术研究史丛书)
7—211—04829—8

观察中国 / （美）费正清著；傅光明译. —北京：世界知识出版社,2001(费正清文集)
7—5012—1623—1

中国的现代化 / （美）吉尔伯特·罗兹曼主编；国家社会科学基金"比较现代化"课题组译. —南京：江苏人民出版社,2003(海外中国研究丛书)
7—214—00223—X

市民群体与制度创新：对中国现代化主体的研究 / 陶鹤山著. —南京：南京大学出版社,2001(南京大学博士文丛)
7—305—03712—5

超越革命与改良 / 马勇著. —上海：上海三联书店,2001(三联评论)
7—5426—1516—5

文史丛稿：上古思想、民俗与古文字学史 / 裘锡圭著. —上海：上海远东出版社,1996(学术集林丛书)
7—80613—301—1

国家、地方、民众的互动与社会变迁 / 唐力行主编. —北京：商务印书馆,2004(中国近代社会研究丛书)
7—100—04149—X

中国现代化史：1800—1949. 第一卷 / 许纪霖,陈达凯主编. —上海：上海三联书店,1995
7—5426—0837—1

乱世奇文：辜鸿铭化外文录 / 汪堂家编译. —上海：上海人民出版社,2002
7—208—04092—3

权势转移：近代中国的思想、社会与学术 / 罗志田著. —武汉：湖北人民出版社,1999
7—216—02619—5

中国的现代化：市场与社会 / 吴承明著. —北京：三联书店,2001
7—108—01550—1

近代中国与近代文化 / 王继平著. —北京：中国社会科学出版社,2003
7—5004—3957—1

社会转型时期的西欧与中国 / 侯建新著. —济南：济南出版社,2001(经济社会史研究丛书)
7—80629—594—1

从"东亚病夫"到体育强国 / 高翠编著. —成都：四川人民出版社,2003(百年中国社会图谱)
7—220—06193—5

图说中国百年社会生活变迁：1840—1949,服饰·饮食·民居 / 仲富兰主编. —上海：学林出版社,2001
7—80668—216—3

西方的中华帝国观：1840—1876 / （美）M.G.马森著；杨德山等译. —北京：时事出版社,1999(西方视野里的中国形象)
7—80009—514—2

昆仑旅行日记 / 温世霖原著；高成鸢编注. —天津：天津古籍出版社,2005
7—80696—084—8

这些从秦国来：中国问题论集 / （英）赫德著；叶凤美译. —天津：天津古籍出版社,2005(国家清史编纂委员会·编译丛刊)
7—80696—185—2

解析中国 / (美)古德诺著;蔡向阳,李茂增译.—北京:国际文化出版公司,1998(西方视野中的中国)

7—80105—647—7

帝国落日:晚清大变局 / 袁伟时著.—南昌:江西人民出版社,2003

7—210—02780—7

世纪之交的晚清社会 / 李文海著.—北京:中国人民大学出版社,1995

7—300—02062—3

天朝的崩溃:鸦片战争再研究 / 茅海建著.—2版.—北京:三联书店,2005

7—108—02294—X

太平天国史迹真相 / 周武等著.—上海:华东师范大学出版社,2000

7—5617—2339—3

捻军史 / 郭豫明著.—上海:上海人民出版社,2001

7—208—03418—4

刘少奇谋略 / 严昌,阳雪梅著.—北京:红旗出版社,1996(谋略系列丛书)

7—80068—926—3

陶渊明评传 / 魏正申著.—北京:文津出版社,1996

7—80554—270—3

在"模范殖民地"胶州湾的统治与抵抗:1897—1914年中国与德国的相互作用 / (德)余凯思著;孙立新译.—济南:山东大学出版社,2005(国家清史统筹委员会·编译丛刊)

7—5607—2917—7

徐志摩自叙 / 徐志摩著;刘炜编.—北京:团结出版社,1996(世纪风铃丛书)

7—80061—305—4

洋务运动与中国早期现代化思想 / 周建波著.—济南:山东人民出版社,2001

7—209—02628—2

清季的洋务新政 / 樊百川著.—上海:上海书店出版社,2003

7—80622—784—9

国际法视角下的甲午战争 / 戚其章著.—北京:人民出版社,2001

7—01—003442—7

戊戌变法史述论稿 / 蔡乐苏,张勇,王宪明著.—北京:清华大学出版社,2001(清华大学学术专著)

7—302—04315—9

戊戌维新与清末新政:晚清改革史研究 / 王晓秋,尚小明主编.—北京:北京大学出版社,1998

7—301—03544—6

湖南维新运动研究 / 尹飞舟著.—长沙:湖南教育出版社,1999(博士论丛)

7—5355—2895—3

戊戌维新与近代中国的改革:戊戌维新一百周年国际学术讨论会论文集 / 王晓秋主编.—北京:社会科学文献出版社,2000

7—80149—228—5

义和团抵抗列强瓜分史 / 牟安世著.—北京:经济管理出版社,1997

7—80118—380—0

山东大学义和团调查资料汇编 / 路遥主编.—济南:山东大学出版社,2000

7—5607—2183—4

教案与晚清社会 / 赵树好著.—北京:中国文联出版社,2001(文化与学术丛书)

7—5059—4033—3

湘军集团与晚清湖南 / 王继平著.—北京:中

国社会科学出版社,2002

　　7—5004—3296—8

辛亥革命 / 胡毅华,徐锋编著.—上海:上海书店出版社,2002(历史聚焦)

　　7—80622—734—2

20世纪的中国:学术与社会.法学卷 / 苏力,贺卫方主编.—济南:山东人民出版社,2001

　　7—209—02676—2

20世纪的中国:学术与社会.史学卷 / 罗志田主编.—济南:山东人民出版社,2001

　　7—209—02675—4

20世纪的中国:学术与社会.文学卷 / 韩毓海主编.—济南:山东人民出版社,2001

　　7—209—02677—0

辛亥时期的精英文化研究 / 罗福惠著.—武汉:华中师范大学出版社,2001

　　7—5622—2483—8

辛亥革命与近代中国社会变迁 / 朱英主编.—武汉:华中师范大学出版社,2001

　　7—5622—2477—3

辛亥革命史 / 朱育和,欧阳军喜,舒文著.—北京:人民出版社,2001

　　7—01—003314—5

20世纪中国史学评论 / 王学典著.—济南:山东人民出版社,2002(学者文存)

　　7—209—02947—8

一次失控的近代化改革:关于清末新政的理性思考 / 吴春梅著.—合肥:安徽大学出版社,1998(青年学者丛书)

　　7—81052—157—8

中国近代的宪政思潮 / 王人博著.—北京:法律出版社,2003(西南政法大学学子学术文库)

　　7—5036—4433—8

隐藏的宫廷档案:1906年光绪派大臣考察西方政治纪实 / 鸽子著.—北京:民族出版社,2000

　　7—105—03863—2

近代中国宪政史 / 殷啸虎著.—上海:上海人民出版社,1997(社会转型与法律学术丛书)

　　7—208—02640—8

宪政文化与近代中国 / 王人博著.—北京:法律出版社,1997(红岩新世纪法学丛书)

　　7—5036—2207—5

晚清中国的政治转型:以清末宪政改革为中心 / 高旺著.—北京:中国社会科学出版社,2003(中国青年政治学院学术丛书)

　　7—5004—3916—4

陈炯明集 / 陈炯明著;段云章,倪俊明编.—广州:中山大学出版社,1998

　　7—306—01430—7

石叟牌词 / 谭人凤著;饶怀民笺注.—上海:上海书店出版社,2000(民国史料笔记丛刊)

　　7—80622—603—6

辛丙秘苑 / 袁克文著.—上海:上海书店出版社,2000(民国史料笔记丛刊)

　　7—80622—597—8

睇向斋谈往 / 陈灜一著.—上海:上海书店出版社,1998(民国史料笔记丛刊)

　　7—80622—367—3

北洋述闻 / 张国淦著.—上海:上海书店出版社,1998(民国史料笔记丛刊)

　　7—80622—372—X

裕固族研究论文集 / 杨进智主编;甘肃省民族研究所编.—兰州:兰州大学出版社,1996

　　7—311—01106—X

武威汉代医简研究 / 张延昌,朱建平编著.—北京:原子能出版社,1996

7—5022—1649—9

北洋军阀史 ／ 来新夏等著. —天津：南开大学出版社,2000

7—310—01517—7

北洋政府简史 ／ 郭剑林主编. —天津：天津古籍出版社,2000

7—80504—744—8

中华民国史大辞典 ／ 张宪文,方庆秋,黄美真主编. —南京：江苏古籍出版社,2001

7—80643—456—9

革命中的中国：延安道路 ／（美）马克·赛尔登著；魏晓明,冯崇义译. —北京：社会科学文献出版社,2002（喜玛拉雅学术文库）

7—80149—670—1

民国乡村建设运动 ／ 郑大华著. —北京：社会科学文献出版社,2000（中国社会史文库）

7—80149—129—7

莫斯科中山大学和中国革命 ／（美）盛岳著；奚博铨等译. —北京：东方出版社,2004（现代稀见史料书系）

7—5060—1705—9

联共（布）共产国际与中国国民革命运动：1917—1925 ／ 中共中央党史研究室第一研究部译. —北京：北京图书馆出版社,1997

7—5013—1368—7

续汉口丛谈 ／ 王葆心著；陈志平,温显贵点校. —武汉：湖北教育出版社,2002（湖北地方古籍文献丛书）

7—5351—3212—X

近代中国社会演化与革命：新民主主义革命发生发展的历史根据研究 ／ 张福记著. —北京：人民出版社,2002

7—01—003703—5

五四运动史 ／（美）周策纵著. —长沙：岳麓书社,1999（海外名家名作）

7—80520—750—X

中国新文化思想史纲 ／ 陈廷湘,李慧宇著. —成都：四川大学出版社,1995

7—5614—1222—3

触摸历史与进入五四 ／ 陈平原著. —北京：北京大学出版社,2005（学术史丛书）

7—301—09539—2

启蒙与革命："五四"激进派的两难 ／ 张宝明著. —上海：学林出版社,1998（中国现代性与传统论丛）

7—80616—338—7

新文化的传统：五四人物与思想研究 ／ 欧阳哲生著. —广州：广东人民出版社,2004

7—218—04566—9

中国工人运动史. 第一卷. 中国工人阶级的产生和早期自发斗争：1840 年至 1919 年 4 月 ／ 刘明逵,唐玉良主编；唐玉良等著. —广州：广东人民出版社,1998

7—218—02614—1

中国近代工人阶级和工人运动 ／ 刘明逵,唐玉良主编. —北京：中共中央党校出版社,2002

7—5035—2252—6

戈尔巴乔夫沉浮录 ／（俄）瓦·博尔金著；李永全等译. —北京：中央编译出版社,1996

7—80109—107—8

国共两党关系史 ／ 马齐彬主编；杨圣清等撰稿. —北京：中共中央党校出版社,1995

7—5035—1073—0

绝密档案：第一次国共合作内幕 ／ 铁岩主编；姚林,曹希岑,李东明,李亮著. —福州：福建人民出版社,2002

7—211—03791—1

抗战时代生活史 / 陈存仁著.—上海：上海人民出版社,2001

    7—208—03853—8

苦难与斗争十四年 / 王承礼,常城,孙继武总主编.—北京：中国大百科全书出版社,1995（东北沦陷十四年史丛书）

    7—5000—5619—2

长城抗战：抗日第一仗 / 高鹏文著；金爽图.—北京：团结出版社,2005（图片中国抗战丛书）

    7—80130—826—3

历史瞬间 / 易点,柴豫晖编著.—北京：中国社会出版社,2005（长征纪实丛书）

    7—5087—0698—6

云麓漫钞 / （宋）赵彦卫撰；傅根清点校.—北京：中华书局,1996（唐宋史料笔记丛刊）

    7—101—01225—6

中国工农红军长征亲历记 / 李海文主编.—成都：四川人民出版社,2005

    7—220—06913—8

解读长征 / 徐占权编著.—北京：中央文献出版社,2005

    7—5073—1798—6

抗战时期的文化教育 / 戴知贤,李良志主编；中国抗日战争史学会,中国人民抗日战争纪念馆编.—北京：北京出版社,1995（中国抗日战争史丛书）

    7—200—02702—2

桂林抗战文化研究文集 / 魏华龄,丘振声主编；广西抗战文化研究会编.—桂林：广西师范大学出版社,1997

    7—5633—2408—9

中国西部抗战文化史 / 唐正芒等著.—北京：中共党史出版社,2004

    7—80199—165—6

江山作证 / 陈祖梁主编；中国致公党保山市总支部委员会编.—昆明：云南人民出版社,2005（滇印缅战场实录系列）

    7—222—04444—2

团结抗战：抗日战争中的云南 / 孙代兴,吴宝璋编著.—昆明：云南人民出版社,1995（云南人民革命斗争史丛书）

    7—222—01730—5

云南抗日战争史：1937—1945 / 孙代兴,吴宝璋主编.—2版修订本.—昆明：云南大学出版社,1995

    7—81025—548—7

中国抗战时期的国际援助 / 沈庆林著.—上海：上海人民出版社,2000

    7—208—03093—6

中国抗战与世界反法西斯战争 / 胡德坤,韩永利著.—北京：社会科学文献出版社,2005（中国社会科学院中日历史研究中心文库）

    7—80190—702—7

中国抗日战争正面战场作战记 / 郭汝瑰,黄玉章主编.—南京：江苏人民出版社,2002

    7—214—03034—9

抗战时期史学研究 / 田亮著.—北京：人民出版社,2005

    7—01—004837—1

川人大抗战 / 郑光路著.—成都：四川人民出版社,2005

    7—220—06833—6

我亲历的抗日战争与研究 / 刘大年编著.—北京：中央文献出版社,2000

    7—5073—0813—8

贵阳历史研究 / 何静梧著.—贵阳：贵州人民

出版社,1996

7—221—04282—9

联合政府与一党训政:**1944—1946 年间国共政争** / 邓野著.—北京:社会科学文献出版社,2003

7—80190—092—8

国共关系七十年 / 黄修荣著.—广州:广东教育出版社,1998

7—5406—4113—4

烽火江南话奇冤:**新四军与皖南事变** / 李良志著.—北京:中国档案出版社,1995

7—80019—512—0

劳工的血与泪 / 苏崇民,李作权,姜壁洁编著.—北京:中国大百科全书出版社,1995(东北沦陷十四年史)

7—5000—5618—4

侵华日军细菌战纪实:**历史上被隐瞒的篇章** / 郭成周,廖应昌编著.—北京:北京燕山出版社,1997(纪念卢沟桥事变六十周年丛书)

7—5402—0940—2

罪恶的自供状:**新中国对日本战犯的历史审判** / 袁秋白,杨瑰珍编译.—北京:解放军出版社,2001

7—5065—3956—X

伪满洲国史新编 / 解学诗著.—北京:人民出版社,1995

7—01—001940—1

日本满洲移民研究 / 高乐才著.—北京:人民出版社,2000

7—01—003232—7

中华苏维埃共和国史 / 舒龙,凌步机主编.—南京:江苏人民出版社,1999

7—214—02457—8

中央苏区文化艺术史 / 刘云主编.—南昌:百花洲文艺出版社,1998

7—80647—034—4

中央苏区史 / 余伯流,凌步机著.—南昌:江西人民出版社,2001

7—210—02459—X

中国抗日根据地发展史 / 田酉如著;中国抗日战争史学会,中国人民抗日战争纪念馆编.—北京:北京出版社,1995(中国抗日战争史丛书)

7—200—02701—4

红色中国的挑战 / (美)冈瑟·斯坦著;马飞海等译.—上海:上海译文出版社,1999

7—5327—2095—0

晋冀鲁豫边区史 / 齐武著.—北京:当代中国出版社,1995

7—80092—379—7

续西行漫记 / (美)威尔斯著;陶宜,徐复译.—北京:解放军文艺出版社,2002

7—5033—1548—2

陕甘宁边区政权形态与社会发展:**1937—1945** / 李智勇著.—北京:中国社会科学出版社,2001(中国社会科学博士论文文库)

7—5004—3194—5

当代中国社会变迁导论 / 谢立中著.—保定:河北大学出版社,2000(当代中国社会变迁研究丛书)

7—81028—675—7

当代历史问题札记 / 罗平汉著.—桂林:广西师范大学出版社,2003(时代思想与艺术丛书)

7—5633—4133—1

中国人民大学社会发展报告:(**1994—1995**)**从传统向现代快速转型过程中的中国社会** / 郑杭生主编.—北京:中国人民大学出版社,1996

7—300—02206—5

邓小平时代：中国改革开放二十年纪实／杨继绳著.—北京：中央编译出版社，1998

7—80109—306—2

共和国要事口述史／朱元石主编；《共和国要事口述史》编写组采访、整理.—长沙：湖南人民出版社，1999

7—5438—2002—1

五十年国事纪要.外交卷／郑惠，林蕴辉，赵炎森主编；萧冬连著.—长沙：湖南人民出版社，1999

7—5438—2147—8

反潮流的中国／（美）白瑞琪著；王丹妮等译.—北京：中共中央党校出版社，1999

7—5035—1885—5

中国侗族村寨文化／吴诰编.—北京：民族出版社，2004（侗人丛书）

7—105—06619—9

中国民族的形成／李济著.—南京：江苏教育出版社，2005（国学书库）

7—5343—7027—2

20世纪中国少数民族与教育：理论、政策与实践／滕星，王军主编.—北京：民族出版社，2002（教育人类学研究丛书）

7—105—04681—3

中国民族志／杨圣敏主编.—北京：中央民族大学出版社，2003（民族学教材与研究丛书）

7—81056—764—0

百苗图疏证／刘锋著.—北京：民族出版社，2004（西南边疆民族文库／边疆文化研究丛书）

7—105—05973—7

傣族文化史／刀承华，蔡荣男著；云南省民族研究所，云南民族出版社编.—昆明：云南民族出版社，2005（云南少数民族文化史丛书）

7—5367—3093—4

清代民族史／杨学琛著.—成都：四川民族出版社，1996（中国历代民族史丛书）

7—5409—1775—X

中华民族多元一体格局／费孝通主编.—北京：中央民族大学出版社，1999（中央民族大学学术文库）

7—81056—368—8

华人文化与心理辅导／陈丽云等主编；华人文化与心理辅导国际研讨会.—北京：民族出版社，2002

7—105—04481—0

八桂田野：广西民族学院民族学2001级学生田野调查研究论集／王柏中编著.—北京：民族出版社，2004

7—105—06702—0

田野调查实录：民族调查回忆／郝时远主编.—北京：社会科学文献出版社，1999

7—80149—195—5

民族与国家：中国多民族统一国家思想的系谱／王柯著.—北京：中国社会科学出版社，2001

7—5004—2958—4

中华民族发展史／田晓岫著.—北京：华夏出版社，2001

7—5080—2379—X

中华人民共和国民族关系史研究／任一飞，周竞红著.—沈阳：辽宁民族出版社，2003

7—80644—780—6

中国南方民族史／王文光编著.—北京：民族出版社，1999

7—105—03418—1

中国南方民族历史文化探索／胡绍华著.—北京：民族出版社，2005

7—105—07280—6

中国各民族／塔瓦库勒，王铁志主编.—北京：民族出版社，2004
7—105—06625—3

民族史学概论／陈育宁著.—银川：宁夏人民出版社，2001
7—227—02337—0

史念海先生八十寿辰学术文集／上官鸿南，朱士光主编.—西安：陕西师范大学出版社，1996
7—5613—1261—X

滇国与滇文化／张增祺著.—昆明：云南美术出版社，1997
7—80586—354—7

中国民族史纲要／陈连开主编.—北京：中国财政经济出版社，1999
7—5005—4301—8

中国民族文化大观／关东升主编.—北京：中国大百科全书出版社，1995
7—5000—5625—7

清代土司制度论考／李世愉著.—北京：中国社会科学出版社，1998
7—5004—2330—6

畲族历史与文化／施联朱，雷文先主编.—北京：中央民族大学出版社，1995
7—81001—700—4

中国古代北方民族文化史／张碧波，董国尧主编.—2版.—哈尔滨：黑龙江人民出版社，2001
7—207—03325—7

中国古代和亲史／崔明德著.—北京：人民出版社，2005
7—01—004828—2

千秋饮恨：郁达夫年谱长编／郭文友著.—成都：四川人民出版社，1996（郁达夫文献研究丛书）
7—220—03416—4

澳洲史／张天著.—北京：社会科学文献出版社，1996
7—80050—701—7

世界全史／史仲文，胡晓林主编.—北京：中国国际广播出版社，1996
7—5078—1248—0

隐逸人格／陈洪著.—武汉：长江文艺出版社，1996（中国传统文化人格丛书）
7—5354—1387—0

妙峰山·世纪之交的中国民俗流变／刘锡诚主编.—北京：中国城市出版社，1996
7—5074—0809—4

秦汉民族史／田继周著.—成都：四川民族出版社，1996（中国历代民族史丛书）
7—5409—1769—5

中国近代民族关系史：1840—1949／杨策，彭武麟主编.—北京：中央民族大学出版社，1999
7—81056—230—4

青城民族：一个边疆城市民族关系的历史演变／王俊敏著.—天津：天津人民出版社，2001（社会学人类学论丛）
7—201—03795—1

呼伦贝尔盟民族志／苏勇主编；呼伦贝尔盟民族事务局编.—呼和浩特：内蒙古人民出版社，1997
7—204—03820—7

传统与现代性的殊相：人类学视阈下的西北少数民族历史与文化／杨文炯著.—北京：民族出版社，2002（西北民族学院语言文学学科建设文库）
7—105—05027—6

安多藏区族际关系与区域文化研究／刘夏蓓著.—北京：民族出版社，2003（西北少数民族学术研究文库）
7—105—05692—4

唐代吐蕃史与西北民族史研究 ／ 张云著.—北京：中国藏学出版社，2004（现代中国藏学文库）

7—80057—661—2

中国西北跨国民族文化变异研究 ／ 马曼丽，安俭，艾买提著.—北京：民族出版社，2003（中国西北跨国民族研究丛书）

7—105—05488—3

中国西部民族文化研究. 2003 年卷 ／ 王继先主编.—北京：民族出版社，2003

7—105—05184—1

中国西北少数民族史 ／ 杨建新著.—北京：民族出版社，2003

7—105—05547—2

青海民族关系史 ／ 谢佐主编.—西宁：青海人民出版社，2001

7—225—01884—1

神秘的热贡文化 ／ 马成俊主编.—北京：文化艺术出版社，2003

7—5039—2330—X

新疆世居民族概览 ／ 续西发著.—北京：民族出版社，2001

7—105—04157—9

西部开发与多民族文化 ／ 马子富主编.—北京：华夏出版社，2003（国情调查与思考丛书）

7—5080—3010—9

未解之谜：最后的母系部落 ／ 李达珠，李耕冬著.—成都：四川民族出版社，1996

7—5409—1763—6

新疆各族历史文化词典 ／ 余太山，陈高华，谢方主编.—北京：中华书局，1996

7—101—01176—4

武陵土家 ／ 张良皋撰文；李玉祥摄影.—北京：三联书店，2001（乡土中国）

7—108—01499—8

华南与东南亚相关民族 ／ 范宏贵著.—北京：民族出版社，2004

7—105—06387—4

湖南少数民族史 ／ 游俊，李汉林著.—北京：民族出版社，2001（吉首大学民族研究文库）

7—105—04501—9

湖南少数民族 ／ 曹学群编著.—长沙：湖南教育出版社，1998（知我湖南丛书）

7—5355—2614—4

港澳台族群社会与文化研究 ／ 廖杨著.—北京：中国文史出版社，2005（独秀论丛）

7—5034—1622—X

广西各民族宗法制度研究 ／ 钱宗范著.—桂林：广西师范大学出版社，1997

7—5633—2524—7

从磨合到整合：贺州族群关系研究 ／ 徐杰舜等著.—南宁：广西民族出版社，2001（人类学文库）

7—5363—3903—8

西南民族社会形态与经济文化类型 ／ 史继中著.—昆明：云南教育出版社，1997（西南研究书系）

7—5415—1334—2

在未知的中国 ／（英）柏格理等著；东人达，东旻翻译注释.—昆明：云南民族出版社，2002

7—5367—2353—9

中国西南民族关系史 ／ 王文光，龙晓燕，陈斌著.—北京：中国社会科学出版社，2005

7—5004—4993—3

葛维汉民族学考古学论著 ／ 葛维汉著；李绍明，周蜀蓉选编.—成都：巴蜀书社，2004（华西研究丛书）

7—80659—562—7

百苗图校释 / 李汉林著. —贵阳：贵州民族出版社，2001（百苗图研究丛书）

7—5412—0958—9

百苗图抄本汇编 / 杨庭硕，潘盛之编著. —贵阳：贵州人民出版社，2004（百苗图研究丛书）

7—221—06534—9

文化与图像：一个人类学者的贵州田野考察及札记 / 潘年英著. —贵阳：贵州人民出版社，2001

7—221—05570—X

云南少数民族宗教文化与审美 / 牛军著. —北京：中国社会科学出版社，2002（文化与审美丛书）

7—5004—3506—1

云南少数民族传统文化的法律保护 / 方慧等著. —北京：民族出版社，2002（西南边疆民族文库）

7—105—05097—7

云南民族迁徙文化研究 / 苍铭著；云南省少数民族古籍整理出版规划办公室编. —昆明：云南民族出版社，1997

7—5367—1354—1

云南民族传统文化变迁研究 / 郭大烈主编. —昆明：云南大学出版社，1997

7—81025—780—3

云南"直过民族"：社会发展与现代化 / 程玄等著. —昆明：云南人民出版社，2002

7—222—03488—9

云南境内的少数民族 / 谢蕴秋主编. —北京：民族出版社，1999

7—105—03359—2

民族审美文化 / 张文勋主编. —昆明：云南大学出版社，1999

7—81025—456—1

云南的民族与民族文化 / 王文光，薛群慧，田婉婷著. —昆明：云南教育出版社，2000

7—5415—1837—9

原始审美文化的发展 / 王建著. —昆明：云南教育出版社，2000

7—5415—1714—3

云南少数民族文化传承论纲 / 赵世林著. —昆明：云南民族出版社，2002

7—5367—2430—6

云南跨境民族研究 / 赵廷光主编. —昆明：云南民族出版社，1998

7—5367—1620—6

云南少数民族概览 / 郭净，段玉明，杨福泉主编. —昆明：云南人民出版社，1999

7—222—02597—9

马曜学术论著自选集 / 马曜著. —昆明：云南人民出版社，1998

7—222—02291—0

云南民族文化概论 / 张保华著. —北京：中国社会科学出版社，2005

7—5004—4801—5

云南民族文化形态与现代化：楚雄民族文化考察报告 / 曾德昌，李子贤主编. —成都：巴蜀书社，2002

7—80659—358—6

楚雄民族文化的保护与传承 / 杨甫旺著. —昆明：云南民族出版社，2004

7—5367—2829—8

富宁县民族志 / 吕正元，农贤生主编. —昆明：云南民族出版社，1998（云南省地方志丛书）

7—5367—1466—1

云南民族村寨调查 / 高发元主编.—昆明：云南大学出版社,2001（西南边疆民族研究书系）
7—81068—240—7

邓少琴西南民族史地论集 / 邓少琴著.—成都：巴蜀书社,2001
7—80659—276—8

客家圣典 / 谭元亨著.—深圳：海天出版社,1997
7—80615—724—7

岭南历史人文地理：广府、客家、福佬民系比较研究 / 司徒尚纪著.—广州：中山大学出版社,2001（地球科学系列）
7—306—01817—5

夜郎故地上的古汉族群落：屯堡文化 / 翁家烈著.—贵阳：贵州教育出版社,2002（贵州文化系列丛书）
7—80650—161—4

广西客家 / 钟文典总主编.—桂林：广西师范大学出版社,2005（客家区域文化丛书）
7—5633—5697—5

福建客家 / 谢重光著.—桂林：广西师范大学出版社,2005（客家区域文化丛书）
7—5633—5701—7

客家宗族社会 / 孔永松,李小平著.—福州：福建教育出版社,1995（客家文化丛书）
7—5334—1943—X

客家源流新探 / 谢重光著.—福州：福建教育出版社,1995（客家文化丛书）
7—5334—1942—1

客家艺能文化 / 王耀华著.—福州：福建教育出版社,1995（客家文化丛书）
7—5334—1937—5

闽粤客家人在四川 / 刘正刚著.—南宁：广西教育出版社,1997（客家研究丛书）
7—5435—2443—0

客家源流新论 / 陈支平著.—南宁：广西教育出版社,1997（客家研究丛书）
7—5435—2444—9

客家形成发展史纲 / 谢重光著.—广州：华南理工大学出版社,2001（客家研究文丛.第一辑）
7—5623—1766—6

闽台客家社会与文化 / 谢重光著.—福州：福建人民出版社,2003（闽台文化关系研究丛书）
7—211—04367—9

客家文化与妇女生活：12—20世纪客家妇女研究 / 谢重光著.—上海：上海古籍出版社,2005（文史哲研究丛刊）
7—5325—4189—4

雪球：汉民族的人类学分析 / 徐杰舜主编.—上海：上海人民出版社,1999
7—208—03059—6

四川的客家人与客家文化：四川的"土广东"来自何方 / 孙晓芬编著.—成都：四川大学出版社,2000
7—5614—1873—6

仪式与象征的秩序：一个客家村落的历史、权利与记忆 / 刘晓春著.—北京：商务印书馆,2003
7—100—03542—2

屯堡文化研究与开发 / 俞宗尧,帅学剑,刘涛志著.—贵阳：贵州民族出版社,2005
7—5412—1259—8

客家文化大观 / 冯秀珍著.—北京：经济日报出版社,2003
7—80180—218—7

客家漫步 / 黄发有著.—广州：南方日报出版社,2002
7—80652—098—8

客家学导论 / 王东著.—上海：上海人民出版社,1996

7—208—02359—X

客家人文教育 / 罗维猛,邱汉章著.—北京：中国大地出版社,2003

7—80097—561—4

客家与香港崇正总会 / 丘权政著.—北京：中国华侨出版社,1997

7—80120—171—X

客家史话 / 巫秋玉,黄静著.—北京：中国华侨出版社,1997

7—80120—175—2

明朝总督巡抚辖区研究 / 靳润成著.—天津：天津古籍出版社,1996(博士论文丛书)

7—80504—492—9

亦邻真蒙古学文集 / 亦邻真著.—呼和浩特：内蒙古人民出版社,2001(内蒙古大学蒙古学研究中心学术著作系列)

7—204—05809—7

元蒙史札 / 周清澍著.—呼和浩特：内蒙古大学出版社,2001(内蒙古大学内蒙古学研究中心学术著作系列)

7—81074—210—8

卫拉特：西蒙古文化变迁 / 文化著.—北京：民族出版社,2002(西北人类学社会学民俗学研究系列)

7—105—05337—2

蒙古族通史 / 内蒙古社科院历史所《蒙古族通史》编写组编.—修订版.—北京：民族出版社,2001

7—105—04274—5

游牧文化 / 邢莉著.—北京：北京燕山出版社,1995

7—5402—0090—1

多桑蒙古史.2 册 / 冯承钧译.—上海：上海书店出版社,2001

7—80622—798—9

沧州回族 / 吴丕清编著.—北京：中央民族大学出版社,1999(河北省少数民族古籍丛书)

7—81056—261—4

战后德国的分裂与统一：1945—1990 / 丁建弘,陆世澄,刘祺宝主编.—北京：人民出版社,1996

7—01—002301—8

传统与现代的整合：云南回族历史文化发展论纲 / 纳麒著.—昆明：云南大学出版社,2001

7—81068—232—6

广西回族历史与文化 / 马明龙主编.—南宁：广西民族出版社,1998

7—5363—3381—1

张家川回族的社会变迁研究 / 虎有泽编著.—北京：民族出版社,2005

7—105—06773—X

元代回族史稿 / 杨志玖著.—天津：南开大学出版社,2003

7—310—01768—4

西北回族社会发展机制 / 王永亮主编.—银川：宁夏人民出版社,1999

7—227—01935—7

宁夏回族历史与文化 / 刘伟主编.—银川：宁夏人民出版社,2004

7—227—02737—6

回族心理素质与行为方式 / 马平著.—银川：宁夏人民出版社,1998

7—227—01906—3

回族文化新论 / 杨华,杨启辰著.—银川：宁夏人民出版社,2001

7—227—02298—6

多元一体格局中的回汉民族关系 ／ 马宗保著.—银川：宁夏人民出版社,2002

7—227—02521—7

回族文化论集 ／ 马旷源著.—北京：中国文联出版公司,1998

7—5059—2796—5

明代藏族史研究 ／ 尹伟先著.—北京：民族出版社,2000(西北民族学院建校50周年献礼学术丛书)

7—105—03860—8

藏彝走廊：历史与文化 ／ 石硕主编.—成都：四川人民出版社,2005(西藏文明研究丛书)

7—220—06918—9

藏北牧民：西藏那曲地区社会历史调查报告 ／ 格勒等编著.—2版.—北京：中国藏学出版社,2004(现代中国藏学文库)

7—80057—598—5

高原藏族生态文化 ／ 南文渊著.—兰州：甘肃民族出版社,2002(雪域藏民族文化博览丛书)

7—5421—0842—5

藏族部落制度研究 ／ 陈庆英主编;青海省社会科学院藏学研究所编著.—北京：中国藏学出版社,1995(中国藏学研究丛书)

7—80057—232—3

传统与变迁：藏族传统文化的历史演进及其现代化变迁模式 ／ 谢热著.—兰州：甘肃民族出版社,2005

7—5421—1024—1

四川藏族价值观研究 ／ 刘俊哲等编.—北京：民族出版社,2005

7—105—07232—6

神奇的藏族文化 ／ 赵永红编著.—北京：民族出版社,2003

7—105—05718—1

嘉绒藏族史志 ／ 雀丹著.—北京：民族出版社,1995

7—105—02545—X

藏史丛考 ／ 陈楠著.—北京：民族出版社,1998

7—105—03048—8

青海藏族史 ／ 陈光国著.—西宁：青海民族出版社,1997

7—5420—0622—3

藏族传统文化及其现代化 ／ 星全成主编.—西宁：青海民族出版社,2002

7—5420—0979—6

康区藏族社会历史调查资料辑要 ／ 赵心愚,秦和平编.—成都：四川民族出版社,2004

7—5409—3015—2

横断山民族文化走廊：康巴文化名人论坛文集 ／ 泽波,格勒主编.—北京：中国藏学出版社,2004

7—80057—710—4

维吾尔族麻扎文化研究 ／ 热依拉·达吾提著.—乌鲁木齐：新疆大学出版社,2001(新疆少数民族语言文学民俗研究丛书)

7—5631—1367—3

维吾尔族生活方式：由传统到现代的转型 ／ 曹红著.—北京：中央民族大学出版社,1999

7—81056—200—2

谈家桢与遗传学 ／ 赵功民著.—南宁：广西科学技术出版社,1996

7—80619—285—9

西江苗族妇女口述史研究 ／ 张晓著.—贵阳：贵州人民出版社,1997(贵州民间文化研究丛书)

7—221—04086—9

苗侗之乡：黔东南文化考察 / 张晓松撰文；卢现艺摄影.—成都：四川人民出版社，2003(人文中华丛书)

7—220—06240—0

跨国苗族研究：民族与国家的边界 / 石茂明著.—北京：民族出版社，2004(三苗文库)

7—105—06670—9

苗人的灵魂：台江苗族文化空间 / 余未人主编；中国(贵州)民间文化遗产抢救工程办公室，贵州省民间文艺家协会编.—哈尔滨：黑龙江人民出版社，2005(中国民间口头与非物质文化遗产推介丛书)

7—207—06575—2

人群代码的历时过程：以苗族族名为例 / 杨庭硕著.—贵阳：贵州人民出版社，1998

7—221—04582—8

中国苗族通史 / 伍新福著.—贵阳：贵州民族出版社，1999

7—5412—0860—4

湖北苗族 / 龙子建等著.—北京：民族出版社，1999

7—105—03686—9

阿诗玛文化重构论 / 赵德光著.—北京：中国社会科学出版社，2005(阿诗玛文化丛书)

7—5004—5171—7

楚文化的南渐 / 高至喜著.—武汉：湖北教育出版社，1996(楚学文库)

7—5351—1748—1

凉山夷家 / 林耀华著.—昆明：云南人民出版社，2003(旧版书系)

7—222—03562—1

田野中的族群关系与民族认同：中国西南彝族社区考察研究 / (美)斯蒂文·郝瑞著；巴莫阿依，曲木铁西译.—南宁：广西人民出版社，2000(田野报告丛书)

7—219—04231—0

中华彝族虎傩 / 唐楚臣著.—昆明：云南人民出版社，2000(彝族文化研究丛书)

7—222—02993—1

彝族文化论 / 师有福著.—昆明：云南民族出版社，2000(彝族研究文丛)

7—5367—1940—X

彝族原始宗教与文化 / 朱文旭著.—北京：中央民族大学出版社，2002(中国少数民族宗教与文化丛书)

7—81056—700—4

中国历代婚姻与家庭 / 顾鉴塘，顾鸣塘编著.—北京：商务印书馆，1996(中国文化史知识丛书)

7—100—02136—7

彝族源流：汉译散文版 / 王明贵，王显编译.—北京：民族出版社，2005

7—105—06756—X

凉山彝家的巨变 / 林耀华著.—北京：商务印书馆，1995

7—100—01660—6

彝族史要 / 易谋远著.—北京：社会科学文献出版社，2000

7—80149—309—5

凉山彝族文化艺术研究 / 韦安多主编.—成都：四川民族出版社，2004

7—5409—2999—5

彝族古代文化史 / 张福著.—昆明：云南教育出版社，1999

7—5415—1583—3

神秘的他留人 / 简良开著.—昆明：云南人民出版社,2005

　　7—222—04437—X

陈英彝学研究文集 / 陈英著.—贵阳：贵州人民出版社,2004

　　7—221—06533—0

黑衣壮的人类学考察 / 何毛堂等著.—南宁：广西民族出版社,1999(人类学文库)

　　7—5363—3686—1

壮族文化史 / 杨宗亮著;云南省民族研究所,云南民族出版社编.—昆明：云南民族出版社,1999(云南少数民族文化史丛书)

　　7—5367—1802—0

壮族文明起源研究 / 郑超雄著.—南宁：广西人民出版社,2005(壮学文库)

　　7—219—05286—3

壮族图腾考 / 丘振声著.—南宁：广西教育出版社,1996

　　7—5435—2437—6

壮族土司制度 / 谈琪著.—南宁：广西人民出版社,1995

　　7—219—03078—9

壮族通史 / 张声震主编.—北京：民族出版社,1997

　　7—105—02533—6

当代延边朝鲜族社会发展对策分析 / 许明哲主编.—沈阳：辽宁民族出版社,2001

　　7—80644—562—5

中国朝鲜族历史研究 / 朴昌昱著.—延吉：延边大学出版社,1995

　　7—5634—0833—9

满族的妇女生活与婚姻制度研究 / 定宜庄著.—北京：北京大学出版社,1999(历史与社会论丛)

　　7—301—04213—2

满族文化史 / 张佳生主编.—沈阳：辽宁民族出版社,1999(辽宁省民族研究所民族研究丛书)

　　7—80644—045—3

满族文化模式：满族社会组织和观念体系研究 / 鲍明著.—沈阳：辽宁民族出版社,2005

　　7—80722—021—X

李宗仁先生晚年 / 程思远著.—北京：华艺出版社,1996

　　7—80039—210—4

满族从部落到国家的发展 / 刘小萌著.—沈阳：辽宁民族出版社,2001

　　7—80644—523—4

满族的社会与生活 / 刘小萌著.—北京：书目文献出版社,1998

　　7—5013—1513—2

洛阳汉墓壁画 / 黄明兰,郭引强编著.—北京：文物出版社,1996

　　7—5010—0912—0

黑龙江鄂伦春族 / 韩有峰著.—哈尔滨：哈尔滨出版社,2002(黑龙江流域民族历史与文化丛书)

　　7—80639—461—3

黑龙江赫哲族 / 张嘉宾著.—哈尔滨：哈尔滨出版社,2002(黑龙江流域民族历史与文化丛书)

　　7—80639—461—3

赫哲族：黑龙江同江市街津口乡调查 / 黄泽,刘金明主编.—昆明：云南大学出版社,2004(中国民族村寨调查丛书)

　　7—81068—788—3

河湟蒙古尔人 / 李克郁,李美玲著.—西宁：青海人民出版社,2005

　　7—225—02671—2

撒拉族：青海循化县石头坡村调查 / 朱和双，谢佐主编.—昆明：云南大学出版社,2004

7—81068—781—6

保安族文化形态与古籍文存 / 马少青编著.—兰州：甘肃人民出版社,2001(甘肃少数民族古籍丛书)

7—226—02386—5

郁达夫传 / 刘炎生著.—南昌：百花洲文艺出版社,1996

7—80579—734—X

中国裕固族研究集成 / 钟进文主编.—北京：民族出版社,2002

7—105—04704—6

哈萨克跨国民族社会文化比较研究 / 王希隆，汪金国编著.—北京：民族出版社,2004(西北少数民族学术研究文库)

7—105—06770—5

哈萨克族民族过程研究 / 冯瑞(热依曼)著.—北京：民族出版社,2004

7—105—06211—8

哈萨克族文化大观 / 贾合甫·米尔扎汗主编.—乌鲁木齐：新疆人民出版社,2001

7—228—06178—0

哈萨克族历史与文化 / 姜崇仑主编.—乌鲁木齐：新疆人民出版社,1998

7—228—04637—4

哈萨克文化研究 / 赵家麒编译.—乌鲁木齐：新疆人民出版社,2004

7—228—09146—9

十七世纪江南社会生活 / 钱杭，承载著.—杭州：浙江人民出版社,1996(中国社会史丛书)

7—213—01168—5

锡伯族百科全书 / 贺灵主编.—乌鲁木齐：新疆人民出版社,1995

7—228—03615—8

瑶族石牌制 / 莫金山著.—南宁：广西民族出版社,2000(瑶学研究丛书)

7—5363—3797—3

江华瑶族 / 李祥红，任涛编.—北京：民族出版社,2005

7—105—07294—6

千家峒运动与瑶族发祥地 / 宫哲兵著.—武汉：武汉出版社,2001

7—5430—2358—X

白族文化史 / 杨镇圭著.—昆明：云南民族出版社,2002(云南少数民族文化史丛书)

7—5367—2369—5

白子国探源 / 段鼎周著.—昆明：云南民族出版社,1998

7—5367—1646—X

傣族文化大观 / 岩峰主编.—昆明：云南民族出版社,1999(云南民族文化大观丛书)

7—5367—1849—7

傣族宗教与文化 / 张公瑾，王锋著.—北京：中央民族大学出版社,2002(中国少数民族宗教与文化丛书)

7—81056—700—4

滇西摆夷之现实生活 / 江应樑著；江晓林笺注.—芒市：德宏民族出版社,2003

7—80525—798—1

西双版纳傣族的稻作文化研究 / 郭家骥著；张文力译.—昆明：云南大学出版社,1998

7—81025—912—1

中日文化交流史大系.3.思想卷 / 严绍璗，(日)源了圆主编.—杭州：浙江人民出版社,1996

7—213—01296—7

贝叶文化论集 / 秦家华,周娅主编.—昆明:云南大学出版社,2004

7—81068—770—0

梯田文化论:哈尼族生态农业 / 王清华著.—昆明:云南大学出版社,1999(民族文化文库.文化史论丛书)

7—81025—917—2

哈尼族文化大观 / 史军超主编.—昆明:云南民族出版社,1999(云南民族文化大观丛书)

7—5367—1835—7

哈尼族文化史 / 雷兵著;云南省民族研究所,云南民族出版社编.—昆明:云南民族出版社,2002(云南少数民族文化史丛书)

7—5367—2363—6

儒学与中国少数民族思想文化 / 肖万源著.—北京:当代中国出版社,1996

7—80092—562—5

佤族文化史 / 魏德明著;云南省民族研究所,云南省民族出版社编.—昆明:云南民族出版社,2001(云南少数民族文化史丛书)

7—5367—2212—5

佤族历史与文化研究 / 魏德明(尼嘎)著.—芒市:德宏民族出版社,1999

7—80525—480—X

中国佤族文化 / 赵富荣著.—北京:民族出版社,2005

7—105—06913—9

佤族社会历史与文化 / 罗之基著.—北京:中央民族大学出版社,1995

7—81001—828—0

多元文化与纳西社会 / 杨福泉著.—昆明:云南人民出版社,1998(滇文化丛书)

7—222—02276—7

纳西族与藏族历史关系研究 / 杨福泉著.—北京:民族出版社,2005(西南边疆民族文库 / 西南边疆史丛书)

7—105—06998—8

纳西族文化大观 / 郭大烈主编.—昆明:云南民族出版社,1999(云南民族文化大观丛书)

7—5367—1839—X

纳西族文化史 / 和少英著;云南省民族研究所,云南民族出版社编.—昆明:云南民族出版社,2001(云南少数民族文化史丛书)

7—5367—2104—8

纳西族史 / 郭大烈,和志武著.—2版.—成都:四川民族出版社,1999(中国少数民族专史丛书)

7—5409—2230—3

东巴教与纳西文化 / 木仕华著.—北京:中央民族大学出版社,2002(中国少数民族宗教与文化丛书)

7—81056—700—4

王羲之评传:附王献之评传 / 郭廉夫著;南京大学中国思想家研究中心编.—南京:南京大学出版社,1996(中国思想家评传丛书)

7—305—02925—4

拉祜族文化大观 / 雷波,刘劲荣主编.—昆明:云南民族出版社,1999(云南民族文化大观丛书)

7—5367—1845—4

拉祜文化论 / 晓根著.—昆明:云南大学出版社,1997

7—81025—756—0

民族宗教论集 / 白寿彝著.—石家庄:河北教育出版社,2001(二十世纪中国史学名著)

7—5434—4235—3

马长寿民族学论集 / 马长寿著;周伟洲编.—北京:人民出版社,2003

7—01—003900—3

澜沧江畔布朗人 / 俸春华著. —昆明：云南民族出版社,2003(双江民族文化丛书)

7—5367—2694—5

布朗族文化大观 / 穆文春主编. —昆明：云南民族出版社,1999(云南民族文化大观丛书)

7—5367—1843—8

布朗族文化史 / 赵瑛著;云南省民族研究所,云南省民族出版社编. —昆明：云南民族出版社,2001(云南少数民族文化史丛书)

7—5367—2140—4

变迁与发展：云南布朗山布朗族社会研究 / 张晓琼著. —北京：民族出版社,2005

7—105—07037—4

怒族文化史 / 陶天麟著;云南省民族研究所,云南民族出版社编. —昆明：云南民族出版社,1997(云南少数民族文化史丛书)

7—5367—1577—3

独乡电视：现代传媒与少数民族乡村日常生活 / 郭建斌著. —济南：山东人民出版社,2005(复旦"光华"新闻传播学青年学者书系)

7—209—03706—3

彝族典籍文化研究 / 朱崇先著. —北京：中央民族大学出版社,1996(彝族典籍文化研究丛书)

7—81056—008—5

毕节地区布依族 / 罗剑著;毕节地区民族宗教研究所,毕节地区民族研究所,毕节地区布依学会编. —贵阳：贵州民族出版社,2004(毕节地区民族研究文库)

7—5412—1164—8

布依族史 / 黄义仁著;贵州省布依学会,黔南布依族苗族自治州民族事务局编. —贵阳：贵州民族出版社,1999

7—5412—0811—6

布依族文化研究 / 韦启光等著. —贵阳：贵州人民出版社,1999

7—221—04792—8

水族文化研究 / 刘之侠,石国义著. —贵阳：贵州人民出版社,1999(民族文化研究丛书)

7—221—04743—X

中国水族文化研究 / 潘朝霖,韦宗林主编. —贵阳：贵州人民出版社,2004

7—221—06512—8

中国少数民族文化史图典 / 王永强,史卫民,谢建猷主编. —南宁：广西教育出版社,1999

7—5435—2842—8

仡佬族文化百科全书 / 熊大宽主编;贵州仡佬族学会编. —贵阳：贵州民族出版社,2002

7—5412—1033—1

侗族传统社会过程与社会生活 / 廖君湘著. —北京：民族出版社,2005(兰州大学民族学博士文库)

7—105—06771—3

侗族文化研究 / 冯祖贻等著. —贵阳：贵州人民出版社,1999(民族文化研究丛书)

7—221—04793—6

没有国王的王国：侗款研究 / 邓敏文,吴浩著. —北京：中国社会科学出版社,1995

7—5004—1680—6

侗族通览 / 冼光位主编. —南宁：广西人民出版社,1995

7—219—03023—1

侗族地区的社会变迁 / 姚丽娟,石开忠著. —北京：中央民族大学出版社,2005

7—81056—971—6

古村社会变迁：一个话语群的分析实验 / 谭必友著. —北京：民族出版社,2005(兰州大学民族

学博士文库)

7—105—07069—2

转型与发展：当代土家族社会文化变迁研究 / 柏贵喜著.—北京：民族出版社,2001(土家族问题研究丛书)

7—105—04696—1

社区历史与乡政村治：鄂西土家族地区农村宗教文化与村民自治研究 / 孙秋云著.—北京：民族出版社,2001(土家族问题研究丛书)

7—105—04687—2

土家族文化通志新编 / 彭英明主编.—北京：民族出版社,2001(土家族问题研究丛书)

7—105—04747—X

土家族文化史 / 段超著.—北京：民族出版社,2000(土家族问题研究丛书)

7—105—04110—2

土家族土司兴亡史 / 田敏著.—北京：民族出版社,2000(土家族问题研究丛书)

7—105—04112—9

土家族民间信仰与文化 / 向柏松著.—北京：民族出版社,2001(土家族问题研究丛书)

7—105—04691—0

道教与土家族文化 / 邓红蕾著.—北京：民族出版社,2000(土家族问题研究丛书)

7—105—04111—0

土家族文化的发生学阐释 / 朱炳祥著.—北京：中央民族大学出版社,1999(土家族研究丛书)

7—81056—329—7

土家族民间文化散论 / 曹毅著.—北京：中央民族大学出版社,2002(土家族研究丛书)

7—81056—656—3

土家族与古代巴人 / 杨铭主编.—重庆：重庆出版社,2002(重庆民族丛书)

7—5366—5939—3

巴风土韵：土家文化源流解析 / 董珞著.—武汉：武汉大学出版社,1999

7—307—02819—0

鄂西土家族传统文化概观 / 田发刚,谭笑编著.—武汉：长江文艺出版社,1998

7—5354—1757—4

东方大族之谜：从远古走向未来的羌人 / 徐平,徐丹著.—北京：知识出版社,2001(走近青藏高原丛书)

7—5015—3220—6

珞巴族：西藏米林县琼林村调查 / 龚锐,晋美主编.—昆明：云南大学出版社,2004(中国民族村寨调查丛书)

7—81068—772—7

最后的长房：基诺族父系大家庭与文化变迁 / 郑晓云著.—昆明：云南大学出版社,2005

7—81068—978—9

当代基诺社会研究 / 吴应辉著.—昆明：云南大学出版社,2000

7—81068—176—1

黎族 / 张俊豪著.—北京：中国水利水电出版社,2004(中国少数民族风情游丛书)

7—5084—1958—8

京族：广西东兴市山心村调查 / 马居里,陈家柳主编.—昆明：云南大学出版社,2004(中国民族村寨调查丛书)

7—81068—778—6

畲族与瑶苗比较研究 / 吴永章著.—福州：福建人民出版社,2002(畲族研究书系)

7—211—03862—4

畲族与客家福佬关系史略 / 谢重光著.—福州：福建人民出版社,2002(畲族研究书系)

7—211—03886—1

畲民家族文化 / 蓝炯熹著.—福州:福建人民出版社,2002(畲族研究书系)

7—211—04198—6

闽东畲族志 / 蓝运全,缪品枚主编.—北京:民族出版社,2000(中华人民共和国地方志)

7—105—03636—2

大理国史 / 段玉明著.—昆明:云南民族出版社,2003(白族文化研究丛书)

7—5367—2480—2

敦煌藏文吐蕃史文献译注 / 黄布凡,马德编著.—兰州:甘肃教育出版社,2000(敦煌少数民族历史文献丛书)

7—5423—0969—2

回鹘文献与回鹘文化 / 杨富学著.—北京:民族出版社,2003(敦煌学博士文库)

7—105—05725—4

沙州回鹘及其文献 / 杨富学,牛汝极著.—兰州:甘肃文化出版社,1995(敦煌学文库)

7—80608—110—0

福建思想文化史纲 / 徐晓望主编;徐晓望等编著.—福州:福建教育出版社,1996(福建思想文化史丛书)

7—5334—2028—4

闽越国文化 / 杨琮著.—福州:福建人民出版社,1998(建文化丛书)

7—211—02957—9

元西域人华化考 / 陈垣撰;陈智超导读.—上海:上海古籍出版社,2000(蓬莱阁丛书)

7—5325—2810—3

中国北方诸族的源流 / (美)朱学渊著.—北京:中华书局,2002(世界汉学论丛)

7—101—03336—9

南诏大理国文化 / 詹全友著.—成都:四川人民出版社,2002(西部文明之旅)

7—220—05810—1

夜郎史传 / 王子尧,刘金才主编;(日)山口八郎等编译.—成都:贵州大学出版社,1998

7—5409—2081—5

中国北方民族历史文化论稿 / 杨富学著.—兰州:甘肃人民出版社,2001

7—226—02483—7

宋代西北吐蕃研究 / 刘建丽著.—兰州:甘肃文化出版社,1998

7—80608—378—2

可乐考古与夜郎文化 / 李虹执行主编;贵州省毕节地区社会科学联合会编.—贵阳:贵州民族出版社,2003

7—5412—1099—4

中国古代北方民族通论 / 林幹著.—呼和浩特:内蒙古人民出版社,1998

7—204—04456—8

拓跋史探 / 田余庆著.—北京:三联书店,2003

7—108—01788—1

哀牢国与哀牢文化 / 耿德铭著.—昆明:云南人民出版社,2003

7—222—03861—2

唐代九姓胡与突厥文化 / 蔡鸿生著.—北京:中华书局,1998

7—101—01850—5

中国边疆经略史 / 马大正主编.—郑州:中州古籍出版社,2000(中国边疆通史丛书)

7—5348—1893—1

藏学概论 / 王尧著.—太原:山西教育出版社,2004

7—5440—2661—2

永乐大典方志辑佚 / 马蓉等点校.—北京：中华书局,2004

7—101—01137—3

中国方志学史 / 陈光贻著.—福州：福建人民出版社,1998（大学历史丛书）

7—211—02645—6

中国的地方志 / 周迅著.—北京：商务印书馆,1998（中国文化史知识丛书）

7—100—02156—1

方志学通论 / 仓修良著.—修订本.—北京：方志出版社,2003

7—80122—936—3

方志编纂系论 / 林衍经著.—合肥：安徽大学出版社,2001

7—81052—419—4

方志编纂学论纲 / 黄勋拔著.—广州：广东人民出版社,2000

7—218—03400—4

中国近代方志学 / 许卫平著.—南京：江苏古籍出版社,2002

7—80643—311—2

汉唐方志辑佚 / 刘纬毅著.—北京：北京图书馆出版社,1997

7—5013—1442—X

仓修良探方志 / 仓修良著.—上海：华东师范大学出版社,2005

7—5617—4403—X

北京城的起源与变迁 / 侯仁之,邓辉著.—北京：北京燕山出版社,1997（京华博览丛书）

7—5402—0949—6

北京旧事 / 余钊著.—北京：学苑出版社,

2000（中国名城文化丛书）

7—5077—1284—2

走向近代化的北京城：城市建设与社会变革 / 史明正著；王业龙,周卫红译.—北京：北京大学出版社,1995

7—301—02937—3

燕都古籍考 / 王灿炽著.—北京：京华出版社,1995

7—80600—106—9

隋唐两京坊里谱 / 杨鸿年著.—上海：上海古籍出版社,1999

7—5325—2539—2

文化古城旧事 / 邓云乡著.—北京：中华书局,1995

7—101—01096—2

腹地的构建：华北内地的国家、社会和经济（1853—1937） / （美）彭慕兰著；马俊亚译.—北京：社会科学文献出版社,2005（喜玛拉雅学术文库）

7—80190—686—1

空间与社会：近代天津城市的演变 / 刘海岩著.—天津：天津社会科学院出版社,2003

7—80688—039—9

百年中国看天津：引领近代文明 / 罗澍伟编著.—天津：天津人民出版社,2005

7—201—05022—2

解读天津六百年 / 张利民主编.—天津：天津社会科学院出版社,2003

7—80688—032—1

燕赵文化 / 张京华著.—沈阳：辽宁教育出版社,1995（中国地域文化丛书）

7—5382—4026—8

先秦两汉赵文化研究 / 孙继民,郝良真等

著.—北京：方志出版社,2003

7—80192—058—9

承德文史文库 / 周金生,张爱萍主编;承德市政协文史资料委员会编.—北京：中国文史出版社,1998

7—5034—0942—8

三晋古文化源流 / 李元庆著.—太原：山西古籍出版社,1997(三晋文化研究丛书)

7—80598—196—5

山西通史 / 山西省史志研究院编;乔志强主编.—北京：中华书局,1997

7—101—01636—7

山西通史大事编年 / 刘泽民等主编.—太原：山西古籍出版社,1997

7—80598—142—6

洪洞大槐树移民志 / 张青主编.—太原：山西古籍出版社,2000

7—80598—411—5

日本占领时期内蒙古历史研究 / 金海著.—呼和浩特：内蒙古人民出版社,2005(蒙古史研究211丛书)

7—204—08070—X

北疆通史 / 赵云田主编.—郑州：中州古籍出版社,2003(中国边疆通史丛书)

7—5348—1892—3

内蒙古革命史 / 郝维民主编,甘旭岚,李鸿,赛航著.—呼和浩特：内蒙古大学出版社,1997

7—81015—767—1

近代绥远地区的社会变迁 / 牛敬忠著.—呼和浩特：内蒙古大学出版社,2001

7—81074—318—X

汉族移民与近代内蒙古社会变迁研究 / 闫天灵著.—北京：民族出版社,2004(民族研究文库)

7—105—06694—6

近代东北城市的历史变迁 / 曲晓范著.—长春：东北师范大学出版社,2001(东北师范大学文库)

7—5602—2918—2

东北史 / 程妮娜主编.—长春：吉林大学出版社,2001(面向21世纪课程教材)

7—5601—2482—8

龙出辽河源 / 郭大顺著.—天津：百花文艺出版社,2001(谁发现了文明丛书)

7—5306—3209—4

东北通史 / 李治亭主编.—郑州：中州古籍出版社,2003(中国边疆通史丛书)

7—5348—1894—X

日伪统治下的东北农村：1931—1945年 / 李淑娟著.—北京：当代中国出版社,2005

7—80170—412—6

清代东北移民与社会变迁：1644—1911 / 张士尊著.—长春：吉林人民出版社,2003

7—206—03143—9

东北史探讨 / 陈芳芝著.—北京：中国社会科学出版社,1995

7—5004—1746—2

盛京古城风貌 / 张志强著.—沈阳：沈阳出版社,2004(清文化丛书)

7—5441—2630—7

黑龙江区域社会史研究：1644—1911 / 石方著.—哈尔滨：黑龙江人民出版社,2002

7—207—05386—X

揭开哈尔滨犹太人历史之谜：哈尔滨犹太人社区考察研究 / 张铁江著.—哈尔滨：黑龙江人民出版社,2005

7—207—06317—2

哈尔滨历史编年：1763—1949 / 李述笑编著.—哈尔滨：哈尔滨出版社,2000

7—80639—333—1

西北考察日记 / 顾颉刚著;达浚,张科点校.—兰州：甘肃人民出版社,2002(西北行记丛萃)

7—226—02360—1

甘青藏边区考察记 / 马鹤天著;胡大浚点校.—兰州：甘肃人民出版社,2003(西北行记丛萃)

7—226—02782—8

辛卯侍行记 / 陶保廉著;刘满点校.—兰州：甘肃人民出版社,2002(西北行记丛萃)

7—226—02355—5

西北行 / 林鹏侠著;王福成点校.—兰州：甘肃人民出版社,2002(西北行记丛萃)

7—226—02363—6

河海昆仑录 / 裴景福著;杨晓霭点校.—兰州：甘肃人民出版社,2002(西北行记丛萃)

7—226—02359—8

西北视察记 / 陈赓雅著;甄暾点校.—兰州：甘肃人民出版社,2002(西北行记丛萃)

7—226—02364—4

西征续录 / (清)方希孟著.—兰州：甘肃人民出版社,2002(西北行记丛萃)

7—226—02358—X

西域文明：考古、民族、语言和宗教新论 / 林梅村著.—北京：东方出版社,1995

7—5060—0323—6

西北通史 / 刘光华,齐陈骏,郭厚安主编.—兰州：兰州大学出版社,2005

7—311—02226—6

诸马军阀集团与西北穆斯林社会 / 许宪隆著.—银川：宁夏人民出版社,2001

7—227—02234—X

大变法：宋神宗与十一世纪的改革运动 / 叶坦著.—北京：三联书店,1996(中华文库)

7—108—00817—3

文化区域的分异与整合：陕西历史地理文化研究 / 张晓虹著.—上海：上海书店出版社,2004

7—80678—135—8

西安的历史变迁与发展 / 朱士光主编.—西安：西安出版社,2003(古都西安)

7—80594—955—7

陇右文化概论 / 雍际春主编.—兰州：甘肃人民出版社,2005(天水师范学院"陇右文化研究丛书")

7—226—03359—3

陇右文化 / 张兵,李子伟著.—沈阳：辽宁教育出版社,1998(中国地域文化丛书)

7—5382—4794—7

兰州史话 / 邓明著.—兰州：甘肃文化出版社,2005(甘肃史话丛书)

7—80608—980—2

张掖史略 / 方步和主编.—兰州：甘肃文化出版社,2002

7—80608—689—7

敦煌简史 / 张仲编.—兰州：甘肃文化出版社,1995

7—80608—106—2

武威史话 / 郭承录主编.—兰州：甘肃文化出版社,2005(甘肃史话丛书)

7—80608—982—9

归义军史研究：唐宋时代敦煌历史考索 / 荣新江著.—上海：上海古籍出版社,1996(中国传统文化研究丛书)

7—5325—1887—6

敦煌归义军史专题研究三编 / 郑炳林主编. —兰州: 甘肃文化出版社, 2005

7—80714—129—8

青藏文化 / 张云著. —沈阳: 辽宁教育出版社, 1998(中国地域文化丛书)

7—5382—4799—8

西域文明史概论(外一种) / (日)羽田亨著; 耿世民译. —北京: 中华书局, 2005(世界汉学论丛)

7—101—04766—1

西域文化论稿 / 陈冬季, 蔡宇知著. —乌鲁木齐: 新疆美术摄影出版社, 1999(西域文化研究文库)

7—80547—803—1

西域文化 / 尚衍斌著. —沈阳: 辽宁教育出版社, 1998(中国地域文化丛书)

7—5382—4798—X

西域史地丛稿初编 / 张广达著. —上海: 上海古籍出版社, 1995(中华学术丛书)

7—5325—1876—0

汉唐西域与中国文明 / 林梅村著. —北京: 文物出版社, 1998

7—5010—0987—2

中国新疆历史与现状 / 厉声主编. —乌鲁木齐: 新疆人民出版社, 2003

7—228—08237—0

西域文化史 / 余太山主编. —北京: 中国友谊出版公司, 1995

7—5057—1272—1

魏晋南北朝史缘 / 李培栋著. —上海: 学林出版社, 1996

7—80616—261—5

新疆文史论集 / 耿世民著. —北京: 中央民族大学出版社, 2001(中央民族大学学术文库)

7—81056—516—8

吴文化与江南社会研究 / 王卫平著. —北京: 群言出版社, 2005(苏南历史与社会丛书)

7—80080—477—1

明清江南地区的环境变动与社会控制 / 冯贤亮著. —上海: 上海人民出版社, 2002(学术创新丛书)

7—208—04014—1

近代江南乡村地权的历史人类学研究 / 张佩国著. —上海: 上海人民出版社, 2002(学术创新丛书)

7—208—04129—6

吴越文化志 / 董楚平, 金永平撰; 宁可编. —上海: 上海人民出版社, 1998(中华文化通志)

7—208—02268—2

长江文化史 / 李学勤, 徐吉军主编. —南昌: 江西教育出版社, 1995

7—5392—2373—1

长江沿江城市与中国近代化 / 张仲礼, 熊月之, 沈祖炜主编. —上海: 上海人民出版社, 2002

7—208—04243—8

东南沿海城市与中国近代化 / 张仲礼主编. —上海: 上海人民出版社, 1996

7—208—02190—2

吴越文化论丛 / 陈桥驿著. —北京: 中华书局, 1999

7—101—01962—5

霓虹灯外: 20世纪初日常生活中的上海 / 卢汉超著; 段炼, 吴敏, 子羽译. —上海: 上海古籍出版社, 2004(上海史研究译丛)

7—5325—3920—2

魔都上海: 日本知识人的"近代"体验 / 刘建

辉著;甘慧杰译.—上海:上海古籍出版社,2003（上海史研究译丛）

　　7—5325—3605—X

上海租界志 / 史梅定主编;上海租界志编纂委员会编.—上海:上海社会科学院出版社,2001（上海市专志系列丛刊）

　　7—80618—909—2

晚清上海社会的变迁：生活与伦理的近代化 / 李长莉著.—天津:天津人民出版社,2002（社会史丛书）

　　7—201—04156—8

出卖上海滩 / （美）霍塞著;越裔译.—上海:上海书店出版社,2000（外人眼中的近代中国）

　　7—80622—595—1

先秦史研究概要 / 朱凤瀚,徐勇编著.—天津:天津教育出版社,1996（学术研究指南丛书）

　　7—5309—1772—2

上海史：走向现代之路 / （法）白吉尔著;王菊,赵念国译.—上海:上海社会科学院出版社,2005

　　7—80681—690—9

上海通史. 第4卷. 晚清经济 / 陈正书著.—上海:上海人民出版社,1999

　　7—208—03228—9

从上海发现历史：现代化进程中的上海人及其社会生活：1927—1937 / 忻平著.—上海:上海人民出版社,1996

　　7—208—02418—9

浪漫的现实主义：狄更斯评传 / 薛鸿时著.—北京:社会科学文献出版社,1996

　　7—80050—856—0

上海文化通史 / 陈伯海主编.—上海:上海文艺出版社,2001

　　7—5321—2255—7

二十世纪上海大博览 / 夏东元主编.—上海:文汇出版社,1995

　　7—80531—272—9

百年上海城 / 郑祖安著.—上海:学林出版社,1999

　　7—80616—613—0

聚焦大都市：上海城市综合竞争力的国际比较 / 沈开艳,屠启宇,杨亚琴主编.—上海:上海社会科学院出版社,2001

　　7—80618—880—0

租界里的上海 / 马长林主编;上海市档案馆编.—上海:上海社会科学院出版社,2003

　　7—80681—293—8

齐鲁文化与山东新文学 / 魏建,贾振勇著.—长沙:湖南教育出版社,1995（二十世纪中国文学与区域文化丛书）

　　7—5355—2405—2

齐鲁文化概说 / 王志民著.—济南:山东文艺出版社,2004（齐鲁历史文化丛书）

　　7—5329—2357—6

杂艺 / 朱正昌总主编;郭泮溪本卷主编.—济南:山东友谊出版社,2004（齐鲁特色文化丛书）

　　7—80642—738—4

齐鲁思想文化史. 先秦秦汉卷 / 孟祥才,胡新生著.—济南:山东大学出版社,2002

　　7—5607—2361—6

山东人 / 刘德增著.—济南:山东人民出版社,1997

　　7—209—02089—6

民国山东史 / 吕伟俊主编.—济南:山东人民出版社,1995

　　7—209—01782—8

青岛近现代史 / 陆安著.—青岛:青岛出版

社,2001

7—5436—1915—6

江苏文化概观 / 陈书禄主编.—南京：南京师范大学出版社,1998(江苏区域文化丛书)

7—81047—197—X

明清苏南望族文化研究 / 江庆柏著.—南京：南京师范大学出版社,1999(随园薪积)

7—81047—377—8

江苏文化史论 / 王长俊主编.—南京：南京师范大学出版社,1999

7—81047—247—X

南京沦陷八年史：1937 年 12 月 13 日—1945 年 8 月 15 日 / 经盛鸿著.—北京：社会科学文献出版社,2005(江苏省哲学社会科学重点学术著作)

7—80190—582—2

六朝都城 / 卢海鸣著.—南京：南京出版社,2002(六朝文化丛书)

7—80614—717—9

甲骨研究 / (加)明义士著.—济南：齐鲁书社,1996

7—5333—0507—8

南通现代化：1895—1938 / 常宗虎著.—北京：中国社会科学出版社,1998(东方历史学术文库)

7—5004—2085—4

清初扬州文化 / (美)梅尔清著;朱修春译.—上海：复旦大学出版社,2004(国家清史编纂委员会编译丛刊)

7—309—04261—1

吴郡图经续记 / (宋)朱长文撰.—南京：江苏古籍出版社,1999(江苏地方文献丛书)

7—80643—096—2

京口文化 / 严其林,程建著.—南京：南京大

学出版社,2001

7—305—02264—0

徽州社会文化史探微：新发现的 16—20 世纪民间档案文书研究 / 王振忠著.—上海：上海社会科学院出版社,2002(社会科学文库)

7—80681—106—0

安徽文化史 / 张海鹏主编,王长安撰稿;《安徽文化史》编纂工作委员会,《安徽文化史》编委会编.—南京：南京大学出版社,2000

7—305—03636—6

徽州文化与和谐社会构建 / 李俊主编.—合肥：合肥工业大学出版社,2005

7—81093—262—4

徽州文书档案 / 严桂夫,王国健著.—合肥：安徽人民出版社,2005(徽州文化全书)

7—212—02590—9

论徽学 / 朱万曙主编.—合肥：安徽大学出版社,2004(安徽大学研究中心学术丛书)

7—81052—961—7

社会发展论纲 / 张华金,王森洋主编;范明生等著.—上海：上海社会科学院出版社,1996(学者书库·论丛)

7—80618—165—2

淮北的盛衰：成因的历史考察 / 吴海涛著.—北京：社会科学文献出版社,2005

7—80190—674—8

皖江文化与近世中国：京剧、近代工业和新文化的源头 / 汪军主编.—合肥：合肥工业大学出版社,2004

7—81093—186—5

浙东文化概论 / 曹屯裕主编.—宁波：宁波出版社,1997

7—80602—148—5

2004年浙江发展报告：浙江发展报告,文化卷 /
万斌总编；卢敦基执行主编.—杭州：杭州出版社,
2004(浙江蓝皮书)

7—80633—644—3

人文杭州 / 叶明主编.—杭州：杭州出版
社,2003

7—80633—611—7

瓯越文化史.全12册 / 蔡克骄著；胡雪岗审
读.—北京：作家出版社,1998(瓯越文化丛书)

7—5063—1391—X

岐海琐谈 / (明)姜准撰；蔡克骄点校.—上
海：上海社会科学院出版社,2002(温州文献丛书.
第一批)

7—80681—095—1

宁波历史文化二十六讲 / 许勤彪主编；宋光炎
等编.—宁波：宁波出版社,2005

7—80602—807—2

宁波近代史纲：1840—1919 / 乐承耀著.—宁
波：宁波出版社,1999

7—80602—337—2

温州近代史 / 胡珠生著.—沈阳：辽宁人民出
版社,2000

7—205—04816—8

象山县志：点校本 / 陈汉章总纂；重刊民国
《象山县志》整理委员会点校.—北京：方志出版
社,2004(浙江旧县志集成)

7—80192—238—7

鸠坑乡志 / 洪春生主编；淳安县鸠坑乡志编纂
委员会编.—杭州：浙江大学出版社,2003

7—900662—38—3

江西史稿 / 许怀林著.—南昌：江西高校出版
社,1998

7—81033—143—4

赣文化通志 / 李国强,傅伯言主编.—南昌：
江西教育出版社,2004

7—5392—3867—4

江西通史 / 陈文华,陈荣华主编.—南昌：江
西人民出版社,1999

7—210—02156—6

江西近代社会转型研究 / 万振凡,林颂华主
编.—北京：中国社会科学出版社,2001

7—5004—3306—9

千古一村：流坑历史文化的考察 / 周銮书主
编.—2版.—南昌：江西人民出版社,2000

7—210—01769—0

福建对外文化交流史 / 林金水主编.—福州：
福建教育出版社,1997(福建思想文化史丛书)

7—5334—2030—6

闽在海中：追寻福建海洋发展史 / 杨国桢
著.—南昌：江西高校出版社,1998(海洋与中国丛
书)

7—81033—888—9

八闽文化 / 何绵山著.—沈阳：辽宁教育出版
社,1998(中国地域文化丛书)

7—5382—4796—3

段文杰敦煌研究五十年纪念文集 / 敦煌研究
院编.—北京：世界图书出版公司,1996(中国敦煌
石窟保护研究基金会资助出版丛书)

7—5062—2953—6

银翅：中国的地方社会与文化变迁 / 庄孔韶
著.—北京：三联书店,2000(中国经验)

7—108—01331—2

妈祖的子民：闽台海洋文化研究 / 徐晓望
著.—上海：学林出版社,1999(中华地域文化研究
丛书)

7806167900

闽台区域文化 / 何绵山主编;王子韩等撰稿.—厦门:厦门大学出版社,2004

7—5615—2182—0

闽南文化研究 / 黄少萍主编;中共泉州市委宣传部编.—北京:中央文献出版社,2003

7—5073—1449—9

闽文化续论 / 何绵山著.—北京:北京大学出版社,2004

7—301—06957—X

福建史纲 / 汪征鲁主编.—福州:福建人民出版社,2003

7—211—04323—7

福建六大民系 / 陈支平著.—福州:福建人民出版社,2000

7—211—03677—X

满族家谱研究 / 傅波,张德玉,赵维和著.—沈阳:辽宁古籍出版社,1996

7—80507—365—1

闽台区域社会研究 / 汪毅夫著.—厦门:鹭江出版社,2004

7—80671—281—X

文化概谈 / 蔡庆发,王宝仁编著.—福州:福建人民出版社,2003

7—211—04563—9

台湾历史文化渊源 / 姚同发著.—北京:九州出版社,2002

7—80114—797—9

台湾历史纲要 / 陈孔立主编.—北京:九州图书出版社,1996

7—80114—104—0

台湾真历史 / 戚嘉林著.—北京:中国友谊出版公司,2001

7—5057—1660—3

中州文化 / 张志孚,何平立著.—沈阳:辽宁教育出版社,1995(中国地域文化丛书)

7—5382—4025—X

河南通史 / 程有为,王天奖主编.—郑州:河南人民出版社,2005

7—215—04985—X

河洛文化 / 周文顺,徐宁生主编.—北京:五洲传播出版社,1998

7—80113—440—0

驻马店通史 / 郭超,刘海峰,余全有主编.—郑州:中州古籍出版社,2000

7—5348—1968—7

老开封:汴梁旧事 / 屈春山,张鸿声著.—郑州:河南人民出版社,2005(河南老城系列丛书)

7—215—05013—0

内乡县衙与衙门文化 / 刘鹏九主编;内乡县衙博物馆编.—郑州:中州古籍出版社,1999(河南专业志丛书)

7—5348—1810—9

荆楚文化志 / 张正明,刘玉堂撰.—上海:上海人民出版社,1998(中华文化通志)

7—208—02267—4

湖北通史.先秦卷 / 章开沅等主编;张正明,刘玉堂著.—武汉:华中师范大学出版社,1999

7—5622—1966—4

湖北通史.民国卷 / 田子渝,黄华文著.—武汉:华中师范大学出版社,1999

7—5622—1973—7

湖北通史.魏晋南北朝卷 / 章开沅,张正明,罗福惠主编,牟发松著.—武汉:华中师范大学出版社,1999

7—5622—1968—0

沧桑与瑰丽:鄂西北历史文化论纲 / 蒋显福,

匡裕从,杨立志主编.—武汉:湖北人民出版社,2004

7—216—04097—X

南方民俗与楚文化:楚文化掠影 / 巫瑞书著.—长沙:岳麓书社,1997(品风楼楚学研究)

7—80520—780—1

湖南历史文化地理研究 / 张伟然著.—上海:复旦大学出版社,1995(复旦大学博士丛书)

7—309—01455—3

湖南现代化的早期进展:1860—1916 / 张朋园著.—长沙:岳麓书社,2002(海外名家名作)

7—80665—185—3

文化的伦理剖析:湘西伦理文化论 / 郑英杰著.—贵阳:贵州民族出版社,2000(五溪文化研究丛书)

7—5412—0764—0

近代湖南社会变迁 / 刘泱泱著.—长沙:湖南人民出版社,1998

7—5438—1909—0

湖湘文化传统与湖南维新运动 / 丁一平著.—长沙:湖南人民出版社,1998

7—5438—1783—7

二十世纪后半期中国史学主潮 / 王学典著.—济南:山东大学出版社,1996

7—5607—1450—1

近代湖南人才群体研究 / 陶用舒著.—长沙:岳麓书社,2000

7—80665—075—X

湖湘文化大观 / 王驰,刘鸣泰,刘克利主编.—长沙:岳麓书社,2003

7—80665—310—4

湘西简史:2 万年前—1949 年 / 廖报白编著.—长沙:湖南人民出版社,1999

7—5438—2173—7

湖湘文化访谈 / 蔡栋编著.—长沙:湖南人民出版社,2005

7—5438—4034—0

岭南古代方志辑佚 / 骆伟,骆廷辑注.—广州:广东人民出版社,2002(广东省地方史志办公室古代方志丛书)

7—218—04031—4

粤大记.2 册 / (明)郭棐撰;黄国声,邓贵忠点校.—广州:中山大学出版社,1998(岭南丛书)

7—306—01432—3

岭南古史 / 胡守为著.—广州:广东人民出版社,1999(岭南文库)

7—218—03150—1

岭南文化 / 袁钟仁著.—沈阳:辽宁教育出版社,1998(中国地域文化丛书)

7—5382—4795—5

广东海上丝绸之路史 / 黄启臣主编.—广州:广东经济出版社,2003(珠江文化丛书)

7—80677—454—8

广东族群与区域文化研究调查报告集 / 黄淑娉主编.—广州:广东高等教育出版社,1999

7—5361—2380—9

广东族群与区域文化研究 / 黄淑娉主编.—广州:广东高等教育出版社,1999

7—5361—2379—5

民国广东大事记 / 广东省立中山图书馆编纂.—广州:羊城晚报出版社,2002

7—80651—206—3

一九四九前潮州宗族村落社区的研究 / 陈礼颂著.—上海:上海古籍出版社,1995(潮汕历史文化丛书)

7—5325—1979—1

曹禺自传 / 曹禺著.—南京：江苏文艺出版社,1996(名人自传丛书)

7—5399—1006—2

广府文化源流 / 龚伯洪编著.—广州：广东高等教育出版社,1999

7—5361—2310—8

岭南五邑 / 张国雄抄文;李玉祥摄影.—北京：三联书店,2005(乡土中国)

7—108—02341—5

潮汕文化源流 / 黄挺著.—广州：广东高等教育出版社,1997

7—5361—2076—1

潮汕文化大观 / 林伦伦,吴勤生主编.—广州：花城出版社,2001

7—5360—3544—6

屈原与他的时代 / 赵逵夫著.—北京：人民文学出版社,1996

7—02—002282—0

早期澳门史 /（瑞典）龙思泰著;吴义雄译.—北京：东方出版社,1997

7—5060—0814—9

澳门史 / 黄鸿钊著.—福州：福建人民出版社,1999

7—211—03399—1

澳门通史 / 黄启臣著.—广州：广东教育出版社,1999

7—5406—4037—5

澳门历史文化 / 章文钦著.—北京：中华书局,1999

7—101—02406—8

海南岛志 / 陈铭枢总纂;曾蹇主编.—海口：海南出版社,2004(海南地方志丛刊)

7—5443—0952—5

琼粤地方文献国际学术研讨会论文集 / 周伟民主编.—海口：海南出版社,2002

7—5443—0356—X

广西通史 / 钟文典主编.—南宁：广西人民出版社,1999

7—219—03716—3

岭外代答校注 /（宋）周去非著;杨武泉校注.—北京：中华书局,1999(中外交通史籍丛刊)

7—101—01665—0

忻城土司志 / 黄维安主编.—南宁：广西人民出版社,2005

7—219—05392—4

西南通史 / 方铁主编.—郑州：中州古籍出版社,2003(中国边疆通史丛书)

7—5348—1897—4

时代之子吴晗 /（美）马紫梅著;曾越麟等译.—北京：中国社会科学出版社,1996

7—5004—1900—7

中国三峡文化教程 / 胡绍华主编.—武汉：武汉出版社,2004

7—5430—3028—4

重庆通史 / 周勇主编.—重庆：重庆出版社,2002

7—5366—5837—0

奇异的石头世界：贵州岩石载体文化 / 王正贤编著.—贵阳：贵州教育出版社,2000(贵州文化丛书)

7—80650—085—5

贵州通史 / 何仁仲总编;《贵州通史》编委会编.—北京：当代中国出版社,2003

7—80170—170—4

黔史论丛 / 侯绍庄著.—贵阳：贵州民族出版社,2005

7—5412—1285—7

古云梦泽研究 / 石泉,蔡述明著.—武汉:湖北教育出版社,1996
7—5351—1729—5

一个人的安顺 / 戴明贤编著.—北京:人民文学出版社,2004
7—02—004579—0

滇文化 / 张增祺著.—北京:文物出版社,2001(20世纪中国文物考古发现与研究丛书)
7—5010—1250—4

滇云文化 / 欧鹍渤著.—沈阳:辽宁教育出版社,1998(中国地域文化丛书)
7—5382—4803—X

云南:联结印度和扬子江的锁链:19世纪一个英国人眼中的云南社会状况及民族风情 / (英)H. R. 戴维斯著;李安泰等译.—昆明:云南教育出版社,2000
7—5415—1710—0

云南志补注 / (唐)樊绰撰;木芹补注;向达原校.—昆明:云南人民出版社,1995
7—222—01786—0

永昌府文征 / 李根源辑;杨文虎,陆卫先校注.—昆明:云南美术出版社,2001
7—80586—762—3

新编昆明风物志 / 卓维华主编.—昆明:云南人民出版社,2001(云南风物志丛书)
7—222—03024—7

大理古代文化史 / 徐嘉瑞著.—昆明:云南人民出版社,2005(旧版书系)
7—222—04259—8

新编丽江风物志 / 李群育主编.—昆明:云南人民出版社,1999(云南风物志丛书)
7—222—02730—0

丽江史话 / 杨世光著.—昆明:云南人民出版社,2001(云南名城史话丛书)
7—222—03091—3

上古西藏与波斯文明 / 张云著.—北京:中国藏学出版社,2005(《西藏通史》专题研究丛刊)
7—80057—466—0

西藏通史 / 陈庆英,高淑芬主编.—郑州:中州古籍出版社,2003(中国边疆通史丛书)
7—5348—1896—6

南京人化石地点:1993—1994 / 南京市博物馆、北京大学考古学系汤山考古发掘队编.—北京:文物出版社,1996
7—5010—0909—0

西藏历史地位辨 / 王贵,喜饶尼玛,唐家卫著.—北京:民族出版社,2003
7—105—05410—7

川端康成传 / 谭晶华著.—上海:上海外语教育出版社,1996
7—81046—054—4

西藏地方与中央政府关系史 / 黄玉生等编著.—拉萨:西藏人民出版社,1995
7—223—00781—8

明清治藏史要 / 顾祖成编著.—拉萨:西藏人民出版社;济南:齐鲁书社,1999
7—5333—0748—8

西藏昌都:历史、传统、现代化 / 李光文,杨松,格勒主编.—重庆:重庆出版社,2000
7—5366—4947—9

日本大陆政策史:1868—1945 / 沈予编.—北京:社会科学文献出版社,2005(中国社会科学院中日历史研究中心文库)
7—80190—629—2

上海图书馆馆藏家谱提要 / 王鹤鸣等主编;上

海图书馆编.—上海：上海古籍出版社,2000

7—5325—2702—6

儒学的复兴 / (澳)李瑞智,黎华伦著;范道丰译.—北京：商务印书馆,1999(商务印书馆海外汉学书系)

7—100—03293—8

尚书译注 / 李民,王健撰.—上海：上海古籍出版社,2000(中华古籍译注丛书)

7—5325—2745—X

岛夷志略 / (元)汪大渊著;汪前进译注.—沈阳：辽宁教育出版社,1996(中国古代科技名著译丛)

7—5382—3674—0

朝鲜简史 / 朴真奭.—延吉：延边大学出版社,1998

7—5634—0990—4

遏制中国：朝鲜战争与中美关系 / 林利民著.—北京：时事出版社,2000

7—80009—589—4

韩国现代史 / (韩)姜万吉著;陈文寿等译.—北京：社会科学文献出版社,1997(北京大学韩国学研究中心韩国学丛书)

7—80050—901—X

当代韩国史：1945—2000 / 曹中屏,张连瑰等编著.—天津：南开大学出版社,2005

7—310—01983—0

国史大纲 / 钱穆著.—3版修订版.—北京：商务印书馆,1996

7—100—01766—1

日本起源考 / 沈仁安著.—北京：昆仑出版社,2004(东方文化集成·日本文化编)

7—80040—732—2

日本简史 / 王新生著.—北京：北京大学出版社,2005(博雅大学堂)

7—301—09850—2

日本国志 / (清)黄遵宪著;吴振清,徐勇,王家祥点校整理.—天津：天津人民出版社,2005

7—201—04684—5

明清史散论 / 王春瑜著.—上海：东方出版中心,1996(东方学术丛书)

7—80627—031—0

日本文化模式与社会变迁 / 杨薇著.—济南：济南出版社,2001(经济社会史研究丛书)

7—80629—534—8

日本文化：模仿与创新的轨迹 / 王勇编著.—北京：高等教育出版社,2001(日本学基础精选丛书)

7—04—007789—2

中国传统文化在日本 / 蔡毅编译.—北京：中华书局,2002(文史知识文库)

7—101—03175—7

日本文化与现代化 / 汤重南等著.—沈阳：辽海出版社,1999(西方国家的民族文化与现代化丛书)

7—80649—207—0

日本武士道 / 张万新著.—海口：海南国际新闻出版中心,1998

7—80609—626—4

日本文化概论 / 魏常海著.—北京：世界知识出版社,1996

7—5012—0599—X

日本社会文化历史变迁 / 姜天喜著.—西安：西安出版社,2001

7—80594—768—6

日本现代化研究：日本现代化的奥秘何在? / 刘天纯著.—北京：东方出版社,1995

7—5060—0548—4

周作人论日本 / 周作人著. —西安：陕西师范大学出版社,2005

7—5613—3238—6

德川时代史论 / 沈仁安著. —石家庄：河北人民出版社,2003(北京大学历史系日本德川时代研究丛书)

7—202—03411—5

跳跃与沉重：二十世纪日本文化 / 卞崇道等著. —北京：东方出版社,1999(20 世纪世界文化板块)

7—5060—1245—6

日本帝国的兴亡 / 汤重南等主编. —2 版. —北京：世界知识出版社,2005

7—5012—2138—3

日本近代化研究 / 吴廷璆主编. —北京：商务印书馆,1997

7—100—01775—0

日本两次跨世纪的变革 / 张健,王金林主编. —天津：天津社会科学院出版社,2000

7—80563—801—2

日本法西斯夺取政权之路：对日本法西斯主义的研究与批判 / 杨宁一著. —北京：北京师范大学出版社,2000

7—303—05342—5

当代日本 / 张健主编. —天津：天津社会科学院出版社,2005(社科论丛)

7—80688—188—3

历史学的思想和方法 / 杨豫,胡成著. —南京：南京大学出版社,1996

7—305—02824—X

国家图书馆藏琉球资料汇编.全三册 / 黄润华,薛英编. —北京：北京图书馆出版社,2000

7—5013—1744—5

三国志丛考 / 吴金华编著. —上海：上海古籍出版社,2000(中华学术丛书)

7—5325—2879—0

东南亚文化发展史 / 贺圣达著. —昆明：云南人民出版社,1996

7—222—01996—0

战后东南亚历史发展：1945—1994 / 贺圣达等著. —昆明：云南大学出版社,1995

7—81025—563—0

越南通史 / 郭振铎,张笑梅主编. —北京：中国人民大学出版社,2001

7—300—03402—0

华人与马来西亚现代化进程 / 韩方明著. —北京：商务印书馆,2002(世界现代化进程研究丛书)

7—100—03590—2

印度史 / 林承节著. —北京：人民出版社,2004(国别史系列)

7—01—004024—9

印度文化传统研究：比较文化的视野 / 尚会鹏著. —北京：北京大学出版社,2004(国际问题论丛)

7—301—07145—0

印度文明 / 刘建,朱明忠,葛维钧著. —北京：中国社会科学出版社,2004(世界文明大系)

7—5004—4377—3

印度古代文化与文明史纲 / (印)D.D.高善必著;王树英等译. —北京：商务印书馆,1998

7—100—02436—6

庶民研究：印度另类历史术学 / 刘健芝,许兆麟选编;林德山等译. —北京：中央编译出版社,2005(另类视野)

7—80109—640—1

印度现代化的发展道路 / 林承节主编.—北京：北京大学出版社,2001(世界现代化进程研究丛书)

7—301—04746—0

殖民统治时期的印度史 / 林承节著.—北京：北京大学出版社,2004

7—301—07057—8

印度近现代史 / 林承节著.—北京：北京大学出版社,1995

7—301—02541—6

独立后的印度史 / 林承节著.—北京：北京大学出版社,2005

7—301—08305—X

中亚五国史纲 / 马大正,冯锡时主编.—乌鲁木齐：新疆人民出版社,2000

7—228—05163—7

中亚维吾尔人 / 李琪著.—乌鲁木齐：新疆人民出版社,2003(新西域文库·新疆研究丛书)

7—228—08430—6

阿拉伯通史 / 纳忠著.—北京：商务印书馆,2005(中国文库)

7—100—04328—X

中东国家通史.阿富汗卷 / 彭树智,黄杨文著.—北京：商务印书馆,2000

7—100—03102—8

简明阿拉伯伊斯兰史 / 钱学文著.—银川：宁夏人民出版社,2005

7—227—03034—2

中东国家通史.土耳其卷 / 彭树智主编;黄维民著.—北京：商务印书馆,2002

7—100—03516—3

中东国家通史.伊拉克卷 / 彭树智主编,黄民兴著.—北京：商务印书馆,2002

7—100—03568—6

阿拉伯国家史 / 彭树智主编.—北京：高等教育出版社,2002(研究生教学用书)

7—04—011503—4

中东国家通史.叙利亚和黎巴嫩卷 / 彭树智主编;王新刚著.—北京：商务印书馆,2003

7—100—03746—8

中东国家通史.伊朗卷 / 彭树智主编;王新中,冀开运著.—北京：商务印书馆,2002

7—100—03360—8

灿烂的阿拔斯文化 / 蔡伟良编著.—上海：上海外语教育出版社,1997(中东文化丛书)

7—81046—098—6

二十世纪中东史 / 彭树智主编.—2版.—北京：高等教育出版社,2001(研究生教学用书)

7—04—009938—1

伊朗通史 / (伊朗)阿宝斯·艾克巴尔·奥希梯扬尼著;叶奕良译.—北京：经济日报出版社,1997(东方文化集成.伊朗阿富汉文化编)

7—80127—307—9

楚美术图集 / 张正明,皮道坚主编.—武汉：湖北美术出版社,1996

7—5394—0635—6

奥斯曼帝国 / 黄维民著.—西安：三秦出版社,2000(世界帝国兴衰丛书)

7—80628—380—3

中东国家通史.巴勒斯坦卷 / 彭树智主编;杨辉著.—北京：商务印书馆,2002

7—100—03381—0

反犹主义解析 / 徐新著.—上海：上海三联书店,1996(犹太文化丛书)

7—5426—0840—1

以色列现代史 /（英）诺亚·卢卡斯著;杜先菊,彭艳译. —北京:商务印书馆,1997

7—100—01956—7

犹太文明 / 潘光著. —北京:中国社会科学出版社,1999(世界文明大系)

7—5004—2592—9

泛非主义与非洲统一组织文选:1900—1990 / 唐大盾选编. —上海:华东师范大学出版社,1995

7—5617—0971—4

全世界受苦的人 /（法）弗朗兹·法农著;万冰译. —南京:译林出版社,2005(人文与社会译丛)

7—80657—832—3

解剖古埃及 /（美）巴里·克姆普著;穆朝娜译. —杭州:浙江人民出版社,2000(外国考古文化名著译丛)

7—213—01973—2

古代埃及史 / 刘文鹏著. —北京:商务印书馆,2000

7—100—02865—5

法老的国度:古埃及文化史 / 蒲慕州著. —桂林:广西师范大学出版社,2003

7—5633—3771—7

纳赛尔和萨达特时代的埃及 / 杨灏城,江淳著. —北京:商务印书馆,1997

7—100—02249—5

努尔人:对尼罗河畔一个人群的生活方式和政治制度的描述 /（英）埃文思—普里查德著;褚建芳等译. —北京:华夏出版社,2002(现代人类学经典译丛)

7—5080—2578—4

非洲问题论集 / 陆庭恩著. —北京:世界知识出版社,2005

7—5012—2463—3

和合之境:中国哲学与21世纪 / 李振纲,方国根主编. —上海:华东师范大学出版社,2001(东亚哲学与21世纪)

7—5617—2383—0

反思欧洲 /（法）埃德加·莫兰著;康征,齐小曼译. —北京:三联书店,2005(法国思想家新论)

7—108—02214—1

英国封建社会研究 / 马克尧著. —2版. —北京:北京大学出版社,2005

7—301—09140—0

欧洲史 /（法）德尼兹·加西亚,贝尔纳代特·德尚著;蔡鸿滨,桂裕芳译. —海口:海南出版社,2000

7—80645—817—4

欧洲的分与合 / 郭华榕,徐天新主编. —北京:京华出版社,1999

7—80600—357—6

苏联兴亡史纲 / 陈之骅,吴恩远,马龙闪主编. —北京:中国社会科学出版社,2004

7—5004—4885—6

西方文化概论 / 赵林著. —北京:高等教育出版社,2004(高等学校通识课程系列教材)

7—04—014986—9

西方文明:精神与制度的变迁 / 董小燕著. —上海:学林出版社,2003(求是丛书)

7—80668—432—8

欧洲文明的进程 / 陈乐民,周弘著. —再版. —北京:三联书店,2003

7—108—01827—6

从黎明到衰落:西方文化生活五百年:1500年至今 /（美）雅克·巴尔赞著;林华译. —北京:世界知识出版社,2002

7—5012—1762—9

西方文明史 / （美）罗伯特. E. 勒纳,斯坦迪什·米查姆,爱德华·麦克纳尔·伯恩斯著;王觉非等译. —北京：中国青年出版社,2003

　　7—5006—4251—2

欧洲文化史 / （荷）彼得·李伯庚著;赵复三译. —上海：上海社会科学院出版社,2004

　　7—80681—354—3

西方文化史续编: 从美国革命至 20 世纪 / 徐新主编. —北京：北京大学出版社,2003

　　7—301—06103—X

西方文化史: 高教版 / 庄锡昌主编. —北京：高等教育出版社,1999

　　7—04—007122—3

欧洲文明十五讲 / 陈乐民著. —北京：北京大学出版社,2004

　　7—301—06607—4

欧洲文明扩张史 / 陈乐民,周弘著. —上海：东方出版中心,1999

　　7—80627—401—4

西方文化概论 / 启良著. —广州：花城出版社,2000

　　7—5360—3051—7

西方文化史鉴 / 叶胜年著. —上海：上海外语教育出版社,2002

　　7—81080—374—3

西方文化艺术巡礼 / 张延风著. —北京：中国青年出版社,1998

　　7—5006—3325—4

神光沐浴下的文化再生: 文明在中世纪的艰难脚步 / 李秋零,田薇著. —北京：华夏出版社,2000(欧洲文明的历程丛书)

　　7—5080—1964—4

走出中世纪: 文艺复兴时代的教育情怀 / 褚宏启著. —北京：北京师范大学出版社,2000

　　7—303—05546—0

十九世纪欧洲史 / （意）克罗齐著;田时纲译. —北京：中国社会科学出版社,2005(克罗齐史学名著译丛)

　　7—5004—5215—2

欧洲五百年史 / 王觉非主编. —北京：高等教育出版社,2000(面向 21 世纪课程教材)

　　7—04—007801—5

启蒙推动下的欧洲文明 / 高九江著. —北京：华夏出版社,2000(欧洲文明的历程丛书)

　　7—5080—1966—0

欧洲近代早期的大众文化 / （英）彼得·伯克著;杨豫等译. —上海：上海人民出版社,2005(社会与历史译丛)

　　7—208—05817—2

启蒙运动与现代性: 18 世纪与 20 世纪的对话 / （美）詹姆斯·施密特编;徐向东,卢华萍译. —上海：上海人民出版社,2005

　　7—208—05588—2

欧洲大地的"中国风" / 刘海翔著. —深圳：海天出版社,2005

　　7—80697—477—6

近代欧洲的兴起 / 朱孝远著. —上海：学林出版社,1997

　　7—80616—341—7

启蒙运动百科全书 / （美）彼得·赖尔,艾伦·威尔逊著;刘北成,王皖强编译. —上海：上海人民出版社,2004

　　7—208—05084—8

欧洲的未来 / （美）戴维·卡莱欧著;冯绍雷等译. —上海：上海人民出版社,2003(东方编译所译丛)

　　7—208—04579—8

斯拉夫文明 / 于沛,戴桂菊,李锐著.—北京:
中国社会科学出版社,2001(世界文明大系)

　　7—5004—3254—2

欧洲文明:民族的融合与冲突 / 钱乘旦主
编.—贵阳:贵州人民出版社,1999

　　7—221—04667—0

夹缝中的六国:维也纳会议以来的中东欧历
史 / (英)艾伦·帕尔默著;于亚伦等译.—北京:
商务印书馆,1997

　　7—100—01579—0

俄罗斯历史之路:千年回眸 / 李英男,戴桂菊
著.—北京:外语教学与研究出版社,2002

　　7—5600—2868—3

理解俄国:俄国文化中的圣愚 / (美)汤普逊
著;杨德友译.—北京:三联书店,1998(社会与思
想丛书)

　　7—108—01181—6

俄罗斯文化史 / (俄)M.P.泽齐娜,Л.B.科什
曼,B.C.舒利金著;刘文飞,苏玲译.—上海:上海
译文出版社,1999

　　7—5327—2250—3

俄罗斯文化一千年 / 孙成木著.—北京:东方
出版社,1995

　　7—5060—0524—7

俄罗斯文化论 / 朱达秋,周力著.—重庆:重
庆出版社,2004

　　7—5366—6839—2

俄国史新论:影响俄国历史发展的基本问题 /
曹维安著.—北京:中国社会科学出版社,2002

　　7—5004—3417—0

中国回族史 / 邱树森主编.—银川:宁夏人民
出版社,1996

　　7—227—01724—9

改革和革命:俄国现代化研究:1861—1917 /
刘祖熙著.—北京:北京大学出版社,2001(世界现
代化进程研究丛书)

　　7—301—04686—3

远逝的光华:白银时代的俄罗斯文化 / 汪介
之著.—南京:译林出版社,2003(译林学论丛书)

　　7—80657—534—0

现代化的特殊性道路:沙皇俄国最后60年社
会转型历程解析 / 王云龙著.—北京:商务印书
馆,2004

　　7—100—04144—9

苏俄现代化与改革研究 / 金雁著.—广州:广
东教育出版社,1999(荒原学术文丛)

　　7—5406—4008—1

苏联兴亡史 / 周尚文,叶书宗,王斯德著.—新
1版.—上海:上海人民出版社,2002

　　7—208—03962—3

苏联兴亡史论 / 陆南泉主编.—北京:人民出
版社,2002

　　7—01—003553—9

回眸苏联 / 闻一著.—济南:山东人民出版
社,2003

　　7—209—03291—6

苏联历史档案选编 / 沈志华执行总主编.—北
京:社会科学文献出版社,2002

　　7—80149—634—5

德国资本主义发展史 / 吴友法,黄正柏主编;
王扬撰稿.—武汉:武汉大学出版社,2000(武汉大
学学术丛书)

　　7—307—03029—2

融入欧洲:二战后德国社会的转向 / 辛蔷
著.—上海:上海社会科学院出版社,2005

　　7—80681—631—3

德国简史教程／姚宝编著.—上海：上海外语教育出版社,2005

7—81095—545—4

德国通史／丁建弘著.—上海：上海社会科学院出版社,2002(全球通史系列)

7—80681—069—2

德意志人／(德)埃里希·卡勒尔著;(美)罗伯特·金贝尔,丽塔·金贝尔编;黄正柏等译.—北京：商务印书馆,1999

7—100—01737—8

德意志史.第二卷.从宗教改革至专制主义结束：1500—1800／(德)马克斯·布劳巴赫等著;陆世澄,王昭仁译.—北京：商务印书馆,1998

7—100—02100—6

德国史纲／孙炳辉,郑寅达编著.—上海：华东师范大学出版社,1995

7—5617—1370—3

德国精神／邢来顺著.—武汉：长江文艺出版社,1998(万国精神比较丛书)

7—5354—1641—1

德国文化与现代化／陆世澄著.—沈阳：辽海出版社,1999(西方国家的民族文化与现代化丛书)

7806492089

德国文化史／李伯杰等著.—北京：对外经济贸易大学出版社,2002

7—81078—183—9

德国的浩劫／(德)梅尼克著;何兆武译.—北京：三联书店,2002(三联精选)

7—108—01429—7

太原晋国赵卿墓／陶正刚,侯毅,渠川福著;山西省考古研究所,太原市文物管理委员会编.—北京：文物出版社,1996

7—5010—0898—1

林甘泉文集／林甘泉著.—上海：上海辞书出版社,2005(中国社会科学院学术委员文库)

7—5326—1784—X

广州城市发展史／陈代光著.—广州：暨南大学出版社,1996

7—81029—581—0

意大利文化／朱龙华著.—上海：上海社会科学院出版社,2004(全球文化系列)

7—80681—417—5

意大利文艺复兴研究／张世华编著.—上海：上海外语教育出版社,2003

7—81080—622—X

西欧封建社会／黄春高著.—北京：中国青年出版社,1999(精粹世界史)

7—5006—3488—9

西欧各国／汪连兴等编.—北京：北京语言文化大学出版社,1998(新编世界列国史丛书)

7—5619—0633—1

西欧文明／姚介厚,李鹏程,杨深著.—北京：中国社会科学出版社,2002(世界文明大系)

7—5004—3394—8

英国史／阎照祥著.—北京：人民出版社,2003(国别史系列)

7—01—003901—1

英国通史／钱乘旦,许洁明著.—上海：上海社会科学院出版社,2002(全球通史系列)

7—80681—086—2

英国通史纲要／高岱编著.—合肥：安徽人民出版社,2002

7—212—02125—3

英国文化与现代化／王章辉著.—沈阳：辽海出版社,1999(西方国家的民族文化与现代化丛书)

7—80649—204—6

英国封建王权论稿：从诺曼征服到大宪章 ／
孟广林著. —北京：人民出版社，2002

7—01—003471—0

十七世纪的英国社会 ／许洁明著. —北京：中
国社会科学出版社，2004（世界史学术书系）

7—5004—3928—8

日落斜阳：20 世纪英国 ／钱乘旦等著. —上
海：华东师范大学出版社，1999（东方学者丛书）

7—5617—2155—2

文明的忧思 ／（英）T. 卡莱尔著；宁小银译. —
北京：中国档案出版社，1999（忧思文丛）

7—80019—928—2

**从民族国家走向帝国之路：近代早期英国海
外殖民扩张研究** ／姜守明著. —南京：南京师范大
学出版社，2000

7—81047—584—3

自由与传统：二十世纪英国文化 ／吴浩著. —
北京：东方出版社，1999（20 世纪世界文化板块）

7—5060—1240—5

**大英帝国的瓦解：英国的非殖民化与香港问
题** ／张顺洪等著. —北京：社会科学文献出版
社，1997

7—80050—853—6

法国大革命讲稿 ／（英）阿克顿著；秋风译. —
贵阳：贵州人民出版社，2004（公法译丛）

7—221—06558—6

剑桥插图法国史 ／（英）科林·琼斯著；杨保
筠，刘雪红译. —北京：世界知识出版社，2004（剑
桥插图世界历史系列）

7—5012—2302—5

法国通史 ／张芝联主编. —沈阳：辽宁大学出
版社，2000

7—5610—4079—2

法国文化史 ／罗芃，冯棠，孟华著. —北京：北
京大学出版社，1997（国别文化史丛书）

7—301—02276—X

法国文化史 ／张泽乾著. —武汉：长江文艺出
版社，1997（世界文化丛书）

7—5354—1446—X

开启理性之门：笛卡尔哲学研究 ／冯俊著. —
北京：中国人民大学出版社，2005（中国当代学术
思想文库）

7—300—06344—6

法兰西的兴衰 ／吕一民著. —西安：三秦出版
社，2005（强国兴衰史丛书）

7—80628—928—3

法国革命论 ／（英）柏克著；何兆武等译. —北
京：商务印书馆，1998

7—100—02148—0

东亚文明：五个阶段的对话 ／（美）狄百瑞著；
何兆武，何冰译. —南京：江苏人民出版社，1996
（海外中国研究丛书）

7—214—01443—2

当代澳大利亚社会与文化 ／赵家琏，方爱伦编
著. —上海：上海外语教育出版社，2004

7—81095—204—8

丝绸之路屯垦研究 ／赵予征著. —乌鲁木齐：
新疆人民出版社，1996（丝绸之路研究丛书）

7—228—04095—3

澳大利亚民族志 ／阮西湖著. —北京：民族出
版社，2004

7—105—06145—6

加拿大民族志 ／阮西湖著. —北京：民族出版
社，2004

7—105—06146—4

大熔炉的强音：美国百年强国历程 ／何毅，曹

丽娟著.—哈尔滨：黑龙江人民出版社,1998(强国之路丛书)

7—207—03930—1

美国社会生活与思想史. 下册 / （美）纳尔逊·曼弗雷德·布莱克著;许季鸿,宋蜀碧,陈凤鸣译.—北京：商务印书馆,1997

7—100—01635—5

美国的诞生 / 赵晓兰著.—上海：复旦大学出版社,2001

7—309—02905—4

美国通史 / 刘绪贻,杨生茂总主编.—北京：人民出版社,2002

7—01—003644—6

美国精神 / 李其荣著.—武汉：长江文艺出版社,1998(万国精神比较丛书)

7—5354—1675—6

美国社会文化 / 王锦瑭编著.—武汉：武汉大学出版社,1996(武汉大学本科生系列教材)

7—307—02136—6

美国文化与现代化 / 顾宁著.—沈阳：辽海出版社,1999(西方国家的民族文化与现代化丛书)

7—80649—206—2

美国文化的新边疆：冷战时期的和平队研究 / 刘国柱著.—北京：中国社会科学出版社,2005(中国社会科学博士论文文库)

7—5004—5174—1

美国的文明 / （美）爱默生著;孙宜学译.—桂林：广西师范大学出版社,2002

7—5633—3754—7

美国的兴盛与衰落 / （美）唐纳德·怀特著;徐朝友,胡雨谭译.—南京：江苏人民出版社,2002(汉译大众精品文库)

7—214—03134—5

探径集 / 杨生茂著.—北京：中华书局,2002(南开史学家论丛)

7—101—03365—2

美国史探研 / 齐文颖主编.—北京：中国社会科学出版社,2001(中华美国学丛书)

7—5004—3196—1

美国战后"和谐"思潮研究 / 张涛著.—北京：人民出版社,2002

7—01—003514—8

美国研究读本 / 梅仁毅主编.—北京：外语教学与研究出版社,2002

7—5600—2548—X

美国近代史述评 / 董继民著.—北京：中国社会科学出版社,2004

7—5004—4551—2

美国研究词典 / 刘绪贻,李世洞主编.—北京：中国社会科学出版社,2002(中华美国学丛书)

7—5004—3300—X

美国的故事 / （美）H. W. 房龙著;刘北成,东方大玮,申之译.—北京：西苑出版社,2005

7—80210—070—4

美国史话 / 孙云畴等编.—桂林：广西师范大学出版社,2002

7—5633—3526—9

美国的奠基时代：1585—1775 / 李剑鸣著.—北京：人民出版社,2001(美国通史丛书)

7—01—003474—5

历史之岛 / （美）马歇尔·萨林斯著;蓝达居等译.—上海：上海人民出版社,2003(社会与文化丛书)

7—208—03913—5

姊妹革命：美国革命与法国革命启示录 / （美）苏珊·邓恩著;杨小刚译.—上海：上海文化

出版社,2003(不死鸟丛书)

7—5321—2410—X

美国西进运动探要 / 张友伦著. —北京：人民出版社,2005

7—01—004993—9

崛起和扩张的年代：1898—1929 / 余志森主编. —北京：人民出版社,2001(美国通史丛书)

7—01—003475—3

相信进步：罗斯福与新政 / 陈明,李庆余,陈华著. —南京：南京大学出版社,2001(世界改革史鉴丛书)

7—305—03659—5

战后美国史：1945—2000 / 刘绪贻主编. —北京：人民出版社,2002(美国通史丛书)

7—01—003629—2

多元文化的现代美国 / 陈致远著. —成都：四川人民出版社,2003(近观美国丛书)

7—220—06064—5

巴赫金传 / (俄)孔金,孔金娜著;张杰,万海松译. —上海：东方出版中心,2000(当代西方思想家传记丛书)

7—80627—543—6

汉唐文化与古代日本文化 / 王金林著. —天津：天津人民出版社,1996

7—201—02432—9

银元时代生活史 / 陈存仁著. —上海：上海人民出版社,2000

7—208—03468—0

简帛古书与学术源流 / 李零著. —北京：三联书店,2004

7—108—02012—2

中华帝国对外关系史 / (美)马士编著;张汇文等译. —上海：上海书店出版社,2000

7—80622—560—9

从历史看组织 / (美)许倬云著. —上海：上海人民出版社,2000

7—208—03401—X

中国人的姓名文化与命名艺术 / 尹黎云著. —北京：华艺出版社,2005

7—80142—696—7

自传契约 / (法)勒热讷著;杨国政译. —北京：三联书店,2001(法兰西思想文化丛书)

7—108—01586—2

语言与姓名文化：东亚人名地名族名探源 / 张惠英著. —北京：中国社会科学出版社,2002

7—5004—3182—1

中国的百家姓 / 王大良主编. —天津：百花文艺出版社,2004

7—5306—3802—5

郭嵩焘与近代中国对外开放 / 王晓天,胥亚主编. —长沙：岳麓书社,2000

7—80665—038—5

心理学经典人物及其理论 / 郭本禹主编. —合肥：安徽人民出版社,2005(心理学经典系列)

7—212—02596—8

经济魔杖：50 位大经济学家如何影响和改变世界历史 / (美)欧文等著. —北京：中国社会出版社,1997(经济人丛书)

7—80088—962—9

从马克思到凯恩斯 / (美)J. A. 熊彼特著;韩宏等译. —2 版. —南京：江苏人民出版社,2003(现代思想译丛)

7—214—02460—8

呼唤名师 / 陈钧,程达主编. —北京：科学出版社,2000(文化素质修养丛书)

7—03—008355—5

外国教育家评传 / 赵祥麟主编. —上海：上海教育出版社,2002

7—5320—8604—6

视觉形式的生命 / 张坚著. —杭州：中国美术学院出版社,2004(学术史丛书)

7—81083—339—1

艺术家通信：塞尚、凡·高、高更通信录 / (美)赫谢尔. B. 奇普著；吕澎译. —北京：中国人民大学出版社,2003(朗朗书房)

7—300—04408—5

欧洲著名音乐家评传 / 管谨义编著. —太原：北岳文艺出版社,2000

7—5378—2074—0

国际思想之父：政治理论的遗产 / (美)肯尼思. W. 汤普森著；谢峰译. —北京：北京大学出版社,2003(西方国际思想大师译丛)

7—301—06488—8

一个真实的林徽因 / 田时雨编. —北京：东方出版社,2004("美丽与哀愁"系列)

7—5060—1828—4

沈从文评说八十年 / 王珞编. —北京：中国华侨出版社,2004(名家评说系列)

7—80120—333—X

顾颉刚自述 / 顾颉刚著. —郑州：河南人民出版社,2005(学人自述文丛)

7—215—05608—2

蔡元培自述 / 蔡元培著. —郑州：河南人民出版社,2004(学人自述文丛)

7—215—05328—8

曾国藩与湖湘文化 / 田澍著. —长沙：湖南大学出版社,2004(岳麓书院学术文库,湖湘文化研究系列)

7—81053—695—8

嘉靖传 / 胡凡著. —北京：人民出版社,2004(中国历代帝王传记)

7—01—004348—5

沈括评传 / 祖慧著. —南京：南京大学出版社,2004(中国思想家评传丛书：82)

7—305—04260—9

至平至善鸿声东南：东南大学校长郭秉文 / 冒荣著. —济南：山东教育出版社,2004(中国著名大学校长书系)

7—5328—3660—6

生斯长斯吾爱吾庐：清华大学校长梅贻琦 / 吴洪成著. —济南：山东教育出版社,2004(中国著名大学校长书系)

7—5328—3657—6

孔尚任全集辑校注评 / 徐振贵主编. —共. —济南：齐鲁书社,2004

7—5333—1335—6

骆宝善评点袁世凯函牍 / 袁世凯原著；骆宝善评点. —长沙：岳麓书社,2005

7—80665—610—3

李鸿章家族 / 宋路霞著. —重庆：重庆出版社,2005

7—5366—7176—8

刘基事迹考述 / 杨讷著. —北京：北京图书馆出版社,2004

7—5013—2444—1

丘逢甲交往录 / 丘铸昌著. —武汉：华中师范大学出版社,2004

7—5622—2989—9

司马迁学术思想探源 / 张强著. —北京：人民出版社,2004

7—01—004557—7

清代人物生卒年表 / 江庆柏编著. —北京：人

民文学出版社,2005

  7—02—005307—6

杨绛传 / 罗银胜著.—北京:文化艺术出版社,2005

  7—5039—2613—9

陈云与调查研究 / 刘家栋著.—北京:中央文献出版社,2004

  7—5073—1642—4

百年陈云 / 钟文编著.—北京:中央文献出版社,2005

  7—5073—1784—6

回族人物志.上册 / 白寿彝主编.—银川:宁夏人民出版社,2000

  7—227—02006—1

中国文人的非正常死亡 / 李国文著.—北京:人民文学出版社,2002

  7—02—003722—4

唐人轶事汇编 / 周勋初主编.—上海:上海古籍出版社,1995(南京大学古典文献研究所专刊)

  7—5325—1742—X

清代人物大事纪年 / 朱彭寿编著;朱鳌,宋苓珠整理.—北京:北京图书馆出版社,2005

  7—5013—2621—5

广清碑传集 / 钱仲联主编.—苏州:苏州大学出版社,1999

  7—81037—001—4

民国人物传.第十二卷 / 李新,孙思白等主编.—北京:中华书局,2002(中华民国史资料丛稿)

  7—101—02993—0

惠州名人 / 祝基棠,黄松森主编;惠州日报社,惠州市文化局合编.—郑州:文心出版社,1999

  7—80537—687—5

顺德历史人物 / 张解民编著.—北京:人民出版社,2005(顺德文丛)

  7—01—005157—7

长江流域的宗族与宗族生活 / 林济著.—武汉:湖北教育出版社,2004(长江文化研究文库·社会生活系列)

  7—5351—3967—1

罗马十二帝王传 /（古罗马）苏维托尼乌斯著;张竹明等译.—北京:商务印书馆,1996(汉译世界学术名著丛书)

  7—100—02202—9

六朝江东士族的家学门风 / 吴正岚著.—南京:南京大学出版社,2003(南京大学博士文丛)

  7—305—04134—3

血缘与地缘之间:中国历史上的联宗与联宗组织 / 钱杭著.—上海:上海社会科学院出版社,2001(社会科学文库)

  7—80618—928—9

安多藏区土司家族谱辑录研究 / 王继光著.—北京:民族出版社,2000(西北民族学院建校50周年献礼学术丛书)

  7—105—03861—6

兰陵萧氏与南朝文学 / 曹道衡著.—北京:中华书局,2004(中华文史新刊)

  7—101—03901—4

解冻家谱文化:家谱文化·名人家谱·新闻荟要 / 王鹤鸣主编.—上海:上海古籍出版社,2002

  7—5325—3152—X

溪村家族:社区史、仪式与地方政治 / 王铭铭著.—贵阳:贵州人民出版社,2004

  7—221—06601—9

时空穿行:中国乡村人类学世纪回访 / 庄孔韶等著.—北京:中国人民大学出版社,2004

7—300—05638—5

中国的家谱 / 徐建华著.—天津:百花文艺出版社,2002

7—5306—3351—1

宋代宗族和宗族制度研究 / 王善军著.—石家庄:河北教育出版社,2000

7—5434—3594—2

两汉宗族研究 / 赵沛著.—济南:山东大学出版社,2002

7—5607—2469—8

儒商常家 / 程光,梅生编著.—太原:山西经济出版社,2004

7—80636—713—6

梁溪荣氏家族史 / 荣敬本,荣勉韧等编著.—北京:中央编译出版社,1995

7—80109—085—3

刘少奇与中共党史重大事件 / 王双梅,王玉强主编.—北京:中央文献出版社,2001(巨星灿烂丛书)

7—5073—1052—3

蒿庐问学记:吕思勉生平与学术 / 俞振基著.—北京:三联书店,1996

7—108—00862—9

陈毅年谱 / 刘树发主编.—北京:人民出版社,1995

7—01—002155—4|7—01—002156—2

王稼祥传 / 徐则浩著.—北京:当代中国出版社,1996(当代中国人物传记丛书)

7—80092—540—4

拉丁美洲文化概论 / 刘文龙著.—上海:复旦大学出版社,1996

7—309—01642—4

文化的商务:王云五专题研究 / 王建辉著.—北京:商务印书馆,2000

7—100—03057—9

梁启超传 / 吴其昌著.—北京:团结出版社,2004(插图本名人名传丛书)

7—80130—808—5

解析胡适 / 欧阳哲生选编.—北京:社会科学文献出版社,2000(历史的回忆)

7—80149—346—X

孔子传 / 李元著.—哈尔滨:哈尔滨出版社,2004(人物经典)

7—80699—085—2

孙衣言、孙诒让父子年谱 / 孙延钊撰;徐和雍,周立人整理.—上海:上海社会科学院出版社,2003(温州文献丛书)

7—80681—175—3

梁启超自述 / 崔志海编.—郑州:河南人民出版社,2004(学人自述文丛)

7—215—05406—3

傅山评传 / 魏宗禹著;南京大学中国思想家研究中心编.—南京:南京大学出版社,1995(中国思想家评传丛书)

7—305—02415—5

严复传 / 冯保善著.—北京:团结出版社,1998(中国文化巨人丛书)

7—80130—162—5

胡适与中国现代知识分子的选择 / (美)周明之著;雷颐译.—桂林:广西师范大学出版社,2005

7—5633—5145—0

岁月与性情:我的心灵自传 / 周国平著.—武汉:长江文艺出版社,2004

7—5354—2815—0

严复年谱 / 孙应祥著.—福州:福建人民出版

社,2003

7—211—04311—3

胡适论学往来书信选 / 杜春和,韩荣芳,耿来金编.—石家庄:河北人民出版社,1998

7—202—02315—6

梁漱溟问答录 / 汪东林著.—武汉:湖北人民出版社,2004

7—216—03857—6

朱熹年谱长编 / 束景南著.—上海:华东师范大学出版社,2001

7—5617—2368—7

费孝通传 / 张冠生著.—北京:群言出版社,2000

7—80080—261—2

现代新儒家传 / 李山,张重岗,王来宁著.—济南:山东人民出版社,2002

7—209—02872—2

新疆石窟艺术 / 常书鸿著.—北京:中共中央党校出版社,1996

7—5035—1311—X

吕留良年谱长编 / 卞僧慧撰.—北京:中华书局,2003

7—101—03891—3

李达评传 / 王炯华等著.—北京:人民出版社,2004(华夏英才基金学术文库)

7—01—004111—3

清末法政人的世界 / 程燎原著.—北京:法律出版社,2003(西南政法大学学子学术文库)

7—5036—4424—9

沈家本传 / 李贵连著.—北京:法律出版社,2000

7—5036—2984—3

叶剑英传 / 范硕,丁家琪撰.—北京:当代中国出版社,1995(当代中国人物传记丛书)

7—80092—299—5

冯玉祥选集 / 冯玉祥著;潘绪贤主编.—北京:人民出版社,1998

7—01—002751—X

彭德怀年谱 / 王焰著.—北京:人民出版社,1998

7—01—002514—2

聂荣臻年谱 / 周均伦主编.—北京:人民出版社,1999

7—01—003046—4

从民间到经典:关羽形象与关羽崇拜的生成演变史论 / 刘海燕著.—上海:三联书店上海分店,2004

7—5426—1911—X

岳飞传 / 邓广铭著.—天津:百花文艺出版社,2002

7—5306—3426—7

我所认识的蒋介石 / 冯玉祥著.—北京:解放军文艺出版社,2002(冯玉祥自传)

7—5033—1540—7

聂荣臻元帅回忆录 / 聂荣臻著.—修订版.—北京:解放军出版社,2005(中国人民解放军将帅回忆录丛书)

7—5065—4781—3

徐向前元帅回忆录 / 徐向前著.—北京:解放军出版社,2005(中国人民解放军将帅回忆录丛书)

7—5065—4866—6

盛宣怀年谱长编 / 夏东元编著.—上海:上海交通大学出版社,2004(上海交通大学校史研究专著系列)

7—313—03693—0

陈嘉庚之路／陈在绥，蔡春龙著.—武汉：湖北人民出版社，2005

7—216—04176—3

郎咸平：以学术参与现实／易宪容编著.—北京：社会科学文献出版社，2004

7—80190—100—2

卢作孚书信集／黄立人主编.—成都：四川人民出版社，2003

7—220—06538—8

卢作孚追思录／周永林，凌耀伦主编.—重庆：重庆出版社，2001

7—5366—5525—8

梁漱溟评传／景海峰等著.—南昌：百花洲文艺出版社，1995（国学大师丛书）

7—80579—571—1

一代宗师陈三立／胡迎建著.—南昌：江西高校出版社，2005（江右名家研究丛书）

7—81075—622—2

梅贻琦与清华大学／黄延复，马相武主编.—太原：山西教育出版社，1995（名人与名校丛书）

7—5440—0770—7

胡适自传／胡适著.—南京：江苏文艺出版社，1995（名人自传丛书）

7—5399—0828—9

八大山人／胡光华著.—长春：吉林美术出版社，1996（明清中国画大师研究丛书）

7—5386—0545—2

胡适还是鲁迅／谢泳编.—北京：中国工人出版社，2003（蓦然回首文存）

7—5008—3140—4

再造文明之梦：胡适传／罗志田著.—成都：四川人民出版社，1995（强国之梦系列丛书）

7—220—02862—8

陈三立：评传·作品选／刘纳编著.—北京：中国文史出版社，1998（清末民初文人丛书）

7—5034—0903—7

心灵的轨迹：魏书生日记选／魏书生著.—沈阳：沈阳出版社，2000（魏书生教育文库）

7—5441—1444—9

蔡元培与近代中国／蔡建国著.—上海：上海社会科学院出版社，1997（学者书库）

7—80618—263—2

追忆王国维／陈平原，王枫编.—北京：中国广播电视出版社，1997（学者追忆丛书）

7—5043—2919—3

追忆蔡元培／陈平原，郑勇编.—北京：中国广播电视出版社，1997（学者追忆丛书）

7—5043—2916—9

王造时：我的当场答复／叶永烈编.—北京：中国青年出版社，1999（野百合花丛书）

7—5006—3345—9

陈寅恪印象／钱文忠编.—上海：学林出版社，1997（印象书系）

7—80616—371—9

黄丕烈评传／姚伯岳著.—南京：南京大学出版社，1998（中国思想家评传丛书）

7—305—03192—5

文化怪杰辜鸿铭／黄兴涛著.—北京：中华书局，1995（中华近代文化史丛书）

7—101—01306—6

职方外纪校释／（意）艾儒略原著；谢方校释.—北京：中华书局，1996（中外交通史籍丛刊）

7—101—01438—0

旷世怪杰：名人笔下的辜鸿铭 辜鸿铭笔下的名人／黄兴涛编.—上海：东方出版中心，1998（走近二十世纪文化名人丛书）

7—80627—231—3

北大校长与中国文化 / 汤一介编.—增订本.—北京：北京大学出版社,1998
7—301—03707—4

为了忘却的纪念：北大校长蔡元培 / 萧夏林编.—北京：经济日报出版社,1998
7—80127—471—7

布衣与学术：胡应麟与中国学术史研究 / 王嘉川著.—北京：商务印书馆,2005
7—100—04336—0

从图腾到图案：彝族文化新论 / 唐楚臣著.—芒市：德宏民族出版社,1996
7—80525—284—X

蔡元培传 / 赵庆元著.—合肥：安徽人民出版社,1998
7—212—01557—1

文坛五十年 / 曹聚仁著.—上海：东方出版中心,1997
7—80627—163—5

忆周扬 / 王蒙,袁鹰主编.—呼和浩特：内蒙古人民出版社,1998
7—204—04045—7

胡适传论 / 胡适著.—北京：人民文学出版社,1996
7—02—002273—1

敦煌艺术叙录 / 谢稚柳著.—上海：上海古籍出版社,1996
7—5325—2107—9

丘逢甲传 / 徐博东,黄志平著.—修订版.—北京：时事出版社,1996
7—80009—288—7

胡适和他的朋友们 / 智效民著.—昆明：云南人民出版社,2004
7—222—04027—7

刘向评传：附刘歆评传 / 徐兴无著.—南京：南京大学出版社,2005（中国思想家评传丛书）
7—305—04437—7

中西文化交汇与王国维学术成就 / 周一平,沈茶英著.—上海：学林出版社,1999
7—80616—680—7

近二十年文化热点人物述评 / 骆玉明编著.—上海：复旦大学出版社,2000
7—309—02658—6

饶宗颐潮汕地方史论集 / 饶宗颐著,黄挺编.—汕头：汕头大学出版社,1996（潮汕文库）
7—81036—170—8

不思量自难忘：胡适给韦莲司的信 / 周质平编译.—合肥：安徽教育出版社,2001
7—5336—2753—9

重寻胡适历程：胡适生平与思想再认识 / （美）余英时著.—桂林：广西师范大学出版社,2004
7—5633—4522—1

胡适思想与中国文化 / 胡明著.—桂林：广西师范大学出版社,2005
7—5633—5449—2

胡适与中国现代思潮 / 周质平著.—南京：南京大学出版社,2002
7—305—03829—6

胡适留学日记 / 胡适著.—长沙：岳麓书社,2000
7—80665—037—7

胡适评说八十年 / 子通主编.—北京：中国华侨出版社,2003
7—80120—739—4

最后的儒家：梁漱溟与中国现代化的两难 /（美）艾恺著；王宗昱，冀建中译.—2 版.—南京：江苏人民出版社,2003（海外中国研究丛书）

　　7—214—01133—6

宗白华评传 / 王德胜著.—北京：商务印书馆,2001

　　7—100—03320—9

季羡林传 / 蔡德贵著.—北京：人民出版社,2000

　　7—01—003244—0

徐铸成回忆录 / 徐铸成著.—北京：三联书店,1998

　　7—108—01165—4

穆青传 / 张严平著.—北京：新华出版社,2005

　　7—5011—6949—7

蒋梦麟自传：西潮与新潮 / 蒋梦麟著.—北京：团结出版社,2004（插图本名人名传）

　　7—80130—780—1

陈望道传 / 邓明以著.—2 版.—上海：复旦大学出版社,2005（复旦大学校长传记系列）

　　7—309—04323—5

晏阳初传：为全球乡村改造奋斗六十年 / 吴相湘著.—长沙：岳麓书社,2001（海外名家名作）

　　7—80665—026—1

杨贤江传记 / 金立人,贺世友著.—北京：光明日报出版社,2005（纪念杨贤江诞辰 110 周年丛书）

　　7—80206—045—1

教育与社会改造：雷沛鸿与近代广西教育及社会 / 曹天忠著.—天津：天津古籍出版社,2004（近现代中国政治与社会变迁）

　　7—80696—101—1

英语人生 / 毛荣贵著.—修订版.—上海：上海社会科学院出版社,2004

　　7—80681—324—1

学林风景：傅斯年与他同时代的人 / 石兴泽著.—郑州：河南人民出版社,2005

　　7—215—05684—8

教育狂人陈忠联 / 彩云著.—广州：广东人民出版社,2005

　　7—218—04789—0

陈垣年谱配图长编 / 刘乃和著.—沈阳：辽海出版社,2000

　　7—80649—288—7

一个大学校长的自白 / 刘道玉著.—武汉：长江文艺出版社,2005

　　7—5354—3087—2

叶圣陶年谱长编 / 商金林撰著.—北京：人民教育出版社,2004

　　7—107—19409—7

回顾录 / 邹鲁著.—长沙：岳麓书社,2000（旧籍新刊）

　　7—80520—991—X

马约翰纪念文集 / 清华大学《马约翰纪念文集》编辑组编.—北京：中国文史出版社,1998

　　7—5034—0939—8

从家乡到美国：赵元任早年回忆 / 赵元任著.—上海：学林出版社,1997（海外学者文丛）

　　7—80616—278—X

诸葛亮评传 / 余明侠著.—南京：南京大学出版社,1996（中国思想家评传丛书）

　　7—305—02885—1

福建翻译家研究 / 林本椿主编.—福州：福建教育出版社,2004

　　7—5334—4074—9

黄侃年谱 / 司马朝军,王文晖合撰.—武汉:湖北人民出版社,2005

　　7—216—04310—3

赵元任年谱 / 赵新那,黄培云编.—北京:商务印书馆,1998

　　7—100—02560—5

流年碎影 / 张中行著.—北京:中国社会科学出版社,1997

　　7—5004—2046—3

纪念王力先生百年诞辰学术论文集 /《纪念王力先生百年诞辰学术论文集》编辑委员会编.—北京:商务印书馆,2002

　　7—100—03437—X

诗书人生 / 许渊冲著.—天津:百花文艺出版社,2003

　　7—5306—3435—6

李金发回忆录 / 李金发著;陈厚诚编.—上海:东方出版中心,1998(20世纪文学备忘录丛书)

　　7—80627—254—2

思痛录 / 韦君宜著.—北京:北京十月文艺出版社,1998(百年人生丛书)

　　7—5302—0523—4

中国现代六大批评家 / 刘锋杰著.—北京:北京大学出版社,2005(百年学案典藏书系)

　　7—301—10066—3

杜甫评传 / 陈贻焮著.—北京:北京大学出版社,2003(北大名家名著文丛)

　　7—301—05799—7

沈从文的最后40年 / 李扬编.—北京:中国文史出版社,2005(长廊与背影书系)

　　7—5034—1643—2

小说家档案 / 於可训主编.—郑州:郑州大学出版社,2005(大人文图书)

　　7—81106—117—1

金庸其人 / 葛涛,谷红梅,苏虹选编.—北京:社会科学文献出版社,2004(读解金庸)

　　7—80190—201—7

萧乾回忆录 / 萧乾著.—北京:中国工人出版社,2005(风雨岁月丛书)

　　7—5008—3463—2

曹禺自述 / 曹禺著.—北京:京华出版社,2005(感悟名家经典自述)

　　7—80724—101—2

沈从文与湘西 / 刘一友著.—西宁:青海人民出版社,2003(湖南西部民族经济与社会文化文丛)

　　7—225—02208—3

澄明之境:陶渊明新论 / 戴建业著.—武汉:华中师范大学出版社,1998(华中师范大学出版基金丛书)

　　7—5622—1622—3

城乡之间 / 孙惠芬著.—北京:昆仑出版社,2004(回报者文丛)

　　7—80040—707—1

鲁迅先生二三事:前期弟子忆鲁迅 / 孙伏园,许钦文等著.—石家庄:河北教育出版社,2000(回望鲁迅丛书)

　　7—5434—4000—8

苏青传 / 王一心著.—上海:学林出版社,1999(纪实与回忆丛书)

　　7—80616—633—5

中国文化的守夜人:鲁迅 / 王富仁著.—北京:人民文学出版社,2002(猫头鹰学术文丛)

　　7—02—003569—8

郁达夫 / 桑逢康著.—北京:中国华侨出版社,1998(名家简传书系)

　　7—80120—225—2

沈从文自传 / 沈从文著. —南京：江苏文艺出版社,1995(名人自传丛书)

　　7—5399—0824—6

林语堂自传 / 林语堂著. —南京：江苏文艺出版社,1995(名人自传丛书)

　　7—5399—0823—8

老舍自传 / 老舍著. —南京：江苏文艺出版社,1995(名人自传丛书)

　　7—5399—0827—0

巴金自传 / 巴金著. —南京：江苏文艺出版社,1995(名人自传丛书)

　　7—5399—0825—4

智者的心路历程：钱钟书的生平与学术 / 李洪岩著. —石家庄：河北教育出版社,1995(钱钟书研究丛书)

　　7—5434—2282—4

黄人：评传·作品选 / 汤哲声,涂小马编著. —北京：中国文史出版社,1998(清末民初文人丛书)

　　7—5034—0899—5

汉中碑石 / 陈显远编著. —西安：三秦出版社,1996(陕西金石文献汇集)

　　7—80546—858—3

不死的海子 / 崔卫平编. —北京：中国文联出版公司,1999(诗探索金库)

　　7—5059—2859—7

悠然见南山：陶渊明与中国闲情 / 韦凤娟著. —济南：济南出版社,2004(文明的色彩丛书)

　　7—80710—007—9

沈从文印象 / 孙冰编. —上海：学林出版社,1997(印象书系)

　　7—80616—274—7

贾平凹谈人生 / 贾平凹,走走著. —上海：上

海社会科学院出版社,2004(影响力丛书)

　　7—80681—529—5

艳异：张爱玲与中国文学 / 周芬伶著. —北京：中国华侨出版社,2003(张爱玲书系)

　　7—80120—712—2

张学良年谱 / 张友坤,钱进主编. —北京：社会科学文献出版社,1996(张学良暨东北军史系列丛书)

　　7—80050—847—1

清末民初文坛轶事 / 郑逸梅著. —北京：中华书局,2005(郑逸梅作品集)

　　7—101—04676—2

坚持与抵抗：韩少功 / 何言宏,杨霞著. —上海：上海人民出版社,2005(中国当代著名作家评传)

　　7—208—05746—X

余华评传 / 洪治钢著. —郑州：郑州大学出版社,2005(中国当代作家评传丛书.第一辑)

　　7—81048—982—8

铁凝评传 / 贺绍俊编著. —郑州：郑州大学出版社,2005(中国当代作家评传丛书.第一辑)

　　7—81048—981—X

金庸评传 / 孔庆东著. —郑州：郑州大学出版社,2004(中国当代作家评传丛书.第一辑)

　　7—81048—979—8

贾平凹评传 / 李星,孙见喜著. —郑州：郑州大学出版社,2005(中国当代作家评传丛书.第一辑)

　　7—81048—980—1

人生喜剧与喜剧人生：阮大铖研究 / 胡金望著. —北京：中国社会科学出版社,2004(中国古代文学研究丛书)

　　7—5004—4494—X

谢灵运研究 / 李雁著. —北京：人民文学出版社,2005(中国古典文学研究丛书)
7—02—005215—0

行政区划与地名管理 / 靳尔刚,张文范主编. —北京：中国社会出版社,1996(中国民政工作丛书)
7—80088—822—3

黄庭坚年谱新编 / 郑永晓著. —北京：社会科学文献出版社,1997(中国社会科学院青年学者文库)
7—80050—920—6

杨万里评传 / 张瑞君著. —南京：南京大学出版社,2002(中国思想家评传丛书)
7—305—03681—1

杨慎评传 / 丰家骅著. —南京：南京大学出版社,1998(中国思想家评传丛书)
7—305—03271—9

陶潜评传 / 李锦全著. —南京：南京大学出版社,1998(中国思想家评传丛书)
7—305—03200—X

苏轼评传 / 朱刚著. —南京：南京大学出版社,2004(中国思想家评传丛书)
7—305—04152—1

蒲松龄评传 / 袁世硕,徐仲伟著. —南京：南京大学出版社,2000(中国思想家评传丛书)
7—305—03532—7

柳宗元评传 / 孙昌武著. —南京：南京大学出版社,1998(中国思想家评传丛书)
7—305—03292—1

李清照评传 / 陈祖美著. —南京：南京大学出版社,1995(中国思想家评传丛书)
7—305—02608—5

李白评传 / 周勋初著. —南京：南京大学出版社,2005(中国思想家评传丛书)
7—305—04351—6

孔尚任评传 / 徐振贵著. —南京：南京大学出版社,2000(中国思想家评传丛书)
7—305—03448—7

白居易评传 / 褰长青著. —南京：南京大学出版社,2002(中国思想家评传丛书)
7—305—03926—8

林纾传 / 孔庆茂著. —北京：团结出版社,1998(中国文化巨人丛书)
7—80130—157—9

田汉传 / 董健著. —北京：北京十月文艺出版社,1996(中国现代作家传记丛书)
7—5302—0450—5

金庸传 / 傅国涌著. —北京：北京十月文艺出版社,2003(中国现代作家传记丛书)
7—5302—0675—3

苏东坡在黄州 / 饶学刚著. —北京：京华出版社,1999(中华传统文化精品丛书)
7—80600—243—X

与先哲对话：世纪转换中的中国与传统文化 / 陈志良著. —北京：中华工商联合出版社,1996(中华新纪元丛书)
7—80100—287—3

晁说之研究 / 张剑著. —北京：学苑出版社,2005(中原文化研究丛书)
7—80060—287—7

雅舍闲翁：名人笔下的梁实秋 梁实秋笔下的名人 / 刘炎生编. —上海：东方出版中心,1998(走近二十世纪文化名人丛书)
7—80627—361—1

幽默大师：名人笔下的林语堂 林语堂笔下的名人 / 施建伟编. —上海：东方出版中心,1998(走

近二十世纪文化名人丛书)

　　7—80627—360—3

　　湘西秀士：名人笔下的沈从文　沈从文笔下的名人／凌宇编.—上海：东方出版中心,1998(走近二十世纪文化名人丛书)

　　7—80627—326—3

　　满学研究.第三辑／阎崇年主编;北京社会科学院满学研究所主办.—北京：民族出版社,1996

　　7—105—02671—5

　　甲骨文字诂林／于省吾主编;姚孝遂按语编撰.—北京：中华书局,1996

　　7—101—01430—5

　　中日文化交流史大系.9.典籍卷／王勇,(日)大庭修主编.—杭州：浙江人民出版社,1996

　　7—213—01171—5

　　悲悯情怀：白先勇评传／刘俊著.—广州：花城出版社,2000

　　7—5360—3147—5

　　文学的力量：当代著名作家访谈录／张英著.—北京：民族出版社,2001

　　7—105—04198—6

　　永远的张爱玲：弟弟、丈夫、亲友笔下的传奇／季季,关鸿编.—上海：学林出版社,1996

　　7—80616—200—3

　　扑向太阳之豹：海子评传／燎原著.—海口：南海出版公司,2001

　　7—5442—1826—0

　　文学路上六十年：老作家黄秋耘访谈录／黄伟经著.—广州：广东教育出版社,1999

　　7—5406—4151—7

　　为了现代的人生：鲁迅阅读笔记／李怡著.—上海：上海教育出版社,2004

　　978—7—5320—9445—5

　　清初学人第一：纳兰性德研究／刘德鸿著.—北京：中国社会科学出版社,1997

　　7—5004—2122—2

　　坦白：潘军访谈录／潘军著.—合肥：安徽大学出版社,2000

　　7—81052—325—2

　　唐代诗人探赜(外一种)／王辉斌著.—贵阳：贵州人民出版社,2005

　　7—221—07220—5

　　栖息在诗意中：王维小传／林继中著.—保定：河北大学出版社,2000

　　7—81028—641—2

　　鲁迅与高长虹：现代文学史上的一桩公案／董大中著.—石家庄：河北人民出版社,1999

　　7—202—02496—9

　　谁挑战鲁迅：新时期关于鲁迅的论争／陈漱渝主编.—成都：四川文艺出版社,2002

　　7—5411—2088—X

　　清代四大女词人：转型中的清代知识女性／黄嫣梨著.—上海：汉语大词典出版社,2002

　　7—5432—0748—6

　　陶渊明传／杜景华著.—天津：百花文艺出版社,2005

　　7—5306—3930—7

　　梁实秋传／宋益乔著.—天津：百花文艺出版社,2005

　　7—5306—4202—2

　　陶渊明研究／袁行霈撰.—北京：北京大学出版社,1997

　　7—301—03441—5

　　阮籍评传／韩传达著.—北京：北京大学出版社,1997

　　7—301—03341—9

三苏年谱 / 孔凡礼撰.—北京：北京古籍出版社,2004

　　7—5300—0281—3

忆父亲张恨水先生 / 张伍著.—北京：北京十月文艺出版社,1995

　　7—5302—0419—X

解读巴金 / 陈思和编著.—沈阳：春风文艺出版社,2002

　　7—5313—2341—9

傅雷书简 / 傅敏编.—北京：当代世界出版社,2005

　　7—80115—997—7

李商隐评传 / 杨柳著.—北京：当代中国出版社,1997

　　7—80092—534—X

金代文学家年谱 / 王庆生著.—南京：凤凰出版社,2005

　　7—80643—995—1

周作人生平疑案 / 王锡荣著.—桂林：广西师范大学出版社,2005

　　7—5633—5392—5

论钱钟书 / 陈子谦著.—桂林：广西师范大学出版社,2005

　　7—5633—5347—X

诗圣：忧患世界中的杜甫 / 韩成武著.—保定：河北大学出版社,2000

　　7—81028—638—2

鲁迅与周作人 / 孙郁著.—石家庄：河北人民出版社,1997

　　7—202—02103—X

周作人与鲍耀明通信集 / 鲍耀明编.—开封：河南大学出版社,2004

　　7—81091—202—X

湖湘文化纵横谈 / 王兴国,聂荣华主编.—长沙：湖南大学出版社,1996

　　7—81053—046—1

杨绛评传 / 孔庆茂著.—北京：华夏出版社,1998

　　7—5080—1471—5

汪曾祺传 / 陆建华著.—南京：江苏文艺出版社,1997

　　7—5399—1108—5

新社会动力观 / 徐伟新著.—北京：经济科学出版社,1996

　　7—5058—1052—9

漠南寻艺录 / 李宝祥著.—呼和浩特：内蒙古人民出版社,1996

　　7—204—03116—4

萧萧落红 / 季红真编选.—北京：人民文学出版社,2001

　　7—02—003368—7

柔石评传 / 王艾村著.—上海：上海人民出版社,2002

　　7—208—04234—9

寻访苏青 / 毛海莹著.—上海：上海文化出版社,2005

　　7—80646—908—7

巴金与文化生活出版社 / 李济生编著.—上海：上海文化出版社,2003

　　7—5321—2614—5

天地会起源研究 / 赫治清著.—北京：社会科学文献出版社,1996

　　7—80050—708—4

我的婶婶萧红 / 曹革成著.—北京：时代文艺出版社,2005

　　7—5387—1935—0

吴伟业评传 / 叶君远著. —北京：首都师范大学出版社，1999

7—81064—046—1

王度庐评传 / 徐斯年著. —苏州：苏州大学出版社，2005

7—81090—535—X

李渔新论 / 沈新林著. —苏州：苏州大学出版社，1997

7—81037—319—6

庾信传论 / 鲁同群著. —天津：天津人民出版社，1997

7—201—03033—7

苏东坡三部曲 / 钟来茵著. —上海：文汇出版社，1999

7—80531—525—6

清代戏曲家丛考 / 陆萼庭著. —上海：学林出版社，1995

7—80616—102—3

词人心史 / 艾治平著. —上海：学林出版社，2005
7—80668—885—4

苏辙年谱 / 孔凡礼撰. —北京：学苑出版社，2001
7—5077—1685—6

王湘绮评传 / 萧艾著. —长沙：岳麓书社，1997
7—80520—834—4

宋玉研究 / 吴广平著. —长沙：岳麓书社，2004
7—80665—490—9

解读海子 / 高波著. —昆明：云南人民出版社，2003

7—222—03862—0

九十年代日记 / 王元化著. —杭州：浙江人民出版社，2001

7—213—02215—6

先锋余华 / 徐林正著. —杭州：浙江文艺出版社，2003

7—5339—1652—2

台湾经验与海峡两岸发展策略 / 徐滇庆主编. —北京：中国经济出版社，1996

7—5017—3678—2

近代词人考录 / 朱德慈著. —北京：中国社会科学出版社，2004

7—5004—4845—7

女性的张爱玲 / 刘琅，桂苓编. —北京：中国友谊出版公司，2005

7—5057—2075—9

闻一多新论 / 苏志宏著. —北京：中央编译出版社，1999

7—80109—352—6

郭沫若的晚年岁月 / 冯锡刚著. —北京：中央文献出版社，2004

7—5073—1622—X

王蒙评传 / 贺兴安著. —北京：作家出版社，2004

7—5063—2810—0

苏东坡研究 / 木斋著. —桂林：广西师范大学出版社，1998（国学丛书）

7—5633—2378—3

古槐树下的钟声：钱著管窥 / 李洲良著. —长春：吉林人民出版社，2001

7—206—03819—0

陈子龙柳如是诗词情缘 / 孙康宜著；李奭学译. —增订本. —西安：陕西师范大学出版社，1998（学术名著文库）

7—5613—1770—0

聚焦"皇帝"作家二月河 / 冯兴阁，梁桦，刘文平主编. —广州：广东人民出版社，2003

7—218—04208—2

我笔下的七宗罪 / 海岩著. —北京：文化艺术出版社,2002

7—5039—2272—9

中国古代诗人的仕隐情结 / 木斋,张爱东,郭淑云著. —北京：京华出版社,2001（新加坡南洋理工大学中华语言文化中心丛书）

7—80600—540—4

屈原与他的时代 / 赵逵夫著. —2 版. —北京：人民文学出版社,2002（中国古典文学研究丛书）

7—02—003789—5

屈原评传 / 郭维森著. —南京：南京大学出版社,1998（中国思想家评传丛书）

7—305—03201—8

陶渊明及其诗文渊源研究 / 李剑锋著. —济南：山东大学出版社,2005（望岳文库）

7—5607—3115—5

鲍照年谱 / 丁福林撰. —上海：上海古籍出版社,2004

7—5325—3840—0

刘勰评传 / 杨明著. —南京：南京大学出版社,2001（中国思想家评传丛书）

7—305—03449—5

李白传 / 李长之著. —天津：百花文艺出版社,2003（四大诗人名传）

7—5306—3719—3

李白批评论 / 康怀远著. —成都：巴蜀书社,2004（重庆三峡学院科研文库）

7—80659—626—7

诗人李白 / 林庚著. —新 1 版. —上海：上海古籍出版社,2000

7—5325—2695—X

涵泳大雅：王维与中国文化 / 李亮伟著. —北京：中华书局,2003

7—101—03920—0

李白求是录 / 王辉斌著. —南昌：江西人民出版社,2000

7—210—02244—9

杜甫研究论集 / 刘明华著. —2 版. —重庆：重庆出版社,2004（中国古代文学研究丛书）

7—5366—5692—0

韩愈评传 / 卞孝萱等著. —南京：南京大学出版社,1998（中国思想家评传丛书）

7—305—03189—5

韩昌黎文学传论 / 阎琦著；周敏撰. —西安：三秦出版社,2003

7—80628—601—2

一代宗师柳宗元 / 翟满桂著. —长沙：岳麓书社,2002

7—80665—190—X

韦庄研究 / 任海天著. —北京：人民文学出版社,2005（博雅文丛）

7—02—004998—2

李商隐传论.全 2 册 / 刘学锴著. —合肥：安徽大学出版社,2002

7—81052—527—1

士气文心：苏轼文化人格与文艺思想 / 张惠民,张进著. —北京：人民文学出版社,2004（博雅文丛）

7—02—004280—5

王禹偁事迹著作编年 / 徐规著. —北京：商务印书馆,2003（浙大学术精品文丛）

7—100—03780—8

欧阳修评传 / 黄进德著. —南京：南京大学出版社,1998（中国思想家评传丛书）

7—305—03190—9

苏轼传：智者在苦难中的超越 ／ 王水照，崔铭著.—天津：天津人民出版社,2000
7—201—03436—7

苏门六君子研究 ／ 马东瑶著.—北京：北京大学出版社,2005
7—301—08799—3

苏轼研究史 ／ 曾枣庄等著.—南京：江苏教育出版社,2001
7—5343—4013—6

江西诗派诸家考论 ／ 韦海英著.—北京：北京大学出版社,2005(文学论丛)
7—301—09369—1

李清照与赵明诚 ／ 诸葛忆兵著.—北京：中华书局,2004(文人情侣丛书)
7—101—03766—6

辛弃疾评传 ／ 巩本栋著.—南京：南京大学出版社,1998(中国思想家评传丛书)
7—305—03274—3

陆游评传 ／ 邱鸣皋著.—南京：南京大学出版社,2002(中国思想家评传丛书)
7—305—03769—9

李清照新传 ／ 陈祖美著.—北京：北京出版社,2001
7—200—04314—1

严羽研究 ／ 曹东著.—北京：军事谊文出版社,2002
7—80150—073—3

张问陶年谱 ／ 胡传淮著.—2版.—成都：巴蜀书社,2005(巴蜀文化研究丛书)
7—80659—667—4

蒲松龄志 ／ 袁世硕主编;《山东省志·诸子名家志》编纂委员会编.—济南：山东人民出版社,2003(山东省志诸子名家系列丛书)
7—209—03229—0

袁枚评传 ／ 王英志著.—南京：南京大学出版社,2002(中国思想家评传丛书)
7—305—03899—7

李渔评传 ／ 俞为民著.—南京：南京大学出版社,1998(中国思想家评传丛书)
7—305—03182—8

桐城派三祖年谱 ／ 孟醒仁著.—合肥：安徽大学出版社,2002
7—81052—536—0

清代文坛盟主桐城派 ／ 杨怀志，潘忠荣主编.—合肥：安徽人民出版社,2002
7—212—02115—6

王渔洋事迹征略 ／ 蒋寅著.—北京：人民文学出版社,2001
7—02—003306—7

鲁迅批判 ／ 李长之著.—北京：北京出版社,2003(大家小书)
7—200—04710—4

鲁迅与我七十年 ／ 周海婴著.—海口：南海出版公司,2001(非凡书房)
7—5442—1956—9

南社人物传 ／ 柳无忌，殷安如编.—北京：社会科学文献出版社,2002(国际南社学会丛书)
7—80149—698—1

新文学天穹两巨星：鲁迅与胡适 ／ 易竹贤著.—武汉：武汉大学出版社,2005(红烛学术丛书)
7—307—04497—8

突破盲点：世纪末社会思潮与鲁迅 ／ 王富仁，赵卓著.—北京：中国文联出版社,2001(我看鲁迅

文丛)

7—5059—3922—X

翻译名家研究 / 郭著章主编.—武汉：湖北教育出版社,1999(中华翻译研究丛书)

7—5351—2492—5

类同研究的再发现：徐志摩在中西文化之间 / 刘介民著.—北京：中国社会科学出版社,2003

7—5004—3644—0

走进当代的鲁迅 / 钱理群著.—北京：北京大学出版社,1999

7—301—04254—X

鲁迅的选择 / 李新宇著.—郑州：河南人民出版社,2003

7—215—05347—4

中国现代文学名家研究 / 凌宇主编.—长沙：湖南科学技术出版社,2001

7—5357—3327—1

多维视野中的鲁迅 / 冯光廉,刘增人,谭桂林主编.—济南：山东教育出版社,2002

7—5328—3452—2

鲁迅学导论 / 彭定安著.—北京：中国社会科学出版社,2001

7—5004—2951—7

2004年闻一多国际学术研讨会论文选 / 陆耀东,李少云,陈国恩主编.—武汉：武汉大学出版社,2005

7—307—04682—2

老舍图传 / 关纪新著文;舒济编图.—广州：广东教育出版社,2005(20世纪中国文化名人图传丛书)

7—5406—6049—X

我的父亲老舍 / 舒乙著.—沈阳：辽宁人民出版社,2004(父辈丛书)

7—205—05646—2

周作人年谱：1885—1967 / 张菊香,张铁荣编著.—天津：天津人民出版社,2000

7—201—03354—9

翻译家周作人 / 王友贵著.—成都：四川人民出版社,2001

7—220—05445—9

周作人评说80年 / 程光炜编.—北京：中国华侨出版社,2000

7—80120—382—8

检讨书：诗人郭小川在政治运动中的另类文字 / 郭小川著;郭晓惠,丁东,严硕编.—北京：中国工人出版社,2001

7—5008—2510—2

闲话林语堂 / 王兆胜著.—北京：中国国际广播出版社,2002

7—5078—2084—X

丁玲的最后37年 / 秦林芳编著.—北京：中国文史出版社,2005(长廊与背影书系)

7—5034—1644—0

海子传：诗歌英雄 / 余徐刚著.—南京：江苏文艺出版社,2004

7—5399—2025—4

华丽影沉：旧文·追思·影响 / 金宏达主编.—北京：文化艺术出版社,2003(回望张爱玲)

7—5039—2305—9

金锁沉香张爱玲 / 关鸿编选.—北京：人民文学出版社,2002(漫忆女作家丛书)

7—02—003451—9

张爱玲传 / 刘川鄂著.—北京：北京十月文艺出版社,2000(中国现代作家传记丛书)

7—5302—0603—6

魂断人生：路遥论／宗元著．—上海：上海文艺出版社，2000

7—5321—2006—6

网络张爱玲／葛涛编选．—北京：人民文学出版社，2002

7—02—003791—7

张爱玲评说六十年／子通，亦清主编．—北京：中国华侨出版社，2001

7—80120—520—0

小说的立场：新生代作家访谈录／张钧著．—桂林：广西师范大学出版社，2002（南方批评书系）

7—5633—3460—2

舒芜口述自传／舒芜口述；许福芦撰写．—北京：中国社会科学出版社，2002

7—5004—3344—1

为了报仇写小说：残雪访谈录／残雪著．—长沙：湖南文艺出版社，2003

7—5404—3093—1

王安忆说／王安忆著．—长沙：湖南文艺出版社，2003

7—5404—3115—6

走进巴金的世界／谭兴国著．—成都：四川文艺出版社，2003

7—5411—2191—6

陕西当代作家与世界文学／韦建国，李继凯，畅广元等著．—北京：中国社会科学出版社，2004

7—5004—4022—7

潇洒风神：我的父亲丰子恺／丰一吟著．—上海：华东师范大学出版社，1998（《往事与沉思》传记丛书）

7—5617—1895—0

云自在龛随笔／缪荃孙著；孙安邦点校．—太原：山西古籍出版社，1996（民国笔记小说大观）

7—80598—119—1

中日文化交流史大系．8．科技卷／李廷举，（日）吉田忠主编．—杭州：浙江人民出版社，1996

7—213—01298—3

汪精卫生平／谭天河著．—广州：广东人民出版社，1996

7—218—02143—3

明清戏曲家考略三编／邓长风著．—上海：上海古籍出版社，1999

7—5325—2470—1

当代十大画家／徐建融著．—上海：上海人民美术出版社，1995

7—5322—1421—4

刘天华的创作和贡献／陈振铎著．—北京：中国文联出版公司，1997

7—5059—2709—4

画室里的秘密：对中国油画写实学派的访问／王焕青著．—北京：人民美术出版社，2004

7—102—03158—0

影响中国绘画进程的100位画家／张桐瑀著．—海口：海南出版社，2004

7—5443—0764—6

丰子恺年谱／盛兴军主编．—青岛：青岛出版社，2005

7—5436—3433—3

齐白石传／林浩基著．—北京：学苑出版社，2005

7—5077—2578—2

石涛研究／朱良志著．—北京：北京大学出版社，2005（北京大学美学丛书）

7—301—08653—9

龚贤研究／卢辅圣主编．—上海：上海书画出

版社,2005

7—80725—020—8

人民音乐家吕骥传 / 伍雍谊编著.—北京：中国文联出版社,2005

7—5059—4579—3

郭兰英的歌唱艺术 / 黄俊兰著.—北京：人民音乐出版社,2000

7—103—02070—1

中国十大戏剧导演大师 / 刘烈雄主编.—北京：中国人民大学出版社,2005(朗朗书房)

7—300—06432—9

视觉英雄张艺谋 / 林邵峰编著.—北京：中国广播电视出版社,2005(中国电影百年经典书系)

7—5043—4507—5

林耀华学述 / 林耀华著.—杭州：浙江人民出版社,1999(当代人文社会科学名家学述丛书)

7—213—01669—5

韩国独立运动血史新论 / 石源华主编.—上海：上海人民出版社,1996(复旦大学韩国研究丛书)

7—208—02161—9

顾颉刚评传 / 顾潮著.—南昌：百花洲文艺出版社,1995(国学大师丛书)

7—80579—547—9

周谷城传 / 莫志斌著.—长沙：湖南师范大学出版社,1997(湖湘文化研究丛书,湘籍史学家研究)

7—81031—523—4

沈曾植：评传·作品选 / 严明编著.—北京：中国文史出版社,1998(清末民初文人丛书)

7—5034—0898—7

神话人格：荣格 / 冯川著.—武汉：长江文艺出版社,1996(西方智哲人格丛书)

7—5354—1312—9

陈寅恪先生编年事辑 / 蒋天枢撰.—增订本.—上海：上海古籍出版社,1997

7—5325—2189—3

吴晗传 / 苏双碧,王宏志著.—上海：上海人民出版社,1998

7—208—02615—7

追忆陈寅恪 / 张杰,杨燕丽选编.—北京：社会科学文献出版社,1999

7—80149—158—0

解析陈寅恪 / 张杰,杨燕丽选编.—北京：社会科学文献出版社,1999

7—80149—159—9

翦伯赞传 / 张传玺著.—北京：北京大学出版社,1998

7—301—03065—7

钱穆传 / 陈勇著.—北京：人民出版社,2001(二十世纪文化名人传记丛书)

7—01—003225—4

纪念林惠祥文集 / 汪毅夫,郭志超主编.—厦门：厦门大学出版社,2001

7—5615—1816—1

劬堂学记 / 柳曾符,柳佳编.—上海：上海书店出版社,2002

7—80622—555—2

仰望陈寅恪 / 蔡鸿生著.—北京：中华书局,2004

7—101—04185—X

漆侠先生纪念文集 / 詹福瑞编.—石家庄：河北大学出版社,2002

7—81028—857—1

史家陈寅恪传 / 汪荣祖著.—北京：北京大学

出版社,2005

7—301—07756—4

庆祝张忠培先生七十岁论文集 / 吉林大学边疆考古研究中心编.—北京:科学出版社,2004

7—03—013731—0

人民科学家钱学森 / 涂元季著.—上海:上海交通大学出版社,2002(杰出交大人丛书)

7—313—03203—X

索尔仁尼琴:回归故里的流亡者 / 张晓强著.—长春:长春出版社,1996(全球诺贝尔奖获得者传记大系)

7—80604—277—6

张衡评传 / 许结著.—南京:南京大学出版社,1999(中国思想家评传丛书)

7—305—03266—2

中国造船史 / 席龙飞著.—武汉:湖北教育出版社,2000

7—5351—2633—2

华罗庚的数学生涯 / 王元,杨德庄著.—北京:科学出版社,2000

7—03—008298—2

陈省身传 / 张奠宙,王善平著.—天津:南开大学出版社,2004

7—310—02160—6

吴文俊之路 / 胡作玄,石赫著.—上海:上海科学技术出版社,2002(国家最高科学技术奖获奖人丛书)

7—5323—6919—6

智慧的钥匙:钱学森论系统科学 / 上海交通大学编.—上海:上海交通大学出版社,2005

7—313—03852—6

钱学森的情感世界 / 王文华著.—成都:四川人民出版社,2002

7—220—06120—X

王选的世界 / 丛中笑著.—上海:上海科学技术出版社,2002(国家最高科学技术奖获奖人丛书)

7—5323—6920—X

百龄自述 / 顾毓琇著.—南京:江苏文艺出版社,2000

7—5399—1449—1

高科技时代的社会发展 / 李惠国,吴元梁主编.—北京:中共中央党校出版社,1996

7—5035—1387—X

孙思邈评传 / 干祖望著;南京大学中国思想家研究中心编.—南京:南京大学出版社,1995(中国思想家评传丛书)

7—305—01942—9

粟宗华百年诞辰纪念集 / 王祖承主编.—上海:上海科学技术出版社,2005

7—5323—7780—6

丹溪学研究 / 刘时觉,林乾良,杨观虎著.—郑州:中州古籍出版社,2004

7—80174—185—4

杨贵与红旗渠 / 郝建生,杨增和,李永生著.—北京:中央编译出版社,2004

7—80109—656—8

北京图书馆藏珍本年谱丛刊 / 北京图书馆编.—北京:北京图书馆出版社,1999

7—5013—1447—0

苏轼年谱 / 孔凡礼撰.—北京:中华书局,1998

7—101—01473—9

邓演达研究与资料 / 黄振位,黄济福,梅日新主编.—北京:中国文史出版社,2004(邓演达研究丛书)

7—5034—1490—1

钱昌照回忆录 / 钱昌照著.—北京：中国文史出版社,1998(近代中国工商经济丛书)
7—5034—0894—4

顾维钧与中国外交 / 金光耀主编.—上海：上海古籍出版社,2001(近代中国研究专刊)
7—5325—3000—0

陆征祥传 / 石建国著.—石家庄：河北人民出版社,1999(民国外交官传记丛书)
7—202—02672—4

李鸿章幕府 / 牛秋实,范展,高顺艳著.—北京：中国广播电视出版社,2005(晚清四大幕府丛书)
7—5043—4379—X

秦始皇传 / 张分田著.—北京：人民出版社,2003(中国历代帝王传记丛书)
7—01—003796—5

何香凝传 / 尚明轩著.—增订版.—北京：民族出版社,2004
7—105—06117—0

你所不知道的刘少奇 / 王光美,刘源等著；郭家宽编.—郑州：河南人民出版社,2000
7—215—04680—X

唐浩明评点曾国藩家书 / 曾国藩原著；唐浩明评点.—长沙：岳麓书社,2002
7—80665—201—9

颜惠庆自传：一位民国元老的历史记忆 / 颜惠庆著；吴建雍,李宝臣,叶凤美译.—北京：商务印书馆,2003
7—100—03569—4

刘少奇传 / 金冲及主编；中共中央文献研究室编.—北京：中央文献出版社,1998
7—5073—0481—7

沧桑九十年：一个外交特使的回忆 / 杨公素著.—海口：海南出版社,1999
7—80645—246—X

一个革命的幸存者：曾志回忆实录 / 曾志著.—广州：广东人民出版社,1999
7—218—02997—3

英雄本色：张学良口述历史解密 / 毕万闻著.—北京：中国文史出版社,2002
7—5034—1263—1

中国近代史上的关键人物 / 苏同炳编著.—天津：百花文艺出版社,2000
7—5306—2948—4

我为少奇同志说些话 / 邓力群著.—北京：当代中国出版社,1998
7—80092—772—5

陈独秀风雨人生 / 朱洪著.—武汉：湖北人民出版社,2004
7—216—03817—7

山西历代进士题名录 / 王欣欣编著.—太原：山西教育出版社,2005
7—5440—2926—3

中国建筑的文化历程 / 王振复著.—上海：上海人民出版社,2000
7—208—03478—8

蒋经国自述 / 曾景忠,梁之彦选编.—北京：团结出版社,2005
7—80130—958—8

为邓小平辩护 / 陈先奎著.—北京：西苑出版社,1999
7—80108—237—0

张闻天年谱 / 张培森主编.—北京：中共党史出版社,2000
7—80136—445—7

我的情报与外交生涯 / 熊向晖著.—北京：中共党史出版社,1999

7—80136—302—7

陆定一传 / 陈清泉,宋广渭著.—北京：中共党史出版社,1999

7—80136—393—0

杨尚昆回忆录 / 杨尚昆著.—北京：中央文献出版社,2001

7—5073—1061—2

刘少奇研究述评 / 陈绍畴主编.—北京：中央文献出版社,1997

7—5073—0377—2

三皇之首太昊伏羲 / 霍进善,王纪友,史新民主编.—郑州：河南美术出版社,1998(伏羲文化丛书)

7—5401—0705—7

炎黄汇典 / 李学勤,张岂之总主编.—长春：吉林文史出版社,2002

7—80626—861—8

中国皇帝全传 / 车吉心主编.—济南：山东教育出版社,2005

7—5328—4958—9

中国传统文化论纲 / 张海鹏,臧宏主编；朱良志等撰写.—合肥：安徽教育出版社,1996

7—5336—1969—2

隋炀帝新传 / 胡戟著.—上海：上海人民出版社,1995

7—208—01938—X

刘基评传 / 周群著.—南京：南京大学出版社,1995(中国思想家评传丛书)

7—305—02871—1

阮元年谱 / 张监等著.—北京：中华书局,1995

7—101—01160—8

林则徐传 / 杨国桢著.—2版增订本.—北京：人民出版社,1995

7—01—000752—7

陇原丝路的民俗与旅游 / 马天彩编著.—北京：旅游教育出版社,1996(中国民俗·旅游丛书)

7—5637—0610—0

李鸿章评传：中国近代化的起始 /（美）刘广京,朱昌峻编；陈绛译校.—上海：上海古籍出版社,1995

7—5325—2002—1

湘绮楼日记.一至五卷 /（清）王闿运著；马积高主编；吴容甫点校.—长沙：岳麓书社,1997

7—80520—706—2

两汉时期的边政与边吏 / 李大龙著.—哈尔滨：黑龙江教育出版社,1996(边疆史地丛书)

7—5316—2861—9

法国学者敦煌学论文选萃 /（法）谢和耐,苏远鸣等著；耿昇译.—北京：中华书局,1996(法国西域敦煌学名著译丛)

7—101—01150—0

丝绸之路草原民族文化 / 盖山林著.—乌鲁木齐：新疆人民出版社,1996(丝绸之路研究丛书)

7—228—03981—5

西学东渐记：中国留学生之父的足迹与心迹 / 容闳著；沈潜,杨增麒评注.—郑州：中州古籍出版社,1998(醒狮丛书)

7—5348—1716—1

瞿秋白印象 / 丁景唐,丁言模编.—上海：学林出版社,1997(印象书系)

7—80616—424—3

飘摇的传统：明代城市生活长卷 / 陈宝良著.—长沙：湖南出版社,1996(中国古代城市生活长卷丛书)

7—5438—1315—7

虞洽卿研究 / 金普森主编.—宁波：宁波出版社,1997

7—80602—136—1

从书生到领袖：瞿秋白 / 陈铁健著.—上海：上海人民出版社,1995

7—208—01903—7

总想为大家辟一条光明的路：瞿秋白大事记述 / 朱钧侃等主编.—南京：南京大学出版社,1999

7—305—03278—6

孙中山的伟大思想与革命实践 / 周兴梁著.—广州：广东高等教育出版社,1998

7—5361—2110—5

泰山民俗 / 李伯涛编著.—济南：山东画报出版社,1996

7—80603—065—4

陈独秀印象 / 陈木辛编.—上海：学林出版社,1997

7—80616—427—8

瞿秋白与共产国际 / 张秋实著.—北京：中共党史出版社,2004

7—80199—011—0

张东荪传 / 左玉河著；王桧林主编.—济南：山东人民出版社,1998(20 世纪中国思想史传记丛书)

7—209—02244—9

一代师表徐特立 / 李龙如,李暄主编.—长沙：岳麓书社,1998(二十世纪湖南文史资料)

7—80520—951—0

罗隆基：我的被捕的经过与反感 / 谢泳编.—北京：中国青年出版社,1999(野百合花丛书)

7—5006—3346—7

殷墟甲骨分期研究 / 李学勤,彭裕商著.—上海：上海古籍出版社,1996(中国传统文化研究丛书)

7—5325—2085—4

孙中山全传 / 李凡著.—增订版.—北京：北京出版社,1996

7—200—02338—8

李宗仁回忆录 / 李宗仁口述；唐德刚撰写.—北京：广西人民出版社,1995

7219004737

刘少奇年谱：1898—1969 / 刘崇文,陈绍畴主编；中共中央文献研究室编.—北京：中央文献出版社,1996

7—5073—0295—4

周恩来的最后岁月：1966—1976 / 安建设编.—北京：中央文献出版社,1995

7—5073—0294—6

中世纪藏传佛教艺术：白居寺壁画艺术研究 / 熊文彬著.—北京：中国藏学出版社,1996

7—80057—285—4

阎锡山全传 / 李茂盛等著.—北京：当代中国出版社,1997

7—80092—587—0

我所知道的胡乔木 / 杨尚昆等著.—北京：当代中国出版社,1997

7—80092—619—2

李维汉纪念集 / 中央统战部《李维汉纪念集》编写组编.—北京：华文出版社,1998

7—5075—0716—5

黄山旅游地学志 / 胡济源著.—合肥：黄山书社,1996

7—80630—166—6

改革风云中的万里 / 张广友著.—北京：人民出版社,1995

7—01—002290—9

傅雷与他的世界 / 金圣华编.—北京：三联书店,1996

7—108—00859—9

世界著名政治家、学者论邓小平 / 齐欣等编译.—上海：上海人民出版社,1999

7—208—03063—4

吴玉章年谱 / 刘文耀,杨世元编.—成都：四川人民出版社,1998

7—220—03591—8

中国石窟寺研究 / 宿白著.—北京：文物出版社,1996

7—5010—0740—3

民国元老李根源 / 谢本书,李成森著.—昆明：云南教育出版社,1999

7—5415—1704—6

张闻天与二十世纪的中国 / 张培森著.—北京：中共党史出版社,1995

7—80023—904—7

蒋介石年谱 / 李勇,张仲田编著.—北京：中共党史出版社,1995

7—80023—835—0

周恩来的风格 / 袁守芳,胡家模编著.—北京：中央文献出版社,1995

7—5073—0303—9

回忆邓小平 / 中共中央文献研究室编.—北京：中央文献出版社,1998

7—5073—0429—9

历史时期苏北平原地理系统研究 / 吴必虎著.—上海：华东师范大学出版社,1996

7—5617—1324—X

江泽民决策思想研究 / 戴树源著.—长沙：湖

南人民出版社,1999（中共领导人决策思想研究丛书）

7—5438—2183—4

刘备传 / 张作耀著.—北京：人民出版社,2004（中国历代帝王传记）

7—01—004179—2

张九龄年谱 / 顾建国著.—北京：中国社会科学出版社,2005

7—5004—5292—6

北宋政治改革家王安石 / 邓广铭著.—石家庄：河北教育出版社,2000（二十世纪中国史学名著）

7—5434—3867—4

范仲淹评传 / 方健著.—南京：南京大学出版社,2001（中国思想家评传丛书：74）

7—305—03657—9

千古人豪：刘基传 / 吕立汉著.—杭州：浙江人民出版社,2005（浙江名人研究大系）

7—213—03093—0

雍正帝及其密折制度研究 / 杨启樵著.—上海：上海古籍出版社,2003

7—5325—3357—3

曾国藩集团与晚清政局 / 朱东安著.—北京：华文出版社,2003（华夏英才基金资助系列丛书）

7—5075—1432—3

张之洞与武汉早期现代化 / 陈锋,张笃勤主编.—北京：中国社会科学出版社,2004（人文论丛）

7—5004—4196—7

袁世凯幕府 / 张学继著.—北京：中国广播电视出版社,2005（晚清四大幕府丛书）

7—5043—4435—4

张之洞与清末新政研究 / 李细珠著.—上海：

上海书店出版社,2003(中国社会科学院近代史研究所专刊)

7—80678—048—3

郭嵩焘评传 / 王兴国著.—南京:南京大学出版社,1998(中国思想家评传丛书)

7—305—03005—8

冯桂芬评传 / 熊月之著.—南京:南京大学出版社,2004(中国思想家评传丛书)

7—305—04175—0

张之洞与近代中国 / 黎仁凯,钟康模著.—保定:河北大学出版社,1999

7—81028—561—0

陈独秀的最后 15 年 / 袁亚忠著.—北京:中国文史出版社,2005(长廊与背影书系)

7—5034—1624—6

苦笑录 / 陈公博著.—北京:东方出版社,2004(现代稀见史料书系)

7—5060—1706—7

郑观应评传 / 易惠莉著.—南京:南京大学出版社,1998(中国思想家评传丛书)

7—305—03021—X

戴季陶传 / 黎洁华,虞苇著.—广州:广东人民出版社,2003

7—218—04237—6

文人陈独秀:启蒙的智慧 / 石钟扬著.—西安:陕西人民出版社,2005

7—224—07037—8

双山回忆录 / 王凡西著.—北京:东方出版社,2004(现代稀见史料书系)

7—5060—1702—4

殷海光学记 / 殷夏君璐等著;贺照田编选.—上海:三联书店上海分店,2004(殷海光作品系列)

7—5426—1944—6

毛泽东的翻译:师哲眼中的高层人物 / 师哲口述;师秋朗整理.—北京:人民出版社,2005

7—01—005141—0

解读周恩来 / 刘济生著.—长春:吉林人民出版社,2001

7—206—02225—1

杨尚昆日记 / 杨尚昆著.—北京:中央文献出版社,2001

7—5073—1062—0

刘少奇在建国后的 20 年 / 鲁彤,冯来刚著.—沈阳:辽宁人民出版社,2001

7—205—04688—2

翁文灏年谱 / 李学通著.—济南:山东教育出版社,2005(中国近现代科学技术史研究丛书)

7—5328—5149—4

王稼祥年谱:一九○六——一九七四 / 徐则浩著.—北京:中央文献出版社,2001

7—5073—1094—9

周恩来和池田大作 / 王永祥主编.—北京:中央文献出版社,2001

7—5073—0973—8

李富春传 / 房维中,金冲及主编.—北京:中央文献出版社,2001

7—5073—1083—3

张申府访谈录 / (美)舒衡哲著;李绍明译.—北京:北京图书馆出版社,2001

7—5013—1776—3

陈云年谱:1905—1995 / 朱佳木主编;中共中央文献研究室编.—北京:中央文献出版社,2000

7—5073—0787—5

陈云传 / 金冲及,陈群主编;中共中央文献研究室编.—北京:中央文献出版社,2005

7—5073—1884—2

抑斋自述 / 王锡彤著；郑永福，吕美颐点注. —开封：河南大学出版社，2001

7—81041—619—7

明清高利贷资本 / 刘秋根著. —北京：社会科学文献出版社，2000（东方历史学术文库）

7—80149—352—4

雷诺阿生平与作品鉴赏 / 紫都，刘超编撰；傅新阳，李涛图片. —呼和浩特：远方出版社，2005（世界绘画摄影大师画传）

7—80723—012—6

马格利特：魔幻超现实主义大师 / 张光琪撰文. —石家庄：河北教育出版社，2005（世界名画家全集）

7—5434—0071—5

俄罗斯书简 / （印）泰戈尔著；董友忱译. —桂林：广西师范大学出版社，2004（苏俄札记）

7—5633—4443—8

纪德研究 / 朱静，景春雨著. —上海：上海外语教育出版社，2005（外国现代作家研究丛书）

7—81095—491—1

赫鲁晓夫传 / 徐隆彬著. —济南：山东大学出版社，2005

7—5607—2897—9

日本刑事法学者. 下 / 李海东主编. —北京：法律出版社，1999（日本刑事法研究丛书）

7—5036—3001—9

邓小平传 / （英）理查德·伊文思著；武市红等译. —上海：上海人民出版社，1996

7—208—02364—6

包山楚简文字编 / 张守中撰集. —北京：文物出版社，1996

7—5010—0914—7

川端康成传 / 叶渭渠著. —北京：新世界出版社，2003

7—80187—095—6

遇见 100% 的村上春树 / 稻草人编著. —北京：当代世界出版社，2001

7—80115—405—3

川端康成与东方古典 / 张石著. —上海：上海古籍出版社，2003（中日文化研究文库）

7—5325—3440—5

内藤湖南研究 / 钱婉约著. —北京：中华书局，2004（北京大学 20 世纪国际中国学研究文库）

7—101—04231—7

李光耀传 / 凌翔，陈轩著. —北京：东方出版社，1998（当代国际风云人物传记丛书）

7—5060—0993—5

泰戈尔谈中国 / 沈益洪编. —杭州：浙江文艺出版社，2001（世纪回声）

7—5339—1366—3

四川岷江上游历史文化研究 / 冉光荣，（日）工藤元男主编. —成都：四川大学出版社，1996

7—5614—1433—1

高君宇传 / 王庆华著. —太原：山西人民出版社，1996

7—203—03462—3

普希金的生活与创作 / 张铁夫著. —修订版. —北京：中国社会科学出版社，2004

7—5004—4948—8

托尔斯泰传 / （英）莫德著；宋蜀碧，徐迟译. —北京：北京十月文艺出版社，2001

7—5302—0620—6

布尔加科夫评传 / （英）莱斯莉·米尔恩著；杜文娟，李越峰译. —北京：华夏出版社，2001（双头鹰文库）

7—5080—2332—3

俄罗斯音乐之魂：柴科夫斯基 ／ 毛宇宽著.—北京：人民音乐出版社，2003

7—103—02387—5

七部半：塔尔科夫斯基的电影世界 ／ 李宝强编译.—北京：中国电影出版社，2002（电影大师创作系列）

7—106—01855—4

布哈林论稿 ／ 郑异凡著.—北京：中央编译出版社，1997

7—80109—159—0

赫鲁晓夫执政史 ／ 徐隆彬著.—济南：山东大学出版社，2002

7—5607—2467—1

肖邦画传：肖邦的一生及其作品 ／ （美）詹姆斯·胡内克著；王蓓译.—北京：中国人民大学出版社，2004（朗朗书房）

7—300—05211—8

钢琴之王李斯特 ／ 周小静.—上海：上海人民出版社，1999

7—208—02993—8

韦伯学说 ／ 顾忠华编著.—桂林：广西师范大学出版社，2004（思想史研究小丛书）

7—5633—4671—6

歌德自传：诗与真 ／ （德）歌德著；李咸菊译.—北京：团结出版社，2004

7—80130—847—6

贝多芬：伟大的创造性年代：从《英雄》到《热情》 ／ （法）罗曼·罗兰著；陈实，陈原译.—北京：三联书店，1998（爱乐丛书）

7—108—00978—1

舒曼：诗的音乐，音乐的诗 ／ 方之文著.—北京：人民音乐出版社，1998（外国音乐欣赏丛书）

7—103—01790—5

心在左边跳动 ／ （德）奥斯卡·拉封丹著；周惠译.—北京：社会科学文献出版社，2001

7—80149—498—9

论俄国革命.书信集 ／ （德）罗莎·卢森堡著；殷叙彝，傅惟慈，郭颐顿等译.—贵阳：贵州人民出版社，2001（沉钟译丛）

7—221—05582—3

舒伯特传 ／ （英）克里斯托弗.H.吉布斯著；秦立彦译.—桂林：广西师范大学出版社，2002（剑桥音乐家生活丛书）

7—5633—3525—0

莫扎特书信集 ／ （奥）莫扎特著；钱仁康编译.—上海：上海音乐学院出版社，2003

7—80692—026—9

活出意义来 ／ （奥）维克多·弗兰克著；赵可式等译.—2版.—北京：三联书店，1998（三联精选）

7—108—00383—X

尚书文字合编 ／ 顾颉刚，顾廷龙辑.—上海：上海古籍出版社，1996

7—5325—1973—2

胡塞尔传 ／ 李鹏程著.—石家庄：河北人民出版社，1998（现代十大思想家）

7—202—02227—3

魔灯：伯格曼自传 ／ （瑞典）英格玛·伯格曼著；刘森尧译.—桂林：广西师范大学出版社，2005（电影馆）

7—5633—5098—5

我生命的故事 ／ （丹）安徒生著；黄联金，陈学凰译.—北京：中国档案出版社，2002

7—80166—174—5

岭南百粤的民俗与旅游 ／ 叶春生，丘桓兴编著.—北京：旅游教育出版社，1996（中国民俗·旅游丛书）

7—5637—0601—1

威尔第：歌剧殿堂的设计师 / 刘时雨,张宁编著.—北京：新世界出版社,1998(音乐家传记丛书)

7—80005—428—4

莫迪利阿尼 / 陶宇编著.—北京：人民美术出版社,2002(走进大师)

7—102—02480—0

普契尼：不朽的意大利歌剧作曲家 / 世元著.—北京：人民音乐出版社,1999(外国音乐欣赏丛书)

7—103—01932—0

威尔第画传 / （法）皮埃尔·珀蒂著；杨威译.—北京：中国人民大学出版社,2005(朗朗书房)

7—300—06685—2

毕加索：生平与创作 / （英）罗兰特·潘罗斯著；周国珍,林祖周等译.—桂林：广西师范大学出版社,2002(绘画艺术书系)

7—5633—3724—5

达尔文与进化论 / （美）丽贝卡·斯泰福著；丁进峰,徐桂玲译.—天津：百花文艺出版社,2001(牛津科学肖像系列)

7—5306—3077—6

新制度经济学的奠基人：科斯评传 / 易宪容著.—太原：山西经济出版社,1998(诺贝尔经济学奖获奖者评传)

7—80636—143—X

莎士比亚画传：戏剧文学大师 / 周轶编.—北京：文化艺术出版社,2005(当艺术遇上大师丛书)

7—5039—2681—3

被禁止的作家：D. H. 劳伦斯传 / （美）基思·萨嘉著；王增澄译.—沈阳：辽宁教育出版社,1998(新世纪万有文库·外国文化书系)

7—5382—5066—2

伍尔夫传 / （英）昆汀·贝尔著；萧易译.—南京：江苏教育出版社,2005

7—5343—6902—9

汉代农业画像砖石 / 夏亨廉,林正同主编；中国农业博物馆编.—北京：中国农业出版社,1996

7—109—04269—3

劳伦斯评传 / 冯季庆著.—上海：上海文艺出版社,1995

7—5321—1339—6

说不尽的莎士比亚 / 李伟昉著.—北京：中国社会科学出版社,2004

7—5004—4950—X

牛顿研究 / （法）亚历山大·柯瓦雷著；张卜天译.—北京：北京大学出版社,2003(北京大学科技哲学丛书)

7—301—06093—9

贝克特：荒诞文学大师 / 焦洱,于晓丹著.—长春：长春出版社,1995(全球诺贝尔奖获得者传记大系)

7—80604—279—2

叶芝评传 / 傅浩著.—杭州：浙江文艺出版社,1999(20世纪外国经典作家评传丛书)

7—5339—1278—0

印象派画传 / 李行远著.—广州：花山文艺出版社,2004(大雅中外艺术大师画传丛书)

7—80673—562—3

大地的画家米勒 / （法）罗曼·罗兰著；冷杉,杨立新译.—济南：山东画报出版社,2004(双峰译丛)

7—80603—830—2

拥护马奈 / （法）左拉著；谢强,马月译.—济南：山东画报出版社,2005(双峰译丛)

7—80713—056—3

牵手亚太：我的总理生涯 / （澳）保罗·基廷著；郎平，钱清译．—北京：世界知识出版社，2002（我经历的20世纪丛书）
7—5012—1661—4

卡多佐 / （美）A．L．考夫曼著；张守东翻译．—北京：法律出版社，2001
7—5036—3362—X

马汉 / （美）罗伯特·西格著；刘学成等编译．—北京：解放军出版社，1998（外国著名军事人物丛书）
7—5065—3480—0

管理大师德鲁克 / （美）杰克·贝蒂著；吴勇等译．—上海：上海交通大学出版社，1999（中欧管理新著译丛）
7—313—02191—7

哈耶克传 / （英）艾伯斯坦著；秋风译．—北京：中国社会科学出版社，2003
7—5004—3605—X

卡内基传 / （美）克拉斯著；王鹏译．—北京：国际文化出版公司，2005
7—80173—415—7

福克纳：美国南方文学巨匠 / 潘小松著．—长春：长春出版社，1995（全球诺贝尔奖获得者传记大系）
7—80604—278—4

重塑梭罗 / （美）罗伯特·米尔德著；马会娟，管兴忠译．—北京：东方出版社，2002（世界文化名人传记丛书）
7—5060—1547—1

赫斯顿研究 / 程锡麟著．—上海：上海外语教育出版社，2005（外国现代作家研究丛书）
7—81095—524—1

福克纳传 / 李文俊著．—北京：新世界出版社，2003
7—80187—097—2

海明威评传 / 董衡巽著．—杭州：浙江文艺出版社，1999（20世纪外国经典作家评传丛书）
7—5339—1301—9

福克纳评传 / 李文俊著．—杭州：浙江文艺出版社，1999（20世纪外国经典作家评传丛书）
7—5339—1321—3

斯特拉文斯基访谈录 / （美）罗伯特·克拉夫特著；李毓榛，任光宣译．—北京：东方出版社，2004（世界大音乐家访谈录丛书）
7—5060—1597—8

杨振宁传 / 徐胜蓝，孟东明编著．—上海：复旦大学出版社，1997
7—309—01824—9

爱因斯坦传 / 易杰雄著．—北京：中国广播电视出版社，2003（桂冠世界名人传记书系）
7—5043—4028—6

杨振宁传 / 杨建邺著．—3版．—长春：长春出版社，2004（获诺贝尔奖的大科学家）
7—80664—030—4

爱因斯坦的智慧 / （美）约翰·霍姆斯，杰瑞·梅尔编著；田倩译．—北京：华夏出版社，2003（名家名句系列）
7—5080—3287—X

爱因斯坦传：窥见上帝秘密的人 / 杨建邺著．—海口：海南出版社，2003
7—5443—0712—3

杨振宁文录：一位科学大师看人与这个世界 / （美）杨振宁著．—海口：海南出版社，2002
7—5443—0482—5

肯尼迪传 / （美）罗伯特·达莱克著；曹建海

译.—北京：中信出版社,2005(中信译丛)

7—5086—0365—6

华盛顿文集／(美)约翰·罗德哈梅尔选编；吴承义等译.—沈阳：辽宁教育出版社,2005(美国文库)

7—5382—6807—3

弗里达／(美)赫雷拉著；夏雨译.—上海：上海人民美术出版社,2003

7—5322—3286—7

美国人民的历史／(美)霍华德·津恩编著；许先春,蒲国良,张爱平译.—上海：上海人民出版社,2000

7—208—03527—X

定量考古学／陈铁梅编著.—北京：北京大学出版社,2005(北京大学考古文博学院考古学系列教材)

7—301—09001—3

知识考古学／(法)米歇尔·福柯著；谢强,马月译.—北京：三联书店,1998(法兰西思想文化丛书)

7—108—01170—0

考古学：理论、方法与实践／(英)科林·伦福儒,保罗·巴恩著；中国社会科学院考古研究所译.—北京：文物出版社,2004

7—5010—1531—7

考古学的理论与研究／陈淳著.—上海：学林出版社,2003

7—80668—444—1

九百年来德意志及欧洲法学家／(德)克莱因海尔,施罗德主编；许兰译.—北京：法律出版社,2005(当代德国法学名著)

7—5036—5724—3

中国文物分析鉴别与科学保护／马清林等编著.—北京：科学出版社,2001

7—03—009521—9

考古学是什么：俞伟超考古学理论文选／俞伟超著；王然编.—北京：中国社会科学出版社,1996

7—5004—1785—3

明清河南集市庙会会馆／王兴亚著.—郑州：中州古籍出版社,1998

钧瓷志／苗锡锦主编.—郑州：河南人民出版社,2000

7—215—04097—6

六朝唐五代石刻俗字研究／欧昌俊著.—成都：巴蜀书社,2004(西南师范大学汉语言文字学研究丛书)

7—80659—587—2

石质文物保护的工程地质力学研究／牟会宠,杨志法,伍法权著.—北京：地震出版社,2000

7—5028—1777—8

汉唐美术考古和佛教艺术／杨泓著.—北京：科学出版社,2000

7—03—008647—3

彬县大佛寺造像艺术／常青著.—北京：现代出版社,1998

稻作陶器和都市的起源／严文明,安田喜宪主编.—北京：文物出版社,2000

7—5010—1211—3

上海的宁波人／李瑊著.—上海：上海人民出版社,2000

7—208—03439—7

先秦民俗史／晁福林编著.—上海：上海人民出版社,2001

7—208—03609—8

中西纹饰比较／芮传明，余太山著.—上海：上海古籍出版社，1995

　　7—5325—1978—3

昆明羊甫头墓地／云南省文物考古研究所，昆明市博物馆，官渡区博物馆编著.—北京：科学出版社，2005（1999 年全国考古十大新发现）

　　7—03—015369—3

新石器时代考古／张江凯，魏峻编著.—北京：文物出版社，2004（20 世纪中国文物考古发现与研究丛书）

　　7—5010—1515—5

宋元明考古／秦大树著.—北京：文物出版社，2004（20 世纪中国文物考古发现与研究丛书）

　　7—5010—1657—7

马王堆汉墓／何介钧著.—北京：文物出版社，2004（20 世纪中国文物考古发现与研究丛书）

　　7—5010—1555—4

古代漆器／张荣著.—北京：文物出版社，2005（20 世纪中国文物考古发现与研究丛书）

　　7—5010—1737—9

古代帛画／陈锽著.—北京：文物出版社，2005（20 世纪中国文物考古发现与研究丛书）

　　7—5010—1622—4

长江下游的徐舒与吴越／毛颖，张敏著.—武汉：湖北教育出版社，2005（长江文化研究文库·文物考古系列）

　　7—5351—3905—1

广州国民政府／曾庆榴著.—广州：广东人民出版社，1996（岭南文库）

　　7—218—02499—8

解读画像砖石中的汉代文化／周学鹰著.—北京：中华书局，2005（文化寻根丛书）

　　7—101—04647—9

中国传统漆器／李小康编著.—北京：人民美术出版社，2005（中国传统手工艺文化书系）

　　7—102—03532—2

景德镇陶瓷习俗／周荣林编著.—南昌：江西高校出版社，2004（中国景德镇陶瓷文化研究丛书）

　　7—81075—310—X

大足石刻／黎方银著；王庆伦，张文刚，鲁昌麟摄影.—西安：三秦出版社，2004（中国世界遗产丛书）

　　7—80628—724—8

国史金石志稿／王献唐著；华东师范大学中国文字研究与应用中心整理配图.—青岛：青岛出版社，2004

　　7—5436—2692—6

夏商周青铜器研究：上海博物馆藏品／陈佩芬著.—上海：上海古籍出版社，2004

　　7—5325—3674—2

从撒马尔干到长安：粟特人在中国的文化遗迹／荣新江，张志清编著.—北京：北京图书馆出版社，2004

　　7—5013—2426—3

再现的文明：中国出土文献与传统学术／朱渊清著.—上海：华东师范大学出版社，2001

　　7—5617—2485—3

郭店楚简校释／刘钊著.—福州：福建人民出版社，2005

　　7—211—04928—6

中国钧瓷／阎夫立，阎飞，王双华著.—郑州：河南科学技术出版社，2004

　　7—5349—3084—7

中国出土玉器全集／古方主编.—北京：科学出版社，2005

　　7—03—016009—6

汉画像的象征世界 / 朱存明编著.—北京：人民文学出版社,2005

7—02—004860—9

宋辽金纪年瓷器 / 刘涛著.—北京：文物出版社,2004

7—5010—1595—3

中国陶瓷文化 / 陈雨前编著.—北京：中国建筑工业出版社,2004

7—112—06829—0

新出魏晋南北朝墓志疏证 / 罗新,叶炜著.—北京：中华书局,2005

7—101—04320—8

文物精品与文化中国 / 彭林著.—北京：清华大学出版社,2002（清华大学文化素质教育丛书）

7—302—05502—5

文明的母地：华夏文明的起源及其裂变的考古报告 / 白剑著.—成都：四川人民出版社,2002

7—220—05729—6

宿白先生八秩华诞纪念文集 /《宿白先生八秩华诞纪念文集》编辑委员会编.—北京：文物出版社,2002

7—5010—1371—3

文博丛谈 / 马自树著.—北京：紫禁城出版社,2005

7—80047—535—2

敦煌学概论 / 姜亮夫著.—北京：北京出版社,2004（大家小书）

7—200—05087—3

敦煌落蕃旧事 / 赵晓星著.—北京：民族出版社,2004（敦煌往事文丛）

7—105—06045—X

敦煌佛教经录辑校.下册 / 方广锠辑校.—南京：江苏古籍出版社,1997（敦煌文献分类录校丛刊）

7—80519—897—7

唐五代敦煌饮食文化研究 / 高启安著.—北京：民族出版社,2004（敦煌学博士文库）

7—105—06762—4

敦煌学通论 / 刘进宝著.—兰州：甘肃教育出版社,2002（敦煌学研究丛书）

7—5423—0940—4

敦煌艺术宗教与礼乐文明：敦煌心史散论 / 姜伯勤著.—北京：中国社会科学出版社,1996（唐研究基金会丛书）

7—5004—1917—1

从瓦解到新生：土耳其的现代化历程 / 戴维森著.—上海：学林出版社,1996（现代化冲击下的世界丛书）

7—80616—145—7

敦煌艺术美学：以壁画艺术为中心 / 易存国著.—上海：上海人民出版社,2005

7—208—05317—0

敦煌文献研究 / 蒋冀骋著.—长沙：湖南师范大学出版社,2005

7—81081—525—3

敦煌归义军史专题研究 / 郑炳林主编.—兰州：兰州大学出版社,1997

7—311—01034—9

敦煌古代体育文化 / 李重申著.—兰州：甘肃人民出版社,2000（敦煌文化丛书）

7—226—02022—X

藏经洞史话 / 沙武田著.—北京：民族出版社,2004（敦煌往事文丛）

7—105—06044—1

敦煌考古漫记 / 夏鼐著；王世民,林秀贞编.—天津：百花文艺出版社,2002

7—5306—3322—8

常书鸿文集：敦煌研究文集 / 敦煌研究院编.—兰州：甘肃民族出版社,2004
7—5421—0950—2

敦煌吐鲁番文书论丛 / 朱雷著.—兰州：甘肃人民出版社,2000
7—226—02173—0

敦煌表状笺启书仪辑校 / 赵和平辑校.—南京：江苏古籍出版社,1997（敦煌文献分类录校丛刊）
7—80519—899—3

中日文化交流史大系.5.民俗卷 / 马兴国,宫田登主编.—杭州：浙江人民出版社,1996
7—213—01172—3

敦煌学大辞典 / 季羡林主编.—上海：上海辞书出版社,1998
7—5326—0414—4

独裁下的嬗变与危机：俄罗斯帝国二百年剖析 /（美）拉伊夫著;蒋学祯,王端译.—上海：学林出版社,1996（现代化冲击下的世界丛书）
7—80616—156—2

更新世环境与中国南方旧石器文化发展 / 王幼平著.—北京：北京大学出版社,1997
7—301—03293—5

南京直立人 / 吴汝康,李星学主编.—南京：江苏科学技术出版社,2002
7—5345—3796—7

红山文化 / 郭大顺著.—北京：文物出版社,2005（20世纪中国文物考古发现与研究丛书）
7—5010—1567—8

红山诸文化研究概览 / 徐子峰主编.—北京：中国文史出版社,2004（赤峰学院红山文化研究学术丛书）

7—5034—1546—0

红山文化研究 / 张星德著.—北京：中国社会科学出版社,2005（教育部"十五""211"工程辽宁大学"东北边疆与民族"子项目丛书）
7—5004—5330—2

良渚文化研究 / 林华东著.—杭州：浙江教育出版社,1998
7—5338—3134—9

仰韶文化 / 巩启明著.—北京：文物出版社,2002（20世纪中国文物考古发现与研究丛书）
7—5010—1364—0

中国北方地区新石器时代文化研究 / 韩建业著.—北京：文物出版社,2003（北京大学震旦古代文明研究中心学术丛书）
7—5010—1466—3

长江下游新石器时代文化 / 张之恒著.—武汉：湖北教育出版社,2004（长江文化研究文库·文物考古系列）
7—5351—3850—0

新石器文化与夏代文明 / 郑杰祥著.—南京：江苏教育出版社,2005（早期中国文明）
7—80643—915—3

中国史前考古论集 / 王仁湘著.—北京：科学出版社,2003
7—03—011122—2

史前考古论集 / 严文明著.—北京：科学出版社,1998
7—03—006157—8

农业发生与文明起源 / 严文明著.—北京：科学出版社,2000
7—03—008089—0

吴文化概观 / 许伯明主编.—南京：南京师范大学出版社,1996（江苏区域文化丛书）

7—81047—052—3

蜀文化与巴文化 / 宋治民著.—成都：四川大学出版社,1998(四川联合大学历史系学术研究丛书)

7—5614—1763—2

民乐东灰山考古：四坝文化墓地的揭示与研究 / 甘肃省文物考古研究所,吉林大学北方考古研究室编著.—北京：科学出版社,1998

7—03—006092—X

中国青铜文化结构体系研究 / 李伯谦著.—北京：科学出版社,1998

7—03—006483—6

虞夏时期的中原 / 董琦著.—北京：科学出版社,2000

7—03—008592—2

夏商周考古 / 张之恒,周裕兴著.—南京：南京大学出版社,1995

7—305—02690—5

夏商考古 / 陈旭著.—北京：文物出版社,2001(20世纪中国文物考古发现与研究丛书)

7—5010—1280—6

中国文明的开始 / 李济著.—南京：江苏教育出版社,2005(国学书库·文史类丛)

7—5343—6584—8

四川盆地的青铜时代 / 孙华著.—北京：科学出版社,2000

7—03—008495—0

冷艳文士川端康成传 / 叶渭渠著.—北京：中国社会科学出版社,1996

7—5004—1930—9

中日文化交流史大系.6.文学卷 / 严绍鍪,(日)中西进主编.—杭州：浙江人民出版社,1996

7—213—01169—3

先秦城市考古学研究 / 许宏著.—北京：北京燕山出版社,2000

7—5402—1338—8

秦汉考古 / 赵化成,高崇文等著.—北京：文物出版社,2002(20世纪中国文物考古发现与研究丛书)

7—5010—1304—7

楚文化与漆器研究 / 陈振裕著.—北京：科学出版社,2003

7—03—011236—9

六朝文物 / 罗宗真,王志高著.—南京：南京出版社,2004(六朝文化丛书)

7—80614—898—1

隋唐考古 / 齐东方著.—北京：文物出版社,2002(20世纪中国文物考古发现与研究丛书)

7—5010—1320—9

内蒙古文物考古文集.第二辑 / 魏坚主编；内蒙古文物考古研究所编.—北京：中国大百科全书出版社,1997

7—5000—5879—9

牛河梁红山文化遗址与玉器精粹 / 辽宁省文物考古研究所编.—北京：文物出版社,1997

7—5010—0966—X

辽宁考古文集 / 方殿春主编；辽宁省文物考古研究所编.—沈阳：辽宁民族出版社,2003

7—80644—778—4

东北文物考古论集 / 刘国祥著.—北京：科学出版社,2004(赤峰学院红山文化国际研究中心学术丛书)

7—03—013802—3

大地湾考古研究文集 / 程晓钟主编.—兰州：甘肃文化出版社,2002

7—80608—760—5

新疆考古记 /（瑞典）贝格曼著；王安洪译.—乌鲁木齐：新疆人民出版社,1997（域探险考察大系）

7—228—04384—7

访古吐鲁番 / 王炳华著.—乌鲁木齐：新疆人民出版社,2001

7—228—06356—2

东方文化大观 / 楼宇烈主编.—合肥：安徽人民出版社,1996

7—212—01349—8

海岱地区考古研究 / 栾丰实著.—济南：山东大学出版社,1997

7—5607—1818—3

江苏考古五十年 / 邹厚本主编.—南京：南京出版社,2000（江苏文物丛书）

7—80614—598—2

长江中游史前文化暨第二届亚洲文明学术讨论会论文集 / 何介钧主编；湖南省文物考古研究所编.—长沙：岳麓书社,1996

7—80520—698—8

20世纪河南考古发现与研究 / 杨育彬,袁广阔主编.—郑州：中州古籍出版社,1997

7—5348—1629—7

开封考古发现与研究 / 丘刚主编.—郑州：中州古籍出版社,1998

7—5348—1742—0

玉垒浮云变古今：古代的蜀国 / 段渝著.—成都：四川人民出版社,2001（巴蜀文化系列丛书）

7—220—05316—9

巴蜀文化辨思集 / 谭继和著.—成都：四川人民出版社,2004（巴蜀文化研究丛书）

7—220—06748—8

政治结构与文化模式：巴蜀古代文明研究 / 段渝著.—上海：学林出版社,1999（中华地域文化研究丛书）

780616791

三星堆文化探秘及《山海经》断想 / 刘少匆著.—北京：昆仑出版社,2001

7—80040—563—X

巴蜀考古论集 / 林向著.—成都：四川人民出版社,2004（巴蜀文化研究丛书）

7—220—06746—1

古蜀的辉煌：三星堆文化与古蜀文明的遐想 / 黄剑华著.—成都：巴蜀书社,2002（三星堆文明丛书）

7—80659—166—4

长江上游的巴蜀文化 / 赵殿增,李明斌著.—武汉：湖北教育出版社,2004（长江文化研究文库·文物考古系列）

7—5351—3978—7

四川考古论文集 / 四川省文物考古研究所编.—北京：文物出版社,1996

7—5010—0921—X

西藏六十年大事记 / 朱绣编著；吴均校注.—西宁：青海人民出版社,1996（青海少数民族古籍丛书）

7—225—01222—3

云南物质文化.生活技术卷 / 尹绍亭,何学惠主编；（澳）唐立著.—昆明：云南教育出版社,2000

7—5415—0989—2

哀牢文化研究 / 耿德铭著.—昆明：云南人民出版社,1995

7—222—01909—X

思茅文物考古历史研究 / 黄桂枢著.—昆明：云南民族出版社,2001

7—5367—2110—2

云南考古文集 / 云南省文物考古研究所编.—昆明：云南民族出版社,1998

7—5367—1696—6

渤海遗迹 / 朱国忱,朱威著.—北京：文物出版社,2002(20 世纪中国文物考古发现与研究丛书)

7—5010—1287—3

民族文物通论 / 宋兆麟著.—北京：紫禁城出版社,2000(中国考古文物通论丛书)

7—80047—310—4

人类学家的博物馆：云南省博物馆民族文物藏品选 / 李艺主编.—昆明：云南民族出版社,2001

7—5367—2201—X

中国东南土著民族历史与文化的考古学观察 / 吴春明著.—厦门：厦门大学出版社,1999

7—5615—1521—9

蒙古族文物与考古研究 / 盖山林编著.—沈阳：辽宁民族出版社,1999(中国蒙古学文库)

7—80644—336—3

高句丽遗迹 / 魏存成著.—北京：文物出版社,2002(20 世纪中国文物考古发现与研究丛书)

7—5010—1308—X

土家族区域的考古文化 / 邓辉著.—北京：中央民族大学出版社,1999(土家族研究丛书)

7—81056—330—0

南方文明 / 童恩正著.—重庆：重庆出版社,1998(童恩正文集)

7—5366—3868—X

戏曲文物研究散论 / 黄竹三著.—北京：文化艺术出版社,1998(20 世纪艺术文库)

7—5039—1809—8

中国器物艺术论 / 高丰著.—太原：山西教育出版社,2001(中国艺术论丛书)

7—5440—2100—9

铜镜史话 / 沈从文著.—北京：万卷出版公司,2005(沈从文博古春秋)

7—80601—636—8

妆匣遗珍：明清至民国时期女性传统银饰 / 杭海著.—北京：三联书店,2005

7—108—02306—7

中国古舆服论丛 / 孙机著.—2 版.—北京：文物出版社,2001

7—5010—0655—5

殷周车器研究 / 郭宝钧著.—北京：文物出版社,1998

7—5010—0684—9

中国青铜乐钟研究 / 陈荃有著.—上海：上海音乐学院出版社,2005(音乐博士学位论文系列)

7—80692—133—8

戏剧与考古 / 冯俊杰著.—北京：文化艺术出版社,2002

7—5039—2129—3

两周青铜乐器铭辞研究 / 陈双新著.—保定：河北大学出版社,2002(河北大学博士文库)

7—81028—915—2

古代铜鼓通论 / 蒋廷瑜著.—北京：紫禁城出版社,1999(中国考古文物通论丛书)

7—80047—302—3

残钟录：王子初音乐学术论文集 / 王子初著.—上海：上海音乐学院出版社,2004(中国音乐学研究文库·王子初音乐学术论文集)

7—80692—067—6

中国上古出土乐器综论 / 李纯一著.—北京：文物出版社,1996

7—5010—0838—8

先秦货币通论 / 黄锡全著.—北京：紫禁城出版社,2001(中国考古文物通论丛书)
7—80047—301—5

朱德军事活动纪事：1886—1976 / 袁伟,吴殿尧主编.—北京：解放军出版社,1996
7—5065—3246—8

文物与体育 / 徐永昌著.—北京：东方出版社,2000("中国文物与学科"丛书)
7—5060—1379—7

中华医学文物图集 / 和中浚,吴鸿洲主编.—成都：四川人民出版社,2001
7—220—05597—8

中国考古学：走近历史真实之道 / 张忠培著.—北京：科学出版社,1999(考古论文集系列)
7—03—007173—5

考古琐谈 / 李济著.—武汉：湖北教育出版社,1998
7—5351—2151—9

苏秉琦与当代中国考古学 / 宿白主编.—北京：科学出版社,2001
7—03—008040—8

四川大学考古专业创建三十五周年纪念文集 / 四川大学考古专业编.—成都：四川大学出版社,1998
7—5614—1170—7

古史的考古学探索 / 俞伟超著.—北京：文物出版社,2002
7—5010—1328—4

远古神韵：中国彩陶文化艺术探源 / 程金城著.—上海：上海文化出版社,2001(中国彩陶文化丛书)
7—80646—186—8

破译天书：远古彩陶花纹揭秘 / 蒋书庆著.—上海：上海文化出版社,2001(中国彩陶文化解密丛书)
7—80646—219—8

中国古陶瓷的科学 / 张福康著.—上海：上海人民美术出版社,2000
7—5322—2516—X

齐国瓦当艺术 / 安立华编著.—北京：人民美术出版社,1998
7—102—01948—3

二里头陶器集粹 / 中国社会科学院考古研究所编著.—北京：中国社会科学出版社,1995(考古学专刊)
7—5004—1721—7

明清瓷器纹饰鉴定.人物纹饰卷 / 铁源主编.—北京：华龄出版社,2001(老古董丛书)
7—80082—972—3

青白瓷鉴定与鉴赏 / 彭涛,石凡著.—南昌：江西美术出版社,2004(名窑名瓷名家鉴赏丛书)
7—80690—320—8

紫砂壶全书 / 韩其楼编著.—福州：福建美术出版社,2002
7—5393—1088—X

陶瓷与中国文化 / 朱顺龙,李建军编著.—上海：汉语大词典出版社,2003
7—5432—0787—7

江西陶瓷史 / 余家栋著.—开封：河南大学出版社,1997
7—81041—382—1

景德镇陶瓷文化概论 / 陈雨前,郑乃章,李兴华著.—南昌：江西高校出版社,2004
7—81075—309—6

景德镇民窑 / 方李莉著.—北京：人民美术出版社,2002
7—102—01872—X

古籍刻工名录 / 张振铎编. —上海：上海书店出版社,1996

　　7—80622—098—4

明代磁州窑瓷器 / 郭学雷著. —北京：文物出版社,2005

　　7—5010—1714—X

中国古陶瓷与多元统计分析 / 罗宏杰编著. —北京：中国轻工业出版社,1997

　　7—5019—2124—5

楚系青铜器研究 / 刘彬徽著. —武汉：湖北教育出版社,1995(楚学文库)

　　7—5351—1109—2

长江流域青铜器研究 / 施劲松著. —北京：文物出版社,2003(考古新视野丛书)

　　7—5010—1445—0

西周青铜器年代综合研究 / 彭裕商著. —成都：巴蜀书社,2003(四川大学古文字研究丛书)

　　7—80659—453—1

西周青铜器分期断代研究 / 王世民,陈公柔,张长寿著. —北京：文物出版社,1999(夏商周断代工程报告集)

　　7—5010—1183—4

古代中国青铜器 / 朱凤瀚著. —天津：南开大学出版社,1995

　　7—310—00686—0

中国青铜器研究 / 马承源著. —上海：上海古籍出版社,2002

　　7—5325—3331—X

唐代金银器研究 / 齐东方著. —北京：中国社会科学出版社,1999(唐研究基金会丛书)

　　7—5004—2457—4

战国秦汉漆器艺术 / 胡玉康著. —西安：陕西人民美术出版社,2003

　　7—5368—1689—8

中国古代漆器鉴赏 / 聂菲著. —成都：四川大学出版社,2002

　　7—5614—2362—4

中国玉器 / 方泽编著. —天津：百花文艺出版社,2003

　　7—5306—3616—2

古玉史论 / 杨伯达著. —北京：紫禁城出版社,1998(文物鉴赏)

　　7—80047—232—9

古代玉器通论 / 尤仁德著. —北京：紫禁城出版社,2002(中国考古文物通论丛书)

　　7—80047—329—5

中国玉文化玉学论丛. 三编 / 杨伯达主编. —北京：紫禁城出版社,2005

　　7—80047—506—9

中国玉文化 / 姚士奇著. —南京：凤凰出版社,2004

　　7—80643—837—8

中国古代玉器 / 殷志强编著. —上海：上海文化出版社,2000

　　7—80646—103—5

说文部首形义通释 / 董莲池著. —长春：东北师范大学出版社,2000(东北师范大学文库)

　　7—5602—2649—3

文字考古：对中国古代神话巫术文化与原始意识的解读. 第一册 / 周清泉著. —成都：四川人民出版社,2003

　　7—220—06183—8

吐鲁番出土文书词语考释 / 王启涛编著. —成都：巴蜀书社,2005

　　7—80659—716—6

简牍帛书发现与研究 / 赵超著.—福州：福建人民出版社,2005(二十世纪中国人文学科学术研究史丛书)

7—211—04678—3

甲骨文田猎刻辞研究 / 陈炜湛著.—南宁：广西教育出版社,1995

7—5435—2259—4

甲骨学一百年 / 王宇信,杨升南主编.—北京：社会科学文献出版社,1999("甲骨学一百年"成果)

7—80149—200—5

甲骨学商史论丛初集(外一种) / 胡厚宣著.—石家庄：河北教育出版社,2002(二十世纪中国史学名著)

7—5434—4895—5

甲骨文与商代文化 / 赵诚著.—沈阳：辽宁人民出版社,2000(汉字与文化丛书)

7—205—04151—1

异辞录 / 刘体仁著;张国宁点校.—太原：山西古籍出版社,1996(民国笔记小说大观)

7—80598—128—0

甲金语言文字研究论集 / 喻遂生著.—成都：巴蜀书社,2002(西南师范大学汉语言文字学研究丛书)

7—80659—430—2

回忆邓子恢 / 柯克明编写;《回忆邓子恢》编辑委员会编.—北京：人民出版社,1996

7—01—002407—3

甲骨文动词词汇研究 / 陈年福著.—成都：巴蜀书社,2001

7—80659—247—4

殷墟甲骨刻辞词类研究 / 杨逢彬著.—广州：花城出版社,2003

7—5360—4182—9

贺龙年谱 / 李烈主编.—北京：人民出版社,1996

7—01—002327—1

甲骨文论集 / 陈炜湛著.—上海：上海古籍出版社,2003

7—5325—3472—3

甲骨文语法学 / 张玉金著.—上海：学林出版社,2001

7—80668—055—1

20 世纪甲骨语言学 / 张玉金著.—上海：学林出版社,2003

7—80668—404—2

甲骨文字学述要 / 邹晓丽,李彤,冯丽萍著.—长沙：岳麓书社,1999

7—80520—748—8

甲骨文合集释文 / 胡厚宣主编.—北京：中国社会科学出版社,1999

7—5004—2521—X

当代西藏简史 / 丹增主编.—北京：当代中国出版社,1996

7—80092—513—7

中国回族金石录 / 余振贵,雷晓静主编.—银川：宁夏人民出版社,2001(中国回族古籍丛书)

7—227—02260—9

近出殷周金文集录 / 刘雨,卢岩编著.—北京：中华书局,2002

7—101—02732—6

安徽出土金文订补 / 崔恒升著.—合肥：黄山书社,1998(安徽古籍丛书)

7—80535—503—7

西周金文文字系统论 / 张再兴著.—上海：华东师范大学出版社,2004

7—5617—3643—6

洪洞介休水利碑刻辑录 / 董竹三,冯俊杰编著.—北京:中华书局,2003(陕山地区水资源与民间社会调查资料集)

7—101—03929—4

汉代武氏墓群石刻研究 / 蒋英炬,吴文祺著.—济南:山东美术出版社,1995

7—5330—0916—9

辽代石刻文编 / 向南编.—北京:北教育出版社,1995

7—5434—2365—0

内蒙古辽代石刻文研究 / 盖之庸编著.—呼和浩特:内蒙古大学出版社,2002

7—81074—345—7

广东碑刻集 / 谭棣华等编.—广州:广东高等教育出版社,2001(广东省博物馆丛书)

7—5361—2543—7

古突厥碑铭研究 / 芮传明著.—上海:上海古籍出版社,1998

7—5325—2469—8

山西戏曲碑刻辑考 / 冯俊杰等编著.—北京:中华书局,2002

7—101—03114—5

独龙江和独龙族综合研究 / 何大明,李恒主编.—昆明:云南科技出版社,1996

7—5416—0952—8

巴蜀道教碑文集成 / 龙显昭,黄海德主编.—成都:四川大学出版社,1997

7—5614—1456—0

汉魏晋南北朝诔碑文研究 / 黄金明编著.—北京:人民文学出版社,2005(中国古典文学研究丛书)

7—02—004949—4

唐代碑石与文化研究 / 牛致功著.—西安:三秦出版社,2002

7—80628—563—6

中国古代石刻概论 / 赵超著.—北京:文物出版社,1997(中国传统文化研究丛书)

7—5010—0927—9

洛阳出土北魏墓志选编 / 洛阳市文物局编;朱亮主编.—北京:科学出版社,2001(洛阳文物与考古)

7—03—008655—4

临海墓志集录 / 马曙明,任林豪主编;丁伋点校.—北京:宗教文化出版社,2002

7—80123—386—7

高句丽历史研究 / 刘子敏著.—延吉:延边大学出版社,1996

7—5634—0911—4

唐代墓志汇编续集 / 周绍良,赵超主编.—上海:上海古籍出版社,2001

7—5325—2781—6

洛阳新出土墓志释录 / 杨作龙,赵水森等编著.—北京:北京图书馆出版社,2004(洛阳师范学院河洛文化研究书系)

7—5013—2589—8

洛阳出土墓志研究文集 / 赵振华主编;洛阳古代艺术馆编.—北京:朝华出版社,2002(洛阳文物考古丛书)

7—5054—0782—1

郭店楚简研究 /《中国哲学》编委会编.—沈阳:辽宁教育出版社,1999(中国哲学)

7—5382—5405—6

居延汉简簿籍分类研究 / 李天虹著.—北京:科学出版社,2003

7—03—011583—X

上海博物馆藏战国楚竹书《诗论》解义 / 黄怀

信著.—北京：社会科学文献出版社,2004

7—80190—195—9

楚系简帛文字编 / 腾壬生编著.—武汉：湖北教育出版社,1995(楚学文库)

7—5351—1575—6

云梦龙岗秦简 / 刘信芳,梁柱编著.—北京：科学出版社,1997(湖北省博物馆丛书)

7—03—005934—4

张家山汉墓竹简：二四七号墓 / 张家山二四七号汉墓竹简整理小组编著.—北京：文物出版社,2001

7—5010—1257—1

吴简研究.第一辑 / 北京吴简研讨班编.—武汉：崇文书局,2004(崇文学术文库·吴简研究书系)

7—5403—0763—3

简帛佚籍与学术史 / 李学勤著.—南昌：江西教育出版社,2001(鹅湖学术丛书)

7—5392—3606—X

简牍文书学 / 李均明,刘军著.—南宁：广西教育出版社,1999(简牍文书学丛书)

7—5435—2808—8

郭店老子与太一生水 / 邢文主编.—北京：学苑出版社,2005(学苑海外中国学译丛)

7—5077—2587—1

魏晋南北朝民族史 / 白翠琴著.—成都：四川民族出版社,1996(中国历代民族史丛书)

7—5409—1770—9

八桂边寨的民俗与旅游 / 苏韶芬.—北京：旅游教育出版社,1996(中国民俗·旅游丛书)

7—5637—0575—9

额济纳汉简 / 魏坚主编;内蒙古自治区文物考古研究所等联合整理.—桂林：广西师范大学出版社,2005

7—5633—5247—3

上博馆藏战国楚竹书研究 / 朱渊清,廖名春主编;上海大学古代文明研究中心,清华大学思想文化研究所编.—上海：上海书店出版社,2002

7—80622—781—4

汉简研究 / （日）大庭脩著;徐世虹译.—桂林：广西师范大学出版社,2001

7—5633—3299—5

尹湾汉墓简牍综论 / 连云港市博物馆,中国文物研究所编.—北京：科学出版社,1999

7—03—006874—2

阜阳汉简《周易》研究 / 韩自强著.—上海：上海古籍出版社,2004

7—5325—3724—2

郭店楚简文字编 / 张守中,孙小沧,郝建文撰集.—北京：文物出版社,2000

7—5010—1210—5

包山楚简初探 / 陈伟著.—武汉：武汉大学出版社,1996

7—307—02240—0

楚国简帛文字构形系统研究 / 李运富著.—长沙：岳麓书社,1997

7—80520—828—X

居延汉简与汉代社会 / 李振宏著.—北京：中华书局,2003

7—101—03314—8

简帛数术文献探论 / 刘乐贤著.—武汉：湖北教育出版社,2003(新出简帛研究丛书)

7—5351—3425—4

简帛文献与古代法文化 / 崔永东著.—武汉：湖北教育出版社,2003(新出简帛研究丛书)

7—5351—3422—X

秦封泥集 / 周晓陆,路东之编著.—西安:三秦出版社,2000(陕西金石文献汇集)

7—80628—221—1

封泥:发现与研究 / 孙慰祖著.—上海:上海书店出版社,2002(中国古文字三大遗存)

7—80622—945—0

斯坦因所获吐鲁番文书研究 / 陈国灿著.—2版修订本.—武汉:武汉大学出版社,1997(武汉大学学术丛书)

7—307—02629—5

新出吐鲁番文书及其研究 / 柳洪亮著.—乌鲁木齐:新疆人民出版社,1997

7—228—04271—9

简帛文献《五行》笺证 / 魏启鹏撰.—北京:中华书局,2005(二十世纪出土简帛文献校释及研究丛书)

7—101—04561—8

中国出土古文献十讲 / 裘锡圭著.—上海:复旦大学出版社,2004(名家专题精讲)

7—309—04240—9

建始人遗址 / 郑绍华主编.—北京:科学出版社,2004(国家"九五"攀登专项"早期人类起源及环境背景的研究"系列专著之一)

7—03—013433—8

中国古人类遗址 / 吴汝康,吴新智主编;吴新智,黄慰文,祁国琴编著.—上海:上海科技教育出版社,1999

7—5428—1975—5

交河故城保护与研究 / 解耀华主编.—乌鲁木齐:新疆人民出版社,1999

7—228—05451—2

偃师商城初探 / 杜金鹏著.—北京:中国社会科学出版社,2003

7—5004—4143—6

郑洛地区新石器时代聚落的演变 / 赵春青著.—北京:北京大学出版社,2001

7—301—05016—X

周口店洞穴层采掘记 / 裴文中著.—北京:地震出版社,2001

7—5028—0998—8

郧县人 / 李天元主编.—武汉:湖北科学技术出版社,2001

7—5352—2747—3

宋代耀州窑址 / 陕西省考古研究所,耀州窑博物馆编.—北京:文物出版社,1998

7—5010—1103—6

楚系墓葬研究 / 郭德维著.—武汉:湖北教育出版社,1995(楚学文库)

7—5351—1292—7

固原南郊隋唐墓地 / 罗丰编著.—北京:文物出版社,1996

7—5010—0846—9

大汉楚王:徐州西汉楚王陵墓文物辑萃 / 中国国家博物馆,徐州博物馆编辑.—北京:中国社会科学出版社,2005

7—5004—5351—5

秦兵马俑坑 / 袁仲一著.—北京:文物出版社,2003(20世纪中国文物考古发现与研究丛书)

7—5010—1393—4

黄河中下游地区的东周墓葬制度 / 印群著.—北京:社会科学文献出版社,2001(东方历史学术文库)

7—80149—586—1

魏晋南北朝壁画墓研究 / 郑岩著.—北京:文物出版社,2002(考古新视野丛书)

7—5010—1359—4

中国古代陵寝制度史研究 / 杨宽著.—上海:

上海人民出版社,2003(杨宽著作系列丛书)

    7—208—03829—5

曾侯乙墓 / 谭维四著.—北京:三联书店,
2003(中国重大考古发掘记)

    7—108—01759—8

原州古墓集成 / 宁夏回族自治区固原博物馆,
中日原州联合考古队编.—北京:文物出版
社,1999

    7—5010—1121—4

前蜀王建墓发掘报告 / 冯汉骥撰.—2 版.—
北京:文物出版社,2002(考古学专刊)

    7—5010—1386—1

内蒙古地区鲜卑墓葬的发现与研究 / 魏坚主
编;内蒙古自治区文物考古研究所编.—北京:科
学出版社,2004

    7—03—012546—0

法兰西第三共和国兴衰史 / 楼均信主编.—北
京:人民出版社,1996

    7—01—002181—3

内蒙古中南部汉代墓葬 / 魏坚编著.—北京:
中国大百科全书出版社,1998

    7—5000—5904—3

恽寿平 / 杨臣彬著.—长春:吉林美术出版
社,1996(明清中国画大师研究丛书)

    7—5386—0552—5

秦始皇陵兵马俑文物保护研究 / 张志军著.—
西安:陕西人民教育出版社,1998(秦俑秦文化丛
书)

    7—5419—7178—2

云南建筑史 / 张增祺著.—昆明:云南美术出
版社,1999

    7—80586—567—1

商周艺术 / 谢崇安著.—成都:巴蜀书

社,1997

    7—80523—794—8

丝绸之路石窟壁画彩塑保护 / 李最雄编著.—
北京:科学出版社,2005

    7—03—016160—2

日本战后五十年:1945—1995 / 王振锁著.—
北京:世界知识出版社,1996

    7—5012—0686—4

中国石窟艺术总论 / 阎文儒著.—桂林:广西
师范大学出版社,2003

    7—5633—4105—6

苏雪林自传 / 苏雪林著.—南京:江苏文艺出
版社,1996(名人自传丛书)

    7—5399—1043—7

敦煌工匠史料 / 马德编著.—兰州:甘肃人民
出版社,1997

    7—226—01835—7

敦煌石窟艺术概论 / 郑炳林,沙武田编著.—
兰州:甘肃文化出版社,2005

    7—80714—060—7

董作宾卷 / 裘锡圭,胡振宇编校.—石家庄:
河北教育出版社,1996(中国现代学术经典)

    7—5434—2969—1

敦煌建筑研究 / 萧默著.—北京:机械工业出
版社,2003

    7—111—11154—0

楚国史 / 魏昌著.—武汉:武汉出版社,1996

    7—5430—1602—8

云冈石窟文化 / 赵一德著.—太原:北岳文艺
出版社,1998(三晋文化研究丛书)

    7—5378—1873—8

龙门石窟艺术 / 宫大中著.—增订本.—北京:

人民美术出版社,2002

　　7—102—01825—8

麦积山石窟志／张锦秀编撰;麦积山石窟志编撰委员会编.—兰州:甘肃人民出版社,2002

　　7—226—02572—8

荆湘民间文学与楚文化:楚文化探踪／巫瑞书著.—长沙:岳麓书社,1996(中国传统文化研究丛书)

　　7—80520—648—1

现代上海大事记／任建树主编.—上海:上海辞书出版社,1996

　　7—5326—0332—6

巴中石窟／杨希明主编;巴中市文管所,成都市文物考古研究所编.—成都:巴蜀书社,2003

　　7—80659—511—2

广元石窟／罗宗勇主编;雷玉华,王剑平执笔.—成都:巴蜀书社,2002

　　7—80659—415—9

岩画及墓葬壁画／岳邦湖等著.—兰州:敦煌文艺出版社,2004(遥望星宿·甘肃考古文化丛书)

　　7—80587—609—6

中国书画鉴定学稿／杨仁恺著.—沈阳:辽海出版社,2000

　　7—80649—254—2

罗振玉评传／罗琨,张永山著.—南昌:百花洲文艺出版社,1996(国学大师丛书)

　　7—80579—626—2

汉墓神画研究:神话与神话艺术精神的考察与分析／李立著.—上海:上海古籍出版社,2004

　　7—5325—3930—X

中华五千年纪事本末／宁可主编.—北京:人民出版社,1996

　　7—01—002225—9

唐代墓室壁画研究／李星明著.—西安:陕西人民美术出版社,2005

　　7—5368—1825—4

陕北汉代画像石／李林等编著.—西安:陕西人民出版社,1995(陕西文物精华丛书)

　　7—224—03323—5

发现岩画／李祥石著.—银川:宁夏人民出版社,2005(西北第二民族学院学术文库)

　　7—227—02812—7

巴蜀汉代画像集／龚廷万,龚玉,戴嘉陵编著.—北京:文物出版社,1998

　　7—5010—1110—9

汉代画像石与画像砖／蒋英炬,杨爱国著.—北京:文物出版社,2001(20世纪中国文物考古发现与研究丛书)

　　7—5010—1219—9

古代岩画／陈兆复著.—北京:文物出版社,2002(20世纪中国文物考古发现与研究丛书)

　　7—5010—1267—9

辜鸿铭评传／孔庆茂著.—南昌:百花洲文艺出版社,1996(国学大师丛书)

　　7—80579—581—9

汉代画像石通论／王建中著.—北京:紫禁城出版社,2001(中国考古文物通论丛书)

　　7—80047—330—9

中国岩画学／盖山林著.—北京:书目文献出版社,1995(中国石文化丛书)

　　7—5013—1109—9

汉画考释和研究／李发林著.—北京:中国文联出版社,2000(中华学人文稿)

　　7—5059—3200—4

内蒙古岩画的文化解读／盖山林,盖志浩著.—北京:北京图书馆出版社,2002

7—5013—2067—5

共和国经济风云中的陈云 / 孙业礼,熊亮华著.—北京:中央文献出版社,1996

7—5073—0323—3

东亚古物.A卷 / 王仁湘,汤惠生主编;南京师范大学文博系编.—北京:文物出版社,2004

7—5010—1715—8

东方考古.第1集 / 山东大学东方考古研究中心编.—北京:科学出版社,2004

7—03—014675—1

俄国东西伯利亚与远东考古 / 冯恩学著.—长春:吉林大学出版社,2002

7—5601—2769—X

徽州民俗 / 卞利著.—合肥:安徽人民出版社,2005(徽州文化全书)

7—212—02583—6

中国风俗史 / 张亮采著.—北京:团结出版社,2005(民国珍本丛刊)

7—80130—969—3

中外民族民俗 / 姜若愚,张国杰主编.—北京:旅游教育出版社,2004(全国旅游专业系列教材)

7—5637—1179—1

大戴礼记汇校集注 / 黄怀信主撰;孔德立,周海生参撰.—西安:三秦出版社,2005

7—80628—862—7

中国苗族服饰研究 / 张永发主编;中国民族博物馆编.—北京:民族出版社,2004

7—105—06495—1

中国都市民俗学 / 陶思炎等著.—南京:东南大学出版社,2004

7—81089—741—1

西南彝族服饰文化历史地理 / 张英著.—北京:民族出版社,2005

7—105—06999—6

江绍原民俗学论集 / 江绍原著;王文宝,江小蕙编.—上海:上海文艺出版社,1998(东方民俗学林)

7—5321—1755—3

民俗学导论 / 叶涛,吴存浩著.—济南:山东教育出版社,2002(高等院校民俗学系列教材)

7—5328—3799—8

古俗遗风 / 陈江风著.—上海:上海文艺出版社,1998(民俗随笔丛书)

7—5321—1743—X

吉祥物设计:2003年设计新理念 / 阎评编著.—西安:陕西人民美术出版社,2003(艺术院校系列教材)

7—5368—1594—8

应用民俗学 / 陶思炎著.—南京:江苏教育出版社,2001

7—5343—4255—4

艺术民俗学 / 张士闪编著.—济南:泰山出版社,2000

7—80634—188—9

经济民俗学 / 何学威著.—北京:中国建材工业出版社,2000

7—80090—980—8

当代华南的宗族与社会 / 周大鸣等著.—哈尔滨:黑龙江人民出版社,2003(人类学高级论坛文库)

7—207—06114—5

周作人民俗学论集 / 吴平,邱明一编.—上海:上海文艺出版社,1999(东方民俗学林)

7—5321—1821—5

刘魁立民俗学论集 / 刘魁立著.—上海:上海文艺出版社,1998(东方民俗学林)

7—5321—1741—3

顾颉刚民俗学论集 / 钱小柏编. —上海：上海文艺出版社,1998（东方民俗学林）

7—5321—1776—6

民俗解析 /（美）邓迪斯著；户晓辉编译. —桂林：广西师范大学出版社,2005（民间文化新经典译丛）

7—5633—5130—2

现代礼仪基础 / 赵关印主编. —2 版. —北京：气象出版社,2001（礼仪丛书）

7—5029—2387—X

公关与商务礼仪 / 王水华编著. —南京：东南大学出版社,2001

7—81050—717—6

古代人牲人殉通论 / 黄展岳著. —北京：文物出版社,2004

7—5010—1679—8

中外民俗 / 梁学成著. —西安：西北大学出版社,2002

7—5604—1666—7

交际礼仪学 / 李鸿军,石慧著. —2 版. —武汉：华中科技大学出版社,2004（交际学丛书）

7—5609—2932—X

国际礼仪 / 金正昆编著. —北京：北京大学出版社,2005（现代礼仪丛书）

7—301—09364—0

民俗风情旅游 / 邓永进,薛群慧,赵伯乐著. —昆明：云南大学出版社,1997（现代旅游经济. 文化系列丛书）

7—81025—867—2

中英（英语国家）文化习俗比较 / 杜学增著. —北京：外语教学与研究出版社,1999（跨文化交际丛书）

7—5600—1498—4

中国民俗学教程 / 苑利,顾军著. —北京：光明日报出版社,2003（光明学术文库）

7—80145—801—X

六朝民俗 / 张承宪著. —南京：南京出版社,2002（六朝文化丛书）

7—80614—709—8

中国民俗学概论 / 田晓岫编著. —北京：华夏出版社,2003（民族学教材研究丛书）

7—5080—3015—X

中国民俗研究史 / 王文宝著. —哈尔滨：黑龙江人民出版社,2003（人参娃系列丛书）

7—207—05930—2

文物民俗学 / 吴诗池,邱志强著. —哈尔滨：黑龙江人民出版社,2003（人参娃系列丛书）

7—207—05941—8

生态民俗学 / 江帆著. —哈尔滨：黑龙江人民出版社,2003（人参娃系列丛书）

7—207—05942—6

社会民俗学 / 顾希佳著. —哈尔滨：黑龙江人民出版社,2003（人参娃系列丛书）

7—207—05944—2

泛民俗学 / 徐华龙著. —哈尔滨：黑龙江人民出版社,2003（人参娃系列丛书）

7—207—05943—4

说话的文化：民俗传统与现代生活 / 董晓萍著. —北京：中华书局,2002（文史知识文库）

7—101—03172—2

古代中国的节庆与歌谣 /（法）葛兰言著；赵丙祥,张宏明译. —桂林：广西师范大学出版社,2005（现代人类学经典译丛）

7—5633—5479—4

一个外国人眼中的中国民俗 ／（美）R. D. 詹姆森著；田小杭，阎苹译.—上海：上海文艺出版社，1995（域内外民俗学丛刊）
7—5321—1324—8

中国古代的婚姻 ／任寅虎著.—北京：商务印书馆国际有限公司，1996（中国古代生活丛书）
7—80103—033—8

风俗探幽 ／陶思炎著.—南京：东南大学出版社，1995（中国民间文化探幽丛书）
7—81023—991—0

谐音民俗 ／张廷兴著.—北京：中央民族大学出版社，2000（中华民俗丛书）
7—81056—047—6

中国服饰史 ／黄能馥，陈娟娟著.—上海：上海人民出版社，2004（专题史系列丛书）
7—208—05313—8

中国民间禁忌 ／任骋著.—增补本.—北京：中国社会科学出版社，2004
7—5004—4207—6

民俗文化学：梗概与兴起 ／钟敬文著；董晓萍编.—北京：中华书局，1996
7—101—01575—1

历代社会风俗事物考 ／尚秉和著；木东，杨晟盛点校.—南京：江苏古籍出版社，2002
7—80643—161—6

二十世纪中国民俗学经典.信仰民俗卷 ／苑利主编.—北京：社会科学文献出版社，2002
7—80149—665—5

中国风俗通史.秦汉卷 ／陈高华，徐吉军主编；彭卫，杨振红著.—上海：上海文艺出版社，2002
7—5321—2323—5

中国风俗通史.清代卷 ／陈高华，徐吉军主编；林永匡，袁立泽著.—上海：上海文艺出版社，2001

7—5321—2266—2

中国风俗通史.宋代卷 ／陈高华，徐吉军主编；徐吉军等著.—上海：上海文艺出版社，2001
7—5321—2288—3

中国风俗通史.隋唐五代卷 ／陈高华，徐吉军主编；吴玉贵著.—上海：上海文艺出版社，2001
7—5321—2256—5

中国风俗通史.魏晋南北朝卷 ／陈高华，徐吉军主编，张承宗著.—上海：上海文艺出版社，2001
7—5321—2216—6

中国风俗通史.夏商卷 ／陈高华，徐吉军主编，宋镇豪著.—上海：上海文艺出版社，2001
7—5321—2235—2

中国风俗通史.原始社会卷 ／陈高华，徐吉军主编，宋兆麟著.—上海：上海文艺出版社，2001
7—5321—2221—2

中国民俗学史 ／王文宝著.—成都：巴蜀书社，1995
7—80523—651—8

田野民俗志 ／董晓萍著.—北京：北京师范大学出版社，2003
7—303—06235—1

实用中国民俗学 ／赵杏根，陆湘怀著.—南京：东南大学出版社，2005
7—5641—0052—4

建立中国民俗学派 ／钟敬文著.—哈尔滨：黑龙江教育出版社，1999
7—5316—3719—7

民俗文化新论 ／乌丙安著.—沈阳：辽宁大学出版社，2001
7—5610—3989—1

中国吉祥文化 ／沈利华，钱玉莲著.—呼和浩

特：内蒙古人民出版社,2005

7—204—07793—8

中国风俗之谜 / 完颜绍元编著. —上海：上海辞书出版社,2002

7—5326—0843—3

中国民俗文化学导论 / 仲富兰著. —杭州：浙江人民出版社,1998

7—213—01726—8

中国女性民俗文化 / 邢莉主编. —北京：中国档案出版社,1995

7—80019—503—1

中日习俗文化比较 / 秦明吾主编. —北京：中国建材工业出版社,2004

7—80159—662—5

岁时节令：图说古代节俗文化 / 冯贤亮著. —扬州：广陵书社,2004(图说古代社会生活)

7—80694—035—9

岁时民俗与古小说研究 / 李道和编. —天津：天津古籍出版社,2004(学者文丛)

7—80696—023—6

满族历史与文化 / 王钟翰主编；中央民族大学满学研究所,沈阳故宫博物院编. —北京：中央民族大学出版社,1996

7—81056—012—3

岁时：传统中国民众的时间生活 / 萧放著. —北京：中华书局,2002

7—101—03182—X

中国红军长征史 / 力平,余熙山,殷子贤著. —北京：中共党史出版社,1996

7—80023—959—4

中国少数民族生育文化 / 陈长平,陈胜利,席小平主编. —北京：中国人口出版社,2005

7—80079—913—1

中国传统节日文化 / 杨琳著. —北京：宗教文化出版社,2000

7—80123—270—4

长江流域的岁时节令 / 夏日新著. —武汉：湖北教育出版社,2004(长江文化研究文库·社会生活系列)

7—5351—3966—3

小妾史 / 王绍玺著. —上海：上海文艺出版社,1995(中国社会民俗史丛书)

7—5321—1299—3

中国民俗通志.婚嫁志 / 吴存浩著；齐涛主编. —济南：山东教育出版社,2005

7—5328—4789—6

中国民俗通志.丧葬志 / 齐涛主编；石奕龙著. —济南：山东教育出版社,2005

7—5328—5214—8

生肖龙 / 刘德龙,张廷兴著. —济南：齐鲁书社,2005(十二生肖与中国文化丛书)

7—5333—1377—1

生肖与中国文化 / 吴裕成著. —北京：人民出版社,2003(中国文化新论丛书)

7—01—003926—7

中华生育文化导论 / 潘贵玉主编. —北京：中国人口出版社,2001

7—80079—673—6

张爱玲传 / 胡辛著. —北京：作家出版社,1996(胡辛自选集)

7—5063—0918—1

衣冠灿烂：中国古代服饰巡礼 / 赵超,熊存瑞著. —成都：四川教育出版社,1996(华夏文明探秘丛书)

7—5408—2951—6

土家族婚俗与婚礼歌 / 陈廷亮,彭南均著. —

北京：民族出版社,2005(吉首大学民族研究文库)

    7—105—07215—6

汉代丧葬礼俗 / 李如森著.—沈阳：沈阳出版社,2003(木鱼石书屋)

    7—5441—2161—5

中国丧服制度史 / 丁凌华著.—上海：上海人民出版社,2000(社会转型与法律学术丛书)

    7—208—03306—4

云南甲马 / 杨郁生著.—昆明：云南人民出版社,2002(西部民俗艺术)

    7—222—03145—6

逝者的庆典：云南民族丧葬 / 和少英编著.—昆明：云南教育出版社,2000(云南民族文化知识丛书)

    7—5415—1800—X

婚嫁趣谈 / 完颜绍元著.—上海：上海古籍出版社,2003(中国民俗文化丛书)

    7—5325—3299—2

婚丧礼俗面面观 / 王增永,李仲祥著.—济南：齐鲁书社,2001(中国民俗文化面面观)

    7—5333—0901—4

水书,丧葬卷 / 贵州省民族古籍整理办公室,贵州省黔南布依族苗族自治州民族宗教事务局,贵州省三都水族自治县人民政府编;王品魁,潘朝霖译注.—贵阳：贵州民族出版社,2005(中国水书系列)

    7—5412—1272—5

汉代丧葬制度 / 李如森著.—长春：吉林大学出版社,1995

    7—5601—1688—4

中国丧葬史 / 徐吉军著.—南昌：江西高校出版社,1998

    7—81033—761—0

中国婚姻家庭史 / 祝瑞开主编.—上海：学林出版社,1999

    7—80616—702—1

清朝满蒙联姻研究 / 杜家骥著.—北京：中国人民大学出版社,2003

    7—01—003869—4

洋务运动 / 徐庆全编著.—北京：中国国际广播出版社,1996(爱国主义教育丛书)

    7—5078—1324—X

藏族服饰史 / 杨清凡著.—西宁：青海人民出版社,2003(藏学文库)

    7—225—02240—7

长江流域服饰文化 / 刘玉堂,张硕著.—武汉：湖北教育出版社,2005(长江文化研究文库 / 社会生活系列)

    7—5351—4353—9

服饰民俗学 / 华梅著;董克诚插图.—北京：中国纺织出版社,2004(服饰文化学丛书)

    7—5064—3087—8

中国服饰史教程 / 孙世圃编著.—北京：中国纺织出版社,1999(高等教育自学考试服装设计专业教材)

    7—5064—1532—1

中国服饰史 / 沈从文,王予予著.—西安：陕西师范大学出版社,2004(花生文库)

    7—5613—2949—0

客家服饰文化 / 郭丹,张佑周著.—福州：福建教育出版社,1995(客家文化丛书)

    7—5334—1938—3

东方霓裳：解读中国少数民族服饰 / 段梅著.—北京：民族出版社,2004(民族文化研究系列丛书)

    7—105—06100—6

中国现代服装史 / 安毓英,金庚荣著.—北京:中国轻工业出版社,1999(现代服装基础理论、技术丛书)

7—5019—2358—2

中国服饰史稿 / 朱和平著.—郑州:中州古籍出版社,2001(学人文库)

7—5348—2049—9

符号与象征:中国少数民族服饰文化 / 杨鹍国著.—北京:北京出版社,2000(中国少数民族文化探索丛书)

7—200—03915—2

上海春秋 / 曹聚仁著;曹雷,曹宪镛编.—上海:上海人民出版社,1996

7—208—02237—2

中国西域民族服饰研究 / 李肖冰著;祁小山等摄影;韩连芬等绘画.—乌鲁木齐:新疆人民出版社,1995

7—228—03044—3

中国民族服饰文化研究 / 戴平著.—上海:上海人民出版社,2000

7—208—03359—5

中国服饰文化 / 张志春编著.—北京:中国纺织出版社,2001

7—5064—1938—6

中华历代服饰艺术 / 黄能馥,陈娟娟著.—北京:中国旅游出版社,1999

7—5032—1648—4

云南少数民族服饰:云南省博物馆馆藏服饰精品 / 李昆声,周文林主编.—昆明:云南美术出版社,2002

7—80586—845—X

近代中国女装实录 / 包铭新著.—上海:东华大学出版社,2004

7—81038—887—8

象征:对一种民间文化模式的考察 / 刘锡诚著.—北京:学苑出版社,2002(三足乌文丛)

7—5077—1110—2

象征与社会:中国民间文化的探讨 / 王铭铭,潘忠党主编.—天津:天津人民出版社,1997(社会学人类学论丛)

7—201—03000—0

中国寿文化 / 殷伟,殷斐然编著.—昆明:云南人民出版社,2005(中国民间吉祥文化丛书)

7—222—04345—4

中国禄文化 / 殷伟,殷斐然编著.—昆明:云南人民出版社,2005(中国民间吉祥文化丛书)

7—222—04344—6

戴着面具起舞:中国傩文化 / 刘凤芝著;中国(贵州)民间文化遗产抢救工程办公室,贵州省民间文艺家协会编.—哈尔滨:黑龙江人民出版社,2005(中国民间口头与非物质遗产推介丛书)

7—207—06576—0

中国上古祭祀文化 / 傅亚庶著.—2版.—北京:高等教育出版社,2005

7—04—017702—1

忘忧清乐:古代游艺文化 / 崔乐泉著.—南京:江苏古籍出版社,2002

7—80643—478—X

民间文化讲演集:中国首届民间文化高级研讨班 / 钟敬文主编.—南宁:广西民族出版社,1998

7—5363—3525—3

语言民俗 / 王作新著.—武汉:湖北教育出版社,2001(中华民俗风情丛书)

7—5351—2760—6

饮食风俗 / 姚伟钧,方爱平,谢定源著.—武汉:湖北教育出版社,2001(中华民俗风情丛书)

7—5351—2759—2

中国少数民族饮食文化荟萃 / 颜其香主编. —北京：商务印书馆国际有限公司,2001

7—80103—226—8

中国少数民族酒文化 / 何明,吴明泽著. —昆明：云南人民出版社,1999

7—222—02836—6

礼物的流动：一个中国村庄中的互惠原则与社会网络 / 阎云翔著；李放春,刘瑜译. —上海：上海人民出版社,2000(社会与文化丛书)

7—208—03243—2

仪式与社会变迁 / 郭于华主编. —北京：社会科学文献出版社,2000(现代社会学文库)

7—80149—372—9

语言民俗与中国文化 / 黄涛著. —北京：人民出版社,2002(中国文化新论丛书)

7—01—003699—3

礼仪与中国文化 / 顾希佳著. —北京：人民出版社,2001(中国文化新论丛书)

7—01—003297—1

中国礼仪文化 / 葛晨虹著. —北京：经济科学出版社,2001

7—5058—2584—4

傩俗史 / 钱茀著. —南宁：广西民族出版社,2000(中国社会民俗史)

7—5363—3821—X

禁忌与中国文化 / 万建中著. —北京：人民出版社,2001(中国文化新论丛书)

7—01—003281—5

游戏风情 / 赵庆伟,朱华忠著. —武汉：湖北教育出版社,2001(中华民俗风情丛书)

7—5351—2873—4

唐宋民间信仰 / 贾二强著. —福州：福建人民出版社,2002

7—211—04222—2

中国少数民族风土漫记 / 颜其香主编；黄凤祥副主编. —北京：农村读物出版社,2001

7—5048—3122—0

汉族风俗文化史纲 / 徐杰舜,周耀明著. —南宁：广西人民出版社,2001

7—219—04372—4

汉族民间风俗 / 徐杰舜著. —北京：中央民族大学出版社,1998

7—81056—140—5

回族民俗学概论 / 王正伟著. —银川：宁夏人民出版社,1999

7—227—01986—1

彝族羊文化与吉符 / 普珍著. —昆明：云南人民出版社,2001(彝族文化研究丛书)

7—222—03181—2

土族风情 / 星全成编著. —西宁：青海人民出版社,2001(青海旅游系列丛书)

7—225—01989—9

裕固族民俗文化研究 / 贺卫光,钟福祖著. —北京：民族出版社,2000(西北民族学院建校50周年献礼学术丛书)

7—105—03859—4

塔吉克族民俗文化 / 西仁·库尔班,伊明江·木拉提著. —乌鲁木齐：新疆大学出版社,2001(新疆少数民族语言文学民俗研究丛书)

7—5631—1370—3

佤族生活方式 / 赵岩社著；中国云南临沧地区沧源佤族自治县,中国云南民族学院孟高棉语教研组编. —昆明：云南民族出版社,2000

7—5367—2070—X

解密佤山 / 朱飞云,梁荔,刘军著. —昆明：云南美术出版社,2005

7—80695—279—9

佤族风情 / 陈卫东，王有明编著.—昆明：云南民族出版社，1999

7—5367—1776—8

色彩与纳西族民俗 / 白庚胜著.—北京：社会科学文献出版社，2001（东巴文化系列丛书）

7—80149—521—7

教育，在仪式中进行：摩梭人成年礼的教育人类学分析 / 吴晓蓉著.—重庆：西南师范大学出版社，2003（多元文化与民族教育文库.4）

7—5621—3001—9

九寨民俗：一个侗族社区的文化变迁 / 傅安辉，余达忠著.—贵阳：贵州人民出版社，1997（贵州民间文化研究丛书）

7—221—04092—3

中国侗族民俗与稻作文化 / 刘芝凤著.—北京：人民出版社，1999

7—01—002936—9

中国土家族民俗与稻作文化 / 刘芝凤著.—北京：人民出版社，2001

7—01—003362—5

羌族习惯法 / 俞荣根主编.—重庆：重庆出版社，2000

7—5366—5193—7

畲族风情 / 雷弯山著.—福州：福建人民出版社，2002（畲族研究书系）

7—211—03884—5

巴渝民俗风情 / 余云华著.—重庆：重庆出版社，2004（巴渝文化丛书）

7—5366—6500—8

山西民俗与山西人 / 乔润令著.—北京：中国城市出版社，1995（三晋文化研究丛书）

7—5074—0758—6

汾河两岸的民俗与旅游 / 段友文编著.—北京：旅游教育出版社，1995（中国民俗.旅游丛书）

7—5637—0567—8

梁实秋自传 / 梁实秋著.—南京：江苏文艺出版社，1996（名人自传丛书）

7—5399—0940—4

青海民俗 / 赵宗福，马成俊主编；唐仲山等撰稿.—兰州：甘肃人民出版社，2004（中国民俗大系）

7—226—02903—0

闽台民间信仰源流 / 林国平著.—福州：福建人民出版社，2003

7—211—04371—7

上海都市民俗 / 蔡丰明著.—上海：学林出版社，2001

7—80668—017—9

济南城市民俗 / 李万鹏编著.—济南：济南出版社，2001（齐鲁民俗丛书）

7—80629—592—5

塔吉克族 / 李晓霞著.—北京：民族出版社，1996

7—105—00641—2

台州民俗大观 / 叶泽诚主编；政协台州市文史资料和学习委员会，台州市民间文艺家协会编.—宁波：宁波出版社，1998（台州文史资料）

7—80602—257—0

温州民俗大全 / 叶大兵著.—乌鲁木齐：新疆人民出版社，1998

7—228—04791—5

泰顺廊桥 / 刘杰，沈为平著.—上海：上海人民美术出版社，2005

7—5322—4471—7

泉州习俗 / 陈垂成主编.—福州：福建人民出

版社,2004(泉州民俗文化丛书)

    7—211—04456—X

湖北民俗志 / 李德复,陈金安主编.—武汉:湖北人民出版社,2002

    7—216—03263—2

岭南民间文化 / 叶春生著.—广州:广东高等教育出版社,2000

    7—5361—2524—0

克孜尔石窟探秘 / 姚士宏著.—乌鲁木齐:新疆美术摄影出版社,1996

    7—80547—477—8

民俗文化与民俗旅游 / 吴忠军著.—南宁:广西民族出版社,2001

    7—5363—4020—6

中日文化交流史大系.2.法制卷 / 刘俊文,池田温主编.—杭州:浙江人民出版社,1996

    7—213—01295—9

西南民族节日文化 / 黄泽著.—昆明:云南教育出版社,1995(西南研究书系)

    7—5415—0947—7

云南少数民族服饰与节庆 / 龚正嘉撰文;刘建明等摄影.—北京:中国旅游出版社,2004

    7—5032—2400—2

世界屋脊的民俗与旅游 / 孙之龙编.—北京:旅游教育出版社,1995(中国民俗·旅游丛书)

    7—5637—0573—2

礼记校注 / 陈戌国撰.—长沙:岳麓书社,2004(古典名著标准读本)

    7—80665—418—6

周代礼俗研究 / 常金仓编著.—哈尔滨:黑龙江人民出版社,2005(金景芳师传学者文库.第一辑)

    7—207—06425—X

礼记正义 / (汉)郑玄注,(唐)孔颖达疏;龚抗云整理.—北京:北京大学出版社,1999(十三经注疏)

    7—301—02623—4

三礼通论 / 钱玄著.—南京:南京师范大学出版社,1996(中国传统文化研究丛书)

    7—81047—065—5

先秦礼乐文化 / 杨华著.—武汉:湖北教育出版社,1997(中国传统文化专题研究丛书)

    7—5351—1990—5

礼学思想体系探源 / 王启发著.—郑州:中州古籍出版社,2005(中国哲学前沿丛书)

    7—5348—2239—4

礼记译注 / 杨天宇撰.—上海:上海古籍出版社,1997(中华古籍译注丛书)

    7—5325—2134—6

中国礼仪之争:历史·文献和意义 / 李天纲著.—上海:上海古籍出版社,1998

    7—5325—2487—6

中国礼文化 / 邹昌林著.—北京:社会科学文献出版社,2000

    7—80149—300—1

三礼辞典 / 钱玄,钱兴奇编著.—南京:江苏古籍出版社,1998

    7—80519—435—1

先秦礼学思想与社会的整合 / 刘丰著.—北京:中国人民大学出版社,2003(中国社会史研究丛书)

    7—300—04829—3

先秦礼学 / 勾承益著.—成都:巴蜀书社,2002

    7—80659—368—3

丧服制度与传统法律文化 / 马建兴著.—北

京：知识产权出版社,2005(博士文库)

7—80198—197—9

唐代礼制研究 / 任爽著.—长春：东北师范大学出版社,1999(东北师范大学文库)

7—5602—2559—4

史讳举例 / 陈垣著.—新 1 版.—北京：中华书局,2004(国学入门丛书)

7—101—03623—6

谥法研究 / 汪受宽著.—上海：上海古籍出版社,1995(中国传统文化研究丛书)

7—5325—1858—2

商周祭祖礼研究 / 刘源著.—北京：商务印书馆,2004(中国社会科学院历史研究所专刊)

7—100—04128—7

文化冲撞中的制度惯性 / 李宝臣著.—北京：中国城市出版社,2002

7—5074—1385—3

楚国风俗志 / 宋公文,张君著.—武汉：湖北教育出版社,1995(楚学文库)

7—5351—1161—0

礼与传统文化 / 王琦珍编著.—南昌：江西高校出版社,1995(中华文化通俗丛书)

7—81033—388—7

民间灵气：癸未甲申田野考察档案 / 冯骥才著.—北京：作家出版社,2005

7—5063—3193—4

现代日本人的风俗习惯 / 马凤鸣主编.—大连：大连理工大学出版社,2001

7—5611—1884—8

共有的习惯 / （英）爱德华·汤普森著；沈汉,王加丰译.—上海：上海人民出版社,2002(社会与历史译丛)

7—208—04236—5

世界地理 / 杨青山,韩杰,丁四保主编.—北京：高等教育出版社,2004(区域地理系列教材)

7—04—014467—0

武陵山区古代文化概论 / 柴焕波编著.—长沙：岳麓书社,2004(湘西画卷)

7—80665—481—X

人文地理学新论 / 翟有龙,李传永编著.—成都：西南交通大学出版社,2004

7—81057—878—2

世界文化与自然遗产概论 / 孙克勤编著.—北京：中国地质大学出版社,2005

7—5625—1975—7

历史地理学探索 / 侯甬坚著.—北京：中国社会科学出版社,2004

7—5004—4587—3

地理学的性质：当前地理学思想述评 / （美）理查德·哈特向著；叶光庭译.—北京：商务印书馆,1996(汉译世界学术名著丛书)

7—100—01326—7

地理学习论 / 夏志芳著.—南宁：广西教育出版社,2001(学科现代教育理论书系)

7—5435—3324—3

地理学基础 / 潘玉君编著.—北京：科学出版社,2001(云南师范大学学术文库)

7—03—009050—0

现代地理科学导论 / 白光润主编.—上海：华东师范大学出版社,2003

7—5617—2840—9

系统科学及其在地理学中的应用 / 马建华,管华编著.—北京：科学出版社,2003

7—03—011169—9

地理科学与地理信息科学论 / 马蔼乃编著.—武汉：武汉出版社,2000

7—5430—2214—1

后现代地理学：重申批判社会理论中的空间 /
(美)爱德华. W. 苏贾著；王文斌译. —北京：商务
印书馆,2004(现代性研究译丛)

7—100—04039—6

**晚清西方地理学在中国：以 1815 至 1911 年西
方地理学译著的传播与影响为中心** / 邹振环著. —
上海：上海古籍出版社,2000(晚清学术书系)

7—5325—2719—0

西潮激荡下的晚清地理学 / 郭双林著. —北
京：北京大学出版社,2000(学术史丛书)

7—301—04508—5

中国传统地理学 / 于希贤主编. —昆明：云南
教育出版社,2002

7—5415—2208—2

城市社会地理学导论 / (美)保罗·诺克斯,
史蒂文·平奇著；柴彦威,张景秋等译. —北京：商
务印书馆,2005(当代地理科学译丛)

7—100—04080—9

人文地理学 / 王恩涌等编著. —北京：高等教
育出版社,2000(面向 21 世纪课程教材)

7—04—007972—0

城市地理学 / 周一星著. —北京：商务印书
馆,1995(现代地理科学理论丛书)

7—100—01523—5

新人文地理学 / 赫维人,潘玉君著. —北京：
中国社会科学出版社,2002(云南师范大学学术文
库)

7—5004—3322—0

德国南部中心地原理 / (德)沃尔特·克里斯
塔勒著；常正文,王兴中等译. —北京：商务印书
馆,1998

7—100—01888—9

**历史城市保护学导论：文化遗产和历史环境
的一种整体性方法** / 张松著. —上海：上海科学技
术出版社,2001

7—5323—6228—0

人文地理学导论 / 张小林等编著. —北京：测
绘出版社,1995

7—5030—0789—3

城市地理学 / 许学强等编著. —北京：高等教
育出版社,1997

7—04—006017—5

人类地理学概论 / 曾昭璇,曾宪纬,谢港基
著. —北京：科学出版社,1999

7—03—007600—1

后现代性与地理学的政治 / 包亚明主编. —上
海：上海教育出版社,2001(都市与文化：1)

7—5320—8002—1

地缘政治学：过去、现在和未来 / (英)杰弗
里·帕克著；刘从德译. —北京：新华出版社,2003
(国际问题参考译丛)

7—5011—6056—2

地缘政治学：历史、方法与世界格局 / 刘从德
著. —武汉：华中师范大学出版社,1998(华中师范
大学出版基金丛书)

7—5622—1934—6

地缘政治与中国国防战略 / 楼耀亮著. —天
津：天津人民出版社,2002(环球聚焦书系)

7—201—03983—0

地缘政治与中国外交 / 叶自成主编. —北京：
北京出版社,1998(跨世纪青年学者文库)

7—200—03339—1

大国逐鹿：新地缘政治 / 方永刚,唐复全
著. —成都：四川人民出版社,2001(新地缘战略丛
书)

7—220—05606—0

地缘政治的本质与规律 / 陆俊元著.—北京:时事出版社,2005(专家纵论)

7—80009—928—8

政治地理学:时空中的政治格局 / 王恩涌等编著.—北京:高等教育出版社,1998

7—04—006583—5

政治地理学概论 / 肖星编著.—北京:测绘出版社,1995

7—5030—0747—8

地缘政治学 / 刘雪莲编著.—长春:吉林大学出版社,2002

7—5601—2733—9

地理学发展与创新:中国科学院地理研究所伴随共和国成长的五十年 / 陆大道主编.—北京:科学出版社,1999

7—03—008113—7

城市与区域管理分析的地计算研究:城市·旅游业·可持续发展 / 王铮主编.—北京:科学出版社,2004

7—03—014081—8

人文地理随笔 / 唐晓峰著.—北京:三联书店,2005(读书书系)

7—108—02139—0

地理教育学 / 袁书琪主编.—北京:高等教育出版社,2001(面向21世纪课程教材)

7—04—009268—9

地理课程论 / 王民著.—南宁:广西教育出版社,2001(学科现代教育理论书系)

7—5435—3323—5

侯仁之文集 / 侯仁之著.—北京:北京大学出版社,1998(北京大学院士文库)

7—301—03664—7

世纪之交的中国地理学 / 吴传钧,刘昌明,吴履平主编.—北京:人民教育出版社,1999

7—107—13388—8

地理学中的解释 / (英)大卫·哈维著;高泳源,刘立华,蔡运龙译.—北京:商务印书馆,1996(汉译世界学术名著丛书)

7—100—00920—0

云南物质文化,农耕卷 / 尹绍亭著.—昆明:云南教育出版社,1996

7—5415—0988—4

地理大发现研究:15—17世纪 / 张箭著.—北京:商务印书馆,2002

7—100—03361—6

文化遗产报告:世界文化遗产保护运动的理论与实践 / 顾军,苑利著.—北京:社会科学文献出版社,2005(文化遗产学丛书)

7—80190—678—0

游客管理:世界文化遗产管理案例分析 / (英)迈拉·沙克利著;张晓萍,何昌邑等译.—昆明:云南大学出版社,2004(新视野旅游译丛)

7—81068—522—8

汉语地名与多彩文化 / 郭锦桴著.—上海:上海辞书出版社,2004(汉语与文化小丛书)

7—5326—1458—1

中国政治地理 / 王恩涌主编.—北京:科学出版社,2004(中国人文地理丛书)

7—03—011154—0

大中国志 / (葡)曾德昭著;何高济译.—上海:上海古籍出版社,1998

7—5325—2504—X

中国区域地理 / 韩渊丰著.—广州:广东高等教育出版社,2000

7—5361—2472—4

中国国家安全地理 / 沈伟烈,陆俊元主编.—

北京：时事出版社,2001

7—80009—661—0

清代以来的陕北宗族与社会变迁 / 秦燕,胡红安著.—西安：西北工业大学出版社,2004

7—5612—1762—5

北京街巷名称史话：社会语言学的再探索 / 张清常著.—北京：北京语言文化大学出版社,1997

7—5619—0593—9

北京城市历史地理 / 侯仁之主编.—北京：北京燕山出版社,2000

7—5402—1248—9

黄土高原历史地理研究 / 史念海著.—郑州：黄河水利出版社,2001

7—80621—440—2

辉煌新疆 / 王拴乾主编.—乌鲁木齐：新疆人民出版社,2003

7—228—08138—2

山东地理 / 王有邦主编.—济南：山东省地图出版社,2000

7—80532—393—3

桃花源里人家：徽州古村落 / 王星明,罗刚著.—沈阳：辽宁人民出版社,2002(中国文化遗珍)

7—205—05235—1

世界文化遗产：皖南古村落规划保护方案保护方法研究 / 吴晓勤等编著.—北京：中国建筑工业出版社,2002

7—112—05520—2

首届哈尼族文化国际学术讨论会论文集 1993 / 李子贤,李期博主编.—昆明：云南民族出版社,1996

7—5367—1160—3

湖南乡土地理 / 杨载田主编.—北京：中国文

史出版社,2005(当代学者人文论丛)

7—5034—1771—4

巴蜀古镇 / 赖武著;陈锦等摄影.—成都：四川人民出版社,2003(巴蜀乡土)

7—220—06209—5

云南地理 / 王声跃主编.—昆明：云南民族出版社,2002

7—5367—2359—8

新编怒江风物志 / 赵伯乐主编.—昆明：云南人民出版社,2000(云南风物志丛书)

7—222—02987—7

中国边疆与民族问题：当代中国的挑战及其历史由来 / 张植荣著.—北京：北京大学出版社,2005(21 世纪国际关系学系列教材)

7—301—08379—3

二十世纪的中国边疆研究：一门发展中的边缘学科的演进历程 / 马大正,刘逖著.—修订版.—哈尔滨：黑龙江教育出版社,1998(边疆史地丛书)

7—5316—3258—6

安西与北庭：唐代西陲边政研究 / 薛宗正著.—哈尔滨：黑龙江教育出版社,1995(边疆史地丛书)

7—5316—2857—0

何炳松文集.第一卷 / 刘寅生,房鑫亮编.—北京：商务印书馆,1996

7—100—01914—1

明代辽东边疆研究 / 张士尊著.—长春：吉林人民出版社,2002

7—206—03130—7

台湾海疆史研究 / 陈在正著.—厦门：厦门大学出版社,2001(南强丛书.第二辑)

7—5615—1721—1

中国海洋政治地理学：海洋地缘政治与海疆

地理格局的时空演变／张耀光著.—北京：科学出版社,2004

  7—03—012090—6

中国行政区划概论／田穗生,罗辉,曾伟著.—北京：北京大学出版社,2005（21 世纪政治学系列教材）

  7—301—09568—6

走向市场经济：中国行政区与经济区的关系及其整合／周克瑜著.—上海：复旦大学出版社,1999（上海市社会科学博士文库）

  7—309—02230—0

体国经野：历代行政区划／李晓杰著.—长春：长春出版社,2004（制度文明与中国社会）

  7—80664—617—5

中国政区地理／刘君德,靳润成,周克瑜编著.—北京：科学出版社,1999（中国人文地理丛书）

  7—03—007383—5

中国行政区划的理论与实践／刘君德主编.—上海：华东师范大学出版社,1996

  7—5617—1557—9

闲话中国人／易中天著.—北京：华龄出版社,1996

  7—80082—829—8

大巫山文化／任桂园著.—重庆：重庆大学出版社,2001（长江三峡书系）

  7—5624—2413—6

武夷山世界文化遗产的监测与研究／朱水涌主编;厦门大学人文学院,武夷山风景名胜区管理委员会,武夷山世界遗产监测中心编.—厦门：厦门大学出版社,2005

  7—5615—2462—5

国共两党谈判通史／毛磊,范小方主编.—兰州：兰州大学出版社,1996

  7—311—01100—0

泰山通鉴／曲进贤主编.—济南：齐鲁书社,2005

  7—5333—1447—6

中国山水文化／陈水云编著.—武汉：武汉大学出版社,2001

  7—307—03249—X

水经注研究四集／陈桥驿著.—杭州：杭州出版社,2003（当代学术文库）

  7—80633—547—1

历史上的永定河与北京／尹钧科,吴文涛著;门头沟区文化委员会编.—北京：北京燕山出版社,2005

  7—5402—1720—0

中国国际河流／何大明,汤奇成等著.—北京：科学出版社,2000

  7—03—008199—4

中国运河文化史／安作璋主编.—济南：山东教育出版社,2001

  7—5328—3451—4

长江三峡地理／黄健民编著.—重庆：重庆出版社,1999

  7—5366—4085—4

西湖游览志／（明）田汝成辑撰.—上海：上海古籍出版社,1998（西湖文献丛书）

  7—5325—2472—8

新疆盐湖／郑喜玉等著.—北京：科学出版社,1995

  7—03—004680—3

南中国海研究：历史与现状／李国强著.—哈尔滨：黑龙江教育出版社,2003（边疆史地丛书）

  7—5316—3827—4

中国海岛 / 杨文鹤主编.—北京：海洋出版社,2000

7—5027—5161—0

郦学札记 / 陈桥驿著.—上海：上海书店出版社；世纪出版集团,2000（当代学人笔记丛书）

7—80622—320—7

中国城市的时空间结构 / 柴彦威等著.—北京：北京大学出版社,2002（地球科学系列）

7—301—05551—X

乡村空间系统及其演变研究：以苏南为例 / 张小林著.—南京：南京师范大学出版社,1999（南京师范大学青年学者文丛）

7—81047—414—6

帝国晚期的江南城市 / （美）林达·约翰逊主编；成一农译.—上海：上海人民出版社,2005

7—208—05589—0

汉代城市研究 / 周长山著.—北京：人民出版社,2001

7—01—003425—7

中国近代不同类型城市综合研究 / 隗瀛涛主编.—成都：四川大学出版社,1998

7—5614—1872—8

唐代城市史研究初篇 / 程存洁著.—北京：中华书局,2002

7—101—03686—4

清代黄土高原地区城镇地理研究 / 刘景纯著.—北京：中华书局,2005

7—101—04914—1

中国土家语地名考订 / 叶德书,向熙勤著.—北京：民族出版社,2001（吉首大学民族研究文库）

7—105—04720—8

中国历史地理学 / 蓝勇编著.—北京：高等教育出版社,2002（面向21世纪课程教材·高教版历史专业本科系列教材）

7—04—010621—3

丝绸之路人口问题研究 / 袁祖亮主编.—乌鲁木齐：新疆人民出版社,1998（丝绸之路研究丛书）

7—228—04487—8

伯希和西域探险记 / （法）伯希和等著；耿昇译.—昆明：云南人民出版社,2001（中国大探险丛书）

7—222—03187—1

六朝疆域与政区研究 / 胡阿祥著.—增订本.—北京：学苑出版社,2005（中国人民大学历史地理学丛书）

7—5077—2598—7

中国历史人文地理 / 邹逸麟主编.—北京：科学出版社,2001（中国人文地理丛书）

7—03—009065—9

雍录 / （宋）程大昌撰；黄永年点校.—北京：中华书局,2002（中国古代都城资料选刊）

7—101—02958—2

隋唐两京考 / 杨鸿年著.—2版.—武汉：武汉大学出版社,2005

7—307—04524—9

河西走廊历史地理.第一卷 / 李并成著.—兰州：甘肃人民出版社,1995

7—226—01531—5

从自然景观到文化景观：燕山以北农牧交错地带人地关系、演变的历史地理学透视 / 邓辉,颜廷真著.—北京：商务印书馆,2005

7—100—04295—X

长江下游考古地理 / 高蒙河著.—上海：复旦大学出版社,2005

7—309—04326—X

辜鸿铭传 / 严光辉著.—海口：海南出版

社,1996

7—80617—746—9

区域历史地理的空间发展过程 / 侯甬坚著.—西安:陕西人民教育出版社,1995

7—5419—6010—1

河山集.七集 / 史念海著.—西安:陕西师范大学出版社,1999

7—5613—1905—3

西南历史文化地理 / 蓝勇著.—重庆:西南师范大学出版社,1997

7—5621—1603—2

中国石窟.二.克孜尔石窟 / 新疆维吾尔自治区文物管理委员会等编.—北京:文物出版社,1996

7—5010—0775—6

古陶瓷鉴真 / 冯先铭著.—北京:北京燕山出版社,1996(当代文物鉴定家论丛)

7—5402—0132—0

山海经注证 / 郭郛注.—北京:中国社会科学出版社,2004

7—5004—3782—X

东汉政区地理 / 李晓杰著.—济南:山东教育出版社,1999

7—5328—2841—7

唐代地域结构与运作空间 / 李孝聪主编.—上海:上海辞书出版社,2003(北京大学盛唐研究丛书)

7—5326—1273—2

唐代历史地理研究 / 史念海著.—北京:中国社会科学出版社,1998(唐研究基金会丛书)

7—5004—2394—2

中国东北的渤海国与东北亚 / 王承礼著.—长春:吉林文史出版社,2000

7—80626—498—1

方舆胜览 / (宋)祝穆撰;祝洙增订;施和金点校.—北京:中华书局,2003(中国古代地理总志丛刊)

7—101—02062—3

西夏地理研究.6册 / 王天顺主编.—兰州:甘肃文化出版社,2002(西夏研究丛书.第三辑)

7—80608—705—2

闽文化概论 / 何绵山著.—北京:北京大学出版社,1996

7—301—03225—0

清代驿传及其与疆域形成关系之研究 / 刘文鹏著.—北京:中国人民大学出版社,2004(清代疆域形成研究)

7—300—05547—8

东北史地考略.第三集 / 李健才著.—长春:吉林文史出版社,2001

7—80626—710—7

椿庐史地论稿 / 邹逸麟著.—天津:天津古籍出版社,2005

7—80696—202—6

西域地名词典 / 冯志文等编著.—乌鲁木齐:新疆人民出版社,2002

7—228—06672—3

中国世界遗产大观 / 罗尉宣主编.—长沙:湖南地图出版社;湖南文艺出版社,2004(华夏瑰宝)

7—80552—530—7

中国景观史 / 吴必虎,刘筱娟著.—上海:上海人民出版社,2004(专题史系列丛书)

7—208—05329—4

山西古祠堂:矗立在人神之间 / 韩振远著.—沈阳:辽宁人民出版社,2004(中国文化遗珍丛书)

7—205—05782—5

南京的建筑 / 潘谷西主编. —南京：南京出版
社,1995(可爱的南京丛书)
　　7—80614—160—X

楠溪江上游古村落 / 志华撰文. —石家庄：河
北教育出版社,2004(中国古村落)
　　7—5434—5450—5

巴渝文物古迹 / 吴涛等编著. —重庆：重庆出
版社,2004(巴渝文化丛书)
　　7—5366—6539—3

中国古代建筑与园林 / 唐鸣镝,黄震宇,潘晓
岚编著. —北京：旅游教育出版社,2003(全国旅游
专业系列教材)
　　7—5637—1108—2

青岛城市老建筑 / 宋连威著. —青岛：青岛出
版社,2005(人文青岛丛书)
　　7—5436—3265—9

屋宇春秋：山西老宅院 / 孙丽萍著. —太原：
山西人民出版社,2002
　　7—203—04485—8

苏州园林 / 金学智著. —苏州：苏州大学出版
社,1999(苏州文化丛书)
　　7—81037—540—7

中国古园林之旅：插图珍藏本 / 刘庭风著. —
北京：中国建筑工业出版社,2004
　　7—112—05866—X

伏羲庙志 / 刘雁翔著. —兰州：甘肃文化出版
社,2003(天水地方志丛书)
　　7—80608—794—X

**文化遗产的保护与经营：中国实践与理论进
展** / 徐嵩龄,张晓明,章建刚编. —北京：社会科学
文献出版社,2003(环境与发展研究丛书)
　　7—80149—895—X

清西陵史话 / 徐广源著. —北京：新世界出版

社,2004
　　7—80187—196—0

疏勒河流域汉代长城考察报告 / 岳邦湖,钟圣
祖著;甘肃省文物局编. —北京：文物出版社,2001
　　7—5010—1264—4

中国廊桥 / 戴志坚著. —福州：福建人民出版
社,2005
　　7—211—05012—8

人类文化交响乐：庐山别墅大观 / 罗时叙编
著. —北京：中国建筑工业出版社,2005
　　7—112—07708—7

爱国主义与中国近代史学 / 俞旦初著. —北
京：中国社会科学出版社,1996
　　7—5004—1875—2

当代日本社会与文化 / 武心波著. —上海：上
海外语教育出版社,2001
　　7—81080—152—X

大唐西域记校注 / (唐)玄奘,辩机原著;季羡
林等校注. —北京：中华书局,2000(中外交通史籍
丛刊)
　　7—101—02453—X

印度国情与综合国力 / 孙培钧,华碧云主
编. —北京：中国城市出版社,2001
　　7—5074—1269—5

印度的发展及其对外战略 / 孙士海主编. —北
京：中国社会科学出版社,2000
　　7—5004—2719—0

土库曼斯坦 / 施玉宇编著. —北京：社会科学
文献出版社,2005(列国志)
　　7—80190—390—0

吉尔吉斯斯坦 / 刘庚学,徐小云编著. —北京：
社会科学文献出版社,2005(列国志)
　　7—80190—398—6

中亚五国概论 / 赵常庆主编. —北京：经济日报出版社,1999(东方文化集成)

　　7—80127—607—8

欧洲未来：挑战与前景 / 胡荣花主编. —北京：中国社会科学出版社,2005(欧洲研究在中国)

　　7—5004—5236—5

当代俄国：强者的自我否定与超越 / 姚海,刘秀江著. —贵阳：贵州人民出版社,2000(大国研究丛书)

　　7—221—05238—7

转型中的俄罗斯社会与文化 / 冯绍雷,相蓝欣著. —上海：上海人民出版社,2005(转型时代丛书)

　　7—208—05603—X

独联体十年：现状·问题·前景：1991—2001 / 郑羽主编. —北京：世界知识出版社,2002

　　7—5012—1704—1

透视俄罗斯 / 张冰著. —济南：山东人民出版社,2004

　　7—209—03429—3

当代俄罗斯社会与文化 / 吴克礼主编. —上海：上海外语教育出版社,2001

　　7—81080—113—9

解析英国 / 王振华,刘绯,陈志瑞主编. —北京：中国社会科学出版社,2003(欧洲研究在中国丛书)

　　7—5004—4130—4

当代美国社会与文化 / 王恩铭编著. —上海：上海外语教育出版社,1997(21世纪英语学习丛书)

　　7—81046—198—2

上海轶事大观 / 陈伯熙编著. —上海：上海书店出版社,2000(民国史料笔记丛刊)

　　7—80622—598—6

地图的力量 / (美)丹尼斯·伍德著;王志弘译. —北京：中国社会科学出版社,2000

　　7—5004—2747—6

附录 1 国家社会科学基金项目成果

马克思主义、列宁主义、毛泽东思想、
邓小平理论类

文人毛泽东 / 陈晋著. —上海：上海人民出版
社,2005

　　7—208—05793—1

邓小平与 1975 年的中国 / 张化著. —北京：
中共党史出版社,2004

　　7—80136—980—7

儒学与马克思主义 / 张建新著. —西安：陕西
人民出版社,2003（陕西人文社会科学文库）

　　7—224—06500—5

**清理与超越：重读马克思文本的意旨、基础与
方法** / 聂锦芳著. —北京：北京大学出版社,2005
（北京大学马克思主义哲学研究青年学者文丛）

　　7—301—08930—9

**马克思主义的利益理论：当代历史唯物主义
的重构** / 谭培文著. —北京：人民出版社,2002

　　7—01—003735—3

马克思恩格斯的宗教理解 / 牛苏林著. —郑
州：河南人民出版社,2002

　　7—215—04969—8

马克思历史决定论及其历史命运 / 商逾著. —
济南：山东大学出版社,2003

　　7—5607—2609—7

**人类境遇与历史时空：马克思《人类学笔记》、
《历史学笔记》研究** / 冯景源著. —北京：中国人民
大学出版社,2004

　　7—300—04987—7

人的解读与重塑：马克思学说与东西方文化 /
陶渝苏,徐圻著. —重庆：重庆出版社,2002

　　7—5366—5669—6

马克思历史观的价值内涵 / 韩安贵著. —广
州：广东人民出版社,2001（广东省中青年社会科
学家文库）

　　7—218—03817—4

**跨越"峡谷"：马克思晚年思想与当代社会发
展理论** / 张云飞著. —北京：人民出版社,2001

　　7—01—003353—6

马克思技术哲学纲要 / 乔瑞金著. —北京：人
民出版社,2002

　　7—01—003579—2

**毛泽东与孔夫子：马克思主义中国化个案研
究** / 许全兴著. —北京：人民出版社,2003（《百年
后的毛泽东》丛书）

　　7—01—004097—4

**走历史必由之路：毛泽东从新民主主义到社
会主义的理论和实践** / 范守信著. —北京：中共中
央党校出版社,1999

　　7—5035—1988—6

毛泽东思想若干理论研究 / 梁柱主编. —北
京：高等教育出版社,1999

　　7—04—007695—0

**两个里程碑：毛泽东邓小平社会主义思想异
同论** / 刘利华著. —北京：中共中央党校出版
社,1999

　　7—5035—2001—9

毛泽东文艺思想的历史与现在 / 刘中树主编；

全国毛泽东文艺思想研究会编.—长春：吉林大学出版社,2003

7—5601—2812—2

当代中华魂：邓小平理论、"三个代表"与中华凝聚力升华 / 沈其新著.—长沙：湖南人民出版社,2003

7—5438—3193—7

面向 21 世纪的历史责任和理论贡献：论以江泽民为核心的党中央对邓小平理论的丰富和发展 / 陈光林主编.—北京：中共中央党校出版社,2000

7—5035—2116—3

邓小平哲学思想史 / 李长福著.—北京：社会科学文献出版社,2004

7—80190—311—0

邓小平理论的哲学基础 / 陈筠泉,方军主编.—北京：北京出版社,2002

7—200—04523—3

十四大以来邓小平理论的丰富和发展 / 康绍邦主编.—北京：党建读物出版社,2003

7—80098—605—5

邓小平战略思维研究 / 屠春友著.—北京：中共中央党校出版社,2002

7—5035—2570—3

邓小平战略思维 / 屠春友著.—长春：吉林大学出版社,2003

7—5601—2810—6

邓小平理论历史地位和科学价值研究 / 方雷著.—济南：山东大学出版社,2003

7—5607—2671—2

邓小平理论发展研究——邓小平理论是不断深化发展的科学体系 / 李永清等著.—北京：中央文献出版社,2000

7—5073—0834—0

邓小平理论的文化阐释 / 王永宽,龚绍东主编.—郑州：中州古籍出版社,2000

7—5348—1842—7

邓小平理论的风格 / 侯远长主编.—郑州：河南人民出版社,2001

7—215—04825—X

邓小平理论的范畴体系 / 赵智奎著.—郑州：河南人民出版社,2001

7—215—04873—X

邓小平思想方法论：马克思主义中国化新发展的方法论研究 / 董启程等著.—太原：山西人民出版社,2002

7—203—04559—5

邓小平理论与当代中国经济学 / 吴树青主编.—北京：北京大学出版社,2002（邓小平理论与当代中国哲学社会科学）

7—301—05838—1

邓小平德育思想研究 / 李康平,张吉雄著.—北京：中国社会科学出版社,2001

7—5004—3319—0

哲学、宗教类

经济的德性 / 王小锡著.—北京：人民出版社,2002

7—01—003707—8

马克思主义哲学的当代论域 / 陶德麟,汪信砚主编.—北京：人民出版社,2005

7—01—004962—9

应用哲学导论 / 郭国勋等著.—沈阳：辽海出版社,2000

7—80638—977—6

虚拟认识论 / 张怡,郦全民,陈敬全著.—上海：学林出版社,2003

7—80668—446—8

人的活动研究 / 龚振黔著.一贵阳:贵州人民出版社,2000

7—221—05207—7

当代实在论与反实在论之争 / 张之沧著.一南京:南京师范大学出版社,2001(随园文库)

7—81047—604—1

生存哲学:走向本真的存在 / 张曙光著.一昆明:云南人民出版社,2001(哲学理论创新丛书)

7—222—03112—X

现象学及其效应:胡塞尔与当代德国哲学 / 倪梁康著.一北京:三联书店,2005(中国文库)

7—108—02227—3

后现代主义哲学讲演录 / 冯俊等著;陈喜贵等译.一北京:商务印书馆,2003

7—100—03736—0

历史上的孔子形象:政治与文化语境下的孔子和儒学 / 林存光著.一济南:齐鲁书社,2004

7—5333—1320—8

中国古代阐释学研究 / 周裕锴著.一上海:上海人民出版社,2003("学术创新"丛书)

7—208—04645—X

周易经传研究 / 杨庆中著.一北京:商务印书馆,2005(国家社科基金成果文库)

7—100—04402—2

儒学引论 / 崔大华著.一北京:人民出版社,2001(哲学史家文库)

7—01—003172—X

秦汉新道家 / 熊铁基著.一上海:上海人民出版社,2001

7—208—03621—7

道家与中国文化精神 / 崔大华等著.一郑州:河南人民出版社,2004

7—215—05387—3

中华理性之光:宋明理学无神论思想研究 / 董根洪著.一杭州:浙江人民出版社,2003

7—213—02609—7

宋代儒学与现代东亚文明 / 石训等著.一郑州:河南人民出版社,2003

7—215—03663—4

开创时期的湖湘学派 / 王立新著.一长沙:岳麓书社,2003

7—80665—280—9

平凡的真理非凡的求索:纪念冯定百年诞辰研究文集 / 谢龙主编.一北京:北京大学出版社,2002

7—301—05876—4

当代东方儒学 / 刘宗贤,蔡德贵主编.一北京:人民出版社,2003

7—01—003999—2

印度吠檀多不二论哲学 / 孙晶著.一北京:东方出版社,2002

7—5060—1562—5

当代伊斯兰阿拉伯哲学研究 / 蔡德贵主编.一北京:人民出版社,2001

7—01—003303—X

马克思主义与西方哲学的现当代走向:当代哲学向何处去? / 刘放桐等著.一北京:人民出版社,2002

7—01—003625—X

走近马克思:苏东剧变后西方四大思想家的思想轨迹 / 陈学明,马拥军著.一北京:东方出版社,2002

7—5060—1529—3

冲突与选择:现代哲学"转向"问题研究 / 杨寿堪著.一北京:北京师范大学出版社,1999

7—303—04129—X

思维方式与社会发展 / 陈中立等著.—北京：社会科学文献出版社,2001

7—80149—619—1

归纳逻辑百年历程 / 邓生庆,任晓明著.—北京：中央编译出版社,2005(国家社科基金成果文库)

7—80211—077—7

逻辑哲学九章 / 张清宇主编.—南京：江苏人民出版社,2004

7—214—03850—1

逻辑与知识创新 / 黄顺基,苏越,黄展骥主编.—北京：中国人民大学出版社,2002

7—300—04007—1

伦理与生活的艺术 / 陈少峰著.—北京：中国人民大学出版社,2004(写给大众的人文艺术丛书)

7—300—06044—7

应用伦理学前沿问题研究 / 甘绍平著.—南昌：江西人民出版社,2002(应用伦理学丛书)

7—210—02633—9

道德信仰论 / 任建东著.—北京：宗教文化出版社,2004(宗教学博士文库)

7—80123—561—4

辩证道德论：道德流变的立体图式 / 吴灿新著.—北京：中国社会科学出版社,2004

7—5004—4734—5

文明的呼唤：中国少数民族传统伦理道德研究 / 李资源著.—南宁：广西人民出版社,2004

7—219—05190—5

儒家伦理与公民道德教育体系的构建 / 邵龙宝,李晓菲著.—上海：同济大学出版社,2005

7—5608—3084—6

道德教化与经济技术时代 / 詹世友著.—南昌：江西人民出版社,2002(江西社会科学研究文库)

7—210—02624—X

伦理经济学再论：经济选择与人的发展 / 许崇正著.—北京：中国财政经济出版社,2001

7—5005—5003—0

经济学与伦理学：探寻市场经济的伦理维度与道德基础 / 韦森著.—上海：上海人民出版社,2002

7—208—04239—X

传统伦理的价值审视 / 李春秋,毛蔚兰著.—北京：北京师范大学出版社,2003

7—303—06512—1

义利并重与义利统一：社会主义义利观研究 / 王泽应著.—长沙：湖南人民出版社,2001

7—5438—2569—4

马克思主义利益观研究 / 谭培文著.—桂林：广西师范大学出版社,2000

7—5633—3098—4

中华民族爱国主义发展史 / 唐凯麟主编.—武汉：湖北教育出版社,2001

7—5351—2880—7

冲突与融合：中国传统家庭伦理的现代转向及现代价值 / 李桂梅著.—长沙：中南大学出版社,2002

7—81061—519—X

孔子道德教育思想研究 / 刘和忠著.—北京：高等教育出版社,2003

7—04—012735—0

朱子理学美学 / 潘立勇著.—北京：东方出版社,1999(哥伦布学术文库)

7—5060—1311—8

梁启超美学思想研究 / 金雅著.—北京：商务印书馆,2005

7—100—04426—X

感应美学 / 郁沅,倪进著.—北京：文化艺术出版社,2001

7—5039—1982—5

怀疑论美学 / 颜翔林著.—上海：上海人民出版社,2004("学术创新"丛书)

7—208—04754—5

马克思主义美学传播史 / 马驰著.—桂林：漓江出版社,2001

7—5407—2748—9

华夏审美风尚史.第五卷.盛世风韵 / 许明主编；杜道明著.—郑州：河南人民出版社,2000

7—215—04755—5

华夏审美风尚史.第九卷.俗的滥觞 / 许明主编；樊美钧著.—郑州：河南人民出版社,2000

7—215—03787—8

华夏审美风尚史.第六卷.徜徉两端 / 许明主编；韩经太著.—郑州：河南人民出版社,2000

7—215—03802—5

华夏审美风尚史.第十卷.凤凰涅槃 / 许明主编；蒋广学,张中秋著.—郑州：河南人民出版社,2000

7—215—04313—4

华夏审美风尚史.第七卷.勾栏人生 / 许明主编；刘祯著.—郑州：河南人民出版社,2000

7—215—04007—0

华夏审美风尚史.第八卷.残阳如血 / 许明主编；罗筠筠著.—郑州：河南人民出版社,2000

7—215—03800—9

华夏审美风尚史.第二卷.郁郁乎文 / 许明主编；彭亚非著.—郑州：河南人民出版社,2000

7—215—03813—0

华夏审美风尚史.第四卷.六朝清音 / 许明主编；盛源,袁济喜著.—郑州：河南人民出版社,2001

7—215—04314—2

华夏审美风尚史.第三卷.大风起兮 / 许明主编；王旭晓著.—郑州：河南人民出版社,2000

7—215—03823—8

华夏审美风尚史.第一卷.俯仰生息 / 许明主编；王悦勤,户晓辉著.—郑州：河南人民出版社,2000

7—215—03791—6

边缘整合：朱光潜和中西美学家的思想关系 / 宛小平著.—合肥：安徽教育出版社,2003

7—5336—3265—6

当代中国传统美学研究 / 钟仕伦,李天道主编.—成都：四川大学出版社,2002

7—5614—2418—3

西方美学通史.第六卷.二十世纪美学.上册 / 朱立元著.—上海：上海文艺出版社,1999

7—5321—1945—9

西方美学通史.第三卷.十七十八世纪美学 / 范明生著.—上海：上海文艺出版社,1999

7—5321—1985—8

西方美学通史.第四卷.德国古典美学 / 张玉能著.—上海：上海文艺出版社,1999

7—5321—1903—3

西方美学通史.第五卷.十九世纪美学 / 张玉能著.—上海：上海文艺出版社,1999

7—5321—1958—0

西方美学通史.第一卷.古希腊罗马美学 / 范明生著.—上海：上海文艺出版社,1999

7—5321—1881—9

西方美学通史.第七卷.二十世纪美学.下册 / 朱立元著.—上海：上海文艺出版社,1999

7—5321—1953—X

杜光庭思想与唐宋道教的转型 / 孙亦平著. —南京：南京大学出版社,2004(南京大学博士文丛)

　　7—305—04244—7

敦煌道教文献研究：综述·目录·索引 / 王卡著. —北京：中国社会科学出版社,2004(世界宗教研究所文库)

　　7—5004—4668—3

蒙古族无神论史 / 乌兰察夫主编. —呼和浩特：远方出版社,2000

　　7—80595—691—X

和平的渴望：当代宗教对话理论 / 王志成著. —北京：宗教文化出版社,2003

　　7—80123—505—3

世俗与神圣：中国民众宗教意识 / 侯杰,范丽珠著修订本. —天津：天津人民出版社,2001(社会史丛书)

　　7—201—01736—5

中国古代国家宗教研究 / 邹昌林著. —北京：学习出版社,2004

　　7—80116—454—7

闽台民间信仰源流 / 林国平著. —福州：福建人民出版社,2003(闽台文化关系研究丛书)

　　7—211—04371—7

唐五代禅宗史 / 杨曾文著. —北京：中国社会科学出版社,1999

　　7—5004—2437—X

西藏宗教与社会发展关系研究 / 次旺俊美主编. —拉萨：西藏人民出版社,2001

　　7—223—01317—6

汉传密教 / 严耀中著. —上海：学林出版社,1999

　　7—80616—757—9

全真七子与齐鲁文化 / 牟钟鉴等著. —济南：

齐鲁书社,2005(齐鲁文化学术文库)

　　7—5333—1431—X

当代伊斯兰教法 / 吴云贵著. —北京：中国社会科学出版社,2003

　　7—5004—3625—4

伊斯兰与国际热点 / 金宜久,吴云贵著. —北京：东方出版社,2001(世界民族与宗教研究书系)

　　7—5060—1467—X

伊斯兰宗教哲学史 / 王家瑛著. —北京：民族出版社,2003

　　7—105—05448—4

中亚苏非主义史 / 张文德著. —北京：中国社会科学出版社,2002(西北民族研究丛书)

　　7—5004—3429—4

圣言·人言：神学诠释学 / 杨慧林著. —上海：上海译文出版社,2002(诠释学与人文社会科学)

　　7—5327—2806—4

谶纬文献与汉代文化构建 / 徐兴无著. —北京：中华书局,2003

　　7—101—03685—6

全球治理中的国际非政府组织 / 王杰,张海滨,张志洲主编. —北京：北京大学出版社,2004(国际问题论丛)

　　7—301—07041—1

发达地区新兴民间组织发展及其党建工作研究 / 安蓉泉等著. —杭州：杭州出版社,2004

　　7—80633—647—8

社会科学总论类

抽样调查的理论、方法和应用 / 胡健颖,孙山泽主编. —北京：北京大学出版社,2000

　　7—301—04547—6

中外政府统计体制比较研究 / 贺铿,郑京平主

编.—北京：中国统计出版社,2001

　　7—5037—3574—0

终极关怀论：人的哲学之路 / 陶富源著.—合肥：安徽大学出版社,2004

　　7—81052—666—9

走向正义之路：社会公平研究 / 夏文斌著.—哈尔滨：黑龙江教育出版社,2000

　　7—5316—3735—9

谁还在行使权力：准政府组织个案研究 / 沈岿编.—北京：清华大学出版社,2003

　　7—302—06864—X

社会行动者 / 方文著.—北京：中国社会科学出版社,2002

　　7—5004—3446—4

乡镇社会论：农村工业化与新型工资劳动者研究 / 彭恒军主编.—北京：人民出版社,2001

　　7—01—003290—4

南街社会 / 刘倩著.—上海：学林出版社,2004

　　7—80668—787—4

当代人口学学科体系研究 / 吴忠观主编.—成都：西南财经大学出版社,2000（当代财经文库）

　　7—81055—638—X

中国计划生育效益与投入 / 杨魁孚,陈胜利,魏津生主编.—北京：人民出版社,2000（中国人口与发展丛书）

　　7—01—003262—9

人口与计划生育立法研究 / 陈明立主编.—成都：西南财经大学出版社,2001

　　7—81055—827—7

中国咨询市场 / 钟书华等著.—武汉：华中科技大学出版社,2001（华中科技大学文科学术丛书）

　　7—5609—2471—9

领导的成本 / 张世和著.—北京：中国言实出版社,2003

　　7—80128—479—8

领导方式和领导方法创新 / 张荣臣,李聚山编著.—北京：新华出版社,2003（新世纪干部培训丛书）

　　7—5011—6244—1

民族地区新世纪领导人才队伍建设研究 / 戴维新主编.—银川：宁夏人民出版社,2004

　　7—227—02758—9

国民素质与教育 / 高昌海,刘克敌,梁君梅著.—济南：山东教育出版社,2000

　　7—5328—3124—8

政治、法律类

政治发展导论 / 李元书主编.—北京：商务印书馆,2001

　　7—100—03342—X

当代西方自由主义 / 吴春华主编.—北京：中国社会科学出版社,2004

　　7—5004—4715—9

权力制约机制及其法制化研究 / 方世荣,戚建刚著.—北京：中国财政经济出版社,2001（中南财经政法大学学术文库）

　　7—5005—5476—1

经济全球化背景下社会主义与资本主义的关系 / 严书翰等著.—北京：当代世界出版社,2003

　　7—80115—637—4

当代资本主义新变化 / 徐崇温著.—重庆：重庆出版社,2004

　　7—5366—6613—6

当代资本主义的新变化与社会主义的新课题 / 胡连生,杨玲著.—北京：人民出版社,2000

　　7—01—003247—5

两个主义一百年：社会主义资本主义 / 肖枫著.—北京：当代世界出版社,2000

　　7—80115—354—5

领导大趋势 / 刘峰著.—北京：中国言实出版社,2003

　　7—80128—475—5

行政规章研究 / 崔卓兰,于立深著.—长春：吉林人民出版社,2002

　　7—206—03779—8

政府上网与行政管理 / 张锐昕著.—北京：中国大百科全书出版社,2003

　　7—5000—6773—9

马克思主义党的学说及其发展 / 魏泽焕主编.—广州：广东人民出版社,2001

　　7—218—03668—6

社会主义市场经济中的社会公正问题 / 张书琛等著.—广州：广东人民出版社,2002(广东商学院学术文库)

　　7—218—03972—3

社会公正论 / 吴忠民著.—济南：山东人民出版社,2004

　　7—209—03395—5

当代国外社会主义流派 / 余文烈主编.—合肥：安徽人民出版社,2000(21世纪社会主义丛书)

　　7—212—01810—4

经济全球化与社会主义意识形态建设研究 / 王永贵等著.—北京：人民出版社,2005(国家社科基金成果文库)

　　7—01—004708—1

世界历史性社会主义研究 / 张爱武著.—北京：社会科学文献出版社,2005(扬泰文库·社会文化系列)

　　7—80190—605—5

"卡夫丁峡谷"理论与东方社会道路问题再研究：兼论当代社会主义的历史命运与中国特色社会主义 / 王继荣著.—北京：中国社会科学出版社,2004

　　7—5004—2318—7

中国传统政治文化与社会稳定 / 曹德本,宋少鹏著.—长春：吉林大学出版社,2001

　　7—5601—2500—X

中国传统政治哲学 / 周桂钿主编；李祥俊等撰写.—石家庄：河北人民出版社,2001

　　7—202—02748—8

阶级意识、交流行动与社会合理性：西方马克思主义社会政治理论的现代性话语 / 朱士群,李远行,任暟等著.—合肥：中国科学技术大学出版社,2005

　　7—312—01773—8

当代俄罗斯政治思潮 / 张树华,刘显忠著.—北京：新华出版社,2003

　　7—5011—6150—X

欧洲发达国家共产党的变革 / 姜辉著.—北京：学习出版社,2004

　　7—80116—459—8

直面挑战：加入WTO后党风廉政建设问题研究 / 张彦玲著.—北京：中国方正出版社,2004

　　7—80107—812—8

新时期中国共产党党内监督机制问题研究 / 李景田,许成庚等著.—北京：中国方正出版社,2004

　　7—80107—861—6

党的先进性研究 / 商志晓主编.—北京：党建读物出版社,2004

　　7—80098—701—9

现代化与社会全面发展：邓小平经济发展与社会全面进步思想研究 / 严书翰等著.—北京：红

旗出版社,1999

7—5051—0351—2

中共满洲省委史研究 / 刘贵田等著.—沈阳:
沈阳出版社,2001

7—5441—1748—0

跳出历史周期率：执政规律与民主法治 / 薛
建中,王建政著.—北京:红旗出版社,2002

7—5051—0723—2

论新时期农村党群干群关系 / 吴警旭,马振华
主编.—郑州:中原农民出版社,2001

7—80641—463—0

**与时俱进的马克思主义党建理论：中国共产
党第三代中央领导集体党建理论创新研究** / 徐仲
韬,孙志明著.—武汉:湖北人民出版社,2003

7—216—03634—4

执政时期中国共产党理论建设研究 / 陈世奎
著.—厦门:厦门大学出版社,2003

7—5615—2048—4

新世纪中国共产党的价值观 / 袁贵仁,韩震主
编.—北京:人民出版社,2003

7—01—003868—6

论党的建设的制度创新 / 刘益飞等著.—成
都:四川人民出版社,2002

7—220—05885—3

中国共产党思想政治教育史纲：1919—1949 /
王树荫著.—北京:党建读物出版社,2002

7—80098—600—4

当代中国的马克思主义学风 / 阎树群著.—北
京:中国社会科学出版社,2004(陕西人文社会科
学文库)

7—5004—4570—9

马克思主义学风论 / 李新泰主编.—北京:中
共中央党校出版社,2001

7—5035—2263—1

优秀领导干部成长规律研究 / 孙立樵,马国钧
等著.—北京:中共中央党校出版社,2001

7—5035—2290—9

孔繁森精神与干部价值观 / 邢志矛,刘继孟主
编.—北京:中共中央党校出版社,1999

7—5035—2012—4

中国非公有制企业党建工作 / 王河主编.—上
海:上海人民出版社,2002

7—208—04368—X

乡村治理中的村级党组织领导 / 姚锐敏,汪青
松,易凤兰著.—北京:中国社会科学出版社,2004

7—5004—4334—X

**西部大开发与西北民族地区党的基层组织建
设** / 周学军,刘永哲著.—兰州:甘肃人民出版
社,2003

7—226—02728—3

列宁时期的党内民主 / 尹彦著.—厦门:厦门
大学出版社,2003

7—5615—2113—8

市场经济条件下大庆精神研究 / 孟庆德等主
编.—北京:红旗出版社,2001

7—5051—0567—1

"四有"新人强本兴企研究 / 赵金山等著.—
石家庄:河北人民出版社,2004

7—202—03489—1

中国共产党与中国农民 / 吴敏先主编.—长
春:东北师范大学出版社,2000(东北师范大学文
库;东北师范大学博士生导师文库)

7—5602—2695—7

现代化进程中的中国农民 / 贾德裕,朱兴农,
郗同福主编.—南京:南京大学出版社,1999(社会
学论丛)

7—305—03236—0

体制转变时期农村道德建设 / 李步楼主编．—北京：中华工商联合出版社，2003

7—80100—937—1

西藏农民的生活：帕拉村半个世纪的变迁 / 徐平，郑堆著．—北京：中国藏学出版社，2000

7—80057—436—9

中国周边安全环境分析 / 张小明著．—北京：中国国际广播出版社，2003（北京大学国际问题研究丛书）

7—5078—2253—2

全球化与世界政治发展 / 韦定广等著．—北京：中央编译出版社，2005（当代学者人文论丛）

7—80109—996—6

文化与当代国际政治 / 张骥，刘中民等著．—北京：人民出版社，2003

7—01—004133—4

国际环境与中国的战略机遇期 / 徐坚主编．—北京：人民出版社，2004

7—01—004306—X

现代资本主义研究：吴健文集 / 吴健著．—北京：对外经济贸易大学出版社，2001

7—81078—064—6

政治现代化与政治稳定 / 聂运麟著．—武汉：湖北人民出版社，2000

7—216—02914—3

世界邪教与反邪教研究 / 罗伟虹著．—北京：宗教文化出版社，2002

7—80123—430—8

古代国家的等级制度 / 施治生，徐建新主编．—北京：中国社会科学出版社，2003

7—5004—3730—7

公共服务型政府 / 李军鹏著．—北京：北京大学出版社，2004（公共管理论丛）

7—301—07623—1

经济全球化与中国特色社会主义 / 黄宗良，林勋健主编．—北京：北京大学出版社，2005（中国特色社会主义研究丛书）

7—301—08811—6

重点与全面：当代中国辨证发展理论研究 / 杨鲁慧著．—济南：山东人民出版社，2005

7—209—03583—4

中国古代官僚政治制度研究 / 吴宗国主编．—北京：北京大学出版社，2004

7—301—07803—X

西北回族社区现代化实践的新探索 / 束锡红，刘天明，刘光宁著．—北京：商务印书馆，2004

7—100—04004—3

社会转型期人民内部矛盾问题研究 / 杨清涛等著．—北京：中国青年出版社，2000（中青年教授新视界丛书）

7—5006—4007—2

结合论 / 董京泉著．—沈阳：辽宁人民出版社，2000

7—205—04887—7

中国共产党的社会主义建设理论与实践：科学社会主义在中国的胜利发展 / 江流主编．—青岛：青岛出版社，2001

7—5436—2180—0

马克思主义中国化的第二座丰碑 / 梅荣政，熊启珍著．—郑州：郑州大学出版社，2002

7—81048—688—8

民族地区现代化进程中的民主法制建设 / 曾宪义著．—北京：民族出版社，2002（中南民族大学民族研究文库）

7—105—05179—5

世纪难题的破解：社会改革开放新论 / 李恒瑞主编. —北京：人民出版社,2000

7—01—003132—0

县乡人大代表直接选举的监督研究 / 张谦元主编. —北京：中国社会科学出版社,2005

7—5004—4892—9

县级政府管理模式创新研究 / 彭国甫等著. —长沙：湖南人民出版社,2005(公共管理论丛)

7—5438—3913—X

政府改革与第三部门发展 / 吴锦良著. —北京：中国社会科学出版社,2001

7—5004—3090—6

党政干部淘汰机制研究 / 高国舫著. —北京：中共中央党校出版社,2005(经纬书系)

7—5035—3242—4

政德实现论：领导干部政治道德失范及对策研究 / 刘秀芬主编. —北京：红旗出版社,2003

7—5051—0870—0

中国行政道德论纲 / 吴祖明,王凤鹤主编. —武汉：华中科技大学出版社,2001

7—5609—2470—0

健全干部选拔任用机制问题研究 / 李烈满著. —北京：中国社会科学出版社,2005

7—5004—4865—1

西部大开发中预防腐败的机制问题研究 / 薛引娥主编. —西安：陕西人民出版社,2003(西部大开发深层研究丛书)

7—224—06622—2

中国新世纪惩治腐败对策研究 / 王明高等著. —长沙：湖南人民出版社,2002

7—5438—3123—6

新疆长治久安论：第三代中央领导集体关于新疆长治久安的战略思想研究 / 赵柳成等著. —乌鲁木齐：新疆人民出版社,2003

7—228—07979—5

户籍制度：控制与社会差别 / 陆益龙著. —北京：商务印书馆,2003(社会图像丛书)

7—100—03814—6

中国社会保障制度变迁与评估 / 郑功成等著. —北京：中国人民大学出版社,2002(中国社会保障研究报告系列)

7—300—04455—7

社会弱者论：体制转换时期社会弱者的生活状况及其社会支持 / 陈成文著. —北京：时事出版社,1999

7—80009—572—X

西南城市居民最低生活保障研究 / 郑帮才,王朝明,申晓梅主编. —成都：西南财经大学出版社,2000

7—81055—635—5

移民文化与市场伦理 / 刘志山主编. —北京：中国妇女出版社,2003

7—80131—792—0

特大洪灾与社会控制：1998 年特大洪灾社会控制研究 / 李国强,马雪松著. —南昌：江西高校出版社,2001

7—81075—243—X

新时期民族政策的理论与实践 / 王铁志主编. —北京：民族出版社,2001

7—105—04524—8

西部大开发与民族问题 / 杨发仁主编. —北京：人民出版社,2005

7—01—004884—3

社会主义初级阶段的民族矛盾研究 / 唐鸣著. —北京：中国社会科学出版社,2002

7—5004—3267—4

新时期民族区域自治制度与法制建设 / 吴仕民主编;杨盛龙等撰稿.—北京:民族出版社,2002

　7—105—05197—3

国家关系中的华侨华人和华族 / 吴前进著.—北京:新华出版社,2003

　7—5011—6193—3

华侨华人与中国的关系 / 庄国土著.—广州:广东高等教育出版社,2001

　7—5361—2585—2

居委会与社区治理:城市社区居民委员会组织研究 / 王邦佐等编著.—上海:上海人民出版社,2003

　7—208—04513—5

多维视角中的村民直选:对15个村委会选举的观察研究 / 肖唐镖等著.—北京:中国社会科学出版社,2001

　7—5004—3210—0

村治中的宗族:对九个村的调查与研究 / 肖唐镖等著.—上海:上海书店出版社,2001

　7—80622—890—X

乡村民主之路:中国农村基层直接民主的发展及其法制化 / 刘丹著.—长沙:湖南人民出版社,2001

　7—5438—2619—4

扎根在黄土地上的民主政治 / 雷国珍主编.—长沙:湖南人民出版社,2001

　7—5438—2590—2

村规民约论 / 张广修,张景峰等著.—武汉:武汉大学出版社,2002

　7—307—03384—4

社会分层与贫富差别 / 李强著.—福州:鹭江出版社,2000(变迁中的中国社会丛书)

　7—80610—963—3

中国现代化进程中的阶层结构变动研究 / 段若鹏等著.—北京:人民出版社,2002

　7—01—003568—7

当代中国农民社会心理研究 / 程贵铭,朱启臻主编.—北京:首都师范大学出版社,2000

　7—81064—085—2

党的知识分子方略演进 / 王桂兰等著.—北京:红旗出版社,2004

　7—5051—1021—7

政治格局中的私营企业主阶层 / 董明著.—北京:中国经济出版社,2001

　7—5017—5403—9

风雨同舟七十年:中国共产党与民主党派关系史 / 张忆军主编.—上海:上海学林出版社,2000

　7—80616—919—9

中国转型期群体性突发事件对策研究 / 靳江好等主编;中国行政管理学会课题组著.—北京:学苑出版社,2003

　7—80060—293—1

特区婚姻研究:1999年深圳移民(户籍人口)婚姻家庭状况研究报告 / 迟书君著.—北京:人民出版社,2004

　7—01—003477—X

中国就业报告:1978—2000 / 袁志刚主编.—北京:经济科学出版社,2002

　7—5058—2907—6

再就业问题研究 / 韩秀晨等主编.—沈阳:辽宁大学出版社,2000

　7—5610—4076—8

西南贫困地区城乡劳动就业问题研究 / 郭正模,谢继冲,王实著.—成都:四川大学出版社,2001

　7—5614—2128—1

集团犯罪对策研究 / 叶高峰,刘德法主编.—北京:中国检察出版社,2001

7—80086—793—5

中共三代中央领导集体与新疆 / 朱培民,段良著.—乌鲁木齐:新疆人民出版社,2002

7—228—07165—4

台湾选举研究 / 黄嘉树,程瑞著.—北京:九州出版社,2002(当代台湾观察丛书)

7—80114—774—X

顺德综合改革的理论思考 / 钟生坦主编.—广州:广东人民出版社,2002

7—218—03844—1

官治与自治:20 世纪上半期的中国县制 / 魏光奇著.—北京:商务印书馆,2005

7—100—04123—6

中国边疆经略史 / 马大正主编.—郑州:中州古籍出版社,2000(中国边疆通史丛书)

7—5348—1893—1

南宋文人与党争 / 沈松勤著.—北京:人民出版社,2005("中国传统文化与江南文化"研究丛书)

7—01—004616—6

中国近代史上的官绅商学 / 章开沅,马敏,朱英主编.—武汉:湖北人民出版社,2000

7—216—02816—3

清代中枢决策研究 / 白新良著.—沈阳:辽宁人民出版社,2002

7—205—05018—9

明代政治史 / 张显清,林金树等著.—桂林:广西师范大学出版社,2003

7—5633—4269—9

金元之际的儒士与汉文化 / 赵琦著.—北京:人民出版社,2004

7—01—004344—2

清末民初中国城市社会阶层研究:1897—1927 / 李明伟著.—北京:社会科学文献出版社,2005

7—80190—481—8

伦理与生活:清代的婚姻关系 / 郭松义著.—北京:商务印书馆,2000

7—100—03100—1

四川鸦片问题与禁烟运动 / 秦和平著.—成都:四川民族出版社,2001

7—5409—2499—3

二十世纪三四十年代太行山地区社会调查与研究 / 魏宏远主编.—北京:人民出版社,2003

7—01—004000—1

中日家族制度比较研究 / 李卓著.—北京:人民出版社,2004

7—01—004386—8

德意志道路:现代化进程研究 / 李工真著.—2 版.—武汉:武汉大学出版社,2005

7—307—04521—4

福利国家论析:以欧洲为背景的比较研究 / 顾俊礼主编.—北京:经济管理出版社,2002

7—80162—337—1

斯大林与社会主义:世界第一个社会主义模式剖析 / 卢之超,王正泉主编.—北京:社会科学文献出版社,2002

7—80149—577—2

南斯拉夫自治社会主义理论研究 / 张利华,徐绍刚,张正安著.—北京:中国社会科学出版社,2002

7—5004—3349—2

西欧社会党与欧洲一体化研究 / 陶涛著.—北京:北京大学出版社,2001

7—301—00669—1

美英现代社会调控机制：历史实践的若干研究／吴必康主编.—北京：人民出版社，2002

　　7—01—003595—4

美国社会的悖论：民主、平等与性别、种族歧视／张友伦，肖军，张聪著.—北京：中国社会科学出版社，1999(中华美国学丛书)

　　7—5004—2576—7

拉丁美洲和中拉关系：现在与未来／李明德主编.—北京：时事出版社，2001

　　7—80009—670—X

古巴社会主义研究／毛相麟著.—北京：社会科学文献出版社，2005(世界社会主义研究丛书；研究系列)

　　7—80190—740—X

国际关系中的经济因素／程毅等主编.—武汉：华中师范大学出版社，2001(华中师范大学出版基金丛书·高校教材系列)

　　7—5622—2376—9

世纪之交的东盟与中国／贺圣达等著.—昆明：云南民族出版社，2001

　　7—5367—2065—3

中国周边安全环境与安全战略／朱听昌主编.—北京：时事出版社，2002

　　7—80009—693—9

解析日本的历史认识问题／吴广义著.—广州：广东人民出版社，2005

　　7—218—04999—0

中华人民共和国外交史.第二卷：1957—1969／王泰平主编.—北京：世界知识出版社，1999

　　7—5012—1022—5

抗战前后之中英西藏交涉：1935—1947／陈谦平著.—北京：三联书店，2003(教育部人文社会科学重点研究基地南京大学中华民国史研究中心研究丛书)

　　7—108—02027—0

中国废约史／李育民著.—北京：中华书局，2005

　　7—101—04880—3

中苏关系始末／孙其明著.—上海：上海人民出版社，2002

　　7—208—03681—0

英帝国与中国西南边疆：1911—1947／吕昭义著.—北京：中国藏学出版社，2002

　　7—80057—522—5

近代中法关系史稿／鲜于浩，田永秀著.—成都：西南交通大学出版社，2003

　　7—81057—772—7

日本对华政策与中日关系／刘天纯等著.—北京：人民出版社，2004

　　7—01—003942—9

美国外交决策中的国会与总统／刘文祥著.—北京：中国经济出版社，2005

　　7—5017—6967—2

礼与法：法的历史连接：构建与解析中国传统法／马小红著.—北京：北京大学出版社，2004(法史论丛)

　　7—301—07517—0

环境权论／周训芳著.—北京：法律出版社，2003(生态与法律专题研究丛书)

　　7—5036—4684—5

有组织犯罪问题对策研究／项目负责人陈明华；西北政法学院课题组.—北京：中国政法大学出版社，2004

　　7—5620—2641—6

证人制度研究／何家弘主编；吴丹红撰稿.—北京：人民法院出版社，2004

　　7—80161—809—2

法的真善美：法美学初探 / 吕世伦主编.—北京：法律出版社,2004

7—5036—4974—7

超越与保守：可持续发展视野下的环境法创新 / 吕忠梅主持.—北京：法律出版社,2003

7—5036—4604—7

中国内地与香港地区法律的冲突与协调 / 董立坤主编.—北京：法律出版社,2004

7—5036—4816—3

社会主义市场经济民商法律问题研究 / 赵中孚主编.—北京：中国法制出版社,2005

7—80182—506—3

法的形成与运作原理 / 孙国华主编.—北京：法律出版社,2003（朝阳法学丛书）

7—5036—4405—2

法律意识论 / 刘旺洪著.—北京：法律出版社,2001（法制现代化研究丛书）

7—5036—3405—7

法律规范逻辑 / 陶景侃著.—兰州：甘肃人民出版社,2000

7—226—02241—9

列宁法律思想史 / 吕世伦主编.—北京：法律出版社,1999

7—5036—2948—1

宪政秩序的维护：宪法监督的理论与实践 / 刘嗣元著.—武汉：武汉出版社,2001

7—5430—2499—3

行业协会经济自治权研究 / 鲁篱著.—北京：法律出版社,2003（经济法博士精品文库）

7—5036—4291—2

重思公司资本制原理 / 傅穹著.—北京：法律出版社,2004（商事法专题研究文库）

7—5036—5131—8

票据法研究 / 郑孟状著.—北京：北京大学出版社,1999

7—301—04214—0

产权理论比较：马克思主义与西方现代产权学派 / 吴宣恭等著.—北京：经济科学出版社,2000

7—5058—2298—5

违约责任论 / 王利明著.—北京：中国政法大学出版社,1996（中青年法学文库）

7—5620—1212—1

合议制度研究：兼论合议庭独立审判 / 左卫民,汤火箭,吴卫军著.—北京：法律出版社,2001

7—5036—3498—7

民事简易程序研究 / 章武生著.—北京：中国人民大学出版社,2002（法律科学文库）

7—300—03642—2

社会转型中的妇女犯罪 / 王金玲著.—杭州：浙江人民出版社,2003（妇女犯罪研究丛书）

7—213—02629—1

法治的理念与方略 / 汪太贤,艾明著.—北京：中国检察出版社,2001（二十一世纪法学热点系列）

7—80086—859—1

中国的区际法律问题研究 / 黄进主编.—北京：法律出版社,2001

7—5036—3445—6

可持续发展与法律变革：21 世纪法制研究 / 陈泉生著.—北京：法律出版社,2000

7—5036—3200—3

农村法治社会基础论：对当代中国四个典型村庄的调查与研究 / 涂永珍著.—郑州：中原农民出版社,2003

7—80641—514—9

秩序与渐进：中国社会主义初级阶段依法治

国研究报告 / 郝铁川著.—北京：法律出版社,2004

    7—5036—4554—7

中国特色的法治国家建设研究 / 李仲达主编.—北京：法律出版社,2005

    7—5036—5560—7

宪法与行政法的生态化 / 陈泉生,张梓太著.—北京：法律出版社,2001(生态与法律专题研究丛书)

    7—5036—3578—9

中国县级行政组织立法研究 / 赵奇,刘太刚主编.—北京：中国人民公安大学出版社,2001

    7—81059—643—8

依法行政环境研究 / 金国坤著.—北京：北京大学出版社,2003(法学论丛;宪法行政法系列)

    7—301—06457—8

医疗损害赔偿立法研究 / 龚赛红著.—北京：法律出版社,2001(中国民商法专题研究丛书)

    7—5036—3450—2

内幕交易及其法律控制研究 / 胡光志著.—北京：法律出版社,2002(经济法博士精品文库)

    7—5036—3892—3

宏观调控法律制度研究 / 刘定华,肖海军等著.—北京：人民法院出版社,2002(现代法学前沿问题研究丛书)

    7—80161—488—7

行政垄断的法律控制研究 / 郑鹏程著.—北京：北京大学出版社,2002(法学论丛;经济法系列)

    7—301—05920—5

中国对外服务贸易法律制度研究 / 孙南申著.—北京：法律出版社,2000

    7—5036—3120—1

可持续发展与环境资源法制建设 / 蔡守秋等著.—北京：中国法制出版社,2003

    7—80182—065—7

企业法人财产权的反思与重构：企业法人所有权及其实现机制研究 / 柴振国等著.—北京：法律出版社,2001

    7—5036—3476—6

担保法理论与实践 / 徐武生著.—北京：工商出版社,1999

    7—80012—472—X

中国近代版权史 / 李明山主编.—开封：河南大学出版社,2003(编辑学丛书)

    7—81091—017—5

我国商事主体法律制度研究 / 阮赞林著.—北京：光明日报出版社,2000

    7—80145—320—4

票据犯罪研究 / 刘华著.—北京：中国检察出版社,2001

    7—80086—771—4

商业犯罪研究 / 张国轩著.—北京：经济管理出版社,2001(江西财经大学学术文库)

    7—80162—190—5

新型经济犯罪研究 / 高铭暄主编.—北京：中国方正出版社,2000

    7—80107—396—7

毒品犯罪的发展趋势与遏制对策 / 崔敏主编.—北京：警官教育出版社,1999

    7—81062—148—3

公诉问题研究 / 张穹主编.—北京：中国人民公安大学出版社,2000(检察文库)

    7—81059—538—5

证据学新论 / 宋世杰著.—北京：中国检察出版社,2002

7—80086—924—5

刑事诉讼法实施问题与对策研究 / 樊崇义主编.—北京：中国人民公安大学出版社,2001(诉讼法学文库)

7—81059—782—5

徘徊于传统与现代之间：中国刑事诉讼法在修改研究 / 龙宗智主编；孙长永等撰稿.—北京：法律出版社,2005

7—5036—5765—0

刑事诉讼原理与改革 / 谭世贵主编.—北京：法律出版社,2002

7—5036—3670—X

刑事审判前程序研究 / 宋英辉,吴宏耀著.—北京：中国政法大学出版社,2002(中国政法大学学术丛书)

7—5620—2199—6

中国司法改革理论与制度创新 / 谭世贵主编；童光政等撰稿.—北京：法律出版社,2003

7—5036—4195—9

司法腐败防治论 / 谭世贵主编；童光政等撰稿.—北京：法律出版社,2003

7—5036—4149—5

近代外人在华治外法权研究 / 康大寿,潘家德著.—成都：四川人民出版社,2002

7—220—05754—7

大额电子支付的法律基础：以美国《统一商法典》第4编为中心的论述 / 刘颖著.—北京：北京邮电大学出版社,2001(电子商务法系列丛书)

7—5635—0501—6

国家主权新论 / 黄仁伟,刘杰著.—北京：时事出版社,2004

7—80009—796—X

区域国际经济法研究 / 刘世元主编.—长春：

吉林大学出版社,2000(吉林大学跨世纪法学研究文库)

7—5601—2485—2

电子资金划拨法律问题研究 / 刘颖著.—北京：法律出版社,2001(中国民商法专题研究丛书)

7—5036—3470—7

知识产权的国际保护 / 唐广良,董炳和著.—北京：知识产权出版社,2002(中国知识产权培训中心系列教材)

7—80011—731—6

军事类

高技术战争经济论 / 宋方敏,张文元主编.—北京：军事科学出版社,2003

7—80137—629—3

战后日本防卫研究 / 王少普,吴寄南著.—上海：上海人民出版社,2003

7—208—04653—0

经济类

双赢策略与制度激励：区域可持续发展评价与博弈分析 / 叶民强著.—北京：社会科学文献出版社,2002

7—80149—646—9

知识经济中的风险利益 / 马艳等著.—上海：上海财经大学出版社,2000(新经济投资书系)

7—81049—506—2

演化经济学：经济学革命的策源地 / 贾根良著.—太原：山西人民出版社,2004(金理念丛书)

7—203—05001—7

马克思主义经济学基本范式与中国经济学发展研究 / 梁坚,魏民主编.—南昌：江西人民出版社,2003(江西行政学院社会科学研究文库)

7—210—02738—6

马克思主义与当代社会经济 / 陈恕祥著.—武

汉：湖北人民出版社,2001(马克思主义政治经济学丛书)

7—216—03135—0

马克思主义经济学专题研究 / 陈恕祥等著. —武汉：湖北人民出版社,2001(马克思主义政治经济学丛书)

7—216—03162—8

马克思经济学体系的继承与创新 / 杨国昌主编. —北京：北京师范大学出版社,2004

7—303—06906—2

斯密到马克思：经济哲学方法的历史性诠释 / 唐正东著. —南京：南京大学出版社,2002(南园中青年学术精品书屋)

7—305—03764—8

新比较经济学研究 / 张仁德等著. —北京：人民出版社,2002

7—01—003527—X

经济周期波动的监测和预警 / 项静怡,林寅,王军著. —北京：中国标准出版社,2000

7—5066—2110—X

产权经济学新论：产权效用·形势·配置 / 曹钢著. —北京：经济科学出版社,2001

7—5058—2710—3

生产力发展机理研究 / 李宪徐著. —哈尔滨：黑龙江人民出版社,2002

7—207—05515—3

间接公有制论 / 戴道传等著. —北京：经济管理出版社,2002

7—80162—324—X

公有制实现形式多样化通论 / 荣兆梓等著. —北京：经济科学出版社,2001

7—5058—2494—5

马克思劳动价值论的继承与发展 / 逄锦聚等

著. —北京：经济科学出版社,2005(马克思主义基础研究和建设工程经济学系列)

7—5058—4931—X

劳动价值论坚持和发展研究 / 郑志国著. —北京：人民出版社,2002

7—01—003747—7

竞争的演进：从对抗的竞争到合作的竞争 / 汪涛著. —武汉：武汉大学出版社,2002(营销管理前沿丛书)

7—307—03449—2

市场社会主义论 / 吕薇洲著. —郑州：河南人民出版社,2002

7—215—04904—3

自生能力、经济发展与转型：理论与实证 / 林毅夫著. —北京：北京大学出版社,2004(北京大学中国经济研究中心研究系列)

7—301—07789—0

发展经济学的新发展 / 谭崇台主编. —武汉：武汉大学出版社,1999(经济发展理论研究丛书)

7—307—02784—4

新增长理论与中国经济增长 / 沈坤荣等著. —南京：南京大学出版社,2003(南京大学学术文库)

7—305—04077—0

区域差异论 / 李航星著. —成都：四川大学出版社,2003(21 世纪博士文库)

7—5614—2557—0

博弈论与区域经济 / 陈进著. —成都：天地出版社,2000(天地学术文库)

7—80624—425—5

知识经济与我国对外经济贸易发展研究 / 崔日明,赵渤著. —北京：经济日报出版社,2002

7—80127—906—9

网络经济研究 / 李新家主编. —北京：中国经

济出版社,2004

7—5017—6230—9

中国注册会计师职业发展战略 / 谢荣等编著.—上海:立信会计出版社,2000

7—5429—0701—8

蒙古族经济思想史研究 / 陈献国主编.—沈阳:辽宁民族出版社,2004(中国蒙古学文库)

7—80644—742—3

陈云经济思想发展史 / 李成瑞主编.—北京:当代中国出版社,2005

7—80170—383—9

经济全球化与经济转轨互动研究 / 程伟等著.—北京:商务印书馆,2005(国家社科基金成果文库)

7—100—04234—8

全球化浪潮中当代产业结构的国际化研究:以国际区域为新切入点 / 汪斌著.—北京:中国社会科学出版社,2004

7—5004—4396—X

世界经济学新编 / 李琮主编.—北京:经济科学出版社,2000

7—5058—2151—2

全球网络经济 / 萧琛著.—北京:华夏出版社,1999

7—5080—1571—1

开放的地区主义与亚太经济合作组织 / 宋玉华等著.—北京:商务印书馆,2001

7—100—03234—2

发展中国家经济发展论 / 张雷声著.—北京:高等教育出版社,2002

7—04—010521—7

世界经济新格局研究 / 陶大镛主编.—北京:北京师范大学出版社,2001

7—303—05859—1

当代国际经济关系政治化问题研究 / 柳剑平著.—北京:人民出版社,2002

7—01—003761—2

中国少数民族经济研究导论 / 龙远蔚主编;龙远蔚等著.—北京:民族出版社,2004

7—105—06048—4

转换经济增长方式与调整投资方式的研究 / 杜两省等著.—北京:科学出版社,2003

7—03—011599—6

中国转型期有效需求不足及其治理研究 / 刘诗白主著.—北京:中国金融出版社,2004

7—5049—2970—0

经济增长方式转变机制论 / 袁文平主编.—成都:西南财经大学出版社,2000(当代财经文库)

7—81055—634—7

经济增长方式转变中的产业结构调整与产业政策 / 蒲勇健著.—北京:华文出版社,2000(博导文丛)

7—5075—1016—6

社会主义初级阶段基本经济制度研究 / 陈文通著.—北京:中共中央党校出版社,2003(中共中央党校理论文库)

7—5035—2748—X

中国现阶段的基本经济制度 / 张兴茂主笔;张惠贞,赵保海著.—北京:中国经济出版社,2003

7—5017—5807—7

我国自然垄断行业改革研究:管制与放松管制的理论与实践 / 刘灿,张树民,宋光辉著.—成都:西南财经大学出版社,2005

7—81088—341—0

中国非公有制经济研究总报告 / 张宗和,胡退主编.—杭州:浙江大学出版社,2000

7—308—02297—8

面向新世纪的我国产业结构政策 / 蒋选主编.—北京：中国计划出版社,2003
7—80177—182—6

宏观经济调控与政策：中国的实践 / 杨坚白,陈东琪主编.—北京：经济科学出版社,2000
7—5058—2335—3

中国国有资产管理体制改革构想 / 曹钢,王中新主编.—北京：经济科学出版社,2001（建立有效的国有资产管理监督和营运机制问题研究最终成果）
7—5058—2665—4

国有资本经营专论：国有资产管理、监督、营运体系研究 / 郭复初领著.—上海：立信会计出版社,2002
7—5429—1000—0

国有资产重组研究：以河北为背景的理论与实践探索 / 李岚等著.—石家庄：河北人民出版社,2000
7—202—02733—X

国有资产出资人 / 缪炳堃主编.—长沙：湖南人民出版社,2002
7—5438—3140—6

市场社会主义与人本社会主义研究 / 王文臣,曹明贵等著.—北京：经济科学出版社,2004
7—5058—4604—3

产业素质升级研究：以南中国经济增长带中的闽粤赣为例 / 黄燕等著.—北京：经济管理出版社,2003
7—80162—686—9

社会主义国有资本论 / 胡培兆著.—北京：经济科学出版社,1999
7—5058—1773—6

当代产业的知识化与生态化 / 黄志斌,吴椒军,张本照著.—合肥：安徽人民出版社,2001
7—212—01863—5

增长方式转变与增长质量提高 / 钟学义等著.—北京：经济管理出版社,2001
7—80162—245—6

中国企业技术成长机制及竞争力研究：一个新的技术转移理论与应用分析框架 / 曾繁华著.—长沙：湖南人民出版社,2001（中国中青年经济学家论丛）
7—5438—2602—X

历史的杠杆：科技主导经济发展规律研究 / 杨承训等著.—郑州：河南人民出版社,2001
7—215—04967—1

中国资源配置机制转换论 / 江奔东主编.—济南：山东大学出版社,2001
7—5607—2279—2

国民财富与社会保障收入再分配 / 穆怀中著.—北京：中国劳动社会保障出版社,2003（劳动社会保障文丛）
7—5045—3708—X

社会主义市场经济中的收入分配体制研究 / 张作云,陆燕春著.—北京：商务印书馆,2004
7—100—03958—4

开放效率论 / 陈飞翔,蔡茂森等著.—上海：同济大学出版社,2003
7—5608—2587—7

城镇贫困：成因、现状与救助 / 吴碧英主编.—北京：中国劳动社会保障出版社,2004
7—5045—4202—4

城镇贫困：中国发展的新挑战 / 中国城镇贫困研究课题组著.—北京：经济科学出版社,2003
7—5058—3412—6

中国 21 世纪城市反贫困战略研究 / 王朝明,申晓梅等著.—北京:中国经济出版社,2005

7—5017—7182—0

中国现阶段收入分配差距问题研究 / 卢嘉瑞等著.—北京:人民出版社,2003

7—01—003921—6

收入差距与两极分化问题研究 / 赵满华,王尚义主编.—北京:中国经济出版社,2002

7—5017—5662—7

西部大开发与东部沿海地区的发展关系及协调对策 / 陈钺,汤秀莲主编.—大连:东北财经大学出版社,2005(新千年之初的西部大开发丛书)

7—81084—349—4

边缘区域经济发展分析 / 莫一心著.—长沙:湖南人民出版社,2001(中国中青年经济学家论丛)

7—5438—2660—7

中国地方创新系统研究:闽粤赣经济区产业素质升级分析 / 黄燕主编.—北京:经济管理出版社,2002

7—80162—488—2

现代社会发展中的形象冲击:现阶段影响中部地区经济可持续发展区域形象问题的研究 / 马志强著.—杭州:浙江大学出版社,2000

7—308—02613—2

都市圈模式:新世纪区域经济发展的战略选择 / 胡建新著.—天津:天津人民出版社,1999

7—201—03336—0

区域经济协调与竞争 / 郭文轩等著.—北京:红旗出版社,2003

7—5051—0886—7

电子商务与西部大开发 / 彭景荣著.—郑州:河南人民出版社,2004

7—215—05288—5

区域产业转移研究:以"大北京"经济圈为例 / 戴宏伟,田学斌,陈永国著.—北京:中国物价出版社,2003

7—80155—631—3

延边外向型经济论 / 李钟林等著.—延吉:延边大学出版社,2003

7—5634—1834—2

西部开发与我国地缘经济安全研究 / 丁志刚,王宗礼著.—兰州:甘肃人民出版社,2002(西部发展研究丛书)

7—226—02562—0

中国西部贫困地区扶贫攻坚难点问题与战略选择研究 / 赵曦著.—成都:西南财经大学出版社,2001

7—81055—776—9

西部大开发与民族地区可持续发展 / 刘忠,孙州霞,顾延生著.—西宁:青海人民出版社,2002

7—225—02127—3

三江源生态经济研究 / 高昭平等著.—西宁:青海人民出版社,2003

7—225—02310—1

资本集中与江苏经济现代化 / 陈必峻等著.—北京:中国经济出版社,2002

7—5017—5425—X

河南特色经济模式. 4 册 / 阎恒主持.—呼和浩特:内蒙古人民出版社,2004

7—204—07101—8

海南发展的绿色道路:生态省建设的理论与实践问题研究 / 柳树滋等著.—海口:海南出版社,2001

7—5443—0241—5

中国少数民族地区开发的战略意义及政策保障研究 / 王德清主编.—重庆:西南师范大学出版社,2003

7—5621—2899—5

淮河流域经济开发史 / 王鑫义主编;卞利等撰稿.—合肥：黄山书社,2001

7—80630—636—6

中国古代社会商品经济形态研究 / 冷鹏飞著.—北京：中华书局,2002

7—101—02906—X

近代环渤海地区经济与社会研究 / 张利民等著.—天津：天津社会科学院出版社,2003

7—80563—965—5

陕甘宁边区社会经济史：1937—1945 / 黄正林著.—北京：人民出版社,2005

7—01—005237—9

东亚模式的新格局：创新、制度多样性与东亚经济的演化 / 贾根良,梁正等著.—太原：山西人民出版社,2002

7—203—04534—X

日本泡沫经济新论 / 孙执中主编.—北京：人民出版社,2001(新世纪学术文丛)

7—01—003371—4

美洲经济圈与中国企业 / 叶卫平等著.—北京：北京出版社,2001("入世"对策丛书;国家九五规划重点图书丛书)

7—200—04222—6

道德实力：国有企业发展的战略基础 / 欧阳润平著.—长沙：湖南人民出版社,2005(见证中国)

7—5438—3793—5

企业生命体：解读企业生命奥秘 / 丁任重主编.—成都：天地出版社,2004(企业生命力研究丛书)

7—80624—823—4

复杂数据下经济建模与诊断研究 / 赵进文著.—北京：科学出版社,2004(新世纪经济学论丛)

7—03—012528—2

儒家文化与现代经济管理 / 唐任伍著.—北京：经济管理出版社,2003

7—80162—857—8

经济系统预测的混沌理论原理与方法 / 刘洪著.—北京：科学出版社,2003

7—03—011548—1

主要发达国家国家创新体系的历史演变玉发展趋势 / 王春法著.—北京：经济科学出版社,2003

7—5058—3788—5

宏观计量的若干前沿理论与应用 / 王少平著.—天津：南开大学出版社,2003(21世纪数量经济学方法论与应用丛书)

7—310—01967—9

财务会计概念框架与会计准则问题研究 / 葛家澍,杜兴强著.—北京：中国财政经济出版社,2003(厦门大学会计论丛)

7—5005—7076—7

防范企业会计信息舞弊的综合对策研究 / 陈少华著.—北京：中国财政经济出版社,2003(厦门大学会计论丛)

7—5005—6874—6

新经济时代人力资本开发与管理战略 / 戴园晨,姚先国主编.—北京：中国劳动社会保障出版社,2001

7—5045—3139—1

粤港产业合作与劳动市场 / 徐宗玲著.—北京：经济管理出版社,2002

7—80162—420—3

资源枯竭型国有企业退出问题研究 / 于立,孟韬,姜春海著.—北京：经济管理出版社,2004(产

业经济前沿问题研究丛书）

7—80162—905—1

战略柔性与企业高成长：构建刚柔并济的动态竞争能力 / 王永贵著.—天津：南开大学出版社,2003（现代管理书库·学术前沿系列·高成长企业与企业高成长）

7—310—01981—4

企业治理结构与企业家选择：博弈论在企业组织行为选择中的应用 / 王国成著.—北京：经济管理出版社,2002

7—80162—522—6

企业形象塑造论：形象力与企业活力 / 王维平著.—北京：北京大学出版社,1998

7—301—03888—7

企业规模经济：企业购并与企业集团发展研究 / 魏成龙,王华生,李仁君著.—北京：中国经济出版社,1999（国有企业改革与发展研究丛书）

7—5017—4413—0

企业家角色人格：对企业家的哲理思考 / 吕福新著.—北京：经济科学出版社,2001

7—5058—2641—7

企业家队伍建设与企业发展问题研究 / 祁晓玲等主编.—成都：天地出版社,2001

7—80624—519—7

企业人力资本投资与管理 / 安应民主编.—北京：人民出版社,2003

7—01—003825—2

面向知识经济时代的名牌战略 / 彭新沙编著.—长沙：中南工业大学出版社,1999（知识经济丛书）

7—81061—173—9

无形资产战略研究 / 于玉林主编.—北京：中国金融出版社,2004（金融经济前沿问题文库）

7—5049—2557—8

转变中的经济秩序：社会学视野下的企业与市场关系 / 林闽钢著.—北京：人民出版社,2003

7—01—004143—1

负债经营论 / 叶全良著.—武汉：湖北人民出版社,2002

7—216—03258—6

人力资本参与企业收益分配研究 / 冯子标等著.—北京：经济科学出版社,2003

7—5058—3862—8

中小企业发展与创新 / 林汉川,魏中奇主编.—上海：上海财经大学出版社,2001（中小企业与金融丛书）

7—81049—546—1

中小企业存在与发展 / 林汉川,魏中奇著.—上海：上海财经大学出版社,2001（中小企业与金融丛书）

7—81049—661—1

市场中介组织与中小企业发展研究 / 纪良纲,王小平等著.—北京：中国物价出版社,2001

7—80155—288—1

高新技术企业创立与发展 / 赵毓华主编.—西安：西北工业大学出版社,1993

7—5612—0477—9

高新技术发展的人文社会环境 / 谭斌昭,杜焕强等著.—广州：华南理工大学出版社,2001

7—5623—1750—X

经理股票期权制度分析 / 高闯等著.—北京：经济管理出版社,2003

7—80162—515—3

国有资产出资人代表：大型集团公司成为国家授权投资的机构实施研究 / 郑海航,邵宁主编.—北京：经济管理出版社,1999

7—80118—832—2

国有企业治理结构畸形化及其矫正对策研究 / 沈天鹰著.—北京：人民出版社,2004

　　7—01—004550—X

企业产权交易与重组：提高中国企业并购绩效的路径分析 / 魏成龙著.—北京：中国经济出版社,2003

　　7—5017—5721—6

中国企业并购的理论与实证研究 / 高峰等著.—北京：中国财政经济出版社,2001

　　7—5005—5339—0

中国企业技术联盟 / 钟书华等著.—武汉：华中科技大学出版社,2003

　　7—5609—2849—8

中国企业对外直接投资论 / 吴先明著.—北京：经济科学出版社,2003

　　7—5058—3420—7

中国传统文化与企业管理的民族特色 / 王思义,王景文著.—沈阳：辽宁大学出版社,2000

　　7—5610—3990—5

造就中国企业家的环境与机制 / 白勤虎著.—合肥：合肥工业大学出版社,2003

　　7—81093—027—3

国有企业资本营运研究 / 陈永忠,姚洪著.—北京：人民出版社,2000

　　7—01—003221—1

国有企业治理结构创新的经济学分析 / 杨瑞龙主编.—北京：中国人民大学出版社,2001(中国经济问题丛书)

　　7—300—03860—3

国有企业根本改革论 / 金碚主笔.—北京：北京出版社,2002

　　7—200—04544—6

国有公司产权关系和治理结构 / 叶祥松著.—

北京：中国经济出版社,2000

　　7—5017—4955—8

小企业产业定位与发展 / 蒋伏心,张继彤等著.—南京：南京师范大学出版社,2004(随园文库)

　　7—81047—915—6

结构转换期的中小企业金融研究：理论、实证与国际比较 / 张捷著.—北京：经济科学出版社,2003(中国中小企业发展前沿研究丛书)

　　7—5058—3602—1

科技产业转型：转型期科技产业结构调整及其战略管理研究 / 隋映辉著.—北京：人民出版社,2002

　　7—01—003741—8

中国股票期权制度实证研究 / 王瑞璞主编.—北京：中共中央党校出版社,2003(中共中央党校理论文库)

　　7—5035—2772—2

上市公司的"变脸"现象探析 / 陈晓著.—北京：企业管理出版社,2003

　　7—80147—926—2

政府治道变革：跨国公司对我国政府治理方式的影响与对策 / 彭澎著.—北京：人民出版社,2004

　　7—01—004751—0

信息传播全球化与中国企业经营国际化战略 / 卢新德著.—北京：人民出版社,2002

　　7—01—003661—6

经济全球化与中国企业"走出去"战略研究 / 刘文纲主编.—北京：经济科学出版社,2003

　　7—5058—3385—5

资源型城市转型学 / 齐建珍等著.—北京：人民出版社,2004

　　7—01—004258—6

现代非营利组织研究 / 郭国庆著. —北京：首都师范大学出版社,2001

7—81064—224—3

江南农村城市化历史研究 / 陈国灿著. —北京：中国社会科学出版社,2004

7—5004—4528—8

地产泡沫与金融危机：国际经验及其借鉴 / 谢经荣等著. —北京：经济管理出版社,2002（财经学术新观点丛书）

7—80162—288—X

近代中国城市发展与社会变迁：1840—1949 / 何一民主编. —北京：科学出版社,2004（华夏英才基金学术文库）

7—03—012614—9

村落向城市社区的转型：制度、政策与中国城市化进程中城中村问题研究 / 谢志岿著. —北京：中国社会科学出版社,2005

7—5004—5151—2

聚集与积聚：中国农村城镇化发展 / 佟光霁等著. —哈尔滨：东北林业大学出版社,2005

7—81076—694—5

中国城镇化发展战略 / 胡顺延,周明祖,水延凯等著. —北京：中共中央党校出版社,2002

7—5035—2504—5

小城镇与区域一体化 / 张晓山,胡必亮主编. —太原：山西人民出版社,2002

7—203—04550—1

农村城镇化研究、建设及管理 / 陈鸿彬主编. —北京：中国环境科学出版社,2005

7—80209—013—X

基础设施与制造业发展关系研究 / 王延中等著. —北京：中国社会科学出版社,2002

7—5004—3568—1

上海卫星城与中国城市化道路 / 黄文忠主编. —上海：上海人民出版社,2003

7—208—04575—5

公共政策与当代发达国家城市化模式：美国郊区化的经验与教训研究 / 徐和平,李明秀,李庆余著. —北京：人民出版社,2005

7—01—005238—7

绿色之路：宁夏南部山区生态重建研究 / 陈育宁主编. —北京：中国社会科学出版社,2004

7—5004—4542—3

社会变迁中的农民流动 / 曾绍阳,唐晓腾著. —南昌：江西人民出版社,2004

7—210—03066—2

经济全球化与中国农业企业跨国发展 / 潘伟光著. —北京：中国农业出版社,2004

7—109—09078—7

农业灾害经济学原理 / 陈文科等著. —太原：山西经济出版社,2000

7—80636—447—1

农业发展中的政府干预 / 卫龙宝著. —北京：中国农业出版社,2001

7—109—06701—7

中国农业产业链管理的理论与实践研究 / 王凯等著. —北京：中国农业出版社,2004

7—109—08900—2

农业增长方式转型研究 / 杨继瑞,杨明洪著. —成都：四川大学出版社,2001

7—5614—2090—0

中国农业现代化之路：近代中国农业结构、商品经济与农村市场 / 丁长清,慈鸿飞著. —北京：商务印书馆,2000

7—100—03164—8

中国农业支持体系论 / 蒋永穆著. —成都：四

川大学出版社,2000

7—5614—1905—8

"两个飞跃"与中国农业现代化 / 许门友主编. —西安:陕西人民出版社,2001

7—224—05943—9

特色产业论 / 杨伯亚等著. —北京:红旗出版社,1999

7—5051—0419—5

农业产业化与农业宏观政策研究 / 王国敏主编. —成都:四川大学出版社,2002

7—5614—2364—0

农业微观基础的组织创新研究 / 曾令香等著. —北京:中国农业出版社,2001

7—109—07135—9

流动中的乡村治理:对农民流动的政治社会学分析 / 徐勇,徐增阳著. —北京:中国社会科学出版社,2003(乡村治理书系)

7—5004—4082—0

新疆生产建设兵团发展特色经济问题研究 / 李万明等著. —北京:中国农业出版社,2004

7—109—09069—8

探索充分就业之路:成都平原农村人力资源开发研究 / 何景熙主编. —成都:四川大学出版社,2000

7—5614—1978—3

中国粮食安全与成本优化研究 / 吴志华等著. —北京:中国农业出版社,2001

7—109—07419—6

新疆棉花产业发展问题研究 / 崔光莲等著. —乌鲁木齐:新疆人民出版社,2002

7—228—07187—5

合作与不合作的政治经济学分析:欠发达地区市场化进程中的农民经济组织发展研究 / 张永

丽著. —北京:中国社会科学出版社,2005

7—5004—5392—2

西部大开发中新疆农业发展研究 / 李金叶等著. —北京:中国农业出版社,2002(教育部人文社会科学重点研究基地新疆大学兰州大学西北少数民族研究中心学术研究论著书系)

7—109—07693—8

从传统迈向现代:西藏农村的战略选择 / 白涛主编. —拉萨:西藏人民出版社,2004

7—223—01737—6

农民经济的历史变迁:中英乡村社会区域发展比较 / 徐浩著. —北京:社会科学文献出版社,2002(东方历史学术文库)

7—80149—712—0

中国西部农业开发史研究 / 王红谊,惠富平,王思明著. —北京:中国农业科技出版社,2003(中华农业文明研究院文库)

7—80167—600—9

近代中国小农经济的变迁 / 苑书义,董丛林著. —北京:人民出版社,2001

7—01—003447—8

英国土地制度史 / 沈汉著. —上海:学林出版社,2005

7—80730—033—7

产业革命论 / 赵儒煜等著. —北京:科学出版社,2003

7—03—006735—5

从重复建设走向有序竞争:中国工业重复建设与跨地区资产重组研究 / 魏后凯主编. —北京:人民出版社,2001

7—01—003400—1

中国大型工业企业战略性再造研究 / 任佩瑜主编. —成都:四川大学出版社,2002

7—5614—2457—4

矿产资源资产管理概论／王四光等著.—北京：中国大地出版社,2001

7—80097—465—0

企业活力与企业精神文明建设："长虹现象"的新启示／郭上沂,郑晓幸主编.—成都：四川人民出版社,2000

7—220—05195—6

西北地区信息产业与人力资源／刘珙主编.—兰州：甘肃人民出版社,2003

7—226—02772—0

交通项目经济效益评估的理论方法及应用／刘南著.—太原：山西人民出版社,2003

7—203—04900—0

旅游安全学／郑向敏著.—北京：中国旅游出版社,2003(旅游学术文库)

7—5032—2227—1

宁夏旅游业发展战略研究／梁向明主编.—银川：宁夏人民出版社,2002

7—227—02503—9

贸易投资一体化与中国的战略／张二震,马野青,方勇等著.—北京：人民出版社,2004

7—01—004162—8

市场信息资源与市场信息行为／冷伏海主编.—北京：北京图书馆出版社,2000

7—5013—1145—5

消费者行为数量研究：以中国城镇居民为例／孙凤著.—上海：上海三联书店,2002(当代经济学系列丛书·当代经济学文库)

7—208—04153—9

居民资产与消费选择行为分析／臧旭恒等著.—上海：上海人民出版社,2001(当代经济学系列丛书·当代经济学文库)

7—208—03819—8

广告道德研究／张金花,王新明著.—北京：中国物价出版社,2003

7—80155—480—9

中国连锁企业管理与营销问题研究／曹家为著.—天津：天津科学技术出版社,2000

7—5308—2912—2

中国的粮食市场：波动与调控／董全海编著.—北京：中国物价出版社,2000

7—80155—168—0

粮食市场化改革的农业结构变动效应及对策研究／陆文聪著.—北京：中国农业出版社,2005

7—109—09938—5

明清时期太湖流域的商品经济与市场网络／陈学文著.—杭州：浙江人民出版社,2000

7—213—02087—0

世界贸易组织与中国经济发展／张建清编著.—武汉：武汉大学出版社,2002(WTO与中国丛书)

7—307—03655—X

论世界贸易组织在国际经贸关系发展中的作用／肖德著.—北京：中国经济出版社,2002(湖北大学商学院商学论丛)

7—5017—5530—2

加入WTO后的中国工业／郭克莎等著.—北京：经济管理出版社,2003

7—80162—538—2

我国加工贸易发展战略研究／廖涵著.—北京：中国财政经济出版社,2002(中南财经政法大学学术文库)

7—5005—6019—2

加工贸易发展中贸工农一体化经营与政策研究／刘希宋等著.—北京：中国人事出版社,2002

7—80139—800—9

中国利用发达国家直接投资研究 / 卢晓勇等著.—南昌：江西人民出版社,2003(江西社会科学研究文库)

7—210—02771—8

公共财政理论与国有资产管理 / 毛程连著.—北京：中国财政经济出版社,2003

7—5005—6295—0

公共支出管理研究 / 陈工著.—北京：中国金融出版社,2001(厦门大学经济学文库)

7—5049—2536—5

政府财务报告问题研究 / 赵建勇著.—上海：上海财经大学出版社,2002(财经学术文库)

7—81049—733—2

财政风险及其防范问题研究 / 刘尚希主持.—北京：经济科学出版社,2004(财政部财政改革与发展重大问题研究课题丛书)

7—5058—4205—6

国债运行机制研究 / 高培勇著.—北京：商务印书馆,1995(市场经济研究丛书)

7—100—01857—9

积极财政政策风险与对策研究 / 童本立,王美涵等著.—北京：中国财政经济出版社,2002

7—5005—5668—3

中国强大财政建设导论 / 刘邦驰等著.—北京：经济科学出版社,2002

7—5058—2908—4

财政风险及其防范研究文集 / 刘尚希主编.—北京：经济科学出版社,2000(全国财政干部培训教学参考资料)

7—5058—1940—2

部门预算改革研究：中国政府预算制度改革剖析 / 张馨,袁星侯,王玮著.—北京：经济科学出版社,2001

7—5058—2540—2

财政资金的地区分配格局及效应 / 黄肖广著.—苏州：苏州大学出版社,2001

7—81037—907—0

中国税权研究：下放税收立法权理顺税收执法权上收税收司法权 / 许善达等著.—北京：中国税务出版社,2003

7—80117—583—2

中国地方财政运行分析 / 樊丽明,李齐云等著.—北京：经济科学出版社,2001

7—5058—2807—X

中国西部财政供养人口适度比例研究：经验模型及实证应用 / 李含琳,魏奋子,李印峰著.—北京：人民出版社,2003

7—01—003898—8

民国乡村借贷关系研究 / 李金铮著.—北京：人民出版社,2003

7—01—003782—5

体制转轨时期的中国货币政策 / 唐齐鸣著.—武汉：华中理工大学出版社,2000(华中理工大学文科学术丛书)

7—5609—1969—3

中国货币与金融统计体系研究 / 庞皓等著.—北京：中国统计出版社,2003

7—5037—4214—3

通货紧缩国际传导机制研究 / 范从来等著.—北京：人民出版社,2003(金融与经济发展研究文丛)

7—01—004132—6

中国货币思想史.下.近现代卷 / 张家骧主编.—武汉：湖北人民出版社,2001

7—216—03164—4

欧元续论：欧元基础、运作与效应分析 / 陈亚温,林东海著.—北京：中国金融出版社,2001(厦门大学经济学文库)

7—5049—2628—0

金融风险的社会化防范与化解研究：社会分工协作控制金融风险的理论与方法 / 杨华,徐荣梅著.—北京：中国金融出版社,2002（金融经济前沿问题文库）

7—5049—2827—5

国际金融动荡研究 / 裴桂芬,马文秀等著.—北京：人民出版社,2003

7—01—004204—7

短期资本流动的成因、效应与风险 / 李翀著.—北京：人民出版社,2004

7—01—004159—8

投资规模调节论 / 张合金编.—北京：中国财经出版社,2000（投资与经济丛书）

7—5005—4570—3

金融产业可持续发展理论研究 / 冉光和主著.—北京：商务印书馆,2004

7—100—03951—7

中小型高科技企业：信用与融资 / 赵昌文等著.—成都：西南财经大学出版社,2004

7—81088—079—9

中外宏观投资比较研究 / 邱华炳,孙健夫著.—北京：中国金融出版社,1999（厦门大学经济学文库）

7—5049—2280—3

符号经济与实体经济：金融全球化时代的经济分析 / 张晓晶著.—上海：上海三联书店,2002（当代经济学系列丛书·当代经济学文库）

7—208—04205—5

当代金融危机的形成、扩散与防范机制研究 / 陈学彬等著.—上海：上海财经大学出版社,2001

7—81049—533—X

金融创新与虚拟经济 / 王爱俭著.—北京：中

国金融出版社,2003（金融学前沿课题研究文库）

7—5049—3063—6

中国金融风险研究 / 殷孟波著.—成都：西南财经大学出版社,（中国金融书系）

7—81055—555—3

中国金融运行机制转换研究 / 俞天一主编.—北京：中国金融出版社,1999

7—5049—2047—9

中国银行业国际竞争力研究 / 焦瑾璞著.—北京：中国审计出版社,2002（中国人民大学金融与证券研究所文库·现代金融论著系列）

7—80169—040—0

中国金融安全论 / 王元龙著.—北京：中国金融出版社,2003

7—5049—3128—4

中小金融机构与中小企业发展研究：以浙江温州、台洲地区为例 / 史晋川等著.—杭州：浙江大学出版社,2003（"浙江模式"实证研究丛书）

7—308—03335—X

信息产业与金融支持 / 徐升华著.—北京：中国商务出版社,2003

7—80181—173—9

风险投资与风险资本市场 / 马君潞,马晓军,翟金林著.—天津：南开大学出版社,2003

7—310—01810—9

大西北利用国际资本研究 / 王建邦主编.—银川：宁夏人民出版社,1999（宁夏中青年学者文库）

7—227—02055—X

中国的外资经济：对增长、结构升级和竞争力的贡献 / 江小涓著.—北京：中国人民大学出版社,2002（中国经济问题丛书）

7—300—04440—9

中国市场化进程中的利用外资研究 / 杨柳勇

等著.—北京：中国社会科学出版社,2002

7—5004—3567—3

外资国民待遇导论 / 朱延福著.—北京：中国财政经济出版社,2003

7—5005—6337—X

上海金融的制度、功能与变迁：1897—1997 / 杜恂诚,贺水金,李桂花著.—上海：上海人民出版社,2002

7—208—04297—7

东亚经济圈与中国企业 / 叶卫平著.—北京：北京出版社,2001("入世"对策丛书)

7—200—04243—9

存款保险：理论与实践 / 贺瑛著.—上海：上海财经大学出版社,2003

7—81049—879—7

文化、科学、教育、体育类

科技革命与当代中国的命运 / 林今柱等著.—北京：中国纺织出版社,1999

7—5064—1653—0

文化霸权概论 / 刘伟胜著.—石家庄：河北人民出版社,2002

7—202—03164—7

当代中国文化哲学研究 / 洪晓楠著.—大连：大连出版社,2001

7—80612—838—7

全球化与民族文化多样性 / 缪家福著.—北京：人民出版社,2005

7—01—004800—2

文化政治美学：伊格尔顿批评理论研究 / 马海良著.—北京：中国社会科学出版社,2004

7—5004—4804—X

有中国特色社会主义文化研究 / 黄楠森等著.—济南：山东人民出版社,1999(有中国特色社

会主义论丛)

7—209—02464—6

农村小康文化论 / 丁素著.—北京：九洲出版社,2001

7—80114—659—X

黑土魂与现代城市人：地域文化建设与提高城市居民文明素质研究 / 董鸿扬主编.—北京：西苑出版社,2001

7—80108—486—1

中国西部文化发展战略研究 / 彭岚嘉,陈占彪著.—北京：中国社会科学出版社,2002

7—5004—3641—6

战后日本文化与战争认知研究 / 刘炳范编著.—北京：中国社会科学出版社,2004

7—5004—4282—3

中国少数民族文献学概论 / 包和平等编著.—北京：民族出版社,2004

7—105—06438—2

大众传播新论 / 徐耀魁著.—苏州：苏州大学出版社,2005(21世纪传播学研究丛书)

7—81090—412—4

超文本诗学 / 黄鸣奋著.—厦门：厦门大学出版社,2002(文艺学新视野丛书·鼓浪学术书系)

7—5615—1883—8

中国西部地区信息服务业发展研究 / 梁春阳主编.—银川：宁夏人民出版社,2002

7—227—02441—5

国际传播学 / 关世杰编.—北京：北京大学出版社,2004(传播学论丛)

7—301—07658—4

传播与民族发展：云南少数民族地区信息传播与社会发展关系研究 / 张宇丹主编.—北京：新华出版社,2000

7—5011—5060—5

数字传媒概要／闵大洪著.—上海：复旦大学出版社,2003(复旦博学新闻传播学研究生核心课程系列教材)

7—309—03599—2

中华人民共和国科技传播史／司有和主编.—重庆：重庆出版社,2004

7—5366—6883—X

晚报舆论导向理论与实务／董广安著.—郑州：大象出版社,2002

7—5347—2610—7

中国新闻评论发展研究／胡文龙主编.—北京：中国人民大学出版社,2002(新闻传播学文库)

7—300—04357—7

中国新闻事业编年史／方汉奇主编.—福州：福建人民出版社,2000

7—211—03709—1

播音员、主持人训练手册：诗歌朗诵／张颂编著.—北京：北京广播学院出版社,2001(训练手册系列丛书)

7—81004—883—X

广播电视语言艺术：中国广播电视语言传播研究／张颂主编.—北京：北京广播学院出版社,2001(语言学与应用语言学书系)

7—81004—965—8

大众期刊运作／李频著.—北京：中国大百科全书出版社,2003

7—5000—6898—0

当代中国大众文化研究／黄会林主编.—北京：北京师范大学出版社,1998

7—303—04477—9

数字图书馆理论与应用／崔永琳主编.—北京：中共中央党校出版社,2003

7—5035—2616—5

中国文献分类法百年发展与展望／俞君立主编；贺定安等编写.—武汉：武汉大学出版社,2002

7—307—03777—7

中国古代小说书目研究／潘建国著.—上海：上海古籍出版社,2005(文史哲研究丛刊)

7—5325—4158—4

中国档案事业的传统与现代化：兼论"过渡时期"的档案思想／覃兆刿著.—北京：中国档案出版社,2003(双元价值观的视野)

7—80166—321—5

信息的富有与贫乏：当代中国信息分化问题研究／谢俊贵著.—上海：上海三联书店,2004

7—5426—1938—1

问题与科学研究：问题学之探究／林定夷著.—广州：中山大学出版社,2005(中国科学哲学论丛)

7—306—02648—8

计算机与世界：时代的春意和哲学新意／乔天庆,陶笑眉著.—武汉：武汉出版社,2002

7—5430—2591—4

科技转化工程论／周寄中主编.—西安：陕西人民教育出版社,2001

7—5419—8133—8

走向知识服务：21世纪中国学术信息服务的挑战与发展／张晓林主编.—成都：四川大学出版社,2002

7—5614—2243—1

中学教学语言学／王显槐主编.—南昌：江西高校出版社,2001

7—81075—206—5

跨越转折：当代大学生价值取向报告／王绍玉等著.—北京：企业管理出版社,2002(中国青少

年研究中心·青年研究文库)

7—80147—680—8

中国奥运"金牌增长点"困区的研究 / 孙汉超主编.—北京：人民体育出版社,2004

7—5009—2531—X

弱势群体参与全民健身的现状调查与对策研究 / 王广虎主编.—成都：四川大学出版社,2005

7—5614—3257—7

全民健身概论 / 陈宁主编.—成都：四川教育出版社,2004

7—5408—3889—2

川南贫困县实施全民健身计划的实证研究 / 陈宁主编.—成都：四川教育出版社,2001

7—8408—3531—1

"两个战略"协调发展与体育院校改革 / 杨桦主编.—北京：人民体育出版社,2004

7—5009—2529—8

十四种竞技：中国少数民族传统体育运动会竞赛项目赏析 / 刘旭东,王亚勇主编.—银川：宁夏人民出版社,2003

7—227—02630—2

语言、文字类

马王堆简帛文字编 / 陈松长编著.—北京：文物出版社,2001

7—5010—1192—3

威廉·福克纳研究 / 肖明翰著.—北京：外语教学与研究出版社,1997

7—5600—1345—7

语言的神经机制与语言理论研究 / 杨亦鸣著.—上海：学林出版社,2003

7—80668—260—0

元语篇：跨文化视域下的理论与实证：英文本 / 徐海铭著.—南京：东南大学出版社,2001("跨文

化交际与英语教育"丛书)

7—81050—814—8

语篇理解研究 / 鲁忠义,彭聃龄著.—北京：北京语言学院出版社,2003

7—5619—1122—X

现代汉语方言音库 / 侯精一主编.—上海：上海教育出版社,2004

7—89997—457—7

现代汉语的用事成分与工具范畴 / 吴继光著.—武汉：华中师范大学出版社,2003(华中师范大学学术文库)

7—5622—2703—9

汉字通用声素研究 / 张儒,刘毓庆著.—太原：山西古籍出版社,2002(山西大学百年校庆学术丛书)

7—80598—474—3

汉俄语音对比实验研究 / 诸葛苹等著.—南京：南京大学出版社,2001

7—305—03642—0

应用汉字学概要 / 万业馨编著.—合肥：安徽大学出版社,2005

7—81052—946—3

疑难字考释与研究 / 杨宝忠著.—北京：中华书局,2005

7—101—04740—8

战国文字通论 / 何琳仪著.—南京：江苏教育出版社,2003

7—5343—4968—0

六朝唐五代石刻俗字研究 / 欧昌俊,李海霞著.—成都：巴蜀书社,2004(西南师范大学汉语言文字学研究丛书)

7—80659—587—2

现代汉语通用字对应异体字整理 / 章琼著.—

成都：巴蜀书社,2004

7—80659—624—0

汉语俗字丛考 / 张涌泉著.—北京：中华书局,2000

7—101—02390—8

语用频率效应研究 / 邹韶华著.—北京：商务印书馆,2001

7—100—03355—1

论衡训诂资料纂辑 / 杨宝忠,马金平撰.—保定：河北大学出版社,2002

7—81028—916—0

汉语词汇结构论 / 周荐著.—上海：上海辞书出版社,2004

7—5326—1677—0

生成语法理论与汉语语法研究 / 沈阳,何元建,顾阳著.—哈尔滨：黑龙江教育出版社,2001（语言研究新思维丛书）

7—5316—3780—4

吕氏春秋词类研究 / 殷国光编著.—北京：华夏出版社,1997

7—5080—1153—8

汉语双音复合词属性研究 / 朱志平著.—北京：北京大学出版社,2005（语言学丛书）

7—301—08745—4

汉语量范畴研究 / 李宇明著.—武汉：华中师范大学出版社,2000（华中语学论库）

近代汉语副词研究 / 杨荣祥著.—北京：商务印书馆,2005（中国语言学文库）

7—100—04307—7

现代汉语兼语式 / 邢欣著.—北京：北京广播学院出版社,2004（汉语言文字学书系）

7—81085—139—X

现代汉语定语的语序认知研究 / 崔应贤等著.—北京：中国社会科学出版社,2002

7—5004—3595—9

汉语联合短语研究 / 储泽祥等著.—长沙：湖南大学出版社,2002

7—81053—453—X

汉语复句研究 / 邢福义著.—北京：商务印书馆,2001

7—100—03196—6

天台方言初探 / 戴昭铭著.—北京：中国社会科学出版社,2003

7—5004—3631—9

客赣方言比较研究 / 刘纶鑫主编.—北京：中国社会科学出版社,1999

7—5004—2716—6

哈萨克族汉语补语习得研究 / 成燕燕著.—北京：民族出版社,2003

7—105—05806—4

汉语对俄教学语法研究 / 蓝小玲著.—北京：华语教学出版社,2004

7—80052—913—4

中国濒危语言个案研究 / 戴庆厦主编.—北京：民族出版社,2004

7—105—06680—6

汉语水语关系论：水语里汉语借词及同源词分层研究 / 曾晓渝著.—北京：商务印书馆,2005

7—100—04202—X

中国学生英语色彩语码认知模式研究：英文版 / 杨永林著.—北京：清华大学出版社,2002（清华语言论丛）

7—302—05589—0

话语分析的英汉语比较研究 / 罗选民等著.—长沙：湖南人民出版社,2001

7—5438—2547—3

英汉比较语义学 / 王逢鑫著. —北京：外文出版社，2001

7—119—02912—6

英语错误型式分析 / 杨达复著. —西安：陕西人民出版社，2000

7—224—05550—6

俄汉语对比研究 / 张会森主编. —上海：上海外语教育出版社，2004

7—81095—043—6

中日对译语料库的研制与应用研究论文集 / 徐一平，曹大峰主编. —北京：外语教学与研究出版社，2002

7—5600—2875—6

现代俄语口语学概论 / 王福祥著. —北京：外语教学与研究出版社，2001（现代俄语口语学系列丛书）

7—5600—2022—4

文学类

社会主义文艺学 / 何国瑞主编. —武汉：武汉大学出版社，2000（武汉大学学术丛书）

7—307—02972—3

中西文艺理论融合的尝试：兼及中国古代文论的现代转换研究 / 顾祖钊编著. —北京：人民文学出版社，2005

7—02—004867—6

马克思主义文艺学概论 / 陆贵山，周忠厚主编. —北京：中国人民大学出版社，2001

7—300—03956—1

时代精神与文学的价值导向 / 艾斐编著. —太原：山西教育出版社，1999

7—5440—1701—X

文艺社会学史纲：中国 20 世纪文艺学主流形

态研究 / 周平远编著. —北京：中国大百科全书出版社，2005

7—5000—7290—2

文心三角文艺美学：中国古代文心论的现代转化 / 程相占著. —济南：山东大学出版社，2002（文艺学前沿理论研究书系）

7—5607—2512—0

美育新思维：马克思主义文艺观与人的美学生成 / 庄锡华，董馨著. —南京：江苏教育出版社，

7—5343—3587—6

走出审美城：新时期文学审美论的批判性解读 / 杜卫著. —北京：东方出版社，2000

7—5060—1256—1

通俗文艺学 / 黄泽新著. —天津：百花文艺出版社，2002

7—5306—3273—6

诗性语言研究 / 马大康著. —北京：中国社会科学出版社，2005

7—5004—5067—2

多维文化视阈中的批评转型 / 张利群著. —北京：中国社会科学出版社，2002（南方文论丛书）

7—5004—3369—7

五洲华人文学概观 / 马相武，金戈主编. —太原：山西教育出版社，2001（世界华人文化丛书）

7—5440—2139—4

多维视野中的女性主义文学批评 / 林树明著. —北京：中国社会科学出版社，2004

7—5004—4457—5

英美后现代主义小说叙述结构研究 / 胡全生著. —上海：复旦大学出版社，2002

7—309—03378—7

西方汉学界的中国文论研究 / 王晓路著. —成都：巴蜀书社，2003

7—80659—435—3

中国文学的伦理精神 ／ 刘玉平,周晓琳著.—成都：四川人民出版社,2001

7—220—05676—1

史统道统文统：论唐宋时期文学观念的转变 ／ 罗立刚著.—上海：东方出版中心,2005

7—80186—313—5

陶学发展史 ／ 钟优民著.—长春：吉林教育出版社,2000

7—5383—4133—1

岭南晚清文学研究 ／ 管林等著.—广州：广东人民出版社,2003

7—218—04424—7

现代汉语与中国现代文学 ／ 高玉著.—北京：中国社会科学出版社,2003（中国社会科学博士论文文库）

7—5004—3926—1

文论的现代性与文学理性 ／ 徐亮,苏宏斌,徐燕杭著.—杭州：浙江大学出版社,2005（求是文库）

7—308—04417—3

主客体结构论文艺学的观念与体系构架：当代中国文艺学的整体结构特性与逻辑发展研究 ／ 马龙潜著.—桂林：广西师范大学出版社,2005

7—5633—5427—1

隐秘的历史河流：当前文学创作与批评中的历史观问题考察 ／ 刘俐俐著.—天津：天津人民出版社,2002

7—201—03899—0

剧烈变动中的社会与文学：世纪之交中国文学蜕变的描述及社会文化背景论析 ／ 韩宇宏著.—郑州：河南人民出版社,2004

7—215—05520—5

网络文学论纲 ／ 欧阳友权等著.—北京：人民文学出版社,2003

7—02—004164—7

当代性与文学传统的重建 ／ 姚文放著.—北京：人民文学出版社,2004

7—02—004402—6

中国古代歌诗研究：从《诗经》到元曲的艺术生产史 ／ 赵敏俐等著.—北京：北京大学出版社,2005

7—301—09439—6

民国旧体诗史稿 ／ 胡迎健著.—南昌：江西人民出版社,2005（江西社会科学研究文库）

7—210—03246—0

唐诗创作与歌诗传唱关系研究 ／ 吴相洲著.—北京：北京大学出版社,2004

7—301—07448—4

清代词学的建构 ／ 张宏生著.—南京：江苏古籍出版社,1998（文学遗产丛书）

7—80643—038—5

现代汉诗的百年演变 ／ 王光明著.—石家庄：河北人民出版社,2003

7—202—03521—9

中国早期文化意识的嬗变. 第二卷. 先秦散文发展线索探寻 ／ 程水金著.—武汉：武汉大学出版社,2004（武汉大学学术丛书）

7—307—04157—X

当代儿童文学与素质教育研究 ／ 周晓波主编.—上海：少年儿童出版社,2004

7—5324—6118—1

元代文学编年史 ／ 杨镰著.—太原：山西教育出版社,2005

7—5440—2928—X

现代性与五四文学思潮 ／ 俞兆平著.—厦门：

厦门大学出版社,2002(文艺学新视野丛书·鼓浪学术书系)

　　7—5615—1867—6

中国现代文学论争史 / 刘炎生著.—广州:广东人民出版社,1999

　　7—218—03146—3

当代中国女性文学史论 / 林丹娅著.—2版.—厦门:厦门大学出版社,1995

　　7—5615—1040—3

上海图书馆藏明代尺牍 / 王世伟,郑明主编;上海图书馆编.—上海:上海科学技术文献出版社,2002

　　7—5439—1827—7

世界四大文化与东南亚文学 / 梁立基,李谋编著.—北京:经济日报出版社,2001(东方文化集成)

　　7—80127—740—6

托尔斯泰和中国古典文化思想 / 吴泽霖著.—北京:北京师范大学出版社,2000

　　7—303—05337—9

米修与中国文化 / 杜青钢著.—北京:社会科学文献出版社,2000(法国当代文学广角文丛)

　　7—80149—233—1

新编美国文学史.第四卷:1945—2000 / 刘海平,王守仁主编;王守仁主撰.—上海:上海外语教育出版社,2002

　　7—81080—535—5

新编美国文学史.第三卷:1914—1945 / 刘海平,王守仁主编;杨金才主撰.—上海:上海外语教育出版社,2002

　　7—81080—569—X

艺术类

中国古代艺术范畴体系 / 陈竹,曾祖荫著.—武汉:华中师范大学出版社,2003(博雅学术文库)

7—5622—2815—9

中国道教石刻艺术史 / 胡文和著.—北京:高等教育出版社,2004

　　7—04—013908—1

山西戏曲碑刻辑考 / 冯俊杰等编著.—北京:中华书局,2002

　　7—101—03114—5

20世纪西方戏剧思潮 / 陈世雄,周宁著.—北京:中国戏剧出版社,2000(文苑丛书)

　　7—104—01182—X

中国话剧与中国戏曲 / 胡星亮著.—上海:学林出版社,2000

　　7—80616—936—9

历史、地理类

中国近三百年疑古思潮研究 / 路新生著.—上海:上海人民出版社,2001(近世文化论丛)

　　7—208—03553—9

二十世纪疑古思潮 / 吴少珉,赵金昭主编;张京华等撰著.—北京:学苑出版社,2003

　　7—80060—246—X

中国传统人文精神论要:从隐逸文化、文艺实践及封建政治的互动分析入手 / 徐清泉著.—上海:上海社会科学院出版社,2003(社会科学文库)

　　7—80681—206—7

明清东北亚水陆丝绸之路与虾夷锦研究 / 杨旸主编,柳岚著.—沈阳:辽海出版社,2001

　　7—80669—045—X

清代广东朴学研究 / 李绪柏著.—广州:广东省地图出版社,2001

　　7—80522—669—5

唐代文化 / 李斌城主编.—北京:中国社会科学出版社,2002

　　7—5004—3262—3

晚明社会变迁：问题与研究／万明主编.—北京：商务印书馆,2005

7—100—04267—4

洪门真史：2版／秦宝琦著.—2版.—福州：福建人民出版社,2000

7—211—02226—4

直隶义和团运动与社会心态／黎仁凯,姜文英等著.—石家庄：河北教育出版社,2001

7—5434—4425—9

南京大屠杀研究：日本虚构派批判／程兆奇著.—上海：上海辞书出版社,2002

7—5326—1102—7

隔世遗思：评满铁调查部／解学诗著.—北京：人民出版社,2003

7—01—003952—6

二十世纪：中国东北边疆文化研究／黄定天主编.—哈尔滨：黑龙江人民出版社,2003

7—207—06068—8

古代西域民族关系与政策研究／刘锡淦著.—乌鲁木齐：新疆大学出版社,2000

7—5631—1282—0

壮汉民族融合论：历史上壮汉民族融合与同化现象研究／韦玖灵著.—北京：气象出版社,2000

7—5029—2973—8

出土夷族史料辑考／陈秉新,李立芳著.—合肥：安徽大学出版社,2005（安徽省文物考古研究所专刊）

7—81110—084—3

东北通史／李治亭主编.—郑州：中州古籍出版社,2003（中国边疆通史丛书）

7—5348—1894—X

敦煌归义军史专题研究续编／郑炳林主编.—

兰州：兰州大学出版社,2003

7—311—02194—4

西域通史／余太山主编.—2版.—郑州：中州古籍出版社,2003（中国边疆通史丛书）

7—5348—1266—6

两汉魏晋南北朝正史西域传研究／余太山著.—北京：中华书局,2003

7—101—03561—2

高昌国：公元五至七世纪丝绸之路上的一个移民小社会／宋晓梅著.—北京：中国社会科学出版社,2003

7—5004—4172—X

山东区域现代化研究：1840—1949／吕伟俊等著.—济南：齐鲁书社,2002

7—5333—1039—X

河南汉代文化研究／黄宛峰著.—郑州：河南人民出版社,2000

7—215—04668—0

潮汕史.上册／黄挺,陈占山著.—广州：广东人民出版社,2001（潮汕文库）

7—218—03711—9

日本两次跨世纪的变革／张建,王金林主编.—天津：天津社会科学院出版社,2000

7—80563—801—2

战时美国大战略与中国抗日战场：1941—1945／韩永利著.—武汉：武汉大学出版社,2003（武汉大学学术丛书）

7—307—04046—8

铜绿山古矿冶遗址／黄石市博物馆编著.—北京：文物出版社,1999

7—5010—1152—4

明代宗族研究／常建华著.—上海：上海人民出版社,2005（中国家庭家族宗族研究系列）

7—208—05132—1

黄庭坚研究论集 / 黄启方著. —合肥：安徽人民出版社，2005

7—212—02770—7

孙中山与中国近代化道路研究 / 林家有著. —广州：广东教育出版社，1999

7—5406—4168—1

墨索里尼与意大利法西斯 / 陈祥超著. —北京：中国华侨出版社，2004

7—80120—836—6

普希金的生活与创作 / 张铁夫等著. —修订版. —北京：中国社会科学出版社，2004

7—5004—4948—8

理性的生命：哥德尔思想研究 / 刘晓力著. —长沙：湖南教育出版社，2000（中国科学哲学论丛）

7—5355—3178—4

石器研究：旧石器时代考古方法初探 / 王幼平编著. —北京：北京大学出版社，2006

7—301—10246—1

《睡虎地秦墓竹简》词汇研究 / 魏德胜著. —北京：华夏出版社，2003

7—5080—2836—8

简帛典籍异文研究 / 吴辛丑著. —广州：中山大学出版社，2002（古文字与出土文献研究丛书）

7—306—02016—1

郭店竹书别释 / 陈伟著. —武汉：湖北教育出版社，2003（新出简帛研究丛书）

7—5351—3424—6

中印佛教石窟寺比较研究：以塔庙窟为中心 / 李崇峰著. —北京：北京大学出版社，2003

7—301—06499—3

敦煌莫高窟北区石窟. 第一卷 / 彭金章，王建军著；敦煌研究院编. —北京：文物出版社，2000

7—5010—1208—3

敦煌莫高窟北区石窟. 第二卷 / 彭金章，王建军著；敦煌研究院编. —北京：文物出版社，2004

7—5010—1615—1

敦煌莫高窟北区石窟. 第三卷 / 彭金章，王建军著；敦煌研究院编. —北京：文物出版社，2004

7—5010—1616—X

西亚考古史：1842—1939 / 拱玉书著. —北京：文物出版社，2002（北京大学古代文明研究中心学术丛书）

7—5010—1293—8

窑洞风俗文化 / 郭冰庐著. —西安：西安地图出版社，2004

7—80670—617—8

长江三峡历史地理 / 蓝勇主编. —成都：四川人民出版社，2003

7—220—06370—9

康雍乾时期舆图绘制与疆域形成研究 / 孙喆著. —北京：中国人民大学出版社，2003（清代疆域形成研究）

7—300—04624—X

分形的哲学漫步 / 林夏水等著. —北京：首都师范大学出版社，1999（新世纪新视角丛书）

7—81064—081—X

中国经学思想史. 第一卷 / 姜广辉主编. —北京：中国社会科学出版社，2003

7—5004—3888—5

附录 2 《中国图书评论》好评的图书

马克思主义、列宁主义、毛泽东思想、
邓小平理论类

诗人毛泽东 / 易孟醇,易维著.—北京:人民
出版社,2003

　　7—01—003873—2

毛泽东人格 / 戴木才著.—南昌:江西人民出
版社,1999

　　7—210—01863—8

重读邓小平 / 龚育之等著.—北京:中共中央
党校出版社,2004

　　7—5035—2998—9

《手稿》的美学解读 / 王向峰著.—沈阳:辽宁
大学出版社,2004

　　7—5610—4668—5

**人类境遇与历史时空:马克思《人类学笔记》、
《历史学笔记》研究** / 冯景源著.—北京:中国人民
大学出版社,2004

　　7—300—04987—7

马克思主义与现代美学问题 / 王杰著.—北
京:人民文学出版社,2000

　　7—02—003232—X

马克思恩格斯军事理论研究 / 鲍世修著.—北
京:军事科学出版社,1999

　　7—80137—240—9

马克思恩格斯经济发展思想导论 / 王元璋
著.—乌鲁木齐:新疆人民出版社,1998

　　7—228—04210—7

马克思东方社会理论的历史考察和当代意义 /
赵家祥,丰子义著.—北京:高等教育出版社,2002

　　7—04—011122—5

青年毛泽东思想研究 / 莫志斌著.—长沙:湖
南师范大学出版社,2003(近代湘籍政治家思想研
究)

　　7—81081—372—2

毛泽东邓小平思维方式比较研究 / 尹全忠等
著.—武汉:华中理工大学出版社,1996

　　7—5609—1286—9

毛泽东农民观透视 / 郑以灵著.—厦门:厦门
大学出版社,1999

　　7—5615—1485—9

邓小平理论发展史 / 高屹主编.—广州:广东
人民出版社,2003

　　7—218—04559—6

**当代中国马克思主义政治文明论:邓小平江
泽民制度建设思想研究** / 邹吉忠著.—郑州:河南
人民出版社,2004(三个代表重要思想研究丛书)

　　7—215—05396—2

哲学、宗教类

哲学通论 / 孙正聿著.—沈阳:辽宁人民出版
社,1998

　　7—205—04143—0

马克思主义哲学研究 / 李长域著.—呼和浩
特:内蒙古大学出版社,1996

　　7—81015—723

对象学:大爆炸与哲学的振兴 / 陶同著.—北
京:中国民航出版社,1996

　　7—80110—066—2

中国古代本体思想史稿 / 方光华著.—北京：中国社会科学出版社,,2005(原道文丛)

7—5004—4832—5

整合·超越：市场经济视域中的集体主义 / 王岩著.—北京：中国人民大学出版社,2003

7—300—05040—9

唯物史观与史学理论 / 庞卓恒著.—北京：高等教育出版社,2004(研究生教学用书)

7—04—014333—X

当代哲学人类学 / 韩民青著.—南宁：广西人民出版社,1998

7—219—03892—5

现代性、后现代性和全球化 / 王逢振主编.—北京：中国人民大学出版社,2004(詹姆逊文集)

7—300—05531—1

相对融合论：二十一世纪的思考艺术 / 谢宝笙著.—香港：天地图书公司,2000

962—993—272—5

进入澄明之境：哲学的新方向 / 张世英著.—北京：商务印书馆,1999

7—100—02648—2

中国近三百年学术史 / 钱穆著.—新1版.—北京：商务印书馆,1995

7—100—02165—0

文白对照诸子集成 / 许嘉璐主编.—南宁：广西教育出版社等,1995

7—5419—6263—5

智者的叮咛：先秦诸子的生存智慧 / 李振纲著.—保定：河北大学出版社,2001(中国古代文人心灵史丛书)

7—81028—772—9

和谐论：儒家文明与当代社会 / 田广清著.—北京：中国华侨出版社,1998

7—80120—221—X

制度化儒家及其解体 / 干春松著.—北京：中国人民大学出版社,2003(新生代学人文丛)

7—300—04510—3

破与立的文化激流：五四时期孔子及学说的历史命运 / 张艳国著.—广州：花城出版社,2003

7—5360—3923—9

吾道一以贯之：重读孔子 / 伍晓明著.—北京：北京大学出版社,2003(艺术与思想史丛书)

7—301—05887—X

道家与中国哲学 / 孙以楷主编.—北京：人民出版社,2004

7—01—004074—5

先秦道家哲学研究 / 朱哲著.—上海：上海人民出版社,2000(当代中国哲学丛书)

7—208—03498—2

郭店楚墓竹简《老子》校读 / 侯才著.—大连：大连出版社,1999

7—80612—701—1

樗下读庄 / 止庵著.—北京：东方出版社,1999

978—7—5060—1136—5

20世纪墨学研究史 / 郑杰文著.—北京：清华大学出版社,2002(20世纪人文学术史研究丛书)

7—302—05676—5

魏晋玄学新论 / 徐斌著.—上海：上海古籍出版社,2000

7—5325—2827—8

北宋新学与理学 / 萧永明著.—西安：陕西人民出版社,2001(西部开发与人文学术丛书)

7—224—05561—1

朱熹与中国文化 / 蔡方鹿著.—贵阳：贵州人

民出版社,2000(大思想家与中国文化丛书)

7—221—04633—6

朱熹的历史世界：宋代士大夫政治文化的研究 / 余英时著.—北京：三联书店,2004(余英时作品系列)

7—108—02038—6

李贽的真与奇 / 许苏民著.—南京：南京出版社,1998(明清文化名人丛书)

7—80614—365—3

乾嘉学派研究 / 陈祖武,朱彤窗著.—石家庄：河北人民出版社,2005

7—202—04070—0

魏源与西学东渐：中国走向近代化的艰难历程 / 彭大成,韩秀珍著.—长沙：湖南师范大学出版社,2005(学术论丛)

7—81081—524—5

梁启超和中国古代学术的终结 / 蒋广学著.—南京：江苏教育出版社,1998

7—5343—3221—4

梁启超美学思想研究 / 金雅著.—北京：商务印书馆,2005

7—100—04426—X

崇高的位置：世纪之交的哲学理性 / 孙正聿著.—长春：吉林人民出版社,1997(当代中国学人文库)

7—206—02684—2

在科学与社会之间：对1915—1949年中国思想潮流的一种考察 / 任定成著.—武汉：武汉出版社,1997(中华博士文库)

7—5430—1718—0

胡适传论 / 胡明著.—北京：人民文学出版社,1996

7—02—002273—1

精神自由与民族复兴：张君劢思想综论 / 陈先初著.—长沙：湖南教育出版社,1999(博士论丛)

7—5355—3034—6

我们对世界的认识 / 周国平著.—北京：中国人民大学出版社,2009(爱智书系)

978—7—300—10079—1

现代英美分析哲学.第八卷 / 叶秀山,王树人总主编;江怡主编.—南京：江苏人民出版社,2005

7—80643—700—2

人类的家园：现代文化矛盾的哲学反思 / 卢风著.—长沙：湖南大学出版社,1996

7—81053—023—2

伯林谈话录 / (伊朗)拉明·贾汉贝格鲁著;杨祯钦译.—南京：译林出版社,2002(人文与社会译丛)

7—80657—375—5

一个解构主义的文本 / (法)罗兰·巴特著;汪耀进,武佩荣译.—新1版.—上海：上海人民出版社,1997(东方书林俱乐部文库)

7—208—02506—1

超前思维 / 孙洪敏著.—沈阳：辽宁人民出版社,1999

7—205—04341—7

金岳霖逻辑哲学述评 / 张茂泽著.—西安：陕西人民出版社,2003(西部人文学术丛书)

7—224—06586—2

伦理学引论 / 章海山,张建如编著.—北京：高等教育出版社,1999(面向21世纪课程教材)

7—04—007748—5

当代中国伦理与道德 / 魏英敏著.—北京：昆仑出版社,2001(东方文化集成·中华文化编)

7—80040—598—2

信用伦理研究／王淑芹等著．—北京：中国编译出版社，2005（经世文库）

7—80211—103—X

环境伦理的文化阐释：中国古代生态智慧探考／任俊华，刘晓华著．—长沙：湖南师范大学出版社，2004（环境伦理学研究丛书）

7—81081—380—3

传统道德与当代中国／郑晓江，李承贵，杨雪骋著．—合肥：安徽教育出版社，1998

7—5336—2210—3

社会主义义利观：面向 21 世纪的价值选择／黄亮宜著．—郑州：河南人民出版社，2002

7—215—04987—6

人类精神文明发展史／刘明翰，郑一奇主编．—北京：科学出版社，2002

7—5006—4752—2

反美学：在阐释中理解当代审美文化／潘知常著．—上海：学林出版社，1995（学术文库）

7—80616—176—7

否定主义美学：否定学系列论著之一／吴炫著．—长春：吉林教育出版社，1998（中国当代中青年学者学术精华书系）

7—5383—3697—4

美与审美的哲学阐释／谭容培著．—长沙：湖南教育出版社，1997

7—5355—2478—8

人类生命系统中的美学／封孝伦著．—合肥：安徽教育出版社，1999

7—5336—2540—4

中国美学论稿／王向峰著．—北京：中国社会科学出版社，1996

7—5004—1828—0

朱光潜与中西文化／钱念孙著．—合肥：安徽教育出版社，1995（朱光潜研究丛书）

7—5336—1767—3

当代美学原理／陈望衡著．—北京：人民出版社，2003

7—01—004086—9

怀疑论美学／颜翔林著．—上海：上海人民出版社，2004（学术创新丛书）

7—208—04754—5

美学的边缘：在阐释中理解当代审美观念／潘知常著．—上海：上海人民出版社，1998

7—208—03013—8

美学理论／（德）阿多诺著；王柯平译．—成都：四川人民出版社，1998（美学设计艺术教育丛书）

7—220—04253—1

审美现代性批判／周宪著．—北京：商务印书馆，2005

7—100—04283—6

艺术化生存：中西审美文化比较／聂振斌等著．—成都：四川人民出版社，1997

7—220—03734—1

老庄美学新论／王向峰主编．—北京：人民教育出版社，1999

7—107—02277—6

李渔美学思想研究／杜书瀛著．—北京：中国社会科学出版社，1998

7—5004—2168—0

唐代美学史／吴功正著．—西安：陕西师范大学出版社，1999

7—5613—1938—X

艺境无涯：宗白华美学思想臆解／汪裕雄，桑农著．—合肥：安徽教育出版社，2002（桃花苑丛书）

7—5336—2853—5

中国美学之旅：从远古到清末古典美学的发展历程 / 鲁文忠著.—武汉：长江文艺出版社，2000
7—5354—1996—8

中华美学感悟录 / 邓牛顿著.—2 版.—北京：社会科学文献出版社，1999（新世纪文论书系）
7—80050—733—5

生存的美学问题 / 高楠著.—沈阳：辽宁大学出版社，2001
7—5610—4273—6

心理学的沉思：心理学基本理论的系统研究 / 苏富忠，董操著.—济南：济南出版社，2001
7—80629—427—9

心灵结构与文化解析 / 胡家祥著.—北京：北京大学出版社，1998
7—301—03762—7

西方心理学的历史与体系 / 叶浩生主编.—北京：人民教育出版社，1998
7—107—12377—7

认知发展心理学 / 陈英和著.—杭州：浙江人民出版社，1996（当代智力心理学丛书）
7—213—01402—1

自我监控与智力 / 董奇等著.—杭州：浙江人民出版社，1996（当代智力心理学丛书）
7—213—01399—8

儿童心理辅导 / 姚本先著.—合肥：安徽大学出版社，2003（21 世纪高等学校课程教材）
7—81052—530—1

智力的培养 / 林崇德，辛涛著.—杭州：浙江人民出版社，1996（当代智力心理学丛书）
7—213—01401—3

智力心理学的研究进展./ 白学军著.—杭州：浙江人民出版社，1996（当代智力心理学丛书）
7—213—01307—6

智力研究的实验方法 / 沃建中著.—杭州：浙江人民出版社，1996（当代智力心理学丛书）
7—213—01309—2

计算机与智力心理学 / 林众，冯瑞琴著.—杭州：浙江人民出版社，1996（当代智力心理学丛书）
7—213—01400—5

宗教哲学 / 单纯著.—北京：中国社会科学出版社，2003
7—5004—3934—2

黑格尔的宗教哲学 / 赵林著.—武汉：武汉大学出版社，1996
7—307—02168—4

中国宗教通史 / 牟钟鉴，张践著.—北京：社会科学文献出版社，2003（宗教学文库）
7—80149—080—0

萨满教女神 / 富育光，王宏刚著.—沈阳：辽宁人民出版社，1995（萨满教文化研究丛书）
7—205—03378—0

中国佛教哲学要义 / 方立天著.—北京：中国人民大学出版社，2002
7—300—04258—9

敦煌愿文集 / 黄徵，吴伟编校.—长沙：岳麓书社，1995
7—80520—623—6

天台智者研究：兼论宗派佛教的兴起 / 李四龙著.—北京：北京大学出版社，2003
7—301—06444—6

雪域求法记：一个汉人喇嘛的口述史 / 邢肃芝（洛桑珍珠）口述；张健飞，杨念群笔述.—北京：三联书店，2003
7—108—01805—5

美是上帝的名字：中世纪神学美学 / 阎国忠著.—上海：上海社会科学院出版社，2003（比较文

学与文化丛书）

7—80681—278—4

社会科学总论类

社会技术哲学引论：从社会科学到社会技术 ／田鹏颖，陈凡著.—沈阳：东北大学出版社，2003

7—81054—923—5

费孝通九十新语 ／费孝通著.—重庆：重庆出版社，2005

7—5366—7406—6

科学救国之梦：任鸿隽文存 ／任鸿隽著；樊洪业，张久春选编.—上海：上海科技教育出版社；上海科学技术出版社，2002（八面风文丛）

7—5428—2952—1

在学习科学理论的道路上 ／周勇胜著.—厦门：厦门大学出版社，1997

7—5615—1243—0

周作人文类编 ／钟叔和编.—长沙：湖南文艺出版社，1998

7—5404—1885—0

澄心论萃 ／饶宗颐，胡晓明编.—上海：上海文艺出版社，1996（学苑英华）

7—5321—1489—9

当代学者自选文库. 袁行霈卷 ／袁行霈著.—合肥：安徽教育出版社，1999

7—5336—2188—3

五松居论稿 ／樊希安著.—延吉：延边教育教育出版社，2000

7—5437—4074—5

走向文史研究前沿 ／叶岗著.—北京：中国社会科学出版社，2004

7—5004—4418—4

何满子学术论文集 ／何满子著.—福州：福建人民出版社，2002

7—211—04019—X

中国现代学术经典 ／刘梦溪主编.—石家庄：河北教育出版社，1996

7—5434—2985—3

变迁中的困惑与解脱：一种社会学思想解析 ／赵子祥著.—沈阳：辽海出版社，2003

7—80669—873—6

语篇交际原理与语文教学 ／张良田著.—长沙：湖南师范大学出版社，2003

7—81081—316—1

公共关系协调原理与实务 ／李道平，单振运著.—北京：中国商业出版社，1996（中国公共关系培训系列教材）

7—5044—3355—1

中国人的特性 ／（美）明恩溥著；匡雁鹏译.—北京：光明日报出版社，1998（西方人眼中的中国名著译丛）

7—80145—037—X

性的问题 ／李银河著.—北京：中国青年出版社，1999（性社会学系列）

7—5006—3411—0

童年的消逝 ／（美）尼尔·波兹曼著；吴燕莛译.—桂林：广西师范大学出版社，2004

7—5633—4498—5

社会老年学 ／邬沧萍主编.—北京：中国人民大学出版社，1999

7—300—03320—2

女性学概论 ／魏国英主编；马忆南等编写.—北京：北京大学出版社，2000（女性学教材系列）

7—301—04768—1

中国人口史. 第三卷. 辽宋金元时期 ／吴松弟著.—上海：复旦大学出版社，2000

7—309—02606—3

中国人口史 / 葛剑雄主编.—上海:复旦大学出版社,2000

7—309—03520—8

族际关系论 / 罗康隆著.—贵阳:贵州民族出版社,1998

7—5412—0819—1

中国人素质研究 / 沙莲香著.—郑州:河南人民出版社,2001

7—215—04670—2

国民素质论 / 唐日新主编.—长沙:中南工业大学出版社,1998

7—81061—112—7

政治、法律类

社会主义的本质及其在初级阶段的体现 / 徐雅民,薛汉伟主编.—哈尔滨:黑龙江教育出版社,1997

7—5316—3272—1

文化与帝国主义 / (美)爱德华.W.萨义德著;李琨译.—北京:三联书店,2003

7—108—01954—X

资本主义与历史学家 / (英)F.A.哈耶克编;秋风译.—长春:吉林人民出版社,2003(人文译丛)

7—206—04147—7

政府行为学概论 / 马孝扬,赵玲主编.—沈阳:辽宁人民出版社,1995

7—205—03496—5

政府公共权力效益问题研究 / 王伟著.—北京:人民出版社,2005

7—01—004957—2

国家安全论 / 夏保成著.—长春:长春出版社,1998

7—80604—771—9

国家的视角:那些试图改善人类状况的项目是如何失败的 / (美)詹姆斯·斯科特著;王晓毅译.—北京:社会科学文献出版社,2004(政治学与公共管理论丛)

7—80190—218—1

正义的追寻:人类发展的理想境界 / 胡海波著.—长春:东北师范大学出版社,1997(东北师范大学文库)

7—5602—2046—0

自由主义的民族主义 / (以)耶尔·塔米尔著;陶东风译.—上海:上海世纪出版集团,2005(世纪人文系列丛书·世纪前沿)

7—5327—3665—2

当代国外社会主义流派 / 余文烈主编.—合肥:安徽人民出版,2000(21世纪社会主义丛书)

7—212—01810—4

社会主义由西方到东方的演进:从马克思到邓小平的社会主义思想史考察 / 张光明著.—昆明:云南人民出版社,2004

7—222—04209—1

中国民众思想史论:20世纪初期—1949年华北地区的民间文献及其思想观念研究 / (美)欧达伟著;董晓萍译.—北京:中央民族大学出版社,1995

7—81001—601—6

中国政治思想史 / 刘泽华主编.—杭州:浙江人民出版社,1996

7—213—01448—X

西方政治思想史 / 徐大同主编.—天津:天津教育出版社,2000

7—5309—3124—5

邓小平理论研究 / 高峰等主编.—沈阳:辽宁教育出版社,1996

7—5382—4571—5

唯物史观与中共党史学 / 张静如著.—长沙：湖南出版社,1995

　　7—5438—1015—8

中国共产党通史 / 沙健孙主编.—长沙：湖南教育出版社,1995

　　7—5355—2197—5

中共满洲省委史研究 / 刘贵田,郭化光,王恩宝著.—沈阳：沈阳出版社,2001

　　7—5441—1748—0

党的建设与宣传思想工作 / 戴舟著.—北京：中共党史出版社,1995

　　7—80023—888—1

农民的道义经济学：东南亚的反叛与生存 / (美)詹姆斯·斯科特著,程立显；程立显,刘建等译.—南京：译林出版社,2001(人文与社会译丛)

　　7—80657—177—9

五四前夕的中国学生运动 / 张惠芝著.—太原：山西教育出版社,1996

　　7—5440—1014—7

百年中国儿童 / 中国青少年研究中心主编.—广州：广东新世纪出版社,2000

　　7—5405—2160—0

西方政治制度：传承与变革 / 董建萍著.—北京：经济日报出版社,2002

　　7—80180—067—2

国际战略与新军事变革 / 熊光楷著.—北京：清华大学出版社,2003

　　7—302—07384—8

国际社会保障制度比较 / 罗元文著.—北京：中国经济出版社,2001

　　7—5017—5081—5

国家全景观：中国现代化进程中的国家问题 / 黄亮宜著.—北京：中共中央党校出版社,1995

　　7—5035—1250—4

邓小平：在马克思主义发展史中 / 商志晓著.—北京：中共中央党校出版社,2000

　　7—5035—2137—6

邓小平设计中国改革开放实录 / 高屹主编.—沈阳：辽宁人民出版社,1995

　　7—205—03536—8

对有中国特色社会主义的哲学分析 / 傅青元主编.—成都：四川人民出版社,1997

　　7—220—03856—9

目标与代价：当代中国现代化的发展逻辑 / 周显信著.—北京：人民出版社,2003

　　7—01—004094—X

邓小平社会主义主体地位论 / 阎德民,王旭彤主编.—郑州：河南人民出版社,1996

　　7—215—03660—X

中国马克思主义理论的丰碑：中国共产党三代领导集体对马克思主义的发展 / 刘林元主编.—南京：南京大学出版社,2001

　　7—305—03714—1

国家利益论 / 洪兵著.—北京：军事科学出版社,1999

　　7—80137—131—3

中国政治体制改革纵横谈 / 黄卫平著.—北京：中央编译出版社,1998(深圳大学管理学院文库)

　　7—80109—227—9

论中国特色的社会保障道路 / 郑功成著.—武汉：武汉大学出版社,1997(武汉大学学术丛书)

　　7—307—02419—5

市场经济与中国科技知识分子 / 张彦著.—郑州：河南人民出版社,1995(中国知识分子丛书)

　　7—215—03500—X

南街社会 / 刘倩著.—上海：学林出版社,2004

7—80668—787—4

震颤中的稳定与发展 / 穆怀中著.—沈阳：辽宁大学出版社,1995（中华学术文库）

7—5610—2569—6

中国社会保障适度水平研究 / 穆怀中著.—沈阳：辽宁大学出版社,1998

7—5610—3556—X

中国农村政治稳定与发展 / 张厚安,徐勇主笔;项继权著.—武汉：武汉出版社,1995

7—5430—1424—6

中国改革史 / 漆侠主编.—石家庄：河北教育出版社,1997

7—5434—3092—4

传统十论：本土社会的制度,文化及其变革 / 秦晖著.—上海：复旦大學出版社,2003（名家专题精讲）

7—309—03712—X

《长短经》校证与研究 / 周斌著.—成都：巴蜀书社,2003

7—80659—465—5

专制变奏曲：从吕后到慈禧 / 门岿著.—济南：济南出版社,2002

7—80629—775—8

明代州县政治体制研究 / 柏桦著.—北京：中国社会科学出版社,2003

7—5004—3742—0

中国皇帝制度 / 徐连达,朱子彦著.—广州：广东教育出版社,1996

7—5406—3245—3

中国近百年政治史：1840—1926 年 / 李剑农著.—上海：复旦大学出版社,2002

7—309—03225—X

清代科举考试述录及有关著作 / 商衍鎏著;商志醰校注.—天津：百花文艺出版社,2004

7—5306—3816—5

品位与职位：秦汉魏晋南北朝官阶制度研究 / 阎步克著.—北京：中华书局,2002（中华学术文库）

7—101—02754—7

唐代学士与文人政治 / 李福长著.—济南：齐鲁书社,2005（文史哲博士文丛）

7—5333—1565—0

唐刺史考全编 / 郁贤皓著.—合肥：安徽大学出版社,2000

7—81052—265—5

中国文人阶层史论 / 龚鹏程著.—兰州：兰州大学出版社,2004（两岸文化星系）

7—311—02222—3

禁毒史鉴 / 王宏斌著.—长沙：岳麓书社,1997

7—80520—802—6

清代科举家族 / 张杰著.—北京：社会科学文献出版社,2003（东方历史学术文库）

7—80190—011—1

中华赌博史 / 郭双林,肖梅花著.—北京：中国社会科学出版社,1995（江湖文化丛书）

7—5004—1719—5

俄罗斯改革的悲剧与出路：俄罗斯与新世界秩序 / （俄）谢·格拉济耶夫著;佟宪国,刘淑春译.—北京：经济管理出版社,2003

7—80162—678—8

国际大战略 / 王家福著.—长春：吉林大学出版社,1996

7—5601—2001—6

国际关系研究实用方法 / 阎学通,孙学峰著.—北京：人民出版社,2001

7—01—003404—4

中国融入世界的步履：明与清前期海外政策比较研究 / 万明著.—北京：社会科学文献出版社,2000(明清史研究丛书)

7—80149—302—8

千岁丸上海行：日本人1862年的中国观察 / 冯天瑜著.—北京：商务印书馆,2001(近代日本人禹域踏查书系)

7—100—03350—0

伊丽莎白一世时期英国外交政策研究 / 夏继果著.—北京：商务印书馆,1999

7—100—02855—8

社会法原论 / 董保华等著.—北京：中国政法大学出版社,2001

7—5620—2061—2

论立法与法学的当代使命 / (德)弗里德里希·卡尔·冯·萨维尼著;许章润译.—北京：中国法制出版社,2001(西方法哲学文库)

7—80083—851—X

权利的成本：为什么自由依赖于税 / (美)史蒂芬·霍尔姆斯,凯斯.R.桑斯坦著;毕竞悦译.—北京：北京大学出版社,2004(宪政经典)

7—301—07157—4

比较刑法学原理：外国刑法学总论 / 马克昌著.—武汉：武汉大学出版社,2002(名家学术)

7—307—03649—5

一国两制法律问题研究总卷 / 蓝天主编.—北京：法律出版社,1997

7—5036—2047—1

民法学 / 彭万林主编.—3版修订本.—北京：中国政法大学出版社,2002

7—5620—2086—8

民法总则研究 / 王利明著.—北京：中国人民大学出版社,2003(中国当代法学家文库·王利明民商法研究系列)

7—300—05097—2

中国近代版权史 / 李明山主编.—开封：河南大学出版社,2003(编辑学丛书)

7—81091—017—5

非法出版活动研究 / 张志强等著.—贵阳：贵州人民出版社,1998

7—221—04767—7

经济犯罪新论：破坏社会主义经济秩序罪研究 / 马克昌主编.—武汉：武汉大学出版社,1998(市场经济与法制建设丛书)

7—307—02620—1

毒品犯罪的发展趋势与遏制对策 / 崔敏主编.—北京：警官教育出版社,1999

7—81062—148—3

危害环境罪的理论与实务 / 杨春洗,向泽选,刘生荣著.—北京：高等教育出版社,1999

7—04—007091—X

中国的家法族规 / 费成康主编.—上海：上海社会科学院出版社,1998

7—80618—461—9

秦律新探 / 曹旅宁著.—北京：中国社会科学出版社,2002(中国社会科学博士论文文库)

7—5004—3805—2

中华人民共和国法制通史：1949—1995 / 韩延龙主编.—北京：中共中央党校出版社,1998

7—5035—1835—9

军事类

毛泽东军事思想原理 / 刘继贤,张全启主编.—北京：解放军出版社,1995

7—5065—2780—4

海权对历史的影响：1660—1783 ／（美）A. T. 马汉著；安常容，成忠勤译．—北京：中国人民解放军出版社，1998（外国著名军事著作丛书）

7—5065—3371—5

世界海军史 ／ 丁一平，李洛荣，龚连娣编著．—北京：海潮出版社，2000

7—80151—255—3

邓小平新时期军队建设思想发展史 ／ 高连升，郭竞炎主编．—北京：解放军出版社，1997

7—5065—3466—5

大战略论 ／ 吴春秋著．—北京：军事科学出版社，1998

7—80137—184—4

军事战略思维 ／ 李际均著．—北京：军事科学出版社，1996

7—80137—058—9

孙子兵法详解 ／ 傅朝著．—呼和浩特：内蒙古科学技术出版社，1999

7—5380—0680—X

经济类

新资本论纲要：马庆泉博士与马克思的对话：若干政治经济学新概念的阐述 ／ 马庆泉著．—北京：中国人民大学出版社，2004

7—300—05449—8

经济学 ／（美）约瑟夫．E. 斯蒂格利茨，卡尔．E. 沃尔什著；黄险峰，张帆译．—北京：中国人民大学出版社，2005（经济科学译丛）

7—300—06461—2

现代市场理论：关于市场的经济学 ／ 王冰著．—武汉：湖北人民出版社，2003

7—216—03812—6

宏观经济学前沿问题 ／ 大卫·格林纳韦主编；杜两省译．—北京：中国税务出版社，2000（麦克米伦经济学前沿问题丛书）

7—80117—288—4

市场经济和政府干预：新古典宏观经济学和新凯恩斯主义经济学研究 ／ 吴易风，王健，方松英著．—北京：商务印书馆，1998

7—100—02258—4

微观经济学前沿问题 ／（英）约翰. D. 海主编；王询，卢昌崇译．—北京：中国税务出版社，2000（麦克米伦经济学前沿问题丛书）

7—80117—287—6

竞争力经济学 ／ 金碚等著．—广州：广东经济出版社，2003

7—80677—447—5

资本主义的起源：比较经济史研究 ／ 厉以宁著．—北京：商務印書館，2003

7—100—03727—1

消费社会 ／（法）波德里亚著；刘成富，全志钢译．—南京：南京大学出版社，2001（当代学术棱镜译丛·媒介文化系列）

7—305—03535—1

非物质社会：后工业世界的设计，文化与技术 ／（法）马克·第亚尼编著；滕守尧译．—成都：四川人民出版社，1998（美学设计艺术教育丛书）

7—220—03961—1

论现代公有制：关于公有制实现形式的探讨 ／ 王珏主编．—济南：济南出版社，1998（国企改革系列）

7—80629—334—5

中国市场经济学通论 ／ 杨永华著．—广州：：广东人民出版社，1996

7—218—02128—X

要素市场发育与政府效率 ／ 牛福增著．—北京：经济科学出版社，1998（中青年经济学家文库）

7—5058—1558—X

文化传统与经济组织 / 王询著. 一大连：东北财经大学出版社,1999
7—81044—501—4

经济增长的源泉 / (美)理查德. R. 纳尔森著；汤光华等译. 一北京：中国经济出版社,2001
7—5017—5065—3

发展经济学前沿问题 / (英)V. N. 巴拉舒伯拉曼雅姆,桑加亚·拉尔主编；梁小民译. 一北京：中国税务出版社,2000(麦克米伦经济学前沿问题丛书)
7—80117—291—4

福利经济学前沿问题 / (英)尼古拉斯·巴尔,大卫·怀恩斯主编；贺晓波,王艺译. 一北京：中国税务出版社；北京腾图电子出版社,2000(麦克米伦经济学前沿问题丛书)
7—80117—296—5

知识经济思想的由来与发展 / 谢康,陈禹著. 一北京：中国人民大学出版社,1998(知识经济时代丛书)
7—300—02891—8

知识经济学：理论、实践和应用 / 吴季松著. 一北京：北京科学技术出版社,1999
7—5304—2300—2

走向知识经济时代 / 黄顺基主编. 一北京：中国人民大学出版社,1998(知识经济时代丛书)
7—300—02844—6

科技革命与当代社会 / 陈筠泉,殷登祥主编. 一北京：人民出版社,2001
7—01—003452—4

知识经济的测度理论与方法 / 陈禹,谢康著. 一北京：中国人民大学出版社,1998(知识经济时代丛书)
7—300—02851—9

信息经济学 / 马费成,王槐,查先进著. 一武汉：武汉大学出版社,1997(武汉大学学术丛书)
7—307—02501—9

公共部门经济学前沿问题 / (英)彼德. M. 杰克逊主编；郭庆旺等译. 一北京：中国税务出版社；北京腾图电子出版社,2000(麦克米伦经济学前沿问题丛书)
7—80117—293—0

产业经济学前沿问题 / (英)J. 卡布尔主编；于立等译. 一北京：中国税务出版社：北京腾图电子出版社,2000(麦克米伦经济学前沿问题丛书)
7—80117—294—9

经济学社会场论 / 孟氧著. 一北京：中国人民大学出版社,1999
7—300—02309—6

知识经济论：跨世纪社会经济革命的研究 / 黄亚钧等撰写. 一太原：山西经济出版社,1998
7—80636—160—X

当代经济思潮 / 陈信,陈勇著. 一大连：东北财经大学出版社,2004(高等财经教育经典系列)
7—81084—375—3

历史的制度分析：西方制度经济史学的新进展 / 韩毅著. 一沈阳：辽宁大学出版社,2002
7—5610—4376—7

21 世纪：全球经济战略的较量 / 韩康等著. 一北京：经济科学出版社,2003
7—5058—3677—3

大分流：欧洲、中国及现代世界经济的发展 / (美)彭慕兰著；史建云译. 一南京：江苏人民出版社,2003(海外中国研究丛书)
7—214—03573—1

经济发展 / (美)迈克尔. P. 托达罗著；黄卫平,彭刚等译. 一北京：中国经济出版社,1999
7—5017—4345—2

经济全球化与经济转轨互动研究 / 程伟等著.—北京：商务印书馆,2005(国家社科基金成果文库)

7—100—04234—8

萧条经济学的回归 /（美）保罗·克鲁格曼著；朱文晖,王玉清译.—北京：中国人民大学出版社,1999

7—300—03193—5

社会开放规律论 / 王西华著.—北京：军事谊文出版社,1999

7—80027—973—1

国家竞争优势 /（美）迈克尔·波特著；李明轩,邱如美译.—北京：华夏出版社,2002(大师经典系列)

7—5080—2395—1

西方世界的兴起 /（美）道格拉斯·诺思,罗伯斯·托马斯著；厉以平,蔡磊译.—北京：华夏出版社,1999(代西方思想文库)

7—5080—1675—0

中国经济的软着陆：1992—1997 / 华而诚著.—北京：中国财政经济出版社,1997

7—5005—3477—9

中国经济改革与发展研究 / 成思危著.—北京：中国人民大学出版社,2001

978—7—300—09123—5

市场力论：一个新的理论框架及其在中国经济体制分析中的应用 / 赵凌云著.—长沙：湖南出版社,1996(中国中青年经济学家论丛)

7—5438—1333—5

市场·体制与文化 / 冯玉忠著.—沈阳：辽宁大学出版社,1999(冯玉忠文集)

7—5610—3647—7

国有资本人格化 / 林炎志著.—郑州：河南人民出版社,1999

7—215—04592—7

政府太累 / 杨立宇著.—北京：当代中国出版社,2004

7—80170—310—3

中国经济增长与方式变革：迈向持续、高效的增长道路 / 王保安著.—北京：人民出版社,1997

7—01—002641—6

网络、文化与华人社会经济行为方式 / 何梦笔著.—太原：山西经济出版社,1998(当代中国的村庄经济与村落文化丛书)

7—80577—912—0

中国的经济发展与环境问题：理论、实证与案例分析 / 薛进军,（日）荒山裕行,彭近新主编.—大连：东北财经大学出版社,2002

7—81044—987—7

中国现阶段收入分配差距问题研究 / 卢嘉瑞等著.—北京：人民出版社,2003

7—01—003921—6

胡鞍钢集：中国走向二十一世纪的十大关系 / 胡鞍钢著.—哈尔滨：黑龙江教育出版社,1995(开放丛书)

7—5316—2905—4

中国贫困与反贫困理论 / 康晓光著.—南京：广西人民出版社,1995

7—219—03158—0

地缘经济学导论：从民族经济到地缘经济 / 张丽君著.—北京：中国三峡出版社,2000

7—80099—438—4

黄河流域经济：构建黄河—亚欧大陆桥经济带 / 杨承训等主编.—郑州：河南人民出版社,1995

7—215—03628—6

论西部大开发 / 冯之浚主编.—杭州：浙江教

育出版社,2000

    7—5338—3780—0

河西开发史研究 / 吴廷桢,郭厚安主编.—兰州:甘肃教育出版社,1996

    7—5423—0675—8

环洞庭湖经济圈建设研究 / 朱翔等著.—长沙:湖南师范大学出版社,2003

    7—81081—215—7

香港经济的平稳过渡及未来繁荣 / 国世平著.—深圳:海天出版社,1997

    7—80615—606—2

新重庆的崛起与中国中西部经济的发展 / 罗晓梅,陈纯柱主编.—重庆:重庆出版社,1999

    7—5366—4356—X

晚清经济政策与改革措施 / 朱英著.—武汉:华中师范大学出版社,1996

    7—5622—1708—4

中国经济发展史 / 宁可主编.—北京:中国经济出版社,1999

    7—5017—4015—1

清代边疆开发 / 马汝珩,成崇德主编.—太原:山西人民出版社,1998

    7—203—03825—4

新中国经济史 / 苏星著.—北京:中共中央党校出版社,1999

    7—5035—2003—5

对日本政府经济职能的历史考察与研究 / 徐平著.—北京:中国社会科学出版社,2003(中国社会科学博士论文文库)

    7—5004—3990—3

重新崛起之路:俄罗斯发展的机遇与挑战 / 许志新主编.—北京:世界知识出版社,2005

    7—5012—2670—9

空间经济学 / 卢嘉瑞著.—石家庄:空间经济学,1995

    7—5434—2584—X

市场经济信息学 / 邱均平主编.—武汉:武汉大学出版社,2001

    7—307—03144—2

劳动经济学前沿问题 / (英)大卫·桑普斯福特,泽弗里斯·桑纳托斯主编;卢昌崇,王询译.—北京:中国税务出版社:北京腾图电子出版社,2000

    7—80117—289—2

人力资源管理 / (美)加里·德斯勒著;刘昕,吴雯芳等译.—北京:中国人民大学出版社,1999(工商管理经典译丛)

    7—300—02520—X

经营失利诊治 / 吴兆龙著.—沈阳:辽宁人民出版社,1996

    7—205—03484—1

内部组织的经济学 / (日)今井贤一,伊井丹敬之,小池和男著;金洪云译.—北京:三联书店,2004(日本经济学名著译丛)

    7—108—02092—0

迎接大未来:管理的变革与创新 / 张今声著.—沈阳:辽宁大学出版社,1997

    7—5610—3432—6

知识管理与组织设计 / (美)保罗.S.麦耶斯主编;蒋惠工等译.—广州:珠海出版社,1998(知识经济经典汉译丛书)

    7—80607—470—8

企业组织创新风险研究 / 肖东生著.—长沙:中南大学出版社,2002

    7—81061—500—9

资本经营:聚变时代中权力的获得与利用 / 郭元晞著.—成都:西南财经大学出版社,1997(跨

世纪企业丛书)

7—81055—241—4

以目标利润为导向的企业预算管理 / 苏寿堂著.—北京:经济科学出版社,2000

7—5058—2406—6

高技术竞争时代的企业战略联盟 / 蔡兵著.—广州:广东人民出版社,1999

7—218—02898—5

大型跨国公司战略新趋势 / 康荣平主编.—北京:经济科学出版社,2001

7—5058—2454—6

中国企业评论:战略与实践 / 康荣平,柯银斌著.—北京:企业管理出版社,1999

7—80147—285—3

中国国有企业改革 / 高尚全,杨启先主编.—济南:济南出版社,1999(国企改革系列)

7—80629—350—7

走出困境:中国国有企业改革的思路和对策 / 冯中越著.—桂林:广西师范大学出版社,1998(改革跨世纪的工程)

7—5633—2814—9

农村城市化研究 / 郑弘毅主编.—南京:南京大学出版社,1998

7—305—03149—6

中国矿业城市研究:结构、演变与发展 / 周德群,汤建影,程东全著.—徐州:中国矿业大学出版社,2002

7—81070—687—X

农业经济学前沿问题 / (英)A. J. 雷纳,D. 科尔曼主编;唐忠,孔祥智译.—北京:中国税务出版社:北京腾图电子出版社,2000

7—80117—295—7

土地呼唤:保护人类赖以生存的耕地 / 金涛著.—南宁:广西科学技术出版社,1997

7—80619—562—9

农业发展论 / 郭熙保著.—武汉:武汉大学出版社,1995(经济发展理论研究丛书)

7—307—01908—6

社会变迁中的村级土地制度:闽西北将乐县安仁乡个案研究 / 朱冬亮著.—厦门:厦门大学出版社,2003(南强学术丛书)

7—5615—2038—7

土地与经济发展:理论分析与中国实证 / 夏明文著.—上海:复旦大学出版社,2000(上海市社会科学博士文库)

7—309—02691—8

中国土地管理利用史 / 许牧,张小华主编.—北京:中国农业科技出版社,1995

7—80026—852—7

中国农村私营经济研究 / 潘石主编.—长春:吉林大学出版社,1995

7—5601—1806—2

2000 年中国粮食论坛:5000 亿公斤粮食讨论会论文汇编 / 中国农学会,农业部农业司综合计划司编.—北京:中国农业科技出版社,1996

7—80119—135—8

现代农业发展方略:湖北生态科技效益三统一农业的理论与实践 / 关广富著.—武汉:湖北人民出版社,1995

7—216—01779—X

中国西部农业开发史研究 / 王红谊,惠富平,王思明著.—北京:中国农业科学技术出版社,2003

7—80167—600—9

工程经济学 / 宋国防,贾湖主编.—天津:天津大学出版社,2000

7—5618—1270—1

制造业结构的转型与经济发展：中国 1978—1998 年制造业内部结构的调整 ∕ 殷醒民著.—上海：复旦大学出版社,1999(经济学博士后、博士论丛)

7—309—02220—3

中国工业企业规模经济研究 ∕ 赵桂琴著.—沈阳：辽宁人民出版社,1998(汉学新纪元书系)

7—205—04074—4

集群式创新：以辽宁装备制造业发展为例 ∕ 刘春芝著.—北京：中国社会科学出版社,2005

7—5004—5338—8

知识经济的支柱 ∕ 左美云著.—北京：中国人民大学出版社,1998(知识经济时代丛书)

7—300—02934—5

电信竞争 ∕ (法)让·雅克·拉丰,让·泰勒尔著；胡汉辉,刘怀德,罗亮译.—北京：人民邮电出版社,2001(产业经济学译丛)

7—115—09284—2

市场学 ∕ 顾国祥,王方华主编.—上海：复旦大学出版社,1995(大学管理类教材丛书)

7—309—01440—5

中外广告妙语金句选评 ∕ 许占方著.—沈阳：辽宁科学技术出版社,1996

7—5381—2269—9

中国的粮食市场：波动与调控 ∕ 董全海等著.—北京：中国物价出版社,2000

7—80155—168—0

中国传统市场发展史 ∕ 龙登高著.—北京：人民出版社,1997

7—01—002256—9

贸易自由化与中国对策 ∕ 李欣欣著.—沈阳：辽宁人民出版社,1996

7—205—03826—X

国库运作与管理 ∕ 邱华炳著.—厦门：厦门大学出版社,2001(厦门大学南强丛书)

7—5615—1729—7

十六世纪明代中国之财政与税收 ∕ 黄仁宇著；阿风等译.—北京：生活·读书·新知三联书店,2001(黄仁宇作品系列)

7—108—01546—3

国际货币经济学前沿问题 ∕ (英)戴维·里维里恩,克里斯·米尔纳主编；赵锡军,应惟伟译.—北京：中国税务出版社,2000(麦克米伦经济学前沿问题丛书)

7—80117—290—6

金融与货币经济学前沿问题 ∕ (英)凯文·多德,默文.K.刘易斯主编；陈雨露,王芳译.—北京：中国税务出版社：北京腾图电子出版社,2000(麦克米伦经济学前沿问题丛书)

7—80117—292—2

中国货币理论史 ∕ 叶世昌,李宝金,钟祥财著.—厦门：厦门大学出版社,2003

7—5615—2102—2

挑战风险：金融机构如何生存和发展 ∕ (英)多米尼克·卡瑟利著；朱泱,张胜纪译.—北京：商务印书馆,1997

7—100—02480—3

比较金融系统 ∕ (美)富兰克林·艾伦,道格拉斯·盖尔著；王晋斌等译.—北京：中国人民大学出版社,2002

7—300—04149—3

21 世纪的金融体制变革 ∕ 查振祥著.—北京：中国经济出版社,1999

7—5017—4607—9

构筑现代经济的核心：面向新世纪的中国金融改革 ∕ 卢中原著.—桂林：广西师范大学出版社,1998(改革：跨世纪的工程)

7—5633—2817—3

中国古近代金融史 / 叶世昌,潘连贵著.—上海:复旦大学出版社,2001(复旦旦博学·经济学系列)

7—309—02732—9

文化、科学、教育、体育类

和合学概论:**21 世纪文化战略构想** / 张立文著.—北京:首都师范大学出版社,1996

7—81039—682—X

文化地理学 /(英)迈克·克朗著;杨淑华,宋慧敏译.—2 版修订版.—南京:南京大学出版社,2005(全球文化系列)

7—305—03861—X / 978—7—305—03861—7

发现东方:西方中心主义走向终结与中国形象的文化重建 / 王岳川著.—北京:北京图书馆出版社,2003

7—5013—2202—3

跨越世纪的文化变革:中国当代文化发展研究报告 / 金元浦主编.—北京:首都师范大学出版社,2001

7—81064—300—2

阐释中国的焦虑:转型时代的文化解读 / 金元浦,陶东风著.—北京:中国国际广播出版社,1999(大视野书系)

7—5078—1638—9

传统的误读 / 刘梦溪著.—石家庄:河北教育出版社,1996

7—5434—2671—4

社会主义文化新论:市场经济与文化建设 / 郑欣淼著.—北京:中国青年出版社,1996(社科新论丛书)

7—5006—2104—3

中国数文化 / 吴慧颖著.—长沙:岳麓书社,1995

7—80520—589—2

新语探源:**中西日文化互动与近代汉字术语生成** / 冯天瑜著.—北京:中华书局,2004(中华文史新刊)

7—101—04274—0

信息资源管理 / 卢泰宏,沙勇忠著.—兰州:兰州大学出版社,1998

7—311—01348—8

传播学:学科危机与范式革命 / 胡翼青著.—北京:首都师范大学出版社,2004

7—81064—748—2

大众传媒与农村 / 方晓红著.—北京:中华书局,2002(中华新闻传播学文库)

7—101—03621—X

传播与社会影响 /(法)加布里埃尔·塔尔德著;何道宽译.—北京:中国人民大学出版社,2005(当代世界学术名著)

7—300—06579—1

20 世纪传播学经典文本 / 张国良主编.—上海:复旦大学出版社,2003(新世纪传播学研究丛书)

7—309—03466—X

当代西方新闻媒体 / 李良荣,林晖,谢静著.—上海:复旦大学出版社,2003(新闻传播学研究生核心课程系列教材)

7—309—03631—X

出版社的经营管理 / 王耀先主编.—沈阳:辽宁教育出版社,1996

7—5382—4656—8 / 7—80649—854—0

20 世纪中国的编辑学研究 / 邵益文著.—石家庄:河北教育出版社,2000

7—5434—3679—5

新编辑观追求 / 王建辉著.—北京:奥林匹克出版社,1996(中青年编辑论丛)

7—80067—271—9

中国编辑学研究述评：1983—2003 / 丛林主编.—济南：齐鲁书社,2004

　　7—5333—1453—0

出版论稿 / 杨牧之著.—郑州：大象出版社,2003

　　7—5347—3067—8

贵阳文通书局 / 何长凤编著.—贵阳：贵州教育出版社,2002

　　7—80650—321—8

书局旧踪 / 郭汾阳,丁东著.—南昌：江西教育出版社,1999

　　7—5392—3127—0

中国编辑出版史 / 肖东发主编.—沈阳：辽宁教育出版社,1996

　　7—5382—4610—X

元代出版史 / 田建平著.—石家庄：河北人民出版社,2003

　　7—202—03418—2

中国近代现代出版通史 / 叶再生著.—北京：华文出版社,2002

　　7—5075—1098—0

延安时代新文化出版史 / 常紫钟,林理明主编.—西安：陕西人民出版社,2001

　　7—224—05740—1

出版业 /（美）安德烈·希夫林著；白希峰译.—北京：机械工业出版社,2005

　　7—111—13011—1

中国人读书透视：1978—1998 大众读书生活变迁调查 / 康晓光等著.—南宁：广西教育出版社,1998

　　7—5435—2715—4

情报语言学基础 / 张琪玉编.—武汉：武汉大学出版社,1987

7—307—00161—6

古籍整理学 / 刘琳,吴洪泽著.—成都：四川大学出版社,2003

　　7—5614—2631—3

书于竹帛：中国古代的文字记录 / 钱存训著.—增订本.—上海：上海书店出版社,2002

　　7—80622—848—9

中国古籍编撰史 / 曹之著.—武汉：武汉大学出版社,1999(武汉大学学术丛书)

　　7—307—02723—2

《琵琶记》版本流变研究 /（韩）金英淑著.—北京：中华书局,2003

　　7—101—03908—1

敦煌吐鲁番本文选 / 饶宗颐编.—北京：中华书局,2000

　　7—101—02471—8

福建古代刻书 / 谢水顺,李珽著.—福州：福建人民出版社,1997

　　7—211—02416—X

古籍版本学 / 黄永年著.—南京：江苏教育出版社,2005(古文献学基础知识丛书)

　　7—5343—6639—9

中国古籍辑佚学论稿 / 曹书杰著.—长春：东北师范大学出版社,1998(东北师范大学文库)

　　7—5602—2227—7

中国书评精选评析 / 吴道弘,徐柏容,伍杰主编.—济南：山东教育出版社,1997

　　7—5328—2446—2

古籍目录学 / 周少川著.—郑州：中州古籍出版社,1996

　　7—5348—1432—4

中国藏书通史 / 傅璇琮,谢灼华主编.—宁波：

宁波出版社,2001

    7—80602—286—4

档案管理原理与方法 / 洪漪编著.—武汉:武汉大学出版社,1996

    7—307—02095—5

潜科学与哲学 / 解恩泽著.—长春:东北师范大学出版社,1995(东北师范大学文库)

    7—5602—1606—4

网虫综合征:网瘾的症状与康复策略 /(美)金伯利. S. 扬著;毛英明,毛巧明译.—上海:上海译文出版社,2000(灯塔译丛)

    7—5327—2361—5

科技革命影响论 / 黄顺基著.—北京:中国人民大学出版社,1997

    7—300—02339—8

创造力心理学 / 俞国良著.—杭州:浙江人民出版社,1996(当代智力心理学丛书)

    7—213—01308—4

创造学新论 / 严智泽等主编.—武汉:华中科技大学出版社,2002

    7—5609—2679—7

科学创造方法论:关于科学创造与创造力研究的方法论探讨 / 傅世侠,罗玲玲著.—北京:中国经济出版社,2000

    7—5017—4796—2

科学家的不端行为:捏造·篡改·剽窃 /(日)山崎茂明著;杨舰,程远远,严凌纳译.—北京:清华大学出版社,2005(清华新人文丛书)

    7—302—10422—0

科学的历程 / 吴盛国著.—长沙:湖南科学技术出版社,1995

    7—5357—1899—X

泛教育论:广义教育学的初步探索 / 项贤明著.—太原:山西教育出版社,2000(中国青年学者教育学术文库)

    7—5440—1858—X

教育创新与民族创新精神 / 冯增俊著.—福州:福建教育出版社,2002(明日教育文库)

    7—5334—3554—0

教育学原理 / 胡德海著.—兰州:甘肃教育出版社,1998

    7—5423—0849—1

教育学的文化性格 / 石中英著.—太原:山西教育出版社,1999(中国中青年学者教育学术文库)

    7—5440—1590—4

中国教育哲学史 / 张瑞璠主编.—济南:山东教育出版社,2000

    7—5328—2646—5

大教育:21 世纪教育新走向 / 眭依凡等著.—南昌:江西教育出版社,1995

    7—5392—2597—1

外国教育思想通史 / 吴式颖,任钟印主编.—长沙:湖南教育出版社,2002

    7—5355—3833—9

教学理论反思与建设 / 徐继存著.—兰州:甘肃教育出版社,2000(教学论研究丛书)

    7—5423—0939—0

教学论导论 / 徐继存著.—兰州:甘肃教育出版社,2001(教学论研究丛书)

    7—5423—1011—9

非智力因素及其培养 / 阴国恩等编.—杭州:浙江人民出版社,1996(当代智力心理学丛书)

    7—213—01310—6

好女孩上天堂坏女孩走四方 /(德)艾尔哈特著;刘海宁译.—南京:江苏人民出版社,1998

    7—214—02133—1

教师行为研究 / 唐松林著.—长沙：湖南师范大学出版社,2002

    7—81081—179—7

学习策略 / 蒯超英著.—武汉：湖北教育出版社,1999(当代学习心理学丛书)

    7—5351—2421—6

学习动力 / 李洪玉,何一粟著.—武汉：湖北教育出版社,1999(当代学习心理学丛书)

    7—5351—2406—2

学习规律 / 姚梅林著.—武汉：湖北教育出版社,1999(当代学习心理学丛书)

    7—5351—2405—4

学习理论 / 张奇著.—武汉：湖北教育出版社,1999(当代学习心理学丛书)

    7—5351—2339—2

学习学：通向智慧之桥 / 刘典平,于云才著.—北京：新华出版社,1999

    7—5011—4339—0

躁动的百年：20 世纪的教育历程 / 陆有铨著.—济南：山东教育出版社,1997

    7—5328—2602—3

中外教育比较史纲.现代卷 / 张瑞璠,王承绪主编；张人杰卷主编.—济南：山东教育出版社,1997

    7—5328—2297—4

中国近现代教育实验史 / 熊明安,周洪宇主编.—济南：山东教育出版社,2001

    7—5328—3251—1

中国私学百年祭：严修新私学与中国近代政治文化 / 李冬君著.—天津：南开大学出版社,2004

    7—310—02065—0

世纪之理想：中国近代义务教育研究 / 田正平,肖朗主编.—杭州：浙江教育出版社,2000

    7—5338—3863—7

战后韩国教育研究 / 孙启林著.—南昌：江西教育出版社,1995(战后国际教育研究丛书)

    7—5392—2526—2

战后非洲教育研究 / 李建忠著.—南昌：江西教育出版社,1996(战后国际教育研究丛书)

    7—5392—2596—3

战后德国教育研究 / 李其龙,孙祖复著.—南昌：江西教育出版社,1995(战后国际教育研究丛书)

    7—5392—2055—4

艺术史与艺术教育 / (美)艾迪斯,埃里克森著；宋献春,伍桂红译.—成都：四川人民出版社,1998(美学设计艺术教育丛书)

    7—220—04250—7

校本行动研究 / 刘良华著.—成都：四川教育出版社,2002(校本研究丛书)

    7—5408—3776—4

新学子——当代大学生研究报告 / 郗杰英主编；中国青少年研究中心,中国青少年发展基金会编.—郑州：文心出版社,2003

    7—80683—002—2

中国当代大学生问题报告 / 吴鲁平著.—南京：江苏人民出版社,2003

    7—214—03461—1

变革中的就业环境与大学生就业 / 曾湘泉等著.—北京：中国人民大学出版社,2004(中国就业战略报告)

    7—300—05559—1

职业技术教育学 / 纪芝信主编；中国教育学会教育学研究会编.—福州：福建教育出版社,1995(教育学丛书)

    7—5334—1707—0

赏识你的孩子：一个父亲对素质教育的感悟 /
周弘著.—成都：四川少年儿童出版社,2000

    7—5365—2430—7

学习方法 / 沈怡文等.—武汉：湖北教育出版
社,1999(当代学习心理学丛书)

    7—5351—2424—0

阅读史 / (加)阿尔维托·曼古埃尔著；吴昌
杰译.—北京：商务印书馆,2002

    7—100—03446—9

语言、文字类

符号学原理 / (法)罗兰·巴尔特著；王东亮
等译.—北京：三联书店,1999(法兰西思想文化丛
书)

    7—108—01310—X

语言理论与应用研究 / 于全有著.—北京：中
国社会出版社,2000

    7—80088—951—3

中国语言学现状与展望 / 许嘉璐等主编.—北
京：外语教学与研究出版社,1996

    7—5600—1057—1

20 世纪中国语言学方法论：1898—1998 / 陈
保亚著.—济南：山东教育出版社,1999

    7—5328—2684—8

语言变异研究 / 陈松岑著.—广州：广东教育
出版社,1999(语言文学应用研究丛书)

    7—5406—4025—1

实用语音学 / 许皓光编著.—沈阳：辽宁民族
出版社,1996

    7—80527—628—5

文字与书写：思想的符号 / (法)Georges Jean
著；曹锦清,马振骋译.—上海：上海书店出版社,
2001(发现之旅)

    7—80622—754—7

修辞论美学 / 王一川著.—长春：东北师范大
学出版社,1997(青年美学博士文库)

    7—5602—1941—1

20 世纪中国翻译思想史 / 王秉钦著.—天津：
南开大学出版社,2004

    7—310—01998—9

变译理论 / 黄忠廉著.—北京：中国对外翻译
出版公司,2002(翻译理论与实务丛书)

    7—5001—0942—3

模糊语言学 / 伍铁平著.—上海：上海外语教
育出版社,1999(现代语言学丛书)

    7—81009—464—5

高等语文 / 温儒敏主编.—南京：江苏教育出
版社,2003

    7—5343—5320—3

中国语言文字学通史 / 班弨著.—广州：广东
高等教育出版社,1998

    7—5361—2085—0

宋代语言研究 / 李文泽著.—北京：线装书
局,2001

    7—80106—113—6

汉语节律学 / 吴洁敏,朱宏达著.—北京：语
文出版社,2001

    7—80126—691—9

中国训诂学 / 冯浩菲著.—济南：山东大学出
版社,1995

    7—5607—1449—8

古代汉语同义词辨释论 / 黄金贵著.—上海：
上海古籍出版社,2002(浙江大学人文学术丛书)

    7—5325—3212—7

尔雅诂林 / 朱祖延主编.—武汉：湖北教育出
版社,1996

    7—5351—1936—0

故训汇纂 / 宗富邦,陈世铙,萧海波主编. —北京:商务印书馆,2003

7—100—03520—1

训诂问学丛稿 / 王继如著. —南京:江苏古籍出版社,2002

7—80643—660—X

汉语隐语论纲 / 郝志伦著. —成都:巴蜀书社,2001

7—80659—295—4

汉语语法学 / 邢福义著. —长春:东北师范大学出版社,1996(中国现代语言学丛书)

7—5602—1912—8

汉语修辞学史 / 袁晖,宗廷虎主编;袁晖等著. —修订本. —太原:山西人民出版社,1995

7—203—03410—0

论说文章修辞 / 熊中民著. —北京:红旗出版社,2002

7—5051—0680—5

修辞学通论 / 王希杰著. —南京:南京大学出版社,1996

7—305—02951—3

写作思辨 / 方遒著. —合肥:安徽大学出版社,1998

7—81052—068—7

汉语现象论丛 / 启功著. —北京:中华书局,1997

7—101—01591—3

北京话的满语底层和轻音儿化探源 / 赵杰著. —北京:北京燕山出版社,1996

7—5402—0696—9

四川方言词语考释 / 蒋宗福著. —成都:巴蜀书社,2002(西南师范大学汉语言文字学研究丛书)

7—80659—371—3

英汉比较语义学 / 王逢鑫著. —北京:外文出版社,2001

7—119—02912—6

文学类

宏观文艺学论纲 / 陆贵山著. —沈阳:辽宁大学出版社,2000

7—5610—3939—5

文学理论 / 王一川著. —成都:四川人民出版社,2003(中国著名大学文科教材)

7—220—06288—5

文学理论教程 / 童庆炳主编. —3版(修订二版). —北京:高等教育出版社,2004(面向21世纪课程教材·汉语言文学专业)

7—04—012279—0

文学理论学习参考资料新编 / 童庆炳,马新国主编. —北京:北京师范大学出版社,2005

7—303—07459—7

文学原理 / 董学文,张永刚著. —北京:北京大学出版社,2001(北京大学中国语言文学教材系列)

7—301—04825—4

文学原理新释 / 顾祖钊著. —北京:人民文学出版社,2000

7—02—003048—3

现代性困境中的极端体验 / 肖伟胜著. —北京:中央编译出版社,2004

7—80109—905—2

艺术文本的解读 / 王向峰著. —沈阳:辽宁大学出版社,2000(郁金香文学丛书)

7—5059—2712—4

媒介的后果:文学终结点上的批判理论 / 金惠敏著. —北京:人民出版社,2005

7—01—004980—7

中国比较文学学科理论的垦拓：台港学者论文选 / 黄维樑,曹顺庆编.—北京：北京大学出版社,1998

7—301—03606—X

中日近现代文学关系比较研究 / 张福贵,靳丛林著.—长春：吉林大学出版社,1999

7—5601—2326—0

跨文化之桥 / 乐黛云著.—北京：北京大学出版社,2002(文学论丛)

7—301—04758—4

审美心理描述 / 滕守尧著.—成都：四川人民出版社,1998(美学设计艺术教育丛书)

7—220—03960—3

文艺社会学史纲：中国 20 世纪文艺学主流形态研究 / 周平远著.—北京：中国大百科全书出版社,2005

7—5000—7290—2

生态文艺学 / 鲁枢元著.—西安：陕西人民教育出版社,2000(生态文化丛书)

7—5419—8028—5

叙事文学感染力研究 / 胡平著.—天津：百花文艺出版社,1995(21 世纪文学之星丛书)

7—5306—2166—1

中国近代翻译文学概论 / 郭延礼著.—武汉：湖北教育出版社,1998(中华翻译研究丛书)

7—5351—2223—X

心理诗学 / 吴思敬著.—北京：首都师范大学出版社,1996

7—81039—713—3

文学理论与当今时代 / 王元骧著.—杭州：浙江大学出版社,2002

7—308—03001—6

儿童文学散论 / 刘杰英著.—太原：希望出版社,1998

7—5379—2086—9

幼儿文学概论 / 张美妮,巢扬著.—重庆：重庆出版社,1996

7—5366—3361—0

文学解读学导论 / 曹明海著.—北京：人民文学出版社,1997(文艺新学科建设丛书)

7—02—002423—8

红豆：女性情爱文学的文化心理透视 / 王立,刘卫英著.—北京：人民文学出版社,2002

7—02—003602—3

解诗学 / 王太顺等著.—沈阳：春风文艺出版社,1996

7—5313—1667—6

外国经典短篇小说文本分析 / 刘俐俐著.—北京：北京大学出版社,2004(博雅导读丛书)

7—301—08016—6

东西方比较文学史 / 汉文方主编.—北京：北京大学出版社,2005

7—301—08907—4

外国文学史话 / 吴元迈,赵沛林,仲石主编.—长春：吉林人民出版社,2001

7—206—03844—1

西方文学两希传统的文化阐释：从古希腊到 18 世纪 / 蒋承勇著.—北京：中国社会科学出版社,2003

7—5004—3944—X

近代中外文学关系：19 世纪中叶—20 世纪初叶 / 徐志啸著.—上海：华东师范大学出版社,2000

7—5617—2188—9

文学象征论 / 严云受,刘锋杰著.—合肥：安徽教育出版社,1995(文学新思维丛书)

7—5336—1763—0

多元文化与汉语文学批评新传统 / 阎嘉著.—成都：巴蜀书社,2005(比较文学与文艺学丛书)

7—80659—720—4

中国文学艺术论 / 朱志荣著.—太原：山西教育出版社,2000(中国艺术论丛书)

7—5440—2047—9

中国古代文学批评史 / 蔡镇楚著.—长沙：岳麓书社,1999

7—80520—708—9

中国现代文学批评史论 / 周海波著.—上海：上海人民出版社,2002

7—208—04261—6

中国现代文学批评史新编 / 许道明著.—上海：复旦大学出版社,2002(复旦博学·文学系列)

7—309—03417—1

骈体语译文心雕龙 / 张光年译述.—上海：上海书店出版社,2001

7—80622—325—8

太康文学研究 / 姜剑云著.—北京：中华书局,2003

7—101—03505—1

文心雕龙讲疏 / 王元化著.—桂林：广西师范大学出版社,2004

7—5633—5001—2

香港中国古典文学研究论文选粹：香港 1950—2000. 小说戏曲散文及赋篇 / 邝健行,吴淑钿编选.—南京：江苏古籍出版社,2002(人文中国学报丛书系列)

7—80643—117—9

中古文学理论范畴 / 詹福瑞著.—保定：河北大学出版社,1997

7—81028—439—8

中国古代复仇文学主题 / 王立著.—长春：东北师范大学出版社,1998(中国文学与文化丛书)

7—5602—2239—0

中国古代文论的现代意义 / 童庆炳著.—北京：北京师范大学出版社,2001(文化与诗学丛书)

7—303—05775—7

《周易》与中国文学 / 陈良运著.—南昌：百花洲文艺出版社,1999

7—80579—986—5

李贽与晚明文学思想 / 左东岭著.—天津：天津人民出版社,1997(中国传统文化研究丛书)

7—201—02605—4

晚唐钟声：中国文化的精神原型 / 傅道彬著.—北京：东方出版社,1996(东方书林之旅.满江红书系)

7—5060—0630—8

道教徒的诗人李白及其痛苦 / 李长之著.—沈阳：辽宁教育出版社,1998(新世纪万有文库·近世文化书系)

7—5382—5055—7

中国文学观念论稿 / 王齐洲著.—武汉：湖北教育出版社,2004

7—5351—3741—5

20 世纪中国文学的历史文化透视 / 逄增玉著.—长春：东北师范大学出版社,1996(东北师范大学文库)

7—5602—1867—9

类同研究的再发现：徐志摩在中西文化之间 / 刘介民著.—北京：中国社会科学出版社,2003

7—5004—3644—0

中国现代性体验的发生：清末民初文化转型与文学 / 王一川著.—北京：北京师范大学出版,2001(文化与诗学丛书)

7—303—05774—9

十作家批判书／朱大可等著.—西安：陕西师范大学出版社,1999

7—5613—1985—1

当代香港写实小说散文概论／周文彬著.—广州：广东高等教育出版社,1998

7—5361—2187—3

在文本与历史之间：中国古代诗学意义生成模式探微／李青春著.—北京：北京大学出版社,2005（文艺学与文化研究丛书）

7—301—09406—X

中国比较诗学／刘介民著.—广州：广东高等教育出版社,2004

7—5361—2957—2

汉代诗歌史论／赵敏俐著.—长春：吉林教育出版社,1995（中国诗歌史论丛书）

7—5383—2643—X

论湖畔诗社／贺圣谟著.—杭州：杭州大学出版社,1998

7—81035—513—9

三曹与中国诗史／孙明君著.—北京：清华大学出版社,1999

7—302—03572—5

中国骈文通史／于景祥著.—长春：吉林人民出版社,2002

7—206—03917—0

中国诗学批评史／陈良运著.—南昌：江西人民出版社,1995（东方文化丛书）

7—210—01533—7

中国诗学史／陈伯海,蒋哲伦主编.—厦门：鹭江出版社,2002

7—80671—115—5／7—80671—135—X／7—80671—136—8／7—8067—1137—6

中国古代诗歌句法理论的发展／王德明著.—

广西：广西师范大学出版社,2000（中国诗学丛书）

7—5633—3125—5

杜甫诗话六种校注／张忠纲编注.—济南：齐鲁书社,2002

7—5333—1083—7

古代五大山水诗人论／曾明著.—成都：四川文艺出版社,1998

7—5411—1694—7

古诗指瑕／陈如江著.—上海：上海书店出版社,1998

7—80622—479—3

黄庭坚诗学体系研究／钱志熙著.—北京：北京大学出版社,2003（文学论丛）

7—301—06218—4

江湖诗派研究／张宏生著.—北京：中国书局,1995

7—101—01149—7

李杜诗学／杨义著.—北京：北京出版社,2001

7—200—04231—5

唐学与唐诗：中晚唐诗风的一种文化考察／查屏球著.—北京：商务印书馆,2000

7—100—03037—4

推陈出新的宋诗／莫砺锋著.—沈阳：辽宁古籍出版社,1995（中华民族优秀传统文化丛书）

7—80507—278—7

中国古代诗歌鉴赏学／刘焕阳著.—北京：中国文学出版社,1996

7—5071—0362—5

贬谪文化与贬谪文学：以中唐元和五大诗人之贬及其创作为中心／尚永亮著.—兰州：兰州大学出版社,2004（两岸文化星系）

7—311—02225—8

节奏的美学：日中诗歌论／(日)松浦友久著；石观海，赵德玉，赖辛译.—沈阳：辽宁大学出版社,1995

7—5610—3076—2

从经学到文学：明代《诗经》学史论／刘毓庆著.—北京：商务印书馆,2001

7—100—03281—4

毛诗品物图考／(日)冈元凤纂辑；王承略点校.—济南：山东画报出版社,2002

7—80603—658—X

朱熹诗经诠释学美学研究／邹其昌著.—北京：商务印书馆,2004

7—100—04117—1

楚辞集校集释／崔富章总主编；崔富章，李大明主编.—武汉：湖北教育出版社,2002(楚辞学文库)

7—5351—3475—0

楚辞要论／褚斌杰著.—北京：北京大学出版社,2003(文学论丛)

7—301—05659—1

全唐诗语词通释／魏耕著.—北京：中国社会科学出版社,2001

7—5004—3204—6

徽宗词坛研究／诸葛忆兵著.—北京：北京出版社,2001

7—200—04305—2

金元词通论／陶然著.—上海：上海古籍出版社,2001(浙江大学人文学术丛书)

7—5325—2911—8

唐宋词与人生／杨海明著.—石家庄：河北人民出版社,2002

7—202—03005—5

唐五代词史论稿／刘尊明著.—北京：文化艺

术出版社,2000(20世纪艺术文库／史述编)

7—5039—1494—7

中国词史／黄拔荆著.—福州：福建人民出版社,2003

7—211—03930—2

仙龙斋论剧／赵景瑜著.—北京：中国戏剧出版社,1997

7—104—00881—0

明清传奇史／郭英德著.—南京：江苏古籍出版社,1999(中国分体断代文学史)

7—80643—236—1

神怪小说史／林辰著.—杭州：浙江古籍出版社,1998(中国小说史丛书)

7—80518—375—9

侠义公案小说史／曹亦冰著.—杭州：浙江古籍出版社,1998(中国小说史丛书)

7—80518—377—5

中国古典小说史论／杨义著.—北京：中国社会科学出版社,1995

7—5004—1756—X

中国历史小说通史／齐裕焜著.—南京：江苏教育出版社,2000(中国小说通史系列丛书)

7—5343—3737—2

中国人情小说通史／陈节著.—南京：江苏教育出版社,1998(中国小说通史系列丛书)

7—5343—3188—9

中国社会小说通史／游友基著.—南京：江苏教育出版社,1999(中国小说通史系列丛书)

7—5343—3606—6

中国神怪小说通史／欧阳健著.—南京：江苏教育出版社,1997(中国小说通史系列丛书)

7—5343—3044—0

中国现代小说史／夏志清著;刘绍铭等译.—上海:复旦大学出版社,2005(99 学术文库)
7—309—04532—7

中国小说理论史／陈洪著.—修订本.—天津:天津教育出版社,2005(名家学术文库)
7—5309—4104—6

中国英雄侠义小说通史／陈颖著.—南京:江苏教育出版社,1998(中国小说通史系列丛书)
7—5343—3382—2

稗海新航:第三届大连明清小说国际会议论文集／大连明清小说研究中心编.—沈阳:春风文艺出版社,1996
7—5313—1653—6

聊斋志异艺术研究／张稔穰著.—济南:山东教育出版社,1995
7—5328—2227—3

明代言情小说创作模式研究／曹萌著.—济南:齐鲁书社,1995
7—5333—0493—4

红楼夺目红／周汝昌著;周伦玲整理.—北京:作家出版社,2003
7—5063—2708—2

还原脂砚斋:二十世纪红学最大公案的全面清点／欧阳健著.—哈尔滨:黑龙江教育出版社,2003(古典文学研究丛书)
7—5316—4124—0

苦海与极乐:《西游记》奥义／李安纲著.—北京:东方出版社,1995(东方书林之旅·清平乐书系)
7—5060—0624—3

当代吴越小说概论／高松年著.—上海:学林出版社,1999
7—80616—771—4

中国现代通俗小说流变／张华著.—济南:山东文艺出版社,2000
7—5329—1806—8

中国传记文学理论研究／俞樟华著.—长沙:湖南文艺出版社,2000
7—5404—2268—8

王充闾散文创作研究／王向峰主编.—沈阳:辽海出版社,2001
7—80649—280—1

中国民间故事类型研究／刘守华主编;刘守华等合著.—武汉:华中师范大学出版社,2002
7—5622—2609—1

现代中国儿童文学主潮／王泉根著.—重庆:重庆出版社,2000
7—5366—5141—4

中国儿童文学 5 人谈／梅子涵等.—天津:新蕾出版社,2001
7—5307—2675—7

文学史的权力／戴燕著.—北京:北京大学出版社,2002(学术史丛书)
7—301—05326—6

游国恩中国文学史讲义／游国恩著.—天津:天津古籍出版社,2005(名师讲义)
7—80504—966—1

中国近百年文学体式流变史／冯光廉主编.—北京:人民文学出版社,1999
7—02—002997—3

中国文学史／袁行霈主编.—北京:高等教育出版社,1999(面向 21 世纪课程教材)
7—04—006386—7

中国文学史／章培恒,骆玉明主编.—上海:复旦大学出版社,1996
7—309—01489—8

先秦诗文史 / 杨之水著.—北京：中华书局,2002

7—5382—6166—4

中国古典文学接受史 / 尚学锋,过常宝,郭英德著.—济南：山东教育出版社,2000

7—5328—2905—7

两汉大文学史 / 赵明,杨树增,曲德来主编.—长春：吉林大学出版社,1998

7—5601—2148—9

隋唐五代文学史料学 / 陶敏,李一飞著.—北京：中华书局,2001(中国古典文学史料研究丛书)

7—101—02934—5

唐代铨选与文学 / 王勋成著.—北京：中华书局,2001

7—101—02674—5

明清文学史讲演录 / 郭英德著.—桂林：广西师范大学出版社,2005(大学名师讲课实录)

7—5633—5805—6

近代西学与中国文学 / 郭延礼著.—南昌：百花洲文艺出版社,2000(中华学术与中国文学研究丛书)

7—80647—125—1

中国晚清文学革命史 / 马春林著.—沈阳：辽宁大学出版社,2000

7—5610—3989—1

20世纪的中国文艺理论 / 庄锡华著.—上海：上海三联书店,2000(三联评论)

7—5426—1384—7

西南联大历史情境中的文学活动 / 姚丹著.—桂林：广西师范大学出版社,2000(二十世纪中国文学与大学文化丛书)

7—5633—3036—4

当代中国女性文学史论 / 林丹娅著.—厦门：

厦门大学出版社,1995

7—5615—1040—3

山西作家群论稿 / 傅书华著.—北京：中国文联出版公司,1999(中华学人论稿)

7—5059—3458—9

黑土地文化与东北作家群 / 逄增玉著.—长沙：湖南教育出版社,1995(二十世纪中国文学与区域文化丛书)

7—5355—2251—3

谁挑战鲁迅：新时期关于鲁迅的论争 / 陈漱渝主编.—成都：四川文艺出版社,2002

7—5411—2088—X

中国鲁迅学通史 / 张梦阳著.—广州：广东教育出版社,2001

7—5406—4649—7

鲁迅与外国文学关系研究 / 李春林主编.—长春：吉林人民出版社,2003

7—206—04320—8

鲁迅钱钟书平行论 / 刘玉凯著.—保定：河北大学出版社,1998

7—81028—448—7

李德裕文集校笺 / 傅璇琮,周建国校笺.—石家庄：河北教育出版社,2000

7—5434—3620—5

陶澍集 / (清)陶澍著.—长沙：岳麓书社,1998

7—80520—793—3

叶圣陶集 / 叶至善,叶至美,叶至诚编.—2版.—南京：江苏教育出版社,2004

7—5343—6035—8

程千帆选集 / 程千帆著;莫砺锋编.—沈阳：辽宁古籍出版社,1996

7—80507—029—6

清凉布褐批评儒林外史 / 吴敬梓原著;陈美林批评校注. —北京:新世界出版社,2002

7—80005—643—0

中国文言小说总目提要 / 宁稼雨撰. —济南:齐鲁书社,1996

7—5333—0526—4

学者的人间情怀 / 陈平原著. —珠海:珠海出版社,1995(独行者丛书)

7—80607—107—5

丑陋的欧洲人 / 林桦著. —北京:中国发展出版社,2002

7—80087—552—0

文坛杂忆初编 / 顾国华编. —上海:上海书店出版社,1999

7—80622—491—2

格萨尔文库 / 王兴先总主编. —兰州:甘肃民族出版社,1996

7—5421—0442—X

日本汉诗溯源比较研究 / 马歌东著. —北京:中国社会科学出版社,2004

7—5004—4215—7

20世纪日本文学史 / 叶渭渠,唐月梅著. —青岛:青岛出版社,1998(20世纪外国国别文学史丛书)

7—5436—1728—5

20世纪印度文学史 / 石海峻著. —青岛:青岛出版社,1998(20世纪外国国别文学史丛书)

7—5436—1723—4

20世纪奥地利瑞士德语文学史 / 韩瑞祥,马文韬著. —青岛:青岛出版社,1998(20世纪外国国别文学史丛书)

7—5436—1721—8

二十世纪俄语诗史 / 刘文飞著. —北京:社会科学文献出版社,1996(中国社会科学院青年学者文库)

7—80050—794—7

普希金抒情诗选粹与探微 / 邹致平译著. —武昌:武汉工业大学出版社,2002

7—5629—1879—1

20世纪俄罗斯文学 / (俄)符·维·阿格诺索夫主编;凌建侯等译;高莽插图. —北京:中国人民大学出版社,2001

7—300—03721—6

20世纪俄罗斯文学史 / 李辉凡,张捷著. —青岛:青岛出版社,1998(20世纪外国国别文学史丛书)

7—5436—1720—X

20世纪波兰文学史 / 张振辉著. —青岛:青岛出版社,1998(20世纪外国国别文学史丛书)

7—5436—1722—6

20世纪德国文学史 / 高中甫,宁瑛著. —青岛:青岛出版社,1998(20世纪外国国别文学史丛书)

7—5436—1719—6

卡尔维诺文集 / (意)卡尔维诺著;吕同六,张洁主编. —南京:译林出版社,2001

7—80657—277—5

20世纪英国文学史 / 阮炜,徐文博,曹亚军著. —青岛:青岛出版社,1998(20世纪外国国别文学史丛书)

7—5436—1726—9

法国儿童文学导论 / 方为平著. —长沙:湖南少年儿童出版社,1999(世界儿童文学研究丛书)

7—5358—1628—2

20世纪法国文学史 / 张泽乾,周家树,车槿山著. —青岛:青岛出版社,1998(20世纪外国国别文学史丛书)

7—5436—1727—7

南太平洋文学史 / 王晓凌著. —合肥:安徽大学出版社,2000

7—81052—319—8

美国通俗小说史 / 黄禄善著. —南京:译林出版社,2003

7—80657—542—1

美国小说发展史 / 毛信德著. —杭州:浙江大学出版社,2004(外国小说发展史系列)

7—308—04029—1

20 世纪美国文学史 / 杨仁敬著. —青岛:青岛出版社,1999(20 世纪外国国别文学史丛书)

7—5436—1725—0

20 世纪墨西哥文学史 / 陈众议著. —青岛:青岛出版社,1998(20 世纪外国国别文学史丛书)

7—5436—1724—2

艺术类

现代艺术哲学 / (美)布洛克著;滕守尧译. —成都:四川人民出版社,1998(美学设计艺术教育丛书)

7—220—03957—3

艺术与视知觉 / (美)鲁道夫·阿恩海姆著;滕守尧,朱疆源译. —成都:四川人民出版社,1998(美学设计艺术教育丛书)

7—220—03958—1

视觉思维:审美直觉心理学 / (美)鲁道夫·阿恩海姆著;滕守尧译. —成都:四川人民出版社,1998(美学设计艺术教育丛书)

7—220—03959—X

美的艺术显形 / 王向峰著. —北京:首都师范大学出版社,2001(新时期文艺学建设丛书)

7—81064—285—5

美学与艺术教育 / (美)帕森斯,布洛克著;李中泽译. —成都:四川人民出版社,1998(美学设计艺术教育丛书)

7—220—04248—5

艺术教育:批评的必要性 / (美)列维,史密斯著;王柯平译. —成都:四川人民出版社,1998(美学设计艺术教育丛书)

7—220—04251—5

东西方美术的交流 / (英)M.苏立文著;陈瑞林译. —南京:江苏美术出版社,1998

7—5344—0807—5

中国艺术学 / 彭吉象主编. —北京:高等教育出版社,1997

7—04—006618—1

唐代酒令艺术:关于敦煌舞谱、早期文人词及其文化背景的研究 / 王昆吾著. —上海:知识出版社,1995

7—5015—5488—9

佛教艺术 / 张法著. —北京:高等教育出版社,2004(高等学校通识课程系列教材·美学与艺术类)

7—04—014989—3

中国宗教美术史 / 金维诺,罗世平著. —南昌:江西美术出版社,1995

7—80580—158—4

书画语言与审美效应 / 钟家骥著. —福州:福建美术出版社,1995

7—5393—0307—7

我的图画书论 / (日)松居直著;季颖译. —长沙:湖南少年儿童出版社,1997

7—5358—1310—0

中国历代画目大典.辽至元代卷 / 周积寅,王凤珠编著. —南京:江苏教育出版社,2002

7—5343—4443—3

中国画鉴赏 / 郑工,欧阳启名主编.—天津: 天津人民美术出版社,1999(新世纪教育知行书系·艺术素质教育丛书)

7—80114—294—2

第三代中国油画家研究 / 钟涵绘;邵大箴主编.—南宁:广西美术出版社,2001

7—80674—091—0

中国书法史.两汉卷 / 华人德著.—南京:江苏教育出版社,1999

7—5343—3673—2

与字共舞:让文字随心而动 / 郝玉明,王丽莎著.—石家庄:河北美术出版社,2004

7—5310—2194—3

艺术与创生:生态式艺术教育概论 / 滕守尧著.—西安:陕西师范大学出版社,2002

7—5613—2317—4

中国面具史 / 顾朴光著.—贵阳:贵州民族出版社,1996

7—5412—0531—1

曹雪芹风筝艺术 / 孔祥泽,孔令民,孔炳彰供稿;北京工艺美术出版社整理.—北京:北京工艺美术出版社,2004

7—80526—488—0

民艺论 / (日)柳宗悦著;徐艺乙主编;孙建君,黄豫武,石建中译.—南昌:江西美术出版社,2002

7—80580—871—6

艺术批评与艺术教育 / (美)沃尔夫,吉伊根著;滑明达译.—成都:四川人民出版社,1998(美学设计艺术教育丛书)

7—220—04252—3

李岚清音乐笔谈:欧洲经典音乐部分 / 李岚清著.—北京:高等教育出版社,2004

7—04—015924—4

新中国音乐史:1949—2000 / 居其宏著.—长沙:湖南美术出版社,2002(新中国艺术史)

7—5356—1807—3

布莱希特与方法 / (美)弗雷德里克·詹姆逊著;陈永国译.—北京:中国社会科学出版社,1998(知识分子图书馆)

7—5004—2297—0

中国戏曲发展史 / 廖奔,刘彦君著.—太原:山西教育出版社,2000

7—5440—1705—2

中国京剧史 / 北京市艺术研究所,上海艺术研究所组织编著.—北京:中国戏剧出版社,1999

7—104—01096—3

京剧艺术:中国文化的一朵奇葩 / 石呈祥著.—保定:河北大学出版社,2003

7—81028—925—X

中国影视美学民族化特质辨析 / 黄会林等著.—北京:北京师范大学出版社,2001(中国影视美学丛书)

7—303—05763—3

中国无声电影史 / 郦苏元,胡菊彬著.—北京:中国电影出版社,1996

7—106—01166—5

历史、地理类

史学导论 / 姜义华,瞿林东,赵吉惠著.—上海:复旦大学出版社,2003(复旦博学)

7—309—03523—2

西方文明的危机与发展伦理学:发展的合理性研究 / 刘福森著.—南昌:江西教育出版社,2005(博雅丛书)

7—5392—4391—0

穷变通久:文化史学的理论与实践 / 常金仓著.—沈阳:辽宁人民出版社,1998(新学人文库)

7—205—04145—7

中国史学史纲 / 瞿林东著.—北京：北京出版社,1999

 7—200—03721—4

元代史学思想研究 / 周少川著.—北京：社会科学文献出版社,2001

 7—80149—589—6

革命与历史：中国马克思主义历史学的起源 /(美)阿里夫·德里克著；翁贺凯译.—南京：江苏人民出版社,2005(海外中国研究丛书)

 7—214—03881—1

全球通史：从史前史到 21 世纪 /(美)斯塔夫里阿诺斯著；董书慧,王昶,徐正源译.—北京：北京大学出版社,2005

 7—301—07423—9

大飞跃：人类文明演进的十大飞跃点 / 陶伯华著.—哈尔滨：黑龙江人民出版社,2003

 7—207—05775—X

世界当代史问题纵横 / 赵菊玲主编.—天津：天津教育出版社,1995

 7—5309—2311—0

中国社会通史 / 龚书铎总主编.—太原：山西教育出版社,1996

 7—5440—1129—1

中华民族多元一体格局 / 费孝通主编.—修订本.—北京：中央民族大学出版社,1999

 7—81056—368—8

中华文化海外传播史 / 武斌著.—西安：陕西人民出版社,1998

 7—224—04544—6

中外交通与交流史研究 / 黄盛璋著.—合肥：安徽教育出版社,2002

 7—5336—1159—4

中国审美文化史.秦汉魏晋南北朝卷 / 陈炎主编；仪平策著.—济南：山东画报出版社,2000

 7—80603—472—2

传统文化与古典小说 / 杜贵晨著.—河北：河北大学出版社,2001

 7—81028—760—5

中国古代文明与国家形成研究 / 李学勤主编.—昆明：云南人民出版社,1997

 7—222—02219—8

战国策文新论 / 郑杰文著.—济南：山东人民出版社,1998

 7—209—02319—4

宋夏关系史 / 李华瑞著.—石家庄：河北人民出版社,1998

 7—202—02367—9

南宋文人与党争 / 沈松勤著.—北京：人民出版社,2005(中国传统文化与江南文化研究丛书)

 7—01—004616—6

明实录研究 / 谢贵安著.—武汉：湖北人民出版社,2003

 7—216—03672—7

晚明史：1573—1644 年 / 樊树志著.—上海：复旦大学出版社,2003

 7—309—03746—4

南明史 / 顾诚著.—北京：中国青年出版社,1997

 7—5006—2408—5

清朝开国史略 / 李鸿彬著.—济南：齐鲁书社,1997

 7—5333—0640—6

清史补考 / 王钟翰著.—沈阳：辽宁大学出版社,2004

 7—5610—4615—4

中国礼仪之争：历史、文献和意义 / 李天纲
著.—上海：上海古籍出版社,1998

7—5325—2487—6

清代社会与实学 / 吕元骢,葛荣晋著.—香港：
香港大学出版社,2000

962—209—512—7

近代中西文化交流史论 / 于语和,庾良辰主
编.—太原：山西教育出版社,1997

7—5440—1095—3

另一种西学：中国现代留德学人及其对德国
文化的接受 / 叶隽著.—北京：北京大学出版社,
2005(北京大学德国研究丛书)

7—301—08929—5

中国近代文化概论 / 龚书铎主编.—北京：中
华书局,2002

7—101—03227—3

中国近代文化史 / 焦润明著.—沈阳：辽宁大
学出版社,1999

7—5610—3786—4

捻军史 / 郭豫明著.—上海：上海人民出版
社,2001

7—208—03418—4

辛亥革命与中国政治发展 / 章开沅,严昌洪主
编.—武汉：华中师范大学出版社,2005

7—5622—3223—7

美国传教士与晚清中国现代化：近代基督新
教传教士在华社会文化和教育活动研究 / 王立新
著.—天津：天津人民出版社,1997

7—201—02458—2

袁氏当国 / 唐德刚著.—桂林：广西师范大学
出版社,2004(唐德刚作品集)

7—5633—5003—9

中国二十世纪通鉴：1901—2000 / 中国二十

世纪通鉴编辑委员会编著.—北京：线装书
局,2002

7—80106—194—2

触摸历史与进入五四 / 陈平原著.—北京：北
京大学出版社,2005(学术史丛书)

7—301—09539—2

人鬼的角逐 / 刘丹华,(日)土屋芳雄著.—沈
阳：辽宁教育出版社,1995

7—5382—4059—4

中国民族史纲要 / 陈连开主编.—北京：中国
财政经济出版社,1999

7—5005—4301—8

满族文化史 / 张佳生主编.—沈阳：辽宁民族
出版社,1999(辽宁省民族研究所民族研究丛书)

7—80644—045—3

无父无夫的国度?：重女不轻男的母系摩梭 /
周华山著.—北京：光明日报出版社,2001

7—80145—365—4

回鹘文献与回鹘文化 / 杨富学著.—北京：民
族出版社,2003(敦煌学博士文库)

7—105—05725—4

长江文化史 / 李学勤,徐吉军主编.—南昌：
江西教育出版社,1995

7—5392—2373—1

扬州史述 / 朱福烓著.—苏州：苏州大学出版
社,2001(扬州文化丛书)

7—81037—867—8

安徽文化史 / 张海鹏等主编;王长安等撰稿;
《安徽文化史》编纂工作委员会,《安徽文化史》编
委会编.—南京：南京大学出版社,2000

7—305—03636—6

闽文化概论 / 何绵山著.—北京：北京大学出
版社,1996

7—301—03225—0

湖北通史 / 章开沅,张正明,罗福惠主编.—武汉：华中师范大学出版社,1999

7—5622—1966—4

澳门通史 / 黄启臣著.—广州：广东教育出版社,1999

7—5406—4037—5

早期澳门史 / （瑞典）龙思泰著；吴义雄等译.—北京：东方出版社,1997

7—5060—0814—9

剑桥东南亚史 / （新西兰）尼古拉斯·塔林著；王士录等译.—昆明：云南人民出版社,2003

7—222—03696—2

欧洲文明的进程 / 陈乐民,周弘著.—再版.—北京：三联书店,2003

7—108—01827—6

欧洲涅槃：过渡时期欧洲的发展概念 / 朱孝远著.—上海：学林出版社,2002（欧洲文化系列丛书）

7—80668—381—X

俄国文史漫笔 / 蒋路著.—北京：东方出版社,1997

7—5060—0840—8

解读俄罗斯 / （俄）德·谢·利哈乔夫著；吴晓都等译.—北京：北京大学出版社,2003

7—301—06336—9

文明的忧思 / （英）卡莱尔著；宁小银译.—北京：中国档案出版社,1999

7—80019—928—2

中华姓氏谱.张姓卷 / 李学勤主编；张海瀛编著.—北京：现代出版社；华艺出版社,2002

7—80142—298—8

宋人年谱丛刊 / 吴洪泽,尹波主编.—成都：四川大学出版社,2003

7—5614—2321—7

中国共产党人与外国文学：文化窃火者的足迹 / 王立明著.—沈阳：辽宁大学出版社,1999

7—5610—3897—6

反思郭沫若 / 丁东编.—北京：作家出版社,1998

7—5063—1559—9

冯友兰传 / 田文军著.—北京：人民出版社,2003（二十世纪文化名人传记丛书）

7—01—003834—1

张謇与近代社会 / 章开沅,田彤著.—武汉：华中师范大学出版社,2002

7—5622—2471—4

吴宓自编年谱：1894—1925 / 吴宓著；吴学昭整理.—北京：三联书店,1995

7—108—00764—9

赵元任年谱 / 赵新那,黄培云编.—北京：商务印书馆,1998

7—100—02560—5

废名年谱 / 陈建军编著.—武汉：华中师范大学出版社,2003

7—5622—2810—8

老舍年谱 / 张桂兴编撰.—上海：上海文艺出版社,1997（中国现代文学史资料丛书）

7—5321—1342—6

李商隐传论 / 刘学锴著.—合肥：安徽大学出版社,2002

7—81052—527—1

鲁迅传 / 林辰著.—福州：福建人民出版社,2004

7—211—04695—3

鲁迅与胡适：影响 20 世纪中国文化的两位智者 / 孙郁著.—沈阳：辽宁人民出版社,2000

7—205—04692—0

朱自清年谱 / 姜建,吴为公编.—合肥：安徽教育出版社,1996

7—5336—1861—0

茅坤研究 / 张梦新著.—北京：中华书局,2001

7—101—03026—2

袁枚评传 / 王英志著.—南京：南京大学出版社,2002(中国思想家评传丛书)

7—305—03899—7

一代画圣：黄慎研究 / 丘幼宣著.—福州：福建教育出版社,2002

7—5334—3320—3

陈寅恪的家族史 / 张求会著.—广州：广东教育出版社,2000

7—5406—4376—5

范文澜学术思想评传 / 陈其泰著.—北京：北京图书馆出版社,2000(二十世纪中国著名学者传记丛书)

7—5013—1754—2

钱三强年谱 / 葛能全编著.—济南：山东友谊出版社,2002(科技之星传记系列)

7—80642—547—0

中国建筑之魂：一个外国学者眼中的梁思成林徽因夫妇 / 费慰梅著;成寒译.—上海：上海文艺出版社,2003

7—5321—2582—3

上海道台研究：转变社会中之联系人物,1843—1890 / 梁元生著;陈同译.—上海：上海古籍出版社,2003(上海史研究译丛)

7—5325—3575—4

唐浩明评点曾国藩家书 / 唐浩明评点.—长沙：岳麓书社,2002

7—80665—201—9

成吉思汗评传 / 马冀著.—呼和浩特：内蒙古人民出版社,2005(成吉思汗文化丛书)

7—204—07934—5

正说清朝十二后妃：解密历史真相走出戏说误区.图文本 / 徐广源著.—北京：中华书局,2005(正说历史书系)

7—101—04774—2

发达资本主义时代的抒情诗人 / （德）瓦尔特·本雅明著;王才勇译.—南京：江苏人民出版社,2005

7—214—03887—0

威廉·福克纳研究 / 肖明翰著.—北京：外语教学与研究出版社,1997

7—5600—1345—7

中国文明起源新探 / 苏秉琦著.—北京：三联书店,1999

7—108—01213—8

沙漠考古通论 / 景爱著.—北京：紫禁城出版社,1999(中国考古文物通论丛书)

7—80047—308—2

楼兰汉文简纸文书集成 / 侯灿,杨代欣编著.—成都：天地出版社,1999

7—80624—371—2

甲骨文：发现与研究 / 顾音海著.—上海：上海书店出版社,2002(中国古文字三大遗存)

7—80622—976—0

三千未释甲骨文集解 / 潘岳著.—郑州：中州古籍出版社,1999

7—5348—1839—7

殷墟甲骨刻辞词类研究 / 杨逢彬著.—广州：

花城出版社,2003

    7—5360—4182—9

湖南古墓与古窑址 / 周世荣编著;湖南省文物考古研究所编. —长沙:岳麓书社,2004

    7—80665—349—X

民俗学田野作业研究 / 江帆著. —济南:山东大学出版社,1995

    7—5607—1530—3

狂欢与日常:明清以来的庙会与民间社会 / 赵世瑜著. —北京:三联书店,2002

    7—108—01637—0

中华美术民俗 / 王恺著. —北京:中国人民大学出版社,1996

    7—300—02101—8

娃崽背带 / 吕胜中主编. —南宁:广西美术出版社,2001(广西民族风俗艺术)

    7—80674—111—9

共有的习惯 / (英)爱德华·汤普森著;沈汉,王加丰译. —上海:上海人民出版社,2002(社会与历史译丛)

    7—208—04236—5

黄河变迁史 / 岑仲勉著. —新1版. —北京:中华书局,2004(岑仲勉著作集)

    7—101—04193—0

中国运河文化史 / 安作璋主编. —济南:山东教育出版社,2001

    7—5328—3451—4

附录3　中国图书奖、国家图书奖、"五个一工程"获奖图书

马克思恩格斯经济发展思想导论 / 王元璋著.—乌鲁木齐：新疆人民出版社,1998
7—228—04210—7

中国教育魂：从毛泽东教育思想到邓小平教育理论. 全 2 册 / 滕纯主编.—南昌：江西教育出版社,1998
7—5392—2780—X

邓小平理论与社会主义的历史命运 / 杨春贵,张峰主编.—哈尔滨：黑龙江人民出版社,1998
7—207—04300—7

邓小平理论发展史 / 高屹主编.—广州：广东人民出版社,2003
7—218—04559—6

邓小平理论与中共党史学 / 王炳林著.—北京：北京出版社,2000(跨世纪青年学者文库)
7—200—04170—X

走进马克思 / 孙伯鍨,张一兵主编.—南京：江苏人民出版社,2001
7—214—02812—3

西方马克思主义理论研究 / 徐崇温主编.—海口：海南出版社,2000
7—80645—961—8

马克思主义哲学史. 全 8 卷 / 黄楠森,庄福龄,林利主编.—2 版修订版.—北京：北京出版社,1996
7—200—03128—3(1) / 7—200—03169—0(2) / 7—200—03129—1(3) / 7—200—03170—4(4) / 7—200—03171—2(5) / 7—200—03172—0(6) / 7—200—03173—9(7) / 7—200—03174—7(8)

马克思主义史 / 中国人民大学马列主义发展史研究所编.—北京：人民出版社,1995
7—01—001497—3

心灵超越与境界 / 蒙培元著.—北京：人民出版社,1998(哲学史家文库)
7—01—002873—7

中国思想史. 全 3 册 / 葛兆光著.—上海：复旦大学出版社,2001
7—309—02992—5

朱子全书. 全 27 册 / 朱杰人,严佐之,刘永翔主编.—上海：上海古籍出版社,2002(安徽古籍丛书)
7—5325—2849—9

船山全书. 全 16 册 / (明)王夫之著;船山全书编辑委员会编校.—长沙：岳麓书社,1996
7—80520—130—7 / 7—80520—089—0 / 7—80520—301—6 / 7—80520—259—1 / 7—80520—352—0 / 7—80520—285—0 / 7—80520—216—8 / 7—80520—167—6 / —5 / 7—80520—306—7 / 7—80520—326—1 / 7—80520—392—X / 7—80520—644—9 / 7—80520—603—1 / 7—80520—693—7

张岱年全集 / 张岱年著.—石家庄：河北人民出版社,1996
7—202—01990—6

20 世纪西方哲学东渐史. 全 4 册 / 黄见德,胡军,王中江,胡伟希著.—北京：首都师范大学出版社,2002(中国文库·哲学社会科学类)
978—7—81119—139—4

熊十力全集. 全 10 册 / 熊十力著;萧萐父主

编.—武汉:湖北教育出版社,2001

7—5351—2969—2

亚里斯多德全集.全 10 册／(古希腊)亚里斯多德著;苗力田主编.—北京:中国人民大学出版社,1997

7—300—00850—X／7—300—01100—4／7—300—01172—1／7—300—02176—X／7—300—02265—0／7—300—02016—X／7—300—01344—9／7—300—01410—0／7—300—01731—2／7—300—02266—9

超越市场与超越政府:论道德力量在经济中的作用／厉以宁著.—北京:经济科学出版社,1999

7—5058—1685—3

故事时代:小故事中的大智慧全集:经典珍藏版／张健鹏,胡足青主编.—北京:当代世界出版社,2006(小中见大智慧文丛)

7—5090—0038—6

唐代美学史／吴功正著.—西安:陕西师范大学出版社,1999

7—5613—1938—X

中国心理科学／王苏等主编.—长春:吉林教育出版社,1997

7—5383—3267—7

幼儿认知发展与教育／方富熹,方格,林佩芬编著.—北京:北京师范大学出版社,2003

7—303—06421—4

当代中国心理学／中国心理学会编.—北京:人民教育出版社,2001

7—107—14849—4

敦煌愿文集／黄征,吴伟编校.—长沙:岳麓书社,1995

7—80520—623—6

中国藏传佛教金铜造像艺术.全 2 册／国家文物局中国文物流通协调中心编著.—北京:人民美

术出版社,2001

7—102—02269—7

汤用彤全集.全 7 册／汤用彤著.—石家庄:河北人民出版社,2000

7—202—02518—3

中国佛教思想史.下卷／郭朋著.—福州:福建人民出版社,1995

7—211—02409—7

中国道教史.全 4 册／卿希泰主编.—2 版修订版.—成都:四川人民出版社,1996

7—220—03645—0

中国道教史.全 2 册／任继愈主编.—增订本.—北京:中国社会科学出版社,2001

7—5004—3009—4

伊斯兰教与北京清真寺文化／佟洵编著.—北京:中央民族大学出版社,2003

7—81056—754—3

吴汝纶全集.全 4 册／(清)吴汝纶撰;施培毅,徐寿凯校点.—合肥:黄山书社,2002(安徽古籍丛书)

7—80630—792—3

马寅初全集.全 15 册／马寅初著;田雪原主编.—杭州:浙江人民出版社,1999

7—213—01618—0

姜亮夫全集.全 24 册／姜亮夫著.—昆明:云南人民出版社,2002

7—222—03519—2

胡绳全书.全 9 册／胡绳著.—北京:人民出版社,1998

7—01—002453—7／7—01—002573—8／7—01—002529—0／7—01—002590—8／7—01—002597—5／7—01—002639—4／7—01—003894—5

蔡元培全集. 全 18 卷 / 蔡元培著；中国蔡元培研究会编. —杭州：浙江教育出版社，1998

7—5338—2404—0 / 7—5338—2423—7 / 7—5338—2755—4 / 7—5338—2740—6 / 7—5338—2744—9 / 7—5338—2775—9 / 7—5338—2745—7 / 7—5338—2823—2 / 7—5338—2751—1 / 7—5338—2829—1 / 7—5338—2946—8 / 7—5338—2950—6 / 7—5338—2960—3 / 7—5338—2997—2 / 7—5338—3185—3 / 7—5338—3023—7 / 7—5338—3052—0 / 7—5338—2967—0

钟敬文文集. 全 5 册 / 钟敬文著. —合肥：安徽教育出版社，2002

7—5336—3274—5 / 7—5336—3272—9 / 7—5336—3273—7 / 7—5336—3271—0 / 7—5336—3270—2

中华民族精神论 / 李嗣水等著. —济南：泰山出版社，1998

7—80634—036—X

发现母亲 / 王东华著. —修订本. —北京：中国妇女出版社，2003

7—80131—870—6

中国民族人口 / 田雪原主编. —北京：中国人口出版社，2002

7—80079—646—9 / 7—80079—857—7 / 7—80202—101—4

中华民族的形成与凝聚新论 / 伍雄武著. —昆明：云南人民出版社，2000

7—222—02581—2

当代社会主义的若干问题：国际社会主义的历史经验和中国特色社会主义 / 江流、徐崇温主编. —重庆：重庆出版社，1999（邓小平理论研究书系）

7—5366—4090—0

马克思主义党的学说及其发展 / 魏泽焕主编. —广州：广东人民出版社，2001

7—218—03668—6

人权：从世界到中国：当代中国人权的理论与实践 / 谷春德，郑杭生主编. —北京：党建读物出版社，1999

7—80098—309—9

当代西方政治思潮：20 世纪 70 年代以来 / 徐大同主编. —天津：天津人民出版社，2001

7—201—03699—8

当代国外社会主义流派 / 余文烈主编. —合肥：安徽人民出版社，2000（21 世纪社会主义丛书）

7—212—01810—4

社会主义历史、理论与现实 / 靳辉明主编. —合肥：安徽人民出版社，2000（21 世纪社会主义丛书）

7—212—01809—0

李大钊全集. 全 4 册 / 李大钊著；《李大钊全集》编委会编. —石家庄：河北教育出版社，1999

7—5434—3653—1

我观党史 / 石仲泉著. —济南：济南出版社，2001

7—80629—587—9

中共满洲省委史研究 / 刘贵田，郭化光，王恩宝著. —沈阳：沈阳出版社，2001

7—5441—1748—0

中国共产党组织史数据：1921—1997. 全 19 册 / 中共中央组织部，中共中央党史研究室，中央档案馆编. —北京：中央党史出版社，2000

7—80136—318—3

伟大的理论创新：江泽民三个代表思想研究 / 许志功，胡子克主编. —北京：解放军出版社，2002

7—5065—4255—2

历史巨变中的伟大工程：十一届三中全会以来党的建设的理论和实践 / 张景虎，杨彧，李景田等著. —天津：天津人民出版社，1998

7—201—03284—4

邓小平新时期党的建设理论研究／蔡长水等著.—合肥：安徽人民出版社,1996

7—212—01402—8

延安精神与社会主义精神文明建设／陈登才,郑志飙主编.—西安：陕西人民出版社,1996

7—224—04395—8

新时期民主集中制及其监督的理论与实践／金德珍主编.—北京：中国方正出版社,1999

7—80107—344—4

马克思主义党建学说的新发展／国防大学邓小平理论研究中心编.—北京：国防大学出版社,2000

7—5626—1066—5

中国的妇女人权／董云虎,张世平主编.—成都：四川人民出版社,1995

7—220—02943—8

中国社会可持续发展：社会稳定机制对策研究／周毅著.—成都：四川教育出版社,1999

7—5408—3416—1

中国特色社会主义论二十题／龚育之著.—北京：中共中央党校出版社,1995

7—5035—1352—7

对有中国特色社会主义的哲学分析／傅青元主编.—成都：四川人民出版社,1997

7—220—03856—9

中国共产党的社会主义建设理论与实践：科学社会主义在中国的胜利发展／江流主编.—青岛：青岛出版社,2001

7—5436—2180—0

中国马克思主义理论的丰碑：中国共产党三代领导集体对马克思主义的发展／刘林元主编.—南京：南京大学出版社,2001

7—305—03714—1

中国特色社会主义理论体系研究／靳辉明主编.—海口：海南出版社,1998

7—80645—224—9

辽宁五十年成就事典／任慧英,赵子祥主编.—沈阳：辽海出版社,1999

7—80649—096—5

肝胆相照荣辱与共：中国共产党领导的多党合作制度的历史考察／王顺生著.—福州：福建人民出版社,1995

7—211—02222—1

中国移民史.全6册／葛剑雄主编；葛剑雄等著.—福州：福建人民出版社,1997

7—211—02930—7／7—211—02931—5／7—211—02932—3／7—211—02933—1／7—211—02934—X／7—211—02935—8

集体经济背景下的乡村治理：南街、向高和方家泉村村治实证研究／项继权著.—武汉：华中师范大学出版社,2002(华中师范大学学术文库村治书系)

7—5622—2585—0

村民自治的理论与实践／陈浙闽主编.—天津：天津人民出版社,2000

7—201—03770—6

传统的批判：从传统看精神文明建设／吴相洲著.—北京：华文出版社,2000

7—5075—0965—6

21世纪初中国面临的重大理论和对策问题／中国社会科学院学术委员会编.—北京：社会科学文献出版社,2003

7—80149—897—6

中国政治通史.全12册／齐涛主编.—济南：泰山出版社,2003

7—80634—313—X

中国反贪史.全2册／王春瑜主编.—成都：

四川人民出版社,2000

　　7—220—04964—1

宋代郡守通考 / 李之亮撰.—成都:巴蜀书社,2001

　　7—8065—9205—9

联合国宪章诠释 / 许光建主编.—太原:山西教育出版社,1999

　　7—5440—1437—1

当代国际惯例丛书.全30册 / 周文彰主编.—海口:海南出版社,1999

　　7—80645—265—6 / 7—80645—266—4 / 7—80645—267—2 / 7—80645—268—0 / 7—80645—269—9 / 7—80645—270—2

冷战史.全3册 / 刘金质著.—北京:世界知识出版社,2003

　　7—5012—1676—2

高处不胜寒:冷战后美国的全球战略和世界地位 / 王缉思主编;王缉思等撰稿.—北京:世界知识出版社,1999(中国国际战略研究基金会战略研究丛书)

　　7—5012—1293—7

法治:理念与制度 / 高鸿钧等著.—北京:中国政法大学出版社,2002(清华法治研究系列)

　　7—5620—2308—5

法哲学经纬 / 倪正茂著.—上海:上海社会科学院出版社,1996

　　7—80618—050—8

从民主新路到依法治国:为人民民主奋斗八十年的中国共产党 / 张志明著.—南昌:江西高校出版社,2000

　　7—81075—188—3

物权法研究 / 王利明著.—北京:中国人民大学出版社,2005(中国文库.第二辑哲学社会科学类)

　　7—300—06258—X

非法出版活动研究 / 张志强等合著.—贵阳:贵州人民出版社,1998

　　7—221—04767—7

危害环境罪的理论与实务 / 杨春洗,向泽选,刘生荣著.—北京:高等教育出版社,1999

　　7—04—007091—X

中国法制通史.全十卷 / 张晋藩总主编.—北京:法律出版社,1999

　　7—5036—2373—X

中华法制文明的演进 / 张晋藩著.—北京:中国政法大学出版社,1999

　　7—5620—1925—8

中华人民共和国法制史 / 杨一凡,陈寒枫主编.—哈尔滨:黑龙江人民出版社,1997

　　7—207—03511—X

国际投资争端仲裁:解决投资争端国际中心机制研究 / 陈安主编.—上海:复旦大学出版社,2001

　　7—309—02950—X

中国军事通史.全17册 / 军事科学院主编.—北京:军事科学出版社,1998

　　7—80137—104—6

中国上古军事史 / 高锐著.—北京:军事科学出版社,1995

　　7—80021—814—7

抗美援朝战争史(全3册) / 军事科学院军事历史研究部著.—北京:军事科学出版社,2000

　　7—80137—390—1 / 7—80137—392—8 / 7—80137—394—4

经济学原理 / 卢锋著.—北京:三联书店;北京大学出版社,2002

　　7—301—05504—8

流通经济学 / 张绪昌,丁俊发主编.—北京：人民出版社,1995

7—01—002173—2

推开宏观之窗 / 韩秀云著.—北京：经济日报出版社,2003(韩秀云经济丛书系列)

7—80180—203—9

宏观经济学的产生和发展 / 厉以宁著.—长沙：湖南人民出版社,1997

7—5438—1474—9

当代资本主义的新发展 / 李琮著.—北京：经济科学出版社,1998

7—5058—1381—1

社会主义经济论稿：影响新中国经济建设的10本经济学著作 / 孙治方著.—广州：广东经济出版社,1998

7—80632—279—5

论现代公有制：关于公有制实现形式的探讨 / 王珏主编.—济南：济南出版社,1998(国企改革系列)

7—80629—334—5

区域经济学原理 / 张敦富主编.—北京：中国轻工业出版社,1999(区域经济系列丛书)

7—5019—2356—6

西方经济发展思想史 / 谭崇台主编.—修订本.—武汉：武汉大学出版社,1995(经济发展理论研究丛书)

7—307—02112—9

21世纪：全球经济战略的较量 / 韩康等著.—北京：经济科学出版社,2003

7—5058—3677—3

十五规划战略研究.上下册 / 国家发展计划委员会编.—北京：中国人口出版社,2000

7—80079—621—3

1996—2050年中国经济社会发展战略：走向现代化的构想 / 李成勋主编.—北京：北京出版社,1997

7—200—03208—5

中国经济的软着陆：1992—1997 / 华而诚著.—北京：中国财政经济出版社,1997

7—5005—3477—9

国有经济的战略性改组 / 吴敬琏等著.—北京：中国发展出版社,1998(硬道理·专家书系)

7—80087—289—0

走向21世纪的中国经济 / 李京文主编.—北京：经济管理出版社,1995

7—80118—068—2

市场化与反贫困路径选择 / 张新伟著.—北京：中国社会科学出版社,2001

7—5004—3291—7

从封闭型经济走向开放型经济 / 戴园晨等著.—厦门：鹭江出版社,1993 / 1997(特区经济丛书)

7—80533—856—6

制度、趋同与人文发展：区域发展和西部开发战略思考 / 蔡昉等著.—北京：中国人民大学出版社,2002(中国经济问题丛书)

7—300—04049—7

环渤海地区经济发展战略研究 / 冯之浚,陈钺主编.—石家庄：河北人民出版社,1997

7—202—02223—0

中国西部大开发战略研究 / 董锁成,李周,魏晓东著.—西安：陕西人民出版社,1999

7—224—05434—8

中国经济通史.全12册 / 赵德馨主编.—长沙：湖南人民出版社,2002

7—5438—3175—9 / 7—5438—3176—7 / 7—5438—3177—5 / 7—5438—3178—3 / 7—5438—

3179—1／7—5438—3180—5／7—5438—3181—3／7—5438—3182—1／7—5438—3183—X／7—5438—3184—8

中国经济发展史.全5册／宁可主编.—北京：中国经济出版社,1999
7—5017—4015—1

新中国经济史／苏星著.—北京：中共中央党校出版社,1999
7—5035—2003—5

亚太地区经济发展多元化研究／赵春明著.—北京：北京师范大学,1995
7—303—03788—8

人力资源管理／（美）加里·德斯勒著；刘昕,吴雯芳等译.—北京：中国人民大学出版社,第六版1999 第九版2005（工商管理经典译丛）
7—300—02520—X

现代企业制度论／赵国良主编.—成都：西南财经大学出版社,1996（当代财经文库）
7—81055—116—7

资本经营：聚变时代中权力的获得与利用／郭元晞著.—成都：西南财经大学出版社,1997（跨世纪企业丛书）
7—81055—241—4

资金效率／欧阳谦著.—北京：中信出版社,1999
7—80073—232—0

中国国有企业改革／高尚全,杨启先主编.—济南：济南出版社,1999（国企改革系列）
7—80629—350—7

企业有序活力论：关于国有企业改革的系统思考／张冀湘著.—北京：经济科学出版社,1999
7—5058—1515—6

股份合作经济理论与实证研究：兼论深圳市

罗湖区小区型股份合作经济／汤锦森,陈应春主编.—北京：中国经济出版社,2003
7—5017—5826—3

城市经济学.全2册／饶会林著.—大连：东北财经大学出版社,1999
7—81044—503—0

中国农村改革二十年／关锐捷主编.—石家庄：河北科学技术出版社,1998
7—5375—2000—3

回乡,还是进城?：中国农村外出劳动力回流研究／白南生,宋洪远等著.—北京：中国财政经济出版社,2002
7—5005—5902—X

走出贫困：西海固反贫困农业建设研究／《西海固反贫困农业建设研究》课题组编.—银川：宁夏人民出版社,1996
7—227—01558—0

工业技术经济学／傅家骥,仝允桓主编.—3版.—北京：清华大学出版社,1996
7—302—02164—3

中国民族工商业发展史／王相钦主编.—石家庄：河北人民出版社,1997
7—202—02224—9

电信竞争／（法）让·雅克·拉丰,让·泰勒尔著；胡汉辉,刘怀德,罗亮译.—北京：人民邮电出版社,2001（产业经济学译丛）
7—115—09284—2

中国农村市场开发方略／刘翠萍主编.—济南：泰山出版社,1999
7—80634—130—7

中国工业国际竞争力研究：理论、方法与实证研究／金碚主编.—北京：经济管理出版社,1997
7—80118—439—4

中国政府预算：制度、管理与案例／楼继伟主编.—北京：中国财政经济出版社,2002

7—5005—5991—7

挑战风险：金融机构如何生存和发展／（英）多米尼克·卡瑟利著；朱泱,张胜纪译.—北京：商务印书馆,1997

7—100—02480—3

项目融资／张极井著.—2版.—北京：中信出版社,2003

7—80073—942—2

构筑现代经济的核心：面向新世纪的中国金融改革／卢中原著.—南宁：广西师大出版社,1998（改革：跨世纪的工程）

7—5633—2817—3

中国金融安全论／王元龙著.—北京：中国金融出版社,2003

7—5049—3128—4

入世与中国利用外资和海外投资／卢进勇编著.—北京：对外经济贸易大学出版社,2001

7—81078—048—4

透视中国东南：文化经济的整合研究.全2册／陈支平,詹石窗主编.—厦门：厦门大学出版社,2003

7—5615—2049—2

家园：文化建设论纲／李德顺,孙伟平,孙美堂著.—哈尔滨：黑龙江教育出版社,2000

7—5316—3814—2

市场经济与村镇文化建设／李保林等著.—郑州：河南人民出版社,2000

7—215—04700—8

信息社会与网络经济／乌家培著.—长春：长春出版社,2002

7—80664—348—6

中国新闻事业编年史.全3册／方汉奇主编.—福州：福建人民出版社,2000

7—211—03709—1

童书海论／海飞著.—济南：明天出版社,2001

7—5332—3657—2

院士思维.全4册／卢嘉锡等主编.—合肥：安徽教育出版社,2003

7—5336—3336—9

苏霍姆林斯基选集.全5册／（苏）苏霍姆林斯基著；王家驹译.—北京：教育科学出版社,2001

7—5041—2103—7

教育基本理论之研究：1978—1995／瞿葆奎主编.—福州：福建教育出版社,1998

7—5334—2486—7

教育学原理／胡德海著.—兰州：甘肃教育出版社,1998

7—5423—0849—1

中外教育比较史纲.全3卷／张瑞璠主编,王承绪.—济南：山东教育出版社,1997

7—5328—2473—X／7—5328—2598—1／7—5328—2297—4

外国教育思想通史.全10册／吴式颖,任钟印主编.—长沙：湖南教育出版社,2002

7—5355—3833—9／7—5355—3834—7／7—5355—3859—2／7—5355—3860—6／7—5355—3861—4／7—5355—3879—7／7—5355—3880—0／7—5355—3881—9／7—5355—3882—7／7—5355—3883—5

周恩来教育思想研究／赵德强,韦禾,高宝立著.—福州：福建教育出版社,1996

7—5334—1843—3

中国传统德育心理学思想及其现代意义／汪凤炎著.—哈尔滨：黑龙江教育出版社,2002

7—5316—4072—4

中国儿童智力方程 / 区慕洁主编.—2 版.—北京：中国妇女出版社,1998

7—80131—221—X / 7—80131—222—8

躁动的百年：20 世纪的教育历程 / 陆有铨著.—济南：山东教育出版社,1997

7—5328—2602—3

世界教育大事典 / 顾明远主编.—南京：江苏教育出版社,2000

7—5343—3753—4

贫困中的期盼：中国西部贫困地区女童和妇女教育 / 周卫主编.—南宁：广西教育出版社,1997（中国贫困地区教育发展研究报告）

7—5435—2650—6

世纪之理想：中国近代义务教育研究 / 田正平,肖朗主编.—杭州：浙江教育出版社,2000

7—5338—3863—7

幼儿社会化训练 / 陈会昌主编.—太原：希望出版社,2000

7—5379—2582—8

世界课程改革趋势研究. 全 3 册 / 钟启泉,张华主编.—北京：北京师范大学出版社,2001

7—303—05868—0

中国高等教育研究 50 年：1949—1999 / 陈学飞总主编.—北京：教育科学出版社,1999

7—5041—1893—1

国立西南联合大学史料. 全 6 卷 / 北京大学等编.—昆明：云南教育出版社,1998

7—5415—1540—X / 7—5415—1541—8 / 7—5415—1515—9 / 7—5415—1543—4 / 7—5415—1542—6 / 7—5415—1544—2

中国解放区邮票史. 全 3 卷 / 中华全国集邮联合会编.—合肥：安徽教育出版社,1995

7—5336—1729—0 / 7—5336—1851—3 / 7—5336—1848—3

语言理论与应用研究 / 杨忠,张绍杰著.—长春：东北师范大学出版社,1995（东北师范大学文库）

7—5602—1660—9

文化语言学 / 邢福义主编.—2 版修订本.—武汉：湖北教育出版社,2000

7—5351—0578—5

战国文字编 / 汤余惠主编.—福州：福建人民出版社,2001

7—211—03935—3

汉语俗字丛考 / 张涌泉著.—北京：中华书局,2000

7—101—02390—8

中国修辞学通史. 全 5 册 / 郑子瑜,宗廷虎主编.—长春：吉林教育出版社,1998

7—5383—3658—3 / 7—5383—3657—5 / 7—5383—3611—7 / 7—5383—3613—3 / 7—5383—3612—5

吕叔湘全集. 全 19 册 / 吕叔湘著.—沈阳：辽宁教育出版社,2002

7—5382—5999—6

朱德熙文集. 全 5 册 / 朱德熙著.—北京：商务印书馆,1999

7—100—02476—5 / 7—100—02540—0 / 7—100—02541—9 / 7—100—02542—7 / 7—100—02554—0

汉语现象论丛 / 启功著.—北京：中华书局,1997

7—101—01591—3

元明戏曲中的蒙古语 / 方龄贵主编.—上海：汉语大词典出版社,1991

7—5432—0042—2

诗学中的时间概念 / 史成芳著.—长沙：湖南教育出版社,2001(博士论丛)

　　7—5355—3404—X

王朝闻集. 全 22 册 / 王朝闻著；简平编.—石家庄：河北教育出版社,1998

　　7—5434—3433—4

增订文心雕龙校注. 全 2 册 / 黄叔琳注；李详补注；杨明照校注拾遗.—北京：中华书局,2000

　　7—101—02205—7

中国诗学. 全 4 册 / 汪涌豪,骆玉明主编；李笑野等著.—上海：东方出版中心,1999

　　7—80627—387—5 / 7—80627—388—3 / 7—80627—389—1 / 7—80627—390—5

中国诗学批评史 / 陈良运著.—3 版.—南昌：江西人民出版社,2007

　　7—210—01533—7

《诗经》语文论集 / 向熹著.—成都：四川民族出版社,2002(汉语史研究丛书)

　　7—5409—2624—4

史诗《江格尔》探渊 / 贾木查著；汪仲英译.—乌鲁木齐：新疆人民出版社,1996

　　7—228—04062—7

中国诗性文化 / 刘士林著.—南京：江苏人民出版社,1999

　　7—214—02441—1

中国词史. 全 2 册 / 黄拔荆著.—福州：福建人民出版社,2003

　　7—211—03930—2

宋金元明清曲辞通释 / 王学奇,王静竹撰著.—北京：语文出版社,2002

　　7—80126—472—X

20 世纪中国杂文史. 全 2 册 / 姚春树,袁勇麟著.—福州：福建教育出版社,1997

7—5334—2528—6

中国儿童文学 5 人谈 / 梅子涵等著.—天津：新蕾出版社,2001

　　7—5307—2675—7

中国儿童文学五人谈 / 梅子涵,方卫平等著.—天津：新蕾出版社,2001

　　7—5307—2675—7

中国文学简史 / 林庚著.—北京：北京大学出版社,1995(国学研究丛书)

　　7—301—02745—1

中国近代文学发展史. 全 3 册 / 郭延礼著.—济南：山东教育出版社,2001

　　7—04—009510—6 / 7—04—009509—2 / 7—04—009723—0

20 世纪中国文艺图文志. 全 9 卷 / 徐乃翔总主编.—沈阳：沈阳出版社,2002

　　7—5441—1528—3

新中国文学五十年 / 张炯主编.—济南：山东教育出版社,1999(中国当代文学研究会丛书)

　　7—5328—3010—1

新中国文学史 / 张炯编著.—福州：海峡文艺出版社,1999

　　7—80640—356—6

香港文学史 / 潘亚暾,汪义生著.—厦门：鹭江出版社,1997

　　7—80610—486—0

中国鲁迅学通史. 全 3 册 / 张梦阳著.—广州：广东教育出版社,2002

　　7—5406—4649—7 / 7—5406—5126—1 / 7—5406—5182—2

宋文纪事. 全 2 册 / 曾枣庄,李凯,彭君华编.—成都：四川大学出版社,1995

　　7—5614—1220—7

吴梅全集. 全 8 册 / 吴梅著. —石家庄：河北教育出版社,2002

7—5434—4669—3

冯至全集. 全 12 册 / 冯至著;刘福春等编. —石家庄：河北教育出版社,1999

7—5434—3701—5

胡风全集. 全 10 册 / 胡风著. —武汉：湖北人民出版社,1999

7—216—02466—4

唐弢文集. 全 10 册 / 唐弢著. —北京：社会科学文献出版社,1995

7—80050—610—X

俞平伯全集. 全 10 册 / 俞平伯著. —石家庄：花山文艺出版社,1997

7—80611—570—6

夏承焘集. 全 8 册 / 夏承焘著. —杭州：浙江古籍出版社,1997

7—80518—305—8

台湾风云：电视文学剧本 / 阎延文著. —南宁：广西教育出版社,2001

7—5435—3073—2

六十种曲评注. 全 25 册 / 黄竹三,冯俊杰主编. —长春：吉林人民出版社,2001

7—206—03883—3

白门柳 / 刘斯奋著. —北京：中国青年出版社,1998

7—5006—2706—8 / 7—5006—2705—X / 7—5006—2704—1

开埠：中国南京路 150 年 / 程童一主著. —北京：昆仑出版社,1996

7—80040—269—X

智慧风暴：点击中关村、北大和北大方正 / 王宏甲著. —北京：新华出版社,2000

7—5011—4894—5

唤醒巨人：成功教育启示录 / 孙云晓著. —合肥：安徽少年儿童出版社,2003

7—5397—2505—2

21 世纪校园朗诵诗 / 王宜振著. —武汉：湖北少年儿童出版社,2002

7—5353—2543—2

古希腊散文选 / （古希腊）柏拉图等著;水建馥译. —北京：人民文学出版社,2000（世界文学名著文库）

7—02—003103—X

奇想联翩的绅士堂吉诃德·德·拉曼恰. 全 2 册 / （西）米盖尔·德·塞万提斯著;萨尔瓦多·达利插图;孙家孟译. —北京：北京十月文艺出版社,2001

7—5302—0635—4

加缪全集. 全 4 册 / （法）加缪著;柳鸣九,沈志明主编;柳鸣九等译. —石家庄：河北教育出版社,2002（世界文豪书系）

7—5434—4571—9

蒙田随笔全集 / （法）蒙田著;潘丽珍等译. —南京：译林出版社,1996

7—80567—635—6

中国艺术学 / 彭吉象主编;张法著. —北京：高等教育出版社,1997

7—04—006618—1

中国美术史. 全 12 册 / 王朝闻总主编. —济南：齐鲁书社、明天出版社,2000

7—5333—0470—5

中国少数民族美术史. 全 6 册 / 王伯敏主编. —福州：福建美术出版社,1995

7—5393—0214—3

新中国美术文献博物馆. 全 8 册 / 刘树勇主

编.—哈尔滨:黑龙江教育出版社,2001

7—5316—3509—7

世界美术名作二十讲 / 傅雷著;傅敏编.—北京:三联书店,1998 / 2004

7—108—01214—6

中国油画百年图史:1840—1949 / 刘新著.—南宁:广西美术出版社,1996

7—80625—203—7

方成谈漫画艺术 / 方成著.—长沙:湖南文艺出版社,1999

7—5404—2004—9

中国城市雕塑50年:1949—1999 / 王朝闻,吴良镛主编;全国城市雕塑建设指导委员会编.—西安:陕西人民美术出版社,1999

7—5368—1194—2

崇高美的历史再现:中国解放区新闻摄影美学风格论 / 蔡子谔,顾棣著.—太原:山西人民出版社,1995(中国解放区摄影书系)

7—203—03373—2

中国纹样史 / 田自秉,吴淑生,田青著.—北京:高等教育出版社,2003

7—04—013542—6

刻纸艺术:彝族苗族风情专集 / 宛志贤主编;刘仲元著.—贵阳:贵州民族出版社,1998

7—5412—0807—8

中国音乐美学史 / 蔡仲德著.—北京:人民音乐出版社,1995

7—103—01229—6

燕乐新说 / 刘崇德著.—合肥:黄山书社,2011

7—80630—867—9

中国锣鼓 / 乔建中主编.—太原:山西教育出版社,2002

7—5440—2490—3

新定九宫大成南北词宫谱校译.全8册 / 刘崇德校译.—天津:天津古籍出版社,1998

7—80504—596—8

中国舞蹈 / 资华筠主编;孙景琛,罗雄岩,资华筠撰稿.—北京:文化艺术出版社,1999(中国文化艺术丛书)

7—5039—1829—2

中国舞蹈艺术史图鉴 / 董锡玖,刘峻骧主编.—长沙:湖南教育出版社,1997

7—5355—2570—9

中国戏剧史图鉴 / 中国艺术研究院戏曲研究所编.—北京:中国音乐出版社,2003

7—103—01312—8

京剧与中国文化 / 徐城北著.—北京:人民出版社,1999(中国文化新论丛书)

7—01—002941—5

中国京剧艺术 / 张庚,余从主编;中国艺术研究院戏曲研究所编.—北京:京华出版社,1996

7—80600—180—8

中国京剧史.全3册 / 马少波主编;北京市艺术研究所,上海艺术研究所组织编著.—北京:中国戏剧出版社,1999

7—104—01097—1

中国巫傩面具艺术 / 薛若邻主编.—南昌:江西美术出版社,1996

7—8058—0311—0

中国豫剧 / 韩德英,杨扬,杨健民著.—郑州:河南人民出版社,1999

7—215—04454—8

中国藏戏艺术 / 刘志群主编;西藏民族艺术研究所编.—北京:京华出版社,1999

7—80600—429—7

中国唐山皮影艺术 ／ 魏力群著.—石家庄：河北美术出版社,2000

　　7—5310—1487—4

草根的力量：台州戏班的田野调查与研究 ／ 傅谨著.—南宁：广西人民出版社,2001（田野与文本丛书）

　　7—219—04226—4

中国电影图志 ／ 中国电影艺术研究中心,中国电影资料馆编.—珠海：珠海出版社,1995

　　7—80607—098—2

中外历史问题八人谈 ／ 国家教委高校社会科学发展研究中心组织编写;齐世荣等撰稿.—北京：中共中央党校出版社,1998

　　7—5035—1720—4

世界沧桑 150 年：《共产党宣言》发表以来世界发生的主要变化 ／ 中国社会科学院研究室编.—北京：社会科学文献出版社,2002

　　7—80149—661—2

第二次世界大战通鉴：1937—1945 ／ 张跃铭,蔡翔主编.—天津：天津人民出版社,1995

　　7—201—02217—2

中国通史.全 10 册 ／ 范文澜著.—北京：人民出版社,2004（中国文库史学类）

　　7—01—004195—4

中华文明大视野：青少年版.1 ／ 袁行霈主编.—南昌：21 世纪出版社,2002

　　7—5391—1826—1

中国社会史论.全 2 册 ／ 周积明,宋德金主编.—武汉：湖北教育出版社,2000

　　7—5351—2557—3

千秋兴亡.全 8 册 ／ 葛剑雄主编.—长春：长春出版社,2000

　　7—80604—962—2

走出疑古时代 ／ 李学勤著.—2 版修订本.—沈阳：辽宁大学出版社,1997

　　7—5610—2978—0

三国志校笺.全 2 册 ／ 赵幼文遗稿;赵振铎等整理.—成都：巴蜀书社,2001

　　7—80659—167—2

阔端与萨班凉州会谈 ／ 樊保良,水天长主编.—兰州：甘肃人民出版社,1997

　　7—226—01593—5

晚明史：1573—1644 年.全 2 册 ／ 樊树志著.—上海：复旦大学出版社,2003

　　7—309—03746—4

南明史 ／ 顾诚著.—北京：中国青年出版社,1997

　　7—5006—2408—5

中国少数民族革命史：1840—1949 ／ 方素梅等编著.—南宁：广西民族出版社,2000

　　7—5363—3739—6

中国现代化历程.全 3 册 ／ 虞和平主编.—南京：江苏人民出版社,2001

　　7—214—02997—9

张之洞全集.全 12 册 ／（清）张之洞著;苑书义等主编.—石家庄：河北人民出版社,1998

　　7—202—02316—4

台湾民众抗日史 ／ 安然著.—北京：台海出版社,2003

　　7—80141—203—6

国共关系史.全 3 册 ／ 黄修荣著.—广州：广东教育出版社,2002

　　7—5406—5190—3

红军长征史 ／ 中共中央党史研究室第一研究部编著.—沈阳：辽宁人民出版社,1996

　　7—205—03699—2

中国抗日战争史地图集：1931—1945 / 武月星主编.—北京：地图出版社,1995(中国抗日战争史丛书)

    7—5031—1766—4

中国人民抗日战争史录 / 中国国际战略研究基金会编辑.—北京：中央文献出版社,1995

    7—5073—0274—1

蒙古民族通史. 全 6 册 / 伊克昭盟《蒙古民族通史》编委会编;孟广耀等撰写.—呼和浩特：内蒙古大学出版社,2002

    7—81074—442—9 / 7—81074—443—7 / 7—81074—444—5 / 7—81074—445—3 / 7—81074—446—1

中国回回民族史. 全 2 册 / 白寿彝主编.—北京：中华书局,2003

    7—101—02890—X

藏族文化发展史. 全 2 册 / 丹珠昂奔著.—兰州：甘肃教育出版社,2001

    7—5423—0855—6

中国古代北方民族文化史. 全 2 册 / 张碧波,董国尧主编.—哈尔滨：黑龙江人民出版社,1995

    7—207—03325—7

图说北京史. 全 2 册 / 齐心主编.—：北京燕山出版社,1999

    7—5402—1224—1

古都今昔 /《古都今昔》编委会.—北京：北京出版社,1995

    7—200—02777—4

西陲古地与羌藏文化 / 李文实著.—西宁：青海人民出版社,2001

    7—225—01676—8

青海通史 / 崔永红,张得祖,杜常顺主编.—西宁：青海人民出版社,1999

    7—225—01652—0

上海通史. 全 15 册 / 熊月之主编.—上海：上海人民出版社,1999

    7—208—03240—8 / 7—208—03118—5 / 7—208—03129—0 / 7—208—03228—9 / 7—208—03223—8 / 7—208—03117—7 / 7—208—03153—3 / 7—208—03213—0 / 7—208—03209—2 / 7—208—03224—6 / 7—208—03214—9 / 7—208—03216—5 / 7—208—03212—2 / 7—208—03217—3 / 7—208—03236—X

南京百年风云：1840—1949 / 中共南京市委党史工作办公室,中共南京市委宣传部编.—南京：南京出版社,1997

    7—80614—356—4

金门史稿 / 谢重光,杨彦杰,汪毅夫著.—厦门：鹭江出版社,1999

    7—80610—718—5

香港全纪录 / 陈昕,郭志坤主编.—上海：上海人民出版社,1997

    7—208—02493—6 / 7—208—02663—7978—7—208—07064—6

云南物质文化. 全 5 册 / 尹绍亭,何学惠主编.—昆明：云南教育出版社,1996

    7—5415—0987—6 / 7—5415—0988—4 / 7—5415—0989—2 / 7—5415—0990—6

西藏历史档案荟萃 / 西藏自治区档案馆编.—北京：文物出版社,1995

    7—5010—0876—0

非洲通史. 全 3 册 / 何芳川,艾周昌,陆庭恩等主编.—上海：华东师范大学出版社,1995

    7—5617—0914—5

中国姓氏：群体遗传和人口分布 / 袁义达,张诚著.—上海：华东师范大学出版社,2002

    7—5617—2769—0

暮年上娱：叶圣陶俞平伯通信集 / 叶至善,俞润民,陈煦编.—石家庄：花山文艺出版社,2002

7—80611—938—8

湘绮楼日记. 全 5 册 / （清）王闿运著；马积高主编；吴容甫点校.—长沙：岳麓书社，1997
7—80520—706—2

文物中国史. 全 8 册 / 中国国家博物馆编.—太原：山西教育出版社，2003
7—5440—2647—7

敦煌变文校注 / 黄征，张涌泉校注.—北京：中华书局，1997
7—101—01209—4

长沙窑珍品新考 / 李效伟著；松岩摄影；吴镝等译.—长沙：湖南科技出版社，1999
7—5357—2785—9

周原甲骨文 / 曹玮编著.—北京：世界图书出版公司，2002（夏商周断代工程丛书）
7—5062—5665—7

明南京城墙砖文图释 / 王克昌，韦立平，杨献文编著.—影印本.—南京：南京出版社，1999
7—80614—477—3

安岳石窟艺术 / 刘长久著.—成都：四川人民出版社，1997
7—220—03564—0

青州龙兴寺佛教造像艺术 / 王华庆主编；青州市博物馆编.—济南：山东美术出版社，1999
7—5330—1320—4

民俗学概论 / 钟敬文主编.—上海：上海文艺出版社，1998
7—5321—1837—1

中国民族发饰 / 上海戏剧学院《中国民族发饰》编委会编.—成都：四川人民出版社，1999
7—220—04538—7

三礼研究论著提要 / 王锷编著.—兰州：甘肃

教育出版社，2001
7—5423—1018—6

海国图志. 全 3 册 / （清）魏源撰；陈华等点校注释.—长沙：岳麓书社，1998
7—80520—963—4

世界城市史 / （意）L. 贝纳沃罗著；薛钟灵等译.—北京：科学出版社，2000
7—03—008074—2

黄河传 / 陈梧桐，陈名杰著.—保定：河北大学出版社，2001（大江大河传记丛书）
7—81028—723—0

藏地牛皮书 / 一直著.—北京：中国青年出版社，2002
7—5006—4679—8

剑桥流水：英伦学术游记 / 刘兵著.—保定：河北大学出版社，2003（科学文化之旅丛书）
7—81028—911—X

西安历史地图集 / 史念海主编.—西安：西安地图出版社，1996
7—80545—501—5

科学认识思想史 / 林德宏等著.—南京：江苏教育出版社，1995
7—5343—2632—X

中国古代四大发明：源流、外传及世界影响 / 潘吉星著.—合肥：中国科学技术大学出版社，2002
7—312—01201—9

古新星新表与科学史探索：席泽宗院士自选集 / 席泽宗著.—西安：陕西师范大学出版社，2002
7—5613—2508—8

钱学森手稿 / 钱学森著；郑哲敏主编.—太原：山西教育出版社，2000

7—5440—1826—1

蓝田直立人：关于蓝田陈家窝和公王岭直立人化石遗址发现与研究综论 / 陈恩志编著.—西安：陕西人民出版社,1995
7—224—03849—0

现代组织学 / 成令忠,钟翠平,蔡文琴主编.—上海：上海科学技术文献出版社,2003
7—5439—2055—7

世界竹藤 / 江泽慧主编.—沈阳：辽宁科学技术出版社,2002
7—5381—3788—2

唐宋时期的雕版印刷 / 宿白著.—北京：文物出版社,1999
7—5010—1098—6

中国服饰美学史 / 蔡子谔著.—石家庄：河北美术出版社,2001
7—5310—1543—9

人类服饰文化学 / 华梅著.—天津：天津人民出版社,1995
7—201—02185—0

可持续发展：跨世纪的抉择 / 甘师俊主编.—北京：中共中央党校、广东科学技术出版社,1997
7—5359—1989—8

可持续发展论 / 张坤民主笔.—北京：中国环境科学出版社,1997
7—80135—246—7

文明消失的现代启悟 / 盖山林,盖志毅著.—呼和浩特：内蒙古大学出版社,2002
7—81074—394—5

陇文化丛书. 全 10 册 / 胡大浚主编.—兰州：甘肃教育出版社,1999

企业预警管理丛书. 全 10 册 / 佘廉主编.—石

家庄：河北科学技术出版社,1999

元典文化丛书. 全 10 册 / 李振宏主编.—开封：河南大学出版社,1995

中国当代中青年经济学家论著文库. 全 10 册 / 刘红,薛捷策划.—北京：首都经济贸易大学出版社,2000

语言文字应用研究丛书. 全 11 册 / 许嘉璐,陈章太主编.—广州：广东教育出版社,1999—

汉字研究新视野丛书. 全 11 册 / 臧克和主编.—南宁：广西教育出版社,1996—

应用心理学书系. 全 12 册 / 林崇德主编.—北京：人民教育出版社,1999

人文社会科学是什么. 全 14 册 / 梁小民主编.—北京：北京大学出版社,2002

中国艺术论丛书. 全 18 册 / 程孟辉主编.—太原：山西教育出版社,2000—2003

中国小说史丛书. 全 18 册 / 安平秋,侯忠义,萧欣桥主编.—杭州：浙江古籍出版社,2003

中国历代印风系列. 全 21 册 / 黄惇总主编.—重庆：重庆出版社,1999

中国抗日战争纪实丛书. 全 23 册 / 王颖,吴振录主编.—北京：解放军文艺出版社,1995

网络时代的国家安全战略丛书. 全 4 册 / 鲁杰,琴星等著.—郑州：中原农民出版社,2000

中国教育近代化研究丛书. 全 7 册 / 田正平主编.—广州：广东教育出版社,1996

高等教育理论丛书. 全 8 册 / 薛天祥总主编.—南宁：广西师范大学出版社,2001

教育科学分支学科丛书. 全 8 册 / 瞿葆奎主

编;中国教育学会教育学分会,教育部课程教材研究所编.—北京:人民教育出版社,2000

二十世纪现代汉语语法"八大家"选集 / 范开泰等著.—长春:东北师范大学出版社,2001

毛泽东研究三部曲 / 李君如主编.—福州:福建人民出版社,1997

鸦片战争史 / 萧致政主编.—福州:福建人民出版社,1996

竞争力经济学 / 金碚著.—广州:广东经济出版社,2005

中国贫困地区教育发展研究报告 / 张力等主编.—南宁:广西教育出版社,1997

闻一多全集 / 闻一多著;孙党伯等编.—武汉:湖北人民出版社,2004

新中国艺术史 1949—2000 / 尹鸿,凌燕,居其宏等.—长沙:湖南美术出版社,2002

中国书法史 / 曹宝麟著.—南京:江苏教育出版社,2002

季羡林文集 / 季羡林著.—南昌:江西教育出版社,1995

第二次世界大战史 / 支绍曾等编著.—北京:军事科学出版社,1996

世纪老人的话 / 林祥主编.—沈阳:辽宁教育出版社,1999

世界文学史 / (瑞典)托·柴特霍姆、(英)彼得·昆内尔编著.—沈阳:辽宁民族出版社,2003

校雠广义 / 程千帆等著.—济南:齐鲁书社,1998

中华文化通志 / 中国文化通志编委会编.—北京:人民出版社,1998

邓小平理论研究书系 / 于友先主编.—北京:人民出版社、解放军出版社等,1998

二十世纪教育回顾与前瞻 / 张明华著.—济南:山东教育出版社,1997

中国文化史 / 袁行霈主编.—济南:山东人民出版社,2006

欧洲文学史 / 欧洲文学史.—北京:商务印书馆,1999

二十五史新编 / 李国章主编.—上海:上海古籍出版社,2002

中国通史 / 白寿彝总主编.—上海:上海人民出版社,2005

甲骨学一百年 / 王宇信等主编.—北京:社会科学文献出版社,1999

教育经济研究丛书 / 王善迈主编.—北京:北京师范大学出版社,2001

邓小平理论与广东实践研究丛书 / 于幼军主编.—广州:广东人民出版社,1995

学科现代教育理论书系 / 马忠林主编.—南宁:广西教育出版社,2001—

中国市场经济法律问题丛书 / 江平主编.—贵阳:贵州人民出版社,1995

纯粹哲学丛书 / 叶秀山主编.—南京:江苏人民出版社,2002—

鲁迅研究书系 / 袁良骏主编.—西安:陕西人民教育出版社,1996

生态文化丛书 / 殷登祥,徐恒醇主编.—西安:陕西人民教育出版社,2000

学科教育学大系 / 杨学礼主编.—北京：首都师范大学出版社,2000

20 世纪心理学通览 /（德）威廉·冯特等著；李维,沈烈敏等译.—杭州：浙江教育出版社,1997

管理科学文库 / 成思危主编.—北京：中国人民大学出版社,2001

中小学学科教育心理学书系 / 林崇德主编.—北京：北京教育出版社,2001

中国少数民族科学技术史丛书 / 李迪主编.—南宁：广西科学技术出版社,1996

百年中国美术经典文库 / 顾森,李树声主编.—深圳：海天出版社,1998

二十世纪中国史学名著 / 郭沫若,顾颉刚,吕振羽等主编.—石家庄：河北教育出版社,2002

中国民主党派史丛书 / 薛启亮主编.—石家庄：河北人民出版社,2001

华夏审美风尚史 / 许明主编.—郑州：河南人民出版社,2000

边疆史地丛书精选辑 / 马大正,吕一燃等主编.—哈尔滨：黑龙江教育出版社,2000

楚学文库 / 张正明主编.—武汉：湖北教育出版社,1995—

西方思想家研究丛书 / 汝信主编.—长沙：湖南教育出版社,1999

有中国特色社会主义论丛 / 李文海,黄楠森等主编.—济南：山东人民出版社,1999

海峡两岸课程与教学研究丛书 / 夏惠贤主编.—上海：上海科技教育出版社,2003

易学智慧丛书 / 余敦康主编.—沈阳：沈阳出版社,1997

华夏文明探秘丛书 / 陈安利等主编.—成都：四川教育出版社,1998

中国儿童生存、保护和发展书系 / 晏开利等主编.—成都：四川少年儿童出版社,1996

扬州文化丛书 / 高敏,赵昌智主编.—苏州：苏州大学出版社,2001

云南民族女性文化丛书 / 云南省妇女与发展研究中心.—昆明：云南教育出版社,1995

哲学理论创新丛书 / 韩庆祥主编.—昆明：云南人民出版社,2001

中国社会发展丛书 / 郭继严主编.—昆明：云南人民出版社,1996

中国 21 世纪知识经济系列丛书 / 金雪军主编.—杭州：浙江大学出版社,2001

图说中国艺术史丛书 / 李希凡主编.—杭州：浙江教育出版社,2001

新课程学科教学论丛书 / 董蓓菲主编.—杭州：浙江教育出版社,2003

当代智力心理学丛书 / 林崇德,沈德立主编.—杭州：浙江人民出版社,1996

中国边疆通史丛书 / 中国社会科学院.—郑州：中州古籍出版社,2003

科学技术与社会丛书 / 殷登祥主编.—西安：陕西人民教育出版社,1997

乔木文丛 / 胡乔木著.—北京：人民出版社,1999

后　记

　　我对馆藏实证研究的认识、了解,继而深入,是缘于吴志荣教授与《图书馆杂志》主编王宗义倡导主办的"馆藏与出版"论坛,也正是有了两位图林前辈的指引,才让我这个图林小字辈有机会与图林大家一起探讨与交流。

　　记得大概是在两年前,应邀参加一个文献资源方面的研讨会,入住苏州静思园后,被园中美景所吸引,到园中漫游,有幸再次见到了慕名已久的刘兹恒教授(刘教授是我硕士论文答辩的评委之一)。在谈到当前资源建设研究现状时,刘教授讲了一个小插曲,他说去年在参加北大博士生面试时,看到一个面试考生的名字时,他就向其他人介绍说,这个人科研能力很强,近几年发表了很多馆藏实证方面的文章,建议要将他招进来,但是面试后才知道此人非彼人,等他一说完,认识我的人都冲着我笑了,刘教授这才知道,原来我就是他故事里提到的那个"彼"。一路上,由于有了这个前奏,我和刘教授很快就熟悉了,我也有幸向他请教了自己在馆藏研究方面遇到的几个小问题,跟他谈了谈我目前最大的困惑,当听到刘教授对吴志荣教授及我们这个团队所做的馆藏方面的实证研究非常关注时,我突然感到一种莫名的兴奋,第一次真正对自己所调研的课题有了些许"自信"和"骄傲",从而促使我在"实证研究"这条漫长而艰苦的路上继续走下去。

　　图书馆的核心竞争力是什么?图林学者从不同的角度给出了不同的回答,相对学界来讲,这种百家争鸣、百花齐放的局面是难能可贵的。在从事馆藏实证研究的过程中,我对其中一种主流的观点有了更深入的思考,也更深切地体会到图书馆的核心竞争力主要还是资源的集藏和整序能力,也就是对资源进行有效判断、收集、整序,进而提供利用是图书馆的本质角色。

　　"资源为王"图书馆生存之本,在与吴志荣教授交谈中,也经常听他提到这个词,继而我也问自己:什么样的资源能使图书馆立于不败之地,是数字资源,还是纸本文献;是所有馆藏,还是有价值的文献的集藏?在一次次的思考与选择中,我的思路越来越清晰。因此,在本课题的调研中,我们对有价值文献的判定不是靠图书馆员自己,或者从专家、学者角度来判断,而是从文献"社会利用"角度进行,采用定量与定性相结合的方法,主要利用引文分析,并与国家级课题、权威书评、国家级奖项等相结合进行综合评判。同时,在入选图书的选择中为减少噪声,对于不同学科的文献,根据引文及年代分布规律不同、老化规律的不同,以及指标的选取依据学科不同分别考虑,使入选图书更科学,更合理。

　　虽然在引文查证时借助社会力量完成,但从出版数据的获取、处理,到入选书目信息核查与补充,可以说是历时两年三个月,由于亲自策划并参与整个课题具体操作,个中滋味,我的体会可能更加深刻。首先,就是海量数据处理的工作量非常大。调查样本包括1995—2005年期间我国出版的哲社类学术图书信息。为了使调查样本更全面,将不同渠道获取的海量数据进行合并、查重和筛选处理工作时,课题组成员按不同学科逐条对比、逐条筛选,工作量非常之大,极其耗时费力。其次,为了确保编制的入选书目准确,信息完整,入选图书的信息核查及课题、获奖图书信息的补充也是一项艰巨的工作。考虑到CALIS收录的书目数据量比较大,数据著录较标准、准确,我们请研究生借助 CALIS 对最后入选的 1.5 万条左右数据,以及近 1500 条课题及获奖图书数据也同样进行逐条核查和信息补充,同时我又对核查信息标出有疑问的部分进行了仔细核对。

今天,入选书目的编制终于到了最后的统稿、定稿阶段,我却深感未来的路还很漫长,尤其是身处现在的大数据时代,面对每年海量文献信息,如何进行更加深入的调研与分析,找到有价值文献产生的原因或规律,从而达到有效识别文献,发现有价值图书、报刊及视听资料等文献资源才是图书馆员重之又重的职责。

最后,与吴志荣教授一起感谢本课题所有成员的辛勤努力,同时代表本课题所有成员对给予帮助的王宗义主编、林雅萍副教授、肖希明教授、周德明馆长、人天书店集团的邹进总裁、杉达的陈少川馆长等表示感谢。

蔡迎春

2013 年 5 月 6 日晚